한 번에 합격!
해커스 감정평가사
합격 시스템

강사력
업계 최고수준
교수진

교재
해커스=교재
절대공식

관리시스템
해커스만의
1:1 관리

취약 부분 즉시 해결!
교수님 질문게시판

언제 어디서나 공부!
PC&모바일 수강 서비스

해커스만의
단기합격 커리큘럼

초밀착 학습관리
& 1:1 성적관리

합격생들이 소개하는 생생한 합격 후기!

해커스 선생님들 다 너무 좋으시네요.
꼼꼼하고 친절하게 잘 설명해 주셔서
수업이 즐거워요.
암기코드 감사히 보고 있습니다.

- 권*빈 합격생 -

문제풀이 하면서 고득점 팁까지
알려주셔서 듣길 잘했다는 생각이 들어요.
수업 분위기도 밝고 재미있어서 시간이
금방 가네요!

- 오*은 합격생 -

해커스 감정평가사

회계학

1차 | 기본서

해커스

머리말

많은 수험생분들이 회계학 공부방법에 대해서 고민을 하고 있습니다. 회계학에 대한 여러 가지 학습방법이 있으나 그중 가장 중요한 것은 이해를 바탕으로 각 거래가 재무제표에 어떠한 영향을 가져오는 지를 파악하는 것입니다. 이를 위하여 여러 교재들이 각 거래를 회계처리나 그림, 산식 등을 이용하여 풀이하고 있습니다. 하지만 이로 인해 수험생들이 각 거래가 재무제표에 미치는 영향은 뒤로 하고 오로지 회계처리와 그림만을 학습하는 실수를 범하고 있습니다. 이를 해결하기 위해서는 회계학을 학습하실 때 거래별로 재무제표에 어떠한 영향을 가져오는지 고민하는 습관을 가져야 할 것입니다. 본서는 이를 위해 각 계정별로 재무제표 효과를 자세히 기재하였습니다.

「해커스 회계학 1차 기본서」의 특징은 다음과 같습니다.

1. 해설이 상세합니다. 그동안 많은 감정평가사, 관세사 시험을 대비하는 회계책들이 문제를 많이 수록하려고 하다 보니 해설이 빈약하였고, 이로 인해 학생들이 책을 보아도 답을 이해하지 못하였습니다. 본서를 이를 보완하기 위하여 시험에 자주 출제되는 단원에 대해서는 그림과 회계처리, 산식들을 상세하게 작성하였습니다.

2. 개정이 된 부분은 그 이후 문제만을 수록하였고, 출제된 지 10년이 지난 문제는 모두 삭제하였습니다. 최근에 회계학에서 많은 개정의 이슈가 있었지만 이를 충실히 반영하지 못하고 문제 양을 늘리기 위해 이제는 더 이상 출제되지 않거나 개정 이후 현행회계기준에 일치하지 않는 문제들을 수록하는 책들이 많았습니다. 본서는 이를 해결하기 위하여 가장 최근에 출제된 문제와 개정된 회계기준을 충실히 반영한 문제들만을 선별하여 교재를 구성하였습니다.

3. 해당 회계처리가 나올 수밖에 없는 이유와 배경설명을 충실히 하였습니다. 많은 수험생들의 가장 큰 고충이 회계는 외울 수밖에 없다는 것이었습니다. 이유도 모른 채 암기만 한다면 결국 짧은 시간 내에 잊어버리게 됩니다. 이를 극복하기 위해 본서는 각 거래별 해당 회계처리가 만들어진 이유를 자세히 기재하였습니다.

마지막으로, 수험생 여러분의 합격을 진심으로 기원합니다.

저자 정윤돈, 엄윤

목차

목차

Chapter 7 | 차입원가 자본화

Chapter 8 | 기타의 자산

Chapter 9 | 금융부채

목차

목차

목차

ca.Hackers.com

해커스 감정평가사
ca.Hackers.com

Chapter 1

재무회계와 회계원칙

1 재무회계의 의의

I 회계의 정의

현재에는 회계를 아래와 같이 정의하고 있다.

> 정보이용자의 경제적 의사결정에 도움을 주기 위하여 경제적 실체와 관련된 정보를 식별하고 측정하여 보고하는 과정

이러한 정의로부터 회계가 추구하는 목적이 정보이용자의 의사결정에 유용한 정보를 제공하는 것임을 알 수 있다.

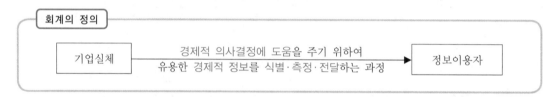

이러한 회계의 정의는 회계실체의 거래나 사건을 기록, 분류, 요약, 해석하는 기술로 보아 회계정보의 생산 측면 (≒부기)만을 강조하지 않고 회계정보의 이용 측면까지 강조하고 있다. 그러므로 현재에는 회계정보를 경제적 정보로 간주하여 재무적 정보와 과거정보뿐만 아니라 비재무적 정보와 미래정보도 포함하는 개념으로 정보의 범위를 확장하였다. 즉, 회계의 보고수단이 재무제표에서 재무제표와 재무제표 이외의 재무정보 전달수단을 포괄하는 재무보고로 확정되었다.

Self Study

경제적 정보: 재무적 정보·과거정보 + 비재무적 정보·미래정보
① 재무적 정보: 화폐로 측정 가능한 정보(기업의 재무상태, 재무성과에 대한 정보 등)
② 비재무적 정보: 화폐로 측정 불가능한 정보(경영진의 능력, 기업의 이미지 등)

Ⅱ 회계정보이용자와 회계의 분류

01 회계정보이용자의 구분

기업의 회계정보이용자는 내부정보이용자와 외부정보이용자로 구분할 수 있으며, 이러한 회계정보이용자 분류에 따라 회계는 재무회계와 관리회계로 구분된다.

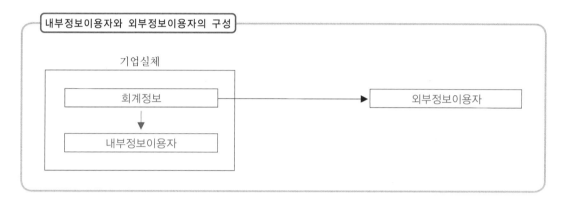

Self Study

외부정보이용자에게 전달되는 회계정보는 일반적으로 인정된 회계원칙에 따라 작성될 필요가 있으나, 내부정보이용자(= 경영자)에게 전달되는 회계정보는 일반적으로 인정된 회계원칙에 따라 작성될 필요가 없다. 또한, 경영자는 의사결정에 있어서 일반적으로 인정된 회계원칙에 따라 작성된 회계정보에 의존할 필요도 없다.

02 회계의 분류

회계는 회계정보의 이용주체인 회계정보이용자에 따라 재무회계와 관리회계로 분류된다. 여기서 현재 및 잠재적 투자자, 대여자와 그 밖의 채권자 등의 외부정보이용자가 이용하는 회계정보를 재무회계라고 하고 경영자 등의 내부정보이용자가 이용하는 회계정보를 관리회계라고 한다.

[회계의 분류]

구분	재무회계	관리회계
목적	외부보고목적	내부보고목적
대상	외부정보이용자	내부정보이용자
보고수단	일반목적재무제표	특수목적 보고서
작성원칙	일반적으로 인정된 회계원칙	기준 없음
시간적 관점	과거의 결과에 대한 정보	과거사건의 결과 및 미래예측에 대한 정보

재무회계시스템을 통하여 산출된 회계정보를 외부정보이용자에게 제공하는 것을 재무보고라고 하고, 재무보고를 할 때 사용하는 가장 대표적인 전달 수단이 재무제표이다.

01 재무제표

재무회계는 기업의 외부정보이용자들이 합리적인 의사결정을 할 수 있도록 유용한 정보를 제공하는 것이 목적이다. 이러한 재무회계의 목적을 달성하기 위해서는 다양한 회계정보가 필요하고, 이를 위하여 표준화된 일정한 양식이 필요한데 이를 재무제표(F/S; Financial Statements)라고 한다. 기업회계기준서 제1001호 '재무제표 표시'는 다음과 같은 재무제표들을 공시하도록 요구하고 있다.

---

① 특정 시점의 상태에 관한 재무제표
- 재무상태표(B/S, Statement of Financial Position): 일정 시점에 기업의 경제적 자원(자산)과 보고기업에 대한 청구권(부채 및 자본)에 관한 정보를 제공하는 재무제표

② 특정 기간의 변동에 관한 재무제표
- 포괄손익계산서(I/S, Statement of Comprehensive Income): 일정 기간 동안의 지분참여자에 의한 출현과 관련된 것을 제외한 순자산의 증감에 의하여 발생하는 재무성과에 관한 정보를 제공하는 재무제표
- 자본변동표(S/E, Statement of Change in Equity): 일정 시점에 자본의 잔액과 일정 기간 동안 자본의 변동에 관한 정보를 제공하는 재무제표
- 현금흐름표(CF, Statement of Cash Flow): 일정 기간 동안 현금및현금성자산의 창출능력과 현금흐름의 사용 용도를 평가하는 데 유용한 기초를 제공하는 재무제표

재무제표는 주석을 통하여 재무제표 본문에 표시된 정보를 이해하는 데 도움이 되는 추가적 정보나 재무제표 본문에 계상되지 않은 자원, 의무 등에 대한 정보를 함께 제공해야 한다. 주석은 재무제표와는 별도로 공시하지만 재무제표에 포함된다.

2 일반적으로 인정된 회계원칙(GAAP)과 한국채택국제회계기준(K-IFRS)

I 일반적으로 인정된 회계원칙

01 일반적으로 인정된 회계원칙의 의의

기업은 정부의 규제 또는 자발적인 결정으로 외부정보이용자에게 회계정보를 제공하는데, 이때 가장 중요한 회계정보는 재무제표이다. 정보이용자는 재무제표를 통해서 기업의 재무상태와 재무성과, 현금흐름 및 자본변동을 한눈에 파악할 수 있다. 그런데 기업이 임의로 재무제표의 내용 및 형식을 정해서 작성·보고한다면 회계정보이용자의 유용성은 감소할 것이다. 그 이유는 하나의 거래에 대해 기업마다 측정한 결과나 보고하는 형식이 다를 수 있어 회계정보이용자가 여러 기업의 재무제표를 비교·분석하는 데 많은 어려움이 있을 수 있기 때문이다. 이에 따라 회계정보이용자에게 전달되는 공통된 회계정보를 담고 있는 일반목적재무제표를 위한 일반적으로 인정된 회계원칙(GAAP; Generally Accepted Accounting Principles)이 필요하게 되었다.

02 일반적으로 인정된 회계원칙의 특징

회계기준은 회계정보의 공급자와 이용자 모두로부터 광범위한 지지를 받아야 비로소 회계실무의 지침으로 인정될 수 있는 특성이 있다. 이러한 특성 때문에 회계기준을 '일반적으로 인정된 회계원칙'이라고 부른다. 일반적으로 인정된 회계원칙은 고의나 오류에 의해서 회계정보가 왜곡되는 것을 방지하여 회계정보가 기업 간·기간 간 비교 가능하고 객관적인 정보가 되도록 하기 위해서 기업실체에 영향을 미치는 특정 거래나 사건을 재무제표에 보고할 때 따라야 할 지침 또는 규범이라고 할 수 있다.

03 외부감사제도

기업은 외부감사인과 감사계약을 체결하여 재무제표에 대한 회계감사(Auditing)를 수행하도록 함으로써 재무제표의 신뢰성을 제고시킬 수 있는데, 이를 외부감사제도라고 한다. 외부감사제도란 기업의 경영자가 작성한 재무제표가 일반적으로 인정된 회계원칙에 따라 작성되었는지를 독립적인 전문가가 감사를 수행하고 그에 따른 의견을 표명함으로써 재무제표의 신뢰성을 높이기 위한 제도이다. 즉, 현재 및 잠재적 투자자, 대여자와 그 밖의 채권자들은 경영자가 작성한 재무제표가 일반적으로 인정된 회계원칙에 의하여 작성되었는지를 파악할 수 없기 때문에 기업과 이해관계가 없는 독립적인 전문가인 공인회계사(CPA; Certified Public Accountant)가 회사의 재무제표가 재무상태와 경영성과를 중요성의 관점에서 적정하게 표시하고 있는지에 대한 의견(적정의견, 한정의견, 부적정의견, 의견거절)을 표명하는 제도이다.

01 한국채택국제회계기준의 의의

2011년부터 우리나라가 국제회계기준을 전면 도입하기로 결정하고, 2013년에는 중소기업회계기준이 제정됨에 따라 회계기준이 3원화되었다. 하나는 상장기업이 강제적으로 적용하여야 하는 한국채택국제회계기준(K-IFRS)이며, 다른 각각은 비상장 외부감사대상기업이 적용할 수 있는 일반기업회계기준과 외부감사대상이 아닌 비상장중소기업이 적용할 수 있는 중소기업회계기준이다.

우리나라 회계기준의 구성

2011년 이전		2011년 이후		
		비상장기업		상장기업
외환위기 이전	외환위기 이후	비외부감사대상	외부감사대상	
기업회계기준 준칙 해석	기업회계기준서 기준해석서 기준적용사례	중소기업회계기준	일반기업회계기준	한국채택국제회계기준 (기준서와 기준해석서로 구성)

Self Study

1. 국제회계기준의 도입으로 재무제표의 신뢰성과 비교가능성이 향상되고, 재무보고비용을 감소시킬 수 있다. 또한, 회계문제에 대한 정부 및 압력집단의 간섭이 감소되어 중립성이 유지될 수 있다.
2. 감정평가사와 관세사 시험은 한국채택국제회계기준을 그 범위로 하고 있다.

02 국제회계기준의 특징

현재 전 세계 대부분의 나라가 국제회계기준을 도입하였거나 도입할 예정이다. 이러한 국제회계기준의 특징은 아래와 같다.

(1) 원칙 중심의 회계기준

국제회계기준은 재무회계개념체계의 범위 내에서 재무제표에 포함될 내용을 원칙 위주로 규정하고, 세부적인 인식 및 측정방법은 원칙을 벗어나지 않는 범위 내에서 각국의 재량을 허용하는 방식으로 규정되어 있다. 따라서 회계전문가의 판단을 중요시하며, 다양한 회계처리방법이 수용되어 기업 간 비교가능성이 훼손될 수 있으나 기간별 비교가능성은 강조된다.

Self Study

회계기준은 회계의 목적에 따라 원칙적인 기준만을 규정하고 전문가적인 판단을 중요시하여 제정되는 원칙 중심의 회계기준과 모든 경제적 사건과 거래에 대한 구체적인 기준을 규정하는 규칙 중심의 회계기준으로 구분할 수 있다. 각 분류에 따른 특징은 아래와 같다.

구분	원칙주의	규칙주의
비교가능성	낮음	높음
전문가의 판단	많음	최소화

(2) 공정가치 측정원칙

이전의 회계기준은 자산과 부채의 측정 속성으로 역사적 원가를 원칙으로 하였으나 국제회계기준은 공정가치 측정을 기본원칙으로 하고 있다. 그 예로 유형자산의 재평가모형과 투자부동산의 공정가치 모형이 전면 도입되었고 '공정가치 측정'의 기준서가 제정되었다.

(3) 연결재무제표 중심

국제회계기준은 종속회사가 있는 경우에는 경제적 실질에 따라 지배회사와 종속회사의 재무제표를 결합하여 보고하는 연결재무제표를 기본재무제표로 제시하고 있다.

[국제회계기준의 특징 비교]

구분	일반기업회계기준 (Local GAAP)	한국채택국제회계기준 (K-IFRS)
접근방식	규칙 중심	원칙 중심
외부공표 F/S	개별 F/S	연결 F/S
측정기준	역사적 원가	공정가치

Chapter 1 | 객관식 문제

01 회계정보와 관련한 설명으로 옳지 않은 것은?

① 경영자는 회계정보를 생산하여 외부 이해관계자들에게 공급하는 주체로서 회계정보의 공급자이므로 수요자는 아니다.

② 경제의 주요 관심사는 유한한 자원을 효율적으로 사용하는 것인데, 회계정보는 우량기업과 비우량기업을 구별하는 데 이용되어 의사결정에 도움을 준다.

③ 회계정보의 신뢰성을 확보하기 위하여 기업은 회계기준에 따라 재무제표를 작성하고, 외부감사인의 감사를 받는다.

④ 외부감사는 전문자격을 부여받은 공인회계사가 할 수 있다.

⑤ 외부감사의 의견은 적정의견, 부적정의견, 한정의견, 의견거절로 구성된다.

Chapter 1 | 객관식 문제 정답 및 해설

01 ① 보고기업의 경영진은 해당 기업에 대한 재무정보에 관심이 있지만 경영진은 그들이 필요로 하는 재무정보를 내부에서 구할 수 있기 때문에 일반목적재무보고서에 의존할 필요가 없으나 회계정보를 필요로 하므로 회계정보의 수요자는 맞다.

해커스 감정평가사
ca.Hackers.com

Chapter **2**

회계원리

1 거래의 기록

Ⅰ 회계등식

01 회계등식의 의의

기업에서 발생하는 경제적 사건을 거래라고 하는데, 여러 가지 거래로 인하여 기업의 재무상태가 변동되고, 이익이나 손실이 발생한다. 이때 발생된 거래를 어떻게 장부에 기록하는지 그 원리를 이해하는 것이 회계원리의 핵심이다.

거래가 발생하면 기업의 자산이나 부채의 금액이 늘거나 줄어든다. 여기서 현재 기업이 보유하고 있는 가치 있는 자원을 자산, 기업이 부담하고 있는 빚을 부채로 생각하고 기업의 자산에서 부채를 빼고 남은 순자산을 자본이라 한다. 그러므로 이러한 관계를 다음의 [등식 1]과 같이 표시할 수 있다.

등식 1

| 자산 | − | 부채 | = | 자본 |

거래가 발생하면 자산, 부채 및 자본이 변동하는데, 그 변동 내용을 장부에 쉽게 기록하기 위해서 [등식 1]의 자산, 부채 및 자본의 부호를 모두 (+)로 일치시킬 필요가 있다. 따라서 [등식 1]의 좌변에 있는 부채를 우변으로 옮기면 다음과 같은 [등식 2]로 전환할 수 있는데, 이를 회계등식이라고 한다.

등식 2

| 자산 | = | 부채 | + | 자본 |

Self Study

어떤 거래가 발생하더라도 등호가 유지되도록 자산, 부채 및 자본의 변동을 기록한다는 것이 회계등식의 핵심이다.

⊞ 참고 | 주식회사

개인이 사업을 하다가 사업 규모가 커지면 회사 형태로 전환하는 경우가 많다. 개인 사업을 하든 회사를 조직하여 사업을 하든 회계처리에 기본적인 차이는 없다. 그러나 회사 중 주식회사를 설립하여 여기에서 벌어지는 다양한 거래를 회계처리하는 식으로 설명하는 것이 수월하기 때문에 본서는 주식회사를 중심에 두고 회계처리와 재무제표의 작성 과정을 설명한다.

1. 주식회사의 설립 과정

A회사는 갑이 출자한 ₩1,000을 수취하고, 출자증서를 주는데 그것이 바로 주식이다. 이렇게 출자거래가 끝나면 갑은 A회사의 주주가 된다. 즉, 주주란 특정 회사에 출자를 하고 그만큼 자신의 지분을 갖는 자를 말한다.

2. 주주가 갖게 되는 권리

① 주주는 소유 지분만큼 의결권을 가지므로 회사의 주요 정책결정 과정에 참여하여 의결권을 행사할 수 있다.
② 주주는 회사가 가득한 이익 중 일부를 배당할 때 소유 지분율에 비례하여 배당을 받기도 한다.
③ 주주는 회사를 경영할 경영자를 맡을 수도 있고, 제3자를 임명할 수도 있다.

3. 주식회사의 특징

① 회사는 살아있는 생명체는 아니지만 마치 사람처럼 행위를 할 수 있는 주체라고 법률에서 그 자격을 인정한다. (= 독립된 법인격 취득)
② 주식회사의 주주는 자신의 지분을 자유롭게 양도할 수 있고 자신이 부담하는 최대 손실은 자신이 출자한 금액으로 제한된다. (= 유한책임)
③ 주식회사는 기업을 공개하여 다수의 투자자로부터 대규모 자금을 조달하기 용이하다.

★ 사례연습 1. 회계등식을 통한 거래의 기록

용역 제공을 주업으로 하는 ㈜포도에서 발생한 아래의 9가지 거래를 [등식 2]에 따라 기록하시오.

[거래 1] 1월 1일: 주식을 발행하여 투자자로부터 현금 ₩200,000을 출자 받아 ㈜포도를 설립하였다.

[거래 2] 1월 10일: 사무실로 사용할 건물을 ₩140,000의 현금을 지급하고 취득하였다.

[거래 3] 1월 15일: 사무실에서 사용할 책상과 의자 및 컴퓨터를 외상으로 ₩16,000에 취득하였다.

[거래 4] 1월 22일: 컨설팅용역을 제공하고 거래처로부터 ₩40,000을 현금으로 받았다.

[거래 5] 1월 25일: 신문에 회사 광고를 냈는데 ₩10,000의 광고선전비 청구서를 받았다.

[거래 6] 1월 27일: 컨설팅 용역을 제공하고 ₩24,000을 받아야 하는데 거래처로부터 ₩4,000은 현금으로 받고 잔액 ₩20,000은 나중에 받기로 하였다.

[거래 7] 1월 29일: 직원 급여 ₩6,000과 전기료 ₩2,000을 현금으로 지급하였다.

[거래 8] 1월 30일: [거래 3]에서 발생한 미지급금 ₩16,000을 현금으로 지급하였다.

[거래 9] 1월 31일: [거래 6]에서 거래처로부터 받지 못했던 컨설팅 용역대가 ₩20,000 중 ₩10,000을 현금으로 받았다.

	자산	=	부채	+	자본
[거래 1]	+ 200,000	=		+	+ 200,000
[거래 2]	− 140,000 + 140,000	=		+	
[거래 3]	+ 16,000	=	+ 16,000	+	
[거래 4]	+ 40,000	=		+	+ 40,000
[거래 5]		=	+ 10,000	+	− 10,000
[거래 6]	+ 4,000 + 20,000	=		+	+ 24,000
[거래 7]	− 8,000	=		+	− 8,000
[거래 8]	− 16,000	=	− 16,000	+	
[거래 9]	+ 10,000 − 10,000	=		+	
합계	+ 256,000	=	+ 10,000	+	+ 246,000

Additional Comment

거래가 발생하여 자산, 부채 및 자본이 변동하더라도 회계등식의 등호는 유지된다. 앞으로 다양하고 복잡한 여러 가지 거래를 접할 것인데, 어떤 거래이든 그 거래로 인하여 자산, 부채 또는 자본이 변동될 것이지만 회계등식의 등호는 유지된다는 점을 기억하여야 한다. 정확히 말하여 회계등식의 등호가 유지되도록 장부기록을 하는 것이 핵심이다.

02 재무상태표의 작성

[사례연습 1. 회계등식을 통한 거래의 기록]에서 ㈜포도는 1월 1일에 설립되었는데 설립 직후 회계등식을 보면, ㈜포도의 재무상태(자산, 부채 및 자본의 잔액)는 자산 ₩200,000과 자본 ₩200,000으로 구성되어 있다. 한편, 설립 후 한 달이 지난 1월 31일 현재의 회계등식을 보면, ㈜포도의 재무상태표는 자산 ₩256,000, 부채 ₩10,000과 자본 ₩246,000으로 구성되어 있다. ㈜포도의 외부정보이용자에게 특정 시점 현재의 자산, 부채 및 자본에 대한 정보를 제공하고자 한다면 다음과 같은 양식의 재무제표를 작성하는데, 이를 재무상태표라고 한다.

	재무상태표 (1월 1일 현재)		
자산	200,000	부채	0
		자본	200,000
	200,000		200,000

		재무상태표		
		(1월 31일 현재)		
자산	256,000	부채		10,000
		자본		246,000
	256,000			256,000

㈜포도에 관심이 있는 외부정보이용자가 1월 1일과 1월 31일 현재의 재무상태표를 입수하였다면, 1월 31일 현재의 자본이 1월 1일 현재의 자본보다 ₩ 46,000 증가하였는데, 그 이유가 무엇인지 의문일 것이다. 즉, 주주가 추가 출자를 했기 때문에 자본이 증가한 것인지, 아니면 회사가 영업을 잘하여 이익이 발생했기 때문에 자본이 증가한 것인지 알고 싶을 것이다.

그러나 특정 시점의 잔액 정보만 보여주는 재무상태표로는 일정 기간 동안 기업에서 수익과 비용이 얼마나 발생하였고, 그 결과 당기순이익이 얼마인지에 대한 정보를 제공해주지 못한다. 그러므로 일정 기간 동안 발생한 수익과 비용의 정보를 보고하는 재무제표도 필요하다. 이에 대하여는 절을 달리하여 설명하겠다.

03 회계등식의 전개

기업이 상품을 팔거나 서비스를 제공하면서 벌어들인 금액이 수익이며, 이러한 영업활동 과정에서 종업원의 인건비, 사무실 임차료 등이 발생할 수 있는데 이를 비용이라고 한다. 또한 수익에서 비용을 차감한 것을 당기순이익이라고 하며 당기순이익만큼 자본이 증가한다고 할 수 있다.

회계등식 [자산 = 부채 + 자본]을 이용하여 거래를 기록하면 자산, 부채 및 자본에 대한 회계정보는 제공할 수 있지만, 일정 기간 동안 발생한 수익과 비용이 각각 총액으로 표시되지 않고, 수익에서 비용을 뺀 순액이 자본에 포함되어 표시되기 때문에, 성과(수익, 비용 및 당기순이익)에 대한 회계정보는 제공할 수 없다. 그 이유는 일정 기간 동안 발생한 수익과 비용이 각각 총액으로 표시되지 않고, 수익에서 비용을 뺀 순액이 자본에 합쳐서 표시되기 때문이다.

기업이 설립되는 시점에서 자본은 주주로부터 출자받은 금액으로만 구성된다. 이후 기업이 영업활동을 통해서 당기순이익을 얻게 되면 기업의 자본은 주주로부터 출자 받은 금액과 당기순이익으로 나누어진다. 즉, 자본을 주주로부터 출자 받은 금액과 당기순이익의 두 가지 요소로 분해하면, [등식 2]를 [등식 3]으로 표시할 수 있다.

등식 3

| 자산 | = | 부채 | + | 자본 | + | 당기순이익 |

당기순이익은 수익에서 비용을 차감한 금액이므로 [등식 3]을 [등식 4]로 전개할 수 있다.

등식 4

| 자산 | = | 부채 | + | 자본 | + | 수익 | − | 비용 |

[등식 4]에서 모든 항목의 부호를 (＋)로 일치시키기 위하여 우변에 있는 비용을 좌변으로 옮기면 다음과 같은 [등식 5]의 최종적인 회계등식을 만들 수 있다.

등식 5: 최종 회계등식

| 자산 | + | 비용 | = | 부채 | + | 자본 | + | 수익 |

기업에서 어떤 거래가 발생할 경우 좌변 또는 우변의 어떤 항목들이 증가 또는 감소하게 되는데, 회계등식의 등호를 그대로 유지시키면서 이러한 변동 내용을 장부에 기록하는 것이 장부기록(부기)의 원리이다. 이때 회계등식의 등호가 유지되도록 두 군데 이상을 동시에 기록하기 때문에 이러한 장부기록의 방법을 복식부기라고 부른다.

★ 사례연습 2. 회계등식의 전개

용역 제공을 주업으로 하는 ㈜포도에서 발생한 아래의 9가지 거래를 [등식 5]에 따라 기록하시오.

[거래 1] 1월 1일: 주식을 발행하여 투자자로부터 현금 ₩200,000을 출자받아 ㈜포도를 설립하였다.

[거래 2] 1월 10일: 사무실로 사용할 건물을 ₩140,000의 현금을 지급하고 취득하였다.

[거래 3] 1월 15일: 사무실에서 사용할 책상과 의자 및 컴퓨터를 외상으로 ₩16,000에 취득하였다.

[거래 4] 1월 22일: 컨설팅용역을 제공하고 거래처로부터 ₩40,000을 현금으로 받았다.

[거래 5] 1월 25일: 신문에 회사 광고를 냈는데 ₩10,000의 광고선전비 청구서를 받았다.

[거래 6] 1월 27일: 컨설팅 용역을 제공하고 ₩24,000을 받아야 하는데 거래처로부터 ₩4,000은 현금으로 받고 잔액 ₩20,000은 나중에 받기로 하였다.

[거래 7] 1월 29일: 직원 급여 ₩6,000과 전기료 ₩2,000을 현금으로 지급하였다.

[거래 8] 1월 30일: [거래 3]에서 발생한 미지급금 ₩16,000을 현금으로 지급하였다.

[거래 9] 1월 31일: [거래 6]에서 거래처로부터 받지 못했던 컨설팅 용역대가 ₩20,000 중 ₩10,000을 현금으로 받았다.

풀이

	자산	+	비용	=	부채	+	자본	+	수익
[거래 1]	+ 200,000	+		=		+	+ 200,000	+	
[거래 2]	− 140,000 + 140,000	+		=		+		+	
[거래 3]	+ 16,000	+		=	+ 16,000	+		+	
[거래 4]	+ 40,000	+		=		+		+	+ 40,000
[거래 5]		+	+ 10,000	=	+ 10,000	+		+	
[거래 6]	+ 4,000 + 20,000	+		=		+		+	+ 24,000
[거래 7]	− 8,000	+	+ 2,000 + 6,000	=		+		+	
[거래 8]	− 16,000	+		=	− 16,000	+		+	
[거래 9]	+ 10,000 − 10,000	+		=		+		+	
합계	+ 256,000	+	+ 18,000	=	+ 10,000	+	+ 200,000	+	+ 64,000

04 재무상태와 성과의 측정 및 보고

재무상태란 특정 시점에서 기업의 자산, 부채 및 자본의 수준(잔액)을 말한다. 즉, 재무상태라는 것은 특정 시점에서 회사의 재무구조가 어떤 상태인지를 보여주는 것이다.

성과란 일정 기간 동안 회사에서 발생한 수익과 비용이 얼마인지, 그 결과 당기순이익이 얼마인지를 말한다. 즉, 성과라는 것은 일정 기간의 회사의 수익성을 보여주는 개념이다.

Self Study

회계정보는 다양한데, 그 중에서 가장 중요한 회계정보는 기업의 재무상태와 성과를 보여주는 재무제표이다.
1. 재무상태표: 특정 시점의 자산, 부채 및 자본의 잔액 즉, 재무상태를 보여주는 재무제표
2. 포괄손익계산서: 일정 기간 동안의 수익과 비용의 총액 및 당기순이익 등 성과를 보여주는 재무제표

[사례연습 2. 회계등식의 전개]의 회계등식의 구성요소와 금액을 정리하면 다음과 같다.

	자산	+	비용	=	부채	+	자본	+	수익
합계	+ 256,000	+	+ 18,000	=	+ 10,000	+	+ 200,000	+	+ 64,000

이러한 회계등식의 구성요소와 금액을 다음과 같이 표시할 수 있다.

시산표			
자산	256,000	부채	10,000
비용	18,000	자본	200,000
		수익	64,000
	274,000		274,000

위의 양식을 보면 좌우의 합계가 각각 ₩274,000으로 동일하며, 좌변에는 자산과 비용을, 우변에는 부채, 자본 및 수익을 기재함으로써 회계등식과 동일한 내용으로 표시되어 있음을 알 수 있다. 이러한 양식을 회계에서는 시산표라고 부른다. 즉, 시산표란 특정 시점에서의 자산, 부채 및 자본의 잔액과 그 시점까지 발생한 수익과 비용의 총액을 좌우 대비하는 식으로 작성한 회계양식으로, 결국 회계등식의 다른 표현이다. 위의 시산표를 자산, 부채 및 자본을 한 묶음으로, 수익 및 비용을 다른 한 묶음으로 하여 나누면 다음과 같이 될 것이다.

시산표			
자산	256,000	부채	10,000
비용	18,000	자본	200,000
		수익	64,000
	274,000		274,000

재무상태표			
자산	256,000	부채	10,000
		자본	200,000
			46,000
	256,000		256,000

포괄손익계산서			
비용	18,000	수익	64,000
당기순이익	46,000		
	64,000		64,000

시산표의 수익과 비용의 묶음을 보면 수익이 비용보다 더 많으며, 시산표의 자산, 부채 및 자본의 묶음을 보면 자산이 부채와 자본의 합계보다 더 많음을 알 수 있고 두 부분의 차이는 ₩46,000으로 정확하게 일치하게 된다. 이는 수익에서 비용을 차감한 당기순이익이 넓은 의미의 자본에 포함된다는 것을 의미한다. 결국 재무상태표와 포괄손익계산서는 시산표로부터 도출되는 것이다.

㈜포도의 1월 31일 현재 재무상태표상 자본 ₩246,000이 1월 1일에 비해 ₩46,000이 증가하였는데, 그 증가가 주주의 출자 때문에 증가한 것이 아닌 당기순이익 ₩46,000 때문임을 파악할 수 있다. 그러므로 재무상태표와 포괄손익계산서의 정보를 이용하여 다음의 등식을 세울 수 있다.

거래는 기업이 장부에 기록해야 할 경제적 사건을 의미한다. 모든 사건을 장부에 기록해야 하는 것은 아니다. 그러므로 특정 사건이 발생하였을 때 이러한 사건이 장부기록의 대상인지 여부를 판단하는 것이 매우 중요하다.

기업에서 거래가 발생하였을 때 이를 회계장부에 기록해야 할 거래인지의 여부를 판단하려면 다음의 두 가지 조건을 고려하여야 한다. 다음의 두 가지 조건을 모두 충족한다면 당해 거래를 장부에 기록해야 하고, 그렇지 않다면 두 가지 조건을 모두 충족할 때까지 장부에 기록하지 않는다.

장부기록 대상의 조건

① 그 거래로 인하여 기업의 재무상태에 변화를 가져와야 한다.
② 신뢰성 있는 측정이 가능해야 한다.

Additional Comment

신뢰성 있는 측정 자체가 정확한 측정을 의미하는 것은 아니다. 정확하지는 않더라도 합리적인 추정이 가능하다면 이는 신뢰성 있는 측정치로 간주되기 때문에 장부에 기록할 수 있다.

Self Study

1. 장부에 기록해야 할 거래를 회계적 거래라고 하며, 앞으로 거래라고 하면 장부기록의 대상인 회계적 거래만을 의미한다고 보면 된다.
2. 단순계약은 회계적 거래로 보지 않는다.

회계적 거래와 일반적 의미의 거래

구분	사례
일반적인 의미의 거래가 아니나 회계적 거래인 경우 (장부에 기록 ○)	① 공장건물의 화재로 인한 손실 ② 보유 자산의 시가 변동 ③ 기계장치의 사용에 따른 장부금액의 감소
일반적인 의미의 거래이나 회계적 거래는 아닌 경우 (장부에 기록 ×)	① 상품의 구입주문서 발송 ② 사무실의 임차계약 체결 ③ 차입금에 대한 부동산의 담보제공

2 장부기록의 과정

I 계정의 의의

회계에서는 세부적으로 구분된 거래기록의 개별 단위를 계정이라 한다. 즉, 재무제표에 표시되는 세부 항목을 계정이라고 말한다. 계정을 사용함으로써 회계정보 이용자들에게 재무상태 및 성과에 대한 정보를 좀더 상세하게 제공할 수 있다.

Additional Comment

> 정보이용자는 자산 총액뿐만 아니라 그 자산 중에 현금이 얼마이고, 토지나 상품은 얼마인지 자산을 구성하는 세부 항목과 금액도 알고 싶을 것이다. 이는 자산뿐만 아니라 부채나 수익 및 비용 등 다른 재무제표 요소에 대해서도 마찬가지이다. 따라서 재무제표의 요소를 구성하는 세부 항목을 사용하여 재무제표를 표시할 필요가 있다. 이때 사용되는 것이 계정이다.

회사는 각 계정별로 장부를 만들어 놓고, 거래가 발생할 때마다 어떤 계정이 증가 또는 감소하였는지 파악한 후 해당 계정별 장부에 변동 금액을 기록한다. 재무상태표는 특정 시점 현재 자산, 부채 및 자본의 여러 계정별 장부에 기록되어 있는 잔액을 보고하는 재무제표이며, 포괄손익계산서는 일정 기간 동안 발생한 수익과 비용의 여러 계정별 장부에 기록되어 있는 총액을 보고하는 재무제표이다.

계정의 예

구분		계정의 예
재무상태표 계정	자산계정	현금, 매출채권, 미수금, 상품, 토지, 건물, 비품, 소모품, 대여금 등
	부채계정	매입채무, 미지급금, 미지급비용, 차입금 등
	자본계정	자본금, 이익잉여금 등
포괄손익계산서 계정	수익계정	매출, 임대수익, 이자수익, 유형자산처분이익 등
	비용계정	매출원가, 급여, 보험료, 임차료, 광고선전비, 법인세비용 등

1. 제품, 상품의 구분
   ① **제품**: 제조기업이 영업활동에서 판매를 목적으로 직접 제조한 자산
   ② **상품**: 상기업이 영업활동에서 판매를 목적으로 외부에서 구입한 자산
2. 매출채권, 미수금, 미수수익의 구분
   ① **매출채권**: 기업이 영업활동으로 제품이나 상품 또는 용역을 제공하고 아직 수취하지 못한 대가를 받을 권리
   ② **미수금**: 기업이 영업외활동으로 재화를 판매하고 아직 수취하지 못한 대가를 받을 권리
   ③ **미수수익**: 기업이 영업외활동으로 용역을 제공하고 아직 수취하지 못한 대가를 받을 권리
3. 매입채무, 미지급금, 미지급비용의 구분
   ① **매입채무**: 기업이 제품이나 상품을 제조·구매하고 대금을 지급하여야 할 의무
   ② **미지급금**: 기업이 제품이나 상품이 아닌 재화를 구매하고 대금을 지급하여야 할 의무
   ③ **미지급비용**: 기업이 용역을 제공받고 대금을 지급하여야 할 의무
4. 이익잉여금: 기업의 매년 발생한 당기순이익이 쌓여 있는 자본 계정

Ⅱ 거래의 분석 및 분개

01 재무제표 도출과정

기업에서 거래가 발생하면 자산, 부채, 자본 및 수익, 비용이 변동될 것이다. 그 변동 내역을 각 계정별로 마련된 장부에 계속 기록해 두었다가 특정 시점의 모든 계정별 금액을 하나의 표로 옮겨 놓은 것이 시산표이다. 그리고 시산표에 있는 여러 계정들 중에서 자산, 부채, 자본의 계정들만을 일정한 양식에 옮겨 놓은 것이 재무상태표이고, 수익, 비용의 계정들만을 일정한 양식에 옮겨 놓은 것이 포괄손익계산서이다. 즉, 재무제표는 다음과 같은 절차를 통하여 만들어지는 것이다.

```
┌─ 재무제표의 도출과정 ──────────────────────────────────────────┐
│  ┌───────────────────┐      ┌───────────────┐      ┌───────────────────────┐  │
│  │ 발생한 거래의 장부기록  │      │               │      │                       │  │
│  │  1st 거래의 발생    │  ⊃  │   시산표의 작성   │  ⊃  │  시산표로부터 재무제표 도출  │  │
│  │  2nd 거래의 분개    │      │               │      │                       │  │
│  │  3rd 거래의 전기    │      │               │      │                       │  │
│  └───────────────────┘      └───────────────┘      └───────────────────────┘  │
└──────────────────────────────────────────────────────────────┘
```

02 분개의 의미와 방법

특정 거래가 발생하였을 때 재무상태의 변동을 장부에 기록하기 위해서는 어느 계정이 얼마만큼 증가 또는 감소되었는지 결정하는 절차가 필요한데, 회계에서는 이와 같은 절차를 분개라고 한다.

회계에서는 회계등식 또는 시산표의 좌변을 차변이라고 부르고, 우변을 대변이라고 부른다. 특정 거래가 발생할 때마다 차변과 대변의 계정 중 어떤 계정을 얼마만큼 변동시킬 것인지 분개를 통하여 결정하고, 이렇게 결정된 계정과 금액을 각 계정별로 장부에 옮겨 적는 것이 거래의 기록이다.

분개의 과정을 이해하기 위해서는 특정 거래가 발생할 때 재무제표의 요소들이 어떻게 변동되는지를 알아야 하는데 기업에서 특정 거래가 발생하면 자산, 부채, 자본, 수익, 비용 중 하나 이상의 요소가 증가 또는 감소한다.

거래의 8요소

차변	대변
자산(증가)	자산(감소)
부채(감소)	부채(증가)
자본(감소)	자본(증가)
비용(발생)	수익(발생)

그런데 어떤 거래가 발생하든 회계등식의 좌변의 합계와 우변의 합계는 항상 균형을 이루어야 한다. 거래가 발생할 경우 회계등식의 균형을 유지하기 위해서는 다음의 두 가지 중 한 가지 유형으로 장부기록을 해야 한다.

유형 1

차변과 대변을 동일한 금액만큼 증가(또는 감소)시키는 기록을 한다.

| (차) 자산·비용 | ×× | (대) 부채·자본·수익 | ×× |

유형 2

차변(또는 대변)에서만 동일한 금액을 증가시키고 동시에 감소시키는 기록을 한다.

| (차) 자산·비용 | ×× | (대) 자산 | ×× |
| (차) 부채·자본 | ×× | (대) 부채·자본·수익 | ×× |

만일 자산이 감소하거나 부채·자본이 감소하는 거래가 발생하였다면 당해 항목의 감소 거래는 원래 위치의 반대편에 놓는 방식으로 분개를 한다.
또한, 경우에 따라서 차변과 대변의 금액을 일치시키기 위해서 특정 금액을 차변 또는 대변에 끼워넣기(plug-in) 해야 하는 분개도 있다.

Case 1: ₩2,000에 취득한 토지를 현금 ₩2,200을 수령하고 매각

| (차) 현금 | 2,200 | (대) 토지 | 2,000 |
| | | 처분이익 | 200 |

Case 2: ₩2,000에 취득한 토지를 현금 ₩1,600을 수령하고 매각

| (차) 현금 | 1,600 | (대) 토지 | 2,000 |
| 처분손실 | 400 | | |

어떤 경우에도 분개의 차변과 대변의 합계금액은 일치해야 한다. 따라서 위와 같이 유형자산의 처분손익이 발생하는 거래를 분개할 때에는 대차를 일치시키기 위한 금액을 차변 또는 대변에 끼워 넣어야 함을 알 수 있다.

[★ 사례연습] 3. 거래의 분석 및 분개

용역 제공을 주업으로 하는 ㈜포도에서 발생한 아래의 9가지 거래를 분개하시오.

[거래 1] 1월 1일: 주식을 발행하여 투자자로부터 현금 ₩200,000을 출자 받아 ㈜포도를 설립하였다.

[거래 2] 1월 10일: 사무실로 사용할 건물을 ₩140,000의 현금을 지급하고 취득하였다.

[거래 3] 1월 15일: 사무실에서 사용할 책상과 의자 및 컴퓨터를 외상으로 ₩16,000에 취득하였다.

[거래 4] 1월 22일: 컨설팅용역을 제공하고 거래처로부터 ₩40,000을 현금으로 받았다.

[거래 5] 1월 25일: 신문에 회사 광고를 냈는데 ₩10,000의 광고선전비 청구서를 받았다.

[거래 6] 1월 27일: 컨설팅 용역을 제공하고 ₩24,000을 받아야 하는데 거래처로부터 ₩4,000은 현금으로 받고 잔액 ₩20,000은 나중에 받기로 하였다.

[거래 7] 1월 29일: 직원 급여 ₩6,000과 전기료 ₩2,000을 현금으로 지급하였다.

[거래 8] 1월 30일: [거래 3]에서 발생한 미지급금 ₩16,000을 현금으로 지급하였다.

[거래 9] 1월 31일: [거래 6]에서 거래처로부터 받지 못했던 컨설팅 용역대가 ₩20,000 중 ₩10,000을 현금으로 받았다.

[거래 1]

| (차) 현금 | 200,000 | (대) 자본금 | 200,000 |

[거래 2]

| (차) 건물 | 140,000 | (대) 현금 | 140,000 |

[거래 3]

| (차) 비품 | 16,000 | (대) 미지급금 | 16,000 |

[거래 4]

| (차) 현금 | 40,000 | (대) 매출 | 40,000 |

[거래 5]

| (차) 광고비 | 10,000 | (대) 미지급비용 | 10,000 |

[거래 6]

| (차) 현금 | 4,000 | (대) 매출 | 24,000 |
| 매출채권 | 20,000 | | |

[거래 7]

| (차) 급여 | 6,000 | (대) 현금 | 8,000 |
| 전기료 | 2,000 | | |

[거래 8]

| (차) 미지급금 | 16,000 | (대) 현금 | 16,000 |

[거래 9]

| (차) 현금 | 10,000 | (대) 매출채권 | 10,000 |

Self Study

복식부기제도하에서 모든 회계적 거래는 반드시 어떤 계정의 차변과 다른 계정의 대변에 같은 금액을 기입한다. 따라서 아무리 많은 거래를 기입하더라도 계정 전체의 차변 합계금액과 대변 합계금액은 반드시 일치해야 하는데 이것을 대차평균의 원리라고 한다.

발생한 거래를 분개하고 차변과 대변의 금액을 각 계정별로 준비된 장부에 기록해야 하는데 회계에서는 이를 전기라고 한다. 그런데 발생한 거래를 분개한 후 각 계정별 장부에 이를 기록하는 것을 설명할 때마다 계정의 장부처럼 세부적인 장부 양식을 일일이 그려 설명하는 것은 매우 번거로우므로 회계학에서는 일반적으로 장부의 양식을 영어 대문자 "T"를 이용하여 간단하게 표시한 후, 여기에 발생한 거래를 기록하는 방식으로 전기를 설명하는데, 이를 회계에서 "T계정"이라고 부른다.

T계정에서의 전기 과정은 자산의 증가 거래는 차변, 감소 거래는 대변에 기록하고, 부채 및 자본의 증가 거래는 대변, 감소 거래는 차변에 기록한다. 또한 수익의 발생 거래는 대변에, 비용의 발생 거래는 차변에 기록한다. 이러한 T계정에의 기록은 이미 분개 과정에서 발생한 거래에 대하여 차변과 대변의 계정 및 금액을 결정한 것을 그대로 옮겨 적는 것과 동일하다.

재무제표의 요소별 T계정의 구성

자산·비용 계정		부채·자본·수익 계정	
(차변)	(대변)	(차변)	(대변)
+ 자산 증가	− 자산 감소	− 부채 감소	+ 부채 증가
+ 비용 발생	− 비용 취소	− 자본 감소	+ 자본 증가
		− 수익 취소	+ 수익 발생

★ 사례연습   4. 거래의 전기

앞의 사례연습 3에서 분개한 거래들을 T계정을 이용하여 각 계정별로 전기하시오.

풀이

현금

자본금	200,000	건물	140,000
매출	40,000	급여	6,000
매출	4,000	전기료	2,000
매출채권	10,000	미지급금	16,000
		월말 잔액	90,000
	254,000		254,000

건물

현금	140,000	월말 잔액	140,000
	140,000		140,000

비품

미지급금	16,000	월말 잔액	16,000
	16,000		16,000

매출채권

매출	20,000	현금	10,000
		월말 잔액	10,000
	20,000		20,000

미지급금

현금	16,000	비품	16,000
월말 잔액	0		
	16,000		16,000

미지급비용

월말 잔액	10,000	광고비	10,000
	10,000		10,000

자본금

월말 잔액	200,000	현금	200,000
	200,000		200,000

매출

총액	64,000	현금	40,000
		현금	4,000
		매출채권	20,000
	64,000		64,000

광고비

미지급비용	10,000	총액	10,000
	10,000		10,000

급여

현금	6,000	총액	6,000
	6,000		6,000

전기료

현금	2,000	총액	2,000
	2,000		2,000

Self Study

T계정에서의 전기 과정은 자산의 증가 거래는 차변, 감소 거래는 대변에 기록하고, 부채 및 자본의 증가 거래는 대변, 감소 거래는 차변에 기록한다. 또한 수익의 발생 거래는 대변에, 비용의 발생 거래는 차변에 기록한다.

Ⅳ 시산표 및 재무상태표와 포괄손익계산서의 작성

[사례연습 4. 거래의 전기]의 사례에서 ㈜포도의 1월 한 달 동안 발생한 거래들을 각 계정별로 마련된 장부에 기록한 후 1월 31일 현재 자산, 부채 및 자본의 각 계정별 잔액과 수익 및 비용의 각 계정별 총액을 아래의 시산표에 집합시킬 수 있다.

	시산표		
현금	90,000	미지급비용	10,000
건물	140,000	자본금	200,000
비품	16,000	매출	64,000
매출채권	10,000		
광고비	10,000		
급여	6,000		
전기료	2,000		
	274,000		274,000

시산표를 작성하였으면 시산표를 위와 아래 두 부분으로 나누어서 재무상태표와 포괄손익계산서를 만들 수 있다. 즉, 위의 시산표에서 자산, 부채 및 자본을 한 묶음으로 하여 재무상태표를 작성하고, 나머지 부분(수익, 비용)을 한 묶음으로 하여 포괄손익계산서를 작성한다.

㈜포도의 1월 31일 현재 재무상태표와 1월 한 달 동안의 포괄손익계산서를 작성하면 다음과 같다.

	재무상태표		
현금	90,000	미지급비용	10,000
건물	140,000	자본금	200,000
비품	16,000	이익잉여금	46,000
매출채권	10,000		
	256,000		256,000

	포괄손익계산서		
광고비	10,000	매출	64,000
급여	6,000		
전기료	2,000		
당기순이익	46,000		
	64,000		64,000

V   장부의 마감

01 회계기간

일반적으로 기업은 1년 단위로 기간을 나누어서 재무상태 및 성과를 보고한다. 즉, 1월 1일부터 사업연도 개시일이라면 12월 31일이 결산일이며, 사업연도 개시일부터 결산일까지의 기간을 회계기간 또는 재무보고 기간이라고 한다.

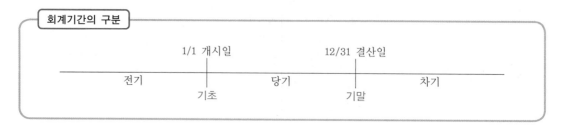

1월 1일을 기초라고 하고 12월 31일을 기말이라고 한다. 전년도 1월 1일부터 12월 31일까지의 회계기간을 전기라고 하고, 금년도 1월 1일부터 12월 31일까지의 회계기간을 당기라고 하며, 다음 연도 1월 1일부터 12월 31일까지의 회계기간을 차기라고 한다.

02 장부 마감의 정의

장부기록의 절차를 마무리하기 위해서는 자산, 부채, 자본 계정들을 차기(다음 회계연도)로 이월시키고, 수익, 비용 계정은 차기로 이월시키지 않고 이를 집합시켜 자본(이익잉여금)에 대체하는 절차가 필요한데 이러한 절차를 장부의 마감이라고 한다.

Additional Comment

자산, 부채, 자본 계정은 차기로 이월시키고, 수익과 비용 계정은 차기로 이월시키지 않는 이유는 수익과 비용을 연도별로 이월시키면 금액이 계속 누적되어 연도별 정확한 재무성과를 파악할 수 없기 때문이다.

03 포괄손익계산서 계정의 마감

수익 및 비용 계정들은 다음 연도로 이월시키지 않고 그 순액 즉, 당기순이익을 재무상태표의 이익잉여금 계정으로 귀속시키는 회계처리를 하는 것으로 장부를 마감한다. 이익잉여금은 당기순이익의 누적액으로 자본의 한 항목이다. 포괄손익계산서 계정의 마감을 위한 회계처리는 다음과 같다.

(1) 수익 계정의 당기 발생 총액을 집합손익 계정으로 대체하여 모든 수익 계정의 잔액을 '0'으로 만든다.

(차) 수익	××	(대) 집합손익	××

(2) 비용 계정의 당기 발생 총액을 집합손익의 계정으로 대체하여 모든 비용 계정의 잔액을 '0'으로 만든다.

(차) 집합손익	××	(대) 비용	××

(3) 집합손익 계정의 잔액(즉, 당기순이익에 해당됨)을 이익잉여금 계정으로 대체한다. 이렇게 분개하면 집합손익 계정의 잔액은 '0'이 된다. 집합손익이라는 계정은 포괄손익계산서 계정의 마감 과정에서 임시로 사용되는 계정이며, 이익잉여금 계정으로 대체되면서 사라진다.

(차) 집합손익	××	(대) 이익잉여금	××

장부의 마감 절차를 통해서 시산표의 모든 금액이 다음 연도로 이월된다. 여러 가지 자산과 부채 계정은 직접 이월(영구 계정)되고, 여러 가지 수익과 비용 계정은 이를 순액(당기순이익)으로 하여 이익잉여금에 포함시킨 후에 그 이익잉여금이 이월(임시 계정 또는 명목 계정)된다.

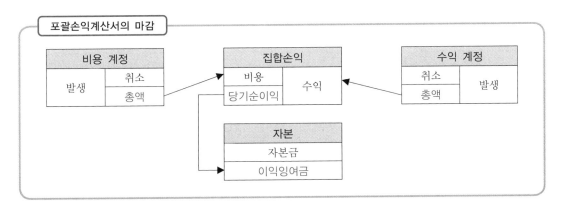

3 회계순환과정

I   현금기준과 발생기준의 비교

현금이 유입되거나 유출되는 시점에서 자산, 부채, 수익 및 비용을 인식하는 것을 현금기준이라고 한다. 현금기준에 따라 재무제표를 작성하면 재무상태 및 성과를 적정하게 보고하기 어렵다. 그 이유는 현금기준을 적용하면 결산일 현재 비용이 발생하였더라도 현금을 지급하지 않는 한 비용을 인식하지 않으며, 결산일 현재 수익이 발생하였더라도 현금을 수령하지 않는 한 수익으로 인식하지 않기 때문이다.

현금기준에 따라 장부기록을 하면 당기 중에 현금의 입금 및 출금의 결과는 정확하게 보고할 수 있으나, 당기 말 현재 재무상태 및 당기의 재무성과를 적절하게 보고하지 못하는 한계가 있다. 회계에서는 현금의 입금 및 출금과 관계없이 재무상태에 변동을 가져오는 거래가 발생한 시점에 이를 인식하도록 하는데, 이를 발생기준(발생주의)이라고 한다.

> **현금기준과 발생기준의 구분**
>
> ① **현금기준**: 현금의 유입이나 유출 시점에 재무제표 요소의 변동을 인식
> ② **발생기준**: 현금의 유입이나 유출과 관계없이 재무제표 요소의 변동이 발생했을 때 인식

Additional Comment

> 재무제표를 통해서 미래 현금흐름의 예측이 가능하기 위해서는 재무제표가 발생기준에 따라 작성되어야 함을 의미한다. 발생기준에 따라 장부기록을 해야 기업의 재무상태와 성과를 적절하게 보고할 수 있고, 회계정보이용자가 기업의 미래 현금흐름을 예측하는 데 유용할 수 있다.

II   결산수정분개의 의의

기업들은 회계기간 중에 발생기준에 따라 회계처리를 하지만, 경우에 따라서는 현금을 수령하거나 현금을 지급할 때 전체 금액을 수익이나 비용으로 인식하기도 한다. 그러므로 기업이 결산을 하는 과정에서 이를 바로 잡을 필요가 있다.

기업에서 결산을 한다는 것은 당기 중에 발생한 거래 기록들을 정리하고 재무상태 및 성과를 확정짓는 것을 의미한다. 기업이 결산을 하는 과정에서 발생기준에 따라 제대로 인식되지 않은 자산, 부채, 수익 및 비용 등을 발견하였다면 발생기준에 따라 인식되어야 할 금액으로 수정하는 분개를 해야 하는데, 이를 결산수정분개(adjusting entries)라고 한다.

결산수정분개가 반영되지 않은 시산표를 수정전시산표라고 하며, 결산수정분개를 반영한 시산표를 수정후시산표라고 한다. 아래의 그림과 같이 특정 회계연도의 재무상태표와 포괄손익계산서는 결산수정분개가 반영된 수정후시산표로부터 도출된다.

Ⅲ 발생에 대한 결산수정분개

결산수정분개는 크게 발생(accruals)과 이연(deferrals)에 대한 수정분개를 구분할 수 있다. 당기 중에 수익 또는 비용이 이미 발생하였으나 결산일까지 현금의 유입 또는 유출이 없어서 아무런 회계처리도 하지 않았다면, 발생한 수익 또는 비용을 인식하는 결산수정분개가 필요하다. 이를 발생에 대한 결산수정분개라고 한다.

01 미수수익

회계기간 중에 수익은 이미 발생하였으나 결산일까지 현금을 수령하지 않았기 때문에 아무런 회계처리를 하지 않았다면, 발생한 수익을 인식해야 한다. 이때 수익의 상대계정으로 미수수익을 인식한다. 미수수익은 자산 계정인데, 미래에 현금 등 경제적 자원을 수취할 권리이므로 자산의 정의에 부합한다.
결산수정분개는 다음과 같으며, 대변의 수익 계정은 수익의 내용에 따라 적합한 계정(예 이자수익, 임대수익, 수수료수익 등)을 사용하면 된다. 미수수익은 자산 계정이므로 다음 연도로 이월되는데, 다음 연도에 미수수익을 현금으로 수취할 때 다음과 같이 현금을 증가시키고 미수수익을 감소시키는 분개를 한다.

> **미수수익의 회계처리**
>
> 〈결산수정분개〉
>
> | (차) 미수수익 | ×× | (대) ○○수익 | ×× |
> |---|---|---|---|
>
> 〈다음 연도에 현금 수령 시〉
>
> | (차) 현금 | ×× | (대) 미수수익 | ×× |
> |---|---|---|---|

발생기준에 따라 회계처리하면 수익 거래가 발생했을 때 수익을 인식하는 것이지, 현금을 수취할 때 수익을 인식하는 것이 아님을 알 수 있다.

★ 사례연습 5. 미수수익

갑회사는 20×1년 7월 1일 은행에 1년 만기 정기예금에 현금 ₩1,000,000을 예치하였으며, 이자는 연 10% 이자율로 20×2년 6월 30일에 수령하기로 하였다. 갑회사가 결산일인 20×1년 12월 31일 해야 할 결산수정분개 및 20×2년 6월 30일에 이자 수령 시 해야 할 회계처리를 하시오.

풀이

1) 수정전시산표

	수정전시산표		

2) 결산수정분개

⟨20×1년 12월 31일⟩

(차) 미수수익*¹	50,000	(대) 이자수익	50,000

*¹ 1,000,000 × 10% × 6/12 = 50,000

⟨20×2년 6월 30일⟩

(차) 현금	100,000	(대) 미수수익	50,000
		이자수익	50,000

3) 수정후시산표

	수정후시산표		
미수수익	50,000	이자수익	50,000

4) 재무제표

	재무상태표		
미수수익	50,000		

	포괄손익계산서		
		이자수익	50,000

02 미지급비용

회계기간 중에 비용은 발생하였으나 결산일까지 현금을 지급하지 않았기 때문에 아무런 회계처리를 하지 않았다면, 발생한 비용을 인식해야 한다. 이때 비용의 상대계정으로 미지급비용을 인식한다. 미지급비용은 부채 계정인데, 미래에 현금 등 경제적 자원을 이전해야 하는 의무이므로 부채의 정의에 부합한다. 결산수정분개는 다음과 같으며, 차변의 비용 계정은 비용의 내용에 따라 적합한 계정(예 이자비용, 보험료, 임차료 등)을 사용한다.

미지급비용은 부채 계정이므로 다음 연도로 이월되는데, 다음 연도에 미지급비용을 현금으로 지급할 때 다음과 같이 현금과 미지급비용을 감소시키는 분개를 한다.

미지급비용의 회계처리			
〈결산수정분개〉			
(차) ○○비용	××	(대) 미지급비용	××
〈다음 연도에 현금 수령 시〉			
(차) 미지급비용	××	(대) 현금	××

Self Study

발생기준에 따라 회계처리하면 비용 거래가 발생했을 때 비용을 인식하는 것이지, 현금을 지급할 때 비용을 인식하는 것이 아님을 알 수 있다.

★ 사례연습 6. 미지급비용

갑회사는 20×1년 7월 1일 은행으로부터 ₩1,000,000을 차입하였다. 이자는 연 10% 이자율로 20×2년 6월 30일에 수령하기로 하였다. 갑회사가 결산일인 20×1년 12월 31일에 해야 할 결산수정분개 및 20×2년 6월 30일에 이자 지급 시 해야 할 회계처리를 하시오.

풀이

1) 수정전시산표

수정전시산표

2) 결산수정분개

〈20×1년 12월 31일〉

| (차) 이자비용 | 50,000 | (대) 미지급비용[1] | 50,000 |

[1] 1,000,000 × 10% × 6/12 = 50,000

〈20×2년 6월 30일〉

| (차) 미지급비용 | 50,000 | (대) 현금 | 100,000 |
| 이자비용 | 50,000 | | |

3) 수정후시산표

수정후시산표

| 이자비용 | 50,000 | 미지급비용 | 50,000 |

4) 재무제표

재무상태표

| | | 미지급비용 | 50,000 |

포괄손익계산서

| 이자비용 | 50,000 | | |

Ⅳ 이연에 대한 결산수정분개

결산수정분개는 크게 발생(accruals)과 이연(deferrals)에 대한 수정분개로 구분할 수 있다. 회계기간 중에 현금을 수취하거나 지급하면서 수익이나 비용을 인식했는데, 수취하거나 지급한 현금만큼 수익이나 비용이 발생하지 않은 경우 결산수정분개가 필요하다. 이를 이연에 대한 결산수정분개라고 한다. 이연이란 당기의 현금 유출액 중 차기의 수익 또는 비용에 해당되는 금액을 미래로 넘겨서 차기에 수익 또는 비용을 인식하는 것을 의미한다.

Additional Comment

기업이 회계기간 중에 현금을 수취하거나 지급하면서 수익이나 비용 대신 부채나 자산을 인식했을 수도 있다. 따라서 기업이 회계기간 중에 어떻게 회계처리했는지에 따라 이연에 대한 결산수정분개가 달라지므로 발생에 대한 결산수정분개보다 다소 복잡하다.

01 선급비용

선급비용과 관련된 결산수정분개는 기중에 현금을 지급할 때 모두 비용으로 인식한 경우와 모두 자산(선급비용)으로 인식한 경우에 따라 다르다. 그에 대한 회계처리는 다음과 같다.

기중 현금 지급 시 회계처리	결산수정분개	다음 연도
모두 비용으로 인식	다음 연도에 귀속될 비용만큼 당기 중에 인식했던 비용을 줄이고, 자산을 인식	전기 이월된 선급비용을 기간 경과에 따라 비용으로 대체
모두 자산으로 인식	비용을 전혀 인식하지 않았으므로 당기에 귀속될 비용만큼 비용을 인식하고, 당기 중에 자산으로 인식했던 선급비용을 그만큼 감소	

(1) 기중 현금 지급 시 모두 비용으로 인식

〈기중 현금 지급 시〉

(차) 비용 ×× (대) 현금 ××

〈결산수정분개〉

(차) 선급비용 당기 미 귀속분 (대) 비용 당기 미 귀속분

(2) 기중 현금 지급 시 모두 자산으로 인식

〈기중 현금 지급 시〉

(차) 선급비용 ×× (대) 현금 ××

〈결산수정분개〉

(차) 비용 당기 귀속분 (대) 선급비용 당기 귀속분

Self Study

계정을 대체한다는 것은 한 계정에서 다른 계정으로 바꾼다는 것을 의미한다. 선급비용을 비용으로 대체하면 자산(선급비용)이 감소하고 그만큼 비용이 증가한다.

갑회사는 20×1년 7월 1일 건물에 대한 1년분 화재보험료 ₩200,000을 현금 지급하였다. 갑회사가 20×1년 7월 1일 현금 지출 시 전액 비용으로 처리한 경우와 전액 자산으로 처리한 경우로 나누어 결산일인 20×1년 12월 31일에 해야 할 결산수정분개를 하시오.

풀이

1. 전액 비용으로 처리한 경우
1) 기중 현금 지급 시

| (차) 화재보험료 | 200,000 | (대) 현금 | 200,000 |

2) 수정전시산표

수정전시산표

| 화재보험료 | 200,000 | | |

3) 결산수정분개

| (차) 선급비용[*1] | 100,000 | (대) 화재보험료 | 100,000 |

[*1] 200,000 × 6/12 = 100,000

4) 수정후시산표

수정후시산표

| 화재보험료 | 100,000 | | |
| 선급비용 | 100,000 | | |

5) 재무제표

재무상태표

| 선급비용 | 100,000 | | |

포괄손익계산서

| 화재보험료 | 100,000 | | |

2. 전액 자산으로 처리한 경우
1) 기중 현금 지급 시

| (차) 선급비용 | 200,000 | (대) 현금 | 200,000 |

2) 수정전시산표

수정전시산표

| 선급비용 | 200,000 | | |

3) 결산수정분개

(차) 화재보험료*2	100,000	(대) 선급비용	100,000
*2 200,000 × 6/12 = 100,000			

4) 수정후시산표

수정후시산표			
화재보험료	100,000		
선급비용	100,000		

5) 재무제표

재무상태표			
선급비용	100,000		

포괄손익계산서			
화재보험료	100,000		

02 선수수익

선수수익과 관련된 결산수정분개는 기중에 현금을 수령할 때 모두 수익으로 인식한 경우와 모두 부채(선수수익)로 인식한 경우에 따라 다르다. 그에 대한 회계처리는 다음과 같다.

기중 현금 수령 시 회계처리	결산수정분개	다음 연도
모두 수익으로 인식	다음 연도에 귀속될 수익만큼 당기 중에 인식했던 수익을 줄이고, 부채를 인식	전기 이월된 선수수익을 기간 경과에 따라 수익으로 대체
모두 부채로 인식	수익을 전혀 인식하지 않았으므로 당기에 귀속될 수익만큼 수익을 인식하고, 당기 중에 부채로 인식했던 선수수익을 그만큼 감소	

(1) 기중 현금 수령 시 모두 수익으로 인식

〈기중 현금 수령 시〉

(차) 현금	××	(대) ○○수익	××

〈결산수정분개〉

(차) ○○수익	당기 미 귀속분	(대) 선수수익	당기 미 귀속분

(2) 기중 현금 수령 시 모두 부채로 인식

〈기중 현금 수령 시〉

(차) 현금	××	(대) 선수수익	××

〈결산수정분개〉

(차) 선수수익	당기 귀속분	(대) ○○수익	당기 귀속분

Additional Comment

대변의 선수수익 계정을 수익의 유형에 따라 선수임대료, 선수이자, 선수수수료 등의 계정으로 분개할 수도 있으나, 보다 일반적인 계정인 선수수익을 사용한다.

★ 사례연습 8. 선수수익

갑회사는 20×1년 7월 1일 회사 소유의 건물을 을에게 1년간 임대해주기로 하였다. 갑회사는 1년분 임대료 ₩200,000을 20×1년 7월 1일에 현금으로 수령하였다. 갑회사가 20×1년 7월 1일 현금 수령 시 전액 수익으로 처리한 경우와 전액 부채로 처리한 경우로 나누어 결산일인 20×1년 12월 31일에 해야 할 결산수정분개를 하시오.

[풀이]

1. 전액 수익으로 처리한 경우
1) 기중 현금 수령 시

(차) 현금	200,000	(대) 임대료수익	200,000

2) 수정전시산표

수정전시산표		
	임대료수익	200,000

3) 결산수정분개

(차) 임대료수익[*1]	100,000	(대) 선수수익	100,000

[*1] 200,000 × 6/12 = 100,000

4) 수정후시산표

수정후시산표		
	선수수익	100,000
	임대료수익	100,000

5) 재무제표

<table>
<tr><td colspan="2" align="center">재무상태표</td></tr>
<tr><td></td><td>선수수익</td><td align="right">100,000</td></tr>
</table>

<table>
<tr><td colspan="2" align="center">포괄손익계산서</td></tr>
<tr><td></td><td>임대료수익</td><td align="right">100,000</td></tr>
</table>

2. 전액 부채로 처리한 경우
1) 기중 현금 수령 시

(차) 현금	200,000	(대) 선수수익	200,000

2) 수정전시산표

<table>
<tr><td colspan="2" align="center">수정전시산표</td></tr>
<tr><td></td><td>선수수익</td><td align="right">200,000</td></tr>
</table>

3) 결산수정분개

(차) 선수수익[*2]	100,000	(대) 임대료수익	100,000

[*2] $200,000 \times 6/12 = 100,000$

4) 수정후시산표

<table>
<tr><td colspan="2" align="center">수정후시산표</td></tr>
<tr><td></td><td>선수수익</td><td align="right">100,000</td></tr>
<tr><td></td><td>임대료수익</td><td align="right">100,000</td></tr>
</table>

5) 재무제표

<table>
<tr><td colspan="2" align="center">재무상태표</td></tr>
<tr><td></td><td>선수수익</td><td align="right">100,000</td></tr>
</table>

<table>
<tr><td colspan="2" align="center">포괄손익계산서</td></tr>
<tr><td></td><td>임대료수익</td><td align="right">100,000</td></tr>
</table>

03 소모품

선급비용과 유사한 결산조정분개를 하는 것이 소모품이다. 소모품에는 기업에서 사용하는 종이나 볼펜과 같은 사무용품 등이 있다. 소모품 중 당기 중에 사용한 부분은 비용(소모품비 계정)으로, 당기 말까지 사용하지 않은 부분은 자산(소모품 계정)으로 보고되어야 한다.
그에 대한 회계처리는 다음과 같다.

기중 현금 지급 시 회계처리	결산수정분개	다음 연도
모두 비용으로 인식	다음 연도에 귀속될 비용만큼 당기 중에 인식했던 비용을 줄이고, 자산을 인식	전기 이월된 소모품을 기간 경과에 따라 비용으로 대체
모두 자산으로 인식	비용을 전혀 인식하지 않았으므로 당기에 귀속될 비용만큼 비용을 인식하고, 당기 중에 자산으로 인식했던 소모품을 그만큼 감소	

(1) 기중 현금 지급 시 모두 비용으로 인식

〈기중 현금 지급 시〉

(차) 소모품비	××	(대) 현금	××

〈결산수정분개〉

(차) 소모품	당기 미 귀속분	(대) 소모품비	당기 미 귀속분

(2) 기중 현금 지급 시 모두 자산으로 인식

〈기중 현금 지급 시〉

(차) 소모품	××	(대) 현금	××

〈결산수정분개〉

(차) 소모품비	당기 귀속분	(대) 소모품	당기 귀속분

★ 사례연습 9. 소모품

갑회사는 20×1년 7월 1일 사무용 소모품을 ₩200,000에 현금을 지급하고 구입하였는데, 결산일인 20×1년 12월 31일 현재 미사용 소모품이 ₩100,000임을 확인하였다. 갑회사가 20×1년 7월 1일 현금 지출 시 전액 비용으로 처리한 경우와 전액 자산으로 처리한 경우로 나누어 결산일인 20×1년 12월 31일에 해야 할 결산수정분개를 하시오.

풀이

1. 전액 비용으로 처리한 경우
1) 기중 현금 지급 시

(차) 소모품비	200,000	(대) 현금	200,000

2) 수정전시산표

수정전시산표

소모품비	200,000		

3) 결산수정분개

| (차) 소모품[*1] | 100,000 | (대) 소모품비 | 100,000 |

[*1] 200,000 × 6/12 = 100,000

4) 수정후시산표

수정후시산표			
소모품	100,000		
소모품비	100,000		

5) 재무제표

재무상태표			
소모품	100,000		

포괄손익계산서			
소모품비	100,000		

2. 전액 자산으로 처리한 경우

1) 기중 현금 지급 시

| (차) 소모품 | 200,000 | (대) 현금 | 200,000 |

2) 수정전시산표

수정전시산표			
소모품	200,000		

3) 결산수정분개

| (차) 소모품비[*2] | 100,000 | (대) 소모품 | 100,000 |

[*2] 200,000 × 6/12 = 100,000

4) 수정후시산표

수정후시산표			
소모품	100,000		
소모품비	100,000		

5) 재무제표

재무상태표			
소모품	100,000		

포괄손익계산서			
소모품비	100,000		

Chapter 2 | 객관식 문제

01 자본의 증감

㈜한국의 20×1년 재무상태 및 영업성과와 관련한 자료가 다음과 같을 때 기말 부채는?

• 기초 자산 ₩ 500	• 총 수익 ₩ 200
• 기초 부채 ₩ 400	• 총 비용 ₩ 120
• 기말 자산 ₩ 700	• 유상증자 ₩ 20
• 기말 부채 ₩ ?	• 주주에 대한 현금배당 ₩ 50

① ₩ 500　　　　　　　　　　② ₩ 520

③ ₩ 550　　　　　　　　　　④ ₩ 570

⑤ ₩ 600

02 거래의 식별

회계상의 거래에 포함될 수 없는 것은?

① 장부금액이 ₩ 2,500,000인 건물이 화재로 인해 전소되었다.

② 상품을 판매하고 아직 대금을 받지 않았다.

③ 원료 공급회사와 100톤의 원재료를 ₩ 1,000,000에 구입하기로 계약을 체결하였다.

④ 기계장치를 구입하여 인도받았으나 아직 대금을 지급하지 않았다.

⑤ 재고자산의 가격이 하락하였다.

03 회계처리

㈜한국이 차입금 ₩1,000과 이자 ₩120을 현금으로 변제 및 지급하였다. 이 거래에 대한 분석으로 옳은 것은?

① (차) 자산의 증가 　　　　　　　　(대) 부채의 증가와 수익의 발생
② (차) 자산의 증가 　　　　　　　　(대) 자산의 감소와 수익의 발생
③ (차) 부채의 감소와 비용의 발생 　(대) 자산의 감소
④ (차) 자산의 증가와 비용의 발생 　(대) 자산의 감소
⑤ (차) 비용의 발생 　　　　　　　　(대) 자산의 감소

04 전기

다음과 같은 현금 원장의 내용에 기반하여 추정한 날짜별 거래로 옳지 않은 것은?

현금					
1/15	용역수익	70,000	1/2	소모품	50,000
1/18	차입금	100,000	1/5	비품	75,000
			1/31	미지급급여	20,000

① 1월 2일 소모품 구입을 위하여 현금 ₩50,000을 지급하였다.
② 1월 15일 용역을 제공하고 현금 ₩70,000을 수취하였다.
③ 1월 18일 차입금 상환을 위하여 현금 ₩100,000을 지급하였다.
④ 1월 31일 미지급급여 ₩20,000을 현금으로 지급하였다.
⑤ 1월 31일 현금의 잔액은 ₩25,000이다.

05 시산표 오류

시산표에서 대차평균의 원리를 이용하여 오류를 적발할 수 있는 경우는?

① 특정 거래 전체를 이중으로 기입한 경우
② 분개할 때 잘못된 계정과목을 사용한 경우
③ 특정 거래 전체를 누락시킨 경우
④ 분개할 때 대변 계정과목의 금액을 잘못 기입한 경우
⑤ 분개할 때 차변과 대변에 금액을 각각 잘못 기입한 경우

06 시산표 오류

시산표에 의해 발견되지 않는 오류는?

① 매출채권 ₩720,000을 회수하고, 현금 계정 ₩720,000을 차변 기입하고, 매출채권 계정 ₩702,000을 대변 기입하다.
② 매출채권 ₩300,000을 회수하고, 현금 계정 ₩300,000을 차변 기입하고, 매출채권 계정 ₩300,000을 차변 기입하다.
③ 매출채권 ₩550,000을 회수하고, 현금 계정 ₩550,000을 차변 기입하고, 매출채권 계정 대신 매입채무 계정에 ₩550,000을 대변 기입하다.
④ 매출채권 ₩600,000을 회수하고, 현금 계정 ₩300,000을 차변 기입하고, 매출채권 계정 ₩600,000을 대변 기입하다.
⑤ 위 모든 오류가 시산표를 작성하는 과정에서 발견될 수 있다.

07 결산수정분개로 당기순이익에 미치는 영향

㈜한국의 2014년 12월 31일 결산 시 당기순이익 ₩400,000이 산출되었으나, 다음과 같은 사항이 누락되었다. 누락 사항을 반영할 경우의 당기순이익은? (단, 법인세는 무시한다)

- 기중 소모품 ₩50,000을 구입하여 자산으로 기록하였고 기말 현재 소모품 중 ₩22,000이 남아있다.
- 2014년 12월분 급여로 2015년 1월 초에 지급 예정인 금액 ₩25,000이 있다.
- 2014년 7월 1일에 현금 ₩120,000을 은행에 예금하였다. (연 이자율 10%, 이자 지급일은 매년 6월 30일)
- 2014년도의 임차료 ₩12,000이 미지급 상태이다.

① ₩341,000 ② ₩347,000

③ ₩353,000 ④ ₩369,000

⑤ ₩385,000

08 결산수정분개로 당기순이익에 미치는 영향

20×1년 5월 31일에 월말 결산수정분개를 하기 전에 ㈜한국의 시산표상의 수익 합계는 ₩7,000이고 비용 합계는 ₩2,000이다. 수정전시산표에 반영되지 않은 다음의 결산수정 항목들을 반영하여 산출한 20×1년 5월분 포괄손익계산서상의 당기순이익은?

- 단기차입금에 대한 5월분 이자 발생액이 ₩800이다.
- 5월 초의 선급보험료 중 5월분에 해당하는 금액은 ₩700이다.
- 전월에 선수용역수익으로 받은 금액 가운데 5월에 용역제공이 완료된 금액은 ₩700이다.
- 용역제공은 이미 완료됐지만 아직 받지 못한 금액이 ₩600이다.

① ₩4,800 ② ₩5,000

③ ₩5,100 ④ ₩5,200

⑤ ₩5,300

Chapter 2 | 객관식 문제 정답 및 해설

01 ③

⇒ A − 100 = 50(자본의 증감)
∴ A = 150
⇒ 부채: 550 = 700 − 150
(1) 자본(기초): 100 = 자산 500 − 부채 400
(2) 자본증가: 50 = 총 수익 200 − 총 비용 120 + 유상증자 20 − 현금배당 50
(3) 자본(기말): 150 = 기초 100 + 증가 50
(4) 부채(기말): 550 = 자   산 700 − 자본 150

02 ③ 단순 계약에 해당함(∵ 돈을 지급할 의무가 발생하지 않았음)
∴ 재무상태의 변동(×) ⇒ 회계상의 거래(×)
▶ 오답체크
① (1) 화재 ⇒ 재무상태의 변동(○)
  (2) 금액의 명시 ⇒ 신뢰성 있게 측정 가능(○)
  ∴ 재무상태의 변동(○) ⇒ 회계상의 거래(○)
② 판매 ⇒ 돈을 수취할 권리가 발생함
  ∴ 재무상태의 변동(○) ⇒ 회계상의 거래(○)
④ (1) 구입 ⇒ 자산의 증가
  (2) 대금 미지급 ⇒ 돈을 지급할 의무가 발생함(= 부채의 증가)
  ∴ 재무상태의 변동(○) ⇒ 회계상의 거래(○)
⑤ 재고자산의 가격 하락으로 재고자산이라는 자산이 감소한다.
  ∴ 재무상태의 변동(○) ⇒ 회계상의 거래(○)

03 ③ 차입금 관련 회계처리

| (차) 차입금(부채) | 1,000 | (대) 현금(자산) | 1,120 |
| 이자비용(비용) | 120 | | |

If) 자본의 변동?

⇒ 이자비용의 발생으로 자본 120 감소

04 ③ 1월 18일의 거래는 차입을 통하여 현금 100,000을 수령한 거래에 해당한다.

05 ④ 시산표에서 자동으로 발견되는 오류는 대차가 일치하지 않아야 하므로 정답은 ④이다.

06 ③ 회계처리

| (차) 현금 | 550,000 | = | (대) 매입채무 | 550,000 |

▶ 오답체크

① 회계처리

| (차) 현금 | 720,000 | ≠ | (대) 매출채권 | 702,000 |

② 회계처리

| (차) 현금 | 300,000 | ≠ | (대) | |
| 매출채권 | 300,000 | | | |

④ 회계처리

| (차) 현금 | 300,000 | ≠ | (대) 매출채권 | 600,000 |

07 ①

T/B		
자산	부채
① 28,000 ↓	② 25,000 ↑
③ 6,000 ↑	④ 12,000 ↑
⇓	⇓
N/I (−)	N/I (+)
① 28,000 ↑	③ 6,000 ↑
② 25,000 ↑	
④ 12,000 ↑	

① 미사용 소모품(자산)↓: 50,000 − 22,000

② 미지급급여(부채)↑: 25,000

③ 미수이자(자산)↑: 6,000

④ 미지급임차료(부채)↑: 12,000

⇒ 수정 후 당기순이익: 341,000

= 수정 전 400,000 + 가산 6,000 − 차감 (28,000 + 25,000 + 12,000)

참고 미수이자(6개월분): 6,000 = 120,000 × 10% × 6/12

08 ①

T/B	
자산	부채
② 700 ↓	① 800 ↑
④ 600 ↑	③ 700 ↓

⇓　　　　　　　　　　⇓

N/I (−)	N/I (+)
① 800 ↑	③ 700 ↑
② 700 ↑	④ 600 ↑

① 미지급이자(부채)↑ : 800
② 선급보험료(자산)↓ : 700
③ 선수수익(부채)↓ : 700
④ 미수수익(자산)↑ : 600
⇒ 수정 후 당기순이익: 4,800
= 수정 전 (7,000 − 2,000) + 가산 (700 + 600) − 차감 (800 + 700)

ca.Hackers.com

Chapter 3

재무보고를 위한 개념체계

1 개념체계의 목적과 위상

I 개념체계의 의의

재무보고를 위한 개념체계는 회계기준위원회가 일관성 있는 회계기준을 제정·개정함에 있어 도움을 준다. 또한, 재무제표의 작성자가 회계기준이 정립되지 않은 새로운 거래에 대하여 회계정책을 개발하는 데 준거체계를 제공하는 지침으로서의 역할을 수행한다.

II 개념체계의 위상(개념체계와 국제회계기준의 관계)

개념체계는 국제회계기준이 아니기 때문에 개념체계의 어떠한 내용도 회계기준이나 회계기준의 요구사항에 우선하지 않는다. 일반목적재무보고의 목적을 달성하기 위해 회계기준위원회에서 개념체계의 관점에서 벗어난 요구사항을 정하는 경우가 있다. 만약, 회계기준위원회가 그러한 사항을 정한다면, 해당 기준서의 결론도출근거에 그러한 일탈에 대해 설명할 것이다.

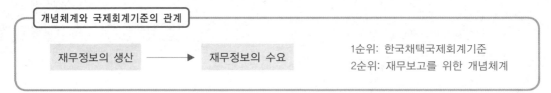

개념체계는 회계기준위원회가 관련 업무를 통해 축적한 경험을 토대로 수시로 개정될 수 있다. 개념체계가 개정되었다고 자동으로 회계기준이 개정되는 것은 아니다. 회계기준을 개정하기로 한 경우, 회계기준위원회는 정규절차에 따라 의제에 프로젝트를 추가하고 해당 회계기준에 대한 개정안을 개발할 것이다.

개념체계의 위상

구분	내용	비고
개념체계의 위상	회계기준 아님	어떠한 내용도 회계기준이나 회계기준의 요구사항에 우선 ×

⇒ 일반목적재무보고의 목적을 달성하기 위해 개념체계의 관점에서 벗어난 요구사항을 정하는 경우가 있을 수 있다. 이 경우, 해당 기준서의 결론도출근거에 그러한 일탈에 대해 설명할 것이다.

1. 개념체계는 회계기준위원회가 관련 업무를 통해 축적한 경험을 토대로 수시로 개정될 수 있다.
2. 개념체계가 개정되었다고 자동으로 회계기준이 개정되는 것은 아니다.

Ⅲ 개념체계의 구조

현재의 개념체계는 일반목적재무보고의 목적, 유용한 재무정보의 질적특성, 보고기업의 개념, 재무제표
요소의 정의, 인식과 제거, 측정, 표시와 공시 및 자본유지개념으로 구성되어 있다. 국제회계기준위원회
가 제정한 재무보고를 위한 개념체계는 아래와 같이 구성되어 있다.

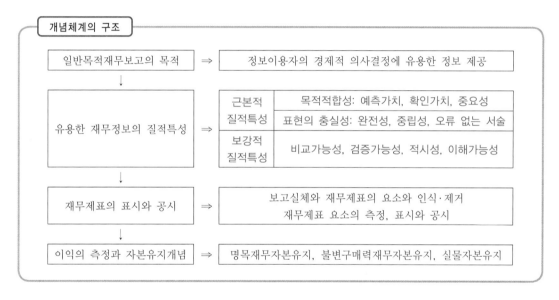

개념체계의 구조

일반목적재무보고의 목적	⇒	정보이용자의 경제적 의사결정에 유용한 정보 제공		
유용한 재무정보의 질적특성	⇒	근본적 질적특성	목적적합성: 예측가치, 확인가치, 중요성	
			표현의 충실성: 완전성, 중립성, 오류 없는 서술	
		보강적 질적특성	비교가능성, 검증가능성, 적시성, 이해가능성	
재무제표의 표시와 공시	⇒	보고실체와 재무제표의 요소와 인식·제거 재무제표 요소의 측정, 표시와 공시		
이익의 측정과 자본유지개념	⇒	명목재무자본유지, 불변구매력재무자본유지, 실물자본유지		

2 일반목적재무보고의 목적

I 일반목적재무보고의 의의와 목적, 보고대상, 한계

01 일반목적재무보고의 의의와 목적

(1) 일반목적재무보고의 의의

개념체계에서 다양한 정보이용자들 중에서 주요 정보이용자를 먼저 정의하고, 그들이 기업에 자원을 제공하는 것과 관련된 의사결정을 할 때 유용한 보고기업의 재무정보를 제공하는 것을 목적으로 하는 접근법을 택하였는데, 이를 일반목적재무보고라고 한다.

(2) 일반목적재무보고의 목적

일반목적재무보고의 목적은 현재 및 잠재적 투자자, 대여자 및 그 밖의 채권자가 기업에 자원을 제공하는 것과 관련된 의사결정을 할 때 유용한 보고기업 재무정보를 제공하는 것이다.

의사결정은 현재 및 잠재적 투자자, 대여자와 그 밖의 채권자의 수익에 대한 기대에 의존한다. 그리고 수익에 대한 기대는 기업에 유입될 미래 순현금유입액의 금액, 시기 및 불확실성(전망)과 기업의 경제적 자원에 대한 경영진의 수탁책임에 대한 그들의 평가에 달려있다.

02 일반목적재무보고의 대상이 되는 주요 이용자

현재 및 잠재적 투자자, 대여자 및 그 밖의 채권자 대부분은 정보를 제공하도록 보고기업에 직접 요구할 수 없고, 그들이 필요로 하는 재무정보의 많은 부분을 일반목적재무보고에 의존해야만 한다. 따라서 그들이 일반목적재무보고서의 대상이 되는 주요 이용자이다.

그러나 일반목적재무보고서는 현재 및 잠재적 투자자, 대여자 및 그 밖의 채권자가 필요로 하는 모든 정보를 제공하지 않으며 제공할 수도 없다. 때문에 정보이용자들은 일반 경제적 상황 및 기대, 정치적 사건과 정치 풍토, 산업 및 기업 전망과 같은 다른 원천에서 입수한 관련 정보를 고려할 필요가 있다.

Self Study

1. 보고기업의 경영진은 해당 기업에 대한 재무정보에 관심이 있지만 경영진은 그들이 필요로 하는 재무정보를 내부에서 구할 수 있기 때문에 일반목적재무보고서에 의존할 필요가 없다.
2. 감독당국이나 일반대중과 같은 기타 정보이용자들도 일반목적재무보고가 유용하다고 여길 수 있다. 그러나 일반목적재무보고는 이러한 기타 집단을 주요 정보이용자로 하지 않는다.

03 일반목적재무보고의 한계

일반목적재무보고는 보고기업의 가치를 보여주기 위해 고안된 것이 아니지만 현재 및 잠재적 투자자, 대여자 및 그 밖의 채권자가 보고기업의 가치를 추정하는 데 도움이 되는 정보를 제공한다.

주요 이용자들의 정보 수요 및 욕구는 다르고 상충되기도 하기 때문에 회계기준위원회는 회계기준을 제정할 때 주요 이용자가 최대 다수의 수요를 충족하는 정보를 제공하기 위해 노력할 것이다. 그러나 공통된 정보 수요에 초점을 맞춘다고 해서 보고기업으로 하여금 주요 이용자의 특정 일부에게 가장 유용한 추가 정보를 포함하지 못하게 하는 것은 아니다(예 주주에게 가장 유용한 정보 중에 하나인 주당이익).

재무보고서는 정확한 서술보다는 상당 부분 추정, 판단 및 모형에 근거하며, 개념체계는 그 추정, 판단 및 모형의 기초가 되는 개념을 정한다. 이 개념은 회계기준위원회와 재무보고서의 작성자가 노력을 기울이는 목표이다.

일반목적재무보고의 한계

일반목적 재무보고의 한계	정보이용자가 필요로 하는 모든 정보를 제공하지 않고, 그렇게 할 수도 없음
	보고기업의 가치에 관한 정보를 제공하지 않음(가치추정에 도움이 되는 정보 제공)
	재무보고서는 정확한 서술보다는 상당 부분 추정, 판단 및 모형에 근거함
	각 주요 이용자들의 정보 수요 및 욕구는 다르고 상충되기도 함

기출 Check 1

일반목적재무보고에 대한 설명으로 옳지 않은 것은?

① 현재 및 잠재적 투자자, 대여자 및 기타 채권자는 기업의 경영진 및 이사회가 기업의 자원을 사용하는 그들의 책임을 얼마나 효율적이고 효과적으로 이행해왔는지에 대한 정보를 필요로 한다.
② 일반목적재무보고의 목적은 현재 및 잠재적 투자자, 대여자 및 기타 채권자가 기업에 자원을 제공하는 것에 대한 의사결정을 할 때 유용한 보고기업 재무정보를 제공하는 것이다.
③ 외부 이해관계자들과 마찬가지로 보고기업의 경영진도 해당 기업의 경영의사결정을 위해 일반목적재무보고서에 가장 많이 의존한다.
④ 재무보고서는 정확한 서술보다는 상당 부분 추정, 판단 및 모형에 근거한다.
⑤ 각 주요 이용자들의 정보 수요 및 욕구는 다르고 상충되기도 하지만, 기준제정기관은 재무보고기준을 제정할 때 주요 이용자 최대 다수의 수요를 충족하는 정보를 제공하기 위하여 노력한다.

풀이

경영자의 경우 일반목적재무보고서에 의존할 필요가 없다.

정답: ③

재무보고를 위한 개념체계

CH 3

해커스 회계학 1차 기본서

일반목적재무보고서는 보고기업의 재무상태에 관한 정보, 즉 기업의 경제적 자원(= 자산)과 보고기업에 대한 청구권(= 부채, 자본)에 관한 정보를 제공한다. 또한 재무보고서는 보고기업의 경제적 자원과 청구권을 변동시키는 거래와 그 밖의 사건의 영향에 대한 정보도 제공한다. 이 두 유형의 정보는 기업에 대한 자원 제공 관련 의사결정에 유용한 투입요소를 제공한다.

일반목적재무보고서가 제공하는 정보

구분			관련 재무제표
경제적 자원과 청구권에 관한 정보			재무상태표
경제적 자원과 청구권의 변동에 관한 정보	재무성과로 인한 변동	발생기준 회계를 반영	포괄손익계산서
		과거현금흐름을 반영	현금흐름표
	재무성과 이외로 인한 변동		현금흐름표와 자본변동표
경제적 자원 사용에 관한 정보			전체 재무제표

3 유용한 재무정보의 질적특성 (정보의 유용성을 판단하는 기준)

재무정보가 정보이용자의 의사결정에 유용한 정보가 되기 위한 속성을 질적특성이라고 한다. 유용한 질적특성의 목적은 재무보고서에 포함된 재무정보에 근거하여 보고기업에 대한 의사결정을 할 때 현재 및 잠재적 투자자, 대여자와 그 밖의 채권자에게 가장 유용한 정보를 식별하는 것이다. 유용한 재무정보의 질적특성은 재무제표에서 제공되는 재무정보뿐만 아니라 그 밖의 방법으로 제공되는 재무정보에도 적용된다. 보고기업의 유용한 재무정보 제공 능력에 대한 포괄적 제약요인인 원가도 이와 마찬가지로 적용된다. 그러나 질적특성과 원가제약요인 적용 시 고려사항은 정보의 유형별로 달라질 수 있다.

개념체계에서는 질적특성을 아래와 같이 근본적 질적특성과 보강적 질적특성으로 구분하고 있다.

유용한 재무정보의 질적특성 구분		
포괄적 제약	재무정보의 원가 < 재무정보의 효익	
근본적 질적특성	목적적합성	표현의 충실성
	• 예측가치	• 완전성 서술
	• 확인가치	• 중립성 서술
	• 중요성	• 오류 없는 서술
보강적 질적특성	비교가능성, 검증가능성, 적시성, 이해가능성	

Self Study

오답유형: 유용한 재무정보의 질적특성은 재무제표에서 제공되는 재무정보에 적용되며, 그 밖의 방법으로 제공되는 재무정보에는 적용되지 않는다. (×)

I 근본적 질적특성과 보강적 질적특성의 의의, 적용 절차 및 계층관계

01 근본적 질적특성의 의의와 적용 절차

(1) 근본적 질적특성의 의의

재무정보가 유용하기 위해서는 목적적합해야 하고 나타내고자 하는 바를 충실하게 표현해야 한다. 이를 근본적 질적특성이라고 하며 그 구성요소는 목적적합성과 표현의 충실성이다.

(2) 근본적 질적특성의 적용 절차

정보가 유용하기 위해서는 목적적합하고 나타내고자 하는 바를 충실하게 표현해야 한다. 목적적합하지 않은 현상에 대한 표현충실성과 목적적합한 현상에 대한 충실하지 못한 표현 모두 이용자들이 좋은 결정을 내리는 데 도움이 되지 않는다. 개념체계에서는 근본적 질적특성을 적용하기 위한 가장 효율적이고 효과적인 절차를 제시하고 있는데 일반적으로 아래와 같다.

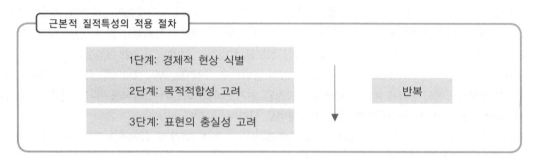

만약 식별된 경제적 현상의 목적적합한 정보의 유형이 충실하게 표현된다면, 근본적 질적특성의 충족 절차는 그 시점에 끝나게 된다. 그러나 그러하지 않은 경우에는 차선의 목적적합한 유형의 정보에 대해 그 절차를 반복해야 한다.

02 보강적 질적특성의 의의와 적용 절차

(1) 보강적 질적특성의 의의

재무정보가 비교가능하고 검증가능하며 적시성이 있고 이해가능한 경우 재무정보의 유용성은 보강된다. 따라서 비교가능성, 검증가능성, 적시성 및 이해가능성은 목적적합성과 나타내고자 하는 바를 충실하게 표현하는 것 모두를 충족하는 정보의 유용성을 보강시키는 질적특성이다.

보강적 질적특성은 만일 어떤 두 가지 방법 모두 현상에 대하여 동일하게 목적적합한 정보이고 동일하게 충실한 표현을 제공하는 것이라면 이 두 가지 방법 가운데 어느 방법을 그 현상의 서술에 사용해야 할지 결정하는 데에 도움을 줄 수 있다.

(2) 보강적 질적특성의 적용 절차

보강적 질적특성을 적용하는 것은 어떤 규정된 순서를 따르지 않는 반복적인 과정이다. 때로는 하나의 보강적 질적특성이 다른 질적특성의 극대화를 위해 감소되어야 할 수도 있다.

03 근본적 질적특성과 보강적 질적특성의 계층관계

보강적 질적특성은 가능한 한 극대화되어야 한다. 그러나 보강적 질적특성은 정보가 목적적합하지 않거나 나타내고자 하는 바를 충실하게 표현하지 않으면, 개별적으로든 집단적으로든 그 정보를 유용하게 할 수 없다.

새로운 회계기준의 전진 적용으로 인한 비교가능성의 일시적 감소는 장기적으로 목적적합성이나 표현충실성을 향상시키기 위해 감수될 수도 있다. 적절한 공시는 비교가능성의 미비를 부분적으로 보완할 수 있다.

Self Study

1. 질적특성의 적용
   우선순위: 근본적 질적특성 > 보강적 질적특성
   보강적 질적특성 내 비교가능성, 검증가능성, 적시성, 이해가능성 사이에는 우선순위가 없고 항목별 극대화·감소가 가능
2. 보강적 질적특성들은 규정된 순서에 따르지 않고 반복적인 과정을 통해 적용한다.
3. 오답유형: 개념체계는 유용한 정보가 되기 위한 근본적 질적특성을 적용하는 데 있어서 가장 효율적이고 효과적인 일반적 절차를 제시하고 있지는 않다. (×)
4. 목적적합하지 않은 현상에 대한 충실한 표현과 목적적합한 현상에 대한 충실하지 못한 표현 모두 정보이용자가 좋은 결정을 내리는 데 도움이 되지 않는다.

Ⅱ 근본적 질적특성의 세부 항목

01 목적적합성

목적적합한 재무정보는 정보이용자의 의사결정에 차이가 나도록 할 수 있다. 정보는 일부 정보이용자가 이를 이용하지 않기로 선택하거나 다른 원천을 통하여 이미 이를 알고 있다고 할지라도 의사결정에 차이가 나도록 할 수 있다. 즉, 목적적합성은 정보이용자의 의사결정에 영향을 미쳐 차이가 발생할 수 있게 해주는 재무정보의 질적특성을 말한다. 재무정보가 목적적합성이 있는 정보가 되기 위해서는 예측가치와 확인가치를 가지고 있어야 하며 중요성이 고려되어야 한다.

(1) 예측가치와 확인가치

재무정보에 예측가치나 확인가치 또는 둘 다 있다면 그 재무정보는 의사결정에 차이가 나도록 할 수 있다. 예측가치는 기업실체의 미래 재무상태, 성과, 순현금흐름, 자본변동 등을 예측할 수 있는 능력을 말한다. 정보이용자들이 미래결과를 예측하는 과정에 재무정보가 사용될 수 있다면, 그 재무정보는 예측가치를 가진다. 여기서 유의할 점은 재무정보가 예측가치를 갖기 위해서는 그 자체가 예측치 또는 예상치일 필요는 없다는 것이다.

확인가치는 기업실체의 재무상태, 성과, 순현금흐름 또는 자본변동에 대한 정보이용자의 당초 기대치 또는 예측치를 확인 또는 수정함으로써 정보이용자의 의사결정에 영향을 미칠 수 있는 능력을 말한다. 즉, 재무정보가 과거 평가에 대해 피드백을 제공한다면 확인가치를 갖는다. (⇒ 과거 평가를 확인하거나 변경시키는 것을 의미한다)

재무정보의 예측가치와 확인가치는 상호 연관되어 예측가치를 갖는 정보는 동시에 확인가치도 갖는 경우가 많다.

(2) 중요성

정보가 누락되거나 잘못 기재된 경우 정보이용자의 의사결정에 영향을 미치며 정보로서의 중요성을 갖는다. 중요성은 재무제표의 표시와 관련된 임계치나 판단기준으로서 회계 항목을 재무제표에 구분하여 표시하기 위한 요건으로 본다. 따라서 중요성은 기업마다 다를 수 있기 때문에 기업고유 중요성이라고 하며 인식을 위한 최소요건으로 부르고, 중요성에 대한 계량 임계치를 획일적으로 결정하거나 특정한 상황에서 무엇이 중요한지를 미리 결정할 수 없다.

개념체계에서 중요성을 목적적합성과 함께 설명하고 있지만, 목적적합성의 직접적인 속성으로 언급하고 있지는 않다. 그러므로 목적적합성의 직접적인 속성은 예측가치와 확인가치이고 중요성은 '기업의 특유한 측면의 목적적합성'이다.

Self Study

1. 목적적합한 재무정보는 정보이용자의 의사결정에 차이가 나도록 할 수 있다.
2. 재무정보가 예측가치를 갖기 위해서 그 자체가 예측치 또는 예상치일 필요는 없다.
3. 재무정보에 예측가치나 확인가치 또는 이 둘 모두가 있다면 그 재무정보는 의사결정에 차이가 나도록 할 수 있다.
4. 중요성은 개별 기업 재무보고서 관점에서 해당 정보와 관련된 항목의 성격이나 규모 또는 이 둘 모두에 근거하여 해당 기업에 특유한 측면의 목적적합성을 의미한다. 회계기준위원회는 중요성에 대한 획일적인 계량 임계치를 정하거나 특정한 상황에서 무엇이 중요한 것인지를 미리 결정할 수 없다.
5. 목적적합한 정보는 일부 정보이용자가 이를 이용하지 않기로 선택하거나 다른 원천을 통하여 이미 이를 알고 있다고 할지라도 의사결정에 차이가 나도록 할 수 있다.

02 표현충실성

재무보고서는 경제적 현상을 글과 숫자로 나타낸 것이다. 재무정보가 유용하기 위해서는 목적적합한 현상을 표현하는 것뿐만 아니라 나타내고자 하는 현상의 실질을 충실하게 표현해야 한다. 많은 경우 경제적 현상의 실질과 그 법적 형식은 같다. 만약 같지 않다면 법적 형식에 따른 정보만 제공해서는 경제적 현상을 충실하게 표현할 수 없을 것이다(예 금융리스와 연결재무제표).

재무정보를 완벽하고 충실하게 표현하기 위해서는 다음과 같은 세 가지의 특성이 있어야 한다. 그 서술이 완전하고 중립적이며 오류가 없어야 한다는 것이다. 물론 완벽은 이루기 매우 어려우며 회계기준위원회의 목적은 가능한 한 이러한 특성을 극대화는 것이다.

(1) 완전한 서술

완전한 서술은 필요한 기술과 설명을 포함하여 정보이용자가 서술되는 현상을 이해하는 데 필요한 모든 정보를 포함하는 것이다.

(2) 중립적 서술

중립적 서술은 재무정보의 선택이나 표시에 편의(Bias)가 없어야 한다는 것을 의미한다. 중립적 서술은 정보이용자가 재무정보를 유리하거나 불리하게 받아들일 가능성을 높이기 위해 편파적이거나, 편중되거나, 강조되거나, 경시되거나 그 밖의 방식으로 조작되지 않는다. 또한 중립적 정보는 목적이 없거나 행동에 대한 영향력이 없는 정보를 의미하지는 않는다. 오히려 목적적합한 재무정보는 정의상 정보이용자의 의사결정에 차이가 나도록 할 수 있는 정보이다.

> **신중성**
>
> - 중립성은 신중을 기함으로써 뒷받침된다. 신중성은 불확실한 상황에서 판단할 때 주의를 기울이는 것이다. 신중을 기한다는 것은 자산과 수익이 과대평가되지 않고 부채와 비용이 과소평가되지 않는 것을 의미한다. 마찬가지로, 신중을 기한다는 것은 자산이나 수익의 과소평가나 부채나 비용의 과대평가를 허용하지 않는다.
> - 신중을 기하는 것이 비대칭의 필요성(예 자산이나 수익을 인식하기 위해서는 부채나 비용을 인식할 때보다 더욱 설득력있는 증거가 필요)을 내포하는 것은 아니다. 그러한 비대칭은 유용한 재무정보의 질적특성이 아니다. 그럼에도 불구하고, 나타내고자 하는 바를 충실하게 표현하는 가장 목적적합한 정보를 선택하려는 결정의 결과가 비대칭성이라면, 특정회계기준에서 비대칭적인 요구사항을 포함할 수도 있다.

(3) 오류 없는 서술

오류가 없다는 것은 현상의 기술에 오류나 누락이 없고, 보고 정보를 생산하는 데 사용되는 절차의 선택과 적용 시 절차상의 오류가 없음을 의미한다. 그러나 오류 없는 서술이 모든 면에서 정확하다는 것을 의미하지는 않는다.

Self Study

1. 표현충실성을 충족한 재무정보는 그 자체가 반드시 유용한 정보를 만들어 내지는 않는다.
2. 오답유형: 오류가 없는 서술이란 서술의 모든 면에서 완벽하게 정확하다는 것을 의미한다. (×)
3. 추정치의 불확실성 수준이 충분히 크다면, 그 추정치가 별로 유용하지는 못할 것이다. 그러나 더 충실한 다른 표현을 할 수 없다면, 그 추정치가 최선의 이용 가능한 정보를 제공하는 것일 수 있다.

01 비교가능성

비교가능성은 정보이용자가 항목 간의 유사점과 차이점을 식별하고 이해할 수 있게 하는 질적특성이다. 목적적합하고 충실하게 표현된 회계정보의 비교가능성이 높을 때 유용성이 더욱 보강된다.

Additional Comment

정보이용자들의 의사결정은 투자자산을 매도할지 또는 보유할지, 어느 보고기업에 투자할지를 선택하는 것과 같이 여러 대안들 중에서 선택을 하는 것이다. 따라서 보고기업에 대한 정보는 다른 기업에 대한 유사한 정보 및 해당 기업에 대한 다른 기간이나 다른 일자의 유사한 정보와 비교될 수 있다면 더욱 유용하다.

비교가능성과 관련하여 유의할 점은 아래와 같다.

① 비교가능성은 다른 질적특성과 달리 하나의 항목에 관련된 것이 아니다. 비교하려면 최소한 두 항목이 필요하다.
② 동일한 항목에 대해 동일한 방법을 적용하는 것을 의미하는 일관성은 비교가능성과 관련이 있지만 동일한 것은 아니다. 일관성은 비교가능성이라는 목표를 달성하게 해주는 수단이라고 볼 수 있다.
③ 비교가능성이 통일성을 뜻하는 것은 아니다. 정보가 비교가능하기 위해서는 비슷한 것은 비슷하게 보이고 다른 것은 다르게 보여야 한다.
④ 하나의 경제적 현상을 충실하게 표현하는 데 여러 방법이 있을 수 있으나 동일한 경제적 현상에 대해 대체적인 회계처리방법을 허용하면 비교가능성이 감소한다.
⑤ 근본적 질적특성을 충족하면 어느 정도의 비교가능성은 달성될 수 있을 것이다. 목적적합한 경제적 현상에 대한 표현충실성은 자연히 다른 보고기업의 유사한 목적적합한 경제적 현상에 대한 표현충실성과 어느 정도 비교가능성을 가져야 한다.

02 검증가능성

검증가능성은 정보이용자들이 정보가 나타내고자 하는 경제적 현상을 충실히 표현하는지를 확인하는 데 도움을 준다. 검증가능성은 합리적인 판단력이 있고 독립적인 서로 다른 관찰자가 어떤 서술이 충실한 표현이라는 데, 비록 반드시 완전히 일치하지는 못하더라도, 의견이 일치할 수 있다는 것을 의미한다. 계량화된 정보가 검증가능하기 위해서는 단일 점추정치여야할 필요는 없다. 가능한 금액의 범위 및 관련된 확률도 검증될 수 있다.

03 적시성

적시성은 의사결정에 영향을 미칠 수 있도록 의사결정자가 정보를 적시에 이용 가능하게 하는 것을 의미한다. 일반적으로 정보는 오래된 것일수록 유용성이 낮아진다. 그러나 일부 정보는 보고기간 말 후에도 오랫동안 적시성을 잃지 않을 수도 있다. 일부 정보이용자는 추세를 식별하고 평가할 필요가 있을 수 있기 때문이다.

04 이해가능성

이해가능성은 이용자가 정보를 쉽게 이해할 수 있어야 한다는 것으로, 정보를 명확하고 간결하게 분류하고, 특징짓고 표시하는 것은 정보를 쉽게 이해할 수 있게 한다. 일부 현상은 본질적으로 복잡하여 이해하기 쉽지 않다. 이해하기 어려운 현상에 대한 정보를 재무보고서에서 제외하면 재무보고서의 정보를 이해하기 쉽게 할 수 있으나 그 보고서는 불완전하여 잠재적으로 오도할 수 있다.

재무보고서는 사업활동과 경제활동에 대한 합리적인 지식이 있고, 부지런히 정보를 검토하고 분석하는 이용자들을 위해 작성된다. 때로는 박식하고 부지런한 이용자들도 복잡한 경제적 현상에 대한 정보를 이해하기 위해 자문가의 도움을 받는 것이 필요할 수 있다.

Self Study

1. 오답유형: 일관성은 비교가능성과 관련이 있지만 동일하지는 않다. 즉, 일관성은 목표이고 비교가능성은 그 목표를 달성하는 데 도움을 준다고 할 수 있다. (×)
2. 오답유형: 재무보고서는 사업활동과 경제활동에 대해 박식하고, 정보를 검토하고 분석하는 데 부지런한 정보이용자보다 모든 수준의 정보이용자들이 자력으로 이해할 수 있도록 작성되어야 한다. (×)

Ⅳ 유용한 재무보고에 대한 원가 제약

원가는 재무보고로 제공될 수 있는 정보에 대한 포괄적인 제약요인이다. 재무정보의 보고에는 원가가 소요되고 해당 정보 보고의 효익이 그 원가를 정당화한다는 것이 중요한데, 이를 유용한 재무보고에 대한 원가제약이라고 한다. 여기서 주의해야 할 몇 가지 유형의 원가와 효익이 있다.

본질적인 주관성 때문에 재무정보의 특정 항목 보고의 원가 및 효익에 대한 평가는 개인마다 달라진다. 따라서 회계기준위원회는 단지 개별 보고기업과 관련된 것이 아닌, 재무보고 전반적으로 원가와 효익을 고려하려고 노력하고 있다. 그렇다고 원가와 효익의 평가가 모든 기업에 대하여 동일한 보고 요구사항을 정당화하는 것은 아니다. 기업 규모의 차이와 자본조달 방법(공모 또는 사모)의 차이, 이용자 요구의 차이, 그 밖의 다른 요인 때문에 달리하는 것이 적절할 수 있다.

재무정보의 질적 특성에 관한 설명으로 옳지 않은 것을 모두 고른 것은? [감정평가사 2023년]

> ㄱ. 오류가 없다는 것은 현상의 기술에 오류나 누락이 없고, 보고 정보를 생산하는 데 사용되는 절차의 선택과 적용 시 절차 상 완벽하게 정확하다는 것을 의미한다.
> ㄴ. 재무정보가 과거 평가에 대해 피드백을 제공한다면 확인가치를 갖는다.
> ㄷ. 회계기준위원회는 중요성에 대한 획일적인 계량 임계치를 정하거나 특정한 상황에서 무엇이 중요한 것인지를 미리 결정할 수 있다.
> ㄹ. 목적적합하고 충실하게 표현된 정보의 유용성을 보강시키는 질적 특성으로는 비교가능성, 검증가능성, 적시성 및 이해가능성이 있다.

① ㄱ, ㄴ
② ㄱ, ㄷ
③ ㄱ, ㄹ
④ ㄴ, ㄷ
⑤ ㄷ, ㄹ

풀이

ㄱ. 오류가 없다는 것은 현상의 기술에 오류나 누락이 없고, 보고 정보를 생산하는 데 사용되는 절차의 선택과 적용 시 절차 상 완벽하게 정확하다는 것을 의미하지는 않는다.
ㄷ. 회계기준위원회는 중요성에 대한 획일적인 계량 임계치를 정하거나 특정한 상황에서 무엇이 중요한 것인지를 미리 결정할 수 없다.

정답: ②

4 보고실체

I 재무제표의 목적과 범위

재무제표는 재무제표 요소의 정의를 충족하는 보고기업의 경제적 자원과 보고기업에 대한 청구권 및 경제적 자원과 청구권의 변동에 관한 정보를 제공한다.

재무제표의 목적은 보고기업에 유입될 미래순현금흐름에 대한 전망과 보고기업의 경제적 자원에 대한 경영진의 수탁책임을 평가하는 데 유용한 보고기업의 자산, 부채, 자본, 수익 및 비용에 대한 재무정보를 재무제표 이용자들에게 제공하는 것이다. 이러한 정보는 다음을 통해 제공된다.

1. 자산, 부채 및 자본이 인식된 재무상태표(Statement of Financial Position)

2. 수익과 비용이 인식된 재무성과표(Statement of Financial Performance)

3. 정보가 표시되고 공시된 다른 재무제표와 주석

Self Study

1. 재무보고를 위한 개념체계
   일반목적 재무제표의 종류 – 재무상태표, 재무성과표, 그 밖의 재무제표, 주석
2. 기준서 1001호 '재무제표의 표시'
   일반목적 재무제표의 종류 – 재무상태표, 포괄손익계산서, 자본변동표, 현금흐름표, 주석

Ⅱ   보고기간(재무제표의 작성기간)

재무제표는 특정 기간인 보고기간에 대하여 작성되며, 보고기간 말과 보고기간 중에 존재했던 자산, 부채 (미인식된 자산과 부채 포함) 및 자본과 보고기간 동안의 수익과 비용에 관한 정보를 제공한다. 재무제표 이용자들이 변화와 추세를 식별하고 평가하는 것을 돕기 위해, 재무제표는 최소한 직전 연도에 대한 비교정보를 제공한다. 다음에 모두 해당하는 경우에는 미래에 발생할 수 있는 거래 및 사건에 대한 정보(미래전망 정보)를 재무제표에 포함한다.

> ① 그 정보가 보고기간 말 현재 또는 보고기간 중 존재했던 기업의 자산, 부채(미인식 자산이나 부채 포함)나 자본 또는 보고기간의 수익이나 비용과 관련된 경우
> ② 재무제표 이용자들에게 유용한 경우

Additional Comment

> 예를 들어, 미래현금흐름을 추정하여 자산이나 부채를 측정한다면, 그러한 추정 미래현금흐름에 대한 정보는 재무제표 이용자들이 보고된 측정치(Measures)를 이해하는 데 도움을 줄 수 있다. 재무제표는 일반적으로 다른 유형의 미래 전망 정보(예 보고기업에 대한 경영진의 기대와 전략에 대한 설명자료)를 제공하지는 않는다.

재무제표의 목적을 달성하기 위해 보고기간 후 발생한 거래 및 그 밖의 사건에 대한 정보를 제공할 필요가 있다면 재무제표에 그러한 정보를 포함한다.

Ⅲ   재무제표에 채택된 관점

재무제표는 기업의 현재 및 잠재적 투자자, 대여자와 그 밖의 채권자 중 특정 집단의 관점이 아닌 보고기업 전체의 관점에서 거래 및 그 밖의 사건에 대한 정보를 제공한다.

보고기업

보고기업은 재무제표를 작성해야 하거나 작성하기로 선택한 기업이다. 보고기업은 단일의 실체이거나 어떤 실체의 일부일 수 있으며, 둘 이상의 실체로 구성될 수도 있다. 보고기업이 반드시 법적 실체일 필요는 없다. 보고기업별 재무제표는 다음과 같다.

① 연결재무제표(Consolidated Financial Statements): 한 기업(지배기업)이 다른 기업(종속기업)을 지배하는 경우 지배기업과 종속기업으로 구성되는 보고기업의 재무제표
② 비연결재무제표(Unconsolidated Financial Statements): 보고기업이 지배기업 단독인 경우의 재무제표
③ 결합재무제표(Combined Financial Statements): 지배·종속관계로 모두 연결되어 있지는 않은 둘 이상 실체들로 구성되는 보고기업의 재무제표

Additional Comment

실무에서는 기준서 제1110호에 따라 지배기업과 종속기업의 재무제표를 하나로 합친 연결재무제표를 작성하며, 지배기업은 기준서 제1027호에 따라 지배기업만의 비연결재무제표인 별도재무제표(Separate Financial Statements)를 작성한다. 따라서 기준서에서는 비연결재무제표라는 용어를 사용하지 않는다. 또한 국제회계기준에서는 결합재무제표의 작성을 요구하지 않는다.

Ⅴ **재무제표 작성의 기본가정: 계속기업가정**

재무제표는 일반적으로 보고기업이 계속기업(Going Concern)이며 예측 가능한 미래에 영업을 계속할 것이라는 가정하에 작성된다. 따라서 기업이 청산을 하거나 거래를 중단하려는 의도가 없으며, 그럴 필요도 없다고 가정한다. 만약 그러한 의도나 필요가 있다면 재무제표는 계속기업과는 다른 기준에 따라 작성될 필요가 있을 수 있으며, 이 경우 사용된 기준을 재무제표에 기술한다.

5 재무제표의 요소

Ⅰ 자산

자산은 과거 사건의 결과로 기업이 통제하는 현재의 경제적 자원이다. 여기서 경제적 자원은 경제적 효익을 창출할 잠재력을 지닌 권리이다. 자산은 권리, 경제적 효익을 창출할 잠재력, 통제의 3가지 측면으로 구성된다.

01 자산의 요건 – 현재권리의 존재

경제적 효익을 창출할 잠재력을 지닌 권리는 다른 당사자의 의무에 해당하는 권리와 다른 당사자의 의무에 해당하지 않는 권리이다.

많은 권리들은 계약과 법률 또는 이와 유사한 수단에 의해 성립된다. 예를 들어, 기업은 물리적 대상을 보유하거나 리스함으로써 획득할 수 있고, 채무상품이나 지분상품을 소유하거나 등록된 특허권을 소유함으로써 권리를 획득할 수 있다. 그러나 기업은 그 밖의 방법으로도 권리를 획득할 수 있다.

현금을 수취할 권리와는 달리, 일부 재화나 용역은 제공받는 즉시 소비된다. 이러한 재화나 용역으로 창출된 경제적 효익을 얻을 권리는 기업이 재화나 용역을 소비하기 전까지 일시적으로 존재한다.

기업의 모든 권리가 그 기업의 자산이 되는 것은 아니다. 권리가 기업의 자산이 되기 위해서는, 해당 권리가 그 기업을 위해서 다른 모든 당사자들이 이용 가능한 경제적 효익을 초과하는 경제적 효익을 창출할 잠재력이 있고, 그 기업에 의해 통제되어야 한다. 예를 들어, 유의적인 원가를 들이지 않고 모든 당사자들이 이용 가능한 권리를 보유하더라도 일반적으로 그것은 기업의 자산이 아니다. 기업은 기업 스스로부터 경제적 효익을 획득하는 권리를 가질 수는 없다. 따라서 다음의 경우에는 그 보고기업의 경제적 자원이 아니다.

> ① 기업이 발행한 후 재매입하여 보유하고 있는 채무상품이나 지분상품
> ② 만약 보고기업이 둘 이상의 법적 실체를 포함하는 경우, 그 법적 실체들 중 하나가 발행하고 다른 하나가 보유하고 있는 채무상품이나 지분상품

원칙적으로 기업의 권리 각각은 별도의 자산이다. 그러나 회계목적상 관련되어 있는 여러 권리가 단일 자산인 단일 회계단위로 취급되는 경우가 많다. 많은 경우에 물리적 대상에 대한 법적 소유권에서 발생하는 권리의 집합은 단일 자산으로 회계처리한다. 개념적으로 경제적 자원은 물리적 대상이 아니라 권리의 집합이다. 그럼에도 불구하고, 권리의 집합을 물리적 대상으로 기술하는 것이 때로는 그 권리의 집합을 가장 간결하고 이해하기 쉬운 방식으로 충실하게 표현하는 방법이 된다.

경우에 따라 권리의 존재 여부가 불확실할 수 있다. 예를 들어, 한 기업이 다른 당사자로부터 경제적 자원을 수취할 수 있는 권리가 있는지에 대해 서로 분쟁이 있을 수 있다. 그러한 존재불확실성이 해결(예 법원의 판결)될 때까지 기업은 권리를 보유하는지 불확실하고, 결과적으로 자산이 존재하는지도 불확실하다.

기업의 모든 권리가 그 기업의 자산이 되는 것은 아니다. 권리가 기업의 자산이 되기 위해서는, 해당 권리가 그 기업을 위해서 다른 모든 당사자들이 이용 가능한 경제적 효익을 초과하는 경제적 효익을 창출할 잠재력이 있고, 그 기업에 의해 통제되어야 한다.

02 자산의 요건 – 경제적 효익을 창출할 잠재력

경제적 자원은 경제적 효익을 창출할 잠재력을 지닌 권리이다. 경제적 자원이 잠재력을 가지기 위해 권리가 경제적 효익을 창출할 것이라고 확신하거나 그 가능성이 높아야 하는 것은 아니다. 권리가 이미 존재하고, 적어도 하나의 상황에서 그 기업을 위해 다른 모든 당사자들이 이용 가능한 경제적 효익을 초과하는 경제적 효익을 창출할 필요가 있다.

경제적 효익을 창출할 가능성이 낮더라도 권리가 경제적 자원의 정의를 충족할 수 있고, 따라서 자산이 될 수 있다. 그럼에도 불구하고, 그러한 낮은 가능성은 자산의 인식 여부와 측정 방법의 결정을 포함하여, 자산과 관련하여 제공해야 할 정보와 그 정보를 제공하는 방법에 대한 결정에 영향을 미칠 수 있다. 경제적 자원의 가치가 미래경제적 효익을 창출할 현재의 잠재력에서 도출되지만, 경제적 자원은 그 잠재력을 포함한 현재의 권리이며, 그 권리가 창출할 수 있는 미래경제적 효익이 아니다.

지출의 발생과 자산의 취득은 밀접하게 관련되어 있으나 양자가 반드시 일치하는 것은 아니다. 따라서 기업이 지출한 경우 이는 미래경제적 효익을 추구했다는 증거가 될 수는 있지만, 자산을 취득했다는 확정적인 증거는 될 수 없다. 마찬가지로 관련된 지출이 없더라도 특정 항목이 자산의 정의를 충족하는 것을 배제하지는 않는다. 예를 들어, 자산은 정부가 기업에게 무상으로 부여한 권리 또는 기업이 다른 당사자로부터 증여받은 권리를 포함할 수 있다.

03 자산의 요건 – 통제

통제는 경제적 자원을 기업에 결부시킨다. 통제의 존재 여부를 평가하는 것은 기업이 회계처리할 경제적 자원을 식별하는 데 도움이 된다. 기업은 경제적 자원의 사용을 지시하고 그로부터 유입될 수 있는 경제적 효익을 얻을 수 있는 현재의 능력이 있다면 그 경제적 자원을 통제한다. 통제에는 다른 당사자가 경제적 자원의 사용을 지시하고 이로부터 유입될 수 있는 경제적 효익을 얻지 못하게 하는 현재의 능력이 포함된다. 따라서 일방의 당사자가 경제적 자원을 통제하면 다른 당사자는 그 자원을 통제하지 못한다.

부채는 과거사건의 결과로 기업이 경제적 자원을 이전해야 하는 현재의무이다. 부채가 존재하기 위해서는 다음의 3가지 조건을 모두 충족하여야 한다.

> ① 기업에게 의무가 있다.
> ② 의무는 경제적 자원을 이전하는 것이다.
> ③ 의무는 과거사건의 결과로 존재하는 현재의무이다.

01 부채의 요건 – 현재의무의 존재

부채에 대한 첫 번째 조건은 기업에게 의무가 있다는 것이다. 의무란 기업이 회피할 수 있는 실제 능력이 없는 책무나 책임을 말한다. 의무는 항상 다른 당사자(또는 당사자들, 이하 같음)에게 이행해야 한다. 다른 당사자는 사람이나 또 다른 기업, 사람들 또는 기업들의 집단, 사회 전반이 될 수 있다. 의무를 이행할 대상인 당사자의 신원을 알 필요는 없다.

(1) 법적의무와 의제의무

많은 의무가 계약과 법률 또는 이와 유사한 수단에 의해 성립되며, 당사자가 채무자에게 법적으로 집행할 수 있도록 한다. 그러나 기업이 실무 관행과 공개한 경영방침, 특정 성명(서)과 상충되는 방식으로 행동할 실제 능력이 없는 경우, 기업의 그러한 실무 관행, 경영방침이나 성명(서)에서 의무가 발생할 수도 있다. 그러한 상황에서 발생하는 의무는 의제의무라고 불린다.

(2) 존재 여부가 불확실한 의무

의무가 존재하는지 불확실한 경우가 있다. 예를 들어, 다른 당사자가 기업의 범법행위 혐의에 대한 보상을 요구하는 경우, 그 행위가 발생했는지와 기업이 그 행위를 했는지, 또는 법률이 어떻게 적용되는지가 불확실할 수 있다. 예를 들어, 법원의 판결로 그 존재의 불확실성이 해소될 때까지 기업이 보상을 요구하는 당사자에게 의무가 있는지와 결과적으로 부채가 존재하는지 여부가 불확실하다.

02 부채의 요건 – 경제적 자원의 이전

부채에 대한 두 번째 조건은 경제적 자원을 이전하는 것이 의무라는 것이다. 이 조건을 충족하기 위해 의무에는 기업이 경제적 자원을 다른 당사자에게 이전해야 할 잠재력이 있어야 한다. 그러한 잠재력이 존재하기 위해서는 기업이 경제적 자원의 이전을 요구받을 것이 확실하거나 그 가능성이 높아야 하는 것은 아니다. 예를 들어, 불확실한 특정 미래사건이 발생할 경우에만 이전이 요구될 수도 있다. 의무가 이미 존재하고 적어도 하나의 상황에서 기업이 경제적 자원을 이전하도록 요구되기만 하면 된다.

경제적 자원의 이전가능성이 낮더라도 의무가 부채의 정의를 충족할 수 있다. 그럼에도 불구하고, 낮은 가능성은 부채의 인식 여부와 측정방법의 결정을 포함하여, 부채와 관련하여 제공해야 할 정보와 그 정보를 제공하는 방법에 대한 결정에 영향을 미칠 수 있다.

03 부채의 요건 – 과거사건의 결과로 의무 존재

부채에 대한 세 번째 조건은 의무가 과거사건의 결과로 존재하는 현재의무라는 것이다. 현재의무는 다음 모두에 해당하는 경우에만 과거사건의 결과로 존재한다.

> ① 기업이 이미 경제적 효익을 얻었거나 조치를 취했고
> ② 그 결과로 기업이 이전하지 않아도 되었을 경제적 자원을 이전해야 하거나 이전하게 될 수 있는 경우

기업이 얻은 경제적 효익의 예에는 재화나 용역이 포함될 수 있다. 기업이 취한 조치의 예에는 특정 사업을 운영하거나 특정 시장에서 영업하는 것이 포함될 수 있다. 기업이 시간이 경과하면서 경제적 효익을 얻거나 조치를 취하는 경우, 현재의무는 그 기간 동안 누적될 수 있다.

새로운 법률이 제정되면 그 법률의 적용으로 경제적 효익을 얻게 되거나 조치를 취한 결과로 기업이 이전하지 않아도 되었을 경제적 자원을 이전해야 하거나 이전하게 될 수도 있는 경우에만 현재의무가 발생한다. 법률제정 그 자체만으로는 기업에 현재의무를 부여하기에 충분하지 않다. 이와 유사하게, 기업의 실무관행과 공개된 경영방침 또는 특정 성명(서)은 그에 따라 경제적 효익을 얻거나 조치를 취한 결과로 기업이 이전하지 않아도 되었을 경제적 자원을 이전해야 하거나 이전하게 될 수도 있는 경우에만 현재의무를 발생시킨다.

미래의 특정 시점까지 경제적 자원의 이전이 집행될 수 없더라도 현재의무는 존재할 수 있다. 예를 들어, 계약에서 미래의 특정 시점까지는 지급을 요구하지 않더라도 현금을 지급해야 하는 계약상 부채가 현재 존재할 수 있다. 이와 유사하게, 거래상대방이 미래의 특정 시점까지는 업무를 수행하도록 요구할 수 없더라도, 기업에게는 미래의 특정 시점에 업무를 수행해야 하는 계약상 의무가 현재 존재할 수 있다.

만약 기업이 이전하지 않아도 되었을 경제적 자원을 이전하도록 요구받거나 요구받을 수 있게 하는 경제적 효익의 수취나 조치가 아직 없는 경우, 기업은 경제적 자원을 이전해야 하는 현재의무가 없다. 예를 들어, 기업이 종업원의 용역을 제공받는 대가로 종업원에게 급여를 지급하는 계약을 체결한 경우, 기업은 종업원의 용역을 제공받을 때까지 급여를 지급할 현재의무가 없다. 그 전까지 계약은 미이행계약이며, 기업은 미래 종업원 용역에 대해서 미래급여를 교환하는 권리와 의무를 함께 보유하고 있다.

01 회계단위의 선택

회계단위는 인식기준과 측정개념이 적용되는 권리나 권리의 집합, 의무나 의무의 집합 또는 권리와 의무의 집합이다. 인식기준과 측정개념이 자산이나 부채 그리고 관련 수익과 비용에 어떻게 적용될 것인지를 고려할 때, 그 자산이나 부채에 대해 회계단위가 선택된다. 어떤 경우에는 인식을 위한 회계단위와 측정을 위한 회계단위를 서로 다르게 선택하는 것이 적절할 수 있다.

기업이 자산의 일부 또는 부채의 일부를 이전하는 경우, 그때 회계단위가 변경되어 이전된 구성요소와 잔여 구성요소가 별도의 회계단위가 될 수 있다. 원가가 다른 재무보고 결정을 제약하는 것처럼 회계단위 선택도 제약한다. 따라서 회계단위를 선택할 때에는 회계단위의 선택으로 인해 재무제표 이용자들에게 제공되는 정보의 효익이 그 정보를 제공하고 사용하는 원가를 정당화할 수 있는지를 고려하는 것이 중요하다. 일반적으로 자산, 부채, 수익과 비용의 인식 및 측정에 관련된 원가는 회계단위의 크기가 작아짐에 따라 증가한다. 따라서 일반적으로 동일한 원천에서 발생하는 권리 또는 의무는 정보가 더 유용하고 그 효익이 원가를 초과하는 경우에만 분리한다.

권리와 의무 모두 동일한 원천에서 발생하는 경우가 있다. 예를 들어, 일부 계약은 각 당사자의 권리와 의무 모두를 성립시킨다. 그러한 권리와 의무가 상호의존적이고 분리될 수 없다면, 이는 단일한 불가분의 자산이나 부채를 구성하며 단일의 회계단위를 형성한다. 미이행계약이 그 예이다. 반대로, 권리가 의무와 분리될 수 있는 경우 의무와 권리를 별도로 분리하여 하나 이상의 자산과 부채를 별도로 식별하는 것이 적절할 수 있다. 다른 경우에는 분리 가능한 권리와 의무를 단일 회계단위로 묶어 단일의 자산이나 부채로 취급하는 것이 더 적절할 수 있다.

단일 회계단위로 권리와 의무의 집합과 의무를 처리하는 것은 자산과 부채를 상계하는 것과 다르다.

회계단위의 선택

구분		내용
상호의존적 + 분리될 수 없는 경우		단일의 회계단위를 형성하여 단일의 자산, 부채로 식별
권리와 의무가 분리될 수 있는 경우	원칙	하나 이상의 자산과 부채로 식별
	예외	단일의 회계단위로 묶어 단일의 자산, 부채로 식별

02 미이행계약에 대한 회계단위 선택

미이행계약은 계약당사자 모두가 자신의 의무를 전혀 수행하지 않았거나 계약당사자 모두가 동일한 정도로 자신의 의무를 부분적으로 수행한 계약이나 그 계약의 일부를 말한다.

미이행계약은 경제적 자원을 교환할 권리와 의무가 결합되어 확정된다. 그러한 권리와 의무는 상호의존적이어서 분리될 수 없다. 따라서 결합된 권리와 의무는 단일 자산 또는 단일 부채를 구성한다. 교환조건이 현재 유리할 경우 기업은 자산을 보유한다. 교환조건이 현재 불리한 경우에는 부채를 보유한다. 그러한 자산이나 부채가 재무제표에 포함되는지 여부는 그 자산 또는 부채에 대해 선택된 인식기준과 측정기준 및 손실부담계약인지에 대한 검토(해당되는 경우)에 따라 달라진다.

당사자 일방이 계약상 의무를 이행하면 그 계약은 더 이상 미이행계약이 아니다. 보고기업이 계약에 따라 먼저 수행하는 것은 보고기업의 경제적 자원을 교환할 권리와 의무를 경제적 자원을 수취할 권리로 변경하는 사건이 되며 그 권리는 자산이다. 다른 당사자가 먼저 수행하는 것은 보고기업의 경제적 자원을 교환할 권리와 의무를 경제적 자원을 이전할 의무로 변경하는 사건이 되며 그 의무는 부채이다.

03 계약상 권리와 의무의 실질을 고려한 회계단위의 선택

계약조건은 계약당사자인 기업의 권리와 의무를 창출한다. 그러한 권리와 의무를 충실하게 표현하기 위해서는 재무제표에 그 실질을 보고한다. 어떤 경우에는 계약의 법적형식에서 권리와 의무의 실질이 분명하다. 다른 경우에는 그 권리와 의무의 실질을 식별하기 위해서 계약조건, 계약집합이나 일련의 계약을 분석할 필요가 있다.

계약의 모든 조건(명시적 또는 암묵적)은 실질이 없지 않는 한 고려되어야 한다. 암묵적 조건의 예에는 법령에 의해 부과된 의무가 포함될 수 있으며 실질이 없는 조건은 무시된다. 조건이 계약의 경제적 측면에서 구별될 수 있는 영향을 미치지 않는다면, 그 조건은 실질이 없다.

IV   자본의 정의와 특성

자본은 기업의 자산에서 모든 부채를 차감한 후의 잔여지분이다. 자본청구권은 기업의 자산에서 모든 부채를 차감한 후의 잔여지분에 대한 청구권이다.

V   수익과 비용의 정의와 특성

수익은 자산의 증가 또는 부채의 감소로서 자본의 증가를 가져오며, 자본청구권 보유자의 출자와 관련된 것을 제외한다. 비용은 자산의 감소 또는 부채의 증가로서 자본의 감소를 가져오며, 자본청구권 보유자에 대한 분배와 관련된 것을 제외한다. 이러한 수익과 비용의 정의에 따라 자본청구권 보유자로부터의 출자는 수익이 아니며 자본청구권 보유자에 대한 분배는 비용이 아니다.

'재무보고를 위한 개념체계'에 따르면 자산은 과거 사건의 결과로 기업이 통제하는 현재의 경제적 자원이며, 경제적 자원은 경제적 효익을 창출할 잠재력을 지닌 권리이다. 자산과 관련된 다음의 설명 중 올바른 것은?

① 지출의 발생과 자산의 취득은 밀접하게 관련되어 있으므로 지출이 없다면 특정 항목은 자산의 정의를 충족할 수 없다.
② 기업은 기업 스스로부터 경제적 효익을 획득하는 권리를 가질 수도 있다.
③ 잠재력이 있기 위해 권리가 경제적 효익을 창출할 것이라고 확신하거나 그 가능성이 높아야 한다.
④ 경제적 자원의 가치가 미래경제적 효익을 창출할 현재의 잠재력에서 도출되지만, 경제적 자원은 그 잠재력을 포함한 현재의 권리이며, 그 권리가 창출할 수 있는 미래경제적 효익이 아니다.
⑤ 권리가 기업의 자산이 되기 위해서는, 해당 권리가 그 기업을 위해서 다른 모든 당사자들이 이용 가능한 경제적 효익과 동일한 경제적 효익을 창출할 잠재력이 있고, 그 기업에 의해 통제되어야 한다.

풀이

① 지출의 발생과 자산의 취득은 밀접하게 관련되어 있으나 양자가 반드시 일치하는 것은 아니다. 따라서 기업이 지출한 경우 이는 미래경제적효익을 추구했다는 증거가 될 수는 있지만, 자산을 취득했다는 확정적인 증거는 될 수 없다. 마찬가지로 관련된 지출이 없더라도 특정 항목이 자산의 정의를 충족하는 것을 배제하지는 않는다.
② 기업은 기업 스스로부터 경제적 효익을 획득하는 권리를 가질 수는 없다.
③ 잠재력이 있기 위해 권리가 경제적 효익을 창출할 것이라고 확신하거나 그 가능성이 높아야 하는 것은 아니다. 권리가 이미 존재하고, 적어도 하나의 상황에서 그 기업을 위해 다른 모든 당사자들에게 이용 가능한 경제적 효익을 초과하는 경제적 효익을 창출할 수 있으면 된다. 경제적 효익을 창출할 가능성이 낮더라도 권리가 경제적 자원의 정의를 충족할 수 있고, 따라서 자산이 될 수 있다. 그럼에도 불구하고, 그러한 낮은 가능성은 자산의 인식 여부와 측정방법을 포함하여, 자산과 관련하여 제공해야 할 정보와 그 정보를 제공하는 방법에 대한 결정에 영향을 미칠 수 있다.
⑤ 권리가 기업의 자산이 되기 위해서는, 해당 권리가 그 기업을 위해서 다른 모든 당사자들이 이용 가능한 경제적 효익을 초과하는 경제적 효익을 창출할 잠재력이 있어야 한다.

정답: ④

6 재무제표 요소의 인식과 제거

I 재무제표 요소의 인식

인식은 자산, 부채, 자본, 수익 또는 비용과 같은 재무제표 요소 중 하나의 정의를 충족하는 항목을 재무상태표나 재무성과표에 포함하기 위하여 포착하는 과정이다. 인식은 그러한 재무제표 중 하나에 어떤 항목(단독으로 또는 다른 항목과 통합하여)을 명칭과 화폐금액으로 나타내고, 그 항목을 해당 재무제표의 하나 이상의 합계에 포함시키는 것과 관련된다. 자산, 부채 또는 자본이 재무상태표에 인식되는 금액을 장부금액이라고 한다.

II 인식기준

자산, 부채 또는 자본의 정의를 충족하는 항목만이 재무상태표에 인식된다. 마찬가지로 수익이나 비용에 대한 정의를 충족하는 항목만이 재무성과표에 반영된다. 그러나 그러한 요소 중 하나의 정의를 충족하는 항목이라고 할지라도 항상 인식되는 것은 아니다.

자산이나 부채를 인식하고 이에 따른 결과로 수익, 비용 또는 자본변동을 인식하는 것이 재무제표 이용자들에게 다음과 같이 유용한 정보를 모두 제공하는 경우에만 자산이나 부채를 인식한다.

> ① 목적적합성: 자산이나 부채에 대한 그리고 이에 따른 결과로 발생하는 수익, 비용 또는 자본변동에 대한 목적적합한 정보
> ② 표현충실성: 자산이나 부채 그리고 이에 따른 결과로 발생하는 수익, 비용 또는 자본변동의 충실한 표현

한편, 질적특성의 제약요인인 원가는 다른 재무보고 결정을 제약하는 것처럼 인식에 대한 결정도 제약한다.

Ⅲ   제거기준

제거는 기업의 재무상태표에서 인식된 자산이나 부채의 전부 또는 일부를 삭제하는 것이다. 제거는 일반적으로 해당 항목이 더 이상 자산 또는 부채의 정의를 충족하지 못할 때 발생한다.

> ① 자산은 일반적으로 기업이 인식한 자산의 전부 또는 일부에 대한 통제를 상실하였을 때 제거한다.
> ② 부채는 일반적으로 기업이 인식한 부채의 전부 또는 일부에 대한 현재의무를 더 이상 부담하지 않을 때 제거한다.

7 재무제표 요소의 측정

재무제표에 인식된 요소들은 화폐단위로 수량화되어 있다. 이를 위해 측정기준을 선택해야 한다. 측정기준은 측정 대상 항목에 대해 식별된 속성이다. 자산이나 부채에 측정기준을 적용하면 해당 자산이나 부채, 관련 수익과 비용의 측정치가 산출된다. 유용한 재무정보의 질적특성과 원가제약을 고려함으로써 서로 다른 자산, 부채, 수익과 비용에 대해 서로 다른 측정기준을 선택하게 될 수 있을 것이다. 개별 기준서에는 그 기준서에서 선택한 측정기준을 적용하는 방법이 기술될 필요가 있을 것이다. 측정기준은 역사적 원가와 현행가치가 있으며, 측정 대상과 주어진 상황에 따라 다양한 방법으로 결합되어 사용된다.

측정기준의 종류

구분	유입가치	유출가치
과거	역사적 원가	해당사항 없음[1]
현재	현행원가	공정가치
미래	해당사항 없음[1]	사용가치 및 이행가치

[1] 과거에 유출된 자산과 미래에 유입될 자산은 현재 기업실체의 자산이 아니므로 측정에 대한 기준을 구비할 필요가 없다.

I 측정기준 - 역사적 원가

역사적 원가 측정치는 적어도 부분적으로 자산, 부채 및 관련 수익과 비용을 발생시키는 거래나 그 밖의 사건의 가격에서 도출된 정보를 사용하여 자산, 부채 및 관련 수익과 비용에 관한 화폐적 정보를 제공한다. 현행가치와 달리 역사적 원가는 자산의 손상이나 손실부담에 따른 부채와 관련되는 변동을 제외하고는 가치의 변동을 반영하지 않는다.

자산을 취득하거나 창출할 때의 역사적 원가는 자산의 취득 또는 창출에 소요되는 원가의 가치로서, 자산을 취득 또는 창출하기 위하여 지급한 대가와 거래원가를 포함한다. 부채가 발생하거나 인수할 때의 역사적 원가는 발생시키거나 인수하면서 수취한 대가에서 거래원가를 차감한 가치이다.

시장 조건에 따른 거래가 아닌 사건으로 자산을 취득하거나 창출할 때 또는 부채를 발생시키거나 인수할 때, 원가를 식별할 수 없거나 그 원가가 자산이나 부채에 관한 목적적합한 정보를 제공하지 못할 수 있다. 이러한 경우 그 자산이나 부채의 현행가치가 최초 인식시점의 간주원가로 사용되며 그 간주원가는 역사적 원가로 후속 측정할 때의 시작점으로 사용된다.

자산의 역사적 원가는 다음의 상황을 나타내기 위하여 필요하다면 시간의 경과에 따라 갱신되어야 한다.

또한, 부채의 역사적 원가는 다음을 반영하기 위하여 필요하다면 시간의 경과에 따라 갱신되어야 한다.

역사적 원가 측정기준을 금융자산과 금융부채에 적용하는 한 가지 방법은 상각후원가로 측정하는 것이다. 금융자산과 금융부채의 상각후원가는 최초로 인식할 때 결정된 이자율로 할인한 미래현금흐름 추정치를 반영한다. 변동금리상품의 경우, 할인율은 변동금리의 변동을 반영하기 위해 갱신된다. 금융자산과 금융부채의 상각후원가는 이자의 발생, 금융자산의 손상 및 수취 또는 지급과 같은 후속 변동을 반영하기 위해 시간의 경과에 따라 갱신된다.

Ⅱ 측정기준 – 현행가치

현행가치 측정치는 측정일의 조건을 반영하기 위해 갱신된 정보를 사용하여 자산, 부채 및 관련 수익과 비용의 화폐적 정보를 제공한다. 이러한 갱신에 따라 자산과 부채의 현행가치는 이전 측정일 이후의 변동, 즉 현행가치에 반영되는 현금흐름과 그 밖의 요소의 추정치의 변동을 반영한다. 역사적 원가와는 달리, 자산이나 부채의 현행가치는 자산이나 부채를 발생시킨 거래나 그 밖의 사건의 가격으로부터 부분적으로라도 도출되지 않는다. 이러한 현행가치의 측정기준은 공정가치와 자산의 사용가치 및 부채의 이행가치, 현행원가를 포함한다.

01 공정가치

공정가치(FV; Fair Value)는 측정일에 시장참여자 사이의 정상거래에서 자산을 매도할 때 받거나 부채를 이전할 때 지급하게 될 가격이다. 공정가치는 기업이 접근할 수 있는 시장의 참여자 관점을 반영한다. 시장참여자가 경제적으로 최선의 행동을 한다면 자산이나 부채의 가격을 결정할 때 사용할 가정과 동일한 가정을 사용하여 그 자산이나 부채를 측정한다.

공정가치는 자산을 취득할 때 발생한 거래원가로 인해 증가하지 않으며 부채를 발생시키거나 인수할 때 발생한 거래원가로 인해 감소하지 않는다. 또한 공정가치는 자산의 궁극적인 처분이나 부채의 이전 또는 결제에서 발생할 거래원가를 반영하지 않는다.

공정가치는 활성시장에서 관측되는 가격으로 직접 결정될 수 있다. 만약 공정가치가 활성시장에서 직접 관측되지 않는 경우에도 현금흐름기준 측정기법 등을 사용하여 간접적으로 결정된다.

02 자산의 사용가치 및 부채의 이행가치

사용가치는 기업이 자산의 사용과 궁극적인 처분으로 얻을 것으로 기대하는 현금흐름 또는 그 밖의 경제적 효익의 현재가치이다. 이행가치는 기업이 부채를 이행할 때 이전해야 하는 현금이나 그 밖의 경제적 자원의 현재가치이다. 이러한 현금이나 그 밖의 경제적 자원의 금액은 거래상대방에게 이전되는 금액뿐만 아니라 기업이 그 부채를 이행할 수 있도록 하기 위해 다른 당사자에게 이전할 것으로 기대하는 금액도 포함한다.

사용가치와 이행가치는 미래현금흐름에 기초하기 때문에 자산을 취득하거나 부채를 인수할 때 발생하는 거래원가는 포함하지 않는다. 그러나 사용가치와 이행가치에는 기업이 자산을 궁극적으로 처분하거나 부채를 이행할 때 발생할 것으로 기대되는 거래원가의 현재가치가 포함된다.

사용가치와 이행가치는 시장참여자의 관점보다는 기업 특유의 관점을 반영한다. 사용가치와 이행가치는 직접 관측될 수 없으며 현금흐름기준 측정기법으로 결정된다.

03 현행원가

자산의 현행원가(Current Cost)는 측정일 현재 동등한 자산의 원가로서 측정일에 지급할 대가와 그 날에 발생할 거래원가를 포함한다. 부채의 현행원가는 측정일 현재 동등한 부채에 대해 수취할 수 있는 대가에서 그 날 발생할 거래원가를 차감한다. 현행원가는 역사적 원가와 마찬가지로 유입가치이다. 이는 기업이 자산을 취득하거나 부채를 발생시킬 시장에서의 가격을 반영한다. 이런 이유로, 현행원가는 유출가치인 공정가치, 사용가치 또는 이행가치와 다르다. 그러나 현행원가는 역사적 원가와 달리 측정일의 조건을 반영한다.

Ⅲ 자본의 측정

자본의 총장부금액(총자본)은 직접 측정하지 않는다. 이는 인식된 모든 자산의 장부금액에서 인식된 모든 부채의 장부금액을 차감한 금액과 동일하다. 일반목적재무제표는 기업의 가치를 보여주도록 설계되지 않았기 때문에 자본의 총장부금액은 일반적으로 다음과 동일하지 않을 것이다.

① 기업의 자본청구권에 대한 시가총액
② 계속기업을 전제로 하여 기업 전체를 매각할 때 조달할 수 있는 금액
③ 기업의 모든 자산을 매각하고 모든 부채를 상환하여 조달할 수 있는 금액

8 자본 및 자본유지개념

기초와 동일한 만족상태를 유지하면서 일정 기간 동안 소비할 수 있는 최대금액을 경제학적 이익이라고 한다. 이를 회계에 적용한다면 기초자본을 유지하고도 남은 부분이 이익이 된다. 이 경우, 당기 중에 추가출자나 소유주에 대한 배분 등이 있었다면 이를 제외하여 이익을 아래와 같이 산정할 수 있다.

> 기말자본 – (기초자본 + 추가출자 – 소유주에 대한 배분) = 이익
> 기말자본 – 기초자본 – (추가출자 – 소유주에 대한 배분) = 이익

Additional Comment

위의 식에서 문제가 되는 것은 기초자본을 어떻게 무엇으로 설정할 것이냐 하는 것이다. 유지해야 할 기초자본이 결정되면 이에 따라 이익은 자연스럽게 결정된다. 이렇게 기업이 유지하려고 하는 자본을 어떻게 정의하는지와 관련된 것이 자본유지개념이다.

I 자본의 개념

자본개념은 재무적 개념과 실물적 개념으로 나눌 수 있다. 자본의 재무적 개념이란 투자된 화폐액 또는 투자된 구매력을 자본으로 보는 것을 말하고, 자본의 실물적 개념은 1일 생산수량과 같은 기업의 생산능력을 자본으로 보는 것을 말한다.

기업은 재무제표 이용자의 정보요구에 기초하여 적절한 자본개념을 선택하여야 한다. 따라서 재무제표의 이용자가 주로 명목상의 투하자본이나 투하자본의 구매력 유지에 관심이 있다면 재무적 개념의 자본을 채택하여야 한다. 그러나 이용자의 주된 관심이 기업의 조업능력 유지에 있다면 실물적 개념의 자본을 채택하여야 한다. 현재 대부분의 기업은 자본의 재무적 개념에 기초하여 재무제표를 작성한다.

자본개념의 구조

구분		정의
재무자본유지개념	명목화폐단위	투자된 화폐액
	불변구매력단위	투자된 구매력
실물자본유지개념		조업능력(생산능력)

기업의 이익을 측정하기 위하여 유지해야 할 자본개념은 재무자본유지와 실물자본유지로 구분할 수 있다.

01 재무자본유지개념

재무자본유지개념에서 이익은 해당 기간 동안 소유주에게 배분하거나 소유주가 출연한 부분을 제외하고 기말 순자산의 재무적 측정금액이 기초 순자산의 재무적 측정금액(화폐자본)을 초과하는 경우에만 발생한다. 재무자본유지개념을 사용하기 위해서는 당해 재무자본을 명목화폐단위 또는 불변구매력단위를 이용하여 측정할 수 있으며, 재무자본유지개념하에서 측정기준의 선택은 기업이 유지하려는 재무자본의 유형과 관련이 있다. 따라서 재무자본유지개념은 특정한 측정기준의 적용을 요구하지 않는다.

> **재무자본유지개념에서 이익**
>
> 기말화폐자본 – 기초화폐자본, 특정한 측정기준의 적용 요구하지 않음

02 실물자본유지개념

실물자본유지개념하에서 이익은 해당 기간 동안 소유주에게 배분하거나 소유주가 출연한 부분을 제외하고 기업의 기말 실물생산능력이나 조업능력, 또는 그러한 생산능력을 갖추기 위해 필요한 자원이나 기금이 기초 실물생산능력(실물자본)을 초과하는 경우에만 발생한다. 개념체계에서는 실물자본유지개념을 사용하기 위해서는 당해 실물자본을 현행원가기준에 따라 측정해야 한다고 규정하고 있다.

> **실물자본유지개념에서 이익**
>
> 기말실물자본 – 기초실물자본, 현행원가기준에 따라 측정

재무자본유지개념과 실물자본유지개념의 차이는 기업의 자산과 부채에 대한 가격변동 영향의 처리방법이다. 기초에 가지고 있던 자본만큼을 기말에도 가지고 있다면 이 기업의 자본은 유지된 것이며, 기초자본을 유지하기 위해 필요한 부분을 초과하는 금액이 이익이다. 자본유지개념은 이익이 측정되는 준거기준을 제공함으로써 자본개념과 이익개념 사이의 연결고리를 제공한다. 자본유지개념은 기업의 자본에 대한 투자수익과 투자회수를 구분하기 위한 필수요건이다. 자본유지를 위해 필요한 금액을 초과하는 자산의 유입액만이 이익으로 간주될 수 있고 결과적으로 자본의 투자수익이 된다. 각 자본유지개념하에서 가격변동의 영향은 다음과 같다.

> **자본유지접근법의 이익측정방법**
>
> 수익 − 비용 = 기말자본 − 기초자본(유지할 자본) − 자본거래
> ① 화폐단위
>   • Inf 반영 ×: 명목화폐자본유지
>   • Inf 반영 ○: 불변구매력화폐자본유지
> ② 실물자본: 실물자본유지(Inf 반영 ×)

01 명목화폐자본유지(명목화폐단위로 정의한 재무자본유지개념)

이익은 해당 기간 중 명목화폐자본의 증가액을 의미한다. 따라서 기간 중 보유한 자산가격의 증가 부분, 즉 가격변동에 따른 보유이익은 개념적으로 이익에 속한다. 그러나 보유이익은 자산이 교환거래에 따라 처분되기 전에는 이익으로 인식되지 않는다.

> **명목화폐자본유지 정리**
>
> ① 이익: 기말명목화폐자본 − 기초명목화폐자본
> ② 자산측정방법: 제한 없음
> ③ 가격변동효과: 이익에 포함
> ④ 계산구조
>
> | B/S | | | |
> |---|---|---|---|
> | 현금 1st | 기말현금 | | |
> | | | 자본금 2nd | 기초현금 |
> | | | 당기순이익 3rd | 대차차액 |

02 불변구매력화폐자본유지(불변구매력단위로 정의한 재무자본유지개념)

이익은 해당 기간 중 일반물가수준에 따른 가격상승을 초과하는 자산가격의 증가액을 의미하며, 그 이외의 가격증가 부분은 자본의 일부인 자본유지조정으로 처리된다.

불변구매력화폐자본유지 정리

① 이익: 기말불변구매력화폐자본 − 기초불변구매력화폐자본
② 자산측정방법: 제한 없음
③ 가격변동효과: 자본항목
④ 계산구조

B/S

현금 1st	기말현금		
	자본금 2nd		기초현금
	자본유지 3rd	기초현금 × (1 + 물가상승률) − 기초현금	
	당기순이익 4th		대차차액

Additional Comment

기업이 자산과 부채에 대한 재평가 또는 재작성을 하는 경우 자본의 증가나 감소를 초래하게 된다. 이와 같은 자본의 증가 또는 감소도 수익과 비용의 정의에는 부합하지만, 이 항목들은 특정 자본유지개념에 따라 포괄손익계산서에는 포함되지 않을 수도 있다. 그 대신 자본유지조정 또는 재평가적립금으로 자본에 포함될 수 있다.

03 실물자본유지(실물생산능력으로 정의한 실물자본유지개념)

이익은 해당 기간 중 실물생산능력의 증가액을 의미한다. 기업의 자산과 부채에 영향을 미치는 모든 가격변동은 해당 기업의 실물생산능력에 대한 측정치의 변동으로 간주되어 이익이 아니라 자본의 일부인 자본유지조정으로 처리된다.

실물자본유지 정리

① 이익: 기말실물생산능력 − 기초실물생산능력
② 자산측정방법: 현행원가
③ 가격변동효과: 자본항목
④ 계산구조

B/S

현금 1st	기말현금		
	자본금 2nd		기초현금
	자본유지 3rd	기초현금 × 기말가격/기초가격 − 기초현금	
	당기순이익 4th		대차차액

㈜도도는 20×1년 초에 현금 ₩100을 출자하여 설립되었으며, 20×1년 영업과 관련된 자료는 다음과 같다.

(1) 설립 시 재고자산 1단위를 단위당 ₩100에 매입하였으며, 20×1년 말에 재고자산 1단위를 ₩150에 판매하였다.
(2) 20×1년의 물가상승률은 20%이며, 20×1년 말 재고자산 1단위의 현행원가는 ₩140이다.

명목재무자본유지개념, 불변구매력재무자본유지개념 및 실물자본유지개념에 따라 유지해야 할 자본과 이익을 측정하시오.

풀이

B/S		명목화폐	불변구매력화폐	실물자본
현금 150		100	100	100
	기초자본금 100			
	자본유지조정	–	20[1]	40[2]
	이익	50	30	10

[1] 100 × (1 + 20%) − 100 = 20
[2] 140 − 100 = 40

㈜감평은 20X1년 초 현금 ₩2,000을 출자받아 설립되었으며, 이 금액은 ㈜감평이 판매할 재고 자산 200개를 구입할 수 있는 금액이다. 20X1년 말 자본은 ₩3,000이고 20X1년도 자본거래 는 없었다. 20X1년 말 ㈜감평이 판매하는 재고 자산의 개당 구입가격은 ₩12이고, 20X1년 말 물가지수는 20X1년 초 ₩100에 비하여 10% 상승하였다. 실물자본유지개념을 적용할 경우 20X1년도 이익은?   [감정평가사 2022년]

① ₩200
② ₩400
③ ₩600
④ ₩800
⑤ ₩1,000

풀이

3,000(기말자본) − 2,400(기말 재고자산 200개를 구매할 수 있는 금액 12×200 = 2,400) = 600

B/S

현금	3,000	기초자본금	2,000
		자본유지조정	400
		이익	600

정답: ③

Chapter 3 | 객관식 문제

01 다음은 재무보고를 위한 개념체계의 목적에 대한 내용들이다. 적합하지 않은 것은?

① 한국회계기준위원회가 향후 새로운 한국채택국제회계기준을 제정하거나 기존의 한국채택국제회계기준의 개정을 검토할 때에 도움을 제공한다.

② 한국채택국제회계기준에서 허용하고 있는 대체적인 회계처리방법의 수를 축소하기 위한 근거를 제공하여 한국회계기준위원회가 재무제표의 표시와 관련되는 법규, 회계기준 및 절차를 조화시킬 수 있도록 도움을 제공한다.

③ 재무제표 작성자가 회계기준을 해석·적용하여 재무제표를 작성·공시하거나, 특정한 거래나 사건에 대한 회계기준이 미비된 경우에 적용할 수 있는 구체적인 회계처리방법을 제공한다.

④ 감사인이 재무제표가 한국채택국제회계기준에 따르고 있는지에 대한 의견을 형성하는 데 도움을 제공한다.

⑤ 재무제표 이용자가 한국채택국제회계기준에 따라 작성된 재무제표에 포함된 정보를 해석하는 데 도움을 제공한다.

02 다음은 재무보고를 위한 개념체계에 대한 설명이다. 옳지 않은 것은?

① 개념체계는 한국채택국제회계기준이 아니므로 특정한 측정과 공시에 관한 기준을 정하지 아니한다. 따라서 개념체계는 어떤 경우에도 특정 한국채택국제회계기준에 우선하지 아니한다.

② 일반목적재무보고의 목적은 현재 및 잠재적 투자자, 대여자 및 기타 채권자가 기업에 자원을 제공하는 것에 대한 의사결정을 할 때 유용한 보고기업 재무정보를 제공하는 것이다.

③ 많은 현재 및 잠재적 투자자, 대여자 및 기타 채권자는 그들에게 직접 정보를 제공하도록 보고기업에 요구할 수 없고, 그들이 필요로 하는 재무정보의 많은 부분을 일반목적재무보고서에 의존해야만 한다. 따라서 그들은 일반목적재무보고서가 대상으로 하는 주요 이용자이다.

④ 감독당국이나 투자자, 대여자 및 기타 채권자가 아닌 일반대중도 일반목적재무보고서가 유용하다고 여길 수 있다. 따라서 일반목적재무보고서는 이러한 기타 집단도 주요 대상으로 한다.

⑤ 경영진은 그들이 필요로 하는 재무정보를 내부에서 구할 수 있기 때문에 일반목적재무보고서에 의존할 필요가 없다. 따라서 일반목적재무보고서는 경영진은 주요 대상으로 하지 않는다.

03 유용한 재무정보의 질적특성에 관한 설명으로 옳지 않은 것은? [세무사 2022년]

① 재무보고서는 경제적 현상을 글과 숫자로 나타내는 것이다.

② 재무정보가 과거 평가에 대해 피드백을 제공한다면(과거 평가를 확인하거나 변경시킨다면) 확인가치를 갖는다.

③ 중립적 정보는 목적이 없거나 행동에 대한 영향력이 없는 정보를 의미한다.

④ 회계기준위원회는 중요성에 대한 획일적인 계량 임계치를 정하거나 특정한 상황에서 무엇이 중요한 것인지를 미리 결정할 수 없다.

⑤ 합리적인 추정치의 사용은 재무정보의 작성에 필수적인 부분이며, 추정이 명확하고 정확하게 기술되고 설명되는 한 정보의 유용성을 저해하지 않는다.

04 **재무보고를 위한 개념체계에 관한 설명으로 옳지 않은 것은?** [감정평가사 2023년]

① 개념체계는 특정 거래나 다른 사건에 적용할 회계기준이 없는 경우에 재무제표 작성자가 일관된 회계정책을 개발하는 데 도움을 준다.

② 개념체계의 어떠한 내용도 회계기준이나 회계기준의 요구사항에 우선하지 아니한다.

③ 일반목적재무보고의 목적을 달성하기 위해 회계기준위원회는 개념체계의 관점에서 벗어난 요구사항을 정하는 경우가 있을 수 있다.

④ 개념체계는 수시로 개정될 수 있으며, 개념체계가 개정되면 자동으로 회계기준이 개정된다.

⑤ 개념체계에 기반한 회계기준은 경영진의 책임을 묻기 위한 필요한 정보를 제공한다.

05 **재무제표 요소의 측정기준에 관한 설명으로 옳은 것은?** [감정평가사 2022년]

① 공정가치는 측정일 현재 동등한 자산의 원가로서 측정일에 지급할 대가와 그 날에 발생할 거래원가를 포함한다.

② 현행원가는 자산을 취득 또는 창출할 때 발생한 원가의 가치로서 자산을 취득 또는 창출하기 위하여 지급한 대가와 거래원가를 포함한다.

③ 사용가치는 기업이 자산의 사용과 궁극적인 처분으로 얻을 것으로 기대하는 현금흐름 또는 그 밖의 경제적 효익의 현재가치이다.

④ 이행가치는 측정일에 시장참여자 사이의 정상거래에서 부채를 이전할 때 지급하게 될 가격이다.

⑤ 역사적 원가는 측정일 현재 자산의 취득 또는 창출을 위해 이전해야 하는 현금이나 그 밖의 경제적 자원의 현재가치이다.

06 측정기준에 관한 설명으로 옳지 않은 것은?

[관세사 2021년]

① 현행가치는 자산의 손상이나 손실부담에 따른 부채와 관련되는 변동을 제외하고는 가치의 변동을 반영하지 않는다.

② 부채의 현행원가는 측정일 현재 동등한 부채에 대해 수취할 수 있는 대가에서 그 날에 발생할 거래원가를 차감한다.

③ 사용가치와 이행가치는 미래현금흐름에 기초하기 때문에 자산을 취득하거나 부채를 인수할 때 발생하는 거래원가는 포함하지 않는다.

④ 자산의 현행원가는 측정일 현재 동등한 자산의 원가로서 측정일에 지급할 대가와 그 날에 발생할 거래원가를 포함하여 측정한다.

⑤ 이행가치는 기업이 부채를 이행할 때 이전해야 하는 현금이나 그 밖의 경제적 자원의 현재가치이다.

07 다음 자료를 이용하여 ㈜한국의 자본을 재무자본유지개념(불변구매력단위)과 실물자본유지개념으로 측정할 때, 20×1년도에 인식할 이익은? (단, 20×1년 중 다른 자본거래는 없다)

구분	20×1년 초	20×1년 말
자산 총계	₩100,000	₩300,000
부채 총계	₩50,000	₩150,000
일반물가지수	100	150
재고자산 단위당 구입가격	₩1,000	₩2,000

	재무자본유지개념(불변구매력단위)	실물자본유지개념
①	₩75,000	₩50,000
②	₩75,000	₩100,000
③	₩100,000	₩50,000
④	₩100,000	₩100,000
⑤	₩100,000	₩75,000

Chapter 3 | 객관식 문제 정답 및 해설

01 ③ 개념체계는 재무제표 작성자가 한국채택국제회계기준을 해석·적용하여 재무제표를 작성·공시하거나, 특정한 거래나 사건에 대한 회계기준이 미비된 경우에 적용할 수 있는 지침을 제공할 뿐 구체적인 회계처리방법을 제공하는 것은 아니다.

02 ④ 감독당국이나 투자자, 대여자 및 기타 채권자가 아닌 일반대중은 일반목적재무보고서의 주요 대상이 아니다.

03 ③ 중립적 정보는 목적이 없거나 행동에 대한 영향력이 없는 정보를 의미하지는 않는다.

04 ④ 개념체계는 수시로 개정될 수 있으며, 개념체계가 개정되면 자동으로 회계기준이 개정되지는 않는다.

05 ③ ① 공정가치는 측정일 현재 동등한 자산의 원가로서 측정일에 지급할 대가와 그 날에 발생할 거래원가를 포함하지 않는다.
② 역사적원가에 대한 설명이다.
④ 공정가치에 대한 설명이다.
⑤ 현행원가에 대한 설명이다.

06 ① 역사적원가에 대한 설명이다.

07 ① (1) 기초자본: 100,000(기초자산) − 50,000(기초부채) = 50,000
(2) 기말자본: 300,000(기말자산) − 150,000(기말부채) = 150,000
(3) 불변구매력단위의 기말자본: 50,000 × 1.5 = 75,000
(4) 불변구매력단위의 이익: 150,000 − 75,000 = 75,000
(5) 실물자본유지의 기말자본: 50,000 × 2 = 100,000
(6) 실물자본유지의 이익: 150,000 − 100,000 = 50,000

ca.Hackers.com

Chapter 4

재무제표 표시와 공정가치

I 재무제표의 목적

재무제표는 기업의 재무상태와 재무성과를 체계적으로 표현한 보고서로 일반목적재무보고의 가장 대표적인 수단이다. 재무제표의 목적은 다양한 정보이용자의 경제적 의사결정에 유용한 기업의 재무상태, 재무성과와 재무상태 변동에 관한 정보를 제공하는 것이다.

II 전체 재무제표

전체 재무제표는 다음을 모두 포함하여야 한다. 또한, 아래의 재무제표 명칭이 아닌 다른 명칭을 사용할 수도 있다.

① 기말 재무상태표
② 기간 포괄손익계산서
③ 기간 자본변동표
④ 기간 현금흐름표
⑤ 주석(중요한 회계정책 정보와 그 밖의 설명 정보로 구성)
⑥ 전기에 관한 비교정보
⑦ 회계정책을 소급하여 적용하거나, 재무제표의 항목을 소급하여 재작성 또는 재분류하는 경우 전기 기초 재무상태표
  [예] 전기 기초 재무상태표]

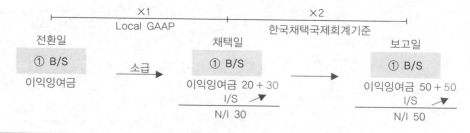

1. 각각의 재무제표는 전체 재무제표에서 동등한 비중으로 표시한다. 또한 기업들은 기업회계기준서 제1001호 '재무제표 표시'에서 사용하는 재무제표의 명칭이 아닌 다른 명칭을 사용할 수 있다.
2. 전체 재무제표는 전기에 관한 비교정보를 포함한다(예 당기와 전기의 비교식 공시). 다만, 회계정책의 변경이나 중요한 오류수정으로 전기 이전 재무제표를 소급 재작성하는 경우에는 재무상태표 3개(당기 말 재무상태표, 전기 말 재무상태표, 전기 초 재무상태표)를 작성하여야 한다.
3. 재무제표 이외의 보고서는 한국채택국제회계기준의 적용범위에 해당하지 않는다.

Ⅲ   일반 사항

01 공정한 표시와 한국채택국제회계기준의 준수

재무제표는 기업의 재무상태, 재무성과 및 현금흐름을 공정하게 표시해야 한다. 공정하게 표시하기 위해서는 Chapter 2의 개념체계에서 정한 자산, 부채, 수익 및 비용에 대한 정의와 인식요건에 따라 거래, 그 밖의 사건과 상황의 효과를 충실하게 표현해야 한다. 한국채택국제회계기준에 따라 작성된 재무제표(필요에 따라 추가 공시한 경우 포함)는 공정하게 표시된 재무제표로 본다.

또한 한국채택국제회계기준을 준수하여 작성된 재무제표는 국제회계기준을 준수하여 작성된 재무제표임을 주석으로 공시할 수 있다.

재무제표가 한국채택국제회계기준의 요구사항을 모두 충족한 경우가 아니라면 한국채택국제회계기준을 준수하여 작성되었다고 기재하여서는 안 된다. 부적절한 회계정책은 이에 대하여 공시나 주석 또는 보충자료를 통해 설명하더라도 정당화될 수 없다.

[공정한 표시와 한국채택국제회계기준의 준수]

구분	내용	비고
재무제표의 공정한 표시	한국채택국제회계기준을 준수함으로써 달성	부적절한 회계정책은 정당화될 수 없음

* 한국채택국제회계기준의 요구사항을 모두 충족한 경우에만 한국채택국제회계기준을 준수하여 작성하였다고 기재할 수 있음

02 재무제표 목적과의 상충

극히 드문 상황으로 한국채택국제회계기준의 요구사항을 준수하는 것이 오히려 '개념체계'에서 정하고 있는 재무제표의 목적과 상충되어 재무제표 이용자의 오해를 유발할 수 있는 경우에는 관련 감독체계가 이러한 요구사항으로부터의 일탈을 의무화하거나 금지하지 않는다면, 요구사항을 달리 적용하고, 일탈의 내용과 그로 인한 재무적 영향 등을 공시한다.

그러나 이와 같이 경영진이 한국채택국제회계기준의 요구사항을 준수하는 것이 오히려 '개념체계'에서 정하고 있는 재무제표의 목적과 상충될 수 있다고 결론을 내린 경우에도 관련 감독체계가 이러한 요구사항으로부터의 일탈을 의무화하거나 금지하는 경우에는 기업은 경영진이 결론을 내린 이유와 재무제표 각 항목에 대한 조정내용을 공시하여 오해를 유발할 수 있는 가능성을 최대한 줄여야 한다.

[재무제표 목적과의 상충]

구분		적용
원칙		한국채택국제회계기준의 요구사항을 모두 적용
예외	일탈을 허용하는 경우	한국채택국제회계기준의 요구사항을 달리 적용 가능
	일탈을 허용하지 않는 경우	기준서의 요구사항을 준수, 관련 사항을 주석으로 추가 공시

Self Study

1. 영업이익 산정에 포함된 항목 이외에도 기업의 고유 영업환경을 반영하는 그 밖의 수익 또는 비용항목은 영업이익에 추가하여 별도의 영업성과 측정치를 산정하여 조정영업이익으로 주석에 공시할 수 있다.
2. 수익과 비용의 어느 항목도 당기손익과 기타포괄손익을 표시하는 보고서 또는 주석에 특별손익 항목으로 표시할 수 없다.

03 계속기업

재무제표는 일반적으로 기업이 계속기업이며, 예상 가능한 기간 동안 영업을 계속할 것이라는 가정하에 작성된다. 경영진은 재무제표를 작성할 때 계속기업으로서의 존속가능성을 평가해야 한다. 경영진이 기업을 청산하거나 경영활동을 중단할 의도를 가지고 있지 않거나, 청산 또는 경영활동을 중단 외에 다른 현실적 대안이 없는 경우가 아니면 계속기업을 전제로 재무제표를 작성한다. 그러므로 계속기업으로서의 존속능력에 유의적인 의문이 제기될 수 있는 사건이나 상황과 관련된 중요한 불확실성을 알게 된 경우, 경영진은 그러한 불확실성을 공시하여야 한다. 재무제표가 계속기업의 기준하에 작성되지 않는 경우에는 그 사실과 함께 재무제표가 작성된 기준 및 그 기업을 계속기업으로 보지 않는 이유를 주석 공시하여야 한다. 계속기업의 가정이 적절한지의 여부를 평가할 때 경영진은 적어도 보고기간 말부터 향후 12개월 기간에 대하여 이용 가능한 모든 정보를 고려한다.

Additional Comment

경영자가 보고기간 말로부터 12개월을 초과하는 기간에 대해서도 계속기업으로 존속할 것인지를 평가하는 것은 어렵기 때문에 보고기간 말로부터 12개월 이내의 기간으로 평가기간을 제한하는 것이다.

Self Study

기업이 상당기간 계속 사업이익을 보고하였고, 보고기간 말 현재 경영에 필요한 재무자원을 확보하고 있는 경우에는 자세한 분석이 없어도 계속기업을 전제로 한 회계처리가 적절하다는 결론을 내릴 수 있다.

04 발생기준 회계

기업은 현금흐름정보(현금흐름표)를 제외하고는 발생기준 회계를 사용하여 재무제표를 작성한다. 발생기준 회계는 미래현금흐름 예측에 필요한 정보를 제공할 수 있기 때문에 현금기준 회계보다 더 유용하다는 데에는 이견이 없다. 발생기준 회계를 사용하는 경우, 각 항목이 개념체계의 정의와 인식요건을 충족할 때 자산, 부채, 자본, 광의의 수익 및 비용으로 인식한다.

05 중요성과 통합표시

유사한 항목은 중요성 분류에 따라 재무제표에 구분하여 표시하며, 상이한 성격이나 기능을 가진 항목을 구분하여 표시한다. 단, 중요하지 않은 항목은 성격이나 기능이 유사한 항목과 통합하여 표시(예 현금및현금성자산)할 수 있다. 재무제표에는 중요하지 않아 구분하여 표시하지 않은 항목이라도 주석에는 구분 표시해야 할 만큼 충분히 중요할 수 있다.

기업은 중요하지 않은 정보로 중요한 정보가 가려져서 불분명하게 하거나, 다른 성격과 기능을 가진 중요한 항목들을 통합함으로써 기업의 재무제표의 이해가능성을 저하시키지 말아야 한다. (⇒ 개별적으로 중요하지 않은 항목은 상기 재무제표나 주석의 다른 항목과 통합한다)

06 상계

한국채택국제회계기준에서 요구하거나 허용하지 않는 한 자산과 부채 그리고 수익과 비용은 상계하지 아니한다. 이들 항목을 상계표시하면 발생한 거래, 그 밖의 사건과 상황을 이해하고 기업의 미래현금흐름을 분석할 수 있는 재무제표 이용자의 능력을 저해할 수 있다.

> **Self Study**
>
> 재고자산에 대한 재고자산평가충당금과 매출채권에 대한 손실충당금과 같은 평가충당금을 차감하여 관련 자산을 순액으로 측정하는 것은 상계표시에 해당하지 아니한다. 재고자산평가충당금이나 손실충당금은 부채가 아니라 자산의 차감계정이므로 이를 해당 자산에서 차감 표시하는 것은 자산과 부채의 상계가 아니기 때문이다.

[상계]

구분	내용
원칙	자산과 부채, 수익과 비용은 상계하지 않음 * 평가충당금의 순액측정은 상계 ×
상계표시하는 경우	① 비유동자산처분손익(처분비용도 상계, 강제사항) ② 충당부채와 관련된 지출을 제3자와의 계약 관계로 보전받는 금액(임의사항)
유사한 거래의 집합에서 발생하는 차익과 차손	외환손익·단기매매금융상품 관련 손익 순액(≒ 상계)표시 * 중요한 경우 구분하여 표시

07 보고빈도

전체 재무제표(비교정보를 포함)는 적어도 1년마다 작성한다. 보고기간 종료일을 변경하여 재무제표의 보고기간이 1년을 초과하거나 미달하는 경우 재무제표 해당 기간뿐만 아니라 다음의 사항을 추가로 공시한다.

> ① 보고기간이 1년을 초과하거나 미달하게 된 이유
> ② 재무제표에 표시된 금액이 완전하게 비교 가능하지 않다는 사실

08 비교정보

한국채택국제회계기준이 달리 허용하거나 요구하는 경우를 제외하고는 당기 재무제표에 보고되는 모든 금액에 대해 전기 비교정보를 표시한다. 당기 재무제표를 이해하는 데 목적적합하다면 서술형 정보의 경우에도 비교정보를 포함한다. 그러므로 최소한 두 개의 재무상태표와 두 개의 포괄손익계산서, 두 개의 별개 손익계산서(표시하는 경우), 두 개의 현금흐름표, 두 개의 자본변동표 그리고 관련 주석을 표시해야 한다.

회계정책을 소급하여 적용하거나, 재무제표 항목을 소급하여 재작성 또는 재분류하고 이러한 소급적용, 소급재작성 또는 소급재분류가 전기 기초 재무상태표의 정보에 중요한 영향을 미치는 경우에는 세 개의 재무상태표를 표시한다. 이 경우 각 시점(당기 말, 전기 말, 전기 초)에 세 개의 재무상태표를 표시하되 전기 기초의 개시 재무상태표에 관련된 주석을 표시할 필요는 없다.

09 표시의 계속성

재무제표 항목의 표시와 분류는 다음의 경우를 제외하고는 매기 동일하여야 한다.

> ① 사업내용의 유의적인 변화나 재무제표를 검토한 결과 다른 표시나 분류방법이 더 적절한 것이 명백한 경우
> ② 한국채택국제회계기준에서 표시방법의 변경을 요구하는 경우

기출 Check 1

재무제표 표시에 관한 일반사항으로 옳지 않은 것은? [감정평가사 2023년]

① 서술형 정보는 당기 재무제표를 이해하는 데 목적적합하더라도 비교정보를 표시하지 아니한다.
② 재무제표가 계속기업 기준으로 작성되지 않을 경우, 그 사실과 함께 재무제표 작성기준과 계속기업으로 보지 않는 이유를 공시하여야 한다.
③ 기업은 현금흐름 정보를 제외하고는 발생기준 회계를 사용하여 재무제표를 작성한다.
④ 중요하지 않은 항목은 성격이나 기능이 유사한 항목과 통합하여 표시할 수 있다.
⑤ 한국채택국제회계기준을 준수하여 작성된 재무제표는 공정하게 표시된 재무제표로 본다.

풀이

서술형 정보라도 당기 재무제표를 이해하는 데 목적적합하다면 비교정보를 표시한다.

정답: ①

---

2 재무상태표

I 재무상태표의 의의와 양식

01 재무상태표의 의의

재무상태표는 특정 시점 현재 기업의 자산, 부채 및 자본의 잔액을 보고하는 재무제표이다. 재무상태표는 기업의 재무구조, 유동성과 지급능력, 영업 환경변화에 대한 적응능력을 평가하는 데 필요한 정보를 제공한다.

02 재무상태표에 표시되는 정보

일정 시점에 기업의 경제적 자원과 보고기업에 대한 청구권에 관한 정보를 제공하는 재무상태표는 적어도 다음에 해당하는 금액을 나타내는 항목을 표시하도록 기준서에서 규정하고 있다. 아래의 항목은 최소한 재무상태표에 표시되어야 할 항목이므로 기업의 재량에 따라 더 많은 항목이 재무상태표에 표시될 수 있다.

> ① 유형자산
> ② 투자부동산
> ③ 무형자산
> ④ 금융자산(단, ⑤, ⑧ 및 ⑨ 제외)
> ⑤ 지분법에 따라 회계처리하는 투자자산
> ⑥ 생물자산
> ⑦ 재고자산
> ⑧ 매출채권 및 기타 채권
> ⑨ 현금및현금성자산
> ⑩ 기준서 제1105호 '매각예정비유동자산과 중단영업'에 따라 매각예정으로 분류된 자산과 매각예정으로 분류된 처분자산집단에 포함된 자산의 총계
> ⑪ 매입채무 및 기타 채무
> ⑫ 충당부채
> ⑬ 금융부채(단, ⑪과 ⑫ 제외)
> ⑭ 기준서 제1021호 '법인세'에서 정의된 당기 법인세와 관련한 부채와 자산
> ⑮ 기준서 제1012호에서 정의된 이연법인세부채 및 이연법인세자산
> ⑯ 기준서 제1105호에 따라 매각예정으로 분류된 처분자산집단에 포함된 부채
> ⑰ 자본에 표시된 비지배지분
> ⑱ 지배기업의 소유주에게 귀속되는 납입자본과 적립금

03 재무상태표의 양식

기준서 제1001호의 실무적용지침에서 예시하고 있는 재무상태표 양식은 다음과 같다.

재무상태표

㈜××회사				(단위: 원)
과목	20×2년		20×1년	
자산				
유동자산		×××		×××
현금및현금성자산	×××		×××	
재고자산	×××		×××	
매출채권	×××		×××	
기타비유동자산	×××		×××	
…	×××		×××	
비유동자산		×××		×××
유형자산	×××		×××	
영업권	×××		×××	
기타무형자산	×××		×××	
관계기업투자자산	×××		×××	
…	×××		×××	
자산총계		×××		×××
부채				
유동부채		×××		×××
매입채무와 기타미지급금	×××		×××	
단기차입금	×××		×××	
유동성장기차입금	×××		×××	
당기법인세부채	×××		×××	
단기충당부채	×××		×××	
…	×××		×××	
비유동부채		×××		×××
장기차입금	×××		×××	
이연법인세부채	×××		×××	
장기충당부채	×××		×××	
부채총계		×××		×××
자본				
납입자본	×××		×××	
이익잉여금	×××		×××	
기타자본요소	×××		×××	
비지배지분		×××		×××
자본총계		×××		×××
자본 및 부채총계		×××		×××

Additional Comment

기준서에서 제시한 재무상태표는 자산, 부채, 자본의 순서로 표시되어 있는데 자산, 자본, 부채의 순서로 표시해도 무방하다. 자산과 부채의 유동·비유동 구분은 유동 항목을 먼저 표시한 후 비유동 항목을 표시하거나 비유동 항목을 먼저 표시하고 유동 항목을 먼저 표시해도 무방하다. 현재 한국채택국제회계기준을 적용하여 공시하고 있는 기업들의 재무상태표를 비교해보면 표시방법이 다양하다는 것을 알 수 있다.

Ⅱ 자산과 부채의 유동·비유동 구분

01 표시방법

유동 항목과 비유동 항목을 재무상태표에 표시하는 방법은 아래와 같으며 한국채택국제회계기준은 각 방법을 모두 인정하고 있다.

(1) 유동·비유동 항목 구분법

자산과 부채를 유동성 순서에 따라 표시하는 방법이 신뢰성 있고 더욱 목적적합한 정보를 제공하는 경우를 제외하고는 자산과 부채를 유동 항목과 비유동 항목으로 구분하여 재무상태표에 표시한다. 이는 기업이 명확히 식별할 수 있는 영업주기 내에서 재화나 용역을 제공하는 경우, 재무상태표에 유동자산과 비유동자산 및 유동부채와 비유동부채를 구분하여 표시한다. 이는 운전자본으로서 계속 순환되는 순자산과 장기 영업활동에서 사용하는 순자산을 구분함으로써 기업의 지급능력에 대한 유용한 정보를 제공할 수 있기 때문이다. 단, 유동 항목과 비유동 항목을 구분할 경우 재무상태표의 표시 순서는 기업이 정한다.

(2) 유동성 순서법

금융기관과 같이 재화나 용역 제공에 따른 영업주기가 명확히 식별되지 않는 경우에는 자산과 부채를 유동성 순서에 따라 표시하는 것이 신뢰성 있고 더욱 목적적합한 정보를 제공할 수 있다. 현재 우리나라 금융기관들은 재무상태표에 자산과 부채를 유동성 순서에 따라 표시하고 있다. 이때에도 기업의 선택에 따라 유동성이 높은 항목부터 표시하거나 유동성이 낮은 항목부터 표시할 수 있다.

(3) 혼합표시방법

신뢰성 있고 더욱 목적적합한 정보를 제공한다면 자산과 부채의 일부는 유동과 비유동 구분법을, 나머지는 유동성 순서에 따른 표시방법으로 표시하는 것이 허용된다. 이러한 혼합표시방법은 기업이 다양한 사업을 영위하는 경우에 필요할 수 있다.

Self Study

1. 기업의 재무상태표에 유동자산과 비유동자산, 유동부채와 비유동부채로 구분하여 표시하는 경우, 이연법인세자산(부채)은 유동자산(부채)으로 분류하지 않는다.
2. 자산과 부채의 일부는 유동·비유동으로 구분하고, 나머지 유동성 순서에 따르는 표시방법은 일반적으로 연결재무제표를 작성하는 경우 나타날 수 있다.
3. 오답유형: 재무상태표에 표시되는 자산과 부채는 반드시 유동자산과 비유동자산, 유동부채와 비유동부채로 구분하여 표시해야 한다. (×)

02 유동자산과 비유동자산

보고기간 후 12개월 이내 또는 정상영업주기 이내에 실현되거나 판매하거나 소비할 의도가 있는 자산은 유동자산으로 분류하며, 그 밖의 모든 자산은 비유동자산으로 분류한다. 유동자산으로 분류하는 자산의 예는 다음과 같다.

① 기업의 정상영업주기 내에 실현될 것으로 예상하거나, 정상영업주기 내에 판매하거나 소비할 의도가 있다.
② 주로 단기매매목적으로 보유하고 있다.
③ 보고기간 후 12개월 이내에 실현될 것으로 예상된다.
④ 현금이나 현금성자산으로서, 교환이나 부채상환목적으로서의 사용에 대한 제한기간이 보고기간 후 12개월 이상이 아니다.

Additional Comment

유동·비유동을 판단하는 시점은 보고기간 말이며, 보고기간 말 현재 위의 4가지 요건을 충족하는지의 판단에 따라 분류한다. 그러나 유동자산은 보고기간 후 12개월 이내에 실현될 것으로 예상하지 않는 경우에도 재고자산과 매출채권과 같이 정상영업주기의 일부로서 판매, 소비 또는 실현되는 자산을 포함한다. 또한 유동자산은 주로 단기매매목적으로 보유하고 있는 자산(FVPL금융자산)과 비유동금융자산의 유동성 대체 부분을 포함한다.

Self Study

1. 영업주기는 영업활동을 위한 자산의 취득시점부터 그 자산이 현금이나 현금성자산으로 실현되는 시점까지 소요되는 기간이다.
2. 기업의 정상영업주기가 명확하게 식별되지 않은 경우 그 주기는 12개월인 것으로 가정한다.

03 유동부채와 비유동부채

보고기간 후 12개월 이내 또는 정상영업주기 이내에 결제되거나 혹은 정상영업주기 내에 결제될 것으로 예상되는 부채는 유동부채로 분류하며, 그 밖의 모든 부채는 비유동부채로 분류한다. 유동부채로 분류하는 부채의 예는 다음과 같다.

① 기업의 정상영업주기 내에 결제될 것으로 예상하고 있다.
② 주로 단기매매목적으로 보유하고 있다.
③ 보고기간 후 12개월 이내에 결제하기로 되어 있다.
④ 보고기간 말 현재 보고기간 후 적어도 12개월 이상 부채의 결제를 연기할 수 있는 권리를 가지고 있지 않다.

Additional Comment

매입채무 그리고 종업원 및 그 밖의 영업원가에 대한 미지급비용과 같은 유동부채는 기업의 정상영업주기 내에 사용되는 운전자본의 일부이기 때문에 이러한 항목은 보고기간 후 12개월을 초과하여 결제일이 도래한다 하더라도 유동부채로 분류한다. 기타의 유동부채는 정상영업주기 이내에 결제되지 않지만 보고기간 후 12개월 이내에 결제일이 도래하거나 주로 단기매매목적으로 보유한다.

보고기간 후 적어도 12개월 이상 부채의 결제를 연기할 수 있는 기업의 권리는 실질적이어야 하고, 보고기간 말 현재 존재해야 한다. 부채의 분류는 기업이 보고기간 후 적어도 12개월 이상 부채의 결제를 연기할 권리의 행사가능성에 영향을 받지 않는다. 부채가 비유동부채로 분류되는 기준을 충족한다면, 비록 경영진이 보고기간 후 12개월 이내에 부채의 결제를 의도하거나 예상하더라도, 또는 보고기간 말과 재무제표 발행승인일 사이에 부채를 결제하더라도 비유동부채로 분류한다.

04 유동부채와 비유동부채의 특수상황 구분

(1) 장기성 채무

원래의 결제기간이 12개월을 초과하는 경우에도 금융부채가 보고기간 후 12개월 이내에 결제일이 도래하면 이를 유동부채로 분류한다. 또는 보고기간 후 재무제표 발행승인일 전에 장기로 차환하는 약정 또는 지급기일을 장기로 재조정하는 약정이 체결된 경우에도 금융부채가 보고기간 후 12개월 이내에 결제일이 도래하면 이를 유동부채로 분류한다.

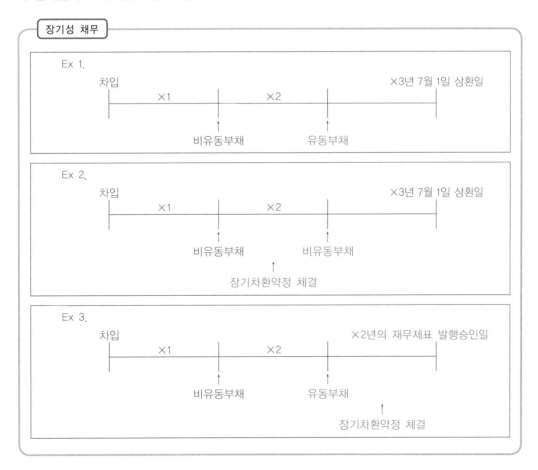

(2) 만기연장이 가능한 단기성 채무

보고기간 후 적어도 12개월 이상 부채의 결제를 연기할 수 있는 기업의 권리는 실질적이어야하고, 보고기간 말 현재 존재해야 한다. 보고기간 후 적어도 12개월 이상 부채의 결제를 연기할 수 있는 기업의 권리는 기업이 차입 약정 상의 특정 조건(이하 '약정사항')을 준수하는지 여부에 좌우될 수 있다.

① 기업이 보고기간 말 또는 보고기간 말 이전에 약정사항을 준수하도록 요구받는다면, 이러한 약정사항은 보고기간 말 현재 그러한 권리가 존재하는지 여부에 영향을 미친다. 비록 약정사항의 준수 여부가 보고기간 후에만 평가되더라도(약정사항은 보고기간 말 현재 기업의 재무상태를 기초로 하지만, 약정의 준수 여부는 보고기간 후에만 평가되는 경우), 이러한 약정사항은 보고기간 말 현재 그러한 권리가 존재하는지 여부에 영향을 미친다.

② 기업이 보고기간 후에만 약정사항을 준수하도록 요구받는다면(기업의 보고기간말 6개월 후 재무상태에 기초한 약정사항), 이러한 약정사항은 보고기간 말 현재 그러한 권리가 존재하는지 여부에 영향을 미치지 않는다.

기업이 보고기간 말 현재 기존의 대출계약 조건에 따라 보고기간 후 적어도 12개월 이상 부채를 연장할 권리가 있다면, 보고기간 후 12개월 이내에 만기가 도래한다하더라도 비유동부채로 분류한다. 만약 기업에 그러한 권리가 없다면, 차환가능성을 고려하지 않고 유동부채로 분류한다.

부채의 분류는 기업이 보고기간 후 적어도 12개월 이상 부채의 결제를 연기할 권리의 행사가능성에 영향을 받지않는다. 부채가 비유동부채로 분류되는 기준을 충족한다면, 비록 경영진이 보고기간 후 12개월 이내에 부채의 결제를 의도하거나 예상하더라도, 또는 보고기간 말과 재무제표발행 승인일 사이에 부채를 결제하더라도 비유동부채로 분류한다. 그러나 그러한 상황 중 하나에 해당하는경우, 재무제표이용자가 기업의 재무상태에 부채가 미치는 영향을 이해할 수 있도록 결제시기에 대한 정보를 공시할 필요가 있을 수 있다.

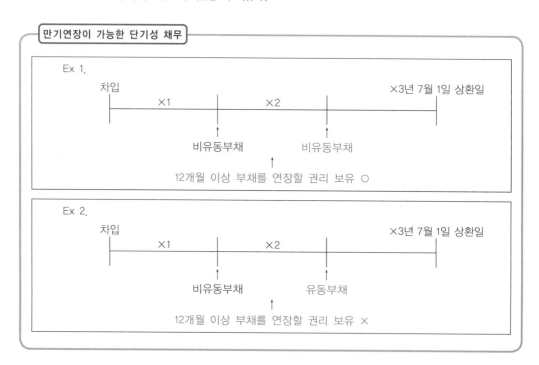

(3) 즉시 상환 요구가 가능한 약정을 위반한 장기성 채무

보고기간 말 이전에 장기차입약정을 위반했을 때, 대여자가 즉시 상환을 요구할 수 있는 채무라 하더라도 채권자가 보고기간 말 이전에 보고기간 후 적어도 12개월 이상의 유예기간을 주는 데 합의하여 그 유예기간 내에 기업이 위반사항을 해소할 수 있고, 또 그 유예기간 동안에는 채권자가 즉시 상환을 요구할 수 없다면, 그 부채는 비유동부채로 분류한다. 그러나 보고기간 후 재무제표 발행승인일 전에 채권자가 약정위반을 이유로 상환을 요구하지 않기로 합의한 경우에는 그대로 유동부채로 분류한다.

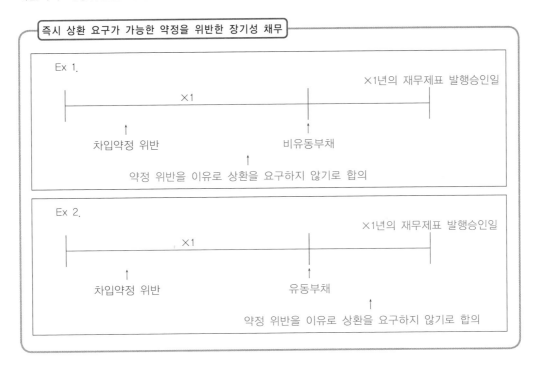

재무제표 표시에 관한 설명으로 옳지 않은 것은?

[감정평가사 2025년]

① 기업이 재무상태표에 유동자산과 비유동자산, 그리고 유동부채와 비유동부채로 구분하여 표시하는 경우, 이연법인세부채는 유동부채로 분류한다.

② 기업이 명확히 식별 가능한 영업주기 내에서 재화나 용역을 제공하는 경우, 재무상태표에 유동자산과 비유동자산 및 유동부채와 비유동부채를 구분하여 표시한다.

③ 기업이 보고기간 말 현재 기존의 대출계약조건에 따라 보고기간 후 적어도 12개월 이상 부채를 연장할 권리가 있다면, 보고기간 후 12개월 이내에 만기가 도래한다 하더라도 비유동부채로 분류한다.

④ 영업주기는 영업활동을 위한 자산의 취득시점부터 그 자산이 현금이나 현금성자산으로 실현되는 시점까지 소요되는 기간을 의미하며, 정상영업주기를 명확히 식별할 수 없는 경우에는 그 기간이 12개월인 것으로 가정한다.

⑤ 매입채무 그리고 종업원 및 그 밖의 영업원가에 대한 미지급비용과 같은 유동부채는 기업의 정상영업주기 내에 사용되는 운전자본의 일부이므로, 이러한 항목은 보고기간 후 12개월 후에 결제일이 도래한다 하더라도 유동부채로 분류한다.

풀이

이연법인세부채는 비유동부채로 분류한다.

정답: ①

3 포괄손익계산서

I 포괄손익계산서의 의의와 표시되는 정보

01 포괄손익계산서의 의의

포괄손익계산서란 일정 기간 동안 발생한 모든 수익과 비용을 보고하는 재무제표이다. 즉, 포괄손익계산서는 소유주(주주)와의 자본거래에 따른 자본의 변동을 제외한 기업 순자산의 변동을 표시하는 보고서이다. 포괄손익계산서는 기업의 성과평가에 유용한 정보를 제공한다.

02 포괄손익계산서에 표시되는 정보

(1) 당기순이익

한 회계기간에 인식되는 모든 수익과 비용 항목은 한국채택국제회계기준이 달리 정하지 않는 한 당기손익으로 인식한다(수익과 비용의 정의를 만족하지만 당기손익에 반영되지 않는 항목은 기타포괄손익과 오류수정과 회계정책의 변경효과이다).

> **Self Study**
>
> 1. 한국채택국제회계기준에서 요구하거나 허용하지 않는 한 수익과 비용은 상계하지 아니한다.
> 2. 중요한 오류수정과 회계정책의 변경은 소급법을 적용하므로 이러한 수익과 비용은 당기손익이 아니고 전기 이전 손익이 되어 당기 초 이익잉여금에 반영된다.

(2) 기타포괄손익

한국채택국제회계기준에서 요구하거나 허용하여 당기손익으로 인식하지 않은 수익과 비용 항목으로 모두 장기성 미실현보유이익 성격의 계정이다.

(3) 당기순손익과 기타포괄손익의 구분

수익에서 비용을 차감한 순액을 총포괄손익이라고 한다. 포괄손익계산서는 당기에 발생한 총포괄손익에 대한 정보를 제공하기 때문에 붙여진 명칭이다. 총포괄손익은 당기순손익과 기타포괄손익(OCI; Other Comprehensive Income)으로 구분할 수 있다.

> (총)포괄손익 = 당기순손익 + 기타포괄손익의 변동(재분류조정 포함)

포괄손익계산서에는 당기순손익을 구성하는 수익과 비용을 먼저 표시하고, 그 아래에 기타포괄손익을 구성하는 수익과 비용을 표시한 후 당기순손익과 기타포괄손익의 합계를 총포괄손익으로 표시한다. 대부분의 수익과 비용은 당기순손익 항목이며, 일부의 수익과 비용이 기타포괄손익으로 구분된다.

01 포괄손익계산서의 표시방법

(1) 단일보고와 별도보고

한국채택국제회계기준에서는 포괄이익개념으로 손익을 접근하므로 당기순손익의 구성요소는 단일 포괄손익계산서의 일부로 표시하거나, 두 개의 손익계산서 중 별개의 손익계산서에 표시할 수 있다(선택 가능).

단일의 포괄손익계산서에 두 부분으로 나누어 표시할 경우 당기손익 부분을 먼저 표시하고 바로 이어서 기타포괄손익 부분을 함께 표시하고, 별개의 손익계산서에 표시할 경우 별개의 손익계산서는 포괄손익을 표시하는 보고서 바로 앞에 위치한다.

참고 단일의 포괄손익계산서

포괄손익계산서
당기: 20×1년 1월 1일부터 20×1년 12월 31일까지
전기: 20×0년 1월 1일부터 20×0년 12월 31일까지

A회사 (단위: 원)

구분	당기	전기
매출액	××	××
매출원가	(−)××	(−)××
매출총이익	××	××
판매비와 관리비	(−)××	(−)××
영업이익	××	××
영업외수익과 차익	××	××
영업외비용과 차손	(−)××	(−)××
법인세비용차감전순이익	××	××
법인세비용	(−)××	(−)××
계속영업이익	××	××
세후중단영업손익	××	××
당기순이익	××	××
기타포괄손익		
당기손익으로 재분류되지 않는 세후기타포괄손익	××	××
당기손익으로 재분류되는 세후기타포괄손익	××	××
총포괄이익	××	××

(2) 기타포괄손익의 표시방법

기타포괄손익은 후속적으로 당기손익으로 재분류되지 않는 항목과 당기손익으로 재분류되는 항목으로 구분되며 이를 각각 포괄손익계산서에 표시한다(강제사항).

[기타포괄손익의 표시방법]

항목	강제·선택사항
재분류조정 가능 항목과 재분류조정 불가 항목 구분 표시	강제사항

(3) 기타포괄손익의 후속적 당기손익 재분류

재분류조정은 당기나 과거기간에 기타포괄손익으로 인식되었으나 당기손익으로 재분류된 금액을 말한다. 또한 다른 기준서들은 과거기간에 기타포괄손익으로 인식한 금액을 당기손익으로 재분류할지 여부와 그 시기에 대하여 규정하고 있는데 재분류를 재분류조정으로 규정하고 있다.

(4) 기타포괄손익의 항목과 관련한 법인세비용의 공시

포괄손익계산서에 기타포괄손익을 표시하는 경우 기타포괄손익의 구성요소와 관련된 법인세효과를 차감한 순액으로 표시하거나 기타포괄손익은 관련된 법인세효과 반영 전 금액으로 표시하고, 각 항목들에 관련된 법인세효과를 단일 금액으로 합산하여 표시할 수도 있다.

[기타포괄손익의 항목과 관련한 법인세비용의 공시]

항목	강제·선택사항
세전금액(법인세효과 별도 표시), 세후금액 표시	선택사항

(5) 영업이익의 구분표시

기업은 수익에서 매출원가 및 판매비와 관리비(물류원가 등을 포함)를 차감한 영업이익(또는 영업손실)을 포괄손익계산서에 구분하여 표시한다. 영업손익 산출에 포함된 주요 항목과 그 금액을 포괄손익계산서의 본문에 표시할 수도 있고 주석으로 공시할 수도 있다.

[영업이익의 구분표시]

항목	강제·선택사항
영업이익의 구분표시	강제사항

1. 영업활동과 관련하여 비용이 감소함에 따라 발생하는 퇴직급여충당부채환입, 판매보증충당부채환입 및 대손충당금환입 등은 판매비와 관리비의 부(－)의 금액으로 한다.
2. 영업의 특수성을 고려할 필요가 있는 경우(예 매출원가를 구분하기 어려운 경우)나 비용을 성격별로 분류하는 경우 영업수익에서 영업비용을 차감한 영업이익을 포괄손익계산서에 구분하여 표시할 수 있다.

당기손익 항목		내용
영업이익	매출원가 구분이 가능	매출액 – 매출원가 – 판매비와 관리비
	매출원가 구분이 불가능	영업수익 – 영업비용
당기순이익		영업이익 + 영업외수익 – 영업외비용 – 법인세비용

3. 영업이익 산정에 포함된 항목 이외에도 기업의 고유 영업환경을 반영하는 그 밖의 수익 또는 비용 항목은 영업이익에 추가하여 별도의 영업성과 측정치를 산정하여 조정영업이익으로 주석에 공시할 수 있다.
4. 수익과 비용의 어느 항목도 당기손익과 기타포괄손익을 표시하는 보고서 또는 주석에 특별손익 항목으로 표시할 수 없다.

(6) 계속영업이익과 중단영업이익

계속영업이익은 세전금액과 법인세를 구분하여 표시하고 중단영업이익은 세후금액으로 표시하여야 한다.

02 비용의 분류

기업이 포괄손익계산서에 비용을 분류하는 방법은 성격별 비용으로 표시하는 방법과 기능별 비용으로 표시하는 방법이 있고 한국채택국제회계기준은 신뢰성 있고 더욱 목적적합한 정보를 제공할 수 있는 방법을 경영진이 선택하여 분류할 수 있도록 규정하고 있다.

(1) 성격별 분류방법

성격별 분류방법은 당기손익에 포함된 비용을 그 성격(예 감가상각비, 원재료의 구입, 운송비, 종업원급여와 광고비)별로 통합하여 분류하는 것을 말한다. 비용을 기능별 분류로 배분할 필요가 없기 때문에 적용이 간단할 수 있으며 미래현금흐름을 예측하는 데 유용하다.

비용의 성격별 분류방식에 기초한 비용 분석을 표시할 경우 당기의 재고자산 순변동액과 함께 비용으로 인식한 원재료 및 소모품, 노무원가와 기타원가를 주석에 공시하여야 한다.

(2) 기능별 분류방법

기능별 분류방법은 비용을 매출원가, 그리고 물류원가와 관리활동원가 등과 같이 기능별로 분류하는 것을 말한다. 이 방법은 적어도 매출원가를 다른 비용과 분리하여 공시한다. 이 방법은 성격별 분류보다 재무제표 이용자에게 더욱 목적적합한 정보를 제공할 수 있지만 비용을 기능별로 배분하는 데 자의적인 배분과 상당한 정도의 판단이 개입될 수 있다.

비용을 기능별로 분류하는 기업은 감가상각비, 기타 상각비와 종업원급여비용을 포함하여 비용의 성격에 대한 추가 정보를 주석에 공시하여야 한다.

Self Study

1. 비용의 성격에 대한 정보가 미래현금흐름을 예측하는 데 유용하기 때문에 비용을 기능별로 분류하는 경우에는 추가 공시가 필요하다.
2. 비용을 기능별로 분류하는 기업은 감가상각비, 기타 상각비와 종업원급여비용을 포함하여 비용의 성격에 대한 추가 정보를 주석 공시한다(비용을 성격별로 분류하는 기업은 비용의 기능에 대한 추가 정보를 공시하지 않는다).

기출 Check 3

포괄손익계산서에 관한 설명으로 옳지 않은 것은? [관세사 2021년]

① 기타포괄손익의 항목과 관련한 법인세비용 금액은 포괄손익계산서나 주석에 공시한다.
② 수익과 비용의 어느 항목도 당기손익과 기타포괄손익을 표시하는 보고서 또는 주석에 특별손익 항목으로 표시할 수 없다.
③ 비용을 기능별로 분류하는 기업은 감가상각비, 기타 상각비와 종업원급여비용을 포함하여 비용의 성격에 대한 추가 정보를 공시한다.
④ 재분류조정은 해외사업장을 매각할 때와 위험회피예상거래가 당기손익에 영향을 미칠 때 발생한다.
⑤ 기타포괄손익으로 인식한 재평가잉여금의 변동은 후속 기간에 재분류하지 않으며, 자산이 제거될 때 이익잉여금으로 대체될 수 없다.

풀이

기타포괄손익으로 인식한 재평가잉여금의 변동은 후속 기간에 재분류하지 않으며, 유형자산이나 무형자산이 사용되는 후속 기간 또는 자산이 제거될 때 이익잉여금으로 대체될 수 있다.

정답: ⑤

4 공정가치

I 공정가치의 정의와 측정

01 정의

공정가치(FV; Fair Value)는 측정일에 시장참여자 사이의 정상거래에서 자산을 매도하면서 수취하거나 부채를 이전하면서 지급하게 될 가격(유출가격)을 말한다.

Additional Comment

공정가치의 정의는 시장에 근거한 측정치이므로 기업 특유의 측정치는 아닌 것을 강조하고 있다. 그러므로 공정가치를 측정하는 경우에는 위험에 대한 가정을 포함하여, 현행 시장 상황에서 자산이나 부채의 가격을 결정할 때 시장참여자가 사용하게 될 가정을 사용한다. 이로 인해 자산을 보유하고자 하는 기업의 의도나 부채를 결제·이행하고자 하는 기업의 의도는 공정가치 측정에 관련이 없다.

(1) 시장참여자

시장참여자는 다음의 특성을 모두 가진 주된 또는 가장 유리한 시장의 매입자와 매도자를 말한다.

> ① 서로 독립적이다.
> ② 합리적인 판단력이 있다.
> ③ 자산이나 부채에 대한 거래를 체결할 수 있다.
> ④ 자산이나 부채에 대한 거래를 체결할 의사가 있다.

기업은 시장참여자가 경제적으로 최선의 행동을 한다는 가정하에 시장참여자가 자산이나 부채의 가격을 결정할 때 사용하는 가정에 근거하여 자산이나 부채의 공정가치를 측정하여야 한다. 그러나 그러한 사정을 위하여 특정 시장참여자를 식별할 필요는 없다.

Self Study

공정가치는 시장에 근거한 측정치이므로 시장참여자의 위험에 대한 가정을 포함하여 측정된다. 그러므로 기업이 자산을 보유하는 의도나 부채를 결제 또는 이행하고자 하는 의도는 공정가치를 측정할 때 관련되지 않는다(즉, 공정가치는 시장에 근거한 측정치이며 기업 특유의 측정치가 아니다).

(2) 정상거래

정상거래란 측정일 이전에 일정 기간 동안 해당 자산이나 부채와 관련되는 거래를 위하여 통상적이고 관습적인 마케팅 활동을 할 수 있도록 시장에 노출되는 것을 가정하는 거래이며, 강제 청산이나 재무적 어려움에 따른 매각과 같은 강제된 거래가 아니다. 그러므로 공정가치는 측정일 현재의 시장 상황에서 자산을 매도하거나 부채를 이전하는 시장참여자 사이의 정상거래에서 자산이나 부채가 교환되는 것으로 가정하여 측정하여야 한다.

(3) 정상거래에서 자산을 매도하면서 수취하거나 부채를 이전하면서 지급하게 될 가격

공정가치는 자산을 보유하거나 부채를 부담하는 시장참여자의 관점에서 측정일의 유출가격으로 자산이나 부채를 제거한다고 할 때의 가격이다. 또한 거래가격은 자산을 취득하면서 지급하거나 부채를 인수하면서 수취하는 가격으로 유입가격이라고 한다. 다른 기준서에서 최초에 자산이나 부채를 공정가치로 측정할 것을 요구하거나 허용하면서 거래가격이 공정가치와 다른 경우에는 해당 기준서에서 다르게 정하고 있지 않는 한 이로 인한 손익을 당기손익으로 인식한다.

Example	금융자산의 취득			
차) 금융자산	취득 시 FV(유출가격)	대) 현금		유입가격
		취득이익		N/I

02 측정

공정가치 측정은 특정 자산이나 부채에 대한 것이다. 따라서 공정가치를 측정할 때에는 시장참여자의 측정일에 자산이나 부채의 가격을 결정할 때 대상이 되는 그 자산이나 부채의 특성으로 고려할 때 사항은 다음과 같다.

① 자산의 상태와 위치
② 자산의 매도나 사용에 제약이 있는 경우에 그러한 사항

(1) 거래가 이루어지는 시장

공정가치 측정은 자산을 매도하거나 부채를 이전하는 거래가 다음 중 어느 하나의 시장에서 이루어지는 것을 가정한다.

① 1순위: 자산이나 부채의 주된 시장(해당 자산이나 부채를 거래하는 규모가 가장 크고 빈도가 가장 많은 시장)
② 2순위: 자산이나 부채의 주된 시장이 없는 경우에는 가장 유리한 시장(거래원가나 운송원가를 고려했을 때, 자산을 매도할 때 받는 금액을 최대화하거나 부채를 이전할 때 지급하는 금액을 최소화하는 시장)

공정가치는 측정일 현재의 시장 상황에서 주된 또는 가장 유리한 시장에서의 정상거래에서 자산을 매도할 때 받거나 부채를 이전할 때 지급하게 될 가격(유출가격)이다. 이때, 그 가격은 직접 관측 가능한 시장이 존재하지 않는다면 다른 가치평가기법을 사용하여 추정할 수도 있다.

[관측 가능한 시장의 존재와 주된 시장의 판단]

구분	내용	비고
관측 가능한 시장 존재 O	1순위: 주된 시장	거래의 규모와 빈도가 가장 큰 시장
	2순위: 가장 유리한 시장	수취할 금액 – 거래원가 – 운송원가 고려하여 가장 유리한 시장 판단(단, 공정가치 측정 시에는 운송원가만 차감)
관측 가능한 시장 존재 ×	가치평가기법 이용	시장접근법
		원가접근법
		이익접근법

Self Study

1. 주된 시장이 없는 경우 가장 유리한 시장을 식별하기 위하여 생길 수 있는 모든 시장에 대한 광범위한 조사를 수행할 필요는 없으나 합리적으로 구할 수 있는 모든 정보를 고려한다. 이 경우 반증이 없는 한, 자산을 매도하거나 부채를 이전하기 위해 통상적으로 거래를 하는 시장을 주된 시장으로 간주한다.
2. 주된 시장이 있는 경우에는 다른 시장의 가격이 측정일에 잠재적으로 더 유리하더라도, 공정가치 측정치는 주된 시장의 가격을 나타내도록 한다. 동일한 자산이나 부채에 대한 주된 (또는 가장 유리한) 시장은 기업별로 다를 수 있다. 따라서 주된 (또는 가장 유리한) 시장은 기업의 관점에서 고려되며 이에 따라 다른 활동을 하는 기업 간의 차이는 허용된다.
3. 측정일에 그 시장을 접근할 수 있어야 하지만, 그 시장의 가격에 근거하여 공정가치를 측정하기 위해서 측정일에 특정 자산을 매도할 수 있거나 특정 부채를 이전할 수 있어야만 하는 것은 아니다.
4. 측정일에 자산의 매도나 부채의 이전에 대한 가격결정 정보를 제공할 수 있는 관측할 수 있는 시장이 없더라도, 자산을 보유하거나 부채를 부담하는 시장참여자의 관점을 고려한 거래가 측정일에 이루어질 것으로 가정하여 공정가치를 측정한다.

(2) 가격

자산이나 부채의 공정가치를 측정하기 위하여 사용하는 주된 시장의 가격은 거래원가를 조정하지 않는다. 그 이유는 거래원가는 자산이나 부채를 거래하는 주된 시장에서 자산을 매도하거나 부채를 이전할 때 발생하는 원가로서 자산이나 부채의 특성이 아니라 거래에 특정된 것이어서 자산이나 부채를 어떻게 거래하는지에 따라 달라지기 때문이다.

운송원가는 현재의 위치에서 주된 시장으로 자산을 운송하는 데 발생하는 원가로 거래원가는 운송원가에 포함하지 않는다. 그러나 위치가 자산의 특성에 해당한다면 현재의 위치에서 주된 또는 가장 유리한 시장까지 자산을 운송하는 데 드는 원가가 있을 경우에 주된 또는 가장 유리한 시장에서의 가격을 그 원가만큼 조정한 가격이 공정가치이다.

[거래원가와 운송원가의 유리한 시장 판단 및 공정가치 산정 시 적용]

구분	가장 유리한 시장 판단 시 고려	공정가치 측정 시 조정	비고
거래원가	고려함	조정하지 않음	거래의 특성
운송원가	고려함	조정함	자산이나 부채의 특성

거래원가에 운송원가를 포함하지 않는 이유는 일반적인 상거래에서 운송원가가 커지면 받을 가격이 커지고 운송원가가 작으면 받을 가격이 작아지기 때문이다. 예를 들어, 공장에서 공정가치가 ₩30인 제품을 운송 없이 매출하면 ₩30이 매출로 인식되지만 운송원가가 ₩10인 제품은 ₩40에 매출하는 것이 일반적이다. 그러나 이 경우에도 공정가치는 모두 ₩30으로 일치하게 되므로 운송원가는 공정가치를 계산할 때 받을 가격에서 차감하여야 한다.

03 가치평가기법

관측 가능한 시장이 존재하지 않는 경우, 상황에 적합하며 관련된 관측할 수 있는 투입변수를 최대한 사용하고 관측할 수 없는 투입변수를 최소한으로 사용하여, 공정가치를 측정할 때 충분한 자료를 구할 수 있는 가치평가기법을 사용하여야 한다.

(1) 가치평가기법의 종류

가치평가기법을 사용하는 목적은 측정일 현재의 시장 상황에서 시장참여자 사이에 이루어지는 자산을 매도하거나 부채를 이전하는 정상거래에서의 가격을 추정하는 것이다. 널리 사용하는 세 가지 가치평가기법은 아래와 같다.

① 시장접근법: 동일하거나 비교할 수 있는 자산, 부채, 사업과 같은 자산과 부채의 집합에 대한 시장 거래에서 생성된 가격이나 그 밖의 목적적합한 정보를 사용하는 가치평가기법
② 원가접근법: 자산의 사용능력을 대체할 때 현재 필요한 금액을 반영하는 가치평가기법(≒현행대체원가)
③ 이익접근법: 미래 금액을 하나의 할인된 금액으로 전환하는 가치평가기법

공정가치 측정을 위해 사용하는 가치평가기법은 일관되게 적용한다. 그러나 가치평가기법이나 그 적용방법을 변경하는 것이 그 상황에서 공정가치를 똑같이 또는 더 잘 나타내는 측정치를 산출해낸다면 이러한 변경은 적절하다. 가치평가기법이나 그 적용방법이 바뀜에 따른 수정은 회계추정의 변경으로 회계처리한다.

(2) 투입변수

투입변수는 자산이나 부채의 가격을 결정할 때 시장참여자가 사용할 가정을 말하며, 관측 가능하거나 관측 가능하지 않을 수 있다. 공정가치를 측정하기 위해 사용하는 가치평가기법은 관련된 관측할 수 있는 투입변수(시장자료)를 최대한 사용하고 관측할 수 없는 투입변수(시장자료를 구할 수 없는 경우의 최선의 정보)를 최소한으로 사용한다.

① 관측할 수 있는 투입변수: 실제사건이나 거래에 관해 공개적으로 구할 수 있는 정보와 같은 시장자료를 사용하여 개발하였으며 자산이나 부채의 가격을 결정할 때 시장참여자가 사용할 가정을 반영하는 투입변수
② 관측할 수 없는 투입변수: 시장자료를 구할 수 없는 경우에 자산이나 부채의 가격을 결정할 때 시장참여자가 사용할 가정에 대해 구할 수 있는 최선의 정보를 사용하여 개발된 투입변수

(3) 공정가치 서열체계

공정가치 측정 및 관련 공시에서 일관성과 비교가능성을 높이기 위하여, 공정가치를 측정하기 위해 사용하는 가치평가기법의 투입변수를 3가지 수준으로 분류하는 공정가치 서열체계를 정한다. 즉, 공정가치를 측정하기 위하여 사용할 투입변수의 우선순위를 말한다.

공정가치 서열체계는 동일한 자산이나 부채에 대한 활성시장의 조정하지 않는 공시가격(수준 1 투입변수)에서 가장 높은 순위를 부여하며 관측할 수 없는 투입변수(수준 3 투입변수)에 가장 낮은 순위를 부여하는데 이를 구체적으로 살펴보면 아래와 같다.

구분	투입변수
수준 1 투입변수	측정일에 동일한 자산이나 부채에 대한 접근 가능한 활성 시장의 조정되지 않은 공시가격 (예) 거래소 시장, 딜러 시장, 중개 시장)
수준 2 투입변수	수준 1의 공시가격 이외에 자산이나 부채에 대해 직접적으로 또는 간접적으로 관측 가능한 투입변수 (예) 보유하여 사용하고 있는 건물의 경우 비슷한 위치의 비교할 수 있는 건물과 관련된 관측할 수 있는 거래의 가격에서 도출한 배수에서 도출한 건물의 제곱미터당 가격)
수준 3 투입변수	자산이나 부채에 대한 관측 가능하지 않은 투입변수 (예) 현금창출 단위의 경우 기업 자신의 자료를 사용하여 개발한 재무예측)

Self Study

1. 관련 투입변수의 사용 가능성과 이들 투입변수의 상대적인 주관성은 적절한 가치평가기법을 선택하는 데에 영향을 미칠 수 있다.
2. 공정가치 서열체계는 가치평가기법에의 투입변수에 우선순위를 부여하는 것이지, 공정가치를 측정하기 위해 사용하는 가치평가기법에 우선순위를 부여하는 것은 아니다.

Ⅱ 비금융자산의 공정가치 측정의 적용

비금융자산의 공정가치를 측정하는 경우에는 시장참여자가 경제적 효익을 창출하기 위하여 그 자산을 최고 최선으로 사용하거나 혹은 최고 최선으로 사용할 다른 시장참여자에게 그 자산을 매도하는 시장참여자의 능력을 고려한다.

Self Study

1. 최고 최선의 사용은 기업이 다르게 사용할 의도가 있더라도 시장참여자의 관점에서 판단된다. 그러나 시장참여자가 비금융자산을 다르게 사용하여 그 가치를 최대화할 것이라는 점이 시장이나 그 밖의 요소에 의해 제시되지 않으면 기업은 비금융자산을 현재 사용하는 것을 최고 최선의 사용으로 본다.
2. 경쟁력 있는 지위를 보호하기 위하여, 혹은 그 밖의 이유로 취득한 비금융자산을 활발히 이용하지는 않으려고 하거나 최고 최선으로 자산을 사용하지는 않으려고 할 수 있다. 그럼에도 불구하고 비금융자산의 공정가치는 시장참여자의 최고 최선의 사용을 가정하여 측정한다.

공정가치 측정에 관한 설명으로 옳지 않은 것은? [감정평가사 2021년]

① 공정가치란 측정일에 시장참여자 사이의 정상거래에서 자산을 매도할 때 받거나 부채를 이전할 때 지급하게 될 가격이다.

② 공정가치는 시장에 근거한 측정치이며 기업 특유의 측정치가 아니다.

③ 공정가치를 측정하기 위해 사용하는 가치평가기법은 관측할 수 있는 투입변수를 최소한으로 사용하고 관측할 수 없는 투입변수를 최대한으로 사용한다.

④ 기업은 시장참여자가 경제적으로 최선의 행동을 한다는 가정하에, 시장참여자가 자산이나 부채의 가격을 결정할 때 사용할 가정에 근거하여 자산이나 부채의 공정가치를 측정하여야 한다.

⑤ 비금융자산의 공정가치를 측정할 때는 자신이 그 자산을 최고 최선으로 사용하거나 최고 최선으로 사용할 다른 시장참여자에게 그 자산을 매도함으로써 경제적 효익을 창출할 수 있는 시장참여자의 능력을 고려한다.

풀이

공정가치를 측정하기 위해 사용하는 가치평가기법은 관측할 수 있는 투입변수를 최대한으로 사용하고 관측할 수 없는 투입변수를 최소한으로 사용한다.

정답: ③

5 현재가치 측정

I 화폐의 시간가치의 이해

01 화폐의 시간가치의 의의

화폐의 가치는 시간의 경과에 따라 달라진다. 동일한 현금이라면 미래의 현금보다 현재의 현금이 더 가치가 있다. 이는 일반적으로 경제적 주체들이 미래의 현금보다 현재의 현금을 선호하기 때문이며, 이러한 선호 현상을 유동성 선호라고 한다.

유동성 선호의 구조

| 현재의 ₩1,000 | 〉〉〉〉 | 1년 후의 ₩1,000 |

Additional Comment

지금 ₩1,000을 받는 것이 1년 후에 ₩1,000을 받는 것보다 더 유리하다. 이와 같은 의사결정은 인플레이션이 없다고 하더라도 마찬가지이다. 일반적으로 이자율은 0%보다 높기 때문에 지금 ₩1,000을 받아서 이자가 발생하는 금융상품에 투자한다면 1년 후에 금액은 ₩1,000보다 더 큰 금액이 된다. 그러므로 지금 ₩1,000을 받는 것이 1년 후에 ₩1,000을 받는 것보다 더 유리한 의사결정이다.

화폐는 시간가치를 갖는데 이를 이자라고 한다. 이자는 화폐를 사용하는 과정에서 그 대가로 발생하는 원가이다. 돈을 차입하는 입장에서 보면 빌린 금액보다 나중에 더 많은 금액을 갚아야 하는데 그 차이가 바로 이자비용이며, 돈을 대여하는 입장에서 보면 그가 빌려준 금액보다 나중에 더 많은 금액을 회수하는데 그 차이가 이자수익이다. 그런데 이자율이 일정하게 유지되더라도 이자는 시간의 길이에 따라 증가한다. 즉, 화폐의 시간가치는 시간의 경과에 따라 변화하는 특징이 있다.

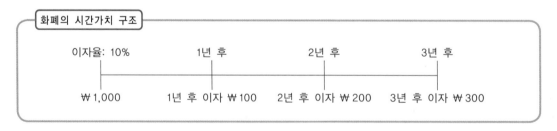

화폐의 시간가치 구조

이자율: 10% | 1년 후 | 2년 후 | 3년 후

₩1,000 | 1년 후 이자 ₩100 | 2년 후 이자 ₩200 | 3년 후 이자 ₩300

현재의 현금을 소비할 수 있는 기회를 미래로 연기하게 되면 적절한 대가를 요구하며, 이를 이자라고 한다. 이때 현재의 현금에 대한 이자의 비율을 이자율, 할인율 또는 수익률이라고 한다. 쉽게 말해 이자율은 현재 ₩1을 소비할 수 있는 기회를 미래로 연기하면서 요구하는 이자이다.

02 이자의 계산방법

(1) 단리와 복리를 통한 이자의 계산방법

이자는 시간이 경과함에 따라 계속 발생한다. 흔히 이자율이라고 하면 연 이자율을 의미한다. 이자의 발생은 단리와 복리의 형태로 구분할 수 있다. 단리는 매년 동일한 이자가 발생하는 형태이며, 복리는 발생한 이자가 원금과 합쳐져 그 원금과 이자의 합계액에 다시 이자가 발생하는 형태이다. 이자의 계산방법 중 단리 계산방법은 투자자의 입장에서 이자계산의 기간별로 투자수익률이 일정하지 않은 점 등 여러 가지 측면에서 불합리한 점이 존재하므로 일반적으로 재무회계에서는 복리를 전제로 하여 이자계산을 한다.

Ex. 단리와 복리를 사용한 이자계산

현재 원금이 ₩1,000인 금융상품에 투자하였으며, 3년 동안 투자할 예정이며, 이자율은 10%를 적용한다.

1. 단리를 적용

이자율: 10%	×1년 말	×2년 말	×3년 말
×1년 초 원금 ₩1,000	×1년 이자 1,000 × 10% = 100	×2년 이자 1,000 × 10% = 100	×3년 이자 1,000 × 10% = 100

2. 복리를 적용

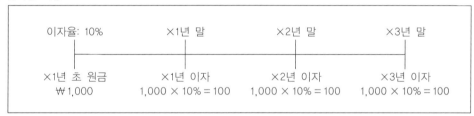

---

03 현재가치 및 미래가치의 계산

(1) 단순현금흐름의 현재가치와 미래가치

단순현금흐름이란 현재 또는 미래에 단 한 번의 현금흐름이 발생하는 경우를 말한다. 미래가치란 현재에 존재하는 일정한 금액과 등가관계에 있는 미래특정시점의 가치를 말하며, 일반적으로 특정한 금액으로 표시하게 된다.

예를 들어, 현재의 시장이자율이 10%이고 이자는 1년마다 지급하지 않고 만기에 일시 지급하는 조건이라고 가정하면 현재 ₩1,000을 10% 이자가 발생하는 금융상품에 투자할 경우 1년 후에 받게 될 원금과 이자의 합계는 ₩1,100{= 1,000 + 1,000 × 10% or 1,000 × (1 + 10%)}이고, 2년 후에 받게 될 원금과 이자의 합계는 ₩1,210{= 1,000 × (1 + 10%) × (1 + 10%) or 1,000 × (1 + 10%)^2}이다. 이 경우 현재시점 ₩1,000의 1년 후 미래가치는 ₩1,100이고, 현재시점 ₩1,000의 2년 후 미래가치는 ₩1,210이다.

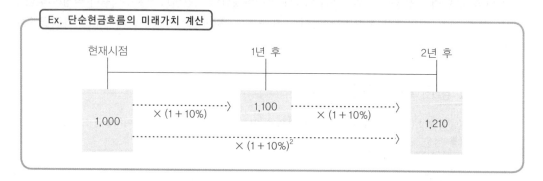

또한, 현재 이자율이 10%일 때 1년 후 ₩1,100의 현재가치는 ₩1,000이고, 2년 후 ₩1,210의 현재가치는 ₩1,000이다.

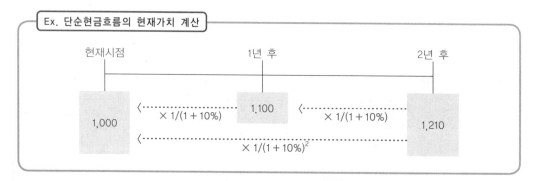

따라서 현재가치와 미래가치는 다음과 같은 식으로 정리할 수 있다.

① 미래가치 = 현재가치 × (1 + R)^n
② 현재가치 = 미래가치 ÷ (1 + R)^n
  * R(Rate of interest): 이자율
  * n: 기간

현재의 현금흐름을 미래가치로 전환하기 위해서 현재가치에 $(1 + R)^n$을 곱해야 하거나 미래의 현금흐름을 현재가치로 전환하기 위해서는 미래가치를 $(1 + R)^n$으로 나누어야 한다. 이 경우, 기간이 길지 않다면 $(1 + R)^n$을 직접 곱하거나 나누는 것이 가능하나 기간이 길어지면 이에 대한 계산이 번거로울 수 있어 본서의 부록에 미래가치표와 현재가치표가 제시되어 있으며, 이자를 계산할 때에는 해당 표의 해당 계수를 이용하면 된다. 즉, 부록에 제시되어 있는 미래가치표와 현재가치표에는 소수로 표시되어 있는 계수가 제시되어 있는데, 현재가치에 미래가치계수를 곱하면 미래가치로 전환되고, 미래현금흐름에 현재가치계수를 곱하면 현재가치로 전환된다.

(2) 연금의 현재가치

단순현금흐름은 오직 한 번 현금흐름이 발생하는 것을 의미한다. 그러나 연금이란 일정액의 현금흐름이 2번 이상 계속되는 것을 의미한다. 즉, 동일한 금액이 연속적이고 규칙적으로 발생하는 현금흐름의 형태를 연금이라고 한다.

예를 들어, 현재 시장이자율이 10%일 경우, 매년 ₩1,000씩 2년 동안 유입되는 자산의 현재가치를 계산하면 아래와 같다.

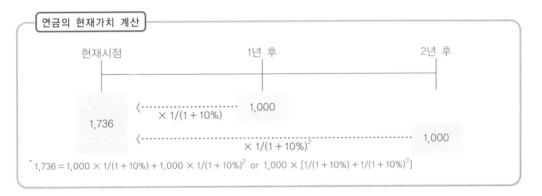

연금의 현재가치 계산

$^*1{,}736 = 1{,}000 \times 1/(1 + 10\%) + 1{,}000 \times 1/(1 + 10\%)^2 \text{ or } 1{,}000 \times [1/(1 + 10\%) + 1/(1 + 10\%)^2]$

위의 예와 같이 연금의 현재가치는 각각 단순현금의 현재가치를 합친 수치이다. 또한 매년의 동일한 현금흐름에 $[1/(1 + 10\%) + 1/(1 + 10\%)^2]$만 곱하면 현재가치가 계산되므로, 본서 부록의 연금의 현재가치표에서 이러한 금액이 미리 계산되어 있는 연금의 현재가치계수를 이용하면 쉽게 계산할 수 있다.

Self Study

지금까지의 예는 현금흐름이 매년 말에 발생한다는 가정을 하였다. 이를 정상연금이라고 한다. 그런데 현금흐름이 연 초에 먼저 발생하는 연금도 있다. 즉, 선이자 개념의 현금흐름인데 이를 선불연금이라고 한다. 상기의 예를 매년 초에 ₩1,000씩 수령하는 현금흐름이라고 가정하면 현재가치는 ₩1,909{= 1,000 + 1,000 × 1/(1 + 10%)}로 계산될 수 있다.

01 현재가치평가의 대상

장기성 채권·채무는 장기연불조건의 매매거래나 장기금전대차거래에서 발생하는 채권·채무를 말한다. 장기성 채권·채무는 장기간에 걸쳐서 회수되거나 결제되기 때문에 만기에 수수되는 금액에는 금융요소가 포함되어 있다. 여기서 금융요소는 별도로 구분하여 이자수익이나 이자비용으로 인식하는 것이 타당하며, 이를 위해서 장기성 채권·채무를 적정한 이자율로 할인한 현재가치로 평가하여야 한다.

(1) 장기연불조건의 매매거래

장기연불조건의 매매거래는 거래의 대상이 재화나 용역인 경우를 말하며, 일반적으로 상거래에서 발생하는 재화의 매매거래, 용역의 수수거래 및 유형자산의 매매거래 등을 포함한다.

Ex. 장기연불조건의 자산과 부채

구분		계정과목
장기연불조건의 매매거래	자산	장기매출채권, 장기미수금 등
	부채	장기매입채무, 장기미지급금 등

(2) 장기금전대차거래

장기금전대차거래는 거래의 대상이 금전인 경우를 말하며, 투자채무증권, 장기대여금, 사채 및 장기차입금 등의 계정들이 나타난다.

Ex. 장기금전대차거래의 자산과 부채

구분		계정과목
장기금전대차거래	자산	투자채무상품, 장기대여금 등
	부채	사채, 장기차입금 등

Self Study

1. 기업이 고객에게 약속한 재화나 용역을 이전하는 시점과 고객이 그에 대한 대가를 지급하는 시점 간의 기간이 1년 이내일 것이라고 예상한다면 유의적인 금융요소의 영향을 반영하여 약속한 대가를 조정하지 않는 실무적 간편법을 사용할 수 있다.
2. 미래현금흐름의 현재가치는 자산 및 부채의 평가에 모두 적용할 수 있다. 다만, 미래현금흐름의 금액 및 시기를 알 수 있어야만 현재가치 평가가 가능하기 때문에 계약 등에 의해서 미래에 수령하거나 지불할 현금의 크기 및 시점을 명확하게 알 수 있는 자산 및 부채가 현재가치 평가대상이 된다.

02 현재가치 적용의 필요성

현재가치(PV; Present Value)는 미래현금흐름을 적절한 할인율로 할인하여 이자요소를 제거한 금액이다. 이는 일반적으로 해당 재화나 용역의 공정가치와 일치한다. 예를 들어, 토지를 처분하면서 3년 후에 그 구입대금으로 ₩300,000을 수령하기로 하였다. 여기에는 현재 토지의 구입 대금을 수령하지 않고 3년 후에 수령하는 대가인 이자가 포함되어 있다. 회사가 토지의 처분시점에 ₩300,000을 전액 미수금으로 인식하게 되면 자산이 과대 계상됨은 물론이고 3년간의 이자수익까지 처분시점에 처분이익으로 인식되어 손익의 구분과 손익의 귀속시기가 모두 잘못될 수 있다. 이러한 문제를 극복하기 위해서 현재가치를 적용하는 것이다.

Ex. 현재가치 적용의 필요성

×1년 초에 외상으로 재화를 판매하였다. 대금은 2년 후에 ₩121을 수령하기로 하였고, 적용되는 이자율은 10%이다.

일자	현재가치 적용 ×				현재가치 적용 ○			
×1 초	차) 매출채권	121	대) 매출	121	차) 매출채권	100	대) 매출	100
×1 말	회계처리 없음				차) 매출채권	10	대) 이자수익	10
×2 말	차) 현금	121	대) 매출채권	121	차) 매출채권	11	대) 이자수익	11
					차) 현금	121	대) 매출채권	121

➲ 현재가치를 적용하지 않으면 적용하였을 때보다 ×1년 초에 매출채권이 ₩21만큼 과대계상되고 ×1년에 매출로 ₩121을 인식하고 ×2년에는 인식할 수익이 없다. 즉, 현재가치를 적용하지 않으면 자산은 과대계상되고 손익의 구분(매출, 이자수익 등)과 손익의 귀속시기가 모두 적절하게 표시되지 못할 수 있다.

---

03 현재가치평가 시 적용할 이자율

장기성 채권·채무는 최초 인식시점에 현재가치로 측정해야 하기 때문에 적절한 이자율로 할인한 현재가치로 평가해야 한다. 이러한 현재가치평가 시 적용할 이자율은 당해 거래의 유효이자율이다. 여기서 유효이자율이란 금융상품의 기대존속기간에 예상되는 미래현금흐름의 현재가치를 재화나 용역의 현금결제가격과 일치시키는 이자율을 말하며, 이를 거래의 내재이자율이라고도 한다.

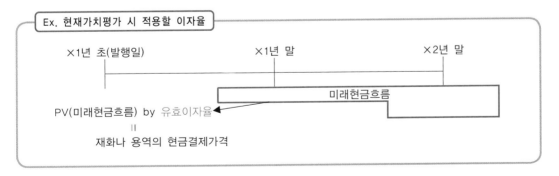

한국채택국제회계기준 제1115호 '고객과의 계약에서 생기는 수익'에서 내재이자율은 다음 중 더 명확히 결정될 수 있는 할인율을 사용하도록 규정하고 있다.
① 계약 개시시점에 기업과 고객이 별도 금융거래를 한다면 반영하게 될 할인율
② 재화나 용역의 대가를 현금으로 결제한다면 지급할 가격으로 약속한 대가의 명목금액을 할인하는 이자율

일반적으로 재무회계에서는 문제에서 사용되는 유효이자율을 제시하므로 별도로 유효이자율을 산정할 필요는 없다.

04 현재가치 측정 시 회계처리

(1) 유효이자율법의 적용

장기성 채권·채무의 명목 미래현금흐름 총액과 자산·부채 최초 인식 시 현재가치의 차액은 현금을 수령하거나 지급하는 기간 동안 총이자수익 또는 총이자비용으로 인식한다.

[총이자수익 or 총이자비용의 구조]

> 총이자수익(비용) = 미래현금흐름의 합계 – 자산·부채의 최초 인식 시 현재가치

장기성 채권·채무의 현재가치 측정에 따른 회계처리의 핵심은 유효이자율법의 적용이다. 유효이자율법이란 장기성 채권·채무의 현재가치를 계산하고 관련 기간에 걸쳐 이자수익이나 이자비용을 배분하는 방법을 말한다. 즉, 현금을 수령하거나 지급하는 기간 동안 발생하는 총이자수익 또는 총이자비용을 유효이자율에 따라 기간에 걸쳐 배분하는 것이 현재가치 측정에 대한 회계처리(유효이자율법의 적용)이다.

(2) 현재가치 측정에 따른 매기 보고기간 말 회계처리

최초 인식할 때 현재가치로 측정한 자산과 부채는 현금을 수령하거나 지급하는 기간 동안 이자수익과 이자비용을 인식한다. 각 회계기간별로 인식할 이자수익과 이자비용은 자산·부채의 기초장부금액에 유효이자율을 곱하여 계산한다.

[이자수익(비용)의 계산]

> 이자수익(비용) = 기초장부금액 × 유효이자율

유효이자율법으로 계산된 유효이자와 표시이자의 차액은 자산·부채의 장부금액에 가감된다. 유효이자와 표시이자의 차액을 상각액이라고 한다. 따라서 특정 시점 자산·부채의 장부금액은 이전 장부금액에 상각액이 가감되고 수수되는 명목금액만큼 차감되어 결정되는데, 이렇게 결정된 장부금액을 상각후원가라고 한다. 즉 상각액은 해당 자산·부채의 장부금액의 변동액을 의미한다. 또한 유효이자율법으로 회계처리하면 특정 시점의 장부금액이 그 시점부터 남아 있는 미래현금흐름을 유효이자율로 할인한 현재가치가 된다.

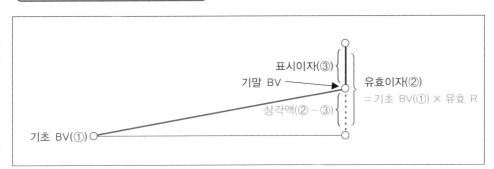

유효이자와 표시이자, 상각액의 구조

1. 기말장부금액 산정방법
   (1) 기초 장부금액(①) + 유효이자(②) − 표시이자(③)
   (2) 기초 장부금액(①) + 유효이자(① × R) − 표시이자(③) = 기초 장부금액(①) × (1 + R) − 표시이자(③)
   (3) PV(잔여 미래현금흐름) by R

2. 매기 상각액 산정방법
   (1) 유효이자 − 표시이자
   (2) 기말 장부금액 − 기초 장부금액
   (3) 전기 상각액 × (1 + R)

Additional Comment

장기성 채권·채무의 이자수익(비용)을 유효이자율법이 아닌 상환기간에 걸쳐 균등 안분한 금액을 기준으로 인식하는 방법이 있는데 이를 정액법이라고 한다. 정액법의 경우 매 기간 장부금액을 기준으로 계상한 이자수익(비용)에 대한 수익률이 일정하게 유지되지 않는 단점이 있어서 한국채택국제회계기준에서는 인정하지 않는다.

사채의 현금흐름은 매기 일정액의 현금흐름(액면이자)이 있고 만기에 원금에 대한 현금흐름이 있는 유형이다.

사례연습: 사채의 현금흐름

20×1년 초에 A사는 장부금액 ₩80,000, 처분시점의 공정가치 ₩86,116인 기계장치를 매각하고 액면금액 ₩100,000, 액면이자율 연 2%(매년 말 지급), 만기 2년의 어음을 교부받기로 하였다. 동 거래에 적용되는 유효이자율이 연 10%이다(단, 이자율 10%, 2년 연금현가계수는 1.73554이고, 현가계수는 0.82645이다). 각 시점별 A사와 구매자의 회계처리를 보이시오.

풀이

1. 사채의 현금흐름 그리기

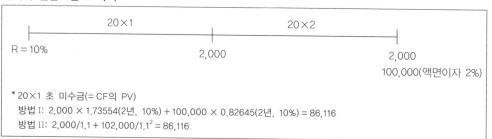

* 20×1 초 미수금(= CF의 PV)
방법 I: 2,000 × 1.73554(2년, 10%) + 100,000 × 0.82645(2년, 10%) = 86,116
방법 II: 2,000/1.1 + 102,000/1.1^2 = 86,116

2. 상각표 그리기

일자	① 기초장부가액	② 유효이자	③ 액면이자	②-③ 상각액	①' 기말장부가액	①'의 산정방법
20×1년	86,116	8,612	2,000	6,612	92,728	= ① + ② - ③
20×2년	92,728	9,273	2,000	7,273	100,000	= ① + ① × R - ③
합계		17,885	4,000	13,885		= ① × (1 + R) - ③

3. 그림

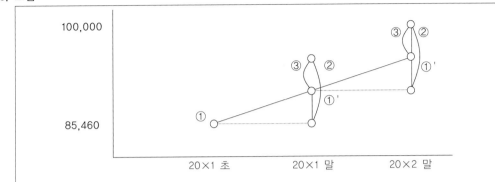

- 필수산식
1) 이자수익: 기초 장부금액 × 유효 R = ② = ① ×유효이자율 R
2) 기말 장부금액(상각후원가): 기초 장부금액(상각후원가) + 유효이자 − 액면이자
   ①' = ① + ② − ③ = ① + ① × 유효이자율 R − ③ = ① × (1 + 유효이자율 R) − ③
3) 총이자수익: 유효이자(②)합계 = 액면이자(③)합계 + 상각액(② − ③)합계
   = 액면이자 × 연수 + 미수금의 명목가액 − 미수금의 최초상각후원가
   = 총현금수령액 − 총현금지급액

4. 수식
(1) 20×1년 초 미수금의 최초상각후원가: 2,000 × 1.73554 + 100,000 × 0.82645 = 86,116
   or 2,000/1.1 + 102,000/1.1^2 = 86,116
(2) 20×1년 이자수익: 86,116 × 10% = 8,612
(3) 20×1년 말 장부가액(상각후원가): 86,116 × (1 + 10%) − 2,000 = 92,728
(4) 20×2년 이자수익: (102,000/1.1) × 10% = 9,272
(5) 20×1 ~ 20×2년간 총이자수익: 2,000 × 2 + (100,000 − 86,116) = 17,884
(6) 20×1년 유형자산 처분이익: 미수금의 최초상각후원가 − 유형자산의 장부가액 = 86,116 − 80,000 = 6,116

5. 당기순이익(N/I)에 미치는 영향

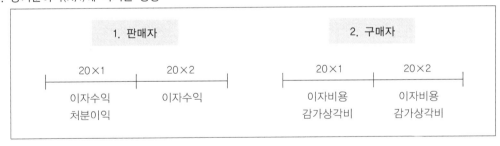

6. 회계처리(순액)

일자	판매자(A사)				구매자			
20×1 초	차) 미수금	86,116	대) 기계장치 처분이익	80,000 6,116	차) 기계장치	86,116	대) 미지급금	86,116
20×1 말	차) 현금 미수금	2,000 6,612	대) 이자수익	8,612	차) 이자비용	8,612	대) 현금 미지급금	2,000 6,612
					차) 감가상각비	××	대) 감가상각누계액	××
20×2 말	차) 현금 미수금	2,000 7,272	대) 이자수익	9,272	차) 이자비용	9,272	대) 현금 미지급금	2,000 7,272
					차) 감가상각비	××	대) 감가상각누계액	××
	차) 현금	100,000	대) 미수금	100,000	차) 미지급금	100,000	대) 현금	100,000

➲ 20×1 N/I 영향
1) 이자수익: 86,116 × 10% = 8,612
2) 처분이익: 86,116 − 80,000 = 6,116

➲ 20×1 N/I 영향
1) 이자비용: 86,116 × 10% = 8,612
2) 감가상각비: ××

Self Study

1. 최초 인식할 때 현재가치로 측정하는 자산과 부채는 순액으로 표시할 수도 있고, 현재가치할인차금 계정을 사용하여 표시할 수도 있다. 한국채택국제회계기준에서는 현재가치 적용 시 구체적인 분개를 언급하고 있지 않는데, 일반기업회계기준에서는 현재가치할인차금 계정을 사용하도록 규정하고 있다. 이후 본서에서는 더 이상 현재가치할인차금 계정을 사용하는 회계처리를 언급하지 않기로 한다.

2. 자산과 부채를 상각후원가로 측정하는 경우 순액으로 분개하는 경우와 총액(현재가치할인차금 계정 등 사용)으로 분개하는 경우가 있으나 두 방법이 재무상태표와 포괄손익계산서에 미치는 영향은 동일하다.

   1) 순액으로 분개하는 경우: 리스채권, 리스부채, AC금융자산과 FVOCI금융자산으로 분류하는 채무상품, 복구충당부채
   2) 총액으로 분개하는 경우: 장기매출채권과 장기매입채무, 장기미수금과 장기미지급금, 사채, 전환사채와 신주인수권부사채

01 다음은 일반목적재무제표 작성을 위한 일반 사항에 대한 설명이다. 한국채택국제회계기준 제1001호의 규정과 다른 설명은 무엇인가?

① 재무제표는 기업의 재무상태, 재무성과 및 현금흐름을 공정하게 표시해야 하며, 한국 채택국제회계기준에 따라 작성된 재무제표는 공정하게 표시된 재무제표로 간주한다.

② 한국채택국제회계기준을 준수하여 작성된 재무제표는 국제회계기준을 준수하여 작성 된 재무제표임을 주석으로 공시할 수 있다.

③ 한국채택국제회계기준의 요구사항을 대부분 충족한 재무제표는 주석에 한국채택국제 회계기준을 준수하여 작성되었다고 기재할 수 있다.

④ 부적절한 회계정책은 이에 대하여 공시나 주석 또는 보충 자료를 통해 설명하더라도 정당화될 수 없다.

⑤ 극히 드문 상황에서 한국채택국제회계기준의 요구사항을 준수하는 것이 오히려 개념 체계에서 정하고 있는 재무제표의 목적과 상충되어 재무제표 이용자의 오해를 유발 할 수 있다고 경영진이 결론을 내리는 경우에는, 관련 감독체계가 이러한 요구사항으 로부터의 일탈을 의무화하거나 금지하지 않는 경우에 한하여 한국채택국제회계기준 의 규정을 달리 적용할 수 있다.

02 다음은 부채의 유동성 분류에 대한 내용이다. 한국채택국제회계기준 제1001호의 규정과 다른 설명은 무엇인가?

① 매입채무 그리고 종업원 그 밖의 영업원가에 대한 미지급비용과 같은 유동부채는 보고기간 후 12개월 후에 결제일이 도래한다 하더라도 정상영업주기 내에 사용되는 운전자본의 일부이므로 유동부채로 분류한다.

② 보고기간 후 12개월 이내에 결제일이 도래하는 경우에도 보고기간 후 재무제표 발행승인일 전에 장기로 차환하는 약정 또는 지급기일을 장기로 재조정하는 약정이 체결된 경우에는 한국채택국제회계기준 제1010호 '보고기간후사건'에 따라 이를 비유동부채로 분류한다.

③ 기업이 보고기간 말 현재 기존의 대출계약조건에 따라 보고기간 후 적어도 12개월 이상 부채를 연장할 권리가 있다면, 보고기간 후 12개월 이내에 만기가 도래한다 하더라도 비유동부채로 분류한다. 만약 기업에 그러한 권리가 없다면, 차환가능성을 고려하지 않고 유동부채로 분류한다.

④ 보고기간 말 이전에 장기차입약정을 위반했을 때 대여자가 즉시 상환을 요구할 수 있는 채무는 보고기간 후 재무제표 발행승인일 전에 채권자가 약정위반을 이유로 상환을 요구하지 않기로 합의하더라도 유동부채로 분류한다.

⑤ 대여자가 보고기간 말 이전에 보고기간 후 적어도 12개월 이상의 유예기간을 주는데 합의하여 그 유예기간 내에 기업이 위반사항을 해소할 수 있고, 또 그 유예기간 동안에는 대여자가 즉시 상환을 요구할 수 없다면 그 부채는 비유동으로 분류한다.

03 재무제표 표시에 관한 설명으로 옳은 것은?   [감정평가사 2017년]

① 비용을 기능별로 분류하는 것이 성격별 분리보다 더욱 목적적합한 정보를 제공하므로, 비용은 기능별로 분류한다.

② 재무상태표에 표시되는 자산과 부채는 반드시 유동자산과 비유동자산, 유동부채와 비유동부채로 구분하여 표시하여야 한다.

③ 영업이익에 포함되지 않은 항목 중 기업의 영업성과를 반영하는 그 밖의 수익항목이 있다면 조정영업이익으로 포괄손익계산서 본문에 표시하여야 한다.

④ 재무제표에는 중요하지 않아 구분하여 표시하지 않은 항목이라도 주석에서는 구분 표시해야 할 만큼 충분히 중요할 수 있다.

⑤ 부적절한 회계정책은 이에 대하여 공시나 주석 또는 보충자료를 통해 설명할 수 있다면 정당화 될 수 있다.

Chapter 4 | 객관식 문제 정답 및 해설

01 ③ 한국채택국제회계기준을 준수하여 재무제표를 작성하는 기업은 그러한 준수 사실을 주석에 명시적으로 제한 없이 기재하여야 하며, 재무제표가 한국채택국제회계기준의 요구사항을 모두 충족한 경우가 아니라면 한국채택국제회계기준을 준수하여 작성되었다고 기재하여서는 안 된다.

02 ② 보고기간 후 12개월 이내에 결제일이 도래하는 경우와 보고기간 후 재무제표 발행승인일 전에 장기로 차환하는 약정 또는 지급기일을 장기로 재조정하는 약정이 체결된 경우에도 한국채택국제회계기준 제1010호 '보고기간후사건'에 따라 이를 유동부채로 분류한다.

03 ④ ① 성격별로 분류할 수 있다.
② 반드시 구분 표시하는 것은 아니다.
③ 조정영업이익은 주석에 기재한다.
⑤ 부적절한 회계정책은 이에 대하여 공시나 주석 또는 보충자료를 통해 설명할 수 있다면 정당화 될 수 없다.

Chapter **5**

재고자산

1 재고자산의 정의 및 분류

I 재고자산의 정의

재고자산은 통상적인 영업과정에서 판매를 위하여 보유 중인 상품과 제품, 판매를 위하여 생산 중인 재공품 및 생산 중인 자산 및 생산이나 용역제공에 사용될 원재료나 소모품을 말한다.

[한국채택국제회계기준에서 정의하고 있는 재고자산]

구분	해당 재고자산
통상적인 영업과정에서 판매를 위하여 보유 중인 자산	상품, 제품
통상적인 영업과정에서 판매를 위하여 생산 중인 자산	재공품, 반제품
생산이나 용역제공에 사용될 원재료나 소모품	원재료, 소모품

2 재고자산의 취득원가 및 기말재고자산 조정

I 재고자산의 취득원가

재고자산의 취득원가는 매입가격의 정상적인 취득과정에서 불가피하게 발생한 부대비용을 가산한 금액이다. 이에 따라 한국채택국제회계기준 제1002호 '재고자산'에서 재고자산의 취득원가는 매입원가, 전환원가 및 재고자산을 현재의 장소에 현재의 상태로 이르게 하는 데 발생한 기타원가 모두를 포함하도록 규정하고 있다.

> 재고자산의 취득원가: 매입원가 + 전환원가 + 기타원가

Additional Comment

> 기타원가는 재고자산을 현재의 장소에 현재의 상태로 이르게 하는 데 발생한 범위 내에서만 취득원가에 포함된다. 예를 들어, 특정 고객을 위한 비제조 간접원가 또는 제품 디자인원가는 재고자산의 원가에 포함하는 것이 적절할 수 있다.
> 전환원가는 제조업의 회계처리에서 원재료가 제품으로 전환되는 데 소요되는 원가를 전환원가라고 한다. 전환원가는 직접노무원가 등 생산량과 직접 관련된 원가와 고정 및 변동제조간접원가의 체계적인 배부액을 포함한다.

재고자산의 취득원가에 포함할 수 없으며 발생기간의 비용으로 인식하여야 하는 원가의 예는 다음과 같다.

> ① 재료원가, 노무원가 및 기타 제조원가 중 비정상적으로 낭비된 부분
> ② 후속 생산단계에 투입하기 전에 보관이 필요한 경우 이외의 보관원가
> ③ 재고자산을 현재의 장소에 현재의 상태로 이르게 하는 데 기여하지 않은 관리간접원가
> ④ 판매원가

01 상품매매기업

상품매매기업이 보유하는 재고자산의 매입원가는 매입가격에 수입관세와 제세금, 매입운임, 하역료 그리고 완제품, 원재료 및 용역의 취득과정에 직접 관련된 기타원가를 가산한 금액이다. 매입할인, 리베이트 및 기타 유사한 항목은 매입원가를 결정할 때 차감하며, 과세당국으로부터 추후 환급받을 수 있는 수입관세나 제세금(부가가치세 등)은 매입원가에서 제외한다.

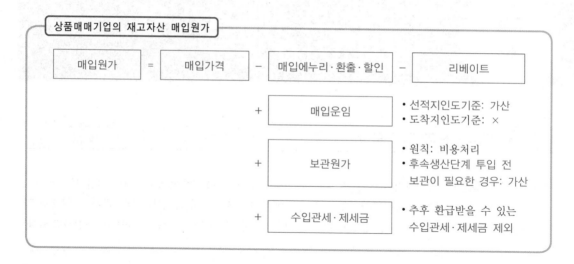

(1) 매입운임

매입운임은 통상적인 영업과정에서 재고자산 취득 시 불가피하게 발생한 지출을 말하며, 매입운임은 매입원가에 포함되므로 재고자산의 취득원가에 포함시켜야 한다. 매입운임은 FOB선적지인도기준과 FOB도착지인도기준에 따라 매입운임의 부담자가 달라지고 각각의 회계처리도 달라진다.

[FOB선적지인도기준과 FOB도착지인도기준의 회계처리와 취득원가 가산(차감) 예시]

구분	회계처리	취득원가에 가산(차감)
FOB선적지인도기준	구매자의 자산의 취득원가에 포함	가산
FOB도착지인도기준	판매자의 판매비(비용)로 인식	해당사항 없음

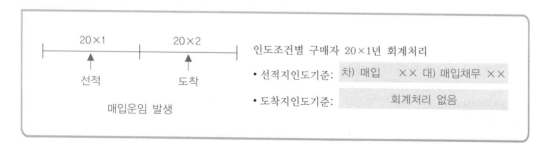

FOB선적지인도기준은 재고자산에 대한 통제권이 선적시점에 이전되기 때문에 구매자가 운임을 부담한다. 그러나 FOB도착지인도기준은 재고자산에 대한 통제권이 도착시점에 이전되기 때문에 판매자가 운임을 부담한다. 운반비용은 취득이나 생산과정에 수반되어 발생한 경우에만 재고자산의 매입원가에 포함시키고, 그렇지 않은 경우(예 재고자산의 매입이나 생산 완료 후 단순한 위치 이동에 소요되는 운반비용의 경우)에는 당기비용으로 인식한다.

(2) 매입에누리와 환출, 매입할인, 리베이트

1) 매입에누리와 환출

매입에누리는 매입한 재고자산을 대량으로 구매하거나 상품의 결함 혹은 파손으로 인하여 판매자가 가격을 할인해주는 것이다. 매입환출은 매입한 상품의 결함 혹은 파손으로 인하여 반품하는 것을 말한다. 따라서 매입이 취소된 것으로 보기 때문에 매입에누리와 환출은 재고자산의 취득원가에서 차감하여야 한다.

매입에누리와 환출의 예시

A사가 B사로부터 상품 ₩100,000을 외상으로 매입하였으며, 상품의 결함 혹은 파손으로 인하여 매입에누리 ₩2,000과 매입환출 ₩1,000이 발생하였다. 각 시점별 회계처리를 나타내면 아래와 같다.

[상품의 외상매입 시]

차) 매입	100,000	대) 매입채무	100,000

[매입에누리와 환출 발생 시]

차) 매입채무	3,000	대) 매입(에누리·환출)	3,000

[매입채무 지급 시]

차) 매입채무	97,000	대) 현금	97,000

---

2) 매입할인, 리베이트

매입할인이란 매입자가 매입채무를 조기에 지급하여 가격을 할인해주는 것을 말하고 리베이트란 매입가격의 일부를 다시 돌려받는 것을 말한다. 매입할인과 리베이트 및 기타 유사한 항목은 매입원가를 결정할 때 차감한다. 그 이유는 매입할인이나 리베이트는 수익창출과정에서 발생한 순자산 증가(즉, 수익)가 아니라 당초 그 금액만큼 매입원가가 적게 소요된 것이나 다름없기 때문이다.

매입할인, 리베이트의 예시

A사가 B사로부터 상품 ₩100,000을 외상으로 매입하였으며, 매입할인 ₩2,000과 매입환출 ₩1,000이 발생하였다. 각 시점별 회계처리를 나타내면 아래와 같다.

[상품의 외상매입 시]

차) 매입	100,000	대) 매입채무	100,000

[매입할인 발생 시]

차) 매입채무	100,000	대) 현금	97,000
		매입(할인·환출)	3,000

[매입할인이 아닌 리베이트로 ₩2,000을 수령한 경우의 회계처리]

차) 현금	2,000	대) 매입(리베이트)	2,000

[매입에누리·환출·할인, 리베이트의 회계처리, 취득원가 가산(차감) 및 예시]

구분	회계처리		취득원가에 가산(차감)
매입에누리와 환출	차) 매입채무	대) 매입(에누리·환출)	차감
매입할인	차) 매입채무	대) 현금 　　　매입(할인)	차감
리베이트	차) 현금	대) 매입(리베이트)	차감

Self Study

재무제표에 표시될 매출원가는 총매입액을 기준으로 하는 것이 아니라 기업에 순수하게 유출되는 순매입액을 기준으로 한다. 그러므로 문제의 자료에서 총매입액과 에누리, 환출, 할인 등을 제시하고 있다면 총매입액에서 에누리, 환출, 할인을 차감한 순매입액을 기준으로 풀이하여야 한다. 다만, 문제에서 매입채무의 기초, 기말잔액 및 매입채무 지급액을 제시한 후에 에누리, 환출, 할인을 추가 자료로 제시하였다면 매입채무에는 이미 해당 금액이 고려되어 있으므로 추가로 차감할 필요가 없다.

매입채무		당기매입
지급	기초	= 현금매입 + 외상매입(순)[1]
기말	외상매입(순)	[1] 에누리·환출·할인 고려됨
		= 총매입 − 매입에누리·환출·할인 + 매입운임

(3) 후불지급조건

재고자산을 후불지급조건으로 취득하는 경우 한국채택국제회계기준에서는 재고자산의 구입계약이 실질적으로 금융요소를 포함하고 있다면 해당 금융요소(예 정상신용조건의 매입가격과 실제 지급액 간의 차이)는 금융이 이루어지는 기간 동안 이자비용으로 인식한다. 즉, 재고자산의 취득원가는 지급할 대가의 현재가치(공정가치)로 결정한다.

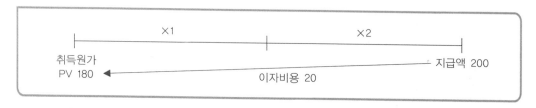

[후불지급조건의 회계처리 예시]

[취득일]

차) 재고자산　　　정상신용조건의 매입가격　　　대) 매입채무　　　PV(실제 지급액)

[기말]

차) 이자비용　　　N/I　　　대) 매입채무　　　××

[지급일]

차) 이자비용　　　N/I　　　대) 매입채무　　　××
차) 매입채무　　　BV　　　대) 현금　　　명목금액

(4) 보관원가

후속생산단계에 투입하기 전에 보관이 필요한 경우의 보관원가는 취득원가에 포함된다. 따라서 일반적으로 상품 또는 제품의 보관비용은 당기비용으로 처리하지만, 원재료의 보관비용은 자산의 취득원가로 처리한다.

[보관원가의 회계처리, 취득원가 가산(차감)]

구분	회계처리		취득원가에 가산(차감)
상품 또는 제품	차) 보관비용	대) 현금	당기비용처리
원재료	차) 매입	대) 현금	가산

(5) 관세 납부금·환급금

관세 납부금은 납부시점에 자산의 취득원가에 가산한다. 관세 환급금은 수입원재료 구입시기와 다른 시기에 환급될 수 있으므로 원재료수입액에서 차감하기보다는 관세가 환급된 시기의 매출원가에서 차감하는 것이 합리적이다.

> **관세 납부금과 환급금 회계처리**
>
> [관세 납부 시]
> 차) 매입   ××   대) 현금   ××
>
> [기말]
> 차) 재고(기말)   ××   대) 재고(기초)   ××
>   매출원가   ××   매입   ××
>
> [관세 환급금 환급 시]
> 차) 현금(관세환급금)   ××   대) 매출원가   ××

단, 문제에서 매출원가만을 묻는다면 매입원가에서 관세 환급금을 차감하여 매출원가를 계상하여도 답은 동일하다.

[관세 납부금과 환급금의 회계처리, 취득원가 가산(차감)]

구분	회계처리		취득원가에 가산(차감)
관세 납부금	차) 매입	대) 현금	가산
관세 환급금	차) 현금	대) 매입	차감

㈜감평의 20×1년도 상품 매입과 관련된 자료이다. 20×1년도 상품 매입원가는? (단, ㈜감평은 부가가치세 과세사업자이며, 부가가치세는 환급대상에 속하는 매입세액이다.)

[감정평가사 2021년]

항목	금액	비고
당기매입	₩110,000	부가가치세 ₩10,000 포함
매입운임	₩10,000	
하역료	₩5,000	
매입할인	₩5,000	
리베이트	₩2,000	
보관료	₩3,000	후속 생산단계에 투입하기 전에 보관이 필요한 경우가 아님
관세납부금	₩500	

① ₩108,500
② ₩1110,300
③ ₩1110,500
④ ₩1113,500
⑤ ₩1123,500

풀이

₩108,500

20X1년도 상품 매입원가

= 당기매입 110,000−부가가치세 10,000+매입운임 10,000+하역료 5,000−매입할인 5,000−리베이트 2,000+관세납부금500

• 매입원가에 포함하는 것: 매입운임, 하역료, 관세납부금 및 취득과정에 직접 관련된 원가
  (∴후속 생산단계에 투입하기 전에 보관이 필요한 경우 이외의 보관원가는 매입원가에 포함하지 않는다)

• 매입원가에서 제외하는 것: 부가가치세, 관세환급금 등

• 매입할인, 리베이트, 메입에누리, 매입환출은 매입원가를 결정할 때 차감한다.

정답: ①

01 재고자산의 원가배분

상품매매기업의 판매 가능한 재고자산은 기초재고자산에 당기매입액을 합산한 금액으로 구성된다. 이때 판매 가능한 재고자산 중 기중 판매된 부분에 해당하는 금액은 당기비용으로 인식되며, 보고기간 말까지 판매되지 않은 부분에 해당하는 금액은 기말 재무상태표에 재고자산으로 보고되는데 이러한 과정을 재고자산의 원가배분이라고 한다.

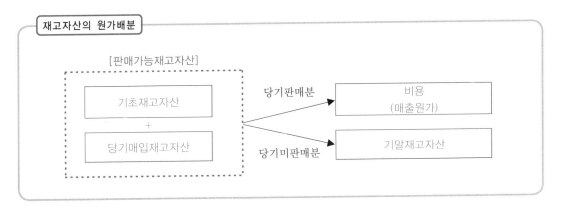

당기에 비용으로 인식하는 재고자산 금액을 일반적으로 매출원가라고 한다. 매출원가는 판매된 재고자산의 원가와 배분되지 않는 제조간접가 및 제조원가 중 비정상적인 부분의 금액으로 구성되며, 기업의 특수한 상황에 따라 물류원가와 같은 금액들도 포함될 수 있다.

02 재고자산의 수량결정방법

재고자산의 특성상 상품의 입·출고가 빈번하고 그 금액이 크기 때문에 매출원가와 기말재고로 인식할 금액을 결정하는 문제는 매우 중요하다. 따라서 재고자산 회계의 초점은 기초재고자산과 당기매입 재고자산의 합(= 판매가능재고자산)을 비용과 자산으로 적절하게 배분하는 데 있다.

재고자산 회계의 핵심

기초재고자산 + 당기매입 재고자산 = 매출원가 + 기말재고자산

위 등식에서 알 수 있듯이 등식 우변의 매출원가를 먼저 확정지으면 기말재고자산을 간접적으로 알 수 있으며, 기말재고자산을 먼저 확정지으면 매출원가를 간접적으로 알 수 있다. 어느 금액을 먼저 확정할지는 재고자산의 수량 기록법에 따라 다르다. 기말재고자산을 과대평가하면 그만큼 매출원가가 과소계상되어 당기순이익을 증가시킬 수 있고, 기말재고자산을 과소평가하면 그만큼 매출원가가 과대계상되어 당기순이익을 감소시킬 수 있다. 그러므로 재고자산 회계의 핵심은 기말재고자산을 얼마나 적정하게 인식하는가에 있다.

(1) 계속기록법

계속기록법은 상품의 입고와 출고상황을 상품계정과 매출원가계정에 계속적으로 기록하는 방법이다. 즉, 당기 판매가능수량에서 당기에 실제로 판매된 수량을 차감하여 기말재고수량을 역산하는 방법이다.

> 기초재고수량 + 당기매입수량 − ① 당기판매수량(기록) = ② 기말재고수량(역산)

계속기록법을 적용하면 언제든지 특정 기간의 매출원가와 특정 시점의 재고자산 잔액을 파악할 수 있다는 장점이 있다. 계속기록법의 회계처리를 요약하면 다음과 같다.

[계속기록법 회계처리]

매입	차) 재고자산	××	대) 매입채무	××
판매	차) 매출채권	××	대) 매출	××
	차) 매출원가	실제 판매분	대) 재고자산	××
결산				
1) 매출원가	회계처리 없음			

Additional Comment

계속기록법을 적용하면 재고자산을 판매할 때마다 보유 재고자산을 매출원가로 대체하기 때문에 재고자산 장부에는 기중의 증가, 감소 금액이 계속 기록된다. 따라서 특정 시점 현재 장부에 계상되어 있는 재고자산의 금액이 곧 그 시점의 재고자산 잔액이 되어 기말에 재고자산의 잔액을 구하기 위하여 별도의 회계처리를 수행할 필요가 없다는 장점이 있다. 그러나 도난, 분실 등의 사유로 감모수량이 발생한다면 재고자산의 장부상 수량과 실제 수량 간에 차이가 발생할 수 있다. 따라서 재고자산의 감모 여부를 파악하지 않고 장부상 재고자산을 재무상태표의 기말재고자산으로 결정하면 재고자산이 과대계상될 수 있다.

(2) 실지재고조사법

실지재고조사법은 상품의 입고 시에는 매입계정에 기록하고 출고 시에는 매출원가를 계속적으로 기록하지 않고, 결산일 현재 실사(= 재고자산의 수량을 일일이 세는 것)를 통하여 기말재고수량을 파악하여 한 번에 매출원가를 기록하는 방법이다. 즉, 당기판매가능수량에서 기말 실사를 통한 실제 수량을 차감하여 당기판매수량을 역산하는 방법이다.

> 기초재고수량 + 당기매입수량 − ① 기말재고수량(실사) = ② 당기판매수량(역산)

실지재고조사법을 사용하면 장부기록이 간편해지고 실제 존재하는 재고가 기말재고금액으로 계상되는 장점이 있다. 실지재고조사법의 회계처리를 요약하면 다음과 같다.

[실지재고조사법 회계처리]

매입	차) 매입[1]	××	대) 매입채무	××
판매	차) 매출채권	××	대) 매출	××
결산				
1) 매출원가	차) 매출원가	대차차액	대) 재고자산(기초)	1st
	재고자산(기말)	3rd 실제 존재하는 재고	매입[1]	2nd

[1] 매입계정을 자산으로 보아야 한다는 주장과 비용으로 보아야 한다는 주장도 있지만 핵심은 임시계정으로 기말에 모두 사라진다는 것이다.

Additional Comment

실지재고조사법을 사용하면 재고자산을 판매할 때마다 매출원가를 기록해야 하는 계속기록법의 번거로움을 피할 수 있다. 그러나 재고자산에 대하여 실사를 하지 않는 한 특정 시점 현재 재고자산의 잔액과 매출원가를 파악할 수 없고, 당기판매수량에 도난이나 파손으로 발생한 감모수량이 포함되는 문제점이 있다.

(3) 혼합법(계속기록법과 실지재고조사법 동시 적용)

판매할 때마다 재고자산의 원가를 추적해야 하는 번거로움을 고려하지 않는다면 재고자산에 대한 관리목적상 계속기록법이 실지재고조사법보다 더 바람직한 방법이다. 그 이유는 계속기록법을 적용하면 회사는 특정 시점의 재고자산 잔액과 그때까지 발생한 매출원가에 대한 정보를 적시에 제공할 수 있기 때문이다. 그러나 계속기록법과 실지재고조사법 모두 도난이나 파손으로 발생하는 감모수량이 기말재고수량이나 당기판매수량에 포함되는 문제점이 있다. 그러므로 현재 우리나라에서는 소규모 기업을 제외하고는 대부분의 기업이 계속기록법과 실지재고조사법을 병행하여 사용하고, 계속기록법의 실제 판매수량과 실지재고조사법의 실제 기말재고수량을 사용하여 감모수량을 파악한다.

기초재고수량 + 당기매입수량 – ① 당기판매수량(기록) = ② 기말재고수량(실사) + 재고감모수량

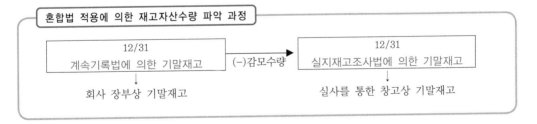

Self Study

1. 회계기간 중 재고자산의 입·출고수량을 계속 기록(계속기록법)하여 기말장부수량을 파악한 후, 기말실지수량(실지재고조사법)과 비교하여 차이를 감모수량으로 파악한다.
2. 계속기록법의 기말재고수량 – 감모수량 = 실지재고조사법의 기말재고수량

아래의 물음들은 서로 독립적이다.

A사의 당기재고자산수량에 대한 자료가 다음과 같을 때, A사가 계속기록법과 실지재고조사법, 혼합법을 각각 사용할 경우의 당기판매수량과 기말재고수량을 구하시오.

기초재고수량 100개, 당기매입수량 1,000개, 회사의 창고에 기말 현재 존재하는 기말재고수량 250개, 판매된 수량 800개

풀이

1. 계속기록법 – 당기판매수량: 800개, 기말재고수량: 300개
   ⇨ 기초재고 100 + 당기매입 1,000 – ① 당기판매 800 = ② 기말재고 300(역산)
2. 실지재고조사법 – 당기판매수량: 850개, 기말재고수량: 250개
   ⇨ 기초재고 100 + 당기매입 1,000 – ① 기말재고 250 = ② 당기판매 850(역산)
3. 혼합법 – 당기판매수량: 800개, 기말재고수량: 250개
   ⇨ 기초재고 100 + 당기매입 1,000 – 당기판매 800 = 기말재고 250 + 감모 50

03 기말재고자산에 포함될 항목(기말재고자산 조정)

재무상태표에 표시할 기말재고자산의 수량은 회사 소유의 재고수량을 파악함으로써 결정할 수 있다. 여기서 회사 소유의 재고수량은 창고실사재고로만 구성되어 있지 않다. 특정 재고수량을 재무상태표의 재고자산에 포함할 것인지는 재고자산에 대한 통제권을 기업이 소유하고 있는지에 따라 결정된다. 기업이 특정 재고자산에 대한 통제권(= 실질소유권)을 보유하고 있다면 해당 재고자산은 회사소유의 재고자산에 포함된다.

[재무상태표에 가산할 기말재고자산 조정]

구분(판단순서)	1st In 창고	→	2nd My 재고	→	창고실사재고자산에 가감
유형 1	○	→	○	→	조정사항 없음
유형 2	○	→	×	→	차감
유형 3	×	→	○	→	가산
유형 4	×	→	×	→	조정사항 없음

(1) 미착상품

미착상품이란 상품을 주문하였으나 운송 중에 있어 아직 도착하지 않은 상품을 말한다. 이 경우 상품에 대한 통제권(= 법적 소유권)의 이전 여부는 FOB선적지인도조건과 FOB도착지인도조건과 같은 매매계약조건에 따라 결정된다.

[FOB선적지인도조건과 FOB도착지인도조건에 따른 매입자와 판매자의 매입 및 수익인식]

구분		×1년 말 현재 선적 후 이동 중	×1년 말 기말재고자산 조정 회계처리
FOB선적지 인도조건	매입자	매입 ○ (회계처리 수행)	차) 재고자산(기말)　　　대) 매출원가
		매입 ○ (회계처리 미수행)	차) 재고자산(기말)　　　대) 매입채무
	판매자	판매 ○	회계처리 없음
FOB도착지 인도조건	매입자	매입 ×	회계처리 없음
	판매자	판매 ×	차) 재고자산(기말)　　　대) 매출원가

Additional Comment

FOB선적지인도조건으로 재고자산을 판매한 경우 판매자가 선적하는 시점에 재고자산의 통제권이 매입자에게 이전된다. 따라서 판매자는 선적시점에 매출을 인식하며, 매입자도 선적시점에 재고자산 매입을 인식한다. 그러나 FOB도착지인도조건으로 재고자산을 판매하는 경우 재고자산이 목적지에 도착하여야 재고자산의 통제권이 매입자에게 이전된다. 따라서 목적지에 도착하기 전까지 판매자는 매출을 인식하지 않으며, 매입자도 매입을 인식하지 않는다.

[미착상품의 재고자산 조정 판단]

구분(운송 중)	1st In 창고	→	2nd My 재고	→	창고실사재고자산에 가감
선적지인도조건 – 구매자	×	→	○	→	기말재고 가산
선적지인도조건 – 판매자	×	→	×	→	조정사항 없음
도착지인도조건 – 구매자	×	→	×	→	조정사항 없음
도착지인도조건 – 판매자	×	→	○	→	기말재고 가산

사례연습 2: 미착상품

다음은 12월 말 결산법인인 A사의 20×1년도 재고자산의 매입과 관련된 자료이다. 다음 자료를 바탕으로 물음에 답하시오.

(1) 선적지인도조건으로 매입 중인 상품 ₩3,000이 12월 31일 현재 운송 중에 있다. 12월 31일까지 선적서류가 도착하여 매입에 관한 회계처리를 하였다.
(2) 선적지인도조건으로 매입 중인 상품 ₩5,000이 12월 31일 현재 운송 중에 있다. 12월 31일까지 선적서류가 도착하지 않아 매입에 관한 회계처리를 하지 못하였다.
(3) 도착지인도조건으로 매입 중인 상품 ₩2,000이 12월 31일 현재 운송 중에 있다. 12월 26일 선적서류가 도착하여 매입에 관한 회계처리를 하였다.
(4) 도착지인도조건으로 매입 중인 상품 ₩4,000이 12월 31일 현재 운송 중에 있다. 12월 26일 선적서류가 도착하지 못하여 매입에 관한 회계처리를 하지 못하였다.

12월 31일 현재 A사의 창고에 있는 모든 재고자산을 실사한 결과 재고자산이 ₩12,000이라면 12월 31일 현재 올바른 재고자산은 얼마인가? (단, 회사는 실지재고조사법을 적용하고 있다)

1. 재고자산 조정의 판단

구분(운송 중)	1st In 창고	→	2nd My 재고	→	창고실사재고자산에 가감
(1)	×	→	○	→	기말재고 가산
(2)	×	→	○	→	기말재고 가산
(3)	×	→	×	→	조정사항 없음
(4)	×	→	×	→	조정사항 없음

2. 12월 31일 현재 올바른 재고자산

12월 31일 현재 창고실사재고자산	12,000
(1)	(+)3,000
(2)	(+)5,000
(3)	–
(4)	–
합계	20,000

04 시용판매

시용판매는 재고자산을 고객에게 인도하고 일정 기간 사용한 후 구매 여부를 결정하는 조건부 판매로, 시용판매한 상품을 시송품이라고 한다. 매입자가 매입의사를 표시한 시점에 수익을 인식하고 매입의사표시가 없으면 시송품이 창고실사재고자산에 포함되어 있지 않았더라도 기말재고자산에 포함시켜야 한다.

[시용판매 판매자의 수익인식]

구분		수익인식 여부	×1년 말 기말재고자산 조정 회계처리
시용판매 판매자	매입의사표시 ○	수익인식 ○	회계처리 없음
	매입의사표시 ×	수익인식 ×	차) 기말재고　　　　　　대) 매출원가

Additional Comment

만약 판매자가 시송품을 매입자에게 인도하는 시점에 매출을 인식하는 회계처리를 수행하였다면 매입자가 기말 현재 시점에 매입의사를 표시하지 않은 부분의 매출을 취소하는 회계처리를 수행하여야 한다.

매출 취소 회계처리	차) 매출　　　매입의사표시 × 부분　　　대) 매출채권　　　매입의사표시 × 부분

[시용판매의 재고자산 조정 판단]

구분(운송 중)	1st In 창고	→	2nd My 재고	→	창고실사재고자산에 가감
시송품(매입의사표시 ×)	×	→	○	→	기말재고 가산
시송품(매입의사표시 ○)	×	→	×	→	조정사항 없음

05 할부판매

할부판매란 상품 등을 고객에게 인도하고 대금은 미래에 분할하여 회수하기로 한 판매를 말한다. 한국채택국제회계기준에서는 할부판매의 경우 계약에 유의적인 금융요소가 포함되어 있으므로 자산에 대한 통제권이 이전되는 시점에 현재가치로 평가한 금액을 수익으로 인식하고, 유의적인 금융요소는 신용기간 동안 이자수익으로 인식하도록 규정하고 있다. 그러므로 할부판매된 재고자산은 수익인식시점 이후에는 판매자의 재고자산에서 제외하여야 한다.

[할부판매 판매자의 수익인식]

구분		수익인식 여부	×1년 말 기말재고자산 조정 회계처리
할부판매 판매자	통제권 이전	수익인식 ○	회계처리 없음

[할부판매의 재고자산 조정 판단]

구분	1st In 창고	→	2nd My 재고	→	창고실사재고자산에 가감
할부판매 판매자	×	→	×	→	조정사항 없음

06 위탁판매

위탁판매는 제품의 판매를 다른 기업에게 위탁하고 그 다른 기업이 재고자산을 판매하게 되면 그 대가로 수수료를 지급하는 형태의 판매이다. 이때 재고자산의 판매를 위탁한 기업을 위탁자, 재고자산의 판매를 위탁받은 기업을 수탁자라고 한다. 이때 위탁자가 수탁자에게 판매를 위탁하기 위해 보낸 재고자산을 적송품이라고 한다.

[위탁판매 위탁자·수탁자의 수익인식]

구분		미판매분 수익인식 여부	×1년 말 기말재고자산 조정 회계처리	
위탁자 통제권 보유 ○	위탁자	수익인식 ×	차) 기말재고	대) 매출원가
	수탁자	수익인식 ×	차) 매입채무	대) 기말재고
수탁자 통제권 보유 ○	위탁자	수익인식 ○	회계처리 없음	
	수탁자	수익인식 ×	회계처리 없음	

[위탁판매의 재고자산 조정 판단]

구분	1st In 창고	→	2nd My 재고	→	창고실사재고자산에 가감
위탁판매 미판매분 – 위탁자	×	→	○	→	기말재고 가산
위탁판매 미판매분 – 수탁자	○	→	×	→	기말재고 차감
위탁판매 판매분 – 위탁자	×	→	×	→	조정사항 없음
위탁판매 판매분 – 수탁자	×	→	×	→	조정사항 없음

07 저당상품

저당상품이란 자금을 차입하기 위해 채무의 담보로 잡힌 재고자산이다. 차입자인 회사가 원금과 이자를 상환하지 못할 경우 금융기관이 임의로 처분하여 채권을 회수하게 되지만, 저당권이 실행되기 전까지는 담보제공자인 회사에게 소유권이 있다. 그러므로 저당권이 행사되기 전까지의 저당상품은 기말실사재고자산에 포함되어 있지 않다면 가산하여 기말재고자산으로 표시하여야 한다.

[저당상품의 재고자산 조정 판단]

구분	1st In 창고	→	2nd My 재고	→	창고실사재고자산에 가감
저당상품 - 창고에 보관 O	O	→	O	→	조정사항 없음
저당상품 - 창고에 보관 X	×	→	O	→	기말재고 가산

> **참고** **기타의 조정항목 – (구체적인 회계처리는 중급회계 2 〈Chapter 14 고객과의 계약에서 생기는 수익〉에서 다룸)**
>
> | 구분 | 1st In 창고 | → | 2nd My 재고 | → | 창고실사재고자산에 가감 |
> |---|---|---|---|---|---|
> | 미인도청구판매(판매자)[1] | O | → | × | → | 기말재고자산에 차감 |
> | 인도결제 판매조건[2] | × | → | O | → | 기말재고자산에 가산 |
> | 대금 수령 후 재고완성[3] | O | → | O | → | 조정사항 없음 |
> | 재매입약정 판매[4] | × | → | O | → | 기말재고자산에 가산 |
>
> [1] 고객이 제품을 통제할 수 있는 경우
> [2] 인도 후 대금 미회수된 경우
> [3] 대금 수령 후 완성되었으나 미인도된 상태
> [4] 금융약정에 해당하는 경우

> **사례연습 3: 기말재고자산 조정**
>
> A사가 기말 현재 창고에 보관 중인 재고자산은 ₩4,000,000이다. 다음은 기말재고자산에 대한 추가 자료이다.
>
> (1) 결산일 현재 운송 중인 재고자산 ₩1,000,000 중 ₩600,000은 선적지인도기준으로 구입하였고, ₩400,000은 도착지인도기준으로 구입하였다. 회사는 송장(거래증빙서류)이 도착하지 않아 매입 회계처리를 하지 않았다.
>
> (2) 회사는 시용판매를 하고 있는데 20×1년 말 현재 고객이 구입의사를 표시하지 않은 금액은 판매가로 ₩1,250,000이며, 시용매출의 매출총이익률은 20%이다. 회사는 고객이 구입의사를 표시한 시점에 매출을 인식하고 있다.
>
> (3) 회사는 위탁판매를 하고 있는데 수탁자에게 적송한 시점에 매출 회계처리를 하고 있다. 당기 적송품의 판매가는 ₩1,500,000이며 기말 현재 수탁자가 보관하고 있는 적송품재고액은 판매가로 ₩400,000이다. 위탁판매의 경우 원가에 25%의 이익을 가산하여 판매하고 있다.

(4) 결산일 현재 회사가 창고에 보관하고 있는 재고자산 중 금융기관의 차입금에 대한 담보로 제공된 재고자산이 ₩1,500,000이다.

(5) 재고자산은 원가 ₩3,000,000을 장기할부판매하였다. 할부금 중 ₩2,000,000은 결산일 현재 회수되지 않았다.

1 각 항목별 기말재고자산 포함 여부를 결정하시오.

2 A사의 기말재고자산 금액을 계산하시오.

[풀이]

1

구분	1st In 창고	→	2nd My 재고	→	창고실사재고자산에 가감
(1) 선적지인도기준 매입	×	→	○	→	기말재고자산에 가산
도착지인도기준 매입	×	→	×	→	조정사항 없음
(2) 시용판매 구매의사 ×	×	→	○	→	기말재고자산에 가산
(3) 수탁자 판매분	×	→	×	→	조정사항 없음
수탁자 미판매분	×	→	○	→	기말재고자산에 가산
(4) 담보제공(창고보관 중)	○	→	○	→	조정사항 없음
(5) 할부판매	×	→	×	→	조정사항 없음

2 A사의 기말재고: $4,000,000 + 600,000 + 1,250,000 \times (1 - 20\%) + 400,000/(1 + 25\%) = 5,920,000$

Self Study

1. 매출총이익률: 매출 × (1 − 매출총이익률) = 매출원가
2. 원가가산율: 매출 × 1/(1 + 원가가산율) = 매출원가

3 재고자산의 단위원가 결정방법

I 재고자산의 원가배분에 수량과 단가의 고려

재고자산의 판매가능재고자산을 결산일 현재 판매된 매출원가와 판매되지 않고 기업이 보유하는 기말재
고자산의 원가로 배분하는 것을 원가의 배분이라고 한다. 재고자산의 원가배분을 하기 위해서는 판매된
부분과 판매되지 않고 보유하는 부분의 수량(Q)과 단가(P)를 결정하여야 한다.

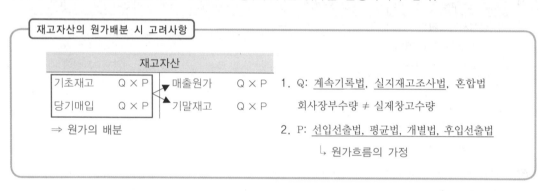

II 단위원가 결정(원가흐름의 가정)

당기 중에 재고자산을 여러 차례 매입할 경우 매입시점마다 재고자산의 단위당 취득원가가 동일하다면
판매된 재고자산의 취득원가(= 매출원가)는 쉽게 파악할 수 있다. 그러나 재고자산의 단위당 취득원가가
매입시점마다 상이하다면 얼마에 취득했던 재고자산이 판매되었는지 파악하는 것은 쉽지 않다. 따라서 재
고자산의 실물흐름과 관계없이 원가흐름에 대한 가정을 선택하여야 한다.

> **Ex. 원가흐름에 대한 가정의 필요성**
>
> 재고자산
>
> | 기초 | 1개 @100 | 매출원가 | 2개 판매 | ← 단위당 취득원가 적용? |
> | 매입(4/1) | 1개 @120 | | | |
> | 매입(6/1) | 1개 @160 | 기말 | 1개 보유 | ← 단위당 취득원가 적용? |

위의 예에서 판매되는 재고자산의 당초 취득원가를 식별하는 것이 어려운 경우 기업이 자의적으로 매출원가를 결정할 여지가 있다. 만약 기업이 당기순이익을 증가시키고자 한다면 매출원가를 적게 인식하기 위하여 ₩100과 ₩120에 취득한 재고자산이 판매되었다고 주장할 수 있다. 또한 당기순이익을 감소시키고자 한다면 매출원가를 많이 인식하기 위하여 ₩120과 ₩160에 취득한 재고자산이 판매되었다고 주장할 것이다.

Ⅲ 단위원가 결정방법

재고자산을 매입하는 시점이 여러 번인 경우 판매된 매출원가와 판매되지 않은 기말재고자산에 단가를 어떻게 적용하느냐에 따라 기말재고자산, 매출원가, 당기순이익, 법인세지급액에 영향을 미치게 된다. 이 경우 원가흐름의 가정 개별법, 선입선출법, 후입선출법, 평균법의 단위원가 결정방법과 장·단점은 아래와 같다.

Self Study

1. 원가흐름의 가정에 따라 다양한 단위원가 결정방법을 사용하여도 수량을 결정하는 계속기록법과 실지재고조사법이 결합되어 사용된다.
2. 성격과 용도 면에서 유사한 재고자산에는 동일한 단위원가 결정방법을 적용하여야 하며, 성격이나 용도에 차이가 있는 재고자산에는 서로 다른 단위원가 결정방법을 적용할 수 있다.
3. 재고자산의 지역별 위치나 과세방식이 다르다는 이유만으로 동일한 재고자산에 다른 단가 결정방법을 적용할 수 없다.

01 개별법

개별법은 식별되는 재고자산별로 특정한 원가를 부과하는 방법이다.

Self Study

1. 통상적으로 상호교환될 수 없는 재고자산 항목의 원가와 특정 프로젝트별로 생산되고 분리되는 재화 또는 용역의 원가는 개별법을 사용하여 결정한다. 개별법이 적용되지 않는 재고자산의 단위원가는 선입선출법이나 가중평균법을 사용하여 결정한다.
2. 통상적으로 상호교환 가능한 대량의 재고자산 항목에 개별법을 적용하는 것은 적절하지 않다. 이 경우 기말재고로 남아 있는 항목을 선택하는 방식을 사용하여 손익을 자의적으로 조정할 수 있기 때문이다.

02 선입선출법

선입선출법은 먼저 매입 또는 생산한 재고자산이 먼저 판매되고 결과적으로 기말에 재고로 남아 있는 항목은 가장 최근에 매입 또는 생산된 항목이라고 가정한다. 선입선출법은 실물흐름과 원가흐름이 대체로 일치하는 방법으로서 부패하기 쉽거나 진부화 속도가 빠른 재고자산에 적용하는 것이 적절하다.

03 후입선출법

후입선출법은 가장 최근에 매입 또는 생산한 재고항목이 가장 먼저 판매된다고 원가흐름을 가정하는 방법이다. 그러나 후입선출법을 적용하면 재무상태표의 재고자산은 최근의 원가수준과 거의 관련 없는 금액으로 표시될 뿐만 아니라 재고자산이 과거의 낮은 취득원가로 계상되어 있을 때 의도적으로 당해 재고자산이 매출원가로 대체되도록 함으로써 이익조정의 수단으로 이용될 수 있다. 이러한 이유 때문에 한국채택국제회계기준은 후입선출법을 허용하지 않는다.

> **Self Study**
>
> 1. 후입선출청산(LIFO청산)은 물가상승 시 특정 회계기간의 판매량이 급증하여 기말재고수량이 감소하면 오래된 재고의 원가가 매출원가를 구성하여 이익을 과대계상하게 되는 것을 말한다. 이로 인하여 그동안 적게 계상한 이익을 한꺼번에 모두 인식하여 과다한 법인세를 납부하게 된다.
> 2. 물가상승 시 후입선출청산을 회피하기 위해 불필요한 재고를 매입하거나, 이익을 증가시키기 위해 기말재고를 고갈시킴으로써 후입선출청산을 유도할 수 있어 불건전한 구매관습을 통해 당기순이익을 조작할 수 있다.

04 가중평균법

가중평균법은 기초재고자산과 회계기간 중에 매입 또는 생산된 재고자산의 원가를 가중평균하여 단위원가를 결정하는 방법이다.

가중평균법을 적용할 경우, 기업이 실지재고조사법에 따라 장부기록을 한다면 월별 또는 분기별, 연말에 총평균법을 적용하겠지만, 계속기록법에 따라 장부기록을 한다면 판매할 때마다 재고자산의 단위당 취득원가를 파악하여 매출원가로 인식해야 하므로 이동평균법을 적용해야 할 것이다.

> **Additional Comment**
>
> 실지재고조사법하에서 가중평균법(총평균법)은 한 회계기간의 판매가능재고자산 총액을 총판매가능수량으로 나누어 평균 단위원가를 산출한다. 이에 반해, 계속기록법하에서 가중평균법(이동평균법)은 매입할 때마다 매입 당시까지 재고자산의 취득원가(직전 매입 시 이동평균법으로 평가한 금액)와 새로 구입한 재고자산의 매입금액을 가산하고 이를 판매가능수량으로 나누어 평균 단위원가를 산출한다.

다음은 A사의 20×1년 재고자산 관련 자료이다.

일자	거래	수량	단가
기초	기초재고	10개	₩100
2월	매입	10개	₩120
5월	매출	(10개)	?
8월	매입	10개	₩140
기말	기말재고	20개	

다음의 각 방법에 따라 A사가 20×1년에 포괄손익계산서에 인식할 매출원가와 20×1년 말에 재무상태표에 인식할 재고자산을 구하라.

(1) 계속기록법 – 개별법(단, 2월 매입분이 판매된 것으로 가정한다)
(2) 실지재고조사법 – 개별법(단, 2월 매입분이 판매된 것으로 가정한다)
(3) 계속기록법 – 선입선출법
(4) 실지재고조사법 – 선입선출법
(5) 계속기록법 – 평균법
(6) 실지재고조사법 – 평균법
(7) 계속기록법 – 후입선출법
(8) 실지재고조사법 – 후입선출법

풀이

구분	매출원가	기말재고
개별법(2월분 판매)		
– 계속기록법	1,200 = @120 × 10개	2,400 = 3,600[3] − 1,200
– 실지재고조사법	1,200 = 3,600 − 2,400	2,400 = @120 × 20개
선입선출법		
– 계속기록법	1,000 = @100 × 10개	2,600 = 3,600 − 1,000
– 실지재고조사법	1,000 = 3,600 − 2,600	2,600 = @120 × 10개 + @140 × 10개
평균법		
– 계속기록법(이동평균법)	1,100 = @110[1] × 10개	2,500 = 3,600 − 1,100
– 실지재고조사법(총평균법)	1,200 = 3,600 − 2,400	2,400 = @120[2] × 20개
후입선출법		
– 계속기록법	1,200 = @120 × 10개	2,400 = 3,600 − 1,200
– 실지재고조사법	1,400 = 3,600 − 2,200	2,200 = @100 × 10개 + @120 × 10개

[1] (@100 × 10개 + @120 × 10개)/20개 = @110
[2] (@100 × 10개 + @120 × 10개 + @140 × 10개)/30개 = @120
[3] @100 × 10개 + @120 × 10개 + @140 × 10개 = 3,600

기출 Check 2

동일한 규격의 상품을 판매하는 (주)관세의 1월 중 재고자산에 대한 거래내역은 다음과 같다. 선입선출법에 의한 (주)관세의 1월 매출총이익은? (단, 재고자산감모손실과 평가손실은 없다.)

[관세사 2024년]

일자	내역	수량	매입단가	단위당 판매가격
1일	재고	150개	₩300	
3일	매입	200개	₩350	
8일	매출	180개		₩600
15일	매입	350개	₩400	
26일	매출	250개		₩600

① ₩94,000
② ₩111,000
③ ₩129,000
④ ₩155,643
⑤ ₩165,000

풀이

(1) 총매출=180개×@600+250개×@600=258,000
(2) 매출원가=150개×@300+200개×@350+80개×@400=147,000
(3) 매출총이익=총매출-매출원가=258,000-147,000=111,000

정답: ②

물가가 지속적으로 상승하고 기말재고수량이 기초재고수량보다 많은 경우 재고자산 원가흐름의 가정별로 당기순이익의 크기는 일정한 관계를 갖게 된다. 그 관계를 정리하면 아래와 같다.

[원가흐름의 가정별 재무제표 효과 분석 - 물가의 지속적 상승 및 재고수량 증가 가정]

기말재고자산		선입선출법 > 이동평균법 > 총평균법 > 후입선출법
매출원가		선입선출법 < 이동평균법 < 총평균법 < 후입선출법
당기순이익		선입선출법 > 이동평균법 > 총평균법 > 후입선출법
법인세비용(과세소득이 있는 경우)		선입선출법 > 이동평균법 > 총평균법 > 후입선출법
현금흐름	법인세효과 ×	선입선출법 = 이동평균법 = 총평균법 = 후입선출법
	법인세효과 ○	선입선출법 < 이동평균법 < 총평균법 < 후입선출법

선입선출법의 경우에는 최근에 높은 가격으로 매입한 재고자산부터 기말재고자산 장부금액을 구성하는 것으로 가정하는 반면, 가중평균법에서는 기초재고자산과 당기매입재고자산의 평균단위원가를 기말재고자산 장부금액으로 결정하기 때문에 선입선출법의 기말재고자산 장부금액이 가중평균법의 기말재고자산 장부금액보다 더 많다. 그 결과 매출원가는 선입선출법이 가중평균법보다 더 적으며, 법인세부담액과 당기순이익은 선입선출법이 가중평균법보다 더 많다. 후입선출법은 이 반대의 경우를 적용하여 판단하면 된다.

Self Study

1. 법인세가 있는 경우 법인세는 당기순이익에 비례하므로 당기순이익의 크기를 비교한 순서와 동일하며, 법인세가 클수록 기업의 현금흐름이 나빠지므로 현금흐름의 크기는 당기순이익의 크기순서의 반대가 된다.
2. 법인세가 없다고 가정하면 현금흐름의 크기는 재고자산 원가흐름의 가정에 관계없이 동일한 금액이다. 각 방법별로 판매가능재고자산을 매출원가와 기말재고로 배분하는 가정의 차이만 있을 뿐이지 실제 현금흐름(매출, 매입)과 원가배분과는 무관하다. 그러므로 법인세를 고려하지 않으면 현금흐름은 모두 동일하다.

I/S			재고자산		
매출원가	매출		판매가능	기초	매출원가(a)
			재고자산	당기매입(①)	기말재고(b)

4 재고자산의 감모손실과 평가손실

I 재고자산 감모손실

01 재고자산 감모손실의 정의와 인식

재고자산의 창고실사수량이 장부수량보다 적은 경우 차액을 재고자산 감모손실이라고 한다.
재고자산의 감모는 정상적인 경우(정상감모손실)와 비정상적(비정상감모손실)인 경우로 나눌 수 있다.

구분	정의	산식
정상적인 경우 = 정상감모손실	재고자산의 특성으로 인해 정상적인 영업활동에서 감소하는 것	(장부수량 − 창고수량) × @취득원가 × 정상감모비율
비정상적인 경우 = 비정상감모손실	영업활동과 관련 없이 특별한 사유로 인해 감소하는 것	(장부수량 − 창고수량) × @취득원가 × 비정상감모비율

02 재고자산 감모손실의 회계처리

재고자산 감모손실은 재고자산이 수익에 공헌하지 못하고 소멸된 부분이므로 장부상 재고자산 금액을 감소시키고 동 금액을 비용으로 인식하여야 한다. 한국채택국제회계기준에서는 모든 감모손실은 감모가 발생한 기간에 비용으로 인식하도록 규정하고 있다.

01 재고자산의 평가

재고자산의 회계처리는 취득원가에 기초하여 매출원가와 기말재고자산을 결정하는 과정을 중시하고 있다. 그러나 재고자산의 취득원가보다 순실현가능가치(NRV; Net Realizable Value)가 낮음에도 불구하고 재무상태표에 재고자산을 취득원가로 보고한다면 재고자산 금액이 과대표시되는 문제가 발생한다. 그러므로 재고자산은 취득원가와 순실현가능가치 중 낮은 금액으로 측정하여야 하는데 이를 저가법이라고 한다.

Additional Comment

재고자산의 순실현가능가치가 취득원가보다 낮은 경우에도 재고자산을 취득원가로 보고하면, 미래현금유입액에 대한 정보이용자의 예측을 오도할 수 있다. 그러므로 재고자산의 장부금액은 순실현가능가치와 취득원가 중 낮은 금액으로 표시되어야 한다. 이는 저가법이 재고자산의 장부금액이 판매(제품, 상품)나 사용(원재료)으로부터 실현될 것으로 기대되는 금액을 초과해서는 안 된다는 견해와 일치한다.

02 재고자산의 재무상태표 표시

재고자산의 순실현가능가치가 장부금액 이하로 하락하여 발생한 평가손실은 발생한 기간에 비용으로 인식한다. 비용으로 인식한 평가손실은 재고자산평가충당금의 과목으로 하여 재고자산의 차감계정으로 표시한다.

재고자산의 재무제표 표시

- 저가법에 의한 기말재고자산 장부금액(③) = Min[취득원가, 순실현가능가치] × 실사수량
- 저가법에 의한 기말 재무상태표상 재고자산평가충당금(②) = 실사수량 × (취득원가 − NRV)

B/S		
재고자산	② + ③	
재고자산평가충당금	(−)②	
BV	③	

Additional Comment

한국채택국제회계기준에서는 재고자산 평가손실의 분류표시에 대해서 언급하고 있지 않으므로 기업의 판단에 따라 재고자산평가손실을 매출원가 또는 기타의 비용으로 분류할 수 있을 것이다. 또한 재고자산평가충당금 계정의 사용에 대해서도 기준서 제1002호에는 명시적으로 언급하고 있지 않으나 기준서 제1001호에서 재고자산평가충당금의 표시를 언급하고 있기 때문에 재고자산평가충당금으로 회계처리한다. 또한 재고자산 평가손실을 인식하면서 직접 재고자산을 감소시키면 재고자산의 감소가 저가법을 적용한 결과인지, 판매한 결과인지 구분하기가 어렵기 때문에 재고자산평가충당금을 사용하는 회계처리가 더 적절하다고 사료된다.

03 재고자산의 저가법 회계처리

재고자산을 순실현가능가치로 측정한 이후에는 매 보고기간 말에 순실현가능가치를 재평가한다. 재고자산의 감액을 초래했던 사유가 해소되거나 경제상황의 변동으로 순실현가능가치가 상승한 명백한 증거가 있는 경우에는 최초의 장부금액을 초과하지 않는 범위 내에서 평가손실을 환입한다. 순실현가능가치의 상승으로 인한 재고자산 평가손실의 환입은 환입이 발생한 기간의 비용으로 인식된 재고자산 금액의 차감액으로 인식한다.

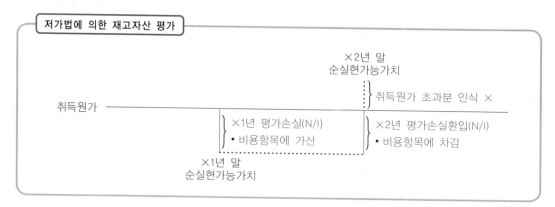

[저가법 회계처리]

[기말재고자산평가충당금 > 기초재고자산평가충당금]			
차) 재고자산 평가손실(비용)	××	대) 재고자산평가충당금	××
[기말재고자산평가충당금 < 기초재고자산평가충당금]			
차) 재고자산평가충당금	××	대) 재고자산 평가손실환입(비용의 차감)	××

Additional Comment

만약 재고자산의 취득원가를 초과하여 재고자산 평가손실환입을 인식하면 이는 재고자산에 대해서 공정가치법을 적용하는 결과가 된다. 재고자산은 통상적인 영업과정에서 판매나 생산을 위해서 보유하는 자산이지 공정가치 변동에 따른 시세차익을 얻고자 보유하는 자산이 아니다. 그러므로 재고자산의 공정가치 증가에 따른 보유이익을 재고자산을 판매하기 전에 인식하는 것보다 재고자산을 판매한 회계기간의 매출총이익에 포함하여 보고하는 것이 정보이용자에게 더 유용한 정보를 제공할 것이다. 이러한 이유로 재고자산 최초의 장부금액을 초과하지 않는 범위 내에서 재고자산평가손실환입을 인식하는 것이다.

A사가 20×1년 말 현재 보유 중인 재고자산의 취득원가는 ₩100이다. 아래의 각 물음별 상황에 따라 A사가 20×1년과 20×2년에 재고자산의 평가와 관련하여 수행할 회계처리를 보이시오(단, 20×2년에 A사는 재고자산을 추가 구매하거나 판매하지 않았다).

1 20×1년 말 현재 보유 중인 재고자산의 순실현가능가치는 ₩70이고 20×2년 말 현재 보유 중인 재고자산의 순실현가능가치는 ₩50이다.

2 20×1년 말 현재 보유 중인 재고자산의 순실현가능가치는 ₩70이고 20×2년 말 현재 보유 중인 재고자산의 순실현가능가치는 ₩90이다.

3 20×1년 말 현재 보유 중인 재고자산의 순실현가능가치는 ₩70이고 20×2년 말 현재 보유 중인 재고자산의 순실현가능가치는 ₩120이다.

풀이

1

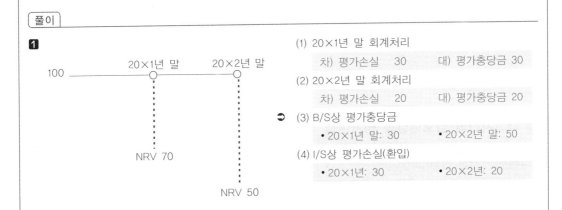

(1) 20×1년 말 회계처리

차) 평가손실　30　대) 평가충당금 30

(2) 20×2년 말 회계처리

차) 평가손실　20　대) 평가충당금 20

➡ (3) B/S상 평가충당금

- 20×1년 말: 30　• 20×2년 말: 50

(4) I/S상 평가손실(환입)

- 20×1년: 30　• 20×2년: 20

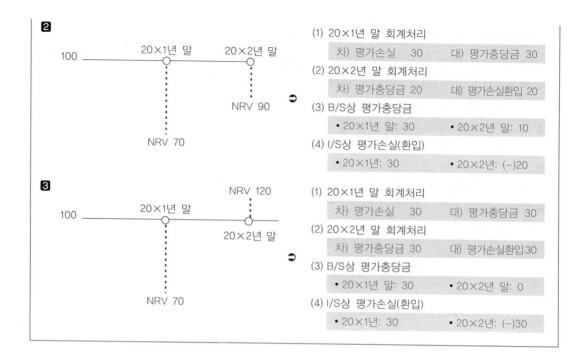

❷

100 ── 20×1년 말 ──── 20×2년 말

NRV 70

NRV 90

(1) 20×1년 말 회계처리

    차) 평가손실 30   대) 평가충당금 30

(2) 20×2년 말 회계처리

    차) 평가충당금 20   대) 평가손실환입 20

(3) B/S상 평가충당금

  • 20×1년 말: 30   • 20×2년 말: 10

(4) I/S상 평가손실(환입)

  • 20×1년: 30   • 20×2년: (-)20

❸

100 ── 20×1년 말 ──── 20×2년 말

NRV 120

NRV 70

(1) 20×1년 말 회계처리

    차) 평가손실 30   대) 평가충당금 30

(2) 20×2년 말 회계처리

    차) 평가충당금 30   대) 평가손실환입 30

(3) B/S상 평가충당금

  • 20×1년 말: 30   • 20×2년 말: 0

(4) I/S상 평가손실(환입)

  • 20×1년: 30   • 20×2년: (-)30

04 재고자산의 감모손실과 평가손실 적용에 따른 재무제표 효과

(1) 기말재고자산 산정 과정

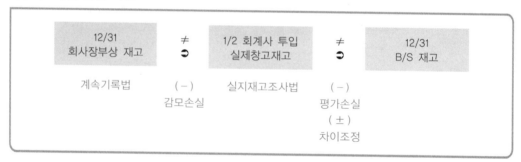

12/31 회사장부상 재고	≠ ⇨	1/2 회계사 투입 실제창고재고	≠ ⇨	12/31 B/S 재고
계속기록법	(-) 감모손실	실지재고조사법	(-) 평가손실 (±) 차이조정	B/S 재고

(2) 감모손실과 평가손실 적용에 따른 계산구조

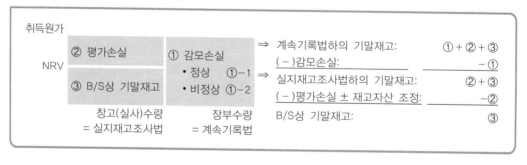

취득원가

NRV

② 평가손실   ① 감모손실

               • 정상   ①-1

③ B/S상 기말재고   • 비정상   ①-2

창고(실사)수량   장부수량

= 실지재고조사법   = 계속기록법

⇒ 계속기록법하의 기말재고: ① + ② + ③

   (-)감모손실   - ①

⇒ 실지재고조사법하의 기말재고: ② + ③

   (-)평가손실 ± 재고자산 조정: -②

B/S상 기말재고: ③

(3) 재고자산의 T계정 구성항목 파악

재고자산

기초	당기판매		➲ 비용처리
매입	정상감모	① - 1	➲ 비용처리
	평가손실	②	➲ 비용처리
	비정상감모	① - 2	➲ 비용처리
	기말재고	③	➲ B/S상 기말재고

(4) 재고자산의 재무제표 표시

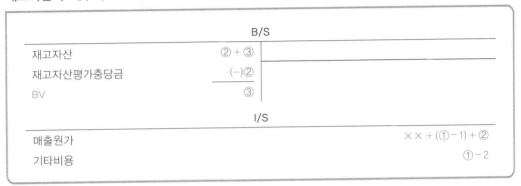

B/S

재고자산	② + ③
재고자산평가충당금	(−)②
BV	③

I/S

| 매출원가 | ×× + (① − 1) + ② |
| 기타비용 | ① − 2 |

(5) 재고자산 T계정을 이용한 풀이 TOOL(순액법 풀이)

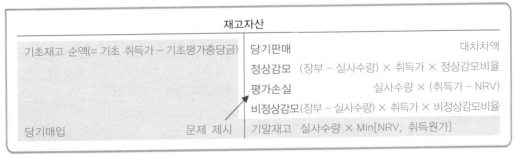

재고자산

기초재고 순액(= 기초 취득가 − 기초평가충당금)	당기판매	대차차액
	정상감모	(장부 − 실사수량) × 취득가 × 정상감모비율
	평가손실	실사수량 × (취득가 − NRV)
	비정상감모	(장부 − 실사수량) × 취득가 × 비정상감모비율
당기매입	문제 제시	기말재고	실사수량 × Min[NRV, 취득원가]

- 재고자산으로 인한 비용 합계: 기초재고 + 당기매입 − 기말재고(③)
- 매출원가(정상감모, 평가손실 포함 가정): 기초재고 + 당기매입 − 기말재고(③) − 비정상감모손실(① − 2)

㈜대한의 20×1년도 재고자산(상품 A)과 관련된 자료가 다음과 같을 때, 20×1년도의 매출원가와 감모손실, 평가손실로 인식할 비용의 합계액은?

[세무사 2013년]

---

(1) 기초재고: ₩700,000(재고자산평가충당금 ₩0)
(2) 매입액: ₩6,000,000
(3) 매출액: ₩8,000,000
(4) 기말재고: 장부수량 3,000개, 개당 취득원가 ₩200
　　　　　　 실사수량 2,500개, 개당 순실현가능가치 ₩180
재고자산 감모분 중 50%는 정상적인 것으로 판단되었다.

---

① ₩6,000,000　　　　② ₩6,050,000　　　　③ ₩6,100,000
④ ₩6,150,000　　　　⑤ ₩6,250,000

풀이

재고자산

기초재고	순액(= 기초 취득가 − 기초평가충당금)	당기판매	대차차액
	700,000	정상감모 (장부 − 실사수량) × 취득가 × 정상감모비율	
		평가손실 실사수량 × (취득가 − NRV)	
		비정상감모(장부 − 실사수량) × 취득가 × 비정상감모비율	
당기매입	문제 제시 6,000,000	기말재고 실사수량 × Min[NRV, 취득원가] 2,500개 × Min[200, 180] = 450,000	

➲ 재고자산으로 인한 비용 합계: 기초재고(700,000) + 당기매입(6,000,000) − 기말재고 ③(450,000)
　　　　　　　　　　　　　　　= 6,250,000

[회계처리] − 정상감모손실과 평가손실은 매출원가에 반영한다고 가정

매출원가	차) 매출원가	6,200,000	대) 재고자산(기초)	700,000
	재고자산(기말)	500,000	매입	6,000,000
감모손실	차) 기타비용[1]	50,000	대) 매출원가	50,000
평가손실	차) 매출원가	50,000	대) 평가충당금	50,000

[1] (3,000 − 2,500)개 × 50% × @200 = 50,000

정답: ⑤

05 순실현가능가치

순실현가능가치는 통상적인 영업과정에서 재고자산의 판매를 통해 실현할 것으로 기대하는 순매각금액을 말한다. 그러므로 순실현가능가치는 통상적인 영업과정의 예상판매가격에서 예상되는 추가 완성원가와 판매비용을 차감한 금액으로 측정된다.

Additional Comment

> 공정가치는 측정일에 시장참여자 사이의 정상거래에서 자산을 매도할 때 받거나 부채를 이전할 때 지급하게 될 가격을 말한다. 순실현가능가치는 기업특유가치이지만 공정가치는 그렇지 않으므로 재고자산의 순실현가능가치는 순공정가치와 일치하지 않을 수도 있다.

재고자산을 저가법으로 평가하는 경우 순실현가능가치는 재고자산의 보유목적을 고려하여 아래의 표와 같이 추정한다.

[순실현가능가치의 추정]

구분	순실현가능가치의 추정
확정판매계약 또는 용역계약을 이행하기 위하여 보유하는 재고자산	계약에 기초하여 추정
보유하고 있는 재고자산의 수량이 확정판매계약의 이행에 필요한 수량을 초과하는 경우	초과수량의 순실현가능가치는 일반 판매가격에 기초하여 추정

완성될 제품이 원가 이상으로 판매될 것으로 예상되는 경우에는 그 생산에 투입하기 위해 보유하는 원재료 및 기타 소모품을 감액하지 아니한다. 그러나 원재료 가격이 하락하여 제품의 원가가 순실현가능가치를 초과할 것으로 예상된다면 해당 원재료를 순실현가능가치로 감액한다. 이 경우 원재료의 현행대체원가는 순실현가능가치에 대한 최선의 측정치가 될 수 있다.

[재고자산의 순실현가능가치와 저가법 적용 여부]

구분		순실현가능가치(NRV)	저가법 적용(취득원가 〉 NRV)
제품		예상판매가($\neq$ FV) – 예상판매비용	적용 ○
재공품		예상판매가($\neq$ FV) – 추가가공원가 – 예상판매비용	적용 ○[1]
원재료		현행대체원가	원칙: 적용 ×, 예외[2]
확정판매 계약	계약이행	계약가격에 기초함	적용 ○
	계약초과수량	일반판매가격에 기초한 추정가액	적용 ○[3]

[1] 재공품은 완성될 제품의 저가법 적용 대상 여부와 관계없이 저가법 적용 대상이 되면 저가법 적용
[2] 원재료의 경우 완성될 제품이 원가 이상으로 판매되지 못하면(취득원가 > NRV) 저가법 적용 ○
[3] 제품이 확정판매계약으로 이행되는 부분과 계약초과수량분으로 나누어져 있다면 원재료의 저가법 적용 여부는 계약초과수량을 기초로 하여 산정한다.

1. 원재료 가격이 하락하고 제품의 원가가 순실현가능가치(현행대체원가)를 초과할 것으로 예상된다면 해당 원재료를 순실현가능가치(현행대체원가)로 감액한다.
   ➲ 원재료의 저가법 적용 조건: ①과 ②가 모두 만족할 때
   ① 제품: 취득원가 > 순실현가능가치
   ② 원재료: 취득원가 > 현행대체원가
2. 순실현가능가치를 추정할 때에는 재고자산으로부터 실현가능한 금액에 대하여 추정일 현재 사용가능한 가장 신뢰성 있는 증거에 기초하여야 한다. 또한 보고기간 후 사건이 보고기간 말 존재하는 상황에 대하여 확인하여 주는 경우에는, 그 사건과 직접 관련된 가격이나 원가의 변동을 고려하여 추정하여야 한다.

사례연습 6: 재고자산의 저가법 적용을 위한 순실현가능가치

20×2년 초 영업을 개시한 A회사의 20×2년 말 기말재고자산 평가와 관련된 자료는 아래와 같다. 20×2년에 계상될 재고자산 평가손실은 얼마인가?

구분	취득원가	현행대체원가	예상판매가 – 추가비용
제품	24,000	22,000	26,000
재공품	18,000	19,000	16,000
원재료	15,000	12,000	10,000

풀이

(1) 제품: 0(24,000 < 26,000, 순실현가능가치가 취득원가보다 크므로 저가법 적용 대상 아님)
(2) 재공품: (−)2,000(18,000 > 16,000, 순실현가능가치가 취득원가보다 작으므로 저가법 적용 대상임)
(3) 원재료: 0(현행대체원가가 취득원가보다 작지만 제품의 순실현가능가치가 취득원가보다 높으므로 원재료의 평가손실을 계상하지 않음)
If. 20×2년 재고자산 장부금액은 얼마인가? ➲ 24,000 + 16,000 + 15,000 = 55,000

사례연습 7: 재고자산의 저가법 적용을 위한 순실현가능가치(확정판매계약)

A사는 20×1년 말 현재 배추 500포기를 재고자산으로 소유하고 있고 배추의 취득원가는 개당 ₩10,000이다. 20×1년 말 현재 200포기를 개당 ₩20,000에 확정판매계약을 체결한 상태이고 기말 현재 일반판매가격에 기초한 순실현가능가치는 ₩5,000이다. 20×1년에 A사가 인식할 재고자산의 평가손실을 계상하시오.

풀이

(1) 200포기: 평가손실 없음, 순실현가능가치 20,000이 취득원가보다 크다.
(2) 300포기: (−)1,500,000 = 300포기 × (10,000 − 5,000)

12월 말 결산법인인 A사는 20×1년 말 현재 다음과 같은 재고자산을 보유하고 있으며, 원재료는 제조공정에 투입하여 제품을 생산하고 있다.

구분	수량		단위당		
	장부수량	실사수량	원가	현행대체원가	순실현가능가치
원재료	100개	90개	₩10	₩9	₩12
제품	50개	40개	₩40	₩35	₩42

A사는 20×1년 12월 중 B사와 제품 20개를 개당 ₩35에 판매하는 확정계약을 체결하였으며, 12월 31일 현재 인도한 제품은 없다. 확정판매계약에 따라 판매하는 제품은 판매비용은 ₩10이다.

A사가 20×1년도에 인식할 재고자산 감모손실과 재고자산 평가손실은 각각 얼마인가?

풀이

1. 20×1년 재고자산 감모손실: (100 − 90)개 × @10 + (50 − 40)개 × @40 = 500

2. 20×1년 재고자산 평가손실: 20개 × @[40 − (35 − 1)] = 120

   * 원재료를 제조공정에 투입하여 생산한 제품은 손상대상이 아니므로 원재료는 평가하지 않는다. 확정판매계약에 따라 판매하는 제품의 경우 재고자산 평가손실이 발생하지만 나머지 제품은 손상대상이 아니므로 원재료를 투입하여 생산된 제품은 평가손실이 발생하지 않는다.

[회계처리]

(1) 감모손실	차) 감모손실	500	대) 재고자산	500
(2) 평가손실	차) 평가손실	120	대) 재고자산평가충당금	120

[재무상태표]

	B/S	
재고자산	② + ③ 2,500	
재고자산평가충당금	(−)② (−)120	
BV	③ 2,380	

06 저가법의 적용

재고자산을 순실현가능가치로 감액하는 저가법은 항목별로 적용한다. 그러나 경우에 따라서는 서로 비슷하거나 관련된 항목들을 통합하여 적용하는 것(조별)이 적절할 수 있다. 이러한 경우로는 재고자산 항목이 비슷한 목적 또는 최종 용도를 갖는 같은 제품군과 관련되고, 같은 지역에서 생산되어 판매되며, 실무적으로 그 제품군에 속하는 다른 항목과 구분하여 평가할 수 없는 경우를 들 수 있다. 그러나 재고자산의 분류나 특정 영업부문에 속하는 모든 재고자산에 기초하여 저가법을 적용하는 것은 적절하지 않다.

구분	취득원가	NRV	항목별 기준	조별 기준	총계 기준
A	100	80	(−)20	(−)20	
B	100	100	0		
①	100	70	(−)30	0	
②	100	160	0		
계	400	410	(−)50	(−)20	0

즉, 재고자산을 저가법으로 평가하는 방법에는 항목별 기준, 조별 기준, 총계 기준이 있다. 세 가지 방법 중에서 항목별 기준이 가장 보수적인 방법이라고 할 수 있다. 항목별 기준으로 저가법을 적용하는 것을 원칙으로 하고, 재고자산들이 서로 유사하거나 관련 있는 경우에는 조별 기준으로도 저가법을 적용할 수 있도록 하고 있다.

Self Study

완제품 또는 특정 영업부문에 속하는 모든 재고자산과 같은 분류에 기초하여 저가법을 적용하는 것은 적절하지 아니하다(= 총계 기준은 인정하지 않는다).

기출 Check 4

20×1년 초에 설립한 ㈜관세의 기말 상품과 원재료에 대한 자료는 다음과 같다.

재고자산 품목	단위당 취득원가	단위당 일반판매가	단위당 확정판매가	단위당 현행대체원가
상품(50개)	₩20,000	₩17,000	₩18,000	−
원재료(50kg)	1,000	−	−	₩900

상품 중 40개는 확정판매계약이 체결되어 보관중이다. 일반판매시에는 판매가격의 10%에 해당하는 판매비용이 소요될 것으로 예상되며, 원재료를 이용하여 생산하는 제품은 원가 이상으로 판매될 것으로 예상된다. ㈜관세가 상품과 원재료에 대하여 인식할 재고자산평가손실은? [관세사 2023년]

① 110,000 ② 115,000 ③ 127,000
④ 132,000 ⑤ 199,000

풀이

상품의 재고자산평가손실 : (1)+(2) = 127,000
 (1) 확정판매계약 분 : 40개×(20,000−18,000) = 80,000
 (2) 확정판매계약 초과분 : (50−40)개×[20,000−(17,000−1,700)] = 47,000
*원재료는 제품이 원가 이상으로 판매되므로 저가법을 적용하지 않는다.

정답: ③

5 특수한 원가배분방법

Ⅰ 매출총이익률법

매출총이익률법이란 과거의 매출총이익률을 이용하여 판매가능상품원가를 매출원가와 기말재고에 배분하는 방법으로 기준서에서 규정하는 재고자산 평가방법이 아니다. 그러나 매출총이익률법은 화재 등의 재난으로 인해 재고자산에 대한 기록을 이용할 수 없거나 실지재고조사를 하지 않고 중간결산을 하는 경우 등회사의 필요에 의해 사용한다.

	재고자산	
기초	④ 매출원가	← ③ 매출(순)
① 매입(순)	⑤ 기말	
② 판매가능상품원가		

(1) 당기매입(순): 총매입 − 매입에누리/환출/할인 + 매입운임 등 = 현금매입 ± 외상매입

	매입채무	
지급	기초	→ 당기매입 ① = 현금매입 + 외상매입(순)[1]
기말	외상매입(순)	[1] 에누리·환출·할인 고려됨

(2) 판매가능상품원가: 기초 + 매입

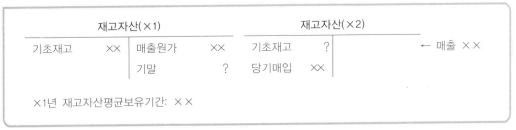

	재고자산(×1)			재고자산(×2)		
기초재고	××	매출원가	××	기초재고	?	← 매출 ××
		기말	?	당기매입	××	

×1년 재고자산평균보유기간: ××

➲ 재고자산회전율: 매출원가/[(기초재고 + 기말재고)/2]
              = 360(1년을 360일로 가정)/재고자산 평균보유기간

➲ 매출채권회전율: 매출/[(기초매출채권 + 기말매출채권)/2]
              = 360(1년을 360일로 가정)/매출채권 평균회수기간

(3) 매출(순): 총매출 − 매출에누리/환입/할인 = 현금매출 ± 외상매출

매출채권		
기초	회수·대손확정	→ 매출(②) = 현금매출 + 외상매출(순)[1]
외상매출(순)	기말	[1] 에누리·환입·할인 고려됨 *판매운임 → 판매관리비(비용)로 처리

(4) 매출원가

⇒ 매출총이익률(a): 매출 × (1 − a) = 매출원가

⇒ 원가가산율 = 매출원가 대비 매출총이익률(b): 매출/(1 + b) = 매출원가

(5) 기말재고: 판매가능상품원가(②) − 매출원가(④)

(6) 화재 발생 시 재고자산손실액: 기말재고추정액 ⑤ − 운송 중 재고(선적지인도조건 매입 + 도착지인도조건 판매) − 정상감모손실 − 소실 후 남은 재고자산 Min[NRV, 취득원가]

> **Self Study**
>
> 매출총이익률법은 과거의 자료에 의한 매출총이익률을 사용하며, 정확성이 없고 검증가능성이 떨어지기 때문에 재무회계목적상 사용할 수 없으며, 한국채택국제회계기준에서도 이를 인정하고 있지 않다.

기출 Check 5

㈜관세의 재고자산이 20×2년 말 화재로 인하여 모두 소실되었다. ㈜관세의 20×1년과 20×2년 매출액 및 재고자산 자료는 다음과 같다. 20×2년의 매출총이익률이 20×1년과 동일하다고 가정할 때, 20×2년 말 화재로 소실된 재고자산 추정액은? [관세사 2025년]

구분	20x1년	20x2년
매출액	₩10,000	₩12,000
기초재고	₩1,000	₩3,000
매입	₩8,000	₩8,000
기말재고	₩3,000	?

① ₩2,800 ② ₩3,800 ③ ₩4,800

④ ₩6,200 ⑤ ₩7,200

풀이

소실된 기말재고자산: 3,000+8,000−12,000×(1−40%)=3,800

*매출총이익률: [10,000−(1,000+8,000−3,000)]/10,000=40%

정답: ②

소매재고법은 판매가를 기준으로 평가한 기말재고자산에 구입원가, 판매가 및 판매가변동액에 근거하여 산정한 원가율을 적용하여 기말재고자산의 원가를 결정하는 방법으로 매출가격환원법이라고도 한다. 소매재고법은 실제원가가 아닌 추정에 의한 원가결정방법이므로 평가한 결과가 실제 원가와 유사한 경우에 편의상 사용할 수 있다. 따라서 소매재고법은 이익률이 유사하고 품종 변화가 심한 다품종 상품을 취급하는 유통업에서 실무적으로 다른 원가측정방법을 사용할 수 없는 경우에 흔히 사용한다.

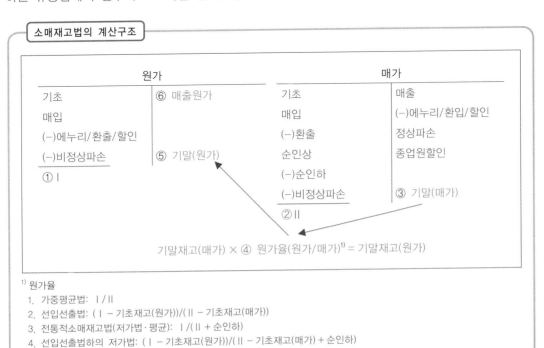

소매재고법의 계산구조

원가		매가	
기초	⑥ 매출원가	기초	매출
매입		매입	(−)에누리/환입/할인
(−)에누리/환출/할인		(−)환출	정상파손
(−)비정상파손	⑤ 기말(원가)	순인상	종업원할인
① I		(−)순인하	
		(−)비정상파손	③ 기말(매가)
		② II	

기말재고(매가) × ④ 원가율(원가/매가)[1] = 기말재고(원가)

[1] 원가율
 1. 가중평균법: I / II
 2. 선입선출법: (I − 기초재고(원가))/(II − 기초재고(매가))
 3. 전통적소매재고법(저가법·평균): I/(II + 순인하)
 4. 선입선출법하의 저가법: (I − 기초재고(원가))/(II − 기초재고(매가) + 순인하)

01 매입운임, 매입환출, 매입에누리 및 매입할인

각 항목은 매입에 가산 또는 차감항목이다. 다만, 매입환출의 경우에는 환출을 하면 상품 자체가 반품이되므로 원가와 매가 모두에서 차감해야 한다(매입환출은 매가 자료가 있을 때만 고려한다).

02 순인상액과 순인하액

순인상액(가격인상 − 가격인상취소)과 순인하액(가격인하 − 가격인하취소)은 최초에 정한 판매가격보다 더 높거나 낮은 가격으로 조정된 판매가격을 말한다. 순인상액과 순인하액은 매가기준 매출액과 기말재고에 반영하면 되고 매가의 변동이므로 원가에는 고려하지 않는다.

03 비정상파손

비정상파손은 비정상적으로 발생한 파손, 감손, 도난 등을 말하는 것으로 정상적인 영업활동과 무관하므로 기타비용(영업외비용)으로 처리한다. 그러므로 비정상파손은 원가와 매가에서 차감한다.

04 종업원할인과 정상파손

종업원할인이나 정상파손은 정상적인 영업활동에서 발생한 것으로 매출원가로 처리해야 한다. 이 금액을 조정하지 않으면 기말재고 매가가 과대평가되므로 기말재고 매가를 적정하게 평가하기 위해서 종업원할인과 정상파손은 기말재고자산과 별도로 구분하여 표시한다. 다만, 원가에서는 매출원가에 고려되므로 별도로 고려할 필요가 없다.

05 원가율

(1) 가중평균소매재고법

가중평균소매재고법은 기초재고와 당기매입분이 평균적으로 판매된다고 가정하므로 원가율은 기초재고자산과 당기매입, 순인상액, 순인하액을 모두 포함하여 계산한다.

(2) 선입선출소매재고법

선입선출소매재고법은 먼저 구입한 재고자산이 먼저 판매된다고 가정하므로 가중평균소매재고법의 원가율에서 기초재고자산을 고려하지 않는다.

(3) 저가기준가중평균소매재고법(전통적소매재고법)

저가기준가중평균소매재고법은 기말재고자산을 가능한 낮게 표시하기 위하여 가중평균소매재고법의 원가율에서 순인하액을 원가율 분모에서 제외시켜 원가율을 낮게 계상하는 방법이다.

(4) 저가기준선입선출소매재고법

저가기준선입선출소매재고법은 가중평균소매재고법의 원가율에서 기초재고자산을 고려하지 않고 순인하액도 분모에서 제외시키는 방법이다.

Self Study

1. 소매재고법은 판매가격을 기준으로 한 기말재고자산에 원가율을 적용하여 기말재고자산금액을 산정하므로 원가율이 서로 다른 재고자산을 통합하여 매출가격환원법을 적용할 경우 매출원가 및 재고자산금액에 신뢰성이 결여될 수 있다. 그러므로 원가율이 서로 다른 상품군을 통합하여 소매재고법을 적용할 수는 없다.
2. 한국채택국제회계기준에서 표준원가법이나 소매재고법 등의 원가측정방법은 그러한 방법으로 평가한 결과가 실제원가와 유사한 경우에 편의상 사용할 수 있다고 규정하고 있다.
3. 매출할인은 매출채권 조기 회수 시 발생되는 것이므로 기말재고자산 매가 및 원가율 계산에 영향을 주지 않아야 하므로 아무런 조정도 필요하지 않다는 주장도 있다.

여의마트는 재고자산평가의 원가배분방법으로 소매재고법을 사용하고 있다. 20×2년의 재고자산과 관련된 자료는 다음과 같다.

구분	원가	매가
기초재고	₩5,700	₩10,000
총매입액	₩88,600	₩132,900
매입환출	₩1,900	₩1,200
총매출액		₩81,000
매출에누리 등		₩8,000
순인상액		₩600
순인하액		₩8,000
종업원할인		₩1,000
정상파손	₩940	₩1,450
비정상파손	₩2,700	₩4,300

여의마트가 아래의 원가흐름 가정을 적용하는 경우 다음 표의 각 번호에 해당하는 금액은 얼마인가? (단, 소수점 첫째 자리에서 반올림한다)

구분	기말재고(원가)	매출원가
가중평균소매재고법	①	②
선입선출소매재고법	③	④
전통적소매재고법	⑤	⑥
저가기준선입선출소매재고법	⑦	⑧

상품(원가)				상품(매가)			
기초	5,700	매출원가		기초	10,000	매출액	81,000
매입	88,600			매입	132,900	정상파손	1,450
매입환출	(−)1,900			매입환출	(−)1,200	종업원할인	1,000
비정상파손	(−)2,700	기말재고		순인상	600	매출에누리 등	(−)8,000
				순인하	(−)8,000		
				비정상파손	(−)4,300	기말재고	54,550
합계: I	89,700			합계: II	130,000		

1. 가중평균소매재고법
   (1) 원가율: I/II = 69%
   (2) 기말재고(원가): 54,550 × 69% = 37,640
   (3) 매출원가: 89,700 − 37,640 = 52,060

2. 선입선출소매재고법
   (1) 원가율: (I − 5,700)/(II − 10,000) = 70%
   (2) 기말재고(원가): 54,550 × 70% = 38,185
   (3) 매출원가: 89,700 − 38,185 = 51,515

3. 전통적소매재고법
   (1) 원가율: I/(II + 8,000) = 65%
   (2) 기말재고(원가): 54,550 × 65% = 35,458
   (3) 매출원가: 89,700 − 35,458 = 54,242

4. 저가기준선입선출소매재고법
   (1) 원가율: (I − 5,700)/(II − 10,000 + 8,000) = 66%
   (2) 기말재고(원가): 54,550 × 66% = 36,003
   (3) 매출원가: 89,700 − 36,003 = 53,697

6 농림어업

Ⅰ 의의

농림어업활동은 판매목적 또는 수확물이나 추가적인 생물자산으로의 전환목적으로 생물자산의 생물적 변환과 수확을 관리하는 활동을 말한다. 농림어업활동은 목축, 조림, 일년생이나 다년생 곡물 등의 재배, 과수재배와 농원경작, 화훼원예, 양식(양어 포함)과 같은 다양한 활동을 포함한다. 이러한 활동의 공통적인 특성은 다음과 같다.

① 변환할 수 있는 능력: 살아있는 동물과 식물은 생물적 변환을 할 수 있는 능력이 있다.
② 변화의 관리: 관리는 생물적 변환의 발생과정에 필요한 조건을 향상시키거나 적어도 유지시켜 생물적 변환을 용이하게 한다. 이러한 관리는 농림어업활동을 다른 활동과 구분하는 기준이 된다.
③ 변화의 측정: 생물적 변환이나 수확으로 인하여 발생한 질적변화나 양적변화는 일상적인 관리기능으로 측정되고 관찰된다.

Ⅱ 인식과 측정

01 인식

생물자산과 수확물은 다음의 조건이 모두 충족되는 경우에 한하여 인식한다.

① 정의 충족: 과거 사건의 결과로 자산을 통제한다.
② 효익의 가능성: 자산과 관련된 미래경제적 효익의 유입가능성이 높다.
③ 측정가능성: 자산의 공정가치나 원가를 신뢰성 있게 측정할 수 있다.

생물자산은 살아있는 동물이나 식물을 말하며, 생산용식물에서 자라는 생산물을 포함한다. 한편, 수확물은 생물자산에서 수확한 생산물을 말한다. 생산용식물은 다음 모두에 해당하는 살아있는 식물을 말한다.

(1) 수확물을 생산하거나 공급하는 데 사용

(2) 한 회계기간을 초과하여 생산물을 생산할 것으로 예상

(3) 수확물로 판매될 가능성이 희박(부수적인 폐물로 판매하는 경우는 제외)

다음의 경우에는 생산용 식물에 해당하지 아니한다.

(1) 수확물로 수확하기 위해 재배하는 식물(예 목재로 사용하기 위해 재배하는 나무)

(2) 부수적인 폐물 판매가 아닌, 수확물로도 식물을 수확하고 판매할 가능성이 희박하지 않은 경우 수확물을 생산하기 위해 재배하는 식물(예 과일과 목재를 모두 얻기 위해 재배하는 나무)

(3) 한해살이 작물(예 옥수수, 밀)

02 측정

(1) 생물자산은 최초 인식시점과 매 보고기간 말에 순공정가치로 측정하여야 한다. 단, 생물자산 중 생산용식물은 유형자산으로 분류하여 원가모형이나 재평가모형을 적용한다.

(2) 생물자산의 공정가치를 신뢰성 있게 측정할 수 없는 경우(➔ 오직 최초 인식시점에만 적용됨)에는 생물자산은 취득원가에서 감가상각누계액과 손상차손누계액을 차감한 금액으로 측정한다. 그러나 원가로 측정하는 경우에도 추후에 그러한 생물자산의 공정가치를 신뢰성 있게 측정할 수 있게 되면 순공정가치로 측정한다.

(3) 생물자산에서 수확된 수확물의 경우에도 수확시점의 순공정가치로 측정해야 하며, 이 측정치는 기업회계기준서 제1002호 '재고자산'이나 적용가능한 다른 한국채택국제회계기준서를 적용하는 시점의 원가가 된다.

Self Study

1. 순공정가치는 공정가치에서 추정매각부대원가(금융원가, 법인세비용 제외)를 차감한 금액으로 결정된다.
2. 수확시점에서 수확물의 공정가치는 항상 신뢰성 있게 측정할 수 있다.
3. 생물자산의 순공정가치를 산정할 때에 추정 매각부대원가를 차감하기 때문에 생물자산의 최초 인식시점에 손실이 발생할 수도 있다.

03 평가손익 인식방법

(1) 생산용식물을 제외한 생물자산을 최초 인식시점에 순공정가치로 인식하여 발생하는 평가손익과 후속적으로 생물자산의 순공정가치 변동으로 발생하는 평가손익은 발생한 기간의 당기손익에 반영한다.

(2) 수확물을 최초 인식시점에 순공정가치로 인식하여 발생하는 평가손익은 발생한 기간의 당기손익에 반영하며, 수확의 결과로 수확물의 최초 인식시점에 평가손익이 발생할 수 있다.

[생물자산 등의 측정]

구분	최초 취득	후속측정	비고
생물자산 - 공정가치 측정가능	순공정가치	순공정가치	평가손익 ○, 상각 ×
생물자산 - 공정가치 측정불가	취득원가	상각후원가측정	감가상각, 손상차손 인식
수확시점의 수확물	순공정가치	재고자산(저가법)	취득 시 평가손익계상
수확 후 가공	재고자산	재고자산(저가법)	
생산용식물	원가	원가 or 재평가모형 적용	유형자산으로 분류

㈜대한은 우유 생산을 위하여 20×1년 1월 1일 어미 젖소 5마리를 마리당 ₩1,500,000에 취득하였으며, 관련 자료는 다음과 같다.

(1) 20×1년 10월 말 처음으로 우유를 생산하였으며, 동 일자에 생산된 우유 전체의 순공정가치는 ₩1,000,000이다.
(2) 20×1년 11월 초 전월에 생산된 우유 전체를 유제품 생산업체에 ₩1,200,000에 납품하였다.
(3) 20×1년 11월 말 새끼 젖소 2마리가 태어났다. 이 시점의 새끼 젖소 순공정가치는 마리당 ₩300,000이다.
(4) 20×1년 12월 말 우유를 2차로 생산하였으며, 동 일자에 생산된 우유 전체의 순공정가치는 ₩1,100,000이다. 또한 20×1년 12월 말에도 어미 젖소와 새끼 젖소의 수량 변화는 없으며, 기말 현재 어미 젖소의 순공정가치는 마리당 ₩1,550,000, 새끼 젖소의 순공정가치는 마리당 ₩280,000이다.

위 거래의 각 일자별 회계처리를 보이시오.

풀이

[10/31]

차) 수확물	1,000,000	대) 평가이익		1,000,000

[11/1]

차) 현금	1,200,000	대) 수확물		1,000,000
		처분이익		200,000

[11/30]

차) 생물자산	600,000	대) 평가이익		600,000

[12/31]

차) 수확물	1,100,000	대) 평가이익		1,100,000
차) 생물자산[1]	210,000	대) 평가이익		210,000

[1] $(1,550,000 - 1,500,000) \times 5 + (280,000 - 300,000) \times 2 = 210,000$

If. 당기손익에 미치는 영향: $3,110,000 = 1,000,000 + 200,000 + 600,000 + 1,100,000 + 210,000$

농림어업활동과 관련하여 정부로부터 지원받는 보조금은 상황에 따라 다음과 같이 인식한다.

01 순공정가치로 측정하는 생물자산과 관련된 정부보조금

순공정가치로 측정하는 생물자산과 관련된 정부보조금에 다른 조건이 없는 경우에는 이를 수취할 수 있게 되는 시점에 수익으로 인식한다. 다만, 기업이 특정 농림어업활동에 종사하지 못하게 요구하는 경우를 포함하여 순공정가치로 측정하는 생물자산과 관련된 정부보조금에 조건이 있는 경우에는 그 조건을 충족하는 시점에 수익으로 인식한다.

02 상각후원가로 측정하는 생물자산과 관련된 정부보조금

취득원가에서 감가상각누계액과 손상차손누계액을 차감한 금액으로 측정하는 생물자산과 관련된 정부보조금에 대해서는 일반 유형자산과 동일하게 기업회계기준서 제1020호 '정부보조금의 회계처리와 정부지원의 공시'를 적용한다.

기출 Check 6

생물자산에 관한 설명으로 옳지 않은 것은?　　　　　　　　　　[감정평가사 2024년]

① 어떠한 경우에도 수확시점의 수확물은 공정가치에서 처분부대원가를 뺀 금액으로 측정한다.
② 수확 후 조림지에 나무를 다시 심는 원가는 생물자산의 원가에 포함된다.
③ 최초의 원가 발생 이후에 생물적 변환이 거의 일어나지 않는 경우 원가가 공정가치의 근사치가 될 수 있다.
④ 생물자산이나 수확물을 미래 일정시점에 판매하는 계약을 체결할 때, 공정가치는 시장에 참여하는 구매자와 판매자가 거래하게 될 현행시장의 상황을 반영하기 때문에 계약가격이 공정가치의 측정에 반드시 목적적합한 것은 아니다.
⑤ 생물자산이나 수확물을 유의적인 특성에 따라 분류하면 해당 자산의 공정가치 측정이 용이할 수 있을 것이다.

풀이

자산에 수확 후 생물자산의 복구 관련 현금흐름(예 수확 후 조림지에 나무를 다시 심는 원가)은 생물자산의 원가에 포함하지 아니한다.

정답: ②

---

01 다음은 한국채택국제회계기준서 제1002호 '재고자산'의 단위원가 결정을 위한 원가 흐름의 가정에 대한 설명이다. 기준서의 내용과 일치하지 않는 설명은 무엇인가?

① 통상적으로 상호 교환될 수 없는 재고자산 항목의 원가와 특정 프로젝트별로 생산되고 분리되는 재화 또는 용역의 원가는 개별법을 사용하여 결정한다.

② 개별법을 적용할 수 없는 재고자산의 단위원가는 선입선출법이나 가중평균법, 후입선출법을 사용하여 결정한다.

③ 성격과 용도 면에서 유사한 재고자산에는 동일한 단위원가 결정방법을 적용하여야 하며, 성격이나 용도 면에서 차이가 있는 재고자산에는 서로 다른 단위원가 결정방법을 적용할 수 있다.

④ 동일한 재고자산이 동일한 기업 내에서 영업부문에 따라 서로 다른 용도로 사용되는 경우에는 서로 다른 단위원가 결정방법을 적용할 수 있다.

⑤ 재고자산의 지역별 위치나 과세방식이 다르다는 이유만으로 동일한 재고자산에 다른 단위원가 결정방법을 적용하는 것이 정당화될 수 없다.

02 ㈜관세는 재고자산과 관련하여 실지재고조사법을 사용하고 있으며, ㈜관세의 창고에 실물로 보관되어 있는 재고자산에 대한 20×1년 12월 31일 현재 실사금액은 ₩1,000,000(2,000개, 단위당 ₩500)이다. 다음 자료를 고려할 경우 ㈜관세가 20×1년 12월 31일 재무상태표에 보고할 재고자산은?

[관세사 2018년]

> • (주)관세가 FOB 선적지 인도조건으로 20×1년 12월 25일에 ㈜한국으로 출하한 상품(원가 ₩100,000)이 20×1년 12월 31일 현재 운송 중에 있다.
> • (주)관세가 위탁판매하기 위해 (주)민국에 20×1년 12월 10일에 적송한(원가 ₩300,000) 중 30%가 20×1년 12월 31일 현재 외부고객에게 판매되었다.
> • (주)관세가 FOB 도착지 인도조건으로 20×1년 12월 26일에 ㈜우주로부터 외상으로 주문한 상품(원가 ₩150,000)이 20×1년 12월 31일 현재 운송에 있다.
> • (주)관세가 20×1년 12월 15일에 외부고객에게 발송한 시송품(원가 ₩200,000)중 40%가 20×1년 12월 31일 현재 외부고객으로부터 매입의사를 통보받지 못한 상태이다.

① ₩1,080,000   ② ₩1,210,000   ③ ₩1,290,000

④ ₩1,350,000   ⑤ ₩1,440,000

03 상품매매기업인 ㈜감평은 계속기록법과 실지재고조사법을 병행하고 있다. ㈜감평의 20×1년 기초재고는 ₩10,000(단가 ₩100)이고, 당기매입액은 ₩30,000(단가 ₩100), 20×1년 말 현재 장부상 재고수량은 70개이다. ㈜감평이 보유하고 있는 재고자산은 진부화로 인해 단위당 순실현가능가치가 ₩80으로 하락하였다. ㈜감평이 포괄손익계산서에 매출원가로 ₩36,000을 인식하였다면, ㈜감평의 20×1년 말 현재 실제재고수량은? (단, 재고자산감모손실과 재고자산평가손실은 모두 매출원가에 포함한다.)

[감정평가사 2020년]

① 40개   ② 50개   ③ 65개
④ 70개   ⑤ 80개

04 ㈜세무는 20×1년 12월 31일 독립 사업부로 운영되는 A공장에 화재가 발생하여 재고자산 전부와 장부가 소실되었다. 화재로 인한 재고자산 손실을 확인하기 위하여 A공장의 매출처 및 매입처, 그리고 외부감사인으로부터 다음과 같은 자료를 수집하였다.

- 매출: ₩1,000,000
- 기초재고: ₩100,000
- 20×0년 재무비용
  - 매출총이익률: 15%
  - 재고자산회전율: 680%

㈜세무가 추정한 재고자산 손실 금액은? (단, 매출총이익률과 재고자산회전율은 매년 동일하며, 재고자산회전율은 매출원가와 평균재고자산을 이용한다) [세무사 2020년]

① ₩150,000   ② ₩150,500   ③ ₩151,000
④ ₩151,500   ⑤ ₩152,000

05 ㈜감평의 20×1년도 상품관련 자료는 다음과 같다. 기말상품 실사수량은 30개이며, 수량감소분 중 40%는 정상감모손실이다. ㈜감평의 20x1년의 매출원가는? (단, 정상감모손실과 평가손실은 매출원가에 포함한다.) [감정평가사 2023년]

구분	수량	단위당 취득원가	단위당 판매가격	단위당 순실현가능가치
기초재고	70개	₩60	–	–
매입	100개	₩60	–	–
매출	120개	–	₩80	–
기말재고	50개	–		₩50

① ₩7,200　　　② ₩7,500　　　③ ₩7,680

④ ₩7,980　　　⑤ ₩8,700

06 12월 1일 화재로 인하여 창고에 남아있던 ㈜관세의 재고자산이 전부 소실되었다. ㈜관세는 모든 매입과 매출을 외상으로 하고 있으며 이용 가능한 자료는 다음과 같다. 매출총이익률이 30%라고 가정할 때 화재로 인한 추정재고손실액은? [관세사 2021년]

(1) 기초 재고자산: ₩1,000
(2) 기초 매출채권: ₩3,000
　　12월 1일 매출채권: ₩2,000
(3) 기초부터 12월 1일까지 거래
　• 매입액: ₩80,000
　　(FOB 선적지인도조건으로 매입하여 12월 1일 현재 운송 중인 상품 ₩100 포함)
　• 매출채권 현금 회수액: ₩100,000
　• 매출할인: ₩200

① ₩11,600　　　② ₩12,600　　　③ ₩13,600

④ ₩51,200　　　⑤ ₩52,200

07 ㈜관세의 재고자산 관련자료는 다음과 같다.

구분	원가	판매가
기초재고액	₩1,400,000	₩2,100,000
당기매입액	₩6,000,000	₩9,800,000
매입운임	₩200,000	
매입할인	₩400,000	
당기매출액		₩10,000,000
종업원할인		₩500,000
순인상액		₩200,000
순인하액		₩100,000

㈜관세가 선입선출법에 의한 저가기준 소매재고법을 이용하여 재고자산을 평가하고 있을 때 매출원가는?

[관세사 2019년]

① ₩6,300,000 ② ₩6,307,500 ③ ₩6,321,150
④ ₩6,330,000 ⑤ ₩6,337,500

08 20X1년 초 설립된 ㈜감평은 우유생산을 위하여 20X1년 2월 1일 어미 젖소 2마리(1마리당 순공정가치 ₩1,500)를 1마리당 ₩1,500에 취득하였으며, 관련 자료는 다음과 같다.

- 20X1년 12월 27일 처음으로 우유 100리터(L)를 생산하였으며, 동 일자에 생산된 우유 1리터(L)당 순공정가치는 ₩10이다.
- 20X1년 12월 28일 (주)감평은 생산된 우유 100리터(L) 전부를 거래처인 (주)대한에 1리터(L)당 ₩12에 판매하였다.
- 20X1년 12월 29일 송아지 1마리가 태어났다. 이 시점의 송아지 순공정가치는 1마리당 ₩300이다.
- 20X1년 말 어미 젖소와 송아지의 수량 변화는 없으며, 기말 현재 어미 젖소의 순공정가치는 1마리당 ₩1,600이고 송아지의 순공정가치는 1마리당 ₩250이다.

㈜감평의 20×1년도 포괄손익계산서상 당기순이익 증가액은?

[감정평가사 2024년]

① ₩1,000 ② ₩1,350 ③ ₩1,500
④ ₩1,650 ⑤ ₩2,000

Chapter 5 | 객관식 문제 정답 및 해설

01 ② 후입선출법은 한국채택국제회계기준에서 인정하지 않는다.

02 ③ 재고자산: 1,000,000 + 300,000 × (1 − 30%) + 200,000 × 40% = 1,290,000

03 ② 50개
(1) 기초재고 + 당기매입 − 매출원가 = 기말재고
10,000(@100 × 100개) + 30,000(@100 × 300개) − 36,000 = 4,000
(2) 기말재고 = 실지재고수량A × Min[취득원가@100, 순실현가능가치@80] = 4,000, A = 50개

04 ① 1) 매출원가: 1,000,000 × (1 − 15%) = 850,000
2) 기말재고자산: 680% = 850,000 ÷ (100,000 + 기말재고)/2, 기말재고 = 150,000

05 ④ 매출원가 = 기초재고4,200 + 당기매입6,000 − 비정상감모720 − 기말재고1,500 = 7,980

재고자산

기초재고	70개 × @60=4,200	당기판매	대차차액
		정상감모	(장부 − 실제수량) × 취득가 × 정상감모비율
		평가손실	실제수량 × (취득가 − NRV)
		비정상감모	(장부 − 실제수량) × 취득가 × 비정상감모비율
			(50−30)×@60×(1−40%)=720
당기매입	100개 × @60=6,000	기말재고	실제수량 × Min[NRV, 취득원가]
			30개 Min[@60, @50] =1,500

06 ① 1) 외상매출액: 2,000 + 100,000 − 3,000 = 99,000(매출할인은 고려하지 않는다.)
2) 매출원가: 99,000 × (1 − 30%) = 69,300
3) 기말재고추정액: 1,000 + 80,000 − 69,300 = 11,700
4) 화재손실액: 11,700 − 100(미착상품) = 11,600

07 ④ 1) 판매가능재고자산(원가): 1,400,000 + 6,000,000 + 200,000 − 400,000 = 7,200,000
2) 판매가능재고자산(매가): 2,100,000 + 9,800,000 + 200,000 − 100,000 = 12,000,000
3) 기말재고(매가): 12,000,000 − 10,000,000 − 500,000 = 1,500,000
4) 원가율: (7,200,000 − 1,400,000) / (12,000,000 − 2,100,000 + 100,000) = 58%
5) 기말재고(원가): 1,500,000 × 58% = 870,000
6) 매출원가: 7,200,000 − 870,000 = 6,330,000

20×1년 12월 27일	차) 수확물(우유)[1]	1,000	대) 평가이익	1,000
20×1년 12월 28일	차) 현금	1,200	대) 매출	1,200
	차) 매출원가	1,000	대) 수확물(우유)	1,000
20×1년 12월 29일	차) 생물자산(송아지)[2]	300	대) 평가이익	300
20×1년 말	차) 생물자산(어미젖소)[2]	200	대) 평가이익	200
	차) 평가손실	50	대) 생물자산(송아지)[2]	50

[1] 100L × @10 = 1,000, 생물자산에서 수확된 수확물은 수확시점에 순공정가치로 측정한다.

[2] 생물자산은 살아있는 동물이나 식물을 말하며, 기말에 순공정가치로 평가하여야 한다.

ca.Hackers.com

해커스 감정평가사
ca.Hackers.com

Chapter **6**

유형자산

1 유형자산의 의의

Ⅰ 유형자산의 정의 및 특징

01 유형자산의 정의

유형자산은 기업이 재화나 용역의 생산이나 제공, 타인에 대한 임대 또는 관리활동에 사용할 목적으로 보유하는 물리적 형태가 있는 자산으로서 한 회계기간을 초과하여 사용할 것이 예상되는 자산으로 정의하고 있다.

02 유형자산의 특징

유형자산은 한 회계기간을 초과하여 사용할 것으로 예상되는 자산이다. 만약에 자산을 취득하였으나 사용기간이 한 회계기간을 초과하지 못한다면 중요성의 관점에서 발생기간의 비용으로 회계처리하는 것이 타당하다.

물리적 형태가 있는 자산이라고 해서 모두 유형자산으로 분류되는 것은 아니다. 물리적 형태가 있는 자산도 그 보유목적에 따라 여러 가지 자산으로 분류하여 재무제표에 표시하는데, 그 이유는 자산의 보유목적에 따라 미래현금흐름의 창출에 기여하는 특성이 다르기 때문이다.

[자산의 보유목적에 따른 물리적 실체가 있는 자산의 분류]

자산의 보유목적	자산의 분류
재화나 용역의 생산이나 제공, 타인에 대한 임대 또는 관리활동에 사용할 목적으로 보유	유형자산
임대수익이나 시세차익 또는 두 가지 모두를 얻기 위하여 보유하는 부동산	투자부동산
영업활동과정에서 판매를 위하여 보유 중이거나 생산 중인 자산 또는 생산이나 용역제공에 사용될 원재료나 소모품	재고자산

Self Study

1. 유형자산의 특징
   ① 재화나 용역의 생산이나 제공, 타인에 대한 임대 또는 관리활동에 사용할 목적으로 보유
   ② 한 회계기간을 초과하여 사용할 것으로 예상
   ③ 물리적 실체가 있는 자산
2. 예비부품, 대기성장비 및 수선용구와 같은 항목은 유형자산의 정의를 충족하면 유형자산으로 인식하고, 유형자산의 정의를 충족하지 못하면 재고자산으로 분류한다.

2 유형자산의 최초 인식과 측정

I 인식기준

유형자산을 인식하기 위해서는 다음의 인식기준을 모두 충족하여야 한다.

> ① 자산으로부터 발생하는 미래경제적 효익이 기업에 유입될 가능성이 높다.
> ② 자산의 원가를 신뢰성 있게 측정할 수 있다.

유형자산과 관련된 모든 원가는 그 발생시점에 인식원칙을 적용하여 평가한다. 이러한 원가에는 유형자산을 매입하거나 건설할 때 최초로 발생하는 원가뿐만 아니라 후속적으로 증설, 대체 또는 수선 및 유지와 관련하여 발생하는 원가를 포함한다. 즉, 최초원가든 후속원가(= 취득 후 사용과정에서 발생하는 원가)든 관계없이 발생한 원가가 유형자산의 인식기준을 모두 충족하면 유형자산으로 인식하고, 그렇지 못하면 발생시점에서 당기손익으로 인식한다.

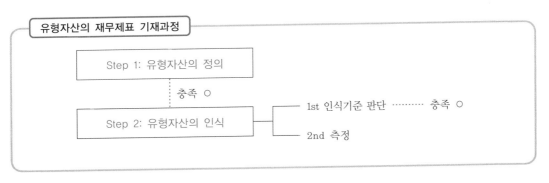

Additional Comment

자산의 정의와 인식은 별개이다. 자산의 정의에 부합되는 자원을 자산으로 인식한다는 것은 그 자원을 화폐단위로 측정하고 특정 과목을 이용하여 장부에 기록하고 재무제표에 표시하는 것을 말한다. 어떤 자원이 자산의 정의에 부합하더라도 인식을 위한 기준을 충족하지 못한다면 자산으로 인식하지 못한다.

1. 유형자산 항목의 통합인식: 개별적으로 경미한 항목은 통합하여 인식기준을 적용한다.
2. 규제상 취득하는 자산의 인식: 안전 또는 환경상의 이유로 취득한 유형자산은 그 자체로는 직접적인 미래경제적효익을 얻을 수 없지만, 당해 유형자산을 취득하지 않았을 경우보다 관련 자산으로부터 미래경제적 효익을 더 많이 얻을 수 있기 때문에 자산으로 인식할 수 있다.

계정과목	내용
개별적으로 경미한 항목	통합하여 유형자산 분류
안전 또는 환경상의 이유로 취득한 자산	자체적 효익 없어도 유형자산 분류

Ⅱ 최초 인식 시 측정

유형자산 인식 시 측정은 아래의 그림과 같이 구분할 수 있다. 유형자산은 사용이 가능한 상태부터 수익을 창출할 수 있으므로 유형자산과 관련된 지출들도 사용이 가능한 시점 이후부터는 비용처리될 수 있다. 단, 유형자산의 취득과 직접적으로 관련이 없는 지출들은 그 즉시 비용처리된다.

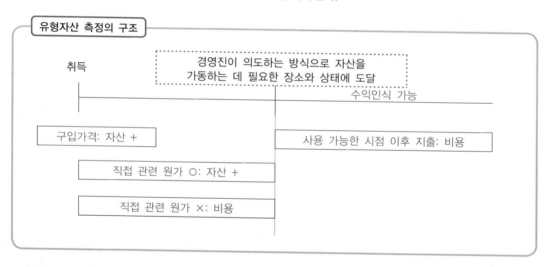

유형자산 측정의 구조

취득

경영진이 의도하는 방식으로 자산을 가동하는 데 필요한 장소와 상태에 도달

수익인식 가능

구입가격: 자산 +

사용 가능한 시점 이후 지출: 비용

직접 관련 원가 O: 자산 +

직접 관련 원가 ✕: 비용

01 구입가격

재무제표에 인식하는 유형자산은 원가로 측정한다. 이때 원가란 자산을 취득하기 위하여 자산의 취득시점이나 건설시점에 지급한 현금 또는 현금성자산이나 제공한 기타 대가의 공정가치를 의미한다. 만약, 유형자산을 무상으로 취득한 경우에는 취득한 유형자산의 공정가치를 원가로 측정한다.

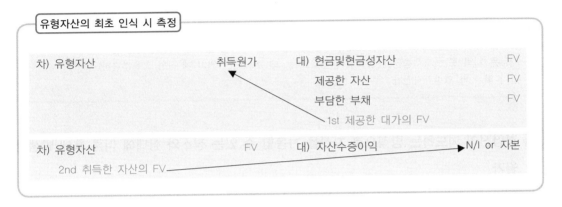

02 경영진이 의도하는 방식으로 자산을 가동하는 데 필요한 장소와 상태에 이르게 하는 데 직접 관련된 원가

경영진이 의도하는 방식으로 자산을 가동하는 데 필요한 장소와 상태에 이르게 하는 데 직접 관련되는 원가의 예는 아래와 같다.

① 유형자산 매입 또는 건설과 직접적으로 관련된 종업원급여
② 취득과 관련하여 전문가에게 지급하는 수수료
③ 최초의 운송 및 취급 관련 원가, 설치장소 준비원가, 설치원가 및 조립원가
④ 정상적으로 작동을 위해 시험하는 과정에서 발생하는 시험원가

Self Study

경영진이 의도한 방식으로 유형자산을 가동할 수 있는 장소와 상태에 이르게 하는 동안에 재화(예 자산이 정상적으로 작동되는지를 시험할 때 생산되는 시제품)가 생산될 수 있다. 그러한 재화를 판매하여 얻은 매각금액과 그 재화의 원가는 적용 가능한 기준서에 따라 당기손익으로 인식한다.

03 유형자산의 원가에 포함되지 않는 항목들(직접 관련된 원가 ×)

정상적인 취득과정에서 불가피하게 발생한 부대비용이 아니거나 미래경제적 효익이 기업에 유입될 가능성이 불분명한 원가는 유형자산의 원가에 포함해서는 안 된다. 이러한 유형자산의 원가가 아닌 예는 아래와 같다.

① 새로운 시설을 개설하는 데 소요되는 원가
② 새로운 상품과 서비스를 소개하는 데 소요되는 원가(예 광고 및 판촉활동과 관련된 원가)
③ 새로운 지역 또는 고객층을 대상으로 영업을 하는 데 소요되는 원가(예 직원 교육훈련비)
④ 관리 및 기타 일반간접원가

04 경영진이 의도하는 방식으로 자산을 가동할 수 있는 장소와 상태에 이른 후에 발생한 원가

유형자산이 경영진이 의도하는 방식으로 가동될 수 있는 장소와 상태에 이른 후에 발생한 원가는 더 이상 자산으로 인식하지 않는다. 따라서 유형자산을 사용하거나 이전하는 과정에서 발생하는 아래와 같은 원가는 유형자산의 장부금액에 포함하지 않는다.

① 유형자산이 경영진이 의도하는 방식으로 가동될 수 있으나 실제 사용되지 않고 있는 경우 또는 가동 수준이 완전 조업도 수준에 미치지 못하는 경우에 발생하는 원가
② 유형자산과 관련된 산출물에 대한 수요가 형성되는 과정에서 발생하는 초기 가동손실
③ 기업의 영업 전부 또는 일부를 재배치하거나 재편성하는 과정에서 발생하는 원가

㈜한영은 재화의 생산을 위하여 기계장치를 취득하였으며, 관련 자료는 다음과 같다. 동 기계장치의 취득원가는?

구분	금액
구입가격(매입할인 미반영)	₩ 1,000,000
매입할인	₩ 15,000
설치장소 준비원가	₩ 25,000
정상작동 여부 시험과정에서 발생한 원가	₩ 10,000
정상작동 여부 시험과정에서 생산된 시제품 순매각금액	₩ 5,000
신제품을 소개하는 데 소요되는 원가	₩ 3,000
신제품 영업을 위한 직원 교육훈련비	₩ 2,000
기계 구입과 직접적으로 관련되어 발생한 종업원급여	₩ 2,000

풀이

구분	금액
구입가격(매입할인 미반영)	1,000,000
매입할인	(−)15,000
설치장소 준비원가	25,000
정상작동 여부 시험과정에서 발생한 원가	10,000
정상작동 여부 시험과정에서 생산된 시제품 순매각금액	당기손익처리
신제품을 소개하는 데 소요되는 원가	취득원가에 포함되지 않음
신제품 영업을 위한 직원 교육훈련비	취득원가에 포함되지 않음
기계 구입과 직접적으로 관련되어 발생한 종업원급여	2,000
합계	1,022,000

3 유형자산의 감가상각과 후속원가, 제거

I 감가상각의 본질

감가상각이란 당해 자산의 경제적 내용연수 동안 자산의 감가상각대상금액(= 취득원가 – 잔존가치)을 합리적이고 체계적인 방법으로 배분하여 당기비용으로 인식하는 과정을 말한다. 감가상각은 원가의 배분과정이지 자산의 평가과정이 아니다.

Self Study

감가상각의 목적은 원가배분이며, 자산의 평가는 아니다. 즉, 감가상각비는 취득원가 중에서 당기에 비용으로 배분된 부분을 의미하고, 재무상태표상의 유형자산 장부금액(= 취득원가 – 감가상각누계액)은 취득원가 중에서 아직까지 비용으로 배분되지 않은 부분을 의미할 뿐이지 그 자산의 공정가치가 아니다.

II 감가상각단위와 감가상각액의 회계처리

01 감가상각단위

(1) 유의적인 일부의 원가

유형자산을 구성하는 일부의 원가가 당해 유형자산의 전체원가와 비교하여 유의적이라면, 해당 유형자산을 감가상각할 때 그 부분은 별도로 구분하여 감가상각한다. 단, 일부의 원가가 당해 유형자산의 전체원가와 비교하여 유의적이지 않더라도 그 부분을 별도로 구분하여 감가상각할 수 있다. 유형자산의 일부를 별도로 구분하여 감가상각하는 경우에는 동일한 유형자산을 구성하고 있는 나머지 부분도 별도로 구분하여 감가상각한다. 나머지 부분은 개별적으로 유의적이지 않은 부분들로 구성된다.

Additional Comment

예를 들어, 항공기의 동체와 엔진은 별도로 구분하여 감가상각하는 것이 적절할 수 있다.

(2) 토지의 원가에 대한 감가상각

토지의 원가에 해체, 제거 및 복구원가가 포함된 경우에는 그러한 원가를 관련 경제적 효익이 유입되는 기간에 감가상각한다. 따라서 토지의 내용연수가 한정될 수 있는데, 이 경우에는 관련 경제적 효익이 유입되는 형태를 반영하는 방법으로 토지를 감가상각한다.

02 감가상각액의 처리

각 기간의 감가상각액은 당기손익으로 인식한다. 그러나 유형자산에 내재된 미래경제적 효익이 다른 자산을 생산하는 데 사용되는 경우도 있는데, 이러한 경우 유형자산의 감가상각액은 해당 자산의 원가의 일부가 된다.

Additional Comment

예를 들어, 제품 생산에 사용되는 기계장치의 감가상각비는 제품 제조원가의 일부이므로 발생 시 제품의 장부금액에 포함시키고, 향후 동 제품이 판매될 때 비용(매출원가)으로 인식한다.

감가상각비 발생	차) 감가상각비	A	대) 감가상각누계액	A
장부금액에 포함	차) 재고자산	A	대) 감가상각비	A
제품 판매	차) 매출원가	A	대) 재고자산	A

Ⅲ 감가상각의 기본요소

특정 회계연도의 감가상각비를 계산하기 위해서는 아래의 3가지 기본요소가 먼저 결정되어야 한다.

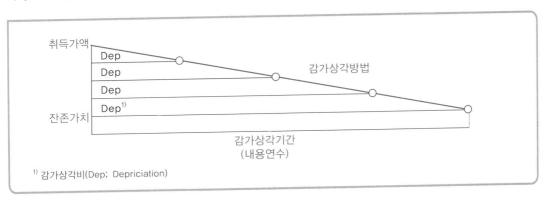

1) 감가상각비(Dep; Depriciation)

01 감가상각대상금액

감가상각대상금액이란 취득원가에서 잔존가치를 차감한 것으로 당해 자산을 수익획득과정에서 이용하는 기간 동안 인식할 총감가상각비를 의미한다. 유형자산의 감가상각대상금액은 내용연수에 걸쳐 체계적인 방법으로 배분된다.

> 감가상각대상금액(감가상각기준액) = 유형자산의 원가(취득원가) – 잔존가치

잔존가치는 자산이 이미 오래되어 내용연수 종료시점에 도달하였다는 가정하에 자산의 처분으로부터 현재 획득할 금액에서 추정 처분부대원가를 차감한 금액의 추정치를 말한다(잔존가치 = 내용연수 종료시점의 처분금액 – 처분부대원가).

1. 잔존가치는 적어도 매 회계연도 말에 재검토하고 재검토의 결과 추정치가 종전의 추정치와 다르다면 그 차이는 회계추정의 변경으로 회계처리한다.
2. 토지와 건물을 동시에 취득하는 경우에도 이들은 분리 가능한 자산이므로 별개의 자산으로 회계처리한다. 건물이 위치한 토지의 가치가 증가하더라도 건물의 감가상각대상금액에는 영향을 미치지 않는다.
3. 유형자산의 잔존가치가 해당 자산의 장부금액과 같거나 큰 금액으로 증가하는 경우에는 자산의 잔존가치가 장부금액보다 작은 금액으로 감소될 때까지 유형자산의 감가상각액은 '0'이 된다. 유형자산의 공정가치가 장부금액을 초과하더라도 잔존가치가 장부금액을 초과하지 않는 한 감가상각액을 계속 인식한다.

02 내용연수

유형자산의 감가상각은 자산이 사용 가능한 때부터 시작한다. 유형자산을 매각예정비유동자산으로 분류하거나 재무상태표에서 제거하지 않는 한 내용연수 동안 감가상각하는데, 여기서 내용연수란 기업에서 자산을 사용 가능할 것으로 기대되는 기간 또는 자산에서 얻을 것으로 예상되는 생산량이나 이와 유사한 단위 수량을 말한다. 유형자산의 내용연수는 자산으로부터 기대되는 효용에 따라 결정된다. 내용연수와 관련된 한국채택국제회계기준의 규정은 아래와 같다.

① 유형자산의 감가상각은 자산이 사용 가능한 때부터 시작한다. 즉, 경영진이 의도하는 방식으로 자산을 가동하는 데 필요한 장소와 상태에 이른 때부터 시작한다.
② 유형자산의 내용연수는 자산으로부터 기대되는 효용에 따라 결정되므로 내용연수는 일반적 상황에서의 경제적 내용연수보다 짧을 수 있다. 유사한 자산에 대한 기업의 경험에 비추어 해당 유형자산의 내용연수를 추정해야 한다.
③ 유형자산의 미래경제적 효익은 주로 사용함으로써 소비하는 것이 일반적이다. 그러나 자산을 사용하지 않더라도 기술적 또는 상업적 진부화와 마모 또는 손상 등의 다른 요인으로 인하여 자산에서 얻을 것으로 예상하였던 경제적 효익이 감소될 수 있으므로 자산의 내용연수를 결정할 때에는 다른 요인들을 고려하여야 한다.

내용연수는 적어도 매 회계연도 말에 재검토하고 재검토의 결과 추정치가 종전의 추정치와 다르다면 그 차이는 회계추정의 변경으로 회계처리한다.

03 감가상각방법

감가상각방법은 감가상각대상금액을 내용연수에 걸쳐 각 회계기간에 배분하는 방법을 말한다. 감가상각방법은 자산의 미래경제적 효익이 소비되는 형태를 반영하여 결정하고, 예상 소비형태가 달라지지 않는 한 매 회계기간에 일관성 있게 적용한다.
유형자산의 감가상각방법에는 아래와 같은 방법들이 있다.

① 균등상각법: 정액법
② 체감상각법: 연수합계법, 정률법, 이중체감법
③ 활동기준법: 생산량비례법

균등상각법은 매기 일정액의 감가상각비를 인식하는 방법이고, 체감상각법은 내용연수 초반부에는 감가상각비를 많이 인식하고 후반부로 갈수록 감가상각비를 적게 인식하는 방법이다. 또한 활동기준법은 자산을 이용한 활동량에 따라 감가상각비를 인식하는 방법이다.

Ⅳ 감가상각비의 계산

유형자산의 감가상각대상금액을 내용연수 동안 체계적으로 배분하기 위해 다양한 방법을 사용할 수 있다. 이러한 감가상각방법에는 정액법, 체감잔액법과 생산량비례법이 있다. 정액법은 잔존가치가 변동하지 않는다고 가정할 때 자산의 내용연수 동안 매 기간 일정액의 감가상각액을 계상하는 방법이며, 체감잔액법은 자산의 내용연수 동안 감가상각액이 매 기간 감소하는 방법이다. 또한 생산량비례법은 자산의 예상조업도 또는 예상생산량에 기초하여 감가상각액을 계산하는 방법이다. 정액법과 체감잔액법의 연도별 감가상각비를 비교하면 아래와 같다.

[정액법과 체감잔액법의 비교]

총감가상각비	정액법 = 체감잔액법
내용연수 초기의 감가상각비	정액법 < 체감잔액법
내용연수 후기의 감가상각비	정액법 > 체감잔액법

01 감가상각방법의 계산구조

감가상각의 각 방법별 계산구조는 아래와 같다.

상각방법	감가상각기준금액	상각률
정액법	취득원가 − 잔존가치	1/내용연수
연수합계법	취득원가 − 잔존가치	내용연수역순/내용연수합계
생산량비례법	취득원가 − 잔존가치	당기생산량/총생산가능량
정률법	기초 장부가액 = 취득원가 − 기초 감가상각누계액	별도의 상각률
이중체감법	기초 장부가액 = 취득원가 − 기초 감가상각누계액	2/내용연수

체감잔액법의 경우 감가상각대상금액이나 기초 유형자산의 장부금액에 상각률을 곱하여 감가상각비를 매년 계상하고 내용연수가 경과할수록 감가상각비가 감소하여야 하는데, 이를 위해서 연수합계법은 감가상각대상금액은 고정이지만 상각률이 매년 감소한다. 이에 반해 이중체감법과 정률법은 상각률이 변동하지 않고 기초 유형자산의 장부금액이 매년 감소한다.

① 정액법, 연수합계법, 생산량비례법: (취득가 - 잔존가치) × 상각률
   고정 (변동, 정액법 제외)

② 이중체감법, 정률법: 기초 BV(취득가 - 기초 감가상각누계액) × 상각률
   변동 고정

(1) 생산량비례법(가정: 물리적인 사용)

생산량비례법은 물리적인 생산량에 비례하여 감가상각을 인식하는 방법이다. 따라서 내용연수는 총예상생산량에 근거하여 결정되며 매기 물리적인 생산량만큼 감가상각비를 인식한다. 그러나 총예상생산량 추정이 불가능하고 당기의 실제 생산량을 계산할 수 없으면 생산량비례법을 적용하지 못하고, 시간의 경과에 따라 가치가 감소하거나 진부화되는 자산에는 적용하지 못하는 단점이 있다.

사례연습 2: 감가상각비의 계산

㈜토리는 20×1년 초에 기계장치를 ₩2,000,000에 취득하여 사용을 개시하였다. ㈜토리의 보고기간은 매년 1월 1일부터 12월 31일까지이며, 관련 자료는 다음과 같다.

(1) 기계장치의 내용연수는 3년, 잔존가치는 ₩200,000으로 추정되며, 총생산단위는 250,000개로 추정된다.

(2) ㈜토리는 20×1년에 80,000개의 제품을 생산하였으며, 20×2년에는 100,000개의 제품을 생산하였고, 20×3년에는 70,000개의 제품을 생산하였다.

다음의 각 방법에 따라 연도별 감가상각비를 계산하시오.

① 정액법
② 연수합계법
③ 생산량비례법
④ 정률법(상각률: 0.536)
⑤ 이중체감법

① 정액법의 감가상각비

연도	계산근거	감가상각비	감가상각누계액	장부금액
취득 시	–	–	–	2,000,000
20×1년 말	(2,000,000 − 200,000)/3	600,000	600,000	1,400,000
20×2년 말	(2,000,000 − 200,000)/3	600,000	1,200,000	800,000
20×3년 말	(2,000,000 − 200,000)/3	600,000	1,800,000	200,000

② 연수합계법의 감가상각비

연도	계산근거	감가상각비	감가상각누계액	장부금액
취득 시	–	–	–	2,000,000
20×1년 말	(2,000,000 − 200,000) × 3/6[1]	900,000	900,000	1,100,000
20×2년 말	(2,000,000 − 200,000) × 2/6	600,000	1,500,000	500,000
20×3년 말	(2,000,000 − 200,000) × 1/6	300,000	1,800,000	200,000

[1] 1 + 2 + 3 = 6

③ 생산량비례법의 감가상각비

연도	계산근거	감가상각비	감가상각누계액	장부금액
취득 시	–	–	–	2,000,000
20×1년 말	1,800,000 × 80,000/250,000	576,000	576,000	1,424,000
20×2년 말	1,800,000 × 100,000/250,000	720,000	1,296,000	704,000
20×3년 말	1,800,000 × 70,000/250,000	504,000	1,800,000	200,000

④ 정률법의 감가상각비

연도	계산근거	감가상각비	감가상각누계액	장부금액
취득 시	–	–	–	2,000,000
20×1년 말	2,000,000 × 0.536	1,072,000	1,072,000	928,000
20×2년 말	928,000 × 0.536	497,408	1,569,408	430,592
20×3년 말	430,592 − 200,000	230,592	1,800,000	200,000

⑤ 이중체감법의 감가상각비

연도	계산근거	감가상각비	감가상각누계액	장부금액
취득 시	–	–	–	2,000,000
20×1년 말	2,000,000 × 2/3(0.667)	1,334,000	1,334,000	666,000
20×2년 말	666,000 × 2/3(0.667)	444,222	1,778,222	221,778
20×3년 말	221,778 − 200,000	21,778	1,800,000	200,000

02 회계기간 중 취득한 유형자산의 감가상각비 계산과 월할상각

지금까지의 서술은 감가상각비 계산을 1년 단위로 한 것이었지만, 일반적으로 유형자산의 구입과 처분은 보고기간의 기초나 기말에 발생하기보다 기중에 발생한다. 따라서 유형자산을 기중에 취득한 경우에는 1년 치 감가상각비를 다 인식하는 것보다 취득시점부터 기말까지의 기간에 대하여만 감가상각비를 인식하는 것이 더 합리적이다. 이를 월할상각이라고 하는데 월할상각이란 1년 단위로 계산한 감가상각비를 보고기간의 월수에 비례하여 배분하는 방법이다.

(1) 기중 취득에 따른 월할상각의 계산방법

1) 정액법, 정률법, 이중체감법으로 감가상각을 하는 경우 감가상각대상금액에 해당연도의 상각기간에 따라 월수를 고려하여 감가상각비를 계상한다.

2) 연수합계법의 경우 상각률이 매년 변동하므로 구입연도와 그 다음 연도까지의 1년 전체 감가상각비를 계상한 후에 월수에 따라 안분 후 감가상각비를 계상한다.

Ex. 기중 취득에 따른 월할상각

1. 방법별 ×1년의 감가상각비 계산식(단, 연수합계법은 내용연수 3년 가정)

구분	×1년 감가상각비 계상
정액법	(취득가액 − 잔존가치)/내용연수 × 8/12
정률법	(취득가액 − 기초감가상각누계액) × 상각률 × 8/12
이중체감법	(취득가액 − 기초감가상각누계액) × 2/내용연수 × 8/12
연수합계법	(취득가액 − 잔존가치) × 3/6 × 8/12

2. 방법별 ×2년의 감가상각비 계산식(단, 연수합계법은 내용연수 3년 가정)

구분	×2년 감가상각비 계상
정액법	(취득가액 − 잔존가치)/내용연수
정률법	(취득가액 − 기초감가상각누계액) × 상각률
이중체감법	(취득가액 − 기초감가상각누계액) × 2/내용연수
연수합계법	(취득가액 − 잔존가치) × 3/6 × 4/12 + (취득가액 − 잔존가치) × 2/6 × 8/12

---

(2) 정률법과 이중체감법의 기중 취득에 따른 월할상각의 계산방법

정률법과 이중체감법은 1년분의 감가상각비를 계산한 후 월수에 비례하여 배분하는 방법을 사용하거나 취득한 이후의 보고기간에는 월수에 비례하지 않고 기초장부금액에 상각률을 곱하여 계산하여도 동일한 금액으로 계산된다. 그러므로 정률법과 이중체감법은 취득한 회계연도에만 월할상각하고 다음 회계연도부터는 일반적인 방법을 적용해도 동일한 결과에 도달한다.

1. 특별히 언급이 없는 한 월 단위에 따라 안분하여 상각한다.
2. 이중체감법과 정률법은 기중 취득을 하여도 취득 다음 연도의 감가상각대상금액은 기초장부가액(취득원가
   - 기초감가상각누계액)이므로 다음 연도에는 별도의 월할상각을 고려할 필요가 없다.

사례연습 3: 기중 취득 시 감가상각비 계산

㈜도도는 기계장치를 20×1년 5월 1일 ₩2,000,000에 취득하고 사용을 개시하였다. 잔존가치는 ₩200,000, 내용연수 3년으로 감가상각하려 한다. 아래의 물음에 답하시오.

1 정액법 상각 시 20×1년과 20×2년의 감가상각비를 구하시오.

2 이중체감법 상각 시 20×1년과 20×2년의 감가상각비를 구하시오.

3 연수합계법 상각 시 20×1년과 20×2년의 감가상각비를 구하시오.

풀이

1 ① 20×1년 감가상각비: $[(2,000,000 - 200,000)/3] \times 8/12 = 400,000$
　② 20×2년 감가상각비: $(2,000,000 - 200,000)/3 = 600,000$

2 ① 20×1년 감가상각비: $(2,000,000 - 0) \times 2/3 \times 8/12 = 888,889$
　② 20×2년 감가상각비: $(2,000,000 - 888,889) \times 2/3 = 740,741$

3 ① 20×1년 감가상각비: $[(2,000,000 - 200,000) \times 3/6] \times 8/12 = 600,000$
　② 20×2년 감가상각비: $300,000 + 400,000 = 700,000$
　　• $[(2,000,000 - 200,000) \times 3/6] \times 4/12 = 300,000$
　　• $[(2,000,000 - 200,000) \times 2/6] \times 8/12 = 400,000$

㈜대한은 20×1년 9월 1일 내용연수 5년의 기계장치를 취득하였다. 이 기계장치는 정률법을 사용하여 감가상각하며, 감가상각률은 36%이고 20×2년도에 인식한 감가상각비는 ₩253,440이다. 20×3년도에 인식할 기계장치의 감가상각비는 얼마인가? (단, 계산방식에 따라 단수차이로 인해 오차가 있는 경우, 가장 근사치를 선택한다)

① ₩85,899 ② ₩91,238 ③ ₩102,005
④ ₩103,809 ⑤ ₩162,202

풀이

정률법 사용: 상각률 36%

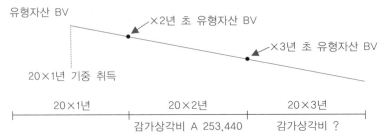

① ×2년 초 유형자산 BV(C): C × B = A, C = 역산
: C × 36% = 253,440, C = 704,000(역산)
② ×3년 감가상각비: (C − A) × B
: (704,000 − 253,440) × 36% = 162,202

정답: ⑤

03 기타사항

(1) 감가상각의 개시와 중지

유형자산의 감가상각은 자산이 사용 가능한 때부터 시작한다. 이는 경영진이 의도하는 방식으로 자산을 가동하는 데 필요한 장소와 상태에 이른 때부터 시작한다. 감가상각은 자산이 매각예정자산으로 분류되는 날과 자산이 제거되는 날 중 이른 날에 중지한다.

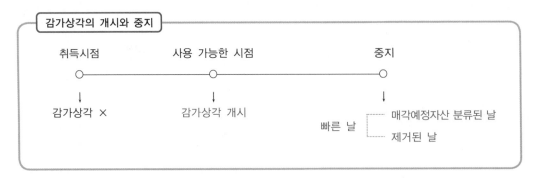

(2) 감가상각의 중단

유형자산이 가동되지 않거나 유휴상태가 되더라도, 감가상각이 완전히 이루어지기 전까지는 감가상각을 중단하지 않는다. 그러나 유형자산의 사용 정도에 따라 감가상각을 하는 경우에는 생산활동이 이루어지지 않을 때 감가상각액을 인식하지 않는다.

(3) 잔존가치가 유형자산의 장부금액보다 큰 경우

유형자산의 잔존가치가 해당 자산의 장부금액과 같거나 큰 금액으로 증가하는 경우에는 자산의 잔존가치가 장부금액보다 작은 금액으로 감소될 때까지 유형자산의 감가상각액은 '0'이 된다. 더하여 유형자산의 공정가치가 장부금액을 초과하더라도 잔존가치가 장부금액을 초과하지 않는 한 감가상각액을 계속 인식한다.

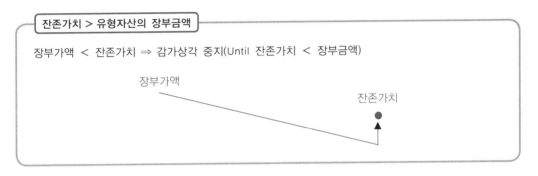

V 후속원가

유형자산을 매입하거나 건설할 때 최초로 발생하는 원가가 아니라 사용하는 기간 동안에도 후속적으로 증설, 대체 또는 수선·유지와 같은 자산과 관련된 여러 가지 지출이 발생한다. 이를 후속원가라 하며, 한국채택국제회계기준에서는 후속원가를 자산의 취득원가로 포함할 수 있는지에 대해서 최초 인식과 동일하게 판단하도록 하고 있다. 따라서 유형자산의 인식기준을 모두 충족하면 당해 지출을 취득원가(자산)로 인식하며, 충족하지 못하는 경우에는 당해 지출을 발생시점에 당기비용으로 인식한다.

01 수익적 지출

유형자산의 인식기준을 충족하지 못하는 일상적인 수선·유지와 관련하여 발생하는 원가는 해당 유형자산의 장부금액에 포함하여 인식하지 않고 발생시점에 당기손익으로 인식한다. 일상적인 수선·유지과정에서 발생하는 원가는 주로 노무비와 소모품비로 구성되며 사소한 부품원가가 포함될 수 있다. 이러한 지출의 목적은 보통 유형자산의 '수선과 유지'를 위한 것이며, 일반적으로 이를 수익적 지출이라고 한다.

[수익적 지출의 회계처리]

인식요건	구분			비고
인식기준 ×	차) 수선유지비	××	대) 현금 등 ××	원상회복, 능력유지, 소액지출

02 자본적 지출

후속적으로 발생한 지출이 자산으로부터 발생하는 미래경제적 효익이 기업에 유입될 가능성이 높고, 자산의 원가를 신뢰성 있게 측정할 수 있으면 자산의 취득원가에 가산하여 회계처리하는데 이를 자본적 지출이라고 한다.

[자본적 지출의 회계처리]

인식요건	구분				비고
인식기준 O	차) 유형자산	××	대) 현금 등	××	내용연수 증가 미래제공서비스의 양 or 질 증가

03 자본적 지출과 감가상각

회계연도 중 유형자산에 자본적 지출이 발생한 경우에는 자본적 지출이 발생한 시점부터 해당 자산의 잔존내용연수에 걸쳐 감가상각비를 계산한다. 또한 자본적 지출로 인하여 내용연수, 잔존가치의 증가가 생긴다면 이는 회계추정의 변경으로 회계처리한다.

VI	유형자산의 제거

유형자산의 장부금액은 처분하는 때 또는 사용이나 처분을 통하여 미래경제적 효익이 기대되지 않을 때 제거한다. 유형자산 항목의 일부에 대한 대체원가를 자산의 장부금액으로 인식하는 경우, 대체되는 부분이 별도로 분리되어 상각되었는지 여부와 관계없이 대체된 부분의 장부금액을 제거한다. 유형자산의 제거로 인해 발생하는 손익은 순매각금액과 장부금액의 차이로 결정하며, 유형자산처분손익의 과목으로 하여 당기손익으로 인식한다. 처분일에 매각금액이 수취되지 않는 경우 매각금액은 현금가격상당액[= PV(수취할 현금)]으로 인식하고, 명목금액과의 차이는 유효이자율을 적용하여 이자수익으로 인식한다.

01 회계연도 중에 유형자산을 처분하는 경우

유형자산의 장부금액은 유형자산의 원가에서 감가상각누계액과 손상차손누계액을 뺀 후의 금액이다. 만약, 회계연도 중에 유형자산을 처분하는 경우의 장부금액은 기중 취득과 마찬가지로 기초부터 처분일까지의 감가상각비를 인식한 이후의 금액을 의미한다.

[회계연도 중에 유형자산을 처분하는 경우 회계처리]

제거 시	차) 감가상각비(N/I)	1st	대) 감가상각누계액		××
	차) 현금	2nd	대) 유형자산		취득가액
	감가상각누계액	BV	유형자산처분이익(N/I)		3rd

1. 만약, 유형자산의 회계연도 중 처분 시 문제에서 당기손익에 미친 영향을 묻는다면 아래와 같이 처분대가에서 기초 유형자산의 장부금액을 차감하여 쉽게 계산할 수 있다.

   ⊃ 기중 처분 시 당기손익에 미친 영향: ② – ① = 처분대가 – 기초 유형자산의 BV

   ① 당기 회계연도의 감가상각비

   ② 처분손익 = 처분대가 – (기초 유형자산의 BV – ①)

2. 기중 처분 시 내용연수를 연수에서 월수로 환산하여 산정하면 처분 시 감가상각누계액을 쉽게 구할 수 있다.

   • 처분 시 감가상각누계액: 감가상각대상금액 × 경과 월수/전체 내용연수 월수

4 유형별 자산의 원가

유형자산의 원가는 자산을 취득하기 위하여 자산의 취득시점이나 건설시점에 지급한 현금 또는 현금성 자산이나 제공한 기타 대가의 공정가치이며, 이는 인식시점의 현금가격상당액이다.

차) 유형자산	취득원가	대) 현금및현금성자산	FV
		제공한 자산	FV
		부담한 부채	FV
		1st 제공한 대가의 FV	

I 할부구입

유형자산의 원가는 인식시점의 현금가격상당액[= PV(CF)]이다. 만약 대금지급이 일반적인 신용기간을 초과하여 이연되는 경우, 현금가격상당액과 실제 총지급액과의 차액은 차입원가에 따라 자본화하지 않는 한 신용기간에 걸쳐 이자비용으로 인식한다.

01 토지의 구입

토지는 구입가격에 중개수수료, 취득세 및 법률비용 등 취득부대원가를 가산한 금액을 원가로 한다. 토지의 원가에 가산되는 항목과 기타원가로 비용처리되는 항목은 아래와 같다.

[토지의 원가]

토지의 취득원가(가산항목)	기타원가
• 취득세 등(재산세 제외)	• 재산세: 당기손익처리
• 국공채 매입가액 – FV	• 토지 취득 후 일시 운영수익: 당기손익처리
• 내용연수가 영구적인 배수·조경비용	• 내부이익·비정상원가: 당기손익처리
• 국가가 유지·관리하는 진입도로 포장비	• 토지굴착비용: 건물 취득원가 가산
• 취득 관련 차입원가	
• 토지정지비용	

*건물의 경우에 이전 소유자가 체납한 재산세 대납액은 건물의 원가에 포함되며, 차량운반구를 취득한 경우에는 이전 소유자의 체납한 자동차세 대납액도 차량운반구의 원가에 포함한다.

[배수공사비용, 조경관리비용, 진입도로공사비용와 상하수도공사비용의 회계처리]

토지 취득 이후 진입도로 개설, 도로포장, 조경공사 등 추가적 지출	회계처리
회사가 유지보수책임 ×(영구적 지출)	토지취득원가에 가산(감가상각 ×)
회사가 유지보수책임 ○(반영구적 지출)	구축물로 계상(감가상각 ○)

02 토지와 건물의 일괄구입

일괄구입이란 여러 종류의 자산을 정해진 가격에 한 번에 구입하는 것을 말한다. 토지와 건물을 일괄로 구입할 때 취득원가를 결정하는 방법은 아래와 같다.

[토지와 건물의 일괄구입 시 유형별 원가]

구분		취득가액
취득 후 모두 사용		공정가치 비율로 안분
취득 후 기존 건물 철거 후 신축	토지	일괄구입원가 + 철거비용 − 폐물매각수익 + 토지정지비용 등
	신축 건물	신축비용 + 토지굴착비용 등
기존 건물 철거 후 신축		기존 건물 장부가액 + 철거비용 − 폐물매각수익: 당기손익처리

(1) 토지와 건물을 모두 사용할 목적인 경우

토지와 건물을 모두 사용할 목적으로 토지와 건물을 일괄구입하는 경우, 일괄구입대가는 토지와 건물의 공정가치 비율로 안분한 금액을 각각 토지와 건물의 원가로 처리한다. 그러나 토지와 건물 중 어느 하나의 공정가치만을 신뢰성 있게 추정할 수 있는 경우에는 공정가치를 측정할 수 있는 자산은 공정가치를 원가로 하고, 일괄구입대가 중 나머지 금액은 다른 자산의 원가로 한다.

또한, 일괄구입으로 발생한 취득부대원가 중 중개수수료 등 공통부대원가는 토지와 건물의 공정가치 비율로 안분하여 각 자산의 원가에 포함한다. 그러나 토지나 건물과 개별적으로 관련되어 발생하는 취득세는 공통부대원가가 아니므로 토지와 건물에 각각 개별적으로 원가에 포함한다.

(2) 취득 후 건물을 신축하는 경우

토지만 사용할 목적으로 토지와 건물을 일괄구입하는 경우 건물 취득에 대한 대가는 토지 취득을 위하여 발생한 회피불가능한 지출이므로 일괄구입대가를 모두 토지의 원가로 처리한다. 일괄구입 후 기존 건물을 철거할 때 발생하는 건물철거비용은 토지의 원가에 가산하고, 건물 철거로 인한 폐자재 처분수입은 토지의 원가에서 차감한다. 만일 건물 철거로 발생한 폐자재들을 처리하는 비용이 발생하는 경우에는 동 지출도 토지의 원가에 가산한다(토지와 건물을 각각 별개로 구입하는 계약을 체결하는 경우에도 동일하다).

(3) 기존에 보유 중인 건물 철거 후 건물을 신축하는 경우

사용 중인 건물을 철거하고 새로운 건물을 신축하는 경우 기존 건물 장부금액은 처분손실로 처리하며, 철거비용도 처분손실에 포함하여 당기비용으로 처리한다.

기존에 보유 중인 건물 철거 시 회계처리				
차) 처분손실	N/I	대) 건물(기존 건물)		최초 취득원가
감가상각누계액	BV			
차) 철거비용	N/I	대) 현금		철거 시 지출

㈜대한은 철강제조공장을 신축하기 위하여 토지를 취득하였으며, 이 토지에는 철거 예정인 창고가 있었다. 다음 자료를 고려하여 토지의 취득원가를 계산하면 얼마인가? [세무사 2014년]

(1) 토지취득가격	₩700,000
(2) 토지 취득세 및 등기비용	₩50,000
(3) 토지 중개수수료	₩10,000
(4) 공장 신축 전 토지를 임시주차장으로 운영함에 따른 수익	₩40,000
(5) 창고 철거비용	₩30,000
(6) 창고 철거 시 발생한 폐자재 처분 수입	₩20,000
(7) 영구적으로 사용 가능한 하수도 공사비	₩15,000
(8) 토지의 구획정리비용	₩10,000

① ₩775,000　　　　② ₩780,000　　　　③ ₩795,000

④ ₩815,000　　　　⑤ ₩835,000

풀이

토지취득원가: (1)+(2)+(3)+(5)−(6)+(7)+(8)=795,000

정답: ③

Ⅲ 　교환 취득

교환거래란 하나 이상의 비화폐성자산 또는 화폐성자산과 비화폐성자산이 결합된 대가와 교환하여 하나 이상의 유형자산을 취득하는 경우를 말한다. 교환거래로 인하여 취득한 비화폐성자산의 취득원가는 상업적 실질 유무에 따라 달라진다.

교환거래의 상업적 실질 유무는 교환거래 결과 미래현금흐름이 얼마나 변동될 것인지를 고려하여 결정하는데 다음에 해당하는 경우 상업적 실질이 있는 것으로 본다.

> 다음 중 하나에 해당하고 그 차이가 교환된 자산의 공정가치에 비하여 유의적이다.
> ① 취득한 자산과 관련된 현금흐름의 구성(위험, 유출입시기, 금액)이 제공한 자산과 관련된 현금흐름의 구성과 다르다.
> ② 교환거래의 영향을 받는 영업 부분의 기업특유가치가 교환거래의 결과로 변동한다.

01 교환거래에 상업적 실질이 있는 경우

교환거래에 상업적 실질이 있는 경우 교환으로 취득한 자산의 원가는 제공한 자산의 공정가치로 하되, 현금이 수수되는 경우에는 현금수수액을 가감한다. 다만, 취득한 자산의 공정가치가 더 명백한 경우에는 취득한 자산의 공정가치를 취득한 자산의 원가로 한다. 이때 취득한 자산과 제공한 자산 모두의 공정가치를 신뢰성 있게 측정할 수 없는 경우에는 제공한 자산의 장부금액을 취득한 유형자산의 원가로 한다.

(1) 제공한 자산의 공정가치가 보다 명확한 경우

[1st 처분손익]

차) 유형자산(신규취득자산)	제공한 자산 FV	대) 유형자산(기존보유자산)	BV
		처분손익	제공한 자산 FV − BV

[2nd 현금지급액 or 수령액]

차) 유형자산(신규취득자산)	현금지급액	대) 현금	××
차) 현금	××	대) 유형자산(신규취득자산)	현금수령액

(2) 취득한 자산의 공정가치가 보다 명확한 경우

[처분손익 & 현금지급액 or 현금수령액 동시 고려]

차) 유형자산(신규취득자산)	1st 취득한 자산 FV	대) 유형자산(기존보유자산)	2nd BV
현금	3rd 현금수령액	현금	3rd 현금지급액
		처분손익	대차차액

(3) 제공한 자산과 취득한 자산의 공정가치를 모두 신뢰성 있게 측정할 수 없는 경우

차) 유형자산(신규취득자산)	제공한 자산 BV	대) 유형자산(기존보유자산)	BV
차) 유형자산(신규취득자산)	현금지급액	대) 현금	추가지급액
차) 현금	추가수령액	대) 유형자산(신규취득자산)	현금수령액

교환거래 시 제공한 자산의 공정가치를 취득원가로 인식하는 경우 현금을 지급했다면 현금도 제공한 자산의 일부에 해당되므로 취득원가에 가산한다. 만약 현금을 수령했다면 취득원가에서 차감한다. 이에 반해 교환거래 시 취득한 자산의 공정가치를 취득원가로 인식하는 경우에는 현금수수에 관계없이 취득한 자산의 공정가치로 취득원가가 결정되므로 현금수수액을 유형자산처분손익에 반영한다.

02 교환거래에 상업적 실질이 없는 경우

상업적 실질이 없거나 취득한 자산과 제공한 자산 모두 공정가치를 신뢰성 있게 측정할 수 없는 경우에는 제공한 자산의 장부금액을 취득한 자산의 취득원가로 인식한다. 제공된 유형자산으로부터 수익창출과정이 아직 완료되지 않기 때문에 교환에 따른 손익을 인식하지 않는다.

차) 유형자산(신규취득자산)	제공한 자산 BV	대) 유형자산(기존보유자산)		BV
차) 유형자산(신규취득자산)	현금지급액	대) 현금		추가지급액
차) 현금	추가수령액	대) 유형자산(신규취득자산)		현금수령액

사례연습 4: 교환 취득

㈜하늘은 차량 A를 ㈜포도의 차량 B와 교환하였으며, 추가로 현금 ₩20,000을 지급하였다. 교환 당시 차량 A와 차량 B의 장부금액 및 공정가치는 다음과 같다.

구분	차량 A	차량 B
취득원가	₩500,000	₩1,000,000
감가상각누계액	₩200,000	₩150,000
공정가치	₩250,000	₩270,000

1 동 거래가 상업적 실질이 있는 교환거래에 해당될 경우 ㈜하늘의 차량 취득원가와 유형자산처분손익은 각각 얼마인가?

2 동 거래가 상업적 실질이 있는 교환거래에 해당될 경우 ㈜하늘의 차량 취득원가와 유형자산처분손익은 각각 얼마인가? (단, ㈜하늘의 차량 A의 공정가치를 신뢰성 있게 측정할 수 없다)

3 동 거래가 상업적 실질이 있는 교환거래에 해당될 경우 ㈜하늘의 차량 취득원가와 유형자산처분손익은 각각 얼마인가? (단, 두 차량의 공정가치를 신뢰성 있게 측정할 수 없다)

4 동 거래가 상업적 실질이 없는 교환거래에 해당될 경우 ㈜하늘의 차량 취득원가와 유형자산처분손익은 각각 얼마인가? (단, 두 차량의 공정가치를 신뢰성 있게 측정할 수 없다)

유형자산

CH 6

해커스 회계학 1차 기본서

[회계처리]

1 상업적 실질 O + 제공한 자산의 공정가치 명확

> **[1st 처분손익]**
>
> | 차) 유형자산(신규취득자산) | 제공한 자산 FV | 대) 유형자산(기존보유자산) | BV |
> |---|---|---|---|
> | | 250,000 | | 300,000 |
> | 처분손실 | 제공한 자산 FV – BV | | |
> | | 50,000 | | |
>
> **[2nd 현금수령액]**
>
> | 차) 유형자산(신규취득자산) | 현금지급액 | 대) 현금 | 20,000 |
> |---|---|---|---|
> | | 20,000 | | |

2 상업적 실질 O + 제공받은 자산의 공정가치 명확

> **[처분손익 & 현금수령액 동시 고려]**
>
> | 차) 유형자산(신규취득자산) | 1st 취득한 자산 FV | 대) 유형자산(기존보유자산) | 2nd BV |
> |---|---|---|---|
> | | 270,000 | | 300,000 |
> | 처분손실 | 대차차액 | 현금 | 3rd 현금지급액 |
> | | 50,000 | | 20,000 |

3, 4 상업적 실질 × or 자산의 공정가치 불명확

> | 차) 유형자산(신규취득자산) | 제공한 자산 BV | 대) 유형자산(기존보유자산) | BV |
> |---|---|---|---|
> | | 300,000 | | 300,000 |
> | 차) 유형자산(신규취득자산) | 20,000 | 대) 현금 | 20,000 |

5 복구원가와 정부보조금

Ⅰ 복구원가

01 의의

기업은 유형자산을 해체, 제거하고 복구할 의무를 부담하는 경우가 많다. 복구원가란 이렇듯 유형자산의 경제적 사용이 종료된 후에 원상회복을 위하여 그 자산을 제거, 해체하거나 또는 부지를 복원하는 데 소요될 것으로 추정되는 비용을 말한다. 회사가 자산을 해체, 제거하거나 부지를 복구할 의무는 해당 유형자산을 취득한 시점 또는 해당 유형자산을 특정 기간 동안 재고자산 생산 이외의 목적으로 사용한 결과로서 발생한다.

유형자산의 최초 인식시점에 예상되는 자산의 복구원가가 다음의 충당부채의 인식요건을 충족한다면 복구충당부채로 인식하고 해당 금액을 유형자산의 원가에 가산한다.

① 과거사건의 결과로 현재의무(법적의무 or 의제의무)가 존재
② 당해 의무를 이행하기 위하여 경제적 효익이 내재된 자원의 유출가능성이 높음
③ 당해 의무의 이행에 소요되는 금액을 신뢰성 있게 추정할 수 있음

02 복구원가의 회계처리

복구원가는 복구충당부채로 인식한다. 복구충당부채는 예상되는 복구원가의 현재가치로 하며, 유효이자율법을 적용하여 기간 경과에 따라 증가시키고 해당 금액은 차입원가(이자비용)로 인식한다.

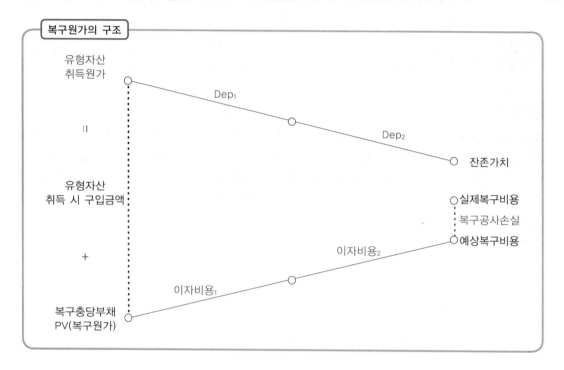

(1) 유형자산 취득 시

유형자산의 취득, 건설, 개발에 따른 내용연수 종료시점의 복구비용은 적정한 할인율로 할인한 현재가치를 복구충당부채로 계상하고 동 금액을 유형자산의 취득원가에 가산한다.

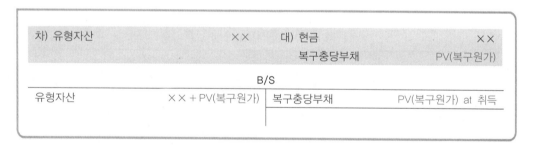

(2) 내용연수기간 중의 보고기간 말

내용연수기간 중의 보고기간 말 기초복구충당부채의 장부금액에 유효이자율법을 적용하여 이자금액을 이자비용(복구충당부채 전입액)으로 하여 당기비용으로 인식하고, 동 금액을 복구충당부채의 장부금액에 가산한다. 이때 사용하는 할인율은 복구충당부채를 인식할 때 현재가치 평가 시 사용한 할인율을 의미한다. 또한 해당 유형자산이 감가상각대상자산이라면 수익에 공헌한 미래경제적 효익의 해당분을 감가상각한다.

| 차) 감가상각비 | N/I | 대) 감가상각누계액 | ×× |
| 차) 이자비용 | N/I | 대) 복구충당부채 | 전입액 |

B/S			
유형자산	×× + PV(복구원가)	복구충당부채	PV(복구원가)
(-)감가상각누계액	(-)××		
유형자산 BV	××		

I/S	
감가상각비	최초 취득원가에 근거
복구충당부채전입액	기초 PV(복구원가) × R

(3) 실제복구원가 지출시점

유형자산의 내용연수 종료 시 실제 복구공사를 하는 경우, 실제로 발생한 복구원가와 복구충당부채의 장부금액을 상계하고 그 차액은 복구공사손실 또는 복구공사이익(복구공사손실환입)으로 하여 당해 연도의 손익으로 인식한다.

1. 실제로 발생한 원가 > 복구충당부채 장부금액

| 차) 복구충당부채 | 예상복구원가 | 대) 현금 | 실제복구비용 |
| 복구공사손실 | N/I | | |

2. 실제로 발생한 원가 < 복구충당부채 장부금액

| 차) 복구충당부채 | 예상복구원가 | 대) 현금 | 실제복구비용 |
| | | 복구공사이익 | N/I |

사례연습 5: 복구원가

㈜대한은 20×1년 초 해양구조물을 ₩974,607에 취득하여 20×3년 말까지 사용한다. ㈜대한은 관련 법률에 따라 사용 종료시점에 해양구조물을 철거 및 원상복구하여야 한다. 20×3년 말 철거 및 원상복구시점에 ₩300,000이 지출될 것으로 예상되며, 이는 인플레이션과 시장위험프리미엄 등을 고려한 금액이다. ㈜대한의 신용위험 등을 고려하여 산출된 할인율은 10%이며, ㈜대한은 해양구조물을 정액법(내용연수 3년, 잔존가치 ₩0)으로 감가상각한다. ㈜대한은 20×3년 말에 이 해양구조물을 철거하였으며, 총 ₩314,000의 철거 및 원상복구비용이 발생하였다(단, 10%의 단일금액 현가계수(3년)는 0.75131이다. 계산금액은 소수점 첫째 자리에서 반올림하며, 단수차이로 인해 약간의 오차가 있으면 가장 근사치를 선택한다). ㈜대한이 20×1년부터 20×3년까지 수행할 회계처리를 보이시오.

풀이

1. 최초 취득일(20×1년 초)

차) 유형자산	1,200,000	대) 현금	974,607
		복구충당부채[1]	225,393
			PV(복구원가)

[1] 300,000 × 0.75131 = 225,393

		B/S		
유형자산	1,200,000	복구충당부채	225,393

2. 내용연수 보고기간 말

[20×1년 말]

차) 감가상각비[1]	N/I 400,000	대) 감가상각누계액	400,000
차) 이자비용[2]	N/I 22,539	대) 복구충당부채	22,539

[1] (1,200,000 − 0)/3 = (−)400,000
[2] 225,393 × 10% = 22,539

[20×2년 말]

차) 감가상각비[1]	N/I 400,000	대) 감가상각누계액	400,000
차) 복구충당부채전입액[2]	N/I 24,793	대) 복구충당부채	24,793

[1] (1,200,000 − 0)/3 = (−)400,000
[2] 225,393 × (1 + 10%) × 10% = 24,793

3. 복구시점(20×3년 말)

차) 감가상각비	N/I 400,000	대) 감가상각누계액	400,000
차) 복구충당부채전입액	N/I 27,275	대) 복구충당부채	27,275
차) 복구충당부채	복구원가 300,000	대) 현금	실제복구비용 314,000
복구공사손실	N/I 14,000		

	I/S	
감가상각비	최초 취득원가에 근거	(1,200,000 − 0)/3 = (−)400,000
복구충당부채전입액	기초 PV(복구원가) × R	300,000/1.1 × 10% = (−)27,275
복구공사손실	예상복구원가 − 실제복구비용	300,000 − 314,000 = (−)14,000

01   정부보조금의 의의

정부보조금은 기업의 영업활동과 관련하여 과거나 미래에 일정한 조건을 충족하였거나 충족할 경우 기업에게 자원을 이전하는 형식의 정부 지원을 말한다. 여기서 정부란 지방자치단체, 중앙정부 또는 국제기구인 정부, 정부기관 및 이와 유사한 단체를 말한다.

정부 지원이란 일정한 기준을 충족하는 기업에게 경제적 효익을 제공하기 위한 정부의 행위를 말한다. 한국채택국제회계기준에서는 다음과 같은 거래는 정부보조금에서 제외한다.

① 합리적으로 가치를 산정할 수 없는 정부 지원 및 기업의 정상적인 거래와 구분할 수 없는 정부와의 거래는 정부보조금에서 제외한다.
② 대중교통과 통신망의 개선 그리고 지역사회 전체의 효익을 위해 부정기적으로 계속 진행하는 관개수로나 수도관 등 개선된 시설의 공급으로 사회기반시설을 제공하는 것은 정부 지원에 해당하지 않는다.

Additional Comment

합리적으로 가치를 산정할 수 없는 지원으로는 기술이나 마케팅에 관한 무료 자문과 보증제공이 있고, 기업의 정상적인 거래와 구별할 수 없는 지원의 예로는 기업 매출의 일정 부분을 책임지는 정부구매정책을 들 수 있다. 이러한 정부 지원은 효익의 존재에는 의문이 없지만 정부 지원을 거래활동과 구분하는 것은 자의적일 수 있기 때문에 정부보조금에서 제외한다.

02   정부보조금의 인식방법

정부보조금에 부수되는 조건의 준수와 보조금 수취에 대한 합리적인 확신이 있을 경우에만 정부보조금을 인식한다. 보조금의 수취 자체가 보조금에 부수되는 조건이 이행되었거나 이행될 것이라는 결정적인 증거를 제공하지는 않는다.

보조금을 수취하는 방법은 보조금에 적용되는 회계처리방법에 영향을 미치지 않는다. 따라서 보조금을 현금으로 수취하는지 또는 정부에 대한 부채를 감소시키는지에 관계없이 동일한 방법으로 회계처리한다.

[정부보조금으로 현금 수령]
차) 현금	××	대) 정부보조금	××

[정부보조금으로 미지급법인세 면제]
차) 미지급법인세	××	대) 이연정부보조금수익	××

정부의 상환면제가능대출은 당해 기업 대출의 상환면제조건을 충족할 것이라는 합리적인 확신이 있을 때 정부보조금으로 처리한다.

[정부로부터 차입]			
차) 현금	××	대) 정부차입금(부채)	××

[상환면제조건을 충족할 것이라는 합리적인 확신]			
차) 정부차입금(부채)	××	대) 정부보조금	××

03 정부보조금 회계처리방법의 이론적 접근법

정부보조금의 회계처리방법에는 아래의 두 가지 접근방법이 있다.

① 자본접근법: 정부보조금을 당기손익 이외의 항목으로 인식
② 수익접근법: 정부보조금을 하나 이상의 회계기간에 걸쳐 당기손익으로 인식

한국채택국제회계기준에서는 정부보조금을 수익접근법에 따라 회계처리하도록 규정하고 있다. 따라서 자산 관련 보조금이든 수익 관련 보조금이든 관계없이 이를 수익으로 인식하여야 한다.

Additional Comment

수익접근법에서는 정부보조금으로 보전하려는 관련 원가를 비용으로 인식하는 기간에 걸쳐 체계적인 기준에 따라 정부보조금을 당기순손익으로 인식해야 하는 것이 중요하다. 수취기준에 따라 정부보조금을 당기순손익으로 인식하는 것은 발생기준 회계의 가정에 따른 것이 아니며, 정부보조금을 수취한 회계기간 이외의 회계기간에 배분하는 기준이 존재하지 않는 경우에만 인정될 수 있다.

04 자산 관련 보조금

자산 관련 보조금이란 정부 지원의 요건을 충족하는 기업이 장기성 자산을 매입, 건설하거나 다른 방법으로 취득하여야 하는 일차적 조건이 있는 정부보조금을 말한다. 자산 관련 보조금은 부수조건으로 해당 자산의 유형이나 위치 또는 자산의 취득기간이나 보유기간을 제한할 수 있다. 이와 관련된 한국채택국제회계기준의 내용은 아래와 같다.

자산 관련 보조금의 회계처리방법으로 자산차감법과 이연수익법을 모두 인정하며, 두 가지 방법 중 하나를 선택할 수 있다.

① 자산차감법: 자산차감법은 자산의 장부금액을 계산할 때 보조금을 차감하는 방법을 말한다. 보조금은 감가상각자산의 내용연수에 걸쳐 감가상각비를 감소시키는 방식으로 당기순손익을 인식한다.
② 이연수익법: 이연수익법은 보조금을 이연수익(부채)으로 인식하여 자산의 내용연수에 걸쳐 체계적인 기준으로 당기순손익에 인식하는 방법을 말한다.

[자산 관련 보조금 회계처리 정리]

구분		수익인식 회계처리
자산 관련 보조금	자산차감법	내용연수에 걸쳐 감가상각비와 상계
	이연수익법	내용연수에 걸쳐 체계적인 기준으로 수익인식

(1) 자산차감법과 이연수익법의 회계처리 비교

1) 정부보조금 수령 및 자산의 취득시점

구분	자산차감법				이연수익법			
수령	차) 현금	B	대) 정부보조금	B	차) 현금	B	대) 이연수익	B
취득	차) 유형자산	A	대) 현금	A	차) 유형자산	A	대) 현금	A

F/S

B/S					B/S		
유형자산	A			유형자산	A	이연수익	B
정부보조금	(−)B						
BV	A − B						

> **Self Study**
>
> 자산차감법과 이연수익법은 재무제표에 미치는 영향은 동일하나 이연수익법은 별도의 부채가 계상되어 실무적으로 자산차감법을 선호한다.

2) 내용연수 동안 결산일

구분	자산차감법				이연수익법			
기말	차) 감가상각비	I	대) 상각누계액	××	차) 감가상각비	I	대) 상각누계액	××
	차) 정부보조금	××	대) 감가상각비	II	차) 이연수익	××	대) 보조금수익	II

F/S

B/S			B/S		
유형자산	A		유형자산	A	이연수익 (B − 상계액)
정부보조금	(B − 상계액)		상각누계액	(−)××	
감가상각누계액	(−)××				
I/S			I/S		
감가상각비	I−I		감가상각비	I	보조금수익 II

자산 관련 보조금은 매 보고기간 말 자산차감법에서는 감가상각비와 상계하고, 이연수익법에서는 체계적인 기준으로 당기에 수익으로 인식한다. 이때, 매 보고기간 말 감가상각비와 상계하거나 수익으로 인식할 금액은 다음과 같다.

> 감가상각비와 상계하거나 수익으로 인식할 금액: 감가상각비 × 정부보조금 ÷ (취득원가 − 잔존가치)

유형자산을 정액법이나 연수합계법으로 감가상각하는 경우에는 정부보조금을 내용연수에 걸쳐 정액법이나 연수합계법으로 상각해도 동일한 결과에 도달한다.

[예] 정액법 사용 시]

➔ (취득원가 − 잔존가치)/내용연수 × 정부보조금/(취득원가 − 잔존가치) = 정부보조금/내용연수

3) 처분일

구분	자산차감법			이연수익법		
처분	차) 현금 ① 처분가	대) 유형자산 ② A		차) 현금 ① 처분가	대) 유형자산 ② A	
	감가상각누계액 ③BV	처분손익 대차차액		감가상각누계액 ③ BV	처분손익 대차차액	
	정부보조금 ④ BV			차) 이연수익 BV	대) 보조금수익 BV	

자산 관련 보조금이 있는 자산의 처분이 발생하였을 때, 자산차감법에서는 정부보조금의 잔액을 모두 제거하여 자산의 처분손익에 가감하며, 이연수익법에서는 이연정부보조금수익의 잔액을 일시에 정부보조금수익으로 인식한다.

유형자산의 제거 시에 유형자산의 장부금액은 유형자산의 원가에서 감가상각누계액, 손상차손누계액 및 정부보조금(자산차감법의 경우)을 차감한 잔액을 말한다.

예 A사는 20×1년 초에 정부로부터 설비 구입에 필요한 자금으로 ₩20을 보조받아 내용연수 5년, 잔존가치가 ₩0인 기계장치를 ₩100에 취득하였다. A회사는 기계장치가 사용목적에 적합하지 않아 20×2년 말에 ₩70에 매각하였다. A회사의 결산일은 매년 12월 31일이며, 감가상각방법은 정액법이다.

동 사례에 대하여 자산차감법과 이연수익법을 사용할 때를 도식화하면 아래와 같다.

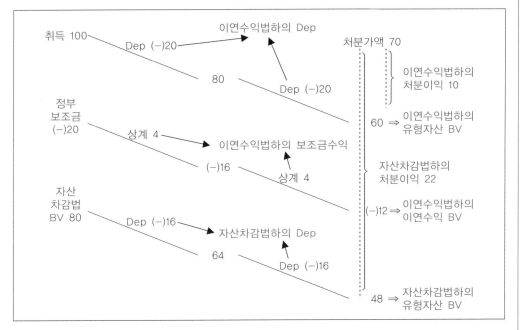

상계되는 정부보조금은 감가상각비 × [정부보조금/감가상각대상금액(취득가액 – 잔존가치)]이며 매기 말 유형자산의 장부가액의 변동을 표로 나타내면 아래와 같이 구성된다.

구분	×1년 초	상각	×1년 말
취득가액	100	–	100
상각누계액	–	(–)20	(–)20
정부보조금	(–)20	4	(–)16
장부가액	80	(–)16	64

➾ 정부보조금 차감 후 순장부가액(BV): 취득가액 – 정부보조금
➾ I/S상 감가상각비: (정부보조금차감 후 BV – 잔존가치) × 상각률
➾ I/S상 처분손익: 처분가액 –(정부보조금차감 후 BV – 상각누계액)

위와 같이 정액법이나 연수합계법을 사용하여 감가상각하는 경우에는 유형자산에서 정부보조금을 차감한 순장부가액을 기준으로 감가상각비와 처분손익을 계산하여도 결론은 동일하다. 그러나 정률법이나 이중체감법을 사용하는 경우에는 동 방법을 사용하여서는 안 된다.

12월 말 결산법인인 ㈜나우는 20×1년 1월 1일 경제적 내용연수 5년, 잔존가치 ₩0인 기계장치를 ₩100,000에 취득하였다. 기계장치의 취득과 관련하여 ㈜나우는 정부로부터 ₩20,000을 수령하였다. 기계장치의 감가상각방법은 정액법이다. 아래의 물음들은 서로 독립적이다.

1 20×2년도에 ㈜나우가 자산차감법과 이연수익법으로 회계처리할 경우 각각 감가상각비로 인식할 금액은 얼마인가?

2 20×3년 7월 1일 기계장치를 ₩60,000에 처분하였다면 ㈜나우가 자산차감법과 이연수익법으로 회계처리할 경우 각각 유형자산처분이익으로 인식할 금액은 얼마인가?

3 20×3년 7월 1일 기계장치를 ₩60,000에 처분하였다면 ㈜나우가 자산차감법과 이연수익법으로 회계처리할 경우 각각 20×3년 ㈜나우의 당기순이익에 영향을 미치는 금액은 얼마인가?

4 회사가 정액법이 아닌 정률법을 적용하는 경우(상각률 20%) 20×2년에 감가상각비와 상계되는 정부보조금은 얼마인가?

풀이

1, **2**, **3**

구분	자산차감법	이연수익법
정부보조금 표시	자산의 차감계정으로 표시	별도의 부채로 표시(이연수익)
취득가액	취득원가 − 정부보조금 100,000 − 20,000 = 80,000	취득원가 100,000
20×2년 감가상각비	(취득원가 − 정부보조금 − 잔존가치) × 상각률 (80,000 − 0)/5 = (−)16,000	(취득원가 − 잔존가치) × 상각률 (100,000 − 0)/5 = (−)20,000
유형자산 BV (20×3년 7/1)	취득원가 − 감가상각누계액 − 정부보조금 80,000 − 16,000 × 2.5 = 40,000	취득원가 − 감가상각누계액 100,000 − 20,000 × 2.5 = 50,000
유형자산 처분손익	처분가 − (취득원가 − 감가상각누계액 − 정부보조금) 60,000 − (80,000 − 16,000 × 2.5) = 20,000	처분가 − (취득원가 − 감가상각누계액) 60,000 − (100,000 − 20,000 × 2.5) = 10,000

3 20×3년 당기순이익에 미치는 영향은 자산차감법과 이연수익법이 동일하다.
취득한 현금 60,000 − 기초 기계장치 (80,000 − 16,000 × 2) = 12,000
*당기손익에 미치는 영향은 자산의 증감(취득한 현금 − 기초자산)으로 쉽게 구할 수 있다.

4 20×2년 정률법 적용 시 감가상각비: 기초 유형자산 BV(취득가액 − 기초 감가상각누계액) × 상각률
= (100,000 − 20,000) × 20% = 16,000
정부보조금 상계액: 감가상각비 × 정부보조금 수령액/(취득원가 − 잔존가치)
= 16,000 × 20,000/(100,000 − 0) = 3,200

[회계처리 및 F/S 효과]
1. 취득시점 F/S 효과

구분	자산차감법	이연수익법
기말	차) 현금 20,000 대) 정부보조금 20,000	차) 현금 20,000 대) 이연수익 20,000
취득	차) 유형자산 100,000 대) 현금 100,000	차) 유형자산 100,000 대) 현금 100,000
F/S	**B/S** 유형자산 100,000 정부보조금 (−)20,000	**B/S** 유형자산 100,000 | 이연수익 20,000

2. 결산일

구분	자산차감법	이연수익법
기말	차) 감가상각비 20,000 대) 감가상각누계액 20,000 차) 정부보조금 4,000 대) 감가상각비 4,000	차) 감가상각비 20,000 대) 감가상각누계액 20,000 차) 이연수익 4,000 대) 보조금수익 4,000
F/S	**B/S** 유형자산 100,000 정부보조금 (−)16,000 감가상각누계액(−20,000 **I/S** 감가상각비 16,000	**B/S** 유형자산 100,000 | 이연수익 16,000 감가상각누계액 (−)20,000 **I/S** 감가상각비 20,000 | 보조금수익 4,000

3. 처분일

구분	자산차감법	이연수익법
상각	차) 감가상각비 10,000 대) 감가상각누계액 10,000 차) 정부보조금 2,000 대) 감가상각비 2,000	차) 감가상각비 10,000 대) 감가상각누계액 10,000 차) 이연수익 2,000 대) 보조금수익 2,000
처분	차) 현금 60,000 대) 유형자산 100,000 감가상각누계액50,000 처분손익 20,000 정부보조금 10,000	차) 현금 60,000 대) 유형자산 100,000 감가상각누계액50,000 처분손익 10,000 차) 이연수익 10,000 대) 보조금수익 10,000

6 재평가모형

Ⅰ 재평가모형의 의의

01 재평가모형의 선택과 의의

한국채택국제회계기준에서는 기업이 원가모형과 재평가모형 중 하나를 회계정책으로 선택하여 유형자산 유형별로 동일하게 적용하도록 규정하고 있다. 유형자산을 취득한 후 공정가치의 변동을 인식하지 않는 것을 원가모형이라고 하고 유형자산을 최초 인식한 후에 공정가치를 신뢰성 있게 측정할 수 있는 유형자산에 대하여 재평가일의 공정가치로 측정하는 것을 재평가모형이라고 한다.

Additional Comment

원가모형과 재평가모형 중 어떤 측정모형을 적용하는지는 회계정책의 선택에 해당한다. 기업이 최초로 재평가모형을 적용하는 경우와 이후 측정모형을 변경하는 경우의 회계처리는 아래와 같다.

구분	회계처리
재평가모형의 최초 적용	회계정책 변경을 적용하지 않고, 재평가모형의 최초 적용연도의 유형자산 장부금액을 공정가치로 수정한다. ⇒ 비교 표시되는 과거기간의 재무제표를 소급하여 재작성하지 않는다.
재평가모형에서 원가모형으로 변경 (이후 다시 재평가모형으로 변경 포함)	회계정책의 변경에 해당되므로 기준서 제1008호를 적용하여 비교 표시되는 과거기간의 재무제표를 소급하여 재작성한다.

02 재평가의 빈도와 범위

재평가는 보고기간 말에 자산의 장부금액이 공정가치와 중요하게 차이가 나지 않도록 주기적으로 수행한다. 재평가의 빈도는 재평가되는 유형자산의 공정가치 변동에 따라 달라진다. 재평가된 자산의 공정가치가 장부금액과 중요하게 차이가 나는 경우에는 추가적인 재평가가 필요하다.

특정 유형자산을 재평가할 때 당해 자산이 포함되는 유형자산의 유형 전체를 재평가한다. 따라서 유형자산 분류 중 일부만을 보고기간 말의 공정가치로 재평가할 수는 없다. 이는 유형자산별로 선택적 재평가를 하거나 서로 다른 기준일의 평가금액이 혼재된 재무보고를 하는 것을 방지하기 위한 것이다.

구분	내용	비고
재평가 빈도	주기적으로 재평가 (장부금액과 공정가치가 중요하게 차이나는 경우)	매 보고기간 말마다 재평가 ×
재평가 범위	유형자산의 유형 전체를 재평가	일부만 재평가 ×

Additional Comment

기업이 여러 필지의 토지를 보유하고 있는 경우 이 중 한 개 필지의 토지에 대해서만 재평가할 수 없으며, 보유 토지 전체에 대해서 재평가를 해야 한다. 그러나 토지와 건물은 동일하게 분류되지 않으므로 토지에 대해서는 재평가모형을, 토지상의 건물에 대해서는 원가모형을 적용할 수 있다. 이렇듯 개별자산에 기초하지 않고 동일 분류에 기초하여 재평가모형을 적용하는 이유는 개별자산에 기초할 경우 재평가 대상 자산을 선택적으로 결정함으로써 재무제표를 왜곡시킬 수 있기 때문이다. 또한 동일 분류 내의 모든 자산에 대해서 동일한 측정기준을 일관성 있게 적용할 수 있다는 장점도 있다.

Ⅱ 비상각자산의 재평가 회계처리

유형자산을 재평가할 때 자산의 장부금액이 증가하는 경우와 감소하는 경우의 회계처리를 최초로 재평가하는 회계연도와 이후 연도로 구분하면 아래와 같다.

01 최초 재평가 시 평가증(공정가치 > 장부금액)

유형자산에 대하여 최초 재평가모형을 적용할 때 장부금액을 증가시킬 경우에는 증가액인 재평가잉여금을 기타포괄손익으로 인식한다. 또한 이후에 장부금액을 감소시킬 경우에는 전기 이전에 인식한 재평가잉여금을 우선 감소시키고, 초과액이 있으면 재평가손실(당기손익)을 인식한다.

[최초 재평가 시 평가증(공정가치 > 장부금액)의 구조]

최초 재평가 시 구분	최초 재평가 시 회계처리	이후 재평가 시 회계처리
최초 재평가 시 평가증	재평가잉여금(OCI) 인식	① 평가증의 경우: 재평가잉여금 인식 ② 평가감의 경우: 전기 이전 인식 재평가잉여금을 우선 감소시키고, 초과액이 있으면 재평가손실 인식

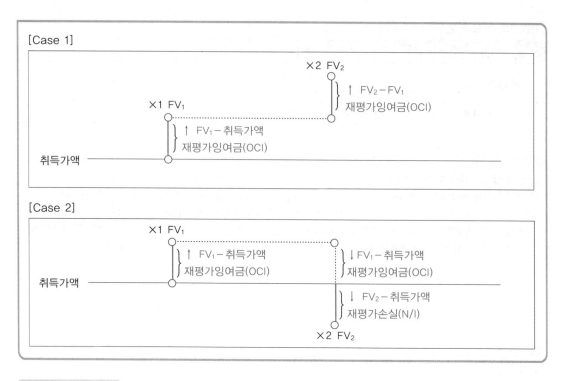

Additional Comment

유형자산의 재평가잉여금은 매년 반복하여 발생하는 항목도 아니며, 비록 경영자가 재평가모형을 적용하기로 선택을 했더라도 공정가치의 변동은 경영자가 통제할 수 없다. 따라서 한국채택국제회계기준은 재무제표 이용자 및 경영자의 입장을 모두 고려하여 재평가잉여금을 당기순이익이 아닌 기타포괄손익으로 구분하도록 하였다. 또한 한국채택국제회계기준은 재평가잉여금을 인식한 후에 공정가치가 감소하는 경우에는 재평가잉여금을 우선 감소시키고 초과액을 당기비용으로 인식하도록 하고 있다. 그 이유는 당초에 인식했던 재평가잉여금을 초과하는 공정가치의 감소는 자산의 미래경제적효익이 감소된 것으로 볼 수 있기 때문이다.

02 최초 재평가 시 평가감(공정가치 < 장부금액)

유형자산에 대하여 최초 재평가모형을 적용할 때 공정가치가 장부금액보다 낮아지는 경우에는 감소액을 재평가손실(당기손익)로 인식한다. 이후에 장부금액을 증가시킬 경우에는 전기 이전에 인식한 재평가손실만큼 재평가이익(당기손익)을 인식하고, 초과액이 있으면 재평가잉여금(기타포괄손익)을 인식한다.

[최초 재평가 시 평가감(공정가치 < 장부금액)의 구조]

최초 재평가 시 구분	최초 재평가 시 회계처리	이후 재평가 시 회계처리
최초 재평가 시 평가감	재평가손실(N/I) 인식	① 평가감의 경우: 재평가손실 인식 ② 평가증의 경우: 전기 이전 인식 재평가손실만큼 재평가이익(N/I)을 인식하고, 초과액이 있으면 재평가잉여금 인식

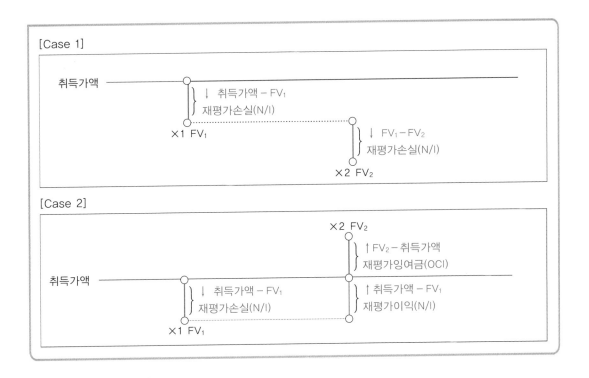

03 재평가모형을 적용하는 비상각자산의 제거

재평가모형을 사용하는 유형자산의 장부금액도 원가모형을 적용하는 경우와 동일하게 처분하는 때 또는 사용이나 처분을 통하여 미래경제적 효익이 기대되지 않을 때 제거한다. 유형자산의 제거로 발생하는 손익은 원가모형의 경우와 마찬가지로 순매각금액과 장부금액의 차이로 결정하며, 당기 손익으로 인식한다.

유형자산의 재평가와 관련하여 자본항목으로 보고한 재평가잉여금이 있는 경우 동 금액은 이익잉여금으로 대체할 수 있다. 처분시점에 재평가잉여금을 이익잉여금으로 대체하는 규정도 임의 규정이므로 대체하지 않을 수도 있다.

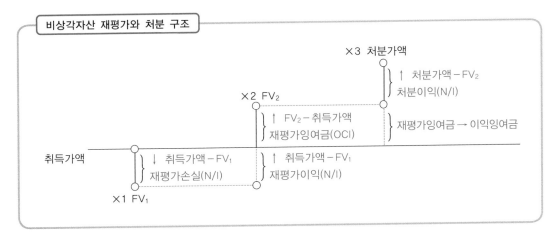

사례연습 7: 비상각자산의 재평가

㈜현주는 20×1년 초 토지를 ₩100,000에 구입하였다. ㈜현주는 토지에 대하여 재평가모형을 적용하여 회계처리하고 있으며 매기 말 ㈜현주가 소유한 동 토지의 공정가치는 다음과 같다. ㈜현주는 20×3년 7월 1일 토지를 외부에 ₩130,000에 처분하였다.

20×1 말	20×2 말	20×3 7/1
₩70,000	₩120,000	₩130,000 처분

1 토지의 재평가와 관련하여 ㈜현주가 ×1년부터 ×3년까지 매 연도별로 동 거래로 포괄손익계산서상에 인식할 당기손익과 기타포괄손익, 총포괄손익에 미치는 영향을 구하시오.

2 동 거래와 관련하여 ㈜현주가 ×1년 초부터 ×3년 처분까지 해야 할 회계처리를 보이시오(단, ㈜현주는 자본에 계상된 재평가잉여금을 관련 자산이 제거될 때 직접 이익잉여금으로 대체하고 있다).

풀이

1

구분	N/I 영향	OCI 변동	총포괄이익 변동
20×1 말	(−)30,000	–	(−)30,000
20×2 말	30,000	20,000	50,000
처분	10,000		10,000

[근거]

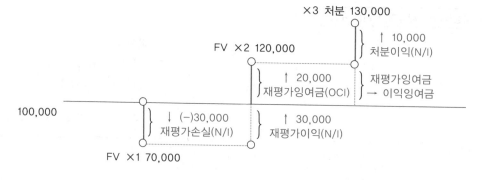

❷

×1 초	차) 토지	100,000	대) 현금		100,000
×1 말	차) 재평가손실	30,000	대) 토지		30,000

	B/S			I/S	
F/S	토지	70,000		N/I 재평가손실	30,000
				OCI −	

×2 말	차) 토지	50,000	대) 재평가이익		30,000
			재평가잉여금		20,000

	B/S			I/S	
F/S	토지	120,000		N/I 재평가이익	30,000
			재평가잉여금 20,000	OCI 재평가잉여금	20,000

처분	차) 현금	130,000	대) 토지		120,000
			처분이익		10,000
	차) 재평가잉여금	20,000	대) 이익잉여금		20,000

	B/S			I/S	
F/S	현금	130,000		N/I 처분이익	10,000
				OCI −	

01 상각자산의 재평가 회계처리방법론

건물이나 기계장치와 같은 감가상각자산에 대해서 재평가모형을 적용할 경우에도 기본적으로 토지에 대한 재평가모형의 적용과 다르지 않다. 다만 이미 인식한 감가상각누계액을 두 가지 방법 중 하나를 적용하여 수정한다.

(1) 비례수정법

비례수정법은 자산 장부금액의 재평가와 일치하는 방식으로 자산의 총장부금액(감가상각누계액을 차감하기 전 금액, 즉 취득원가)을 조정하는 방법이다.

┌─ 비례수정법 적용 시 재평가 후 재무상태표와 회계처리 ─┐

B/S

유형자산	(−)역산	
(−)감가상각누계액[1]	직접 계산(A)	
상각후원가(BV)	기말 FV	
	재평가잉여금	××

[1] 감가상각누계액(A): (기말 FV − 잔존가치) ÷ 잔여내용연수 × 경과기간

차) 유형자산	××	대) 감가상각누계액	××
		재평가잉여금	FV − 재평가 전 BV

└──────────────────────────┘

Additional Comment

장부금액이 ₩1,000(취득금액 ₩2,000, 감가상각누계액 ₩1,000)인 건물의 보고기간 말 현재 공정가치가 ₩1,800인 경우, 비례수정법에서는 감가상각누계액과 총장부금액을 비례적으로 수정하여야 한다. 이 경우 재평가금액과 장부금액의 비율이 180%이므로 취득금액과 감가상각누계액을 해당 비율만큼 증가시키면 된다. 그러므로 취득금액은 ₩3,600, 감가상각누계액은 ₩1,800으로 각각 수정되어야 한다. 이에 대한 회계처리는 아래와 같다(단, 잔존가치가 있는 경우에는 이와 같은 방법이 적절하지 않다).

차) 건물	3,600 − 2,000	대) 감가상각누계액	1,800 − 1,000
		재평가잉여금	800

재평가 시에 비례수정법을 사용하는 경우, 재평가 전에 잔존가치, 내용연수 또는 감가상각방법이 재추정된 경우 총장부금액의 변동과 같은 비율로 감가상각누계액을 수정하여 적용하게 되면, 각 회계연도별로 취득금액과 감가상각누계액의 비율이 일치하지 않게 되는 문제점이 있다. 그러므로 재평가 후의 감가상각누계액은 아래와 같은 산식으로 계산하는 것이 논리적으로 옳다.

⊃ 감가상각누계액(A): (기말 FV − 잔존가치) ÷ 잔여내용연수 × 경과기간

(2) 누계액제거법

누계액제거법은 총장부금액에서 기존의 감가상각누계액을 전부 제거하여 자산의 순장부금액이 재평가 금액이 되도록 하는 방법이다.

누계액제거법 적용 시 재평가 후 재무상태표와 회계처리

	B/S	
유형자산	기말 FV	
	재평가잉여금	××

차) 감가상각누계액(1st)	BV	대) 재평가잉여금(2nd)	FV − 재평가 전 BV
유형자산(3rd)	대차차액		

Additional Comment

장부금액이 ₩1,000(취득금액 ₩2,000, 감가상각누계액 ₩1,000)인 건물의 보고기간 말 현재 공정가치가 ₩1,800인 경우, 누계액제거법에서는 감가상각누계액 ₩1,000을 전액 제거하고 대차잔액은 건물의 취득금액으로 수정한다. 재평가 이후의 장부금액이 ₩1,800이 되어야 하므로 건물의 취득금액은 ₩1,800으로 수정된다. 이에 대한 회계처리는 아래와 같다.

차) 감가상각누계액(1st)	1,000	대) 재평가잉여금(2nd)	800
		유형자산(3rd)	200

재평가모형 회계처리의 방법론

구분		내용
회계처리	비례수정법	• 감가상각누계액과 총장부금액을 비례적으로 수정하는 방법 • 재평가 후 감가상각누계액: (기말 FV − 잔존가치) ÷ 잔존내용연수 × 경과내용연수
	누계액제거법	• 기존 감가상각누계액을 제거하여 자산의 순장부금액이 재평가금액이 되도록 수정하는 방법 • 재평가 후 감가상각누계액: 0

02 상각자산 재평가의 후속적용

(1) 재평가 이후의 감가상각

재평가모형을 적용하여 공정가치로 재평가한 이후의 회계연도에는 원가모형을 선택한 경우와 마찬가지로 감가상각을 하여야 한다. 감가상각비는 기초시점의 유형자산 장부금액, 즉 전기 말 재평가금액을 기초로 하여 잔존내용연수에 걸쳐 선택한 감가상각방법을 적용하여 측정한다.

> 재평가 이후 회계연도의 Dep = (전기 말 FV − 잔존가치) ÷ 기초현재시점의 잔여내용연수

(2) 재평가잉여금의 후속처리

유형자산의 재평가와 관련하여 자본항목으로 계상된 재평가잉여금은 당해 자산을 사용함에 따라 일부 금액을 이익잉여금으로 대체할 수 있다. 이러한 재평가잉여금의 이익잉여금 대체는 임의조항으로 선택사항이지 반드시 대체할 필요는 없다.

재평가잉여금을 이익잉여금으로 대체하는 정책을 채택하는 경우 대체되는 금액은 재평가된 금액에 근거한 감가상각액과 최초원가에 근거한 감가상각액의 차이가 된다.

> 이익잉여금으로 대체될 재평가잉여금 = 재평가된 금액에 기초한 Dep − 최초원가에 기초한 Dep

재평가잉여금 중 이익잉여금으로 대체한 금액은 포괄손익계산서의 당기손익이나 기타포괄손익에 표시되지 않으며 자본변동표에만 표시된다. 그 이유는 재평가잉여금을 이익잉여금으로 대체하는 것은 자본의 구성내역의 변동만 있을 뿐이지 자본총계에는 영향을 미치지 않기 때문에 재평가잉여금을 당기손익이나 기타포괄손익으로 인식하게 되면 총포괄이익이 왜곡 표시된다.

Additional Comment

재평가잉여금이 발생한 경우 원가모형을 적용하는 것보다 재평가잉여금에 해당하는 감가상각비가 더 많이 계상되어 당기순이익이 적게 계상되므로 이익잉여금도 동 금액만큼 적게 계상된다. 이때 재평가잉여금 중 일부를 이익잉여금으로 대체함으로써 원가모형을 적용한 경우의 이익잉여금과 동일한 금액이 되도록 하는 것이다.

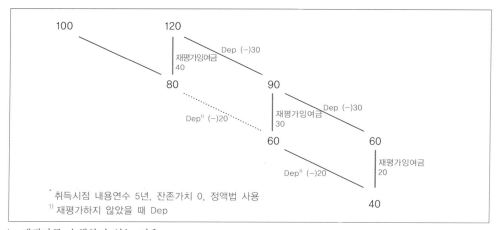

* 취득시점 내용연수 5년, 잔존가치 0, 정액법 사용
1) 재평가하지 않았을 때 Dep

1. 재평가를 수행하지 않는 경우
   (1) 매년 감가상각비: 20
   (2) 유형자산이 이익잉여금에 미치는 영향: (-)20

2. 재평가를 수행하는 경우
   (1) 매년 감가상각비: 30
   (2) 이익잉여금에 미치는 영향: (-)30
   (3) 재평가잉여금을 이익잉여금으로 대체하는 금액: 30 - 20 = 10 or 40 ÷ 4년 = 10
   (4) 재평가잉여금을 이익잉여금으로 대체 시 유형자산이 이익잉여금에 미치는 영향: (30) + 10 = (-)20

Self Study

1. 재평가잉여금을 이익잉여금으로 대체하는 금액은 유형자산을 정액법으로 감가상각하는 경우에 재평가잉여금을 잔존내용연수에 걸쳐 정액법으로 상각한 금액과 일치한다. 또한 이 경우 잔존가치가 있는 경우에도 이익잉여금으로 대체할 재평가잉여금은 동일하게 계산된다.
2. 사용하는 동안 재평가잉여금을 이익잉여금(미처분이익잉여금)으로 대체하는지 여부에 따라 당기순이익은 달라진다. 그러나 총포괄이익(= 순자산 변동 금액)은 차이가 없다.

(3) 재평가 이후 연도의 재평가

1) 재평가잉여금을 인식한 이후 재평가손실이 발생하는 경우

재평가잉여금을 인식한 이후의 재평가에서 재평가손실이 발생하는 경우에는 아래와 같이 재평가손실을 인식한다.

> 1st 전기 재평가잉여금 해당분: 기타포괄손익으로 인식
> 2nd 초과분: 재평가손실로 당기손익에 반영

기업이 재평가잉여금을 당해 유형자산의 사용에 따라 이익잉여금으로 대체한 경우에는 전기 재평가잉여금 중 감가상각 차이에 해당하는 금액을 제외한 금액이 재평가손실과 상계된다. 그러나 기업이 재평가잉여금을 이익잉여금으로 대체하지 않는 경우에는 전기 재평가잉여금이 재평가손실과 상계된다.

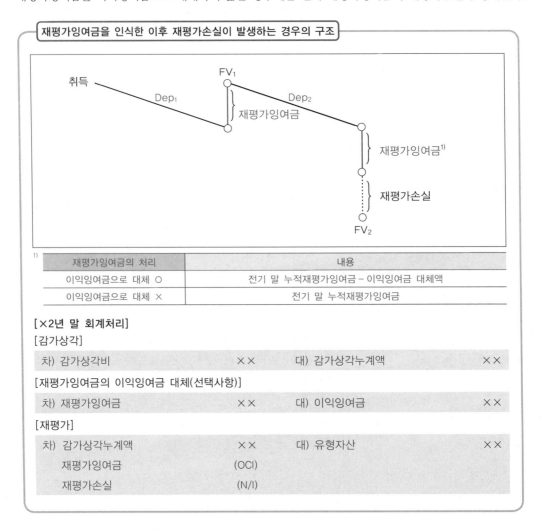

재평가잉여금을 인식한 이후 재평가손실이 발생하는 경우의 구조

1) 재평가잉여금의 처리	내용
이익잉여금으로 대체 ○	전기 말 누적재평가잉여금 – 이익잉여금 대체액
이익잉여금으로 대체 ×	전기 말 누적재평가잉여금

[×2년 말 회계처리]

[감가상각]

차) 감가상각비	××	대) 감가상각누계액	××

[재평가잉여금의 이익잉여금 대체(선택사항)]

차) 재평가잉여금	××	대) 이익잉여금	××

[재평가]

차) 감가상각누계액	××	대) 유형자산	××
재평가잉여금	(OCI)		
재평가손실	(N/I)		

2) 재평가손실을 인식한 이후 재평가이익이 발생하는 경우

재평가손실을 인식한 이후의 재평가에서 재평가이익이 발생하는 경우에는 아래와 같이 재평가이익을 인식한다.

> 1st 전기 재평가손실 해당분: 당기손익으로 인식
> 2nd 초과분: 재평가잉여금으로 기타포괄손익에 반영

재평가잉여금을 이익잉여금으로 대체하는 것은 재평가손익의 감가상각 차이를 반영하기 위한 것이므로 재평가잉여금을 이익잉여금으로 대체하는 정책을 채택한다면 재평가손실도 이익잉여금으로 대체하여야 한다. 그러나 한국채택국제회계기준에서는 재평가잉여금을 이익잉여금으로 대체하도록 하고 있을 뿐 재평가손실을 이익잉여금으로 대체하는지 여부에 대해서는 규정하고 있지 않다. 현재 다수의 견해는 재평가손실의 감가상각 차이는 한국채택국제회계기준에 규정되어 있지 않으므로 고려하지 않아야 한다는 것이다.

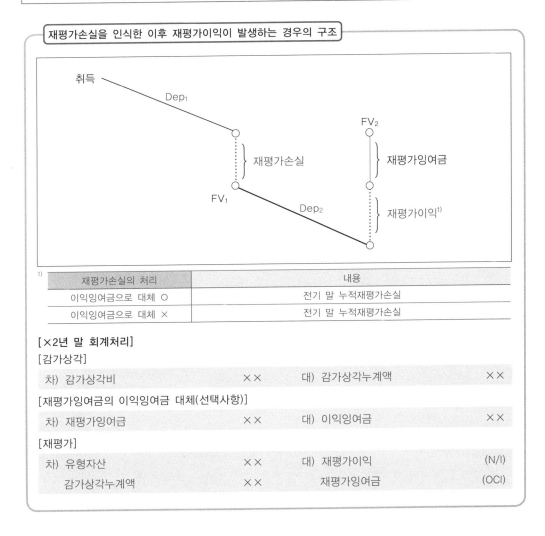

재평가손실을 인식한 이후 재평가이익이 발생하는 경우의 구조

재평가손실의 처리	내용
이익잉여금으로 대체 ○	전기 말 누적재평가손실
이익잉여금으로 대체 ×	전기 말 누적재평가손실

[×2년 말 회계처리]

[감가상각]

| 차) 감가상각비 | ×× | 대) 감가상각누계액 | ×× |

[재평가잉여금의 이익잉여금 대체(선택사항)]

| 차) 재평가잉여금 | ×× | 대) 이익잉여금 | ×× |

[재평가]

| 차) 유형자산 | ×× | 대) 재평가이익 | (N/I) |
| 감가상각누계액 | ×× | 재평가잉여금 | (OCI) |

03 재평가모형을 적용하는 상각자산의 제거

재평가모형을 사용하는 유형자산의 장부금액도 원가모형을 적용하는 경우와 동일하게 처분하는 때 또는 사용이나 처분을 통하여 미래경제적 효익이 기대되지 않을 때 제거한다. 유형자산의 제거로 발생하는 손익은 원가모형의 경우와 마찬가지로 순매각금액과 장부금액의 차이로 결정하며, 당기손익으로 인식한다. 유형자산의 재평가와 관련하여 자본항목으로 보고한 재평가잉여금이 있는 경우 동 금액은 이익잉여금으로 대체할 수 있다. 처분시점에 재평가잉여금을 이익잉여금으로 대체하는 규정도 임의 규정이므로 대체하지 않을 수도 있다.

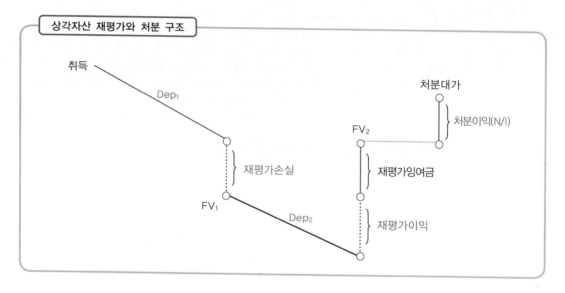

04 상각자산의 재평가모형 사례연습

(1) 평가증 → 평가감

> **사례연습 8: 상각자산의 재평가(2)**

매년 12월 31일이 결산일인 ㈜포도는 기계장치를 재평가모형으로 측정하고 있다. 유형자산과 관련된 자료는 다음과 같다.

> (1) ㈜포도는 기계장치를 20×1년 초 ₩100,000(내용연수 10년, 잔존가치 없음)에 취득하여 정액법으로 감가상각하였다.
> (2) 재평가 결과 20×1년 말 기계장치의 공정가치가 ₩126,000이었으며, 20×2년 말 공정 가치는 ₩70,000이다.

1 ㈜포도가 유형자산을 사용함에 따라 재평가잉여금의 일부를 이익잉여금으로 대체하는 회계처리 방법을 채택하고 있을 경우, 20×1년과 20×2년의 당기손익과 기타포괄손익, 총포괄손익에 미 친 영향을 구하고, ㈜포도가 20×1년 말과 20×2년 말에 동 거래와 관련하여 수행할 회계처리 를 보이시오(단, ㈜포도는 누계액제거법을 사용하여 재평가 회계처리를 하고 있다).

2 ㈜포도는 유형자산을 사용함에 따라 재평가잉여금의 일부를 이익잉여금으로 대체하지 않는 회 계처리방법을 채택하고 있을 경우, 20×1년과 20×2년의 당기손익과 기타포괄손익, 총포괄손 익에 미친 영향을 구하고, ㈜포도가 20×1년 말과 20×2년 말에 동 거래와 관련하여 수행할 회계처리를 보이시오(단, ㈜포도는 누계액제거법을 사용하여 재평가 회계처리를 하고 있다).

풀이

1

×1 말	1st 상각	차) 감가상각비	10,000	대) 감가상각누계액		10,000
	2nd 재평가	차) 감가상각누계액(1st)	10,000	대) 재평가잉여금(2nd)		36,000
		기계장치(3rd)	26,000			
×2 말	1st 상각	차) 감가상각비	14,000	대) 감가상각누계액		14,000
	2nd 대체	차) 재평가잉여금	4,000	대) 이익잉여금		4,000
	3rd 재평가	차) 감가상각누계액(1st)	14,000	대) 기계장치 (3rd)		56,000
		재평가잉여금 (2nd)	32,000			
		재평가손실 (2nd)	10,000			

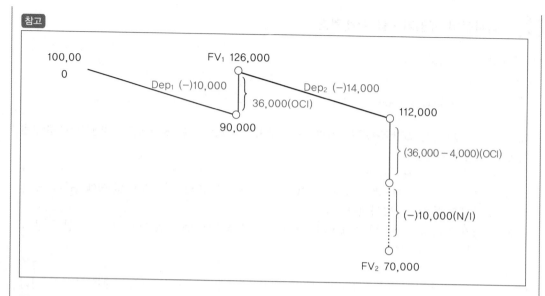

2

×1 말	1st 상각	차) 감가상각비	10,000	대) 감가상각누계액		10,000
	2nd 재평가	차) 감가상각누계액(1st)	10,000	대) 재평가잉여금(2nd)		36,000
		기계장치(3rd)	26,000			
×2 말	1st 상각	차) 감가상각비	14,000	대) 감가상각누계액		14,000
	2nd 대체	회계처리 없음				
	3rd 재평가	차) 감가상각누계액(1st)	14,000	대) 기계장치(3rd)		56,000
		재평가잉여금(2nd)	36,000			
		재평가손실(2nd)	6,000			

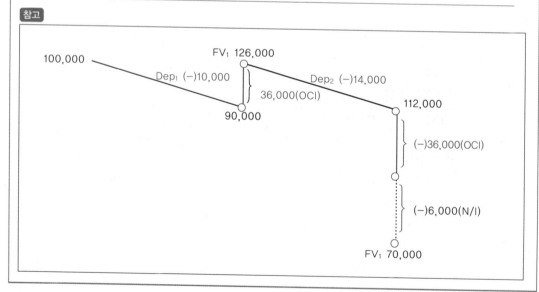

(2) 평가감 → 평가증

Self Study

한국채택국제회계기준에서는 재평가잉여금을 이익잉여금으로 대체하도록 하고 있을 뿐 재평가손실을 이익잉여금으로 대체하는지 여부에 대해서는 규정하고 있지 않다. 현재 다수의 견해는 재평가손실의 감가상각 차이는 한국채택국제회계기준에 규정되어 있지 않으므로 고려하지 않아야 한다는 것이다. 그러므로 평가감 후 평가증이 발생하는 경우에는 유형자산 사용 중 재평가잉여금을 이익잉여금으로 대체하는 경우와 대체하지 않는 경우의 답이 동일하다.

사례연습 9: 상각자산의 재평가(3)

매년 12월 31일이 결산일인 ㈜포도는 기계장치를 재평가모형으로 측정하고 있다. 유형자산과 관련된 자료는 다음과 같다.

(1) ㈜포도는 기계장치를 20×1년 초 ₩100,000(내용연수 10년, 잔존가치 없음)에 취득하여 정액법으로 감가상각하였다.

(2) 재평가 결과 20×1년 말 기계장치의 공정가치가 ₩81,000이었으며, 20×2년 말 공정가치는 ₩105,000이다.

1 ㈜포도가 유형자산을 사용함에 따라 재평가잉여금의 일부를 이익잉여금으로 대체하는 회계처리방법을 채택하고 있을 경우, 20×1년과 20×2년의 당기손익과 기타포괄손익, 총포괄손익에 미친 영향을 구하고, ㈜포도가 20×1년 말과 20×2년 말에 동 거래와 관련하여 수행할 회계처리를 보이시오(단, ㈜포도는 누계액제거법을 사용하여 재평가 회계처리를 하고 있다).

2 ㈜포도가 유형자산을 사용함에 따라 재평가잉여금의 일부를 이익잉여금으로 대체하지 않는 회계처리방법을 채택하고 있을 경우, 20×1년과 20×2년의 당기손익과 기타포괄손익, 총포괄손익에 미친 영향을 구하고, ㈜포도가 20×1년 말과 20×2년 말에 동 거래와 관련하여 수행할 회계처리를 보이시오(단, ㈜포도는 누계액제거법을 사용하여 재평가 회계처리를 하고 있다).

3 ㈜포도는 동 기계장치를 20×3년 초 ₩106,000에 처분하였다. ㈜포도가 20×3년 초에 수행할 회계처리를 보이시오(단, ㈜포도는 유형자산을 사용함에 따라 재평가잉여금의 일부를 이익잉여금으로 대체하는 회계처리방법을 채택하고 있고, 처분 시 재평가잉여금의 잔액을 이익잉여금으로 대체하는 방법을 선택하였다).

1

		차변		대변	
×1 말	1st 상각	차) 감가상각비	10,000	대) 감가상각누계액	10,000
	2nd 재평가	차) 감가상각누계액(1st) 재평가손실(2nd)	10,000 9,000	대) 기계장치(3rd)	19,000
×2 말	1st 상각	차) 감가상각비	9,000	대) 감가상각누계액	9,000
	2nd 대체	회계처리 없음			
	3rd 재평가	차) 감가상각누계액(1st) 기계장치(3rd)	9,000 24,000	대) 재평가이익(2nd) 재평가잉여금(2nd)	9,000 24,000

2

		차변		대변	
×1 말	1st 상각	차) 감가상각비	10,000	대) 감가상각누계액	10,000
	2nd 재평가	차) 감가상각누계액(1st) 재평가손실(2nd)	10,000 9,000	대) 기계장치(3rd)	19,000
×2 말	1st 상각	차) 감가상각비	9,000	대) 감가상각누계액	9,000
	2nd 대체	회계처리 없음			
	3rd 재평가	차) 감가상각누계액(1st) 기계장치(3rd)	9,000 24,000	대) 재평가이익(2nd) 재평가잉여금(2nd)	9,000 24,000

3

		차변		대변	
×3 초	처분	차) 현금	106,000	대) 기계장치 유형자산처분이익(N/I)	105,000 1,000
		차) 재평가잉여금	24,000	대) 이익잉여금	24,000

참고

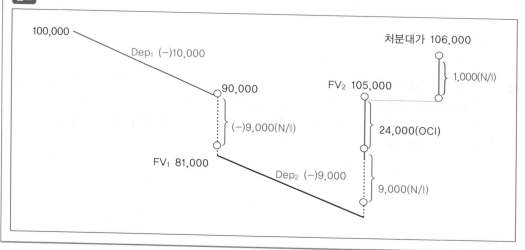

7 유형자산의 손상

I 손상의 의의와 적용 범위, 인식과정

01 손상의 의의

투자자를 보호하기 위하여 재무상태표에 표시되는 자산은 장부금액을 회수가능액보다 더 큰 금액으로 표시할 수 없다. 만약 자산의 장부금액이 자산을 매각하거나 사용하여 회수될 금액을 초과하면, 자산의 장부금액은 그 자산의 회수가능액보다 더 큰 금액으로 표시된 것이며, 회수가능액을 초과하는 금액을 손상차손으로 인식해야 하는데 이를 자산손상이라고 말한다.

Additional Comment

기업이 보유하는 기계의 당기 말 장부금액이 10억원인데, 당기 말에 발생한 물리적 손상으로 인하여 이를 계속 사용하더라도 10억원의 미래경제적 효익의 유입을 기대할 수 없으며, 당장 매각하더라도 10억원보다 낮은 금액을 받을 것으로 예상된다면, 당기 말 재무상태표에 기계장치를 10억원으로 보고한다면 미래경제적 효익보다 더 많은 금액으로 자산이 표시되는 문제가 발생한다. 따라서 재무상태표에 기계장치를 적절하게 감액한 금액으로 보고함으로써 정보이용자의 의사결정이 오도되지 않도록 할 수 있다. 이와 같은 상황에서 기업은 기계장치가 손상된 것으로 판단하고, 기계장치의 장부금액을 감액하면서 손상차손을 당기손익으로 인식한다.

02 손상차손의 인식과정

손상차손을 인식하기 위해서는 손상징후를 검토한 결과 손상징후가 존재하는 경우 회수가능액을 추정한다. 그러므로 유형자산은 반드시 손상징후를 검토하여야 한다. 손상검사는 연차 회계기간 중 어느 때라도 할 수 있으며 매년 같은 시기에 실시한다. 단, 일부자산은 손상징후를 검토하지 않고 곧바로 회수가능액을 추정하는 자산도 있다(예 내용연수가 비한정인 무형자산, 아직 사용할 수 없는 무형자산 및 사업결합으로 취득한 영업권).

Self Study

1. 자산손상을 시사하는 손상징후가 없으면 회수가능액을 추정할 필요가 없다.
   (➔ 손상은 매기 말 인식하는 것이 아니다)
2. 손상 요건: 보고기간 말 손상징후 ○ & 장부금액 > 회수가능액

01 회수가능액

회수가능액은 순공정가치와 사용가치 중 큰 금액을 말한다. 순공정가치는 공정가치에서 처분부대원가를 뺀 금액으로, 이때 처분부대원가는 자산의 처분에 직접 기인하는 증분원가를 말한다. 처분부대원가의 예로는 법률원가, 인지세와 거래세 등이 있다. 사용가치는 자산에서 얻을 것으로 예상되는 미래현금흐름의 현재가치를 말한다. 미래현금흐름은 자산의 현재 상태를 기초로 추정하며, 미래현금흐름 추정치에는 재무활동에서 생기는 현금흐름과 법인세는 포함하지 않는다.

> **회수가능액의 구조**
>
> 회수가능액 = MAX ── 순공정가치 = 공정가치 − 처분부대원가
>   └ 사용가치: 자산에서 얻을 것으로 예상되는 미래 CF의 PV

Additional Comment

회수가능액을 측정할 때 항상 순공정가치와 사용가치를 모두 추정할 필요는 없다. 그 이유는 두 가지 중 한 가지 측정치만 장부금액을 초과하면 자산손상이 발생하지 않은 것으로 볼 수 있기 때문이다. 순공정가치는 자산이 활성 시장에서 거래되지 않아도 결정할 수 있으나, 금액을 신뢰성 있게 추정할 근거가 없어 순공정가치를 결정하지 못한다면 사용가치로 회수가능액을 측정할 수 있다.

02 손상차손의 인식

유형자산의 회수가능액이 장부금액에 못 미치는 경우에 자산의 장부금액을 회수가능액으로 감액하고 해당 감소액은 손상차손으로 인식한다. 손상차손은 곧바로 당기손익으로 인식하며, 손상차손누계액의 계정으로 하여 유형자산의 차감계정으로 표시한다.

손상차손의 회계처리 및 F/S 분석

[회계처리]

차) 감가상각비	××	대) 감가상각누계액	××
차) 유형자산손상차손	××	대) 손상차손누계액	××

B/S

유형자산	제공한 대가 FV		
(−)감가상각누계액	(−)역산		
(−)손상차손누계액	(손상 전 BV − 회수가능액)		
유형자산 BV	회수가능액		

I/S

감가상각비	(제공한 대가 FV − 잔존가치)/내용연수
손상차손	손상 전 BV − 회수가능액

Self Study

자산의 손상을 인식하는 경우 감가상각비를 먼저 인식하고 손상차손은 나중에 인식한다. 감가상각은 회계기간 동안 사용한 부분에 대한 원가를 비용처리하는 것이므로 회수가능액의 하락으로 인한 손상차손의 인식보다 먼저 이루어져야 한다.

03 손상차손 인식 이후의 감가상각비

손상차손 인식 이후 회수가능액은 새로운 취득원가로 보아 잔존가치를 차감한 금액을 자산의 잔여내용연수에 걸쳐 체계적인 방법으로 감가상각비를 인식한다. 그러므로 특정 연도에 유형자산에 대해서 손상차손을 인식했다면, 다음 연도 감가상각비는 손상차손을 인식하지 않는 경우에 비해 적게 인식된다.

04 손상차손환입

보고일마다 과거기간에 인식한 손상차손이 더는 존재하지 않거나 감소되었을 수 있는 징후가 있는지를 검토하고, 그러한 징후가 있는 경우에는 해당 자산의 회수가능액을 추정한다. 회수가능액이 장부금액을 초과하는 경우 자산의 장부금액은 회수가능액으로 증액하고 손상차손환입의 계정으로 하여 당기손익으로 인식한다. 이때 증액된 장부금액은 과거에 손상차손을 인식하기 전에 장부금액의 감가상각 후 남은 잔액을 초과할 수 없다. 즉 손상차손을 인식한 유형자산의 회수가능액이 장부금액을 초과하는 경우에는 손상차손을 인식하지 않았을 경우의 장부금액을 한도로 당기이익(유형자산손상차손환입)으로 처리한다.

[회계처리]

| 차) 감가상각비 | ×× | 대) 감가상각누계액 | ×× |
| 차) 손상차손누계액 | ×× | 대) 손상차손환입 | ×× |

B/S

유형자산	제공한 대가 FV
(−)감가상각누계액	(−)역산
(−)손상차손누계액	(손상차손(누적) − 손상차손환입(누적))
유형자산 BV	Min[손상되지 않았을 경우 BV, 회수가능액]

I/S

| 감가상각비 | (손상 후 BV − 잔존가치)/잔여내용연수 |
| 손상차손환입 | Min[손상되지 않았을 경우 BV, 회수가능액] − 손상 후 BV |

Additional Comment

유형자산의 원가모형의 경우, 손상차손환입은 과거에 손상차손을 인식하기 전 장부금액의 감가상각 또는 상각 후 잔액(즉, 손상차손을 인식하지 않았다면 계상되었을 장부금액)을 초과할 수 없다. 그 이유는 손상차손을 인식하지 않았다면 계상되었을 장부금액을 초과하여 손상차손환입을 인식하면 당해 자산에 대해서 원가모형을 적용하지 않고 마치 재평가모형과 같이 평가이익을 인식한 결과가 되기 때문이다.

원가모형 손상차손의 전체구조

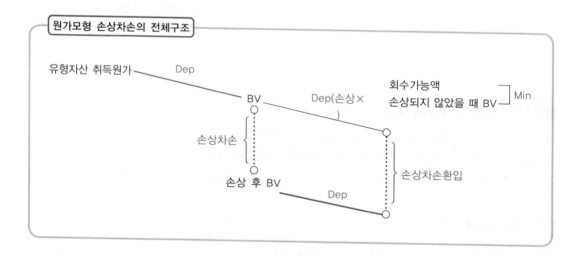

05 손상에 대한 보상

손상, 손실 또는 포기된 유형자산에 대해 제3자로부터 보상금을 받는 경우가 있다. 이 경우 보상금은 수취할 권리가 발생하는 시점에 당기손익으로 반영한다.

매년 12월 31일이 결산일인 ㈜포도는 ×1년 초 기계장치를 ₩100에 취득하고 원가모형으로 기록하고 있다. 동 자산의 잔존가치는 ₩0, 내용연수는 5년이고 ㈜포도는 동 자산을 정액법으로 상각한다.

(1) ×1년 말 현재 손상징후를 보인 것으로 판단하고 손상차손을 인식하기로 하였다. ×1년 말 현재 동 자산의 회수가능액은 ₩60으로 추정되었다.

(2) ×3년 말에 손상사유가 해소되었고 이때의 동 자산의 회수가능액은 ₩50으로 추정되었다.

1 동 거래가 ㈜포도의 ×1년부터 ×3년까지 각 연도별 포괄손익계산서상 당기손익에 미친 영향을 구하시오.

2 동 거래로 ㈜포도가 ×1년 초부터 ×3년 말까지 수행할 회계처리를 보이시오.

[풀이]

1

×1년 N/I 영향	감가상각비: (100 − 0)/5 = (−)20 손상차손: 60 − (100 − 20) = (−)20
×2년 N/I 영향	감가상각비: (60 − 0)/4 = 15
×3년 N/I 영향	감가상각비: (60 − 0)/4 = 15 손상차손환입: Min[40, 50] − (60 − 30) = 10

[전체 구조]

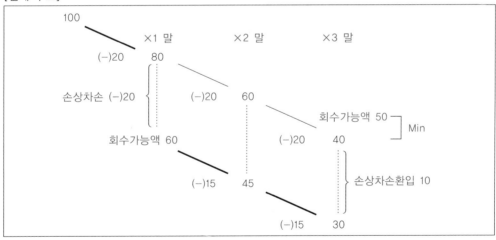

2

×1년 초	차) 기계장치	100	대) 현금	100
×1년 말	차) 감가상각비(N/I) 차) 손상차손(N/I)	20 20	대) 감가상각누계액 대) 손상차손누계액	20 20
×2년 말	차) 감가상각비(N/I)	15	대) 감가상각누계액	15
×3년 말	차) 감가상각비(N/I) 차) 손상차손누계액	15 10	대) 감가상각누계액 대) 손상차손환입(N/I)	15 10

유형자산 재평가모형의 경우 실무적으로 손상이 발생하는 경우가 드물다. 그러므로 손상 여부를 먼저 판단하고 회수가능액이 하락하면 손상차손을 인식하고 회수가능액이 회복하면 손상차손환입을 인식한다.

01 손상 여부의 검토

재평가모형을 적용하는 유형자산의 공정가치와 순공정가치 사이의 유일한 차이는 자산의 처분에 소요되는 직접증분원가이다. 처분부대원가가 무시해도 될 정도인 경우 재평가자산의 회수가능액은 재평가금액에 가깝거나 이보다 많다. 이 경우 재평가 규정을 적용한 후라면 재평가된 자산이 손상되었을 것 같지 않으므로 회수가능액을 추정할 필요가 없다.

처분부대원가가 무시할 수 없는 정도인 경우 재평가된 자산의 순공정가치는 당연히 그 자산의 공정가치보다 적다. 따라서 자산의 사용가치가 재평가금액보다 적다면 재평가된 자산은 손상된 것이다. 이 경우 재평가 규정을 적용한 다음에 손상되었는지를 판단한다.

Additional Comment

처분부대원가가 무시할 수 없는 정도라면 순공정가치는 재평가금액(공정가치)보다 당연히 적다. 아래 그림과 같이 사용가치가 어디에 위치하는가에 따라 재평가된 자산의 손상 여부가 달라진다.

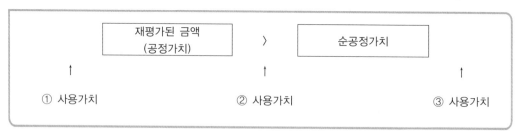

사용가치가 ①에 위치한다면 회수가능액이 되어 공정가치보다 크므로 자산이 손상되지 않은 것으로 본다. 그러나 사용가치가 ②나 ③에 위치에 있으면 손상된 것으로 본다. 이때 ②의 경우에는 사용가치가 회수가능액이 되고 ③의 경우 순공정가치가 회수가능액이 된다.

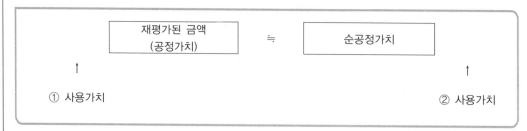

그러나 위의 그림과 같이 처분부대원가가 무시해도 될 정도일 때 사용가치가 ①에 위치한다면 회수가능액이 사용가치가 되어 자산이 손상되지 않는다. 또한 사용가치가 ②에 위치하면 순공정가치가 회수가능액이 되며 해당 금액은 재평가금액과 근사치이므로 손상가능성이 낮다고 보아 손상차손을 인식하지 않는다.

02 회수가능액의 하락

재평가모형을 적용하는 유형자산의 회수가능액이 재평가모형을 적용한 재평가금액에 미달하는 경우 장부금액을 회수가능액으로 감액하고 손상차손을 인식한다. 이 경우 손상차손은 재평가감소액으로 보아 해당자산에서 생긴 재평가잉여금에 해당하는 금액까지 기타포괄손익으로 인식하며, 초과하는 금액은 당기손익으로 인식한다.

> **손상차손을 인식하는 경우**
>
> 1st: 과년도에 기타포괄손익으로 인식한 재평가잉여금 우선 감소
> 2nd: 초과액이 있다면 당기손익으로 인식

03 회수가능액의 회복

손상된 재평가모형을 적용하는 유형자산의 회수가능액이 회복되면 회복액 중 해당 자산의 손상차손을 과거에 당기손익으로 인식한 부분까지는 손상차손환입의 계정으로 하여 당기손익으로 처리하고, 초과하는 금액은 기타포괄손익으로 인식하고 재평가잉여금을 증액한다.

> **손상차손환입을 인식하는 경우**
>
> 1st: 과년도에 손상차손을 당기손익으로 인식한 금액이 있다면 그 금액만큼 손상차손환입을 당기손익으로 인식
> 2nd: 초과액이 있다면 재평가잉여금의 증가로 인식

Additional Comment

회수가능액의 회복이 과거에 손상차손으로 인식한 금액에 미달하면 당해 유형자산은 계속 손상된 상태에 있는 것이므로 공정가치로 측정할 수 없다. 그러나 회수가능액의 회복이 과거에 손상차손으로 인식한 금액을 초과한다면 회수가능액이 전부 회복된 것이므로 공정가치로 측정하고 재평가모형을 적용한다.

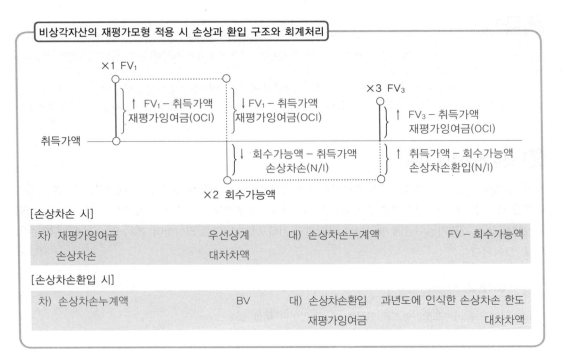

비상각자산의 재평가모형 적용 시 손상과 환입 구조와 회계처리

[손상차손 시]

차) 재평가잉여금	우선상계	대) 손상차손누계액	FV − 회수가능액
손상차손	대차차액		

[손상차손환입 시]

차) 손상차손누계액	BV	대) 손상차손환입	과년도에 인식한 손상차손 한도
		재평가잉여금	대차차액

상각자산의 재평가모형 적용 시 손상과 환입 구조와 회계처리

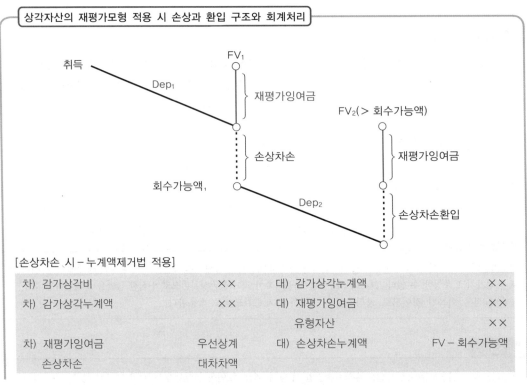

[손상차손 시 – 누계액제거법 적용]

차) 감가상각비	××	대) 감가상각누계액	××
차) 감가상각누계액	××	대) 재평가잉여금	××
		유형자산	××
차) 재평가잉여금	우선상계	대) 손상차손누계액	FV − 회수가능액
손상차손	대차차액		

[손상차손환입 시 – 누계액제거법 적용]

차) 감가상각비		××	대) 감가상각누계액		××
차) 손상차손누계액		BV	대) 손상차손환입	과년도에 인식한 손상차손 한도	
			재평가잉여금		대차차액
차) 감가상각누계액		××	대) 재평가잉여금		××
유형자산		××			

Additional Comment

손상차손을 인식하는 경우에는 자산의 재평가를 먼저 인식하고 손상차손을 나중에 인식한다. 재평가를 먼저 인식한 후의 재평가금액보다 회수가능액이 적을 경우 손상차손을 순차적으로 인식하기 때문이다. 반대로 손상차손환입을 인식하는 경우에는 손상차손환입을 먼저 인식한 후에 자산의 재평가를 나중에 인식한다.

구분	1st	2nd	3rd
손상차손인식	감가상각	재평가	회수가능액 측정(재평가잉여금과 우선 상계한 후 잔액을 손상차손으로 인식)
손상차손환입	감가상각	손상차손환입(당기손익으로 인식한 손상차손금액을 한도로 손상차손환입 인식)	공정가치 측정(손상된 금액이 모두 회복된 경우 공정가치 변동분을 재평가잉여금으로 인식)

사례연습 11 : 재평가모형의 손상

매년 12월 31일이 결산일인 ㈜포도는 유형자산을 재평가모형으로 기록하고 있다. ㈜포도는 유형자산을 사용함에 따라 재평가잉여금의 일부를 이익잉여금으로 대체하고 누계액제거법을 사용하여 재평가 회계처리를 하고 있다. 관련 자료는 다음과 같다.

(1) ㈜포도는 20×1년 초 내용연수 10년, 잔존가치는 없고, 정액법을 사용하는 기계장치를 ₩1,000,000에 취득하였다. 20×1년 말 동 기계장치의 공정가치는 ₩918,000으로 평가되었으며, 처분부대원가는 미미할 것으로 판단되고, 사용가치는 ₩910,000으로 추정되었다.

(2) 20×2년 말 동 기계장치의 공정가치는 ₩820,000으로 평가되었으며, 처분부대원가는 ₩50,000이고 사용가치는 ₩780,000으로 추정되었다.

(3) 20×3년 말 동 기계장치의 공정가치는 ₩750,000으로 평가되었으며, 처분부대원가는 ₩20,000이고 사용가치는 ₩770,000으로 추정되었다.

1 동 거래가 20×1년부터 20×3년까지 각 연도별로 ㈜포도의 당기손익과 기타포괄손익, 총포괄손익에 미치는 영향을 구하시오.

2 동 거래로 ㈜포도가 20×1년 초부터 20×3년 말까지 해야 할 회계처리를 보이시오.

풀이

×1 말	1st 상각	차) 감가상각비	100,000	대) 감가상각누계액	100,000
	2nd 재평가	차) 감가상각누계액	100,000	대) 유형자산	82,000
				재평가잉여금	18,000
×2 말	1st 상각	차) 감가상각비	102,000	대) 감가상각누계액	102,000
	2nd 대체	차) 재평가잉여금	2,000	대) 이익잉여금	2,000
	3rd 재평가	차) 감가상각누계액	102,000	대) 재평가잉여금	4,000
				유형자산	98,000
	4th 손상	차) 재평가잉여금	20,000	대) 손상차손누계액	40,000
		손상차손	20,000		
×3 말	1st 상각	차) 감가상각비	97,500	대) 감가상각누계액	97,500
	2nd 대체	–			
	3rd 환입	차) 손상차손누계액	40,000	대) 손상차손환입	20,000
				재평가잉여금	20,000
	4th 재평가	차) 감가상각누계액	97,500	대) 재평가잉여금	27,500
				유형자산	70,000

Chapter 6 | 객관식 문제

01 ㈜세무와 ㈜한국은 다음과 같은 기계장치를 서로 교환하였다. 교환과정에서 ㈜세무는 ㈜한국에게 현금 ₩20,000을 지급하였다.

구분	㈜세무	㈜한국
취득원가	₩500,000	₩350,000
감가상각누계액	₩220,000	₩20,000
공정가치	₩270,000	₩300,000

동 거래에 관한 설명으로 옳은 것은? [세무사 2019년]

① 교환거래에 상업적 실질이 있으며, 각 기계장치의 공정가치가 신뢰성 있게 측정된 금액이라면 ㈜세무가 교환 취득한 기계장치의 취득원가는 ₩300,000이다.

② 교환거래에 상업적 실질이 있으며, 각 기계장치의 공정가치가 신뢰성 있게 측정된 금액이라면 ㈜한국이 교환 취득한 기계장치의 취득원가는 ₩290,000이다.

③ 교환거래에 상업적 실질이 있으며, ㈜세무가 사용하던 기계장치의 공정가치가 명백하지 않을 경우 ㈜세무가 교환 취득한 기계장치의 취득원가는 ₩280,000이다.

④ 교환거래에 상업적 실질이 없으면 ㈜세무만 손실을 인식한다.

⑤ 교환거래에 상업적 실질이 있으며, 각 기계장치의 공정가치가 신뢰성 있게 측정된 금액이라면 ㈜세무와 ㈜한국 모두 손실을 인식한다.

02 유형자산의 감가상각에 관한 설명으로 옳지 않은 것은? [감정평가사 2017년]

① 건물이 위치한 토지의 가치가 증가할 경우 건물의 감가상각대상 금액이 증가한다.

② 유형자산을 수선하고 유지하는 활동을 하더라도 감가상각의 필요성이 부인되는 것은 아니다.

③ 유형자산의 사용정도에 따라 감가상각을 하는 경우에는 생산활동이 이루어지지 않을 때 감가상각액을 인식하지 않을 수 있다.

④ 유형자산의 잔존가치는 해당 자산의 장부금액과 같거나 큰 금액으로 증가할 수도 있다.

⑤ 유형자산의 공정가치가 장부금액을 초과하더라도 잔존가치가 장부금액을 초과하지 않는 한 감가상각액을 계속 인식한다.

유형자산

CH 6

해커스 회계학 1차 기본서

03 ㈜감평은 20x1년 초 기계장치(취득원가 ₩1,000,000, 내용연수 5년, 잔존가치 ₩0, 정액법 상각)를 취득하여 원가모형을 적용하고 있다. 20x2년 초 ㈜감평은 동 기계장치에 대해 자산인식기준을 충족하는 후속원가 ₩325,000을 지출하였다. 이로 인해 내용연수가 2년 연장(20x2년 초 기준 잔존내용연수 6년)되고 잔존가치는 ₩75,000 증가할 것으로 추정하였으며, 감가상각방법은 이중체감법(상각률은 정액법 상각률의 2배)으로 변경하였다. ㈜감평은 동 기계장치를 20x3년초 현금을 받고 처분하였으며, 처분이익은 ₩10,000이다. 기계장치 처분 시 수취한 현금은?

[감정평가사 2020년]

① ₩610,000   ② ₩628,750   ③ ₩676,667
④ ₩760,000   ⑤ ₩785,000

04 ㈜감평은 20×1년 초 구축물로 분류되는 폐기물처리시설(내용연수 10년, 잔존가치 ₩0, 정액법 상각, 원가모형 적용)을 동 일자에 수령한 정부보조금(상환의무 없음) ₩300,000을 포함하여 총 ₩1,000,000에 취득하였다. 동 시설은 내용연수 종료 시점에 원상복구의무가 있으며, 복구시점의 복구비용은 ₩200,000이 소요될 것으로 예상된다. 이는 충당부채의 인식요건을 충족하며, 복구충당부채에 대한 할인율은 연 8%이다. 정부보조금과 관련하여 자산차감법으로 인식할 경우, ㈜감평이 20×1년에 동 폐기물처리시설과 관련하여 인식할 감가상각비는? (단, 8%, 10기간 단일금액 ₩1의 현가계수는 0.4632이고, 화폐금액은 소수점 첫째자리에서 반올림하며, 단수차이로 인한 오차가 있으면 가장 근사치를 선택한다.) [감정평가사 2025년]

① ₩70,000   ② ₩79,264   ③ ₩82,562
④ ₩100,000   ⑤ ₩109,264

05 ㈜감평은 20×1년 초 사용 중인 기계장치(장부금액 ₩100,000, 공정가치 ₩40,000)를 ㈜한국의 구축물(장부금액 ₩80,000, 공정가치 ₩70,000)과 교환하면서 ㈜한국에 추가로 현금 ₩10,000을 지급하였다. 동 교환은 상업적 실질이있으며, 기계장치의 공정가치가 구축물의 공정가치보다 명백하다. 한편 ㈜감평은 교환으로 취득한 구축물의 내용연수와 잔존가치를 각각 4년과 ₩5,000으로 추정하였으며, 연수합계법으로 상각한다. ㈜감평이 동 교환 시 인식할 유형자산처분손실(A)과 교환으로 취득한 구축물과 관련하여 20×1년에 인식할 감가상각비(B)는? (단, 교환으로 취득한 구축물은 영업에 사용하며, 원가모형을 적용한다.) [감정평가사 2025년]

	(A)	B
①	₩ 30,000	₩ 14,000
②	₩ 60,000	₩ 14,000
③	₩ 60,000	₩ 18,000
④	₩ 70,000	₩ 14,000
⑤	₩ 70,000	₩ 18,000

06 ㈜관세는 20×1년 초 친환경 설비자산(취득원가 ₩20,000, 잔존가치 ₩0, 내용연수 5년, 정액법 상각)을 취득하면서 자산취득 관련 정부보조금 ₩8,000을 수령하고, 동 자산을 원가모형으로 평가하고 있다. ㈜관세는 20×3년 말 동 설비자산을 ₩5,000에 처분하였다. 20×3년 동 자산과 관련하여 인식할 순손익은? (단, 정부보조금은 정부지원 요건을 충족하며, 장부금액 계산시 자산에서 차감하는 방식으로 처리한다.) [관세사 2022년]

① ₩2,400 손실　　② ₩2,200 손실　　③ ₩200 이익
④ ₩1,800 이익　　⑤ ₩3,000 이익

07 ㈜감평은 20×1년 초 영업용 차량운반구(취득원가 ₩500,000, 내용연수 5년, 잔존 가치 ₩0, 정액법 상각)를 취득하고 원가모형을 적용하였다. ㈜감평은 20×2년 초 차량운반구의 일상적인 유지와 관련하여 ₩30,000을 지출하였다. 또한 동 일자에 차량운반구의 성능을 향상시키기 위하여 ₩200,000을 추가 지출하였고, 이로 인해 차량운반구의 내용연수는 2년 연장되었으며 잔존가치는 ₩60,000으로 증가되었다. 동 차량운반구와 관련된 회계처리로 인한 ㈜감평의 20×2년 당기순이익 감소액은?

[감정평가사 2025년]

① ₩90,000
② ₩95,000
③ ₩100,000
④ ₩120,000
⑤ ₩130,000

08 ㈜감평은 20x1년 초 환경설비(취득원가 ₩5,000,000, 내용연수 5년, 잔존가치 ₩0, 정액법 상각)를 취득하였다. 동 환경설비는 관계법령에 의하여 내용연수가 종료되면 원상 복구해야 하며, 이러한 복구의무는 충당부채의 인식요건을 충족한다. ㈜ 감평은 취득시점에 내용연수 종료 후 복구원가로 지출될 금액을 ₩200,000으로 추정하였으며, 현재가치계산에 사용될 적절한 할인율은 연 10%로 내용연수 종료시점까지 변동이 없을 것으로 예상하였다. 하지만 ㈜감평은 20x2년 초 환경설비의 내용연수 종료 후 복구원가로 지출될 금액이 ₩200,000에서 ₩300,000으로 증가할 것으로 예상하였으며, 현재가치 계산에 사용될 할인율도 연 10%에서 연 12%로 수정하였다. ㈜감평이 환경설비와 관련된 비용을 자본화하지 않는다고 할 때, 동 환경설비와 관련하여 20x2년도 포괄손익계산서에 인식할 비용은? (단, ㈜감평은 모든 유형자산에 대하여 원가모형을 적용하고 있으며, 계산금액은 소수점 첫째자리에서 반올림하고, 단수차이로 인한 오차가 있으면 가장 근사치를 선택한다.)

[감정평가사 2020년]

기간	단일금액 ₩1의 현재가치 (할인율=10%)	단일금액 ₩1의 현재가치 (할인율=12%)
4	0.6830	0.6355
5	0.6209	0.5674

① ₩1,024,837
② ₩1,037,254
③ ₩1,038,350
④ ₩1,047,716
⑤ ₩1,061,227

09 ㈜관세는 다음의 기계장치에 대하여 재평가모형을 적용(매년 말 재평가실시)하고 있다. 동 기계장치 관련 회계처리가 ㈜관세의 20×2년도 당기순이익에 미치는 영향은? (단, 기계장치가 제거되기 전까지 재평가잉여금을 이익잉여금으로 대체하지 않고, 손상차손은 고려하지 않으며, 감가상각비 중 자본화된 금액은 없다)

[관세사 2025년]

- 기계장치 취득일: 20×1년 1월 1일
- 기계장치 취득원가: ₩100,000 (잔존가치 ₩0, 내용연수 5년, 정액법상각)
- 20×2년 초 기계장치에 후속원가 ₩10,000 지출(자산 인식 기준 충족)
- 공정가치

20×1년 말	20×2년 말
₩70,000	₩68,000

① ₩8,000감소 ② ₩12,000감소 ③ ₩18,000감소
④ ₩20,000감소 ⑤ ₩22,000감소

10 ㈜포도는 20×4년 초 ₩5,000,000(잔존가치 ₩1,000,000, 내용연수 5년, 정액법 감가상각)에 건물을 취득하였다. ㈜포도는 20×4년 말 건물을 공정가치 ₩6,300,000으로 재평가하고 자산의 장부금액이 재평가금액과 일치하도록 감가상각누계액과 총장부금액을 비례적으로 수정하였다. ㈜포도가 20×4년 말 재무상태표에 보고할 건물의 감가상각누계액은?

① ₩600,000 ② ₩800,000 ③ ₩1,325,000
④ ₩1,300,000 ⑤ ₩2,100,000

11 20×6년 1월 1일 ㈜사과는 건물과 토지를 ₩2,000,000에 일괄구입하였다. 구입 당시 건물과 토지의 공정가치는 각각 ₩960,000과 ₩1,440,000이었다. 건물의 내용연수는 7년, 잔존가치는 ₩100,000으로 추정하였으며 정액법으로 감가상각한다. 20×6년 12월 31일 건물과 토지에 관한 순공정가치와 사용가치는 다음과 같으며 회수가능액과 장부금액의 차이는 중요하고 손상징후가 있다고 판단된다.

	순공정가치	사용가치
건물	₩600,000	₩670,000
토지	₩1,150,000	₩1,000,000

㈜사과가 20×6년도에 인식해야 할 손상차손은?

① ₩0
② ₩80,000
③ ₩130,000
④ ₩230,000
⑤ ₩300,000

Chapter 6 | 객관식 문제 정답 및 해설

01 ⑤ (1) ㈜세무

구분		취득원가	처분손익
상업적 실질 ○	제공한 자산 FV가 명확	제공한 자산 FV + 현금지급 제공한 자산 FV − 현금수령 270,000 + 20,000 = 290,000	제공한 자산 FV − BV 270,000 − 280,000 = (−)10,000
	취득한 자산 FV가 명확	취득한 자산 FV 300,000	취득한 자산 FV − BV − 현금지급 취득한 자산 FV − BV + 현금수령 300,000 − 280,000 − 20,000 = 0
상업적 실질 ×		제공한 자산 BV + 현금지급 − 현금수령 280,000 + 20,000 = 300,000	−
FV를 측정할 수 없는 경우		제공한 자산 BV + 현금지급 − 현금수령 280,000 + 20,000 = 300,000	−

(2) ㈜한국

구분		취득원가	처분손익
상업적 실질 ○	제공한 자산 FV가 명확	제공한 자산 FV + 현금지급 제공한 자산 FV − 현금수령 300,000 − 20,000 = 280,000	제공한 자산 FV − BV 300,000 − 330,000 = (−)30,000
	취득한 자산 FV가 명확	취득한 자산 FV 270,000	취득한 자산 FV − BV − 현금지급 취득한 자산 FV − BV + 현금수령 270,000 − 330,000 + 20,000 = (−)40,000
상업적 실질 ×		제공한 자산 BV + 현금지급 − 현금수령 330,000 − 20,000 = 310,000	−
FV를 측정할 수 없는 경우		제공한 자산 BV + 현금지급 − 현금수령 330,000 − 20,000 = 310,000	−

02 ① 토지의 가치가 증가하여도 건물의 잔존가치는 변동하지 않는다.

03 ④ 1) 20X2년 초 기계장치의 장부금액: 1,000,000−1,000,000/5 = 800,000
2) 20X2년 감가상각비: (800,000+325,000−0)×2/6 = 375,000
3) 20X3년 초 기계장치의 장부금액: 800,000+325,000−375,000 = 750,000
4) 처분시 현금수취액: 750,000+10,000 = 760,000

04 ② 1) 유형자산 취득시 장부금액(정부보조금 차감): 1,000,000−300,000+200,000×0.4632 = 792,640
2) 20X1년 감가상각비: (792,640−0)/10 = 79,264
*자산차감법이고 정액법으로 상각하므로 유형자산 취득원가에서 정부보조금을 차감하여 계산한다.

05 ③   1) 교환시 회계처리

차) 구축물	40,000	대) 기계장치	100,000
처분손실	60,000		
차) 구축물	10,000	대) 현금	10,000

2) 20X1년 감가상각비: $(40,000 + 10,000 - 5,000) \times 4/10 = 18,000$

06 ②   (1) 20X3년 초 설비자산의 (순)장부가액 $= (20,000 - 8,000) - (20,000 - 8,000) \div 5 \times 2 = 7,200$
(2) 20X3년 자산과 관련하여 인식할 순손익 $= 5,000 - 7,200 = (2,200)$
처분대가 수령으로 인한 자산의 증가 + 5,000, 설비자산의 처분으로 인한 자산의 감소(−)7,200
[별해]
(1) 20X3년 설비자산의 감가상각비 $= (20,000 - 8,000) \div 5 = (2,400)$
(2) 자산 처분으로 인한 처분손익 $= 5,000 - (7,200 - 2,400) = 200$
(3) 20X3년 순손익 $= (2,200)$
당기의 처분손익이 아닌 순손익을 묻는 경우, 총 자산의 증감으로 계산하는 것이 더 간편하다.

07 ④   1) 20X1년 말 유형자산 장부금액: $500,000 - 500,000/5 = 400,000$
2) 20X2년 초 회계처리

차) 수선유지비	30,000	대) 현금	30,000
차) 차량운반구	200,000	대) 현금	200,000

3) 20X2년 감가상각비: $(400,000 + 200,000 - 60,000) \div (5 - 1 + 2) = 90,000$
4) 20X2년 당기순이익 감소액: $(-)30,000 - 90,000 = (-)120,000$

08 ⑤   1) 20X1년 초 복구충당부채: $200,000 \times 0.6209 = 124,180$
2) 20X1년 초 유형자산 취득원가: $5,000,000 + 124,180 = 5,124,180$
3) 20X1년 말 유형자산 상각후원가: $5,124,180 - 5,124,180/5 = 4,099,344$
4) 20X1년 말 복구충당부채: $124,180 \times 1.1 = 136,598$
5) 20X2년 초 복구충당부채 재측정액: $300,000 \times 0.6355 = 190,650$
6) 20X2년 초 유형자산 장부금액: $4,099,344 + (190,650 - 136,598) = 4,153,396$
7) 20X2년 감가상각비: $4,153,396/4 = 1,038,349$
8) 20X2년 이자비용: $190,650 \times 12\% = 22,878$
9) 20X2년 당기순이익에 미치는 영향: $1,038,349 + 22,878 = 1,061,227$

09 ②   1) 20x1년 말 재평가손실: $70,000 - (100,000 - 100,000/5) = (-)10,000$
2) 20x2년 당기순이익에 미친 영향: $68,000 - (70,000+10,000) = (-)12,000$
*기타포괄손익에 미친 영향이 없으니 자산의 변동으로 쉽게 답을 구할 수 있다.

10 ③   20×4년 말 감가상각누계액: $(6,300,000 - 1,000,000) \div 4년 \times 1년 = 1,325,000$

11 ②   (1) 토지의 취득원가: $2,000,000 \times 1,440,000/2,400,000 = 1,200,000$
(2) 건물의 취득원가: $2,000,000 \times 960,000/2,400,000 = 800,000$
(3) 토지의 손상차손: $1,200,000 - Max[1,150,000,\ 1,000,000] = 50,000$
(4) 건물의 손상차손: $(800,000 - 100,000) - Max[600,000,\ 670,000] = 30,000$
  * 상각비: $(800,000 - 100,000)/7 = 100,000$

ca.Hackers.com

해커스 감정평가사
ca.Hackers.com

Chapter 7

차입원가 자본화

1 차입원가의 기초

I 차입원가 및 차입원가 자본화

차입원가는 자금의 차입과 관련하여 발생하는 이자 및 기타원가를 말한다. 따라서 차입원가는 이자비용 과목의 당기비용으로 인식하는 것이 일반적이다. 그러나 의도된 용도로 사용하거나 판매 가능한 상태에 이르게 하는 데 상당한 기간을 필요로 하는 적격자산의 취득, 건설 또는 생산과 직접 관련된 차입원가는 당해 자산 원가의 일부로 인식되는데 이를 차입원가 자본화라 한다.

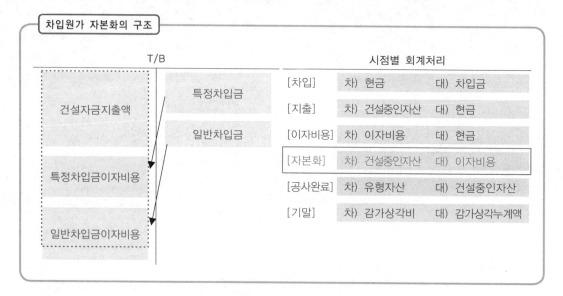

차입원가 자본화의 구조

Ⅱ   적격자산

적격자산은 의도된 용도로 사용하거나 판매 가능한 상태에 이르게 하는 데 상당한 기간을 필요로 하는 자산을 말한다. 적격자산에는 다음과 같은 자산들이 포함된다.

① 재고자산   ② 제조설비자산   ③ 전력생산설비   ④ 무형자산   ⑤ 투자부동산   ⑥ 생산용식물

여기서 주의할 점은 금융자산이나 생물자산과 같이 최초 인식시점에 공정가치나 순공정가치로 측정되는 자산은 적격자산에 해당하지 아니한다. 또한, 단기간 내에 제조되거나 다른 방법으로 생산되는 재고자산은 적격자산에 해당하지 아니한다. 취득시점에 의도된 용도로 사용할 수 있거나 판매 가능한 상태에 있는 자산인 경우에도 적격자산에 해당하지 아니한다.

[적격자산 정리]

구분	내용
정의	의도된 용도로 사용 가능하거나 판매 가능한 상태에 이르게 하는 데 상당한 기간을 필요로 하는 자산을 의미한다.
적격자산 해당 ×	① 금융자산이나 생물자산 또는 단기간 내에 생산되거나 제조되는 재고자산 ② 취득시점에 의도한 용도로 사용할 수 있거나 판매 가능한 상태에 있는 자산

Ⅲ   자본화대상 차입원가

자본화대상 차입원가는 적격자산의 취득, 건설 또는 생산과 직접 관련된 차입원가로 당해 적격자산과 관련된 지출이 발생하지 않았다면 부담하지 않았을 차입원가를 말한다.
단, 복구충당부채에서 인식한 이자비용은 당기비용으로 인식하며 자본화하지 않는다. 복구충당부채는 적격자산의 취득을 위한 차입금이 아니며 복구충당부채와 관련한 이자비용은 유형자산의 사용 가능한 시점 이후부터 발생하여 이미 수익이 창출되고 있으므로 자본화하지 않고 비용처리를 시켜도 수익과 비용의 대응이 적절히 이루어지기 때문이다.

Additional Comment

적격자산의 취득, 건설 또는 생산과 직접 관련된 차입원가는 당해 자산원가를 구성한다. 이러한 차입원가는 미래경제적효익의 발생가능성이 높고 신뢰성 있게 측정 가능할 경우에 자산원가의 일부로 자본화한다.

[자본화대상 차입원가 정리]

구분	내용
정의	당해 적격자산과 관련된 지출이 없었더라면 부담하지 않았을 차입원가
자본화대상 차입원가 가능	① 유효이자율법에 의한 이자비용 ② 금융리스 관련 금융비용(금융리스부채 이자비용) ③ 외화차입금과 관련되는 외환 차이 중 이자원가의 조정으로 볼 수 있는 부분
자본화대상 차입원가 불가	복구충당부채전입액

Ⅳ 자본화기간

자본화기간은 적격자산의 취득에 사용한 차입금에 대한 차입원가를 당해 자산의 원가로 처리하는 기간을 의미한다. 자산 취득에 사용된 자금에 대한 차입원가는 자본화기간 동안 발생한 금액을 자본화하며, 자본화중단기간이 있는 경우 동 기간에 해당하는 차입원가는 당기비용으로 처리한다. 또한 적격자산을 의도된 용도로 사용하거나 판매 가능한 상태에 이르게 되면 자본화를 종료하고 그 이후 시점부터 발생하는 차입원가는 당기비용으로 처리한다.

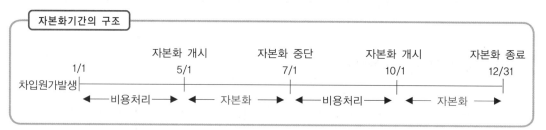

01 자본화 개시

차입원가는 자본화 개시일부터 적격자산 원가의 일부로 자본화한다. 자본화 개시일은 최초로 다음 조건을 모두 충족시킨 날이다.

① 적격자산에 대하여 지출하고 있다.
② 차입원가를 발생시키고 있다.
③ 적격자산을 의도된 용도로 사용하거나 판매 가능한 상태에 이르게 하는 데 필요한 활동을 수행하고 있다.

기업이 건설회사와 본사 사옥을 건설하는 계약을 체결하고 20×1년 2월 1일부터 건설하기 시작하였다. 또한 기업은 동 본사 사옥 건설을 위하여 금융기관에서 20×1년 3월 1일에 차입하여 동 일자부터 차입원가를 발생시키고 있다. 이 경우, 기업이 건설계약에 따른 계약금을 20×1년 5월 1일에 최초로 지출하였다고 하면 자본화 개시일은 위의 3가지 조건이 모두 만족되는 20×1년 5월 1일이 된다.

적격자산을 의도된 용도로 사용하거나 판매 가능한 상태에 이르게 하는 데 필요한 활동은 당해 자산의 물리적인 제작뿐 아니라 그 이전단계에서 이루어진 기술 및 관리상의 활동을 포함한다. 예를 들어, 물리적인 제작 전에 각종 인허가를 얻기 위한 활동 등이 있다.

그러나 자산의 상태에 변화를 가져오는 생산 또는 개발이 이루어지지 아니하는 상황에서 단지 당해 자산의 보유는 필요한 활동으로 보지 않는다. 예를 들어, 토지가 개발되고 있는 경우 개발과 관련된 활동이 진행되고 있는 기간 동안 발생한 차입원가는 자본화대상에 해당한다. 그러나 건설목적으로 취득한 토지를 별다른 개발활동 없이 보유하는 동안 발생한 차입원가는 자본화조건을 충족하지 못한다.

[자본화기간 정리]

구분	내용	비고
자본화 개시시점 요건	① 적격자산에 대한 지출 ② 차입원가를 발생 ③ 적격자산을 의도된 용도로 사용하거나 판매 가능한 상태에 이르게 하는 데 필요한 활동을 수행하고 있음	모두 충족해야 자본화 개시시점으로 봄
추가사항	물리적인 제작뿐만 아니라 그 이전단계에서 이루어진 기술 및 관리상의 활동도 포함	자산을 단순 보유하는 활동 제외

02 자본화 중단

자산을 의도된 용도로 사용하거나 판매 가능한 상태에 이르게 하는 데 필요한 활동을 중단한 기간에도 차입원가는 발생할 수 있으나, 이러한 차입원가는 미완성된 자산을 보유함에 따라 발생하는 비용으로서 자본화조건을 충족하지 못한다. 따라서 적격자산에 대한 적극적인 개발활동을 중단한 기간에는 차입원가의 자본화를 중단한다.

그러나 상당한 기술 및 관리활동을 진행하고 있는 기간에는 차입원가의 자본화를 중단하지 않는다. 또한 자산을 의도된 용도로 사용하거나 판매 가능한 상태에 이르기 위한 과정에 있어 일시적인 지연이 필수적인 경우에는 차입원가의 자본화를 중단하지 않는다(예 건설기간 동안 해당 지역의 하천수위가 높아지는 현상이 일반적이어서 교량건설이 지연되는 경우에는 차입원가의 자본화를 중단하시 않는다).

[자본화 중단 정리]

구분	자본화 중단 여부
적극적인 개발활동을 중단한 기간	자본화 중단 ○
① 상당한 기술 및 관리활동을 진행하고 있는 기간 ② 일시적인 지연이 필수적인 경우	자본화 중단 ×

03 자본화 종료

적격자산은 의도된 용도로 사용하거나 판매 가능한 상태에 이르게 하는 데 필요한 거의 모든 활동이 완료된 시점에 차입원가의 자본화를 종료한다.

적격자산이 물리적으로 완성된 경우라면 일상적인 건설 관련 후속 관리 업무 등이 진행되고 있더라도 당해 자산을 의도된 용도로 사용할 수 있거나 판매할 수 있기 때문에 자본화를 종료한다. 구입자 또는 사용자의 요청에 따른 내장공사와 같은 중요하지 않은 작업만이 남아 있는 경우라면 대부분의 건설활동이 종료된 것으로 본다.

적격자산이 여러 부분으로 구성되어 건설활동 등이 진행되는 경우 일부가 완성되어 해당 부분의 사용이 가능한 경우에는 그 부분에 대해서는 자본화를 종료한다(예 각각 사용 가능한 여러 동의 건물로 구성된 복합업무시설). 단, 전체가 완성되어야만 사용이 가능한 경우에는 자산 전체가 사용 가능한 상태에 이를 때까지 자본화한다(예 제철소와 같이 동일한 장소에서 여러 생산부문별 공정이 순차적으로 이루어지는 생산공정을 갖춘 산업설비).

[자본화 종료 정리]

구분	내용
자본화 종료시점	의도된 용도로 사용하거나 판매 가능한 상태에 이르게 하는 데 필요한 거의 모든 활동이 완료된 시점
주의사항	① 물리적 완성 + 일상적인 건설 관련 후속 관리 업무 등 진행: 자본화 종료 ② 일부 완성된 부분 사용 가능: 해당 자본화를 종료 ③ 일부 완성된 부분 사용 불가능: 전체가 완성될 때까지 자본화 지속

2 차입원가의 자본화

Ⅰ 차입원가 자본화의 계산을 위한 이해

자본화할 차입원가의 계산을 위해서는 적격자산에 대한 지출액을 어떠한 자금으로 사용하였는지 구분하고, 사용된 자금에서 발생한 차입원가를 산정하는 방법을 이용한다. 적격자산에 사용된 자금은 당해 적격자산과 직접적으로 관련되어 있는 자금과 간접적으로 관련되어 있는 자금으로 구분되며, 적격자산에 대한 지출액은 직접적으로 관련된 자금을 먼저 사용하고 간접적으로 관련된 자금을 나중에 사용하였다고 가정한다. 적격자산에 대한 지출액에 사용된 자금들과 그 순서는 다음과 같다.

1st 정부보조금과 건설계약대금 수령액
2nd 특정차입금: 적격자산과 직접 관련된 차입금
3rd 일반차입금: 적격자산의 지출에 사용되었을 가능성이 있는 차입금
4th 자기자본

특정차입금과 일반차입금에서는 차입원가가 발생하지만 정부보조금과 건설계약대금 수령액과 자기자본에서는 차입원가가 발생하지 않는다. 그러므로 자본화할 차입원가는 적격자산에 대한 지출액 중 특정차입금과 일반차입금으로 지출한 금액을 계산하고 동 차입금에서 발생한 차입원가를 산정하는 방법으로 산정된다.

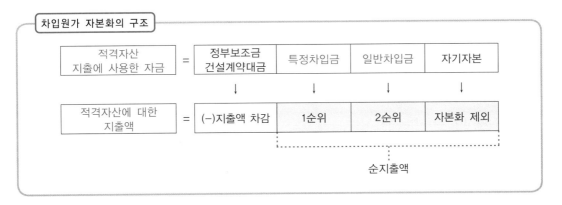

차입원가 자본화의 구조

적격자산 지출에 사용한 자금	=	정부보조금 건설계약대금	특정차입금	일반차입금	자기자본
		↓	↓	↓	↓
적격자산에 대한 지출액	=	(−)지출액 차감	1순위	2순위	자본화 제외

순지출액

Self Study

한국채택국제회계기준은 실제 발생한 차입원가만 자본화하도록 규정하고, 자본의 실제원가 또는 내재원가는 '차입원가' 기준서의 적용범위에 해당되지 않는다고 규정하고 있다. 그 이유는 자기자본에 대한 기회비용 성격을 갖는 자본비용에 대한 신뢰성 있는 측정이 어렵기 때문이다. 즉, 자금조달방법에 따라 취득원가가 달라지는 문제가 발생할 수 있기 때문이다.

차입원가 자본화의 계산 구조는 1단계로 적격자산에 대한 연평균 지출액을 산정한다. 2단계로 특정차입금의 연평균지출액과 특정차입금과 관련된 자본화된 차입원가 금액을 산정한다. 특정차입금은 자본화기간중에 발생한 차입원가만 자본화하며 자본화기간 중 당해 특정차입금의 일시적 운용에서 발생한 일시투자수익은 차감한다. 특정차입금은 적격자산에 대한 지출액과 직접적 대응관계를 갖고 있으므로 직접 자본화한다. 3단계로 일반차입금의 자본화이자율을 구하고 일반차입금과 관련된 자본화 차입원가 금액을 산정한다. 일반차입금은 회계기간 전체에 걸쳐 발생한 차입원가를 대상으로 하여 일반차입금의 일시적 운용에서 발생한 일시투자수익은 차감하지 아니한다. 일반차입금은 특정차입금과 달리 적격자산에 대한 지출액과 직접적 대응관계를 갖고 있지 않으므로 자본화이자율을 적용하는 간접법을 사용하여 자본화한다.

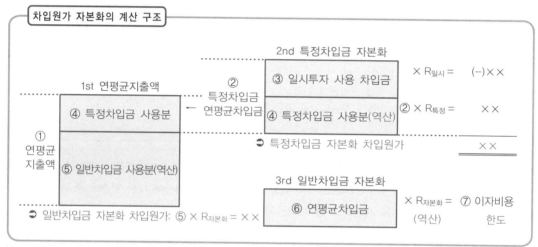

* 일반차입금의 연평균차입금과 이자비용

구분	차입금액(I)	적수(II)	연평균차입금(III = I × II)	이자비용
A(R₁%)	××	×/12	××	III × R₁%
B(R₂%)	××	×/12	××	III × R₂%
합계			⑥ ××	⑦ ××

* 일반차입금 차입원가 자본화 한도 적용
  • (적격자산 연평균지출액 ① − 특정차입금으로 사용한 연평균 지출액 ④) > 일반차입금 연평균지출액 ⑥: 한도 적용 O
  • (적격자산 연평균지출액 ① − 특정차입금으로 사용한 연평균 지출액 ④) < 일반차입금 연평균지출액 ⑥: 한도 적용 ×

III **1단계: 적격자산의 연평균지출액**

적격자산에 대한 지출액은 현금의 지급, 다른 자산의 제공 또는 이자부 부채의 발생 등에 따른 지출액을 의미한다. 그러나 자금의 차입과 관련된 이자율은 연이자율로 계약되는 것이 일반적이다. 그러므로 적격자산의 지출은 기초시점이 아니라 회계기간 중에 발생하며 적격자산에 대한 지출액은 연 단위로 환산하여야 한다.

01 공사기간

당기 중에 공사가 완료된 경우에는 그 기간까지만 평균지출액 계산에 포함한다. 여기서 평균지출액이란 보고기간 동안의 누적지출액에 대한 평균을 의미한다.

02 차입원가를 부담하지 않는 지출액

정부보조금과 건설 등의 진행에 따라 수취하는 금액, 유상증자 및 기타 내부 조달자금은 적격자산의 평균 지출액에서 차감한다.

03 자본화 중단기간

자본화 중단기간이 존재하면 평균지출액 산정 시 해당기간은 제외한다.

04 두 회계기간에 걸쳐 있는 자본화 차입원가

① 둘째 회계연도의 특정차입금 자본화 차입원가는 자본화기간 동안 발생한 차입원가를 직접 계산 하므로 첫 회계연도와 동일하게 계산한다.
② 둘째 회계연도의 일반차입금 자본화원가를 계산할 때 적격자산 연평균지출액에는 첫 회계연도 의 지출액도 포함하여야 한다. 첫 회계연도에 지출된 금액은 둘째 회계연도에도 계속해서 차입 원가를 발생시키기 때문이다.
③ 둘째 회계연도의 적격자산 연평균지출액을 계산할 때 첫 회계연도 지출액은 첫 회계연도 지출 일에 관계없이 둘째 회계연도 기초에 지출한 것으로 보아 연평균지출액을 계산한다. 첫 회계연 도 지출일에 관계없이 둘째 회계연도에는 기초부터 차입원가를 발생시키기 때문이다.
④ 첫 회계연도 말에 자본화한 차입원가를 둘째 회계연도 연평균지출액 계산 시 포함 여부는 기준 에서 명확하게 규정하고 있지 않아 문제의 제시에 따라야 한다.

적격자산의 연평균지출액의 구조 예시

- ×1년 연평균지출액: (100 × 6개월 − 20 × 6개월) ÷ 12개월 = 40
- ×2년 연평균지출액(×1년 자본화한 차입원가 20)
  ① 전기 자본화한 차입원가 포함: [(100 − 20 + 20) × 12개월 + 100 × 6개월] ÷ 12개월 = 150
  ② 전기 자본화한 차입원가 미포함: [(100 − 20) × 12개월 + (100 × 6개월)] ÷ 12개월 = 130

[적격자산의 연평균지출액 산식정리]

단계	산식	비고
1단계: 적격자산 연평균지출액	지출액 × 기간(지출일 ~ 자본화 종료일)/12 – 정부보조금 등 수령 × 기간(지출일 ~ 자본화 종료일)/12	➡ 기간: 공사가 완료된 경우 완료일까지 ➡ 당기 이전 지출액: 기초에 지출된 것으로 가정 ➡ 당기 이전 지출액에 이미 자본화된 차입원가 포함 가능

Ⅳ 2단계: 특정차입금과 관련된 차입원가

01 특정차입금으로 사용한 연평균지출액

적격자산에 대한 연평균지출액 중 일반차입금으로 사용한 금액을 계산하기 위해서 먼저 특정차입금으로 사용한 금액을 계산한다. 적격자산에 대한 지출액이 연평균으로 계산되어지므로 특정차입금으로 사용한 금액은 자본화기간 중 특정차입금의 연평균차입액으로 계산하면 된다.
여기서 특정차입금의 연평균지출액은 자본화기간 동안의 특정차입금의 연평균차입액에서 동 기간 중 일시투자에 지출된 연평균차입액을 차감하여 산정한다.

02 특정차입금으로 자본화할 차입원가

적격자산의 취득, 건설 또는 제조와 직접 관련된 차입원가는 당해 적격자산과 관련된 지출이 발생하지 아니하였다면 부담하지 않았을 차입원가이다. 특정 적격자산을 취득하기 위한 목적으로 차입한 특정차입금은 당해 적격자산과 직접 관련된 차입원가를 쉽게 식별할 수 있다.
특정차입금에 대한 차입원가는 자본화기간 동안 특정차입금으로부터 발생한 차입원가에서 자본화기간 동안 특정차입금으로 조달된 자금의 일시적 운용에서 생긴 일시투자수익을 차감하여 자본화한다.

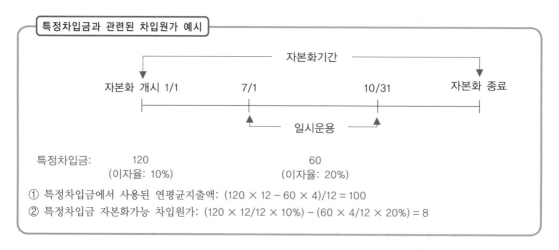

특정차입금과 관련된 차입원가 예시

자본화기간

자본화 개시 1/1 ⎯ 7/1 ⎯ 10/31 ⎯ 자본화 종료

일시운용

특정차입금: 120 / 60
(이자율: 10%) / (이자율: 20%)

① 특정차입금에서 사용된 연평균지출액: (120 × 12 – 60 × 4)/12 = 100
② 특정차입금 자본화가능 차입원가: (120 × 12/12 × 10%) – (60 × 4/12 × 20%) = 8

[특정차입금과 관련된 차입원가 정리]

단계	산식	비고
2단계: 특정차입금 차입원가의 자본화	① 특정차입금에서 사용한 연평균지출액: 　특정차입금차입액 × 자본화기간/12 　－ 일시투자액 × 일시투자기간/12 ② 자본화할 특정차입금의 차입원가: 　특정차입금차입액 × 자본화기간/12 × 차입 R 　－ 일시투자액 × 일시투자기간/12 × 일시투자 R	⊃ 특정차입금 자본화기간은 차입금 상환일과 　자본화 종료일 중 빠른 날에 종료 ⊃ 자본화 개시시점 이전, 자본화 중단기간에 발 　생한 차입원가는 자본화하지 않음

Additional Comment

특정차입금과 관련된 기준서 제1023호 '차입원가'의 관련 문단의 문구는 다음과 같다. '적격자산을 취득하기 위한 목적으로 특정하여 차입한 자금에 한해, 회계기간 동안 그 차입금으로부터 실제 발생한 차입원가에서 당해 차입금의 일시적 운용에서 생긴 투자수익을 차감한 금액을 자본화가능 차입원가로 결정한다' 이는 특정차입금과 관련된 자본화가능 차입원가가 회계기간 동안 발생한 것을 대상으로 하는 것으로 보이지만 특정차입금의 경우 개별적으로 추적이 가능하므로 자본화기간에 해당하는 차입원가만 자본화해야 수익과 비용 대응 원칙에 입각한 회계처리라 할 수 있다.

Self Study

특정차입금 관련하여 기준서 문장에서는 '회계기간 동안 발생한 차입원가를 자본화한다'고 되어 있지만 실제 계산문제에서는 특정차입금 자본화 차입원가는 자본화기간 동안 발생한 차입원가를 기준으로 한다. 다만, 서술형 문제에서는 기준서 문장대로 보기에 나와 있다면 맞는 문장이다.

V 3단계: 일반차입금과 관련된 차입원가

적격자산에 대한 지출액이 발생하면 연 단위로 환산하여 연평균지출액을 구한 후, 특정차입금이 먼저 사용되고 남은 부분에 대해서 일반차입금이 사용된다고 가정한다. 그러나 특정차입금과 다르게 일반차입금은 적격자산의 취득을 위하여 직접 차입한 차입금이 아니므로 차입원가를 직접 자본화할 수 없다. 또한 일반차입금은 상이한 이자율을 갖는 다양한 차입금으로 구성되어 있어서 어느 차입금을 사용하였다고 가정하는지에 따라 자본화할 차입원가 금액이 달라진다. 이러한 문제점들을 극복하기 위하여 일반차입금과 관련된 차입원가는 일반차입금들을 평균적으로 사용하였다고 가정한다. 그러므로 일반차입금과 관련하여 자본화할 차입원가는 적격자산에 대한 지출액에 자본화이자율을 곱하는 방식으로 계산한다.

01 일반차입금의 자본화이자율(일반차입금의 연평균이자율)

자본화이자율은 회계기간에 존재하는 기업의 모든 차입금에서 발생한 차입원가를 가중평균하여 산정한다. 그러나 어떤 적격자산을 의도된 용도로 사용 또는 판매 가능하게 하는 데 필요한 대부분의 활동이 완료되기 전까지는, 그 적격자산을 취득하기 위해 특정 목적으로 차입한 자금에서 생기는 차입원가를 자본화이자율 산정에서 제외한다.

$$\text{자본화이자율} = \frac{\text{해당 회계기간 동안 발생한 일반차입금 총차입원가}}{\text{회계기간 동안 일반차입금의 연평균차입금}}$$

Ex. 일반차입금의 자본화이자율

일반차입금	차입액	적수	이자율	연평균차입금	차입원가
A	100	12月	10%	100	10
B	200	6月	20%	100	20
합계				200	30

➲ 일반차입금 자본화이자율: 30/200 = 15%
➲ 일반차입금 한도: 30(해당 회계기간에 발생한 일반차입금 차입원가)

단, 일반차입금의 경우 당해 적격자산의 자본화 개시가 회계기간 중에 시작되거나 회계기간 중 완료되는 경우, 혹은 자본화 중단기간이 있는 경우라고 하더라도 아직 일반차입금이 상환되지 않았다면 자본화이자율을 회계기간 12개월 전체를 기준으로 산정해야 한다. 이는 자본화기간에 발생한 차입원가만을 자본화하는 특정차입금과 상이한 부분이다.

Additional Comment

국제회계기준위원회는 한국채택국제회계기준 기준서 제1023호 '차입원가'의 문구 중 '자본화이자율은 회계기간에 존재하는 기업의 모든 차입금에서 발생한 차입원가를 가중평균하여 산정한다'에 '모든 차입금'이라는 표현을 추가하였다. 여기서 모든 차입금은 특정차입금까지 포함하여 계산한다는 의미가 아니라 특정 적격자산에 사용된 특정차입금도 해당 적격자산이 완성된 이후 다른 적격자산에서는 일반차입금에 해당한다는 의미이다. 그러므로 회계기간 중에 자본화가 종료되었으나 아직 미상환된 특정차입금은 회계기간 종료시점까지 일반차입금으로 본다.

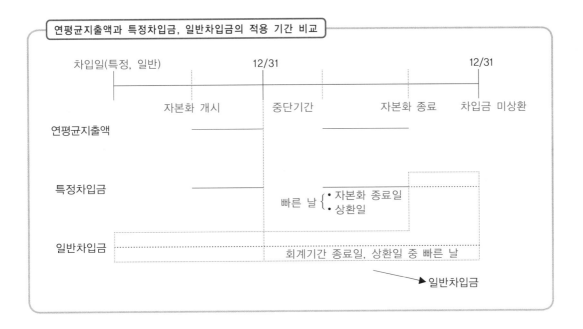

연평균지출액과 특정차입금, 일반차입금의 적용 기간 비교

02 일반차입금으로 자본화할 차입원가

일반차입금은 적격자산의 연평균지출액에서 특정차입금이 먼저 사용되고 남은 부분에 대해서 일반차입금이 사용되었다고 가정하기 때문에 연평균지출액이 특정차입금의 연평균지출액을 차감한 금액에 자본화이자율을 곱하여 일반차입금에 대한 자본화가능 차입원가를 계산한다.

이때 일반차입금은 자본화이자율을 이용하여 자본화할 차입원가를 산정하기 때문에 자본화할 차입원가가 실제 발생한 차입원가를 초과할 수도 있다. 차입원가는 실제 발생한 차입원가만 자본화하여야 하므로, 일반차입금과 관련하여 회계기간 동안 자본화할 차입원가는 자본화이자율 산정에 포함된 차입금으로부터 회계기간 동안 실제 발생한 차입원가를 초과할 수 없다. 또한 이 경우 일반차입금에서 사용되었다고 가정되는 연평균지출액이 실제 연평균일반차입액을 초과하는 부분이 있다면 이는 자기자본에서 사용된 부분으로 본다.

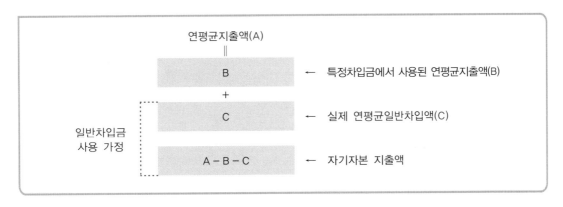

또한 일반차입금의 경우 종류와 수가 많기 때문에 일시적 운용으로부터 획득한 일시운용수익도 자본화할 차입원가에서 차감하지 않는다.

Self Study

1. 일반차입금에 대한 자본화이자율 및 차입원가 자본화 한도는 자본화 종료일과 상관 없이 실제 회계기간 중 발생한 일반차입금 차입원가를 기준으로 산정한다.
2. 일반차입금은 일시투자수익이 있더라도 차입원가에서 차감하지 않는다.

참고 **차입원가 자본화의 재무제표 효과**

B/S

건설중인자산	누적(지출액＋차입원가 자본화)	차입금	PV(CF)

I/S

이자비용	당기 발생 이자비용−당기 자본화 이자비용

* 현금흐름표상 이자비용으로 인한 현금유출액
➲ 포괄손익계산서상 이자비용 + 자본된 차입원가 + 관련 자산부채 증감

사례연습: 차입원가 자본화 계산

12월 31일이 결산일인 ㈜합격은 보유하고 있던 토지에 건물을 신축하기 위하여 20×1년 1월 1일 건설회사와 도급계약을 체결하였다. 관련 자료는 다음과 같다.

(1) ㈜합격은 20×1년 4월 1일부터 4월 30일까지 건물설계와 건물 신축 관련 인가 업무를 완료하였고, 20×1년 5월 1일부터 본격적인 건물 신축공사를 시작하였다.

(2) ㈜합격의 건물 신축과 관련하여 다음과 같이 지출이 발생하였다.

20×1. 4. 1.	₩800,000
20×1. 7. 1.	₩3,000,000
20×2. 6. 30.	₩1,200,000

* 20×1년 4월 1일 A사는 정부로부터 동 건물 신축과 관련하여 ₩400,000을 보조받았다.

(3) 동 건물은 20×2년 6월 30일 완공되었다.

(4) ㈜합격의 20×1년 중 차입금 현황은 다음과 같다.

차입금	차입일	차입금액	상환일	연이자율
A	20×1. 4. 1.	₩1,200,000	20×2. 3. 31.	12%
B	20×1. 7. 1.	₩3,000,000	20×2. 12. 31.	9%
C	20×0. 1. 1.	₩1,000,000	20×3. 12. 31.	12%

* 이들 차입금 중 차입금 A는 건물 신축을 위하여 개별적으로 차입되었으며, 이 중 ₩400,000은 20×1년 4월 1일부터 20×1년 6월 30일까지 연 10%의 이자지급조건의 정기예금에 예치하였다. 차입금 B, C는 일반적으로 차입된 것이다.

1 20×1년 연평균지출액은 얼마인가?

2 20×1년 자본화가능 차입원가는 얼마인가?

풀이

1 20×1년 연평균지출액: 1,800,000

2 20×1년 자본화차입원가: 200,000

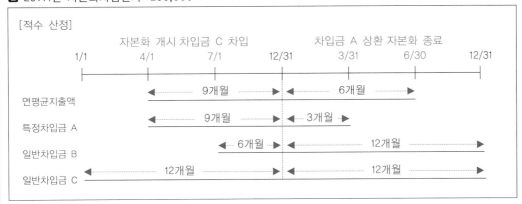

2. 차입원가의 자본화 **287**

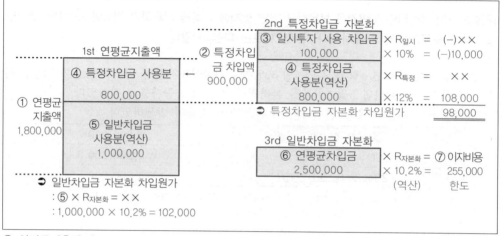

20×1년 자본화할 차입원가: 98,000 + 102,000 = 200,000

① 연평균지출액: (800,000 × 9 − 400,000 × 9 + 3,000,000 × 6)/12 = 1,800,000
② 특정차입금 연평균차입금: 1,200,000 × 9/12 = 900,000
③ 일시투자 사용 연평균차입금: 400,000 × 3/12 = 100,000
⑥, ⑦ 일반차입금의 연평균차입금과 이자비용

구분	차입금액(I)	적수(II)	연평균차입금(III = I × II)	이자비용
B(9%)	3,000,000	6/12	1,500,000	1,500,000 × 9%
C(12%)	1,000,000	12/12	1,000,000	1,000,000 × 12%
합계			⑥ 2,500,000	⑦ 255,000

VI 기타사항

적격자산의 장부금액 또는 예상 최종원가는 회수가능액 또는 순실현가능가치를 초과하는 경우 다른 한국채택국제회계기준의 규정에 따라 자산손상을 기록한다. 또한 경우에 따라 당해 한국채택국제회계기준서의 규정에 따라 기록된 자산손상금액을 환입한다.

Chapter 7 | 객관식 문제

01 차입원가의 자본화에 대한 설명으로 올바른 것은 어느 것인가?

① 적격자산은 의도된 용도로 사용하거나 판매 가능한 상태에 이르게 하는 데 상당한 기간을 필요로 하는 자산을 말한다. 따라서 생물자산이나 금융자산도 취득완료시점까지 상당한 기간이 소요된다면 적격자산에 해당한다.

② 적격자산의 취득, 건설 또는 생산과 직접 관련된 차입원가는 당해 자산 원가의 일부로 자본화할 수 있다.

③ 적격자산에 대한 지출액은 현금의 지급, 다른 자산의 제공 또는 이자부 부채의 발생 등에 따른 지출액을 의미하며, 적격자산과 관련하여 수취하는 정부보조금과 건설 등의 진행에 따라 수취하는 금액은 적격자산에 대한 지출액에 가산한다.

④ 적격자산을 의도된 용도로 사용하거나 판매 가능한 상태에 이르게 하는 데 필요한 대부분의 활동이 완료된 시점에 차입원가의 자본화를 종료한다.

⑤ 적격자산의 건설활동이 여러 부분으로 나누어 완성되는 경우에는 이미 완성된 부분의 사용 가능 여부에 관계없이 차입원가의 자본화를 종료한다.

02 ㈜관세는 20×1년 4월 1일 사옥건설(20×2년 12월 31일 완공 예정)을 시작하였고, 공사대금으로 20×1년 4월 1일에 ₩200,000, 20×1년 7월 1일에 ₩300,000을 지출하였다. 동 사옥은 차입원가를 자본화하는 적격자산이며, ㈜관세의 차입금 내역은 다음과 같다.

구분	차입액	차입일	상환일	연 이자율
특정차입금	₩300,000	20×1년 4월 1일	20×2년 12월 31일	5%(단리)
일반차입금	700,000	20×1년 1월 1일	20×2년 12월 31일	7%(단리)

특정차입금 중 ₩100,000을 20×1년 4월 1일부터 3개월 간 연 이자율 3%(단리)의 정기예금에 예치하였다. ㈜관세가 건설 중인 사옥에 대하여 20×1년에 자본화할 차입원가는? (단, 연평균지출액, 이자비용, 이자수익은 월할 계산한다.) [관계사 2025년]

① ₩15,500 ② ₩15,750 ③ ₩16,500

④ ₩17,500 ⑤ ₩18,250

03 ㈜감평은 20X1년 1월 초에 본사건물을 착공하여 20X2년 11월 말 완공하였다. 본사건물 신축 관련 자료가 다음과 같을 때, ㈜감평이 20X1년도에 자본화할 차입원가는? (단, 기간은 월할 계산한다.) [감정평가사 2023년]

(1) 공사비 지출

일자	금액
20X1. 1. 1.	₩2,000,000
20X1. 7. 1.	₩400,000

(2) 차입금 현황

구분	차입금액	차입기간	연이자율
특정차입금	₩2,000,000	20X1. 7. 1. ~ 20X1. 12. 31.	3%
일반차입금	₩100,000	20X1. 1. 1 ~ 20X2. 6. 30.	5%

① ₩30,000   ② ₩35,000   ③ ₩50,000
④ ₩65,000   ⑤ ₩90,000

04 차입원가의 회계처리와 관련하여 적격자산에 관한 설명으로 옳지 않은 것은?

[관세사 2019년]

① 적격자산의 취득, 건설 또는 생산과 직접 관련된 차입원가는 당해 적격자산과 관련된 지출이 발생하지 아니하였다면 부담하지 않았을 차입원가이다.
② 금융자산과 단기간 내에 제조되거나 다른 방법으로 생산되는 재고자산은 적격자산에 해당하지 아니한다.
③ 적격자산을 의도된 용도로 사용(또는 판매) 가능하게 하는 데 필요한 활동은 당해 자산의 물리적인 제작뿐만 아니라 그 이전단계에서 이루어진 기술 및 관리상의 활동도 포함한다.
④ 적격자산에 대한 적극적인 개발활동을 중단한 기간에는 차입원가의 자본화를 중단한다.
⑤ 적격자산을 취득하기 위한 목적으로 특정하여 차입한 자금에 한하여, 회계기간 동안 그 차입금으로부터 실제 발생한 차입원가에서 당해 차입금의 일시적 운용에서 생긴 투자수익을 가산한 금액을 자본화가능차입원가로 결정한다.

01 ④ ① 최초 인식시점에 순공정가치나 공정가치로 인식하는 생물자산과 금융자산은 차입원가의 자본화 여부에 관계없이 최초원가가 동일하므로 적격자산에 해당하지 않는다.
② 차입원가의 자본화는 강제조항이므로 자본화할 수 있는 것이 아니라 자본화하여야 한다.
③ 정부보조금과 건설 등의 진행에 따라 수취하는 금액은 적격자산에 대한 지출액에서 차감한다.
⑤ 부분적으로 완성된 경우 이미 완성된 부분이 사용 가능하다면 당해 부분에 대하여 차입원가의 자본화를 종료하지만, 자산전체가 완성되어야만 사용이 가능한 경우에는 계속 자본화한다.

02 ④ 1) 연평균지출액: $(200,000 \times 9 + 300,000 \times 6)/12 = 300,000$
2) 특정차입금 자본화 차입원가: $(300,000 \times 9/12 = 225,000) \times 5\% - 100,000 \times 3/12 \times 3\% = 10,500$
3) 일반차입금 자본화 차입원가: $[300,000 - (225,000 - 25,000)] \times 7\% = 7,000$(한도: $700,000 \times 7\% = 49,000$)
4) 자본화할 차입원가: 2)+3) $= 17,500$

03 ② ₩35,000 $= 30,000 + 10,000$

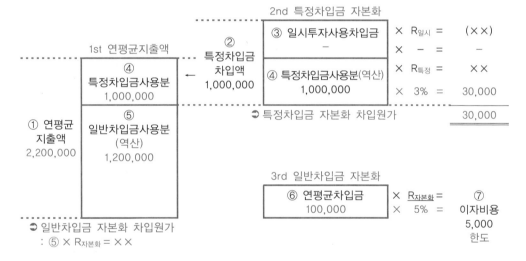

⑤>⑥이므로 일반차입금은 한도에 걸려 5,000이 자본화 금액이다.

04 ⑤ 적격자산을 취득하기 위한 목적으로 특정하여 차입한 자금에 한하여, 회계기간동안 그 차입금으로부터 실제 발생한 차입원가에서 당해 차입금의 일시적 운용에서 생긴 투자수익을 차감한 금액을 자본화가능차입원가로 결정한다.

해커스 감정평가사
ca.Hackers.com

Chapter **8**

기타의 자산

1 투자부동산

01 투자부동산의 정의

기업이 임대목적이나 시세차익을 획득할 목적으로 부동산을 보유하는 경우가 있다. 이와 같은 부동산은 임대수익이나 시세차익을 통하여 다른 자산과 독립적으로 현금을 창출할 수 있기 때문에 국제회계기준에서는 자가사용부동산과 구분하여 투자부동산으로 회계처리할 것을 요구하고 있다.

투자부동산은 임대수익이나 시세차익 또는 두 가지 모두를 얻기 위하여 소유자가 보유하거나 리스이용자가 사용권자산으로 보유하고 있는 부동산(토지, 건물)을 말한다.

Self Study

1. 기업은 리스계약을 통해서 일정 기간 동안 부동산을 사용할 수 있는 권리를 갖기도 하는데, 이를 사용권자산으로 인식한다. 만약에 사용권자산으로 인식한 부동산을 임대목적으로 사용한다면 이것도 투자부동산이다.
2. 종업원이 사용하고 있는 부동산은 종업원이 시장가격으로 임차료를 지급하고 있는지 여부와 관계없이 자가사용부동산으로 분류한다.

02 투자부동산의 분류

재화나 용역의 생산 또는 제공이나 관리목적에 사용하거나, 통상적인 영업과정에서 판매하는 자산은 투자부동산에서 제외한다. 그 이유는 재화의 생산이나 용역의 제공 또는 관리목적에 사용하는 부동산(예 제조회사가 보유하는 공장건물)은 유형자산으로 분류하며, 통상적인 영업활동과정에서 판매목적으로 보유하고 있는 부동산(예 부동산 개발회사가 보유하는 판매용 토지나 건물)은 재고자산으로 분류하기 때문이다.

투자부동산으로 분류되는 예와 투자부동산으로 분류되지 않는 항목의 예는 다음과 같다.

투자부동산의 분류

구분	계정 분류
장기 시세차익을 얻기 위하여 보유하고 있는 토지	투자부동산
장래 사용 목적을 결정하지 못한 채로 보유하고 있는 토지	
직접 소유하고 운용리스로 약정한 건물 또는 보유하는 건물에 관련되고 운용리스로 약정한 사용권자산	
운용리스로 제공하기 위하여 보유하고 있는 미사용건물	
미래에 투자부동산으로 사용하기 위하여 건설 또는 개발 중인 부동산	
통상적인 영업과정에서 판매하거나 이를 위해 건설 또는 개발 중인 부동산	재고자산
자가사용부동산	유형자산
처분예정인 자가사용부동산	매각예정비유동자산
금융리스로 제공한 부동산	인식 ✕(= 처분)

Additional Comment

유형자산을 기업이 재화 혹은 용역의 생산이나 제공, 타인에 대한 임대 또는 관리활동에 사용할 목적으로 보유하는 물리적 형태가 있는 자산으로 정의하였다. 그런데 이 중 '타인에 대한 임대'라는 것이 투자부동산의 임대수익을 얻기 위한 목적과 중복되는 것에 대한 의문이 들 수 있는데, 유형자산은 토지나 건물과 같은 부동산뿐만 아니라 기계장치나 비품과 같이 부동산이 아닌 자산도 모두 포함한다. 그러므로 유형자산을 정의할 때 임대라는 것은 부동산이 아닌 자산에 적용되는 것으로 보아야 할 것이다.

03 투자부동산의 분류에 대한 추가상황

투자부동산의 분류에 대한 기준서의 추가적인 설명은 아래 두 가지 상황으로 구분한다.

(1) 부동산 중 일부분은 임대수익 or 시세차익, 나머지는 자가사용목적으로 보유하는 경우

부동산 중 일부분은 임대수익이나 시세차익을 얻기 위하여 보유하고, 일부분은 재화의 생산이나 용역의 제공 또는 관리목적에 사용하기 위하여 보유할 수 있다. 이러한 경우 다음과 같이 투자부동산과 자가사용부동산을 식별한다.

[부동산 중 일부분은 임대수익 or 시세차익, 나머지는 자가사용목적으로 보유하는 경우]

구분	내용
일부만 투자부동산으로 분리매각 가능한 경우	투자부동산과 자가사용부동산을 각각 분리하여 인식
일부만 투자부동산으로 분리매각 불가한 경우	재화 생산, 용역 제공 또는 관리활동에 사용하는 부분이 경미한 경우에만 투자부동산으로 분류

(2) 부수적인 용역을 제공하는 경우

부동산 보유자가 부동산 사용자에게 부수적인 용역을 제공하는 경우에는 다음과 같이 투자부동산과 자가사용부동산으로 식별한다.

[부수적인 용역을 제공하는 경우]

구분	내용
제공하는 부수용역이 경미한 경우	투자부동산으로 분류
제공하는 부수용역이 유의적인 경우	자가사용부동산으로 분류

Ⅱ 투자부동산의 최초 인식과 최초측정 및 후속원가

01 투자부동산의 인식기준

소유 부동산은 다른 자산과 마찬가지로 다음의 조건을 모두 충족할 때, 자산으로 인식한다.

> ① 투자부동산에서 발생하는 미래경제적 효익의 유입가능성이 높다.
> ② 투자부동산의 원가를 신뢰성 있게 측정할 수 있다.

투자부동산의 원가는 이 인식기준에 따라 발생시점에 평가한다. 한편, 리스이용자가 사용권자산으로 보유하는 투자부동산은 한국채택국제회계기준 제1116호 '리스'에 따라 인식한다.

02 최초측정

투자부동산은 최초 인식시점에 원가로 측정하며, 거래원가는 최초측정에 포함한다. 투자부동산의 원가는 당해 자산을 취득하기 위하여 최초로 발생한 원가와 후속적으로 발생한 추가원가, 대체원가가 포함되며, 일상적으로 발생하는 유지원가는 발생기간의 비용으로 인식한다.

Additional Comment

> 원가는 자산을 취득하기 위하여 자산의 취득시점이나 건설시점에서 지급한 현금 또는 현금성자산이나 제공한 기타 대가의 공정가치를 말한다.

03 후속원가

투자부동산의 원가에는 취득하기 위하여 최초로 발생한 원가와 후속적으로 발생한 추가원가, 대체원가 또는 유지원가를 포함한다.

한국채택국제회계기준에서는 투자부동산을 최초로 인식한 후 당해 자산에 대해서 공정가치모형과 원가모형 중 하나를 선택하여 모든 투자부동산에 적용하도록 규정하고 있다. 투자부동산에 대해서 공정가치모형의 적용을 강제하지 못하는 이유는 각 국가마다 부동산 시장의 성숙도가 다르기 때문에 신뢰성 있는 공정가치 측정이 어려울 수 있다는 점을 고려한 결과이다.

원가모형과 공정가치모형 간의 선택은 회계정책의 변경에 해당하며, 기준서 제1008호 '회계정책, 회계추정 및 오류'에 따르면 회계정책의 변경으로 재무상태, 재무성과 또는 현금흐름에 미치는 영향에 대해 신뢰성이 있으며 더 목적적합한 정보를 제공하는 경우에만 자발적인 회계정책의 변경을 허용한다. 그러므로 원가모형을 적용하던 투자부동산을 특정 회계연도부터 공정가치모형으로 변경하는 것은 허용되나, 반대로 공정가치모형에서 원가모형으로 변경하는 것은 더 목적적합한 정보를 제공한다고 보기 어렵기 때문에 허용되기 어려울 것이다.

투자부동산에 공정가치모형을 적용하지 않더라도 투자부동산의 공정가치 정보를 주석에 공시해야 하므로 투자부동산을 보유하는 모든 기업은 투자부동산의 공정가치를 측정하여야 한다. 이 경우 최근에 유사한 부동산을 평가한 경험이 있고 전문적 자격이 있는 독립된 평가인의 가치평가에 기초하여 공정가치를 측정할 것을 권고하나, 반드시 의무적일 필요는 없다.

투자부동산의 후속측정에서 공정가치모형과 원가모형 적용에 따른 차이는 아래와 같다.

투자부동산 후속측정 시 원가모형과의 공정가치모형 비교

구분	원가모형	공정가치모형
감가상각	○	×
기말평가	× (FV주석공시)	○ (평가손익 N/I 반영)
손상차손	인식함	인식하지 않음

(1) 공정가치의 신뢰성 있는 측정이 가능한 경우

투자부동산의 평가방법으로 공정가치모형을 선택한 경우 공정가치를 신뢰성 있게 측정하기 어려운 경우가 아니라면, 최초 인식 후 모든 투자부동산을 공정가치로 측정한다.

> **Self Study**
>
> 기준서 제1116호 '리스'에서는 리스이용자가 사용권자산을 인식하도록 규정하는데, 리스이용자가 투자부동산에 공정가치모형을 적용하는 경우에는 투자부동산의 정의를 충족하는 사용권자산도 공정가치모형을 적용한다.

투자부동산에 공정가치모형을 적용할 경우 공정가치 변동으로 발생하는 손익을 당기손익으로 인식한다. 또한 투자부동산을 공정가치모형에 의하여 측정하는 경우에는 감가상각을 수행하지 않는다. 감가상각을 수행하고 공정가치 평가를 하거나 감가상각을 수행하지 않고 공정가치 평가를 하는 경우에 당기손익에 미치는 영향이 같아 감가상각의 실익이 없기 때문이다. 더하여 공정가치모형을 적용하는 경우에는 투자부동산에 대하여 손상을 인식하지 않는다.

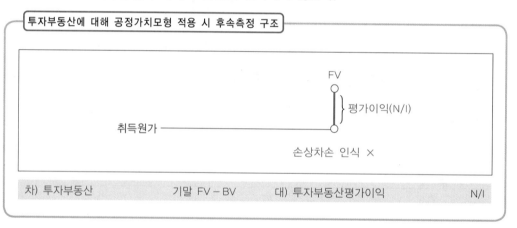

(2) 공정가치의 신뢰성 있는 측정이 어려운 경우

기업은 투자부동산의 공정가치를 계속 신뢰성 있게 측정할 수 있다고 추정한다. 그러나 예외적인 경우 처음으로 취득한 투자부동산의 공정가치를 계속 신뢰성 있게 측정하기가 어려울 것이라는 명백한 증거가 있을 수 있다. 이 경우에는 예외적으로 원가로 측정한다.

건설 중인 투자부동산의 공정가치가 신뢰성 있게 측정될 수 있다는 가정은 오직 최초 인식시점에만 반박될 수 있다. 따라서 건설 중인 투자부동산을 공정가치로 측정한 기업은 완성된 투자부동산의 공정가치를 신뢰성 있게 측정할 수 없다고 결론지을 수 없다.

공정가치모형을 선택하였는데, 예외적으로 공정가치의 신뢰성 있는 측정이 어려워 하나의 투자부동산에 원가모형을 적용하더라도 그 밖의 모든 투자부동산은 공정가치모형을 적용한다.

투자부동산을 공정가치로 측정해온 경우라면 비교할만한 시장의 거래가 줄어들거나 시장가격 정보를 쉽게 얻을 수 없게 되더라도, 당해 부동산을 처분하거나 자가사용부동산으로 대체하거나, 통상적인 영업과정에서 판매하기 위하여 개발을 시작하기 전까지는 계속하여 공정가치로 측정한다.

02 원가모형

투자부동산의 평가방법으로 원가모형을 선택한 경우에는 최초 인식 후 다음에 따라 투자부동산으로 측정한다.

① 매각예정으로 분류하는 조건을 충족하는 경우: 기준서 제1105호 '매각예정비유동자산과 중단영업'에 따라 측정
② 리스이용자가 사용권자산으로 보유하고 매각예정이 아닌 경우: 기준서 제1116호 '리스'에 따라 측정
③ 다른 모든 경우: 기준서 제1016호 '유형자산'에 따라 측정

그러므로 원가모형에 의하여 측정하는 투자부동산 중 감가상각대상자산은 감가상각을 수행하고 원가모형의 손상 규정을 준용하여 평가하여야 한다(매 보고기간 말마다 자산손상 징후가 있는지를 검토하고 그러한 징후가 있다면 해당 자산의 회수가능액을 추정하고, 자산의 회수가능액이 장부금액에 못 미치는 경우에 자산의 장부금액을 회수가능액으로 감액하고 해당 감소금액을 손상차손 과목으로 당기손익으로 인식한다).

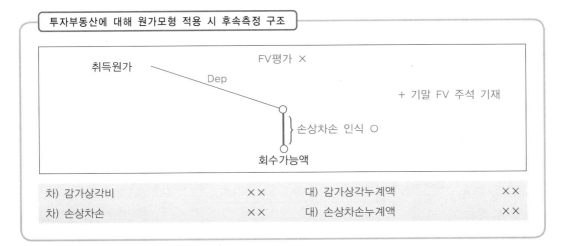

Self Study

공정가치를 신뢰성 있게 측정할 수 없는 경우에 한해 투자부동산의 잔존가치를 '0'으로 가정하고 원가모형을 적용하는 것이다. 일반적인 원가모형의 경우에는 잔존가치를 '0'으로 가정하지 않는다.

㈜국세는 20×2년 1월 1일에 임대수익을 얻을 목적으로 건물 A를 ₩150,000,000에 취득하였다. 건물 A의 내용연수는 10년이고, 잔존가치는 없는 것으로 추정하였다. 20×2년 12월 31일 건물 A의 공정가치는 ₩140,000,000이다.

1 ㈜국세가 건물 A에 대해 원가모형을 적용하는 경우, 20×2년 동 거래가 ㈜국세의 당기손익에 미치는 영향은 얼마인가? (단, ㈜국세는 통상적으로 건물을 정액법으로 감가상각한다)

2 ㈜국세가 건물 A에 대해 공정가치모형을 적용하는 경우, 20×2년에 동 거래가 ㈜국세의 당기손익에 미치는 영향은 얼마인가?

풀이

1 · 20×2년 당기손익에 미치는 영향: (−)15,000,000
· 감가상각비: (150,000,000 − 0)/10년 = (−)15,000,000

차) 감가상각비(N/I)	15,000,000	대) 감가상각누계액	15,000,000

2 · 20×2년 당기손익에 미치는 영향: (−)10,000,000
· 투자부동산평가손실: 140,000,000 − 150,000,000 = (−)10,000,000

차) 투자부동산평가손실(N/I)	10,000,000	대) 투자부동산	10,000,000

03 재평가모형과 공정가치모형의 비교

유형자산에 대하여 재평가모형을 최초 적용할 경우에는 기준서 제1008호에 따른 소급법을 적용하지 않고 예외적으로 전진법을 적용한다. 이에 반해 투자부동산에 대해서 공정가치모형을 최초 적용할 경우에는 기준서 제1008호에 따라 소급법을 적용하여 비교 표시되는 과거기간의 재무제표를 재작성해야 한다. 유형자산에 대한 재평가모형과 투자부동산에 대한 공정가치모형의 차이를 비교하면 다음과 같다.

[유형자산에 대한 재평가모형과 투자부동산에 대한 공정가치모형의 비교]

구분	유형자산 재평가모형	투자부동산 공정가치모형
측정 대상	당해 자산이 포함되는 유형자산의 분류 전체에 대해 적용	일부 예외를 제외하고, 모든 투자부동산에 대해 적용
평가 주기	공정가치 변동의 정도를 고려하여 재평가	매 보고기간 말에 공정가치 평가
공정가치 변동액의 회계처리	① 평가증: 기타포괄손익 ② 평가감: 당기손익	당기손익
감가상각 여부	재평가된 금액에 기초하여 다음 연도 감가상각비 인식	감가상각비 인식하지 않음
손상차손 여부	처분부대원가가 미미하지 않은 경우 손상차손 인식	손상차손 인식하지 않음

기출 Check 1

유통업을 영위하는 ㈜대한은 20×1년 1월 1일 건물을 ₩10,000에 취득하였다. 건물의 내용연수는 10년, 잔존가치는 ₩0이며, 정액법으로 상각한다. 다음은 20×1년 초부터 20×2년 말까지의 동 건물에 관한 공정가치 정보이다.

20×1년 초	20×1년 말	20×2년 말
₩10,000	₩10,800	₩8,800

㈜대한이 동 건물을 다음과 같은 방법(A ~ C)으로 회계처리하는 경우, 20×2년도 당기순이익 크기 순서대로 올바르게 나열한 것은? (단, 손상차손은 고려하지 않으며, 동 건물의 회계처리를 반영하기 전의 20×2년도 당기순이익은 ₩10,000이라고 가정한다)   [공인회계사 2018년]

A. 원가모형을 적용하는 유형자산
B. 재평가모형을 적용하는 유형자산(단, 재평가잉여금은 건물을 사용함에 따라 이익잉여금에 대체한다고 가정함)
C. 공정가치모형을 적용하는 투자부동산

① A > B > C   ② A > C > B   ③ B > A > C
④ C > B > A   ⑤ A > B = C

풀이

(1) A: 감가상각비 10,000/10년 = (−)1,000
(2) B: 감가상각비 10,800/9년 = (−)1,200
(3) C: 평가손실 8,800 − 10,800 = (−)2,000

정답: ①

투자부동산을 처분하거나, 투자부동산의 사용을 영구히 중지하고 처분으로도 더 이상의 경제적 효익을 기대할 수 없는 경우에는 제거한다. 관련된 내용은 다음과 같으며 유형자산의 제거와 동일하다.

> ① 투자부동산의 폐기나 처분으로 발생하는 손익은 순처분금액과 장부금액의 차액이며 폐기나 처분이 발생한 기간에 당기손익으로 인식한다.
> ② 투자부동산의 손상, 멸실 또는 포기로 제3자에게 받는 보상은 받을 수 있게 되는 시점에 당기손익으로 인식한다.

부동산은 자가사용부동산자산, 재고자산 또는 투자부동산 중 한 가지로 분류된다. 이때 부동산의 용도가 변경되는 경우에는 투자부동산과 자가사용부동산 간, 또는 투자부동산과 재고자산 간에 계정대체를 한다.

01 투자부동산의 용도 변경에 따른 계정대체

부동산이 투자부동산의 정의를 충족하게 되거나 충족하지 못하게 되고, 용도 변경의 증거가 있는 경우에는 부동산의 용도가 변경된 것이다. 단, 부동산의 용도에 대한 경영진의 의도 변경만으로는 용도 변경의 증거가 되지 않는다. 한국채택국제회계기준에서는 다음과 같은 예를 용도 변경의 증거로 인정하고 있다.

[투자부동산의 용도 변경에 따른 계정대체]

구분	분류 변경
투자부동산의 자가사용 개시 or 자가사용을 목적으로 개발 시작	투자부동산 → 유형자산
통상적인 영업과정에서 판매하기 위한 개발 시작	투자부동산 → 재고자산
자가사용의 종료	유형자산 → 투자부동산
판매목적자산을 제3자에 대한 운용리스 제공의 약정	재고자산 → 투자부동산

Additional Comment

판매목적으로 보유하고 있던 투자부동산을 개발하기 시작하는 것과 같이 사용목적의 변경이 입증되는 경우에만 투자부동산에서 재고자산으로 대체하도록 하고 있다. 그러므로 투자부동산을 개발하지 않고 처분하려는 경우에는 제거될 때까지 재무상태표에 투자부동산으로 분류하며, 재고자산으로 대체하지 않는다. 이와 유사하게 투자부동산을 재개발하여 판매하는 것이 아니라 미래에도 계속 투자부동산으로 사용하고자 하는 경우에도 재개발기간 동안 계속 투자부동산으로 분류하며, 자가사용부동산으로 대체하지 않는다. 또한 아파트를 개발하여 분양하는 기업이 아파트 개발을 완료하였으나, 부동산 경기침체로 아파트 매매가 여의치 않아 이를 장기임대하기로 하였다면 개발 완료한 아파트는 재고자산으로 분류되지만, 이를 장기임대하기로 하였다면 투자부동산으로 변경한다.

1. 투자부동산을 개발하지 않고 처분하려는 경우에는 제거될 때까지 투자부동산으로 분류하고, 재고자산으로 대체하지 않는다.
2. 투자부동산을 재개발하여 미래에도 투자부동산으로 사용하고자 하는 경우에도 재개발기간 동안 계속 투자부동산으로 분류하며 자가사용부동산으로 대체하지 않는다.

02 투자부동산의 계정대체 회계처리

투자부동산을 원가모형으로 평가하는 경우 투자부동산에서 자가사용부동산 또는 재고자산으로 대체가 발생할 때에는 대체 전 자산의 장부금액을 승계하며 자산의 원가를 변경하지 않는다. 그러나 투자부동산을 공정가치로 평가하는 경우 자가사용부동산이나 재고자산으로 대체할 때에는 후속적인 회계를 위한 간주원가는 용도 변경시점의 공정가치가 된다. 용도 변경시점에 발생한 평가손익은 당기손익으로 인식한다.

[계정대체의 분류기준 및 기준별 효과]

구분	유형	회계처리
투자부동산 원가모형 적용	투자부동산 ↔ 유형·재고자산	장부가액 승계, N/I 영향 없음
투자부동산 공정가치모형 적용	1) 투자부동산 ↔ 재고자산	공정가치 승계, N/I 반영
	2) 투자부동산 → 유형자산	공정가치 승계, N/I 반영
	3) 유형자산 → 투자부동산	재평가 후 대체 1) 평가이익(재평가잉여금 OCI) 2) 평가손실(재평가손실 N/I)

(1) 투자부동산을 원가모형으로 평가하는 경우

투자부동산을 원가모형을 적용하는 경우 투자부동산, 자가사용부동산, 재고자산 간에 계정대체 시 재분류 전 자산의 장부금액을 승계하며, 재분류시점의 당기손익에 영향을 미치지 않는다.

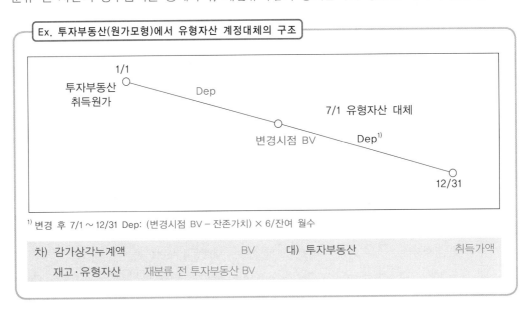

Ex. 투자부동산(원가모형)에서 유형자산 계정대체의 구조

1/1 투자부동산 취득원가

Dep

7/1 유형자산 대체

변경시점 BV

Dep[1]

12/31

[1] 변경 후 7/1 ~ 12/31 Dep: (변경시점 BV – 잔존가치) × 6/잔여 월수

차) 감가상각누계액	BV	대) 투자부동산	취득가액
재고·유형자산	재분류 전 투자부동산 BV		

(2) 투자부동산을 공정가치모형으로 평가하는 경우

1) **투자부동산(공정가치모형) ↔ 재고자산**

① 투자부동산(공정가치모형) → 재고자산

사용목적 변경시점의 투자부동산의 공정가치를 재고자산의 최초 인식 원가로 간주하여 사용목적
변경시점에 투자부동산에 대한 평가손익을 당기손익으로 인식하는 회계처리를 함께 해야 한다.

| 차) 재고자산 | 투자부동산 FV | 대) 투자부동산 | BV |
| | | 투자부동산평가이익(N/I) | FV − BV |

② 재고자산 → 투자부동산(공정가치모형)

재고자산을 공정가치로 평가하는 투자부동산으로 대체하는 경우, 재고자산의 장부금액과 대체시점
의 공정가치의 차액은 당기손익으로 인식한다. 따라서 재고자산을 공정가치로 평가하는 투자부동
산으로 대체하는 회계처리는 재고자산을 매각하는 경우의 회계처리와 일관성이 있다.

| 차) 투자부동산 | 재고자산 FV | 대) 재고자산 | BV |
| | | 재고자산처분이익(N/I) | FV − BV |

[참고] 아래와 같은 주장도 있다.

| 차) 투자부동산 | 변경시점 FV | 대) 매출 | ×× |
| 차) 매출원가 | ×× | 대) 재고자산 | BV |

2) **투자부동산(공정가치모형) → 유형자산**

① 투자부동산(공정가치모형) → 유형자산(원가모형)

사용목적 변경시점의 투자부동산의 공정가치를 유형자산의 최초 인식 원가로 간주하여 사용목적
변경시점에 투자부동산에 대한 평가손익을 당기손익으로 인식하는 회계처리를 함께 해야 한다.

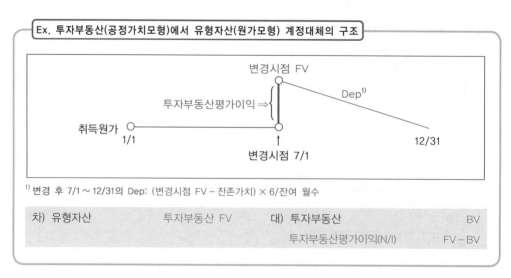

Ex. 투자부동산(공정가치모형)에서 유형자산(원가모형) 계정대체의 구조

1) 변경 후 7/1 ~ 12/31의 Dep: (변경시점 FV − 잔존가치) × 6/잔여 월수

| 차) 유형자산 | 투자부동산 FV | 대) 투자부동산 | BV |
| | | 투자부동산평가이익(N/I) | FV − BV |

② 투자부동산(공정가치모형) → 유형자산(재평가모형)

사용목적 변경시점의 투자부동산의 공정가치를 유형자산의 최초 인식 원가로 간주하여 사용목적 변경시점에 투자부동산에 대한 평가손익을 당기손익으로 인식하는 회계처리를 함께 해야 한다. 계정대체시점 이후 유형자산은 기말시점에 공정가치를 측정하여 재평가손익을 인식한다.

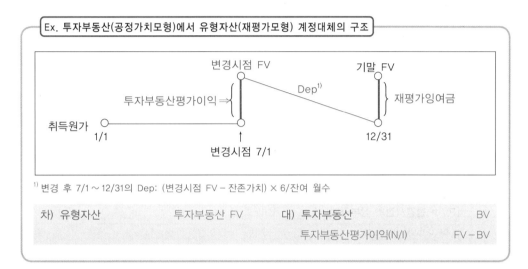

Ex. 투자부동산(공정가치모형)에서 유형자산(재평가모형) 계정대체의 구조

[1] 변경 후 7/1 ~ 12/31의 Dep: (변경시점 FV − 잔존가치) × 6/잔여 월수

| 차) 유형자산 | 투자부동산 FV | 대) 투자부동산 | BV |
| | | 투자부동산평가이익(N/I) | FV − BV |

3) 유형자산 → 투자부동산(공정가치모형)

자가사용부동산을 공정가치로 평가하는 투자부동산으로 대체하는 경우, 용도 변경시점까지 그 부동산을 감가상각하고, 발생한 손상차손을 인식한다. 용도 변경시점에 부동산의 장부금액과 공정가치의 차액은 재평가모형의 회계처리와 동일한 방법으로 회계처리한다. (⇒ 유형자산에 원가모형을 적용하여 왔더라도 동일하게 적용한다)

Additional Comment

이때 재평가모형의 회계처리와 동일한 방법으로 회계처리한다는 것은 자가사용부동산에 대해서 먼저 재평가를 한 후에 계정대체함을 의미한다(선 평가, 후 대체). 즉, 자가사용부동산의 장부금액보다 공정가치가 적다면 장부금액과 공정가치의 차액을 당기손익(재평가손실)으로 인식하되, 이미 자가사용부동산을 재평가모형으로 평가하여 장부금액에 재평가잉여금이 포함되어 있으면 재평가잉여금을 우선 감소시키고, 초과액을 당기손익(재평가손실)에 반영한다. 반면에 자가사용부동산의 장부금액보다 공정가치가 크다면 장부금액과 공정가치의 차액을 이전에 인식한 손상차손을 한도로 당기손익(재평가이익)으로 인식하고, 초과액은 재평가잉여금으로 인식한다.

후속적으로 투자부동산을 처분할 때에 자본에 포함된 재평가잉여금은 이익잉여금으로 대체할 수 있다.

① 유형자산(원가모형) → 투자부동산(공정가치모형)

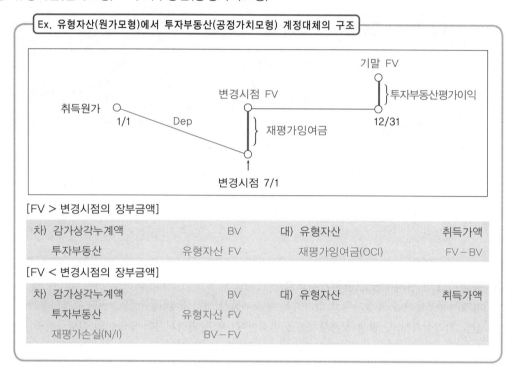

Ex. 유형자산(원가모형)에서 투자부동산(공정가치모형) 계정대체의 구조

[FV > 변경시점의 장부금액]

차) 감가상각누계액	BV	대) 유형자산	취득가액
투자부동산	유형자산 FV	재평가잉여금(OCI)	FV – BV

[FV < 변경시점의 장부금액]

차) 감가상각누계액	BV	대) 유형자산	취득가액
투자부동산	유형자산 FV		
재평가손실(N/I)	BV – FV		

② 유형자산(재평가모형) → 투자부동산(공정가치모형)

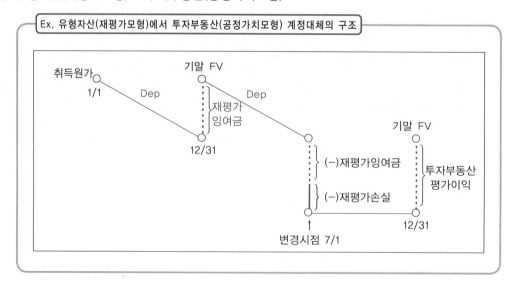

Ex. 유형자산(재평가모형)에서 투자부동산(공정가치모형) 계정대체의 구조

12월 말 결산법인인 ㈜사과는 20×1년 1월 1일 건물을 ₩10,000에 취득하였다. 건물의 경제적 내용연수는 10년, 잔존가치는 없으며 감가상각방법은 정액법이다. 각 보고기간 말 현재 건물의 공정가치는 다음과 같다.

20×1년 말	20×2년 말	20×3년 말	20×4년 말
₩9,180	₩7,200	₩6,300	₩6,000

단, 동 건물을 자가사용부동산으로 분류하여 재평가모형을 적용하는 경우에는 사용 중에 재평가잉여금을 이익잉여금으로 대체하지 않고, 회계처리는 감가상각누계액을 우선적으로 상계하는 방법을 사용한다. 다음에 제시되는 물음은 각각 독립된 상황이다.

1 ㈜사과는 20×0년 초부터 동 건물을 건설하기 시작하였고 20×0년 말까지 총 ₩9,000을 지출하였다. 동 건물은 20×1년 초에 건설이 완료되었고, ㈜사과는 동 건물을 임대목적으로 (취득시점에 동 건물의 공정가치는 ₩10,000임) 하여 공정가치모형을 적용하기로 하였다. ㈜사과가 20×1년 초 해야 할 회계처리를 보이시오.

2 ㈜사과가 동 건물을 임대목적으로 취득한 것이라고 할 경우, 20×2년 말에 ㈜사과가 해야 할 회계처리를 (1) 원가모형을 적용하는 경우와 (2) 공정가치모형을 적용하는 경우로 나누어 보이시오.

3 ㈜사과는 동 건물을 임대목적으로 취득하여 공정가치모형을 적용하였으나 20×2년 7월 초 건물의 사용목적을 자가사용목적으로 변경하였다. 20×2년 7월 초 동 건물의 공정가치는 ₩10,500이다. 또한 20×2년 7월 초 현재 건물의 잔여내용연수를 10년으로 추정하였으며 잔존가치는 없이 정액법으로 감가상각하기로 하였다. ㈜사과가 동 건물에 대해서 원가모형과 재평가모형을 적용하는 경우를 구분하여 동 거래가 20×2년 ㈜사과의 당기손익에 미친 영향을 구하시오.

❶

차) 투자부동산	10,000	대) 건설중인자산	9,000
		투자부동산평가이익	1,000

* 건설 중인 투자부동산의 취득이 완료되면 공정가치로 평가하고 차액은 당기손익으로 인식한다.

❷ (1) 원가모형을 적용하는 경우

차) 감가상각비	1,000	대) 감가상각누계액	1,000

* $(10,000 - 0)/10년 = 1,000$

(2) 공정가치모형을 적용하는 경우

차) 투자부동산평가손실	1,980	대) 투자부동산	1,980

* $7,200 - 9,180 = (-)1,980$

❸ (1) 원가모형 적용 시 20×2년 당기손익에 미친 영향: 795
    1) 투자부동산평가이익: $10,500 - 9,180 = 1,320$
    2) 감가상각비: $(10,500 - 0)/10년 × 6/12 = (-)525$
(2) 재평가모형 적용 시 20×2년 당기손익에 미친 영향: (-)1,980
    1) 투자부동산평가이익: $10,500 - 9,180 = 1,320$
    2) 감가상각비: (-)525
    3) 재평가손실: $7,200 - (10,500 - 525) = (-)2,775$

[참고]
(1) 원가모형 적용 시 회계처리
   [대체 시]

차) 건물	10,500	대) 투자부동산	9,180
		투자부동산평가이익	1,320

   [기말]

차) 감가상각비	525	대) 감가상각누계액	525

(2) 공정가치모형 적용 시 회계처리
   [대체 시]

차) 건물	10,500	대) 투자부동산	9,180
		투자부동산평가이익	1,320

   [기말]

차) 감가상각비	525	대) 감가상각누계액	525
차) 감가상각누계액	525	대) 유형자산	3,300
재평가손실	2,775		

2 무형자산

무형자산의 정의, 식별 및 최초 인식

01 무형자산의 정의

무형자산은 물리적 실체는 없지만 식별할 수 있는 비화폐성자산을 말한다. 여기에 포함되는 무형자산의 예로는 컴퓨터 소프트웨어, 특허권, 저작권, 영화필름, 고객목록, 모기지관리용역권, 어업권, 수입할당량, 프랜차이즈, 고객이나 공급자와의 관계, 고객충성도, 시장점유율과 판매권 등이 있다. 그러나 이러한 항목이 모두 무형자산의 정의를 충족시키는 것은 아니다. 이러한 항목들이 무형자산의 정의를 충족하지 않는다면 그것을 취득하거나 내부적으로 창출하기 위하여 발생한 지출은 발생시점에 비용으로 인식한다. 무형자산의 정의를 충족시키기 위해서는 다음의 요건을 모두 충족시켜야 한다.

① 식별가능성	② 통제	③ 미래경제적 효익

Additional Comment

무형자산은 물리적 실체가 존재하지 않으므로 물리적 실체가 존재하는 자산과 동일한 기준을 적용하여 자산을 인식하는 것은 곤란하다. 따라서 기준서에서는 무형자산을 인식하기 위해 인식요건을 판단하기 전에 무형자산으로 정의할 수 있는 세 가지 조건을 충족하는지 판단하도록 요구하고 있다.

1. 원칙:	차) 비용	××	대) 현금	물리적 실체가 없는 것에 대한 지출
2. 예외:	무형자산	××		

⮕ 정의 충족 + 엄격한 자산 인식요건 충족 시

(1) 식별가능성

무형자산으로 정의되기 위해서는 영업권과 구별되기 위하여 식별가능성이 있어야 한다. 자산은 다음 중 하나에 해당하는 경우 식별이 가능하다.

[식별가능성 요건]

식별가능성	① 자산의 분리가능성: 기업의 의도와는 무관하게 기업에서 분리하거나 분할할 수 있고, 개별적으로 또는 관련된 계약, 식별 가능한 자산이나 부채와 함께 매각, 이전, 라이선스, 임대, 교환할 수 있다.
	or
	② 자산이 계약상 권리 또는 기타 법적 권리로부터 발생: 이 경우 그러한 권리가 이전 가능한지 여부 또는 기업이나 기타 권리와 의무에서 분리 가능한지 여부는 고려하지 아니한다.

분리가능성이 식별가능성을 나타내는 유일한 지표는 아니다. 특정 권리가 분리 가능하지 않더라도 계약상 또는 기타 법적 권리로부터 발생한 자산은 식별 가능하다. 예를 들어, 일부 국가의 법에 의하면 기업에 인가된 특정 라이선스는 기업 전체를 매각할 때에만 양도가 가능한데, 이 경우 동 라이선스는 분리 가능하지 않다. 그러나 영업권과는 구분되는 자산이므로 식별가능성의 조건을 충족한다.

(2) 통제

기초가 되는 자원에서 유입되는 미래경제적 효익을 확보할 수 있고 그 효익에 대한 제3자의 접근을 제한할 수 있다면 기업이 자산을 통제하고 있는 것이다. 무형자산의 미래경제적 효익에 대한 통제능력은 일반적으로 법원에서 강제할 수 있는 법적 권리에서 나오지만 다른 방법으로도 미래경제적 효익을 통제할 수 있기 때문에 권리의 법적 집행가능성이 통제의 필요조건은 아니다. 기업의 무형자산 통제 여부를 판단하는 구체적인 사례는 다음과 같다.

1) 시장에 대한 지식과 기술적 지식

이러한 지식이 저작권, 계약상의 제약이나 법에 의한 종업원의 기밀유지의무 등과 같은 법적 권리에 의하여 보호된다면, 기업은 그러한 지식에서 얻을 수 있는 미래경제적 효익을 통제하고 있는 것이다.

2) 숙련된 종업원과 교육훈련

기업은 숙련된 종업원으로 구성된 팀을 보유할 수 있고, 교육훈련을 통하여 습득된 미래경제적 효익을 가져다 줄 수 있는 종업원의 기술 향상을 식별할 수 있다. 기업은 또한 그러한 숙련된 기술을 계속하여 이용할 수 있을 것으로 기대할 수 있다. 그러나 기업은 숙련된 종업원이나 교육훈련으로부터 발생하는 미래경제적 효익에 대해서는 일반적으로 무형자산의 정의를 충족하기에는 충분한 통제를 가지고 있지 않다. 그 이유는 숙련된 종업원은 언제라도 다른 회사로 옮길 수 있고 회사는 이를 막을 수 있는 능력이 없기 때문이다.

3) 특정 경영능력과 기술적 재능

특정 경영능력이나 기술적 재능이 그것을 사용하여 미래경제적 효익을 확보하는 것이 법적 권리에 의하여 보호되지 않거나 무형자산의 정의의 기타 요건을 충족하지 않는다면, 일반적으로 무형자산의 정의를 충족할 수 없다.

4) 고객관계와 고객충성도(예 고객구성, 시장점유율)

기업은 고객구성이나 시장점유율에 근거하여 고객관계와 고객충성도를 잘 유지함으로써 고객이 계속하여 거래할 것이라고 기대할 수 있다. 그러나 그러한 고객관계나 고객충성도를 지속할 수 있는 법적 권리나 그것을 통제할 기타 방법이 없다면, 일반적으로 고객관계나 고객충성도에서 창출될 미래경제적 효익에 대해서는 그러한 항목이 무형자산의 정의를 충족하기에 기업이 충분한 통제를 가지고 있지 않다.

고객관계를 보호할 법적 권리가 없는 경우에 동일하거나 유사한 비계약적 고객관계를 교환하는 거래(사업 결합 과정에서 발생한 것이 아닌)가 발생한 경우 이는 고객관계로부터 기대되는 미래경제적 효익을 통제할 수 있다는 증거를 제공하므로 이러한 고객관계는 무형자산의 정의를 충족한다. 예를 들어, A사가 B사로부터 B사의 고객목록을 대가를 지급하고 취득하였으며, B사는 이후 그 고객에 대한 접근을 할 수 없다면 A사의 관점에서 볼 때 그 고객목록은 분리 가능하며, 고객에 대한 B사의 접근이 제한되므로 이는 A사가 미래경제적 효익을 통제할 수 있다는 증거가 된다.

(3) 미래경제적 효익

무형자산의 미래경제적 효익은 제품의 매출, 용역수익, 원가절감 또는 자산의 사용에 따른 기타 효익의 형태로 발생할 수 있다. 예를 들어, 제조과정에서 지적재산을 사용하면 미래수익을 증가시키기보다 미래의 제조원가를 감소시킬 수 있다.

[무형자산의 정의 정리]

구분	내용
식별가능성 (분리가능성 or 계약상 권리 또는 기타 법적 권리)	계약적·법적 권리가 이전 가능한지 여부 또는 기업이나 기타 권리와 의무에서 분리 가능한지 여부는 동시에 고려하지 않는다.
통제(제3자의 접근 제한)	통제의 일반적인 능력은 법적 권리에서 나오나, 권리의 법적 집행가능성이 통제의 필요조건은 아니다.
미래경제적효익 존재	미래경제적 효익은 제품의 매출, 용역수익, 원가절감 또는 자산의 사용에 따른 기타 효익의 형태로 발생할 수 있다.

무형자산으로 정의될 수 있는 3가지 조건을 충족한다고 해서 무조건 무형자산으로 인식할 수 있는 것은 아니다.

무형자산의 정의 및 인식기준에 관한 설명으로 옳지 않은 것은? [세무사 2013년]

① 무형자산을 최초로 인식할 때에는 원가로 측정한다.

② 무형자산의 미래경제적 효익에 대한 통제능력은 일반적으로 법원에서 강제할 수 있는 법적 권리에서 나오나, 권리의 법적 집행가능성이 통제의 필요조건은 아니다.

③ 계약상 권리 또는 기타 법적 권리는 그러한 권리가 이전 가능하거나 또는 기업에서 분리 가능한 경우 무형자산 정의의 식별가능성 조건을 충족한 것으로 본다.

④ 미래경제적 효익이 기업에 유입될 가능성은 무형자산의 내용연수 동안의 경제적 상황에 대한 경영자의 최선의 추정치를 반영하는 합리적이고 객관적인 가정에 근거하여 평가하여야 한다.

⑤ 무형자산으로부터의 미래경제적 효익은 제품의 매출, 용역수익, 원가절감 또는 자산의 사용에 따른 기타 효익의 형태로 발생할 수 있다.

풀이

계약적·법적 권리가 이전 가능한지 여부 또는 기업이나 기타 권리와 의무에서 분리 가능한지는 고려하지 않는다.

정답: ③

02 무형자산의 식별

무형자산의 식별 정리

구분	개별식별
(1) 유형자산 + 무형자산	무형자산 필수 ×: 유형자산과 무형자산 분류
	무형자산 필수 O: 전체를 유형자산으로 분류
(2) 연구개발활동으로 만들어진 물리적 형체(시제품)의 자산	무형자산으로 분류

Self Study

오답유형: 컴퓨터로 제어되는 기계장치가 특정 소프트웨어가 없으면 가동이 불가능한 경우에는 그 기계장치를 소프트웨어의 일부로 보아 무형자산으로 회계처리한다. (×) ⊃ 전체를 유형자산으로 본다.

03 무형자산의 인식

(1) 인식기준

어떤 항목을 무형자산으로 인식하기 위해서는 무형자산의 정의를 충족하면서 다음의 인식기준을 모두 충족해야 한다(유형자산과 동일).

1st 무형자산의 정의 충족	2nd 무형자산의 인식요건
① 식별가능성 ② 통제 ③ 미래경제적 효익의 존재	① 자산에서 발생하는 미래경제적 효익이 기업에 유입될 가능성이 높음 ② 자산의 원가를 신뢰성 있게 측정할 수 있음

(2) 최초측정

재무상태표에 인식하는 무형자산은 원가로 측정한다. 이때 원가란 자산을 취득하기 위하여 자산의 취득시점이나 건설시점에 지급한 현금 또는 현금성자산이나 제공한 기타 대가의 공정가치를 말한다.

(➌ 무형자산의 최초 인식금액은 유형자산의 경우와 동일하다)

1) 사업결합으로 인한 취득

① 사업결합의 이해

사업결합이란 취득자가 하나 이상의 사업에 대한 지배력을 획득하는 거래나 그 밖의 사건을 말하며 합병과 취득을 그 예로 들 수 있다.

> **사업결합의 이해**
>
> A사(취득자)가 B사(피취득자)를 합병(사업결합)하는 경우 취득자는 피취득자의 주주에게 대가를 지급하고, 피취득자의 자산과 부채를 취득한다. 이때 취득자가 수행하는 회계처리는 아래와 같다.
>
> | 차) B사 자산 | FV | 대) B사 부채 | FV |
> |---|---|---|---|
> | 영업권 | 대차차액 | 현금 | 대가 |
>
> 사업결합이 아닌 개별자산의 취득이라면 원가를 취득원가로 인식하지만 사업결합의 경우 기준서 제1103호 '사업결합'에 따라 피취득자로부터 취득·인수하는 식별 가능한 자산(무형자산 포함)과 부채의 공정가치를 취득원가로 인식한다. 즉, 무형자산을 개별 취득할 때에는 원가로 최초측정하는 반면, 사업결합과정에서 무형자산을 취득할 때에는 공정가치로 최초측정한다.
>
> 사업결합과정에서 취득자가 지급하는 대가가 피취득자로부터 취득·인수한 자산과 부채의 공정가치 차감액(순자산 공정가치)을 초과할 경우 초과액을 영업권으로 인식한다. 영업권을 자산으로 인식하는 이유는 피취득자의 식별이 불가능한 자산(예 피취득자의 브랜드 가치, 기술, 우수한 인적자원 등)으로부터 미래경제적 효익의 유입을 기대할 수 있어 취득자가 피취득자의 순자산 공정가치보다 더 많은 대가를 지급하였기 때문이다.

② 사업결합으로 인한 취득

사업결합과정에서 취득자는 두 가지 종류의 무형자산을 순서에 따라 인식할 수 있다. 첫 번째로 피취득자의 무형자산(예 지적재산권, 소프트웨어 등)이며, 두 번째는 영업권이다. 취득자는 피취득자로부터 취득하는 무형자산을 공정가치로 인식하며, 영업권은 대가와 취득·인수하는 피취득회사 순자산의 공정가치의 차이로 결정한다. 그러므로 사업결합과정에서 피취득자의 무형자산의 공정가치를 신뢰성 있게 측정할 수 없다면, 이는 자동적으로 영업권에 포함될 것이다.

또한, 사업결합과정에서 취득자가 취득하는 무형자산의 공정가치를 신뢰성 있게 측정할 수 있다면 사업결합 전에 피취득자가 그 자산을 인식했는지의 여부와 관계없이 취득자는 취득일에 당해 무형자산으로 인식한다.

Additional Comment

피취득자가 진행하고 있는 연구·개발 프로젝트가 자산의 정의를 충족하고, 식별 가능하다면 피취득자가 이를 자산으로 인식하지 않고 비용으로 처리하였더라도 취득자가 이를 공정가치로 측정하여 별도의 무형자산으로 인식한다.

사업결합으로 인한 취득 시 무형자산과 영업권의 인식

1st 개별적으로 식별가능 ○ + 공정가치를 신뢰성 있게 측정 ○	개별 무형자산으로 인식
↓ 충족 ×	
2nd 개별적으로 식별가능 × + 공정가치를 신뢰성 있게 측정 ×	영업권에 포함

Self Study

1. 사업결합으로 취득하는 무형자산은 자산에서 발생하는 미래경제적 효익이 기업에 유입될 가능성이 높고 자산의 원가를 신뢰성 있게 측정할 수 있다는 인식기준을 항상 충족하는 것으로 본다.
2. 피취득자가 진행하고 있는 연구개발 프로젝트가 무형자산의 정의(자산의 정의를 충족하고, 식별 가능하다)를 충족한다면 취득자가 영업권과 분리하여 별도의 자산으로 인식하는 것을 의미한다.
3. 사업결합으로 인식하는 영업권은 사업결합에서 획득하였지만 개별적으로 식별하여 별도로 인식하는 것이 불가능한 그 밖의 자산에서 발생하는 미래경제적 효익을 나타내는 자산이다.

2) **내부적으로 창출한 영업권**

영업권은 사업결합과정에서 취득·인수하는 피취득자의 순자산 공정가치를 초과하여 대가를 지급할 경우에만 인식한다. 그러므로 내부적으로 창출한 영업권은 무형자산으로 인식하지 않는다. 그 이유는 내부적으로 창출한 영업권은 취득원가를 신뢰성 있게 측정할 수 없고, 기업이 통제하고 있는 식별 가능한 자원이 아니기 때문이다.

Additional Comment

A사가 경영 노하우나 우수한 인적자원을 아무리 많이 보유하고 있어도 A사 스스로 영엽권을 인식할 수 없다. 그러나 다른 회사가 A사를 합병할 때 A사의 노하우나 우수한 인적자원을 고려하여 A사의 순자산 공정가치를 초과하여 대가를 지급한 경우에는 다른 회사는 영업권을 인식할 수 있다.

3) 내부적으로 창출한 브랜드 등

내부적으로 창출한 브랜드, 제호, 출판표제, 고객 목록과 이와 실질이 유사한 항목은 무형자산으로 인식하지 않는다. 이는 사업을 전체적으로 개발하는 데 발생한 원가와 구별할 수 없으므로 무형자산으로 인식하지 아니한다. 다만, 브랜드, 고객 목록 등을 외부에서 대가로 지급하고 구입하는 경우에는 무형자산으로 인식한다.

그러나 브랜드, 제호, 출판표제, 고객 목록과 이와 실질이 유사한 항목에 대한 취득이나 완성 후의 지출은 외부에서 취득하였는지 또는 내부적으로 창출하였는지에 관계없이 발생시점에 항상 당기손익으로 인식한다. 그 이유는 이러한 지출은 사업을 전체적으로 개발하기 위한 지출과 구분할 수 없기 때문이다.

구분	최초 인식	취득 or 완성 후의 지출
내부적으로 창출한 브랜드, 고객 목록 등	당기비용으로 인식	당기비용으로 인식
외부에서 구입한 브랜드, 고객 목록 등	무형자산으로 인식	

4) 정부보조에 의한 취득

정부보조로 무형자산을 무상이나 낮은 대가로 취득할 수 있다. 이 경우, 정부보조로 무형자산을 취득하는 경우 무형자산과 정부보조금 모두를 최초에 공정가치로 인식할 수 있다. 최초에 자산을 공정가치로 인식하지 않기로 선택하는 경우에는, 자산을 명목상 금액과 의도한 용도로 사용할 수 있도록 준비하는 데 직접 관련되는 지출을 합한 금액으로 인식한다.

Additional Comment

정부가 공항착륙권, 라디오나 텔레비전 방송국 운영권, 수입면허 또는 수입할당이나 기타 제한된 자원을 이용할 수 있는 권리를 기업에게 이전하거나 할당하는 경우가 있는데, 이것이 정부보조로 무형자산을 무상이나 낮은 대가로 취득하는 예이다.

사례연습 3: 정부보조에 의한 취득

㈜포도는 정부로부터 공정가치 ₩10,000의 주파수이용권을 현금 ₩2,000에 취득하였다. 이 경우 취득일에 ㈜포도가 수행할 회계처리를 보이시오.

풀이

[무형자산과 정부보조금을 모두 공정가치로 측정]

차) 주파수이용권	10,000	대) 현금	2,000
		정부보조금	8,000

[무형자산을 공정가치로 측정하지 않기로 선택]

차) 주파수이용권	2,000	대) 현금	2,000

5) 교환에 의한 취득

하나 이상의 무형자산을 하나 이상의 비화폐성자산 또는 화폐성자산과 비화폐성자산이 결합된 대가와 교환하여 취득하는 경우, 다음 중 하나에 해당하는 경우를 제외하고는 무형자산의 취득원가는 제공한 자산의 공정가치로 측정한다(➡ 유형자산과 동일).

> ① 교환거래에 상업적 실질이 결여된 경우
> ② 취득한 자산과 제공한 자산의 공정가치를 둘 다 신뢰성 있게 측정할 수 없는 경우

취득한 자산을 공정가치로 측정하지 않는 경우에 취득원가는 제공한 자산의 장부금액으로 측정한다.

기출 Check 3

무형자산에 관한 설명으로 옳지 않은 것은? [공인회계사 2016년]

① 사업결합으로 취득한 연구·개발 프로젝트의 경우 사업결합 전에 그 자산을 피취득자가 인식하였는지 여부에 관계없이 취득일에 무형자산의 정의를 충족한다면 취득자는 영업권과 분리하여 별도의 무형자산으로 인식한다.
② 내부적으로 창출한 브랜드, 제호, 출판표제, 고객 목록은 무형자산으로 인식하지 않는다.
③ 자산을 운용하는 직원의 교육훈련과 관련된 지출은 내부적으로 창출한 무형자산의 원가에 포함한다.
④ 무형자산을 창출하기 위한 내부 프로젝트를 연구단계와 개발단계로 구분할 수 없는 경우에 그 프로젝트에서 발생한 지출은 모두 연구단계에서 발생한 것으로 본다.
⑤ 교환거래(사업결합과정에서 발생한 것이 아닌)로 취득한 동일하거나 유사한, 비계약적 고객관계는 고객관계를 보호할 법적 권리가 없는 경우에도 무형자산의 정의를 충족한다.

풀이

외부에서 취득하였는지 또는 내부적으로 창출하였는지에 관계없이 취득이나 완성 후의 지출(후속지출)은 발생시점에 당기손익으로 인식한다.

정답: ③

01 무형자산 후속측정의 의의

무형자산은 유형자산과 동일하게 회계정책으로 원가모형이나 재평가모형을 선택할 수 있다. 재평가모형을 적용하는 경우에는 같은 분류의 기타 모든 자산과 그에 대한 활성시장이 없는 경우를 제외하고는 동일한 방법을 적용하여 회계처리한다.

Additional Comment

무형자산에 재평가모형을 적용하기 위해서는 동 무형자산에 대한 활성시장이 존재하는 경우에만 가능하다. 우리나라에서는 무형자산의 활성시장이 존재하는 경우가 거의 없으므로 무형자산에 대해서 재평가모형을 적용하는 경우는 찾기 어려울 것으로 보인다.

Self Study

무형자산은 영업상 유사한 성격과 용도로 분류한다. 자산을 선택적으로 재평가하거나 재무제표에서 서로 다른 기준일의 원가와 가치가 혼재된 금액을 보고하는 것을 방지하기 위하여 같은 분류 내의 무형자산 항목들은 동시에 재평가한다.

02 원가모형

기업이 원가모형을 선택하였을 경우 무형자산의 매 보고기간 말 상각해야 한다. 최초 인식 후에 무형자산은 원가에서 상각누계액과 손상차손누계액을 차감한 금액을 장부금액으로 한다.

(1) 내용연수의 구분

무형자산도 유형자산처럼 내용연수 동안 상각을 한다. 그러나 일부 무형자산은 내용연수가 얼마나 되는지 추정하기 어렵다. 그러므로 무형자산을 상각하기 위해서는 우선 무형자산의 내용연수가 유한한지 또는 비한정인지 평가할 필요가 있다. 관련된 모든 요소의 분석에 근거하여, 그 자산이 순현금유입을 창출할 것으로 기대되는 기간에 대하여 예측 가능한 제한이 없다면, 무형자산의 내용연수가 비한정인 것으로 본다.

Additional Comment

무형자산의 내용연수가 유한한 경우에는 내용연수 동안 상각을 하지만, 무형자산의 내용연수가 비한정인 경우에는 상각을 하지 않는다. 이때 '비한정'이라는 용어는 '무한'을 의미하지는 않는다. 그 이유는 무형자산의 내용연수를 추정하는 시점에서 여러 가지 요인을 종합적으로 고려하여 볼 때 미래경제적 효익의 지속연수를 결정하지 못할 뿐이지 미래경제적 효익이 무한히 지속될 것으로 보는 것은 아니기 때문이다.

(2) 내용연수가 유한한 무형자산의 상각

1) 내용연수

무형자산의 내용연수가 유한하다면 자산의 내용연수기간이나 내용연수를 구성하는 생산량 및 이와 유사한 단위를 평가하여 내용연수를 결정한다.

계약상 권리 또는 기타 법적 권리로부터 발생하는 무형자산의 내용연수는 그러한 계약상 권리 또는 기타 법적 권리의 기간을 초과할 수는 없지만, 자산의 예상 사용기간에 따라 더 짧을 수는 있다. 만약 계약상 또는 기타 법적 권리가 갱신 가능한 한정된 기간 동안 부여된다면, 유의적인 원가 없이 기업에 의해 갱신될 것이 명백한 경우에만 그 갱신기간을 무형자산의 내용연수에 포함한다.

이러한 무형자산의 내용연수는 경제적 요인과 법적 요인의 영향을 받는다. 경제적 요인은 자산의 미래경제적효익이 획득되는 기간을 결정하고, 법적 요인은 기업이 그 효익에 대한 접근을 통제할 수 있는 기간을 제한한다. 이때 내용연수는 경제적 내용연수와 법적 내용연수 중에서 짧은 기간으로 한다.

> **Self Study**
>
> 내용연수의 불확실성으로 인하여 무형자산의 내용연수를 신중하게 추정하는 것은 정당하지만, 비현실적으로 짧은 내용연수를 선택하는 것은 정당화되지 않는다.

2) 잔존가치

내용연수가 유한한 무형자산의 잔존가치는 다음 중 하나에 해당하는 경우를 제외하고는 '0'으로 한다.

> ① 내용연수 종료시점에 제3자가 자산을 구입하기로 한 약정이 있다.
> ② 무형자산의 활성거래 시장이 존재하고 그 활성거래 시장에 기초하여 잔존가치를 결정할 수 있으며, 그러한 활성거래 시장이 내용연수 종료시점에 존재할 가능성이 높다.

무형자산의 잔존가치는 해당 자산의 장부금액과 같거나 큰 금액으로 증가할 수도 있다. 이 경우에는 자산의 잔존가치 이후에 장부금액보다 작은 금액으로 감소될 때까지는 무형자산의 상각액은 '0'이 된다.

3) 상각방법

내용연수가 유한한 무형자산의 상각대상금액은 내용연수 동안 체계적인 방법으로 배분하여야 한다. 무형자산의 상각방법은 자산의 경제적 효익이 소비될 것으로 예상되는 형태를 반영한 방법이어야 하며, 이러한 상각방법에는 정액법, 체감잔액법과 생산량비례법이 있다. (⇒ 모든 방법 선택가능)

상각방법은 자산이 갖는 예상되는 미래경제적 효익의 소비 형태에 기초하여 선택하고, 예상되는 미래경제적효익의 소비 형태가 달라지지 않는다면 매 회계기간에 일관성 있게 적용한다. 다만, 그 형태를 신뢰성 있게 결정할 수 없는 경우에는 정액법을 사용한다.

무형자산 사용을 포함하는 활동에서 창출되는 수익에 기초한 상각방법은 반증할 수 없는 한 적절하지 않다고 간주한다. 그러나 다음 중 어느 하나에 해당하는 경우에는 수익에 기초한 상각방법을 제한적으로 허용한다.

① 무형자산이 수익의 측정치로 표시되는 경우
② 수익과 무형자산의 경제적 효익 소비 간에 밀접하게 상관관계가 있음을 제시할 수 있는 경우

Additional Comment

어떠한 경우에는 창출된 수익이 상각의 적절한 기준이 될 수 있다. 예를 들어, 기업이 금광에서 금을 탐사하고 채굴할 수 있는 권리를 취득할 경우 그 계약의 만료가 특정기간이나 채굴된 금의 양에 기초하지 않고, 채굴에서 발생하는 총누적수익에 기초할 수 있다. 이와 같은 경우 창출된 고정 총수익금액이 그 계약에 명시된다면 창출된 수익이 무형자산 상각의 적절한 기준이 될 수도 있다.

상각액은 다른 자산이 장부금액에 포함하도록 허용하거나 요구하는 경우를 제외하고는 당기손익으로 인식한다. 즉, 제조과정에서 사용된 무형자산의 상각과 같이 다른 자산의 생산에 소모되는 경우에는 재고자산 등 다른 자산의 장부금액에 포함시킨다.

4) 상각의 개시와 중지

내용연수가 유한한 무형자산의 상각은 당해 무형자산이 사용가능한 때부터(즉, 자산을 경영자가 의도하는 방식으로 운영할 수 있는 위치와 상태에 이르렀을 때부터) 시작한다.

무형자산의 상각은 매각예정비유동자산으로 분류되는 날과 자산이 재무상태표에서 제거되는 날 중 이른 날에 중지한다. 또한 무형자산은 그 자산을 사용하지 않을 때에도 상각을 중지하지 않는다. 다만, 완전히 상각한 경우에는 상각을 중지한다.

5) 상각기간과 상각방법, 잔존가치의 검토

무형자산의 상각기간과 상각방법 그리고 잔존가치는 적어도 매 회계연도 말에 검토한다. 검토 결과 상각기간, 상각방법 및 잔존가치를 변경하는 경우에는 회계추정의 변경으로 보고 전진적으로 회계처리한다. 즉, 변경연도부터 변경된 추정치를 이용하여 무형자산 상각비를 계산한다.

(3) 내용연수가 비한정인 무형자산

내용연수가 비한정인 무형자산은 상각을 하지 않는다. 대신 매년 또는 무형자산의 손상을 시사하는 징후가 있을 때 회수가능액과 장부금액을 비교하여 손상검사를 수행하여야 한다.

기업은 매 회계기간에 내용연수가 비한정이라는 평가가 정당한지 검토하여야 한다. 사건과 상황이 그러한 평가를 정당화하지 않는 경우에는 비한정 내용연수를 유한 내용연수로 변경해야 하며, 이 경우 회계추정의 변경으로 회계처리한다. 이와 같이 비한정 내용연수를 유한 내용연수로 재추정하는 것은 그 자산의 손상을 시사하는 하나의 징후가 된다. 따라서 손상검사를 하고 장부금액이 회수가능액을 초과하면 손상차손을 인식한다.

다음의 경우에는 자산손상을 시사하는 징후가 있는지에 관계없이 회수가능가액을 추정하고 손상검사를 한다.
(➲ 매년 그리고 손상을 시사하는 징후가 있을 때 손상검사를 한다)
① 내용연수가 비한정인 무형자산
② 아직 사용할 수 없는 무형자산(예 사용 가능한 상태가 안 된 개발비)
③ 사업결합으로 취득한 영업권
④ 매각예정비유동자산

[무형자산의 상각 정리]

구분		내용
내용연수	유한	상각 ○, 내용연수: Min[법적 내용연수, 경제적 내용연수], 손상징후가 있는 경우 손상검사를 수행
	비한정(≠ 무한)	상각 ×, 매년 그리고 손상징후가 있을 때 손상검사를 수행
상각방법		경제적 효익이 소비되는 형태를 신뢰성 있게 결정할 수 없는 경우에는 정액법 사용 (요건 충족 시, 예외적으로 수익에 기초한 상각방법 적용 가능)
잔존가치		예외사항을 제외하고는 '0'으로 한다.
후속측정		원가모형, 재평가모형 중 선택 가능(같은 분류 내의 무형자산 항목들을 동시에 재평가)

기출 Check 4

무형자산에 관한 설명으로 옳은 것은?　　　　　　　　　　　　　　　[감정평가사 2025년]

① 내용연수가 비한정인 무형자산으로 최초 인식한 경우 그 이후에 비한정 내용연수를 유한 내용연수로 변경할 수 없다.
② 원가모형과 달리 무형자산에 재평가모형을 적용하는 경우에는 원가가 아닌 금액으로 무형자산을 최초로 인식하는 것을 허용한다.
③ 계약상 권리 또는 기타 법적 권리로부터 발생하는 무형자산의 내용연수는 자산의 예상사용기간에 따라 그러한 계약상 권리 또는 기타 법적 권리의 기간을 초과할 수 있다.
④ 제조과정에서 사용된 무형자산의 상각은 일반적으로 당기손익으로 인식한다.
⑤ 자산에서 발생하는 미래경제적 효익이 기업에 유입될 가능성이 높고 자산의 원가를 신뢰성 있게 측정할 수 있는 경우에만 무형자산을 인식한다.

풀이

① 내용연수가 비한정인 무형자산으로 최초 인식한 경우 그 이후에 비한정 내용연수를 유한 내용연수로 변경할 수 있다.
② 재평가모형을 적용하는 경우에도 최초로 인식하는 경우 원가로 인식한다.
③ 기타 법적권리의 기간을 초과할 수 없다.
④ 제조과정에서 사용된 무형자산의 상각은 일반적으로 제조원가로 인식한다.

정답: ⑤

03 재평가모형

최초 인식 후에 재평가모형을 적용하는 무형자산은 재평가일의 공정가치에서 이후의 상각누계액과 손상차손누계액을 차감한 재평가금액을 장부금액으로 한다. 재평가 목적상 공정가치는 활성시장을 기초로 하여 측정한다. 재평가모형을 적용하는 경우 다음 사항은 허용하지 않는다.

① 이전에 자산으로 인식하지 않은 무형자산의 재평가
② 원가가 아닌 금액으로 무형자산을 최초로 인식

재평가모형을 적용하는 경우 최초 인식 후의 무형자산은 재평가일의 공정가치에서 상각누계액과 손상차손누계액을 차감한 금액을 장부금액으로 한다. 보고기간 말에는 무형자산의 장부금액이 공정가치와 중요하게 차이가 나지 않도록 주기적으로 재평가를 실시한다.

재평가한 무형자산과 같은 분류 내의 무형자산을 그 자산에 대한 활성시장이 없어서 재평가할 수 없는 경우에는 원가에서 상각누계액과 손상차손누계액을 차감한 금액으로 표시한다.

Self Study

무형자산의 재평가모형은 공정가치의 측정을 제외하고는 유형자산의 재평가모형과 동일하다.

04 손상

무형자산은 매 보고기간 말마다 자산손상 징후가 있는지를 검토하고 그러한 징후가 있다면 해당 자산의 회수가능액을 추정한다. 그러나 다음의 경우에는 자산손상 징후가 있는지에 관계없이 회수가능액과 장부금액을 비교하여 손상검사를 한다.

① 내용연수가 비한정인 무형자산이나 아직 사용할 수 없는 무형자산은 일 년에 한 번 손상검사를 한다.
② 사업결합으로 취득한 영업권은 일 년에 한 번 손상검사를 한다.

Self Study

1. 손상검사를 매년 같은 시기에 수행한다면 연차 회계기간 중 어느 때에라도 할 수 있다. 서로 다른 무형자산은 각기 다른 시점에 손상검사를 할 수 있다. 다만, 해당 회계연도 중에 이러한 무형자산을 처음 인식한 경우에는 해당 회계연도 말 전에 손상검사를 한다.
2. 무형자산의 손상은 유형자산의 손상과 동일하다.

05 제거

무형자산은 다음의 각 경우에 재무상태표에서 제거하고, 제거로 인하여 발생하는 손익은 당해 자산을 제거할 때 당기손익으로 인식한다.

① 처분하는 때
② 사용이나 처분으로부터 미래경제적 효익이 기대되지 않을 때

Self Study

무형자산의 제거는 유형자산의 제거와 동일하다.

Ⅲ 내부적으로 창출한 무형자산

내부적으로 창출한 무형자산의 경우에는 다음과 같은 이유로 자산의 인식기준에 부합하는지 평가하기 쉽지가 않다.

① 기대 미래경제적 효익을 창출할 식별 가능한 자산의 존재 유무와 시점 파악이 어렵다.
② 자산의 취득원가를 신뢰성 있게 결정하는 것이 어렵다.

그러므로 한국채택국제회계기준 기준서 제1038호는 내부적으로 창출한 무형자산은 무형자산의 인식과 최초측정에 대한 일반 규정과 함께 추가적인 지침을 고려하여 내부적으로 창출한 무형자산을 회계처리하도록 규정하고 있다.

Additional Comment

제약회사가 암 치료를 위한 신약 연구개발을 할 경우 연구개발 기간이 수년에 걸쳐 이루어지고 많은 금액이 소요되는데, 연구개발을 위한 지출을 무형자산으로 인식할 것인지를 판단하는 것은 쉽지 않다. 그 이유는 당해 연도에 연구개발 목적으로 지출한 금액이 미래경제적 효익의 유입으로 이어질 것인지 불확실하기 때문이다.

01 연구단계와 개발단계의 구분

내부적으로 창출한 무형자산이 인식기준을 충족하는지를 평가하기 위하여 무형자산의 창출과정을 연구단계와 개발단계로 구분해야 한다. 연구단계와 개발단계의 정의와 일반적인 예는 다음과 같다.

① 연구단계: 새로운 과학적, 기술적 지식이나 이해를 얻기 위해 수행하는 독창적이고 계획적인 탐구활동
② 개발단계: 상업적인 생산이나 사용 전에 연구결과나 관련 지식을 새롭거나 현저히 개량된 재료, 장치, 제품, 공정, 시스템이나 용역의 생산을 위한 계획이나 설계에 적용하는 활동

연구활동과 개발활동의 예는 다음과 같다.

연구활동의 예

① 새로운 지식을 얻고자 하는 활동
② 연구결과나 기타 지식을 탐색, 평가, 최종 선택, 응용하는 활동
③ 재료, 장치, 제품, 공정, 시스템, 용역 등에 대한 여러 가지 대체안을 탐색하는 활동
④ 새롭거나 개선된 재료, 장치, 제품, 공정, 시스템이나 용역에 대한 여러 가지 대체안을 제안, 설계, 평가, 최종 선택하는 활동

개발활동의 예

① 생산이나 사용 전의 시제품과 모형을 설계, 제작, 시험하는 활동
② 새로운 기술과 관련된 공구, 금형, 주형 등을 설계하는 활동
③ 상업적 생산 목적으로 실현가능한 경제적 규모가 아닌 시험공장을 설계, 건설, 가동하는 활동
④ 신규 또는 개선된 재료, 장치, 제품, 공정, 시스템이나 용역에 대하여 최종적으로 선정된 안을 설계, 제작, 시험하는 활동

Additional Comment

무형자산을 창출하기 위한 내부 프로젝트의 연구단계에서는 미래경제적 효익을 창출할 무형자산이 존재한다는 것을 제시할 수 없는 반면, 개발단계는 연구단계보다 훨씬 더 진전되어 있는 상태이기 때문에 어떤 경우에는 개발단계에서 무형자산을 식별할 수 있고, 그 무형자산이 미래경제적 효익을 창출할 것임을 제시할 수 있다. 그러므로 내부 프로젝트가 어느 단계에 있는지 구분하는 것이 중요하다.

Self Study

무형자산을 창출하기 위한 내부 프로젝트를 연구단계와 개발단계로 구분할 수 없는 경우에 그 프로젝트에서 발생한 지출은 모두 연구단계에서 발생한 것으로 본다.

다음은 ㈜국세의 20×1년도 연구 및 개발활동 지출 내역이다. ㈜국세가 20×1년도 연구활동으로 분류해야 하는 금액은 얼마인가?

[세무사 2012년]

- 새로운 지식을 얻고자 하는 활동 ₩100,000
- 생산이나 사용 전의 시제품과 모형을 제작하는 활동 ₩150,000
- 상업적 생산 목적으로 실현 가능한 경제적 규모가 아닌 실험공장을 건설하는 활동 ₩200,000
- 연구결과나 기타 지식을 응용하는 활동 ₩300,000

① ₩100,000   ② ₩250,000   ③ ₩400,000
④ ₩450,000   ⑤ ₩750,000

풀이

연구활동으로 분류되는 금액: 400,000
(1) 새로운 지식을 얻고자 하는 활동: 100,000
(2) 연구결과나 기타 지식을 응용하는 활동: 300,000

정답: ③

02 내부적으로 창출한 무형자산의 회계처리

내부 프로젝트의 연구단계에서는 미래경제적 효익을 창출할 무형자산이 존재한다는 것을 제시할 수 없다. 따라서 내부 프로젝트의 연구단계에서 발생한 지출은 발생시점에 비용으로 인식한다.

개발단계는 연구단계보다 훨씬 더 진전되어 있는 상태이기 때문에 어떤 경우에는 내부 프로젝트의 개발단계에서 무형자산을 식별할 수 있으며, 그 무형자산이 미래경제적 효익을 창출할 것임을 제시할 수 있다. 그러므로 다음 사항을 모두 제시할 수 있는 경우에만 무형자산을 인식하고 그 이외의 경우에는 발생한 기간의 비용으로 인식한다.

① 무형자산을 사용하거나 판매하기 위해 그 자산을 완성할 수 있는 기술적 실현가능성
② 무형자산을 완성하여 사용하거나 판매하려는 기업의 의도
③ 무형자산을 사용하거나 판매할 수 있는 기업의 능력
④ 무형자산이 미래경제적 효익을 창출하는 방법, 그 중에서도 특히 무형자산의 산출물이나 무형자산 자체를 거래하는 시장이 존재함을 제시할 수 있거나 또는 무형자산을 내부적으로 사용할 것이라면 그 유용성을 제시할 수 있다.
⑤ 무형자산의 개발을 완료하고 그것을 판매하거나 사용하는 데 필요한 기술적, 재정적 자원 등의 입수가능성
⑥ 개발과정에서 발생한 무형자산 관련 지출을 신뢰성 있게 측정할 수 있는 기업의 능력

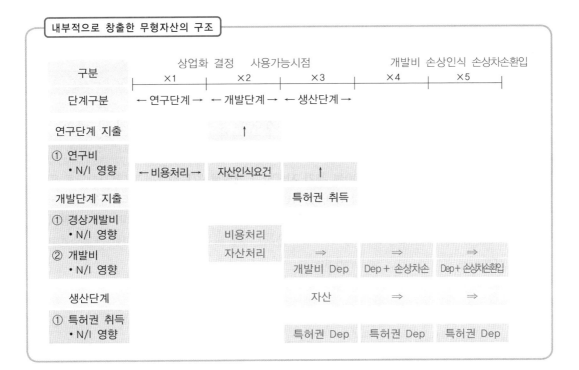

개발단계에서 발생한 지출이 위의 인식기준을 충족하면 개발비의 과목으로 무형자산으로 인식하고 위의 인식기준을 충족하지 못하면 경상개발비의 과목으로 당기비용으로 인식한다.

03 내부적으로 창출한 무형자산의 원가

이미 무형자산의 인식기준을 충족하지 못하여 비용으로 인식한 지출은 그 이후에 무형자산의 원가로 인식할 수 없다.

연구와 개발활동의 목적은 지식의 개발에 있다. 그러므로 이러한 활동의 결과 시제품과 같은 물리적 형체가 있는 자산이 만들어지더라도, 그 자산의 물리적 요소는 무형자산 요소에 부수적인 것으로 본다(➔ 무형자산으로 본다).

더하여 개발활동의 결과 산업재산권을 취득한 경우에는 산업재산권의 취득을 위하여 직접 지출된 금액만을 산업재산권의 원가로 인식한다. 따라서 개발비 미상각잔액은 산업재산권으로 대체할 수 없다.

내부적으로 창출된 무형자산의 취득원가는 무형자산의 인식기준이 모두 충족된 이후에 발생한 지출만을 포함한다. 따라서 과거 보고기간의 재무제표나 중간재무제표에서 비용으로 인식한 지출은 그 이후의 기간에 무형자산 취득원가의 일부로 인식할 수 없다.

㈜감평은 20X1년 중 연구개발비를 다음과 같이 지출하였다.

지출시기	구분	금액	비고
1월 초 ~ 6월 말	연구단계	₩50,000	
7월 초 ~ 9월 말	개발단계	₩100,000	자산인식 요건 미충족함
10월 초 ~ 12월 말	개발단계	₩50,000	자산인식 요건 충족함

㈜감평은 20X2년 말까지 ₩100,000을 추가 지출하고 개발을 완료하였다. 무형자산으로 인식한 개발비(내용연수 10년, 잔존가치 ₩0, 정액법 상각)는 20X3년 1월 1일부터 사용이 가능하며, 원가모형을 적용한다. 20X3년 말 현재 개발비가 손상징후를 보였으며 회수가능액은 ₩80,000이다. 20X3년 인식할 개발비 손상차손은?   [감정평가사 2021년]

① ₩50,000   ② ₩50,500   ③ ₩53,750
④ ₩55,000   ⑤ ₩70,000

[풀이]

(1) 무형자산의 취득원가 = 50,000 + 100,000 = 150,000
   → 내부적으로 창출한 무형자산은 자산인식 요건을 충족한 때부터 개발단계의 지출을 자산으로 인식한다.
(2) 20X3년 말 개발비 = 150,000 − {(150,000 − 0) ÷ 10} = 135,000
   20X3년 손상차손 = 80,000 − 135,000 = (55,000)
   → 20X3년 1월 1일부터 사용이 가능하므로, 이 시점부터 상각비를 인식하고, 회수가능액과 비교하여 손상차손을 인식한다.

정답: ④

3 매각예정비유동자산

Ⅰ 매각예정비유동자산

01 매각예정의 의의

기업은 대내외적 환경변화에 대처하기 위하여 보유자산을 처분하거나, 사업의 일부를 매각하는 등의 의사결정을 내리기도 한다. 특히, 경제위기가 계속될수록 이러한 상황은 더욱 빈번하게 발생할 것이다. 기업이 사용하던 비유동자산 또는 처분자산집단의 장부금액을 계속사용이 아닌 매각거래를 통하여 주로 회수할 것이라면, 이를 매각예정비유동자산으로 분류한다.

Self Study

처분자산집단: 단일거래를 통해 매각이나 다른 방법으로 함께 처분될 예정인 자산의 집합과 당해 자산에 직접 관련되어 이전될 부채를 말하며, 사업결합에서 취득한 영업권을 포함한다.

---

02 매각예정의 분류

특정 비유동자산(또는 처분자산집단)을 매각예정으로 분류하면 이후 재무상태표의 표시나 관련 손익의 인식 방법이 통상적인 비유동자산과 다르기 때문에 매각예정 분류조건의 충족 여부를 정확하게 판단해야 한다. 매각예정으로 분류하기 위해서는 다음의 조건을 충족해야 한다.

당해 비유동자산(또는 처분자산집단)이 현재의 상태에서 통상적이고 관습적인 거래조건만으로 즉시 매각 가능해야 하며, 매각될 가능성이 매우 높아야 한다.

여기서, 통상적이고 관습적인 거래조건만으로 즉시 매각 가능하여야 하며, 매각될 가능성이 매우 높아야 한다는 의미는 다음과 같다.

매각될 가능성이 매우 높으려면 다음의 조건을 모두 충족하여야 한다.
① 적절한 지위의 경영진이 자산(또는 처분자산집단)의 매각계획을 확약하고, 매수자를 물색하고 매각계획을 이행하기 위한 적극적인 업무 진행을 이미 시작하여야 한다.
② 당해 자산(또는 처분자산집단)의 현행 공정가치에 비추어 볼 때 합리적인 가격 수준으로 적극적으로 매각을 추진하여야 한다.
③ 분류시점에서 1년 이내에 매각완료요건이 충족될 것으로 예상되며, 계획을 이행하기 위하여 필요한 조치로 보아 그 계획이 유의적으로 변경되거나 철회될 가능성이 낮아야 한다.
④ 매각될 가능성이 매우 높은지에 대한 평가의 일환으로 주주의 승인(그러한 승인이 요구되는 국가의 경우) 가능성이 고려되어야 한다.

기준서 제1001호에 따라 재무상태표의 자산을 유동자산과 비유동자산으로 구분 표시하는 경우에 비유동자산이 매각예정분류기준을 충족하지 못하면 유동자산으로 재분류할 수 없다. 또한 통상적으로 비유동자산으로 분류되는 자산을 매각만을 목적으로 취득한 경우라 하더라도 매각예정분류기준을 충족하지 못하면 유동자산으로 분류할 수 없다.

한편, 폐기될 비유동자산(또는 처분자산집단)은 해당 장부금액이 원칙적으로 계속 사용함으로써 회수되기 때문에 매각예정으로 분류할 수 없다. 그 이유는 폐기될 비유동자산은 원칙적으로 계속 사용함으로써 장부금액을 회수하기 때문이다. 폐기될 비유동자산(또는 처분자산집단)에는 경제적 내용연수가 끝날 때까지 사용될 비유동자산(또는 처분자산집단)과 매각되지 않고 폐쇄될 비유동자산(또는 처분자산집단)이 포함된다.

[매각예정의 분류 정리]

구분	내용	비고
기준	즉시 매각 가능하여야 하며, 매각될 가능성이 매우 높은 경우	매각될 가능성이 매우 높다는 것은 발생하지 않을 가능성보다 발생할 가능성이 유의적으로 더 높은 경우임
처분목적으로 취득	취득시점에 매각예정비유동자산으로 분류 가능	
폐기될 유동자산	매각예정비유동자산으로 분류 불가	일시적 사용 중단의 경우에는 폐기될 자산으로 처리 불가

Self Study

1. 매각예정 분류기준이 보고기간 후에 충족된 경우 당해 비유동자산(또는 처분자산집단)은 보고기간 후 발행되는 당해 재무제표에서 매각예정으로 분류할 수 없다. 그러나 보고기간 후 공표될 재무제표의 승인 이전에 충족된다면 그 내용을 주석으로 공시한다.
2. 사건이나 상황에 따라서는 매각을 완료하는 데 소요되는 기간이 연장되어 1년을 초과할 수도 있다(매각계획을 확약한다는 충분한 증거 존재 시).
3. 교환거래로 매각되는 경우 상업적 실질이 존재하는 교환거래의 경우에는 매각예정비유동자산으로 분류할 수 있으나, 상업적 실질이 존재하지 않는 교환거래의 경우에는 매각예정비유동자산으로 분류하지 않는다.

03 매각예정비유동자산의 측정

(1) 매각예정비유동자산의 측정기준

자산(또는 처분자산집단)을 매각예정으로 최초 분류하기 직전에 해당 자산(또는 처분자산집단 내의 모든 자산과 부채)의 장부금액은 적용 가능한 한국채택국제회계기준서에 따라 측정한다. 매각예정으로 분류된 비유동자산(또는 처분자산집단)은 순공정가치와 장부금액 중 작은 금액으로 측정한다. 한편, 신규로 취득한 자산(또는 처분자산집단)이 매각예정분류기준을 충족한다면 최초 인식시점에 순공정가치와 매각예정으로 분류되지 않았을 경우의 장부금액(예 원가) 중 작은 금액으로 측정한다.

1년 이후에 매각될 것으로 예상된다면 매각부대원가는 현재가치로 측정한다. 기간 경과에 따라 발생하는 매각부대원가 현재가치의 증가분은 금융원가로 당기손익으로 회계처리한다.

(2) 매각예정비유동자산의 손상

매각예정으로 최초 분류하는 시점에서 자산(또는 처분자산집단)의 장부금액이 순공정가치를 초과하면 그 차이를 손상차손으로 인식한다. 순공정가치의 측정은 매각예정으로 최초 분류되는 시점뿐만 아니라 향후 보고기간 말에도 이루어져야 한다. 따라서 후속적인 순공정가치의 하락을 손상차손으로 인식한다.

비유동자산(또는 처분자산집단)이 매각예정으로 분류된 이후 순공정가치가 증가하는 경우 기준서 제1036호 '자산손상'에 따라 과거에 인식했던 손상차손누계액을 한도로 손상차손환입을 당기이익으로 인식한다. 단, 이 경우 과년도에 영업권에 대해서 인식했던 손상차손을 환입하지 않는다.

(3) 매각예정비유동자산의 상각

매각예정으로 분류된 자산에 대해서는 감가상각을 하지 않는다. 그러나 매각예정으로 분류된 처분자산집단의 부채와 관련된 이자와 기타 비용은 계속해서 인식한다.

[매각예정비유동자산의 측정 정리]

구분	내용	비고
측정	Min[순공정가치, 장부금액]	1년 이후 매각이 예상된다면 매각부대원가는 PV로 측정
후속측정	감가상각하지 않음. 매기 말 손상차손 검토	부채와 관련된 이자비용, 기타비용은 계속해서 인식
순공정가치의 증가	손상차손환입을 인식	과거에 인식한 손상차손누계액을 한도로 함

04 매각계획의 변경

매각예정으로 분류되던 자산(또는 처분자산집단)이 매각예정 분류기준을 더 이상 충족할 수 없는 경우 그 자산(또는 처분자산집단)은 매각예정으로 분류할 수 없다. 더 이상 매각예정으로 분류할 수 없거나 매각예정으로 분류된 처분자산집단에 포함될 수 없는 비유동자산(또는 처분자산집단)은 다음 중 작은 금액으로 측정한다.

> ① 당해 자산(또는 처분자산집단)을 매각예정으로 분류하기 전 장부금액에 감가상각, 상각 또는 재평가 등 매각예정으로 분류하지 않았더라면 인식하였을 조정사항을 반영한 금액
> ② 매각하지 않기로 결정한 날의 회수가능액

더 이상 매각예정으로 분류할 수 없는 비유동자산의 장부금액에 반영하는 조정금액은 매각예정 분류기준이 더 이상 충족되지 않는 기간의 계속영업손익에 포함한다.

05 매각예정비유동자산의 재무상태표 표시

매각예정으로 분류된 비유동자산은 다른 자산과 별도로 재무상태표에 표시한다. 매각예정으로 분류된 처분자산집단에 포함되는 자산이나 부채는 다른 자산이나 부채와 별도로 재무상태표에 표시한다. 해당 자산과 부채는 상계하여 단일금액으로 표시할 수 없고 매각예정으로 분류된 비유동자산(또는 처분자산집단)과 관련하여 기타포괄손익으로 인식한 손익누계액은 별도로 표시한다.

과거 재무상태표에 매각예정으로 분류된 비유동자산 또는 처분자산집단에 포함된 자산과 부채의 금액은 최근 재무상태표의 분류를 반영하기 위하여 재분류하거나 재작성하지 않는다. 즉, 당기에 자산 또는 처분자산집단이 매각예정으로 분류되어 당기 말 재무상태표에 구분 표시하더라도 비교 표시되는 전기재무상태표는 매각예정의 분류를 일치시키기 위해 소급 재수정을 하지 않는다.

[매각예정비유동자산의 재무상태표 표시 정리]

구분	내용	비고
재무상태표 공시	다른 자산과 별도로 구분 표시	관련 부채와 상계 불가하며, 추후 매각계획을 변경한 경우에도 재분류하지 않음
관련 기타포괄손익누계액	별도로 구분 표시	–

01 중단영업의 의의

이미 처분되었거나 매각예정으로 분류되면서 다음 중 하나에 해당하는 기업의 구분단위를 중단영업이라 한다.

> ① 별도의 주요 사업계열이나 영업지역이다.
> ② 별도의 주요 사업계열이나 영업지역을 처분하려는 단일 계획의 일부이다.
> ③ 매각만을 목적으로 취득한 종속기업이다.

위의 사항 중 하나에 해당하지 못하면 중단영업이 될 수 없으므로 계속영업으로 표시한다. 예를 들어, 주요 사업을 구성하지 않는 특정 모델의 제품을 더 이상 생산하지 않을 경우에는 중단영업으로 분류되지 못한다.

폐기될 비유동자산은 매각예정으로 분류할 수 없으나, 위의 사항 중 하나에 해당하면 중단영업으로 구분한다. 즉 중단영업에 포함되어 있는 자산은 매각예정비유동자산에 해당하나, 매각예정비유동자산이 반드시 중단영업에 해당하는 것은 아니다.

02 중단영업의 재무제표 표시

중단영업에 해당하는 경우에는 다음의 합계를 포괄손익계산서에 단일금액으로 표시하고, 표시된 최종기간의 보고기간 말까지 모든 중단영업과 관련된 공시사항이 표시될 수 있도록 과거재무제표에 중단영업을 다시 표시한다.

> ① 세후 중단영업손익
> ② 중단영업에 포함된 자산이나 처분자산집단을 순공정가치로 측정하거나 처분함에 따른 세후 손익

기업의 구분단위를 매각예정으로 더 이상 분류할 수 없는 경우 중단영업으로 표시하였던 당해 구분단위의 영업성과를 비교 표시되는 모든 회계기간에 재분류하여 계속영업손익에 포함하고, 과거 기간에 해당하는 금액이 재분류되었음을 주석으로 기재한다.

[중단영업의 재무제표 표시 정리]

구분	내용	비고
중단영업손익	관련 세후 손익을 중단영업손익으로 표시	과거 재무제표에도 중단영업손익을 표시
매각계획을 변경한 경우	관련 손익을 계속영업손익에 포함	중단영업으로 표시하였던 당해 구분단위의 영업성과를 비교 표시되는 모든 회계기간에 재분류하여 계속영업손익에 포함

Chapter 8 | 객관식 문제

01 투자부동산의 분류에 관한 설명으로 옳지 않은 것은? [감정평가사 2023년]

① 미사용부동산을 운용리스로 제공한 경우에는 투자부동산으로 분류한다.

② 리스계약에 따라 이전받은 부동산을 다시 제3자에게 임대한다면 리스이용자는 해당 사용권자산을 투자 부동산으로 분류한다.

③ 지배기업이 다른 종속기업에게 자가사용 건물을 리스하는 경우 당해 건물은 연결재무제표에 투자부동산으로 분류할 수 없다.

④ 건물 소유자가 그 건물의 사용자에게 제공하는 부수적 용역의 비중이 경미하면 해당 건물을 투자부동산으로 분류한다.

⑤ 처분예정인 자가사용부동산은 투자부동산으로 분류한다.

02 투자부동산에 관한 설명으로 옳지 않은 것은? [감정평가사 2021년]

① 소유 투자부동산은 최초 인식시점에 원가로 측정한다.

② 투자부동산을 후불조건으로 취득하는 경우의 원가는 취득시점의 현금가격상당액으로 한다.

③ 투자부동산의 평가방법으로 공정가치모형을 선택한 경우, 감가상각을 수행하지 아니한다.

④ 공정가치로 평가하게 될 자가건설 투자부동산의 건설이나 개발이 완료되면 해당일의 공정가치와 기존 장부금액의 차액은 기타포괄손익으로 인식한다.

⑤ 재고자산을 공정가치로 평가하는 투자부동산으로 대체하는 경우, 재고자산의 장부금액과 대체시점의 공정가치의 차액은 당기손익으로 인식한다.

03 도소매업을 영위하는 (주)감평은 20X1년 초 건물을 취득(취득원가 ₩10,000, 내용연수 5년, 잔존가치 ₩0, 정액법 상각)하였다. 공정가치가 다음과 같을 때, (주)감평이 동 건물을 유형자산으로 분류하고 재평가모형을 적용하였을 경우(A)와 투자부동산으로 분류하고 공정가치모형을 적용한 경우(B), 20X2년 당기순이익에 미치는 영향은?

[감정평가사 2024년]

구분	20×1년 말	20×2년 말
공정가치	₩9,000	₩111,000

	A	B
①	영향없음	₩1,000 증가
②	₩2,250 감소	₩1,000 증가
③	₩2,250 감소	₩2,000 증가
④	₩2,000 감소	₩2,000 증가
⑤	₩2,000 감소	영향없음

04 무형자산의 회계처리에 관한 설명으로 옳은 것을 모두 고른 것은?

[감정평가사 2019년]

ㄱ. 내용연수가 비한정적인 무형자산은 상각하지 않고, 무형자산의 손상을 시사하는 징후가 있을 경우에 한하여 손상검사를 수행해야 한다.
ㄴ. 무형자산을 창출하기 위한 내부 프로젝트를 연구단계와 개발단계로 구분할 수 없는 경우에는 그 프로젝트에서 발생한 지출은 모두 연구단계에서 발생한 것으로 본다.
ㄷ. 브랜드, 제호, 출판표제, 고객목록 및 이와 실질이 유사한 항목은 그것을 외부에서 창출하였는지 또는 내부적으로 창출하였는지에 관계없이 취득이나 완성 후의 지출은 발생시점에 무형자산의 원가로 인식한다.
ㄹ. 내용연수가 유한한 무형자산의 잔존가치는 적어도 매 회계연도 말에는 검토하고, 잔존가치의 변동은 회계추정의 변경으로 처리한다.
ㅁ. 무형자산은 처분하는 때 또는 사용이나 처분으로부터 미래경제적 효익이 기대되지 않을 때 재무상태표에서 제거한다.

① ㄱ, ㄴ, ㄷ   ② ㄱ, ㄷ, ㄹ   ③ ㄱ, ㄹ, ㅁ
④ ㄴ, ㄷ, ㅁ   ⑤ ㄴ, ㄹ, ㅁ

05 투자부동산에 관한 설명으로 옳지 않은 것은?

[감정평가사 2019년]

① 미래에 투자부동산으로 사용하기 위하여 건설 또는 개발 중인 부동산은 투자부동산에 해당한다.

② 소유 투자부동산은 최초 인식시점에 원가로 측정하며, 거래원가는 최초 측정치에 포함한다.

③ 통상적인 영업과정에서 판매하기 위한 부동산이나 이를 위하여 건설 또는 개발 중인 부동산은 투자부동산에 해당하지 않는다.

④ 투자부동산을 개발하지 않고 처분하기로 결정하는 경우에는 재고자산으로 재분류한다.

⑤ 투자부동산에 대하여 공정가치모형을 선택한 경우, 투자부동산의 공정가치 변동으로 발생하는 손익은 발생한 기간의 당기손익에 반영한다.

06 매각예정으로 분류된 비유동자산 또는 처분자산집단의 회계처리에 관한 설명으로 옳지 않은 것은?

[감정평가사 2024년]

① 매각예정으로 분류된 비유동자산(또는 처분자산집단)은 공정가치에서 처분부대원가를 뺀 금액과 장부금액 중 큰 금액으로 측정한다.

② 1년 이후에 매각될 것으로 예상된다면 처분부대원가는 현재가치로 측정하고, 기간 경과에 따라 발생하는 처분부대원가 현재가치의 증가분은 금융원가로서 당기손익으로 회계처리한다.

③ 매각예정으로 분류하였으나 중단영업의 정의를 충족하지 않는 비유동자산(또는 처분자산집단)을 재측정하여 인식하는 평가손익은 계속영업손익에 포함한다.

④ 비유동자산이 매각예정으로 분류되거나 매각예정으로 분류된 처분자산집단의 일부이면 그 자산은 감가상각(또는 상각)하지 아니한다.

⑤ 매각예정으로 분류된 처분자산집단의 부채와 관련된 이자와 기타 비용은 계속해서 인식한다.

Chapter 8 | 객관식 문제 **정답 및 해설**

01 ⑤ 처분예정인 자가사용부동산은 **매각예정비유동자산**으로 분류한다.

02 ④ 공정가치로 평가하게 될 자가건설 투자부동산의 건설이나 개발이 완료되면 해당일의 공정가치와 기존 장부금액의 차액은 **당기손익**으로 인식한다.

03 ③ (1) 유형자산으로 분류하고 재평가모형을 적용한 경우 20X2년 당기순이익 영향: 2,250 감소
- 20X1년 감가상각비 = (10,000 − 0) ÷ 5 = (2,000)(N/I)
- 20X1년 재평가손익 = 9,000 − (10,000 − 2,000) = 1,000(OCI)
- 20X2년 감가상각비 = (9,000 − 0) ÷ 4 = (2,250)
- 20X1년 재평가손익 = 11,000 − (9,000 − 2,250) = 4,250(OCI)
  → 재평가모형을 적용할 경우 감가상각비를 인식하며, 재평가에 따른 평가이익의 경우 당기손익으로 인식한 재평가손실금액이 없으므로 전액 기타포괄이익으로 인식한다.

(2) 투자부동산으로 분류하고 공정가치모형을 적용한 경우 당기순이익 영향: 2,000 증가
- 20X2년 평가손익 = 11,000 − 9,000 = 2,000
  → 투자부동산에 공정가치모형을 적용할 경우 감가상각하지 않으며, 공정가치 변동에 따른 평가손익은 당기손익으로 인식한다. 따라서 20X1년의 평가손익을 별도로 구할 필요는 없다.

04 ⑤ ㄱ. 내용연수가 비한정적인 무형자산은 상각하지 않고, 무형자산의 손상을 시사하는 징후가 있을 경우 또는 매년 손상검사를 수행해야 한다.
ㄷ. 브랜드, 제호, 출판표제, 고객목록 및 이와 실질이 유사한 항목은 그것을 내부적으로 창출하였다면 취득이나 완성 후의 지출은 발생시점에 비용으로 인식한다.

05 ④ 투자부동산을 개발하지 않고 처분하기로 결정하는 경우에는 재고자산으로 재분류하지 않는다.

06 ① 매각예정으로 분류된 비유동자산(또는 처분자산집단)은 공정가치에서 처분부대원가를 뺀 금액과 장부금액 중 **작은 금액**으로 측정한다.

해커스 감정평가사
ca.Hackers.com

Chapter **9**

금융부채

1 금융부채의 정의와 분류

I 금융부채의 정의

01 금융상품

금융상품은 거래당사자 어느 한쪽에게는 금융자산이 생기게 하고 동시에 거래상대방에게 금융부채나 지분상품이 생기게 하는 모든 계약을 말한다. 그러므로 금융상품의 보유자는 금융상품을 금융자산으로 인식하며, 금융상품의 발행자는 거래의 실질에 따라 금융부채와 지분상품으로 분류하여 인식한다.

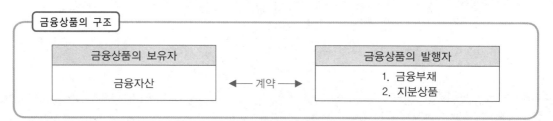

금융상품의 구조

금융상품의 보유자		금융상품의 발행자
금융자산	←— 계약 —→	1. 금융부채 2. 지분상품

02 금융부채의 정의와 계약상 의무

부채를 금융부채로 분류하기 위해서는 관련 의무가 계약에 기초하여 발생하여야 하고, 의무의 이행에는 현금 등 금융자산을 인도하여야 한다.

> **금융부채 분류기준**
>
> ① 현금 등 금융자산을 인도
> ② 관련 의무가 계약에 기초하여 발생

Additional Comment

> 계약에 의하지 않은 부채나 자산은 금융부채나 금융자산이 아니다. 그러므로 과세 당국에 납부할 당기법인세부채나 기준서 제1037호 '충당부채, 우발부채, 우발자산'에서 정의한 의제의무도 계약에서 발생한 것이 아니므로 금융부채가 아니다. 또한 계약에 기초하더라도 현금 등 금융자산을 인도할 의무이어야 금융부채로 분류한다. 선수수익, 선수금과 대부분의 품질보증의무와 같은 항목은 현금 등 금융자산을 인도할 의무가 아니라 재화나 용역을 인도해야 할 의무이기 때문에 금융부채에 해당되지 않는다.

2 상각후원가 측정 금융부채

금융부채는 당기손익 – 공정가치 측정 금융부채로 분류되지 않는 경우 상각후원가로 측정한다. 상각후원가 측정 금융부채에는 매입채무, 차입금, 사채 등이 있다. 이 중 1년 이내에 지급할 것으로 예상되는 매입채무 등은 유의적인 금융요소를 포함하지 않다고 볼 수 있으므로 거래가격으로 측정할 수 있다. 상각후원가로 후속측정하지 않는 금융부채에 대해서는 절을 달리하여 설명하기로 하고 본 절에서는 상각후원가로 측정하는 가장 대표적인 금융부채인 사채의 회계처리를 구체적으로 설명하고자 한다.

I 사채의 의의와 최초 인식

01 사채의 의의

사채란 주식회사가 자금을 조달하기 위하여 유가증권을 발행하여 불특정 다수로부터 자금을 차입하는 정형화된 부채를 말하며 회사채라고도 한다. 사채는 발행회사의 입장에서 상각후원가로 측정하는 가장 대표적인 금융부채이다.

사채의 기본요소는 사채 관련 현금흐름을 나타내는 것으로 다음과 같다.

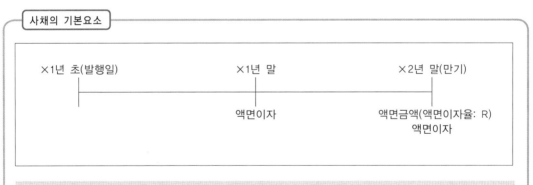

사채의 기본요소

×1년 초(발행일)　　　　　×1년 말　　　　　×2년 말(만기)

액면이자　　　　　액면금액(액면이자율: R)
　　　　　액면이자

① 액면금액: 사채 원금에 해당하는 것으로 사채의 만기시점에 지급하게 되는 금액
② 액면이자: 약정된 이자지급일에 지급하기로 약속한 이자금액으로 사채액면금액에 액면이자율을 곱하여 지급하게 될 금액
③ 사채발행일과 만기일

02 사채의 최초 인식

금융부채는 최초 인식 시 공정가치로 측정한다. 사채는 발행 시에 액면금액과 액면이자, 발행일 및 만기, 시장이자율이 결정되어 있으므로 최초 인식시점의 미래현금유출액을 발행일의 시장이자율을 이용하여 산정한 현재가치가 발행일의 공정가치와 일치한다.

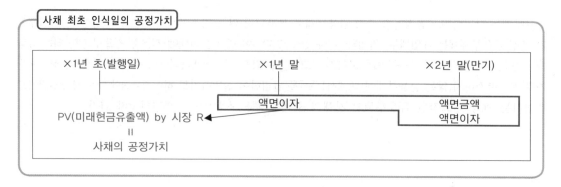

Additional Comment

사채 발행일의 시장이자율은 당해 사채에 대하여 투자자들이 요구하는 수익률로 기준금리에 신용위험을 가산하여 결정된다.

> 시장이자율(채권수익률) = 기준금리(LIBOR금리 등) + 신용위험(위험프리미엄)

기업들은 자신들의 신용위험을 산정하기 위하여 신용평가기관에 사채의 신용등급평가를 의뢰한다. 각 신용등급에 따라 해당 기업의 신용위험이 다르게 결정된다. 동일한 일자에 동일한 조건의 사채를 발행하는 경우에는 어느 기업이든지 모두 동일한 기준금리를 부담하지만 신용위험이 기업마다 다르므로 시장이자율은 기업에 따라 다르게 결정된다. 따라서 동일한 일자에 동일한 조건으로 사채를 발행하는 경우에도 발행하는 기업의 사채 신용등급에 따라 사채의 발행금액이 다르게 결정된다.

Self Study

사채의 발행금액은 사채의 미래현금흐름을 현재의 시장이자율로 할인한 현재가치금액으로 한다는 것이다. 즉, 사채의 발행금액은 사채의 미래현금흐름에 시장이자율에 해당하는 현재가치계수를 곱한 금액으로 계산된다. 현재가치계수는 이자율이 증가할수록 감소하므로, 시장이자율이 증가하면 사채의 발행금액인 현재가치는 감소하게 된다.

01 사채의 발행유형

사채의 발행금액은 사채의 미래현금흐름에 시장이자율에 해당하는 현재가치계수를 곱한 금액으로 계산된다.

사채의 발행금액은 액면이자율과 시장이자율의 관계에 의하여 결정된다. 시장이자율과 액면이자율에 따른 사채의 발행유형은 다음과 같다.

액면이자율과 시장이자율의 관계에 따른 사채의 발행유형

구분	이자율 간의 관계	액면금액과 발행금액의 관계
액면발행	시장이자율 = 액면이자율	발행금액 = 액면금액
할인발행	시장이자율 > 액면이자율	발행금액 < 액면금액
할증발행	시장이자율 < 액면이자율	발행금액 > 액면금액

02 액면발행

사채의 액면이자율과 시장이자율이 같다면 사채는 액면금액으로 발행된다. 이를 액면발행이라고 한다. 사채를 액면발행하게 되면 매기 말 인식하는 이자비용은 액면이자와 동일하고 사채의 장부금액은 발행시점에 액면금액으로 발행되어 매기 말 변동하지 않는다.

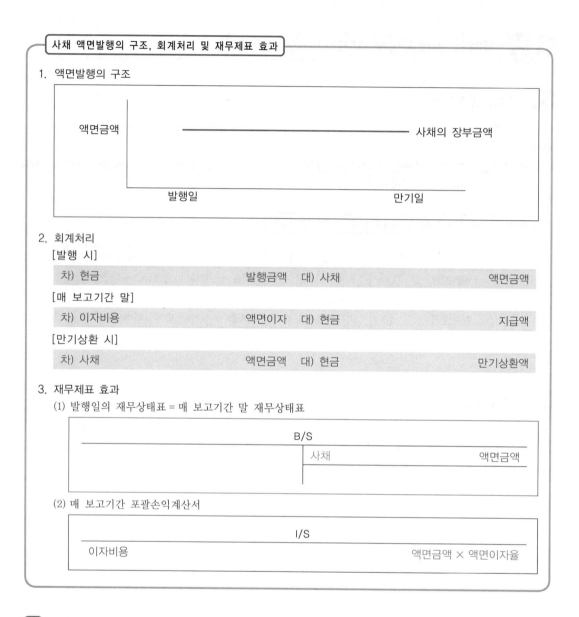

사채 액면발행의 구조, 회계처리 및 재무제표 효과

1. 액면발행의 구조

액면금액	사채의 장부금액
	발행일 만기일

2. 회계처리

[발행 시]

차) 현금	발행금액	대) 사채	액면금액

[매 보고기간 말]

차) 이자비용	액면이자	대) 현금	지급액

[만기상환 시]

차) 사채	액면금액	대) 현금	만기상환액

3. 재무제표 효과

(1) 발행일의 재무상태표 = 매 보고기간 말 재무상태표

B/S	
	사채 액면금액

(2) 매 보고기간 포괄손익계산서

I/S	
이자비용	액면금액 × 액면이자율

03 할인발행

(1) 사채 할인발행 시 발행일의 회계처리

사채의 액면이자율이 시장이자율보다 낮다면 사채는 할인금액으로 발행될 것이며, 이를 할인발행이라고 한다. 사채는 일반적으로 정보이용자에게 유용한 정보를 제공하기 위하여 사채 계정을 액면금액으로 기록하며, 액면금액과 발행금액의 차액은 사채할인발행차금 계정으로 처리하는 것이 일반적이다. 사채할인발행차금은 사채의 차감 계정으로 사채에서 차감하는 형식으로 표시한다. 사채에서 사채할인발행차금을 차감한 금액을 사채의 장부금액이라고 한다.

Additional Comment

사채할인발행차금은 재무상태표를 작성할 때 사채 계정에서 차감(표시)한다. 한국채택국제회계기준에서는 사채할인발행차금의 사용에 대해서 명시적 언급이 없기 때문에 사채할인발행차금 계정을 사용하지 않고 사채를 순액으로 계상할 수도 있다. 단, 사채할인발행차금의 잔액이나 사채할인발행차금의 상각액을 묻는 문제가 아니라면 사채할인발행차금을 사용한 총액법 회계처리와 사채할인발행차금을 사용하지 않는 순액법 회계처리의 사채의 장부금액이나 이자비용이 일치한다.

사채 할인발행 시 구조, 발행일의 회계처리 및 재무제표 효과

1. 할인발행의 구조

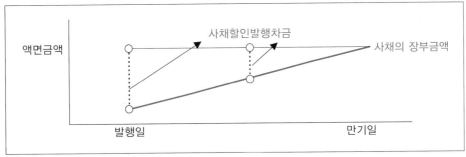

2. 회계처리

[발행 시 – 순액법]

차) 현금	발행금액	대) 사채	PV(CF) by 시장 R

[발행 시 – 총액법]

차) 현금	발행금액	대) 사채	액면금액
사채할인발행차금	액면금액 – PV(CF) by 시장 R		

3. 발행일의 재무상태표

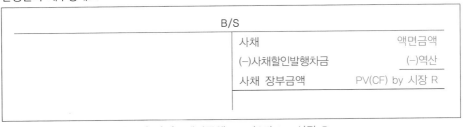

➔ 매기 말 사채할인발행차금의 잔액: 액면금액 – PV(CF) by 시장 R

(2) 사채 할인발행 시 매 보고기간 말의 회계처리

사채할인발행차금은 액면이자를 시장이자율보다 적게 지급함에 따른 대가를 투자자에게 미리 지급한 금액으로 이자와 동일한 성격이다. 사채할인발행차금은 사채상환기간에 걸쳐 유효이자율법에 따라 상각하여 이자비용에 가산한다.

Additional Comment

유효이자율법은 금융부채의 상각후원가를 계산하고 관련 기간에 이자비용을 당기손익으로 인식하고 배분하는 방법이다. 즉, 유효이자율을 이용하여 유효이자(= 기초장부금액 × 시장이자율(or 유효이자율))를 이자비용으로 인식하고, 유효이자와 액면이자의 차이를 사채의 장부금액에 가감하는 방법이다. 사채할인발행하에서 유효이자는 매기말 사채의 기초장부금액이 증가하면서 매기 증가하게 된다.

Self Study

유효이자율은 금융부채의 기대존속기간에 추정 미래현금지급액의 현재가치를 금융부채의 상각후원가와 정확히 일치시키는 이자율을 말한다. 유효이자율은 거래원가를 차감한 사채의 발행금액과 사채 미래현금흐름의 현재가치를 일치시키는 이자율로 사채 발행 시에 거래원가가 없다면 시장이자율과 유효이자율은 동일하다.

유효이자율법에서는 직전 이자지급일의 장부금액에 유효이자율을 곱한 유효이자를 이자비용으로 인식하고, 액면이자와의 차액은 사채할인발행차금 상각액으로 인식한다. 또한 순액법으로 회계처리하는 경우에는 동 금액만큼 사채의 장부금액을 증가시킨다. 그러므로 매 보고기간 말 유효이자율법에 따라 인식한 이자비용에 포함되는 사채할인발행차금의 상각액은 사채의 장부금액 변동액과 일치한다.

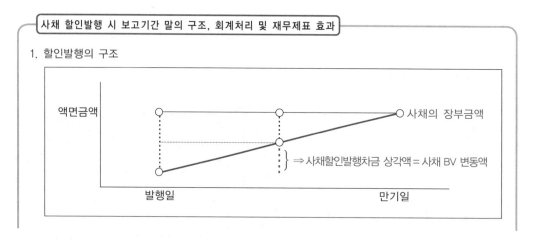

사채 할인발행 시 보고기간 말의 구조, 회계처리 및 재무제표 효과

1. 할인발행의 구조

2. 회계처리

[매 보고기간 말 – 순액법]

| 차) 이자비용 | 기초 BV × 유효 R | 대) 현금 | 액면이자 |
| | | 사채 | 기말사채 BV – 기초사채 BV |

[매 보고기간 말 – 총액법]

| 차) 이자비용 | 기초 BV × 유효 R | 대) 현금 | 액면이자 |
| | | 사채할인발행차금 | 대차차액 |

➔ 매 보고기간 말 사채할인발행차금 상각액: 기말사채의 장부금액 – 기초사채의 장부금액

3. 매 보고기간 말의 재무제표

(1) 매 보고기간 말 재무상태표

	B/S	
	사채	액면금액
	(−)사채할인발행차금	(−)역산
	사채 장부금액	A

➔ 기말사채의 장부금액 산정방법

① PV(잔여기간의 CF) by 취득 시 유효 R

② 기초사채의 장부금액 × (1 + 유효 R) – 액면이자

③ 기초장부금액 + (유효이자 – 액면이자)

(2) 매 보고기간 포괄손익계산서

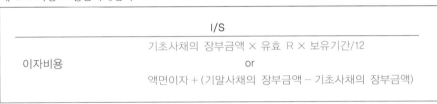

	I/S
이자비용	기초사채의 장부금액 × 유효 R × 보유기간/12
	or
	액면이자 + (기말사채의 장부금액 – 기초사채의 장부금액)

사채의 상환기간 동안 사채의 발행금액보다 더 지급하는 금액은 성격적으로 모두 이자에 해당하므로 사채의 발행자가 상환기간 동안에 인식할 총이자비용은 액면이자의 합계액과 사채할인발행차금의 합이나 사채 미래현금흐름의 합계액 – 사채의 발행금액(현재가치)으로 계산된다.

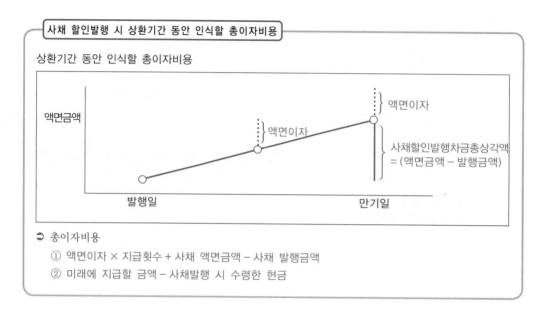

┌───┐
│ 사채 할인발행 시 상환기간 동안 인식할 총이자비용 │
└───┘

➭ 총이자비용
　① 액면이자 × 지급횟수 + 사채 액면금액 − 사채 발행금액
　② 미래에 지급할 금액 − 사채발행 시 수령한 현금

(3) 사채 할인발행 시 만기상환 시 회계처리

사채의 기간 동안 매 보고기간 말 유효이자율법에 따라 사채할인발행차금을 상각하면 만기시점에는 사채할인발행차금은 모두 상각되어 잔액이 '0'이 된다. 순액법의 경우 매 보고기간 말에 유효이자율법에 따라 사채의 장부금액이 증가하여 만기시점에는 사채의 장부금액이 액면금액과 동일해진다. 그러므로 만기시점에 상환 시 회계처리는 액면발행과 동일하다.

04 할증발행

(1) 사채 할증발행 시 발행일의 회계처리

사채의 액면이자율이 시장이자율보다 높다면 사채는 할증금액으로 발행될 것이며, 이를 할증발행이라고 한다. 사채는 일반적으로 정보이용자에게 유용한 정보를 제공하기 위하여 사채 계정을 액면금액으로 기록하며, 액면금액과 발행금액의 차액은 사채할증발행차금 계정으로 처리하는 것이 일반적이다. 사채할증발행차금은 사채의 가산 계정으로 사채에 가산하는 형식으로 표시한다. 사채에서 사채할증발행차금을 가산한 금액을 사채의 장부금액이라고 한다.

> **Additional Comment**
>
> 사채할증발행차금은 재무상태표를 작성할 때 사채 계정에서 가산(표시)한다. 한국채택국제회계기준에서는 사채할증발행차금의 사용에 대해서 명시적 언급이 없기 때문에 사채할증발행차금 계정을 사용하지 않고 사채를 순액으로 계상할 수도 있다. 단, 사채할증발행차금의 잔액이나 사채할증발행차금의 상각액을 묻는 문제가 아니라면 사채할증발행차금을 사용한 총액법 회계처리와 사채할증발행차금을 사용하지 않는 순액법 회계처리의 사채의 장부금액이나 이자비용이 일치한다.

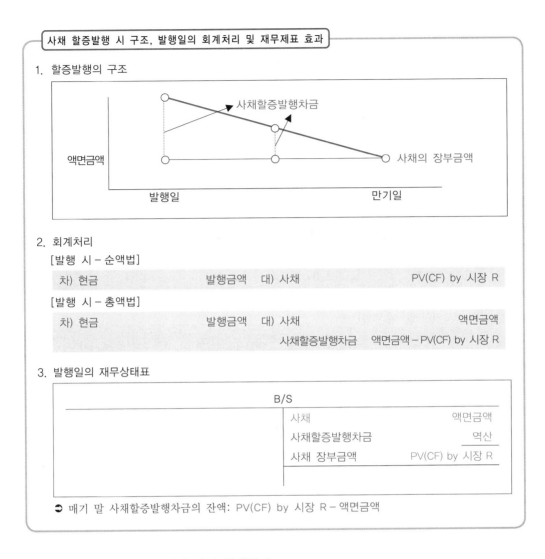

사채 할증발행 시 구조, 발행일의 회계처리 및 재무제표 효과

1. 할증발행의 구조

사채할증발행차금

액면금액

사채의 장부금액

발행일   만기일

2. 회계처리

[발행 시 – 순액법]

차) 현금	발행금액	대) 사채	PV(CF) by 시장 R

[발행 시 – 총액법]

차) 현금	발행금액	대) 사채	액면금액
		사채할증발행차금	액면금액 – PV(CF) by 시장 R

3. 발행일의 재무상태표

B/S		
	사채	액면금액
	사채할증발행차금	역산
	사채 장부금액	PV(CF) by 시장 R

➔ 매기 말 사채할증발행차금의 잔액: PV(CF) by 시장 R – 액면금액

(2) 사채 할증발행 시 매 보고기간 말의 회계처리

사채할증발행차금은 액면이자를 시장이자율보다 크게 지급함에 따른 대가를 투자자에게 미리 수령한 금액으로 이자와 동일한 성격이다. 사채할증발행차금은 사채상환기간에 걸쳐 유효이자율법에 따라 상각하여 이자비용에 차감한다.

유효이자율법에서는 직전 이자지급일의 장부금액에 유효이자율을 곱한 유효이자를 이자비용으로 인식하고, 액면이자와의 차액은 사채할증발행차금 상각액으로 인식한다. 또한 순액법으로 회계처리하는 경우에는 동 금액만큼 사채의 장부금액을 감소시킨다. 그러므로 매 보고기간 말 유효이자율법에 따라 인식한 이자비용에 고려되는 사채할증발행차금의 상각액은 사채의 장부금액 변동액과 일치한다.

사채 할증발행 시 보고기간 말의 구조, 회계처리 및 재무제표 효과

1. 할증발행의 구조

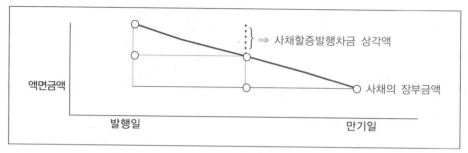

2. 회계처리

   [매 보고기간 말 – 순액법]

차) 이자비용	기초 BV × 유효 R	대) 현금	액면이자
사채	기초사채 BV – 기말사채 BV		

   [매 보고기간 말 – 총액법]

차) 이자비용	기초 BV × 유효 R	대) 현금	액면이자
사채할증발행차금	대차차액		

   ⊃ 매 보고기간 말 사채할증발행차금 상각액: 기초사채의 장부금액 – 기말사채의 장부금액

3. 매 보고기간 말의 재무제표

   (1) 매 보고기간 말 재무상태표

B/S	
사채	액면금액
사채할증발행차금	역산
사채 장부금액	A

   ⊃ 기말사채의 장부금액 산정방법

   ① PV(잔여기간의 CF) by 취득 시 유효 R

   ② 기초사채의 장부금액 × (1 + 유효 R) – 액면이자

   ③ 기초장부금액 + (유효이자 – 액면이자)

   (2) 매 보고기간 포괄손익계산서

   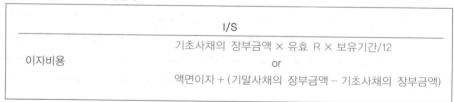

사채의 상환기간 동안 사채의 발행금액보다 더 지급하는 금액은 성격적으로 모두 이자에 해당하므로 사채의 발행자가 상환기간 동안에 인식할 총이자비용은 액면이자의 합계액과 사채할증발행차금의 차감이나 사채 미래현금흐름의 합계액 – 사채의 발행금액(현재가치)으로 계산된다.

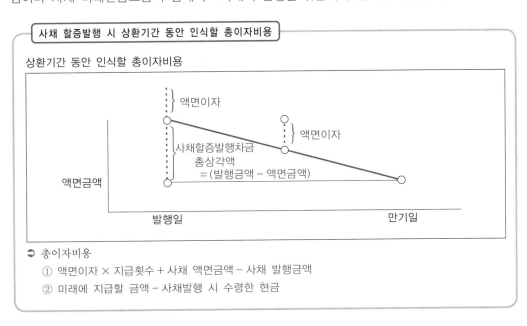

사채 할증발행 시 상환기간 동안 인식할 총이자비용

상환기간 동안 인식할 총이자비용

- 액면이자
- 액면이자
- 액면금액
- 사채할증발행차금
- 총상각액 = (발행금액 – 액면금액)
- 발행일
- 만기일

➲ 총이자비용
① 액면이자 × 지급횟수 + 사채 액면금액 – 사채 발행금액
② 미래에 지급할 금액 – 사채발행 시 수령한 현금

(3) 사채 할증발행 시 만기상환 시 회계처리

사채의 기간 동안 매 보고기간 말 유효이자율법에 따라 사채할증발행차금을 상각하면 만기시점에는 사채할증발행차금은 모두 상각되어 잔액이 '0'이 된다. 순액법의 경우 매 보고기간 말에 유효이자율법에 따라 사채의 장부금액이 감소하여 만기시점에는 사채의 장부금액이 액면금액과 동일해진다. 그러므로 만기시점에 상환 시 회계처리는 액면발행과 동일하다.

Self Study

정액법과 유효이자율법의 비교
사채가 할인 또는 할증발행되는 경우 사채할인(할증)발행차금을 정액법으로 상각할 수도 있다. 정액법은 사채할인(할증)발행차금을 사채의 상환기간 동안 균등하게 상각하는 것이다. 따라서 사채의 상환기간 동안 이자비용이 균등하게 인식된다. 국제회계기준에서는 이자비용은 유효이자율법으로 인식하도록 규정하고 있으므로 사채할인(할증)발행차금을 정액법으로 상각하는 방법은 인정하지 않는다.

구분	정액법		유효이자율법	
	할인발행 시	할증발행 시	할인발행 시	할증발행 시
이자비용	일정	일정	증가	감소
표시이자	일정	일정	일정	일정
사채발행차금상각액	일정	일정	증가	증가
사채장부금액	증가	감소	증가	감소

A사는 20×1년 초에 만기 20×3년 말, 액면금액 ₩100,000, 액면이자율 연 8%, 이자지급일은 매년 12월 31일, 만기상환일은 20×3년 12월 31일인 사채를 발행하였다.

관련 현가계수는 아래와 같다.

구분	이자율 8%	이자율 10%	이자율 6%
3기간 현가계수	0.79383	0.75131	0.83962
3기간 연금현가계수	2.57710	2.48685	2.67301

각 물음은 서로 독립적이다(단, 소수점 첫째 자리에서 반올림한다).

1 동 사채의 발행 당시 시장이자율이 8%인 경우 아래의 물음에 답하시오.
　1-**1** 동 사채의 발행 시부터 만기상환 시까지 회계처리를 보이시오.
　1-**2** 동 사채의 만기까지 A사가 인식할 총이자비용을 구하시오.

2 동 사채의 발행 당시 시장이자율이 10%인 경우 아래의 물음에 답하시오.
　2-**1** 동 사채의 발행 시부터 만기상환 시까지 회계처리를 보이시오.
　2-**2** 동 사채의 만기까지 A사가 인식할 총이자비용을 구하시오.

3 동 사채의 발행 당시 시장이자율이 6%인 경우 아래의 물음에 답하시오.
　3-**1** 동 사채의 발행 시부터 만기상환 시까지 회계처리를 보이시오.
　3-**2** 동 사채의 만기까지 A사가 인식할 총이자비용을 구하시오.

풀이

1-**1**　1. 회계처리
　[발행 시]

차) 현금	100,000	대) 사채[1]	100,000

　[1] $8,000 \times 2.57710 + 100,000 \times 0.79383 = 100,000$
　[매 보고기간 말(20×1, 2, 3년 말)]

차) 이자비용[2]	8,000	대) 현금	8,000

　[2] $100,000 \times 8\% = 8,000$
　[만기상환 시]

차) 사채	100,000	대) 현금	100,000

　2. 재무제표 효과
　[발행일의 재무상태표 = 매 보고기간 말 재무상태표(상환 전까지)]

B/S		
	사채	100,000

1-**2** 사채의 만기까지 A사가 인식할 총이자비용: 8,000 × 3년 = 24,000

2-**1** 1. 발행일

(1) 회계처리

[발행 시 – 순액법]

차) 현금	95,026	대) 사채[3]	95,026

[3] 8,000 × 2.48685 + 100,000 × 0.75131 = 95,026

[발행 시 – 총액법]

차) 현금	95,026	대) 사채	100,000
사채할인발행차금	4,974		

(2) 발행일의 재무상태표

B/S	
사채	100,000
(−)사채할인발행차금	(−)4,974
사채 장부금액	95,026

➪ 발행일의 사채할인발행차금 잔액: 100,000 − 95,026 = 4,974

2. 매 보고기간 말

(1) 20×1년 말

1) 회계처리

[20×1년 말 – 순액법]

차) 이자비용[4]	9,503	대) 현금	8,000
		사채	1,503

[4] 95,026 × 10% = 9,503

[20×1년 말 – 총액법]

차) 이자비용	9,503	대) 현금	8,000
		사채할인발행차금	1,503

2) 20×1년 말 재무상태표

B/S	
사채	100,000
(−)사채할인발행차금	(−)3,471
사채 장부금액	96,529

➪ 기말사채의 장부금액 산정방법
- PV(잔여기간의 CF) by 취득 시 유효 R: $8,000/1.1 + 108,000/1.1^2 = 96,529$
- 기초사채의 장부금액 × (1 + 유효 R) − 액면이자: 95,026 × (1 + 10%) − 8,000 = 96,529
- 기초장부금액 + (유효이자 − 액면이자): 95,026 + (9,503 − 8,000) = 96,529

➪ 20×1년 말 사채할인발행차금 상각액: 96,529 − 95,026 = 1,503

3) 20×1년 포괄손익계산서

	I/S
이자비용	95,026 × 10% = 9,503 or 8,000 + (96,529 − 95,026)

(2) 20×2년 말
1) 회계처리
[20×2년 말 – 순액법]

차) 이자비용[5]	9,653	대) 현금	8,000
		사채	1,653

[5] 96,529 × 10% = 9,653

[20×2년 말 – 총액법]

차) 이자비용	9,653	대) 현금	8,000
		사채할인발행차금	1,653

2) 20×2년 말 재무상태표

	B/S	
	사채	100,000
	(−)사채할인발행차금	(−)1,818
	사채 장부금액	98,182

➲ 기말사채의 장부금액 산정방법
  • PV(잔여기간의 CF) by 취득 시 유효 R: 108,000/1.1 = 98,182
  • 기초사채의 장부금액 × (1 + 유효 R) − 액면이자: 96,529 × (1 + 10%) − 8,000 = 98,182
  • 기초장부금액 + (유효이자 − 액면이자): 96,529 + (9,653 − 8,000) = 98,182
➲ 20×2년 말 사채할인발행차금 상각액: 98,182 − 96,529 = 1,653

3) 20×2년 포괄손익계산서

	I/S
이자비용	96,529 × 10% = 9,653 or 8,000 + (98,182 − 96,529)

(3) 20×3년 말
1) 회계처리
[20×3년 말 – 순액법]

차) 이자비용[6]	9,818	대) 현금	8,000
		사채	1,818

[6] 98,182 × 10% = 9,818

[20×3년 말 – 총액법]

차) 이자비용	9,818	대) 현금	8,000
		사채할인발행차금	1,818

2) 20×3년 말 재무상태표

	B/S	
	사채	100,000
	(−)사채할인발행차금	(−)
	사채 장부금액	100,000

➔ 기말사채의 장부금액 산정방법
- 기초사채의 장부금액 × (1 + 유효 R) − 액면이자: 98,182 × (1 + 10%) − 8,000 = 100,000
- 기초장부금액 + (유효이자 − 액면이자): 98,182 + (9,818 − 8,000) = 100,000

➔ 20×3년 말 사채할인발행차금 상각액: 100,000 − 98,182 = 1,818

3) 20×3년 포괄손익계산서

	I/S
이자비용	98,182 × 10% = 9,818 or 8,000 + (100,000 − 98,182)

3. 만기상환 시
1) 회계처리
[20×3년 말 − 순액법, 총액법 동일]

차) 사채	100,000	대) 현금	100,000

2-**2** 사채의 만기까지 A사가 인식할 총이자비용: 8,000 × 3년 + 100,000 − 95,026 = 28,974

3-**1** 1. 발행일
(1) 회계처리
[발행 시 − 순액법]

차) 현금	105,346	대) 사채[7]	105,346

[7] 8,000 × 2.67301 + 100,000 × 0.83962 = 105,346

[발행 시 − 총액법]

차) 현금	105,346	대) 사채	100,000
		사채할증발행차금	5,346

(2) 발행일의 재무상태표

	B/S	
	사채	100,000
	사채할증발행차금	5,346
	사채 장부금액	105,346

➔ 발행일의 사채할증발행차금 잔액: 105,346 − 100,000 = 5,346

2. 매 보고기간 말
(1) 20×1년 말
1) 회계처리
[20×1년 말 – 순액법]

차) 이자비용[8]	6,321	대) 현금	8,000
사채	1,679		

[8] 105,346 × 6% = 6,321

[20×1년 말 – 총액법]

차) 이자비용	6,321	대) 현금	8,000
사채할증발행차금	1,679		

2) 20×1년 말 재무상태표

	B/S	
	사채	100,000
	사채할증발행차금	3,667
	사채 장부금액	103,667

⊃ 기말사채의 장부금액 산정방법
- PV(잔여기간의 CF) by 취득 시 유효 R: $8,000/1.06 + 108,000/1.06^2 = 103,667$
- 기초사채의 장부금액 × (1 + 유효 R) – 액면이자: 105,346 × (1 + 6%) – 8,000 = 103,667
- 기초장부금액 + (유효이자 – 액면이자): 105,346 + (6,321 – 8,000) = 103,667

⊃ 20×1년 말 사채할증발행차금 상각액: 105,346 – 103,667 = 1,679

3) 20×1년 말 포괄손익계산서

	I/S
이자비용	105,346 × 6% = 6,321 or 8,000 + (103,667 – 105,346)

(2) 20×2년 말
1) 회계처리
[20×2년 말 – 순액법]

차) 이자비용[9]	6,220	대) 현금	8,000
사채	1,780		

[9] 103,667 × 6% = 6,220

[20×2년 말 – 총액법]

차) 이자비용	6,220	대) 현금	8,000
사채할증발행차금	1,780		

2) 20×2년 말 재무상태표

	B/S	
	사채	100,000
	사채할증발행차금	1,887
	사채 장부금액	101,887

➲ 기말사채의 장부금액 산정방법
- PV(잔여기간의 CF) by 취득 시 유효 R: 108,000/1.06 = 101,887
- 기초사채의 장부금액 × (1 + 유효 R) − 액면이자: 103,667 × (1 + 6%) − 8,000 = 101,887
- 기초장부금액 + (유효이자 − 액면이자): 103,667 + (6,220 − 8,000) = 101,887

➲ 20×2년 말 사채할증발행차금 상각액: 103,667 − 101,887 = 1,780

3) 20×2년 포괄손익계산서

	I/S	
이자비용		103,667 × 6% = 6,220 or 8,000 + (101,887 − 103,667)

(3) 20×3년 말

1) 회계처리

[20×3년 말 − 순액법]

차) 이자비용[10]	6,113	대) 현금	8,000
사채	1,887		

[10] 101,887 × 6% = 6,113

[20×3년 말 − 총액법]

차) 이자비용	6,113	대) 현금	8,000
사채할증발행차금	1,887		

2) 20×3년 말 재무상태표

	B/S	
	사채	100,000
	사채할증발행차금	(−)
	사채 장부금액	100,000

➲ 기말사채의 장부금액 산정방법
- 기초사채의 장부금액 × (1 + 유효 R) − 액면이자: 101,887 × (1 + 6%) − 8,000 = 100,000
- 기초장부금액 + (유효이자 − 액면이자): 101,887 + (6,113 − 8,000) = 100,000

➲ 20×3년 말 사채할증발행차금 상각액: 101,887 − 100,000 = 1,887

3) 20×3년 포괄손익계산서

	I/S
이자비용	$101{,}887 \times 6\% = 6{,}113$ or $8{,}000 + (100{,}000 - 101{,}887)$

3. 만기상환 시
(1) 회계처리
　　[20×3년 말 – 순액법, 총액법 동일]

차) 사채	100,000	대) 현금	100,000

❸-② 사채의 만기까지 A사가 인식할 총이자비용: $8{,}000 \times 3년 + 100{,}000 - 105{,}346 = 18{,}654$

기출 Check 1

㈜관세는 20X1년 초 액면금액 ₩100,000, 매년 말 액면이자 연 8% 지급조건, 5년 만기의 사채를 ₩92,416에 발행하였다. 동 사채 발행일의 시장이자율(연 10%)과 유효이자율은 일치하며, 유효이자율법에 따라 사채발행차금을 상각한다. ㈜관세가 20X3년도에 상각할 사채할인발행차금은? (단, 계산금액은 소수점 첫째자리에서 반올림한다.)　　　　[관세사 2024년]

① ₩1,242　　　　② ₩1,366　　　　③ ₩1,502
④ ₩1,653　　　　⑤ ₩1,821

풀이

(1) 20X2년 말 사채 장부금액 $= (92{,}416 \times 1.1 - 8{,}000^{1)}) \times 1.1 - 8{,}000 = 95{,}023$
　　[1] 사채액면이자 $100{,}000 \times 8\%$
(2) 20X3년 말 사채 장부금액 $= 95{,}023 \times 1.1 - 8{,}000 = 96{,}525$
(3) 20X3년도에 상각할 사채할인발행차금 $= 96{,}525 - 95{,}023 = 1{,}502$
　　사채할인발행차금(사채할증발행차금)의 상각액은 기초와 기말의 사채 장부금액 변동액과 같다.

정답: ③

상각후원가 측정 금융부채는 최초 인식 시에 공정가치로 측정하고 거래원가는 해당 공정가치에서 차감한다. 그러므로 거래원가가 발생한 경우 사채의 발행금액은 사채의 미래현금흐름을 시장이자율로 할인한 현재가치 금액에 거래원가를 차감한 금액이 된다.

> 사채의 발행금액: PV(CF) by 시장이자율 – 거래원가

거래원가는 금융부채의 발행과 직접 관련된 증분원가로, 금융부채의 발행이 없었다면 생기지 않았을 원가를 말한다. 거래원가는 대리인(판매대리인 역할을 하는 종업원 포함), 고문, 중개인, 판매자에게 지급하는 수수료와 중개수수료, 감독기구와 증권거래소의 부과금과 양도세 등이 포함된다. 거래원가에는 채무할증액, 채무할인액, 금융원가, 내부관리원가, 내부보유원가는 포함되지 않는다.

여기서 추가되는 개념이 유효이자율이다. 유효이자율은 거래원가를 차감한 사채의 발행금액과 사채 미래현금흐름의 현재가치를 일치시키는 이자율이다. 그러므로 거래원가가 존재한다면 사채발행으로 인하여 순수하게 유입된 금액(= 사채발행금액 – 거래원가)과 사채 미래현금흐름의 현재가치를 일치시키는 유효이자율을 다시 산정하여야 한다.

> 사채의 발행금액: PV(CF) by 유효이자율

이에 따라 거래원가가 없다면 사채의 발행 시 시장이자율과 유효이자율은 일치하지만 거래원가가 있다면 사채의 발행 시 시장이자율과 유효이자율이 일치하지 않는다.

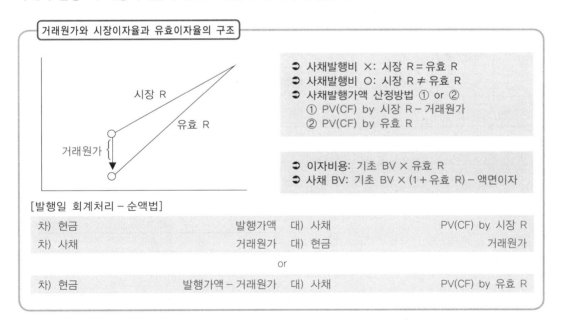

거래원가와 시장이자율과 유효이자율의 구조

- 사채발행비 X: 시장 R = 유효 R
- 사채발행비 O: 시장 R ≠ 유효 R
- 사채발행가액 산정방법 ① or ②
  ① PV(CF) by 시장 R – 거래원가
  ② PV(CF) by 유효 R

- 이자비용: 기초 BV × 유효 R
- 사채 BV: 기초 BV × (1 + 유효 R) – 액면이자

[발행일 회계처리 – 순액법]

| 차) 현금 | 발행가액 | 대) 사채 | PV(CF) by 시장 R |
| 차) 사채 | 거래원가 | 대) 현금 | 거래원가 |

or

| 차) 현금 | 발행가액 – 거래원가 | 대) 사채 | PV(CF) by 유효 R |

㈜민국은 20×1년 1월 1일 액면금액 ₩1,000,000, 액면이자율 연 5%(매년 말 이자지급), 3년 만기인 회사채를 발행하고 상각후원가 측정 금융부채로 분류하였다. 사채 발행 당시 시장이자율은 연 8%였으며, 사채할인발행차금에 대하여 유효이자율법으로 상각한다. 한편, ㈜민국이 동 사채를 발행하는 과정에서 직접적인 사채발행비 ₩47,015이 발생하였으며, ㈜민국은 동 사채와 관련하여 20×1년도 포괄손익계산서상 이자비용으로 ₩87,564를 인식하였다. 동 사채와 관련하여 ㈜민국이 20×2년도 포괄손익계산서상 이자비용으로 인식할 금액은 얼마인가? (단, 8%, 3기간 기간 말 단일금액 ₩1의 현가계수는 0.7938이며, 8%, 3기간 정상연금 ₩1의 현가계수는 2.5771이다. 계산금액은 소수점 첫째 자리에서 반올림하며, 단수차이로 인해 약간의 오차가 있으면 가장 근사치를 선택한다. 또한 법인세효과는 고려하지 않는다)

① ₩91,320   ② ₩92,076   ③ ₩93,560
④ ₩94,070   ⑤ ₩95,783

풀이

1. 사채발행비가 존재하는 경우 사채발행가액 산정

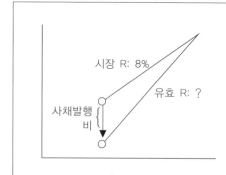

➥ 사채발행비 O: 시장 R ≠ 유효 R
➥ 사채발행가액 산정방법 ① or ②
  ① PV(CF) by 시장 R − 사채발행비 = 875,640
    • 1,000,000 × 0.7938 + 50,000 × 2.5771 − 47,015
  ② PV(CF) by 유효 R

➥ 20×1년 이자비용: 기초 BV × 유효 R
  • 875,640 × 유효 R = 87,564, 유효 R: 10%

2. F/S 분석

B/S	20×1년 말
사채	1,000,000
(−)사채할인발행차금	(−)86,796
사채 BV	875,640 ×1.1−50,000 = 913,204

I/S	20×2년
이자비용	913,204 × 10% = (−)91,320

3. 회계처리

[발행일 회계처리 – 순액법]

차) 현금	922,655	대) 사채	922,655
차) 사채	47,015	대) 현금	47,015

[20×1년 말 회계처리 – 순액법]

차) 이자비용	87,564	대) 현금	50,000
		사채	37,564

[20×2년 말 회계처리 – 순액법]

차) 이자비용	91,320	대) 현금	50,000
		사채	41,320

정답: ①

Ⅳ 이자지급일 사이의 사채발행

01 이자지급일 사이 사채발행의 이해

사채와 같은 채무상품의 발행자는 이자지급일 현재의 채무상품 보유자에게 이자지급기간에 발생한 이자를 모두 지급한다. 이는 채무상품의 보유자는 자신의 보유기간에 관계없이 이자지급일에 이자계산기간의 전체 이자를 모두 수취하는 것을 말한다.

Additional Comment

매년 12월 31일에 이자를 지급하는 조건으로 20×1년 초에 발행된 채무상품을 투자자가 12월 1일에 취득하여 12월 말까지 보유하면 투자자는 그 채무상품을 1개월만 보유하였더라도 12월 말에 12개월분 이자를 모두 받는다.

채무상품의 발행자는 이자지급일 현재 채무상품 보유자에게 이자계산기간의 모든 이자를 지급하기 때문에 이자지급일 사이에 채무상품을 매매할 경우 최종 이자지급일부터 중도 매매일까지 발생한 이자(= 경과이자)만큼 가산한 금액으로 매매대가가 결정된다.

회사가 사채를 발행하였으나, 투자자의 입장에서 사채의 조건이 만족스럽지 않아 사채발행일에 사채를 취득하지 않다가 일정 기간이 경과된 후에 취득하기도 하는데, 이를 이자지급일 사이의 사채발행이라고 한다. 이때 이자지급일 사이에 사채를 발행할 때 경과이자만큼 더 수취한 금액은 사채의 발행가액이 아니라 미지급이자에 해당한다.

Additional Comment

이자지급기간이 1월 1일부터 12월 31일인 사채를 4월 1일에 발행(= 투자자가 이 시점에서 사채를 취득)하였다면, 발행자는 3개월분의 경과이자만큼 대가를 더 받는다. 그 이유는 발행자는 사채발행일로부터 9개월이 경과된 12월 말에 미리 받은 3개월분 경과이자를 포함하여 12개월분 이자를 투자자에게 지급하게 되는데 이때 발행자가 미리 받은 3개월분의 이자 때문에 실질적으로 발행자는 결국 9개월분 이자만 지급한 셈이 된다.

이자지급일 사이에 사채를 발행하는 경우 사채발행으로 인한 현금수령액은 발행일 현재 사채의 미래현금흐름을 실제발행일의 시장이자율로 할인한 현재가치가 된다. 이 금액은 명목상 발행일의 발행금액을 미래가치로 환산하는 방법을 사용하여 계산한다. 따라서 실제발행일의 현금수령액은 명목상 발행일의 발행금액에 명목상 발행일부터 실제발행일 사이의 실질이자를 가산한 금액이 된다. 여기서 주의할 점은 모든 금액을 계산할 때 실제발행일의 시장이자율을 사용하여야 한다는 것이다.

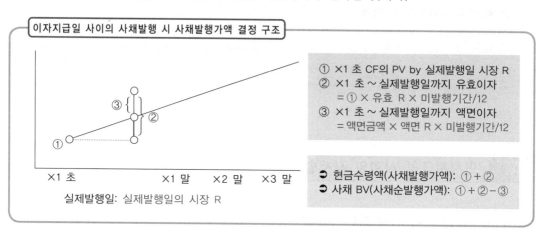

이자지급일 사이의 사채발행 시 사채발행가액 결정 구조

① ×1 초 CF의 PV by 실제발행일 시장 R
② ×1 초 ~ 실제발행일까지 유효이자
= ① × 유효 R × 미발행기간/12
③ ×1 초 ~ 실제발행일까지 액면이자
= 액면금액 × 액면 R × 미발행기간/12

➲ 현금수령액(사채발행가액): ① + ②
➲ 사채 BV(사채순발행가액): ① + ② - ③

×1 초   ×1 말   ×2 말   ×3 말
실제발행일: 실제발행일의 시장 R

Additional Comment

이자지급일 사이에 사채를 발행하는 경우 발행금액의 계산 시 사용되는 시장이자율은 명목상 발행일의 시장이자율이 아닌 실제발행일의 시장이자율이 되어야 한다. 그 이유는 사채의 발행금액은 언제나 시장에서 거래되는 공정가치로 결정되며, 특정일 현재 사채의 공정가치는 사채 미래현금흐름을 동 일자의 시장이자율로 할인한 현재가치금액이 된다.

03 **이자지급일 사이 사채발행 시 발행일의 회계처리(할인발행 가정)**

사채발행으로 수령한 현금과 사채 순발행금액과의 차이는 명목상 발행일과 실제발행일 사이에 발생한 경과이자에 해당된다. 경과이자는 별도로 구분하여 미지급이자로 인식하며, 이자지급일에 표시이자를 지급할 때 동 지급액과 상계한다.

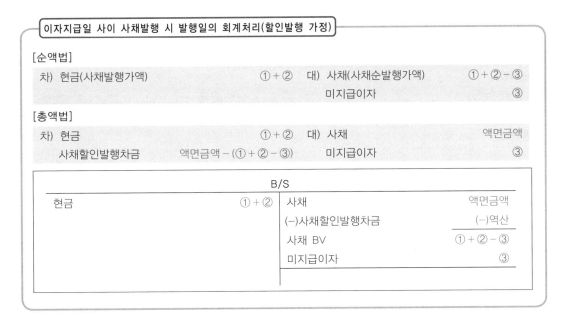

04 이자지급일 사이 사채발행 시 보고기간 말의 회계처리(할인발행 가정)

실제발행일부터 이자지급일까지의 이자비용은 동 기간의 표시이자에 사채할인발행차금상각액을 가산한 금액이 된다. 이자지급일 사이에 사채를 발행한 경우 사채할인발행차금상각액은 명목상 발행일에 사채를 발행하였다고 가정하고 1년치 상각액을 계산한 후 실제발행일부터 이자지급일까지의 기간에 해당하는 금액을 계산하는 방법을 사용하여 상각한다.

이자지급일 사이 사채발행 시 보고기간 말의 회계처리(할인발행 가정)

[순액법]

차) 이자비용 (N/I)	기초 BV ① × R × 보유기간/12	대) 현금	액면이자
미지급이자	③	사채	대차차액

[총액법]

차) 이자비용 (N/I)	기초 BV ① × R × 보유기간/12	대) 현금	액면이자
미지급이자	③	사채할인발행차금	대차차액

B/S

	사채	액면금액
	(−)사채할인발행차금	(−)역산
	사채 BV	PV(잔여 CF) by 유효 R

I/S

이자비용	기초 BV ① × R × 보유기간/12

Self Study

1. 사채의 기중 발행 시, 발행한 회계연도의 이자비용 산정 시에 실제발행일 장부가액이 아닌 1월 1일 발행을 가정한 현금흐름의 현재가치(①)를 기준으로 이자비용을 산정한다.

2. 사채의 기중 발행은 발행한 회계연도의 기말 미지급이자 회계처리 이후에는 기초발행과 동일하게 이자비용과 장부가액을 산정한다.

㈜뚱땡은 20×1년 초에 액면 ₩100,000, 액면이자율 10%, 만기 20×2년의 사채를 발행하였는데, 사채의 이자는 20×1년 1월 1일부터 계산하도록 되어 있으나 실제 발행은 20×1년 4월 1일에 이루어졌다. ㈜뚱땡의 결산일은 12월 31일이다. 20×1년 초의 시장이자율은 10%, 20×1년 4월 1일의 시장이자율은 12%이다(단, 12%, 2년 연금현가계수는 1.69009, 현가계수는 0.79719). 동 거래와 관련하여 ㈜뚱땡이 20×1년에 해야 할 회계처리를 보이시오.

풀이

1. CF

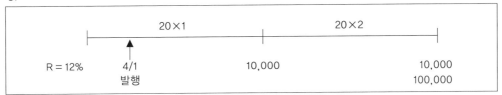

2. 상각후원가

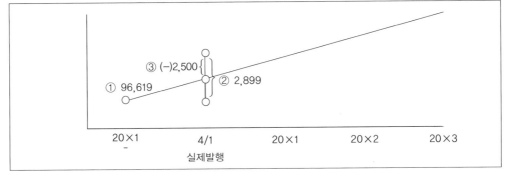

3. 수식 정리
   (1) 기중 발행 시 필수 요소
      ① 20×1년 초 CF의 PV by 실제발행일 시장 R: $10,000/1.12 + 110,000/1.12^2 = 96,619$
      ② 20×1년 1/1 ~ 4/1까지 유효이자비용: 96,619(①) × 12% × 3/12 = 2,899
      ③ 20×1년 1/1 ~ 4/1까지 액면이자비용(미지급이자): 100,000 × 10% × 3/12 = 2,500
      ⊃ 20×1년 4월 1일 사채 발행 시 현금 수령액(발행가액): 96,619(①) + 2,899(②) = 99,518
      ⊃ 20×1년 4월 1일 사채 발행 시 B/S상 사채 장부가액(순발행가액): ① + ② − ③ = 97,018
   (2) 이자비용
      ⊃ 20×1년의 사채의 이자비용: 96,619(①) × 12% × 9/12 = 8,695
      ⊃ 20×2년의 사채의 이자비용: 110,000/1.12(20×2년 초 BV) × 12% = 11,787
      ⊃ 사채의 총이자비용: (100,000 + 10,000 × 2년) − 99,518 = 20,482
   (3) 사채할인발행차금
      ⊃ 20×1년 4월 1일 사채할인발행차금: 100,000 − 97,018 = 2,982
      ⊃ 20×1년 사채할인발행차금 상각액: 110,000/1.12 − 97,018 = 1,195

4. 회계처리 및 F/S 효과

(1) 발행시점

[순액법]

차) 현금(사채발행가액)	①+② 99,518	대) 사채(사채순발행가액)		①+②-③ 97,018
		미지급이자		③ 2,500

[총액법]

차) 현금	①+② 99,518	대) 사채		액면금액 100,000
사채할인발행차금	액면금액-(①+②-③) 2,982	미지급이자		③ 2,500

B/S			
현금	①+② 99,518	사채	액면금액 100,000
		(-)사채할인발행차금	(-)역산 (-)2,982
		사채 BV	①+②-③ 97,018
		미지급이자	③ 2,500

(2) 20×1년 말

[순액법]

차) 이자비용(N/I)	기초 BV ① × R × 보유기간/12 8,695	대) 현금	액면이자 10,000
미지급이자	③ 2,500	사채	대차차액 1,195

[총액법]

차) 이자비용(N/I)	기초 BV ① × R × 보유기간/12 8,695	대) 현금 ③	액면이자 10,000
미지급이자	③ 2,500	사채할인발행차금	대차차액 1,195

B/S			
		사채	액면금액 100,000
		(-)사채할인발행차금	(-)역산 (-)1,786
		사채 BV	PV(잔여 CF) by 유효 R 98,214

I/S	
이자비용	기초 BV ① × R × 보유기간/12 = (-)8,695

V 사채의 상환

01 사채상환손익의 발생 이유

사채를 만기일 이전에 상환하는 경우 사채의 상환금액은 장부금액과 일치하지 않게 되므로 상환에 따른 손익이 발생하게 된다. 사채의 상환금액은 상환일 현재 사채의 시장가치로 사채상환손익은 사채의 시장가치와 장부금액의 차액으로 계산된다. 사채의 상환금액은 사채의 미래현금흐름을 상환일 현재의 시장이자율로 할인한 현재가치금액이며 사채의 장부금액은 상환일 현재 사채의 미래현금흐름을 사채 발행 시의 시장이자율(또는 유효이자율)로 할인한 현재가치금액이다. 즉, 사채의 상환금액과 장부금액은 미래현금흐름을 현재가치로 평가할 때 적용하는 이자율만 다를 뿐 다른 모든 부분이 동일하다.

① 사채의 상환금액: PV(상환시점의 잔여 CF) by 상환시점의 시장이자율
② 사채의 장부금액: PV(상환시점의 잔여 CF) by 발행시점의 유효이자율

Additional Comment

시장이자율이 변동하면 사채의 시장가치가 변동한다. 사채의 시장가치는 사채 미래현금흐름을 시장이자율로 할인한 현재가치이므로 시장이자율과 반비례한다. 즉, 시장이자율이 상승하면 사채의 시장가치가 하락하고, 시장이자율이 하락하면 사채의 시장가치가 상승한다. 이 경우 시장이자율이 상승하면 사채의 상환금액은 장부금액에 미달하여 사채상환이익이 발생한다. 이 반대의 경우 시장이자율이 하락하면 사채의 상환금액은 장부금액을 초과하여 사채상환손실이 발생한다.

사채상환손익의 발생 구조

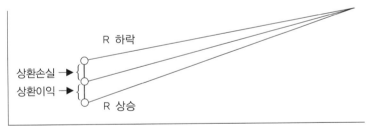

➔ 사채상환손익이 발생하는 이유는 사채발행(취득)일 이후에 시장이자율이 변동하기 때문이다.
① 발행(취득) 시 시장(유효)이자율 < 상환(처분) 시 시장이자율: 상환이익
② 발행(취득) 시 시장(유효)이자율 > 상환(처분) 시 시장이자율: 상환손실

02 이자지급일 사이의 조기상환 시 사채의 상환손익

사채를 이자지급일 사이에 상환하는 경우 사채의 장부금액은 직전 이자지급일의 사채장부금액에 직전 이자지급일로부터 상환일까지의 사채발행차금상각액을 가감한 금액이다. 또한, 사채상환으로 유출된 현금에는 직전 이자지급일로부터 실제상환일까지의 경과이자가 포함되어 있으므로 사채의 상환 시 기준이 되는 금액은 직전 이자지급일부터 상환일까지의 경과이자를 포함한 금액이다.

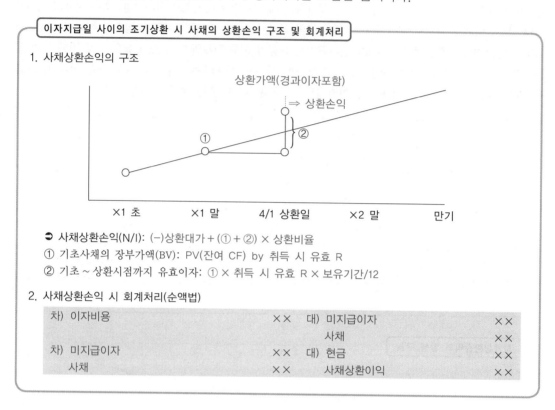

이자지급일 사이의 조기상환 시 사채의 상환손익 구조 및 회계처리

1. 사채상환손익의 구조

⇨ 사채상환손익(N/I): (−)상환대가 + (① + ②) × 상환비율
① 기초사채의 장부가액(BV): PV(잔여 CF) by 취득 시 유효 R
② 기초 ~ 상환시점까지 유효이자: ① × 취득 시 유효 R × 보유기간/12

2. 사채상환손익 시 회계처리(순액법)

차) 이자비용	××	대) 미지급이자	××
		사채	××
차) 미지급이자	××	대) 현금	××
사채	××	사채상환이익	××

03 이자지급일 사이의 일부 조기상환 시 사채의 이자비용

이자지급일 사이의 일부 조기상환 시 사채의 이자비용은 아래와 같이 상환된 부분과 미상환된 부분으로 나누어 계상한다. 이때 상환된 부분은 기초시점부터 상환일까지 사채보유기간 동안 발생한 이자비용에 상환비율을 고려하여 이자비용을 계산하고, 미상환된 부분은 기초시점부터 기말시점까지 발생한 이자비용에 미상환비율을 고려하여 이자비용을 계산한다.

① 상환된 사채에서 발생하는 이자비용: 기초 BV × 유효 R × 상환비율 × 보유기간/12
② 미상환된 사채에서 발생하는 이자비용: 기초 BV × 유효 R × (1−상환비율) × 12/12

이자지급일 사이의 일부 조기상환 시 사채의 이자비용 계산

20×1

20×1년 이자비용

7/1(40% 상환)

40% 상환 ········ 6개월

60% 미상환 ········ 12개월

- 기초 BV(①) × 유효 R × 40% × 6/12
- 기초 BV(①) × 유효 R × 60% × 12/12

Self Study

1. 이자지급일 사이의 일부 조기상환 시 당기손익에 미치는 영향

	I/S
사채상환손익	(−)상환대가 + (① + ②) × 상환비율
(−)이자비용	
1) 상환된 사채에서 발생	기초 BV × 유효 R × 상환비율 × 보유기간/12
2) 미상환된 사채에서 발생	기초 BV × 유효 R × (1−상환비율) × 12/12

2. 일반사채의 경우 만기일에는 사채의 상각이 완료되어 사채의 장부금액과 상환할 금액이 액면가액과 일치하기 때문에 사채의 상환손익이 발생하지 않는다.

사례연습 3: 이자지급일 사이의 조기상환

20×1년 초에 ㈜투블럭은 만기일이 20×3년 12월 31일이고 표시이자율이 연 10%인 액면금액 ₩1,000,000의 사채를 ₩915,843에 발행하였다. ㈜투블럭의 결산일은 매년 12월 31일이며, 관련 자료는 다음과 같다.

(1) 사채발행 시 법률비용과 기타 수수료 등으로 ₩30,000이 발생하였으며, 사채이자는 매년 12월 31일에 지급된다.

(2) 사채발행으로 인하여 순수하게 유입된 금액 ₩885,843과 사채의 미래현금흐름의 현재가치를 일치시키는 유효이자율은 연 15%이다. 회사는 20×2년 4월 초에 현금 ₩410,000을 지급하고 사채액면 ₩400,000을 매입상환하였다.

동지대로 ㈜투블럭이 인식할 ×2년의 사채상환손익과 이자비용을 구하시오.

1. CF

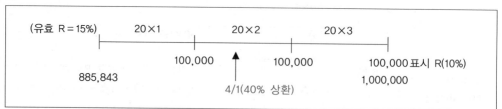

```
(유효 R = 15%)      20×1              20×2            20×3
                         100,000          100,000        100,000 표시 R(10%)
        885,843                                          1,000,000
                                   4/1(40% 상환)
```

2. 사채상환손익

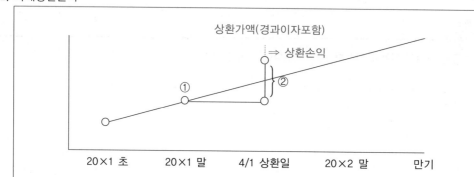

상환가액(경과이자포함)

⇒ 상환손익

① ②

20×1 초   20×1 말   4/1 상환일   20×2 말   만기

➲ **사채상환손익(N/I): (−)상환금액 + (① + ②) × 상환비율**
  • (−)410,000 + (918,719 + 34,452) × 40% = (−)28,732 손실
  ① 기초사채의 장부가액(BV): PV(잔여 CF) by 취득 시 유효 R
    • $100,000/1.15 + 1,100,000/1.15^2 = 918,719$
  ② 기초 ~ 상환시점까지 유효이자: ① × 취득 시 유효 R × 보유기간/12
    • 918,719 × 15% × 3/12 = 34,452

3. 이자비용 계상

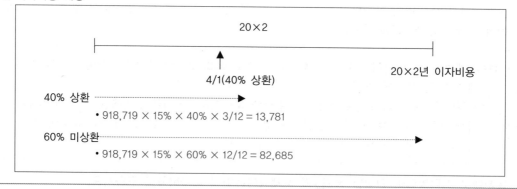

```
                          20×2

                     4/1(40% 상환)
                                              20×2년 이자비용
    40% 상환 ···················▶
        • 918,719 × 15% × 40% × 3/12 = 13,781
    60% 미상환 ························▶
        • 918,719 × 15% × 60% × 12/12 = 82,685
```

㈜관세는 20×1년 1월 1일 사채(액면금액 ₩100,000, 만기 3년, 표시이자율 연10% 매년 말 지급)를 ₩95,000에 발행하였다. ㈜관세는 동 사채와 관련하여 20×1년도 포괄손익계산서에 이자비용으로 ₩11,400을 인식하였다. 20×2년 7월 1일 ㈜관세는 동 사채 중 액면금액 ₩50,000을 ₩60,000(상환분에 대한 경과이자 포함)에 조기상환하였다. 동 사채와 관련하여 ㈜관세가 20×2년도에 인식할 이자비용은? (단, 동사채는 상각후원가로 후속측정하는 금융부채이며, 계산시 화폐금액은 소수점 첫째자리에서 반올림한다.)   [관세사 2020년]

① ₩2,892   ② ₩5,874   ③ ₩8,676
④ ₩9,287   ⑤ ₩11,568

풀이

(1) 유효이자율 : 11,400/95,000 = 12%
(2) 20×2년 이자비용 : ①+① = 8,676
    ① 상환분(50%) : (95,000×1.12−10,000)×12%×50%×6/12 = 2,892
    ② 미상환분(50%) : (95,000×1.12−10,000)×12%×50%×12/12 = 5,784

정답: ③

VI 사채의 기타사항

01 연속상환사채

연속상환사채란 만기일이 하나로 고정되어 일시에 전액이 상환되는 것이 아니라 여러 번에 걸쳐 연속적으로 분할상환되는 사채를 말한다. 즉, 사채와 관련된 현금흐름이 원금 중 일부와 액면이자로 구성되어 있다.
연속상환사채의 경우에도 직전 이자지급일의 장부금액에 유효이자율을 곱한 실질이자에서 표시이자를 차감하여 사채발행차금상각액을 계산한다. 다만, 장부금액의 변동이 사채발행차금의 상각뿐만 아니라 액면금액의 상환으로도 이루어진다는 점에서 일반사채와 다르다.

㈜세무는 20×1년 1월 1일에 액면금액 ₩1,200,000, 표시이자율 연 5%, 매년 말 이자를 지급하는 조건의 사채(매년 말에 액면금액 ₩400,000씩을 상환하는 연속상환사채, 만기는 20×3년 말)를 발행하였다(단, 사채발행 당시의 유효이자율은 연 6%, 계산금액은 소수점 첫째 자리에서 반올림, 단수차이로 인한 오차는 가장 근사치를 선택한다).

기간	단일금액 ₩1의 현재가치		정상연금 ₩1의 현재가치	
	5%	6%	5%	6%
1	0.9524	0.9434	0.9524	0.9434
2	0.9070	0.8900	1.8594	1.8334
3	0.8638	0.8396	2.7232	2.6730

㈜세무가 20×1년에 동 거래와 관련하여 수행할 회계처리를 보이시오.

풀이

1. 사채의 CF

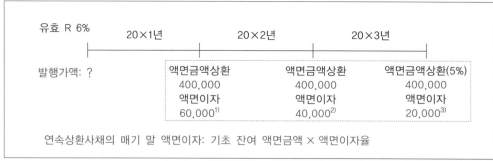

1) 액면이자: 기초 잔여 액면금액 1,200,000 × 5% = 60,000
2) 액면이자: 기초 잔여 액면금액 (1,200,000 − 400,000) × 5% = 40,000
3) 액면이자: 기초 잔여 액면금액 (1,200,000 − 800,000) × 5% = 20,000

➲ 20×1년 초 발행가액: 460,000 × 0.9434 + 440,000 × 0.8900 + 420,000 × 0.8396 = 1,178,196

2. 20×1년 회계처리

[20×1. 1. 1.]

차) 현금	1,178,196	대) 사채	1,200,000
사채할인발행차금	21,804		

[20×1. 12. 31.]

차) 이자비용	1,178,196 × 6% = 70,692	대) 현금	60,000
		사채할인발행차금	10,692
차) 사채	400,000	대) 현금	400,000

Chapter 9 | 객관식 문제

01 도매업을 영위하는 ㈜관세의 거래 중 금융부채를 발생시키는 거래를 모두 고른 것은?

[관계사 2023년]

> ㄱ. 상품 ₩1,000을 외상으로 구입하였다.
> ㄴ. 건물 임대료 ₩1,000을 미리 수취하였다.
> ㄷ. 상품을 판매하기로 하고 계약금 ₩1,000을 수취하였다.
> ㄹ. 일반사채(액면금액 ₩1,000, 표시이자율 연 8%, 만기 3년, 매년 말 이자지급)를 액면발행하였다.

① ㄱ, ㄷ   ② ㄱ, ㄹ   ③ ㄴ, ㄷ
④ ㄴ, ㄹ   ⑤ ㄷ, ㄹ

02 ㈜관세는 20X1년 1월 1일 다음과 같은 사채를 발행하고 동 사채를 상각후원가로 후속 측정하는 금융부채로 분류하였다. 20X2년 말 상각후원가 측정 금융부채의 장부금액은? (단, 다음의 현가계수를 이용하며, 화폐금액은 소수점 첫째자리에서 반올림한다.)

[관계사 2023년]

> • 액면금액: ₩1,000,000(사채발행비는 발생하지 않음)
> • 표시이자율: 연 10%(이자는 매년 말 지급)
> • 발행시점의 유효이자율: 연 8%
> • 만기: 4년
>
> | 기간 | 단일금액 ₩1의 현재가치 | | 정상연금 ₩1의 현재가치 | |
> |---|---|---|---|---|
> | | 8% | 10% | 8% | 10% |
> | 4 | 0.7350 | 0.6830 | 3.3121 | 3.1699 |

① ₩965,276   ② ₩981,804   ③ ₩1,018,478
④ ₩1,035,628   ⑤ ₩1,051,508

03 ㈜감평은 20×1년 초 연속상환사채(액면금액 ₩9,000, 표시이자율 연 5%, 이자는 매년 말 지급, 만기 3년, 매년 말 ₩3,000씩 원금상환 조건)를 ₩8,524에 발행하였다. 사채의 발행당시 유효이자율은 연 8%이다. 20×2년 6월 30일 사채 전부를 경과이자를 포함하여 ₩5,950에 조기상환한 경우 사채상환손익은? (단, 이자비용은 월할 계산하고, 화폐금액은 소수점 첫째자리에서 반올림하며, 단수차이로 인한 오차가 있으면 가장 근사치를 선택한다.)

[감정평가사 2025년]

① 상환손실 ₩50   ② 상환이익 ₩50   ③ 상환손실 ₩36
④ 상환이익 ₩114   ⑤ 상환이익 ₩36

04 ㈜감평은 20×1년 1월 1일에 액면금액 ₩1,000(표시이자율: 연 5%, 이자지급일: 매년 12월 31일, 만기: 20×3년 12월 31일)인 사채를 발행하였다. 발행 당시 유효이자율은 연 10%이고, 사채의 발행금액은 ₩876이다. ㈜감평은 동 사채의 일부를 20×2년 6월 30일에 조기상환(상환가액 ₩300, 사채상환이익 ₩84)했다. ㈜감평의 20×2년 말 재무상태표상 사채 장부금액(순액)은? (단, 화폐금액은 소수점 첫째자리에서 반올림하며, 단수차이로 인한 오차는 가장 근사치를 선택한다.)

[감정평가사 2024년]

① ₩400   ② ₩474   ③ ₩500
④ ₩574   ⑤ ₩650

05 ㈜관세는 20×1년 초 액면금액 ₩1,000,000, 만기 7년, 표시이자율 연 1%(이자는 매년 말 1회 지급)의 일반사채를 발행(발행시 유효이자율 연 4%)하고 상각후원가측정 금융부채로 분류하였다. 동 금융부채를 만기에 상환하였을 때, 20×1년 초부터 20×7년 말까지 발생한 이자비용의 총 합계액은? (단, 단일금액 ₩1의 현재가치는 0.7599(7기간, 4%), 정상연금 ₩1의 현재가치는 6.0021(7기간, 4%)이며, 화폐금액은 소수점 첫째자리에서 반올림한다.)

① ₩78,172   ② ₩180,079   ③ ₩201,828
④ ₩250,079   ⑤ ₩481,828

Chapter 9 | 객관식 문제 정답 및 해설

01 ② ㄱ. 상품 외상으로 구입하는 것은 부채를 발생시키는 거래이다(매입채무).

ㄴ. 미리 수취한 건물 임대료는 선수금으로 자산이다.

ㄷ. 금융자산의 인도를 발생시키는 계약이 아니므로 금융부채를 발생시키는 거래가 아니다.

ㄹ. 일반사채의 발행은 대표적인 금융부채를 발생시키는 거래이다.

02 ④ (1) 발행시점의 사채 장부금액=1,000,000×0.7350+1,000,000×10%×3.3121=1,066,210

(2) 20X2년 말 사채 장부금액=(1,066,210×1.08−100,000)×1.08−100,000=1,035,628

[별해] $(1,000,000+100,000)÷1.08^2+100,000÷1.08=1,035,665$(단수차이)

03 ⑤ 1) 20X1년 말 장부금액: 8,524×1.08−(3,000+9,000×5%) = 5,756

2) 20X2년 초~6월30일 이자비용: 5,756×8%×6/12 = 230

3) 처분시 약시분개

차) 1)+2)	5,986	대) 현금	5,950
		상환이익	36

04 ④ (1) 20×2년 초 사채의 장부금액 = 876×1.1 − 1,000×5% = 914

(2) 20×2년 6월 30일까지의 유효이자 = 914×10%×6/12 = 46

(3) 사채 중 상환된 부분 = 상환가액300+사채상환이익84 = 384

(4) 사채 중 상환된 부분의 비율 = 384/914+46 = 40%

(5) 20×2년 말 남아 있는 사채 장부금액 = (914×1.1−50)×(1−40%) = 574

05 ④ (1) 20×1년 초 금융부채 장부금액: 1,000,000×0.7599+10,000×6.0021 = 819,921

(2) 총이자비용: (1,000,000+10,000×7) − 819,921 = 250,079

Chapter 10

충당부채와 기타 공시

1. 충당부채의 의의와 인식, 측정
2. 보고기간후사건
3. 중간재무보고

1 충당부채의 의의와 인식, 측정

I 충당부채의 의의

기업은 언제, 누구에게, 얼마를 지급해야 할지 몰라도 부채를 인식할 수 있다. 즉, 자원의 유출가능성이 높고 금액을 신뢰성 있게 추정할 수 있다면 언제, 누구에게 그 자원을 이전해야 할지 확정되어 있지 않더라도 부채를 인식해야 하는데, 이러한 부채를 충당부채라고 한다.

즉, 충당부채는 지출하는 시기 또는 금액이 불확실한 부채를 말한다. 과거사건의 결과로 발생한 현재의무로서 지출의 시기 또는 금액이 불확실한 부채이지만, 미래경제적 효익의 유출가능성이 높고, 해당 의무의 이행에 소요되는 금액을 신뢰성 있게 추정할 수 있어서 부채로 인식할 수 있는 항목을 충당부채라고 한다.

일반적으로 모든 충당부채는 결제에 필요한 지출의 시기 또는 금액이 불확실하므로 우발적이라고 할 수 있다. 그러나 기업이 전적으로 통제할 수 없는 하나 이상의 불확실한 미래사건의 발생 여부로만 부채나 자산의 존재 여부를 확인할 수 있는데 이를 확인할 수 없어 재무제표에 부채나 자산으로 인식하지 않는 경우에 우발부채, 우발자산이라는 용어를 사용한다.

Self Study

1. 충당부채는 결제에 필요한 미래 지출의 시기 또는 금액에 불확실성이 있다는 점에서 매입채무나 미지급비용 등의 부채와 구별된다. 미지급비용도 지급 시기나 금액의 추정이 필요한 경우가 있지만 일반적으로 충당부채보다는 불확실성이 훨씬 작다.
2. 충당부채는 현재의무이고 이를 이행하기 위하여 경제적 효익이 있는 자원을 유출할 가능성이 높으며 해당 금액을 신뢰성 있게 추정할 수 있으므로 부채로 인식한다. 충당부채는 반드시 재무제표에 부채로 인식한다. 그러나 우발부채나 우발자산은 재무제표에 자산이나 부채로 인식하지 않는다.

II 충당부채의 인식과 우발부채, 우발자산

01 충당부채의 인식요건

충당부채는 다음의 요건을 모두 충족하는 경우에 인식한다.

① 과거사건의 결과로 현재의무가 존재한다.
② 해당 의무를 이행하기 위하여 경제적 효익이 내재된 자원의 유출가능성이 높다.
③ 해당 의무의 이행에 소요되는 금액을 신뢰성 있게 추정할 수 있다.

앞의 요건을 충족하지 못하여 충당부채로 인식할 수 없는 의무를 우발부채라고 한다.

충당부채와 우발부채

자원의 유출가능성	금액의 신뢰성 있는 추정가능성	
	추정 가능	추정 불가능(극히 드묾)
높음(50% 초과)	① 현재의무: 충당부채로 인식하고 공시 ② 잠재적 의무: 우발부채로 주석 공시	우발부채로 주석 공시
높지 않음	우발부채로 주석 공시	우발부채로 주석 공시
아주 낮음	공시하지 않음	

Additional Comment

충당부채는 부채의 인식요건을 충족하므로 재무상태표에 부채로 계상하고 포괄손익계산서에 당기손실을 반영한다. 반면에 우발부채는 부채의 인식요건을 충족하지 못하므로 재무제표 본문에 계상하지 못하고 주석으로 기재하는 것을 원칙으로 한다. 다만, 우발부채 중에서 자원의 유출가능성이 아주 낮은 경우에는 공시할 필요가 없다. 우발부채를 지속적으로 검토하여 과거에 우발부채로 처리하였더라도 미래경제적 효익의 유출가능성이 높아진 경우에는 그러한 가능성의 변화가 발생한 기간의 재무제표에 충당부채로 인식한다.

(1) 현재의무

충당부채를 인식하기 위해서는 기업이 현재의무를 부담하고 있어야 한다. 현재의무에는 의무발생사건에 의해 발생한 법적의무와 의제의무가 모두 포함된다.

현재의무 구조

현재의무 ① or ②로 성립	① 법적의무: 명시적 또는 암묵적 조건에 따른 계약, 법률 및 그 밖의 법적 효력에서 생기는 의무
	② 의제의무: 과거의 실무관행, 발표된 경영방침 또는 구체적이고 유효한 약속 등을 통해 기업이 특정 책임을 부담하겠다는 것을 상대방에게 표명하여, 상대방이 당해 책임을 이행할 것이라는 정당한 기대를 가지게 되는 경우

드물지만 현재의무가 있는지 분명하지 않은 경우가 있다. 이 경우에는 사용할 수 있는 증거를 모두 고려하여 보고기간 말에 현재의무가 존재할 가능성이 존재하지 않을 가능성보다 높으면 과거사건이 현재의무를 생기게 한 것으로 본다.

대부분의 경우에 과거사건이 현재의무를 생기게 하는지는 분명하다. 드물지만 진행 중인 소송과 같이 어떤 사건이 실제로 일어났는지 또는 해당 사건으로 현재의무가 생겼는지 분명하지 않은 경우가 있다. 이러한 경우에는 사용할 수 있는 증거를 모두 고려하여 보고기간 말에 현재의무가 존재하는지를 판단한다. 이때 보고기간후사건이 제공하는 추가 증거도 고려하며, 고려한 증거를 바탕으로 다음과 같이 처리한다.
① 보고기간 말에 현재의무가 존재할 가능성이 존재하지 않을 가능성보다 높고 인식기준을 충족하는 경우: 충당부채로 인식
② 보고기간 말에 현재의무가 존재하지 않을 가능성이 높더라도 경제적 효익이 있는 자원을 유출할 가능성이 희박하지 않은 경우: 우발부채로 공시

1. 의무는 의무의 이행대상이 되는 상대방이 존재하여야 한다. 그러나 의무의 상대방이 불특정 일반대중이 될 수도 있다(즉, 현재의무가 성립되기 위해서 의무의 상대방이 누구인지 반드시 알아야 하는 것은 아니다). 의무에는 반드시 상대방에 대한 확약이 포함되므로, 경영진이나 이사회의 결정이 보고기간 말이 되기 전에 충분히 구체적인 방법으로 전달되어 기업이 자신의 책임을 이행할 것이라는 정당한 기대를 상대방에게 갖도록 해야만 해당 결정이 의제의무를 생기게 하는 것으로 본다.
2. 고려해야 할 증거에는 보고기간후사건이 제공하는 추가적인 증거도 포함된다.

(2) 과거사건

현재의무를 생기게 하는 과거사건을 의무발생사건이라고 한다. 의무발생사건이 되기 위해서는 당해 사건으로부터 발생된 의무를 이행하는 것 외에는 실질적인 대안이 없어야 한다. 이러한 경우는 다음의 ① 또는 ②의 경우에만 해당된다.

① 의무의 이행을 법적으로 강제할 수 있는 경우
② 의제의무와 관련해서 기업이 당해 의무를 이행할 것이라는 정당한 기대를 상대방이 가지게 되는 경우

재무제표는 미래시점의 예상 재무상태표가 아니라 보고기간 말의 재무상태를 표시하는 것이므로, 미래 영업에서 생길 원가는 충당부채로 인식하지 아니한다. 즉, 보고기간 말에 존재하는 부채만을 재무상태표에 인식한다.

1) 복구의무

기업의 미래 행위(미래 사업 행위)와 관계없이 존재하는 과거사건에서 생긴 의무만을 충당부채로 인식한다.

환경오염으로 인한 범칙금이나 환경정화비용은 기업의 미래 행위에 관계없이 해당 의무를 이행해야 하므로 관련된 충당부채로 인식한다. 또한 유류보관시설이나 원자력 발전소 때문에 이미 일어난 피해에 대하여 기업은 미래 행위와 관계없이 복구할 의무가 있으므로 유류보관시설이나 원자력 발전소의 사후처리원가와 관련된 충당부채를 인식한다.

어떤 사건은 발생 당시에는 현재의무를 생기게 하지 않지만 나중에 의무를 생기게 할 수 있다. 법률이 제정·개정되면서 의무가 생기거나 기업의 행위에 따라 나중에 의제의무가 생기는 경우가 있기 때문이다. 입법 예고된 법률의 세부사항이 아직 확정되지 않은 경우에는 해당 법안대로 제정될 것이 거의 확실한 때에만 의무가 생긴 것으로 본다.

Additional Comment

> 일어난 환경오염에 대하여 지금 당장 정화해야 하는 의무가 없는 경우에도 나중에 새로운 법률에서 그러한 환경오염을 정화하도록 요구하거나 기업이 그러한 정화의무를 의제의무로서 공개적으로 수용한다면, 해당 법률의 제정·개정시점이나 기업의 공개적인 수용시점에 그 환경오염을 일으킨 것은 의무발생사건이 된다.

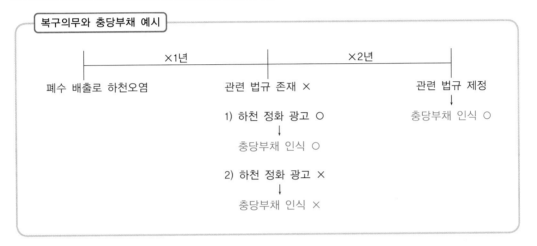

2) 설치의무

사업적 압력이나 법률 규정 때문에 공장에 특정 정화장치를 설치하는 지출을 계획하고 있거나 그런 지출이 필요한 경우에는 공장 운영방식을 바꾸는 등의 미래 행위로 미래의 지출을 회피할 수 있으므로 미래에 지출을 해야 하는 현재의무는 없다. 그러므로 이러한 경우 충당부채로 인식하지 않는다.

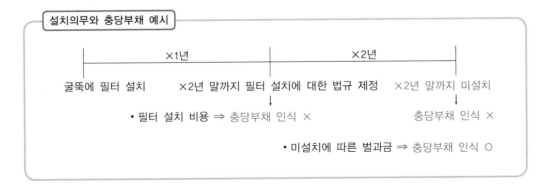

3) 수선비

유형자산을 정기적으로 수선해야 하는 경우 미래에 발생할 수선비에 대해 현재시점에서 비용을 인식하면서 수선충당부채로 인식할 수 없다. 그 이유는 기업은 해당 유형자산의 매각 등을 통하여 정기수선에 따른 미래의 지출을 회피할 수 있으므로 기업이 미래에 수행할 수선은 현재 부담해야 할 의무가 아니기 때문이다.

(3) 경제적 효익이 있는 자원의 유출가능성

부채로 인식하기 위해서는 현재의무가 존재해야 할 뿐만 아니라 당해 의무가 이행을 위하여 경제적 효익을 갖는 자원의 유출가능성이 높아야 한다. (특정사건이 일어날 가능성이 일어나지 않을 가능성보다 높은 경우) 현재의무의 존재가능성이 높지 않은 경우에는 우발부채로 공시한다. 다만, 해당 의무를 이행하기 위하여 경제적 효익이 있는 자원을 유출할 가능성이 희박한 경우에는 공시하지 않는다. 제품보증 또는 이와 유사한 계약 등 다수의 유사한 의무가 있는 경우 의무이행에 필요한 자원의 유출 가능성은 당해 유사한 의무 전체를 고려하여 결정한다. 비록 개별 항목의 의무이행에 필요한 자원의 유출가능성이 높지 않더라도 전체적인 의무이행을 위하여 필요한 자원의 유출가능성이 높을 경우에는 기타 인식기준이 충족된다면 충당부채로 인식한다.

사례연습 1: 경제적 효익이 있는 자원의 유출가능성

A사는 노트북을 제조·판매하는 회사로 제품에 하자가 발생하는 경우 무상으로 수리해 주는 정책을 시행하고 있다. A사는 20×1년 중 제품 100,000대를 판매하였으며, 개별 제품에 하자가 발생하여 무상으로 수리해 줄 가능성은 0.1%로 예상된다. A사는 동 거래와 관련하여 충당부채로 인식할 수 있는지 서술하시오.

풀이

충당부채로 인식할 수 있다.
판매한 제품에 하자가 발생할 가능성은 0.1%이지만 다수의 유사한 의무가 존재하므로 전체를 하나의 의무로 보아 자원의 유출가능성 여부를 판단한다. 동 거래는 100,000대의 0.1%에 해당하는 100대에 대하여 무상으로 수리해 줄 가능성이 높으므로 충당부채로 인식하여야 한다.

---

(4) 신뢰성 있는 추정

추정치의 사용은 재무제표 작성에 반드시 필요하며 재무제표의 신뢰성을 떨어뜨리지 않는다. 충당부채의 특성상 재무상태표의 다른 항목보다 불확실성이 더 크기 때문에 극히 드문 경우를 제외하고는 가능한 결과의 범위를 판단할 수 있으므로 충당부채를 인식할 때 충분히 신뢰성 있는 금액을 추정할 수 있다. 극히 드문 경우로 신뢰성 있는 금액의 추정을 할 수 없을 때에는 부채로 인식하지 않고 우발부채로 공시한다.

충당부채와 그 성격이 유사하지만 부채의 인식요건을 충족하지 못하여 재무상태표에 인식하지 못하는 의무를 우발부채라고 한다. 충당부채와 우발부채의 가장 큰 차이점은 재무상태표에 부채로 인식할 수 있는지의 여부이다.

우발부채는 재무제표에 인식하지 아니한다. 의무를 이행하기 위하여 경제적 효익이 있는 자원을 유출할 가능성이 희박하지 않다면 우발부채로 주석에 공시한다.

우발부채는 처음에 예상하지 못한 상황에 따라 변할 수 있으므로, 경제적 효익이 있는 자원의 유출가능성이 높아졌는지를 판단하기 위하여 우발부채를 지속적으로 평가한다. 과거에 우발부채로 처리하였더라도 미래경제적 효익의 유출가능성이 높아진 경우에는 신뢰성 있게 추정할 수 없는 극히 드문 경우를 제외하고는 그러한 가능성 변화가 생긴 기간의 재무제표에 충당부채로 인식한다.

충당부채와 우발부채의 비교

구분		충당부채	우발부채
잠재적 의무		해당사항 없음	잠재적 의무에 해당
현재의무	자원의 유출가능성	높음	높지 않음
	+	and	or
	신뢰성 있는 추정	추정 가능	추정 불가능
재무제표 공시		부채와 관련 비용인식	자원 유출가능성 희박하지 않으면 주석 공시

Additional Comment

제3자와 연대하여 의무를 지는 경우에는 이행할 전체 의무 중 제3자가 이행할 것으로 예상되는 부분을 우발부채로 처리한다. 신뢰성 있게 추정할 수 없는 극히 드문 경우를 제외하고는 해당 의무 중에서 경제적 효익이 있는 자원의 유출가능성이 높은 부분에 대하여 충당부채로 인식한다.

Self Study

과거에 우발부채로 처리하였더라도 그 이후 상황 변화로 인하여 미래경제적 효익의 유출가능성이 높아지고 금액을 신뢰성 있게 추정할 수 있는 경우에는 그러한 가능성의 변화가 발생한 기간에 충당부채로 인식한다.

03 우발자산

우발자산은 과거사건으로 생겼으나, 기업이 전적으로 통제할 수는 없는 하나 이상의 불확실한 미래사건의 발생 여부로만 그 존재 유무를 확인할 수 있는 잠재적 자산을 말한다.

일반적으로 우발자산은 사전에 계획하지 않았거나 다른 예상하지 못한 사건으로 생기며, 그 사건은 경제적 효익의 유입가능성을 불러온다. 기업이 제기하였으나 그 결과가 불확실한 소송을 예로 들 수 있다. 우발자산은 미래에 전혀 실현되지 않을 수도 있는 수익을 인식하는 결과를 가져올 수 있기 때문에 우발자산은 재무제표에 인식하지 아니한다. 그러나 우발부채와 마찬가지로 상황의 변화가 적절하게 재무제표에 반영될 수 있도록 우발자산을 지속적으로 평가하여 상황 변화로 수익의 실현이 거의 확실하다면 관련 자산은 우발자산이 아니므로 해당 자산을 재무제표에 인식하는 것이 타당하다.

또한, 경제적 효익의 유입이 거의 확실한 것은 아니지만 경제적 효익의 유입가능성이 높아진 경우에는 우발자산을 주석으로 공시한다. 우발자산을 주석 공시할 때에는 우발자산에서 수익이 생길 가능성이 있다는 오해를 주지 않도록 주의해야 한다.

우발자산의 인식

자원의 유입가능성	금액의 신뢰성 있는 추정	
	추정 가능	추정 불가능
거의 확실	재무상태표에 자산으로 인식	우발자산으로 주석 공시
높지만 거의 확실하지 않음	우발자산으로 주석 공시	우발자산으로 주석 공시
높지 않음	공시하지 않음	

Self Study

1. 예상이익의 경우 발생가능성이 높지만 확실하지 않은 경우 우발자산으로 주석 공시, 거의 확실한 경우는 자산으로 인식한다.
2. 극히 드문 경우지만 요구하는 모든 사항이나 일부 사항을 공시하는 것이 해당 충당부채, 우발부채, 우발자산과 관련하여 진행 중인 상대방과의 분쟁에 현저하게 불리한 영향을 미칠 것으로 예상되는 경우에는 그에 관한 공시를 생략할 수 있다. 다만, 해당 분쟁의 전반적인 특성과 공시를 생략한 사실 및 사유는 공시한다.

다음 중 충당부채를 인식할 수 없는 상황은? (단, 금액은 모두 신뢰성 있게 측정할 수 있다)

[세무사 2022년]

① 법률에 따라 항공사의 항공기를 3년에 한 번씩 정밀하게 정비하도록 하고 있는 경우
② 법적규제가 아직 없는 상태에서 기업이 토지를 오염시켰지만, 이에 대한 법률 제정이 거의 확실한 경우
③ 보고기간 말 전에 사업부를 폐쇄하기 위한 구체적인 계획에 대하여 이사회의 동의를 받았고, 고객들에게 다른 제품 공급처를 찾아야 한다고 알리는 서한을 보냈으며, 사업부의 종업원들에게는 감원을 통보한 경우
④ 기업이 토지를 오염시킨 후 법적의무가 없음에도 불구하고 오염된 토지를 정화한다는 방침을 공표하고 준수하는 경우
⑤ 관련 법규가 제정되어 매연여과장치를 설치하여야 하나, 당해 연도 말까지 매연여과장치를 설치하지 않아 법규위반으로 인한 벌과금이 부과될 가능성이 그렇지 않은 경우보다 높은 경우

풀이

수선비는 과거사건의 결과가 아니므로 충당부채로 인식하지 않는다.

정답: ①

Ⅲ 충당부채의 측정

01 최선의 추정치

충당부채로 인식하는 금액은 현재의무를 보고기간 말에 이행하기 위하여 필요한 지출에 대한 최선의 추정치여야 한다.

충당부채로 인식하여야 하는 금액과 관련된 불확실성은 상황에 따라 판단한다. 다수의 항목과 관련되는 충당부채를 측정하는 경우에 해당 의무는 가능한 모든 결과에 관련된 확률을 가중평균하여 추정한다. 이러한 통계적 추정방법을 기댓값이라고 한다. 가능한 결과가 연속적인 범위에 분포하고 각각의 발생확률이 같을 경우에는 해당 범위의 중간값을 사용한다.

하나의 의무를 측정하는 경우에는 가능성이 가장 높은 단일의 결과가 해당 부채에 대한 최선의 추정치가 될 수 있다. 그러나 그러한 경우에도 그 밖의 가능한 결과들을 고려한다. 만약 그 밖의 가능한 결과들이 가능성이 가장 높은 결과보다 대부분 높거나 낮다면 최선의 추정치도 높거나 낮은 금액일 것이다.

┌───┐
│ **불확실성과 관련하여 충당부채로 인식하여야 하는 금액** │
│   │
│ 충당부채 ┬─ 다수의 항목과 관련된 경우: 가능한 모든 결과에 관련된 확률을 가중평균하여 측정 │
│   └─ 하나의 의무를 측정하는 경우: 가능성이 가장 높은 단일의 결과로 측정 │
└───┘

Self Study

충당부채의 법인세효과와 그 변동은 한국채택국제회계기준 제1021호 '법인세'에 따라 회계처리하므로 충당부채는 세전 금액으로 측정한다.

02 위험과 불확실성

충당부채에 대한 최선의 추정치를 구할 때에는 관련된 여러 사건과 상황에 따르는 불가피한 위험과 불확실성을 고려한다. 위험은 결과의 변동성을 의미한다. 위험조정으로 부채의 측정금액이 증가할 수 있다. 그러나 불확실성을 이유로 과도한 충당부채를 계상하거나, 부채를 고의적으로 과대표시하는 것은 정당화될 수 없다.

Additional Comment

불확실한 상황에서는 수익이나 자산을 과대표시하거나 비용이나 부채를 과소표시하지 않도록 유의하여야 한다. 예를 들어, 특별히 부정적인 결과에 대해 예상원가를 신중하게 추정하였다고 해서 의도적으로 해당 결과의 발생가능성이 실제보다 더 높은 것처럼 취급해서는 안 된다. 따라서 위험과 불확실성을 이중 조정하여 충당부채를 과대표시하지 않도록 주의하여야 한다.

03 현재가치

충당부채는 미래의 예상되는 지출이므로 화폐의 시간가치가 중요할 수 있다. 이러한 경우 충당부채는 예상되는 지출액의 현재가치로 평가한다. 현재가치 평가 시 적용할 할인율은 부채의 특유한 위험과 화폐의 시간가치에 대한 현행 시장의 평가를 반영한 세전이자율이다. 이 할인율에는 미래현금흐름을 추정할 때 고려된 위험을 반영하지 않는다. 그 이유는 미래의 위험은 이미 현금흐름 추정액에 반영되기 때문에 할인율 추정 시 동 위험을 다시 고려할 필요가 없기 때문이다.

충당부채를 현재가치로 평가하는 경우 충당부채의 장부금액을 기간 경과에 따라 증가시키고, 해당 증가금액은 차입원가(= 이자비용)로 인식한다.

04 미래사건

현재의무를 이행하기 위하여 필요한 지출 금액에 영향을 미치는 미래사건이 일어날 것이라는 충분하고 객관적인 증거가 있는 경우에는 그 미래사건을 고려하여 충당부채 금액을 추정한다.

Additional Comment

내용연수 종료 후에 부담하여야 하는 오염 지역의 정화원가는 미래의 기술 변화에 따라 감소할 수 있다. 이 경우에 부채인식금액은 정화시점에 이용할 수 있는 기술에 대하여 사용할 수 있는 모든 증거를 고려하여 자격이 있는 독립된 전문가의 합리적인 예측을 반영한다. 그러나 충분하고 객관적인 증거로 뒷받침되지 않는다면 정화와 관련하여 완전히 새로운 기술 개발을 예상해서는 안 된다.

Self Study

새로운 법률의 제정이 거의 확실하다는 충분하고 객관적인 증거가 존재할 때 해당 법률의 영향을 고려하여 충당부채를 측정한다. 일반적으로 새로운 법률이 제정되기 전까지는 충분하고 객관적인 증거가 존재하지 않는다.

05 예상되는 자산 처분

예상되는 자산 처분이 충당부채를 생기게 한 사건과 밀접하게 관련되었더라도 예상되는 자산 처분이익은 충당부채를 측정하는 데 고려하지 않는다. 예상되는 자산 처분이익은 해당 자산과 관련된 회계처리를 다루는 한국채택국제회계기준에 규정하는 시점에 인식한다.

사례연습 2: 예상되는 자산 처분

A사는 손해배상청구소송과 관련하여 충당부채로 인식할 최선의 추정치가 ₩10,000이다. 기업이 충당부채 의무를 이행하기 위해서는 현재 보유하고 있는 장부금액 ₩7,000의 토지를 처분하여야 하는데, 토지를 처분하는 경우 발생할 예상처분이익은 ₩2,000이다. 이 경우 충당부채로 인식할 금액은 얼마인가?

풀이

충당부채로 인식할 금액은 10,000이다. 관련 자산의 예상처분이익은 충당부채 금액에 영향을 미치지 않는다.

06 미래 예상 영업손실

미래의 예상 영업손실은 충당부채로 인식하지 않는다. 그러나 미래에 영업손실이 예상되는 경우에는 영업과 관련된 자산이 손상되었을 가능성이 있으므로 기업회계기준 제1036호 '자산손상'에 따라 손상검사를 수행한다.

Additional Comment

> 부채는 과거사건으로 생긴 현재의무로서, 기업이 가진 경제적 효익이 있는 자원의 유출을 통해 그 이행이 예상되는 의무이다. 미래의 예상 영업손실은 이러한 부채의 정의에 부합하지 않고 충당부채의 인식기준도 충족하지 못한다.

Ⅳ 충당부채의 사용과 변동 및 변제

01 충당부채의 사용과 변동

(1) 충당부채의 사용

충당부채는 최초 인식과 관련된 지출에만 사용한다. 그 이유는 당초에 다른 목적으로 인식된 충당부채를 그 목적이 아닌 지출에 사용하면 서로 다른 두 사건의 영향이 적절하게 재무제표에 표시되지 않기 때문이다.

(2) 충당부채의 변동

충당부채는 보고기간 말마다 잔액을 검토하고, 보고기간 말 현재 최선의 추정치를 반영하여 조정한다. 의무를 이행하기 위하여 경제적 효익이 있는 자원을 유출할 가능성이 높지 않게 된 경우에는 관련 충당부채를 환입한다. 충당부채를 현재가치로 평가한 경우에는 할인율의 변동분도 반영한다.

[충당부채의 사용과 변동 정리]

구분	내용	비고
사용	최초 인식과 관련된 지출에만 사용	
변동	보고기간 말 최선의 추정치를 반영하여 조정	현재가치 평가 시 유효이자율법 적용, 할인율의 변동분도 반영

02 충당부채의 변제

충당부채를 결제하기 위하여 필요한 지출액의 일부나 전부를 제3자가 변제할 것으로 예상되는 경우에는 기업이 의무를 이행한다면 변제를 받을 것이 거의 확실하게 되는 때에만 변제금액을 별도의 자산으로 인식한다. 다만, 자산으로 인식하는 금액은 관련 충당부채 금액을 초과할 수 없다. 그러나 충당부채와 관련하여 포괄손익계산서에 인식한 비용은 제3자의 변제와 관련하여 인식한 수익과 상계표시를 할 수 있다.

[충당부채 변제의 회계처리 예시]

| 차) 손해배상손실 | ×× | 대) 손해배상충당부채 | ×× |
| 차) 대리변제자산 | 관련 충당부채 초과 금지 | 대) 손해배상손실 or 충당부채 관련 수익 | ×× |

Additional Comment

대부분의 경우 기업은 전체 의무금액에 대하여 책임이 있으므로 제3자가 변제할 수 없게 되면 전체 의무금액을 이행해야 할 책임을 진다. 따라서 전체 의무금액을 충당부채로 인식하고, 기업이 의무를 이행한다면 변제를 받을 것이 거의 확실하게 되는 때에만 그 예상 변제금액을 별도의 자산으로 인식한다.

Self Study

기업이 의무를 이행하기 위하여 지급한 금액을 보험약정이나 보증계약 등에 따라 제3자가 보전하거나, 기업이 지급할 금액을 제3자가 직접 지급하는 경우가 있는데 이를 변제라고 한다.

참고 제3자와 연대하여 의무를 지는 경우

어떤 의무에 대하여 제3자와 연대하여 의무를 지는 경우에는 이행할 전체 의무 중 제3자가 이행할 것으로 예상되는 부분을 우발부채로 처리한다. 신뢰성 있게 추정할 수 없는 극히 드문 경우를 제외하고는 해당 의무 중에서 경제적 효익이 있는 자원의 유출가능성이 높은 부분에 대해서 충당부채로 인식한다.

구분	내용	비고
연대보증의무	① 회사가 이행할 부분 + 제3자가 이행 못하는 부분: 충당부채 ② 제3자가 이행할 부분: 우발부채	자원의 유출가능성이 높지 않은 경우 금융보증부채로 보증기간에 걸쳐 수익인식

충당부채, 우발부채 및 우발자산에 관한 설명으로 옳은 것은?　　　　　[감정평가사 2025년]

① 미래의 예상 영업손실은 충당부채로 인식하여야 한다.

② 손실부담계약을 체결하고 있는 경우에는 관련된 현재의무를 충당부채로 인식하지 않는다.

③ 보수주의 관점에서 우발자산은 재무제표에 인식하지 아니하나, 우발부채는 재무제표에 인식한다.

④ 충당부채와 관련하여 포괄손익계산서에 인식한 비용은 제삼자의 변제와 관련하여 인식한 금액과 상계하여 표시할 수 있다.

⑤ 예상되는 자산 처분이 충당부채를 생기게 한 사건과 밀접하게 관련되었다면, 예상되는 자산 처분이익은 충당부채를 측정하는 데 고려하여야 한다.

풀이

① 미래의 예상 영업손실은 충당부채로 인식하지 않는다.

② 손실부담계약을 체결하고 있는 경우에는 관련된 현재의무를 충당부채로 인식한다.

③ 보수주의 관점에서 우발자산은 재무제표에 인식하지 않고, 우발부채도 재무제표에 인식하지 않는다.

⑤ 예상되는 자산 처분이 충당부채를 생기게 한 사건과 밀접하게 관련되었다면, 예상되는 자산 처분이익은 충당부채를 측정하는 데 고려하지 않는다.

정답: ④

2 보고기간후사건

I 의의

보고기간후사건은 보고기간 말과 재무제표 발행승인일 사이에 발생한 유리하거나 불리한 사건을 말한다.

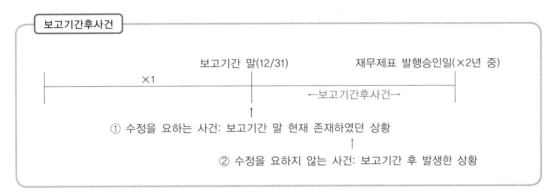

보고기간후사건은 수정을 요하는 보고기간후사건과 수정을 요하지 않는 보고기간후사건 두 가지 유형으로 분류된다.

구분	내용
수정을 요하는 보고기간후사건	보고기간 말에 존재하였던 상황에 대해 증거를 제공
수정을 요하지 않는 보고기간후사건	보고기간 후에 발생한 상황을 나타내는 사건

재무제표를 발행하기 위한 승인과정은 경영조직, 법적 요구사항, 재무제표를 작성하고 완성하기 위한 절차 등 여러 가지 요건에 따라 다르다. 재무제표 발행승인일은 다음과 같다.

① 재무제표를 발행한 이후에 주주에게 승인을 받기 위하여 제출하는 경우: 재무제표를 발행한 날
② 경영진이 별도의 감독이사회(비집행이사만으로 구성)의 승인을 얻기 위하여 재무제표를 발행하는 경우: 경영진이 감독이사회에 재무제표를 제출하기 위하여 승인한 날

Self Study

1. 보고기간후사건은 이익이나 선별된 재무정보를 공표한 후에 발생하였더라도, 재무제표 발행승인일까지 발생한 모든 사건을 포함한다.
2. 재무제표 발행승인일 후에 발생한 사건의 영향은 재무제표에 반영하지 않으므로 재무제표 발행승인일의 공시는 이용자에게 중요한 정보가 된다. 따라서 기업은 재무제표의 발행승인일과 승인자를 공시한다. 재무제표 발행 후에 기업의 소유주 등이 재무제표를 수정할 권한이 있다면 그 사실을 공시한다.

수정을 요하는 보고기간후사건은 이를 반영하기 위하여 재무제표에 이미 인식한 금액은 수정하고, 재무제표에 인식하지 않은 항목은 새로 인식해야 한다. 수정을 요하는 보고기간후사건의 예는 다음과 같다.

---

① 보고기간 말에 존재하였던 현재의무가 보고기간 후에 소송사건의 확정에 의해 확인되는 경우
② 보고기간 말에 이미 자산손상이 발생되었음을 나타내는 정보를 보고기간 후에 입수하는 경우나 이미 손상차손을 인식한 자산에 대하여 손상차손금액의 수정이 필요한 정보를 보고기간 후에 입수한 경우
　• 보고기간 후의 매출처 파산은 보고기간 말에 고객의 신용이 손상되었음을 확인해준다.
　• 보고기간 후의 재고자산 판매는 보고기간 말의 순실현가능가치에 대한 증거를 제공할 수 있다.
③ 보고기간 말 이전에 구입한 자산의 취득원가나 매각한 자산의 대가를 보고기간 후에 결정하는 경우
④ 보고기간 말 이전 사건의 결과로서 보고기간 말에 종업원에게 지급해야 할 법적의무나 의제의무가 있는 이익분배나 상여금지급금액을 보고기간 후에 확정하는 경우
⑤ 재무제표가 부정확하다는 것을 보여주는 부정이나 오류를 발견한 경우

수정을 요하지 않는 보고기간후사건은 재무제표에 인식된 금액을 수정하지 아니한다. 이러한 사건의 예로는 보고기간 말과 재무제표 발행승인일 사이의 투자자산의 공정가치 하락을 들 수 있다. 공정가치의 하락은 일반적으로 보고기간 말의 상황과 관련된 것이 아니라 보고기간 후에 발생한 상황이 반영된 것이므로 재무제표에 인식된 금액을 수정하지 아니한다.

보고기간 후에 지분상품 보유자에 대해 배당을 선언한 경우, 그 배당금을 보고기간 말의 부채로 인식하지 아니한다. 보고기간 후부터 재무제표 발행승인일 전 사이에 배당을 선언한 경우, 보고기간 말에 어떠한 의무도 존재하지 않으므로 보고기간 말에 부채로 인식하지 아니한다.

기업은 수정을 요하지 않는 보고기간후사건으로 중요한 것은 그 범주별로 사건의 성격과 사건의 재무적 영향에 대한 추정치 또는 그러한 추정을 할 수 없는 경우에 이에 대한 설명을 공시한다.

보고기간후사건의 구조

구분	보고기간 종료일 (×1년 말)	재무제표 발행승인일 (×2년 2월)	재무제표 수정 (×1년 F/S)
수정을 요하는 사건	존재	추가적인 증거	수정 ○
수정을 요하지 않는 사건	미존재	추가 발생한 상황	수정 ×

보고기간후사건은 보고기간 말과 재무제표 발행승인일 사이에 발생한 유리하거나 불리한 사건을 말한다. 보고기간후사건은 재무제표 수정을 요하는 사건과 수정을 요하지 않는 사건으로 구분된다. 다음 각 사례의 내용이 수정을 요하는 사건인지 수정을 요하지 않는 사건인지 기술하시오.

(1) 보고기간 말 이전에 기업은 당기순이익의 10%를 종업원에게 상여금으로 지급하기로 하였다. 상여금은 보고기간 말 후 재무제표 발행승인일 전에 ₩20,000으로 확정되었으며, 즉시 지급하였다.
(2) 보고기간 말에 보유한 재고자산의 취득원가는 ₩10,000이고, 재무제표 발행승인일 전에 재고자산을 ₩7,000에 판매하였다.
(3) 보고기간 말에 진행 중인 소송사건에 대해서 충당부채로 ₩500,000을 추정하였으나, 재무제표 발행승인일 전에 소송사건이 ₩700,000으로 확정되었다.
(4) 보유한 FVPL금융자산의 보고기간 말 공정가치는 ₩50,000이며, 보고기간 말과 재무제표 발행승인일 사이에 FVPL금융자산의 공정가치가 ₩20,000으로 하락하였다.

풀이

(1) 수정을 요하는 사건(미지급비용 20,000을 계상)
(2) 수정을 요하는 사건(재고자산평가손실 3,000 계상)
(3) 수정을 요하는 사건(충당부채를 700,000으로 수정)
(4) 수정을 요하지 않는 사건(공정가치의 하락은 일반적으로 보고기간 말의 상황과 관련된 것이 아니라 보고기간 후에 발생한 상황이 반영된 것이다)

3 중간재무보고

01 의의

중간재무보고는 한 회계기간을 몇 개의 기간으로 나누어 하는 재무보고를 말한다. 적시성과 재무제표 작성비용의 관점에서 또한 이미 보고된 정보와의 중복을 방지하기 위하여 중간재무보고서에는 연차재무제표에 비하여 적은 정보를 공시할 수 있다. 기업회계기준서 제1034호 '중간재무보고'에 따르면 중간재무보고서의 최소 내용은 요약 재무제표와 선별적 주석을 포함하는 것으로 본다.

중간재무보고서는 중간기간에 대한 재무보고서로 기업회계기준서 제1001호 '재무제표 표시'에 따른 전체 재무제표 또는 기업회계기준서 제1034호 '중간재무보고'에 따른 요약 재무제표를 포함한 보고서를 말한다. 중간재무보고서는 최소한 다음의 구성요소를 포함하여야 한다.

① 요약 재무상태표
② 요약된 하나 또는 그 이상의 포괄손익계산서
③ 요약 자본변동표
④ 요약 현금흐름표
⑤ 선별적 주석

Self Study

1. 중간기간은 한 회계기간보다 짧은 회계기간을 말하며, 3개월 단위의 중간기간을 분기, 6개월 단위의 중간기간을 반기라고 한다(상장기업의 경우 최소한 반기기준으로 중간재무보고를 하고, 중간기간 종료 후 60일 이내에 중간재무보고를 하도록 권장한다).
2. 중간재무보고서는 직전의 전체 연차재무제표를 갱신하는 정보를 제공하기 위하여 작성한 것으로 본다. 따라서 중간재무보고서는 새로운 활동, 사건과 환경에 중점을 두며 이미 보고된 정보를 반복하지 않는다.

02 형식과 내용

중간재무보고서는 전체 재무제표 또는 요약 재무제표를 포함할 수 있다. 각각의 경우는 아래와 같이 표시한다.

① 전체 재무제표를 포함하는 경우: 기업회계기준서 제1001호 '재무제표 표시'에서 정한 전체 재무제표의 형식과 내용에 부합해야 함
② 요약 재무제표를 포함하는 경우: 최소한 직전 연차재무제표에 포함되었던 제목, 소계 및 선별적 주석을 포함

직전 연차재무보고서를 연결기준으로 작성하였다면 중간재무보고서도 연결기준으로 작성해야 한다. 지배기업의 별도 재무제표는 직전 연차연결재무제표와 일관되거나 비교가능한 재무제표가 아니다. 연차재무보고서에 연결재무제표 외에 추가적으로 지배기업의 별도 재무제표가 포함되어 있더라도, 중간재무보고서에 지배기업의 별도 재무제표를 포함하는 것을 요구하거나 금지하지 않는다.

Self Study

1. 중간재무보고서의 이용자는 해당 기업의 직전 연차재무보고서도 이용할 수 있을 것이다. 따라서 직전 연차재무보고서에 이미 보고된 정보에 대한 갱신사항이 상대적으로 경미하다면 중간재무보고서에 주석으로 보고할 필요는 없다.
2. 직전 연차보고기간 말 후에 발생한 사건이나 거래가 재무상태와 경영성과의 변동을 이해하는 데 유의적인 경우에 중간재무보고서는 직전 연차보고기간의 재무제표에 포함되어 있는 관련 정보에 대하여 설명하고 갱신하여야 한다.
3. 중간재무보고서를 작성할 때 인식, 측정, 분류 및 공시와 관련된 중요성의 판단은 해당 중간기간의 재무자료에 근거하여 이루어져야 한다. 중요성을 평가하는 과정에서 중간기간의 측정은 연차재무자료의 측정에 비하여 추정에 의존하는 정도가 크다는 점을 고려하여야 한다.

03 중간재무제표가 제시되어야 하는 기간

중간재무보고서는 중간기간 또는 누적기간을 대상으로 작성하는 재무보고서이다. 이때 누적기간은 회계기간 개시일부터 당해 중간기간의 종료일까지의 기간이다.
① 당해 중간보고기간 말과 직전 연차보고기간 말을 비교하는 형식으로 작성한 재무상태표
② 당해 중간기간과 당해 회계연도 누적기간을 직전 회계연도의 동일기간과 비교하는 형식으로 작성한 포괄손익계산서
③ 당해 회계연도 누적기간을 직전 회계연도의 동일기간과 비교하는 형식으로 작성한 자본변동표
④ 당해 회계연도 누적기간을 직전 회계연도의 동일기간과 비교하는 형식으로 작성한 현금흐름표

[12월 말 결산법인의 반기재무보고 – 분기별로 중간재무보고서를 발표하는 기업]

구분	당기	전기
재무상태표	20×1년 6월 30일 현재	20×0년 12월 31일 현재
포괄손익계산서	20×1년 4월 1일 ~ 20×1년 6월 30일 20×1년 1월 1일 ~ 20×1년 6월 30일	20×0년 4월 1일 ~ 20×0년 6월 30일 20×0년 1월 1일 ~ 20×0년 6월 30일
자본변동표 현금흐름표	20×1년 1월 1일 ~ 20×1년 6월 30일	20×0년 1월 1일 ~ 20×0년 6월 30일

*반기별로 중간재무보고서를 발표하는 기업의 경우에는 반기재무보고서 중 포괄손익계산서에 직전 3개월(4월 1일 ~ 6월 30일)의 중간기간을 표시하지 않는다.

04 연차재무제표 공시

특정 중간기간에 보고된 추정금액이 최종 중간기간에 중요하게 변동하였지만 최종 중간기간에 대하여 별도의 재무보고를 하지 않는 경우, 추정의 변동 성격과 금액을 해당 회계연도의 연차재무제표에 주석으로 공시하여야 한다.

05 인식과 측정

(1) 연차기준과 동일한 회계정책

중간재무제표는 연차재무제표에 적용하는 회계정책과 동일한 회계정책을 적용하여 작성한다. 연차재무제표의 결과는 보고빈도(연차보고, 반기보고, 분기보고)에 따라 달라지지 않아야 한다. 이러한 목적을 달성하기 위하여 중간재무보고를 위한 측정은 당해 회계연도 누적기간을 기준으로 하여야 한다. 이는 중간기간이 회계연도의 부분이라는 사실을 인정하고 있는 것이다.

(2) 계절적, 주기적 또는 일시적인 수익

계절적, 주기적 또는 일시적으로 발생하는 수익은 연차보고기간 말에 미리 예측하여 인식하거나 이연하는 것이 적절하지 않은 경우, 중간보고기간 말에도 미리 예측하여 인식하거나 이연하여서는 안 된다.

(3) 연중 고르지 않게 발생하는 원가

연중 고르지 않게 발생하는 원가는 연차보고기간 말에 미리 비용으로 예측하여 인식하거나 이연하는 것이 타당한 방법으로 인정되는 경우에 한하여 중간재무보고서에서도 동일하게 처리된다.

(4) 추정치의 사용

중간재무보고서 작성을 위한 측정 절차는 측정 결과가 신뢰성이 있으며 기업의 재무상태와 경영성과를 이해하는 데 적합한 모든 중요한 재무정보가 적절히 공시되었다는 것을 보장할 수 있도록 설계한다. 연차기준과 중간기준의 측정 모두 합리적인 추정에 근거하지만 일반적으로 중간기준의 측정은 연차기준의 측정보다 추정을 더 많이 사용한다.

> **Self Study**
>
> 1. 중간기간의 법인세비용은 기대 총연간이익에 적용될 수 있는 법인세율, 즉 추정평균연간유효법인세율을 중간기간의 세전이익에 적용하여 계산한다. 세무상 결손금의 소급공제 혜택은 관련 세무상 결손금이 발생한 중간기간에 반영한다.
> 2. 중간보고기간 말 현재 자산의 정의를 충족하지는 못하지만 그 후에 정의를 충족할 가능성이 있다는 이유로 또는 중간기간의 이익을 유연화하기 위하여 자산으로 계상할 수 없다.

01 충당부채와 우발부채에 관한 설명으로 옳지 않은 것은? [관세사 2022년]

① 충당부채와 관련하여 포괄손익계산서에 인식한 비용은 제삼자의 변제와 관련하여 인식한 금액과 상계하여 표시할 수 있다.

② 과거사건으로 생겼으나, 기업이 전적으로 통제할 수는 없는 하나 이상의 불확실한 미래사건의 발생 여부로만 그 존재 유무를 확인할 수 있는 잠재적 의무는 우발채무이다.

③ 어떤 의무를 제삼자와 연대하여 부담하는 경우에 이행하여야 하는 전체 의무 중에서 제삼자가 이행할 것으로 예상되는 정도까지만 우발부채로 처리한다.

④ 충당부채는 과거사건의 결과로 현재의무가 존재하며, 의무 이행에 경제적 효익이 있는 자원의 유출가능성이 높고, 그 금액을 신뢰성 있게 추정할 수 있을 때 인식한다.

⑤ 예상되는 자산 처분이 충당부채를 생기게 한 사건과 밀접하게 관련된 경우에 예상되는 자산 처분이익은 충당부채를 측정하는 데에 차감한다.

02 충당부채를 인식할 수 있는 상황을 모두 고른 것은? (단, 금액은 모두 신뢰성 있게 측정할 수 있다.)

[감정평가사 2024년]

> ㄱ. 법률에 따라 항공사의 항공기를 3년에 한 번씩 정밀하게 정비하도록 하고 있는 경우
> ㄴ. 새로운 법률에 따라 매연 여과장치를 설치하여야 하는데, 기업은 지금까지 매연 여과장치를 설치하지 않은 경우
> ㄷ. 법적 규제가 아직 없는 상태에서 기업이 토지를 오염시켰지만, 이에 대한 법률 제정이 거의 확실한 경우
> ㄹ. 기업이 토지를 오염시킨 후 법적 의무가 없음에도 불구하고 오염된 토지를 정화한다는 방침을 공표하고 준수하는 경우

① ㄱ, ㄴ   ② ㄱ, ㄷ   ③ ㄴ, ㄷ
④ ㄴ, ㄹ   ⑤ ㄷ, ㄹ

03 ㈜감평이 20×1년 말 재무상태표에 계상하여야 할 충당부채는? (단, 아래에서 제시된 금액은 모두 신뢰성 있게 측정되었다.)

[감정평가사 2021년]

사건	비고
20×1년 9월 25일에 구조조정 계획이 수립되었으며 예상비용은 ₩300,000으로 추정된다.	20×1년 말까지는 구조조정계획의 이행에 착수하지 않았다.
20×1년 말 현재 소송이 제기되어 있으며, 동 소송에서 패소 시 배상하여야 할 손해배상금액은 ₩200,000으로 추정된다.	㈜감평의 자문 법무법인에 의하면 손해발생 가능성은 높지 않다.
미래의 예상 영업손실이 ₩450,000으로 추정된다.	
회사가 사용 중인 공장 구축물 철거 시, 구축물이 정착되어 있던 토지는 원상복구의무가 있다. 원상복구원가는 ₩200,000으로 추정되며 그 현재가치는 ₩120,000이다.	
판매한 제품에서 제조상 결함이 발견 되어 보증비용 ₩350,000이 예상되며, 그 지출가능성이 높다. 동 보증은 확신유형 보증에 해당한다.	예상비용을 보험사에 청구하여 50%만큼 변제받기로 하였다.

① ₩295,000   ② ₩470,000   ③ ₩550,000
④ ₩670,000   ⑤ ₩920,000

20×1년 2월 초 영업을 개시한 ㈜감평은 제품하자보증을 실시하고 있다. 제품 매출액은 20×1년 ₩200,000, 20×2년 ₩250,000이고, ㈜감평은 20×1년 매출액의 5%, 20×2년 매출액의 6%에 해당하는 무상수리비용이 발생할 것으로 추정하고 있다. 연도별 무상수리비용 실제 발생액은 다음과 같다.

구분	20×1년	20×2년
20×1년 판매분	₩2,500	₩3,000
20×2년 판매분	–	₩4,000

㈜감평의 제품하자보증기간이 판매일로부터 2년인 경우, 20×2년 말 제품보증충당부채 잔액은? (단, 제품보증은 확신유형의 보증이고, 추정치는 최선의 추정치이며, 현재가치는 고려하지 않는다.)

① ₩4,500   ② ₩6,500   ③ ₩9,500
④ ₩11,000   ⑤ ₩15,500

다음 중 수정을 요하는 보고기간후사건을 모두 고른 것은?   [관계사 2024년]

> ㄱ. 보고기간 말과 재무제표 발행승인일 사이에 투자자산의 공정가치 하락
> ㄴ. 영업중단계획의 발표
> ㄷ. 보고기간 말에 존재하였던 현재의무가 보고기간 후에 소송사건의 확정에 의해 확인되는 경우
> ㄹ. 보고기간 후에 발생한 화재로 인한 주요 생산설비의 파손
> ㅁ. 재무제표가 부정확하다는 것을 보여주는 부정이나 오류를 발견한 경우

① ㄱ, ㄴ   ② ㄱ, ㅁ   ③ ㄴ, ㄹ
④ ㄷ, ㄹ   ⑤ ㄷ, ㅁ

06 다음 중 수정을 요하지 않는 보고기간후사건은? [관세사 2020년]

① 보고기간 말과 재무제표 발행승인일 사이에 투자자산의 공정가치가 하락한 경우
② 보고기간 말 이전에 구입한 자산의 취득원가나 매각한 자산의 대가를 보고기간 후에 결정하는 경우
③ 보고기간 말에 존재하였던 현재의무가 보고기간 후에 소송사건의 확정에 의해 확인되는경우
④ 보고기간 말 이전 사건의 결과로서 보고기간 말에 종업원에게 지급하여야 할 법적 의무나 의제의무가 있는 이익분배나 상여금지급 금액을 보고기간 후에 확정하는 경우
⑤ 재무제표가 부정확하다는 것을 보여주는 부정이나 오류를 발견한 경우

07 중간재무보고에 관한 내용으로 옳은 것은? [세무사 2020년]

① 한국채택국제회계기준에 따라 중간재무보고서를 작성한 경우, 그 사실을 공시할 필요는 없다.
② 중간재무보고서상의 재무상태표는 당해 중간보고기간 말과 직전연도 동일 기간 말을 비교하는 형식으로 작성한다.
③ 중간재무보고서상의 포괄손익계산서는 당해 중간기간과 당해 회계연도 누적기간을 직전 회계연도의 동일기간과 비교하는 형식으로 작성한다.
④ 중간재무보고서를 작성할 때 인식, 측정, 분류 및 공시와 관련된 중요성의 판단은 직전 회계연도의 재무자료에 근거하여 이루어져야 한다.
⑤ 중간재무보고서상의 재무제표는 연차재무제표보다 더 많은 정보를 제공하므로 신뢰성은 높고, 적시성은 낮다.

01 ⑤ 　예상되는 자산 처분이 충당부채를 생기게 한 사건과 밀접하게 관련된 경우에도 예상되는 자산 처분이익은 충당부채를 측정하는 데에 고려하지 않는다.

02 ⑤ 　ㄷ. 의무를 발생시키는 법률 제정이 거의 확실한 경우 의무가 생긴 것으로 보아 충당부채로 인식한다.
　　ㄹ. 기업이 당해 의무를 이행할 것이라는 정당한 기대를 상대방이 가지게 되는 경우 의제의무로서 충당부채를 인식한다.

03 ② 　복구충당부채120,000 + 제품보증충당부채 350,000 = 470,000
　　(1) 구조조정과 관련된 충당부채는 인식기준을 모두 충족하는 경우에만 인식한다.
　　　　ⓐ 계획의 공표: 구조조정에 대한 공식적, 구체적 계획에 의하여 주요 내용을 확인할 수 있다.
　　　　ⓑ 정당한 기대: 기업이 구조조정계획의 이행에 착수하였거나 구조조정의 주요 내용을 공표함으로써 구조조정의 영향을 받을 당사자가 기업이 구조조정을 이행할 것이라고 정당한 기대를 가져야 한다.
　　　　→ 20X1년 말까지 이행에 착수하지 않았으므로 충당부채를 인식할 수 없다.
　　(2) 충당부채로 인식하려면 현재의무가 존재할 가능성이 존재하지 않을 가능성보다 높고 인식기준을 충족해야 한다.
　　(3) 미래 영업 손실은 충당부채로 인식할 수 없다.

04 ⑤ 　20X2년 말 제품보증충당부채: $(200,000 \times 5\% + 250,000 \times 6\%) - (2,500 + 3,000 + 4,000) = 15,500$

05 ⑤ 　수정을 요하는 보고기간 후 사건은 보고기간 말에 존재하였던 상황에 대해 증거를 제공하는 다음의 사건을 말한다.

> • 보고기간 말에 존재하였던 현재의무가 보고기간 후에 소송사건의 확정에 의해 확인되는 경우
> • 보고기간 말에 이미 자산손상이 발생되었음을 나타내는 정보를 보고기간 후에 입수하는 경우나 이미 손상차손을 인식한 자산에 대하여 손상차손금액의 수정이 필요한 정보를 보고기간 후 입수한 경우
> 　– 보고기간 후의 매출처 파산은 보고기간 말의 고객의 신용이 손상되었음을 확인해준다.
> 　– 보고기간 후의 재고자산 판매는 보고기간 말의 순실현가능가치에 대한 증거를 제공할 수 있다.
> • 보고기간 말 이전에 구입한 자산의 취득원가가 매각한 자산의 대가를 보고기간 후에 결정하는 경우
> • 보고기간 말 이전 사건의 결과로서 보고기간 말에 종업원에게 지급해야 할 법적 의무나 의제의무가 있는 이익분배나 상여금지급금액을 보고기간 후에 확정하는 경우
> • 재무제표가 부정확하다는 것을 보여주는 부정이나 오류를 발견한 경우

06 ① 　보고기간 말과 재무제표 발행승인일 사이에 투자자산의 공정가치가 하락한 것은 보고기간 후에 발생한 상황을 나타내는 사건으로 수정을 요하지 않는 보고기간후사건이다.

07 ③ ① 한국채택국제회계기준에 따라 중간재무보고서를 작성한 경우, 그 사실을 공시하여야 한다.
② 중간재무보고서상의 재무상태표는 당해 중간보고기간 말과 직전연도 연차보고기간 말을 비교하는 형식으로 작성한다.
④ 중간재무보고서를 작성할 때 인식, 측정, 분류 및 공시와 관련된 중요성의 판단은 해당 중간기간의 재무자료에 근거하여 이루어져야 한다.
⑤ 중간재무보고서상의 재무제표는 연차재무제표보다 더 적은 정보를 제공하므로 신뢰성은 낮고, 적시성은 높다.

ca.Hackers.com

Chapter **11**

자본

1 자본의 의의와 분류

Ⅰ 자본의 의의와 측정

01 자본의 의의

자본은 기업의 경제적 자원 중 주주들에게 귀속되는 지분을 말한다. 자본은 보유한 경제적 자원에 대한 주주의 청구권을 나타내기 때문에 주주지분 또는 소유주지분이라고도 하며, 채권자의 지분인 부채를 차감한 이후의 지분이라는 의미에서 잔여지분이라고도 한다. 또한 자본을 자금의 개념으로 이해하는 경우, 기업 소유주의 순수한 자금이라는 의미에서 자기자본이라고도 하는데 이러한 개념하에서는 기업의 자산은 총자본이라고 표현하며 부채는 타인자본이라고 표현한다.

> 자산 − 부채 = 자본(주주지분, 소유주지분, 잔여지분, 자기자본)

02 자본의 측정

'재무보고를 위한 개념체계'에 따르면 자본은 별도로 측정할 수 없으며, 자산과 부채를 측정한 결과 그 차액으로만 계산된다. 즉, 자산에서 부채를 차감한 잔여지분으로 독립적으로 측정할 수 없으며, 평가의 대상이 아니다.

Additional Comment

재무상태표에 표시되는 자본의 금액은 독립적으로 인식하고 측정하는 대상이 아니라 자산과 부채금액의 인식과 측정에 따라 종속적으로 결정되는 특징이 있다. 일반적으로 자본총액은 그 기업이 발행한 주식의 시가총액, 또는 순자산을 나누어서 처분하거나 계속기업을 전제로 기업 전체를 처분할 때 받을 수 있는 총액과는 다른 금액이다. 만약 이 금액이 자본총액과 일치하는 경우 이는 우연의 일치이다.

Self Study

자본은 평가의 대상이 아니다(인식과 측정기준은 구비되어 있지 않다). 그러므로 최초 인식일 이후 매기 말 공정가치 변동에 대한 후속측정을 하지 않는다.

자본은 자산과 부채가 증감하게 된 원인별로 구분하여 재무상태표에 표시된다. 자산과 부채가 증감하게 된 원인이 되는 거래는 자본거래와 손익거래로 구분된다.

> ① 자본거래: 현재 또는 잠재적 주주와의 거래
> ② 손익거래: 자본거래 이외의 모든 거래

자본거래는 해당 거래의 결과가 포괄손익계산서에 영향을 주지 않고 곧바로 재무상태표에 반영되지만, 손익거래의 결과는 포괄손익계산서에서 수익과 비용으로 인식될 수 있으며, 이렇게 인식된 거래 결과는 최종적으로 재무상태표에 반영된다.

또한 손익거래의 결과로 발생하는 손익은 당기손익과 기타포괄손익으로 구분된다. 개념적으로 당기손익은 실현손익을 의미하고, 기타포괄손익은 실현되지 않은 손익을 의미하지만, 한국채택국제회계기준에서는 이러한 개념을 엄격히 적용하여 손익을 구분하지는 않는다.

자본은 발생원천에 따라 불입자본과 유보이익으로 구분된다. 일반적으로 불입자본은 지분참여자와의 거래인 자본거래를 통해 유입된 자본을 의미하고 유보이익은 손익거래의 결과 인식된 포괄손익의 누적액을 의미한다. 여기서 포괄손익은 다시 당기손익과 기타포괄손익으로 구분되기 때문에, 유보이익도 당기손익의 누적부분은 이익잉여금이라고 하고 기타포괄손익의 누적부분은 기타포괄손익누계액이라고 한다.

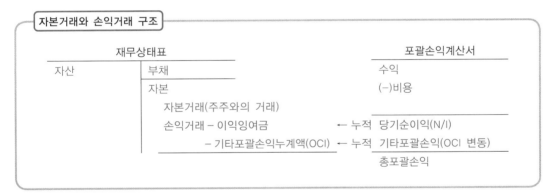

자본거래와 손익거래 구조

재무상태표		포괄손익계산서
자산	부채	수익
	자본	(−)비용
	자본거래(주주와의 거래)	
	손익거래 – 이익잉여금 ← 누적	당기순이익(N/I)
	– 기타포괄손익누계액(OCI) ← 누적	기타포괄손익(OCI 변동)
		총포괄손익

01 자본거래

자본거래의 결과는 당기손익에 반영되어서는 안 되며, 자본거래의 결과로 발생한 이익과 손실은 거래별로 서로 상계한 이후의 잔액만을 표시한다. 상계한 후의 잔액이 대변잔액이면 자본에 가산하여 표시하고, 차변잔액이면 자본에 차감하여 표시한다.

한국채택국제회계기준 기준서 제1001호 '재무제표 표시'에서는 자본을 납입자본, 이익잉여금 및 기타자본구성요소로 분류하도록 하고 있다. 따라서 자본거래의 결과는 납입자본이나 기타자본구성요소로 분류되어야 하는데, 한국채택국제회계기준의 규정은 강제 규정이 아니므로 기업들이 스스로 판단하여 분류를 변경하여 표시할 수도 있다.

[자본의 분류]

거래의 구분	한국채택국제회계기준	일반기업회계기준
자본거래	납입자본	자본금
		자본잉여금
손익거래	기타자본요소	자본조정
		기타포괄손익누계액
	이익잉여금	이익잉여금

또한, 자본거래의 결과에는 손익이 발생하지 않고 부(−)의 자본이 발생하는 경우(예 자기자본)도 있다. 이 경우, 부(−)의 자본은 자본에서 차감하여 표시하고 납입자본이나 기타자본구성요소로 적절하게 구분하여 표시한다.

자본거래의 결과로 증가하는 자본은 주주들에게 배당할 수 없으며, 자본전입이나 결손보전 이외의 목적에는 사용할 수 없다.

02 손익거래

손익거래의 결과는 원칙적으로 모두 당기손익이 포함되어야 한다. 그러나 손익거래의 결과이지만 정책적인 목표나 기타의 이유로 인하여 당기손익에 포함시키기 어려운 경우에는 포괄손익계산서의 기타포괄손익으로 하여 총포괄이익에 포함시킨다.

기타포괄손익은 총포괄손익에 포함한 직후 누적금액을 재무상태표의 자본항목으로 구분하여 보고하는데 후속적으로 당기손익으로 재분류되거나 다른 자본항목으로 대체될 수 있다. 누적금액이 자본항목으로 보고되는 기타포괄손익은 기타자본구성요소에 포함시킨다.

재무상태표에 당기순이익의 누적액을 이익잉여금으로 보고하며, 당기순손실의 누적액을 결손금으로 보고한다. 이익잉여금과 결손금은 재무상태표에 동시에 표시되는 것이 아니라 누적이익인 경우에는 이익잉여금으로, 누적손실인 경우에는 결손금으로 표시한다.

2 자본금

자본금의 의의

기업이 발행하는 주식 1주의 금액이 정관에 정해져 있는 주식을 액면주식이라고 하고, 1주의 금액이 정해져 있지 않은 주식을 무액면주식이라고 한다. 자본금은 발행주식이 액면주식인지 아니면 무액면주식인지에 따라 다르게 결정된다.

액면주식의 자본금은 발행주식수에 액면금액을 곱한 금액을 말한다. 우리나라 상법은 회사의 정관에 규정이 있는 경우 무액면주식의 발행을 허용하고 있다.

Additional Comment

> 주식회사는 설립과 동시에 회사가 발행할 주식의 총수와 액면주식을 발행하는 경우 1주의 금액(액면금액) 및 회사의 설립 시에 발행하는 주식의 총수를 정관에 기재하여야 한다. 이때 발행할 수 있는 주식의 총수를 수권주식수라고 한다. 수권주식수는 회사가 발행할 수 있는 주식의 총수일 뿐, 실제로 발행된 주식수를 의미하는 것은 아니다.

액면주식의 금액은 균일하여야 하며, 1주의 금액은 ₩100 이상으로 하여야 한다. 또한, 정관에 정한 경우 주식의 전부를 무액면주식으로 발행할 수 있으나 무액면주식을 발행하는 경우에는 액면주식을 발행할 수 없다. 회사가 무액면주식을 발행할 경우 자본금은 주식발행가액 중 1/2 이상의 금액으로 이사회에서 결정한다.

Self Study

> 자본금은 상법에서 정하는 바에 따라 적립된 법정자본금으로 소유주가 채권자의 권리를 보호하기 위하여 확보해야 하는 최소한의 자본이다.

3 자본거래

I 자본금의 증가거래(증자)

기업의 자본금을 증가시키는 절차를 증자라고 하는데, 이는 자본총계 전체의 증가가 아닐 수도 있다. 그 이유는 기업의 자본금이 증가될 때 기업의 순자산이 함께 증가할 수도 있지만 경우에 따라서는 순자산이 변동하지 않는 자본금의 증가도 있기 때문이다.

01 유상증자 – 현금출자

기업이 사업에 필요한 자금을 주식의 발행으로 조달할 경우 현재의 주주 또는 제3자로부터 현금을 납입받고 신주를 발행·교부한다. 이 경우 자본금은 기업이 유지해야 할 최소한의 자본을 말하며, 재무상태표에 보고될 자본금은 실제로 발행된 주식의 액면총액을 말한다. 그러나 주식의 발행금액은 일반적으로 액면금액과 일치하지 않는다. 발행주식이 액면주식일 경우 발행가액과 액면금액의 일치 여부에 따라 액면발행, 할증발행 또는 할인발행으로 구분된다. 이를 정리하면 다음과 같다.

> ① 액면발행: 발행가액 = 액면금액
> ② 할증발행: 발행가액 > 액면금액
> ③ 할인발행: 발행가액 < 액면금액

Additional Comment

우리나라 상법에서는 자본충실의 원칙에 따라 할인발행은 금지하고 있다. 다만, 특별한 경우에 한하여 할인발행을 허용하고 있으나 실무적으로 할인발행의 사례는 찾아보기 어렵다.

주식의 발행금액이 액면금액을 초과하는 경우 그 금액을 주식발행초과금의 과목으로 하여 자본항목으로 표시하고, 주식의 발행금액이 액면금액을 미달하는 경우 동 금액은 주식할인발행차금의 과목으로 하여 부(−)의 자본항목으로 표시한다.

주식발행가액 > 액면금액	발행가액 – 액면금액 = 주식발행초과금(자본잉여금)
주식발행가액 < 액면금액	액면금액 – 발행가액 = 주식할인발행차금(자본조정)

주식발행초과금과 주식할인발행차금은 발생 순서와 관계없이 서로 우선 상계한다. 주식할인발행차금은 주주총회에서 이익잉여금의 처분으로 상각할 수 있다.

유상증자 시에는 신주발행수수료, 주권인쇄비, 인지세 등 거래원가가 발생하는데, 이러한 거래원가 중 해당 자본거래가 없었다면 회피할 수 있고 해당 자본거래에 직접 관련하여 생긴 증분원가는 자본에서 차감하여 회계처리한다. 유상증자 시 발생하는 거래원가를 신주발행비라고 하는데, 신주발행비는 주식의 발행으로 납입되는 현금액을 감소시키므로 주식의 발행금액에서 차감한다.

유상증자 – 현금출자의 회계처리

[할증발행]

차) 현금	발행금액	대) 자본금	액면금액 × 발행주식수
		주식발행초과금[1]	대차차액
차) 주식발행초과금	××	대) 현금	신주발행비 등

[할인발행]

차) 현금	발행가액	대) 자본금	액면금액 × 발행주식수
주식할인발행차금[1]	대차차액		
차) 주식할인발행차금	××	대) 현금	신주발행비 등

[1] 주식발행초과금과 주식할인발행차금은 서로 우선상계

Additional Comment

자본거래는 수익과 비용이 발생하는 거래가 아니므로 자본거래에서 발생하는 차익은 자본잉여금으로 자본거래에서 발생한 차손은 이미 인식한 관련 자본잉여금과 우선 상계하고, 미상계된 잔액은 자본조정으로 분류하였다가 이익잉여금과 상계한다. 자본거래에서 발생한 차손을 손익거래에서 발생한 이익잉여금과 상계하는 것이 논리적으로 적절하지 않을 수 있지만, 자본거래에서 발생한 차손을 미래의 여러 기간 동안 이월시켜 재무제표에 표시하는 것보다 조기에 이익잉여금과 상계하는 것이 실무상 간편할 수 있다는 점에서 논리상 수용된 회계처리이다.

Self Study

1. 무액면주식을 발행하는 경우에는 이사회에서 자본금으로 계상하기로 한 금액의 총액을 자본금으로 하며, 이때 자본금으로 계상할 금액은 주식의 발행금액 중 2분의 1 이상의 금액으로 한다.
2. 상법상 법정자본금은 주주총회의 결의 등 상법상 자본절차를 밟지 않는 한 자본금을 감소시킬 수 없다. 따라서 자본금계정은 발행주식수에 액면금액을 곱한 금액으로 한다(할인발행의 경우도 동일).
3. 중도에 거래를 포기한 자본거래의 원가는 비용으로 인식한다.

각 일자별로 회계처리를 보이고, 각 일자별 재무상태표를 보이시오.

> (1) 12월 말 결산법인인 ㈜포도는 20×1년 초에 보통주 1주(액면금액 ₩100)를 주당 ₩100에 액면발행하였다.
> (2) ㈜포도는 20×1년 10월 1일에 보통주 1주를 주당 ₩120에 할증발행하였다.
> (3) ㈜포도는 20×1년 11월 1일에 보통주 1주를 주당 ₩50에 할인발행하였다. 이때, 주당 ₩10의 신주발행비가 발생하였다.

풀이

1. 20×1년 초

차) 현금	발행금액 100	대) 자본금	액면금액 × 발행주식수 100

		B/S	
현금	100		
		자본금	100

2. 20×1년 10월 1일

차) 현금	발행금액 120	대) 자본금	액면금액 × 발행주식수 100
		주식발행초과금	대차차액 20

		B/S	
현금	220		
		자본금	200
		자본잉여금	20

3. 20×1년 11월 1일

차) 현금	발행금액 50	대) 자본금	액면금액 × 발행주식수 100
주식발행초과금	우선상계 20		
주식할인발행차금	대차차액 30		
차) 주식할인발행차금	신주발행비 10	대) 현금	10

		B/S	
현금	260		
		자본금	300
		자본잉여금	0
		자본조정	(−)40

02 유상증자 – 현물출자

주식을 발행하는 회사는 현금을 납입받는 것이 일반적이지만 현금 이외의 자산(다른 회사의 주식이나 부동산 등)을 납입받는 경우도 있는데, 이를 현물출자라고 한다. 즉, 현물출자는 신주발행의 대가로 현금이 납입되는 것이 아니라 유형자산 등의 비화폐성자산이 납입되는 것을 말한다.

주식을 발행하는 회사의 입장에서 현금을 납입받든 현금 이외의 자산을 납입받든 관계없이 회사의 순자산은 실질적으로 증가하므로 현물출자도 유상증자에 해당한다.

현물출자의 경우, 자본을 직접 측정할 수 없으므로 현물출자자산의 공정가치를 주식의 발행금액으로 한다. 다만, 주식의 공정가치가 현물출자자산의 공정가치보다 더 신뢰성 있게 측정할 수 있는 경우에는 주식의 공정가치를 주식의 발행금액으로 한다.

현물출자의 구조

차) 건물 등	FV	대) 자본금	××
1st 현물출자로 제공받은 자산의 공정가치		주식발행초과금	××
		2nd 발행주식의 공정가치	

Additional Comment

현물출자 시 자산과 자본이 함께 증가하는데, 그 금액을 취득한 자산의 공정가치로 인식할 것인지, 아니면 발행주식의 공정가치로 인식할 것인지에 대해서 이견이 있을 수 있으나 주식결제형 주식기준보상거래의 회계처리를 적용하는 것이 적절할 것이다. 기준서 제1102호 '주식기준보상'에서는 주식결제형 주식기준보상거래의 경우 제공받은 재화나 용역의 공정가치로 자본의 증가를 직접 측정하되, 제공받는 재화나 용역의 공정가치를 신뢰성 있게 추정할 수 없다면 지분상품의 공정가치로 자본의 증가를 간접 측정하도록 규정하고 있다.

03 무상증자

상법에서는 주주총회 또는 이사회의 결의에 의하여 자본잉여금 또는 이익잉여금 중 법정적립금의 전부 또는 일부를 자본금으로 전입(액면발행만 가능)하고, 그 전입액에 대해서는 신주를 발행하여 주주에게 무상으로 교부할 수 있도록 하고 있는데 이를 무상증자라고 한다.

무상증자의 회계처리

| 차) 자본잉여금 or 법정적립금(이익준비금) | ×× | 대) 자본금 | ×× |

유상증자는 주식발행으로 현금이 유입되기 때문에 실질적으로 순자산이 증가하지만, 무상증자는 자본잉여금 또는 이익잉여금 중 법정적립금이 자본금으로 대체되는 것이므로 순자산의 변동(= 자본총계) 없이 발행주식수만 증가할 뿐이다.

Additional Comment

무상증자는 기업의 실질적인 순자산 증가를 가져오지 않지만 일반적으로 유통주식수가 적은 상장기업이 실시한다. 시장에서 유통되는 특정 기업의 주식수가 많지 않을 경우, 주가를 조작하려는 세력들은 소량의 주식거래만으로도 주가를 크게 변동시킬 수 있다. 그러므로 주가변동에 따른 주주들의 피해를 막기 위해 무상증자를 통해 유통주식수를 늘리는 경우가 많다.

Self Study

무상증자를 할 경우 주주는 보유 주식수가 증가하지만 주식의 주당 가치는 하락하므로 주주의 부는 변동되지 않는다. 그러므로 주주는 무상증자로 주식을 수령하더라도 아무런 회계처리를 하지 않으며, 보유 주식의 단가를 하향조정하는 비망기록만 하면 된다.

Ⅱ 자본금의 감소거래(감자)

기업의 자본금을 감소시키는 절차를 감자라고 하는데, 이는 자본총계 전체의 감소가 아닐 수도 있다. 그 이유는 기업의 자본금이 감소될 때 기업의 순자산이 함께 감소할 수도 있지만 경우에 따라서는 순자산이 변동하지 않는 자본금의 감소도 있기 때문이다.

01 유상감자

유상감자는 기존의 주주들에게 현금 등의 대가를 지급하고 해당 주주들로부터 주식을 반환받아 소각하는 것을 말한다. 주식을 소각하는 경우에는 현금이 유출되어 자본총계가 감소하게 되므로 실질적 감자라고 한다. 기업이 신주를 발행하였을 때 자본금이 증가하였던 것처럼, 발행되었던 주식을 다시 매입하여 소각하는 경우 기업의 자본금은 감소하게 된다. 이때 지급한 현금 등의 대가와 감소된 자본금의 차액이 생길 수도 있는데, 지급한 현금 등의 대가가 더 많다면 감자차손이 발생하고 감소된 자본금이 더 많다면 감자차익이 발생한다.

감자대가 < 주식의 액면금액	주식의 액면금액 – 감자대가 = 감자차익(자본잉여금)
감자대가 > 주식의 액면금액	감자대가 – 주식의 액면금액 = 감자차손(자본조정)

유상감자의 대가가 액면금액에 미달하는 경우 동 미달액은 감자차익의 과목으로 하여 자본잉여금으로 분류한다. 유상감자의 대가가 액면금액을 초과하는 경우 동 초과액은 감자차손의 과목으로 하여 자본조정으로 분류한다. 감자차익과 감자차손은 발생 순서에 관계없이 서로 우선 상계한다. 감자차손은 주주총회에서 이익잉여금의 처분으로 상각할 수 있다.

[감자대가 < 액면금액]

| 차) 자본금 | 액면금액 | 대) 현금 | 감자대가 |
| | | 감자차익[1] | 대차차액 |

[감자대가 > 액면금액]

| 차) 자본금 | 액면금액 | 대) 현금 | 감자대가 |
| 감자차손[1] | 대차차액 | | |

[1] 감자차익과 감자차손은 서로 우선상계

Self Study

한국채택국제회계기준에서는 감자차손익을 계산하는 방법에 대해 별도로 규정하지 않고 있다. 그럼에도 불구하고 감자 시 감자관련 손익을 주식의 액면금액과 비교하여 계산하는 이유는 우리나라 상법상 자본잉여금은 결손보전과 자본금 전입을 제외하고는 처분하지 못하도록 규정하고 있기 때문이다. 다만, 실제 문제에서는 감자에 대하여 최초 발행가액에서 차감하는지 액면금액에서 차감하는지를 명확히 명시하고 있다.

사례연습 2: 유상감자

12월 말 결산법인인 ㈜포도는 20×1년 초에 보통주 3주(액면금액 ₩100)를 주당 ₩200에 할증발행하였다.

(1) ㈜포도는 20×1년 10월 1일에 보통주 1주를 주당 ₩90에 취득하고 즉시 소각하였다.
(2) ㈜포도는 20×1년 11월 1일에 보통주 1주를 주당 ₩120에 취득하고 즉시 소각하였다.

각 일자별로 회계처리를 보이고, 각 일자별 재무상태표를 보이시오.

풀이

1. 20×1년 1월 1일

| 차) 현금 | 발행금액 600 | 대) 자본금 | 액면금액 × 발행주식수 300 |
| | | 주식발행초과금 | 대차차액 300 |

	B/S	
현금	600	
	자본금	300
	자본잉여금	300

2. 20×1년 10월 1일

| 차) 자본금 | 액면금액 100 | 대) 현금 | 감자대가 90 |
| | | 감자차익 | 대차차액 10 |

		B/S	
현금	510		
		자본금	200
		자본잉여금	310

3. 20×1년 11월 1일

차) 자본금	액면금액 100	대) 현금	감자대가 120
감자차익	우선상계 10		
감자차손	대차차액 10		

		B/S	
현금	390		
		자본금	100
		자본잉여금	300
		자본조정	(−)10

02 무상감자

무상감자는 주주들에게 대가를 지급하지 않고 주당 액면금액을 감액시키거나 주식수를 일정비율로 감소시키는 것을 말한다. 무상감자는 현금유출도 없고 자본이 감소하지도 않으므로 형식적 감자라고 한다.

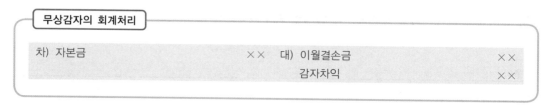

무상감자의 회계처리

| 차) 자본금 | ×× | 대) 이월결손금 | ×× |
| | | 감자차익 | ×× |

일반적으로 무상감자는 누적결손금이 커지는 경우 결손보전 등의 목적으로 감자대가의 지급 없이 무상으로 주식을 상환하여 소각시키는 자본거래로 자본금을 감소시키지만 자본총액은 변하지 않는다. 무상감자의 경우 감자대가가 없으므로 감자차익만 발생하고, 감자차손은 발생하지 않는다. 감자차손이 발생하려면, 감소되는 자본금보다 보전할 결손금이 더 많아야 하는데, 이는 보전되지 않은 결손금을 보유하는 상태에서 자본거래 손익을 발생시키는 결과가 된다. 자본거래손실은 주주총회의 결의를 통하여 미처분이익잉여금이 상계될 부분인데, 아직 결손금이 남아 있는 회사에 미처분이익잉여금이란 있을 수 없다. 그러므로 결손보전의 과정에서 감자차손이 발생하는 회계처리는 적절하지 않다.

무상감자는 보통 미처리결손금이 있는 기업에서 대주주인 경영자가 자기가 보유하는 주식을 미처리결손금과 상계하는 방식으로 부실 경영에 대한 책임을 지는 과정에서 발생한다. 경우에 따라 미처리결손금이 없는 기업도 무상감자를 할 수 있으나 실익은 없다.

증자와 감자거래의 재무제표 효과 비교

구분		자본금	자본총계
증자거래	유상증자	증가	증가
	무상증자	증가	변동 없음
감자거래	유상감자	감소	감소
	무상감자	감소	변동 없음

Ⅲ 자기주식

01 자기주식의 의의

자기주식이란 주식회사가 이미 발행한 자기지분상품을 소각하거나 추후에 재발행할 목적으로 재취득한 것을 말한다. 기업회계기준서 제1032호 '금융상품: 표시'에서는 기업이 자기지분상품을 재취득하는 경우에 이러한 지분상품을 자본에서 차감한다고 규정하고 있다. 그러므로 자기지분상품을 매입, 매도, 발행, 소각하는 경우의 손익은 당기손익으로 인식하지 않는다.

상장기업의 경우 자사 주식의 주가가 하락할 때 주가를 일정 수준으로 유지하기 위하여 자기주식을 취득하는 경우가 많다. 또한 적대적 인수합병의 방어 차원에서 대주주 지분율을 높이기 위하여 자기주식을 취득하기도 한다.

1. 자기주식은 자산이 아닌 자본의 차감계정으로 본다. 그 이유는 자기주식을 자산으로 보는 견해는 자기가 자신의 소유주가 된다는 것이므로 논리적으로 타당하지 않고, 자기주식은 의결권, 배당청구권 등 주주의 기본적인 권리가 제한되어 있어 보유로 인한 효익을 얻을 수 없기 때문이다. 그러므로 자기주식의 취득은 불입자본의 환급일 뿐이며, 취득 시 유통주식수가 감소하므로 미발행주식이 증가한 것과 동일하다고 본다.
2. 기업이나 연결실체 내의 다른 기업이 이러한 자기주식을 취득하여 보유할 수 있다. 이 경우 지급하거나 수취한 대가는 자본으로 직접 인식한다.

02 자기주식의 회계처리

자기주식은 부(-)의 자본이므로 취득목적에 관계없이 자본에서 차감하여 표시한다. 자기주식은 장부에 어떠한 금액으로 기록할지에 따라 원가법과 액면금액법으로 구분된다.

> ① 원가법: 자기주식을 최초원가로 인식하며 자본총계에서 차감하는 방법으로 공시
> ② 액면금액법: 자기주식을 액면금액으로 인식하며 자본금에서 차감하는 방법으로 공시

한국채택국제회계기준에서는 이 중 어느 방법을 사용하여야 하는지에 대한 규정이 없으나, 본서는 시험목적상 원가법에 근거한 회계처리를 다루도록 한다.

(1) 자기주식의 취득

기업이 자기지분상품인 자기주식을 유상으로 취득하는 경우 취득원가로 기록하고, 유통 중인 주식이 아님을 공시하기 위해 자본의 차감항목으로 하여 재무상태표에 공시(자본조정)한다.

> **자기주식 취득의 회계처리**
>
> 차) 자기주식   자본조정(자본의 차감)   대) 현금   취득원가

Self Study

자기주식을 2회 이상 연속 취득하였는데 취득시점마다 취득단가가 상이한 경우 매각 또는 소각 시 어떤 원가의 흐름을 가정해야 하는지가 이슈가 될 수 있다. 한국채택국제회계기준에서는 별도의 규정이 없으므로 실제 출제가 된다면 문제의 조건에서 확인하여야 할 것이다.

(2) 자기주식의 처분

기업이 보유한 자기주식을 외부로 처분할 시 처분금액이 장부금액을 초과하는 경우 초과액은 자기주식처분이익의 과목으로 하여 자본잉여금으로 처리한다. 만일 처분금액이 장부금액에 미달하는 경우에는 미달액은 자기주식처분손실의 과목으로 하여 부(-)의 자본으로 분류하고 자본조정으로 처리한다.

처분대가 > 취득가액	처분대가 – 취득가액 = 자기주식처분이익(자본잉여금)
처분대가 < 취득가액	취득가액 – 처분대가 = 자기주식처분손실(자본조정)

자기주식처분이익과 자기주식처분손실은 발생 순서에 관계없이 서로 우선 상계한다. 자기주식처분손실은 주주총회에서 이익잉여금의 처분으로 상각할 수 있다.

```
┌─ 자기주식 처분의 회계처리 ─────────────────────────────┐
│                                                              │
│ [처분대가 > 취득금액]                                         │
│   차) 현금              처분대가   대) 자기주식        취득금액 │
│                                   자기주식처분이익[1]  대차차액 │
│                                                              │
│ [처분대가 < 취득금액]                                         │
│   차) 현금              처분대가   대) 자기주식        취득금액 │
│      자기주식처분손실[1] 대차차액                             │
│ [1] 자기주식처분이익과 자기주식처분손실은 서로 우선 상계       │
└──────────────────────────────────────────────────────────┘
```

(3) 자기주식의 소각

기업이 취득한 자기주식을 소각시키는 자본거래를 말한다. 이는 결과적으로 자본을 감소시키는 감자 거래이므로 소각되는 주식의 자본금을 감소시키고, 감소되는 자본금과 자기주식의 취득원가를 비교하여 자본금 감소금액이 더 많은 경우에는 감자차익의 과목으로 하여 자본잉여금으로 처리하고 자본금 감소금액이 더 적은 경우에는 감자차손의 과목으로 하여 자본조정으로 처리한다.

자본금 감소액 > 취득원가	자본금 감소액 − 취득원가 = 감자차익(자본잉여금)
자본금 감소액 < 취득원가	취득원가 − 자본금 감소액 = 감자차손(자본조정)

감자차익과 감자차손은 발생 순서에 관계없이 서로 우선 상계한다. 감자차손은 주주총회에서 이익잉여금의 처분으로 상각할 수 있다. 또한 자기주식의 소각을 통하여 자본의 구성내역만 변동할 뿐이지 자본총계에 미치는 영향은 없다.

```
┌─ 자기주식 소각의 회계처리 ─────────────────────────────┐
│                                                              │
│ [취득금액 < 액면금액]                                         │
│   차) 자본금            액면금액   대) 자기주식        취득원가 │
│                                   감자차익[1]        대차차액 │
│                                                              │
│ [취득금액 > 액면금액]                                         │
│   차) 자본금            액면금액   대) 자기주식        취득원가 │
│      감자차손[1]        대차차액                             │
│ [1] 감자차익과 감자차손은 서로 우선 상계                       │
└──────────────────────────────────────────────────────────┘
```

12월 말 결산법인인 ㈜포도는 20×1년 초에 보통주 3주(액면금액 ₩100)를 주당 ₩100에 액면발행하였다.

(1) ㈜포도는 20×1년 10월 1일에 자기주식 3주를 주당 ₩80에 취득하였다.
(2) ㈜포도는 20×1년 11월 1일에 자기주식 1주를 주당 ₩100에 재발행하였다.
(3) ㈜포도는 20×1년 11월 30일에 자기주식 1주를 주당 ₩50에 재발행하였다.
(4) ㈜포도는 20×1년 12월 1일에 자기주식 1주를 소각하였다.

각 일자별로 회계처리를 보이고, 각 일자별 재무상태표를 보이시오.

풀이

1. 20×1년 1월 1일

차) 현금	발행금액 300	대) 자본금	액면금액 × 발행주식수 300

B/S		
현금	300	
	자본금	300

2. 20×1년 10월 1일

차) 자기주식	취득금액 240	대) 현금	취득금액 240

B/S		
현금	60	
	자본금	300
	자본조정	(−)240

3. 20×1년 11월 1일

차) 현금	재발행금액 100	대) 자기주식	취득금액 80
		자기주식처분이익	대차차액 20

B/S		
현금	160	
	자본금	300
	자본잉여금	20
	자본조정	(−)160

4. 20×1년 11월 30일

차) 현금	재발행금액 50	대) 자기주식	취득금액 80
자기주식처분이익	우선상계 20		
자기주식처분손실	대차차액 10		

B/S			
현금	210		
		자본금	300
		자본잉여금	0
		자본조정	(−)90

5. 20×1년 12월 1일

차) 자본금	100	대) 자기주식	80
		감자차익	20

B/S			
현금	210		
		자본금	200
		자본잉여금	20
		자본조정	(−)10

참고 **자본거래유형과 자본거래손익 정리**

구분		손실(−)		이익(+)
자본거래	증자거래	주식할인발행차금	우선	주식발행초과금
	감자거래	감자차손	↔	감자차익
	자기주식	자기주식처분손실	상계	자기주식처분이익
수익거래(N/I)		결손금	↔	이익잉여금

자본거래손익들은 발생 순서에 관계없이 해당 손익과 서로 우선 상계하고 미상계된 잔액은 이후 이익잉여금의 처분으로 상계하여 보전한다.

4 손익거래

I 이익잉여금의 의의와 종류

01 이익잉여금의 의의

이익잉여금은 회사의 정상적인 영업활동, 자산의 처분 및 기타의 손익거래에서 발생한 이익을 원천으로 하여 회사 내에 유보되어 있는 잉여금을 말한다. 즉, 재무상태표의 이익잉여금은 누적된 당기순이익에서 배당으로 사외유출되거나 자본의 다른 항목으로 대체된 금액을 차감한 후의 잔액을 의미한다.

> **이익잉여금의 정의**
>
> 이익잉여금 = Σ[(수익 − 비용) − 배당(사외유출) ± 자본전입·이입]
>
> [*] 회사설립시점부터 이익잉여금 계산시점까지를 나타낸다.

Additional Comment

잉여금을 자본잉여금과 이익잉여금으로 구분하는 이유는 잉여금을 발생원천에 따라 분류함으로써 배당가능잉여금과 배당불가능잉여금에 관한 정보를 제공하기 위해서이다. 배당할 수 있는 잉여금은 손익거래로부터 발생한 잉여금에 국한되어야 한다. 배당 가능한 이익잉여금과 유지하여야 할 자본잉여금을 명확하게 구분하지 않으면, 자본잉여금이 배당의 형태로 주주에게 환급되어 기업재정의 기초를 위태롭게 할 수 있다. 또한 배당 가능한 이익이 자본잉여금에 포함되면 주주에게 배당할 수 있는 잉여금이 감소된다.

02 이익잉여금의 종류

이익잉여금은 기본적으로 모두 주주에게 배당할 수 있는 것은 아니다. 모든 이익을 배당하면 기업이 미래에 사업을 위하여 재투자할 재원이 부족하게 되며, 채권자 보호도 제대로 이루어질 수 없을 것이다. 따라서 이익잉여금은 기본적으로 주주에 대한 배당이 가능한 자본항목이지만, 각종 법률에서 배당을 제한하기 위해 법정적립금을 규정하거나 기업이 자발적으로 임의적립금을 적립하여 배당이 일시적으로 불가능하도록 한 부분이 있다. 또한 기업이 지속적으로 당기순손실을 보고하는 경우에는 이익잉여금이 부(−)의 금액이 될 수도 있는데, 이러한 경우에는 재무상태표에 결손금으로 표시된다. 이러한 결손금은 임의적립금이나 법정적립금, 자본잉여금으로 처리하거나 감자의 방법으로 자본금과 상계하기도 한다.

이익잉여금의 종류		
이익잉여금	법정적립금(이익준비금)	영구적으로 현금배당 불가
	임의적립금	일시적으로 현금배당 불가
	미처분이익잉여금	즉시 현금배당 가능

(1) 법정적립금과 이익준비금

법정적립금은 법률에 따라 기업의 이익 중 일부를 적립한 것으로서, 이익준비금이 대표적인 항목이다. 이익준비금은 우리나라의 상법에 따라 기업이 자본금의 1/2에 달할 때까지 매기 결산 시 주식배당을 제외한 이익배당액(현금배당과 현물배당)의 1/10 이상을 적립한 금액이다. 이익준비금을 적립하는 이유는 회사가 가득한 이익을 주주들이 모두 배당으로 가져가는 것을 막기 위해서 이익으로 배당하려는 금액의 10% 이상을 회사 내에 유보하도록 하는 것이다.

(2) 임의적립금

임의적립금은 정관이나 주주총회 결의에 의하여 이익잉여금 중 사내에 유보한 이익잉여금을 말한다. 임의적립금은 적립목적이나 금액 등을 기업이 재량적으로 결정할 수 있다. 이에 기업들은 사업확장적립금, 감채기금적립금, 재해손실적립금 등 다양한 목적에 따라 임의적으로 적립할 수 있다. 기업이 가득한 이익 중 법정적립금과 임의적립금 적립액을 빼고 난 후에 주주들에게 배당할 수 있는 금액(배당가능이익)이 결정되므로 기업이 가득한 이익을 주주들이 배당으로 모두 가져가지 못하도록 법정적립금뿐만 아니라 임의적립금도 적립하는 것이다.

(3) 미처분이익잉여금

회사가 창출한 당기순손익 중 배당, 자본조정항목의 상각 또는 다른 이익잉여금 계정으로 대체되지 않고 남아 있는 이익잉여금을 말한다. 즉, 기업의 미처분이익잉여금은 기업이 유보시킨 당기순이익 중에서 아직 배당되지 않거나 적립금으로 적립되지 않거나 자본조정과 상각되지 않아 배당의 재원 또는 추가적인 적립금의 적립재원이 될 수 있는 금액을 말한다.

미처분이익잉여금의 구조
미처분이익잉여금 = Σ[당기순손익 + 임의적립금 이입 − 이익잉여금 처분(배당, 적립 등)]

미처분이익잉여금은 기업이 유보시킨 당기순이익 중에서 배당되지 않거나 적립금으로 적립되지 않거나 자본조정과 상각되지 않아 배당의 재원 또는 추가적인 적립금의 적립재원이 될 수 있는 금액이다. 미처분 이익잉여금의 처분 권한은 주주총회에 있다. 이러한 미처분이익잉여금은 다음과 같은 원인으로 변동한다.

미처분이익잉여금의 변동 원인

감소	증가
1. 당기순손실	1. 당기순이익
2. 배당(사외유출)	2. 자본전입(자본에서 대체: 감자 등)
3. 자본전입(자본으로 대체: 무상증자 등)	3. 임의적립금의 이입
4. 법정적립금과 임의적립금의 적립	
5. 자본조정항목 이익잉여금의 처분	

* 전기손익수정 또는 회계정책변경누적효과로 인하여 이익잉여금이 증감할 수 있다.
* 자산재평가차익은 이익잉여금에 대체될 수 있다.
* 확정급여제도의 재측정요소는 기타포괄손익에 반영되지만 발생한 기간에 이익잉여금으로 대체할 수 있다.
* 주식할인발행차금의 상각, 자기주식처분손실 및 감자차손 등은 결손에 준하여 이익잉여금의 처분으로 처리할 수 있다.

01 당기순손익의 대체

회계순환과정 중 보고기간 동안 집계된 당기손익은 집합손익에 집계되었다가 미처분이익잉여금에 대체함 으로써 마감된다. 이러한 과정에서 미처분이익잉여금이 증가하지만 당기순손실이 대체되는 경우에는 미 처분이익잉여금이 감소되기도 한다.

당기순손익의 이익잉여금 대체 회계처리

[당기순이익 대체]

차) 집합손익	N/I	대) 미처분이익잉여금	××

[당기순손실 대체]

차) 미처분이익잉여금	××	대) 집합손익	N/I

02 기타포괄손익누계액의 대체

한국채택국제회계기준에 열거된 기타포괄손익의 항목은 기타포괄손익누계액에 누적적으로 집계되었다가, 해당 항목이 실현되는 경우 동 항목은 당기손익으로 재분류되거나 미처분이익잉여금에 직접 대체되어 미처분이익잉여금이 변동한다.

기타포괄손익누계액의 이익잉여금 대체 회계처리

[기타포괄이익누계액 대체]

차) 기타포괄손익누계액(예 재평가잉여금)　　×× 　　대) 미처분이익잉여금　　　　　　　　 ××

[기타포괄손실누계액 대체]

차) 미처분이익잉여금　　　　　　　　　×× 　　대) 기타포괄손실누계액(예 금융자산평가손실)　××

---

03 배당

(1) 배당의 정의

배당은 기업의 경영활동의 결과를 통해 창출한 이익을 주주들에게 배분하는 것으로 자기자본에 대한 이자라고 할 수 있다. 배당은 현금으로 지급되는 것이 일반적이지만 경우에 따라서는 주식 등 다른 형태로 지급되기도 한다.

(2) 배당 관련 일자의 정의

배당의 회계처리에 있어서 배당기준일, 배당결의일, 배당지급일은 중요한 의미를 갖는다.

1) 배당기준일

특정일 현재 주주명부에 기재된 주주들에게 배당을 받을 권리가 있다고 할 때 그 특정일이 배당기준일이다. 배당기준일 현재 주주라면 배당을 받을 권리가 있으며, 그 다음 날에 주주가 된 사람은 배당을 받을 권리가 없다. 일반적으로 연 1회 배당을 지급할 때 배당기준일은 결산일이다.

2) 배당결의일

배당지급에 대한 결의는 주주총회 결의사항이다. 따라서 배당결의일은 주주총회 결의일이며, 주주총회 결의일에 비로소 회사는 배당금을 지급해야 할 의무가 발생한다.

3) 배당지급일

배당을 결의했다고 해서 즉시 배당금이 지급되는 것은 아니다. 배당금은 상법에 따라 배당결의일로부터 1개월 내에 지급되며, 이 날이 배당지급일이다.

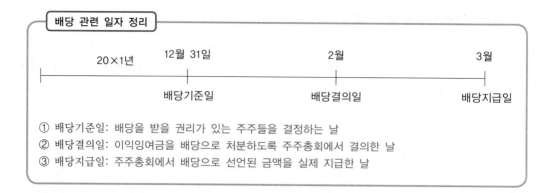

배당 관련 일자 정리

20×1년 ────── 12월 31일 ────── 2월 ────── 3월
　　　　　　　　배당기준일　　　　　배당결의일　　　　배당지급일

① 배당기준일: 배당을 받을 권리가 있는 주주들을 결정하는 날
② 배당결의일: 이익잉여금을 배당으로 처분하도록 주주총회에서 결의한 날
③ 배당지급일: 주주총회에서 배당으로 선언된 금액을 실제 지급한 날

Self Study

배당가능이익의 계산: 이익잉여금 중 배당으로 처분할 수 있는 금액은 배당가능이익을 한도로 한다. 이때 상법에 따르면 이익배당액(주식배당 제외) 중 10% 이상을 이익준비금으로 적립해야 하므로 주주에게 배당할 수 있는 최대금액은 다음과 같이 계산된다.
➔ 배당 최대금액: (미처분이익잉여금 + 임의적립금 이입액 – 기타 법정적립금 적립액 – 기타 이익잉여금 처분액) ÷ 1.1

(3) 현금배당

현금배당은 배당금을 현금으로 지급하는 것으로 실질적인 채무는 배당선언일에 발생한다. 회사는 배당선언일에 미지급배당금으로 처리하고, 실제 배당금을 현금지급하는 시점에 현금 지급액과 상계한다. 기업이 현금배당을 하게 되면, 미처분이익잉여금의 감소와 함께 자본총계가 감소하게 된다.

현금배당의 회계처리

[배당기준일]

회계처리 없음	

[배당결의일]

차) 미처분이익잉여금	1.1A	대) 미지급배당금(유동부채)	A
		이익준비금	0.1A

[배당지급일]

차) 미지급배당금	××	대) 현금	××

1. 배당 시에 회사가 자기주식을 보유하고 있다면 미발행주식설에 입각하여 발행주식수에서 회사가 보유한 자기 주식수를 차감한 주식수를 기준으로 배당을 지급한다.
2. 미지급배당금은 주주에게 지급할 확정된 금액이고, 보통 12개월 이내(상법상은 1개월 이내) 지급하여야 하기 때문에 유동부채로 분류한다.

(4) 주식배당

주식배당은 회사가 주식을 신규로 발행하여 주주들에게 배당하는 것을 말한다. 기업이 주식배당을 하게 되면, 현금배당과 같이 미처분이익잉여금이 감소하지만 자본총액은 감소하지 않는다는 특징이 있다.

Additional Comment

주식배당을 하는 회사는 자금을 지출하지 않고 주주의 배당압력을 줄일 수 있으며, 기업의 순자산에는 변화를 주지 않고 주식의 유통을 원활하게 하는 장점이 있다. 또한, 주주의 입장에서는 무상으로 교부받은 주식을 시가로 처분함으로써 실질적인 현금배당을 받는 혜택이 있다고 볼 수 있다.

주식배당의 회계처리에는 다음과 같은 방법이 있다.

① 액면금액법: 주식배당 시 주식의 액면금액만큼의 이익잉여금을 자본금으로 대체시키는 방법
② 공정가치법: 배당되는 주식배당을 결의시점의 주식 공정가치만큼 이익잉여금을 자본금과 자본잉여금으로 대체시키는 방법

액면금액법은 주식배당이 투자자의 수익이 아니라는 것에 주안점을 두었다. 즉, 주식배당은 주주의 지분을 보다 많은 수의 주식으로 분할하는 것에 불과하므로 투자자에게 수익이 발생하지 않는다는 것이다. 우리나라 상법에서는 주식배당을 액면금액법으로 회계처리하도록 하였다. 주식배당은 배당선언일에 회계처리하고, 미교부주식배당금의 과목으로 하여 자본조정으로 처리한다. 해당 미교부주식배당금은 실제 주식을 발행·교부하는 시점에 자본금으로 대체한다.

주식배당(액면금액법)의 회계처리

[배당기준일]

회계처리 없음			

[배당결의일]

차) 미처분이익잉여금	××	대) 미교부주식배당금(자본조정)	××

[배당지급일]

차) 미교부주식배당금	××	대) 자본금	××

(5) 중간배당

연 1회의 결산기를 정한 회사는 정관에 정한 경우 영업연도 중 1회에 한하여 이사회의 결의로 일정한 날을 정하여 그 날의 주주에 대하여 배당을 할 수 있는데, 이러한 배당을 중간배당이라고 한다. 중간배당은 현금배당이나 현물배당만이 가능하고 이사회의 결의로 배당한다는 점에서 정기주주총회에서 결의되어 지급되는 연차배당과는 다르다.

중간배당도 이익배당이므로 이익준비금을 적립하여야 한다. 따라서 정기주주총회에서 이익준비금을 적립할 금액은 중간배당액과 정기주주총회에서 결의될 연차배당액의 합계액을 기준으로 계산하여야 한다.

중간배당의 회계처리

[중간배당의 이사회 결의 시]

차) 미처분이익잉여금	A	대) 미지급배당금	A

[중간배당 지급 시]

차) 미지급배당금	A	대) 현금	A

[해당연도 주주총회 결의 시 중간배당에 대한 이익준비금 적립]

차) 미처분이익잉여금	0.1A	대) 이익준비금	0.1A

(6) 주식분할과 주식병합

주식분할은 하나의 주식을 여러 개의 주식으로 분할하는 것이고 주식병합은 여러 개의 주식을 하나의 주식으로 병합하는 것을 말한다. 주식분할과 주식병합은 자본구성내역에 변동이 없기 때문에 회계처리하지 않는다.

Additional Comment

주식분할은 주식을 추가로 주주들에게 분배해 준다는 점에서 주식배당과 동일하나, 자본구성내용에 변동이 없다는 점에서 배당가능한 이익잉여금이 자본으로 대체되어 자본구성내용에 변동이 있는 주식배당과 다르다.

구분	무상증자	주식배당	주식분할	주식병합
발행주식수	증가	증가	증가	감소
주당액면금액	불변	불변	감소	증가
자본금총액	증가	증가	불변	불변
자본잉여금	감소 가능	불변	불변	불변
이익잉여금	감소 가능	감소	불변	불변

04 법정적립금, 임의적립금의 적립과 이입

(1) 법정적립금과 이익준비금

법정적립금은 법률에 따라 기업의 이익 중 일부를 적립한 것으로서, 이익준비금이 대표적인 항목이다. 이익준비금은 우리나라의 상법에 따라 기업이 자본금의 1/2에 달할 때까지 매기 결산 시 주식배당을 제외한 이익배당액(현금배당과 현물배당)의 1/10 이상을 적립한 금액이다. 단, 상법에서는 이익준비금으로 적립할 금액의 최저한도만을 규정한 것이므로 이익배당이 없는 경우에도 이익준비금은 적립 가능하다.

Additional Comment

법정적립금은 무상증자나 결손보전으로 사용할 수 있다. 법정적립금을 자본금으로 대체하는 것은 무상증자이며, 법정적립금을 미처리결손금과 상계하는 것은 결손보전이다.

이익준비금의 최소적립액과 회계처리

이익준비금의 최소적립액 = Min[이익배당가능액 × 10%, 자본금 × 1/2 − 이익준비금 기적립분]

[법정적립금의 적립]

차) 미처분이익잉여금 ×× 대) 이익준비금 ××

[법정적립금을 재원으로 한 결손보전]

차) 이익준비금 ×× 대) 미처분이익잉여금 ××

*이익준비금의 적립은 주주총회에서 결정되며, 주주총회일에 회계처리한다.

(2) 임의적립금

임의적립금은 정관이나 주주총회 결의에 의하여 이익잉여금 중 사내에 유보한 이익잉여금을 말한다. 임의적립금은 적립목적이나 금액 등을 기업이 재량적으로 결정할 수 있다. 기업이 가득한 이익 중 법정적립금과 임의적립금 적립액을 빼고 난 후에 주주에 대한 배당가능이익이 결정되므로 기업이 가득한 이익을 주주들이 배당으로 모두 가져가지 못하도록 법정적립금뿐만 아니라 임의적립금도 적립하는 것이다.

임의적립금의 적립목적이 달성되었다면, 차기 이후의 주주총회에 해당 임의적립금을 다시 미처분이익잉여금으로 환원시킨 후 다른 목적의 임의적립금을 적립하거나 배당으로 사외유출할 수도 있다. 이렇게 임의적립금을 미처분이익잉여금으로 환원하는 것을 임의적립금의 이입이라고 한다.

임의적립금 적립액과 이입의 회계처리

[임의적립금의 적립]

| 차) 미처분이익잉여금 | ×× | 대) 임의적립금 | ×× |

[임의적립금의 이입]

| 차) 임의적립금 | ×× | 대) 미처분이익잉여금 | ×× |

* 임의적립금의 적립은 주주총회에서 결정되며, 주주총회일에 회계처리한다.

Additional Comment

기업이 임의적립금을 적립한다고 해서 당해 목적에 사용할 자금이 마련되는 것은 아니다. 그러나 기업은 주주들의 배당압력을 회피할 수단으로 임의적립금을 이용하거나, 추후 특정 부분에 사용하기 위해서 현재는 배당재원이 있음에도 불구하고 배당할 수 없는 사실을 알려주는 역할로 임의적립금을 이용한다.

---

05 자본거래손실의 상각

주식할인발행차금, 감자차손 및 자기주식처분손실 등과 같이 자본거래손실은 회사와 주주와의 거래를 통해 회사가 손실을 입은 것이기 때문에 주주의 입장에서 본다면 회사로부터 이익을 배분받은 것으로 볼 수 있다. 그러므로 자본거래손실은 주주에 대한 배당으로 해석할 수도 있다. 그러나 우리나라의 경우 이익잉여금의 처분권한이 주주총회에 있으므로 이를 배당으로 회계처리하지 않고, 자본조정으로 처리한 후 주주총회의 결의를 통하여 미처분이익잉여금과 상계하도록 하고 있다.

자본거래손실 상각의 회계처리

[자본거래손실 상각]

| 차) 미처분이익잉여금 | ×× | 대) 주식할인발행차금 등 | ×× |

* 자본거래손실 상각의 회계처리는 주주총회일에 수행한다.

---

01 이익잉여금의 처분시기

이익잉여금 처분에 따른 회계처리시기는 주주총회 결의일이다. 기업의 결산일이 20×1년 12월 31일인 경우 20×1년도 주주총회는 일반적으로 20×2년 2월에 개최되어 이익잉여금 처분을 포함한 여러 가지 사항에 대해 결정한다. 만약에 20×1년도 주주총회가 20×2년 2월 15일에 개최되어 이익잉여금 처분에 대한 내용을 승인했다면 동 일자에 관련 회계처리를 장부에 반영한다. 그 이유는 20×1년 12월 31일에는 이익잉여금의 처분에 대한 아무런 결정이 없었기 때문이다. 그러므로 20×1년 말 재무상태표에 표시되는 이익잉여금의 잔액은 처분하기 전의 금액이다.

이익잉여금의 처분시기 구조

20×0년 주주총회(A) (20×1년 2월)	20×1년 12월 31일(B) 결산일	20×1년 주주총회(C) (20×2년 2월)
전기이월미처분이익잉여금	미처분이익잉여금	차기이월미처분이익잉여금
↑		
20×0년 이익잉여금처분계산서	20×1년 말 재무상태표	20×1년 이익잉여금처분계산서

02 이익잉여금의 처분 회계처리

(1) 주주총회 이후 결산일까지의 회계기간 동안 미처분이익잉여금의 변동내역(A ⇒ B)

미처분이익잉여금은 전기에서 처분되지 않고 당기로 이월된 전기이월미처분이익잉여금에 중간배당액을 차감하고 당기순이익을 가산하여 산출한다. 이때 재평가잉여금 중 사용기간 동안 이익잉여금으로 대체한 금액도 미처분이익잉여금에 가산한다.

미처분이익잉여금을 계산하는 내용은 보고기간 말에 회계처리하고, 보고기간 말 현재 재무상태표의 자본에는 미처분이익잉여금으로 보고된다.

결산일의 미처분이익잉여금 계산구조 및 회계처리

기말미처분이익잉여금(B): 전기이월미처분이익잉여금(A) + 재평가잉여금 대체액 − 중간배당액(이익준비금 적립액 포함 ×) + 당기순이익

차) 이월이익잉여금(A)	××	대) 중간배당지급액	××
집합손익(N/I)	××	미처분이익잉여금(B)	××
재평가잉여금	××		

자본

CH 11

해커스 회계학 1차 기본서

(2) 결산일 이후 주주총회일 직후까지의 회계기간 동안 미처분이익잉여금의 변동내역(B ⇒ C)

적립목적이 달성된 임의적립금은 처분 이전의 상태로 환원하여 다시 처분할 수 있다. 임의적립금을 처분 이전의 상태로 환원하는 것을 임의적립금의 이입이라고 하는데, 임의적립금을 이입하는 회계처리는 정기주주총회일에 하여야 한다.

보고기간 말의 미처분이익잉여금과 임의적립금이입액의 합계액은 처분 가능한 이익잉여금이 된다. 처분 가능한 이익잉여금은 관련 법령 및 정관에서 정한 순서에 따라 적절한 방법으로 처분한다. 미처분이익잉여금은 다음과 같은 순서로 처분하고, 남은 잔액은 차기로 이월된다. 미처분이익잉여금을 처분하는 회계처리도 정기주주총회일에 하여야 한다.

① 이익준비금 적립액
② 이익잉여금처분에 의한 상각액: 주식할인발행차금 상각액, 자기주식처분손실, 감자차손
③ 배당금: 현금배당, 주식배당
④ 임의적립금 적립액

주주총회일 직후의 미처분이익잉여금 계산구조 및 회계처리

차기이월미처분이익잉여금(B): 미처분이익잉여금(B) + 임의적립금 이입액 – 현금배당 – 주식배당 – 이익준비금 적립 – 임의적립금 적립 – 자본거래손실 상각 등

차) 미처분이익잉여금(B)	××	대) 이익준비금	××
		주식할인발행차금	××
		미지급배당금	××
		미교부주식배당금	××
		사업확장적립금 등	××
		이월이익잉여금(C)	××

5 우선주

우선주는 보통주에 비하여 특정 사항에 대해 우선적 지위를 갖는 주식으로 그 내용에 따라 이익배당우선주, 전환우선주, 상환우선주로 나눌 수 있다. 일반적으로 우선주는 주주총회에서 회사의 제반업무에 대한 의결권이 없다.

I 이익배당우선주

배당에 관한 우선권이 부여된 우선주에는 누적적 우선주와 참가적 우선주가 있다.

01 누적적 우선주와 비누적적 우선주

(1) 누적적 우선주

누적적 우선주는 특정 회계연도에 사전에 정해진 최소배당률에 미달하여 배당금을 지급한 경우, 지급하지 못한 배당금을 이후 회계연도에 우선적으로 지급하여야 하는 의무가 있는 우선주를 말한다.

> **Additional Comment**
>
> 누적적 우선주의 배당금은 기업이 반드시 지급해야 한다는 점에서 사채의 액면이자와 동일한 성격이다. 그러나 누적적 우선주도 지분상품이므로 배당이 선언된 경우에만 배당금 지급의무가 발생한다. 그러므로 배당을 선언하지 않은 경우에는 미지급한 배당금을 부채로 인식할 수 없다. 다만, 미인식 누적적 우선주배당금이 있다는 사실을 주석으로 공시한다.

(2) 비누적적 우선주

비누적적 우선주는 특정 회계연도에 사전에 정해진 최소배당률에 미달하여 배당금을 지급한 경우, 지급하지 못한 배당금을 이후 회계연도에 우선적으로 지급해야 하는 의무가 없는 우선주를 말한다.

02 참가적 우선주와 비참가적 우선주

(1) 참가적 우선주

참가적 우선주는 사전에 약정된 일정 배당률을 우선적으로 수령하고 지급한 후 보통주가 우선주 배당률과 동일한 금액을 배당받는 경우, 동 금액을 초과하여 배당금으로 처분된 금액에 대하여 이익배당에 참여할 권리가 부여된 우선주를 말한다. 이러한 우선주는 일정 부분의 우선배당을 받고 잔여이익이 있는 경우에 추가적 배당에 보통주와 동일한 자격으로 참가할 수 있는 완전참가적 우선주와 일정 부분의 배당참여만 허용하고 그 이상에 대해서는 참가할 수 없는 부분참가적 우선주가 있다. 즉, 완전참가적 우선주는 배당률에 제한이 없으나 부분참가적 우선주는 최대배당률이 정해져 있다. 만약, 누적적·비참가적 우선주인 경우에는 과거 회계연도에 지급하지 못한 누적배당금을 먼저 계산하고 동 금액을 차감한 이후의 배당선언액을 배분하여야 한다.

(2) 비참가적 우선주

약정된 배당을 받은 후에 잔여이익에 대해서 참가할 수 없는 우선주를 말한다.

Chapter 11 | 객관식 문제

01 다음은 ㈜하늘의 20×1년 1월 1일 현재의 주주지분이다.

납입자본(보통주자본금, 액면금액 ₩5,000)	₩50,000,000
이익잉여금	₩50,000,000
기타자본요소	₩1,200,000

상기의 기타자본요소는 전액 자본조정이며 감자차익 ₩1,000,000, 자기주식처분이익 ₩200,000으로 구성되어 있다. ㈜하늘의 20×1년에 발생한 다음의 자기주식 거래로 인하여 회사의 주주지분은 얼마나 증가(감소)하는가?

- 1월: 자기주식 1,000주를 주당 ₩6,000에 현금으로 취득
- 2월: 자기주식 300주를 소각
- 4월: 자기주식 400주를 주당 ₩5,400에 처분
- 6월: 자기주식 100주를 주당 ₩7,000에 처분
- 8월: 대주주로부터 공정가치 ₩8,000인 자기주식 50주를 증여받음
- 9월: 자기주식 50주를 주당 ₩8,000에 처분(단위당 원가는 이동평균법을 적용한다)

① ₩2,740,000 증가 ② ₩2,740,000 감소 ③ ₩1,600,000 감소
④ ₩1,200,000 증가 ⑤ ₩1,200,000 감소

02 ㈜관세는 20×1년 5월 1일에 주당 ₩1,500의 현금을 납입받고 보통주 500주(액면금액 ₩1,000)를 유상증자하였다. 동 유상증자와 직접 관련된 원가 ₩30,000이 발생하였다. 유상증자 직전 ㈜관세의 장부에 주식할인발행차금 ₩60,000이 계상되어 있었다. 동 유상증자가 20×1년 자본총계에 미치는 영향은? [관세사 2025년]

① ₩500,000 증가 ② ₩660,000 증가 ③ ₩690,000 증가
④ ₩720,000 증가 ⑤ ₩750,000 증가

03 ㈜관세의 20×1년 초 자본총액이 ₩2,000,000이고, 20×1년 중 다음과 같은 거래가 발생하였을 때, 20×1년 말 자본총액은?　　　　　　　　　　　　　[관세사 2023년]

- 설립 이후 처음으로 액면가 ₩500인 자기주식(원가법 적용) 10주를 주당 ₩700에 구입하였다.
- 주주총회 결과 기존 주주들에게 10% 주식배당(배당 직전 자본금 ₩1,000,000)을 실시하기로 결의하고, 즉시 신주를 발행하여 교부하였다.
- 액면가 ₩500인 보통주 100주를 주당 ₩800에 발행하였으며, 주식발행과 관련된 직접원가는 ₩5,000이다.
- 자기주식 6주를 주당 ₩600에 재발행하였다.
- 액면가 ₩500인 보통주 100주를 발행하면서 그 대가로 신뢰성 있게 측정된 토지(공정가치 ₩55,000)를 현물출자 받았다.
- 20×1년 당기순이익은 ₩200,000이고, 기타포괄손실은 ₩10,000이다.

① ₩2,236,600 ② ₩2,316,600 ③ ₩2,319,400
④ ₩2,331,600 ⑤ ₩2,339,400

04 ㈜감평의 20×2년 자본관련 자료이다. 20×2년 말 자본총계는? (단, 자기주식 거래는 선입선출법에 따른 원가법을 적용한다.)　　　　　　　　[감정평가사 2023년]

(1) 기초자본
- 보통주 자본금(주당 액면금액 ₩500, 발행주식수 40주) ₩20,000
- 보통주 주식발행초과금 ₩4,000
- 이익잉여금 ₩30,000
- 자기주식(주당 ₩600에 10주 취득) (₩6,000)
- 자본총계 ₩48,000

(2) 기중자본거래
- 4월 1일 자기주식 20주를 1주당 ₩450에 취득
- 5월 25일 자기주식 8주를 1주당 ₩700에 처분
- 6월 12일 자기주식 3주를 소각
- 8월 20일 주식발행초과금 ₩4,000과 이익잉여금 중 ₩5,000을 재원으로 무상증자 실시

(3) 20×2년 당기순이익: ₩50,000

① ₩77,300 ② ₩87,500 ③ ₩94,600
④ ₩96,250 ⑤ ₩112,600

05 20×1년 초 설립된 ㈜관세는 설립 후 처음으로 20×5년 3월 ₩50,000의 현금배당을 결의하였다. 20×4년 말 자본금 관련 내역이 다음과 같을 경우, 보통주 주주에게 귀속되는 배당금은? (단, 설립 이후 20×4년 말까지 자본금과 관련한 변동은 없다.)

[관세사 2020년]

	발행주식수	주당 액면금액	비고
우선주	200주	500	배당률 4%, 누적적·부분참가적(7%)우선주
보통주	500주	500	

① ₩10,000 ② ₩19,000 ③ ₩31,000
④ ₩34,000 ⑤ ₩43,000

06 ㈜감평의 20×2년 자본관련 자료이다. 20×2년 말 자본총계는? (단, 자기주식 거래는 선입선출법에 따른 원가법을 적용한다.)

[감정평가사 2023년]

(1) 기초자본
  • 보통주 자본금(주당 액면금액 ₩500, 발행주식수 40주) ₩20,000
  • 보통주 주식발행초과금 4,000
  • 이익잉여금 30,000
  • 자기주식(주당 ₩600에 10주 취득) (6,000)
  • 자본총계 ₩48,000
(2) 기중자본거래
  • 4월 1일 자기주식 20주를 1주당 ₩450에 취득
  • 5월 25일 자기주식 8주를 1주당 ₩700에 처분
  • 6월 12일 자기주식 3주를 소각
  • 8월 20일 주식발행초과금 ₩4,000과 이익잉여금 중 ₩5,000을 재원으로 무상증자 실시
(3) 20×2년 당기순이익: ₩50,000

① ₩77,300 ② ₩87,500 ③ ₩94,600
④ ₩96,250 ⑤ ₩112,600

Chapter 11 | 객관식 문제 정답 및 해설

01 ② 주주지분에 미친 영향: 1월 (−)6,000,000 + 4월 2,160,000 + 6월 700,000 + 9월 400,000
= (−)2,740,000 감소

02 ④ 자본총계에 미치는 영향: 1,500 × 500 − 30,000 = 720,000

03 ②

구분	자본총계	비고
기초	2,000,000	
자기주식 취득	(−)7,000	@700 × 10주
주식배당	−	주식배당은 자본 변동을 발생시키지 않는 거래이다.
보통주 발행	(+)75,000	@800 × 100주 − 5,000
자기주식 재발행	(+)3,600	@600 × 6주
현물출자	(+)55,000	현물출자의 경우 취득자산의 공정가치만큼 자산과 자본이 증가한다.
총포괄손익	(+)190,000	당기순이익200,000 − 기타포괄손실10,000
계	2,316,600	

04 ③

구분	자본총계	비고
기초	48,000	자본금20,000 + 주식발행초과금4,000 + 이익잉여금30,000 − 자기주식6,000
4월 1일 자기주식 취득	(−)9,000	@450×20주
5월 25일 자기주식 처분	(+)5,600	@700×8주
6월 12일 자기주식 소각	−	자기주식 소각은 자본 변동을 발생시키지 않는 거래이다.
8월 20일 무상증자	−	무상증자는 자본 변동을 발생시키지 않는 거래이다.
당기순이익	(+)50,000	
계	94,600	

05 ③

구분	우선주	보통주
전기이전	200주×@500×4%×3 = 12,000	−
당기	200주×@500×4% = 4,000	500주×@500×4% = 10,000
잔여분	min[200주×@500×(7%−4%), 6,857*] = 3,000	21,000
	19,000	31,000

*(50,000−12,000−4,000−10,000)×100,000/(100,000+250,000) = 6,857

06 ③　1) 기초자본: 20,000+4,000+30,000−600×10주 = 48,000
　　　2) 기말자본총계: 48,000−20주×450+8주×700+50,000 = 94,600

Chapter **12**

금융자산(Ⅰ)

1 금융자산 일반

Ⅰ 금융자산의 의의 및 분류 시 판단기준

01 의의

금융상품은 거래당사자 어느 한쪽(금융상품 보유자)에게는 금융자산이 생기게 하고 동시에 거래상대방(금융상품 발행자)에게 금융부채나 지분상품을 발생시키는 모든 계약을 말한다.

02 금융자산의 분류 시 판단기준

금융자산은 다음 두 가지 사항 모두에 근거하여 후속적으로 상각후원가, 기타포괄손익 – 공정가치, 당기손익 – 공정가치로 측정되도록 분류한다.

> ① 금융자산의 계약상 현금흐름 특성(원리금의 지급 여부)
> ② 금융자산관리를 위한 사업모형(보유목적)

(1) 금융자산의 계약상 현금흐름 특성

금융자산을 분류하기 위해서는 해당 금융자산의 계약상 현금흐름이 특정일에 원금과 원금잔액에 대한 이자지급(이하 '원리금 지급')만으로 구성되어 있는지를 판단하여야 한다.

> ① 원리금만으로 구성: 원금과 원금잔액에 대한 이자지급만으로 구성된 계약상 현금흐름
> ② 원리금 이외로 구성: 원리금 지급만으로 구성되지 않은 기타의 계약상 현금흐름

(2) 금융자산의 보유목적에 따른 분류(사업모형)

사업모형은 현금흐름을 창출하기 위해 금융자산을 관리하는 방식을 의미한다. 사업모형은 다음과 같이 구분한다.

1) 계약상 현금흐름을 수취하기 위해 자산을 보유하는 것이 목적인 사업모형

이러한 형태의 사업모형에서는 기업의 금융자산 보유의도를 해당 금융자산의 계약상 현금흐름을 수취하기 위한 목적을 이루기 위한 것으로 본다.

사업모형의 목적인 계약상 현금흐름을 수취하기 위해 금융자산을 보유하는 것이더라도 그러한 모든 금융상품을 만기까지 보유할 필요는 없다. 따라서 금융자산의 매도가 일어나거나 미래에 일어날 것으로 예상되는 경우에도 사업모형은 계약상 현금흐름을 수취하기 위해 금융자산을 보유하는 것일 수 있다.

2) 계약상 현금흐름의 수취와 금융자산의 매도 둘 다를 통해 목적을 이루는 사업모형

이러한 형태의 사업모형에서는 기업의 금융자산 보유의도를 해당 금융자산의 계약상 현금흐름 수취와 금융자산의 매도 둘 다를 통해 목적을 이루기 위한 것으로 본다. 주요 경영진은 계약상 현금흐름의 수취와 금융자산의 매도 둘 다가 사업모형의 목적을 이루는 데 필수적이라고 결정한다.

계약상 현금흐름을 수취하기 위해 금융자산을 보유하는 것이 목적인 사업모형과 비교하여 이러한 사업모형에서는 대체로 더 빈번하게 더 많은 금액을 매도할 것이다. 이러한 사업모형의 목적을 이루기 위해서는 금융자산의 매도가 부수적이 아니라 필수적이기 때문이다.

> [참고] **빈번하지 않거나 유의적이지 아니한 매도**
>
> 1. 사업모형 판단 시 매매 빈도나 매매 금액에 대한 기준은 없음
> 2. 형식은 매도지만 실질적으로 원리금을 회수하는 경우[1] 수취 목적 사업모형으로 볼 수 있음
>   [1] 예 금융자산의 만기가 가까운 시점에 매도하고 매도로 수취하는 대가가 남은 계약상 현금흐름의 수취액과 거의 같다면 해당 매도는 계약상 현금흐름을 수취하기 위해 금융자산을 보유하는 목적과 일관될 수 있음

3) 그 밖의 사업모형

금융자산의 매도를 통해 현금흐름을 실현할 목적인 사업모형, 공정가치 기준으로 관리하고 그 성과를 평가하는 금융자산의 포트폴리오, 단기매매의 정의를 충족하는 금융자산 포트폴리오 등이 있다.

[사업모형]

사업모형	내용
① 계약상 현금흐름의 수취	만기까지 보유할 필요 ×
② 계약상 현금흐름의 수취 + 금융자산의 매도	금융자산의 매도가 필수적 ○
③ 그 밖의 사업모형	금융자산의 매도를 통해 현금흐름 실현
	공정가치 기준으로 관리하는 성과를 평가
	단기매매의 정의를 충족

Ⅱ 금융자산의 분류 및 후속측정

금융자산은 해당 금융자산의 계약상 현금흐름의 특성과 금융자산관리를 위한 사업모형에 근거하여 후속적으로 다음과 같이 상각후원가, 기타포괄손익 – 공정가치, 당기손익 – 공정가치로 측정되도록 분류한다.

[금융자산의 분류]

구분	계약상 현금흐름의 특성	사업모형	금융자산의 계정분류
투자 채무상품	원리금으로만 구성	현금흐름 수취목적	상각후원가 측정 금융자산 (AC금융자산)
		현금흐름 수취 + 매도목적	기타포괄손익 – 공정가치 측정 금융자산 (FVOCI금융자산)
	원리금 이외로 구성	기타의 목적	당기손익 – 공정가치 측정 금융자산 (FVPL금융자산)
	선택권(최초 인식시점 선택 가능 ⇒ 이후 취소 불가) ① 회계불일치를 제거하거나 유의적으로 줄이기 위한 경우		당기손익 – 공정가치 측정 금융자산 (FVPL금융자산)
투자 지분상품	원리금 이외로 구성	기타의 목적	당기손익 – 공정가치 측정 금융자산 (FVPL금융자산)
	선택권(최초 인식시점 선택 가능 ⇒ 이후 취소 불가) ① 단기매매항목 × ② 사업결합에서 취득자가 인식하는 조건부 대가 ×		기타포괄손익 – 공정가치 측정 금융자산 (FVOCI금융자산)

01 상각후원가 측정 금융자산(AC금융자산): 다음 두 가지 조건을 모두 충족하는 경우

① 계약상 현금흐름을 수취하기 위해 보유하는 것이 목적인 사업모형하에서 금융자산을 보유한다.
② 금융자산의 계약조건에 따라 특정일에 원리금 지급만으로 구성되어 있는 현금흐름이 발생한다.

02 기타포괄손익 – 공정가치 측정 금융자산(FVOCI금융자산): 다음 두 가지 조건을 모두 충족하는 경우

① 계약상 현금흐름의 수취와 금융자산의 매도 둘 다를 통해 목적을 이루는 사업모형하에서 금융자산을 보유한다.
② 금융자산의 계약조건에 따라 특정일에 원리금 지급만으로 구성되어 있는 현금흐름이 발생한다.

03 당기손익 – 공정가치 측정 금융자산(FVPL금융자산): 상각후원가 측정 금융자산이나 기타포괄손익 – 공정가치 측정 금융자산으로 분류되지 않는 경우(예 단기매매항목, 공정가치 기준으로 관리하고 그 성과를 평가하는 금융자산의 포트폴리오)

04 예외사항

(1) FVOCI금융자산(지분상품)

지분상품은 SPPI를 충족하지 못하므로 FVPL금융자산으로 분류된다. 그런데 당해 지분상품을 장기간 보유하면서 공정가치 변동을 당기손익으로 인식하면, 당기순이익의 변동성이 증가할 뿐만 아니라 당기순이익이 기업의 성과를 제대로 보여주지 못할 수 있다. 그러므로 이러한 문제를 해소하기 위해서 기업은 단기매매목적도 아니고 조건부 대가도 아닌 지분상품을 FVOCI금융자산으로 분류되도록 선택할 수 있다. 이러한 선택은 최초 인식시점에만 가능하며, 이후에 취소할 수 없다.

기출 Check 1

다음은 금융자산의 분류 및 재분류 등에 관한 설명이다. 옳은 설명을 모두 고른 것은?

[세무사 2022년]

ㄱ. 계약상 현금흐름을 수취하기 위해 보유하는 것이 목적인 사업모형하에서 금융자산을 보유하고, 금융자산의 계약 조건에 따라 특정일에 원금과 원금잔액에 대한 이자 지급만으로 구성되어 있는 현금흐름이 발생하는 금융자산은 상각후원가로 측정한다.

ㄴ. 계약상 현금흐름의 수취와 금융자산의 매도 둘 다를 통해 목적을 이루는 사업모형하에서 금융자산을 보유하고, 금융자산의 계약 조건에 따라 특정일에 원금과 원금잔액에 대한 이자 지급만으로 구성되어 있는 현금흐름이 발생하는 금융자산은 당기손익-공정가치로 측정한다.

ㄷ. 서로 다른 기준에 따라 자산이나 부채를 측정하거나 그에 따른 손익을 인식한 결과로 발생한 인식이나 측정의 불일치를 제거하거나 유의적으로 줄이는 경우에는 최초 인식시점에 해당 금융자산을 당기손익-공정가치 측정 항목으로 지정할 수 있다.

ㄹ. 금융자산을 기타포괄손익-공정가치 측정 범주에서 당기손익-공정가치 측정 범주로 재분류하는 경우, 재분류 전에 인식한 기타포괄손익누계액은 재분류일에 자본의 다른 항목으로 직접 대체한다.

① ㄱ, ㄴ　　　　② ㄱ, ㄷ　　　　③ ㄴ, ㄷ
④ ㄴ, ㄹ　　　　⑤ ㄷ, ㄹ

풀이

ㄴ. 계약상 현금흐름의 수취와 금융자산의 매도 둘 다를 통해 목적을 이루는 사업모형하에서 금융자산을 보유하고, 금융자산의 계약 조건에 따라 특정일에 원금과 원금잔액에 대한 이자 지급만으로 구성되어 있는 현금흐름이 발생하는 금융자산은 기타포괄손익 – 공정가치로 측정한다.

ㄹ. 금융자산을 기타포괄손익 – 공정가치 측정 범주에서 당기손익 – 공정가치 측정 범주로 재분류하는 경우, 재분류 전에 인식한 기타포괄손익누계액은 재분류일에 당기순이익으로 재분류조정된다.

정답: ②

2 투자지분상품

Ⅰ 투자지분상품의 분류 및 특성

지분상품에 대한 모든 투자는 공정가치로 측정하고 FVPL금융자산으로 분류하여야 한다. 다만, 지분상품에 대한 투자로 단기매매항목이 아니고 사업결합에서 취득자가 인식하는 조건부 대가가 아닌 지분상품으로 최초 인식시점에 후속적인 공정가치 변동을 기타포괄손익으로 표시하기로 한 경우 FVOCI금융자산으로 분류할 수 있다. 지분상품에 대한 투자를 FVOCI로 분류하면 이를 취소할 수 없다.

지분상품에 대한 투자는 손상차손을 인식하는 대상 자산이 아니며, 항상 공정가치로 측정하여야 한다.

[투자지분상품의 분류 및 특성]

구분	FVPL금융자산(원칙)	FVOCI금융자산[1]
최초 인식 시 측정	취득시점의 FV	취득시점의 FV
취득에 직접 관련된 거래원가	당기비용처리	최초 인식하는 FV에 가산
후속측정	FV측정, 평가손익 N/I처리	FV측정, 평가손익 OCI처리
재분류	불가	불가
처분손익	인식 ○	재분류조정 허용 ✕ 처분 시 거래원가가 있다면 처분손실 발생
손상	인식 ✕	인식 ✕
N/I 영향	≠	
OCI 영향	≠	
총포괄손익 영향	=	

[1] 지분상품에 대한 투자로 단기매매항목이 아니고 사업결합에서 취득자가 인식하는 조건부 대가가 아닌 지분상품을 FVOCI금융자산으로 분류할 수 있다. 그러나 이러한 선택은 이후에 취소할 수 없다.

FVPL금융자산(지분상품)의 분류 및 측정

01 최초 인식

(1) 최초 측정

FVPL금융자산(지분상품)은 금융상품의 계약당사자가 되는 때에 재무상태표에 인식하며, 최초 인식 시점의 공정가치로 측정한다. 취득에 직접 관련된 거래원가(중개수수료 등)는 당기비용으로 처리한다.

차) FVPL금융자산	최초 인식시점 FV	대) 현금	××
수수료비용(N/I)	거래원가		

02 보유에 따른 손익

(1) 현금배당

지분상품의 발행회사는 회계연도 중 획득한 이익을 배당의 형태로 주주들에게 배분한다. 현금배당은 지분상품의 발행회사가 배당을 선언하는 경우 배당수익의 과목으로 하여 당기손익에 반영하고, 동 금액을 미수배당금으로 인식한다. 배당금은 지분상품의 보유기간에 관계없이 수령할 금액 전액을 배당수익으로 인식한다.

[현금배당의 회계처리]

배당기준일	회계처리 없음			
배당선언일	차) 미수배당금	××	대) 배당수익	N/I
배당수령일	차) 현금	××	대) 미수배당금	××

(2) 무상증자·주식배당

지분상품의 발행회사가 무상증자나 주식배당을 실시하여 신주를 취득하는 경우 투자회사는 자산의 증가로 보지 않는다. 따라서 무상증자나 주식배당으로 취득하는 신주의 취득금액은 당해 무상증자 등의 권리락이 실시되는 시점에서 신주와 구주의 종류에 관계없이 주식수 비례에 따라 구주의 장부금액을 안분하여 산정(주식수 증가로 주당 평균단가 변동)한다.

Self Study

무상증자나 주식배당으로 취득한 지분상품은 기존에 보유하고 있는 지분상품과 동일한 종목으로 분류한다.

[EX - 무상증자 or 주식배당]

일자	구분	주식수	× 주당 취득원가	= BV
1/1	기초 주식	100주	@110	11,000
7/1	무상증자	10주	–	–
7/1	증자 후	110주	@100(역산)	11,000

03 기말 평가 및 처분

(1) 기말 평가

FVPL금융자산은 보고기간 말의 공정가치로 평가하고 장부금액과의 차액은 금융자산평가손익으로 하여 당기손익으로 처리한다. 이 경우 FVPL금융자산의 장부금액은 전기 이전에 취득한 경우에는 전기말 공정가치를, 당기에 취득한 경우에는 원가를 말한다. 단, 보고기간 말의 공정가치에는 거래원가를 차감하지 아니한다.

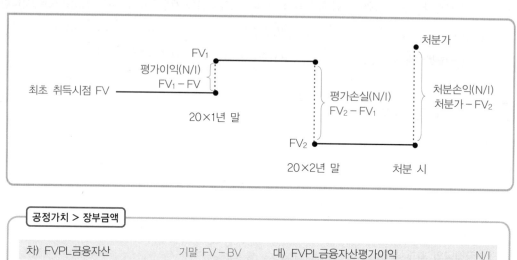

공정가치 > 장부금액

차) FVPL금융자산	기말 FV − BV	대) FVPL금융자산평가이익	N/I

공정가치 < 장부금액

차) FVPL금융자산평가손실	N/I	대) FVPL금융자산	BV − 기말 FV

기말 B/S

B/S	
FVPL금융자산　　　　　　　기말 FV	

(2) 처분

FVPL금융자산을 처분하는 경우 처분금액과 장부금액과의 차액은 금융자산처분손익으로 하여 당기손익으로 인식한다. 이 경우 장부금액은 당기에 취득한 경우에는 취득원가를, 전기 이전에 취득한 경우에는 전기 말 공정가치를 말한다. 이때 FVPL금융자산의 처분과 직접 관련하여 발생하는 거래원가는 처분금액에서 차감하여 금융자산처분손익에 반영한다.

| 차) 현금 | 처분금액 - 거래원가 | 대) FVPL금융자산 | BV |
| | | 금융자산처분이익 | N/I |

FVPL금융자산 - 각 시점별 정리

구분	FVPL금융자산(지분상품)
취득거래원가	발생 즉시 당기비용으로 처리
기말평가	금융자산평가손익(N/I) = 당기 말 FV - 금융자산 BV
처분거래원가	처분과 직접 관련하여 발생한 거래원가는 처분금액에서 차감
처분손익	순처분금액(= 처분금액 - 거래원가) - 전기 말 BV
현금배당	배당선언일에 배당수익으로 당기손익에 반영
무상증자와 주식배당	순자산에 미치는 영향 ×, 주식수의 변동으로 평균단가 변동
손상차손	공정가치로 평가하여 평가손익을 당기손익에 반영하므로 손상대상 ×
재분류	지분상품이나 파생상품은 재분류가 불가능

FVPL금융자산 - F/S 효과 정리

B/S

| FVPL금융자산 | 기말 FV | |

I/S

취득 시 수수료	당기비용처리
취득손익	취득 시 FV - 취득 시 거래가격
기말 평가손익	기말 FV - BV(이동평균법 이용)
현금 배당수익	××
처분손익	(매각대금 - 매각수수료) - BV(이동평균법 이용)

01 최초 인식

(1) 최초 측정

FVOCI금융자산(지분상품)은 금융상품의 계약당사자가 되는 때에 재무상태표에 인식하며, 최초 인식 시점의 공정가치로 측정한다. 취득에 직접 관련된 거래원가(중개수수료 등)는 최초 인식하는 공정가치에 가산한다.

차) FVOCI금융자산	최초 인식시점 FV + 거래원가	대) 현금	××

02 기말 평가 및 처분

(1) 기말 평가

FVOCI금융자산(지분상품)은 보고기간 말의 공정가치로 측정하여 재무상태표에 보고한다. 이때 지분상품의 공정가치와 장부금액의 차액은 FVOCI평가손익으로 하여 기타포괄손익(OCI)으로 인식한다. 기타포괄손익(OCI)으로 인식한 FVOCI금융자산평가손익의 누계액은 재무상태표의 자본항목으로 표시하며, 후속적으로 당기손익으로 이전되지 않는다. 다만, 자본 내에서 누적손익(이익잉여금)을 이전할 수는 있다.

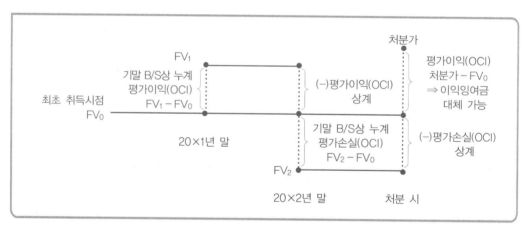

평가이익이 발생한 경우

차) FVOCI금융자산	기말 FV − BV	대) FVOCI금융자산평가이익	OCI

* 기초에 평가손실이 있는 경우 평가손실 우선 상계

```
┌─ 평가손실이 발생한 경우 ─────────────────────────────────────────┐
│                                                                    │
│  차) FVOCI금융자산평가손실         OCI      대) FVOCI금융자산      BV - 기말 FV │
│  * 기초에 평가이익이 있는 경우 평가이익 우선 상계                      │
└────────────────────────────────────────────────────────────────────┘
```

```
┌─ 기말 B/S ──────────────────────────────────────────────────────┐
│                                                                    │
│                                 B/S                                │
│  ────────────────────────────────────────────────────────────    │
│  FVOCI금융자산               기말 FV │                             │
│                                      │ FVOCI금융자산평가손익   기말 FV - 취득 FV │
│  ────────────────────────────────────────────────────────────    │
│  * 최초 취득 시 FV = 기말 FV - B/S상 OCI누계액                     │
│                                                                    │
│                                 I/S                                │
│  ────────────────────────────────────────────────────────────    │
│  N/I 영향: 배당수익                                                 │
│  OCI 변동: 기말 B/S상 OCI누계액 - 기초 B/S상 OCI누계액             │
└────────────────────────────────────────────────────────────────────┘
```

(2) 처분

FVOCI금융자산(지분상품)은 처분하는 경우 처분 시의 공정가치(처분금액)로 먼저 평가하고 동 평가손익은 기타포괄손익으로 처리한다. 기타포괄손익으로 처리한 FVOCI금융자산평가손익 누계액은 다른 자본계정으로 대체할 수는 있으나 당기손익으로 재분류할 수는 없다. 그러므로 FVOCI금융자산(지분상품)은 처분하는 경우에도 처분손익을 인식하지 않는다(단, 처분 시 거래원가가 존재하면 처분손실은 인식한다).

```
차) FVOCI금융자산        처분 시 FV - BV     대) FVOCI금융자산평가이익(OCI)  처분 시 FV - BV
차) 현금                처분 시 FV - 처분비용  대) FVOCI금융자산              처분 시 FV
   처분손실              N/I
```

한편, FVOCI금융자산(지분증권)의 경우에는 기업이 '이익잉여금으로 대체'를 선택하지 않는 한, 보유 중에 발생한 지분증권평가손익은 해당 증권이 처분된 후에도 장부에 남게 된다.

```
차) FVOCI금융자산평가이익(OCI)    B/S누계액    대) 미처분이익잉여금    ××
```

Self Study

1. FVPL금융자산은 제거일에 재측정하지 않고 처분하는 회계처리를 한다. FVPL금융자산의 공정가치 변동에 따른 평가손익은 당기손익으로 인식하기 때문에 제거일에 공정가치로 재측정 후 처분하는 회계처리와 제거일에 공정가치 재측정하지 않고 처분하는 회계처리는 당기손익에 미치는 효과가 동일하다.
2. FVOCI금융자산으로 분류한 지분상품의 공정가치 변동에 따른 평가손익은 기타포괄손익으로 인식하기 때문에 반드시 제거일에 공정가치로 재측정 후 처분하는 회계처리를 하여야 한다. 처분 시 거래원가가 없다면 FVOCI금융자산으로 분류한 투자지분상품의 처분손익은 없다.

12월 말 결산법인인 ㈜현주는 20×1년 초에 설립되었고, 20×1년 7월 1일에 A사 주식 100주를 ₩1,000에 취득하였다. ㈜현주는 동 지분상품에 대하여 취득시점에 FVOCI금융자산으로 분류하였다. 각 연도별 ㈜현주가 보유한 A사 주식의 공정가치는 다음과 같다.

20×1년 말	20×2년 말	20×3년 5월 1일
₩1,200	₩900	₩1,300

㈜현주는 동 주식을 20×3년 5월 1일에 ₩1,300에 전액 처분하였다(단, 금융자산평가손익 누계액은 다른 자본계정으로 대체한다).

1 ㈜현주가 각 회계연도의 재무제표에 인식할 다음의 금액들을 각각 계산하고 동 거래로 ㈜현주가 매년 수행할 회계처리를 보이시오.

구분	20×1년 말	20×2년 말	20×3년 5월 1일
B/S에 계상될 FVOCI금융자산			
B/S에 계상될 FVOCI금융자산평가손익			
I/S의 당기손익에 미치는 영향			
I/S의 기타포괄손익에 미치는 영향			
I/S의 총포괄손익에 미치는 영향			

2 만약, ㈜현주가 동 지분상품을 FVPL로 분류하였을 경우, ㈜현주가 각 회계연도의 재무제표에 인식할 다음의 금액들을 각각 계산하고 동 거래로 ㈜현주가 매년 수행할 회계처리를 보이시오.

구분	20×1년 말	20×2년 말	20×3년 5월 1일
B/S에 계상될 FVPL금융자산			
I/S의 당기손익에 미치는 영향			
I/S의 기타포괄손익에 미치는 영향			
I/S의 총포괄손익에 미치는 영향			

풀이

1

구분	20×1년 말	20×2년 말	20×3년 5월 1일
B/S에 계상될 FVOCI금융자산	1,200	900	-
B/S에 계상될 FVOCI금융자산평가손익	200	(-)100	-
I/S의 당기손익에 미치는 영향	-	-	-
I/S의 기타포괄손익에 미치는 영향	200	(-)300	400
I/S의 총포괄손익에 미치는 영향	200	(-)300	400

1. 분석

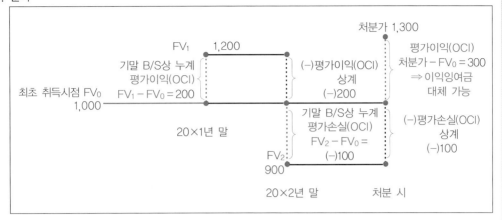

2. 20×1년 F/S 및 회계처리

[20×1년 말 회계처리]

차) FVOCI금융자산	200	대) FVOCI금융자산평가이익	200

3. 20×2년 F/S 및 회계처리

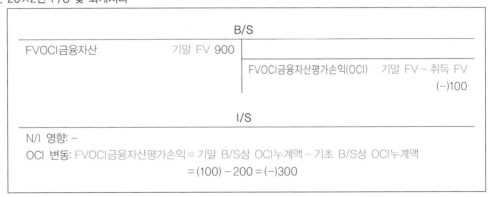

[20×2년 말 회계처리]

차) FVOCI금융자산평가이익(OCI)	200	대) FVOCI금융자산	300
FVOCI금융자산평가손실(OCI)	100		

4. 20×3년 5월 1일 회계처리

차) 현금	1,300	대) FVOCI금융자산	900
		FVOCI금융자산평가손실(OCI)	100
		FVOCI금융자산평가이익(OCI)	300
차) FVOCI금융자산평가이익(OCI)	300	대) 미처분이익잉여금	300

2

구분	20×1년 말	20×2년 말	20×3년 5월 1일
B/S에 계상될 FVPL금융자산	1,200	900	–
I/S의 당기손익에 미치는 영향	200	(–)300	400
I/S의 기타포괄손익에 미치는 영향	–	–	–
I/S의 총포괄손익에 미치는 영향	200	(–)300	400

1. 분석

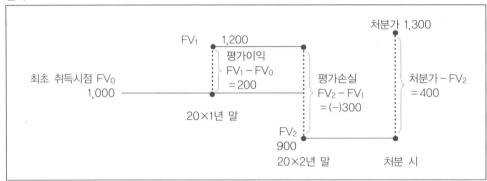

2. 20×1년 F/S 및 회계처리

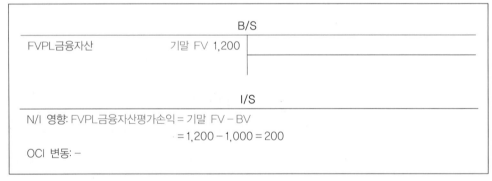

B/S

FVPL금융자산	기말 FV 1,200	

I/S

N/I 영향: FVPL금융자산평가손익 = 기말 FV – BV
= 1,200 – 1,000 = 200

OCI 변동: –

[20×1년 말 회계처리]

차) FVPL금융자산	200	대) FVPL금융자산평가이익	200

3. 20×2년 F/S 및 회계처리

	B/S
FVPL금융자산	기말 FV 900

I/S

N/I 영향: FVPL금융자산평가손익 = 기말 FV − BV
$$= 900 - 1,200 = (-)300$$

OCI 변동: −

[20×2년 말 회계처리]

차) FVPL금융자산평가손실	300	대) FVPL금융자산	300

4. 20×3년 5월 1일 회계처리

차) 현금	1,300	대) FVPL금융자산	900
		FVPL금융자산처분이익	400

Self Study 지분상품의 분류별 손익비교

구분	FVPL금융자산(지분상품)	FVOCI금융자산(지분상품)
당기손익에 영향		
(1) 평가손익	FV − BV	−
(2) 처분손익	처분금액 − BV	−
기타포괄손익에 영향		
(1) 평가손익	−	FV − BV
(2) 처분 시 평가손익	−	처분금액 − BV

⇒ 지분상품의 경우 FVPL금융자산과 FVOCI금융자산의 총포괄손익에 미치는 영향은 동일하다.

3 투자채무상품

I 투자채무상품의 분류 및 특성

투자목적으로 취득한 채무상품은 계약상 현금흐름이 원금과 이자로만 구성되어 있으며, 원리금을 수취할 목적으로만 채무상품을 취득하는 경우에는 AC금융자산으로 분류한다. 만약, 계약상 현금흐름이 원금과 이자로만 구성되어 있으며, 원리금을 수취하면서 동시에 해당 채무상품을 매도할 목적으로 취득하는 경우에는 FVOCI금융자산으로 분류한다. 이를 제외한 채무상품의 취득은 모두 FVPL금융자산으로 분류한다. 금융자산을 FVPL금융자산으로 지정하여 서로 다른 기준에 따라 자산이나 부채를 측정하거나 그에 따른 손익을 인식하는 경우에 측정이나 인식의 불일치를 제거하거나 유의적으로 줄이는 경우에는 최초 인식시점에 해당 금융자산을 FVPL금융자산으로 지정할 수 있다. 다만, 한번 지정하면 이를 취소할 수 없다. 한편, FVPL은 손상차손 인식 대상이 아니며, AC금융자산과 FVOCI금융자산은 손상차손을 인식한다.

[투자채무상품의 분류 및 특성]

구분	AC금융자산	FVOCI금융자산	FVPL금융자산
사업모형	계약상 CF수취	계약상 CF수취 + 매도	기타의 목적
최초 인식 시 측정	취득시점의 FV	취득시점의 FV	취득시점의 FV
취득에 직접 관련된 거래원가	최초 인식하는 FV에 가산	최초 인식하는 FV에 가산	당기비용처리
후속측정 – 상각	상각 ○ – 유효이자율법	상각 ○ – 유효이자율법	상각 × – 액면이자율법
후속측정 – FV평가	FV측정 ×	FV측정, 평가손익 OCI처리	FV측정, 평가손익 N/I처리
재분류	허용	허용	허용
처분손익	인식 ○	인식 ○(재분류조정 ○)	인식 ○
손상	인식 ○	인식 ○	인식 ×
N/I 영향	=		≠
OCI 영향	≠		
총포괄손익 영향	≠		=

* 채무상품 중 서로 다른 기준에 따라 자산이나 부채를 측정하거나 그에 따른 손익을 인식하는 경우에 발생하는 측정이나 인식의 불일치(회계불일치)를 제거하거나 유의적으로 줄이기 위한 경우, 금융자산의 최초 인식시점에 AC금융자산이나 FVOCI금융자산으로 분류될 채무상품을 FVPL금융자산으로 분류할 수 있다. 다만, 이러한 선택은 이후에 취소할 수 없다.

01 최초 인식

(1) 최초 측정

FVPL금융자산(채무상품)은 금융상품의 계약당사자가 되는 때에 재무상태표에 인식하며, 최초 인식시점의 공정가치로 측정한다. 취득에 직접 관련된 거래원가(중개수수료 등)는 당기비용처리한다.

> **Additional Comment**
>
> FVPL금융자산의 취득과 직접 관련된 거래원가를 당기비용으로 처리하는 이유는 최초원가에 가산하는 경우와 당기손익에 미친 영향이 동일하기 때문이다. 그러나 AC금융자산이나 FVOCI금융자산은 거래원가의 처리방법에 따라 당기손익이 달라지기 때문에 거래원가를 최초원가에 가산한다.

02 보유에 따른 손익

(1) 이자수익

채무상품 보유기간 중에 수령하는 표시이자는 투자회사의 보유기간에 해당하는 금액만 이자수익으로 인식한다.

> **기말 이자수익 인식**
>
> | 차) 미수이자 | ×× | 대) 이자수익(N/I) | 액면금액 × 액면 R × 보유기간/12 |
> |---|---|---|---|

> **Self Study**
>
> 채무상품의 보유기간 중 발생하는 이자수익은 유효이자율법에 의하여 인식하는 것이 원칙이지만 FVPL(채무상품)의 경우 중요성 측면에서 유효이자가 아닌 표시이자만을 이자수익으로 인식할 수 있다.

03 기말 평가 및 처분

(1) 기말 평가

FVPL금융자산(채무상품)은 보고기간 말의 공정가치로 평가하고 장부금액과의 차액은 금융자산평가손익으로 하여 당기손익으로 처리한다.

> **공정가치 > 장부금액**
>
> 차) FVPL금융자산 　　　　　　기말 FV - BV 　　　대) FVPL금융자산평가이익 　　　　　N/I
>
> * 직전 이자지급일부터 보고기간 말까지의 경과이자를 제외한 공정가치와 장부금액

> **공정가치 < 장부금액**
>
> 차) FVPL금융자산평가손실 　　　　　N/I 　　　대) FVPL금융자산 　　　　BV - 기말 FV
>
> * 직전 이자지급일부터 보고기간 말까지의 경과이자를 제외한 공정가치와 장부금액

> **기말 B/S와 당기 I/S**
>
> | B/S | | |
> | --- | --- | --- |
> | FVPL금융자산 | 기말 FV | |
>
> | I/S | | |
> | --- | --- | --- |
>
> N/I 영향: 이자수익 = 액면금액 × 액면 R × 보유기간/12
> 　　　　　평가손익 = 기말 FV(미수이자 제외) - BV(미수이자 제외)
> OCI 변동: -

(2) 처분

FVPL금융자산(채무상품)을 처분하는 경우 처분금액과 장부금액과의 차액은 금융자산처분손익으로 하여 당기손익으로 인식한다.

Self Study

1. 평가손익 계상 시 기말 공정가치에 미수이자가 포함되어 있다면 장부가액도 미수이자를 포함하여 평가손익을 계상하든지, 기말 공정가치에서 미수이자를 제외하고 평가손익을 계상한다.
2. 당기손익인식금융자산은 유효이자율법 적용의 실익이 없기 때문에 액면이자로 이자수익을 인식한다.

01 최초 인식

(1) 최초 측정

AC금융자산(채무상품)은 금융상품의 계약당사자가 되는 때에 재무상태표에 인식하며, 최초 인식시점의 공정가치로 측정한다. 취득에 직접 관련된 거래원가(중개수수료 등)는 최초 인식하는 공정가치에 가산한다.

차) AC금융자산	최초 인식시점 채무상품 FV	대) 현금	××

02 보유에 따른 손익

(1) 이자수익

채무상품은 계약상 현금흐름인 원리금을 수취하는 상품으로 이자수익을 인식하여야 하는데, 이자수익은 유효이자율법으로 계산한다. 유효이자율법으로 계산하는 이자수익은 신용이 손상되지 않은 경우 금융자산의 총장부금액에 유효이자율을 적용하여 계산한다.

기말 이자수익 인식 – 기초 취득

차) 현금	액면이자	대) 이자수익(N/I)	기초 총장부금액 × 유효 R
AC금융자산	대차차액		

기말 이자수익 인식 – 이자지급일 사이에 취득

차) 현금	액면이자	대) 이자수익(N/I) 총장부금액 ① × 유효 R × 보유기간/12
AC금융자산	대차차액	미수이자 ③

B/S

AC금융자산	총장부금액 ① × (1 + R) – 액면이자 = PV(잔여 CF) by 취득 시 R	

I/S

N/I 영향: 이자수익 = 기초 총장부금액 ① × 유효 R × 보유기간/12
OCI 변동: –

1. 유효이자율: 금융자산이나 금융부채의 기대존속기간에 추정 미래현금지급액이나 수취액의 현재가치를 금융자산의 총장부금액이나 금융부채의 상각후원가와 정확히 일치시키는 이자율
2. 유효이자율법: 금융자산이나 금융부채의 상각후원가를 계산하고 관련 기간에 이자수익이나 이자비용을 당기손익으로 인식하고 배분하는 방법
3. 총장부금액과 상각후원가의 구분
   ① 총장부금액: 금융자산의 손실충당금을 차감하기 전의 상각후원가 ⇒ PV(계약상 현금흐름) by 유효 R
   ② 상각후원가: 총장부금액 − 손실충당금

03 기말 평가 및 처분

(1) 기말 평가

AC금융자산(채무상품)은 계약상 현금흐름을 수취하기 위해 보유하는 것이 목적인 사업모형하에서 보유하는 금융자산이므로 보고기간 말의 공정가치로 측정하지 않는다.

(2) 처분

AC금융자산은 만기일 이전에 처분하는 경우 처분금액과 총장부금액(기대신용손실모형 적용하지 않는 경우)의 차액을 금융자산처분손익으로 하여 당기손익으로 인식한다.

기말 처분

차) 현금	처분금액	대) AC금융자산 총장부금액
		=PV(계약상 잔여 CF) by 유효 R
		금융자산처분손익 대차차액

만약 문제에서 AC금융자산의 전체를 처분하고 이로 인한 당기손익에 미치는 영향을 묻는다면, 아래와 같이 쉽게 계산할 수 있다.
⇒ N/I에 미치는 영향: 자산의 변동 = 처분 시 처분금액 − 기초 AC금융자산

12월 말 결산법인인 ㈜현주는 20×1년 초에 액면금액 ₩100,000의 A사 사채를 ₩84,150에 취득하고 AC금융자산으로 분류하였다. A사 사채의 만기일은 20×4년 말로 취득일의 유효이자율은 10%이고 표시이자율은 5%이다. 이자지급일은 매년 12월 31일이다. 관련 현가계수는 다음과 같다. 4년, 10% 현가계수: 0.68301, 연금현가계수: 3.16987
각 물음은 상호 독립적이다.

20×1년 ~ 20×2년 말까지 동 금융자산과 관련한 F/S 효과와 회계처리를 보이시오.

[풀이]

1. 20×1년 F/S 효과 및 회계처리

B/S

AC금융자산	총장부금액 ① × (1 + 유효 R) − 액면이자
	84,150 × 1.1 − 5,000 = 87,565

I/S

N/I 영향: 이자수익 = 기초 총장부금액 × 유효 R × 보유기간/12
= 84,150 × 10% = 8,415

OCI 변동: −

[20×1년 초]

차) AC금융자산	84,150	대) 현금	84,150

[20×1년 말]

차) 현금	5,000	대) 이자수익	8,415
AC금융자산	3,415		

2. 20×2년 F/S 효과 및 회계처리

B/S

AC금융자산	총장부금액 ① × (1 + 유효 R) − 액면이자
	87,565 × 1.1 − 5,000 = 91,322

I/S

N/I 영향: 이자수익 = 기초 총장부금액 × 유효 R × 보유기간/12
= 87,565 × 10% = 8,757

OCI 변동: −

[20×2년 말]

차) 현금	5,000	대) 이자수익	8,757
AC금융자산	3,757		

Ⅳ FVOCI금융자산(채무상품)의 분류 및 측정

01 최초 인식

(1) 최초 취득측정

FVOCI금융자산(채무상품)은 금융상품의 계약당사자가 되는 때에 재무상태표에 인식하며, 최초 인식시점의 공정가치로 측정한다. 취득에 직접 관련된 거래원가(중개수수료 등)는 최초 인식하는 공정가치에 가산한다.

| 차) FVOCI금융자산 | 최초 인식시점 채무상품 FV | 대) 현금 | ×× |
| 차) FVOCI금융자산 | 거래원가 | 대) 현금 | 거래원가 |

02 보유에 따른 손익

(1) 이자수익

채무상품은 계약상 현금흐름인 원리금을 수취하는 상품으로 이자수익을 인식하여야 하는데, 이자수익은 유효이자율법으로 계산한다. 유효이자율법으로 계산하는 이자수익은 신용이 손상되지 않은 경우 금융자산의 총장부금액에 유효이자율을 적용하여 계산한다.

| 차) 현금 | 액면이자 | 대) 이자수익(N/I) | 기초 총장부금액 × 유효 R |
| FVOCI금융자산 | 대차차액 | | |

Self Study

1. FVOCI금융자산의 경우 유효이자율법에 따라 이자수익을 먼저 인식한 후에 평가손익을 인식한다.
2. FVOCI금융자산으로 분류되는 채무상품의 이자수익 인식 시 기준이 되는 금액은 공정가치 평가를 반영한 장부금액이 아니라 총장부금액이다.

03 기말 평가 및 처분

(1) 기말 평가

FVOCI금융자산(채무상품)은 보고기간 말의 공정가치로 측정하여 재무상태표에 보고한다. FVOCI금융자산의 공정가치와 총장부금액의 차액은 금융자산평가손익으로 하여 기타포괄손익으로 보고한다. 기타포괄손익으로 인식한 금융자산평가손익의 누계액은 재무상태표의 자본항목으로 표시하고, 해당 금융자산을 제거할 때 재분류조정으로 자본에서 당기손익으로 재분류한다.

평가이익이 발생한 경우

차) FVOCI금융자산	기말 FV − BV	대) FVOCI금융자산평가이익	OCI

* 기초에 평가손실이 있는 경우 평가손실 우선 상계

평가손실이 발생한 경우

차) FVOCI금융자산평가손실	OCI	대) FVOCI금융자산	BV − 기말 FV

* 기초에 평가이익이 있는 경우 평가이익 우선 상계

기말 B/S

B/S

FVOCI금융자산	기말 FV		
		FVOCI금융자산평가손익	기말 FV − 기말 총장부금액

* 기말 총장부금액 = 기말 FV − B/S상 OCI누계액

I/S

N/I 영향: 이자수익 = 기초 총장부금액[= PV(잔여 CF) by 유효 R] × 유효 R

OCI 변동: 기말 B/S상 OCI누계액 − 기초 B/S상 OCI누계액

(2) 처분

FVOCI금융자산(채무상품)은 만기일 이전에 처분하는 경우 처분금액과 총장부금액의 차액은 금융자산처분손익으로 하여 당기손익에 반영한다. 이때 공정가치 평가로 인하여 자본항목으로 인식된 금융자산평가손익 누계액은 당해 채무상품을 처분하는 시점에 금융자산처분손익(N/I)으로 재분류한다. FVOCI금융자산(채무상품)을 처분하는 경우에는 처분금액으로 평가를 먼저 하여 금융자산평가손익을 인식하고, 추후에 처분에 관한 회계처리를 한다. 이때 인식한 금융자산평가손익은 기타포괄손익으로 인식하여 자본항목으로 처리한 후 재분류조정을 통하여 당기손익으로 대체한다.

1) 1단계 – 평가

차) FVOCI금융자산	처분금액 – BV	대) FVOCI금융자산평가손익	처분금액 – BV

2) 2단계 – 처분

차) 현금	처분금액	대) FVOCI금융자산	처분금액

3) 3단계 – 재분류조정

차) FVOCI금융자산평가손익	처분금액 – 총장부금액	대) 금융자산처분이익	N/I

Self Study

1. 지분상품의 경우에는 평가손익 누계액을 당기손익으로 재분류하지 않는다.
2. FVOCI처분손익(기대손실모형 적용 ×): 처분금액 – 처분시점 총장부금액

Additional Comment

채무상품의 경우 AC금융자산과 FVOCI금융자산 중 어느 것으로 분류하든 당기순이익에 미치는 영향은 동일해야 한다는 데 근거하여 기타포괄손익을 후속적으로 당기순이익에 재분류하도록 허용하고 있다.

12월 말 결산법인인 ㈜현주는 20×1년 초에 액면금액 ₩100,000의 A사 사채를 ₩84,150에 취득하고 FVOCI금융자산으로 분류하였다. A사 사채의 만기일은 20×4년 말로 취득일의 유효이자율은 10%이고 표시이자율은 5%이다. 이자지급일은 매년 12월 31일이다.

(1) A사 사채의 공정가치는 20×1년 말에 ₩95,000, 20×2년 말에 ₩90,000이다.
(2) 관련 현가계수는 다음과 같다. 4년, 10% 현가계수: 0.68301, 연금현가계수: 3.16987

각 물음은 상호 독립적이다.

20×1년 ~ 20×2년 말까지 동 금융자산과 관련한 F/S 효과와 회계처리를 보이시오.

[풀이]

1. 20×1년 F/S 효과 및 회계처리

B/S

FVOCI금융자산	기말 FV 95,000		
		금융자산평가이익	기말 FV − 총장부금액
			$95,000 − (84,150 × 1.1 − 5,000) = 7,435$

I/S

N/I 영향: 이자수익 = 기초 총장부금액 × 유효 R × 보유기간/12
$= 84,150 × 10\% = 8,415$
OCI 변동: 금융자산평가이익(FV평가) = 기말 B/S상 OCI − 기초 B/S상 OCI
$= 7,435 − 0 = 7,435$

[20×1년 초]

차) FVOCI금융자산	84,150	대) 현금	84,150

[20×1년 말]

차) 현금	5,000	대) 이자수익	8,415
FVOCI금융자산	3,415		
차) FVOCI금융자산	7,435	대) 금융자산평가이익(OCI)	7,435

2. 20×2년 F/S 효과 및 회계처리

B/S

FVOCI금융자산	기말 FV 90,000		
		금융자산평가이익	기말 FV − 총장부금액
			$90,000 - (87,565 \times 1.1 - 5,000) = (-)1,322$

I/S

N/I 영향: 이자수익 = 기초 총장부금액 × 유효 R × 보유기간/12
  = $87,565 \times 10\% = 8,757$

OCI 변동: 금융자산평가이익(FV평가) = 기말 B/S상 OCI − 기초 B/S상 OCI
  = $(1,322) - 7,435 = (-)8,757$

[20×2년 말]

차) 현금	5,000	대) 이자수익	8,757
FVOCI금융자산	3,757		
차) 금융자산평가이익(OCI)	7,435	대) FVOCI금융자산	8,757
금융자산평가손실(OCI)	1,322		

㈜대한은 ㈜민국이 20×1년 1월 1일에 발행한 액면금액 ₩100,000(만기 3년(일시상환), 표시이자율 연 10%, 매년 말 이자지급)의 사채를 동 일자에 ₩95,198(유효이자율 연 12%)을 지급하고 취득하였다. 동 금융자산의 20×1년 말과 20×2년 말의 이자수령 후 공정가치는 각각 ₩93,417과 ₩99,099이며, ㈜대한은 20×3년 초 ₩99,099에 동 금융자산을 처분하였다. 동 금융자산과 관련한 다음의 설명 중 옳지 않은 것은? (단, 필요 시 소수점 첫째 자리에서 반올림한다)

[공인회계사 2021년]

① 금융자산을 상각후원가로 측정하는 금융자산(AC 금융자산)으로 분류한 경우에 기타포괄손익 -공정가치로 측정하는 금융자산(FVOCI 금융자산)으로 분류한 경우보다 ㈜대한의 20×1년 말 자본총액은 더 크게 계상된다.

② 금융자산을 상각후원가로 측정하는 금융자산(AC 금융자산)으로 분류한 경우 ㈜대한이 금융자산과 관련하여 20×1년의 이자수익으로 인식할 금액은 ₩11,424이다.

③ 금융자산을 상각후원가로 측정하는 금융자산(AC 금융자산)으로 분류한 경우와 기타포괄손익 -공정가치로 측정하는 금융자산(FVOCI 금융자산)으로 분류한 경우를 비교하였을 때, 금융자산이 ㈜대한의 20×2년 당기손익에 미치는 영향은 차이가 없다.

④ 금융자산을 기타포괄손익-공정가치로 측정하는 금융자산(FVOCI 금융자산)으로 분류한 경우 금융자산과 관련한 ㈜대한의 20×2년 말 재무상태표상 기타포괄손익누계액은 ₩882이다.

⑤ 금융자산을 상각후원가로 측정하는 금융자산(AC 금융자산)으로 분류한 경우에 기타포괄손익 -공정가치로 측정하는 금융자산(FVOCI 금융자산)으로 분류한 경우보다 ㈜대한이 20×3년 초 금융자산 처분 시 처분이익을 많이 인식한다.

풀이

① 20×1년 말에 공정가치가 상각후원가보다 작으므로 FVOCI 금융자산의 자본총액보다 AC 금융자산의 자본총액이 크다.
② 20×1년 이자수익: 95,198 × 12% = 11,424
③ AC 금융자산과 FVOCI 금융자산은 유효이자율법과 기대손실모형을 적용하므로 당기손익에 미치는 영향은 같다.
④ 20×2년 말 재무상태표상 OCI누계액: 99,099 - 110,000/1.12 = 884(단수차이)
⑤ AC 금융자산과 FVOCI 금융자산은 유효이자율법과 기대손실모형을 적용하므로 처분손익은 동일하다.

정답: ⑤

01 기대손실모형

금융자산은 AC금융자산과 FVOCI금융자산(FVOCI금융자산 – 지분상품은 제외)의 경우에만 손상차손을 인식한다. 기업회계기준서 제1109호 '금융상품'에서는 신용이 손상되지 않은 경우에도 기대신용손실을 추정하여 인식하는데, 이러한 모형을 기대손실모형이라고 한다.

Additional Comment

손상은 자산의 가치훼손을 말한다. 한국채택국제회계기준서 제1109호가 적용되기 이전의 금융자산 손상 회계는 가치가 이미 훼손되어 손실이 발생한 경우 해당 손실을 인식하는 발생손실모형에 근거하였다. 여기에는 손실을 적시에 보고하지 못하므로 신용위험 관련 정보를 조기에 알려주지 못하는 단점이 있다. 반면, 한국채택국제회계기준서 제1109호에서 규정한 손상 회계는 미래 가치훼손이 기대될 때 손실을 측정하여 인식하는 기대신용손실모형(ECL)에 근거하므로 회계정보를 통해 신용위험을 적시에 보고할 수 있다.

Self Study

1. 지분상품은 계약상 현금흐름 특성이 없으므로 손상을 인식하지 않는다.
2. 신용위험은 채무증권발행자가 '계약상 현금흐름의 지급을 계약조건에 따라 적정하게 이행하지 못할 위험'으로 정의한 것이다.

(1) 신용손실과 기대손실

1) 신용손실

신용손실은 계약에 따라 지급받기로 한 모든 계약상 현금흐름과 수취할 것으로 예상하는 모든 계약상 현금흐름의 차이(모든 현금 부족액)를 최초 유효이자율(또는 취득 시 신용이 손상되어 있는 금융자산은 신용조정 유효이자율)로 할인한 금액을 말한다.

> 신용손실 = PV(① = 계약상 현금흐름 – 수취할 것으로 예상되는 현금흐름) by R(②)
> ① 모든 현금 부족액
> ② 최초의 유효이자율(취득 시 손상되어 있는 금융자산은 신용조정 유효이자율 사용)

2) 기대신용손실

기대신용손실은 개별 채무불이행 발생 위험으로 가중평균한 신용손실을 말한다. 기대신용손실은 다음 사항을 반영하여 측정한다.

> ① 확률: 일정 범위의 발생 가능한 결과를 평가하여 산정한 금액으로서 편의가 없고 확률로 가중한 금액
> ② 현재가치: 화폐의 시간가치
> ③ 예측정보: 보고기간 말에 과거사건, 현재 상황과 미래 경제적 상황의 예측에 대한 정보로서 합리적이고 뒷받침될 수 있으며 과도한 원가나 노력 없이 이용할 수 있는 정보

(2) 유효이자율과 신용조정 유효이자율

1) 유효이자율

유효이자율은 금융자산의 추정 미래현금 수취액의 현재가치를 금융자산의 총장부금액과 정확히 일치시키는 이자율을 말한다. 유효이자율을 계산할 때 해당 금융상품의 모든 계약조건을 고려하여 기대현금흐름을 추정하지만 기대신용손실은 고려하지 아니한다.

한국채택국제회계기준 제1119호 '금융상품'에서는 금융자산의 총장부금액과 상각후원가를 각각 아래와 같이 정의하고 있다.

---

① 금융자산의 총장부금액: 손실충당금을 조정하기 전 금융자산의 상각후원가

② 금융자산의 상각후원가: 최초 인식시점에 측정한 금융자산에서 상환된 원금을 차감하고, 최초 인식금액과 만기금액의 차액에 유효이자율법을 적용하여 계산한 상각누계액을 가감한 금액에서 손실충당금을 조정한 금액

---

2) 신용조정 유효이자율

기업은 취득 시 신용이 손상되어 있는 채무증권을 크게 할인된 가격으로 취득하는데, 그 이유는 이미 발생한 손상이 가격에 반영되어 있기 때문이다. 따라서 취득 시 신용이 손상되어 있는 채무증권의 취득시점 공정가치는 손상을 반영한 금액인 상각후원가이다.

일반채무증권은 그 취득시점에 계약에 따른 원리금 수취액의 현재가치를 총장부금액에 일치시키는 유효이자율에 따라 이자수익을 인식한다. 그런데 만일 이러한 기대신용손실모형 규정을 취득 시 신용이 손상되어 있는 채무증권에도 그대로 적용하면 이자수익이 과도하게 인식된다. 계약상 원리금은 그대로인데 취득시점 공정가치가 손상을 반영하여 크게 할인되어 있으므로 유효이자율이 지나치게 높게 산정되기 때문이다.

이를 방지하기 위해 신용조정 유효이자율을 산정하도록 규정하고 있다. 이는 조정된 미래현금흐름(계약에 따른 원리금을 이미 발생한 신용손실을 고려하여 감액시킨 현금흐름)의 현재가치를 상각후원가(즉, 취득 시 신용이 손상되어 있는 채무증권의 취득시점 공정가치)와 일치시켜 주는 이자율이다. 그리고 최초 인식시점부터의 이자수익은 신용조정 유효이자율을 상각후원가에 적용하여 인식한다.

[유효이자율과 총장부금액, 상각후원가의 구조]

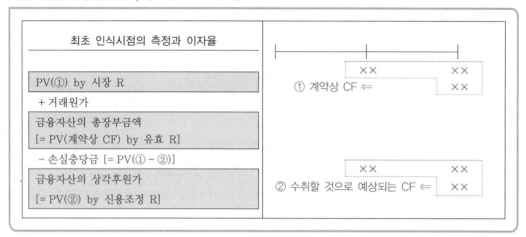

02 일반적 접근법

(1) 신용이 손상되지 않은 경우

금융자산은 신용이 손상되지는 않았지만 신용위험이 발생한 금융자산과 신용이 손상된 금융자산으로 구분하여 기대신용손실을 추정하고 이를 손실충당금으로 인식하도록 규정하고 있다.

손실충당금은 매 보고기간 말에 신용위험의 유의적인 증가 여부에 따라 다음과 같이 측정하고 손실충당금을 조정하기 위한 기대신용손실·환입은 손상차손·환입으로 당기손익에 인식한다. 다만, 취득 시 신용이 손상되어 있는 금융자산은 전체기간 기대신용손실의 누적변동분만을 손실충당금으로 인식한다.

1) 신용위험이 유의적으로 증가하지 않은 경우

보고기간 말에 12개월 기대신용손실에 해당하는 금액으로 손실충당금을 측정하고, 이를 손상차손으로 당기손익 인식한다. 여기서 12개월 기대신용손실은 전체기간 신용손실에 보고기간 말 후 12개월 이내의 채무불이행 발생확률을 적용하여 계산한 금액이다.

2) 신용위험이 유의적으로 증가한 경우

최초 인식 후에 전체기간 기대신용손실에 해당하는 금액으로 손실충당금을 측정하고, 이를 손상차손으로 당기손익 인식한다. 여기서 전체기간 기대신용손실은 전체기간 신용손실에 보고기간 말 후 전체기간의 채무불이행 발생확률을 적용하여 계산한 금액이다.

[기대신용손실의 인식]

구분		내용
신용이 손상되지 않은 경우	신용위험 유의적으로 증가 ×	• 12개월 기대신용손실을 손실충당금으로 인식 • 전체기간 신용손실 추정액 × 12개월 이내 채무불이행 발생확률
	신용위험 유의적으로 증가 ○	• 전체기간 기대신용손실을 손실충당금으로 인식[1] • 전체기간 신용손실 추정액 × 전체기간 채무불이행 발생확률
신용이 손상된 경우		전체기간 기대신용손실을 손실충당금으로 인식
취득 시 신용이 손상된 경우		전체기간 기대신용손실을 손실충당금으로 인식

[1] 연체일수가 30일 초과하는 경우 신용위험이 유의적으로 증가한 것으로 간주함(반증 가능)

(2) 신용이 손상된 경우

금융자산이 후속적으로 신용이 손상된 경우에는 전체기간 기대신용손실을 손상차손으로 인식한다. 금융자산의 추정미래현금흐름에 악영향을 미치는 하나 이상의 사건이 생긴 경우에 해당 금융자산의 신용이 손상된 것이다. 금융자산의 신용이 손상된 증거는 다음의 사건에 대한 관측 가능한 정보를 포함한다.

03 AC금융자산의 손상

(1) 의의

신용이 손상된 경우에는 상각후원가(= 총장부금액 – 손실충당금)에 유효이자율을 적용하여 이자수익을 계산한다. 신용손상의 시기에 따라 이자수익은 다음과 같이 계산한다.

① 취득 시 신용이 손상되어 있는 경우 이자수익: 최초 인식시점 상각후원가 × 신용조정 유효이자율
② 후속적으로 신용이 손상된 경우 이자수익: 후속 보고기간 상각후원가 × 유효이자율
③ 신용이 손상되지 않은 경우 이자수익: 후속 보고기간 총장부금액 × 유효이자율

(2) 신용이 손상되지 않은 경우 기말 평가

AC금융자산은 신용이 손상되지 않은 경우에도 기대신용손실을 측정하여 손실충당금을 인식하는 기대손실모형을 적용한다. 손실충당금으로 인식할 금액은 신용위험이 유의적으로 증가하였는지 여부에 따라 아래와 같이 회계처리한다.

신용위험이 유의적으로 증가하지 않은 경우

차) 금융자산손상차손	N/I	대) 손실충당금	12개월 기대신용손실 적용

신용위험이 유의적으로 증가한 경우

차) 금융자산손상차손	N/I	대) 손실충당금	전체기간 기대신용손실 적용

금융자산손상차손은 당기손익으로 처리하고 전기 이전에 인식한 손실충당금이 있는 경우에는 당기 말 손실충당금의 차액을 손상차손(환입)으로 인식한다.

최초 인식 후에 신용위험이 보고기간 말 현재 유의적으로 증가하였다면, 전체기간 기대신용손실로 손상을 측정하되, 실제로 신용은 아직 손상되지 않았다면 이자수익은 유효이자율을 총장부금액에 적용하여 인식한다.

기대손실모형 적용 – 신용이 손상되지 않은 경우

B/S

AC금융자산	총장부금액	
(−)손실충당금	(−)××	
	상각후원가	

I/S

N/I 영향: 이자수익 = 기초 총장부금액 × 유효 R × 보유기간/12
　　　　　손상차손 = 기말 B/S상 손실충당금 − 기초 B/S상 손실충당금
OCI 변동: −

Self Study

AC금융자산은 계약상 원리금의 회수만을 목적으로 하는 사업모형에서 보유하고 있는 금융자산으로 보고기간 말의 공정가치는 회수가능하지 않고 실제로 회수하는 금액과도 관련성이 없는 기회손익을 반영하는 것이므로 AC금융자산은 보고기간 말의 공정가치를 평가하지 않는다.

(3) 신용이 손상되지 않은 경우 처분

AC금융자산은 기대손실모형을 사용하여 손실충당금을 인식하여야 하므로 처분시점의 장부금액은 총장부금액에서 손실충당금을 차감한 금액이다.

차) 현금	처분금액	대) AC금융자산	총장부금액
손실충당금	BV	금융자산처분손익	대차차액

⇒ 금융자산처분손실: 처분금액 − (총장부금액 − 손실충당금)
　　　　　　　　: 처분금액 − [PV(잔여 CF) by 유효 R − 손실충당금]

12월 말 결산법인인 ㈜현주는 20×1년 초에 액면금액 ₩100,000의 A사 사채를 ₩84,150에 취득하고 AC금융자산으로 분류하였다. A사 사채의 만기일은 20×4년 말로 취득일의 유효이자율은 10%이고 표시이자율은 5%이다. 이자지급일은 매년 12월 31일이다.

> (1) 20×1년 말 액면이자는 정상적으로 수령하였으며, A사 사채의 신용위험은 유의적으로 증가하지 않았다고 판단하였다. ㈜현주는 12개월 기대신용손실을 ₩200으로 추정하였다.
>
> (2) 20×2년 말 액면이자는 정상적으로 수령하였으나, ㈜현주는 A사의 사채의 신용위험이 유의적으로 증가하였다고 판단하고 전체기간 기대신용손실을 ₩1,200으로 추정하였다.
>
> (3) 20×3년 말에 ㈜현주는 표시이자를 수령한 후 A사의 사채를 ₩97,000에 처분하였다.
>
> 관련 현가계수는 다음과 같다. 4년, 10% 현가계수: 0.68301, 연금현가계수: 3.16987

❶ 20×1년 ~ 20×2년 말까지 동 금융자산과 관련한 F/S 효과와 회계처리를 보이시오.

❷ 20×3년 말에 ㈜현주는 표시이자를 수령한 후 A사의 사채를 ₩97,000에 처분하였다. 동 거래가 ㈜현주의 당기손익에 미치는 영향을 구하고, 20×3년에 해야 할 회계처리를 하시오.

[풀이]
___

❶ 1. 20×1년 F/S 효과 및 회계처리

B/S

AC금융자산	총장부금액 ① × (1 + R) − 액면이자	
	84,150 × 1.1 − 5,000 = 87,565	
(−)손실충당금	(−)200	
	상각후원가 87,365	

I/S

N/I 영향: 이자수익 = 기초 총장부금액 × 유효 R × 보유기간/12
= 84,150 × 10% = 8,415
손상차손 = 기말 B/S상 손실충당금 − 기초 B/S상 손실충당금
= (200) − 0 = (−)200

OCI 변동: −

[20×1년 초]

차) AC금융자산	84,150	대) 현금	84,150

[20×1년 말]

차) 현금	5,000	대) 이자수익	8,415
AC금융자산	3,415		
차) 금융자산손상차손	200	대) 손실충당금	200

2. 20×2년 F/S 효과 및 회계처리

B/S

AC금융자산	총장부금액 ① × (1 + R) − 액면이자	
	87,565 × 1.1 − 5,000 = 91,322	
(−)손실충당금	(−)1,200	
	상각후원가 90,122	

I/S

N/I 영향: 이자수익 = 기초 총장부금액 × 유효 R × 보유기간/12
　　　　　　　　= 87,565 × 10% = 8,757
　　　　손상차손 = 기말 B/S상 손실충당금 − 기초 B/S상 손실충당금
　　　　　　　　= (1,200) − (200) = (−)1,000

OCI 변동: −

[20×2년 말]

차) 현금	5,000	대) 이자수익	8,757
AC금융자산	3,757		
차) 금융자산손상차손	1,000	대) 손실충당금	1,000

❷ 1. 처분손익 계산

금융자산처분손실: 처분금액 − (총장부금액 − 손실충당금)
　　　　　　　　= 처분금액 − [PV(잔여 CF) by 유효 R − 손실충당금]
　　　　　　　　= 97,000 − (105,000/1.1 − 1,200) = 2,746

2. 회계처리

차) 현금	액면이자 5,000	대) 이자수익	기초 총장부금액 × 유효 R 91,322 × 10% = 9,132
AC금융자산	대차차액 4,132		
차) 현금	처분금액 97,000	대) AC금융자산	105,000/1.1 = 95,454
손실충당금	BV 1,200	금융자산처분이익	대차차액 2,746

3. 20×3년 N/I 영향: (1) + (2) = 11,878

(1) 이자수익: 9,132
(2) 처분이익: 2,746

(4) 신용이 손상된 경우 – 손상 발생

AC금융자산의 신용이 손상된 경우에는 기대신용손실을 계산하여 손상차손을 인식하여야 한다. 보고 기간 말에 신용이 손상된 금융자산(취득 시 신용이 손상되어 있는 금융자산은 제외)의 기대신용손실은 해당 자산의 총장부금액과 추정미래현금흐름을 최초 유효이자율로 할인한 현재가치(= 회수가능액)의 차이로 측정한다.

신용이 손상된 경우 손상차손: (1) – (2) – (3)
(1) 총장부금액: PV(기존 CF) by 최초 유효 R
(2) 회수가능액: PV(추정 CF) by 최초 유효 R
(3) 손실충당금 BV: 신용이 손상되기 전에 인식한 기대신용손실 누계액

손상 회계를 수행한 후의 채무증권의 상각후원가는 "총장부금액에서 손실충당금을 차감한 금액"이다.

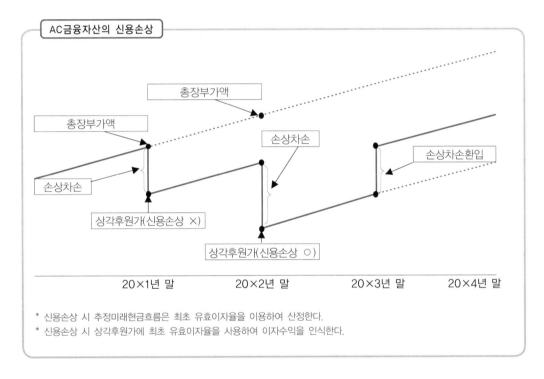

AC금융자산의 신용손상

* 신용손상 시 추정미래현금흐름은 최초 유효이자율을 이용하여 산정한다.
* 신용손상 시 상각후원가에 최초 유효이자율을 사용하여 이자수익을 인식한다.

신용손상 시 회계처리

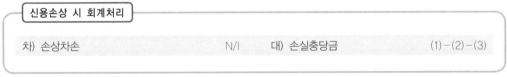

| 차) 손상차손 | N/I | 대) 손실충당금 | (1) – (2) – (3) |

B/S   **손상 전**

AC금융자산 총장부금액 × (1 + 최초 유효 R) − 액면이자

(−)손실충당금   (−)기대신용손실

손상 전 상각후원가

B/S   **손상 후**

AC금융자산 총장부금액 × (1 + 최초 유효 R) − 액면이자

(−)손실충당금   (−)역산

손상 후 상각후원가[1]

[1] 손상 후 상각후원가: PV(손상 후 CF) by 취득 시 유효 R

I/S

N/I 영향: 이자수익 = 기초 총장부금액 × 유효 R × 보유기간/12

손상차손 = 손상 후 상각후원가 − 손상 전 상각후원가

OCI 변동: −

보유기간 말 현재 신용이 이미 손상된 경우는 '최초 인식 후에 신용위험이 유의적으로 증가한' 경우의 부분집합이므로 전체기간 기대신용손실로 손상을 측정한다. 다만, 이자수익은 유효이자율을 상각후원가에 적용한다. 여기서 상각후원가란 총장부금액에서 손실충당금을 차감한 금액을 가리킨다. 따라서 어떤 금융자산을 보유하는 중에 실제로 신용이 손상되면 해당 증권의 후속기간 이자수익은 신용손상이 발생하지 않았을 경우에 비하여 적게 인식된다.

손상이 발생한 채무증권은 손상 발생을 확인한 다음 보고기간부터 전체기간 기대신용손실로 손실충당금을 인식하고, 최초 인식 시 사용한 유효이자율로 이자수익을 인식한다. 그러나 손상이 발생하였으므로, 총장부금액에서 손실충당금을 차감한 상각후원가에 유효이자율을 적용하여 이자수익을 인식하도록 함으로써, 투자액 중 손상된 부분으로부터의 이자수익의 인식을 허용하지 않는다.

(5) 신용이 손상된 경우 – 손상차손환입 발생

AC금융자산은 신용이 손상된 이후 회계기간에 기대신용손실이 감소한 경우에는 동 변동액을 금융자산 손상차손환입으로 인식하고 당기손익에 반영한다.

금융자산의 손상차손환입: (1) − (2)
(1) 환입 전 상각후원가: PV(추정 CF) by 최초 유효 R
(2) 환입 후 상각후원가: 상각후원가(신용손상 시 상각후원가에 최초 유효이자율을 이용한 유효이자율법 적용)

손상차손환입 시 회계처리

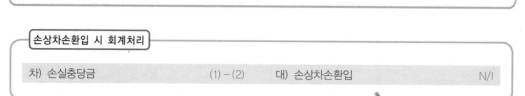

| 차) 손실충당금 | (1) − (2) | 대) 손상차손환입 | N/I |

손상차손환입 시 F/S 분석

	B/S	환입 전
AC금융자산	역산	
(−)손실충당금	(−)전기 말 BV	
	환입 전 상각후원가[1]	

[1] 환입 전 상각후원가: 기초 상각후원가 × (1 + 유효 R) − 현금수령액

	B/S	환입 후
AC금융자산	환입 전 BV	
(−)손실충당금	(−)역산	
	환입 후 상각후원가[2]	

[2] 환입 후 상각후원가: PV(환입 후 CF) by 취득 시 유효 R

I/S

N/I 영향: 이자수익 = 기초 상각후원가 × 유효 R × 보유기간/12

　　　　　손상차손환입 = 환입 후 상각후원가 − 환입 전 상각후원가

OCI 변동: −

사례연습 5: AC금융자산 − 신용이 손상된 경우

12월 말 결산법인인 ㈜현주는 20×1년 초에 액면금액 ₩100,000의 A사 사채를 ₩84,150에 취득하고 AC금융자산으로 분류하였다. A사 사채의 만기일은 20×4년 말로 취득일의 유효이자율은 10%이고 표시이자율은 5%이다. 이자지급일은 매년 12월 31일이다.

(1) 20×1년 말 액면이자는 정상적으로 수령하였으며, A사 사채의 신용위험은 유의적으로 증가하지 않았다고 판단하였다. ㈜현주는 12개월 기대신용손실을 ₩200으로 추정하였다.

(2) A사 사채는 20×2년 말 현재 신용손상이 발생하였으며, 추정미래현금흐름은 20×3년 말부터 액면이자는 매년 ₩1,000을 수취하고 20×4년 말에 액면금액 ₩50,000을 수취할 것으로 예상된다(단, 20×2년 말에 수령할 표시이자 ₩5,000은 정상적으로 수령하였다).

(3) A사 사채는 20×3년 중 신용손상이 회복되었으며, 추정미래현금흐름은 20×4년 말에 액면이자 ₩4,000과 액면금액 ₩80,000을 수취할 것으로 예상된다. 단, 20×3년 말에 수령할 것으로 예측한 표시이자 ₩1,000은 전액 수령하였다.

관련 현가계수는 다음과 같다.
4년, 10% 현가계수: 0.68301, 연금현가계수: 3.16987
2년, 10% 현가계수: 0.82645, 연금현가계수: 1.73554

1 20×1년 ~ 20×3년 말까지 동 금융자산과 관련한 F/S 효과와 회계처리를 보이시오.

2 20×4년에 ㈜현주가 인식할 동 금융자산의 이자수익은 얼마인가?

물이

1 1. 20×1년 F/S 효과 및 회계처리

B/S

AC금융자산	총장부금액 ① × (1 + R) − 액면이자		
	84,150 × 1.1 − 5,000 = 87,565		
(−)손실충당금	(−)200		
	상각후원가 87,365		

I/S

N/I 영향: 이자수익 = 기초 총장부금액 × 유효 R × 보유기간/12
     = 84,150 × 10% = 8,415

    손상차손 = 기말 B/S상 손실충당금 − 기초 B/S상 손실충당금
     = (200) − 0 = (−)200

OCI 변동: −

[20×1년 초]

차) AC금융자산	84,150	대) 현금	84,150

[20×1년 말]

차) 현금	5,000	대) 이자수익	8,415
AC금융자산	3,415		
차) 금융자산손상차손	200	대) 손실충당금	200

2. 20×2년 F/S 효과 및 회계처리

B/S(손상 전)

AC금융자산	총장부금액 ① × (1 + R) − 액면이자		
	87,565 × 1.1 − 5,000 = 91,322		
(−)손실충당금	(−)200		
	상각후원가 91,122		

B/S(손상 후)

AC금융자산	총장부금액 ① × (1 + R) − 액면이자		
	87,565 × 1.1 − 5,000 = 91,322		
(−)손실충당금	역산 (−)48,264		
	상각후원가 43,058[1]		

[1] 50,000 × 0.82645 + 1,000 × 1.73554 = 43,058

$$\text{I/S}$$

N/I 영향: 이자수익 = 기초 총장부금액 × 유효 R × 보유기간/12

$$= 87,565 × 10\% = 8,757$$

손상차손 = 기말 B/S상 손실충당금 − 기초 B/S상 손실충당금

$$= (48,264) − (200) = (−)48,064$$

OCI 변동: −

[20×2년 말]

차) 현금	5,000	대) 이자수익	8,757
AC금융자산	3,757		
차) 손상차손	48,064	대) 손실충당금	48,064

3. 20×3년 F/S 효과 및 회계처리

$$\text{B/S(환입 전)}$$

AC금융자산	역산 94,628	
(−)손실충당금	(−)48,264	
상각후원가	46,364[1]	

1) 43,058 × 1.1 − 1,000 = 46,364

$$\text{B/S(환입 후)}$$

AC금융자산	94,628	
(−)손실충당금	(−)18,264	
상각후원가	76,364[2]	

2) 84,000/1.1 = 76,364

$$\text{I/S}$$

N/I 영향: 이자수익 = 기초 상각후원가 × 유효 R × 보유기간/12

$$= 43,058 × 10\% = 4,306$$

손상차손환입 = 환입 후 상각후원가 − 환입 전 상각후원가

$$= 76,364 − 46,364 = 30,000$$

OCI 변동: −

[20×3년 말]

차) 현금	1,000	대) 이자수익	4,306
AC금융자산	3,306		
차) 손실충당금	30,000	대) 손상차손환입	30,000

❷ 20×4년 이자수익: 76,364 × 10% = 7,636

I 금융자산의 재분류

금융자산은 관리를 위한 사업모형이 변경하는 경우에만 영향받는 모든 금융자산을 재분류한다. 금융자산의 재분류는 사업모형을 변경하는 경우에만 가능하므로 사업모형이 없는 지분상품이나 파생상품은 재분류가 불가능하다.

금융자산을 재분류하는 경우 재분류일은 금융자산의 재분류를 초래하는 사업모형의 변경 후 첫 번째 보고기간의 첫 번째 날을 의미하며, 재분류는 재분류일부터 전진적으로 적용한다.

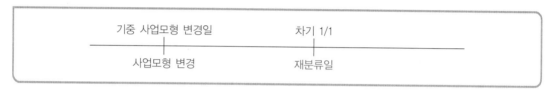

Self Study

1. 아래의 경우에는 사업모형의 변경이 아니다.
   ① 특정 금융자산과 관련된 의도의 변경(시장 상황이 유의적으로 변경되는 경우도 포함)
   ② 금융자산에 대한 특정 시장의 일시적 소멸
   ③ 기업 내 서로 다른 사업모형을 갖고 있는 부문 간 금융자산의 이전
2. 재분류 회계의 큰 특징은 첫째로 재분류일이 새로운 범주 자산의 최초 인식일이므로 공정가치로 측정한다는 것과 둘째로 재분류 전에 인식한 손익(손상차손·환입)이나 이자는 다시 작성하지 않는다는 것이다.

01 AC금융자산에서 다른 범주로의 재분류

(1) AC금융자산에서 FVPL금융자산으로의 변경

금융자산을 AC금융자산에서 FVPL금융자산으로 재분류하는 경우 재분류일의 공정가치로 측정한다. 재분류 전 상각후원가와 공정가치의 차이는 당기손익으로 인식한다.

[재분류일 회계처리]

| 차) FVPL금융자산 | 재분류일 FV | 대) AC금융자산 | 재분류일 총장부금액 |
| 손실충당금 | 재분류일 기대신용손실 | 재분류손익(N/I) | 대차차액 |

(2) AC금융자산에서 FVOCI금융자산으로의 변경

금융자산을 AC금융자산에서 FVOCI금융자산으로 재분류하는 경우 재분류일의 공정가치로 측정하고 금융자산의 재분류 전 상각후원가와 공정가치의 차이는 기타포괄손익으로 인식한다. 이 경우, 유효이자율이나 기대신용손실 측정치는 조정되지 않는다. 그러나 총장부금액에 대한 조정으로 인식된 손실충당금은 제거하는 대신에 재분류일 기대손실누계액을 기타포괄손익으로 인식한다.

[재분류일 회계처리]

차) FVOCI금융자산	재분류일 FV	대) AC금융자산	재분류일 총장부금액
		금융자산평가이익	재분류일 FV - 총장부금액
차) 손실충당금	재분류일 기대신용손실	대) 금융자산평가이익	××

02 FVOCI금융자산에서 다른 범주로의 재분류

(1) FVOCI금융자산에서 FVPL금융자산으로의 변경

금융자산을 FVOCI금융자산에서 FVPL금융자산으로 분류하는 경우 계속 공정가치로 측정한다. 그러므로 재분류일의 공정가치와 장부금액의 차이는 없다. 재분류일 현재 FVOCI금융자산의 공정가치평가로 인한 OCI누계액은 재분류일에 재분류조정으로 당기손익으로 재분류한다.

[재분류일 회계처리]

차) FVPL금융자산	재분류일 FV	대) FVOCI금융자산	재분류일 FV
금융자산평가이익	재분류일 B/S상 OCI	재분류손익(N/I)	대차차액

(2) FVOCI금융자산에서 AC금융자산으로의 변경

금융자산을 FVOCI금융자산에서 AC금융자산으로 재분류하는 경우 재분류일의 공정가치로 측정한다. 재분류 전에 인식한 OCI누계액은 자본에서 제거하고 재분류일의 금융자산 공정가치에서 조정한다. 한편, 유효이자율이나 기대신용손실 측정치는 조정하지 않는다. 그러나 기타포괄손익으로 조정한 손실충당금은 재분류일부터 금융자산의 총장부금액에 대한 조정으로 인식한다.

[재분류일 회계처리]

차) AC금융자산	재분류일 총장부금액	대) FVOCI금융자산	재분류일 FV
금융자산평가이익	재분류일 FV - 총장부금액		
차) 금융자산평가이익	재분류일 기대신용손실	대) 손실충당금	××

03 **FVPL금융자산에서 다른 범주로의 재분류**

(1) FVPL금융자산에서 AC금융자산으로의 변경

금융자산을 FVPL금융자산에서 AC금융자산으로 재분류하는 경우 재분류일의 공정가치가 새로운 총장부금액이 되며, 재분류일을 AC금융자산의 최초 인식일로 본다. 그러므로 유효이자율은 재분류일의 공정가치(= 새로운 총장부금액)와 추정미래현금흐름의 현재가치를 일치시키는 이자율로 재분류일의 현행 시장이자율과 동일하다.

재분류일 현재 재분류 직전 FVPL금융자산은 공정가치로 측정되어 있으므로 재분류금액인 공정가치와 장부금액은 차이가 없다.

[재분류일 회계처리]			
차) AC금융자산	재분류일 FV	대) FVPL금융자산	재분류일 FV
차) 손상차손	재분류일 기대신용손실	대) 손실충당금	××

(2) FVPL금융자산에서 FVOCI금융자산으로의 변경

금융자산을 FVPL금융자산에서 FVOCI금융자산으로 재분류하는 경우 계속 공정가치로 측정한다. 이 경우 재분류일의 공정가치가 새로운 총장부금액이 되며, 재분류일을 FVOCI금융자산의 최초 인식일로 본다. 그러므로 유효이자율은 재분류일의 공정가치(= 새로운 총장부금액)와 추정미래현금흐름의 현재가치를 일치시키는 이자율로 재분류일의 현행 시장이자율과 동일하다.

재분류일 현재 재분류 직전 FVPL금융자산은 공정가치로 측정되어 있으므로 재분류금액인 공정가치와 장부금액은 차이가 없다.

[재분류일 회계처리]			
차) FVOCI금융자산	재분류일 FV	대) FVPL금융자산	재분류일 FV
차) 손상차손	재분류일 기대신용손실	대) 금융자산평가이익	××

금융자산의 재분류 시 회계처리에 관한 설명으로 옳지 않은 것은? [세무사 2018년]

① 상각후원가측정금융자산을 당기손익 – 공정가치측정금융자산으로 재분류할 경우 재분류일의 공정가치로 측정하고, 재분류 전 상각후원가와 공정가치의 차이를 당기손익으로 인식한다.

② 상각후원가측정금융자산을 기타포괄손익 – 공정가치측정금융자산으로 재분류할 경우 재분류일의 공정가치로 측정하고, 재분류 전 상각후원가와 공정가치의 차이를 기타포괄손익으로 인식하며, 재분류에 따라 유효이자율과 기대신용손실 측정치는 조정하지 않는다.

③ 기타포괄손익 – 공정가치측정금융자산을 당기손익 – 공정가치측정금융자산으로 재분류할 경우 계속 공정가치로 측정하고, 재분류 전에 인식한 기타포괄손익누계액은 재분류일에 이익잉여금으로 대체한다.

④ 기타포괄손익 – 공정가치측정금융자산을 상각후원가측정금융자산으로 재분류할 경우 재분류일의 공정가치로 측정하고, 재분류 전에 인식한 기타포괄손익누계액은 자본에서 제거하고 재분류일의 금융자산의 공정가치에서 조정하며, 재분류에 따라 유효이자율과 기대신용손실 측정치는 조정하지 않는다.

⑤ 당기손익 – 공정가치측정금융자산을 기타포괄손익 – 공정가치측정금융자산으로 재분류할 경우 계속 공정가치로 측정하고, 재분류일의 공정가치에 기초하여 유효이자율로 다시 계산한다.

풀이

기타포괄손익 – 공정가치측정금융자산을 당기손익 – 공정가치측정금융자산으로 재분류할 경우 계속 공정가치로 측정하고, 재분류 전에 인식한 기타포괄손익누계액은 재분류일에 재분류조정으로 당기손익으로 재분류한다.

정답: ③

Chapter 12 | 객관식 문제

01 ㈜관세의 20×1년 당기손익-공정가치 측정 금융자산 관련 자료는 다음과 같다. 동 금융자산과 관련하여 ㈜관세가 20×1년 인식할 당기손익은? [관세사 2022년]

- 4월 1일: ㈜한국의 주식 50주를 거래원가 ₩1,500을 포함하여 ₩41,500에 취득
- 6월 9일: 4월 1일 취득한 주식 중 30주를 주당 ₩900에 처분(처분시 거래원가는 없음)
- 12월 31일: ㈜한국의 주당 공정가치는 ₩700임

① ₩1,000 손실   ② ₩500 손실   ③ ₩0
④ ₩1,000 이익   ⑤ ₩3,000 이익

02 금융상품에 관한 설명으로 옳지 않은 것은? [감정평가사 2022년]

① 금융자산의 정형화된 매입 또는 매도는 매매일이나 결제일에 인식하거나 제거한다.
② 당기손익-공정가치 측정 금융자산이 아닌 경우 해당 금융자산의 취득과 직접 관련되는 거래원가는 최초 인식시점의 공정가치에 가산한다.
③ 금융자산의 계약상 현금흐름이 재협상되거나 변경되었으나 그 금융자산이 제거되지 아니하는 경우에는 해당 금융자산의 총 장부금액을 재계산하고 변경손익을 당기손익으로 인식한다.
④ 금융자산 양도의 결과로 금융자산 전체를 제거하는 경우에는 금융자산의 장부금액과 수취한 대가의 차액을 당기손익으로 인식한다.
⑤ 최초 발생시점이나 매입할 때 신용이 손상되어 있는 상각후원가 측정 금융자산의 이자수익은 최초 인식시점부터 총 장부금액에 유효이자율을 적용하여 계산한다.

03 ㈜감평은 20×1년 초 ㈜한국이 3년 만기로 발행한 사채(발행일 20×1년 초, 액면금액 ₩100,000, 표시이자율 연 10%, 매년 말 이자 지급)를 발행일의 공정가치인 ₩105,151에 취득하였다. 동 사채의 취득목적은 원리금을 수취하면서 매도할 목적으로 ㈜감평은 동 사채를 기타포괄손익-공정가치측정 금융자산으로 분류하였다. 취득당시 금융자산에 적용된 유효이자율은 연 8%이다. 동 사채의 20×1년 말과 20×2년 말 공정가치는 각각 ₩100,000과 ₩95,000이다. ㈜감평이 20×3년 초 동 사채를 공정가치인 ₩95,000에 매각하였다면, 동 금융자산 처분과 관련한 회계처리가 ㈜감평의 20×3년 당기순이익에 미치는 영향은? (단, 화폐금액은 소수점 첫째자리에서 반올림하며, 단수차이로 인한 오차가 있으면 가장 근사치를 선택한다.) [감정평가사 2025년]

① ₩1,437 감소 ② ₩1,437 증가 ③ ₩3,563 감소
④ ₩6,848 감소 ⑤ ₩6,848 증가

04 ㈜감평은 ㈜대한이 발행한 사채(발행일 20×1년 1월 1일, 액면금액 ₩1,000, 표시이자율 연 8%, 매년 말 이자지급, 20×4년 12월 31일에 일시상환)를 20×1년 1월 1일에 사채의 발행가액으로 취득하였다(취득 시 신용이 손상되어 있지 않음). ㈜감평은 취득한 사채를 상각후원가로 측정하는 금융자산으로 분류하였으며, 사채 발행시점의 유효이자율은 연 10%이다. ㈜감평은 ㈜대한으로부터 20×1년도 이자 ₩80은 정상적으로 수취하였으나 20×1년 말에 상각후원가로 측정하는 금융자산의 신용이 손상되었다고 판단하였다. ㈜감평은 채무불이행을 고려하여 20×2년부터 20×4년까지 현금흐름에 대해 매년 말 수취할 이자는 ₩50, 만기에 수취할 원금은 ₩800으로 추정하였다. ㈜감평의 20×1년도 포괄손익계산서의 당기순이익에 미치는 영향은? (단, 화폐금액은 소수점 첫째자리에서 반올림하며, 단수차이로 인한 오차는 가장 근사치를 선택한다.) [감정평가사 2024년]

① ₩94 감소 ② ₩94 증가 ③ ₩132 감소
④ ₩226 감소 ⑤ ₩226 증가

㈜감평은 20×1년 초 금융자산을 취득하고, 이를 상각후원가로 측정하는 금융자산으로 분류하였다. 20×1년 말 동 금융자산의 손실충당금 반영 전 장부금액은 ₩9,200이고, 기대신용손실은 ₩600으로 예상된다. 20×2년 초 ㈜감평은 동 금융자산을 당기손익-공정가치측정 금융자산으로 재분류하였다. 재분류시점에 금융자산의 공정가치는 ₩8,800이다. ㈜감평이 금융자산의 재분류로 인해 인식할 당기손익은?

[감정평가사 2025년]

① 이익 ₩200　　　　② 이익 ₩400　　　　③ 이익 ₩600
④ 손실 ₩200　　　　⑤ 손실 ₩400

01 ② (1) 취득시 수수료비용: (−)1,500
   (2) 처분이익: 30주 × 900 − (41,500 − 1,500) × 30/50주 = 3,000
   (3) 평가손실: (50 − 30)주 × 700 − (41,500−1,500) × 20/50주 = (−)2,000
   (4) 당기손익: (1) + (2) + (3) = (−)500

02 ⑤ 최초 발생시점이나 매입할 때 신용이 손상되어 있는 상각후원가 측정 금융자산의 이자수익은 최초 인식시점부터 총 장부금액에 신용조정유효이자율을 적용하여 계산한다.

03 ④ (1) 20X3년 초 상각후원가: (105,151 × 1.08 − 10,000) × 1.08 − 10,000 = 101,848
   (2) 20X3년 초 금융자산 처분이익: 95,000 − 101,848 = (−)6,848
   * FVOCI금융자산과 AC금융자산은 당기순이익에 미치는 영향이 항상 동일하여 AC금융자산으로 풀이한다.

04 ③ (1) 20X1년 초 사채 발행금액 = 1,000 × 0.6830 + 80 × 3.1698 = 937
   (2) 손상 전 20X1년 말 사채의 장부금액 = 937 × 1.1 − 80 = 951
      손상 후 20X1년 말 사채의 장부금액 = 800 × 0.7513 + 50 × 2.4868 = 725
   (3) 20X1년 당기순이익에 미치는 영향(ⓐ + ⓑ) = (132)
      ⓐ 20X1년 이자비용 = 937 × 10% = 94
      ⓑ 손상차손 = 725 − 951 = (226)

05 ① 재분류시 회계처리

차) 손실충당금	600	대) AC금융자산	9,200
FVPL금융자산	8,800	재분류이익	200

해커스 감정평가사
ca.Hackers.com

Chapter **13**

금융자산(Ⅱ)

I 현금및현금성자산

01 현금

현금은 유동성이 가장 높으며 교환의 매개수단 중에서 가장 대표적인 자산이다. 회계적인 측면에서 현금이란 통화뿐만 아니라 통화와 언제든지 교환할 수 있는 통화대용증권까지 포함되며, 보유현금뿐만 아니라 요구불예금도 포함하는 개념이다.

02 현금성자산

현금성자산이란 유동성이 매우 높은 단기투자자산으로, 확정된 금액이 현금으로 전환이 용이하고 가치변동의 위험이 경미한 자산이다. 이때 단기란 일반적으로 3개월 이내를 의미하므로 투자자산은 취득일로부터 만기일 또는 상환일이 3개월 이내인 경우에만 현금성자산으로 분류된다.

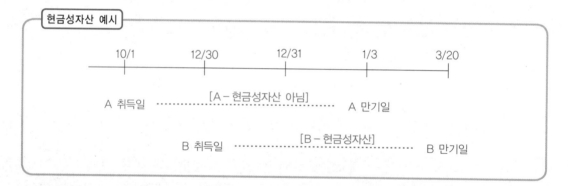

Self Study

1. 현금성자산은 만기일이나 상환일이 있어야 하므로 지분상품은 현금성자산에서 제외한다. 다만, 상환일이 정해져 있고 취득일부터 상환일까지의 기간이 단기인 상환우선주는 현금성자산에 포함한다.
2. 현금성자산의 예는 아래와 같다.
   ① 취득 당시 만기가 3개월 이내에 도래하는 단기채무상품
   ② 취득 당시 상환기일이 3개월 이내에 도래하는 상환우선주
   ③ 취득 당시 3개월 이내의 환매조건인 환매채

현금및현금성자산의 정리

통화	지폐와 동전
통화대용증권	타인발행당좌수표, 자기앞수표, 송금수표, 우편환증서, 만기가 된 공·사채이자표, 배당금지급통지표, 국세환급통지서 등
요구불예금	당좌예금, 보통예금 등
현금성자산	유동성이 매우 높은 단기 투자자산으로, 확정된 금액의 현금으로 전환이 용이하고 가치변동의 위험이 중요하지 않은 자산(투자자산은 취득일로부터 만기일 또는 상환일이 3개월 이내)

⇒ 현금 분류 시 주의할 항목
1. 선일자수표: 수취채권으로 분류
2. 우표, 수입인지: 선급비용으로 분류
3. 당좌차월과 당좌예금: 상계 불가(동일 은행 가능)
4. 당좌개설보증금: 비유동자산으로 분류
5. 교환, 상환 목적 사용이 제한된 요구불예금: 현금및현금성자산으로 분류 불가하나 사용제한 기간에 따라 유동자산, 비유동자산 분류

⇒ 정기예금·정기적금·환매채·양도성예금증서 등
1. 취득일로부터 3개월 이내 만기: 현금성자산
2. 보고기간 말부터 1년 이내 만기: 유동자산
3. 보고기간 말부터 1년 이후 만기: 비유동자산

⇒ 상환일이 정해져 있고 취득일부터 상환일까지의 기간이 3개월 이내인 우선주: 현금성자산

다음은 ㈜현주의 20×1년 결산자료의 일부이다. 부도수표는 B은행에 입금한 수표에서 발생한 것이며, 당좌예금 잔액은 두 은행 모두 정확한 잔액이다. 또한 지점 전도금은 영업활동자금으로 보낸 것이다. ㈜현주가 재무상태표에 표시할 현금및현금성자산의 금액은 얼마인가?

(1) 통화	₩700,000	(2) 차입금담보제공예금	₩200,000
(3) B은행 당좌예금	₩55,000	(4) 만기도래 국채이자표	₩135,000
(5) 차용증서	₩30,000	(6) 타인발행약속어음	₩300,000
(7) 선일자수표	₩27,000	(8) 타인발행당좌수표	₩180,000
(9) 우편환증서	₩38,000	(10) 수입인지	₩20,000
(11) 부도수표	₩34,000	(12) 국세환급통지표	₩400,000
(13) 국채(만기 1년)	₩50,000	(14) 배당금지급통지표	₩120,000
(15) 직원급여가불증	₩100,000	(16) 지점전도금	₩140,000
(17) A은행 당좌차월	₩30,000	(18) 당좌개설보증금	₩22,000
(19) 여행자수표	₩100,000	(20) 자기앞수표	₩500,000

풀이

현금및현금성자산: (1) + (3) + (4) + (8) + (9) + (12) + (14) + (16) + (19) + (20) = 2,368,000
(2): 사용이 제한된 예금은 현금및현금성자산으로 분류될 수 없다.
(5), (6), (7), (11), (15): 대여금 및 수취채권으로 분류
(10): 선급비용으로 분류
(13): 단기금융자산으로 분류
(17): 차입금
(18): 장기금융자산으로 분류

Ⅱ 은행계정조정

내부통제제도하에서 기업실체는 모든 지출을 당좌수표를 발행하여 결제한다. 당좌수표는 당좌예금의 잔액이 있는 경우에만 발행할 수 있으며, 특정일 현재 은행 측 당좌예금계정의 잔액은 회사 측 당좌예금계정의 잔액과 항상 일치하여야 한다. 여러 가지 원인으로 인하여 이들 잔액들은 서로 일치하지 않는데, 이러한 불일치하는 원인을 확인하는 과정을 은행계정조정이라고 한다.

01 은행계정조정표

일정시점에서 회사 측의 당좌예금원장잔액과 은행 측의 당좌예금잔액이 회사나 은행 측 착오 또는 기록 시점의 불일치로 차이가 발생할 수 있기 때문에 이들 양자 간의 차이를 조사하여 수정하여야 하는데, 이 때 작성하는 표를 은행계정조정표라고 한다.

은행계정조정표의 양식

은행계정조정표		
구분	회사	은행
수정 전 잔액	×× ≠	××
은행미기입예금	–	입금(+)
은행수수료	출금(–)	–
미결제수표	–	출금(–)
미통지입금	입금(+)	–
부도수표	출금(–)	–
은행오류	–	입금·출금(±)
회사오류	입금·출금(±)	–
직원 횡령액	출금(–)	–
수정 후 잔액	×× =	××

(1) 은행 측 원인

1) 미기입예금

회사가 현금을 은행에 입금하고 회계처리하였으나, 은행에서 다음 날 입금처리한 경우이다. 이 경우 회사 측은 잔액이 올바른 것이므로 은행 측 잔액에 동 금액을 가산한다.

2) 미결제수표

회사가 당좌수표를 발행하고 당좌예금계정에서 차감처리하였으나, 은행에는 수표가 제시되지 않아 은행이 당좌예금계정에서 차감하지 못한 경우이다. 이 경우에는 회사 측 잔액이 올바른 것이므로 은 행 측 잔액에서 동 금액을 차감한다.

(2) 회사 측 원인

1) 미통지입금

거래처에서 외상대금을 회사의 당좌예금에 입금하였거나, 은행이 회사가 추심의뢰한 어음대금을 입 금하였으나 회사가 이를 알지 못한 경우로, 은행 측 잔액이 올바른 것이므로 회사 측 잔액에 동 금액 을 가산한다.

㈜광화문은 20×3년 12월 24일 자금담당 직원이 은행에서 회사자금을 인출하여 횡령하고 잠적한 사건이 발생하였다. 12월 24일 현재 회사 장부상 당좌예금계정 잔액을 검토한 결과 ₩76,000으로 확인되었다. 그리고 동 일자의 은행 예금잔액증명서상 금액은 ₩40,000으로 확인되었다. 회사 측 잔액과 은행 측 잔액이 차이가 나는 이유를 조사한 결과는 다음과 같았다. 아래의 자료 이외에는 차이가 날 이유가 없다면 자금담당 직원이 횡령한 것으로 의심되는 금액은 얼마인가?

- ㈜광화문이 ₩50,000을 입금하였으나 예금잔액증명서에는 반영되지 않았다.
- 은행에서 수수료 ₩10,000을 인출하였으나 ㈜광화문에서는 이를 반영하지 못하고 있었다.
- ㈜광화문에서 당좌수표 ₩40,000을 발행하였으나 아직 은행에 제시되지 않았다.
- 매출거래처는 통보하지 않고 ㈜광화문의 당좌예금계좌에 외상대금 ₩16,000을 송금하였다.
- 은행은 ㈜을지로의 발행수표 ₩12,000을 실수로 ㈜광화문의 당좌예금계좌에서 인출하여 지급하였다.

풀이

구분	회사	은행
수정 전 잔액	76,000	40,000
은행미기입예금		50,000
은행수수료	(−)10,000	
미결제수표		(−)40,000
미통지입금	16,000	
은행오류		12,000
직원 횡령액	(−)×××	
수정 후 잔액	62,000	62,000

⇒ 직원 횡령액: 20,000

2 수취채권의 손상

I 수취채권의 손상

손상이란 기업이 미래에 현금을 요구할 수 있는 권리인 수취채권(매출채권, 미수금 등)의 명목금액 중 회수되지 않은 금액을 말한다. 그러므로 손상 처리된 수취채권은 기업이 보유하고 있는 수취채권 중 거래처의 파산, 채무자의 지급능력 저하 등 여러 이유로 회수가 불가능한 채권을 말한다.

수취채권이 회수가 불가능하게 되면 기업은 이를 비용(손상차손)으로 인식하고 자산을 감소시킨다. 수취채권 중 매출채권의 손상차손은 판매비와 관리비로 처리하고, 미수금 등 기타채권의 손상차손은 영업외비용으로 처리한다.

II 손상의 회계처리

01 직접차감법과 충당금설정법

손상의 회계처리방법에는 손상차손으로 인식하는 시점에 따라 직접차감법과 충당금설정법이 있다.

(1) 직접차감법

직접차감법은 매출채권의 손상이 확정된 시점에 손상차손을 인식하고 매출채권을 감소시키는 방법이다.

> **Example**
>
> 20×1년 말 매출채권 ₩100,000이며, 이 중 20×2년에 ₩3,000의 손상이 확정되었다.
>
> [20×2년 손상확정 시]
>
> | 차) 손상차손 | 3,000 | 대) 매출채권 | 3,000 |
> |---|---|---|---|

(2) 충당금설정법

매출채권			손실충당금	
기초	회수		③ 손상확정(C)	① 기초
				② 손상채권의 회수
	손상확정(C)		④ 기말(A) D × 손실률	⑤ 설정(환입)(N/I)(B)
외상매출	기말(D)			

B/S			I/S	
매출채권(D)			④ 설정(환입)(N/I)(B)	
(−)손실충당금(A)				
BV				

⇒ **기말 B/S상 매출채권 BV**: 기말 매출채권(D) − 기말 손실충당금(A = D × 손실률)

⇒ **N/I 영향**: 기초 손실충당금 − 손상확정 + 채권회수 − 기말 손실충당금

1) 손실충당금의 설정 및 손상확정

충당금설정법은 보고기간 말 매출채권의 기대신용손실을 추정하여 손상차손으로 인식하고, 이를 손실충당금으로 설정하는 방법이다. 손실충당금은 자산의 차감계정으로 재무제표상 매출채권에서 차감하는 형식으로 표시된다.

차기에 매출채권에서 손상이 확정되면 매출채권을 감소시키고 손실충당금과 상계하고, 손실충당금보다 손상이 더 많이 확정되면 추가로 손상차손으로 처리하며, 손실충당금보다 손상이 더 적게 확정되면 차기 손실충당금을 설정할 때 이를 반영한다.

B/S			
매출채권	××		
(−)손실충당금	(−)기대신용손실		
	BV		

[보고기간 말]

차) 손상차손	××	대) 손실충당금	××

[손상확정 시]

차) 손실충당금	BV	대) 매출채권	손상확정액
손상차손	대차차액		

충당금설정법은 직접차감법과 비교하여 아래와 같은 장점 때문에 IFRS는 손상의 회계처리에 충당금설정법을 사용한다.
1. 합리적인 수익·비용 대응이 가능하다.
2. 매출채권의 재무상태표금액을 회수 가능한 금액으로 평가하여 보다 유용한 정보를 제공한다.

2) 손실충당금의 환입

보고기간 말 매출채권에 대한 기대신용손실을 추정한 후, 수정 전 손실충당금과 비교하여 차액을 손상차손과 손실충당금으로 처리한다.

[기말 기대신용손실(④) > 손실충당금 잔액(① + ② − ③)]

차) 손상차손	××	대) 손실충당금	××

[기말 기대신용손실(④) < 손실충당금 잔액(① + ② − ③)]

차) 손실충당금	××	대) 손실충당금환입	××

손실충당금			
당기 손상 확정	③	기초 손실충당금	①
		손상채권의 회수	②
기말 손상	④ 기말 매출채권 × 설정률	손상차손(손실충당금환입)	대차차액

3) 손상상각채권의 회수

손상상각채권을 회수하는 경우 아래와 같이 회계처리한다.

차) 현금	××	대) 손실충당금	××

02 손상추정 방법

수취채권은 채무상품이므로 기대손실모형을 적용하여 기대신용손실을 손실충당금으로 설정하고 당기손익으로 처리하여야 한다. 기대신용손실은 신용위험의 유의적인 증가 여부에 따라 12개월 기대신용손실 또는 전체기간 기대신용손실을 각각 손실충당금으로 측정하여야 한다.

기대신용손실로 측정할 때 수취채권을 인식한 시점부터 경과된 기간 또는 연체기간을 기준으로 몇 개의 집단으로 나누어 각 집단별로 다른 손실예상률을 곱하여 계산할 수 있는데, 이러한 방법을 연령분석법이라고 한다.

12월 말 결산법인인 A회사의 20×1년 12월 31일 현재 재무상태표에 보고된 손실충당금 차감 전 매출채권은 ₩10,000,000이며, 이에 대한 손실충당금은 ₩400,000이다.

(1) 20×2년 외상매출액은 ₩17,000,000이며 20×2년 6월의 손상확정액은 ₩500,000이다. 20×2년 9월에 20×1년 손상으로 확정하였던 매출채권 ₩400,000을 현금으로 회수하였다.

(2) 20×2년 10월에 매출채권 ₩7,100,000을 현금으로 회수하였다. 20×2년 12월 말 손상이 100%로 예상되는 채권의 금액은 ₩200,000이다.

(3) A회사는 기말 매출채권 잔액의 5%를 기대신용손실로 추정하고 있으며, 이러한 방법은 한국채택국제회계기준의 규정에 합치한다.

위의 자료를 이용하여 A사가 20×2년도에 포괄손익계산서에 인식할 매출채권의 손상차손은 얼마인가?

[공인회계사 2010년 이전]

① ₩840,000   ② ₩850,000   ③ ₩855,000
④ ₩860,000   ⑤ ₩870,000

풀이

매출채권

기초	10,000,000	회수	7,100,000
		손상확정(C)	700,000
외상매출	17,000,000	기말(D)	대차차액 19,200,000

손실충당금

당기 손상확정	③ 700,000	기초 손실충당금	① 400,000
		손상채권의 회수	② 400,000
기말 손상	④ D × 5% = 960,000	손상차손(손실충당금환입)	대차차액 860,000

정답: ④

3 금융자산의 제거

금융자산의 양도란 금융자산의 보유자가 금융자산의 현금흐름을 수취할 권리 등을 거래상대방에게 이전하는 것을 말한다. 또한 금융자산의 제거란 인식의 반대개념으로 이미 인식된 금융자산을 재무상태표에서 삭제하는 것을 말한다. 금융자산의 양도와 관련하여 유의할 점은 양도하였다는 사실 자체가 제거를 충족시키는 것이 아니라 제거조건을 충족한 양도의 경우에만 금융자산을 제거한다는 것이다.

양도: 현금흐름 수취 권리 이전

 ⫝̸

제거: 재무상태표에서 삭제

| 제거 ○ | 차) 현금 | ×× | 대) 수취채권 | ×× |
| 제거 × | 차) 현금 | ×× | 대) 차입금 | ×× |

⇒ 제거조건 충족된 양도의 경우에만 금융자산을 재무상태표에서 삭제한다.

I 금융자산의 제거 여부와 제거 여부의 판단

금융자산의 제거는 이미 인식된 금융자산을 재무상태표에서 삭제하는 것으로 다음 중 하나에 해당하는 경우에만 제거한다.

---

(1) 금융자산의 현금흐름에 대한 계약상 권리가 소멸하는 경우
(2) 금융자산을 아래와 같은 방법으로 양도하고 그 양도가 제거의 조건을 충족하는 경우
 ① 금융자산의 현금흐름을 수취할 계약상 권리를 양도한 경우
 ② 금융자산의 현금흐름을 수취할 계약상 권리를 보유하고 있으나, 해당 현금흐름을 하나 이상의 거래상대방(최종 수취인)에게 지급할 계약상 의무를 부담하는 경우

금융자산 제거의 회계처리는 아래와 같이 분류한다.

구분			회계처리
현금흐름에 대한 계약상 권리 소멸			제거
현금흐름에 대한 계약상 권리의 양도	위험과 보상의 대부분 이전		제거, 양도 시 부담하는 권리와 의무를 자산·부채로 인식
	위험과 보상의 대부분 보유		계속 인식하고 양도 시 대가로 받은 금액 부채로 인식
	보유도 이전도 아닌 경우	통제권 상실	제거, 양도 시 부담하는 권리와 의무를 자산·부채로 인식
		통제권 보유	금융자산에 지속적 관여하는 정도까지 금융자산 계속 인식

여기서 통제의 상실과 보유 여부는 양수자가 그 자산을 매도할 수 있는 능력을 가지고 있는지에 따라 결정한다. 즉, 양수자가 자산 전체를 독립된 제3자에게 매도할 수 있는 실질적 능력을 가지고 있으며 양도에 추가 제약을 할 필요 없이 그 능력을 일방적으로 행사할 수 있다면 통제를 상실한 것이다.

Self Study

1. 위험과 보상의 대부분이 이전되는 경우
   ① 금융자산을 아무런 조건 없이 매도한 경우
   ② 양도자가 매도한 금융자산을 재매입시점의 공정가치로 재매입할 수 있는 권리를 보유
   ③ 양도자가 콜옵션 보유 or 양수자가 풋옵션을 보유하고 있지만, 깊은 외가격상태이기 때문에 만기이전에 내가격 상태가 될 가능성↓
2. 위험과 보상의 대부분을 보유하는 경우
   ① 양도자가 매도 후에 미리 정한 가격 or 매도가격에 양도자에게 금전을 대여하였더라면 그 대가로 받았을 이자수익을 더한 금액으로 양도자산을 재매입하는 거래의 경우
   ② 유가증권대여계약을 체결한 경우
   ③ 시장위험을 다시 양도자에게 이전하는 총수익스왑과 함께 금융자산을 매도한 경우
   ④ 양도자가 콜옵션 보유 or 양수자가 풋옵션을 보유하고 있지만, 깊은 내가격상태이기 때문에 만기이전에 외가격 상태가 될 가능성↓
   ⑤ 양도자가 양수자에게 발생가능성이 높은 손상의 보상을 보증하면서 단기 수취채권을 매도한 경우
3. 양도자산을 계속 인식하는 경우 해당 양도자산과 관련 부채는 상계하지 않고 각각의 양도자산과 관련 부채에서 발생하는 수익과 비용도 상계하지 않는다.

기출 Check 2

금융자산의 제거에 대한 다음 설명 중 옳지 않은 것은?　　　　　　　　[공인회계사 2017년]

① 금융자산의 정형화된 매도 시 당해 금융자산을 매매일 또는 결제일에 제거한다.
② 금융자산의 현금흐름에 대한 계약상 권리가 소멸한 경우에는 당해 금융자산을 제거한다.
③ 금융자산의 현금흐름에 대한 계약상 권리를 양도하고 위험과 보상의 대부분을 이전하면 당해 금융자산을 제거한다.
④ 금융자산의 현금흐름에 대한 계약상 권리를 양도하고, 위험과 보상의 대부분을 보유하지도 않고 이전하지도 않으면서 당해 금융자산을 통제하고 있지 않다면 당해 금융자산을 제거한다.
⑤ 금융자산의 현금흐름에 대한 계약상 권리는 양도하였지만 양도자가 매도 후에 미리 정한 가격으로 당해 금융자산을 재매입하기로 한 경우에는 당해 금융자산을 제거한다.

풀이

미리 정해진 가격으로 재매입하기로 약정한 경우 위험과 보상을 보유하고 있는 것으로 보아 제거하지 않는다.

정답: ⑤

Ⅱ 받을어음의 할인

어음의 할인이란 거래처로부터 받을어음을 만기일 전에 금융기관에 이전하고 조기에 현금을 수령하는 것이다. 어음상의 채권은 확정채권이므로 외상매출금의 팩토링과는 달리 매출할인 등의 금액을 유보할 필요가 없다. 따라서 어음할인으로 인한 현금수령액은 어음의 만기가치에서 할인료를 차감한 잔액이 된다.

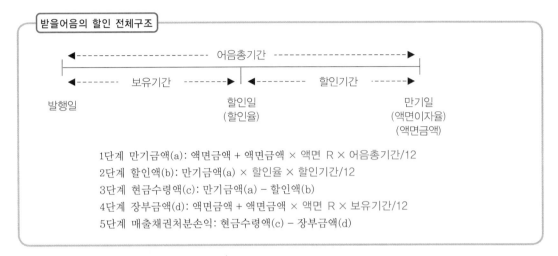

받을어음의 할인 전체구조

1단계 만기금액(a): 액면금액 + 액면금액 × 액면 R × 어음총기간/12
2단계 할인액(b): 만기금액(a) × 할인율 × 할인기간/12
3단계 현금수령액(c): 만기금액(a) − 할인액(b)
4단계 장부금액(d): 액면금액 + 액면금액 × 액면 R × 보유기간/12
5단계 매출채권처분손익: 현금수령액(c) − 장부금액(d)

금융자산의 제거요건을 만족하는 거래인 경우에는 받을어음(매출채권)의 장부금액과 수령한 현금의 차이를 매출채권처분손실로 인식한다. 만약, 제거요건을 충족하지 못한다면 현금수령액을 단기차입금의 차입으로 인식하고, 매출채권처분손실은 이자비용처리한다.

구분	제거요건 충족 ○			제거요건 충족 ×		
할인 시	차) 현금	(c)	대) 매출채권 (액면)	차) 현금	(c)	대) 단기차입금 (액면)
	매출채권처분손실 (c−d)		이자수익 (보유기간이자)	이자비용	(c−d)	이자수익 (보유기간이자)
만기 시	회계처리 없음			차) 단기차입금		대) 매출채권

사례연습 3: 받을어음의 할인

20×1년 6월 1일 ㈜대한은 판매대금으로 만기가 20×1년 9월 30일인 액면금액 ₩1,200,000의 어음을 거래처로부터 수취하였다. ㈜대한은 20×1년 9월 1일 동 어음을 은행에서 할인하였으며, 은행의 할인율은 연 12%였다. 동 어음이 무이자부어음인 경우와 연 10% 이자부어음인 경우로 구분하여 어음할인 시 ㈜대한이 인식할 매출채권처분손실(금융자산처분손실)을 계산하면 각각 얼마인가? (단, 어음할인은 제거조건을 충족한다. 이자는 월할 계산한다)

1. 전체 구조

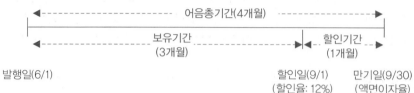

2. 무이자부어음의 경우

1단계 만기금액(a): 액면금액 + 액면금액 × 액면 R × 어음총기간/12
1,200,000

2단계 할인액(b): 만기금액(a) × 할인율 × 할인기간/12
1,200,000 × 12% × 1/12 = 12,000

3단계 현금수령액(c): 만기금액(a) − 할인액(b)
1,200,000 − 12,000 = 1,188,000

4단계 장부금액(d): 액면금액 + 액면금액 × 액면 R × 보유기간/12
1,200,000

5단계 매출채권처분손익: 현금수령액(c) − 장부금액(d)
1,188,000 − 1,200,000 = (−)12,000

3. 이자부어음의 경우

1단계 만기금액(a): 액면금액 + 액면금액 × 액면 R × 어음총기간/12
1,200,000 + 1,200,000 × 10% × 4/12 = 1,240,000

2단계 할인액(b): 만기금액(a) × 할인율 × 할인기간/12
1,240,000 × 12% × 1/12 = 12,400

3단계 현금수령액(c): 만기금액(a) − 할인액(b)
1,240,000 − 12,400 = 1,227,600

4단계 장부금액(d): 액면금액 + 액면금액 × 액면 R × 보유기간/12
1,200,000 + 1,200,000 × 10% × 3/12 = 1,230,000

5단계 매출채권처분손익: 현금수령액(c) − 장부금액(d)
1,227,600 − 1,230,000 = (−)2,400

구분	제거요건 충족 ○			제거요건 충족 ×		
할인 시	차) 현금	1,227,600	대) 매출채권 1,200,000	차) 현금	1,227,600	대) 단기차입금 1,200,000
	처분손실	2,400	이자수익 30,000	이자비용	2,400	이자수익 30,000
만기 시	회계처리 없음			차) 단기차입금 1,200,000		대) 매출채권 1,200,000

Chapter 13 | 객관식 문제

01 ㈜국세는 20×1년 12월 31일 자금담당직원이 회사자금을 횡령하고 잠적한 사건이 발생하였다. 12월 31일 현재 회사 장부상 당좌예금계정잔액을 검토한 결과 ₩106,000이었으며, 은행 측 당좌예금계정잔액을 조회한 결과 ₩70,000으로 확인되었다. 회사 측 잔액과 은행 측 잔액이 차이가 나는 이유는 다음과 같다고 할 경우 자금담당직원이 회사에서 횡령한 것으로 추정할 수 있는 금액은 얼마인가?

> - 은행미기입예금: ₩60,000
> - 은행수수료: ₩10,000
> - 기발행 미인출수표: ₩50,000
> - 미통지입금: ₩46,000
> - 타사발행수표를 ㈜국세의 당좌예금 계좌에서 차감한 금액: ₩22,000

① ₩22,000   ② ₩26,000   ③ ₩32,000
④ ₩36,000   ⑤ ₩40,000

02 다음은 ㈜한국의 20×8년 말 재무상태표에 보고된 매출채권에 대한 손실충당금과 20×9년 중 거래내용이다. 아래 자료를 이용하여 회계처리할 경우 20×9년도 당기순이익은 얼마나 감소하는가?

> - 20×8년 말 매출채권은 ₩15,500,000이고, 매출채권에 대한 손실충당금은 ₩372,000이다.
> - 20×9년 1월 중 매출채권 ₩325,000이 회수불능으로 판명되어 해당 매출채권을 제거하였다.
> - 20×8년 중 회수불능채권으로 처리한 매출채권 중 ₩85,000을 20×9년 3월에 현금으로 회수하였다.
> - 20×9년 말 매출채권 잔액은 ₩12,790,000이고, 이 잔액에 대한 손실충당금은 ₩255,800으로 추정되었다.

① ₩123,800   ② ₩208,800   ③ ₩210,000
④ ₩255,800   ⑤ ₩325,000

03 ㈜감평은 20x1년 4월 1일에 만기가 20x1년 7월 31일인 액면금액 ₩1,200,000의 어음을 거래처로부터 수취하였다. ㈜감평은 동 어음을 20x1년 6월 30일 은행에서 할인하였으며, 할인율은 연 12%이다. 동 어음이 무이자부인 어음일 경우 (A)와 연 9%의 이자부어음일 경우(B) 각각에 대해 어음할인시 ㈜감평이 금융상품(받을어음)처분손실로 인식할 금액은? (단, 어음할인은 금융상품의 제거요건을 충족시킨다고 가정하며, 이자는 월할계산한다.)

[감정평가사 2020년]

	(A)	(B)
①	₩ 0	₩ 3,360
②	₩ 0	₩ 12,000
③	₩ 12,000	₩ 3,360
④	₩ 12,000	₩ 9,000
⑤	₩ 12,000	₩ 12,000

01 ⑤ 〈은행계정조정표〉

구분	회사	은행
수정 전 잔액	106,000	70,000
은행미기입예금	–	60,000
은행수수료	(–)10,000	–
기발행미인출수표	–	(–)50,000
미통지입금	46,000	–
부도수표	–	–
은행오류	–	22,000
회사오류	–	–
직원 횡령액	출금(–)	–
수정 후 잔액	102,000	102,000

⇒ 직원 횡령액: 40,000

02 ① N/I 영향: 손상차손 = 기초 손실충당금 − 손상확정 + 채권회수 − 기말 손실충당금
$$= 372,000 − 325,000 + 85,000 − 255,800 = (−)123,800$$

03 ③ 1. 무이자부어음
할인액(=처분손실) : $1,200,000 × 12\% × 1/12 = 12,000$
2. 이자부어음
(1) 만기수령액 : $1,200,000 + 1,200,000 × 9\% × 4/12 = 1,236,000$
(2) 할인액 : $1,236,000 × 12\% × 1/12 = 12,360$
(3) 현금수령액 : (1) − (2) $= 1,223,640$
(4) 장부금액+미수이자 : $1,200,000 + 1,200,000 × 9\% × 3/12 = 1,227,000$
(5) 금융자산 처분손실 : (3) − (4) $= (−)3,360$

해커스 감정평가사
ca.Hackers.com

Chapter **14**

복합금융상품

1 복합금융상품의 의의 및 종류

I 복합금융상품의 종류

복합금융상품에는 전환사채와 신주인수권부사채가 있다.

> ① 전환사채(CB; Convertible Bonds): 사채를 보통주로 전환할 수 있는 권리(전환권)가 부여된 채무상품
> ② 신주인수권부사채(BW; Bonds with Stock Warrant): 보통주를 발행할 수 있는 권리(신주인수권)가 부여된 채무상품

01 전환사채

유가증권의 소유자가 일정한 조건하에 보통주로의 전환권을 행사할 수 있는 사채를 말한다. 전환사채는 보통주 전환권이 행사되어 전환사채가 전환되면 사채가 소멸하고 채권자로서의 지위가 소멸한다.

02 신주인수권부사채

유가증권의 소유자가 일정한 조건하에 신주인수권을 행사하여 보통주 발행을 청구할 수 있는 권리가 부여된 사채를 말한다. 신주인수권을 청구하여도 사채가 소멸하지 않아 채권자로서의 지위를 유지한다는 점에서 전환사채와 다르다.

전환사채와 신주인수권부사채의 비교

구분	부채요소		자본요소	⇒	전환·행사 후
전환사채	일반사채	+	보통주 전환권	전환	보통주
신주인수권부사채	일반사채	+	보통주 인수권	행사	일반사채 + 보통주

Self Study

전환우선주는 부채와 자본요소의 복합이 아닌 자본요소(우선주 지분)와 자본요소(보통주 전환권)의 복합이므로 한국채택국제회계기준에서는 이를 복합금융상품으로 보지 않고 잠재적보통주의 한 종류로 본다.

구분	자본요소		자본요소	⇒	전환·행사 후
전환우선주	우선주	+	보통주 전환권	전환	보통주

2 전환사채

I 전환사채의 발행조건

전환사채(CB; Convertible Bond)는 당해 사채의 보유자가 일정한 조건하에 전환권을 행사하면 사채 자체가 보통주로 전환되는 사채를 말한다. 그러므로 전환권을 행사하게 되면 전환사채의 발행자는 사채의 원금과 잔여 상환기간 동안의 이자를 지급할 의무가 소멸하게 된다.

Additional Comment

투자자는 일반사채보다 주식으로 전환할 수 있는 권리(= 전환권)가 부여된 전환사채를 더 선호할 것이다. 그 이유는 전환사채 취득 후 전환사채 발행회사의 주가가 상승할 경우 전환사채를 주식으로 전환하여 이를 매각하면 매매차익을 얻을 수 있기 때문이다. 또한 전환된 주식을 매각하지 않고 계속 보유할 경우 주주로서의 권리도 행사할 수 있다. 또한 전환사채의 발행회사는 전환사채를 발행함으로써 일반사채보다 적은 이자비용(표시이자율이 낮기 때문에)으로 자금을 조달할 수 있는 이점이 있다. 또한 전환사채가 주식으로 전환되면 부채가 감소하고 자본이 증가하여 재무구조가 개선될 수 있으며, 전환사채가 주식으로 전환되면 사채의 만기상환에 따른 자금부담도 덜 수 있다.

01 상환할증지급조건

전환사채에 부여되어 있는 전환권은 가치를 가지는데, 이를 전환권의 가치라고 한다. 전환사채는 전환권의 가치가 부여되어 있기 때문에 그 대가로 전환사채의 표시이자율은 전환권이 없는 일반사채의 표시이자율보다 낮은 것이 일반적이다. 전환사채는 일반사채보다 낮은 표시이자를 지급하므로, 전환권이 행사되지 않는 경우 보유자의 수익률이 일반사채의 수익률보다 낮게 되므로 전환사채를 취득하지 않으려고 할 것이다. 전환사채 발행자의 주식이 전환사채의 이러한 낮은 수익률을 보상할 정도로 매력적이지 않다면, 보유자가 전환권을 행사하지 않는 경우 발행자는 표시이자 이외의 추가적인 보상을 하여야 한다.

추가적인 보상은 일반적으로 전환사채의 만기일에 액면금액에 일정금액을 추가하여 지급하는 형태로 이루어진다. 이때 전환사채의 만기일에 액면금액에 추가하여 지급하는 금액을 상환할증금이라고 하며, 이러한 전환사채의 발행조건을 상환할증지급조건이라고 한다.

Additional Comment

전환사채 투자자의 입장에서 볼 때 전환사채의 표시이자율은 일반사채의 표시이자율보다 매우 낮은데, 만약 미래에 주가가 상승하지 않아 전환권을 행사하지 못하고 만기상환일이 도래되면 당초에 일반사채를 취득한 것보다 더 낮은 수익을 얻게 된다. 이러한 위험 때문에 전환사채가 발행되어도 투자자가 이를 매수하지 않을 가능성이 있다. 그러므로 전환사채를 중도에 전환하지 못하고 만기까지 보유할지도 모른다는 불안감 때문에 전환사채의 매수를 망설이는 투자자를 안심시키기 위하여 만기상환 시 상환할증금을 추가 지급하는 조건으로 전환사채를 발행하기도 한다.

02 액면상환조건

전환사채의 낮은 수익률을 충분히 보상할 정도로 전환사채 발행자의 주식이 매력적이라면, 보유자는 발행자가 어떠한 추가적인 보상을 하지 않는다고 하더라도 당해 전환사채를 취득하게 된다. 이렇게 전환권을 행사하지 않는 경우도 전환사채의 만기일에 액면금액만 지급하는 전환사채의 발행조건을 액면상환조건이라고 한다.

Self Study

1. 상환할증지급조건 전환사채의 미래현금흐름: 액면금액 + 액면이자 + 상환할증금
2. 액면상환조건 전환사채의 미래현금흐름: 액면금액 + 액면이자

Ⅱ　전환사채의 현금흐름 분석

01 상환할증금

전환사채의 표시이자율은 전환권이 없는 일반사채의 표시이자율보다 낮으므로 전환사채의 보유자는 전환권을 행사하지 않는 경우 일반사채에 투자하였을 경우보다 낮은 수익을 얻게 된다. 따라서 보유자는 전환권을 행사하지 않는 경우 일정수익률을 보장해 줄 것을 전환사채의 발행자에게 요구하게 된다. 발행자가 전환권을 행사하지 않는 보유자에게 보장해 주는 만기수익률을 보장수익률이라고 한다. 보장수익률은 전환사채의 발행금액과 관계없이 전환사채의 액면금액과 상환할증금을 포함한 전환사채 미래현금흐름의 현재가치를 일치시키는 할인율을 말한다.

> 액면금액 = PV(액면금액 + 액면(표시)이자 + 상환할증금) by 보장수익률

보장수익률이 표시이자율과 동일한 경우에는 발행자가 보유자에게 표시이자율만을 보장한 것이므로 만기일에 액면금액만을 상환한다. 그러나 보장수익률이 표시이자율보다 높은 경우에는 발행자가 표시이자율보다 높은 수익률을 보장한 것이므로 발행자는 전환사채의 상환기간에 걸쳐 보장수익률로 계산한 이자와 표시이자의 차액을 만기일에 액면금액에 상환할증금의 형태로 가산하여 상환하여야 한다. 즉, 상환할증금은 전환사채의 소유자가 만기까지 전환권을 행사하지 못하고, 만기에 현금으로 상환받는 경우 사채발행회사가 소유자에게 일정 수준의 수익률(보장수익률)을 보장하기 위하여 액면금액에 추가하여 지급하기로 약정한 금액으로 미지급표시이자의 미래가치 개념이다.

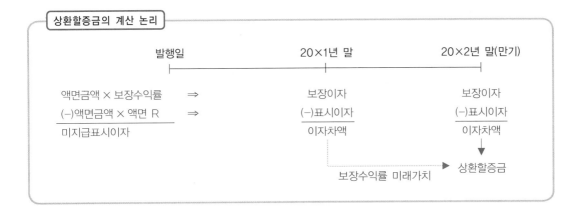

Additional Comment

전환사채는 전환권을 행사하는 경우 행사일 이후의 미래현금흐름을 지급할 의무가 없기 때문에 발행자의 입장에서는 매년 지급하는 표시이자를 되도록 적게 지급하는 것이 유리하다. 따라서 전환사채 발행자는 보장수익률에 해당하는 이자와 표시이자율에 해당하는 이자의 차액을 만기에 일시불로 지급하게 되는데, 이를 상환할증금이라고 한다.

상환할증금은 보장수익률과 표시이자율의 차이에 해당하는 이자를 만기일에 일시 지급한 금액이다. 따라서 상환할증금은 표시이자율에 의한 미래현금흐름과 보장수익률에 의한 미래현금흐름의 차액을 보장수익률로 계산한 미래가치금액이 된다. 전환사채를 할인발행하거나 할증발행한 경우에도 상환할증금의 계산방법은 동일하다. 즉, 상환할증금은 전환사채의 발행금액과는 무관하게 결정된다.

상환할증금 계산 산식

상환할증금 = [전환사채 액면금액 × (보장수익률 − 표시이자율)] × 연금미래가치계수[1]
      [1] 보장수익률을 적용
    = 전환사채 액면금액 × 상환할증률[2]
      [2] 상환할증률 = 상환할증금 ÷ 전환사채 액면금액

02 전환권의 가치

전환사채는 부채요소에 해당하는 일반사채에 자본요소에 해당하는 전환권이라는 옵션을 첨부하여 발행한 복합금융상품이다. 전환사채의 발행금액 중 일반사채의 가치에 해당하는 부분은 부채로 분류하고, 전환권의 가치에 해당하는 부분은 자본으로 분류한다.

최초 인식시점에서 부채요소의 공정가치는 계약상 정해진 미래현금흐름을 당해 금융상품과 동일한 조건 및 유사한 신용상태를 가지며 실질적으로 동일한 현금흐름을 제공하지만 전환권이 없는 채무상품에 적용되는 그 시점의 시장이자율로 할인한 현재가치이다.

전환사채의 최초 장부금액을 부채요소와 자본요소에 배분하는 경우 자본요소는 전환사채 전체의 공정가치, 즉 전환사채의 최초 발행금액에서 부채요소에 해당하는 금액을 차감한 잔액으로 계산한다. 최초 인식시점에서 부채요소와 자본요소에 배분된 금액의 합계는 항상 전환사채 전체의 공정가치와 동일해야 하므로 최초 인식시점에는 어떠한 손익도 발생하지 않는다.

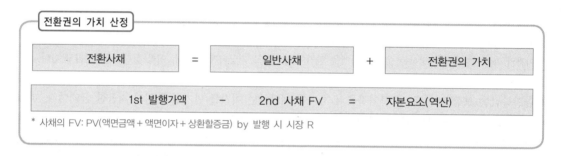

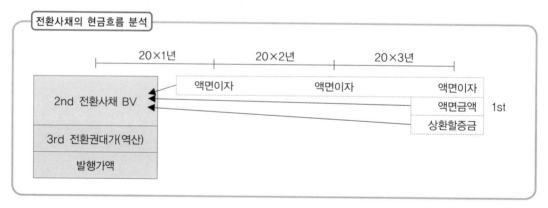

Additional Comment

전환사채의 보장수익률은 항상 표시이자율보다 크거나 같다. 즉, 보장수익률이 표시이자율보다 큰 경우에는 만기일에 액면금액에 추가하여 상환할증금을 지급하며, 보장수익률이 표시이자율과 같은 경우에는 만기일에 액면금액만을 지급한다. 전환사채는 전환권이라는 옵션을 일반사채에 첨부하여 발행한 것이므로 보유자는 옵션의 가치에 해당하는 수익률의 감소를 감수하여야 한다. 따라서 전환권이 없는 유사한 채무에 대한 현행시장이자율은 전환사채의 보장수익률보다 항상 크다. 보유자는 전환권이 없는 유사한 채무에 대한 현행시장이자율을 포기하고 전환사채에 투자하여 보장수익률만을 수령하기로 한 것이므로 전환권이 없는 유사한 채무에 대한 현행시장이자율과 보장수익률의 차이는 결과적으로 전환권의 가치가 된다.

이자율 관계(할인발행): 액면 R < 보장수익률 < 시장 R

사례연습 1: 전환권의 가치

㈜한영은 20×1년 초에 전환사채를 발행하였다. ㈜한영의 결산일은 매년 12월 31일이며, 관련 자료는 다음과 같다.

(1) 전환사채는 액면 ₩100,000, 표시이자율 10%, 만기 3년, 이자는 매년 말 1회 지급 조건이다.
(2) 전환사채의 발행가액은 ₩100,000이고, 전환조건은 사채액면 ₩10,000당 보통주 1주 (액면 ₩5,000)이며, 상환할증금은 ₩6,749이다. 사채발행 당시의 시장이자율은 연 13% 이다(단, 13%, 3년의 연금현가요소는 2.36115이고 13%, 3년 현가요소는 0.69305이다).

㈜한영이 발행한 전환사채의 전환권대가를 구하시오.

풀이

전환권의 가치: 2,406
현금흐름의 분석

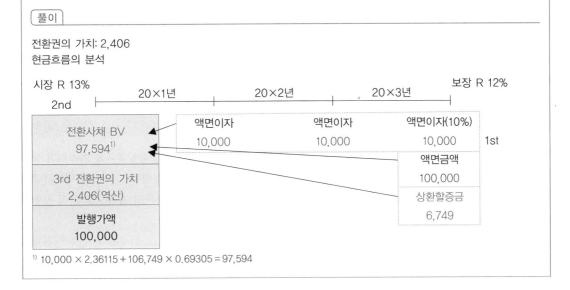

[1] $10,000 \times 2.36115 + 106,749 \times 0.69305 = 97,594$

01 전환사채의 발행

전환사채의 발행금액 중 전환권의 가치에 해당하는 금액은 전환권대가의 과목으로 하여 자본항목으로 분류하고 후속적으로 전환권을 행사할 가능성이 변동하는 경우에도 부채요소와 자본요소의 분류를 수정하지 않는다. 전환권대가는 자본거래에서 발생한 임시계정 성격이므로 자본조정으로 분류한다.

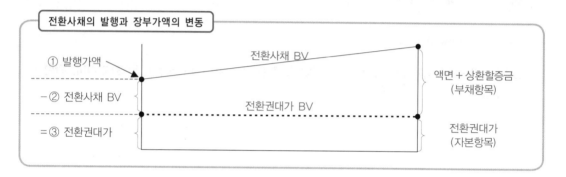

Additional Comment

전환권대가는 추후에 회사의 주식을 취득하기 위하여 계약금으로 지급한 금액을 말하며, 이는 청약발행에서의 신주청약증거금과 성격적으로 동일하다. 한국채택국제회계기준 제1032호 '금융상품: 표시'에서는 전환권이 행사되지 않는 경우 자본요소인 전환권대가는 자본의 다른 항목으로 대체될 수 있으나 계속하여 자본으로 유지하여야 한다고 규정하고 있지 않다. 따라서 전환권대가를 주식의 발행금액으로 보아 주식발행초과금으로 대체하는 것은 기업의 자율에 따른다.

Self Study

전환권을 행사할 가능성이 변동하는 경우에도 전환상품의 부채요소와 자본요소로 분류된 금액을 후속적으로 재측정하지 않는다. (매기 말 전환권대가의 BV 변동 ×, 추가적인 회계처리 없음)

상환할증지급조건인 경우 전환사채 발행자는 만기일에 전환사채의 액면금액에 상환할증금을 가산하여 상환한다. 전환사채 발행자는 전환사채 보유자가 전환권을 행사하지 않는다는 가정하에 만기일에 액면금액에 추가하여 지급하는 상환할증금을 부채로 인식한다. 상환할증금은 사채상환할증금의 과목으로 하여 전환사채의 가산계정으로 표시한다.

전환사채의 발행일에는 상환할증금과 전환권대가의 합계금액을 전환권조정으로 인식한다. 전환권조정은 전환사채의 차감계정으로 표시하고 전환사채의 상환기간에 걸쳐 유효이자율법으로 상각하여 이자비용으로 인식한다.

한국채택국제회계기준에서는 전환사채의 차감계정에 해당하는 전환권조정과 전환사채의 가산계정에 해당하는 사채상환할증금을 반드시 사용하라는 규정이 없으므로 순액법 회계처리와 총액법 회계처리가 모두 인정된다고 볼 수 있다. 시험목적으로는 순액으로 회계처리하는 것이 접근하기 쉬우므로 본서는 순액법에 대한 회계처리를 주로 하고 총액법에 대한 회계처리도 추가하여 설명할 것이다.

(1) 전환사채의 발행 시 회계처리 및 F/S 효과(순액법)

차) 현금	1st 발행가액	대) 전환사채 ① 2nd PV(액면금액 + 액면이자 + 상환할증금)
		전환권대가 ② 대차차액

재무상태표	
전환사채	①
전환권대가(자본조정)	②

(2) 전환사채의 발행 시 회계처리 및 F/S 효과(총액법)

차) 현금	1st 발행가액	대) 전환사채	2nd 액면금액
전환권조정 2nd (액면금액 + 상환할증금 − ①)		사채상환할증금	2nd 만기상환액
① 전환사채 BV		전환권대가 ②	대차차액

재무상태표	
전환사채	액면금액
사채상환할증금	+ 만기상환액
(−)전환권조정	− 역산
전환사채 BV	①
전환권대가(자본조정)	②

전환권조정은 사채할인발행차금과 동일하게 부채의 차감계정이며, 전환권대가와는 아무런 관계가 없다.
⇒ 전환사채 액면금액 + 상환할증금(만기상환액) − 전환권조정 = 일반사채 PV

02 전환사채의 전환 전 이자비용 인식과 만기상환

(1) 전환사채의 전환 전 이자비용

전환사채의 이자비용은 전환사채의 기초 장부금액에 유효이자율을 곱하여 계산한다. 이자비용으로 인식한 금액과 표시이자의 차액은 액면발행의 경우 전환권조정 상각액으로 처리한다.

> **이자비용의 회계처리**
>
> ① 순액법 회계처리
>
> | 차) 이자비용 | 1st 기초 BV × 유효 R | 대) 현금 | 2nd 액면이자 |
> |---|---|---|---|
> | | | 전환사채 | 대차차액 |
>
> ② 총액법 회계처리
>
> | 차) 이자비용 | 1st 기초 BV × 유효 R | 대) 현금 | 2nd 액면이자 |
> |---|---|---|---|
> | | | 전환권조정 | 대차차액 |

> **Self Study**
>
> 1. 전환사채는 매기 말 발행가액부터 액면금액 + 상환할증금까지 상각되어 간다. (매기 말 일반사채의 BV 변동 O)
> 2. 이자비용: 기초 전환사채 BV[= PV(액면금액 + 표시이자 + 상환할증금)] × 발행 시 유효 R
> 3. 전환사채 발행 후 부채요소는 FVPL금융부채로 분류될 수 없기 때문에 유효이자율을 적용하여 상각후원가로 측정한다.

(2) 전환사채의 만기상환

전환사채의 만기 시에는 전환권조정은 전액이 상각되었으므로 전환사채의 장부금액은 액면금액에 상환할증금을 가산한 금액이 된다. 전환사채의 만기상환액은 장부금액과 일치하기에 상환으로 인한 손익은 발생하지 않는다. 또한, 전환권이 미행사된 분에 대한 전환권대가는 다른 자본항목으로 대체할 수 있다.

> **만기상환의 회계처리**
>
> ① 순액법 회계처리
>
> | 차) 전환사채 | 액면금액 + 상환할증금 만기지급액 | 대) 현금 | ×× |
> |---|---|---|---|
> | 차) 전환권대가 | 발행 시 전환권대가 | 대) 전환권대가소멸이익 | 자본항목 |
>
> ② 총액법 회계처리
>
> | 차) 전환사채 | 액면금액 | 대) 현금 | ×× |
> |---|---|---|---|
> | 사채상환할증금 | 상환할증금 만기지급액 | | |
> | 차) 전환권대가 | 발행 시 전환권대가 | 대) 전환권대가소멸이익 | 자본항목 |

03 전환권 행사

전환권 행사 시 발행되는 주식의 발행금액은 전환권을 행사한 부분에 해당하는 전환권대가와 전환사채 장부금액의 합계금액으로 한다. 장부금액 대체만 이루어지므로 전환에 따른 당기손익으로 인식할 전환손익은 없다. 최초 인식 시 전환권대가로 인식한 자본항목은 주식발행초과금으로 대체하여 주식의 발행금액에 가산한다.

Additional Comment

전환권대가는 보유자가 주식을 취득하기 위하여 계약금으로 납입한 금액이며, 전환사채의 장부금액은 주식의 발행금액 중 계약금으로 납입한 금액을 제외한 잔금이 된다. 또한, 전환권 행사로 발행되는 주식의 발행금액 중 잔금은 미래기간에 상환하기로 한 전환사채의 미래현금흐름을 면제받는 것이다. 그러므로 전환사채의 미래현금흐름을 면제받은 것이므로 주식의 발행금액에 포함할 금액은 전환사채 미래현금흐름의 현재가치금액이 된다.

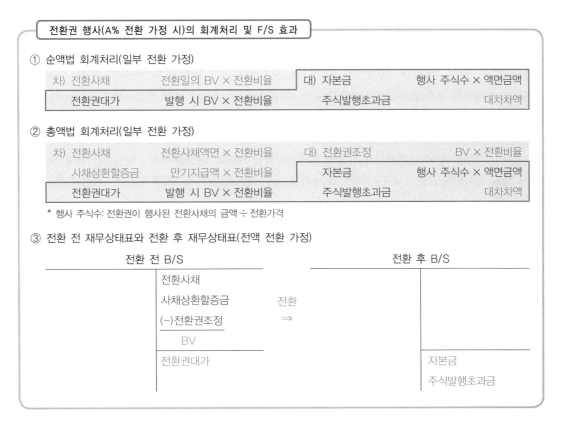

전환권의 행사로 발행되는 주식의 수량은 전환가격에 따라 결정된다. 전환가격은 전환사채가 주식으로 전환될 때 주식 1주당 교환되는 전환사채의 금액을 의미한다. 예를 들어, 전환가격은 전환사채 액면금액 ₩10,000당 액면금액 ₩5,000의 보통주 1주를 교부한다고 표시되어 있을 경우 전환가격은 ₩10,000이다.

1. 전환 시 자본총계에 미치는 영향: 전환시점의 전환사채 BV × 전환비율
2. 전환 시 주식발행초과금 증가액: 회계처리 이용하여 풀이
3. 전환사채의 일부 전환 시에는 반드시 100% 가정하여 회계처리 후 전환비율을 곱하여 원하는 계정의 금액을 산정한다.

참고

전환 시 회계처리로서 전환사채 장부금액법, 전환사채 시가법 및 발행주식의 시가법 등 여러 가지 방법이 제시될 수 있다. 이 방법들이 각각 의미하는 바는 증가하는 자본의 금액을 감소하는 전환사채의 장부금액(전환사채 장부금액법)으로 하거나, 감소하는 전환사채의 전환 시 시가(전환사채 시가법) 또는 전환 시 발행한 주식의 시가(발행주식의 시가법)로 하자는 것이다. 기준서는 전환에 따른 손익을 인식하지 않는다고 규정하고 있기 때문에 전환사채의 장부금액법에 근거하고 있다. 전환사채 장부금액법은 실무상 적용이 간편하다는 장점이 있는 반면, 시가법은 경제적 여건의 변화를 보다 잘 반영할 수 있는 장점이 있다. 그러나 시가법은 주식발행이라는 자본거래를 인식하면서 손익을 인식하는 모순이 발생하며, 이로 인한 이익정보의 왜곡을 가져올 문제점도 있다.

04 전환권 행사 이후의 이자비용 인식 및 만기상환 시 현금상환액(일부 전환 가정 시)

전환권을 행사하는 경우 전환사채의 장부금액 즉, 전환사채 미래현금흐름의 현재가치를 주식의 발행금액으로 대체한다. 따라서 전환권을 행사한 직후 전환권을 행사하지 않은 부분에 해당되는 전환사채의 장부금액도 전환사채 잔여 미래현금흐름의 현재가치가 된다.

전환권을 행사한 이후에도 전환사채의 발행자는 미전환된 부분에 대하여 유효이자율법을 계속 적용하여 이자비용을 인식한다. 이자비용은 전환권을 행사한 이후 전환사채의 장부금액에 유효이자율을 곱하여 계산한다. 그러나 이자비용은 전환권을 행사하지 않았다고 가정하여 이자비용을 계산한 후 미전환비율을 곱하여 계산할 수도 있다.

전환사채의 만기일이 되면 전환권조정은 전액 상각되었으므로 전환사채의 장부금액은 액면금액에 상환할 증금을 가산한 금액에 미전환비율만큼이 된다. 전환사채의 만기상환액은 장부금액과 일치하므로 일부 전환 후에도 전환사채의 상환으로 인한 손익은 발생하지 않는다. 이때 전환권 미행사분에 해당하는 전환권대가는 다른 자본항목으로 대체할 수 있다.

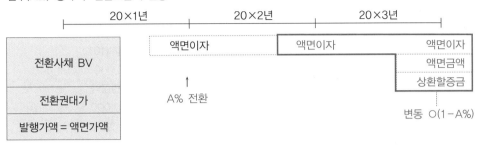

전환권 일부(A%) 행사 이후의 현금흐름의 변동 및 이자비용 인식과 만기상환액

1. 일부(A%) 행사 후 현금흐름의 변동

2. 일부(A%) 전환 후 이자비용:
   기초 전환사채 BV[= PV(액면금액 + 액면이자 + 상환할증금)]×취득 R × (1 − 전환비율)

3. 일부(A%) 전환 후 만기상환액: (액면금액 + 상환할증금 만기지급액) × (1 − 전환비율)

사례연습 2: 전환사채

㈜한영은 20×1년 초에 전환사채를 발행하였다. ㈜한영의 결산일은 매년 12월 31일이며, 관련 자료는 다음과 같다.

(1) 전환사채는 액면 ₩100,000, 표시이자율 10%, 만기 3년, 이자는 매년 말 1회 지급 조건이다.

(2) 전환사채의 발행가액은 ₩100,000이고, 전환조건은 사채액면 ₩10,000당 보통주 1주 (액면 ₩5,000)이며, 보장수익률은 12%이고 상환할증률은 6.749%이다. 사채발행 당시의 시장이자율은 연 13%이다(단, 13%, 3년의 연금현가요소는 2.36115이고, 13%, 3년 현가요소는 0.69305이다).

1 ㈜한영이 전환사채의 발행시점에 해야 할 회계처리를 보이고 F/S 효과를 보이시오.

2 동 거래가 20×1년의 ㈜한영의 당기손익에 미친 영향을 구하고 20×1년의 회계처리와 F/S 효과를 보이시오.

3 동 전환사채가 만기일까지 전환되지 않았을 경우, ㈜한영이 만기 시 해야 할 회계처리를 보이시오. (단, 이자비용 인식 회계처리는 제외)

4 동 전환사채가 20×1년 말 100% 전환되었을 때 전환으로 인한 자본증가액과 주식발행초과금을 구하시오.

5 동 전환사채가 20×1년 말에 40% 전환되었을 때 아래의 물음에 답하시오.

  5 - **1** 전환시점에 자본총계에 미친 영향은 얼마인가?

  5 - **2** 전환시점에 주식발행초과금의 증가액은 얼마인가?

  5 - **3** 40% 전환 이후 20×2년에 ㈜한영이 인식할 이자비용을 구하고 20×2년의 회계처리와 F/S 효과를 보이시오. (단, 총액법으로 회계처리)

  5 - **4** 40% 전환 이후 만기 시 ㈜한영이 상환할 금액은 얼마인가? (단, 액면이자 제외)

1 1. 현금흐름 분석

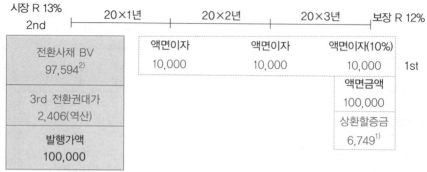

$^{1)}$ $100,000 \times (12\% - 10\%) \times (1 + 1.12 + 1.12^2) = 6,749$

$^{2)}$ $10,000 \times 2.36115 + 106,749 \times 0.69305 = 97,594$

2. 회계처리 및 F/S 분석

   (1) 순액법 회계처리

차) 현금	1st 발행가액 100,000	대) 전환사채 ① 2nd PV(액면금액 + 액면이자 + 상환할증금) 97,594
		전환권대가 ② 대차차액 2,406

재무상태표

전환사채	① 97,594
전환권대가(자본조정)	② 2,406

   (2) 총액법 회계처리

차) 현금	1st 발행가액 100,000	대) 전환사채	2nd 액면금액 100,000
전환권조정 2nd (액면금액 + 상환할증금 − ①) 9,155		상환할증금	2nd 만기상환액 6,749
① 전환사채 BV 97,594		전환권대가 ②	대차차액 2,406

재무상태표

전환사채	액면금액 100,000
상환할증금	+ 만기상환액 6,749
(−)전환권조정	− 역산 (−)9,155
전환사채 BV	① 97,594
전환권대가(자본조정)	② 2,406

❷ 20×1년 당기손익에 미친 영향

⇒ 이자비용: 기초 전환사채 BV[= PV(액면금액 + 액면이자 + 상환할증금)] × 취득 시장 R
  : 97,594 × 13% = 12,687

1. 순액법 회계처리

차) 이자비용	1st 기초 BV × 유효 R	대) 현금	2nd 액면이자
	12,687		10,000
		전환사채	대차차액
			2,687

재무상태표

	전환사채	① 100,281
	전환권대가(자본조정)	② 2,406

2. 총액법 회계처리

차) 이자비용	1st 기초 BV × 유효 R	대) 현금	2nd 액면이자
	12,687		10,000
		전환권조정	대차차액
			2,687

재무상태표(20×1년 말)

	전환사채	액면금액 100,000
	상환할증금	+ 만기상환액 6,749
	(−)전환권조정	− 역산 (−)6,468
	전환사채 BV	① 100,281
	전환권대가(자본조정)	② 2,406

⇒ 기말 전환사채 BV: PV(잔여 CF) by 취득 R = ① × (1 + R) − ③
  = 97,594 × 1.13 − 10,000 = 100,281

❸ 만기 시 회계처리(전환 0%, 액면이자 지급 제외)

1. 순액법 회계처리

차) 전환사채	액면금액 + 상환할증금 만기지급액	대) 현금	106,749
	106,749		
차) 전환권대가	발행 시 전환권대가	대) 전환권대가소멸이익	자본항목
	2,406		2,406

2. 총액법 회계처리

차) 전환사채	액면금액	대) 현금	106,749
	100,000		
상환할증금	상환할증금 만기지급액		
	6,749		
차) 전환권대가	발행 시 전환권대가	대) 전환권대가소멸이익	자본항목
	2,406		2,406

4 자본증가액: 100,281(전환사채 BV × 전환비율)
주식발행초과금: 52,687(회계처리 이용)
전환사채 전환 시(100% 전환)

1. 순액법 회계처리

차) 전환사채	전환일의 BV × 전환비율 100,281	대) 자본금	행사 주식수 × 액면금액 10주 × 5,000 = 50,000
전환권대가	발행 시 BV × 전환비율 2,406	주식발행초과금	대차차액 52,687

* 행사 주식수: 전환권이 행사된 전환사채의 금액 ÷ 전환가격 = 100,000 ÷ 10,000 = 10주

2. 총액법 회계처리

차) 전환사채	전환액면 × 전환비율 100,000	대) 전환권조정	BV × 전환비율 6,468
상환할증금	만기지급액 × 전환비율 6,749	자본금	행사 주식수 × 액면가액 50,000
전환권대가	발행 시 BV × 전환비율 2,406	주식발행초과금	대차차액 52,687

* 행사 주식수: 전환권이 행사된 전환사채의 금액 ÷ 전환가격 = 100,000 ÷ 10,000 = 10주

5 40% 전환 시

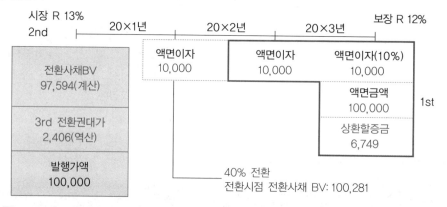

5 - **①** 전환시점에 자본총계에 미친 영향: 전환시점의 BV × 40% = 100,281 × 40% = 40,112
5 - **②** 전환시점에 주식발행초과금의 증가액: 52,687 × 40% = 21,075

[총액법 회계처리]

차) 전환사채	전환액면 × 전환비율 100,000 × 40%	대) 전환권조정	BV × 전환비율 6,468 × 40%
상환할증금	만기지급액 × 전환비율 6,749 × 40%	자본금	행사 주식수 × 액면가액 50,000 × 40%
전환권대가	발행 시 BV × 전환비율 2,406 × 40%	주식발행초과금	대차차액 52,687 × 40%

5 - ③ 20×2년에 ㈜한영이 인식할 이자비용: 7,822

* 기초 전환사채 BV[= PV(액면금액 + 액면이자 + 상환할증금)] × 취득 R × (1 − 전환비율)
* $100,281 × 13\% × (1 − 40\%) = (10,000/1.13 + 116,749/1.13^2) × 13\% × (1 − 40\%) = 7,822$

[총액법 회계처리]

차) 이자비용	1st 기초 BV × 기초 R 7,822	대) 현금	2nd 액면이자 6,000
		전환권조정	대차차액 1,822

재무상태표(20×2년 말)

	전환사채	액면금액 60,000
	상환할증금	+ 만기상환액 4,049
	(−)전환권조정	− 역산 (−)2,058
	전환사채 BV	① 61,991
	전환권대가(자본조정)	② 1,444

⇒ 기말 전환사채 BV: PV(잔여 CF) by 취득 R = ① × (1 + R) − ③
 = (100,281 × 1.13 − 10,000) × (1 − 40%) = 61,991
 = 116,749/1.13 × (1 − 40%) = 61,991

5 - ④ 만기 시 ㈜한영이 상환할 금액: 64,049

* (액면금액 + 상환할증금 만기지급액) × (1 − 전환비율) = (100,000 + 6,749) × (1 − 40%) = 64,049

3 신주인수권부사채

I 신주인수권부사채의 발행조건

신주인수권부사채(BW; Bonds with Stock Warrant)란 사채권자에게 사채발행 후 일정 기간(행사기간) 내에 정해진 가격(행사가격)으로 사채발행회사에게 신주발행을 청구할 수 있는 권리(신주인수권)를 부여한 사채로서 복합금융상품에 해당한다.

Additional Comment

신주인수권부사채를 취득한 투자자가 신주인수권을 행사하여 주식을 취득하면 주주로서의 권리를 행사할 수도 있고, 취득한 주식을 처분하여 매매차익을 실현할 수도 있다. 이와 같이 유리한 조건인 신주인수권이 사채에 부여되어 있기 때문에 전환사채와 마찬가지로 신주인수권부사채도 일반사채의 표시이자율보다 낮은 이자율로 발행되는 것이 일반적이다.

신주인수권부사채도 전환사채와 마찬가지로 만기일에 권리를 행사하지 않는 경우 상환할증금을 액면금액에 가산하여 상환하는 상환할증지급조건과 만기일에 액면금액만을 상환하는 액면상환조건으로 각각 발행된다. (⇒ 상환할증금을 계산하는 방법도 전환사채의 경우와 동일하다)

① 상환할증지급조건: 신주인수권을 행사하지 않는 경우 만기일에 상환할증금을 액면금액에 가산하여 상환하는 조건
② 액면상환조건: 신주인수권의 행사 여부에 관계없이 만기일에 액면금액만을 상환하는 조건

참고

신주인수권부사채는 분리형 신주인수권부사채와 비분리형 신주인수권부사채로 구분된다. 분리형 신주인수권부사채는 사채권과 신주인수권을 각각 별도의 증권으로 표창하고 독립하여 양도할 수 있는 사채를 말한다. 반면에 비분리형 신주인수권부사채는 1매의 채권에 사채권과 신주인수권을 함께 표창하고 이 두 가지 권리를 분리하여 따로 양도할 수 없는 사채를 말한다. 우리나라에서는 대주주가 헐값에 신주인수권을 취득하여 자신의 지분을 수월하게 확대하는 폐해를 방지하기 위하여 자본시장법을 개정하여 2013년 8월부터 분리형 신주인수권부사채의 발행을 금지하였다. 그러나 이로 인하여 신주인수권부사채의 발행시장이 위축되는 부작용이 발생하여 2015년에 다시 자본시장법을 개정하여 공모로 발행되는 경우에 한하여 분리형 신주인수권부사채의 발행을 다시 허용하고 있다. 그러나 한국채택국제회계기준에서는 신주인수권의 분리 여부에 따라 회계처리의 차이가 존재하지 않는다.

01 상환할증금

상환할증금은 신주인수권부사채의 보유자가 만기까지 신주인수권을 행사하지 않아 만기상환하는 경우에 사채 발행회사가 보유자에게 일정 수준의 수익률을 보장하기 위하여 만기에 지급할 액면금액에 추가하여 지급하기로 약정한 금액을 말한다.

Additional Comment

> 신주인수권부사채에는 신주인수권이 부여되어 있기 때문에 액면이자가 동일한 일반사채보다 신주인수권가치만큼 가격이 더 높게 발행된다. 그러나 만기까지 발행회사의 주가가 상승하지 않는다면 신주인수권을 행사하여 매매차익을 얻을 수 없기 때문에 오히려 투자자들은 신주인수권가치만큼 투자성과에 있어 기회손실을 보게 된다. 이러한 기회손실을 보장하기 위해 상환할증금을 지급하여 일정한 수익률을 보장해준다.

상환할증금은 보장수익률과 표시이자율의 차이에 해당하는 이자를 만기일에 일시 지급한 금액이다. 따라서 상환할증금은 표시이자율에 의한 미래현금흐름과 보장수익률에 의한 미래현금흐름의 차액을 보장수익률로 계산한 미래가치금액이 된다. 신주인수권부사채를 할인발행하거나 할증발행한 경우에도 상환할증금의 계산방법은 동일하다. 즉, 상환할증금은 신주인수권부사채의 발행금액과는 무관하게 결정된다.

상환할증금 계산 산식

상환할증금 = [신주인수권부사채 액면금액 × (보장수익률 – 표시이자율)] × 연금미래가치계수[1]
  [1] 보장수익률을 적용
  = 신주인수권부사채 액면금액 × (상환할증률[2])
    [2] 상환할증률 = 상환할증금 ÷ 신주인수권부사채 액면금액

Self Study

> 전환사채와 신주인수권부사채의 상환할증금 계산방법은 동일하다.

02 신주인수권의 가치

신주인수권부사채는 일반사채부분인 부채요소와 신주인수권에 해당하는 자본요소를 모두 가지고 있는 복합적 성격을 지닌 증권이다. 신주인수권부사채를 발행한 경우에는 발행가액을 일반사채에 해당하는 부채요소와 신주인수권에 해당하는 자본요소로 분리하여 회계처리하며, 자본요소의 가치를 신주인수권가치(신주인수권대가)로 인식해야 한다.

신주인수권가치는 당해 신주인수권부사채의 발행가액에서 신주인수권이 없는 일반사채의 공정가치를 차감하여 계산한다. 이 경우 일반사채의 공정가치는 만기일까지 기대되는 미래 현금흐름을 사채발행일 현재 발행회사의 신주인수권이 없는 일반사채의 유효이자율로 할인한 금액이다.

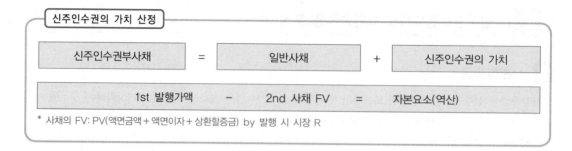

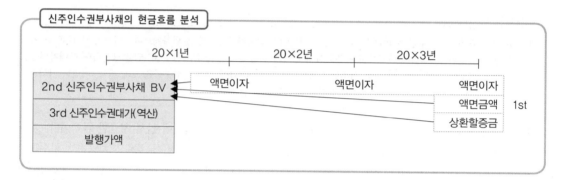

Ⅲ 신주인수권부사채의 액면발행

01 신주인수권부사채의 발행

신주인수권부사채의 발행금액은 부채요소에 해당하는 일반사채의 가치와 자본요소에 해당하는 신주인수권의 가치로 구분된다. 이 중 신주인수권의 가치에 해당하는 금액은 신주인수권에 대한 대가가 납입된 것이므로 신주인수권대가의 과목으로 하여 자본항목(자본조정)으로 분류하고 권리 행사 시 주식발행초과금으로 대체할 수 있다. 또한, 후속적으로 신주인수권을 행사할 가능성이 변동하는 경우에도 부채요소와 자본요소의 분류를 수정하지 않는다.

상환할증지급조건이 있는 경우 신주인수권부사채 발행자는 만기일에 신주인수권부사채의 액면금액에 상환할증금을 가산하여 상환한다. 신주인수권부사채도 전환사채와 동일하게 보유자가 신주인수권을 행사하지 않는다고 가정하고, 만기일에 액면금액에 추가하여 지급하는 상환할증금을 부채로 인식한다.

신주인수권부사채의 발행일에는 상환할증금과 신주인수권대가의 합계금액을 신주인수권조정으로 인식한다. 신주인수권조정은 신주인수권부사채의 차감계정으로 표시하고 신주인수권부사채의 상환기간에 걸쳐 유효이자율법으로 상각하여 이자비용으로 인식한다.

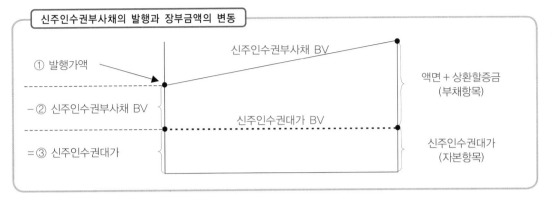

신주인수권부사채의 발행과 장부금액의 변동

신주인수권부사채의 발행 시 회계처리는 편의에 따라 아래와 같이 순액법과 총액법으로 나눌 수 있고 순액법과 총액법의 F/S 효과는 모두 동일하다.

(1) 신주인수권부사채의 발행 시 회계처리 및 F/S 효과(순액법)

차) 현금	1st 발행가액	대) 신주인수권부사채 ①	2nd PV(액면금액 + 액면이자 + 상환할증금)
		신주인수권대가 ②	대차차액

재무상태표	
신주인수권부사채	①
신주인수권대가(자본조정)	②

(2) 신주인수권부사채의 발행 시 회계처리 및 F/S 효과(총액법)

차) 현금	1st 발행가액	대) 신주인수권부사채	2nd 액면금액
신주인수권조정 2nd (액면금액 + 상환할증금 − ①)		사채상환할증금	2nd 만기상환액
① 신주인수권부사채 BV		신주인수권대가 ②	대차차액

재무상태표	
신주인수권부사채	액면금액
사채상환할증금	+ 만기상환액
(−)신주인수권조정	− 역산
신주인수권부사채 BV	①
신주인수권대가(자본조정)	②

Self Study

신주인수권부사채 발행의 회계처리와 F/S 효과는 동일한 조건의 전환사채와 동일하다.

02 신주인수권부사채의 신주인수권 행사 전 이자비용 인식과 만기상환

(1) 신주인수권부사채의 신주인수권 행사 전 이자비용

신주인수권부사채의 이자비용은 신주인수권부사채의 기초 장부금액에 유효이자율을 곱하여 계산한다. 이자비용으로 인식한 금액과 표시이자의 차액은 액면발행의 경우 신주인수권조정 상각액으로 처리한다.

이자비용의 회계처리

① 순액법 회계처리

차) 이자비용	1st 기초 BV × 유효 R	대) 현금	2nd 액면이자
		신주인수권부사채	대차차액

② 총액법 회계처리

차) 이자비용	1st 기초 BV × 유효 R	대) 현금	2nd 액면이자
		신주인수권조정	대차차액

Self Study

신주인수권부사채 이자비용의 회계처리와 F/S 효과는 동일한 조건의 전환사채와 동일하다.

(2) 신주인수권부사채의 만기상환

신주인수권부사채의 만기 시에는 신주인수권조정은 전액이 상각되었으므로 신주인수권부사채의 장부금액은 액면금액에 상환할증금을 가산한 금액이 된다. 신주인수권부사채의 만기상환액은 장부금액과 일치하기에 상환으로 인한 손익은 발생하지 않는다. 또한, 신주인수권이 미행사된 부분에 대한 신주인수권대가는 다른 자본항목으로 대체할 수 있다.

만기상환의 회계처리

① 순액법 회계처리

차) 신주인수권부사채	액면금액＋상환할증금 만기지급액	대) 현금	××
차) 신주인수권대가	발행 시 전환권대가	대) 신주인수권대가소멸이익	자본항목

② 총액법 회계처리

차) 신주인수권부사채	액면금액	대) 현금	××
사채상환할증금	상환할증금 만기지급액		
차) 신주인수권대가	발행 시 전환권대가	대) 신주인수권대가소멸이익	자본항목

---

03 신주인수권 행사

신주인수권을 행사하는 경우 주식의 발행금액은 권리 행사 시에 납입되는 금액(행사가격)과 신주인수권대가 중 권리 행사분에 해당하는 금액의 합계금액으로 한다. 다만, 상환할증금 지급조건이 있는 경우에는 상환할증금 중 권리 행사분에 해당하는 금액을 납입금액에 가산한다. 이때 상환할증금은 관련된 미상각 신주인수권조정을 차감한 후의 금액(= 상환할증금의 행사시점 현재가치)을 말한다. 그러므로 신주인수권의 행사로 발행되는 주식의 발행금액은 현금납입액과 신주인수권대가 및 현재 상환할증금의 현재가치를 합산한 금액이 된다.

신주인수권의 행사 시 주식의 발행금액

1. 상환할증지급조건 ×: 납입되는 금액(행사가격) + 신주인수권대가
2. 상환할증지급조건 ○: 납입되는 금액(행사가격) + 신주인수권대가 + PV(상환할증금)

Additional Comment

상환할증금 지급조건 신주인수권부사채의 경우 신주인수권이 행사되면 만기에 상환할증금을 지급할 필요가 없으므로 신주인수권의 행사시점에 상환할증금의 현재가치를 주식의 발행금액에 포함하여야 하는 것이다.

신주인수권 행사(A% 행사 가정 시)의 회계처리 및 F/S 효과

① 순액법 회계처리(일부 행사 가정)

차) 현금	행사 주식수 × 행사가격	대) 자본금	행사 주식수 × 액면금액
신주인수권부사채	PV(상환할증금) × 행사비율		
신주인수권대가	발행 시 BV × 행사비율	주식발행초과금	대차차액

② 총액법 회계처리(일부 행사 가정)

차) 현금	행사 주식수 × 행사가격	대) 신주인수권조정	상환할증금 관련 × 행사비율
사채상환할증금	만기지급액 × 행사비율	자본금	행사 주식수 × 액면금액
신주인수권대가	발행 시 BV × 행사비율	주식발행초과금	대차차액

* 행사 주식수: 신주인수권 행사 시 납입할 현금 ÷ 행사가격

③ 행사 전 재무상태표와 행사 후 재무상태표(전액 행사 가정)

행사 전 B/S

	신주인수권부사채
	상환할증금
	(-)신주인수권조정
	BV
	신주인수권대가

행사 ⇒

행사 후 B/S

현금	신주인수권부사채
	-
	(-)신주인수권조정
	BV
	자본금
	주식발행초과금

신주인수권의 행사로 발행되는 주식의 수량은 행사가격에 따라 결정된다. 행사가격은 신주인수권의 권리행사 시 보유자가 취득하는 주식 1주당 납입할 현금을 말한다. 예를 들어, 행사가격은 보통주 1주당 ₩10,000으로 표시되는데, 이 경우 행사가격은 주당 ₩10,000이 된다.

04 신주인수권 행사 이후의 이자비용 인식 및 만기상환 시 현금상환액(일부 행사 가정 시)

신주인수권을 행사한 이후에도 신주인수권부사채의 발행자는 유효이자율법을 계속 적용하여 이자비용을 인식한다. 이자비용은 신주인수권을 행사한 이후 신주인수권부사채의 장부금액에 유효이자율을 곱하여 계산한다. 신주인수권부사채의 만기일이 되면 신주인수권조정은 전액이 상각되었으므로 신주인수권부사채의 장부금액은 액면금액에 권리를 행사하지 않은 부분에 대한 상환할증금을 가산한 금액이 된다.

Additional Comment

전환사채의 경우에는 전환권이 행사된 이후에 전환권이 행사된 부분에 해당하는 사채가 소멸되므로 미행사된 부분의 전환사채에 대해서만 이자비용을 인식하면 된다. 반면에 신주인수권부사채의 경우 사채가 존속하므로 신주인수권이 행사되더라도 100%의 이자비용을 인식한다. 그러나 상환할증금 지급조건 신주인수권부사채의 경우 신주인수권이 행사되면 원금과 액면이자와 관련된 이자비용은 100%로 인식해야 하지만 상환할증금은 행사된 부분에 대해서 상환할증금을 지급할 필요가 없으므로 상환할증금과 관련된 이자비용 중 미행사된 부분에 대해서만 인식해야 한다.

신주인수권 일부(A%) 행사 이후의 현금흐름의 변동 및 이자비용 인식과 만기상환액

1. 일부(A%) 행사 후 현금흐름의 변동

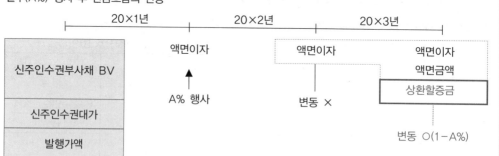

2. 일부(A%) 행사 후 이자비용: 기초 BV[= PV(액면금액 + 액면이자 + 상환할증금 × (1 − 행사비율))] × 취득 R
3. 일부(A%) 행사 후 만기상환액: 액면금액 + 상환할증금 만기지급액 × (1 − 행사비율)

㈜한영은 20×1년 초에 신주인수권부사채를 발행하였다. ㈜한영의 결산일은 매년 12월 31일이며, 관련 자료는 다음과 같다.

> (1) 신주인수권부사채는 액면 ₩100,000, 표시이자율 10%, 만기 3년, 이자는 매년 말 1회 지급조건이다.
> (2) 신주인수권부사채의 발행가액은 ₩100,000이고, 행사조건은 사채액면 ₩10,000당 보통주 1주(액면 ₩5,000)를 ₩7,000에 매입할 수 있다. 보장수익률은 12%이고 상환할증률은 6.749%이다. 사채발행 당시의 시장이자율은 연 13%이다(단, 13%, 3년의 연금현가요소는 2.36115이고, 13%, 3년 현가요소는 0.69305이다).

1 ㈜한영이 신주인수권부사채의 발행시점에 해야 할 회계처리를 보이고 F/S 효과를 보이시오.

2 동 거래가 20×1년의 ㈜한영의 당기손익에 미친 영향을 구하고 20×1년의 회계처리와 F/S 효과를 보이시오.

3 동 신주인수권부사채가 만기일까지 전환되지 않았을 경우, ㈜한영이 만기 시 해야 할 회계처리를 보이시오. (단, 이자비용 인식 회계처리는 제외)

4 신주인수권이 20×1년 말 100% 행사되었을 때 행사로 인한 자본증가액과 주식발행초과금을 구하시오.

5 신주인수권이 20×1년 말에 40% 행사되었을 때 아래의 물음에 답하시오.

> **5** - ① 행사시점에 자본총계에 미친 영향은 얼마인가?
> **5** - ② 행사시점에 주식발행초과금의 증가액은 얼마인가?
> **5** - ③ 40% 행사 이후 20×2년에 ㈜한영이 인식할 이자비용을 구하고 20×2년의 회계처리와 F/S 효과를 보이시오. (단, 총액법으로 회계처리)
> **5** - ④ 40% 행사 이후 만기 시 ㈜한영이 상환할 금액은 얼마인가? (단, 액면이자 제외)

[풀이]

1 1. 현금흐름 분석

$^{1)}$ 100,000 × (12% − 10%) × (1 + 1.12 + 1.12^2) = 6,749
$^{2)}$ 10,000 × 2.36115 + 106,749 × 0.69305 = 97,594

2. 회계처리 및 F/S 분석

(1) 순액법 회계처리

차) 현금	1st 발행가액 100,000	대) 신주인수권부사채 ①	2nd PV(액면금액 + 액면이자 + 상환할증금) 97,594
		전환권대가 ② └ 신주인수권대가	대차차액 2,406

재무상태표

신주인수권부사채	① 97,594
신주인수권대가	② 2,406

(2) 총액법 회계처리

차) 현금	1st 발행가액 100,000	대) 신주인수권부사채	2nd 액면금액 100,000
신주인수권조정 2nd (액면금액 + 상환할증금 − ①) 9,155		상환할증금	2nd 만기상환액 6,749
① 신주인수권부사채 BV 97,594		신주인수권대가 ②	대차차액 2,406

재무상태표

신주인수권부사채	액면금액 100,000
상환할증금	+ 만기상환액 6,749
(−)신주인수권조정	− 역산 (−)9,155
신주인수권부사채 BV	① 97,594
신주인수권대가	② 2,406

❷ 1. 20×1년 당기손익에 미친 영향

⇒ 이자비용: 기초 신주인수권부사채 BV(= PV(액면금액 + 액면이자 + 상환할증금)) × 취득 시장 R
: 97,594 × 13% = 12,687

2. 회계처리

(1) 순액법 회계처리

차) 이자비용	1st 기초 BV × 유효 R 12,687	대) 현금	2nd 액면이자 10,000
		신주인수권부사채	대차차액 2,687

재무상태표

신주인수권부사채	① 100,281
신주인수권대가	② 2,406

(2) 총액법 회계처리

차) 이자비용	1st 기초 BV × 유효 R	대) 현금	2nd 액면이자
	12,687		10,000
		신주인수권조정	대차차액
			2,687

재무상태표(20×1년 말)

	신주인수권부사채	액면금액 100,000
	상환할증금	+ 만기상환액 6,749
	(−)신주인수권조정	− 역산 (−)6,468
	신주인수권부사채 BV	① 100,281
	신주인수권대가	② 2,406

⇒ 기말 신주인수권부사채 BV: PV(잔여 CF) by 취득 R = ① × (1 + R) − ③
= 97,594 × 1.13 − 10,000 = 100,281

3 만기 시 회계처리(행사 0%, 액면이자 지급 제외)

1. 순액법 회계처리

차) 신주인수권부사채	액면금액 + 상환할증금 만기지급액	대) 현금	106,749
	106,749		
차) 신주인수권대가	발행 시 신주인수권대가	대) 신주인수권대가소멸이익	자본항목
	2,406		2,406

2. 총액법 회계처리

차) 신주인수권부사채	액면금액	대) 현금	106,749
	100,000		
상환할증금	상환할증금 만기지급액		
	6,749		
차) 신주인수권대가	발행 시 신주인수권대가	대) 신주인수권대가소멸이익	자본항목
	2,406		2,406

4 자본증가액: 행사가격 + PV(상환할증금) = 70,000 + 5,285 = 75,285
주식발행초과금: 27,691(회계처리 이용)
신주인수권부사채 100% 행사

1. 순액법 회계처리

차) 현금	행사 주식수 × 행사가격	대) 자본금	행사 주식수 × 액면금액
	70,000		50,000
신주인수권부사채	PV(상환할증금) × 행사비율		
	$6,749/1.13^2 = 5,285$		
신주인수권대가	발행 시 BV × 행사비율	주식발행초과금	대차차액
	2,406		27,691

* 행사 주식수: 100,000 ÷ 10,000 = 10주

2. 총액법 회계처리

차) 현금	행사 주식수[1] × 행사가격	대) 신주인수권조정	BV × 행사비율
	70,000		1,464
상환할증금	만기지급액 × 행사비율	자본금	행사 주식수 × 액면금액
	6,749		50,000
신주인수권대가	발행 시 BV × 행사비율	주식발행초과금	대차차액
	2,406		27,691

[1] 행사 주식수: 100,000 ÷ 10,000 = 10주

⑤ 40% 전환 시

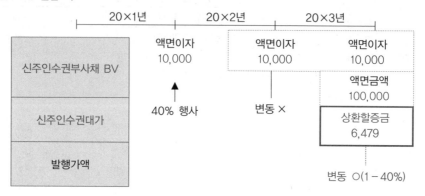

⑤ - ① 행사시점에 자본총계에 미친 영향: $(70,000 + 6,749/1.13^2) \times 40\% = 30,114$

⑤ - ② 행사시점에 주식발행초과금의 증가액: $27,691 \times 40\% = 11,076$

[총액법 회계처리]

차) 현금	행사 주식수 × 행사가격	대) 신주인수권조정	BV × 행사비율
	70,000 × 40%		1,464 × 40%
상환할증금	만기지급액 × 행사비율	자본금	행사 주식수 × 액면금액
	6,749 × 40%		50,000 × 40%
신주인수권대가	발행 시 BV × 행사비율	주식발행초과금	대차차액
	2,406 × 40%		27,691 × 40%

⑤ - ③ 20×2년에 ㈜한영이 인식할 이자비용: 12,762

* 기초 PV[액면금액 + 액면이자 + 상환할증금 × (1 - 행사비율)] × 취득 R
$= [10,000/1.13 + \{110,000 + 6,749 \times (1 - 40\%)\}/1.13^2] \times 13\% = 12,762$

[총액법 회계처리]

차) 이자비용	1st 유효 BV × 기초 R	대) 현금	2nd 액면이자
	12,762		10,000
		신주인수권조정	대차차액
			2,762

재무상태표(20×2년 말)

신주인수권부사채	액면금액	100,000
상환할증금	+ 만기상환액	4,049
(−)신주인수권조정	− 역산	(−)3,120
신주인수권부사채 BV		① 100,929
신주인수권대가		② 1,444

⇒ 기말 신주인수권부사채 BV: PV(잔여 CF) by 취득 R
$$= \{110{,}000 + 6{,}749 \times (1 - 40\%)\}/1.13 = 100{,}929$$

5 - **4** 만기 시 ㈜한영이 상환할 금액: 104,049
  * 액면금액 + 상환할증금 만기지급액 × (1 − 행사비율) = 100,000 + 6,749 × (1 − 40%) = 104,049

01 ㈜제주는 액면금액 ₩1,000,000의 전환사채를 20×1년 1월 1일에 액면발행하였다. 전환사채의 표시이자율은 연 8%이고, 이자는 매년 말에 지급되며, 만기일은 20×3년 12월 31일이다. 보장수익률은 연 10%이며, 전환조건은 사채액면 ₩10,000당 보통주식 1주(액면 ₩5,000)이다. 20×3년 1월 1일에 전체의 40%에 해당하는 전환사채 ₩400,000의 전환청구를 받아 전환이 이루어졌고 나머지는 만기에 상환하였다. 사채발행 당시 시장이자율은 연 12%이며, 이자율에 따른 현가요소는 다음과 같다.

3년 기준	8%	10%	12%
현가요소	0.79383	0.75131	0.71178
연금현가요소	2.57710	2.48685	2.40183

20×1년 초 전환권대가와 20×3년 초 전환 시 자본증가액은 각각 얼마인가?

	전환권대가	자본증가액
①	₩58,594	₩419,357
②	₩48,954	₩419,357
③	₩58,594	₩409,357
④	₩48,954	₩409,357
⑤	₩38,594	₩409,357

02 ㈜목포는 액면금액 ₩1,000,000의 전환사채를 20×1년 1월 1일에 발행하였다. 전환사채의 표시이자율은 연 5%이고, 이자는 매년 말에 지급되며, 만기일은 20×3년 12월 31일이다. 이 전환사채는 20×2년 1월 1일부터 주식으로의 전환이 가능하며, 전환사채의 전환권을 행사하지 않을 경우에는 만기에 상환할증금이 지급된다. 보장수익률은 연 10%이며, 20×3년 1월 1일에 전체의 60%에 해당하는 전환사채 ₩600,000의 전환청구를 받아 전환이 이루어졌고 나머지는 만기에 상환하게 되었다. 이 회사는 일반사채를 발행할 경우 연 12%의 할인율로 액면발행이 가능하다. 만기에 지급하게 되는 총금액(표시이자 지급액은 제외)은 얼마인가?

① ₩400,000   ② ₩426,490   ③ ₩438,974
④ ₩439,720   ⑤ ₩466,200

03 12월 말 결산법인인 ㈜백두는 20×1년 초에 액면금액 ₩1,000,000, 상환기일 20×3년 말, 표시이자율 연 8%의 전환사채를 액면금액에 발행하였다. 이 전환사채와 동일한 일반사채의 시장이자율은 연 14%이다. 전환청구기간은 사채발행일 이후 1개월이 경과한 때부터 상환기일 1개월 전까지이며, 전환조건은 전환사채 발행금액 ₩10,000당 주식 1주(액면금액 ₩5,000)를 교부한다. 전환사채가 전환되지 아니하는 경우에는 만기일에 액면금액의 116.87%를 일시상환한다. 20×2년 말 현재 재무상태표에 표시할 전환사채의 장부금액은 얼마인가? (단, 현가요소는 아래와 같으며 소수점 이하는 소수점 첫째 자리에서 반올림한다)

3년 기준	8%	14%
단일금액 ₩1의 현가계수	0.7938	0.6750
정상연금 ₩1의 현가계수	2.5771	2.3216

① ₩1,095,391   ② ₩1,031,045   ③ ₩1,000,000
④ ₩927,191   ⑤ ₩805,905

04 ㈜관세는 20x1년 1월 1일 다음과 같은 조건으로 전환사채를 액면발행하였다.

> • 액면금액: ₩200,000
> • 만기일: 20x3년 12월 31일
> • 표시이자: 연 5%(매년 12월 31일 지급)
> • 전환조건: 사채 액면금액 ₩2,000당 보통주(주당 액면금액 ₩1,000) 1주로 전환
> • 사채발행시점의 유효이자율: 연 8%
> • 원금상환방법: 상환기일에 액면금액을 일시상환

20x2년 1월 1일 전환사채 중 액면금액 ₩80,000이 보통주로 전환되었을때, 20x2년도에 인식해야 할 이자비용은? [단, 계산 시 화폐금액은 소수점 첫째자리에서 반올림하고 단일금액 ₩1의 현재가치는 0.7938(3년, 8%), 정상연금 ₩1의 현재가치는 2.5771(3년, 8%)이다]

[관세사 2017년]

① ₩6,000 ② ₩6,424 ③ ₩9,086
④ ₩10,000 ⑤ ₩15,144

05 ㈜감평은 20x1년 1월 1일에 다음 조건의 전환사채를 발행하였다.

> • 액면금액: ₩2,000,000
> • 표시이자율: 연 7%
> • 일반사채의 시장이자율: 연 12%
> • 이자지급일: 매년 12월 31일
> • 상환조건: 20x3년 12월 31일에 액면금액의 110.5%로 일시상환
> • 전환가격: ₩3,000(보통주 주당 액면금액 ₩1,000)

만일 위 전환사채에 상환할증금 지급조건이 없었다면, 상환할증금 지급조건이 있는 경우에 비해 포괄손익계산서에 표시되는 20x1년 이자비용은 얼마나 감소하는가? (단, 현재가치는 다음과 같으며 계산결과는 가장 근사치를 선택한다)

[감정평가사 2017년]

기간	단일금액 ₩1의 현재가치		정상연금 ₩1의 현재가치	
	7%	12%	7%	12%
1	0.9346	0.8929	0.9346	0.8929
2	0.8734	0.7972	1.8080	1.6901
3	0.8163	0.7118	2.6243	2.4018

① ₩17,938 ② ₩10,320 ③ ₩21,215
④ ₩23,457 ⑤ ₩211,182

06 ㈜감평은 20×1년 1월 1일 다음과 같은 조건의 비분리형 신주인수권부사채를 액면발행하였다.

- 액면금액: ₩1,000
- 표시이자율: 연 5%
- 사채발행 시 신주인수권이 부여되지 않은 일반사채의 시장이자율: 연 12%
- 이자지급일: 매년 12월 31일
- 행사가격: 1주당 ₩200
- 발행주식의 액면금액: 1주당 ₩100
- 만기상환일: 20×3년 12월 31일
- 상환조건: 신주인수권 미행사 시 상환기일에 액면금액의 113.5%를 일시상환

20×2년 초 상기 신주인수권의 60%가 행사되어 3주가 발행되었다. 20×2년 초 상기 신주인수권의 행사로 인해 증가하는 ㈜감평의 주식발행초과금은? (단, 신주인수권 행사 시 신주인수권대가는 주식발행초과금으로 대체한다. 화폐금액은 소수점 첫째자리에서 반올림하며, 단수차이로 인한 오차는 가장 근사치를 선택한다.)

[감정평가사 2024년]

기간	단일금액 ₩1의 현재가치		정상연금 ₩1의 현재가치	
	5%	12%	5%	12%
1	0.9524	0.8928	0.9524	0.8928
2	0.9070	0.7972	1.8594	1.6900
3	0.8638	0.7118	2.7232	2.4018

① ₩308 ② ₩335 ③ ₩365
④ ₩408 ⑤ ₩435

01 ④　1. 전환권대가

(1) 전환사채의 발행금액　　　　　　　　　　　　　　　　　　　1,000,000

(2) 전환사채의 현재가치

- 이자의 현재가치:　　　　　80,000 × 2.40183 =　　　192,146
- 원금의 현재가치:　　1,000,000 × 0.71178 =　　　711,780
- 상환할증금의 현재가치:　66,200[1] × 0.71178 =　　　47,120　　(−)951,046

(3) 전환권대가　　　　　　　　　　　　　　　　　　　　　　　　48,954

[1] 상환할증금: $1,000,000 × (10\% - 8\%) × (1 + 1.1 + 1.1^2) = 66,200$

2. 전환 시 자본증가액: $\{(80,000 + 1,000,000 + 66,200) ÷ 1.12\} × 40\% = 409,357$

02 ⑤　(1) 상환할증금: $50,000 × (1 + 1.1 + 1.1^2) = 165,500$

(2) 만기지급액: $1,000,000 × 40\% + 165,500 × 40\% = 466,200$

03 ①　(1) 전환사채의 현재가치: $1,000,000 × 0.6750 + 1,000,000 × 8\% × 2.3216 + 168,700 × 0.6750$
　　　　　　$= 974,601$

(2) 20×2년 말 전환사채의 장부금액: $974,601 + (974,601 × 0.14 - 80,000) × (1 + 1.14) = 1,095,391$

04 ③　X2년 이자비용: $(10,000/1.08 + 210,000/1.08^2) × 8\% × (200,000 - 80,000)/200,000 = 9,086$

05 ①　이자비용 감소액: $2,000,000 × (1 - 110.5\%) × 0.7118 × 12\% = 17,938$

06 ④　(1) 발행시 신주인수권부사채의 현재가치와 신주인수권대가

신주인수권부사채의 발행금액　　　　　　　　　　　　　　　　1,000

신주인수권부사채의 현재가치

- 이자의 현재가치: 1,000 × 5% × 2.4018 =　　　120
- 원금의 현재가치: 1,000 × 0.7118 =　　　712
- 상환할증금의 현재가치: 135[1] × 0.7118 =　　　96　　(928)

신주인수권대가　　　　　　　　　　　　　　　　　　　　　　　72

[1] 상환할증금: 1,000 × 13.5%

(2) 20X2년 초 상활증금의 현재가치: 96×1.12=108

(3) 100% 행사 시 주식발행초과금 증가액

= 납입되는 현금(행사주식수×행사가격)+상활증금PV+신주인수권대가−행사주식수×보통주액면금액

= (1,000/200×200)+108+72−(1,000/200×100)=680

(4) 60% 행사 시 주식발행초과금 증가액: 680×60%=408

[100% 행사시 회계처리]

차) 현금	1,000	대) 자본금	500
상환할증금(PV)	108	주식발행초과금(대차차액)	680
신수인수권대가	72		

ca.Hackers.com

해커스 감정평가사
ca.Hackers.com

Chapter **15**

고객과의 계약에서 생기는 수익

1 고객과의 계약에서 생기는 수익

I 기준서 제1115호 '고객과의 계약에서 생기는 수익'의 적용

기업회계기준서 제1115호 '고객과의 계약에서 생기는 수익'에서는 계약상대방이 고객인 경우에만 그 계약에 대하여 해당 기준서를 적용한다. 고객이란 기업의 통상적인 활동의 산출물인 재화나 용역을 대가와 교환하여 획득하기로 기업과 계약한 당사자를 말한다. 만약 계약당사자가 여기에 해당하지 않는다면 수익이 발생하더라도 기준서 제1115호를 적용하지 않는다.

Additional Comment

> 예를 들어 계약상대방이 기업의 통상적인 활동의 산출물을 취득하기 위해서가 아니라 어떤 활동이나 과정(예 협업약정에 따른 자산 개발)에 참여하기 위해 기업과 계약하였고, 그 계약당사자들이 그 활동이나 과정에서 생기는 위험과 효익을 공유한다면, 그 계약상대방은 고객이 아니다.

고객이나 잠재적 고객에게 판매를 쉽게 하기 위해 행하는 같은 사업 영역에 있는 기업 사이의 비화폐성 교환에 대해서도 기준서 제1115호를 적용하지 않는다.

Additional Comment

> 두 정유사가 서로 다른 특정 지역에 있는 고객의 수요를 적시에 충족하기 위해, 두 정유사끼리 유류를 교환하기로 합의한 계약은 고객과의 계약이 아니므로 적용하지 않는다.

Ⅱ 고객과의 계약에서 생기는 수익의 인식 5단계

고객과의 계약에서 생기는 수익을 인식할 때는 다음의 단계를 거쳐야 한다.

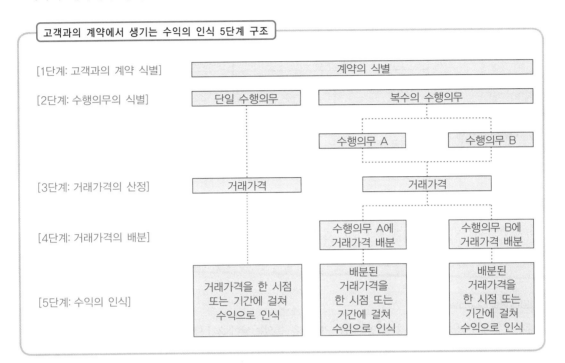

고객과의 계약에서 생기는 수익의 인식 5단계 구조

Ⅲ 표시

계약당사자 중 어느 한 편이 계약을 수행했을 때, 기업의 수행 정도와 고객의 지급과의 관계에 따라 그 계약을 계약자산이나 계약부채로 재무상태표에 표시한다. 고객이 대가를 지급하기 전이나 지급기일 전에 기업이 고객에게 재화나 용역의 이전을 수행할 경우 기업은 계약자산을 인식한다. 이에 반해, 대가를 받을 무조건적인 권리는 수취채권으로 구분하여 표시한다.

① 계약자산: 기업이 고객에게 이전한 재화나 용역에 대하여 그 대가를 받을 기업의 권리로 그 권리에 시간의 경과 외의 조건이 있는 자산
② 계약부채: 기업이 고객에게 이미 받은 대가 또는 지급기일이 된 대가에 상응하여 고객에게 재화나 용역을 이전하여야 하는 기업의 의무
③ 수취채권: 기업이 고객에게 대가를 받을 무조건적인 권리

기업이 고객에게 재화나 용역을 이전하기 전에 고객이 대가를 지급하거나 기업이 대가를 받을 무조건적인 권리를 갖고 있는 경우에는 지급받은 때나 지급받기로 한 때 중 이른 시기에 그 계약을 계약부채로 표시한다. 또한, 고객이 대가를 지급하기 전이나 지급기일 전에 기업이 고객에게 재화나 용역의 이전을 수행하는 경우에는 계약자산으로 표시한다. 단, 수취채권으로 표시한 금액은 제외한다.

계약자산과 계약부채, 수취채권의 회계처리

수행의무 이행 ○	현금 수령 ○		차) 현금	대) 계약수익
	현금 수령 ×	무조건적 권리 ×	차) 계약자산	대) 계약수익
		무조건적 권리 ○	차) 수취채권	대) 계약수익
수행의무 이행 ×	현금 수령 ○		차) 현금	대) 계약부채
	현금 수령 ×	무조건적 권리 ×	회계처리 없음	
		무조건적 권리 ○	차) 수취채권	대) 계약부채

Self Study

'무조건적 권리 × ⇒ 무조건적 권리 ○'로 변경 시 회계처리

차) 수취채권	××	대) 계약자산	××

Additional Comment

많은 경우 계약자산은 시간만 경과하면 대가를 지급받을 수 있는 날이 오기 때문에 무조건적인 권리, 즉 수취채권과 동일한 금액일 것이다. 그러나 어떤 경우에는 기업이 수행의무를 이행하더라도 그 대가를 받을 무조건적인 권리를 갖지 않을 수 있다. 예를 들어 재화를 이전하였는데 그 다음 재화를 이전하여야만 처음에 이전한 재화에 대한 대가를 수취할 수 있는 권리가 생기는 경우가 그러하다. 이렇듯 계약자산과 수취채권을 구별하는 이유는 그렇게 함으로써 재무제표 정보이용자에게 계약상 기업의 권리와 관련된 위험에 대한 목적적합한 정보를 제공할 수 있기 때문이다. 또한 기업이 고객에게서 선수금을 받은 경우 미래에 재화나 용역을 이전할 수행의무에 대한 선수금을 계약부채로 인식하고, 향후 수행의무를 이전할 때 계약부채를 제거하면서 수익을 인식한다. 그러나 고객에게서 선수금을 받지 않아도 계약부채를 인식하는 경우가 있으므로 계약부채는 선수금보다 더 넓은 의미로 사용되는 계정으로 이해할 수 있다.

사례연습 1: 표시 ▶

각 물음은 서로 독립적이다.

❶ 12월 말 결산법인인 ㈜한영은 20×1년 1월 1일 고객에게 3월 31일에 제품을 이전하는 계약을 체결하였다. 고객은 계약에 따라 20×1년 1월 31일에 대가 ₩1,000을 미리 지급하여야 한다. 그런데 고객은 20×1년 3월 1일에 대가를 지급하였다. ㈜한영은 20×1년 3월 31일에 제품을 이전하는 수행의무를 이행하였다.

❶ - **①** ㈜한영이 고객과 체결한 계약을 취소할 수 있는 계약이라고 할 경우 각 일자에 해야 할 회계처리를 하시오.

❶ - **②** ㈜한영이 고객과 체결한 계약이 취소할 수 없는 계약이라고 할 경우 각 일자에 해야 할 회계처리를 하시오.

❷ 12월 말 결산법인인 ㈜한영은 20×1년 1월 1일 고객 갑에게 제품 A와 제품 B를 이전하는 계약을 체결하였다. 계약에 따르면 제품 A를 먼저 인도하고, 제품 A의 인도 대가는 제품 B의 인도를 조건으로 한다. 즉, 대가 ₩1,000은 제품 A와 제품 B를 모두 이전한 다음에만 받을 권리가 생긴다. 계약의 수행의무는 제품 A와 제품 B를 이전하는 것이며, 계약대가는 제품의 상대적 개별 판매가격에 기초하여 제품 A와 제품 B에 각각 ₩400과 ₩600을 배분한다. ㈜한영이 고객과 체결한 계약에서 제품 A와 제품 B를 이전하는 수행의무를 이행하는 시점에 해야 할 회계처리를 하시오.

[풀이]

❶ - **①** • 20×1. 1. 1.: 회계처리 없음
　　　• 20×1. 1. 31.: 회계처리 없음
　　　[20×1. 3. 1.]

차) 현금	1,000	대) 계약부채	1,000

　　　[20×1. 3. 31.]

차) 계약부채	1,000	대) 수익	1,000

　　　* 계약을 취소할 수 있으므로 대가의 지급기일인 20×1년 1월 31일에 ㈜한영은 대가를 받을 무조건적인 권리를 갖지 못한다.

❶ - **②** • 20×1. 1. 1.: 회계처리 없음
　　　[20×1. 1. 31.]

차) 수취채권	1,000	대) 계약부채	1,000

　　　[20×1. 3. 1.]

차) 현금	1,000	대) 수취채권	1,000

　　　[20×1. 3. 31.]

차) 계약부채	1,000	대) 수익	1,000

　　　* 계약을 취소할 수 없으므로 대가의 지급기일인 20×1년 1월 31일에 ㈜한영은 대가를 받을 무조건적인 권리를 갖기 때문에 수취채권으로 인식하여야 한다.

❷
[제품 A의 이전]

차) 계약자산	400	대) 수익	400

[제품 B의 이전]

차) 수취채권	1,000	대) 계약자산	400
		수익	600

2 Step 1: 계약의 식별

01 계약의 정의

계약은 둘 이상의 당사자 사이에 집행 가능한 권리와 의무가 생기게 하는 합의이다. 계약상 권리와 의무의 집행가능성은 법률적인 문제이다. 계약은 서면으로, 구두로, 기업의 사업 관행에 따라 암묵적으로 체결할 수 있다.

고객과의 어떤 계약은 존속기간이 고정되지 않을 수도 있고, 당사자 중 한 편이 언제든지 종료하거나 수정할 수도 있다. 한편, 계약에서 정한 바에 따라 주기적으로 자동 갱신될 수도 있다. 이와 같은 경우 계약 당사자들이 현재 집행 가능한 권리와 의무가 있는 계약의 존속기간(계약기간)에 적용한다.

02 계약의 존재

계약의 각 당사자가 전혀 수행되지 않은 계약에 대해 상대방에게 보상하지 않고(예 위약금 없이 계약 해지 가능) 종료할 수 있는 일방적이고 집행 가능한 권리를 갖는다면, 그 계약은 존재하지 않는다고 본다. 다음의 기준을 모두 충족한다면, 계약은 전혀 수행되지 않은 것이다.

> ① 기업이 약속한 재화나 용역을 아직 고객에게 이전하지 않았다.
> ② 기업이 약속한 재화나 용역에 대하여 어떤 대가도 아직 받지 않았고 아직 받을 권리도 없다.

01 계약의 식별 요건

기업회계기준서 제1115호 '고객과의 계약에서 생기는 수익'에 따르면 다음 기준을 모두 충족하는 때에만 고객과의 계약은 식별가능하고 고객과의 계약으로 회계처리한다.

> ① 계약당사자들이 계약을 승인하고 각자의 의무를 수행하기로 확약한다.
> ② 이전할 재화나 용역에 관련된 각 당사자의 권리를 식별할 수 있다.
> ③ 이전할 재화나 용역의 지급조건을 식별할 수 있다.
> ④ 계약에 상업적 실질이 있다.
> ⑤ 고객에게 이전할 재화나 용역에 대하여 받을 권리를 갖게 될 대가의 회수가능성이 높다.

02 계약인지 여부의 판단

고객과의 계약이 계약 개시시점에 계약에 해당하는지에 대한 식별기준을 충족하는 경우에는 사실과 상황에 유의적인 변동 징후가 없는 한 이러한 기준들을 재검토하지 않는다. 예를 들어 고객의 대가 지급 능력이 유의적인 징후가 존재한다면 위의 기준을 재검토해야 한다. 만일 고객과의 계약이 식별기준을 충족하지 못한다면, 나중에 충족되는지를 식별하기 위해 그 계약을 지속적으로 검토한다.

계약 개시시점에 식별기준 충족 여부	내용
식별기준을 충족	유의적인 변동 징후가 없다면 재검토하지 않음
식별기준을 미충족	충족하는지 여부를 지속적으로 검토

고객과의 계약이 식별기준을 충족하지 못하지만 고객에게 대가를 받은 경우에는 고객에게서 받은 대가는 수익으로 인식하기 전까지 부채로 인식하며, 이렇게 인식된 부채는 계약과 관련된 사실 및 상황에 따라, 재화나 용역을 미래에 이전하거나 받은 대가를 환불해야 하는 의무를 나타낸다. 이 모든 경우에 그 부채는 고객에게서 받은 대가로 측정하고 다음 사건 중 어느 하나가 일어난 경우에만 받은 대가를 수익으로 인식한다.

> ① 고객에게 재화나 용역을 이전해야 하는 의무가 남아 있지 않고, 고객이 약속한 대가를 모두(또는 대부분) 받았으며 그 대가는 환불되지 않는다.
> ② 계약이 종료되었다고 고객에게서 받은 대가는 환불되지 않는다.

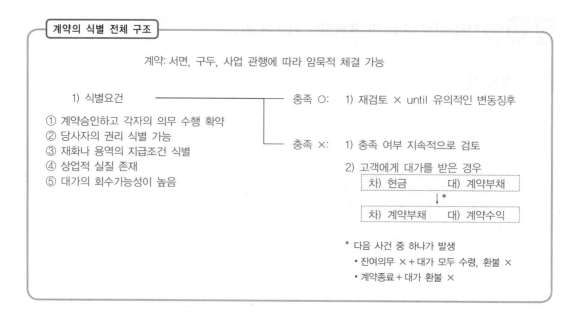

계약의 식별 전체 구조

계약: 서면, 구두, 사업 관행에 따라 암묵적 체결 가능

1) 식별요건 ──────────── 충족 O: 1) 재검토 × until 유의적인 변동징후

① 계약승인하고 각자의 의무 수행 확약
② 당사자의 권리 식별 가능
③ 재화나 용역의 지급조건 식별   충족 ×: 1) 충족 여부 지속적으로 검토
④ 상업적 실질 존재
⑤ 대가의 회수가능성이 높음   2) 고객에게 대가를 받은 경우

차) 현금   대) 계약부채
↓ *
차) 계약부채   대) 계약수익

* 다음 사건 중 하나가 발생
• 잔여의무 × + 대가 모두 수령, 환불 ×
• 계약종료 + 대가 환불 ×

Ⅲ 계약의 변경과 계약의 결합

01 계약변경

(1) 계약변경의 의의

계약변경이란 계약당사자들이 승인한 계약범위나 계약가격(또는 둘 다)의 변경을 의미하며, 주문변경, 공사변경, 수정이라고도 한다. 계약당사자가 집행 가능한 권리와 의무를 새로 설정하거나 기존의 집행 가능한 권리와 의무를 변경하기로 승인할 때 계약변경이 존재한다. 계약당사자들이 계약변경을 승인하지 않았다면, 계약변경의 승인을 받을 때까지는 기존 계약에 기준서 제1115호를 계속 적용한다.

(2) 계약변경의 회계처리

계약변경의 회계처리를 요약하면 다음과 같다.

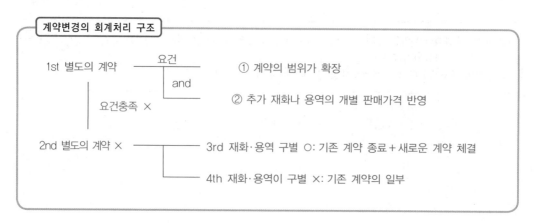

계약변경의 회계처리 구조

1st 별도의 계약 ──── 요건 ──── ① 계약의 범위가 확장
        and
        ② 추가 재화나 용역의 개별 판매가격 반영
요건충족 ×

2nd 별도의 계약 × ──── 3rd 재화·용역 구별 O: 기존 계약 종료 + 새로운 계약 체결
        4th 재화·용역이 구별 ×: 기존 계약의 일부

Example 계약변경의 사례

1. 별도의 계약

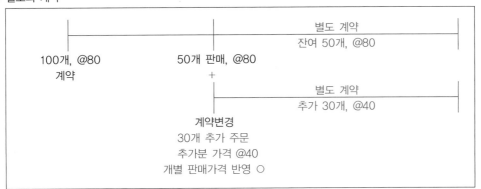

2. 별도의 계약 × + 재화나 용역의 구분 ○: 기존 계약 종료 + 새로운 계약 체결

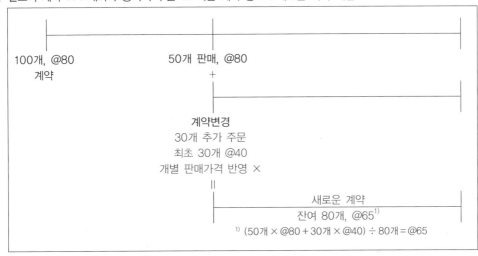

3. 별도의 계약 × + 재화나 용역의 구분 ×: 기존 계약의 일부

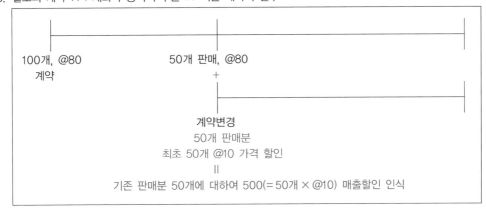

3 Step 2: 수행의무의 식별

I 수행의무의 의의

수행의무란 고객과의 계약에서 재화나 용역을 이전하기로 한 약속을 말한다. 기업은 수행의무를 이행하여야 수익을 인식할 수 있으므로 기업이 이행해야 할 수행의무가 무엇인지 식별하는 것이 중요하다.

Additional Comment

> 수익은 계약별로 인식하는 것이 아니라 식별된 수행의무별로 인식한다. 따라서 계약에 포함된 수행의무가 여러 개일 경우 이를 각각의 수행의무로 식별할 것인지, 아니면 몇 개의 수행의무를 하나로 합쳐서 식별할 것인지를 구분할 필요가 있다. 예를 들어 제품을 판매하면서 5년 동안 유지보수 서비스도 함께 제공하기로 했을 때 이를 제품의 판매와 유지보수 서비스의 제공이라는 두 가지의 수행의무로 식별할 것인지, 아니면 이를 하나의 수행의무로 식별할 것인지에 따라 연도별 수익인식액이 달라질 수 있다.

기업은 계약시점에 고객과의 계약에서 약속한 재화나 용역을 검토하여 고객에게 다음 중 어느 하나를 이전하기로 한 각 약속을 하나의 수행의무로 식별한다.

> ① 구별되는 재화나 용역(또는 재화나 용역의 묶음)
> ② 실질적으로 서로 같고 고객에게 이전하는 방식도 같은 일련의 구별되는 재화나 용역

II 수행의무의 적용 시 주의사항

일반적으로 고객과의 계약에는 기업이 고객에게 이전하기로 약속한 재화나 용역을 분명히 기재한다. 그러나 고객과의 계약에서 식별되는 수행의무는 계약에 분명히 기재한 재화나 용역에만 한정되지 않을 수도 있다. 이는 계약 체결일에 기업의 사업관행, 공개한 경영방침, 특정 서명서에서 암시되는 약속을 기업이 재화나 용역을 고객에게 이전할 것이라는 정당한 기대를 하도록 한다면, 이러한 약속도 고객과의 계약에 포함될 수 있기 때문이다.

계약을 이행하기 위해 수행하여야 하지만 고객에게 재화나 용역을 이전하는 활동이 아니라면 그 활동은 수행의무에 포함되지 않는다. 예를 들어 용역 제공자는 계약을 준비하기 위해 다양한 관리 업무를 수행할 필요가 있을 수 있다. 관리 업무를 수행하더라도, 그 업무를 수행함에 따라 고객에게 용역이 이전되지는 않기 때문에 그 준비 활동은 수행의무가 아니다.

Additional Comment

고객의 고객에 대한 약속도 수행의무가 될 수 있다. 예를 들어 A사가 소매상인 B사에게 재화를 판매하고 B사가 최종 소비자에게 다시 재화를 판매하였는데, A사가 B사를 거치지 않고 직접 최종 소비자에게 특정 서비스를 제공하는 경우가 있다. 이러한 경우 A사가 제공하는 서비스가 B사와의 계약에 명시되지 않았더라도 사업 관행에 해당된다면 A사는 재화 판매와 서비스 제공이라는 두 가지 수행의무를 부담한다.

Ⅲ 구별되는 재화나 용역을 이전하기로 한 약속

계약 개시시점에 고객에게 약속한 재화나 용역을 구별하여 이를 하나의 수행의무로 식별한다. 하나의 계약에 하나의 수행의무가 포함될 수 있지만, 하나의 계약에 여러 수행의무가 포함될 수도 있다. 또한, 하나의 수행의무가 재화나 용역의 이전으로만 각각 구성되어 있을 수 있지만, 재화와 용역의 이전이 결합하여 구성되어 있을 수도 있다.

고객에게 약속한 재화나 용역이 구별되어야 그 재화나 용역이 비로소 수행의무가 되고, 이후 각 수행의무별로 수익을 인식할 수 있다. 따라서 고객에게 약속한 재화나 용역이 구별되는지 뿐만 아니라 계약 내에 재화나 용역을 이전하기로 한 약속이 여러 개일 경우 각각의 약속이 계약상 구별되는지에 대해서 논의할 필요가 있다.

다음 기준을 모두 충족한다면 고객에게 약속한 재화나 용역은 구별되는 것이다.

① 고객이 재화나 용역 그 자체에서 효익을 얻거나 고객이 쉽게 구할 수 있는 다른 자원과 함께하여 그 재화나 용역에서 효익을 얻을 수 있다.
② 고객에게 재화나 용역을 이전하기로 하는 약속을 계약 내의 다른 약속과 별도로 식별해 낼 수 있다.

약속한 재화나 용역이 구별되지 않는다면, 구별되는 재화나 용역의 묶음을 식별할 수 있을 때까지 그 재화나 용역을 약속한 다른 재화나 용역과 결합한다. 경우에 따라서는 그렇게 함으로써 기업이 계약에서 약속한 재화나 용역 모두를 단일 수행의무로 회계처리하는 결과를 가져올 것이다.

Ⅳ 일련의 구별되는 재화나 용역을 이전하기로 한 약속(≒ 시리즈로 이전하기로 한 약속)

기업이 일정 기간에 같은 재화나 용역을 연속적으로 제공(예 청소용역 제공 등)하는 경우 회계처리의 단순화를 위하여 이를 단일 수행의무로 식별하도록 규정하고 있다. 즉, 일련의 구별되는 재화나 용역이 기간에 걸쳐 이행하는 수행의무의 기준을 충족하고 같은 방법을 사용하여 진행률을 측정한다면, 여러 개의 수행의무로 보지 않고 단일 수행의무로 본다. 그리고 단일 수행의무를 기간에 걸쳐 이행하는 것으로 보기 때문에 기간에 걸쳐 수익을 인식한다.

Step 3: 거래가격의 산정

I 거래가격의 정의

거래가격은 고객에게 약속한 재화나 용역을 이전하고 그 대가로 기업이 받을 권리를 갖게 될 것으로 예상하는 금액이며, 제3자를 대신해서 회수한 금액(예 판매세)은 제외한다. 거래가격은 궁극적으로 기업이 수익으로 인식할 금액인데, 다음의 사항이 미치는 영향을 모두 고려하여 거래가격을 산정한다.

① 변동대가
② 변동대가 추정치의 제약
③ 계약에 있는 유의적인 금융요소
④ 비현금 대가
⑤ 고객에게 지급할 대가

Additional Comment

고객이 약속한 대가의 특성, 시기, 금액은 거래가격의 추정치에 영향을 미친다. 거래가격을 산정하기 위하여 기업은 재화나 용역을 현행 계약에 따라 약속대로 고객에게 이전할 것이고 이 계약은 취소, 갱신, 변경되지 않을 것이라고 가정한다.

II 변동대가

계약에서 약속한 대가는 고정금액, 변동금액 또는 둘 다를 포함할 수 있다. 계약에서 약속한 대가에 변동금액이 포함된 경우에 고객에게 약속한 재화나 용역을 이전하고 그 대가로 받을 권리를 갖게 될 금액을 추정해야 한다. 대가는 할인, 리베이트, 환불, 공제, 가격할인, 장려금, 성과보너스, 위약금이나 그 밖의 비슷한 항목 때문에 변동될 수 있다.

Additional Comment

예를 들어 기업이 ₩1,000에 교량을 건설하기로 고객과의 계약을 체결하였는데, 특정일로부터 1개월 이내에 건물을 완성하지 못할 경우 ₩200의 위약금을 지급하기로 했다면, 이 계약은 약속된 대가가 고정금액 ₩800과 변동금액 ₩200으로 구성되어 있는 것으로 본다. 그러므로 위약금을 지급할 가능성을 고려하여 변동금액을 추정한 후 이를 거래가격에 포함시켜야 하므로 거래가격은 ₩1,000보다 낮아질 수 있다. 또한 계약에 표시된 가격이 고정되어 있더라도 기업이 대가를 받을 권리가 미래 사건의 발생 여부에 달려 있는 경우 대가는 변동될 수도 있다. 예를 들어 반품권이 부여된 판매를 하거나, 성과보너스를 받기로 약속한 경우, 대가는 변동될 수 있다.

01 변동대가의 추정방법

기업이 대가를 받을 권리가 미래 사건의 발생 여부에 달려있는 경우에도 약속한 대가는 변동될 수 있다. 변동대가는 다음 중에서 기업이 받을 권리를 갖게 될 대가를 더 잘 예측할 것으로 예상하는 방법을 사용하여 추정한다.

> ① 기댓값: 기댓값은 가능한 대가의 범위에 있는 모든 금액에 각 확률을 곱한(probability-weighted) 금액의 합이다. 기업의 특성이 비슷한 계약이 많은 경우에 기댓값은 변동대가(금액)의 적절한 추정치일 수 있다.
> ② 가능성이 가장 높은 금액: 가능성이 가장 높은 금액은 가능한 대가의 범위에서 가능성이 가장 높은 단일 금액(계약에서 가능성이 가장 높은 단일 결과치)이다. 계약에서 가능한 결과치가 두 가지뿐일 경우(예 기업이 성과보너스를 획득하거나 획득하지 못하는 경우)에는 가능성이 가장 높은 금액이 변동대가의 적절한 추정치가 될 수 있다.

02 변동대가 추정치의 제약

추정한 변동대가 전부를 거래가격에 포함시키는 것은 아니다. 왜냐하면 추정한 변동대가 중 유의한 금액이 미래에 달라질 수 있기 때문이다. 그러므로 변동대가와 관련된 불확실성이 나중에 해소될 때, 이미 인식한 누적수익금액 중 유의적인 부분을 되돌리지 않을 가능성이 매우 높은 정도까지만 추정된 변동대가의 일부나 전부를 거래가격에 포함하도록 하는데, 이를 변동대가 추정치의 제약이라고 한다.

Additional Comment

> 예를 들어 기업이 변동대가의 불확실성이 있는 상태에서 변동대가 추정치를 반영하여 20×1년도 매출액을 100억원으로 보고하였는데, 20×2년 중에 변동대가의 불확실성이 해소되면서 전년도 매출액이 100억원이 아닌 40억원으로 보고했어야 한다고 인정하고 전년도 재무제표를 소급하여 수정한다면 정보이용자는 상당한 혼란에 빠질 것이다. 따라서 기준서 제1115호는 변동대가의 추정치가 너무 불확실하거나, 기업이 고객에게 재화나 용역을 이전하고 그 대가로 받을 권리를 갖게 될 금액을 충실하게 나타내지 못하는 경우에는 이를 거래가격에 포함시키지 않도록 하였다. 즉 후속 보고기간에 유의적으로 되돌리지 않을 금액이 가장 목적적합한 수익의 추정치이며 미래에 되돌리지 않을 금액은 재무제표 정보이용자들이 기업의 미래 수익을 더 잘 예측하는 데 도움을 줄 것이라는 주장을 반영한 것이다.

03 변동대가의 재검토

각 보고기간 말의 상황과 보고기간의 상황 변동을 충실하게 표현하기 위하여 보고기간 말마다 추정 거래가격을 새로 수정한다. 거래가격의 후속변동은 계약 개시시점과 같은 기준으로 계약상 수행의무에 배분한다.

04 변동대가의 추정이 불가능한 경우

종전의 수익 기준서에서는 거래가격을 신뢰성 있게 추정할 수 있어야 수익을 인식하도록 규정하였다. 따라서 변동대가의 불확실성이 매우 높은 경우에는 거래가격을 신뢰성 있게 추정할 수 없게 되므로 전체 수익을 인식할 수 없었다. 이에 반해 기준서 제1115호는 변동대가의 추정치를 제약하는데, 이는 수익의 인식을 배제하는 것이 아니라 인식할 수익금액의 한도를 정한다는 점에서 차이가 있다.

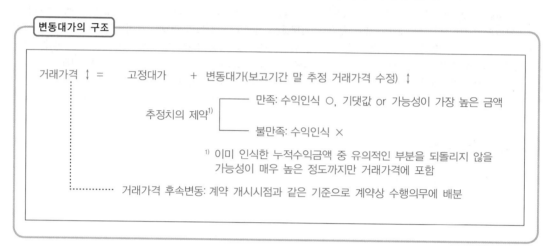

변동대가의 구조

거래가격 ↕ = 고정대가 + 변동대가(보고기간 말 추정 거래가격 수정) ↕

추정치의 제약[1] ┌── 만족: 수익인식 ○, 기댓값 or 가능성이 가장 높은 금액

└── 불만족: 수익인식 ×

[1] 이미 인식한 누적수익금액 중 유의적인 부분을 되돌리지 않을 가능성이 매우 높은 정도까지만 거래가격에 포함

거래가격 후속변동: 계약 개시시점과 같은 기준으로 계약상 수행의무에 배분

사례연습 2: 변동대가

A사는 20×1년 초에 선박을 제조하여 인도하는 계약을 고객과 체결하였다. 선박은 20×3년 말까지 완성해서 인도하여야 한다. 약속한 대가는 ₩300,000이지만, 20×3년 말보다 3개월 이전에 인도할 때는 조기 인도 보너스 ₩70,000을 추가로 수령하기로 하였다. 또한 선박을 납품한 후 12개월 동안 운항횟수에 따라 추가로 보너스를 수령하기로 하였다. 운항횟수에 따른 추가 보너스와 확률은 다음과 같다.

운항횟수	50회 이하	51회 ~ 100회	101회 이상
추가 보너스	₩5,000	₩10,000	₩20,000
확률	20%	30%	50%

A사는 운항횟수에 따른 변동대가는 기댓값을 사용하고, 조기 인도 보너스의 변동대가는 가능성이 가장 높은 금액을 사용하기로 결정하였다. 조기 인도할 가능성은 20%로 추정하였다. A사가 선박 제조 인도와 관련하여 거래가격으로 산정할 금액을 구하시오.

풀이

거래가격: $300,000 + (5,000 \times 20\% + 10,000 \times 30\% + 20,000 \times 50\%) = 314,000$

* 운항횟수에 따른 변동대가는 기댓값을 사용하여 추정하고, 조기 인도에 따른 보너스는 조기 인도할 상황과 인도하지 못할 상황 중 가능성이 가장 높은 금액 0으로 추정하였다.

05 환불부채

고객에게 받은 대가의 일부나 전부를 고객에게 환불할 것으로 예상하는 경우에는 환불부채를 인식한다. 환불부채는 기업이 받았거나 받을 대가 중에서 권리를 갖게 될 것으로 예상하지 않는 금액이므로 거래가격에서 차감한다. 환불부채는 보고기간 말마다 상황의 변동을 반영하여 새로 수정한다.

환불부채의 회계처리			
차) 현금	거래가격	대) 계약수익	대차차액
		환불부채(매기 말 재검토)	환불예상액

Ⅲ 비현금 대가

고객이 현금 외의 형태로 대가를 약속한 계약의 경우에 거래가격을 산정하기 위하여 비현금 대가를 공정가치로 측정한다. 비현금 대가의 공정가치를 합리적으로 추정할 수 없는 경우에는, 그 대가와 교환하여 고객에게 약속한 재화나 용역의 개별 판매가격을 참조하여 간접적으로 그 대가를 측정한다.

Example 비현금 대가 사례

A사는 차량을 제작하여 고객에게 판매하는데, 고객이 신차를 구매하면서 사용하던 A사 제작 중고차를 A사에 반납하면 신차 가격에서 일정 금액을 할인해주는 판촉활동을 시행하고 있다. 신차의 판매가격이 ₩20,000인데, 고객이 사용하던 중고차의 공정가치를 ₩15,000으로 측정하고 ₩5,000을 현금으로 수령하기로 하였을 때 A사가 신차 판매 시 수익으로 인식할 금액은 다음과 같다.
⇒ A사가 수익으로 인식할 금액: 현금 ₩5,000과 중고차의 공정가치 ₩15,000을 합한 ₩20,000을 수익으로 인식한다.

Ⅳ 계약에 있는 유의적인 금융요소

01 원칙

거래가격을 산정할 때, 계약당사자들 간에 명시적으로나 암묵적으로 합의한 지급시기 때문에 고객에게 재화나 용역을 이전하면서 유의적인 금융 효익이 고객이나 기업에 제공되는 경우에는 화폐의 시간가치가 미치는 영향을 반영하여 약속된 대가를 조정한다. 그 상황에서 계약은 유의적인 금융요소를 포함한다.

유의적인 금융요소를 반영하여 약속한 대가를 조정하는 목적은 약속한 재화나 용역을 고객에게 이전할 때 그 고객이 그 재화나 용역 대금을 현금으로 결제하였다면 지급하였을 가격을 반영하는 금액, 즉 현금판매 가격으로 수익을 인식하기 위해서이다.

Additional Comment

예를 들어 현금판매가격이 ₩10,000인 상품을 24개월의 할부조건으로 판매하면서 매월 ₩500씩 총 ₩12,000을 수령하기로 고객과 합의했을 때, 기업이 수익으로 인식할 금액은 ₩12,000이 아니라 현금판매가격인 ₩10,000이다. 그리고 ₩12,000과 ₩10,000의 차이 ₩2,000은 대금 회수기간에 걸쳐 금융수익으로 인식한다. 이러한 경우 ₩10,000이 아니라 ₩12,000을 매출로 인식하면 수익의 귀속시기와 수익의 분류가 모두 왜곡되는 문제가 발생한다.

02 금융요소가 유의적인지의 판단

계약에 금융요소가 포함되는지와 그 금융요소가 계약에 유의적인지를 평가할 때에는 다음 두 가지를 포함한 모든 관련 사실과 상황을 고려한다.

① 약속한 재화나 용역에 대하여 약속한 대가와 현금판매가격에 차이가 있다면, 그 차이
② 다음 두 가지의 결합효과
  • 기업이 고객에게 약속한 재화나 용역을 이전하는 시점과 고객이 재화나 용역에 대한 대가를 지급하는 시점 사이의 예상기간
  • 관련 시장에서의 일반적인 이자율

03 유의적인 금융요소가 없는 경우

고객과의 계약에 다음의 요인 중 어느 하나라도 존재한다면 유의적인 금융요소는 없을 것이다.

① 고객이 재화나 용역의 대가를 선급하였고 그 재화나 용역의 이전시점은 고객의 재량에 따른다.
② 고객이 약속한 대가 중 상당한 금액이 변동될 수 있으며 그 대가의 금액과 시기는 고객이나 기업이 실질적으로 통제할 수 없는 미래 사건의 발생 여부에 따라 달라진다(예 대가가 판매기준 로열티인 경우).
③ 약속한 대가와 재화나 용역의 현금판매가격 간의 차이가 고객이나 기업에 대한 금융제공 외의 이유로 생기며, 그 금액 차이는 그 차이가 나는 이유에 따라 달라진다. 예를 들면 지급조건을 이용하여 계약상 의무의 일부나 전부를 적절히 완료하지 못하는 계약 상대방에게서 기업이나 고객을 보호할 수 있다.

Additional Comment

기업이 고객에게 재화를 판매하면서 포인트를 부여하고 고객이 미래에 적립된 포인트를 사용하여 기업의 재화를 무상으로 구매할 수 있도록 할 경우 재화의 판매대가에는 부여한 포인트 대가도 포함되어 있으나, 포인트의 사용시점은 고객의 재량에 달려 있다. 따라서 재화의 판매대가에 유의적인 금융요소는 없다.

계약을 개시할 때 기업이 고객에게 약속한 재화나 용역을 이전하는 시점과 고객이 그에 대한 대가를 지급하는 시점 간의 기간이 1년 이내일 것이라고 예상한다면 유의적인 금융요소의 영향을 반영하여 약속한 대가를 조정하지 않는 실무적 간편법을 사용할 수 있다.

04 할인율

유의적인 금융요소를 반영하여 약속한 대가를 조정할 때에는 계약 개시시점에 기업과 고객이 별도 금융거래를 한다면 반영하게 될 할인율을 사용한다. 이 할인율은 고객이나 기업이 제공하는 담보나 보증(계약에 따라 이전하는 자산을 포함)뿐만 아니라 계약에 따라 금융을 제공받는 당사자의 신용 특성도 반영할 것이다. 기업이 고객에게 재화나 용역을 이전할 때 고객이 그 재화나 용역의 대가를 현금으로 결제한다면 지급할 가격으로 약속한 대가의 명목금액을 할인하는 이자율을 식별하여 그 할인율로 산정할 수 있다. 계약 개시 후에는 이자율이나 그 밖의 상황이 달라져도 그 할인율을 새로 수정하지 않는다.

포괄손익계산서에는 금융효과(이자수익)를 고객과의 계약에서 생기는 수익과 구분하여 표시한다.

05 계약에 포함된 유의적인 금융요소

(1) 할부판매

할부판매는 재화를 고객에게 이전하고 거래가격은 미래의 일정 기간에 걸쳐 회수하는 형태의 판매를 말한다. 고객에게 재화를 이전하는 시점과 대가를 지급하는 시점까지의 기간이 1년 이내일 것으로 예상하는 단기할부판매는 유의적인 금융요소가 포함되어 있지 않으므로 약속한 대가를 조정하지 않는다(= 간편법 사용). 따라서 대가가 장기간에 걸쳐서 지급되는 장기할부판매만 현재가치로 평가한 금액을 수익으로 인식하고 유의적인 금융요소는 이자수익으로 구분하여 인식한다.

(2) 선수금에 포함된 유의적인 금융요소

할부판매와는 달리 대가를 먼저 수취하고 재화를 나중에 고객에게 이전하는 경우에는 대가의 수취시점과 재화의 이전시점 사이의 기간이 1년 이상인 장기라면 유의적인 금융요소가 포함된 것이다. 유의적인 금융요소는 거래가격에서 조정하여야 한다.

기업은 먼저 고객과의 계약을 체결하고 대가를 수취한 시점에 계약부채로 인식한다. 계약부채는 재화를 이전하는 시점까지 유효이자율법을 적용하고 이자비용을 인식하고 장부금액에 가산한다. 유효이자율법을 적용한 계약부채는 재화의 이전시점에 수익으로 인식한다.

[대가의 수령시점]

차) 현금	××	대) 계약부채	A

[이자비용의 인식]

차) 이자비용	A × 내재 R	대) 계약부채	B

[재화의 이전시점]

차) 계약부채	A + B	대) 수익	A + B

사례연습 3: 유의적인 금융요소

12월 말 결산법인인 ㈜포도는 20×1년 1월 1일 제품 1개를 판매하는 계약을 체결하고 계약체결시점에 현금 ₩2,000을 수령하였다. ㈜포도는 제품을 2년 후인 20×2년 말에 이전하기로 하였으며, 이자율은 5%이다.

㈜포도가 각 일자에 해야 할 회계처리를 하시오.

풀이

[20×1. 1. 1.]

차) 현금	2,000	대) 계약부채	2,000

[20×1. 12. 31.]

차) 이자비용	2,000 × 5% = 100	대) 계약부채	100

[20×2. 12. 31.]

차) 이자비용	(2,000 + 100) × 5% = 105	대) 계약부채	105
차) 계약부채	2,205	대) 매출	2,205

V 고객에게 지급할 대가

01 고객이 기업에게 이전하는 재화나 용역의 대가가 아닌 경우

기업이 고객에게 현금 등의 대가를 별도로 지급하는 경우가 있다. 고객에게 지급한 대가는 고객에게 제공한 재화나 용역의 할인 또는 환불의 형태이거나, 고객에게 제공받을 재화나 용역의 대가를 지급하는 형태, 혹은 두 형태가 통합된 형태일 수 있다. 고객에게 지급할 대가가 고객에게서 제공받을 재화나 용역에 대한 대가가 아닌 경우 거래가격인 수익에서 차감하여 회계처리한다. (⇒ 판매관리비로 회계처리하지 않는다) 이때 고객에게 지급할 대가에 변동금액이 포함되는 경우에는 전술한 변동대가의 추정에 따라 거래가격을 추정한다.

Additional Comment

예를 들어 기업이 유통업자에게 상품을 판매하고, 후속적으로 유통업자 또는 유통업자의 고객에게 대가를 지급할 수 있다. 소매상인 고객에게 재화를 판매하면서 고객이 그 재화를 보관하는 데 사용할 냉장고를 무상으로 제공하기로 계약한 경우가 여기에 해당한다.

02 고객이 기업에게 이전하는 재화나 용역의 대가인 경우

기업이 고객에게 지급할 대가가 고객에게서 받은 구별되는 재화나 용역에 대한 지급이라면 그에 대한 회계처리는 아래와 같다.

① 원칙: 다른 공급자에게 구매한 경우와 같은 방법으로 처리
② 재화나 용역의 공정가치를 초과: 초과액을 거래가격에서 차감
③ 재화나 용역의 공정가치를 추정불가능: 전액을 거래가격에서 차감

Example 고객이 기업에게 이전하는 재화나 용역의 대가인 경우의 사례

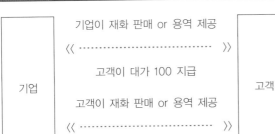

Case	거래가격
(1) 원칙	100
(2) FV 40	100 − (50 − 40)
(3) FV ?	100 − 50

5 · Step 4: 거래가격의 배분

거래가격을 배분하는 목적은 기업이 고객에게 약속한 재화나 용역을 이전하고 그 대가로 받을 권리를 갖게 될 금액을 나타내는 금액으로 각 수행의무(또는 구별되는 재화나 용역)에 거래가격을 배분하는 것이다.

Additional Comment

Step 2에서 수행의무가 하나로 식별되었다면 Step 3에서 산정한 거래가격을 단일 수행의무의 거래가격으로 보면 된다. 그러나 Step 2에서 여러 개의 수행의무가 식별되었다면 Step 3에서 결정된 거래가격을 각 수행의무에 적절하게 배분해야 한다.

I 개별 판매가격에 기초한 배분

여러 개의 수행의무가 식별된 경우 거래가격을 식별된 각 수행의무에 배분해야 하는데, 이때 각 수행의무의 상대적 개별 판매가격을 기준으로 한다.

Additional Comment

개별 판매가격이란 기업이 고객에게 약속한 재화나 용역을 별도로 판매할 경우의 가격을 말한다. 개별 판매가격에 대한 최선의 증거는 기업이 비슷한 상황에서 비슷한 고객에게 별도로 재화나 용역을 판매할 때 그 재화나 용역의 관측 가능한 가격이다. 재화나 용역의 계약상 표시가격이나 정가는 그 재화나 용역의 개별 판매가격일 수 있지만, 개별 판매가격으로 간주되어서는 안 된다.

거래가격을 상대적 개별 판매가격에 기초하여 각 수행의무에 배분하기 위하여 계약 개시시점에 계약상 각 수행의무의 대상인 구별되는 재화나 용역의 개별 판매가격을 산정하고 이 개별 판매가격에 비례하여 거래가격을 배분한다.

개별 판매가격을 직접 관측할 수 없다면 개별 판매가격을 추정한다. 개별 판매가격을 추정할 때, 합리적인 범위에서 구할 수 있는 시장조건, 기업 특유 요소, 고객이나 고객층에 대한 정보를 포함한 모든 정보를 고려한다. 이때, 관측 가능한 투입변수들을 최대한 사용하고 비슷한 상황에서는 추정방법을 일관되게 적용한다. 재화나 용역의 개별 판매가격을 적절하게 추정하는 방법에는 다음이 포함되지만 이에 한정되지는 않는다.

① 시장평가 조정 접근법: 기업이 재화나 용역을 판매하는 시장을 평가하여 그 시장에서 고객이 그 재화나 용역에 대해 지급하려는 가격을 추정

② 예상원가 이윤 가산 접근법: 수행의무를 이행하기 위한 예상원가를 예측하고 여기에 그 재화나 용역에 대한 적절한 이윤을 더하여 추정
③ 잔여접근법: 재화나 용역의 개별 판매가격은 총거래가격에서 계약에서 약속한 그 밖의 재화나 용역의 관측 가능한 개별 판매가격의 합계를 차감하여 추정

거래가격의 배분 구조

── 직접 관측 가능 ○ ⇒ 개별 판매가격(at 계약 개시시점)에 비례하여 거래가격 배분

── 직접 관측 가능 × ⇒ 개별 판매가격 추정(at 계약 개시시점)하여 거래가격 배분
   • 시장평가 조정 접근법: 재화·용역을 판매하는 시장에서 지급하려는 가격
   • 예상원가 이윤 가산법: 예상원가 + 적절한 이윤
   • 잔여접근법: 총거래가격 – 관측 가능한 개별 판매가격 합계액

Additional Comment

종전의 수익 기준서(제1018호)와 달리 기준서 제1115호는 신뢰성 있게 개별 판매가격을 추정하도록 요구하지 않는다. 잔여접근법은 같은 재화나 용역을 서로 다른 고객들에게 광범위한 금액으로 판매하거나(즉, 대표적인 개별 판매가격을 분간할 수 없어 판매가격이 매우 다양한 경우), 재화나 용역의 가격을 아직 정하지 않았고 과거에 그 재화나 용역을 따로 판매한 적이 없어 판매가격이 불확실한 경우에만 사용이 가능하다.

사례연습 4: 개별 판매가격에 기초한 배분

12월 말 결산법인인 ㈜포도는 제품 A, B, C를 함께 판매하였다. 총거래가격은 ₩100이다. 제품 A의 개별 판매가격은 ₩50으로 시장에서 거래되고 있는 반면, 제품 B와 제품 C는 개별 판매되지 않는다. 다만, 경쟁사는 제품 B와 매우 비슷한 제품을 ₩25에 판매하고 있다. 제품 C는 동일/유사 제품의 시장가격을 확인할 수 없으나, 제품 C의 생산원가는 ₩50이며, 이윤은 원가의 50%를 가산한다. 이 경우에 거래가격을 각 수행의무인 제품들에 배분하라.

풀이

1. 판매가격의 추정
   (1) 제품 A: 50(판매가격)
   (2) 제품 B: 25(시장평가 조정 접근법)
   (3) 제품 C: 50 × (1 + 50%) = 75(예상원가 이윤 가산 접근법)

2. 각 수행의무별 거래가격 배분액
   (1) 제품 A: 100 × 50/150 = 33
   (2) 제품 B: 100 × 25/150 = 17
   (3) 제품 C: 100 × 75/150 = 50

고객과의 계약에서 생기는 수익

CH 15

해커스 회계학 1차 기본서

계약을 개시한 다음에 거래가격은 여러 가지 이유로 변동될 수 있다. 여기에는 약속한 재화나 용역의 대가로 받을 권리를 갖게 될 것으로 예상하는 금액을 바뀌게 하는 불확실한 사건의 해소나 그 밖의 상황 변화가 포함된다.

거래가격의 후속변동은 계약 개시시점과 같은 기준(⇒ 계약 개시시점에 정한 개별 판매가격 기준)으로 계약상 수행의무에 배분한다. 따라서 계약을 개시한 후의 개별 판매가격의 변동을 반영하기 위해서 거래가격을 다시 배분하지는 않는다. 이행된 수행의무에 배분되는 금액은 거래가격이 변동되는 기간에 수익으로 인식하거나 수익에서 차감한다.

Example 거래가격의 변동

| | 계약 개시시점 | 거래가격·개별 판매가격 후속변동 | |
| | | 20×1년 | 20×2년 |

거래가격 100 ·········· 〉〉 거래가격 120 (거래가격 수정 ○)

수행의무 A ── 진행률 50% ── 진행률 100% ──

개별 판매가격 50 ·········· 〉〉 개별 판매가격 70 (거래가격 배분 ×)

수행의무 B ── 진행률 0% ── 진행률 100% ──

개별 판매가격 50 ·········· 〉〉 개별 판매가격 30 (거래가격 배분 ×)

구분	20×1년 수익 인식	20×2년 수익 인식
수행의무 A	100 × 50/100 × 50% = 25	120 × 50/100 × 100% − 25 = 35
수행의무 B	100 × 50/100 × 0% = 0	120 × 50/100 × 100% − 0 = 60

Self Study

거래가격이 변동이 계약변경의 결과로 생기는 경우에는 계약변경의 회계처리를 적용한다.

6 Step 5: 수익의 인식

I 수행의무의 이행(자산에 대한 통제의 이전)

고객에게 약속한 재화나 용역, 즉 자산을 이전하여 수행의무를 이행할 때 또는 기간에 걸쳐 이행하는 대로 수익을 인식한다. 수행의무는 기업이 고객에게 약속한 재화나 용역, 즉 자산을 이전함으로써 이행된다. 자산은 고객이 그 자산을 통제할 때 또는 기간에 걸쳐 통제하게 되는 대로 이전된다.

Additional Comment

> 과거에는 재화의 판매에 대해서는 인도기준을 적용하고, 용역의 제공에 대해서는 진행기준을 적용하여 수익을 인식하였다. 그러나 기준서 제1115호에서는 재화의 판매인지 용역의 제공인지를 구분하지 않고, 기간에 걸쳐 수행의무를 이행하면 기간에 걸쳐 수익을 인식하고, 한 시점에 수행의무를 이행하면 한 시점에 수익을 인식하도록 규정하고 있다. 수행의무는 고객에게 약속한 재화나 용역, 즉 자산을 이전함으로써 이행되는데, 자산은 고객이 통제를 할 때(또는 기간에 걸쳐 통제하게 되는 대로) 이전된다. 즉, 고객이 자산을 통제할 수 있다면 자산은 이전되는 것이며, 기업은 수행의무를 이행한 것이므로 기간에 걸쳐 또는 한 시점에 수익을 인식한다.

자산에 대한 통제란 자산을 사용하도록 지시하고 자산의 나머지 효익의 대부분을 획득할 수 있는 능력을 말한다. 통제에는 다른 기업이 자산의 사용을 지시하고 그 자산에서 효익을 획득하지 못하게 하는 능력이 포함된다.

II 한 시점에 이행되는 수행의무

수행의무가 기간에 걸쳐 이행되지 않는다면, 그 수행의무는 한 시점에 이행되는 것이다. 한 시점에 해당하는 수행의무는 고객이 약속된 자산을 통제하고 기업이 수행의무를 이행하는 시점에 수익을 인식한다. 고객이 약속된 자산을 통제하여 수행의무를 이행하는 시점의 예는 다음과 같다.

> ① 기업이 자산에 대해 현재 지급청구권이 있다.
> ② 고객에게 자산의 법적 소유권이 있다.
> ③ 기업이 자산의 물리적 점유를 이전한다.
> ④ 자산의 소유에 따른 유의적인 위험과 보상이 고객에게 있다.
> ⑤ 고객이 자산을 인수하였다.

다음 기준 중 어느 하나를 충족하면, 기업은 재화나 용역에 대한 통제를 기간에 걸쳐 이전하므로, 기간에 걸쳐 수행의무를 이행하는 것이고 기간에 걸쳐 수익을 인식한다.

---

① 고객은 기업이 수행하는 대로 기업의 수행에서 제공하는 효익을 동시에 얻고 소비한다.
② 기업은 수행하여 만들어지거나 가치가 높아지는 대로 고객이 통제하는 자산을 기업이 만들거나 그 자산 가치를 높인다.
③ 기업은 수행하여 만든 자산이 기업 자체에는 대체 용도가 없고, 지금까지 수행을 완료한 부분에 대해 집행 가능한 지급청구권이 기업에 있다.

기간에 걸쳐 이행하는 수행의무 각각에 대해, 그 수행의무 완료까지의 진행률을 측정하여 기간에 걸쳐 수익을 인식한다. 진행률을 측정하는 목적은 고객에게 약속한 재화나 용역에 대한 통제를 이전하는 과정에서 기업의 수행 정도를 나타내기 위한 것이다. 기간에 걸쳐 이행하는 각 수행의무에는 하나의 진행률 측정방법을 적용하며 비슷한 상황에서의 비슷한 수행의무에는 그 방법을 일관되게 적용한다.

시간이 흐르면서 상황이 바뀜에 따라 수행의무의 산출물 변동을 반영하기 위해 진행률을 새로 수정한다. 즉, 기간에 걸쳐 이행하는 수행의무의 진행률은 보고기간 말마다 다시 측정한다. 진행률의 변동은 기업회계기준서 제1008호 '회계정책, 회계추정치의 변경 및 오류'에 따라 회계추정치의 변경으로 회계처리한다.

Self Study

수행의무를 이행할 때 고객에게 통제를 이전하는 재화나 용역은 모두 진행률 측정에 포함하며, 고객에게 통제를 이전하지 않는 재화나 용역은 진행률 측정에서 제외한다.

적절한 진행률 측정방법을 결정할 때, 고객에게 이전하기로 약속한 재화나 용역의 특성을 고려하여야 한다. 이러한 진행률 측정방법에는 산출법과 투입법이 있고, 구체적인 내용은 다음과 같다.

7 계약원가

I 계약체결 증분원가

계약체결 증분원가는 고객과 계약을 체결하기 위해 들인 원가로서 계약을 체결하지 않았다면 들지 않았을 원가로 판매수수료가 대표적인 예이다. 고객과의 계약체결 증분원가가 회수될 것으로 예상된다면 이를 자산으로 인식한다. 계약체결 증분원가를 자산으로 인식하더라도 상각기간이 1년 이하라면 그 계약체결 증분원가는 발생시점에 비용으로 인식하는 실무적 간편법을 쓸 수 있다.

계약체결 여부와 무관하게 드는 계약체결원가는 계약체결 여부와 관계없이 고객에게 그 원가를 명백히 청구할 수 있는 경우가 아니라면 발생시점에 비용으로 인식한다.

Additional Comment

예를 들어 계약을 체결할 때까지 발생한 법률 자문비, 제안서 작성 및 입찰 관련 원가, 여비교통비 등은 그 계약을 체결하지 못했더라도 발생했을 것이므로 계약체결 증분원가에 해당되지 않는다. 그러나 계약을 체결할 경우에만 지급하는 판매수수료 등은 계약을 체결하지 못했을 경우 들지 않았을 원가이므로 계약체결 증분원가에 해당된다.

사례연습 5: 계약체결 증분원가

A사는(컨설팅 용역 제공자) 새로운 고객에게 컨설팅 용역을 제공하는 경쟁입찰에서 이겼다. 계약을 체결하기 위하여 다음과 같은 원가가 발생하였다.

(단위: 원)

실사를 위한 외부 법률 수수료	15,000
제안서 제출을 위한 교통비	25,000
영업사원 수수료	10,000

* 영업사원 수수료는 수주 성공에 따라 지급하기로 한 금액에 해당한다.

기업이 동 거래와 관련하여 자산으로 인식할 금액은 얼마인가?

[풀이]

자산으로 인식할 금액: 10,000(영업사원 수수료)
기업회계기준서 제1115호 문단 91에 따라 기업은 영업사원 수수료에서 생긴 계약체결 증분원가 10,000을 자산으로 인식한다. 이는 컨설팅 용역에 대한 미래 수수료로 그 원가를 회수할 것으로 예상하기 때문이다. 또 기업은 재량에 따라 연간 매출 목표, 기업 전체의 수익성, 개인별 성과평가에 기초하여 영업책임자에게 연간 상여를 지급한다. 기업회계기준서 제1115호 문단 91에 따라, 그 상여는 계약체결에 따른 증분액이 아니기 때문에 자산으로 인식하지 않는다. 그 금액은 재량적이고 기업의 수익성과 개인별 성과를 포함한 다른 요소에 기초한다. 식별 가능한 계약이 그 상여의 직접 원인이 되지 않는다.
기업은 외부 법률 수수료와 교통비가 계약체결 여부와 관계없이 든다고 보았다. 그러므로 기업회계기준서 제1115호 문단 93에 따라, 그 원가가 다른 기준서의 적용범위에 포함되고 그 기준서의 관련 요구사항을 적용하는 경우가 아니라면, 그 원가가 들었을 때 비용으로 인식한다.

계약이행원가란 계약체결 후 그 계약을 이행하는 데 드는 원가를 말한다. 고객과의 계약을 이행할 때 드는 원가가 다른 기준서의 적용범위(예 재고자산, 유형자산, 무형자산 기준서 등)에 포함된다면 그 다른 기준서를 적용하여 회계처리한다. 그러나 계약이행원가가 다른 기준서의 적용 범위에 포함되지 않고, 다음의 기준을 모두 충족하면 자산으로 인식한다.

> (1) 원가가 계약이나 구체적으로 식별할 수 있는 예상 계약에 직접 관련된다.
> (2) 원가가 미래의 수행의무를 이행할 때 사용할 기업의 자원을 창출하거나 가치를 높인다.
> (3) 원가는 회수될 것으로 예상된다.

그러나 위의 조건을 만족하지 못하는 다음의 원가는 발생시점에 비용으로 인식한다.

> (1) 일반관리원가
> (2) 계약을 이행하는 과정에서 낭비된 재료원가, 노무원가, 그 밖의 자원의 원가로서 계약가격에 반영되지 않은 원가
> (3) 이미 이행한 계약상 수행의무와 관련된 원가
> (4) 이행하지 않은 수행의무와 관련된 원가인지 이미 이행한 수행의무와 관련된 원가인지 구별할 수 없는 원가

계약체결 증분원가와 계약이행원가 중 자산인식요건을 충족하여 자산으로 인식된 원가는 그 자산과 관련된 재화나 용역을 고객에게 이전하는 방식과 일치하는 체계적 기준으로 상각한다. 만약, 그 자산과 관련된 재화나 용역을 고객에게 이전할 것으로 예상하는 시기에 유의적인 변동이 있는 경우에 이를 반영하여 상각방식을 수정한다. 이러한 변경은 한국채택국제회계기준 기준서 제1008호 '회계정책, 회계추정치의 변경 및 오류'에 따라 회계추정치의 변경으로 회계처리한다.

계약체결 증분원가와 계약이행원가 중 자산인식요건을 충족하여 자산의 장부금액이 ①에서 ②를 뺀 금액을 초과하는 정도까지 손상차손을 당기손익으로 인식한다.

> ① 그 자산과 관련된 재화나 용역의 대가로 기업이 받을 것으로 예상하는 나머지 금액
> ② 그 재화나 용역의 제공에 직접 관련되는 원가로서 아직 비용으로 인식하지 않은 원가

손상 상황이 사라졌거나 개선된 경우에는 과거에 인식한 손상차손의 일부나 전부를 환입하여 당기손익으로 인식한다. 증액된 자산의 장부금액은 과거에 손상차손을 인식하지 않았다면 산정되었을 금액을 초과해서는 안 된다.

8 거래형태별 수익인식 적용사례

01 본인과 대리인

(1) 본인과 대리인의 고려사항

기업이 고객에게 재화나 용역을 제공하는 데에 다른 당사자가 관여할 수 있다. 이 경우 기업이 고객에게 재화나 용역을 제공하기로 한 약속이 정해진, 재화나 용역 자체를 제공하는 수행의무(⇒ 기업이 본인)인지, 아니면 다른 당사자가 고객에게 재화나 용역을 제공하도록 기업이 주선하는 것(⇒ 기업이 대리인)인지를 판단하여야 한다.

(2) 본인과 대리인의 구분 및 수익인식

기업이 본인이라면 이전되는 재화나 용역과 교환하여 받을 권리를 갖게 될 것으로 예상하는 대가의 총액을 수익으로 인식하는 반면, 기업이 대리인이라면 다른 당사자와 고객 간의 거래를 주선하는 대가로 받을 보수나 수수료(순액)를 수익으로 인식한다.

기업이 본인인지, 아니면 대리인인지 판단하는 데 핵심 요소는 고객에게 재화나 용역을 이전하기 전에 기업이 그 정해진 재화나 용역을 통제하는지의 여부에 달려있다. 만약에 기업이 고객에게 재화나 용역을 이전하기 전에 통제할 수 있다면 본인이고, 통제할 수 없다면 대리인이다.

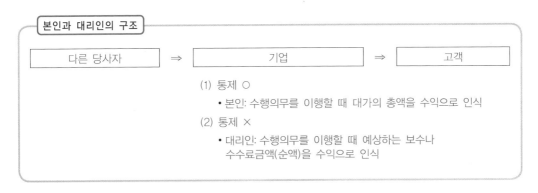

본인과 대리인의 구조

| 다른 당사자 | ⇒ | 기업 | ⇒ | 고객 |

(1) 통제 ○
- 본인: 수행의무를 이행할 때 대가의 총액을 수익으로 인식

(2) 통제 ×
- 대리인: 수행의무를 이행할 때 예상하는 보수나 수수료금액(순액)을 수익으로 인식

고객과의 계약에서 생기는 수익

CH 15

해커스 회계학 1차 기본서

A회사는 D회사와 제품 위탁판매계약을 체결한 후 20×1년 초에 1대당 원가 ₩800의 제품 7,000개를 ₩1,000에 D회사에 인도하였다.

(1) D회사는 제품을 개당 ₩1,100에 판매하고 있으며, 판매가격에서 ₩100을 차감한 후 ₩1,000을 A회사에 지급한다.

(2) D회사는 A회사에게 매년 최소 5,000개의 제품 판매를 보장한다. 다만, D회사가 5,000개를 초과하여 판매한 경우에는 판매되지 않는 제품을 A회사에게 반납할 수 있으며, A회사는 이를 거절할 수 없다.

❶ 만약, D회사가 20×1년에 7,000개 중 6,500개를 판매한 경우 A·D회사가 20×1년에 인식할 수익금액을 각각 계산하시오.

❷ 만약, D회사가 20×1년에 7,000개 중 4,500개를 판매한 경우 A·D회사가 20×1년에 인식할 수익금액을 각각 계산하시오.

[풀이]

❶ A회사 수익인식액: 5,000개 × ₩1,000(본인) + 1,500개 × ₩1,100(위탁매출) = 6,650,000
D회사 수익인식액: 5,000개 × ₩1,100(본인) + 1,500개 × ₩100(위탁매출) = 5,650,000

❷ A회사 수익인식액: 5,000개 × ₩1,000(직접매출) = 5,000,000
D회사 수익인식액: 4,500개 × ₩1,100(직접매출) = 4,950,000

* 500개는 D회사의 재고자산으로 보유

02 고객이 행사하지 아니할 권리

(1) 의의

기업이 고객으로부터 환불하지 않는 선수금을 수령하고, 나중에 재화나 용역을 이전하는 의무를 부담하는 경우가 있다. 예를 들어 고객으로부터 선수금을 수령하고 상품권이나 선불전화카드를 부여하면 그 시점에 계약부채를 인식한다. 그리고 재화나 용역을 이전할 때(수행의무를 이행할 때) 수익을 인식한다.

그런데 고객이 자신의 계약상 권리를 모두 행사하지 않을 수 있으며, 그 행사되지 않은 권리를 흔히 미행사 부분이라고 부른다. 이 미행사 부분은 기업이 받을 권리를 갖게 될 것으로 예상되는지 여부에 따라 회계처리해야 한다.

① 기업이 계약부채 중 미행사된 금액을 받을 권리를 갖게 될 것으로 예상되는 경우: 고객이 권리를 행사하는 방식에 따라 예상되는 미행사 금액을 수익으로 인식한다.
② 기업이 미행사 금액을 받을 권리를 갖게 될 것으로 예상되지 않는 경우: 고객이 그 남은 권리를 행사할 가능성이 희박해질 때 예상되는 미행사 금액을 수익으로 인식한다.

Self Study

기업은 미행사 금액을 예상하기 위하여 변동대가 추정치의 제약을 참고한다. 그러나 미행사 금액은 거래가격에 영향을 미치지 않기 때문에 변동대가에 해당되지 않는다. 다만, 미행사 금액을 얼마로 예상하는지에 따라 기간별 수익의 인식금액이 달라진다.

(2) 상품권

상품권을 발행한 기업이 수행할 의무는 상품권을 구매한 고객에게 상품에 대한 통제를 이전하는 것이다. 따라서 상품에 대한 통제를 이전하는 시점에 수익을 인식하여야 한다.

1) 상품권 판매 시 회계처리

상품권 발행회사는 상품권을 발행하여 현금을 받는 시점에 상품권의 액면금액을 계약부채의 과목으로 하여 부채로 인식한다. 만약 상품권을 할인 발행하는 경우에는 상품권의 액면금액과 수령한 현금의 차액을 상품권할인액의 과목으로 인식하고 계약부채의 차감계정으로 재무상태표에 공시한다.

차) 현금	현금수령액	대) 계약부채	액면금액
상품권할인액	대차차액		

2) 상품권 회수 시 회계처리

상품권 발행회사는 상품을 고객에게 인도하는 시점에 수행의무를 이행하는 것이므로 상품권의 액면금액은 수익으로 인식하고 상품권할인액은 매출에누리로 처리하여 수익에서 차감한다. 또한 상품권의 액면금액과 상품 판매가격과의 차액은 현금으로 수수하고 관련 회계처리는 아래와 같다.

[고객에게 현금을 지급한 경우]				
차) 계약부채	액면금액	대) 매출		판매가격
		현금(지급액)		××
차) 매출에누리	××	대) 상품권할인액		××
[고객으로부터 현금을 수령한 경우]				
차) 계약부채	액면금액	대) 매출		××
현금	××			
차) 매출에누리	××	대) 상품권할인액		××

상품권 회수 시 수익으로 인식할 금액
⇒ 1매당 발행금액 × 회수 매수 + 현금 수령액 − 현금 지급액

사례연습 7: 상품권

㈜세종은 20×3년 1월 1일 액면금액 ₩50,000인 상품권 2,000매를 1매당 ₩48,000에 최초로 발행하였다. 고객은 상품권 액면금액의 60% 이상을 사용하면 잔액을 현금으로 돌려받을 수 있으며, 상품권의 만기는 발행일부터 2년이다. ㈜세종은 20×3년 12월 31일까지 회수된 상품권 400매에 대해 상품인도와 더불어 잔액 ₩1,200,000을 현금으로 지급하였다.

1 ㈜세종이 20×3년 중 상품권과 관련하여 인식할 순매출액을 구하시오.
2 ㈜세종이 20×3년의 각 일자에 해야 할 회계처리를 하시오.

풀이

1 순매출액: 18,000,000
  • 상품권회수액 50,000 × 400매 − 상품권할인액 2,000 × 400매 − 현금 지급액 1,200,000 = 18,000,000

2 • 20×3. 1. 1.

차) 현금	96,000,000	대) 계약부채	100,000,000
상품권할인액	4,000,000		

  • 20×3. 12. 31.

차) 계약부채	20,000,000	대) 매출	18,800,000
		현금	1,200,000
차) 매출에누리	800,000	대) 상품권할인액	800,000

03 환불되지 않는 수수료

어떤 계약에서는 기업은 환불되지 않는 선수수수료를 계약 개시시점이나 그와 가까운 시기에 고객에게 부과한다. 예를 들어 헬스클럽 회원계약 가입수수료, 통신계약 가입수수료, 일부 용역계약 준비수수료, 일부 공급계약 개시수수료 등이 이에 해당한다.

이러한 계약은 수행의무를 식별하기 위해 수수료가 약속한 재화나 용역의 이전에 관련되는지를 판단해야 한다. 많은 경우에 환불되지 않는 선수수수료가 계약 개시시점이나 그와 가까운 시기에 기업이 계약을 이행하기 위하여 착수해야 하는 활동에 관련되더라도, 그 활동으로 고객에게 약속한 재화나 용역이 이전되지는 않는다. 오히려 선수수수료는 미래 재화나 용역에 대한 선수금이므로, 그 미래 재화나 용역을 제공할 때 수익으로 인식한다.

04 미인도청구약정

미인도청구약정이란 기업이 고객에게 제품의 대가를 청구하지만 미래 한 시점에 고객에게 이전할 때까지 기업이 제품을 물리적으로 점유하는 계약을 말한다. 미인도청구약정의 경우 고객이 언제 제품을 통제하게 되는지를 파악하여 기업이 그 제품을 이전하는 수행의무를 언제 이행하였는지를 판단하여 수익을 인식하여야 한다.

Additional Comment

> 고객이 제품을 보관할 수 있는 공간이 부족하거나, 생산 일정이 지연되어 기업에 이러한 계약의 체결을 요청할 수 있다.

미인도청구약정의 경우 고객이 언제 제품을 통제하게 되는지 파악하여 수익을 인식한다. 일부 계약에서는 계약 조건에 따라 제품이 고객의 사업장에 인도되거나 제품이 선적될 때에 통제가 이전되나, 일부 계약에서는 기업이 제품을 물리적으로 점유하고 있더라도 고객이 제품을 통제할 수 있다. 이 경우 다음 기준을 모두 충족하여야 한다.

> ① 미인도청구약정의 이유가 실질적이어야 한다. (예 고객이 그 약정을 요구하였다)
> ② 제품은 고객의 소유물로 구분하여 식별되어야 한다.
> ③ 고객에게 제품을 물리적으로 이전할 준비가 현재 되어 있어야 한다.
> ④ 기업이 제품을 사용할 능력을 가질 수 없거나 다른 고객에게 이를 넘길 능력을 가질 수 없다.

제품의 미인도청구 판매를 수익으로 인식하는 경우 나머지 수행의무(예 보관용역)가 있어 거래가격의 일부를 보관용역에 배분해야 하는지를 고려한다.

Self Study

> 미인도청구약정 – 기업이 물리적으로 점유하고 있는 제품을 고객이 통제하는 경우
> 1. 고객이 그 제품을 물리적으로 점유하는 권리를 행사하지 않기로 결정하였더라도 수익을 인식한다.
> 2. 나머지 수행의무(예 보관용역)가 있어 거래가격의 일부를 배분해야 하는지를 고려한다.

05 보증

(1) 보증의 의의와 유형

기업은 제품(재화 or 용역)의 판매와 관련하여 계약, 법률, 기업의 사업관행에 따라 보증을 제공하는 것이 일반적이다. 기업 제품 판매와 함께 보증을 제공할 경우 회계처리의 핵심은 제공한 보증이 별개의 수행의무에 해당되는지를 판단하는 것이다. 만약에 보증이 별개의 수행의무에 해당된다면 거래가격을 배분하여 제품 판매와 보증에 대한 수익을 각각 인식해야 한다.

보증은 고객이 보증을 별도로 구매할 수 있는 선택권을 가지고 있는지 여부에 따라 달라진다. 고객이 보증에 대하여 별도로 가격을 정하거나 협상하여 보증을 별도로 구매할 수 있는 선택권이 있다면, 그 보증은 구별되는 용역이다. 기업이 계약에서 기술한 기능성이 있는 제품에 더하여 고객에게 용역을 제공하기로 약속한 것이기 때문이다. 이러한 상황에서는 약속한 보증을 수행의무로 회계처리하고, 그 수행의무에 거래가격의 일부를 배분한다.

고객에게 보증을 별도로 구매할 수 있는 선택권이 없는 경우에는 보증을 확신유형의 보증과 용역유형의 보증으로 구분할 수 있다. 확신유형의 보증과 용역유형의 보증에 대한 설명은 다음과 같다.

> ① 확신유형의 보증: 관련 제품이 합의된 규격에 부합하므로 당사자들이 의도한 대로 작동할 것이라는 확신을 고객에게 주는 보증
> ② 용역유형의 보증: 관련 제품이 합의된 규격에 부합한다는 확신에 더하여 고객에게 용역을 제공하는 보증

확신유형의 보증은 수행의무가 아니므로 기준서 제1037호 '충당부채, 우발부채, 우발자산'에 따라 충당부채로 회계처리하는 반면, 용역 유형의 보증은 수행의무에 해당되므로 거래가격을 배분한다.

보증 유형의 판단 구조

1st 구매선택권 ○	보증은 구별되는 용역이므로 약속한 보증은 수행의무이며, 거래가격의 일부를 배분

↓

2nd 구매선택권 ×	3rd 확신유형의 보증: 수행의무가 아니므로 충당부채를 인식
	4th 용역유형: 수행의무이므로 거래가격의 일부를 배분

Additional Comment

제품이 손해나 피해를 끼치는 경우에 기업이 보상하도록 요구하는 법률 때문에 수행의무가 생기지 않는다. 예를 들면 제조업자는 소비자가 용도에 맞게 제품을 사용하면서 생길 수 있는 모든 피해(예 개인자산에 대한 피해)를 제조업자가 책임지도록 하는 법률이 있는 국가에서 제품을 판매할 수 있다. 이와 비슷하게, 제품이 특허권, 저작권, 상표권, 그 밖의 권리를 침해한 데 따른 청구로 생기는 책임과 피해에 대해 고객에게 배상하기로 한 기업의 약속 때문에 수행의무가 생기지 않는다. 이러한 의무는 기준서 제1037호 '충당부채, 우발부채, 우발자산'에 따라 충당부채로 회계처리한다.

보증이 합의된 규격에 제품이 부합한다는 확신에 더하여 고객에게 용역을 제공하는 것인지를 평가할 때, 다음과 같은 요소를 고려한다.
1. 법률에서 보증을 요구하는지 여부: 법률에 따라 기업이 보증을 제공하여야 한다면 그 법률의 존재는 약속한 보증이 수행의무가 아님을 나타낸다.
2. 보증기간: 보증기간이 길수록, 약속한 보증이 수행의무일 가능성이 높다.
3. 기업이 수행하기로 약속한 업무의 특성: 제품이 합의된 규격에 부합한다는 확신을 주기 위해 기업이 정해진 업무를 수행할 필요가 있다면 그 업무는 수행의무를 생기게 할 것 같지는 않다.

(2) 보증의 유형별 회계처리

1) 고객에게 보증을 별도로 구매할 수 있는 선택권이 있는 경우

고객에게 보증을 별도로 구매할 수 있는 선택권이 있다면 기업은 고객에게 보증을 대가로 획득하고 보증이라는 용역을 판매한 것이다. 따라서 제품의 인도와 보증은 모두 수행의무이며, 거래가격의 일부를 보증에 배분하여야 한다. 제품의 인도는 한 시점에 이행하는 수행의무이므로 인도시점에 수익을 인식하고 보증은 기간에 걸쳐 이행하는 수행의무이므로 기간에 걸쳐 수익을 인식한다.

고객에게 보증을 별도로 구매할 수 있는 선택권이 있는 경우의 회계처리 예시

	무상 A/S기간	추가보증기간
		구매선택권 구입

재화 100 판매
구매선택권 20 판매

차) 현금	120	대) 매출	100
		계약부채	20
차) 매출원가	××	대) 재고자산	××
차) 보증비용[1]	××	대) 보증충당부채	××

[1] 무상 A/S기간에 예상 지출: 충당부채

2) 고객에게 보증을 별도로 구매할 수 있는 선택권이 없는 경우

고객에게 보증을 별도로 구매할 수 있는 선택권이 없는 경우에는 확신유형의 보증이라면, 이 보증을 기준서 제1037호 '충당부채, 우발부채, 우발자산'에 따라 회계처리한다. 만약 용역의 보증이라면 제품의 인도와 보증은 별도의 수행의무이므로 거래가격의 일부를 보증에 배분하여야 한다.

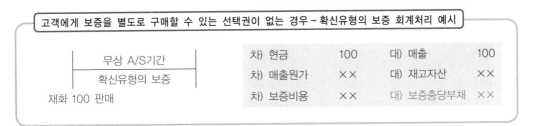

고객에게 보증을 별도로 구매할 수 있는 선택권이 없는 경우 – 확신유형의 보증 회계처리 예시

	무상 A/S기간	차) 현금	100	대) 매출	100
	확신유형의 보증	차) 매출원가	××	대) 재고자산	××
재화 100 판매		차) 보증비용	××	대) 보증충당부채	××

고객에게 보증을 별도로 구매할 수 있는 선택권이 없는 경우 – 용역유형의 보증 회계처리 예시

	무상 A/S기간	추가 무상 A/S기간
		용역유형의 보증

재화 100 판매
용역유형의 보증 개별 판매가격 20

차) 현금	100	대) 매출[1]	83
		계약부채	17
차) 매출원가	××	대) 재고자산	××
차) 보증비용[2]	××	대) 보증충당부채	××

[1] 100 × 100/(100 + 20) = 83
[2] 확신유형 보증의 예상 지출: 충당부채

사례연습 8: 보증

12월 말 결산법인인 A사는 20×1년 말에 제조원가 ₩300,000인 기계 1대를 ₩480,000에 판매하고 중장비를 사용하는 중에 고장이 발생하면 4년간 무상으로 수리해주기로 하였다. 관련 법률에 따르면 판매 후 2년간 무상수리하여야 하며, 동종업계에서는 모두 2년간 무상수리를 보증한다. 향후 4년간 발생할 것으로 예상되는 수리비용은 다음과 같다.

구분	20×2년	20×3년	20×4년	20×5년
수리비용	₩1,000	₩2,000	₩6,000	₩10,000

A사는 무상수리를 별도로 판매하지 않으므로 수리용역의 개별 판매가격은 없으나 적정이윤은 원가의 25%에 해당하는 것으로 추정하였다. 동 거래로 A사의 20×1년 말 재무상태표상 계상될 충당부채와 20×1년에 수익으로 인식할 금액은 얼마인가?

풀이

20×1년 말 충당부채: 3,000
20×1년 수익: 460,800

(1) 보증용역의 개별 판매가격: (6,000 + 10,000) × (1 + 25%) = 20,000
(2) 거래가격의 배분
  1) 기계: 480,000 × 480,000/(480,000 + 20,000) = 460,800
  2) 보증용역: 480,000 × 20,000/(480,000 + 20,000) = 19,200
    * 법적 무상보증기간을 초과하는 무상보증은 용역유형의 보증에 해당하므로 별도의 수행의무이다.
(3) 회계처리

차) 현금	480,000	대) 매출	460,800
		계약부채	19,200
차) 매출원가	300,000	대) 재고자산	300,000
차) 제품보증비	3,000	대) 제품보증충당부채	3,000

06 반품권이 부여된 판매

일부 계약에서는 기업이 고객에게 제품에 대한 통제를 이전하고, 다양한 이유(예 제품불만족)로 제품을 반품할 권리를 고객에게 부여하기도 한다. 반품권이 있는 판매에서 수익금액을 산정할 때 변동대가의 인식 및 측정원칙을 사용한다.

반품권이 있는 제품과 환불 대상이 되는 제공한 일부 용역의 이전을 회계처리하기 위하여, 다음 사항을 모두 인식하며, 반품기간에 언제라도 반품을 받기로 하는 기업의 약속은 환불할 의무에 더하여 수행의무로 회계처리하지 않는다.

> ① 기업이 받을 권리를 갖게 될 것으로 예상하는 대가를 이전하는 제품에 대한 수익으로 인식(⇒ 반품이 예상되는 제품에 대해서는 수익을 인식하지 않음)
> ② 환불부채 인식
> ③ 환불부채를 결제할 때 고객에게 제품을 회수할 기업의 권리에 대하여 자산과 이에 상응하는 매출원가 조정을 인식

반품권이 있는 판매의 경우에는 반품을 예상할 수 없는 경우와 반품을 예상할 수 있는 경우로 구분하여 회계처리한다.

(1) 반품을 예상할 수 없는 경우

반품을 예상할 수 없다면 제품을 이전할 때 수익으로 인식하지 않는다. 그 이유는 이미 인식한 누적수익금액 중 유의적인 부분을 되돌리지 않을 가능성이 매우 높다고 결론을 내릴 수 없기 때문이다. 따라서 이 경우에는 반품권과 관련된 불확실성이 해소되는 시점에 수익을 인식하고 기업은 받은 대가를 전액 환불부채로 인식해야 한다. 또한, 반품을 예상할 수 없는 경우에는 수익을 인식할 수 없으므로 관련 매출원가를 인식하지 아니하고 고객에게 제품을 이전할 때 고객에게 제품을 회수할 기업의 권리에 대해서 반환재고회수권의 계정으로 하여 별도의 자산으로 인식한다.

반품을 예상할 수 없는 경우 회계처리			
차) 현금	현금수령액	대) 환불부채	현금수령액
차) 반환재고회수권	BV	대) 재고자산	BV

(2) 반품을 예상할 수 있는 경우

받았거나 또는 받을 금액 중 기업이 권리를 갖게 될 것으로 예상하는 부분은 수익을 인식하고 관련 매출원가를 인식한다. 반면에 받았거나 또는 받을 금액 중 기업이 권리를 갖게 될 것으로 예상하지 않는 부분은 고객에게 제품을 이전할 때 수익으로 인식하지 않고, 환불부채로 인식한다.

환불부채를 결제할 때 고객에게 제품을 회수할 기업의 권리에 대해 인식하는 자산은 처음 측정할 때 제품의 이전 장부금액에서 그 제품 회수에 예상되는 원가와 반품된 제품이 기업에 주는 가치의 잠재적인 감소를 포함하여 차감한다.

추후에 실제로 반품이 되는 경우에 기업은 환불부채 중 반품된 부분을 제외한 나머지 부분을 수익으로 인식한다. 수익으로 인식된 반환재고회수권은 매출원가로 인식하여 대응시킨다. 한편, 반품된 부분은 환불부채와 현금을 각각 차감한 후 재고자산을 증가시키고 반환재고회수권 및 반품 회수에 예상되는 비용과 차이가 발생하는 경우 추가적으로 대차차액을 반품비용으로 인식한다.

반품을 예상할 수 있는 경우

[판매 시]

차) 현금	①	대) 매출	①
차) 매출	①×A%	대) 환불부채	①×A%
차) 매출원가	②	대) 재고자산	②
차) 반품비용	예상비용+가치감소분	대) 매출원가	②×A%
반환재고회수권	대차차액		

[반품 시]

차) 환불부채	BV	대) 현금	반품액
매출	③ 대차차액		
차) 재고자산	FV	대) 반환재고회수권	BV
반품비용	대차차액	현금	반품비발생액
		매출원가	③×매출원가율

Self Study

1. 환불부채를 결제할 때 고객에게 제품을 회수할 기업의 권리에 대해 인식하는 자산은 처음 측정할 때 제품의 이전 장부금액에서 그 제품 회수에 예상되는 원가(반품된 제품이 기업에 주는 가치의 잠재적인 감소를 포함)를 차감한다. 보고기간 말마다 반품될 제품에 대한 예상의 변동을 반영하여 자산의 측정치를 새로 수정한다.
2. 반환재고회수권은 환불부채와는 별도로 구분하여 표시하도록 규정하고 있다.

A회사의 B회사와 20×1년 말에 반품가능조건 현금판매액은 ₩10,000이며, 매출원가율은 70% 이다. 그리고 업계평균 반품률은 1%이며, 업계평균 반품률을 이용하여 반품으로 인한 환불액을 신뢰성 있게 추정가능하다. 가방이 반품될 경우 수선만 하면 판매가치의 감소는 없다. 그리고 가방이 반품될 경우 수선에 총 ₩20이 지출될 것으로 추정된다.

❶ A회사가 20×1년 수익으로 인식할 금액을 구하고 회계처리를 보이시오.

❷ 20×2년에 실제로 반품될 금액이 ₩150이며, 수선으로 인해 총 ₩30이 지출된 경우 반품으로 인해 A회사가 당기손익으로 인식할 금액과 회계처리를 보이시오.

❸ 20×2년에 실제로 반품될 금액이 ₩150이며, 수선으로 인해 총 ₩30이 지출되고 반환된 재고 자산의 가치감소액이 ₩50이다. 반품으로 인해 A회사가 당기손익으로 인식할 금액과 회계 처리를 보이시오.

❹ 위의 **❶**과 다르게, A회사가 업계평균 반품률을 모르는 경우 20×1년 말 재무상태표에 계상 될 부채와 관련된 회계처리를 보이시오.

풀이

❶ 1. 수익으로 인식할 금액: $10,000 \times (1-1\%) = 9,900$
　2. 비용으로 인식할 금액: $(7,000) \times (1-1\%) + (20) = 6,950$
　3. 회계처리
　　[판매 시]

차) 현금	① 10,000	대) 매출	① 10,000
차) 매출	① × A% 100	대) 환불부채	① × A% 100
차) 매출원가	② 7,000	대) 재고자산	② 7,000
차) 반품비용	예상비용 + 가치감소분 20	대) 매출원가	② × A% 70
반환재고회수권	대차차액 50		

❷ 1. 당기손익으로 인식할 금액: $(50) + (10) - (35) = (-)25$
　2. 회계처리
　　[반품 시]

차) 환불부채	BV 100	대) 현금	반품액 150
매출	③ 대차차액 50		
차) 재고자산	FV 150 × 70% = 105	대) 반환재고회수권	BV 50
반품비용	대차차액 10	현금	반품비발생액 30
		매출원가	③ × 매출원가율 50 × 70% = 35

3 1. 당기손익으로 인식할 금액: (50) + (60) − (35) = (−)75

   2. 회계처리

     [반품 시]

차) 환불부채	BV 100	대) 현금	반품액 150
매출	③ 대차차액 50		
차) 재고자산	FV 150 × 70% − 50 = 55	대) 반환재고회수권	BV 50
반품비용	대차차액 60	현금	반품비발생액 30
		매출원가	③ × 매출원가율 50 × 70% = 35

4 1. 부채인식액: 환불부채 10,000

   2. 회계처리

     [판매 시]

차) 현금	현금수령액 10,000	대) 환불부채	현금수령액 10,000
차) 반환재고회수권	BV 7,000	대) 재고자산	BV 7,000

07 재매입약정

재매입약정은 자산을 판매하고, 그 자산을 다시 사기로 약속하거나 다시 살 수 있는 선택권을 갖는 계약이다. 재매입약정은 일반적으로 다음의 3가지 형태로 나타난다.

---
① 선도계약: 자산을 다시 사야 하는 기업의 의무
② 콜옵션계약: 자산을 다시 살 수 있는 기업의 권리
③ 풋옵션계약: 고객이 요청하면 자산을 다시 사야 하는 기업의 의무
---

(1) 선도나 콜옵션

기업이 자산을 판매하였는데, 기업이 그 자산을 다시 사야 하는 의무가 있거나 그 자산을 다시 살 수 있는 권리가 있다면, 고객은 당해 자산을 통제하지 못한다. 즉, 기업이 선도나 콜옵션을 가지고 있다면, 고객은 자산을 통제하지 못한다. 그 이유는 고객이 자산을 물리적으로 점유하고 있더라도 자산의 사용을 지시하고 자산의 나머지 효익의 대부분을 획득할 수 있는 고객의 능력이 제한되기 때문이다. 고객이 자산을 통제하지 못하므로 기업은 자산을 판매할 때 수익을 인식하지 못한다.

선도나 콜옵션의 재매입약정은 다음과 같이 회계처리한다.

구분		내용
선도나 콜옵션	판매가격 > 재매입약정	리스계약
	판매가격 ≤ 재매입약정	금융약정

앞의 선도, 콜옵션에서 재매입약정이 금융약정이라면, 기업은 자산을 계속 인식하고 고객에게 받은 대가는 금융부채로 인식한다. 고객에게서 받은 대가와 고객에게 지급해야 하는 대가의 차이를 이자비용으로 인식한다. 만약 위의 재매입약정이 콜옵션이라면 콜옵션이 행사되지 않은 채 소멸된다면 부채를 제거하고 수익을 인식한다.

(2) 풋옵션

고객이 풋옵션이 있는 경우에는 계약 개시시점에 고객이 그 권리를 행사할 경제적 유인이 유의적인지를 고려한다. 고객이 그 권리를 행사하면 사실상 고객이 일정 기간 특정 자산의 사용권에 대한 대가를 기업에 지급하는 결과가 된다. 따라서 고객이 그 권리를 행사할 경제적 유인이 유의적이라면, 이 약정을 기준서 제1017호 '리스'에 따라 리스로 회계처리한다. 고객이 자산의 원래 판매가격보다 낮은 가격으로 권리를 행사할 경제적 유인이 유의적이지 않다면, 이 약정을 반품권이 있는 제품의 판매처럼 회계처리한다.

자산을 다시 사는 가격이 원래 판매가격 이상이고, 자산의 예상 시장가치보다 높다면 그 계약은 금융약정으로 회계처리한다. 자산을 다시 사는 가격이 원래 판매가격 이상이고 자산의 예상 시장가치 이하이며, 고객이 자산의 권리를 행사할 경제적 유인이 유의적이지 않다면, 이 약정을 반품권이 있는 제품의 판매처럼 회계처리한다. 이를 정리하면 다음과 같다.

구분		내용
풋옵션	판매가격 > 재매입약정	① 고객이 권리를 행사할 유인이 유의적임: 리스계약
		② 고객이 권리를 행사할 유인이 유의적이지 않음: 반품권이 있는 판매
	판매가격 < 재매입약정	① 재매입가격 > 예상 시장가치: 금융약정
		② 재매입가격 < 예상 시장가치 & 고객이 권리를 행사할 유인이 유의적이지 않은 경우: 반품권이 있는 판매

위의 풋옵션에서 재매입약정이 금융약정이라면, 기업은 자산을 계속 인식하고 고객에게서 받은 대가는 금융부채로 인식한다. 고객에게서 받은 대가와 고객에게 지급해야 하는 대가의 차이를 이자비용으로 인식한다. 만약 풋옵션이 행사되지 않은 채 소멸된다면 부채를 제거하고 수익을 인식한다.

Self Study

재매입약정을 금융약정, 리스, 반품권이 있는 판매로 구분하는 것은 아래와 같이 정리할 수 있다.
1. 기업 손해(재매입대가 > 판매가격) + 행사가능성 유의적임(재매입대가 > 재매입시점 예상 시장가격): 금융약정
2. 기업 이익(재매입대가 < 판매가격) + 행사가능성 유의적임(재매입대가 > 재매입시점 예상 시장가격): 리스거래
3. 행사 가능성 유의적이지 않음: 반품권이 있는 판매

(3) 재매입약정이 금융약정에 해당하는 경우

① 기업이 자산을 원래 판매가격 이상의 금액으로 다시 살 수 있거나, ② 다시 사야 하는 경우 또는 ③ 자산의 재매입가격이 원래 판매가격 이상이고, 자산의 예상 시장가치보다 높은 경우에는 금융약정으로 회계처리한다.

Additional Comment

예를 들어 기업이 고객에게 자산을 ₩1,000에 판매하고, 1년 후에 이를 ₩1,100에 다시 살 수 있는 권리가 있거나 다시 사야 한다면, 이러한 거래의 실질은 기업이 고객에게 자산을 담보로 제공하고 고객으로부터 ₩1,000을 차입한 후 1년 후에 이자를 포함하여 ₩1,100을 갚으면서 담보로 맡겼던 자산을 찾아오는 것과 거래의 실질이 다르지 않으므로 금융약정으로 회계처리한다. 또한 기업이 고객에게 자산은 ₩1,000에 판매하고 1년 후에 고객의 요청이 있다면(즉, 풋옵션을 행사한다면) 자산을 ₩1,100에 다시 사야 하는데, 자산의 예상 시장가치가 ₩1,020이라고 하면 고객은 풋옵션을 행사할 가능성이 매우 높다. 왜냐하면 고객은 시장가치가 ₩1,020밖에 되지 않아 자산을 ₩1,100에 받고 회사에 반환할 수 있기 때문이다. 이러한 거래의 실질은 기업이 고객에게 자산을 담보로 제공하고 고객으로부터 ₩1,000을 차입한 후 1년 후에 이자를 포함하여 ₩1,100을 갚으면서 담보로 맡겼던 자산을 찾아오는 것과 거래의 실질이 다르지 않으므로 이 경우에도 금융약정으로 회계처리한다.

재매입약정이 금융약정이라면, 기업은 자산을 계속 인식하고 고객에게 받은 대가는 금융부채로 인식한다. 고객에게 받은 대가와 고객에게 지급해야 하는 대가의 차이를 이자비용으로 인식한다.

[판매일]			
차) 현금	고객에게 받은 대가	대) 단기차입금	A

[기말 or 재매입시점]			
차) 이자비용	고객에게 지급할 대가 B-A	대) 미지급이자	B-A

* 판매일과 재매입시점 사이에 결산일이 있으면 기간 배분하여 이자비용 인식

[재매입할 시점]			
차) 단기차입금	A	대) 현금	B
미지급이자	B-A		

만일 옵션이 행사되지 않은 채 소멸된다면 부채를 제거하고 수익을 인식한다. 이때 미지급이자로 인식한 금액도 같이 수익으로 인식하여야 한다.

[판매일]			
차) 현금	고객에게 받은 대가	대) 단기차입금	A

[기말 or 재매입시점]			
차) 이자비용	고객에게 지급할 대가 B - A	대) 미지급이자	B - A

* 판매일과 재매입시점 사이에 결산일이 있으면 기간 배분하여 이자비용 인식

[재매입할 시점]			
차) 단기차입금	A	대) 매출	B
미지급이자	B - A		
차) 매출원가	××	대) 재고자산	××

(4) 재매입약정이 리스에 해당하는 경우

① 기업이 자산을 원래 판매가격보다 낮은 금액으로 다시 살 수 있거나, ② 다시 사야 하는 경우 또는 ③ 고객이 요청하면 기업이 원래 판매가격보다 낮은 가격으로 자산을 다시 사야 하는 의무(풋옵션)가 있는데, 계약 개시시점에 고객이 그 권리를 행사할 유인이 유의적인 경우, 계약이 판매후리스거래의 일부가 아니라면 기준서 제1116호에 따라 리스로 회계처리한다.

Additional Comment

예를 들어 기업이 고객에게 자산을 ₩1,000에 판매하고, 1년 후에 이를 ₩700에 다시 살 수 있는 권리가 있거나 다시 사야 한다면, 이는 고객에게 1년 동안 자산을 사용하게 하고 ₩300의 사용료를 받는 것이나 다름없으므로 리스로 회계처리한다. 또한 기업이 고객에게 자산을 ₩1,000에 판매하고, 1년 후에 고객의 요청이 있다면 (즉, 고객이 풋옵션을 행사한다면) 자산을 ₩700에 다시 사야 할 의무가 있다고 가정한다. 이 경우 고객이 풋옵션을 행사할 경제적 유인이 유의적이라면 풋옵션을 행사할 가능성이 매우 높다는 것을 의미한다. 따라서 기업은 고객에게 1년 동안 자산을 사용하게 하고 ₩300의 사용료를 받는 것이나 다름없으므로 동 거래를 리스로 회계처리한다.

재매입약정이 리스계약이라면, 기업은 자산을 계속 인식하고 고객에게 받은 대가 중 추후 재매입약정액에 해당하는 부분은 리스보증금으로 인식한다. 고객에게 받은 대가와 고객에게 지급해야 하는 대가의 차익을 선수리스료로 인식한 후 추후 기간경과에 따라 리스료수익으로 인식한다.

[판매일]			
차) 현금	고객에게 받은 대가	대) 리스보증금	재매입약정액
		선수리스료	대차차액
[기말 or 재매입시점]			
차) 선수리스료	기간경과분	대) 리스료수익	N/I

* 판매일과 재매입시점 사이에 결산일이 있으면 기간 배분하여 리스료수익 인식

[재매입할 시점]			
차) 리스보증금	재매입약정액	대) 현금	재매입약정액
차) 선수리스료	잔여분	대) 리스료수익	잔여분

만일 옵션이 행사되지 않은 채 소멸된다면 부채를 제거하고 수익을 인식한다. 이때 선수리스료로 인식한 금액도 같이 수익으로 인식하는 것이 합리적으로 추정된다.

[판매일]			
차) 현금	고객에게 받은 대가	대) 리스보증금	재매입약정액
		선수리스료	대차차액
[기말 or 재매입시점]			
차) 선수리스료	기간경과분	대) 리스료수익	N/I

* 판매일과 재매입시점 사이에 결산일이 있으면 기간 배분하여 리스료수익 인식

[재매입할 시점]			
차) 리스보증금	재매입약정액	대) 매출	N/I
선수리스료	잔여분		
차) 매출원가	××	대) 재고자산	××

아래의 각 상황별 A사가 각 일자별로 해야 할 회계처리를 보이시오.

[상황 1]

A사는 20×1년 1월 1일에 원가 ₩800,000의 재고자산을 ₩1,000,000에 판매하기로 고객과의 계약을 체결하였다. 계약에는 20×1년 3월 31일 이전에 그 자산을 ₩1,050,000에 다시 살 권리를 기업에 부여하는 콜옵션이 포함되어 있다. A사는 20×1년 3월 31일에 콜옵션을 행사하였다.

[상황 2]

A사는 20×1년 1월 1일에 원가 ₩800,000의 재고자산을 ₩1,000,000에 판매하기로 고객과의 계약을 체결하였다. 계약에는 20×1년 3월 31일 이전에 그 자산을 ₩1,050,000에 다시 살 권리를 기업에 부여하는 콜옵션이 포함되어 있다. A사는 20×1년 3월 31일까지 콜옵션을 행사하지 않았다.

[상황 3]

A사는 20×1년 1월 1일에 장부금액 ₩800,000의 유형자산을 ₩1,000,000에 판매하기로 고객과 계약을 체결하였다. 계약에서 고객의 요구에 따라 20×1년 3월 31일 이전에 기업이 자산을 ₩1,050,000에 다시 사야 하는 풋옵션이 포함되어 있다. 20×1년 3월 31일에 시장가치는 ₩1,020,000이 될 것으로 예상된다. 20×1년 3월 31일에 고객은 풋옵션을 행사하였다.

[상황 4]

A사는 20×1년 1월 1일에 장부금액 ₩800,000의 유형자산을 ₩1,000,000에 판매하기로 고객과 계약을 체결하였다. 계약에서 고객의 요구에 따라 20×1년 3월 31일 이전에 기업이 자산을 ₩900,000에 다시 사야 하는 풋옵션이 포함되어 있다. 20×1년 3월 31일에 시장가치는 ₩750,000이 될 것으로 예상된다. A사는 재매입일의 재매입가격이 자산의 기대시장가치를 유의적으로 초과하기 때문에 고객이 풋옵션을 행사할 경제적 유인이 유의적이라고 결론을 지었다. 20×1년 3월 31일에 고객은 풋옵션을 행사하였다.

풀이

[상황 1]
[20×1년 1월 1일]

차) 현금	1,000,000	대) 단기차입금	1,000,000

[20×1년 3월 31일]

차) 이자비용	50,000	대) 미지급이자	50,000
차) 단기차입금	1,000,000	대) 현금	1,050,000
미지급이자	50,000		

[상황 2]
[20×1년 1월 1일]

차) 현금	1,000,000	대) 단기차입금	1,000,000

[20×1년 3월 31일]

차) 이자비용	50,000	대) 미지급이자	50,000
차) 단기차입금	1,000,000	대) 매출	1,050,000
미지급이자	50,000		
차) 매출원가	800,000	대) 재고자산	800,000

[상황 3]
[20×1년 1월 1일]

차) 현금	1,000,000	대) 단기차입금	1,000,000

[20×1년 3월 31일]

차) 이자비용	50,000	대) 미지급이자	50,000
차) 단기차입금	1,000,000	대) 현금	1,050,000
미지급이자	50,000		

[상황 4]
[20×1년 1월 1일]

차) 현금	1,000,000	대) 리스보증금	900,000
		선수리스료	100,000

[20×1년 3월 31일]

차) 리스보증금	900,000	대) 현금	900,000
차) 선수리스료	100,000	대) 리스료수익	100,000

08 라이선싱

라이선스는 기업의 지적재산에 대한 고객의 권리를 정하는 것을 말한다. 지적재산에 대한 라이선스에는 소프트웨어, 기술, 영화, 음악, 그 밖의 형태의 미디어와 오락물, 프랜차이즈, 특허권, 상표권과 저작권 등에 라이선스가 포함될 수 있으나 이것에 한정되지는 않는다.

(1) 수행의무의 식별

고객에게 라이선스를 부여하는 약속에 더하여, 고객에게 다른 재화나 용역을 이전하기로 약속할 수 있다. 예를 들어 신기술 특허권에 대한 라이선스를 이전하면서 관련 제조용역도 이전하기로 약속할 수 있다. 이 경우 라이선스를 부여하는 약속이 그 밖에 약속한 재화나 용역과 계약에서 구별되는지 여부에 따라 라이선스의 회계처리는 달라진다.

> ① 라이선스를 부여하는 약속이 그 밖에 약속한 재화나 용역과 계약에서 구별되지 않는 경우
> ⇒ 라이선스를 부여하는 약속과 그 밖에 약속한 재화나 용역을 함께 단일 수행의무로 회계처리한다.
> ② 라이선스를 부여하는 약속이 그 밖에 약속한 재화나 용역과 계약에서 구별되는 경우
> ⇒ 라이선스가 고객에게 한 시점에 이전(지적재산 사용권)되는지 아니면 기간에 걸쳐 이전(지적재산 접근권)되는지를 판단하여 별도의 수행의무로 회계처리한다.

반면에 다른 유형의 계약과 마찬가지로, 고객과의 계약에 그 밖의 약속한 재화나 용역에 추가하여 별도의 라이선스를 부여하는 약속이 포함된다면, 해당 계약에서 각각의 수행의무를 식별한 후 개별적으로 수익을 인식해야 한다.

라이선스를 부여하는 약속이 그 밖에 약속한 재화나 용역과 구별되고, 라이선스를 부여하는 약속이 별도의 수행의무라면 라이선스에 대한 수익인식을 별도로 수행해야 한다. 이 경우 수익인식시기를 결정하기 위해서는 해당 라이선스가 고객에게 기간에 걸쳐 이전되는 라이선스 접근권인지, 해당 라이선스가 고객에게 한 시점에 이전되는 라이선스 사용권인지를 판단해야 한다.

(2) 수익인식: 지적재산 사용권

라이선스 사용권은 라이선스를 부여하는 시점에 존재하는 기업의 지적재산을 사용할 권리를 말한다. 라이선스 접근권에 대한 판단기준을 충족하지 못하면, 기업이 한 약속의 성격은 라이선스를 고객에게 부여하는 시점에 형식과 기능성 면에서 해당 라이선스가 존재하는 대로 지적재산의 사용권을 제공하는 것이다. 이는 라이선스를 이전하는 시점에 고객이 라이선스의 사용을 지시할 수 있고 라이선스에서 생기는 나머지 효익의 대부분을 획득할 수 있음을 뜻한다. 라이선스를 부여하는 약속이 지적재산에 대한 사용권에 해당한다면 라이선스 제공자의 수행의무는 한 시점에 이행되는 것이므로 사용권을 이전한 시점에 수익으로 인식한다.

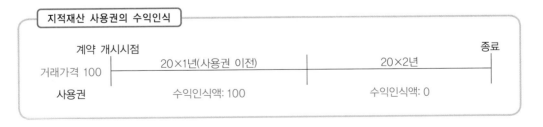

(3) 수익인식: 지적재산 접근권

라이선스를 부여하는 약속이 계약에서 그 밖에 약속한 재화나 용역과 구별되는 경우에는 별도의 수행의무로 회계처리해야 한다. 이때 기간에 걸쳐 수행의무가 이전된다면, 라이선스 기간 전체에 걸쳐 존재하는 기업의 지적재산에 접근할 권리에 해당하고 이를 지적재산 접근권이라고 한다. 다음의 기준을 모두 충족한다면, 라이선스를 부여하는 기업의 약속의 성격은 기업의 지적재산에 접근권을 제공하는 것이다.

① 고객이 권리를 갖는 지적재산에 유의적으로 영향을 미치는 활동을 기업이 할 것을 계약에서 요구하거나 고객이 합리적으로 예상한다.
② 라이선스로 부여한 권리 때문에 고객은 식별되는 기업 활동의 긍정적 또는 부정적 영향에 직접 노출된다.
③ 그 활동이 행해짐에 따라 재화나 용역을 고객에게 이전하는 결과를 가져오지 않는다.

라이선스를 부여하는 약속이 지적재산에 대한 접근권에 해당한다면 라이선스 제공자의 수행의무는 해당 기간에 걸쳐 이행되는 것이므로 라이선스 기간에 걸쳐 수익으로 인식한다.

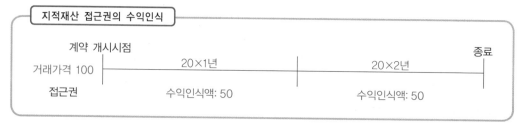

지적재산 접근권의 수익인식

Additional Comment

예를 들어 프로축구팀이 자신이나 소속 선수들의 이름 및 로고를 2년 동안 고객에게 라이선스하고, 고객은 그 이름과 로고를 티셔츠나 머그컵 등에 사용하여 판매하는 계약을 체결하는 경우 프로축구팀이 명성 유지를 위하여 특정 활동을 수행하도록 계약에서 요구하거나, 그러한 활동을 할 것이라고 고객이 합리적으로 예상할 것이다. 그리고 이러한 프로축구팀의 활동은 고객의 효익에 긍정적 또는 부정적 영향을 미칠 수 있다. 프로축구팀의 활동으로 경기 성적이 전년도에 비해 유의하게 상승한다면 프로축구팀의 이름이나 로고가 들어간 상품의 판매에 유의하게 증가하여 고객의 효익도 증가할 것이며, 반대로 경기 성적이 좋지 않거나 소속 선수가 사회적 물의를 일으켰다면 그 프로축구팀의 이름이나 로고가 들어간 상품의 판매가 유의하게 감소하여 고객의 효익도 감소할 것이다. 그러므로 이러한 종류의 라이선스는 접근권에 해당하므로 기간에 걸쳐 수행의무를 이행하는 것으로 본다.

(4) 판매기준 로열티와 사용기준 로열티

판매기준 또는 사용기준 로열티는 접근권이기 때문에 기간에 걸쳐 수익을 인식해야 하지만, 인식할 수익금액의 변동성이 높다는 불확실성 때문에 수익인식의 예외를 적용한다. 즉, 대가가 고객의 후속 판매나 사용에 기초하는 지적재산의 라이선스에 대해서는 불확실성이 해소될 때까지(고객이 나중에 판매하거나 사용할 때까지) 기업은 변동금액에 대한 수익을 인식하지 않는다. 따라서 판매기준 또는 사용기준 로열티의 수익은 다음 중 나중의 사건이 일어날 때(또는 일어나는 대로) 인식한다.

> ① 고객이 관련된 후속적인 판매를 하거나 라이선스를 사용
> ② 판매기준 또는 사용기준 로열티의 일부나 전부가 배분된 수행의무를 이행(또는 일부 이행)함

단, 위의 요구사항은 그 로열티가 다음 중 어느 하나에 해당하는 경우에 적용한다.

> ① 지적재산의 라이선스에만 관련된다.
> ② 지적재산의 라이선스가 로열티가 관련되는 지배적인 항목이다.

09 추가 재화나 용역에 대한 고객의 선택권

무료나 할인된 가격으로 추가 재화나 용역을 취득할 수 있는 고객의 선택권은 그 형태(예 판매 인센티브, 고객보상점수, 계약갱신 선택권, 미래의 재화나 용역에 대한 그 밖의 할인)가 다양하다. 계약에서 추가 재화나 용역을 취득할 수 있는 선택권을 고객에게 부여하고, 그 선택권이 계약을 체결하지 않았으면 받을 수 없는 중요한 권리를 고객에게 제공하는 경우에만 그 선택권은 계약에서 수행의무를 생기게 한다. 선택권이 고객에게 중요한 권리를 제공한다면, 고객은 사실상 미래 재화나 용역의 대가를 기업에 미리 지급한 것이다. 따라서 기업은 이전하는 재화나 용역과 추가로 부여한 선택권의 상대적 개별 판매가격에 기초하여 거래가격을 배분한다. 그리고 선택권에 배분된 거래가격은 미래에 재화나 용역이 이전되거나 선택권이 만료될 때 수익으로 인식한다.

Additional Comment

재화나 용역의 개별 판매가격을 반영하는 가격으로 추가 재화나 용역을 취득할 수 있는 선택권을 고객에게 부여하였다면 그 선택권은 고객에게 중요한 권리를 제공하지 않는다. 예를 들어 기업이 고객에게 재화를 판매하면서 향후 2개월 내에 회사의 재화를 구매할 경우 10%를 할인받을 수 있는 쿠폰을 부여하였는데, 기업은 그 기간 동안 모든 구매 고객에게 10% 할인을 제공할 계획이 있다면, 그 선택권은 개별 판매가격으로 재화를 취득할 수 있으므로 기업이 고객에게 중요한 권리를 제공하였다고 볼 수 없다. 따라서 이러한 선택권은 기업의 수행의무가 아니다. 그러나 기업이 고객에게 재화를 판매하면서 향후 2개월 내에 회사의 재화를 구매할 경우 40%를 할인받을 수 있는 쿠폰을 부여하였는데, 기업은 그 기간 동안 모든 구매 고객에게 10%의 할인을 제공할 계획이 있다면, 고객에게 30%의 추가 할인을 제공하기로 한 약속이 기업의 수행의무이다.

1. 기업은 이전하는 재화나 용역과 고객 선택권의 개별 판매가격은 직접 관측한다. 그러나 개별 판매가격을 직접 관측할 수 없다면 이를 추정한다. 그 추정에는 고객이 선택권을 행사할 때 받을 할인을 반영하되, 고객이 선택권을 행사하지 않고도 받을 수 있는 할인액과 선택권이 행사될 가능성을 모두 조정한다.
2. 할인권의 추정 개별 판매가격: 추가 제품 구입가격 × 증분할인율 × 할인권 행사가능성

사례연습 11: 추가 재화나 용역에 대한 고객의 선택권

A사는 제품을 ₩50,000에 판매하기로 계약을 체결하였다. 이 계약의 일부로 기업은 앞으로 30일 이내에 ₩40,000 한도의 구매에 대해 30% 할인권을 고객에게 주었다. A사는 할인을 제공하기로 한 약속을 제품 판매 계약에서 수행의무로 회계처리한다. A사는 고객의 60%가 할인권을 사용하고 추가 제품을 평균 ₩25,000에 구매할 것으로 추정한다. 또한, A사는 계절 마케팅의 일환으로 앞으로 30일 동안 모든 판매에 10% 할인을 제공할 계획이다. 10% 할인은 30% 할인권에 추가하여 사용할 수 없다. A사가 동 제품을 판매하는 시점에 인식할 수익을 구하시오.

[풀이]

A사가 제품을 판매하는 시점에 인식할 수익: 47,170

(1) 할인권의 추정 개별 판매가격: 3,000
   * @25,000(추가 제품 평균구입가격) × 20%(증분할인율) × 60%(할인권 행사가능성) = 3,000
   * 모든 고객은 앞으로 30일 동안 구매금액의 10% 할인을 받을 수 있기 때문에 고객에게 중요한 권리를 제공하는 할인은 10%에서 증분되는 20% 할인뿐이다.

(2) 거래가격 배분

구분	거래가격
제품	50,000 × 50,000/(50,000 + 3,000) = 47,170
할인권	50,000 × 3,000/(50,000 + 3,000) = 2,830
합계	50,000

(3) 회계처리

차) 현금	50,000	대) 매출	47,170
		계약부채	2,830

9 고객충성제도

01 의의

고객충성제도는 재화나 용역을 구매하는 고객에게 인센티브를 제공하기 위하여 사용하는 제도를 말한다. 고객이 재화나 용역을 구매하면, 기업은 고객보상점수(≒ 포인트)를 부여하고, 고객은 부여받은 보상점수를 사용하여 재화나 용역을 무상 또는 할인 구매하는 방법으로 보상을 받을 수 있다.

보상점수는 보상점수를 부여한 매출거래와 별도의 식별가능한 수행의무로 보아 회계처리해야 한다. 따라서 기업이 고객에게 약속한 재화나 용역을 이전하고 그 대가로 받을 권리를 갖게 될 금액을 나타내는 금액은 각 수행의무에 거래가격을 배분해야 한다. 따라서 계약 개시 시점에 계약상 각 수행의무의 대상인 구별되는 재화나 용역의 제공과 보상점수의 개별 판매가격을 산정하고 이 개별 판매가격에 비례하여 거래가격을 배분하여야 한다.

> **보상점수에 배분될 거래가격**
>
> 보상점수에 배분될 대가 = 거래가격 × $\dfrac{\text{보상점수의 개별 판매가격}}{\text{재화나 용역의 개별 판매가격 + 보상점수의 개별 판매가격}}$

고객충성제도의 회계처리는 기업이 직접 보상을 제공하는 경우와 제3자가 보상을 제공하는 경우에 따라 회계처리가 구분된다.

02 기업이 직접 보상을 제공하는 경우

기업이 직접 보상을 제공하는 경우 보상점수에 배분된 거래가격은 계약부채로 하여 부채로 인식한다. 계약부채로 인식한 금액은 보상점수가 회수되고 보상을 제공할 의무를 이행할 때 보상점수에 배분된 대가를 수익으로 인식한다. 수익으로 인식할 금액은 회수될 것으로 기대되는 총 보상점수에서 보상과 교환되어 회수된 보상점수의 상대적 크기에 기초하여야 한다.

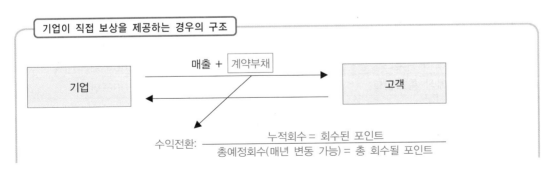

> **기업이 직접 보상을 제공하는 경우의 구조**
>
> 매출 + [계약부채]
>
> 기업 → 고객
>
> 수익전환: $\dfrac{\text{누적회수 = 회수된 포인트}}{\text{총예정회수(매년 변동 가능) = 총 회수될 포인트}}$

구분	수익인식방법	
	인식시기	측정방법
기업이 직접 보상	보상을 제공할 때	보상점수의 사용비율에 따라 수익인식

문제풀이 TOOL

- 1st 부여된 보상점수(계약부채) 계상: 거래가격 × 보상점수의 개별 판매가격/(재화·용역의 개별 판매가격 + 보상점수의 개별 판매가격)

- 2nd 부여된 보상점수(선수수익) 연도별 배분

구분	보상점수 배분액	누적회수 (회수된)	총예상회수 (회수될)	누적수익	당기수익(N/I)
20×1년 말	a	b	c	① = a × b/c	①
20×2년 말	a	d	e	② = a × d/e	② − ①

- 회계처리

매출 시	차) 현금	××	대) 매출	××
			계약부채	××
매년 말	차) 계약부채	××	대) 보상점수수익[1]	××

[1] 보상점수배분액 × 회수된 포인트(누적)/총 회수될 포인트 − 전기까지 인식한 누적수익

사례연습 12: 기업이 직접 보상을 제공하는 경우

12월 말 결산법인인 ㈜한영은 고객들이 제품을 구매할 때마다 ₩10당 고객충성포인트 1점을 보상하는 고객충성제도를 운영한다. 포인트는 기업의 제품을 구매할 때 1점당 ₩1의 할인과 교환할 수 있다.

(1) ㈜한영이 20×1년 중 판매한 제품의 거래가격은 ₩100,000이며, 이로 인해 고객에게 제공한 포인트는 10,000점이다. 고객이 구매한 제품의 개별 판매가격은 ₩100,000, 포인트가 교환될 가능성에 기초한 포인트당 개별 판매가격은 ₩0.95(총액 ₩9,500)이다.

(2) ㈜한영이 각 회계연도에 교환된 누적포인트와 교환예상 총포인트는 다음과 같다.

구분	20×1년	20×2년
교환된 누적포인트	4,500포인트	8,500포인트
교환예상 총포인트	9,500포인트	9,700포인트

㈜한영이 20×1년~20×2년까지 해야 할 회계처리를 하시오.

- 1st 부여된 보상점수(계약부채) 계상: 100,000 × 9,500/(100,000+9,500) = 8,676
- 2nd 부여된 보상점수(선수수익) 연도별 배분

구분	보상점수 배분액	× 누적회수 (회수된)	÷ 총예상회수 (회수될)	= 누적수익	당기수익(N/I)
20×1년 말	8,676	4,500	9,500	① 4,110	4,110
20×2년 말	8,676	8,500	9,700	② 7,603	②-① 3,493

[회계처리]
- 20×1년 매출 시

차) 현금	100,000	대) 매출	91,324
		계약부채	8,676

- 20×1년 사용 시

차) 계약부채	4,110	대) 보상점수수익	4,110

- 20×2년 사용 시

차) 계약부채	3,493	대) 보상점수수익	3,493

CH 15

고객과의 계약에서 생기는 수익

해커스 회계학 1차 기본서

01 ㈜관세는 20×1년 1월 1일 제품 500개(개당 판매가격 ₩100, 개당 원가 ₩50)를 현금판매하고, 고객이 사용하지 않은 제품을 30일 이내에 반품하면 전액 환불해준다. ㈜관세는 판매한 수량의 10%가 반품될 것으로 추정한다. 1월 15일 동판매 제품 중 30개가 반품되었으며, 반품된 제품은 전부 개당 ₩60에 즉시 현금판매 되었다. 위 거래의 회계처리 결과에 관한 설명으로 옳은 것은? (단, 재고자산에 대하여 계속기록법을 사용하고, 반품회수원가는 무시한다.)

[관세사 2022년]

① 매출총이익은 ₩22,800이다.
② 매출원가는 ₩25,000이다.
③ 환불부채 잔액은 ₩5,000이다.
④ 매출액은 ₩50,000이다.
⑤ 환불금액은 ₩2,500이다.

02 기업회계기준서 제1115호 '고객과의 계약에서 생기는 수익'에 대한 다음 설명 중 옳지 않은 것은? [공인회계사 2022년]

① 일반적으로 고객과의 계약에는 기업이 고객에게 이전하기로 약속하는 재화나 용역을 분명히 기재한다. 그러나 고객과의 계약에서 식별되는 수행의무는 계약에 분명히 기재한 재화나 용역에만 한정되지 않을 수 있다.

② 계약을 이행하기 위해 해야 하지만 고객에게 재화나 용역을 이전하는 활동이 아니라면 그 활동은 수행의무에 포함되지 않는다.

③ 고객이 약속한 대가(판매대가) 중 상당한 금액이 변동될 수 있으며 그 대가의 금액과 시기가 고객이나 기업이 실질적으로 통제할 수 없는 미래 사건의 발생 여부에 따라 달라진다면 판매대가에 유의적인 금융요소는 없는 것으로 본다.

④ 적절한 진행률 측정방법에는 산출법과 투입법이 포함된다. 진행률 측정방법을 적용할 때, 고객에게 통제를 이전하지 않은 재화나 용역은 진행률 측정에서 제외하는 반면, 수행의무를 이행할 때 고객에게 통제를 이전하는 재화나 용역은 모두 진행률 측정에 포함한다.

⑤ 수익은 한 시점에 이행하는 수행의무 또는 기간에 걸쳐 이행하는 수행의무로 구분한다. 이러한 구분을 위해 먼저 통제 이전 지표에 의해 한 시점에 이행하는 수행의무인지를 판단하고, 이에 해당하지 않는다면 그 수행의무는 기간에 걸쳐 이행되는 것으로 본다.

03 ㈜대한은 20×1년 12월 1일에 ㈜민국에게 원가 ₩500,000의 제품을 ₩1,000,000에 현금 판매하였다. 판매계약에는 20×2년 3월 31일에 동 제품을 ₩1,100,000에 다시 살 수 있는 권리를 ㈜대한에게 부여하는 콜옵션이 포함되어 있다. ㈜대한은 20×2년 3월 31일에 계약에 포함된 콜옵션을 행사하지 않았으며, 이에 따라 해당 콜옵션은 동 일자에 소멸되었다. 상기 재매입약정 거래가 ㈜대한의 20×2년 당기순이익에 미치는 영향은 얼마인가? (단, 현재가치평가는 고려하지 않으며, 계산과정에 오차가 있으면 가장 근사치를 선택한다) [공인회계사 2021년]

① ₩100,000 감소   ② ₩75,000 감소   ③ ₩500,000 증가
④ ₩525,000 증가   ⑤ ₩600,000 증가

㈜감평은 20x1년 1월 1일 제품을 판매하기로 ㈜한국과 계약을 체결하였다. 동 제품에 대한 통제는 20x2년 말에 ㈜한국으로 이전된다. 계약에 의하면 ㈜한국은 ㉠ 계약을 체결할 때 ₩100,000을 지급하거나 ㉡ 제품을 통제하는 20x2년 말에 ₩125,440을 지급하는 방법 중 하나를 선택할 수 있다. 이 중 ㈜한국은 ㉠을 선택함으로써 계약체결일에 현금 ₩100,000을 ㈜감평에게 지급하였다. ㈜감평은 자산 이전 시점과 고객의 지급시점 사이의 기간을 고려하여 유의적인 금융요소가 포함되어 있다고 판단하고 있으며, ㈜한국과 별도 금융거래를 한다면 사용하게 될 증분차입이자율 연 10%를 적절한 할인율로 판단한다. 동 거래와 관련하여 ㈜감평이 20x1년 말 재무상태표에 계상할 계약부채의 장부금액(A)과 20x2년도 포괄손익계산서에 인식할 매출수익(B)은?

[감정평가사 2020년]

	(A)	(B)
①	₩100,000	₩100,000
②	₩110,000	₩121,000
③	₩110,000	₩125,440
④	₩112,000	₩121,000
⑤	₩112,000	₩125,440

고객과의 계약에서 생기는 수익에 관한 설명으로 옳지 않은 것은?

[감정평가사 2021년]

① 거래가격을 산정하기 위해서는 계약 조건과 기업의 사업 관행을 참고하며, 거래가격에는 제3자를 대신해서 회수한 금액은 제외한다.

② 고객과의 계약에서 약속한 대가는 고정금액, 변동금액 또는 둘 다를 포함할 수 있다.

③ 변동대가의 추정이 가능한 경우, 계약에서 가능한 결과치가 두 가지뿐일 경우에는 기댓값이 변동대가의 적절한 추정치가 될 수 있다.

④ 기업이 받을 권리를 갖게 될 변동대가(금액)에 미치는 불확실성의 영향을 추정할 때에는 그 계약 전체에 하나의 방법을 일관되게 적용한다.

⑤ 고객에게서 받은 대가의 일부나 전부를 고객에게 환불할 것으로 예상하는 경우에는 환불부채를 인식한다.

06 다음은 ㈜감평의 수익 관련 자료이다.

> • ㈜감평은 20x1년 초 ㈜한국에게 원가 ₩50,000의 상품을 판매하고 대금은 매년 말 ₩40,000씩 총 3회에 걸쳐 현금을 수취하기로 하였다.
> • ㈜감평은 20x1년 12월 1일 ㈜대한에게 원가 ₩50,000의 상품을 ₩120,000에 현금 판매하였다. 판매계약에는 20x2년 1월 31일 이전에 ㈜대한이 요구할 경우 ㈜감평이 판매한 제품을 ₩125,000에 재매입해야 하는 풋옵션이 포함된다. 20x1년 12월 1일에 ㈜감평은 재매입일 기준 제품의 예상 시장가치는 ₩125,000 미만이며, 풋옵션이 행사될 유인은 유의적일 것으로 판단하였으나, 20x2년 1월 31일까지 풋옵션은 행사되지 않은 채 소멸하였다

㈜감평이 20x2년에 인식해야 할 총수익은? (단, 20x1년 초 ㈜한국의 신용특성을 반영한 이자율은 5%이고, 계산금액은 소수점 첫째자리에서 반올림하며, 단수차이로 인한 오차가 있으면 가장 근사치를 선택한다) [감정평가사 2020년]

기간	단일금액 ₩1의 현재가치 (할인율 = 5%)	정상연금 ₩1의 현재가치 (할인율 = 5%)
3	0.8638	2.7232

① ₩0   ② ₩120,000   ③ ₩125,000

④ ₩128,719   ⑤ ₩130,718

07 ㈜감평은 20×1년부터 제품판매 ₩5당 포인트 1점을 고객에게 제공하는 고객충성제도를 운영하고 제품판매 대가로 ₩10,000을 수취하였다. 포인트는 20×2년부터 ㈜감평의 제품을 구매할 때 사용할 수 있으며 포인트 이행약속은 ㈜감평의 중요한 수행의무이다. ㈜감평은 포인트 1점당 ₩0.7으로 측정하고, 20×1년 부여된 포인트 중 75%가 사용될 것으로 예상하여 포인트의 개별 판매가격을 추정하였다. 포인트가 없을 때 20×1년 제품의 개별 판매가격은 ₩9,450이다. 상대적 개별 판매가격에 기초하여 ㈜감평이 판매대가 ₩10,000을 수행의무에 배분하는 경우, 20×1년 말 재무상태표에 인식할 포인트 관련 이연수익(부채)은? [감정평가사 2021년]

① ₩1,000   ② ₩1,050   ③ ₩1,450

④ ₩1,550   ⑤ ₩2,000

Chapter 15 | 객관식 문제 정답 및 해설

01 ①   (1) 총매출 = 50,000 − 5,000 + 1,800 = 46,800
              매출원가 = 25,000 − 2,500 + 1,500 = 24,000
              매출총이익 = 46,800 − 24,000 = 22,800
      (2) 환불부채 잔액 = 5,000 − 3,000 = 2,000
      (3) 환불금액 = @100 × 30개 = 3,000

[판매 시 회계처리]

차) 현금	50,000	대) 매출	50,000
차) 매출	50,000 × 10% = 5,000	대) 환불부채	5,000
차) 매출원가	@50 × 500개 = 25,000	대) 재고자산	25,000
차) 반환재고회수권	2,500	대) 매출원가	25,000 × 10% = 2,500

[반품 시 회계처리]

차) 환불부채	3,000	대) 현금	@100 × 30개 = 3,000
재고자산	1,500	반환재고회수권	1,500
차) 현금	1,800	대) 매출	1,800
차) 매출원가	1,500	대) 재고자산	1,500

02 ⑤   수익은 한 시점에 이행하는 수행의무 또는 기간에 걸쳐 이행하는 수행의무로 구분한다. 이러한 구분을 위해 먼저 통제 이전 지표에 의해 기간에 걸쳐 이행되는 수행의무인지를 판단하고, 이에 해당하지 않는다면 그 수행의무는 한 시점에 이행되는 것으로 본다.

03 ④   1) 20×1년 12월 1일 회계처리

차) 현금	1,000,000	대) 금융부채	1,000,000

      2) 20×1년 12월 31일 회계처리

차) 이자비용	25,000	대) 미지급이자	25,000

        * (1,100,000 − 1,000,000) × 1/4 = 25,000

      3) 20×2년 3월 31일 회계처리

차) 이자비용	75,000	대) 미지급이자	75,000
차) 미지급이자	100,000	대) 매출	1,100,000
금융부채	1,000,000		
차) 매출원가	500,000	대) 재고자산	500,000

       ⇒ 20×2년 당기순이익에 미치는 영향: (−)75,000 + 1,100,000 − 500,000 = 525,000 증가

04 ② A: $100,000 \times (1 + 10\%) = 110,000$

B: $100,000 \times (1 + 10\%)^2 = 121,000$

05 ③ 변동대가의 추정이 가능한 경우, 계약에서 가능한 결과치가 두 가지뿐일 경우에는 가능성이 가장 높은 금액이 변동대가의 적절한 추정치가 될 수 있다.

06 ④ 20 × 2년 총수익: (1) + (2) = 128,719

(1) ㈜한국 관련 이자수익: $(40,000 \times 2.7232 \times 1.05 - 40,000) \times 5\% = 3,719$

(2) ㈜대한 관련 매출: 125,000

07 ① (1) 포인트의 개별판매가격: $10,000/5 \times 1 \times 0.7 \times 75\% = 1,050$

(2) 이연수익: $10,000 \times 1,050/(1,050+9,450) = 1,000$

Chapter **16**

건설계약

1 건설계약 일반

Ⅰ 건설계약의 의의

건설계약이란 교량, 건물, 댐, 파이프라인, 도로, 정제시설, 기계장치, 선박 또는 터널과 같은 자산을 건설하기 위하여 구체적으로 협의된 계약을 의미한다. 즉, 단일 자산의 건설이나 설계, 기술 및 기능 또는 그 최종 목적이나 용도에 있어서 밀접하게 상호 연관되거나 상호 의존적인 복수 자산의 건설을 위해 구체적으로 협의된 계약을 말한다.

건설계약에 따라서 건설공사가 수행되는 가장 대표적인 것은 도급공사이다. 도급공사에서 시공사는 건설공사의 완성을 약정하고, 시행사가 그 결과에 대하여 대가의 지급을 약정한다.

건설업	분양공사: 시행사 = 시공사	⇒ 재화의 판매: 인도기준
	도급공사: 시행사 ≠ 시공사	⇒ 용역의 제공: 진행기준

Ⅱ 계약수익

계약수익은 건설사업자인 시공사가 발주자인 시행사로부터 지급받을 총공사계약금액을 말하며 수령하였거나 수령할 대가의 공정가치로 측정한다. 이 경우 수령하였거나 수령할 대가의 공정가치는 지급받을 공사계약금액에 근거하며, 다음의 항목으로 구성된다.

측정	구성
수령하였거나 수령할 대가의 FV	1. 최초에 합의된 계약금액
	2. 공사변경, 보상금 및 장려금에 따라 추가되는 금액

계약원가

계약원가는 계약체결일로부터 최종완료일까지의 기간에 당해 계약에 귀속될 수 있는 총원가를 말한다.

Ⅳ **진행률**

건설계약은 기업이 수행하여 만든 자산이 기업 자체에는 대체 용도가 없고, 지금까지 수행을 완료한 부분에 대해 집행 가능한 지급청구권이 기업에 있는 경우 기간에 걸쳐 이행하는 수행의무이므로 진행률을 측정하여 기간에 걸쳐 수익을 인식한다. 그러나 수행의무의 진행률을 합리적으로 측정할 수 없는 경우에는 수행의무의 산출물을 합리적으로 측정할 수 있을 때까지 발생원가의 범위에서만 수익을 인식한다.

구분	수익인식방법	계약수익의 인식금액
진행률을 합리적으로 추정 O	진행기준	계약수익 × 진행률
진행률을 합리적으로 추정 ×	회수기준	발생원가의 범위 내

계약의 진행률은 계약의 성격에 따라 다음과 같은 방법 등으로 측정할 수 있다.

구분		계약진행률의 산정공식
투입가치비율	원가법	실제 누적계약원가 ÷ 추정총계약원가
	투하노력법	실제 투하노력량 ÷ 추정총투하노력량
산출가치비율	완성단위법	실제 완성작업량 ÷ 추정총계약작업량
	완성가치법	실제 완성작업가치 ÷ 추정총계약작업가치

진행률을 원가기준으로 결정하는 경우 누적발생계약원가에는 수행한 공사를 반영하는 계약원가만 포함한다. 따라서 공사를 수행하기 위해 투입하였으나 예상 밖으로 낭비된 원가나 비효율에서 생긴 원가는 계약의 진행정도를 나타내지 못한다면 누적발생계약원가에서 제외한다.

$$\text{누적진행률} = \frac{\text{누적발생원가}}{\text{추정총계약원가}} = \frac{\text{전기누적발생원가} + \text{당기발생원가}}{\text{당기누적발생원가} + \text{추가예정원가}}$$

진행기준에 따라 계약수익은 특정 진행률까지 발생한 계약원가에 대응되어, 그 결과로 진행률에 비례하여 계약수익, 계약비용 및 계약이익이 보고된다.

진행률 산정과 관련하여 고려할 사항들은 아래와 같다.

1. 발주자에게 수령한 기성금과 선수금은 흔히 수행한 공사의 정도를 반영하지 못하므로 진행률 산정 시 제외한다.

2. 진행률을 원가기준법으로 결정하는 경우 수행한 공사를 반영하는 계약원가만 누적발생계약원가에 포함한다. 따라서 아래의 원가는 진행률 산정 시 제외한다.

   ① 현장에서 인도되었거나 계약상 사용을 위해 준비되었지만 아직 계약공사를 위해 설치, 사용 또는 적용이 되지 않은 재료의 원가와 같은 계약상 미래 활동과 관련된 원가(단, 재료가 계약을 위해 별도로 제작된 경우는 진행률 산정 시 반영)

   ② 하도급계약에 따라 수행될 공사에 대해 하도급자에게 선급한 금액

   ③ 공사를 수행하기 위해 투입하였으나 예상 밖으로 낭비된 원가나 비효율에서 생긴 원가는 계약의 진행정도를 나타내지 못한다면 누적발생계약원가에서 제외하는 것이 합리적이다.

2 건설계약의 회계처리

Ⅰ 계약수익의 인식

건설계약은 건설계약의 결과를 신뢰성 있게 추정할 수 있을 때 진행기준에 따라 계약수익을 인식한다. 진행기준은 매 회계기간마다 누적기준에 따라 계약수익과 계약원가의 현행 추정치를 기초로 적용한다. 그러므로 계약수익이나 계약원가의 추정치 변경 효과나 계약 결과의 추정치 변경 효과는 이루어진 회계기간과 그 후 기간의 당기손익으로 인식되는 수익과 비용의 금액 결정에 사용한다.

Ⅱ 건설계약의 재무제표 공시

B/S				I/S			
계약자산	××	계약부채	××	계약원가	××	계약수익	××
수취채권	××						

* 누적수익 > 누적수취채권: 계약자산 = 누적수익 − 누적수취채권 증가액
* 누적수익 < 누적수취채권: 계약부채 = 누적수취채권 증가액 − 누적수익
* 계약수익: 계약원가 + 계약손익

현행 건설계약 지침은 수익을 인식했지만 청구하지 않았을 때 미청구 채권(미청구공사)을 기록하도록 요구한다. 미청구 채권은 고객에게 거래명세서가 제출되었을 때 청구채권으로 이전한다. 건설회사는 고객이 대금을 지급하기 전에 용역을 제공했을 때 회사의 이행에 따른 대금에 대한 권리의 성격에 따라 계약자산 또는 채권을 기록한다.

건설회사가 대금지급에 대한 권리를 갖고 있을 때, 계약자산에서 공사미수금(채권)으로의 이전은 거래명세서 시점과 일치하지 않을 수 있다. 재무상태표에 인식하는 청구액을 초과하는 원가 및 원가를 초과하는 청구는 계약자산과 계약부채로 인식되어야 한다.

01   계약원가 발생과 기말 공사손익 인식

회계처리

[원가투입 시]

차) 미성공사	A	대) 현금	A

[기말결산 시]

차) 계약자산	B	대) 계약수익	B
차) 계약원가	A	대) 미성공사	A

산식정리

누적수익	계약원가(누적) + 계약손익(누적) = 계약수익(누적) = 총계약금액 × 누적진행률
계약손익	(총계약수익 × 누적진행률) − (총계약원가 × 누적진행률) − 전기까지 인식한 누적손익
	(총계약수익 − 총계약원가) × 누적진행률 − 전기까지 인식한 누적손익

건설계약을 착공하게 되면 재료원가, 노무원가 등의 계약직접원가와 계약공통원가가 발생한다. 계약직접원가와 체계적·합리적인 방법으로 배분한 계약공통원가 발생액은 미성공사로 인식한다.

진행기준은 건설계약금액을 진행률에 따라 각 회계기간에 배분한 금액을 수익으로 인식한다. 건설계약의 진행률은 누적진행률이고 건설계약금액은 공사변경 등의 사유로 변경될 수 있으므로 당기계약수익은 당기 말 건설계약금액에 당기 진행률을 곱한 당기누적계약수익에서 전기 말까지 인식한 전기누적계약수익을 차감하여 산출한다.

계약원가는 관련된 계약수익에 대응되는 금액이 인식되어야 한다. 그러므로 계약원가로 인식할 금액은 추정총계약원가를 진행률에 따라 각 회계기간에 배분한 금액이 된다. 진행률을 원가기준으로 산정하는 경우 추정총계약원가에 진행률을 곱한 금액은 누적발생계약원가와 동일한 금액이 되므로 당기에 계약원가로 인식할 금액은 당기발생계약원가와 동일하다.

진행기준에서는 건설계약금액을 진행기준에 따라 계약수익으로 인식하듯이 추정총계약원가도 진행률에 따라 계약원가로 인식한다. 그러므로 계약이익은 총계약이익을 진행률에 따라 배분한 금액과 일치한다.

02 계약대금의 청구와 수령

회계처리

대금청구 시 (누적계약수익 < 누적수취채권 증가액)	차) 수취채권	××	대) 계약자산 계약부채	전기분 ××
대금회수 시	차) 현금	××	대) 수취채권	××

산식정리

수취채권	누적수취채권 증가액 – 누적현금 회수액

시공사는 공사기간 중에 시행사에게 건설계약대금을 청구하게 된다. 건설계약대금의 청구를 통하여 회수가 가능하게 된 금액은 수취채권으로 차변에 인식하고 대변에 계약자산으로 인식한 금액과 상계하여 잔액을 계약자산으로 표시하고 부족분은 계약부채로 표기한다. 수취채권은 시공사가 시행사로부터 수령할 채권으로 자산으로 분류한다.

시공사가 시행사에게 건설계약대금을 청구하면 건설계약대금을 수령하게 된다. 시공사는 시행사로부터 수령한 건설계약대금을 수취채권과 상계한다.

03 공사 완공

회계처리

공사 완료 시	차) 현금	××	대) 수취채권	××

건설계약과 관련된 공사가 완공되면 현금과 수취채권 장부금액은 건설계약금액과 일치하게 된다. 그러므로 공사가 완공되는 시점에 현금과 수취채권을 서로 상계하여 재무상태표에서 제거한다.

Self Study

총계약원가에 대한 추정치가 변경되면 발주자와 협의하여 도급금액을 변경하는 경우가 있다. 이와 같이 계약원가나 도급금액이 변경될 경우, K-IFRS는 이러한 변경을 회계추정치의 변경으로 보아 그 변경으로 인한 효과를 당기와 당기 이후의 기간에 반영하도록 규정하고 있다.

건설계약

CH 16

해커스 회계학 1차 기본서

2. 건설계약의 회계처리 **605**

A회사는 20×1년 초에 B회사와 건물 건설계약을 체결하였다. 공사계약액은 ₩1,200이고 20×3년 12월 31일까지 공사를 끝내기로 하였다. 관련 자료는 다음과 같다.

구분	20×1년	20×2년	20×3년
당기발생원가	₩200	₩300	₩500
추정총계약원가	1,000	1,000	1,000
공사대금청구액	400	400	400
공사대금회수액	200	500	500

동 건설계약과 관련하여 A회사의 20×1년과 20×2년의 부분 F/S를 작성하고 회계처리를 보이시오.

[풀이]

1. 진행률 산정

구분	20×1년	20×2년	20×3년
당기누적원가	200	500	1,000
추정총계약원가	1,000	1,000	1,000
진행률	20%	50%	100%

2. 20×1년
[F/S 작성]

B/S

계약자산	0	계약부채	160
수취채권	200		

① 누적수익: 1,200 × 20% = 240

② 누적수익 240 < 누적수취채권 증가 400
  ⇒ 계약부채 160(= 400 − 240)

I/S

계약원가	200	계약수익	240
계약손익	40		

③ 수취채권: 400 − 200 = 200

④ 계약손익:
  ⇒ (1,200 − 1,000) × 20% − 0 = 40

[회계처리]

원가투입 시	차) 미성공사	200	대) 현금	200
기말결산 시	차) 계약자산	240	대) 계약수익	240
	차) 계약원가	200	대) 미성공사	200
대금청구 시	차) 수취채권	400	대) 계약자산	240
			계약부채	160
대금회수 시	차) 현금	200	대) 수취채권	200

3. 20×2년

[F/S 작성]

B/S

계약자산	0	계약부채	200
수취채권	100		

① 누적수익: $1,200 \times 50\% = 600$

② 누적수익 600 < 누적수취채권 증가 800

⇒ 계약부채 200(= 600 - 800)

③ 수취채권: 800 - 700 = 100

I/S

계약원가	300	계약수익	360
계약손익	60		

④ 계약손익:

⇒ $(1,200 - 1,000) \times 50\% - 40 = 60$

[회계처리]

원가투입 시	차) 미성공사	300	대) 현금	300
기말결산 시	차) 계약부채	160	대) 계약수익	360
	계약자산	200		
	차) 계약원가	300	대) 미성공사	300
대금청구 시	차) 수취채권	400	대) 계약자산	200
			계약부채	200
대금회수 시	차) 현금	500	대) 수취채권	500

CH 16

해커스 회계학 1차 기본서

I 손실이 예상되는 건설계약

전체 공사에서 계약이익이 예상될 때는 진행기준에 따라 수익을 인식하고 그에 대응하여 비용을 인식한다. 그러나 전체 공사에서 계약손실이 예상될 때(= 총계약원가가 총계약수익을 초과할 가능성이 높은 경우)에는 향후 예상되는 손실을 즉시 비용으로 인식한다. 이러한 처리는 진행기준을 적용하는 경우에도 손실이 예상되는 경우에는 이를 이연하지 않고 조기에 손실을 인식하여 보다 보수적인 회계처리를 하기 위한 것이다.

계산 TOOL

	20×1년	20×2년	20×3년
당기 계약손익	1st A	3rd B(역산)	5th C(역산)

20×2년 누적계약손익   2nd 총계약수익 − 20×2년 추정총계약원가 = A + B

20×3년 누적계약손익   4th 총계약수익 − 20×3년 총계약원가 = A + B + C

계약손실이 예상되는 경우 계약손익
⇒ (총계약수익 − 추정총계약원가) × 누적진행률 − 전기누적계약손익 + (총계약수익 − 추정총계약원가)
  × (1 − 누적진행률)

⇒ $\dfrac{(총계약수익 - 추정총계약원가) \times 100\%}{A + B}$ − $\dfrac{전기누적계약손익}{A}$

예상되는 손실에 대한 회계처리는 아래와 같다.

1. 예상손실 인식 회계처리 1안

   [예상손실 인식 회계기간]

차) 손실부담계약손실	××	대) 손실부담계약충당부채	××

   [예상손실 환입 회계기간]

차) 손실부담계약충당부채	××	대) 손실부담계약손실환입	××

---

2. 예상손실 인식 회계처리 2안

[예상손실 인식 회계기간]

| 차) 예상손실 | ×× | 대) 미성공사 | ×× |

[예상손실 환입 회계기간]

| 차) 미성공사 | ×× | 대) 예상손실환입 | ×× |

특정 회계연도에 계약손실이 발생하였지만 전체 공사에서 이익이 예상되는 경우에는 손실예상액을 조기에 인식할 필요가 없다. 이는 전기까지 이익을 계상한 상황에서 추정총계약원가가 급격히 증가하여 그동안 인식한 계약이익 중 일부를 감소시켜야 하는 경우에 해당하며 이때는 미래 예상손실액을 조기 인식하지 않고 해당 회계연도분 손실만을 인식한다.

Self Study

건설계약의 손실 인식

계약체결 후 공사 착수 이전	즉시 예상손실 인식
건설 중 추정총예정원가 > 총계약수익	예상손실액을 전액 당기비용 인식
공사 전체 이익 예상, 특정 연도 계약손실 발생	당기 발생손익만 반영

사례연습 2: 손실이 예상되는 건설계약

20×1년 초에 ㈜대박건설은 서울시와 도서관 건물을 건설하는 계약을 체결하였다. 공사기간은 20×3년 말까지이며 총공사계약금액은 ₩1,000,000이다. 관련 자료는 다음과 같다.

구분	20×1년	20×2년	20×3년
공사진행률	30%	80%	100%
추정총계약원가	₩800,000	₩1,050,000	₩1,100,000
당기발생계약원가	₩240,000	₩600,000	₩260,000
진행청구액	₩250,000	₩500,000	₩250,000
현금회수액	₩200,000	₩400,000	₩400,000

1 ㈜대박건설이 20×1년 ~ 20×3년간 각 연도별로 인식할 계약이익을 구하시오.

2 ㈜대박건설이 20×1년부터 20×3년까지 해야 할 회계처리를 보이시오.

1 진행률 산정

	20×1년	20×2년	20×3년
당기 계약손익	1st A 60,000[1]	3rd B(역산) (−)110,000	5th C(역산) (−)50,000
20×2년 누적계약손익			
20×3년 누적계약손익			

당기 계약손익: 1st A 60,000[1] / 3rd B(역산) (−)110,000 / 5th C(역산) (−)50,000

20×2년 누적계약손익: 2nd 총계약수익 − 20×2년 추정총계약원가 = A + B
$(1,000,000 - 1,050,000) = (-)50,000$

20×3년 누적계약손익: 4th 총계약수익 − 20×3년 총계약원가 = A + B + C
$(1,000,000 - 1,100,000) = (-)100,000$

[1] A(20×1년 계약이익) = $(1,000,000 - 800,000) \times 30\% = 60,000$

2 1. 20×1년 회계처리

원가투입 시	차) 미성공사	240,000	대) 현금	240,000
기말결산 시	차) 계약자산	300,000	대) 계약수익	300,000
	차) 계약원가	240,000	대) 미성공사	240,000
대금청구 시	차) 수취채권	250,000	대) 계약자산	250,000
대금회수 시	차) 현금	200,000	대) 수취채권	200,000

2. 20×2년 회계처리

원가투입 시	차) 미성공사	600,000	대) 현금	600,000
기말결산 시	차) 계약자산	500,000	대) 계약수익	500,000
	차) 계약원가	600,000	대) 미성공사	600,000
	차) 손실부담계약손실	10,000	대) 손실부담계약충당부채	10,000
대금청구 시	차) 수취채권	500,000	대) 계약자산	500,000
대금회수 시	차) 현금	400,000	대) 수취채권	400,000

3. 20×3년 회계처리

원가투입 시	차) 미성공사	260,000	대) 현금	260,000
기말결산 시	차) 계약자산	200,000	대) 계약수익	200,000
	차) 계약원가	260,000	대) 미성공사	260,000
	차) 손실부담계약충당부채	10,000	대) 손실부담계약손실환입	10,000
대금청구 시	차) 수취채권	250,000	대) 계약자산	250,000
대금회수 시	차) 현금	400,000	대) 수취채권	400,000

01 ㈜한국건설은 20×1년 초 ㈜대한과 교량 건설을 위한 건설계약을 발주금액
₩10,000,000에 체결하였다. 총공사기간은 계약일로부터 3년인데, 20×2년도에
공사내용의 일부 변경에 따른 계약원가 추가 발생으로 건설계약금액을 ₩2,000,000
증가시키는 것으로 합의하였다. 동 건설계약과 관련된 연도별 자료는 다음과 같다.

구분	20×1년	20×2년	20×3년
실제계약원가발생액	₩2,400,000	₩4,950,000	₩3,150,000
연도 말 예상추가계약원가	₩5,600,000	₩3,150,000	–
계약대금청구액	₩2,500,000	₩5,500,000	₩4,000,000
계약대금회수액	₩2,500,000	₩5,500,000	₩4,000,000

㈜한국건설이 진행률을 누적발생계약원가에 기초하여 계산한다고 할 때, 동 건설계약과
관련하여 ㈜한국건설이 20×2년 말 재무상태표상 인식할 계약자산(계약부채)금액
은 얼마인가?

① 계약자산 ₩100,000   ② 계약자산 ₩400,000   ③ 계약자산 ₩500,000
④ 계약부채 ₩100,000   ⑤ 계약부채 ₩400,000

02 ㈜관세는 20×1년 초 건설공사계약을 체결하였으며, 동 건설공사는 20×3년 말 완공될 예정이다. 총공사계약금액(공사대금)은 ₩100,000이고 공사원가 및 대금 청구 관련 자료는 다음과 같다. ㈜관세가 동 건설공사계약에 진행기준을 적용하는 경우, 20×2년 말 재무상태표에 미청구공사(계약자산) 또는 초과청구공사(계약부채)로 표시할 금액은? (단, ㈜관세는 발생원가에 기초한 투입법으로 진행률을 계산한다.)

구분	20×1년	20×2년	20×3년
당기 발생한 공사원가	₩20,000	₩40,000	₩18,000
완성시까지 추가소요원가 추정액	₩60,000	₩15,000	–
당기 청구한 계약대금	₩15,000	₩35,000	₩50,000

① 미청구공사 ₩5,000
② 미청구공사 ₩20,000
③ 미청구공사 ₩30,000
④ 초과청구공사 ₩20,000
⑤ 초과청구공사 ₩30,000

01 ② (1) 20×2년 누적진행률: (2,400,000 + 4,950,000)/(2,400,000 + 4,950,000 + 3,150,000) = 70%

(2) 20×2년 누적계약수익: (10,000,000 + 2,000,000) × 70% = 8,400,000

(3) 20×2년 누적수취채권 증가액: 2,500,000 + 5,500,000 = 8,000,000

(4) 20×2년 계약자산: 8,400,000 − 8,000,000 = 400,000

02 ③ (1) 20×2년 진행률: (20,000+40,000)/(20,000+40,000+15,000) = 80%

(2) 누적수익: 100,000×80% = 80,000

(3) 누적대금청구액: 15,000+35,000 = 50,000

(4) 계약자산(미청구공사): 80,000−50,000 = 30,000

해커스 감정평가사
ca.Hackers.com

해커스 회계학 1차 기본서

Chapter **17**

리스

1. 리스회계 개념
2. 리스제공자 – 금융리스
3. 리스제공자 – 운용리스
4. 리스제공자가 제조자 또는 판매자인 금융리스
5. 리스이용자

1 리스회계 개념

I 리스회계의 기초

01 리스의 의의

리스는 대가와 교환하여 식별되는 자산(기초자산)의 사용 통제권을 일정 기간 이전하는 계약이나 계약의 일부를 말한다. 이때 대가와 교환하여 식별되는 자산의 사용 통제권을 일정 기간 제공하는 기업을 리스제 공자라고 하며, 대가와 교환하여 자산의 사용 통제권을 일정 기간 얻게 되는 기업을 리스이용자라고 한다.

Self Study

기초자산: 리스제공자가 리스이용자에게 자산의 사용권을 제공하는 리스의 대상이 되는 자산

02 리스의 식별

계약의 약정시점에, 계약 자체가 리스인지, 계약이 리스를 포함하는지를 판단한다. 계약에서 대가와 교환 하여, 식별되는 자산의 사용 통제권을 일정 기간 이전하게 한다면 그 계약은 리스이거나 리스를 포함한다. 계약이 식별되는 자산의 사용 통제권을 일정 기간 이전하는지를 판단하기 위하여 고객이 사용기간 내내 다음 권리를 모두 갖는지를 판단한다.

① 식별되는 자산의 사용으로 생기는 경제적 효익의 대부분을 얻을 권리
② 식별되는 자산의 사용을 지시할 권리

또한 계약 조건이 변경된 경우에만 계약이 리스인지, 리스를 포함하는지를 다시 판단한다.

03 단기리스와 소액 기초자산 리스의 인식면제

리스이용자는 리스에 대해서 사용권자산과 부채를 인식한다. 그러나 다음의 ① 단기리스 ② 소액리스자산 에 한해서는 사용권자산과 리스부채로 계상하지 않는 회계처리를 선택할 수 있다. 단기리스는 리스기간이 12개월 이내의 리스를 의미하며, 리스이용자가 특정 금액으로 매수할 수 있는 권리가 있는, 즉 매수선택권 이 있는 리스는 적용이 불가하며 이는 단기리스가 아니다.

소액 기초자산 리스인식은 기초자산이 새것일 때의 가치에 기초하나 확정적이지 않다(예 노트북, 이동전 화, 정수기, 사무용기구 등). 만약 리스이용자가 단기리스나 소액 기초자산에 대해 사용권자산과 리스부 채를 인식하지 않기로 선택한다면 리스이용자는 해당 리스에 관련되는 리스료를 리스기간에 걸쳐 정액 기준이나 다른 체계적 기준에 따라 비용으로 인식한다. 다른 체계적인 기준이 리스이용자의 효익의 형태 를 더 잘 나타내는 경우에는 그 기준을 적용할 수 있다.

04 리스제공자의 리스 분류

리스제공자의 리스 분류는 기초자산의 소유에 따른 위험과 보상을 이전하는 정도에 기초한다. 기초자산의 소유에 따른 위험과 보상이 리스이용자에게 이전된다면, 이러한 경우 기초자산은 리스이용자에게 실질적으로 판매된 것으로 볼 수 있다.

(1) 금융리스

리스제공자는 기초자산의 소유에 따른 위험과 보상의 대부분을 이전하는 리스를 금융리스로 분류한다.

(2) 운용리스

리스제공자는 기초자산의 소유에 따른 위험과 보상의 대부분을 이전하지 않는 리스를 운용리스로 분류한다.

리스는 리스약정일에 분류하며, 리스변경이 있는 경우에만 분류를 다시 판단한다. 추정의 변경(예 기초자산의 내용연수 또는 잔존가치 추정치의 변경)이나 상황의 변화(예 리스이용자의 채무불이행)는 회계 목적상 리스를 새로 분류하는 원인이 되지 않는다.

I 금융리스 용어의 정의

01 리스약정일

리스계약일과 리스의 주요 조건에 대하여 계약당사자들이 합의한 날 중 빠른 날을 말한다.

02 리스개시일

리스개시일은 리스제공자가 리스이용자에게 기초자산을 사용할 수 있게 하는 날을 말한다.

03 리스기간

리스기간은 리스개시일에 시작되고 리스제공자가 리스이용자에게 리스료를 면제해 주는 기간이 있다면 그 기간도 포함한다. 리스기간은 리스이용자가 기초자산 사용권을 갖는 해지불능기간과 다음 기간을 포함한 기간을 말한다.

> ① 리스이용자가 리스 연장선택권을 행사할 것이 상당히 확실한 경우에 그 선택권의 대상 기간
> ② 리스이용자가 리스 종료선택권을 행사하지 않을 것이 상당히 확실한 경우에 그 선택권의 대상 기간

리스이용자가 연장선택권을 행사하거나 기초자산을 매수할 것이 상당히 확실한지, 리스 종료선택권을 행사하지 않을 것이 상당히 확실한지는 리스개시일에 평가한다. 리스의 해지불능기간이 달라진다면 리스기간을 변경한다.

Self Study

1. 리스이용자가 리스 연장선택권을 행사하거나 리스 종료선택권을 행사하지 않을 것이 상당히 확실한지를 평가할 때, 리스이용자가 리스 연장선택권을 행사하거나 리스 종료선택권을 행사하지 않을 경제적 유인이 생기게 하는 관련된 사실 및 상황을 모두 고려한다.
2. 리스이용자는 다음 모두에 해당하는 유의적인 사건이 일어나거나 상황에 유의적인 변화가 있을 때 연장선택권을 행사하거나 종료선택권을 행사하지 않을 것이 상당히 확실한지를 다시 평가한다.
   ① 리스이용자가 통제할 수 있는 범위에 있다.
   ② 전에 리스기간을 산정할 때 포함되지 않았던 선택권을 행사하거나 전에 리스기간을 산정할 때 포함되었던 선택권을 행사하지 않는 것이 상당히 확실한지에 영향을 미친다.

04 공정가치

공정가치는 합리적인 판단력과 거래의사가 있는 독립된 당사자 사이의 거래에서 자산이 교환되거나 부채가 결제될 수 있는 금액을 말한다. 리스제공자가 기초자산을 신규로 취득하여 리스하는 경우 공정가치는 취득원가와 일치한다. (⇒ 기준서 제1113호 '공정가치 측정'에서 사용하는 공정가치의 정의와는 다르다)

05 사용기간

사용기간은 고객과의 계약을 이행하기 위하여 자산이 사용되는 총기간을 의미하며, 비연속적인 기간을 포함한다.

06 경제적 내용연수와 내용연수

경제적 내용연수는 하나 이상의 사용자가 자산을 경제적으로 사용할 수 있을 것으로 예상하는 기간(= 기업의 사용 여부에 관계없이 자산의 전체 사용가능기간)이나 자산에서 얻을 것으로 예상하는 생산량 또는 이와 비슷한 단위 수량을 의미한다. 한편, 내용연수는 기업이 자산을 사용할 수 있을 것으로 예상하는 기간(= 기업이 해당 자산을 사용할 수 있는 기간)이나 자산에서 얻을 것으로 예상하는 생산량 또는 이와 비슷한 단위 수량을 말한다.

07 리스료

리스료는 기초자산 사용권과 관련하여 리스기간에 리스이용자가 리스제공자에게 지급하는 금액으로 아래의 항목으로 구성된다.

> ① 고정리스료
> ② 지수나 요율(이율)에 따라 달라지는 변동리스료
> ③ 리스이용자가 매수선택권을 행사할 것이 상당히 확실한 경우에 그 매수선택권의 행사가격
> ④ 리스기간이 리스이용자의 종료선택권 행사를 반영하는 경우에, 그 리스를 종료하기 위하여 부담하는 금액

리스이용자의 경우에 리스료는 잔존가치보증에 따라 리스이용자가 지급할 것으로 예상되는 금액도 포함한다. 리스이용자가 비리스요소와 리스요소를 통합하여 단일 리스요소로 회계처리하기로 선택하지 않는다면 리스료는 비리스요소에 배분되는 금액을 포함하지 않는다.

리스제공자의 경우에 리스료는 잔존가치보증에 따라 리스이용자, 리스이용자의 특수관계자, 리스제공자와 특수관계에 있지 않고 보증의무를 이행할 재무적 능력이 있는 제3자가 리스제공자에게 제공하는 잔존가치보증을 포함한다. 리스료는 비리스요소에 배분되는 금액은 포함하지 않는다.

08 리스 인센티브

리스와 관련하여 리스제공자가 리스이용자에게 지급하는 금액이나 리스의 원가를 리스제공자가 보상하거나 부담하는 금액을 말한다. 리스 인센티브는 고정리스료에서 차감한다.

09 잔존가치 보증

잔존가치 보증은 리스제공자와 특수관계에 있지 않은 당사자가 리스제공자에게 제공한, 리스종료일의 기초자산 가치(또는 가치의 일부)가 적어도 특정 금액이 될 것이라는 보증을 말한다. 이에 반해 무보증잔존가치는 리스제공자가 실현할 수 있을지 확실하지 않거나 리스제공자의 특수관계자만이 보증한, 기초자산의 잔존가치 부분을 말한다. 따라서 리스종료일의 기초자산 추정잔존가치는 보증잔존가치와 무보증잔존가치로 구분된다.

> 리스 종료일의 기초자산 추정잔존가치 = 보증잔존가치 + 무보증잔존가치

보증잔존가치는 리스제공자와 리스이용자가 각각의 입장에서 다르게 정의되며, 리스료에 포함한다.

구분	리스제공자	리스이용자
보증잔존가치	• 리스이용자 • 리스이용자의 특수관계자 • 리스제공자와 특수관계가 없고 재무적으로 이행능력이 있는 제3자가 보증한 잔존가치	• 리스이용자
무보증잔존가치	리스제공자가 실현할 수 있을지 확실하지 않거나 리스제공자의 특수관계자만이 보증한 리스자산의 잔존가치로 리스료에 포함되지 않는다.	

리스종료일의 기초자산 추정잔존가치는 리스제공자가 회수할 수 있는지 여부에 따라 아래와 같이 구분된다.

> ① 회수불가능한 잔존가치: 소유권 이전이 상당히 확실한 경우
> ② 회수가능한 잔존가치: 소유권 이전이 상당히 확실하지 않은 경우(⇒ 리스종료일에 기초자산이 리스제공자에게 반환됨)

보증잔존가치는 리스제공자와 리스이용자 각각의 입장에서 다르게 정의되며, 리스료에 포함한다.

> ① 리스제공자의 보증잔존가치: 잔존가치 보증에 따라 리스이용자, 리스이용자의 특수관계자, 리스제공자와 특수관계에 있지 않고 보증의무를 이행할 재무적 능력이 있는 제3자가 리스제공자에게 제공하는 잔존가치 보증
> ② 리스이용자의 보증잔존가치: 잔존가치 보증에 따라 리스이용자가 지급할 것으로 예상되는 금액

리스종료일의 추정잔존가치		
소유권의 이전	추정잔존가치	비고
상당히 확실하지 않음	보증잔존가치 + 무보증잔존가치	리스종료일에 기초자산이 리스제공자에게 반환
상당히 확실함	리스제공자의 미래 CF에 포함 ×	기초자산의 소유권이 이전되거나 매수선택권을 행사할 것이 상당히 확실한 경우

10 리스개설직접원가

리스개설직접원가는 리스를 체결하지 않았더라면 부담하지 않았을 리스체결의 증분원가를 말한다. 다만 금융리스와 관련하여 제조자 또는 판매자인 리스제공자가 부담하는 원가는 리스개설직접원가에서 제외한다.

11 리스의 내재이자율과 리스이용자의 증분차입이자율

리스의 내재이자율은 리스료 및 무보증잔존가치의 합계액을 기초자산의 공정가치와 리스제공자의 리스개설직접원가의 합계액과 동일하게 하는 할인율을 말한다.

기초자산 FV + 리스개설직접원가(제공자) = PV(리스료 + 무보증잔존가치) by 내재이자율

리스이용자의 증분차입이자율은 리스이용자가 비슷한 경제적 환경에서 비슷한 기간에 걸쳐 비슷한 담보로 사용권자산과 가치가 비슷한 자산 획득에 필요한 자금을 차입한다면 지급해야 하는 이자율을 말한다.

12 리스총투자와 리스순투자

리스총투자는 금융리스에서 리스제공자가 수령할 리스료와 무보증잔존가치의 합계액을 의미한다. 리스순투자는 리스총투자를 내재이자율로 할인한 금액으로 리스자산의 공정가치와 리스제공자의 리스개설직접원가의 합계액을 말한다. 이때 리스총투자와 리스순투자의 차이를 미실현 금융수익(= 이자수익)이라고 한다.

리스순투자 = PV(리스총투자) by 내재이자율

[금융리스의 구조]

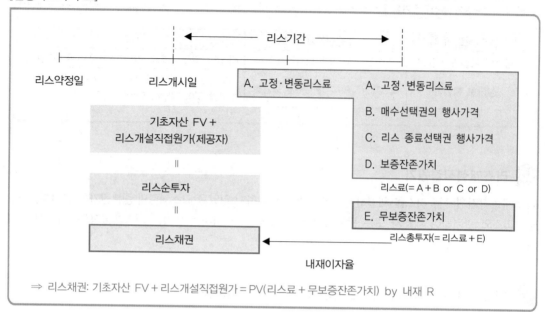

⇒ 리스채권: 기초자산 FV + 리스개설직접원가 = PV(리스료 + 무보증잔존가치) by 내재 R

Self Study

1. 금융리스는 리스자산의 소유에 따른 대부분의 위험과 보상이 실질적으로 리스이용자에게 이전되는 리스를 말한다.
2. 리스약정일에 금융리스, 운용리스 결정하고 리스채권의 금액을 결정한다.

01 리스제공자

(1) 리스제공자의 회계처리(개시일과 결산일)

1) 리스개시일 이전

리스제공자는 제조자나 판매자로부터 기초자산을 구입하고, 리스기간 개시일까지 선급리스자산(= 리스이용자에게 사용권을 대여할 목적으로 취득한 자산으로 아직 대여하지 않고 있는 자산)으로 계상한다.

개시일 이전	차) 선급리스자산	기초자산 FV	대) 현금	기초자산 FV

2) 리스개시일

리스제공자는 리스기간 개시일에 리스순투자액을 수취채권(= 리스채권)으로 인식한다. 리스순투자액은 리스료와 무보증잔존가치의 합계액(= 리스총투자)을 내재이자율로 할인한 금액으로 기초자산의 공정가치와 리스개설직접원가의 합계액과 동일하다.

개시일	차) 리스채권 PV(리스료 + 무보증) by 내재 R	대) 선급리스자산	기초자산 FV
		현금(제공자)	리스개설직접원가

3) 결산일

① 이자수익 인식

리스제공자는 자산의 리스순투자 금액에 일정한 기간수익률을 반영하는 방식으로 리스기간에 걸쳐 금융수익을 인식한다. 또한 리스제공자는 체계적이고 합리적인 기준으로 리스기간에 걸쳐 금융수익이 배분되도록 한다. 리스제공자는 해당 기간의 리스료를 리스총투자에 대응시켜 원금과 미실현 금융수익을 줄인다. 따라서 금융수익은 리스제공자의 리스순투자 미회수분에 대하여 리스의 내재이자율을 적용하는 유효이자율법으로 인식한다.

② 리스채권손상차손(무보증잔존가치의 감소)

리스제공자는 리스순투자에 한국채택국제회계기준서 제1109호의 제거 및 손상에 대한 요구사항을 적용한다. 리스제공자는 리스총투자를 계산할 때 사용한 추정 무보증잔존가치를 정기적으로 검토한다. 추정 무보증잔존가치가 줄어든 경우에 리스제공자는 리스기간에 걸쳐 수익 배분액을 조정하고 발생된 감소액을 즉시 인식한다.

> **기말 무보증잔존가치 감소 시 해당 연도 N/I 영향**
> (1) 이자수익: 기초 리스채권 × 내재 R
> (2) 리스채권손상차손: PV(추정 무보증잔존가치 감소액) by 내재 R

추정 무보증잔존가치의 감소로 인한 리스채권의 감소분은 리스채권손상차손의 과목으로 하여 당기비용으로 인식한다.

결산일	차) 현금	리스료	대) 이자수익(N/I)	기초리스채권 × 내재 R
			리스채권	대차차액
	차) 리스채권손상차손	PV(추정 무보증 잔존가치 감소분)	대) 손실충당금	××

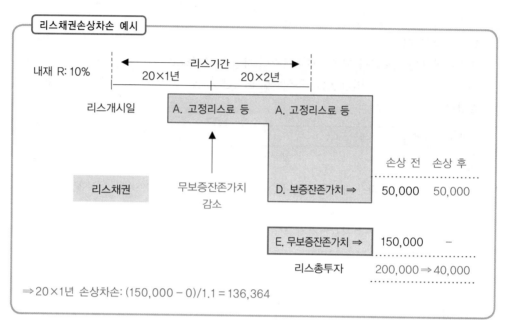

리스채권손상차손 예시

내재 R: 10%

리스기간
20×1년   20×2년

리스개시일

A. 고정리스료 등   A. 고정리스료 등

리스채권   무보증잔존가치 감소

D. 보증잔존가치 ⇒   손상 전 50,000   손상 후 50,000

E. 무보증잔존가치 ⇒   150,000   –

리스총투자   200,000 ⇒ 40,000

⇒ 20×1년 손상차손: (150,000 − 0)/1.1 = 136,364

4) 리스종료일

① 기초자산의 소유권을 이전하는 경우

| 차) 현금 | ×× | 대) 리스채권 | BV |

소유권이전 약정이나 염가매수선택권 약정이 있는 경우 리스제공자는 리스종료일에 기초자산의 소유권을 리스이용자에게 이전하고 현금을 받는다. 만약, 리스채권의 장부금액과 현금수령액이 일치하지 않는 경우 동 차액을 리스제공자는 당기손익으로 인식한다.

② 기초자산을 회수하는 경우

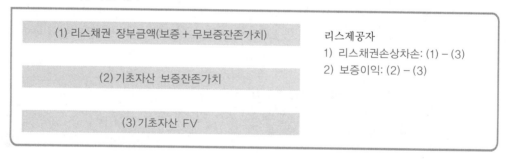

(1) 리스채권 장부금액(보증 + 무보증잔존가치)

(2) 기초자산 보증잔존가치

(3) 기초자산 FV

리스제공자
1) 리스채권손상차손: (1) − (3)
2) 보증이익: (2) − (3)

소유권이전 약정이나 염가매수선택권 약정이 없는 경우 리스제공자는 리스종료일에 리스이용자로부터 기초자산을 반환받는다. 잔존가치 보증으로 인하여 리스이용자로부터 회수한 금액은 당기이익으로 인식하고, 반환받는 기초자산의 실제잔존가치와 리스채권의 장부금액의 차액은 아래와 같이 처리한다.

차) 기초자산	회수 시 FV (3)	대) 리스채권	BV (1)
리스채권손상차손(N/I)	(1) – (3)		
차) 현금	××	대) 보증이익(N/I)	(2) – (3)

- 리스채권손상차손: 반환된 리스자산의 FV – 리스채권 장부금액
- 리스보증이익: 리스자산 보증잔존가치 – 반환된 리스자산의 FV
- 리스제공자의 리스기간 종료 연도의 N/I 영향: 이자수익 + 리스채권손상차손 + 보증이익

Self Study

1. 한국채택국제회계기준서 제1116호 '리스'에서는 리스종료일에 기초자산을 반환받는 경우의 회계처리에 대하여 규정하고 있지 않다.
2. 리스기간 종료일에 기초자산의 실제잔존가치가 리스채권의 장부금액보다 큰 경우에는 반환받는 기초자산을 리스채권의 장부금액으로 인식한다.

CH 17

해커스 회계학 1차 기본서

2. 리스제공자 – 금융리스 **625**

㈜서울은 회사에 필요한 기계장치를 리스하기로 결정하고, 이를 리스회사 ㈜한국리스와 합의하였다. ㈜한국리스는 20×0년 12월 31일 이 기계장치를 현금취득하고, 다음과 같은 조건으로 ㈜서울과 금융리스계약을 체결하였다.

〈계약조건〉

(1) 리스기간은 20×1년 1월 1일부터 20×3년 12월 31일까지이고, 리스자산의 취득원가는 ₩6,000,000이고, 경제적 내용연수는 5년이며, 예상잔존가치는 없다. 한편, 리스기간 종료 후 ㈜서울은 해당 리스자산을 반환하기로 하였다.

(2) 리스기간개시일에 기초자산의 공정가치는 ₩6,000,000이고, 리스개설직접원가는 20×1년 1월 1일에 ㈜한국리스에서 ₩50,000이 발생하였다. 리스개설직접원가는 모두 현금으로 지급되었다.

(3) 고정리스료는 매년 12월 31일 지급하기로 하고, 기초자산의 리스기간 종료 시 잔존가치는 ₩500,000으로 추정되며, ㈜서울은 예상잔존가치 ₩500,000 중 ₩200,000을 보증하였다.

(4) 계약체결 당시 ㈜한국리스의 내재이자율은 연 10%이다.

(5) 현재가치계수는 다음과 같다.

구분	단일금액	정상연금
	10%	10%
3기간	0.75131	2.48685

단, 금액(₩)은 소수점 첫째 자리에서 반올림하시오.

---

1 ㈜한국리스의 입장에서 다음 일자별 회계처리(분개)를 하시오. 또한 리스기간개시일에 계상할 리스채권의 금액을 구하시오.
  (1) 리스약정일의 회계처리(분개)
  (2) 리스기간개시일의 회계처리(분개)
  (3) 리스채권 금액

2 리스료는 리스료의 현재가치와 무보증잔존가치의 현재가치 합계액이 리스자산의 공정가치와 리스제공자의 리스개설직접원가의 합계액과 일치되도록 결정한다. 이 경우 고정리스료는 얼마인지 구하시오.

3 ㈜한국리스의 입장에서 20×1년 12월 31일에 필요한 회계처리(분개)를 하시오.

4 ㈜한국리스의 입장에서 20×3년 12월 31일 리스자산 회수 시에 이자수익 계상을 제외한 필요한 모든 회계처리(분개)를 하시오(단, 리스기간 종료 시 기초자산의 실제 잔존가치는 ₩100,000이다).

〈리스의 현금흐름 분석〉

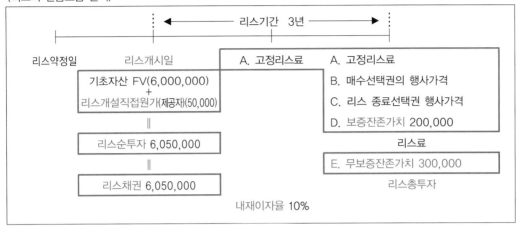

1. 리스약정일과 개시일의 회계처리

약정일	차) 선급리스자산	6,000,000	대) 현금	6,000,000
개시일	차) 리스채권 PV(리스료+무보증) by 내재 R 6,050,000		대) 선급리스자산 현금(제공자)	기초자산 FV 6,000,000 리스개설직접원가 50,000

2. 리스개시일의 리스채권: 6,050,000

② 매년 지급할 고정리스료(A): 2,281,740

리스채권 = PV(리스료 + 무보증잔존가치) by 내재 R
= 고정리스료(A) × 2.48685 + (보증 + 무보증잔존가치) 500,000 × 0.75131
= 기초자산 FV + 리스개설직접원가
= 6,000,000 + 50,000 = 6,050,000

③ 1. 회계처리

결산일	차) 현금	정기리스료 2,281,740	대) 이자수익(N/I) 리스채권	기초리스채권 × 내재 R 6,050,000 × 10% = 605,000 대차차액 1,676,740

2. 20×1년 F/S 효과

	B/S	×1년 말
금융리스채권	기초리스채권 ① × (1 + R) − ③ 6,050,000 × 1.1 − 2,281,740 = 4,373,260	

$$\text{I/S} \qquad\qquad \times 1년$$

N/I 영향: 이자수익 = 기초 장부금액 × 내재 R × 보유기간/12
$$= 6,050,000 \times 10\% = 605,000$$

OCI 변동: −

❹

(1) 리스채권 장부금액(보증 + 무보증잔존가치) 200,000 + 300,000 = 500,000	리스제공자
(2) 기초자산 보증잔존가치 200,000	1) 리스채권손상차손: (1) − (3) 500,000 − 100,000 = 400,000 2) 보증이익: (2) − (3) 200,000 − 100,000 = 100,000
(3) 기초자산 FV 100,000	

㈜한국리스의 회계처리

제공자	차) 기초자산	회수 시 FV (3) 100,000	대) 리스채권	BV (1) 500,000
	리스채권손상차손(N/I)	(1) − (3) 400,000		
	차) 현금	100,000	대) 보증이익(N/I)	(2) − (3) 100,000

If. 리스종료일의 실제잔존가치가 600,000인 경우

제공자	차) 기초자산[1]	500,000	대) 리스채권	BV (1) 500,000

[1] Min[기초자산의 실제잔존가치 600,000, 리스채권의 장부금액 500,000] = 500,000

A리스회사(리스제공자)는 B사와 20×1년 초에 기계장치에 대한 금융리스계약을 체결하였는데, 구체적인 계약내용은 다음과 같다(단, A리스회사의 내재이자율은 연 16%이고, 결산일은 매년 말이다).

(1) 기초자산: 취득원가 ₩1,000,000(취득시점의 공정가치와 일치)
(2) 리스기간: 리스기간개시일(20×1년 초)로부터 4년
(3) 고정리스료: 매년 말 ₩317,900씩 4회 지급
(4) 리스기간 종료 시 반환조건이며, 리스기간 종료 시 추정잔존가치는 ₩200,000이며 리스이용자는 이 중에 ₩50,000만 보증하였다.

20×1년 12월 31일 기초자산의 잔존가치가 ₩120,000으로 추정되었을 때, 동 거래가 20×1년 A리스회사의 당기손익에 미치는 영향은 얼마인가?

[풀이]

1. 현금흐름 분석

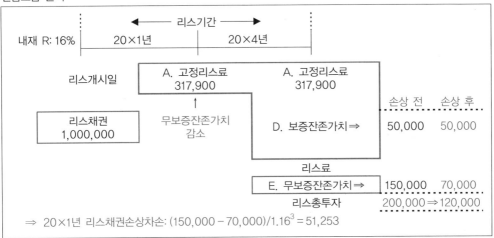

⇒ 20×1년 리스채권손상차손: $(150,000 - 70,000)/1.16^3 = 51,253$

2. 회계처리

차) 현금	317,900	대) 이자수익	160,000
		리스채권	157,900
차) 리스채권손상차손	51,253	대) 리스채권	51,253

기말 무보증잔존가치 감소 시 해당 연도 N/I 영향
(1) 이자수익: 기초 리스채권 × 내재 R = 1,000,000 × 16% = 160,000
(2) 리스채권손상차손: PV(추정 무보증잔존가치 감소액) by 내재 R
= $(150,000 - 70,000)/1.16^3 = 51,253$
⇒ 20×1년 당기손익에 미친 영향: 160,000 – 51,253 = 108,747

If. 20×2년 당기손익에 미친 영향: 126,536
$[317,900/1.16 + 317,900/1.16^2 + (317,900 + 120,000)/1.16^3] × 16\% = 126,536$

3 리스제공자 – 운용리스

I 운용리스의 회계처리

01 리스제공자

(1) F/S 효과 및 회계처리

리스제공자는 제조자나 판매자로부터 리스자산을 구입하고, 리스기간개시일까지 선급리스자산으로 계상한다. 이후 리스기간개시일에 리스자산의 취득원가를 운용리스자산으로 계상한다.

리스자산의 사용효익이 감소되는 기간적 형태를 더 잘 나타내는 다른 체계적인 인식기준이 없다면 비록 리스료가 매기 정액으로 수취되지 않더라도 리스제공자는 리스수익을 리스기간에 걸쳐 정액기준으로 인식한다. 또한 리스기간에 발생하는 감가상각비를 포함한 원가는 비용으로 인식한다.

[운용리스의 회계처리]

구분	리스제공자			
자산구입	차) 선급리스자산	구입가격 + 직접원가	대) 현금	××
리스개시일	차) 운용리스자산	취득원가	대) 선급리스자산	××
	운용리스자산	리스개설직접원가	현금	××
기말	차) 현금	××	대) 리스료수익(N/I)	××
	차) 감가상각비(N/I)[1]	××	대) 감가상각누계액	××
리스종료일	회계처리 없음			

[1] (취득원가 – 잔존가치)/내용연수 + 리스개설직접원가/운용리스기간

[운용리스의 F/S 효과]

B/S		I/S	
운용리스자산 A		리스료수익	Σ리스료/리스기간
		(−)감가상각비	
		• 리스자산	(구입가격 – 잔존가치)/내용연수
		• 리스개설직접원가	리스개설직접원가/리스기간
		(−)인센티브 관련 손익	지급액/리스기간
A. 리스자산 구입가격 + 리스개설직접원가			

01 운용리스료 수익·비용의 인식

운용리스과정에서 리스제공자와 리스이용자가 인식할 리스료수익과 비용은 다른 체계적인 인식기준이 없다면, 리스기간에 걸쳐 정액기준으로 인식한다.

⇒ 매기 인식할 운용리스료 수익·비용: Σ리스료 ÷ 운용리스 기간

> **Example** 운용리스료 수익·비용
>
> 연도   20×1년 | 20×2년 | 20×3년 | ⇒ 매년 인식할 리스료
> 매년 리스료   100   200   300   : (100 + 200 + 300)/3 = 200

02 감가상각비

리스제공자의 운용리스자산은 리스제공자가 소유한 다른 유사자산의 일반 감가상각정책과 일관성 있게 내용연수 동안 비용으로 인식한다. 또한 운용리스의 협상 및 계약단계에서 운용리스개설직접원가가 발생할 수 있다. 리스기간개시일에 발생한 운용리스개설직접원가는 자산으로 인식하고 운용리스자산의 장부금액에 가산하여 표시한다. 운용리스자산의 장부금액에 가산된 리스개설직접원가는 리스료수익에 대응하여 리스기간 동안 비용으로 인식한다.

(1) **운용리스자산의 취득원가**: (취득원가 − 내용연수 종료 시 잔존가치)/내용연수
(2) **리스개설직접원가**: 운용리스개설직접원가/운용리스기간

03 운용리스 인센티브

운용리스를 계약하기 위해 리스제공자가 리스이용자에게 인센티브를 제공하는 경우가 있다. 신규 또는 갱신되는 운용리스 계약에 따른 모든 인센티브는 그 성격, 형식 또는 지급시점과 관계없이 리스자산의 사용을 위하여 합의된 순대가의 일부로 인식한다. 따라서 리스제공자는 리스자산 효익의 기간적 감소형태를 보다 잘 나타내는 다른 체계적인 인식기준이 없다면, 리스제공자는 인센티브의 총원가를 리스기간에 걸쳐 정액기준에 따라 리스수익에서 차감하여 인식한다.

리스이용자는 리스자산의 사용에 따른 효익의 기간적 형태를 보다 잘 나타내는 다른 체계적인 인식기준이 없다면, 인센티브의 총효익을 리스기간에 걸쳐 정액기준에 따라 리스비용에서 차감하여 인식한다.

구분	리스제공자
운용리스인센티브 관련 손익	리스기간에 걸쳐 리스수익에서 차감

㈜한국리스는 ㈜경기와 통신설비에 대해서 운용리스계약을 체결하였다. 관련 자료는 다음과 같다.

> (1) ㈜한국리스는 20×1년 1월 1일에 취득원가가 ₩3,000,000인 통신설비를 취득 즉시 ㈜경기에게 인도하고 리스개설직접원가로 ₩90,000을 지출하였다. 그리고 ㈜경기가 부담해야 할 리스개설직접원가는 ₩60,000이지만 이 중 ㈜한국리스가 계약에 따른 인센티브로 ₩30,000을 부담하였다.
>
> (2) 리스기간은 3년이고, 고정리스료는 20×1년 말에 ₩600,000, 20×2년 말에 ₩800,000, 20×3년 말에 ₩1,000,000을 수취하기로 하였다.
>
> (3) 통신설비의 내용연수는 5년이고, 잔존가치가 없으며, 정액법으로 감가상각한다.

상기 운용리스거래가 20×1년도 ㈜한국리스의 당기손익에 미치는 영향은 각각 얼마인가? (단, 양사의 결산일은 매년 12월 31일이며, 법인세효과는 무시한다)

풀이

(1) 당기손익에 미치는 영향: ① + ② + ③ + ④ = 160,000
   ① 운용리스료 수익: Σ고정리스료 ÷ 운용리스 기간
       (600,000 + 800,000 + 1,000,000) ÷ 3년 = 800,000
   ② 운용리스자산 감가상각비: 선급리스자산 ÷ 내용연수
       3,000,000 ÷ 5년 = (−)600,000
   ③ 리스개설직접원가 감가상각비: 리스개설직접원가 ÷ 운용리스 기간
       90,000 ÷ 3년 = (−)30,000
   ④ 리스제공자가 제공한 인센티브 수익 차감액: 인센티브지급액 ÷ 운용리스 기간
       30,000 ÷ 3년 = (−)10,000

(2) 회계처리

구분	리스제공자			
자산구입	차) 선급리스자산	3,000,000	대) 현금	3,000,000
리스개시일	차) 운용리스자산	3,000,000	대) 선급리스자산	3,000,000
	운용리스자산	90,000	현금	90,000
	차) 선급비용	30,000	대) 현금	30,000
20×1년 말	차) 현금	600,000	대) 리스료수익(N/I)	790,000
	미수리스료	200,000	선급비용	10,000
	차) 감가상각비(N/I)	630,000	대) 감가상각누계액	630,000

4 리스제공자가 제조자 또는 판매자인 금융리스

Ⅰ 리스제공자가 제조자 또는 판매자인 금융리스(판매형리스)의 의의

리스제공자가 제조자 또는 판매자인 금융리스는 제조자나 판매자가 제조 또는 구매한 자산을 금융리스형식으로 판매하는 경우의 리스를 말한다. 판매형리스에서 리스제공자는 다음과 같은 이익이 발생한다.

① 적용가능한 수령할인이나 매매할인을 반영한 정상적인 판매가격으로 리스자산을 일반판매할 때 발생하는 매출총이익
② 리스기간의 이자수익

리스제공자가 제조자 또는 판매자인 금융리스

	리스이용자 ◄──────► 리스제공자 현대자동차			
판매 시	차) 리스채권	××	대) 매출	××
	차) 매출원가	××	대) 재고자산	××
	리스채권	××		
기말	차) 현금	××	대) 이자수익	××
			리스채권	××

Ⅱ 리스제공자가 제조자 또는 판매자인 금융리스의 회계처리

01 매출액

리스제공자가 리스기간개시일에 인식할 매출액은 기초자산의 공정가치와 시장이자율로 할인한 리스료의 현재가치 중 작은 금액으로 한다. 리스제공자의 미래현금흐름은 리스료와 무보증잔존가치의 합계액이지만 무보증잔존가치는 리스이용자로부터 회수되는 금액이 아니므로 매출액의 산정에서 제외한다.

제조자나 판매자인 리스제공자는 고객을 유치하기 위하여 인위적으로 낮은 이자율을 제시하기도 하는데, 이러한 낮은 이자율의 사용은 거래 전체의 이익의 상당부분이 판매시점에 인식되는 결과를 초래한다. 따라서 인위적으로 낮은 이자율이 제시된 경우라도 시장이자율을 적용하였을 경우의 금액을 한도로 매출이익을 인식한다.

이연인식	이자수익	총회수액	⇒ R↑: 매출↓
즉시인식	매출	PV(리스료) by 시장 R	⇒ R↓: 매출↑
		재고자산의 장부금액	내재 R ×, 시장 R ○

02 매출원가

매출액 계산 시 무보증잔존가치를 제외하였으므로 무보증잔존가치에 해당하는 재고자산은 매출원가에서 제외한다. 무보증잔존가치에 해당하는 재고자산은 무보증잔존가치를 시장이자율로 할인한 현재가치금액으로 한다.

03 판매관리비(리스개설직접원가)

제조자나 판매자인 리스제공자에 의해 리스의 협상 및 계약단계에서 리스와 관련하여 발생한 원가는 리스개설직접원가의 정의에서 제외한다. 따라서 리스제공자가 제조자 또는 판매자인 금융리스에서 발생한 리스개설직접원가는 리스기간개시일에 비용으로 인식한다.

[리스제공자가 제조자 또는 판매자인 금융리스의 회계처리]

개시일	차) 리스채권	PV(리스료)	대) 매출(N/I)	Min[기초자산 FV, PV(리스료)]
	차) 매출원가(N/I)	BV - PV(무보증잔존가치)	대) 재고자산	BV
	리스채권	PV(무보증잔존가치)		
	차) 판매관리비(N/I)	××	대) 현금	리스개설직접원가
기말	차) 현금	리스료	대) 이자수익	기초리스채권 × 시장 R
			리스채권	××

⇒ 판매시점에 리스제공자의 N/I 미치는 영향
  ① 매출액: Min[기초자산 FV, PV(리스료) by 시장 R]
  ② 매출원가: 기초자산 BV - PV(무보증잔존가치) by 시장 R
  ③ 리스제공자의 리스개설직접원가: 판매관리비용처리

에어컨제조사인 ㈜태풍은 20×1년 1월 1일 직접 제조한 추정내용연수가 5년인 에어컨을 ㈜여름에게 금융리스 방식으로 판매하는 계약을 체결하였다. 동 에어컨의 제조원가는 ₩9,000,000이고, 20×1년 1월 1일의 공정가치는 ₩12,500,000이다. 리스기간은 20×1년 1월 1일부터 20×4년 12월 31일까지이며, ㈜여름은 리스기간 종료 시 에어컨을 반환하기로 하였다. ㈜여름은 매년 말 고정 리스료로 ₩3,500,000을 지급하며, 20×4년 12월 31일의 에어컨 예상잔존가치 ₩1,000,000 중 ₩600,000은 ㈜여름이 보증하기로 하였다.

㈜태풍은 20×1년 1월 1일 ㈜여름과의 리스계약을 체결하는 과정에서 ₩350,000의 직접비용이 발생하였다.

㈜태풍이 동 거래로 인하여 리스기간개시일인 20×1년 1월 1일에 수행할 회계처리와 동 거래가 20×1년 1월 1일에 ㈜태풍의 당기손익에 미치는 영향을 구하시오(단, 20×1년 1월 1일 현재 시장이 자율과 ㈜태풍이 제시한 이자율은 연 8%로 동일하다).

기간	8%, ₩1의 현가계수	8%, ₩1의 연금현가계수
4	0.7350	3.3121

풀이

1. 20×1년 1월 1일 회계처리

개시일	차) 리스채권	PV(리스료) 12,033,350	대) 매출(N/I)	PV(리스료) 12,033,350
	차) 매출원가(N/I) BV - PV(무보증잔존가치) 8,706,000		대) 재고자산	BV 9,000,000
	리스채권	PV(무보증잔존가치) 294,000		
	차) 판매관리비	350,000	대) 현금	리스개설직접원가 350,000

2. 20×1년 1월 1일 동 거래가 ㈜태풍의 당기손익에 미치는 영향: ① + ② + ③ = 2,977,350
   ① 매출액: Min[기초자산 FV, PV(리스료) by 시장 R]
      = Min[12,500,000, (3,500,000 × 3.3121 + 600,000 × 0.7350)] = 12,033,350
   ② 매출원가: 기초자산 BV - PV(무보증잔존가치) by 시장 R
      = 9,000,000 - (1,000,000 - 600,000) × 0.7350 = (-)8,706,000
   ③ 리스제공자의 리스개설직접원가: 판매관리비용처리
      = (-)350,000

5 리스이용자

I 최초 측정

리스제공자는 리스계약형태에 따라 운용리스와 금융리스로 구분하여 회계처리하지만, 리스이용자는 이러한 구분 없이 사용권자산과 리스부채로 리스개시일에 회계처리한다.

01 리스부채의 측정

리스이용자는 리스개시일에 그날 현재 지급되지 않은 리스료의 현재가치로 리스부채를 측정한다. 리스의 내재이자율을 쉽게 산정할 수 있는 경우에는 그 이자율로 리스료를 할인한다. 그 이자율을 쉽게 산정할 수 없는 경우에는 리스이용자의 증분차입이자율을 사용한다.

리스개시일에 리스부채의 측정치에 포함되는 리스료는, 리스기간에 걸쳐 기초자산을 사용하는 권리에 대한 지급액 중 그날 현재 지급되지 않은 다음 금액으로 구성(◐리스제공자가 금융리스의 리스개시일에 인식하는 리스순투자의 측정치에 포함하는 리스료와 동일)된다.

① 고정리스료: 실질적인 고정리스료를 포함하고, 받을 리스 인센티브는 차감(= 형식적 변동성, 실질적 지급회피 불가능. 예 매출 연동 리스료에 최초 임차료 조항 포함)
② 지수나 요율(이율)에 따라 달라지는 변동리스료: 처음에는 리스개시일의 지수나 요율(이율)을 사용하여 측정
③ 보증잔존가치: 잔존가치 보증에 따라 리스이용자가 지급할 것으로 예상되는 금액
④ 매수선택권의 행사가격: 리스이용자가 매수선택권을 행사할 것이 상당히 확실한 경우에 그 매수선택권의 행사가격
⑤ 리스이용자의 리스 종료선택권 행사가격: 리스기간이 리스이용자의 종료선택권 행사를 반영하는 경우에 그 리스를 종료하기 위하여 부담하는 금액

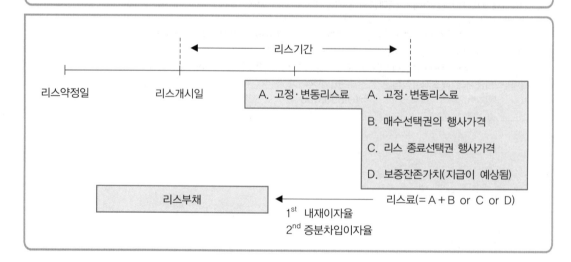

02 사용권자산의 측정

리스이용자는 리스제공자의 리스분류에 관계없이 리스개시일에 사용권자산을 인식하고 재무상태표에 사용권자산을 다른 자산과 구분하여 표시하거나 공시한다. 사용권자산은 리스기간에 리스이용자가 기초자산을 사용할 권리(= 기초자산 사용권)를 나타내는 자산을 말한다. 사용권자산은 원가로 측정하며, 원가는 아래의 항목으로 구성된다.

① 리스부채의 최초 측정금액
② 리스개시일이나 그 전에 지급한 리스료(받은 리스 인센티브는 차감)
③ 리스이용자가 부담하는 리스개설직접원가
④ 리스 조건에서 요구하는 대로 기초자산을 해체하고 제거하거나, 기초자산이 위치한 부지를 복구하거나, 기초자산 자체를 복구할 때 리스이용자가 부담하는 원가의 추정치

[리스이용자의 리스개시일 회계처리]

차) 사용권자산	대차차액	대) 리스부채	PV(지급되지 않은 리스료)
현금	받은 리스 인센티브	선급리스료	개시일 전 미리 지급한 리스료
		현금	리스개설직접원가
		복구충당부채	PV(예상복구비용)

• 개시일의 사용권자산
 리스부채의 최초 측정액 + 개시일 전 지급한 리스료 + 리스개설직접원가 + 복구원가 추정치 − 받은 리스 인센티브

Ⅱ 후속측정

01 리스부채의 후속측정

리스이용자는 리스기간 중 리스부채에 대한 이자를 반영하여 리스부채의 장부금액을 증액하고, 지급한 리스료를 반영하여 리스부채의 장부금액을 감액한다. 리스부채의 이자비용은 유효이자율법을 적용하여 인식하고 내재이자율을 쉽게 산정할 수 없을 경우 리스이용자의 증분차입이자율을 사용한다.

[결산일 리스부채 관련 회계처리]

결산일	차) 이자비용(N/I)	기초리스부채 × 내재 R	대) 현금	고정리스료
	리스부채	대차차액		

㈜대한은 회사에 필요한 기계장치를 다음과 같은 조건으로 리스계약을 체결하였다.

(1) 리스기간은 20×1년 1월 1일부터 20×3년 12월 31일까지, 고정리스료 ₩1,000,000은 매년 12월 31일 지급하기로 하였다.

(2) 계약체결 당시 증분차입이자율은 연 12%이며, 내재이자율은 알지 못한다. (3년 10% 현가계수: 0.75131, 연금현가계수: 2.48685, 3년 12% 현가계수: 0.71178 연금현가계수: 2.40183, 2년 12% 현가계수: 0.79719 연금현가계수: 1.69005)

1 ㈜대한의 리스개시일에 계상할 리스부채 금액은 얼마인가?

2 ㈜대한은 리스기간 종료 전에 현재의 리스를 해지할 권리가 상당히 확실하다. 20×2년 12월 31일 해지를 통보하고 위약금 ₩700,000을 지급한다면 리스개시일에 계상할 리스부채 금액은 얼마인가?

3 ㈜대한은 리스기간 종료 후 기계장치를 ₩500,000에 매수선택권을 행사할 가능성이 상당히 확실한 경우 리스개시일에 계상할 리스부채 금액은 얼마인가?

4 앞의 **1**의 자료를 이용하여 ㈜대한의 리스부채와 관련하여 20×1년 재무제표 효과를 보이고, 20×1년 말 ㈜대한이 수행하여야 할 회계처리를 보이시오.

> 풀이

1 리스개시일에 계상할 리스부채: PV(지급되지 않은 리스료) by 내재이자율 or 증분차입이자율
$$= 1,000,000 \times 2.40183 = 2,401,830$$

If. 고정리스료 1회분을 1월 1일 선급했다면 리스부채 금액은 얼마인가?
⇒ 고정리스료 1회분을 1월 1일에 선급한 경우의 리스부채
$$1,000,000 + 1,000,000 \times 1.69005 = 2,690,050$$

차) 사용권자산	2,690,050	대) 리스부채	1,690,050
		현금	1,000,000

2 리스개시일에 계상할 리스부채: PV(지급되지 않은 리스료) by 내재이자율 or 증분차입이자율
$$= 1,000,000 \times 1.69005 + 700,000 \times 0.79719 = 2,248,083$$

3 리스개시일에 계상할 리스부채: PV(지급되지 않은 리스료) by 내재이자율 or 증분차입이자율
$$= 1,000,000 \times 2.40183 + 500,000 \times 0.71178 = 2,757,720$$

4 1. F/S 효과

B/S

사용권자산		리스부채[1]	1,690,050
(−)감가상각누계액			

[1] 20×1년 말 리스부채: 2,401,830 × 1.12 − 1,000,000 = 1,690,050

I/S

감가상각비	
이자비용[2]	288,220
리스보증손실	

[2] 20×1년 이자비용: 2,401,830 × 12% = 288,220

2. 20×1년 말 회계처리

차) 이자비용	288,220	대) 현금	1,000,000
리스부채	711,780		

02 사용권자산의 후속측정

사용권자산은 원가모형과 재평가모형(투자부동산으로 분류되는 경우에는 공정가치모형) 중 하나를 적용하여 측정한다. 리스이용자는 사용권자산을 감가상각할 때 한국채택국제회계기준서 제1016호 '유형자산'의 감가상각에 대한 요구사항을 적용하며, 사용권자산이 손상된 경우에는 한국채택국제회계기준서 제1036호 '자산손상'을 적용한다.

리스가 리스기간 종료시점 이전에 리스이용자에게 기초자산의 소유권을 이전하는 경우나 사용권자산의 원가에 리스이용자가 매수선택권을 행사할 것임이 반영되는 경우에는, 리스이용자가 리스개시일부터 기초자산의 내용연수 종료시점까지 사용권자산을 감가상각한다. 이때 감가상각대상금액은 사용권자산의 원가에서 내용연수 종료시점의 잔존가치를 차감한 금액이다.

그 밖의 경우에는 리스이용자는 리스개시일부터 사용권자산의 내용연수 종료일과 리스종료일 중 이른 날까지 사용권자산을 감가상각한다. 이때 감가상각대상금액에 대해서는 지급할 것으로 예상되는 보증잔존가치를 제외할 것인지 여부에 따라 다음의 두 가지 방법이 주장되고 있다.

① 감가상각대상금액을 사용권자산의 원가에서 지급할 것으로 예상되는 보증잔존가치를 차감한 금액으로 하는 방법
② 감가상각대상금액을 사용권자산의 원가로 하는 방법

구분	(1) 소유권을 이전 or 매수선택권을 행사	(2) 그 밖의 경우
감가상각기간	리스개시일부터 내용연수 종료시점까지	Min[리스종료일, 내용연수 종료일]
잔존가치	내용연수 종료시점 잔존가치	① 0 or ② 지급할 것으로 예상되는 보증잔존가치

[결산일 사용권자산 관련 회계처리]

결산일	차) 감가상각비	××	대) 감가상각누계액	××

사례연습 6: 사용권자산과 리스부채의 후속측정

㈜대한은 회사에 필요한 기계장치를 다음과 같은 조건으로 리스계약을 체결하였다.

> (1) 리스기간은 20×1년 1월 1일부터 20×3년 12월 31일까지, 고정리스료 ₩1,000,000은 매년 12월 31일 지급하기로 하였다.
>
> (2) 리스기간 종료 후 ㈜대한은 리스자산에 대하여 ₩500,000의 복구비용을 추정할 수 있다. 복구비용에 적용되는 할인율은 연 12%이다.
>
> (3) 계약체결 당시 내재이자율은 연 12%이다. (3년 10% 현가계수: 0.75131, 연금현가계수: 2.48685, 3년 12% 현가계수: 0.71178, 연금현가계수: 2.40183, 2년 12% 현가계수: 0.79719, 연금현가계수: 1.69005)
>
> (4) 기계장치의 경제적 내용연수는 4년, 잔존가치는 없으며 정액법으로 상각한다. 동 기계장치는 20×3년 12월 31일 리스기간 종료 후 반환하며 반환 시 보증한 금액은 없다.

1 ㈜대한의 리스개시일의 사용권자산의 금액은 얼마인가?

2 ㈜대한의 리스부채와 관련하여 20×1년 재무제표 효과를 보이고, 20×1년 말 ㈜대한이 수행하여야 할 회계처리를 보이시오(단, 사용권자산의 잔존가치는 '0'으로 한다).

풀이

1 사용권자산: 고정리스료 1,000,000 × 2.40183 + 복구비용추정치 500,000 × 0.71178 = 2,757,720

차) 사용권자산	2,757,720	대) 리스부채	2,401,830
		복구충당부채	355,890

If. 고정리스료 1회분을 1월 1일 선급했다면 사용권자산은 얼마인가?

• 사용권자산: 3,045,940

고정리스료 1,000,000 + 1,000,000 × 1.69005 + 복구추정비용 500,000 × 0.71178 = 3,045,940

차) 사용권자산	3,045,940	대) 리스부채	1,690,050
		현금	1,000,000
		복구충당부채	355,890

2 1. F/S 효과

B/S

사용권자산	2,757,720	리스부채[3]	1,690,050
(−)감가상각누계액	(−)919,240	복구충당부채[4]	398,597

I/S

감가상각비[1]	919,240
이자비용[2]	288,220
전입액[5]	42,707

[1] 20×1년 감가상각비: (2,757,720 − 0) ÷ 3년 = 919,240
[2] 20×1년 이자비용: 2,401,830 × 12% = 288,220
[3] 20×1년 말 리스부채: 2,401,830 × 1.12 − 1,000,000 = 1,690,050
[4] 20×1년 말 복구충당부채: 355,890 × 1.12 = 398,597
[5] 20×1년 복구충당부채 전입액: 355,890 × 12% = 42,707

2. 20×1년 말 회계처리

차) 이자비용	288,220		대) 현금		1,000,000
리스부채	711,780				
차) 감가상각비	919,240		대) 감가상각누계액		919,240
차) 복구충당부채 전입액	42,707		대) 복구충당부채		42,707

Ⅲ　리스부채의 재평가

리스이용자는 리스개시일 후에 리스료에 생기는 변동을 반영하기 위하여 리스부채를 다시 측정 적용하고 사용권자산을 조정한다. 리스이용자는 다음 중 어느 하나에 해당하는 경우에 수정 할인율로 수정 리스료를 할인하여 리스부채를 다시 측정한다.

> ① 리스기간에 변경이 있는 경우: 리스이용자는 변경된 리스기간에 기초하여 수정 리스료를 산정한다.
> ② 기초자산을 매수하는 선택권 평가에 변동이 있는 경우: 리스이용자는 매수선택권에 따라 지급할 금액의 변동을 반영하여 수정 리스료를 산정한다.

01 수정 리스료로 수정 할인율을 사용하는 경우

리스부채를 재평가하는 경우 리스이용자는 내재이자율을 쉽게 산정할 수 있는 경우에는 남은 리스기간의 내재이자율로 수정 할인율을 산정하나, 리스의 내재이자율을 쉽게 산정할 수 없는 경우에는 재평가시점의 증분차입이자율로 수정 할인율을 산정한다.

구분	리스부채 측정	사용하는 할인율
① 리스기간이 변경된 경우	수정 리스료를	1순위: 남은 기간의 내재이자율
② 매수선택권 평가에 변동이 있는 경우	수정 할인율로 할인	2순위: 재평가시점의 증분차입 이자율

Self Study

사용권자산의 장부금액이 영(0)으로 줄어들고 리스부채 측정치가 그보다 많이 줄어드는 경우에 리스이용자는 나머지 재측정 금액을 당기손익으로 인식한다.

차) 리스부채	리스부채 변동액	대) 사용권자산	BV
		당기손익	××

[수정 리스료로 수정 할인율을 사용하는 경우 사례]

1. 리스기간에 변경이 있는 경우

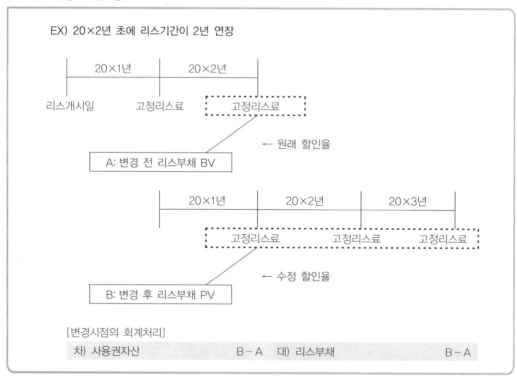

2. 기초자산을 매수하는 선택권 평가에 변동이 있는 경우

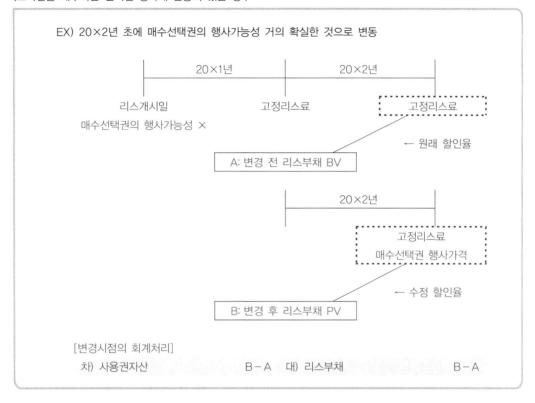

EX) 20×2년 초에 매수선택권의 행사가능성 거의 확실한 것으로 변동

[변경시점의 회계처리]
차) 사용권자산   B−A   대) 리스부채   B−A

02 수정 리스료로 원래 할인율을 사용하는 경우

리스이용자는 다음 중 어느 하나에 해당하는 경우에 수정 리스료를 할인하여 리스부채를 다시 측정한다. 이 경우 리스이용자는 변경되지 않은 할인율을 사용한다. 리스료의 변동이 변동이자율의 변동으로 생긴 경우에 리스이용자는 그 이자율 변동을 반영하는 수정 할인율을 사용한다.

① 잔존가치 보증에 따라 지급할 것으로 예상되는 금액에 변동이 있는 경우: 리스이용자는 잔존가치 보증에 따라 지급할 것으로 예상되는 금액의 변동을 반영하여 수정 리스료를 산정한다.
② 리스료를 산정할 때 사용한 지수나 요율(이율)의 변동으로 생기는 미래 리스료에 변동이 있는 경우: 예를 들면 시장 대여료를 검토한 후 시장 대여요율 변동을 반영하는 변동을 포함한다. 리스이용자는 현금흐름에 변동이 있을 경우 (리스료 조정액이 유효할 때)에만 수정 리스료를 반영하여 리스부채를 다시 측정한다. 리스이용자는 변경된 계약 상 지급액에 기초하여 남은 리스기간의 수정 리스료를 산정한다.

구분	리스부채 측정	사용하는 할인율
① 잔존가치 보증에 따라 지급할 금액이 변동하는 경우	수정 리스료를 원래 할인율로 할인	① 변동이자율의 변동으로 생긴 경우 수정 할인율 적용
② 리스료 산정 시 사용한 지수나 요율(이율)의 변동으로 리스료가 변동하는 경우		② 그 외의 경우에는 변경되지 않은 할인율

[수정 리스료로 원래 할인율을 사용하는 경우 사례]

1. 잔존가치 보증에 따라 지급할 금액이 변동하는 경우

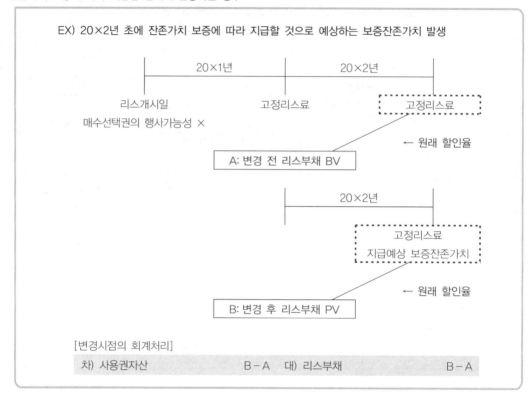

EX) 20×2년 초에 잔존가치 보증에 따라 지급할 것으로 예상하는 보증잔존가치 발생

	20×1년	20×2년
리스개시일 매수선택권의 행사가능성 ×	고정리스료	고정리스료

A: 변경 전 리스부채 BV ← 원래 할인율

20×2년

고정리스료
지급예상 보증잔존가치

B: 변경 후 리스부채 PV ← 원래 할인율

[변경시점의 회계처리]

차) 사용권자산   B−A   대) 리스부채   B−A

2. 리스료 산정 시 사용한 지수나 요율(이율)의 변동으로 리스료가 변동하는 경우

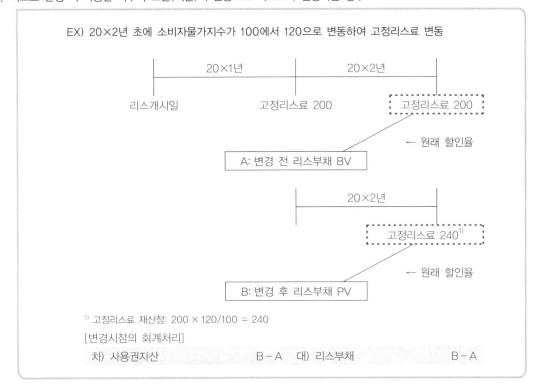

EX) 20×2년 초에 소비자물가지수가 100에서 120으로 변동하여 고정리스료 변동

20×1년 ··· 20×2년

리스개시일 ··· 고정리스료 200 ··· 고정리스료 200

← 원래 할인율

A: 변경 전 리스부채 BV

20×2년

고정리스료 240[1]

← 원래 할인율

B: 변경 후 리스부채 PV

[1] 고정리스료 재산정: 200 × 120/100 = 240

[변경시점의 회계처리]

차) 사용권자산　　　　　　　　B－A　　대) 리스부채　　　　　　　　B－A

리스이용자는 리스개시일 후에 다음 원가를 모두 당기손익으로 인식한다. 다만, 적용 가능한 다른 기준서를 적용하는, 다른 자산의 장부금액에 포함되는 원가인 경우는 제외한다.
1. 리스부채에 대한 이자
2. 변동리스료를 유발하는 사건 또는 조건이 생기는 기간의 리스부채 측정치에 포함되지 않는 변동리스료

㈜대한은 회사에 필요한 기계장치를 다음과 같은 조건으로 리스계약을 체결하였다.

(1) 리스기간은 20×1년 1월 1일부터 20×3년 12월 31일까지, 고정리스료 ₩1,000,000은 매년 12월 31일 지급하기로 하였다.

(2) 계약체결 당시 증분차입이자율은 연 12%이며, 내재이자율은 알지 못한다. (3년 12% 현가계수: 0.71178, 연금현가계수: 2.40183, 2년 12% 현가계수: 0.79719, 연금현 가계수: 1.69005, 1년 12% 현가계수: 0.89286, 연금현가계수: 0.89286)

(3) 기계장치의 잔존가치는 없으며 정액법으로 상각한다.

(4) 리스기간 종료 후 2년간의 연장선택권 행사가 가능하고 이 기간의 매년 말 고정리스 료는 ₩800,000이다. 그러나 리스기간의 연장선택권을 행사할 것이 상당히 확실하 지 않다고 보았다.

1 ㈜대한이 20×1년에 수행하여야 할 회계처리를 보이시오.

2 ㈜대한은 리스기간인 20×3년 초에 연장선택권을 행사할 것이 상당히 확실하게 바뀌었다. 20×3년 초에 ㈜대한이 수행할 회계처리를 보이시오(단, 20×3년 초 현재 내재이자율은 쉽게 산정할 수 없으며, ㈜대한의 증분차입이자율은 10%이고 3년 10% 현가계수: 0.75131, 2년 10% 현가계수: 0.82645).

3 동 거래가 ㈜대한의 20×3년의 당기손익에 미치는 영향을 구하시오.

풀이

1 1. 리스개시일의 리스부채: 고정리스료 1,000,000 × 2.40183 = 2,401,830

2. 20×1년 이자비용: 2,401,830 × 12% = 288,220

3. 20×1년 감가상각비: (2,401,830 − 0)/3년 = 800,610

[회계처리]

20×1년 초	차) 사용권자산	2,401,830	대) 리스부채	2,401,830
20×1년 말	차) 이자비용	288,220	대) 현금	1,000,000
	리스부채	711,780		
	차) 감가상각비	800,610	대) 감가상각누계액	800,610

2 1. 20×3년 초 리스부채(재평가 전): 1,000,000/1.12 = 892,857

2. 20×3년 초 리스부채(재평가 후): 1,000,000/1.1 + 800,000 × 0.82645 + 800,000 × 0.75131
= 2,171,299

3. 20×3년 초 리스부채 조정액: 2,171,299 − 892,857 = 1,278,442

4. 재평가 전 20×3년 초 재무상태표

<table>
<tr><td colspan="4" align="center">B/S</td></tr>
<tr><td>사용권자산</td><td align="right">2,401,830</td><td>리스부채</td><td align="right">892,857</td></tr>
<tr><td>(−)감가상각누계액</td><td align="right">(−)1,601,220</td><td></td><td></td></tr>
<tr><td align="center">BV</td><td align="right">800,610</td><td></td><td></td></tr>
</table>

5. 재평가 후 20×3년 초 재무상태표

<table>
<tr><td colspan="4" align="center">B/S</td></tr>
<tr><td>사용권자산</td><td align="right">3,680,272</td><td>리스부채</td><td align="right">2,171,299</td></tr>
<tr><td>(−)감가상각누계액</td><td align="right">(−)1,601,220</td><td></td><td></td></tr>
<tr><td align="center">BV</td><td align="right">2,079,052</td><td></td><td></td></tr>
</table>

[회계처리]

20×3년 초	차) 사용권자산	1,278,442	대) 리스부채	1,278,442

* 20×3년 초에 연장선택권을 행사할 것이 상당히 확실하게 바뀌었기 때문에 연장된 기간과 수정 리스료를 고려하여 20×3년 초에 리스부채를 다시 측정하여야 한다. 이때 남은 기간의 내재이자율을 쉽게 산정할 수 없다고 하였으므로 20×3년 초 ㈜대한의 증분차입이자율 연 10%로 현재가치를 계산한다.

❸ 20×3년 당기손익에 미친 영향: (−)910,147

1. 이자비용: 2,171,299 × 10% = (−)217,130
2. 감가상각비: (2,079,052 − 0) ÷ 3년 = (−)693,017
   * 20×3년 초 리스부채 재평가 후 사용권자산 장부금액: 2,401,830 × 1/3 + 1,278,442 = 2,079,052

[회계처리]

20×3년 말	차) 이자비용	217,130	대) 현금	1,000,000
	리스부채	782,870		
	차) 감가상각비	693,017	대) 감가상각누계액	693,017

Ⅳ 변동리스료

변동리스료는 리스기간에 기초자산의 사용권에 대하여 리스이용자가 리스제공자에게 지급하는 리스료의 일부로서 시간의 경과가 아닌 리스개시일 후 사실이나 상황의 변화 때문에 달라지는 부분을 말한다. 변동리스료는 지수나 요율(이율)에 따라 달라지는 경우에만 리스료의 정의를 충족하며, 그 외의 경우에는 리스료의 정의를 충족하지 못한다. 리스료의 정의를 충족하는 변동리스료는 사용권자산과 리스부채 측정치에 포함하여 리스부채를 재측정하고 사용권자산을 조정한다. 그러나 리스부채 측정치에 포함되지 않는 변동리스료는 해당 변동리스료를 유발하는 사건 또는 조건이 생기는 기간의 당기손익으로 인식한다.

구분	내용	비고
지수나 요율(이율)에 따라 달라지는 경우	리스부채를 재측정하고 사용권자산을 조정	−
기타의 경우	해당 변동리스료를 유발하는 사건 또는 조건이 생기는 기간의 당기손익처리	리스료 ×

C사는 회사에 필요한 기계장치를 다음과 같은 조건으로 리스계약을 체결하였다.

(1) 리스기간은 20×1년 1월 1일부터 20×5년 12월 31일까지이고, 고정리스료 ₩2,000,000은 매년 12월 31일 지급하기로 하였다.
(2) 최초 2년간은 리스료 변동이 없으나, 그 이후 20×3년과 20×4년의 리스료는 매년 초 소비자물가지수를 반영하여 재산정하기로 하였다. 리스개시일의 소비자물가지수는 150이었으며, 그 후 리스 3차년도 초에 180으로 물가지수의 변동이 있었다.
(3) 계약체결 당시 증분차입이자율은 연 10%이며, 내재이자율은 알지 못한다. (5년 10% 연금현가계수: 3.79079, 3년 10% 현가계수: 0.75131, 연금현가계수: 2.48685, 3년 12% 현가계수: 0.71178, 연금현가계수: 2.40183, 2년 12% 현가계수: 0.79719, 연금현가계수: 1.69005)
(4) 20×3년 초의 증분차입이자율은 연 12%이다.
(5) 기계장치의 잔존가치는 없으며 정액법으로 상각한다.

1 20×3년 초에 C사가 해야 할 회계처리를 보이시오.
2 위 물음과 독립적으로 C사는 리스한 기계장치에서 발행한 매출의 1%를 해당 연도에 변동리스료로 추가 지급하기로 가정한다. 20×1년도 매출이 ₩2,000,000이라면 리스이용자가 인식할 추가 지급액을 회계처리하라.

풀이

1

차) 사용권자산	994,728	대) 리스부채	994,728

(1) 리스부채 최초 측정금액: 2,000,000 × 3.79079 = 7,581,580
(2) 20×3년 초 리스부채: (7,581,580 × 1.1 − 2,000,000) × 1.1 − 2,000,000 = 4,973,712
(3) 20×3년 초 소비자물가지수변동을 반영한 리스료: 2,000,000 × 180/150 = 2,400,000
(4) 20×3년 초 리스부채 재측정액: 2,400,000 × 2.48685 = 5,968,440
　　* 변동이자율의 변동에 따라 리스료가 변동된 것이 아니므로 변경되지 않은 당초의 할인율 10%를 이용하여 리스부채를 재평가한다.
(5) 리스부채 차액: 5,968,440 − 4,973,712 = 994,728

2

차) 지급수수료	20,000	대) 현금	20,000

[매출에 연동되는 추가 지급액 회계처리]
리스이용자가 매출에 연동하여 추가 지급하는 리스료는 이율이나 지수의 변동으로 인하여 리스료가 변동되는 것이 아니기 때문에 리스부채를 재측정하지 않고 당기손익에 반영한다. 리스이용자는 리스와 관련하여 20,000(= 2,000,000 × 1%)의 추가 비용을 1차년도에 비용으로 회계처리한다.

01 ㈜감평은 20×1년 초 ㈜대한리스와 사용목적으로 차량운반구(내용연수 5년, 잔존가치 ₩0, 정액법 상각, 재평가모형 적용) 금융리스계약(리스기간 3년)을 체결하였다. ㈜감평은 리스개시일에 리스개설직접원가로 ₩98,200을 부담하였으며, 리스기간 종료 시 차량운반구 소유권은 ㈜감평에게 무상으로 이전된다. ㈜감평은 정기리스료로 리스기간 동안 매년 말 ₩1,000,000을 ㈜대한리스에게 지급한다. 20×1년 말 차량운반구의 공정가치가 ₩1,800,000일 때, 동 리스의 회계처리로 인한 ㈜감평의 20×1년 당기순이익 감소액은? [단, 동 금융리스는 소액리스가 아니며, 금융리스에 적용되는 ㈜감평의 증분차입이자율은 연 12%이고, 정상연금 ₩1의 현가계수(3기간, 12%)는 2.4018이다.] [감정평가사 2025년]

① ₩768,576 ② ₩788,216 ③ ₩968,576
④ ₩988,216 ⑤ ₩1,066,776

02 리스에 관한 설명으로 옳은 것을 모두 고른 것은? [감정평가사 2023년]

> ㄱ. 단기리스나 소액 기초자산 리스를 제외한 모든 리스에 대해서 리스이용자는 사용권자산과 리스부채를 인식해야 한다.
> ㄴ. 리스이용자는 리스의 내재이자율을 쉽게 산정할 수 없는 경우에는 리스제공자의 증분차입이자율을 사용하여 리스료를 할인한다.
> ㄷ. 리스이용자는 사용권자산이 손상되었는지를 판단하고 식별되는 손상차손을 회계처리하기 위하여 자산손상 기준서를 적용한다.
> ㄹ. 투자부동산의 정의를 충족하는 사용권자산은 재무상태표에 투자부동산으로 표시한다.

① ㄱ, ㄴ ② ㄱ, ㄷ ③ ㄷ, ㄹ
④ ㄱ, ㄷ, ㄹ ⑤ ㄴ, ㄷ, ㄹ

03 ㈜감평은 20x1년 1월 1일 ㈜한국리스로부터 기계장치(기초자산)를 리스하는 계약을 체결하였다. 계약상 리스기간은 20x1년 1월 1일부터 4년, 내재이자율은 연 10%, 고정리스료는 매년 말 일정 금액을 지급한다. ㈜한국리스의 기계장치취득금액은 ₩1,000,000으로 리스개시일의 공정가치이다. ㈜감평은 리스개설과 관련하여 법률비용 ₩75,000을 지급하였으며, 리스기간 종료시점에 ㈜감평은 매수선택권을 ₩400,000에 행사할 것이 리스약정일 현재 상당히 확실하다. 리스거래와 관련하여 ㈜감평이 매년 말 지급해야 할 고정리스료는? (단, 계산금액은 소수점 첫째자리에서 반올림하고, 단수차이로 인한 오차가 있으면 가장 근사치를 선택한다)

기간	단일금액 ₩1의 현재가치 (할인율 = 10%)	정상연금 ₩1의 현재가치 (할인율 = 10%)
4	0.6830	3.1699
5	0.6209	3.7908

① ₩198,280　　　　② ₩200,000　　　　③ ₩208,437
④ ₩229,282　　　　⑤ ₩250,000

04 ㈜감평은 20×1년 초 해지불능 리스계약을 체결하고 사용권자산(내용연수 5년, 잔존가치 ₩0, 정액법 상각)과 리스부채(리스기간 5년, 매년 말 정기리스료 ₩13,870, 리스기간 종료 후 소유권 무상이전 약정)를 각각 ₩50,000씩 인식하였다. 리스계약의 내재이자율은 연 12%이고 ㈜감평은 리스회사의 내재이자율을 알고 있다. ㈜감평은 사용권자산에 대해 재평가모형을 적용하고 있으며 20×1년 말 사용권자산의 공정가치는 ₩35,000이다. 동 리스계약이 ㈜감평의 20×1년 당기순이익에 미치는 영향은? (단, 리스계약은 소액자산리스 및 단기리스가 아니라고 가정한다)

① ₩5,000 감소　　　② ₩6,000 감소　　　③ ₩15,000 감소
④ ₩16,000 감소　　　⑤ ₩21,000 감소

650 해커스 감정평가사 ca.Hackers.com

01 ④ (1) 리스개시일 회계처리

차) 사용권자산	2,500,000	대) 리스부채[1]	2,401,800
		현금	98,200

    [1] $1,000,000 \times 2.4018 = 2,401,800$

  (2) 20X1년 당기순이익에 미친 영향: ⓐ + ⓑ + ⓒ = (−)988,216
     ⓐ 이자비용: $2,401,800 \times 12\% = (-)288,216$
     ⓑ 감가상각비: $2,500,000/5 = (-)500,000$
     ⓒ 재평가손실: $1,800,000 - (2,500,000 - 500,000) = (-)200,000$

02 ④ ㄴ. 리스이용자는 리스의 내재이자율을 쉽게 산정할 수 없는 경우에는 리스이용자의 증분차입이자율을 사용하여
    리스료를 할인한다.

03 ④ $1,000,000 = 고정리스료 \times 3.1699 + 400,000 \times 0.6830$, 고정리스료 $= 229,282$

04 ⑤ (1) 사용권자산 상각비: $50,000/5 = (-)10,000$
  (2) 리스부채 이자비용: $50,000 \times 12\% = (-)6,000$
  (3) 재평가손실: $35,000 - (50,000 - 10,000) = (-)5,000$
  (4) 당기순이익에 미치는 영향: (1) + (2) + (3) = (−)21,000

해커스 감정평가사
ca.Hackers.com

Chapter **18**

종업원급여

1 종업원급여의 의의 및 분류

I 종업원급여의 의의

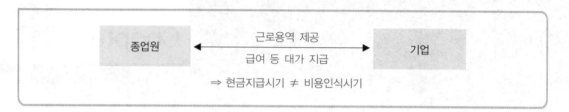

종업원이 근무기간 동안 근로를 제공함에 따라 기업의 수익이 증대된다. 이에 대한 보상으로 기업은 종업원에게 급여를 지급한다. 종업원급여는 종업원이 제공한 근무용역의 대가로 또는 종업원을 해고하는 대가로 기업이 제공하는 모든 종류의 보수를 말한다. 이때 주의할 점은 기업이 종업원급여로 현금을 지급하는 시기와 비용을 인식하는 시기가 서로 다를 수 있다는 것이다.

II 종업원급여의 분류

대가관계	지급시기	종업원급여 분류	인식	측정
근로제공 대가	근속 중	단기종업원급여	근로제공 시 (발생주의)	명목가액
		장기종업원급여		현재가치
	퇴직 시	퇴직급여		명목가액, 현재가치
퇴직(해고) 대가	퇴직 시	해고급여	해고 시	명목가액, 현재가치

2 퇴직급여제도

Ⅰ 퇴직급여제도의 의의

```
                    근속기간 중        금융기관        퇴직 시      퇴직종업원
         기업   ─────────────  ─────────────  ──────────  (수혜자)
                    기여금 불입     (사외적립자산)      급여 지급

              구분          기여금불입액                    퇴직금 수령액

추가의무 없음  확정기여형         확정      ──────────────────    변동 가능


추가의무 존재  확정급여형       변동 가능   ──────────────────      확정
```

퇴직급여는 종업원이 퇴직한 이후에 지급하는 종업원급여로서 단기종업원급여와 해고급여는 제외한다. 퇴직급여는 지급시기가 종업원 퇴직시점이지만 근로에 대한 대가이며, 종업원이 퇴직급여에 대한 수급권을 획득하는 시기가 근속기간 중이므로 예상퇴직급여액을 당해 종업원의 근속기간 중에 비용으로 인식하고 이에 따른 부채를 계상해야 한다. 기업이 종업원에게 퇴직급여를 지급하는 근거가 되는 협약을 퇴직급여제도라 하고 퇴직급여제도는 제도의 주요 규약에서 도출되는 경제적 실질에 따라 다음과 같이 확정기여제도와 확정급여제도로 분류한다.

Ⅱ 퇴직급여제도의 분류

구분	위험부담	불입액	지급액	회계처리		
확정기여형	종업원	확정	변동	기여	차) 퇴직급여	대) 현금
	⇒ 기업의 기여금 사전 확정 ⇒ 종업원 기금의 운용 책임			결산	회계처리 없음	
				지급	회계처리 없음	
확정급여형	기업	변동	확정	기여	차) 사외적립자산	대) 현금
	⇒ 종업원 퇴직금 사전 확정 ⇒ 기업 기금의 운용 책임			결산	차) 퇴직급여	대) 확정급여채무
				지급	차) 확정급여채무	대) 사외적립자산

01 확정기여제도

기업이 별개의 실체(기금)에 고정 기여금을 납부하고, 그 기금의 책임하에 당기와 과거기간에 종업원이 제공한 근무용역과 관련된 모든 급여를 지급하는 퇴직급여제도를 말한다.

(1) 확정기여제도의 특징

1) 기업의 법적 의무나 의제의무는 기업이 기금에 출연하기로 약정한 금액으로 한정된다. 종업원이 받을 퇴직급여액은 기업과 종업원이 퇴직급여제도 보험회사에 출연하는 기여금과 그 기여금에서 발생한 투자수익에 따라 결정된다.

2) 실제급여액이 기대급여액에 미치지 못하게 될 위험인 보험수리적위험과 기여금을 재원으로 투자한 자산이 기대급여액을 지급하는 데 충분하지 못하게 될 위험인 투자위험은 종업원이 부담한다.

(2) 인식과 측정

1) **인식**

당해 회계기간과 관련된 기여금 납부 시에 비용으로 인식한다.

2) **측정**

① 확정기여제도에서는 보고기업이 부담하는 채무가 당해 기간의 기여금으로 결정되기 때문에 채무나 비용을 측정하기 위해 보험수리적 가정을 이용할 필요가 없다.

② 기여금 전부나 일부의 납부기일이 종업원이 관련 근무용역을 제공하는 연차보고기간 이후 12개월 이후에 도래하는 것으로 예상되는 경우를 제외하고는 현재가치 할인을 수행하지 않는다.

02 확정급여제도

확정기여제도 이외의 모든 퇴직급여제도를 말한다.

(1) 확정급여제도는 기금이 별도로 적립되지 않는 경우도 있으나, 법률적으로 별개인 실체나 기금에 보고기업이 기여금을 납부하여 전부나 일부의 기금이 적립되는 경우도 있다. 기금이 적립되는 확정급여제도는 그 기금에서 종업원급여가 지급된다.

(2) 지급기일이 도래한 급여의 지급가능성은 기금의 재무상태와 투자성과뿐만 아니라 기금자산의 부족분을 보전할 수 있는 기업의 능력과 의도에도 달려있다. 따라서 기업이 확정급여제도에 대해 인식하는 비용은 반드시 해당 기간에 지급기일이 도래한 기여금만을 의미하는 것은 아니다.

(3) 확정급여제도에서는 확정급여채무의 현재가치에서 사외적립자산의 공정가치를 차감한 금액을 재무상태표에 순확정급여부채(자산)로 보고한다. 이때 사외적립자산이 확정급여채무를 초과하는 초과적립액이 있는 경우 순확정급여자산은 자산인식상한을 한도로 한다. 자산인식상한은 제도에서 환급받는 형태로 또는 제도에 납부할 미래기여금을 절감하는 형태로 얻을 수 있는 경제적 효익의 현재가치를 말한다.

> **Self Study**
>
> 한국채택국제회계기준서 제1019호 '종업원급여'에서는 퇴직급여와 관련된 순확정급여부채(자산)를 유동부분과 비유동부분으로 구분하여야 하는지에 대하여 특정하지 않는다.

3 확정급여제도

I 확정급여제도의 계산 TOOL 및 이해

01 확정급여제도의 T계정 및 F/S 효과

확정급여채무				
지급액	××	기초	××	
		근무원가(당기 + 과거)	A	
		이자비용(기초 × 기초 R)	B	
기말	I	재측정요소(보험수리적손익)	①	

사외적립자산				
기초	××	지급액	××	
기여금	××			
이자수익	C			
재측정요소	②	기말	II	

* 실제 이자수익: C + ②

1) B/S 계정
   (1) 순확정급여채무
      ⇒ I − II
   (2) OCI누계Σ(② − ①)
2) I/S 계정
   (1) 퇴직급여(N/I)
      ⇒ A + B − C
   (2) 재측정요소 변동(OCI)
      ⇒ ② − ①

> 확정급여채무 >
> 사외적립자산

부분재무상태표
20×1년 12월 31일 현재

순확정급여채무		
확정급여채무		I
(−)사외적립자산		(−)II
재측정요소 변동		② − ①

02 B/S 항목 용어 정리

(1) 확정급여채무: 종업원이 퇴직한다면 지급해야 할 퇴직급여의무이다.

(2) 사외적립자산: 기업이 종업원의 퇴직급여를 지급하기 위해서 적립해 놓은 자산이다.

(3) 순확정급여채무(과소적립액): 확정급여채무 PV − 사외적립자산 FV

(4) 순확정급여자산(초과적립액): 사외적립자산 FV − 확정급여채무 PV − 자산인식상한효과

03 I/S 항목 용어 정리

구성요소	구성요소 및 계산방식	회계처리
근무원가	당기근무원가, 과거근무원가, 정산 손익	당기손익
순확정급여채무(자산)의 순이자원가	기초 확정급여채무 × 기초 R − 기초 사외적립자산 × 기초 R	당기손익
재측정요소	보험수리적손익, 사외적립자산의 수익(이자 제외), 자산인식상한효과의 변동(이자 제외)	기타포괄손익

(1) 당기근무원가: 당기에 종업원이 근무용역을 제공함에 따라 발생하는 확정급여채무의 현재가치 증가액을 말하며 이는 퇴직급여원가와 퇴직급여채무를 증가시킨다.

(2) 과거근무원가: 제도 개정(확정급여제도의 도입, 철회 또는 변경) 또는 축소로 인해 종업원의 과거기간 근무용역에 대한 확정급여채무의 현재가치가 변동하는 것을 말한다.

(3) 정산: 확정급여제도에 따른 급여에 대한 의무를 기업이 더 이상 부담하지 않기로 한 거래가 발생하는 것을 말한다.

(4) 순이자원가: 순확정급여부채(자산)에 할인율을 곱하여 측정한다.

(5) 재측정요소: 재측정요소는 확정급여채무의 보험수리적손익, 사외적립자산의 수익, 자산인식상한효과로 구성된다. 재측정요소는 기타포괄손익으로 회계처리하고 나중에 손익으로 재분류할 수 없다.

> **Self Study**
>
> 1. 확정급여채무는 현재가치로 측정하고, 사외적립자산은 공정가치로 측정한다. 확정급여채무는 퇴직급여가 화폐성부채이기 때문에 현재가치로 측정하는데, 이는 공정가치와 동일한 개념이다. 따라서 퇴직급여채무와 자산은 모두 공정가치로 측정하는 것으로 이해하면 된다.
> 2. K-IFRS는 사외적립자산을 재무상태표에 표시하는 방법으로 순액접근법을 원칙으로 하고 있고, 순확정급여부채의 유동성분류와 관련하여서는 유동부분과 비유동부분으로 구분하는 특별한 규정을 두고 있지 않다.
> 3. 제도의 축소: 퇴직급여제도의 대상이 되는 종업원의 유의적인 감소

01 확정급여채무의 현재가치

확정급여채무의 현재가치는 종업원이 당기와 과거 기간에 근무용역을 제공하여 생긴 채무를 결제하기 위해 필요한 예상 미래지급액의 현재가치를 말한다.

02 당기근무원가 · 이자원가

당기근무원가는 당기에 종업원이 근무용역을 제공하여 생긴 확정급여채무 현재가치의 증가분으로 다른 자산의 원가에 포함하는 경우를 제외하고 당기손익으로 인식한다.

이자원가는 기초 확정급여채무에 대해 유효이자율법을 적용하여 증가한 금액을 말한다. 이자원가는 사외적립자산에서 발생하는 이자수익과 상계한 후의 순이자를 당기손익으로 인식한다.

확정급여형 퇴직급여제도는 확정급여채무를 장기성 채무의 현재가치로 산정하여야 하고, K-IFRS에서는 확정급여채무와 당기근무원가는 예측단위적립방식을 사용하여 측정하도록 하고 있다. 단, 퇴직급여채무의 일부를 보고기간 후 12개월이 되기 전에 결제할 것으로 예상하더라도 퇴직급여채무 전부를 할인한다.

당기근무원가 발생	차) 퇴직급여(N/I)	××	대) 확정급여채무	××
이자원가 발생	차) 퇴직급여(N/I)	××	대) 확정급여채무	××

(1) 예측단위적립방식의 적용 절차

1) 확정급여채무의 현재가치를 결정할 때에는 퇴직급여제도에서 정하고 있는 급여산정식에 따라 종업원의 근무기간에 걸쳐 퇴직급여를 배분하되, 종업원의 근무기간 후반에 귀속되는 급여 수준이 근무기간 초반에 귀속되는 급여 수준보다 중요하게 높은 경우에는 정액법에 따라 배분한다.

2) 확정급여채무는 종업원의 퇴직할 때 지급하는 것이므로 보고기간 말에 현재시점의 현재가치로 할인하여 부채로 인식해야 한다. 이 경우 할인율을 아래의 순서로 한다.

> 1순위: 보고기간 말 현재 우량회사채의 시장수익률
> 2순위: 보고기간 말 현재 국공채의 시장수익률

Self Study

1. 종업원이 퇴직하는 시점의 퇴직급여를 보험수리적 평가방법을 적용하여 추정한다.
   ① 종업원이 일시불급여를 수령할 것으로 예상되는 경우: 일시불급여액으로 추정
   ② 종업원이 연금을 수령할 것으로 예상되는 경우: 예상연금지급액의 현재가치로 측정
2. 보고기간 말의 할인율을 적용한다는 것은 기말 확정급여채무의 평가에 대한 것으로 실제 확정급여채무의 당기 이자비용 계상 시에는 기초의 할인율을 사용하여야 한다.
3. 사외적립자산도 확정급여채무와 동일하게 이자수익 계상 시 기초 우량회사채의 시장수익률을 사용하지 별도의 할인율을 사용하지 않는다.

A사는 20×1년 초 현재 3년 후에 ₩300의 퇴직금을 지급할 것으로 예상하였고 연간 할인율이 10%이다. 이 경우 A사가 20×1년 ~ 20×3년까지 수행하여야 할 회계처리를 보이시오. (단, 편의상 보험수리적 가정에 변화는 없으며, 종업원이 당초 예상보다 일찍 또는 늦게 퇴사할 가능성을 반영하기 위해 필요한 추가적인 조정은 없다고 가정한다)

풀이

R: 10%	20×1년	20×2년	20×3년
당기근무원가	$100/1.1^2 = 83$	$100/1.1 = 91$	100
이자비용	–	$83 \times 10\% = 8$	$(91 + 91) \times 10\% = 18$
퇴직급여	83	99	118

20×1년	차) 퇴직급여	83	대) 확정급여채무	83
20×2년	차) 퇴직급여	99	대) 확정급여채무	99
20×3년	차) 퇴직급여	118	대) 확정급여채무	118

* 이자비용: 기초 확정급여채무 × 할인율

03 과거근무원가

과거근무원가는 퇴직급여제도의 개정이나 축소로 인해 종업원의 과거기간 근무용역에 대한 확정급여채무 현재가치가 변동하는 경우 그 변동금액을 말한다. 과거근무원가는 다음 중 이른 날에 즉시 당기손익으로 인식한다.

① 제도의 개정이나 축소가 발생할 때
② 관련되는 구조조정원가나 해고급여를 인식할 때

채무 증가 시	차) 퇴직급여(N/I)	××	대) 확정급여채무	××
채무 감소 시	차) 확정급여채무	××	대) 퇴직급여(N/I)	××

⇒ 기초에 제도의 개정 등 발생: 당기 이자비용에 영향
　• 당기 이자비용: (기초 확정급여채무 + 과거근무원가) × 기초 할인율

⇒ 기말에 제도의 개정 등 발생: 당기 이자비용에 영향을 미치지 않음
　• 당기 이자비용: 기초 확정급여채무 × 기초 할인율

04 재측정요소

순확정급여채무의 재측정요소는 확정급여채무나 사외적립자산의 예상치 못한 변동을 말한다. 즉, 보고기간 말 순확정급여부채의 장부상 잔액과 재측정금액과의 차이인 순확정급여부채의 예상치 못한 변동요소를 재측정요소(재측정손익)라 한다.

재측정요소는 순확정급여부채의 변동을 초래하는 확정급여원가의 일부이지만 당기손익으로 인식하지 않고 기타포괄손익으로 인식하여 자본에 계상한다. 재측정요소는 후속기간에 당기손익으로 재분류되지 않지만 자본 내에서는 대체할 수 있다.

(1) 재측정요소의 구성항목

> ① 보험수리적손익(확정급여채무의 현재가치 증감)
> ② 순확정급여부채의 순이자에 포함된 금액을 제외한 사외적립자산의 수익
> ③ 순확정급여자산과 자산인식상한효과

(2) 보험수리적손익(확정급여채무의 현재가치 증감)

보험수리적손익은 보험수리적 가정의 변동과 경험조정으로 인한 확정급여채무 현재가치의 변동을 의미한다. 이때 경험조정이란 이전의 보험수리적 가정과 실제로 발생한 결과의 차이효과를 말한다.

> 확정급여채무의 재측정손익
> = (기초 확정급여채무 + 근무원가 + 이자원가 − 퇴직금 지급액) − 기말 확정급여채무 현재가치

현재가치 증가	차) 재측정요소(OCI)	××	대) 확정급여채무	××
현재가치 감소	차) 확정급여채무	××	대) 재측정요소(OCI)	××

(3) 순확정급여부채의 순이자에 포함된 금액을 제외한 사외적립자산의 수익

사외적립자산의 수익은 이자, 배당금과 그 밖의 수익에서 사외적립자산 제도운용원가와 제도 자체와 관련된 세금을 차감한 금액을 의미한다. 다만, 확정급여채무를 측정할 때 사용하는 보험수리적 가정에 포함된 세금과 그 밖의 관리원가는 차감하지 아니한다.

사외적립자산에 확정급여채무의 현재가치를 측정할 때 적용한 할인율을 곱한 이자수익은 순확정급여부채의 순이자에 포함하여 당기손익으로 처리한다. 그러므로 사외적립자산의 실제 이자수익 중 순확정급여부채의 순이자에 포함된 이자수익을 차감한 금액은 순확정급여부채의 재측정요소이므로 기타포괄손익으로 인식한다.

> 사외적립자산의 재측정손익
> = (기초 사외적립자산 + 기여금 + 이자수익 − 퇴직금 지급액) − 기말 사외적립자산 공정가치

공정가치 증가	차) 사외적립자산	××	대) 재측정요소(OCI)	××
공정가치 감소	차) 재측정요소(OCI)	××	대) 사외적립자산	××

1. 사외적립자산의 기여금불입액이 기초에 이루어 질 때 사외적립자산의 이자수익
   ⇒ (기초 사외적립자산 + 기초 기여금 불입액) × 기초 할인율
2. 사외적립자산의 실제 이자수익: 기초 사외적립자산 × 기초 할인율 + 재측정요소

05 사외적립자산

사외적립자산은 기업으로부터 기여금을 받아 이를 운용하고 종업원에게 퇴직급여를 지급하는 역할을 맡은 기금이 보유하고 있는 자산을 말한다. 사외적립자산은 장기종업원급여기금이 보유하는 자산과 적격보험 계약으로 구성된다.

(1) 사외적립자산은 공정가치로 측정하여, 확정급여채무의 현재가치에서 차감하여 과소적립액은 순확정급여부채로, 초과적립액은 순확정급여자산의 과목으로 하여 재무상태표에 공시한다.

확정급여채무 > 사외적립자산

부분재무상태표
20×1년 12월 31일 현재

	순확정급여부채
	확정급여채무 ＼
	(-)사외적립자산 (-)＼＼
	재측정요소 변동

확정급여채무 < 사외적립자산

부분재무상태표
20×1년 12월 31일 현재

순확정급여자산	
사외적립자산 ＼＼	
(-)확정급여채무 (-)＼	
(-)자산인식상한효과 (-)＼＼＼	재측정요소 변동

(2) 순확정급여부채의 순이자는 보고기간 동안 시간의 경과에 따라 발생하는 순확정급여부채의 변동으로 확정급여채무에서 발생하는 이자원가에서 사외적립자산에서 발생하는 이자수익을 차감한 금액으로 측정한다.

① 기초 사외적립자산 × 할인율: 당기손익에 반영
② 사외적립자산의 실제수익 – ①: 재측정요소(OCI)에 반영

(3) 종업원이 퇴직하면 퇴직급여의 지급은 확정급여채무와 사외적립자산을 상계하고, 퇴직급여의 지급으로 사외적립자산이 부족하거나 당기에 발생한 퇴직급여를 충당하기 위하여 사외적립자산에 추가적으로 출연(기여)하여야 한다.

사외적립자산의 적립	차) 사외적립자산	××	대) 현금	기여금
퇴직급여의 지급	차) 확정급여채무	××	대) 사외적립자산	××
기말 이자수익 계상	차) 사외적립자산	××	대) 퇴직급여	××

사례연습 2: 확정급여채무

다음은 ㈜한국이 채택하고 있는 퇴직급여제도와 관련한 20×1년도 자료이다.

가. 20×1년 초 확정급여채무의 현재가치와 사외적립자산의 공정가치는 각각 ₩4,500,000과 ₩4,200,000이다.

나. 20×1년 말 확정급여채무의 현재가치와 사외적립자산의 공정가치는 각각 ₩5,000,000과 ₩3,800,000이다.

다. 20×1년 말 일부 종업원의 퇴직으로 퇴직금 ₩1,000,000을 사외적립자산에서 지급하였으며, 20×1년 말에 추가로 적립한 기여금 납부액은 ₩200,000이다.

라. 20×1년에 종업원이 근무용역을 제공함에 따라 증가하는 예상미래퇴직급여지급액의 현재가치는 ₩500,000이다.

마. 20×1년 말 확정급여제도의 일부 개정으로 종업원의 과거근무기간의 근무용역에 대한 확정급여채무의 현재가치가 ₩300,000 증가하였다.

바. 20×1년 초와 20×1년 말 현재 우량회사채의 연 시장수익률은 각각 8%, 10%이며, 퇴직급여채무의 할인율로 사용한다.

㈜한국의 확정급여제도로 인한 20×1년도 포괄손익계산서의 당기순이익과 기타포괄이익에 미치는 영향은 각각 얼마인가? (단, 법인세효과는 고려하지 않는다)

1. T계정 이용

확정급여채무

지급액	1,000,000	기초	4,500,000
		근무원가(당기 + 과거) A	800,000
		이자비용(기초 × 기초 R) B	360,000
기말 Ⅰ	5,000,000	재측정요소 ①	340,000

사외적립자산

기초	4,200,000	지급액	1,000,000
기여금	200,000		
이자수익 C	336,000		
재측정요소 ②	64,000	기말 Ⅱ	3,800,000

* 실제 이자수익: C + ②

1) B/S 계정

순확정급여부채
⇒ Ⅰ - Ⅱ: 1,200,000

2) I/S 계정

(1) 퇴직급여(N/I)
⇒ A + B - C: 824,000

(2) 재측정요소 변동(OCI)
⇒ ② - ①: (-)276,000

2. 20×1년 말 B/S

부분재무상태표
20×1년 12월 31일 현재

순확정급여부채	1,200,000
확정급여채무	Ⅰ 5,000,000
사외적립자산	(-)Ⅱ (-)3,800,000
재측정요소 변동	② - ① (-)276,000

3. 회계처리

당기근무원가	차) 퇴직급여	500,000	대) 확정급여채무	500,000
과거근무원가	차) 퇴직급여	300,000	대) 확정급여채무	300,000
퇴직급여 지급	차) 확정급여채무	1,000,000	대) 사외적립자산	1,000,000
추가적립액(기여금)	차) 사외적립자산	200,000	대) 현금	200,000
확정급여채무 이자비용	차) 퇴직급여	360,000	대) 확정급여채무	360,000
사외적립자산 이자수익	차) 사외적립자산	336,000	대) 퇴직급여	336,000
확정급여채무 재측정손익	차) 재측정요소	340,000	대) 확정급여채무	340,000
사외적립자산 재측정손익	차) 사외적립자산	64,000	대) 재측정요소	64,000

06 제도의 정산으로 인한 정산손익

확정급여제도의 정산은 확정급여제도에 따라 발생한 급여(전부 또는 일부)에 대한 의무(법적 의무 or 의제의무)를 기업이 더 이상 부담하지 않기로 하는 거래가 있을 때 일어난다.

정산이 발생한 경우에는 정산으로 인한 손익은 정산일에 즉시 당기손익으로 인식한다.

정산 시 회계처리	차) 확정급여채무	정산일 PV	대) 사외적립자산	정산일 FV
	퇴직급여(N/I)	대차차액	현금	정산가격

⇒ 당기손익 인식액: 순확정급여부채와 현금정산액과의 차이를 즉시 인식

사례연습 3: 제도의 정산

12월 말 결산법인인 A사는 확정급여제도를 시행하고 있으며 20×1년 초 사외적립자산의 공정가치는 ₩15,000이며, 확정급여채무의 현재가치는 ₩17,000이다. A사는 보험회사에 현금 ₩5,000을 지급하고, 확정급여제도에 관한 모든 권리와 의무를 이전하기로 하였다.

A사가 종업원에 대한 퇴직금 지급 관련 제도정산과 관련하여 해야 할 회계처리를 보이시오.

풀이

정산 시 회계처리	차) 확정급여채무	정산일 PV 17,000	대) 사외적립자산	정산일 FV 15,000
	퇴직급여(N/I)	대차차액 3,000	현금	정산가격 5,000

---

07 순확정급여자산과 자산인식상한효과

순확정급여자산은 사외적립자산의 공정가치가 확정급여채무의 현재가치를 초과하는 경우 발생한다. 이러한 부분을 초과적립액이라고 한다. 초과적립액은 아래와 같은 이유에서 자산으로 인식한다.

① 기업이 자원을 통제하고 있으며 이는 미래경제적 효익을 창출하는 데 그 초과적립액을 사용할 능력이 있음을 의미한다.
② 기업의 통제는 과거 사건(기업의 기여금 지급, 종업원의 근무용역 제공)의 결과이다.
③ 미래경제적 효익은 직접 또는 결손이 있는 다른 제도를 통하여 간접적으로 기업에 유입될 수 있으며, 미래 기여금의 감소나 현금 환급의 방식으로 이용할 수 있다.

순확정급여자산은 제도에서 환급받는 형태로 또는 제도에 납부할 미래기여금을 절감하는 형태로 얻을 수 있는 경제적 효익의 현재가치인 자산인식상한을 초과하여 보고할 수 없다. 자산인식상한효과는 순확정급여자산이 자산인식상한을 초과하는 금액으로 순확정급여자산의 재측정요소로 보아 기타포괄손익으로 인식한다.

```
                        부분재무상태표
                    20×1년 12월 31일 현재
  순확정급여자산
    사외적립자산                    ||
    (−)확정급여채무                 (−)|
    (−)자산인식상한효과             (−)|||    재측정요소 변동        ② − ① − ③
                        자산인식상한
```

자산인식상한효과의 기초금액에 확정급여채무의 현재가치 측정에 사용할 할인율을 곱한 금액은
순확정급여자산의 순이자에 포함하여 당기손익으로 인식한다. 또한 자산인식상한효과는 기타포괄
손익으로 인식한다.

자산인식상한효과 이자원가	차) 퇴직급여(N/I)	××	대) 자산인식상한효과	××
자산인식상한효과 재측정요소	차) 재측정요소(OCI)	××	대) 자산인식상한효과	××

자산인식상한효과 발생 시 T계정

```
                    확정급여채무                        1) B/S 계정
  지급액              ××  | 기초                ××          순확정급여자산
                         | 근무원가(당기 + 과거)  A          ⇒ || − | − |||
                         | 이자비용(기초 × 기초 R) B
  기말                 | | 재측정요소(보험수리적손익) ①     2) I/S 계정
                                                       (1) 퇴직급여(N/I)
                    사외적립자산                             ⇒ A + B − C + D
  기초              ××  | 지급액              ××          (2) 재측정요소 변동(OCI)
  기여금             ××  |                                   ⇒ ② − ① − ③
  이자수익            C  |
  재측정요소          ②  | 기말                ||
```
```
                    자산인식상한효과
                         | 기초                ××
                         | 이자비용             D
  기말                ||| | 재측정요소           ③
```
* 실제 이자수익: C + ②
* 기말 자산인식상한효과: || − (| + 자산인식상한)

확정급여제도를 도입하고 있는 ㈜한국의 20×1년 퇴직급여와 관련된 정보는 다음과 같다.

• 20×1년 초 확정급여채무의 장부금액	₩150,000
• 20×1년 초 사외적립자산의 공정가치	₩120,000
• 당기근무원가	₩50,000
• 20×1년 말 제도변경으로 인한 과거근무원가	₩12,000
• 퇴직급여지급액(사외적립자산에서 연말 지급)	₩90,000
• 사외적립자산에 대한 기여금(연말 납부)	₩100,000
• 20×1년 말 보험수리적 가정의 변동을 반영한 확정급여채무의 현재가치	₩140,000
• 20×1년 말 사외적립자산의 공정가치	₩146,000
• 20×1년 초 할인율	연 6%

위 퇴직급여와 관련하여 인식할 기타포괄손익은? (단, 20×1년 말 순확정급여 자산인식상한은 ₩5,000이다)

[세무사 2019년]

① ₩200 손실　　　　② ₩1,000 이익　　　　③ ₩1,200 손실
④ ₩2,200 이익　　　　⑤ ₩3,200 손실

풀이

1. T계정 정리

확정급여채무

지급액	90,000	기초	150,000
		근무원가(당기 + 과거) A	62,000
		이자비용(기초 × 기초 R) B	9,000
기말 I	140,000	재측정요소(보험수리적손익) ①	9,000

1) B/S 계정

순확정급여자산
⇒ II − I − III
⇒ 5,000

사외적립자산

기초	120,000	지급액	90,000
기여금	100,000		
이자수익 C	7,200		
재측정요소 ②	8,800	기말 II	146,000

2) I/S 계정

(1) 퇴직급여(N/I)
⇒ A + B − C + D
⇒ 63,800

자산인식상한효과

		기초	−
		이자비용 D	−
기말 III	1,000	재측정요소 ③	1,000

(2) 재측정요소 변동(OCI)
⇒ ② − ① − ③
⇒ (−)1,200

* 실제 이자수익: C + ②
* 기말 자산인식상한효과: II − (I + 자산인식상한) = 146,000 − (140,000 + 5,000) = 1,000

01 20×1년 1월 1일에 설립된 ㈜감평은 확정급여제도를 운영하고 있다. 20×1년도 관련 자료가 다음과 같을 때, 20×1년 말 재무상태표의 기타포괄손익누계액에 미치는 영향은? (단, 확정급여채무 계산 시 적용하는 할인율은 연 10%이다.)

[감정평가사 2024년]

• 기초 확정급여채무의 현재가치	₩120,000
• 기초 사외적립자산의 공정가치	₩90,000
• 퇴직급여 지급액(사외적립자산에서 기말 지급)	₩10,000
• 당기 근무원가	₩60,000
• 사외적립자산에 기여금 출연(기말 납부)	₩20,000
• 기말 확정급여채무의 현재가치	₩190,000
• 기말 사외적립자산의 공정가치	₩110,000

① ₩2,000 감소

② ₩2,000 증가

③ 영향 없음

④ ₩7,000 감소

⑤ ₩7,000 증가

확정급여제도를 채택하고 있는 ㈜관세의 20×1년도 관련 자료는 다음과 같다.

- 20×1년 초 사외적립자산의 공정가치는 ₩1,000이다.
- 20×1년 초 확정급여채무의 현재가치는 ₩1,200이다.
- 당기근무원가는 ₩200이다.
- 사외적립자산에 출연된 현금은 ₩300이다.
- 20×1년 말 현재 사외적립자산의 공정가치와 확정급여채무의 현재가치는 각각 장부금액과 동일하다.
- 순확정급여부채 계산 시 적용한 할인율은 연 5%이다.
- 모든 거래는 연도 말에 발생한다.

㈜관세가 20×1년 말 재무상태표에 보고할 순확정급여부채는? [관계사 2024년]

① ₩100
② ₩110
③ ₩160
④ ₩260
⑤ ₩500

03 20×1년 1월 1일에 설립된 ㈜대한은 확정급여제도를 채택하고 있으며, 관련 자료는 다음과 같다. 순확정급여자산(부채) 계산 시 적용한 할인율은 연 6%로 매년 변동이 없다.

<table>
<tr><td colspan="1">〈20×1년〉</td></tr>
<tr><td>• 20×1년 말 확정급여채무 장부금액은 ₩500,000이다.
• 20×1년 말 사외적립자산에 ₩460,000을 현금으로 출연하였다.</td></tr>
<tr><td>〈20×2년〉</td></tr>
<tr><td>• 20×2년 말에 퇴직종업원에게 ₩40,000의 현금이 사외적립자산에서 지급되었다.
• 20×2년 말에 사외적립자산에 ₩380,000을 현금으로 출연하였다.
• 당기근무원가는 ₩650,000이다.
• 20×2년 말 현재 사외적립자산의 공정가치는 ₩850,000이다.
• 할인율을 제외한 보험수리적가정의 변동을 반영한 20×2년 말 확정급여채무는 ₩1,150,000이다.</td></tr>
</table>

㈜대한의 확정급여제도 적용이 20×2년도 총포괄이익에 미치는 영향은 얼마인가?

[공인회계사 2022년]

① ₩580,000 감소
② ₩635,200 감소
③ ₩640,000 감소
④ ₩685,000 감소
⑤ ₩692,400 감소

04 ㈜감평은 확정급여제도를 채택하고 있으며, 20x1년 초 순확정급여부채는 ₩20,000이다. ㈜감평의 20x1년도 확정급여제도와 관련된 자료는 다음과 같다.

- 순확정급여부채(자산) 계산 시 적용한 할인율은 연 6%이다.
- 20x1년도 당기근무원가는 ₩85,000이고, 20x1년 말 퇴직종업원에게 ₩38,000의 현금이 사외적립자산에서 지급되었다.
- 20x1년 말 사외적립자산에 ₩60,000을 현금으로 출연하였다.
- 20x1년에 발생한 확정급여채무의 재측정요소(손실)는 ₩5,000이고, 사외적립자산의 재측정요소(이익)는 ₩2,200이다.

㈜감평이 20x1년 말 재무상태표에 순확정급여부채로 인식할 금액과 20x1년도 포괄손익계산서상 당기손익으로 인식할 퇴직급여 관련 비용은?　　[감정평가사 2020년]

	순확정급여부채	퇴직급여 관련 비용
①	₩11,000	₩85,000
②	₩11,000	₩86,200
③	₩43,400	₩86,200
④	₩49,000	₩85,000
⑤	₩49,000	₩86,200

01 ④ 기타포괄손익누계액에 미치는 영향(ⓑ-ⓐ)=(7,000)

확정급여채무

지급액	10,000	기초	120,000
		근무원가(당기 + 과거) A	60,000
		이자비용(기초 × 기초 R) B	12,000
기말 I	190,000	재측정요소(OCI) ⓐ	8,000

사외적립자산

기초	90,000	지급액	10,000
기여금	20,000		
이자비용(기초 × 기초 R) C	9,000		
재측정요소(OCI) ⓑ	1,000	기말 II	110,000

02 ②

순확정급여채무

기여금	300	기초	1,200-1,000=200
		근무원가(당기 + 과거)	2000
		이자비용: (기초× 기초 R)	200×5%=10
기말 I(역산)	110	재측정요소	–

03 ③ 1) T계정 분석

확정급여채무

지급액	40,000	기초	500,000
		근무원가(당기 + 과거) A	650,000
		이자비용(기초 × 기초 R) B	30,000
기말 I	1,150,000	재측정요소 ①	10,000

1) B/S 계정

(1) 순확정급여부채

⇒ I - II: 330,000

사외적립자산

기초	460,000	지급액	40,000
기여금	380,000		
이자수익 C	27,600		
재측정요소 ②	22,400	기말 II	850,000

2) I/S 계정

(1) 퇴직급여(N/I)

⇒ A + B - C: 652,400

(2) 재측정요소변동(OCI)

⇒ ② - ①: 12,400

2) 총포괄손익에 미친 영향: (-)652,400 + 12,400 = (-)640,000

* 별해: (850,000 - 460,000) - (1,150,000 - 500,000) - 380,000 = (-)640,000

04 ⑤　(1) 순확정급여채무 T계정

　　　기초 20,000 + 근무원가 85,000 + 이자비용(20,000 × 6%) + 재측정손실(5,000 − 2,200) = 기여
　　　60,000 + 기말 순확정급여채무 : 49,000

　　(2) 퇴직급여 : 85,000 + 1,200 = 86,200

Chapter **19**

주식기준보상거래

I 의의

주식기준보상거래란 기업이 재화나 용역을 제공받은 대가로 기업의 지분상품을 부여하거나, 기업의 지분상품의 가격에 기초한 금액만큼의 부채를 부담하는 보상거래를 말한다. 이러한 주식기준보상거래의 기초가 되는 계약은 주식기준보상약정은 특정 가득조건이 있다면, 그 가득조건이 충족되는 때에 거래상대방에게 대가를 받을 권리를 획득하게 하는 기업과 종업원을 포함한 거래상대방 사이의 계약을 말한다. 주식기준보상거래는 기업이 거래상대방에게 지급하는 대가에 따라 아래와 같이 구분된다.

① 주식결제형: 기업의 지분상품을 부여하는 주식기준보상거래
② 현금결제형: 기업의 지분상품 가격에 기초한 금액만큼 현금이나 그 밖의 자산을 지급해야 하는 부채를 부담하는 주식기준보상거래

Self Study

1. 주식기준보상거래의 핵심도 확정급여채무와 같이 종업원이 근로를 제공하고 그 대가로 급여 등을 지급하는 경우 현금 지급시기와 비용 인식시기가 일치하지 않는다는 것이다. 더하여 확정급여채무는 확정된 금액을 기준으로 비용을 인식하였으나 주식기준보상거래는 매기 말 변동되는 금액을 기준으로 비용을 인식한다는 차이가 있다.

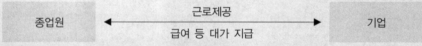

⇒ 현금 지급 ≠ 비용 인식: 손익귀속시기 차이
   ① 확정금액보상: 확정급여채무
   ② 변동금액보상: 주식기준보상

2. 연결실체 내의 다른 기업이 재화나 용역을 제공받을 때에도 주식기준보상약정에 따라 기업에 결제할 의무가 발생하면, 이도 역시 주식기준보상거래로 본다.

2 주식결제형 주식기준보상거래

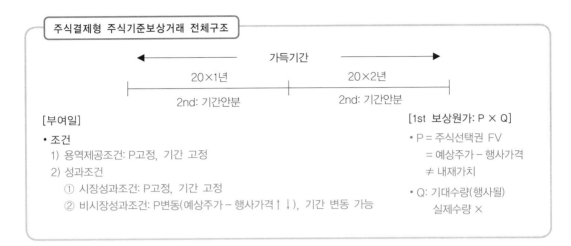

주식결제형 주식기준보상거래 전체구조

가득기간

20×1년 | 20×2년

2nd: 기간안분 | 2nd: 기간안분

[부여일]
• 조건
  1) 용역제공조건: P고정, 기간 고정
  2) 성과조건
    ① 시장성과조건: P고정, 기간 고정
    ② 비시장성과조건: P변동(예상주가 – 행사가격↑↓), 기간 변동 가능

[1st 보상원가: P × Q]
• P = 주식선택권 FV
    = 예상주가 – 행사가격
    ≠ 내재가치
• Q: 기대수량(행사될)
    실제수량 ×

I 용어의 정의

01 보상원가

보상원가는 기업이 주식기준보상거래를 통해 거래상대방에게 제공받는 재화나 용역의 원가를 말한다. 주식결제형 주식기준보상거래에서는 보상원가를 제공받는 재화나 용역의 공정가치로 직접 측정한다. 그러나 제공받은 재화나 용역의 공정가치를 신뢰성 있게 측정할 수 없다면, 부여한 지분상품의 공정가치에 기초하여 간접 측정한다. 종업원 및 유사용역제공자와의 거래에서는 제공받는 용역의 공정가치를 신뢰성 있게 측정할 수 없다.

02 가득, 가득기간 및 가득조건

(1) 가득과 가득기간

가득은 주식기준보상약정에 따라 거래상대방이 현금, 그 밖의 자산이나 기업의 지분상품을 받을 권리를 획득하는 것이다. 가득기간은 주식기준보상약정에서 지정하는 모든 가득 조건이 충족되어야 하는 기간을 말한다.

(2) 가득조건

가득조건은 주식기준보상약정에 따라 거래상대방이 현금, 그 밖의 자산 또는 기업의 지분상품을 받을 권리를 획득하게 하는 용역을 기업이 제공받는지를 결정짓는 조건을 말한다. 가득조건은 아래와 같이 구분한다.

A. 용역제공조건		특정기간 동안 용역을 제공해야 하는 조건
B. 성과조건	비시장조건	지분상품의 시장가격과 직접 관련이 없는 성과를 달성하여야 하는 조건
	시장조건	지분상품의 시장가격에 관련된 성과를 달성하여야 하는 조건

03 측정기준일과 부여일

(1) 측정기준일: 부여한 지분상품의 공정가치를 측정하는 기준일이다. 종업원과의 주식기준보상거래에서는 부여일을 측정기준일로 한다.

(2) 부여일: 기업과 거래상대방이 주식기준보상약정에 합의한 날, 기업과 거래상대방이 주식기준보상약정에 합의한 날로 일정한 승인절차가 필요한 경우, 승인받은 날을 말한다.

04 공정가치와 내재가치

(1) 공정가치: 합리적인 판단력과 거래의사가 있는 독립된 당사자 사이의 거래에서 자산이 교환되거나 부채가 결제되거나 부여된 지분상품이 교환될 수 있는 금액을 말한다. 지분상품의 공정가치는 블랙숄즈모형이나 이항모형 등 옵션가격결정모형을 적용하여 측정한다.

⇒ 주식선택권의 공정가치: 예상주가(회수율 반영) – 행사가격

(2) 내재가치: 내재가치는 거래상대방이 청약할 권리를 갖고 있거나 제공받을 권리를 갖고 있는 주식의 현재시점 공정가치와 거래상대방이 당해 주식에 대해 지불해야 하는 가격의 차이를 말한다.

⇒ 주식선택권의 내재가치: 현재주가(주식 FV) – 행사가격

Example

회사는 종업원에게 주식선택권을 부여하였다. 가득기간은 2년으로 2년 후에 행사가 가능하다. 현재 부여된 주식선택권의 행사가격은 ₩5이고 부여시점의 2년 후 주식의 예상주가는 ₩15이고 부여시점의 주식의 공정가치는 ₩12이다.
- 주식선택권의 공정가치: 15 – 5 = 10
- 주식선택권의 내재가치: 12 – 5 = 7

Self Study

1. 보상원가가 자산의 인식요건을 충족하는 경우에는 자산의 원가에 가산하고 그렇지 못할 경우에는 즉시 비용으로 인식한다.
2. 비시장조건 예: 목표이익, 목표판매량 등의 성과를 달성해야 하는 조건

Ⅱ 주식결제형 주식기준보상거래의 인식과 측정

01 단위당 보상원가(P)의 인식과 측정

주식결제형 주식기준보상거래는 재화나 용역을 제공받은 경우에는 해당 재화나 용역을 제공받은 날에 그에 상응하는 자본의 증가를 인식한다. 이때 자본의 증가액은 제공받은 재화나 용역의 공정가치로 직접 측정하는 것이 원칙이다. 그러나 제공받은 재화나 용역의 공정가치를 신뢰성 있게 추정할 수 없다면, 자본의 증가액은 부여한 지분상품의 공정가치에 기초하여 간접 측정한다. 다만, 주식결제형 주식기준보상거래에서 인식된 자본항목은 후속적으로 재측정하지 않는다.

드문 경우지만 부여한 지분상품의 공정가치를 신뢰성 있게 추정할 수 없다면 재화나 용역을 제공받은 날을 기준으로 내재가치로 최초 측정하고 매 보고기간 말과 최종 결제일에 재측정한다.

02 보상수량(Q)의 산정

보상수량은 가득될 것으로 예상되는 지분상품의 수량에 대한 최선의 추정치에 기초하여 인식한다. 후속 정보에 비추어 볼 때 미래에 가득될 것으로 예상되는 지분상품의 수량이 직전 추정치와 다르다면 당해 추정치로 변경한다. 다만 가득일에는 최종적으로 가득되는 지분상품의 수량과 일치하도록 해당 추정치를 변경한다.

가득될 지분상품의 수량예측치는 기대권리소멸률을 사용하여 계산할 수 있다. 기대권리소멸률은 부여된 지분상품 중 가득되지 않을 것으로 예상되는 비율을 말한다. 가득될 지분상품의 수량은 다음과 같이 계산할 수 있다.

Ⅲ 가득 조건에 따른 분류

01 가득기간과 보상원가의 인식

지분상품의 단위당 보상원가(P)에 보상수량(Q)을 반영하면 총보상원가가 산정된다. 총보상원가는 다음의 가득 조건에 따라 안분하여 인식한다.

구분		보상원가 인식방법
즉시 가득되는 경우		즉시 인식
가득에 기간이 필요한 경우	용역제공조건	총보상원가 ÷ 미래 용역제공기간(수정 불가능)
	비시장성과조건	총보상원가 ÷ 기대가득기간(수정 가능)
	시장성과조건	총보상원가 ÷ 기대가득기간(수정 불가능)

02 주식선택권의 공정가치와 가득기간의 변동 여부

구분	주식선택권 FV	가득기간
용역제공조건	불변	불변
비시장성과조건	변동	변동
시장성과조건	불변	불변

회사는 성과조건의 달성 여부에 따라 지분상품의 행사가격, 행사가능수량과 가득기간이 변동하게 된다. 비시장성과조건의 경우 지분상품의 행사가격, 행사가능수량 및 가득기간에 대한 최선의 추정치에 기초하여 총보상원가를 인식한다. 만약 후속적인 정보에 비추어 볼 때 비시장성과조건의 달성이 직전 추정치와 다르다면 추정치의 변경을 반영하여 총보상원가를 수정하며, 이를 회계의 추정으로 본다.

시장성과조건의 경우 시장조건의 달성이 당초의 추정치와 달라지더라도 총보상원가를 수정하지 않는다. 시장성과조건의 경우 권리 부여일에 지분상품의 공정가치를 추정할 때 주가의 변동성과 기대가득기간, 기대가득수량의 변동성을 가정하여 반영하므로, 사용되는 가정의 일관성을 유지하기 위해 후속적인 추정치의 변동을 반영하지 않는 것이다.

03 유형별 공정가치의 재측정 가능시기

구분	부여일	가득일	최종결제일
현금결제형	⇒	⇒	재측정 ○
비시장성과조건	⇒	재측정 ○	
시장성과조건		재측정 ×	
용역제공조건		재측정 ×	

주식기준보상거래의 각 유형별 공정가치의 재측정 여부는 용역제공조건과 시장성과조건은 재측정이 불가하다. 다만, 비시장성과조건은 성과달성 여부에 따라 행사가격의 변동으로 주식선택권의 공정가치(= 예상주가 – 행사가격↕)가 변동할 수 있으므로 가득일까지는 후속적으로 공정가치를 재측정할 수 있다. 현금결제형의 경우 동 거래에 따른 회사의 현금지급의무가 종결되는 최종결제일까지 후속적으로 공정가치를 재측정하여야 한다.

Ⅳ 주식결제형 주식기준보상거래의 F/S 분석 및 회계처리

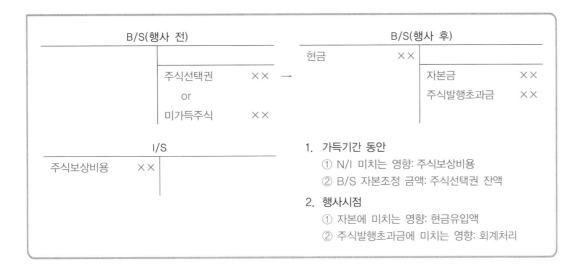

01 가득기간 중 보상원가 인식

(1) 매기 말 보상원가 인식 및 회계처리

구분	P	Q			누적(B/S)	당기(I/S)
	공정가치	인원	부여수량	적수	보상원가	당기원가
20×1년	①	× ②	× ③	× ④	= A	A
20×2년	① or ① - 1	× ② - 1	× ③ - 1	× ④ - 1	= B	B - A

20×1년 말	차) 주식보상비용(N/I)	A	대) 주식선택권 or 미가득주식	A
20×2년 말	차) 주식보상비용(N/I)	B - A	대) 주식선택권 or 미가득주식	B - A

보고기간 말의 보상원가는 부여한 지분상품의 공정가치가 변동하지 않음에도 불구하고 가득될 지분상품의 수량예측치가 변동하므로 계속적으로 변동하게 된다. 가득기간 중에 인식할 보상원가는 주식보상비용으로 자산인식요건을 충족하지 못하는 경우에는 비용을 인식한다. 주식결제형 주식기준보상거래는 권리의 행사 시 지분상품을 부여하므로 보상원가 인식액은 자본항목으로 분류한다. 부여한 지분상품이 주식인 경우에는 미가득주식으로 주식선택권인 경우에는 주식선택권으로 하여 자본항목으로 분류한다.

(2) 가득조건별 변동사항 정리

구분	P		Q		
	공정가치	인원	부여수량	적수	
용역제공조건	최초 부여일 FV(고정)	변동	고정	고정	
비시장성과조건	행사가격변동으로 변동 가능	변동	변동 가능	변동 가능	
시장성과조건	최초 부여일 FV(고정)	변동	고정	고정	
FV신뢰성 ×	내재가치 사용 매년 변동	변동	고정	고정	

1) 용역제공조건의 경우 용역제공비율에 따라 가득기간에 걸쳐 보상원가를 인식한다.

2) 성과조건에 따라 가득기간이 결정되는 경우에는 부여일 현재 가장 실현가능성이 높다고 판단되는 성과조건의 결과에 기초하여 보상원가를 추정된 미래 가득기간에 걸쳐 배분한다. 이때 미래 기대가득기간에 대한 추정이 변경되면 비시장성과조건인 경우에는 변경된 기대가득기간을 적용하지만, 시장성과조건인 경우에는 최초의 기대가득기간을 수정하지 않고 계속 적용한다. 또한 비시장성과조건의 경우에는 각 보고기간 말 현재 성과조건의 달성 여부에 따라 지분상품의 수량이나 행사가격이 변경되는 경우에 추정치를 변경한다. 그러나 시장성과조건인 경우에는 이러한 추정치의 변경을 반영하지 않는다.

(3) 부여한 지분상품의 가득조건이 충족되지 않은 경우

거래상대방이 용역제공기간을 채우지 못하거나 비시장조건이 충족되지 못하여 부여된 지분상품의 가득조건을 충족하지 못 했다면 누적기준으로 볼 때 제공받은 재화나 용역의 인식금액은 ₩0이 되어야 하므로 과년도에 인식했던 보상비용을 환입한다. 그러나 가득조건이 시장성과조건인 경우에는 가치평가모형에 당해 시장조건을 직접 반영하는 데 실무적 어려움이 없기 때문에 지분상품의 공정가치를 평가할 때 시장조건을 달성하지 못할 가능성을 고려한다. 즉, 지분상품의 공정가치 평가 시 향후 가득되지 못할 가능성 및 가득될 기간의 연장 여부 등을 모두 고려하기 때문에 시장성과조건의 달성 여부와 관계없이 미래에 가득될 지분상품의 수량이나 미래 기대가득기간을 조정하지 않는다. 그 결과 시장성과조건이 충족되는지에 관계없이 다른 모든 조건(예 용역제공조건)이 충족되는 한 제공받은 재화나 용역을 시장성과조건의 충족 여부와 관계없이 인식한다.

구분	공정가치 결정 시 가득조건의 고려 여부	가득할 지분상품 수량의 조정 여부	미래 기대가득기간의 조정 여부	가득조건을 충족하지 못한 경우 이미 인식한 주식보상비용의 환입 여부
용역제공조건	고려하지 않음	상실가능성을 고려하여 조정함	확정된 용역제공기간 적용함	환입함
비시장성과조건			조정함	
시장성과조건	고려함	조정하지 않음	조정하지 않음	환입하지 않음

02 권리의 행사

(1) 신주의 발행교부

주식선택권은 종업원이 기업의 주식을 취득하기 위하여 계약금으로 납입한 금액으로 복합금융상품의 전환권대가 등과 성격적으로 동일하다. 그러므로 주식선택권의 권리 행사로 발행되는 주식의 발행금액은 권리 행사로 납입되는 금액과 주식선택권의 장부금액의 합계금액이다.

문제풀이 목적으로는 아래와 같은 회계처리 방식이 보다 유용하다.

1st: 주식선택권 1개 행사 시 회계처리			
차) 현금	행사가격	대) 자본금	액면가
주식선택권	FV	주식발행초과금	행사가격 + FV − 액면가

2nd: 가득수량 고려
• 행사시점의 자본 증가액: 행사가격 × 행사수량
• 행사시점의 주식발행초과금 증가액: 1개 행사 시 주식발행초과금 × 행사수량

(2) 자기주식의 교부

종업원이 주식선택권의 권리를 행사하는 경우 보유 중인 자기주식을 교부할 수 있다. 이 경우 자기주식을 권리 행사로 납입되는 금액과 주식선택권 장부금액의 합계액에 해당하는 금액으로 처분한 것으로 본다. 그러므로 처분금액에서 자기주식의 장부금액을 차감한 금액은 자기주식처분손익으로 처리한다.

차) 현금	행사가격	대) 자기주식	BV
주식선택권	FV	자기주식처분이익	대차차액

03 권리의 소멸

주식선택권은 부여일의 공정가치로 측정하므로 추후에 주가가 하락하는 경우에는 주식선택권의 권리가 행사되지 않고 소멸될 수 있다. 가득된 주식선택권이 소멸되더라도 주식기준보상거래로 이미 인식한 보상원가는 환입하지 않는다. 기업회계기준서 제1102호 '주식기준보상'에서는 가득된 지분상품이 소멸되는 경우에 대한 특별한 언급이 없으므로 권리가 소멸된 주식선택권은 주식선택권소멸이익으로 처리하고 자본항목으로 분류할 수 있다.

차) 주식선택권	FV	대) 주식선택권소멸이익	자본항목

㈜대한은 20×1년 1월 1일 종업원 100명에게 각각 1,000개의 주식선택권을 부여하였다. 동 주식선택권은 종업원이 앞으로 3년 동안 회사에 근무해야 가득된다. 20×1년 1월 1일 현재 ㈜대한이 부여한 주식선택권의 단위당 공정가치는 ₩360이며, 각 연도 말 퇴직 종업원 수는 다음과 같다.

연도	실제 퇴직자 수	추가퇴직 예상자 수
20×1년 말	10명	20명
20×2년 말	15명	13명
20×3년 말	8명	–

주식선택권 부여일 이후 주가가 지속적으로 하락하여 ㈜대한의 20×2년 12월 31일 주식선택권의 공정가치는 단위당 ₩250이 되었다. 동 주식기준보상과 관련하여 ㈜대한이 인식할 20×1년, 20×2년 포괄손익계산서상 주식보상비용을 구하시오.

[풀이]

1. 가득조건 판단

구분	P	Q		
	공정가치	인원	부여수량	적수
용역제공조건	최초 부여일 FV(고정)	변동	고정	고정

2. 매기 인식할 주식보상비용

구분	P	Q			누적(B/S) 보상원가	당기(I/S) 당기원가
	공정가치	인원	부여수량	적수		
20×1년	① 360	×② (100 − 10 − 20)	×③ 1,000	×④ 1/3	= A 8,400,000	A 8,400,000
20×2년	① 360	×②−1 (100 − 10 − 15 − 13)	×③−1 1,000	×④−1 2/3	= B 14,880,000	B − A 6,480,000

3. 회계처리

20×1년 말	차) 주식보상비용(N/I)	8,400,000	대) 주식선택권	8,400,000
20×2년 말	차) 주식보상비용(N/I)	6,480,000	대) 주식선택권	6,480,000

사례연습 2: 비시장성과조건

12월 말 결산인 ㈜포도는 20×1년 초에 최고경영자에게 20×3년 말까지 근무할 것을 조건으로 주식선택권 10,000개를 부여하였다. ㈜포도의 주식 1주당 액면금액은 ₩100이다. 주식기준보상거래와 관련된 자료는 다음과 같다.

(1) 주식선택권의 행사가격은 ₩300이다. 그러나 3년 동안 ㈜포도의 이익이 연평균 10% 이상 증가하면 행사가격은 ₩200으로 인하된다.
(2) 주식선택권 부여일 현재 주식선택권의 공정가치는 행사가격이 ₩200인 경우 ₩120으로 추정되었으며, 행사가격이 ₩300인 경우에는 ₩20으로 추정되었다.
(3) 각 연도별 연평균 이익성장률에 대한 예측치와 실적은 다음과 같다.

구분	연평균 이익성장률	
	직전연도 예측치	실제(당해연도)
20×1년	–	13%(13%)
20×2년	13%	12%(11%)
20×3년	11%	9%(3%)

㈜포도가 가득기간 중 20×1년 ~ 20×3년에 인식할 주식보상비용을 구하시오.

[풀이]

1. 가득기간 판단

구분	P	Q		
	공정가치	인원	부여수량	적수
비시장성과조건	행사가격변동으로 변동 가능	변동	변동 가능	변동 가능

2. 매기 인식할 주식보상비용

구분	P	Q			누적(B/S) 보상원가	당기(I/S) 당기원가
	공정가치	인원	부여수량	적수		
20×1년	① 120	×② 1	×③ 10,000	×④ 1/3	= A 400,000	A 400,000
20×2년	① 120	×② 1	×③ 10,000	×④ 2/3	= B 800,000	B − A 400,000
20×3년	①−1 20	×② 1	×③ 10,000	×④ 3/3	= C 200,000	C − B (−)600,000

3. 회계처리

20×1년 말	차) 주식보상비용(N/I)	400,000	대) 주식선택권	400,000
20×2년 말	차) 주식보상비용(N/I)	400,000	대) 주식선택권	400,000
20×3년 말	차) 주식선택권	600,000	대) 주식보상비용환입(N/I)	600,000

㈜포도는 20×1년 초에 회사의 주가를 향상시킬 목적으로 임원 10명에게 존속기간이 10년인 주식선택권 각각 1,000개씩 부여하였다.

(1) 부여한 주식선택권은 당해 임원이 근무하는 동안 주가가 현재의 ₩300에서 ₩500으로 상승할 때 가득되며 즉시 행사가능하다.
(2) 부여일 현재 주식선택권의 단위당 공정가치는 ₩120으로 추정되었으며, 옵션가격결정모형을 적용한 결과 목표주가가 20×3년 말에 달성되는 것으로 기대됨에 따라 기대가득기간을 3년으로 추정하였다.
(3) ㈜포도는 주식선택권을 부여받은 10명의 임원 중 2명이 부여일로부터 3년 이내에 퇴사할 것으로 추정하였으며, 20×2년 말까지 이러한 추정에는 변함이 없었다. 그러나 실제로는 20×1년, 20×2년, 20×3년에 각 1명씩 총 3명이 퇴사하였다. 목표주가는 실제로 20×4년 말에 달성되었으며, 20×4년 말에 목표주가가 달성되기 전에 1명의 임원이 추가로 퇴사하였다.

㈜포도가 가득기간 중 20×1년~20×3년에 인식할 주식보상비용을 구하시오.

[풀이]

1. 가득기간 판단

구분	P	Q		
	공정가치	인원	부여수량	적수
시장성과조건	행사가격변동으로 변동 불가	변동	고정	고정

2. 매기 인식할 주식보상비용

구분	P	Q			누적(B/S) 보상원가	당기(I/S) 당기원가
	공정가치	인원	부여수량	적수		
20×1년	① 120	×② (10-2)	×③ 1,000	×④ 1/3	=A 320,000	A 320,000
20×2년	① 120	×②-1 (10-2)	×③ 1,000	×④ 2/3	=B 640,000	B-A 320,000
20×3년	① 120	×②-2 (10-3)	×③ 1,000	×④ 3/3	=C 840,000	C-B 200,000

3. 회계처리

20×1년 말	차) 주식보상비용(N/I)	320,000	대) 주식선택권	320,000
20×2년 말	차) 주식보상비용(N/I)	320,000	대) 주식선택권	320,000
20×3년 말	차) 주식보상비용(N/I)	200,000	대) 주식선택권	200,000

사례연습 4: 주식결제형 주식선택권의 행사

㈜합격은 20×1년 초에 종업원 500명에게 각각 회사의 보통주를 주당 ₩600에 살 수 있는 주식선택권 100개씩을 부여하였다. 주식선택권 1개당 보통주 1주를 교부하며, 보통주 1주의 액면금액은 ₩500이다.

(1) 주식선택권은 근무기간이 5년을 경과하면 가득되는데, 주식선택권을 부여받은 종업원 500명은 근무기간이 2년 경과하여 잔여가득기간은 3년이다. 주식선택권의 행사기간은 20×4년 초부터 20×5년 말까지 2년간이다.
(2) 20×1년 초 부여일의 주식선택권 단위당 공정가치는 ₩150이다.
(3) 주식선택권이 가득되지 않은 종업원 500명의 연도별 퇴사예정인원에 대한 예측치와 실제치는 다음과 같다.

누적 퇴사인원수		
연도	직전연도 예측치	실제 퇴사인원수
20×1년	–	20명
20×2년	75명	45명
20×3년	60명	58명

1 주식선택권과 관련하여 ㈜합격이 가득기간 동안 각 연도별로 인식할 주식보상비용을 계산하고 회계처리를 보이시오.

2 20×4년 말에 가득된 주식선택권 50,000개가 행사되어 신주를 발행하여 교부하였다. (단, 문제의 가득수량은 무시한다)
 2-**1** 동 거래로 ㈜합격의 자본증가액을 구하시오.
 2-**2** 동 거래로 ㈜합격의 주식발행초과금 증가액을 구하시오.
 2-**3** 동 거래를 회계처리하시오.
 2-**4** 만약, ㈜합격은 가득된 주식선택권이 행사될 때 보유하고 있던 자기주식(취득원가 ₩30,000,000)을 교부하였다면 동 거래를 회계처리하시오.

풀이

1 1. 가득기간 판단

구분	P	Q		
	공정가치	인원	부여수량	적수
용역제공조건	최초 부여일 FV(고정)	변동	고정	고정

2. 주식결제형 주식기준보상거래 **687**

2. 매기 인식할 주식보상비용

구분	P	Q			누적(B/S)	당기(I/S)
	공정가치	인원	부여수량	적수	보상원가	당기원가
20×1년	① 150	×② (500 − 75)	×③ 100	×④ 1/3	= A 2,125,000	A 2,125,000
20×2년	① 150	×②−1 (500 − 60)	×③ 100	×④ 2/3	= B 4,400,000	B − A 2,275,000
20×3년	① 150	×②−2 (500 − 58)	×③ 100	×④ 3/3	= C 6,630,000	C − B 2,230,000

3. 회계처리

20×1년 말	차) 주식보상비용(N/I)	2,125,000	대) 주식선택권	2,125,000
20×2년 말	차) 주식보상비용(N/I)	2,275,000	대) 주식선택권	2,275,000
20×3년 말	차) 주식보상비용(N/I)	2,230,000	대) 주식선택권	2,230,000

2-①, ②, ③

• 1st: 주식선택권 1개 행사 시 회계처리

차) 현금	행사가격 600	대) 자본금	액면가 500
주식선택권	FV 150	주식발행초과금	행사가격 + FV − 액면가 250

• 2nd: 가득수량 고려
  ⇒ 행사시점의 자본 증가액: 주식선택권 1개 행사 시 행사가격 × 행사수량
  @600 × 50,000개 = 30,000,000
  ⇒ 행사시점의 주식발행초과금 증가액: 주식선택권 1개 행사 시 주식발행초과금 × 행사수량
  @250 × 50,000개 = 12,500,000

[50,000개 행사 시 회계처리]

차) 현금	행사가격 600 × 50,000 = 30,000,000	대) 자본금	액면가 500 × 50,000 = 25,000,000
주식선택권	FV 150 × 50,000 = 7,500,000	주식발행초과금	행사가격 + FV − 액면가 250 × 50,000 = 12,500,000

2-④

차) 현금	행사가격 600 × 50,000 = 30,000,000	대) 자기주식	BV 30,000,000
주식선택권	FV 150 × 50,000 = 7,500,000	자기주식처분이익	행사가격 + FV − BV 7,500,000

3 현금결제형 주식기준보상거래

I 의의

현금결제형 주식기준보상거래란 기업이 재화나 용역을 제공받는 대가로 기업의 주식이나 다른 지분상품의 가격에 기초한 금액만큼의 부채를 재화나 용역의 공급자에게 부담하는 거래를 말한다. 주가차액보상권은 이러한 현금결제형 주식기준보상거래의 가장 대표적인 형태라고 할 수 있다.

현금결제형 주가차액보상권은 일정 기간 기업의 주가가 지정된 가격을 초과하는 경우 초과금액을 현금이나 기타 자산으로 보상받을 수 있는 권리를 부여하는 계약을 말한다.

Self Study

현금결제형 주가차액보상권은 일정 기간 기업의 주가가 지정된 가격을 초과하는 경우 초과금액을 현금이나 기타 자산으로 보상받을 수 있는 권리를 부여하는 계약이다.

II 단위당 보상원가의 인식과 측정

01 보상원가의 인식

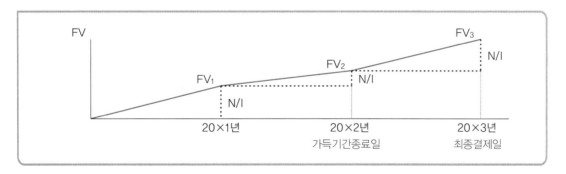

현금결제형 주가차액보상권의 보상원가는 제공받는 재화나 용역과 그 대가로 부담하는 부채를 부채의 공정가치로 측정한다. 또한 부채가 결제될 때까지 매 보고기간 말과 결제일에 부채의 공정가치로 재측정하고 공정가치의 변동액은 당기손익으로 인식한다.

02 보상수량의 산정

보상원가는 주식기준보상약정에 따라 부여한 주가차액권의 공정가치에 수량을 곱한 금액으로 산정한다. 주가차액보상권의 수량은 가득기간 종료시점에 가득될 것으로 예상되는 수량에 대한 최선의 추정치에 기초하여 산정한다. (= 주식결제형 주식기준보상거래와 동일)

III 현금결제형 주식기준보상거래의 회계처리

Example 현금결제형 주식기준보상거래 일반

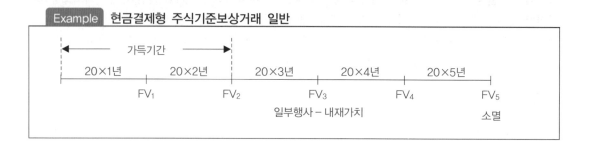

01 가득기간 중의 회계처리

구분	회계처리
근무용역조건을 포함하지 않은 경우 (가득기간이 없음)	• 즉시 부채의 공정가치를 비용으로 인식
근무용역조건을 포함한 경우 (가득기간이 포함된 용역제공조건)	• 부채의 최초 공정가치를 근무용역기간에 걸쳐 인식 • 매 보고일에 부채의 공정가치를 재측정하고 공정가치 변동을 당기손익으로 인식

각 보고기간 말의 보상원가는 용역제공조건의 경우 용역제공비율에 따라 가득기간에 걸쳐 인식된다. 그러므로 가득기간 중에 각 회계연도에 인식할 주식보상비용은 당기 말까지 인식할 누적보상원가에서 전기 말까지 인식한 누적보상원가를 차감하여 계상한다.

현금결제형 주가차액보상권은 권리행사 시 현금이나 기타 자산으로 결제하므로 주식보상비용으로 인식한 금액은 장기미지급비용으로 부채로 분류한다.

20×1년 말	차) 주식보상비용	××	대) 장기미지급비용[1]	××
20×2년 말	차) 주식보상비용	××	대) 장기미지급비용[2]	××

[1] (FV$_1$ × 20×1년 말 누적가득기간 ÷ 총가득기간)

[2] (FV$_2$ × 20×2년 말 누적가득기간 ÷ 총가득기간) - 전기 말 B/S 장기미지급비용

02 가득기간 이후의 보상원가 인식

현금결제형 주가차액보상권은 가득일 이후에도 매 보고기간 말의 공정가치로 보상원가를 재측정하고 보상원가의 재측정으로 변동한 금액은 주식보상비용으로 처리한다.

구분	부여일	가득일	최종결제일
현금결제형	⇒	⇒	재측정 ○

03 권리의 행사(가득기간 종료 후 기말 일부 행사)

가득기간 종료 후 기말 일부 행사가 이루어지는 경우, 우선 기말 시점에 공정가치로 보상원가를 재측정하여 변동한 금액은 주식보상비용으로 처리하고 그 다음으로 권리가 행사된 부분은 내재가치에 해당하는 금액으로 현금으로 결제하고 현금결제액과 장기미지급비용 장부금액의 차액은 주식보상비용으로 인식한다.

20×3년 말					
① 재측정	차) 주식보상비용	$(FV_3 - FV_2) \times$ 총가득수량	대) 장기미지급비용		××
② 행사	차) 장기미지급비용	$FV_3 \times$ 행사수량	대) 현금	내재가치 × 행사수량	
	주식보상비용	(내재가치 $- FV_3) \times$ 행사수량			
20×4년 말	차) 주식보상비용	$(FV_4 - FV_3) \times$ 미행사수량	대) 장기미지급비용		××
20×5년 말	차) 주식보상비용	$(FV_5 - FV_4) \times$ 미행사수량	대) 장기미지급비용		××
	장기미지급비용	BV	주식보상비용환입		××

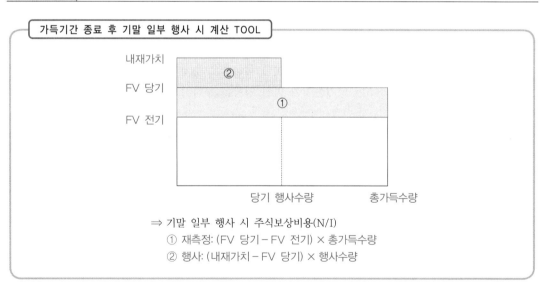

가득기간 종료 후 기말 일부 행사 시 계산 TOOL

⇒ 기말 일부 행사 시 주식보상비용(N/I)
① 재측정: (FV 당기 − FV 전기) × 총가득수량
② 행사: (내재가치 − FV 당기) × 행사수량

Self Study

1. 주가차액보상권의 공정가치(기말 재측정 시 사용) = 예상주가 − 행사가격
2. 주가차액보상권의 내재가치(권리 행사 시 사용) = 현재주가 − 행사가격

㈜현주는 20×1년 1월 1일에 종업원 500명에게 각각 100개씩 총 50,000개의 현금결제형 주가차액보상권을 부여하고 3년의 용역제공기간을 부과하였다. 관련 자료는 다음과 같다.

---

(1) 20×1년 중 30명의 종업원이 퇴사하여 3,000개의 주가차액보상권이 소멸하였으며, 회사는 향후 2년간 추가로 60명이 퇴사할 것으로 추정하였다. 20×2년에는 예상대로 30명이 퇴사하여 3,000개의 주가차액보상권이 소멸하였고 이에 따라 20×3년에도 30명이 퇴사할 것으로 추정하였다. 그러나 20×3년에는 실제로 20명만이 퇴사하여 2,000개의 주가차액보상권이 권리 소멸하였다.

(2) 20×3년 말까지 계속하여 근무한 종업원은 부여받았던 주가차액보상권을 모두 가득하였다. 회사가 매 회계연도 말에 추정한 주가차액보상권의 공정가치와 각 권리 행사 시점의 내재가치(주가와 행사가격의 차액으로 현금 지급액을 의미함)는 다음과 같다.

회계연도	공정가치	내재가치
20×1년	₩300	
20×2년	₩360	
20×3년	₩420	
20×4년	₩270	₩300
20×5년		₩280

(3) 20×4년 말에 200명의 종업원이 주가차액보상권을 행사하였으며, 나머지는 220명의 종업원은 20×5년 말에 전량 권리를 행사하였다.

---

1 ㈜현주가 20×1년부터 20×3년까지 주식보상비용으로 인식할 금액을 구하시오.

2 동 거래가 ㈜현주의 20×4년 당기손익에 미친 영향을 구하시오.

3 동 거래가 ㈜현주의 20×5년 당기손익에 미친 영향을 구하시오.

풀이

1 1. 각 회계기간에 인식할 주식보상비용

구분	P	Q			누적(B/S)	당기(I/S)
	공정가치	인원	부여수량	적수	보상원가	당기원가
20×1년	① 300	×② (500 − 90)	×③ 100	×④ 1/3	= A 4,100,000	A 4,100,000
20×2년	① 360	×② (500 − 90)	×③ 100	×④ 2/3	= B 9,840,000	B − A 5,740,000
20×3년	① 420	×② (500 − 80)	×③ 100	×④ 3/3	= C 17,640,000	C − B 7,800,000

2. 회계처리

20×1년 말	차) 주식보상비용(N/I)	4,100,000	대) 장기미지급비용	4,100,000
20×2년 말	차) 주식보상비용(N/I)	5,740,000	대) 장기미지급비용	5,740,000
20×3년 말	차) 주식보상비용(N/I)	7,800,000	대) 장기미지급비용	7,800,000

2 1. 20×4년도 주식보상비용

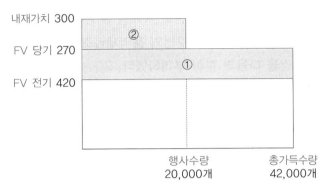

⇒ 기말 일부 행사 시 주식보상비용환입 (−)5,700,000
  ① 재측정: (FV 당기 − FV 전기) × 총가득수량
    • @(270 − 420) × 42,000개 = (−)6,300,000(환입)
  ② 행사: (내재가치 − FV 당기) × 행사수량
    • @(300 − 270) × 20,000개 = 600,000

⇒ 현금 지급액: 내재가치 × 행사수량
  • @300 × 20,000개 = 6,000,000

2. 회계처리

① 재측정	차) 장기미지급비용	6,300,000	대) 주식보상비용환입	6,300,000
② 행사	차) 장기미지급비용	5,400,000	대) 현금	6,000,000
	주식보상비용	600,000		

3 20×5년 N/I에 미치는 영향: (−)220,000
  ① 재측정: −
  ② 행사: (280 − 270) × 220명 × 100개 = 220,000

① 재측정	회계처리 없음			
② 행사	차) 장기미지급비용	5,940,000	대) 현금	6,160,000
	주식보상비용	220,000		

01 ㈜관세는 20×1년 초 최고경영자 갑에게 주식선택권(개당 ₩1,000에 ㈜관세의 보통주 1주를 취득할 수 있는 권리)을 부여하고, 2년의 용역제공조건과 동시에 제품의 판매증가율과 연관된 성과조건을 다음과 같이 부과하였다. 20×1년 초 현재 주식선택권의 개당 공정가치는 ₩600으로 추정되었다.

2년 평균 판매증가율	용역제공조건 경과 후 가득되는 주식선택권 수량
10% 미만	없음
10% 이상 ~ 20% 미만	100개
20% 이상	300개

20×1년 초 제품의 2년 평균 판매증가율은 12%로 추정되었으며, 실제로 20×1년 판매증가율은 12%이다. 따라서 ㈜관세는 갑이 주식선택권 100개를 가득할 것으로 예상하고 20×1년의 주식보상비용을 인식하였다. 하지만 20×2년 ㈜관세의 2년 평균판매증가율은 22%가 되어 20×2년 말 갑은 주식선택권 300개를 가득하였다. ㈜관세가 주식선택권과 관련하여 20×2년 포괄손익계산서에 인식할 주식보상비용은?

[관세사 2019년]

① ₩30,000 ② ₩60,000 ③ ₩90,000
④ ₩150,000 ⑤ ₩180,000

02 주식결제형 주식기준보상에 관한 설명으로 옳은 것은? [관세사 2021년]

① 종업원에게서 제공받는 용역의 가치는 용역을 제공받는 날을 측정기준일로 한다.

② 주식선택권의 가치를 공정가치로 측정할 때 가득조건에 성과조건이 있다면 미래 가득기간에 걸쳐 보상비용을 인식하되, 성과조건이 시장조건이면 후속적으로 미래 기대가득기간을 수정할 수 있다.

③ 주식선택권의 가치를 공정가치로 측정할 때 가득된 지분상품이 추후 상실되거나 주식선택권이 행사되지 않은 경우 종업원에게서 제공받은 근무용역에 대해 인식한 금액을 환입한다.

④ 주식선택권의 가치를 공정가치로 측정할 때 부여한 지분상품의 조건이 종업원에게 유리하도록 변경되는 경우 조건이 변경되지 않은 것으로 본다.

⑤ 주식선택권의 가치를 내재가치로 측정하는 경우 가득일 이후에도 매 보고기간 말과 최종 결제일에 내재가치를 재측정하고 내재가치의 변동을 당기손익으로 인식한다.

03 ㈜감평은 20×1년 초 종업원 100명에게 각각 주식선택권 10개(개당 행사가격 ₩500, 주당 액면금액 ₩150)를 부여하고 부여일로부터 2년의 용역제공조건을 부과하였다. 부여일 현재 주식선택권의 단위당 공정가치는 ₩200으로 추정되었다. 주식선택권 1개당 1주의 보통주식을 부여받을 수 있으며, 실제로 총 80명의 종업원이 주식선택권을 가득하였다. 20×3년 초 주식선택권을 가득한 종업원 전원이 주식선택권 전량을 행사한 경우, ㈜감평의 자본증가액은? [감정평가사 2025년]

① ₩120,000   ② ₩160,000   ③ ₩200,000

④ ₩400,000   ⑤ ₩440,000

04 ㈜감평은 20×1년 초 부여일로부터 3년의 용역제공을 조건으로 직원 50명에게 각각 주식선택권 10개를 부여하였으며, 부여일 현재 주식선택권의 단위당 공정가치는 ₩1,000으로 추정되었다. 주식선택권 1개로는 1주의 주식을 부여받을 수 있는 권리를 가득일로부터 3년간 행사가 가능하며, 총 35명의 종업원이 주식선택권을 가득하였다. 20×4년 초 주식선택권을 가득한 종업원 중 60%가 본인의 주식선택권 전량을 행사하였다면, ㈜감평의 주식발행초과금은 얼마나 증가하는가? (단, ㈜감평 주식의 주당 액면금액은 ₩5,000이고, 주식선택권의 개당 행사가격은 ₩7,000이다.)

[감정평가사 2020년]

① ₩630,000   ② ₩1,050,000   ③ ₩1,230,000
④ ₩1,470,000   ⑤ ₩1,680,000

Chapter 19 | 객관식 문제 정답 및 해설

01 ④ (1) ×1년 누적주식보상비용: 600 × 1명 × 100개 × 1/2 = 30,000
     (2) ×2년 누적주식보상비용: 600 × 1명 × 300개 × 2/2 = 180,000
     (3) ×2년 주식보상비용: (2) – (1) = 150,000

02 ⑤ ① 종업원에게서 제공받는 용역의 가치는 부여일의 측정기준일로 한다.
     ② 주식선택권의 가치를 공정가치로 측정할 때 가득조건에 성과조건이 있다면 미래 가득기간에 걸쳐 보상비용
        을 인식하되, 성과조건이 시장조건이면 후속적으로 미래 기대가득기간을 수정할 수 없다.
     ③ 주식선택권의 가치를 공정가치로 측정할 때 가득된 지분상품이 추후 상실되거나 주식선택권이 행사되지 않
        은 경우 자본으로 처리한다.
     ④ 주식선택권의 가치를 공정가치로 측정할 때 부여한 지분상품의 조건이 종업원에게 유리하도록 변경되는 경
        우 조건이 변경된 것으로 본다.

03 ④ 1) 자본증가액(현금유입액): @500×80명×10개 = 400,000

04 ① (1) 20×3년 말 주식선택권의 장부금액

구분	P	Q			누적(B/S)
	공정가치	인원	부여수량	적수	보상원가
20×3년	① 1,000	× ② 35	× ③ 10	× ④ 3/3	350,000

     (20X4년 주식선택권 행사 시 주식발행초과금 증가액을 물었으므로 20X1년과 20X2년은 구하지 않아도 된다.)
     (2) 20X4년 초 주식선택권 행사 시 주식발행초과금

[전량 행사 시 회계처리]

차) 현금	2,450,000(@7,000×350개)	대) 자본금	1,750,000(@5,000×350개)
주식선택권(자본)	350,000	주식발행초과금(역산)	1,050,000

     ∴60% 행사 시 주식발행 초과금 증가액=1,050,000×60%=630,000

Chapter **20**

법인세회계

1 법인세회계의 기초

I 법인세회계의 의의

기업은 사업을 영위하는 과정에서 법인세를 부담한다. 법인세부담액은 회계기준에 따라 산출된 법인세비용차감전순이익에 기초하여 계산하는 것이 아니라 과세당국이 제정한 법인세법에 따라 산출된 과세소득에 기초하여 계산한다. 회계기준에 따라 산출된 법인세비용차감전순이익을 회계이익이라고 하는데, 일반적으로 회계이익과 과세소득은 일치하지 않는다.

> 회계이익 = 회계기준에 따라 산출된 법인세비용 차감 전 회계기간의 손익
> $\neq$
> 과세소득 = 법인세법에 따라 산출된 회계기간의 이익 $\Rightarrow$ 조세부담의 기준금액

회계이익과 과세소득의 차이는 기업의 조세부담을 감면하거나 미래에 이연시키는 조세정책 때문에 발생하기도 하지만 회계기준과 세법에서 규정하고 있는 손익의 범위가 서로 다르거나, 손익의 귀속시기 및 자산·부채의 측정기준이 서로 다르기 때문에 발생하기도 한다.

기업재무회계에서 수익은 실현주의에 따라 인식하고 비용은 수익비용 대응주의에 따라 인식하여 회계이익을 산정하도록 규정하고 있지만 법인세법은 수익은 권리확정주의에 따라 인식하고 비용은 의무확정주의에 따라 인식하여 과세소득을 산정하도록 규정하고 있어 둘 간의 이익 차이가 발생하게 된다.

법인세법에 따라 산출된 과세소득을 기초로 계산된 법인세비용을 회계이익에서 차감하여 당기순이익을 보고하게 되면 회계이익과 관련이 없는 금액이 법인세비용으로 계상되어 수익·비용이 올바로 대응되지 않는다. 따라서 회계이익을 기준으로 산출된 법인세비용을 회계이익에서 차감하여 당기순이익을 보고하면 회계이익이 동일할 때 당기순이익도 동일하게 되므로 올바른 대응을 할 수 있게 된다.

Self Study 회계이익과 과세소득의 차이 원인

1. 특정 목적을 위한 조세 정책(예 비과세 이자수익, 접대비 한도초과)
2. 손익의 범위 차이(예 자기주식 처분이익)
3. 손익의 귀속시기 차이(예 미수이자, 제품보증충당부채)
4. 자산, 부채의 측정기준 차이(예 지분상품의 공정가치 평가)

회계이익과 과세소득에 따른 법인세비용

1. A사의 20×1년과 20×2년의 회계이익과 과세소득

구분	20×1년	20×2년
회계이익	₩4,000	₩4,000
과세소득	5,000	3,000

2. 과세소득을 기초로 계산한 법인세를 회계이익에서 차감하여 당기순이익 계산

구분	20×1년	20×2년
회계이익	₩4,000	₩4,000
법인세	5,000 × 20% = (−)1,000	3,000 × 20% = (−)600
당기순이익	3,000	3,400

3. 회계이익을 기초로 산출된 법인세비용을 회계이익에서 차감하여 당기순이익 계산

구분	20×1년	20×2년
회계이익	₩4,000	₩4,000
법인세비용	4,000 × 20% = (−)800	4,000 × 20% = (−)800
당기순이익	3,200	3,200

수익·비용의 올바른 대응을 위해서 회계이익에 해당하는 법인세비용을 회계이익에서 차감하여야 한다. 이는 법인세를 여러 회계기간에 걸쳐 배분하는 이연법인세회계, 즉 법인세의 기간 간 배분과 법인세를 동일한 회계기간 내에서 발생원인별로 배분하는 기간 내 배분을 하는 경우에만 가능하다.

Ⅱ   회계이익과 과세소득

회계이익은 한국채택국제회계기준에 의하여 산출된 법인세비용 차감 전 회계기간의 손익을 말하며 과세소득은 과세당국이 제정한 법규인 법인세법에 따라 납부할 법인세를 산출하는 대상이 되는 회계기간의 이익 즉, 법인세부담액인 당기 법인세를 산출하는 대상 소득을 말한다.
회계이익은 수익에서 비용을 차감하여 계산하며, 과세소득은 익금에서 손금을 차감하여 계산한다. 수익과 익금 그리고 비용과 손금은 서로 유사한 개념이지만 완전하게 일치하지 않는다.

- 회계이익: 수익 − 비용 = 법인세비용차감전순이익
- 과세소득: 익금 − 손금 = 과세소득

이렇게 회계이익과 과세소득의 차이를 발생시키는 항목들은 다음의 4가지 요소로 구분할 수 있다.

① 익금산입: 기업회계상 수익이 아니지만 법인세법상 익금에 해당하는 경우
② 익금불산입: 기업회계상 수익이지만 법인세법상 익금에 해당하지 않는 경우
③ 손금산입: 기업회계상 비용이 아니지만 법인세법상 손금에 해당하는 경우
④ 손금불산입: 기업회계상 비용이지만 법인세법상 손금에 해당하지 않는 경우

익금산입과 손금불산입은 회계이익보다 과세소득을 크게 한다는 점에서, 손금산입과 익금불산입은 회계이익보다 과세소득을 작게 한다는 점에서 각각 동일한 효과를 갖는다. 과세소득은 회계이익에서 이들 항목들을 가감한 금액으로 산출하는데, 이러한 과정을 세무조정이라고 한다.

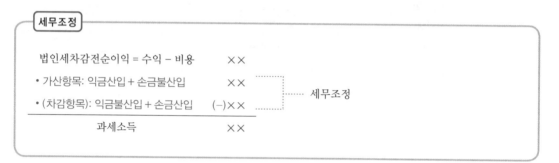

Additional Comment

과세소득은 익금에서 손금을 차감하여 직접법으로 산정하여야 하나 대부분의 수익과 익금, 비용과 손금이 일치하기 때문에 회계이익에서 출발하여 차이나는 부분만을 조정하여 과세소득을 산출하는 간접법을 사용하는데, 이를 세무조정이라고 한다.

Ⅲ 소득처분

세무조정을 하는 데 세무조정의 결과가 누구에게 귀속되었는지 여부를 결정하여야 한다. 이를 소득처분이라고 하는데, 소득처분은 유보와 사외유출로 구분된다.
유보는 세무조정금액이 사외로 유출되지 않고 기업 내부에 남아 기업회계상 자산·부채(회계상 순자산)와 법인세법상 자산·부채(세무상 순자산)의 차이를 발생시키는 경우의 소득처분을 말한다. 반면 사외유출은 세무조정금액이 기업외부로 유출되어 제3자에게 귀속되는 경우의 소득처분을 말한다.

01 유보

유보로 소득처분된 항목들은 미래의 회계기간에 걸쳐 과세소득에 반대의 영향을 미친다. 즉, 당기의 회계이익에 가산된 항목은 차기 이후의 회계이익에서 차감되고, 당기의 회계이익에서 차감된 항목은 차기 이후의 회계이익에 가산된다. 이때 회계이익에 가산하는 경우를 유보라고 하고, 회계이익에서 차감하는 경우를 △유보라고 한다. 유보로 소득처분된 항목은 기업회계나 법인세법에서 모두 수익(또는 비용)과 익금(또는 손금)으로 인정되지만, 귀속되는 회계기간이 다른 경우에 발생한다.

02 사외유출

사외유출로 소득처분된 항목들은 당기 과세소득에만 영향을 미치고 차기 이후 회계기간의 과세소득에는 영향을 미치지 않는다. 사외유출항목은 특정 항목이 기업회계에 수익·비용으로 인정되지만 법인세법에서 익금·손금으로 인정되지 않거나, 기업회계에서 수익·비용으로 인정되지 않지만 법인세법에서 익금·손금으로 인정되는 경우에 발생한다. 사외유출항목은 당기 과세소득을 증감시키지만 동 금액이 차기 이후의 과세소득에 미치는 영향이 없다는 점에서 차기 이후의 과세소득에 영향을 미치는 유보항목과 구분된다.

IV 일시적차이와 영구적차이

일시적차이는 회계이익과 과세소득의 차이 중 유보 또는 △유보로 소득 처분된 항목을 말한다. 한국채택국제회계기준 제1012호 '법인세'에서는 일시적차이를 재무상태표상 자산 또는 부채의 장부금액과 세무기준액의 차이로 정의하고 있다. 이때 자산이나 부채의 세무기준액은 세무상 당해 자산 또는 부채에 귀속되는 금액으로 이러한 일시적차이는 다음의 두 가지로 구분된다.

> ① 가산할 일시적차이: 미래 회계기간의 과세소득 결정 시 가산할 금액이 되는 일시적차이(△유보)
> ② 차감할 일시적차이: 미래 회계기간의 과세소득 결정 시 차감할 금액이 되는 일시적차이(유보)

한편, 세무조정사항 중 사외유출항목들은 일반적으로 영구적차이라고 하지만 기업회계기준서 제1012호 '법인세'에서는 별도로 정의하고 있지 않다.

구분	당기		차기 이후	
법인세비용차감전순이익	××			
가산				
• 일시적차이	××	⇒	(−)××	유보(미래에 차감할 일시적차이)
• 영구적차이	××			
(−)차감				
• 일시적차이	(−)××	⇒	××	△유보(미래에 가산할 일시적차이)
• 영구적차이	(−)××			
과세소득	××		××	

V 법인세 신고·납부 시기 및 회계처리

기업은 현행 법인세법에 따라 기중에 원천징수나 중간예납 등을 통하여 당기법인세 중 일부를 미리 납부하도록 규정하고 있는데, 동 납부액은 당기법인세자산(= 선급법인세)으로 하여 자산으로 인식한다. 또한 결산일에 회사가 납부하여야 할 법인세부담액인 당기법인세를 산정하여 당기법인세자산과 상계하고 당기법인세 산정액이 더 큰 경우에는 차액을 당기법인세부채로 처리한다. 기업은 다음 회계연도 3월 31일까지 세무조정내역에 따라 과세당국에 법인세를 신고·납부한다.

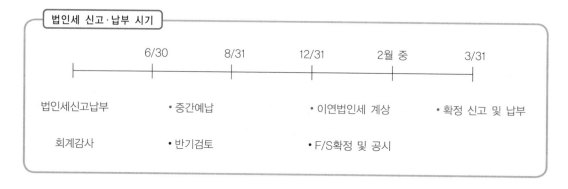

01 원천징수 및 중간예납 시

기업은 회계기간 중 원천징수나 중간예납을 통하여 법인세를 미리 납부하게 된다. 원천징수나 중간예납을 통하여 미리 납부한 법인세는 납부시점에 당기법인세자산(또는 선급법인세)으로 처리한다.

02 보고기간 말

기업은 보고기간 말 현재 당기 법인세를 추정하여 법인세비용과 당기법인세부채로 각각 인식한다. 원천 징수세액과 중간예납세액이 있는 경우에는 법인세추정액에서 원천징수세액 등을 차감한 금액을 당기법인 세부채의 과목으로 인식한다.

03 법인세신고일(납부일)

정기주주총회에서 재무제표가 확정되면 기업은 이를 기초로 실제 납부할 당기법인세를 계산하기 위해 세 무조정을 한다. 기업은 세무조정을 한 결과를 과세당국에 세무조정계산서의 형식으로 신고하고 법인세를 납부하여야 한다.

세무조정의 결과로 계산되는 당기 법인세는 보고기간 말에 이미 인식한 법인세추정액과 일치하지 않는 것이 일반적이다. 이때 보고기간 말에 추정한 법인세와 실제 법인세와의 차액은 법인세를 추납하거나 환 급한 회계기간의 법인세비용에 가산한다.

법인세 신고·납부 시기의 회계처리

중간예납	차) 당기법인세자산(A)	××	대) 현금	××
이연법인세 계상	차) 이연법인세자산 법인세비용	×× ××	대) 당기법인세자산(A) 당기법인세부채(B) ⇒ 당기 납부세액: A + B	×× ××
확정 신고·납부	차) 당기법인세부채	××	대) 현금	××

사례연습 1: 법인세 신고·납부 시기 및 회계처리 ▶

12월 말 결산법인인 ㈜한영은 20×1년 중 법인세 중간예납으로 ₩1,000의 법인세를 납부하 였다. ㈜한영은 20×1년도 정기주주총회가 종료된 이후 법인세를 실제로 계산한 결과 당기 법 인세는 ₩3,200으로 계산되었으며, 20×2년 3월 말에 법인세를 신고·납부하였다.

㈜한영이 법인세와 관련하여 각 일자에 해야 할 회계처리를 보이시오.

풀이

중간예납	차) 당기법인세자산(A)	1,000	대) 현금	1,000
이연법인세 계상	차) 법인세비용	3,200	대) 당기법인세자산(A) 당기법인세부채(B) ⇒ 당기 납부세액: A + B = 3,200	1,000 2,200
확정 신고·납부	차) 당기법인세부채	2,200	대) 현금	2,200

I 기간 간 배분의 의의

이연법인세회계는 일시적차이에 대한 세금효과를 인식하여 포괄손익계산서의 법인세비용에서 그 효과를 가감하고, 동 금액을 재무상태표에 이연법인세자산·부채로 인식하는 회계를 의미한다. 이연법인세회계는 일시적차이에 대한 세금효과를 여러 회계기간에 걸쳐 배분하므로 법인세의 기간간 배분이라고도 한다.

이연법인세회계의 예

A사는 20×1년 초에 ₩100,000을 연 10%의 적금에 불입하였다. 적금의 만기는 20×2년으로 적금의 이자는 만기에 일시 지급한다. A회사는 2년간 동 거래 이외에는 거래가 없었다. (법인세율은 매년 30%이다)

1. 회계이익과 과세소득의 구분

구분	20×1년	20×2년
회계이익	100,000 × 10% = 10,000	100,000 × 10% = 10,000
과세소득	–	100,000 × 10% × 2 = 20,000

2. 과세소득을 기초로 계산한 법인세를 회계이익에서 차감하여 당기순이익 계산

구분	20×1년	20×2년
회계이익	10,000	10,000
법인세	–	20,000 × 30% = (-)6,000
당기순이익	10,000	4,000

⇒ 동일한 회계이익에 대하여 법인세효과로 인해 서로 다른 당기순이익 발생

3. 이연법인세회계
   (1) 20×1년 이연법인세회계

차) 법인세비용	3,000	대) 이연법인세부채	3,000

   (2) 20×2년 이연법인세회계

차) 이연법인세부채	3,000	대) 현금(법인세지급액)	6,000
법인세비용	3,000		

4. 이연법인세회계 적용 후 당기순이익 계산

구분	20×1년	20×2년
회계이익	10,000	10,000
법인세	(-)3,000	(-)3,000
당기순이익	7,000	7,000

⇒ 동일한 회계이익에 대하여 법인세효과 반영 이후에도 동일한 당기순이익 발생

II 이연법인세자산

이연법인세자산은 차감할 일시적차이로 인하여 미래기간에 경감될 법인세액을 말하며, 차감할 일시적차이 외에 이월공제 가능한 세무상 결손금이나 세액공제로 인하여 미래기간에 경감될 법인세액도 이연법인세자산에 해당한다.

> 이연법인세자산 = 실현가능한 차감할 일시적차이 × 소멸되는 회계연도의 평균세율

01 법인세의 계산구조

			일시적차이	영구적차이
법인세차감전순이익	××			
가산항목	××	⇒	유보	기타사외유출, 기타
(−)차감항목	(−)××	⇒	△유보	기타
각사업연도소득금액	××		이연법인세자산(부채)	
(−)이월결손금	(−)××	⇒	이연법인세자산	
과세표준	××			
× 세율(t)				
산출세액	××			
(−)세액공제	(−)××	⇒	이연법인세자산	
결정세액	××			
(−)기납부세액	(−)××			
차감납부세액	××			

당기 법인세는 단순히 과세소득에 법인세율을 곱한 금액으로 계산되는 것이 아니라 실제로는 과세소득에서 이월결손금 등을 차감한 금액으로 과세표준을 계산하고, 과세표준에 법인세율을 곱한 금액으로 산출세액을 계산한다. 그러나 당기 법인세는 실제 납부할 법인세를 말하므로 산출세액에서 세액공제를 차감한 금액인 결정세액을 계산한다.

Self Study

1. 이월결손금은 부(−)의 과세소득인 결손금이 발생하는 경우 차기 이후에 발생한 과세소득에서 차감해 주는 것으로 차기 이후의 법인세를 감소시킨다.
2. 이월결손금은 차기 이후의 법인세를 감소시키므로 차감할 일시적차이와 동일한 세금효과를 갖는다. 따라서 이월결손금 등으로 인한 차기 이후의 법인세 감소분은 이연법인세자산으로 인식하고 발생한 회계기간의 법인세수익으로 인식한다.

02 이연법인세자산의 인식

이연법인세자산은 자산의 정의에 비추어 볼 때 그 요건을 충족하므로 자산성이 인정된다.

이연법인세자산 자산성	① 과거에 발생한 거래나 사건의 결과임 ② 미래에 과세소득과 법인세부담액을 감소시킴으로써 간접적으로 미래의 현금흐름을 창출하는 효익을 가지고 있음 ③ 미래의 경제적 효익에 대한 배타적인 권리를 가지고 있음

차감할 일시적차이는 미래 회계기간에 과세소득에서 차감되는 형태로 소멸된다. 그런데 미래회계기간에 과세소득이 충분하지 않다면 과세소득의 차감을 통하여 경제적 효익이 유입될 수 없다. 따라서 차감할 일시적차이가 사용될 수 있는 과세소득의 발생 가능성이 높은 경우에만 차감할 일시적차이에 대한 이연법인세자산을 인식한다. 아래의 경우에는 차감할 일시적 차이의 실현가능성이 높은 것으로 판단할 수 있다.

이연법인세자산 실현가능성 검토	① 충분한 가산할 일시적 차이: 차감할 일시적차이의 소멸이 예상되는 회계기간에 소멸이 예상되는 충분한 가산할 일시적차이가 있는 경우 ② 충분한 과세소득: 차감할 일시적차이가 소멸될 회계기간에 동일 과세당국과 동일 과세대상기업에 관련된 충분한 과세소득이 발생할 가능성이 높은 경우 ③ 세무정책에 의한 과세소득의 창출: 세무정책으로 적절한 기간에 과세소득을 창출할 수 있는 경우 ④ 결손금이 다시는 발생할 가능성이 없는 원인에서 발생: 미사용 세무상 결손금이 다시 발생할 가능성이 없는 식별가능한 원인으로부터 발생한 경우

03 이연법인세자산의 평가

이연법인세자산의 장부금액은 매 보고기간 말에 검토한다. 이연법인세자산의 일부 또는 전부에 대한 혜택이 사용되기에 충분한 과세소득이 발생할 가능성이 더 이상 높지 않다면 이연법인세자산의 장부금액을 감액시킨다. 감액된 금액은 사용되기에 충분한 과세소득이 발생할 가능성이 높아지면 그 범위 내에서 환입한다. 또한 인식되지 않은 이연법인세자산에 대해서는 매 보고기간 말에 재검토한다. 미래 과세소득에 의해 이연법인세자산이 회수될 가능성이 높아진 범위까지 과거 인식되지 않은 이연법인세자산을 인식한다.

III 이연법인세부채

이연법인세부채는 가산할 일시적차이로 인하여 미래기간에 추가로 부담하게 될 법인세금액을 말하며, 원칙적으로 모든 가산할 일시적차이에 대하여는 이연법인세부채를 인식하여야 한다. 즉, 이연법인세부채는 이연법인세자산과 달리 그 실현가능성 여부를 따지지 않고 전액 부채로 계상하여야 한다.

> 이연법인세부채 = 가산할 일시적차이 × 소멸되는 회계연도의 평균세율

이연법인세부채는 부채의 정의에 비추어 볼 때 그 요건을 충족하므로 부채성이 인정된다.

이연법인세부채 부채성	① 과거에 발생한 거래나 사건의 결과임 ② 미래의 과세소득을 증가시키게 되므로 이연된 법인세의 지급의무가 현재시점에 존재함 ③ 세금의 납부는 자원의 유출이 예상되는 의무임

Self Study

모든 가산할 일시적차이에 대하여 이연법인세부채를 인식한다. 다만, 다음의 경우에 발생한 이연법인세부채는 인식하지 아니한다.
(1) 영업권을 최초로 인식하는 경우
(2) 다음에 모두 해당하는 거래에서 자산이나 부채를 최초로 인식하는 경우
   (가) 사업결합이 아니다.
   (나) 거래 당시 회계이익과 과세소득(세무상 결손금)에 영향을 미치지 않는다.
   (다) 거래 당시 동일한 금액으로 가산할 일시적차이와 차감할 일시적차이가 생기지는 않는다.

IV 적용할 세율

01 법인세효과에 적용할 세율

당기법인세자산과 부채는 보고기간 말까지 제정되었거나 실질적으로 제정된 현재의 세율을 사용하여 과세당국에 납부할 것으로 예상되는 금액으로 측정한다. 또한 이연법인세자산과 부채는 보고기간 말까지 제정되었거나 실질적으로 제정된 세율에 근거하여 당해 자산과 부채가 실현되거나 결제될 회계기간에 적용될 것으로 기대되는 미래의 세율을 사용하여 측정한다.

02 누진세율이 적용되는 경우

과세대상수익의 수준에 따라 적용되는 세율이 다른 누진세율 구조의 경우에는 일시적차이가 소멸될 것으로 예상되는 기간의 과세소득에 적용될 것으로 기대되는 평균세율을 사용하여 이연법인세자산과 부채를 측정한다.

이연법인세자산과 부채의 장부금액은 관련된 일시적 차이의 금액에 변동이 없는 경우에도 아래와 같은 원인으로 변경될 수 있다.
1. 세율이나 세법이 변경되는 경우
2. 이연법인세자산의 회수가능성을 재검토하는 경우
3. 예상되는 자산의 회수 방식이 변경되는 경우

V 다기간에서 법인세기간배분의 절차

[법인세 납부세액 계산구조 및 회계처리]

			일시적 차이	영구적 차이
법인세차감전순이익	××			
가산항목	××	⇒	유보	기타 사외유출, 기타
(−)차감항목	(−)××	⇒	△유보	기타
각사업연도소득금액	××		이연법인세자산(부채)(A)	
(−)이월결손금	(−)××	⇒	이연법인세자산(A)	
과세표준	××			
× 세율(t)				
산출세액	××			
(−)세액공제	(−)××	⇒	이연법인세자산(A)	
결정세액(B)	××			
(−)기납부세액(C)	(−)××			
차감납부세액(B−C)	××			

법인세비용 및 이연법인세 계상	차) 이연법인세자산(A)	3rd	대) 당기법인세자산(C)	1st
	법인세비용	대차차액	당기법인세부채(B − C)	2nd

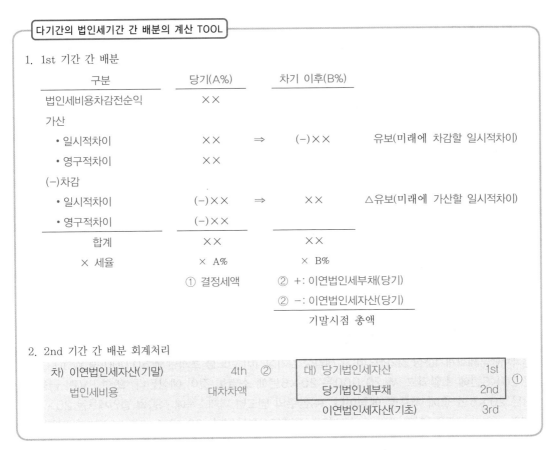

다기간의 법인세기간 간 배분의 계산 TOOL

1. 1st 기간 간 배분

구분	당기(A%)	차기 이후(B%)	
법인세비용차감전순익	××		
가산			
• 일시적차이	××	⇒ (−)××	유보(미래에 차감할 일시적차이)
• 영구적차이	××		
(−)차감			
• 일시적차이	(−)××	⇒ ××	△유보(미래에 가산할 일시적차이)
• 영구적차이	(−)××		
합계	××	××	
× 세율	× A%	× B%	

① 결정세액

② +: 이연법인세부채(당기)

② −: 이연법인세자산(당기)

기말시점 총액

2. 2nd 기간 간 배분 회계처리

차) 이연법인세자산(기말)	4th ②	대) 당기법인세자산	1st	
법인세비용	대차차액	당기법인세부채	2nd	①
		이연법인세자산(기초)	3rd	

이연법인세회계는 두 회계기간 이상인 다기간의 경우에는 이연법인세회계의 적용이 복잡하다. 다기간의 이연법인세를 회계처리하는 순서는 아래와 같다.

① 당기 법인세를 계산한다.
② 기초 현재와 기말 현재의 이연법인세자산(부채)을 계산한다.
③ 회계처리를 통해 대차잔액으로 법인세비용을 계산한다.

01 당기 법인세

당기 법인세는 과세소득에 당기 법인세율을 곱하여 계산한다. 과세소득은 회계이익에서 회계이익과 과세소득의 차이를 가감하여 계산한다.

02 이연법인세자산 · 부채

기말 현재 이연법인세자산 · 부채는 보고기간 말 현재 누적 일시적차이가 소멸되는 회계기간에 적용될 것으로 기대되는 세율을 사용하여 측정한다. 따라서 보고기간 말 현재 누적 일시적차이를 소멸되는 회계기간별로 구분하고, 소멸되는 회계기간의 예상법인세율을 곱한 금액으로 법인세효과를 계산한다.

03 법인세비용

이연법인세자산·부채의 기초금액과 기말금액의 차이를 회계처리하고, 당기 법인세를 당기법인세부채로 인식하면 대차차액을 법인세비용으로 인식한다.

Self Study

1. 평균유효세율: 법인세비용 ÷ 법인세비용차감전순이익
   기업회계기준서 제1012호 '법인세'에 따르면 평균유효세율은 별도로 공시한다.
2. 평균세율: 예상법인세부담액 ÷ 예상과세소득

사례연습 2: 기간 간 배분

12월 31일 결산법인인 ㈜현주의 20×4년도 법인세와 관련한 세무조정사항은 다음과 같다.

법인세비용차감전순이익	₩2,000,000
접대비 한도초과액	₩100,000
감가상각비 한도초과액	₩50,000
FVPL금융자산평가이익	₩20,000

한국채택국제회계기준상 감가상각비가 세법상 감가상각비 한도를 초과한 ₩50,000 중 ₩30,000은 20×5년에 소멸되고, ₩20,000은 20×6년에 소멸될 것이 예상된다. 또한 FVPL금융자산은 20×5년 중에 처분될 예정이다. ㈜현주의 연도별 과세소득에 적용될 법인세율은 20×4년 25%, 20×5년 28%이고, 20×6년도부터는 30%가 적용된다. 20×3년 12월 31일 현재 이연법인세자산(부채) 잔액은 없었다. 20×4년도의 법인세비용과 당기법인세부채를 구하시오(단, 이연법인세자산의 실현가능성은 높고 이연법인세자산·부채는 상계요건을 충족하였다).

풀이

1. 1st 기간 간 배분

구분	당기(25%)	20×5년(28%)	20×6년(30%)
법인세비용차감전순이익	2,000,000		
접대비 한도초과액	100,000		
감가상각비 한도초과액	50,000	(−)30,000	(−)20,000
FVPL금융자산평가이익	(−)20,000	20,000	
합계	2,130,000	(−)10,000	(−)20,000
× 세율	× 25%	× 28%	× 30%
	① 532,500	② (−)2,800	② (−)6,000

2. 2nd 기간 간 배분 회계처리

차) 이연법인세자산(기말)	4th ② 8,800	대) 당기법인세자산	1st 0	
법인세비용	대차차액 523,700	당기법인세부채	2nd 532,500	①
		이연법인세자산(기초)	3rd 0	

VI 법인세효과의 재무제표 공시

B/S		I/S
이연법인세자산(비유동)	이연법인세부채(비유동)	N/I 영향: 법인세비용
	당기법인세부채(유동)	OCI 변동: -
	자본에 가감하는 효과	

01 당기법인세자산과 당기법인세부채의 표시

당기법인세자산은 해당 회계기간에 과세당국으로부터 환급받을 법인세를 말하고, 당기법인세부채는 과세당국에 추가로 납부할 법인세를 말한다. 다음의 조건을 모두 충족하는 경우에만 당기법인세자산과 당기법인세부채를 상계하여 재무상태표에 유동자산이나 유동부채로 표시한다.

> ① 상계결제권리: 기업이 인식된 금액에 대한 법적으로 집행가능한 상계권리를 가지고 있다.
> ② 순액결제의도: 기업이 순액으로 결제하거나, 자산을 실현하는 동시에 부채를 결제할 의도가 있다.

종속기업이 없는 단일실체의 경우에는 상계의 요건을 만족하는 것이 일반적이다. 하지만 종속기업이 있는 연결실체의 경우에는 지배기업과 종속기업이 각각 법인세를 신고·납부할 의무를 가지고 있으므로 상계의 요건을 만족할 수 없는 경우가 더 일반적이다.

02 이연법인세자산과 이연법인세부채의 표시

다음의 조건을 모두 충족하는 경우에만 이연법인세자산과 이연법인세부채를 상계하여 재무상태표에 비유동자산이나 비유동부채로 표시한다.

구분	비고
B/S 공시	비유동자산(부채)으로 공시
상계요건	① 기업이 당기법인세자산과 당기법인세부채를 상계할 수 있는 법적으로 집행가능한 권리를 가지고 있다. ② 이연법인세자산과 이연법인세부채가 다음의 각 경우에 동일한 과세당국에 의해서 부과되는 법인세와 관련되어 있다. • 과세대상기업이 동일한 경우 • 과세대상기업이 다르지만 당기법인세부채와 자산을 순액으로 결제할 의도가 있거나, 유의적인 금액의 이연법인세부채가 결제되거나 이연법인세자산이 회수될 미래의 각 회계기간마다 자산을 실현하는 동시에 부채를 결제할 의도가 있는 경우

Self Study

이연법인세자산과 부채는 현재가치로 할인하지 않는다.

법인세 회계처리에 대한 다음 설명으로 옳지 않은 것은?

① 이연법인세자산과 부채는 현재가치로 할인하지 아니한다.
② 모든 가산할 일시적차이에 대하여 이연법인세부채를 인식하는 것을 원칙으로 한다.
③ 당기 및 과거기간에 대한 당기 법인세 중 납부되지 않은 부분을 부채로 인식한다. 만일 과거기간에 이미 납부한 금액이 그 기간 동안 납부하여야 할 금액을 초과하였다면 그 초과금액은 자산으로 인식한다.
④ 이연법인세자산과 부채는 보고기간 말까지 제정되었거나 실질적으로 제정된 세율(및 세법)에 근거하여 당해 자산이 실현되거나 부채가 결제될 회계기간에 적용될 것으로 기대되는 세율을 사용하여 측정한다.
⑤ 이연법인세자산의 장부금액은 매 보고기간 말에 검토한다. 이연법인세자산의 일부 또는 전부에 대한 혜택이 사용되기에 충분한 과세소득이 발생할 가능성이 더 이상 높지 않다면, 이연법인세자산의 장부금액을 감액시킨다. 감액된 금액은 사용되기에 충분한 과세소득이 발생할 가능성이 높아지더라도 다시 환입하지 아니한다.

[풀이]

매 보고기간 말에 이연법인세자산에 대하여는 당해 자산의 실현가능성을 재검토해야 한다. 만약 충분한 미래 과세소득이 발생할 가능성이 높아진 경우에는 이연법인세자산의 실현가능성이 높아진 범위까지 과거에 손상처리했던 이연법인세자산을 재인식하고, 당해 손상환입금액을 법인세비용에서 차감하여 당기이익으로 반영한다.

정답: ⑤

Self Study

1. 이연법인세자산과 부채는 현재가치 평가하지 않는다.
2. 당기 법인세부담액 중 이미 납부된 금액(당기법인세자산)을 차감하고 납부되지 않은 금액을 부채(당기법인세부채)로 인식한다.
3. 이연법인세자산·부채는 미래 실현시점의 법인세부담액의 감소·증가액이므로 미래에 자산이 실현되거나 부채가 결제될 회계기간에 적용될 것으로 기대되는 세율(평균세율)을 사용하여 측정한다.
   * 이연법인세부채와 이연법인세자산을 측정할 때에는 보고기간 말에 기업이 관련 자산과 부채의 장부금액을 회수하거나 결제할 것으로 예상되는 방식에 따른 법인세효과를 반영한다.

Chapter 20 | 객관식 문제

01 법인세에 관한 설명으로 옳지 않은 것은? [관세사 2022년]

① 과거 회계기간의 당기법인세에 대하여 소급공제가 가능한 세무상결손금과 관련된 혜택은 자산으로 인식한다.

② 자산의 장부금액이 세무기준액보다 크다면 당해 일시적차이는 미래 회계기간에 회수가능한 법인세만큼 이연법인세자산을 발생시킨다.

③ 미래의 과세소득에 가산할 일시적 차이로 인하여 미래 회계기간에 법인세를 납부하게 될 의무가 이연법인세부채이다.

④ 이연법인세 자산과 부채는 당해 자산이 실현되거나 부채가 결제될 회계기간에 적용될 것으로 기대되는 세율을 사용하여 측정한다.

⑤ 매 보고기간말에 재검토를 통하여, 미래 과세소득에 의해 이연법인세자산이 회수될 가능성이 높아진 범위까지 과거 인식되지 않은 이연법인세자산을 인식한다.

02 다음은 20×1년 초 설립한 ㈜감평의 법인세 관련 자료이다.

- 20×1년 세무조정사항
  - 감가상각비한도초과액 ₩55,000
  - 정기예금 미수이자 25,000
  - 접대비한도초과액 10,000
  - 자기주식처분이익 30,000
- 20×1년 법인세비용차감전순이익 ₩400,000
- 연도별 법인세율은 20%로 일정하다.
- 당기 이연법인세자산(부채)은 인식요건을 충족한다.

20×1년도 법인세비용은? [감정평가사 2023년]

① ₩80,000 　　② ₩81,000 　　③ ₩82,000
④ ₩86,000 　　⑤ ₩94,000

03 20×1년 초 설립한 ㈜감평의 법인세 관련 자료이다. ㈜감평의 20×1년도 유효법인세율은? (단, 유효법인세율은 법인세비용을 법인세비용차감전순이익으로 나눈 값으로 정의한다)

[감정평가사 2021년]

- 20×1년 세무조정 사항
  - 벌과금 손금불산입 ₩20,000
  - 접대비한도초과액 15,000
  - 감가상각비한도초과액 15,000
- 20×1년도 법인세비용차감전순이익은 ₩500,000이며, 이연법인세자산(부채)의 실현가능성은 거의 확실하다.
- 연도별 법인세율은 20%로 일정하다.

① 19.27% ② 20% ③ 21.4%
④ 22% ⑤ 22.8%

04 ㈜관세의 법인세 관련 자료는 다음과 같다.

구분	20×1년	20×12년
법인세비용차감전순이익	₩120,000	₩130,000
일시적차이(A)	(20,000)	(10,000)
과세소득	100,000	120,000
법인세율	20%	20%

일시적 차이(A)는 20×0년에 ₩50,000이 발생하였고, 20×1년과 20×2년에 각각 ₩20,000과 ₩10,000이 반대조정으로 소멸되었으며, 이를 제외한 일시적 차이는 없다. 20×2년 말까지 소멸되지 않은 일시적 차이는 모두 20×3년 이후에 소멸될 것으로 예상된다. 20×1년 말 예상한 20×2년 이후의 법인세율은 20%이었으나, 20×2년 중 세법개정으로 20×2년 말 예상한 20×3년 이후의 법인세율은 25%이다. 이연법인세자산의 실현가능성이 높다고 할 때, ㈜관세의 20×2년도 법인세비용은?

① ₩20,000 ② ₩23,000 ③ ₩24,000
④ ₩25,000 ⑤ ₩29,000

01 ② 자산의 장부금액이 세무기준액보다 크다면 당해 일시적차이는 미래 회계기간에 회수가능한 법인세만큼 이연법
인세부채를 발생시킨다.

02 ③ 법인세비용: $(400,000 + 10,000) \times 20\% = 82,000$

03 ③ (1) 법인세비용: $(500,000 + 20,000 + 15,000) \times 20\% = 107,000$
(2) 유효법인세율: $107,000/500,000 = 21.4\%$

04 ④ (1) 20 × 2년 기초 이연법인세자산: $(50,000 - 20,000) \times 20\% = 6,000$
(2) 20 × 2년 기말 이연법인세자산: $(50,000 - 20,000 - 10,000) \times 25\% = 5,000$
(3) 법인세납부세액: $120,000 \times 20\% = 24,000$
(4) 20 × 2년 법인세비용: $24,000 + (6,000 - 5,000) = 25,000$

법인세회계

CH 20

해커스 회계학 1차 기본서

해커스 감정평가사
ca.Hackers.com

Chapter 21

주당이익

Ⅰ 주당이익의 의의

재무제표 이용자가 기업의 성과를 평가하고 미래의 이익을 예측하는 데 일반적으로 사용하는 지표 중의 하나가 주당이익이다. 주당이익(EPS; Earning Per Share)은 당기순이익에서 우선주배당금 등을 차감한 금액을 가중평균유통보통주식수로 나누어 계산한다. 즉 주당이익은 보통주 1주에 귀속될 당기순이익을 의미한다.

> **주당이익**
>
> $$주당이익 = \frac{보통주에게 귀속되는 이익(= 당기순이익 - 우선주배당 등)}{가중평균유통보통주식수}$$

기업이 조달한 자금은 크게 타인자본과 자기자본으로 구분할 수 있으며, 자기자본은 다시 보통주자본과 우선주자본으로 나눌 수 있다. 기업은 조달한 자금으로 기업 경영을 하는 대가로 자본의 공급자에게 사용대가를 지불한다. 타인자본의 공급자인 채권자에게는 이자의 형태로 대가를 지급하고, 우선주 주주에게는 배당의 형태로 대가를 지급한다. 당기순이익은 이미 채권자에 대한 이자비용이 차감된 후의 금액이므로, 당기순이익에서 우선주 주주에게 배당할 금액을 차감하면 보통주 주주에게 귀속될 당기순이익(= 보통주 귀속 당기순이익)이 도출된다.

증자나 감자 등 다양한 자본거래가 발생할 수 있으므로 유통보통주식수는 회계기간 중에 변동될 수 있다. 따라서 주당이익을 계산할 때 분모의 유통보통주식수는 가중평균한 주식수를 이용한다.

Additional Comment

기업이 회계기간 동안 영위한 경영활동의 성과는 포괄손익계산서에 당기순이익으로 보고된다. 당기순이익의 크기는 일반적으로 기업의 규모에 비례하므로 단순히 당기순이익의 크기만으로 기업의 경영성과를 판단하는 것은 합리적이지 않다. 예를 들어 A사의 당기순이익은 ₩100,000이지만 B사의 당기순이익은 ₩10,000이라고 한다면 당기순이익의 단순비교에서는 A사가 더 나은 경영성과를 달성하였다고 판단할 수 있다. 그러나 A사는 100,000주가 B사는 100주가 유통되는 회사로 주식수의 변동이 없다고 한다면 A기업의 1주당 경영성과는 ₩1이지만 B기업의 1주당 경영성과는 ₩100임을 알 수 있다.

구분	A사	B사
당기순이익	₩100,000	₩10,000
÷ 주식수	÷100,000주	÷100주
= 주당이익	=₩1/주	=₩100/주

즉, 주당이익은 보통주 1주당 이익이 얼마인지를 나타내는 지표이다.

I 기본주당이익의 의의

기본주당이익은 실제로 발행되어 유통되는 보통주식 1주당 이익을 말하는 것인데, 기본주당순이익과 기본주당계속영업이익으로 구분된다. 기본주당순이익은 보통주에 귀속되는 특정 회계기간의 당기순이익을 해당 기간에 유통된 보통주식수를 가중평균한 주식수인 가중평균유통보통주식수로 나누어 계산하고, 기본주당계속영업이익은 보통주에 귀속되는 특정 회계기간의 계속영업이익을 가중평균유통보통주식수로 나누어 계산한다.

기본주당이익의 계산 구조

$$\text{기본주당계속영업이익} = \frac{\text{계속영업이익} - \text{우선주배당 등}}{\text{가중평균유통보통주식수}} = \frac{\text{보통주계속영업이익}}{\text{가중평균유통보통주식수}}$$

$$\text{기본주당순이익} = \frac{\text{당기순이익} - \text{우선주배당 등}}{\text{가중평균유통보통주식수}} = \frac{\text{보통주당기순이익}}{\text{가중평균유통보통주식수}}$$

II 보통주당기순이익과 보통주계속영업이익

보통주당기순이익(계속영업이익)은 당기순이익(계속영업이익)에서 우선주배당금 등을 차감한 금액을 말하며 순수하게 보통주에 귀속되는 이익을 말한다.

보통주당기순이익(계속영업이익)

보통주당기순이익(보통주계속영업이익) = 당기순이익(계속영업이익) − 우선주배당금 등

보통주이익을 계산할 때에는 법인세비용과 부채로 분류되는 우선주에 대한 배당금을 포함한 특정 회계기간에 인식된 모든 수익과 비용 항목은 보통주에 귀속되는 특정 회계기간의 당기순이익에 고려된다. 다만, 우선주배당금 등을 고려할 때에는 다음과 같은 사항들에 주의를 기울여야 한다.

01 우선주배당금

(1) 비누적적 우선주

보통주당기순이익은 당기순이익에서 자본으로 분류된 우선주에 대하여 당해 회계기간과 관련하여 배당결의된 세후 우선주배당금을 차감하여 산정한다. 이때 기업이 중간배당을 실시한 경우에는 우선주에 대한 중간배당액도 당기순이익에서 차감한다. 우선주배당금은 실제 지급한 배당금이 아니라 정기주주총회에서 배당할 것으로 결의된 배당금을 말한다.

(2) 누적적 우선주

누적적 우선주는 배당결의 여부와 관계없이 당해 회계기간과 관련한 세후 배당금을 당기순이익에서 차감하여 보통주당기순이익을 계산한다. 그러므로 전기 이전의 기간과 관련하여 당기에 지급되거나 결의된 누적적 우선주 배당금은 보통주당기순이익의 계산에서 제외한다.

Example 우선주배당금 – 자본금 ₩100, 배당률 10%

⇒ 비누적적 우선주의 경우 20×1년에 배당금에 대한 지급결의가 없다면 당기순이익에서 차감하지 않는다. 누적적 우선주의 경우 20×1년에 배당금에 대한 지급결의가 없어도 당기순이익에서 차감하여 보통주귀속당기순이익을 구하고 20×2년에 20×1년 미지급배당을 지급하여도 20×2년도 지급분만을 당기순이익에서 차감하여 20×2년도 보통주귀속당기순이익을 구한다.

주당이익은 보통주 귀속 당기순이익을 유통보통주식수로 나누어 계산한다. 그런데 회계기간 중 유통보통주식수가 변동되는 경우 이를 적절하게 가중평균해야 하며, 이를 가중평균유통보통주식수라고 한다. 즉, 특정 회계기간의 가중평균유통보통주식수는 기초의 유통보통주식수에 회계기간 중 취득된 자기주식수 또는 신규 발행된 보통주식수를 각각의 유통기간에 따른 가중치를 고려하여 조정한 보통주식수이다. 이 경우 보통주 유통기간에 따른 가중치는 그 회계기간의 총일수에 대한 특정 보통주의 유통일수의 비율로 산정한다.

Additional Comment

기본주당순이익은 보통주당기순이익을 가중평균유통보통주식수로 나눈 금액으로, 보통주의 발행으로 유입된 현금을 운용하여 보통주당기순이익을 창출하였다는 의미로 해석된다. 따라서 논리상으로는 보통주가 가중평균유통보통주식수에 포함되기 위해서는 당해 보통주의 발행으로 기업에 현금유입이 있어야 한다. 전기 이전에 발행된 보통주의 경우에는 당해 보통주의 발행으로 유입된 현금이 회계기간 전체에 걸쳐 당기순이익을 창출한다. 그러나 당기 중 발행된 보통주는 현금이 유입된 날부터 보고기간 말까지의 기간에만 당기순이익을 창출하므로 전기 이전에 발행된 보통주와 동일하게 고려할 수 없다. 따라서 가중평균유통보통주식수는 당해 회계연도에 평균적으로 유통되는 보통주식수의 수량으로 계산한다.

01 유상증자, 신주인수권행사, 주식선택권의 행사

자원의 변동을 유발하면서 주식수가 변동하는 경우 가중평균유통보통주식수를 산정하기 위한 보통주유통일수 계산의 기산일은 통상 주식발행의 대가를 받을 권리가 발생하는 시점인 주식발행일이다. 따라서 유상증자, 신주인수권 행사, 주식선택권 행사 등은 현금을 받을 권리가 발생하는 시점이 주식발행일이다.

02 자기주식의 취득, 유상감자

자기주식을 취득하거나 유상감자로 인하여 유통보통주식수를 줄이는 경우에는 취득시점부터 처분시점까지의 기간, 유상감자 시행일부터의 기간을 차감하여 유통주식수를 계산한다. 물론 처분 이후에는 가중평균유통주식수에 포함된다.

03 무상증자, 주식배당, 주식분할, 주식병합

무상증자, 주식배당, 주식분할의 경우에는 추가로 대가를 받지 않고 기존 주주들에게 보통주를 발행하므로 자원은 증가하지 않고 유통보통주식수만 증가한다. 한편, 주식병합은 일반적으로 자원의 실질적인 유출 없이 유통보통주식수를 감소시킨다.

무상증자, 주식배당, 주식분할, 주식병합의 경우 당해 사건이 있기 전의 유통보통주식수는 비교 표시되는 최초기간의 개시일에 그 사건이 일어난 것처럼 비례적으로 조정한다.

무상증자 등을 가중평균유통보통주식수의 산정에 포함시키기 위해서는 무상증자 등의 비율을 먼저 계산하고, 무상증자 등을 실시하기 이전의 주식수는 모두 무상증자 등의 비율만큼 증가한 것으로 보아 가중평균유통보통주식수를 조정한다. 이때 무상증자 등의 비율은 무상증자 등으로 발행한 주식수를 무상증자 등을 실시하기 이전의 주식수로 나눈 비율을 말한다.

⇒ 무상증자비율: 무상증자로 발행된 주식수 ÷ 무상증자 전 주식수

예를 들어 무상증자비율이 10%인 무상증자를 실시하는 경우에 무상증자 전의 유통보통주식수에 (1 + 10%)를 곱하여 새로운 유통보통주식수를 구한다.

당기 주당이익을 계산하는 경우라면 무상증자로 발행된 보통주는 다음과 같이 산정한다. 이러한 방식을 원구주를 따르는 방식이라고 한다.

① 구주에 대한 무상증자: 기초시점에 실시된 것으로 보아 가중평균유통보통주식수를 조정
② 유상신주에 대한 무상증자: 유상증자의 주금납입기일에 실시된 것으로 보아 가중평균유통보통주식수를 조정

당기 이전에 발행된 주식에 대하여 무상증자 등을 하는 경우에는 기초로 소급하여 가중평균하지만, 당기 중에 유상증자한 주식에 대하여 무상증자 등을 하는 경우에는 당기 유상증자일로 소급하여 가중평균한다.

구분	20×1년	20×2년
20×2년 무상증자 전 기본EPS	12,000 ÷ 1,000주 = 12	
20×2년 중 20×1년 초부터 발행된 주식 무상증자(20%)	↓ 주식수 소급하여 변경	
20×2년 무상증자 후 기본EPS	12,000 ÷ (1,000 × 1.2주) = 10	12,000 ÷ (1,000 × 1.2주) = 10

다음은 ㈜한영의 20×1년 기본주당이익계산에 필요한 자료이다. ㈜한영의 보고기간은 1월 1일부터 12월 31일까지이다.

---

1. 기초 자본금: 보통주자본금(액면 ₩5,000) 10,000주
2. 당기 중 자본금 변동내역
   (1) 7월 1일: 유상증자 500주
   (2) 7월 1일: 주식배당(10%)
   (3) 10월 1일: 신주인수권부사채의 신주인수권 행사 1,000주
   (4) 10월 1일: 무상증자(20%)

㈜한영의 20×1년 기본주당이익을 산정하기 위한 유통보통주식수를 계산하시오(단, 월할 계산할 것).

 풀이

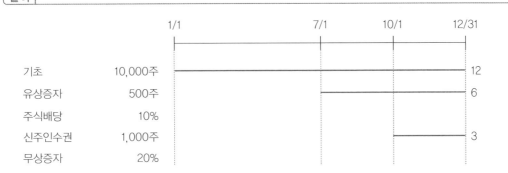

⇒ 가중평균유통보통주식수: 13,830주
$(10,000 \times 1.1 \times 1.2 \times 12 + 500 \times 1.1 \times 1.2 \times 6 + 1,000 \times 1.2 \times 3)/12 = 13,830$

04 주주우선배정 신주발행(공정가치 미만의 유상증자)

일반적으로 보통주는 공정가치로 발행되므로 무상증자 요소를 수반하지 아니한다. 그러나 주주우선배정 신주발행의 경우에는 행사가격이 주식의 공정가치보다 작은 것이 보통이므로 이러한 주주우선배정 저가 신주발행은 무상증자 요소를 수반하게 된다. 이 경우 공정가치에 의한 유상증자와 무상증자가 혼합된 성격으로 보아 각각의 논리에 따라 가중평균하여 유통보통주식수를 산정한다.

공정가치 미만 유상증자가 실시된 경우 무상증자비율은 공정가치 유상증자가 먼저 실시되고 무상증자는 나중에 실시된 것으로 간주하여 계산한다.

공정가치 미만 유상증자의 가중평균유통보통주식수 산정 TOOL

1st FV기준 발행가능 유상증자 주식수: 유상증자 납입액 ÷ 유상증자 권리 행사일 전의 FV
2nd 무상증자 주식수: 총발행주식수 − FV기준 발행가능 유상증자 주식수
3rd 무상증자비율: 무상증자 주식수 ÷ (유상증자 전 주식수 + FV기준 발행가능 유상증자 주식수)

주주우선배정 신주발행에서 공정가치 이하로 유상증자를 실시한 경우에는 공정가치 유상증자 시 발행가능주식수는 납입일을 기준으로 조정하고, 무상증자 주식수에 대해서는 원구주에 따른다.

사례연습 2: 주주우선배정 신주발행

다음은 ㈜한영의 20×1년 기본주당이익계산에 필요한 자료이다. ㈜한영의 보고기간은 1월 1일부터 12월 31일까지이다.

1. 기초 자본금: 보통주자본금(액면 ₩5,000) 9,000주
2. 당기 중 자본금 변동내역
   (1) 7월 1일: 보통주 유상증자(액면 ₩5,000) 2,000주
   (2) 7월 1일의 유상증자는 주주우선배정 신주발행에 해당되며, 유상증자(권리 행사) 전일의 보통주식의 시가는 ₩20,000, 유상증자 시 발행금액은 ₩10,000이다.
   (3) 10월 1일: 주식선택권 행사 500주

㈜한영의 20×1년 기본주당이익을 산정하기 위한 유통보통주식수를 계산하시오(단, 월할 계산할 것).

풀이

1. 주주우선배정 FV 미만 신주발행
   1st FV기준 발행가능 유상증자 주식수: 10,000 × 2,000주 ÷ 20,000 = 1,000주
   2nd 무상증자 주식수: 2,000주 − 1,000주 = 1,000주
   3rd 무상증자비율: 1,000주 ÷ (9,000 + 1,000)주 = 10%

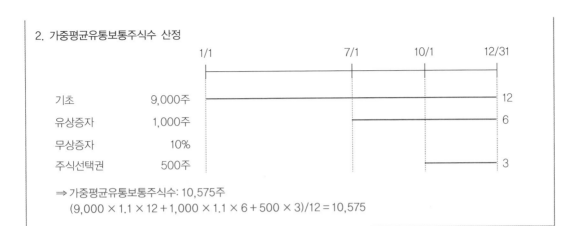

2. 가중평균유통보통주식수 산정

		1/1	7/1	10/1	12/31
기초	9,000주				12
유상증자	1,000주				6
무상증자	10%				
주식선택권	500주				3

⇒ 가중평균유통보통주식수: 10,575주

$(9,000 \times 1.1 \times 12 + 1,000 \times 1.1 \times 6 + 500 \times 3)/12 = 10,575$

01 20×1년 초 현재 ㈜한국이 기발행한 보통주 100,000주(주당 액면금액 ₩5,000)가 유통 중에 있으며, 우선주는 없다. 20×1년 중에 발생한 거래는 다음과 같다.

구분	내용	변동주식수
1월 1일	기초 유통보통주식수	100,000주
4월 1일	무상증자	20,000주
7월 1일	유상증자	15,000주
10월 1일	자기주식 취득	(1,500)주

20×1년 7월 1일 주당 ₩5,000에 유상증자가 이루어졌으며, 증자 직전 주당 공정가치는 ₩15,000이다. 20×1년 당기순이익이 ₩500,000,000일 때, 기본주당순이익은 얼마인가? (단, 가중평균유통보통주식수 계산 시 월할 계산하며, 단수차이로 인해 오차가 있는 경우 가장 근사치를 선택한다)

① ₩3,578 ② ₩3,790 ③ ₩3,899
④ ₩3,937 ⑤ ₩4,092

01 ② 1. 주주우선배정 신주발행(공정가치 미만의 유상증자) TOOL

1st FV 기준 발행가능 유상증자 주식수: 총현금유입액/유상증자 전일 공정가치

15,000주 × 5,000/15,000 = 5,000주

2nd 무상증자 주식수: 총발행주식수 − FV기준 발행가능 유상증자 주식수

15,000주 − 5,000주 = 10,000주

3rd 무상증자비율: 무상증자 주식수/(유상증자 전 주식수 + FV기준 발행가능 유상증자 주식수)

10,000주/(120,000주 + 5,000주) = 8%

2. 가중평균유통보통주식수

[1] 무상증자와 FV 미만의 유상증자

⇒ 가중평균유통보통주식수: (100,000 × 1.2 × 1.08 × 12 + 5,000 × 1.08 × 6 − 1,500 × 3)/12

= 131,925주

3. 기본주당이익: 500,000,000/131,925주 = 3,790

해커스 감정평가사
ca.Hackers.com

Chapter **22**

회계변경과 오류수정

1 회계변경과 오류수정의 기초

Ⅰ 회계변경

01 의의

회계변경은 기업회계기준이나 법령의 제정, 개정, 경제 환경의 변화, 기술 및 경영환경의 변화 등으로 기업이 현재 채택하고 있는 회계정책이나 회계추정치를 다른 회계정책이나 회계추정치로 변경하는 것을 말한다.

회계변경의 구성

구분		정리		
회계변경	회계정책의 변경	GAAP O	⇒	GAAP O
	회계추정치의 변경	추정방법 A	⇒	추정방법 B

02 회계정책의 변경

(1) 회계정책의 변경

회계정책의 변경은 재무제표의 작성과 보고에 적용하던 회계정책을 다른 회계정책으로 바꾸는 것이다. 회계정책은 기업이 재무제표를 작성·표시하기 위하여 적용하는 구체적인 원칙, 근거, 관습, 규칙 및 관행을 말한다.

회계정책의 변경은 한국채택국제회계기준에서 인정하는 회계정책에서 한국채택국제회계기준에서 인정하는 또 다른 회계정책으로 변경하는 것을 말한다. 따라서 회계정책의 변경은 한국채택국제회계기준에서 대체적인 회계처리방법을 허용하는 경우에만 가능하다. 회계정책의 변경은 두 가지 회계정책을 기업이 임의로 선택할 수 있는 경우에만 가능하며, 이러한 경우는 다음과 같다.

① 유형자산을 원가모형에서 재평가모형으로 재평가모형에서 원가모형으로 변경
② 투자부동산을 원가모형에서 공정가치모형으로 공정가치모형에서 원가모형으로 변경
③ 재고자산의 단가결정방법을 선입선출법에서 가중평균법으로, 가중평균법에서 선입선출법으로의 변경
④ 재고자산의 저가기준평가 시 항목별에서 조별로, 조별에서 항목별로 변경 등

Additional Comment

회계정책의 변경은 한국채택국제회계기준에서 인정된 회계원칙에서 한국채택국제회계기준에서 인정하는 다른 대체적인 회계원칙으로 변경하는 것을 의미한다는 것에 유의해야 한다. 만약 한국채택국제회계기준에서 인정하지 않는 원칙으로 변경하는 것은 오류이므로 허용되지 않으며, 한국채택국제회계기준에서 인정하지 않는 원칙에서 인정하는 원칙으로 변경하는 것은 회계정책의 변경이 아니라 오류수정이다.

(2) 회계정책의 변경이 가능한 경우

다음 중 하나의 경우에 해당한다면 기업은 회계정책을 변경할 수 있다.

① 한국채택국제회계기준에서 회계정책의 변경을 요구하는 경우
② 회계정책의 변경을 반영한 재무제표가 특정 거래, 기타 사건 또는 상황의 재무상태, 재무성과 또는 현금흐름에 미치는 영향에 대하여 신뢰성 있고 더 목적적합한 정보를 제공하는 경우

(3) 회계정책의 변경에 해당하지 않는 경우

다음의 경우는 회계정책의 변경에 해당하지 않는다.

① 과거에 발생한 거래와 실질이 다른 거래, 기타 사건 또는 상황에 대하여 다른 회계정책을 적용하는 경우
② 과거에 발생하지 않았거나 발생하였어도 중요하지 않았던 거래, 기타 사건 또는 상황에 대하여 새로운 회계정책을 적용하는 경우

Self Study

한국채택국제회계기준을 조기 적용하는 것은 자발적인 회계정책의 변경에 해당하지 아니한다. 거래, 기타 사건 또는 상황에 구체적으로 적용되는 한국채택국제회계기준이 없는 경우, 경영진은 유사한 개념체계를 사용하여 회계기준을 개발하는 회계기준제정기구가 가장 최근에 발표한 회계기준에 기초한 회계정책을 적용할 수 있다. 만약 그러나 회계기준의 개정에 따라 회계정책을 변경하기로 하였다면, 이 경우에 회계변경은 자발적인 회계정책의 변경으로 회계처리하고 공시한다.

03 회계추정치의 변경

(1) 회계추정치의 변경

회계추정치의 변경은 새로운 정보의 획득, 새로운 상황의 전개 등에 따라 지금까지 사용해오던 회계적 추정치를 바꾸는 것을 말한다. 회계추정치는 기업환경의 불확실성하에서 미래의 재무적 결과를 사전적으로 예측하는 것을 말한다. 회계추정치의 변경은 아래와 같다.

① 금융자산에 대한 기대신용손실의 추정 변경
② 재고자산 진부화 정도에 대한 판단 변경
③ 감가상각자산의 상각방법, 잔존가치 및 내용연수의 변경
④ 품질보증의무(충당부채)의 추정 변경
⑤ 자산의 손상차손 추정 변경
⑥ 거래가격에 반영할 변동대가 추정치의 변경
⑦ 반품권이 있는 판매에서 반품비율 추정의 변경
⑧ 기간에 걸쳐 자산의 통제가 이전되는 경우 진행률 추정의 변경
⑨ 고객충성제도에서 미래 교환될 포인트 추정의 변경

Self Study

회계정책의 변경과 회계추정치의 변경을 구분하는 것이 어려운 경우에는 회계추정치의 변경으로 본다.

Ⅱ 오류수정

01 전기오류의 정의

전기오류란 과거기간 동안에 재무제표를 작성할 때 신뢰할 만한 정보를 이용하지 못했거나 잘못 이용하여 발생한 재무제표에서의 누락이나 왜곡표시를 말한다. 여기서 신뢰할 만한 정보는 다음을 모두 충족하는 정보를 의미한다.

① 해당 기간 재무제표의 발행승인일에 이용가능한 정보
② 당해 재무제표의 작성과 표시를 위하여 획득하여 고려할 것이라고 합리적으로 기대하는 정보

이러한 오류에는 산술적 계산오류, 회계정책의 적용 오류, 사실의 간과 또는 해석의 오류 및 부정 등의 영향을 포함한다.

02 오류수정의 정의

오류수정은 당기 중에 발견한 당기의 잠재적 오류나 후속기간 중에 발견한 전기 이전의 오류를 재무제표의 발행·승인일 전에 수정하는 것을 말한다. 즉 일반적으로 인정되지 아니한 회계원칙에서 일반적으로 인정된 회계원칙으로 수정하는 것이 오류수정이다.

오류수정의 구성

구분	정리		
오류수정	GAAP ×	⇒	GAAP ○

오류수정은 회계추정치의 변경과 구별된다. 회계적 추정치는 성격상 추가 정보가 알려지는 경우 수정이 필요할 수도 있는 근사치의 개념이다. 예로 우발상황의 결과에 따라 인식되는 손익은 오류의 수정에 해당하지 않는다.

Ⅲ 회계처리방법

회계변경을 회계처리하기 위해서는 회계변경 시점을 먼저 정하는 것이 필요하다. 기업이 회계변경을 하기로 결정한 실제 시점에 관계없이 회계변경은 회계변경을 한 회계연도의 기초시점에 이루어진 것으로 간주한다.

Additional Comment

20×1년 중 회계변경을 하였다면 20×1년 1월 1일에 회계변경이 이루어진 것으로 본다.

회계변경과 오류수정에 대한 회계처리방법으로는 손익을 수정하는 시기에 따라 소급법, 당기일괄처리법과 전진법이 있다.

01 소급법

소급법은 회계변경을 한 회계연도의 기초시점에서 당해 회계변경이 이익잉여금에 미친 누적효과를 계산하여 새로운 회계정책이 처음부터 적용되어 온 것처럼 소급하여 수정하는 방법을 말한다.

Example 소급법의 적용

A사는 20×1년 초에 재고자산 원가흐름의 가정을 이동평균법에서 선입선출법으로 변경하였다. 이 경우 변경 전의 방법인 이동평균법에 의한 기초 재고자산금액이 ₩500이고, 처음부터 변경 후의 방법인 선입선출법을 사용하였다면 기초 재고자산금액이 ₩400으로 계산되었다. 이동평균법을 적용한 경우의 기초 이월이익잉여금은 ₩1,000이라고 할 때, 변경 전 재무상태표를 변경 후 재무상태표로 수정하기 위해서는 장부금액이 다른 항목들을 수정하면 되는데, 이때 소급법을 적용하여 회계처리하면 다음과 같다.

차) 이익잉여금   100   대) 재고자산   100

이때 회계변경이 회계변경을 한 회계연도의 기초 이월이익잉여금에 미친 효과를 회계변경의 누적효과라고 하는데, 변경 전 방법을 적용한 경우의 기초 이월이익잉여금과 변경 후 방법을 처음부터 적용하였다고 가정하는 경우의 기초 이월이익잉여금의 차이를 말한다. 결국 누적효과는 변경 전 방법에 의한 당해 항목의 기초 장부금액과 변경 후 방법을 처음부터 적용한 경우 당해 항목의 기초 장부금액의 차이와 같다.

> **회계변경의 누적효과**
>
> 순자산의 증감 및 변화를 일으키는 사건인 거래에서 자본거래가 아닌 손익거래의 경우에는 자산과 부채의 증감은 수익과 비용의 증가를 동반하게 된다. 그러므로 회계변경에 따른 누적효과는 다음과 같이 계산할 수 있다.
> 1. 변경 전 방법에 의한 기초 이월이익잉여금 – 변경 후 방법에 의한 기초 이월이익잉여금
> 2. 변경 전 방법에 의한 기초 장부금액 – 변경 후 방법에 의한 기초 장부금액

Additional Comment

소급적용이란 새로운 회계정책을 처음부터 적용한 것처럼 거래, 기타 사건 및 상황에 적용하고, 과거 재무제표를 새로운 회계정책을 적용하여 수정하는 방법을 말한다. 소급적용은 회계변경의 누적효과를 이익잉여금으로 처리하며, 회계변경으로 인하여 새롭게 채택한 회계정책을 처음부터 적용한 것으로 가정하므로 비교재무제표를 공시할 때 비교대상이 되는 과거연도의 재무제표를 새로운 회계처리방법을 적용하여 수정하여야 한다.

Self Study

회계변경을 소급적용하는 경우에는 회계변경의 누적효과가 비교재무제표를 공시할 때 비교 대상이 되는 과거연도의 재무제표에 반영되므로 재무제표의 비교가능성이 재고된다는 장점이 있으나, 과거의 재무제표를 새로운 회계정책에 따라 소급 수정하므로 재무제표의 신뢰성이 훼손되는 단점이 있다.

02 당기일괄처리법

당기일괄처리법은 기초시점에서 새로운 회계정책의 채택으로 인한 회계변경의 누적효과를 계산하여, 이를 회계변경손익 과목으로 당기손익에 반영하며, 비교공시하는 전기 재무제표는 수정하지 않는 방법이다. 당기일괄처리법은 회계변경의 누적효과를 당기손익에 포함시킨다는 점에서만 소급법과 다를 뿐 다른 내용은 모두 동일하다.

Example 당기일괄처리법의 적용

A사는 20×1년 초에 재고자산 원가흐름의 가정을 이동평균법에서 선입선출법으로 변경하였다. 이 경우 변경 전의 방법인 이동평균법에 의한 기초 재고자산금액이 ₩500이고, 처음부터 변경 후의 방법인 선입선출법을 사용하였다면 기초 재고자산금액이 ₩400으로 계산되었다. 이동평균법을 적용한 경우의 기초 이월이익잉여금은 ₩1,000이라고 할 때, 변경 전 재무상태표를 변경 후 재무상태표로 수정하기 위해서는 장부금액이 다른 항목들을 수정하면 되는데, 이때 당기일괄처리법을 적용하여 회계처리하면 다음과 같다.

차) 회계변경손실(N/I)	100	대) 재고자산	100

당기일괄처리법의 장점은 재무제표의 신뢰성을 유지할 수 있고 변경효과를 한눈에 파악할 수 있다는 점이다. 단점으로는 기간별 비교가능성이 저하되며 변경효과가 당기손익에 반영되어 이익조작목적으로 사용될 가능성이 있다는 것이다.

03 전진법

전진법은 회계변경 이전에 보고된 재무제표에 어떠한 수정도 하지 않으며, 회계변경의 누적효과도 계산하지 않는 방법을 말한다. 전진법은 회계변경의 영향을 회계변경을 한 이후의 회계기간에만 반영하므로 미래적 처리법이라고도 한다.

Example 전진법의 적용

A사는 20×1년 초에 재고자산 원가흐름의 가정을 이동평균법에서 선입선출법으로 변경하였다. 이 경우 변경 전의 방법인 이동평균법에 의한 기초 재고자산금액이 ₩500이고, 처음부터 변경 후의 방법인 선입선출법을 사용하였다면 기초 재고자산금액이 ₩400으로 계산되었다. 이동평균법을 적용한 경우의 기초 이월이익잉여금은 ₩1,000이라고 할 때, 전진법을 적용하면 기초 재고자산의 장부금액에 대한 수정은 없다.

전진법의 장점은 실무적용이 간편하고 재무제표의 신뢰성을 유지할 수 있다는 것이다. 단점으로는 비교가능성이 저하되고 회계변경의 효과를 파악하기 어렵다는 것이다.

소급법, 당기일괄처리법, 전진법의 비교

구분	변경 전 기초 BV	누적효과 반영	변경 후 기초 BV	당기효과 반영	변경 후 기말 BV
소급법		이익잉여금		당기손익	
당기일괄처리법		당기손익		당기손익	
전진법		기초 장부가액으로 신규 취득 가정			

04 한국채택국제회계기준의 적용

한국채택국제회계기준에서는 회계정책의 변경은 소급적용하며, 회계추정치의 변경은 전진적용하도록 규정하고 있다. 또한, 중요한 전기오류는 소급하여 수정하도록 규정하고 있다.

한국채택국제회계기준의 적용

구분		적용
회계정책의 변경	⇒	소급적용
회계추정치의 변경	⇒	전진적용
중요한 전기오류 수정	⇒	소급적용
중요하지 않은 전기오류 수정	⇒	IFRS 규정 없음

* 회계정책의 변경과 회계추정치의 변경을 구분할 수 없는 경우에는 회계추정치의 변경으로 본다.

Additional Comment

한국채택국제회계기준에서는 중요하지 않은 전기오류 수정에 대하여 명문화된 규정이 없다. 수험목적상 문제에 특별한 언급이 없다면 오류수정의 회계처리는 모두 중요한 오류라고 가정하고 풀이하는 것이 옳다.

사례연습 1: 회계변경의 회계처리

㈜한영은 20×1년 초에 내용연수 5년, 잔존가치 ₩0인 기계장치를 ₩100에 구입하여 정액법으로 상각하던 중 20×2년 초에 내용연수를 2년으로 변경하였다. (법인세는 없는 것으로 가정한다)

1 위의 회계변경을 소급법으로 회계처리하는 경우에 ㈜한영이 20×2년에 해야 할 회계처리를 제시하시오.

2 위의 회계변경을 당기일괄처리법으로 회계처리하는 경우에 ㈜한영이 20×2년에 해야 할 회계처리를 제시하시오.

3 위의 회계변경을 전진법으로 회계처리하는 경우에 ㈜한영이 20×2년에 해야 할 회계처리를 제시하시오.

풀이

1 소급법

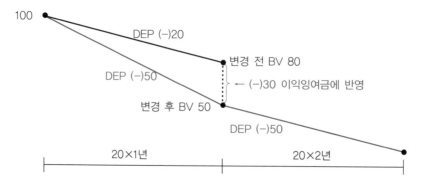

[회계처리]

20×2년 초	차) 미처분이익잉여금	30	대) 감가상각누계액	30
20×2년 말	차) 감가상각비	50	대) 감가상각누계액	50

2 당기일괄처리법

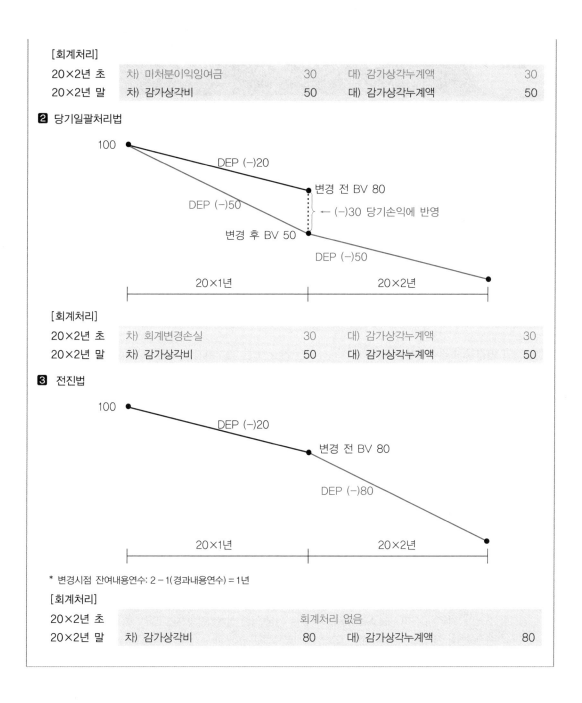

[회계처리]

20×2년 초	차) 회계변경손실	30	대) 감가상각누계액	30
20×2년 말	차) 감가상각비	50	대) 감가상각누계액	50

3 전진법

* 변경시점 잔여내용연수: 2 − 1(경과내용연수) = 1년

[회계처리]

20×2년 초		회계처리 없음		
20×2년 말	차) 감가상각비	80	대) 감가상각누계액	80

2 회계정책 변경의 적용

I 원칙

회계정책의 변경은 특정기간에 미치는 영향이나 누적효과를 실무적으로 결정할 수 없는 경우를 제외하고는 다음과 같이 처리한다.

> ① 경과규정이 있는 한국채택국제회계기준을 최초 적용하는 경우에 발생하는 회계정책의 변경은 해당 경과규정에 따라 회계처리한다.
> ② 경과규정이 없는 한국채택국제회계기준을 최초 적용하는 경우에 발생하는 회계정책의 변경이나 자발적인 회계정책의 변경은 소급적용한다.

회계정책의 변경을 소급적용하는 경우 비교표시되는 가장 이른 과거기간의 영향을 받는 자본의 각 구성요소의 기초 금액과 비교 공시되는 각 과거기간의 기타 대응금액을 새로운 회계정책이 처음부터 적용된 것처럼 조정한다.

II 예외 - 소급적용의 한계

회계정책의 변경은 특정기간에 미치는 영향이나 누적효과를 실무적으로 결정할 수 없는 경우를 제외하고 소급적용한다. 그러나 특정기간에 미치는 영향이나 누적효과를 실무적으로 결정할 수 없다면 아래와 같이 회계처리해야 한다.

> ① 비교표시되는 하나 이상의 과거기간의 비교정보에 대해 특정기간에 미치는 회계정책 변경의 영향을 실무적으로 결정할 수 없는 경우, 실무적으로 소급적용할 수 있는 가장 이른 회계기간의 자산 및 부채의 기초 장부금액에 새로운 회계정책을 적용하고, 그에 따라 변동하는 자본 구성요소의 기초금액을 조정한다.
> ② 당기 기초시점에 과거기간 전체에 대한 새로운 회계정책 적용의 누적효과를 실무적으로 결정할 수 없는 경우 실무적으로 적용할 수 있는 가장 이른 날부터 새로운 회계정책을 전진적용하여 비교정보를 재작성한다.

A사는 20×1년부터 구입 및 판매를 시작한 제품에 대하여 재고자산의 원가흐름가정으로 선입
선출법을 사용하여 왔으나 20×3년에 총평균법으로 변경하였다. 이 변경은 정당한 변경이다.
이와 관련된 자료는 다음과 같다. 회사는 20×3년 말까지 선입선출법으로 회계처리하였다.

	20×1년	20×2년	20×3년
매출원가(선입선출법)	₩1,200,000	₩1,800,000	₩1,900,000
기말재고(선입선출법)	400,000	800,000	750,000
기말재고(총평균법)	300,000	650,000	500,000

1 A사가 20×3년도에 회계변경과 관련하여 해야 할 회계처리를 보이시오.

2 20×3년도 비교포괄손익계산서에 비교공시되는 매출원가는 각각 얼마인지 계산하시오.

풀이

1 1. 재고자산의 차이 분석

구분	20×1년	20×2년	20×3년
20×1년 변경에 따른 재고자산 차이	(−)100,000	100,000	
20×2년 변경에 따른 재고자산 차이		(−)150,000	150,000
20×3년 변경에 따른 재고자산 차이			(−)250,000
합계 = 연도별 매출원가에 미치는 영향	(−)100,000	(−)50,000	(−)100,000

2. 회계변경에 따른 회계처리

차) 매출원가[2]	100,000	대) 재고자산[1]	250,000
이익잉여금	150,000		

[1] 500,000 − 750,000 = (−)250,000
[2] 150,000 − 250,000 = (−)100,000

2

구분	20×2년	20×3년
수정 전 매출원가	(−)1,800,000	(−)1,900,000
회계변경 효과	(−)50,000	(−)100,000
수정 후 매출원가	(−)1,850,000	(−)2,000,000

* 회계정책의 변경을 소급재작성하는 경우 비교목적으로 표시되는 전기 재무제표의 모든 금액은 변경 후의 방법으로 재작성되
어야 한다. 회계변경이 전기의 매출원가에 미친 영향은 전기에 회계변경을 하였다고 가정하고 계산할 수 있다.

회계추정치의 변경효과는 다음의 회계기간에 당기손익에 포함하여 전진적으로 인식한다. 회계추정치 변경효과의 인식의 전진적용이란 회계추정치의 변경효과를 당기 및 그 후의 회계기간에 인식하는 것을 말한다.

> ① 변경이 발생한 기간에만 영향을 미치는 경우에만 변경이 발생한 기간
> ② 변경이 발생한 기간과 미래기간에 모두 영향을 미치는 경우에는 변경이 발생한 기간과 미래 기간

회계추정치의 변경이 자산 및 부채의 장부금액을 변경하거나 자본의 구성요소에 관련되는 경우, 회계추정치를 변경한 기간에 관련 자산, 부채 또는 자본 구성요소의 장부금액을 조정하여 회계추정치의 변경효과를 인식한다.

Self Study

1. 회계정책의 변경과 회계추정치의 변경을 구분하는 것이 어려운 경우에는 회계추정치의 변경으로 본다.
2. 측정기준의 변경은 회계추정치의 변경이 아니라 회계정책의 변경에 해당한다. 그러나 유형자산과 무형자산에서 자산을 재평가하는 회계정책을 최초로 적용하는 경우에는 해당 기준서의 규정을 적용하지 않는다.

사례연습 3: 회계추정치의 변경

자동차 부품을 제조·납품하는 A사가 20×1년 초에 부품의 자동제조설비를 ₩30,000,000에 취득하였고 원가모형을 적용한다. 동 설비자산의 내용연수는 8년, 잔존가치는 ₩1,000,000으로 추정하였으며 이중체감법으로 감가상각한다. A사는 20×3년 초에 설비자산에 대해서 ₩5,000,000의 수선비를 지출하였는데, 이로 인하여 내용연수가 4년 더 연장될 것으로 추정하였으며, 회사는 20×3년부터 감가상각방법을 정액법으로 변경하기로 하였는데, 이는 기업환경의 변화로 인해 정액법이 동 설비자산의 미래경제적 효익의 기대소비형태를 보다 잘 반영한다고 판단되었기 때문이다.

이 경우, 20×3년도 설비자산의 감가상각비 인식 회계처리를 하시오(단, 법인세에 대한 영향은 고려하지 않는다).

풀이

차) 감가상각비	2,087,500	대) 감가상각누계액	2,087,500

(1) 20×1년 감가상각비: $30,000,000 \times 2/8 = 7,500,000$
(2) 20×2년 감가상각비: $(30,000,000 - 7,500,000) \times 2/8 = 5,625,000$
(3) 20×3년 감가상각비: $(30,000,000 - 7,500,000 - 5,625,000 + 5,000,000 - 1,000,000)/(8 - 2 + 4)$
    $= 2,087,500$

4 오류수정의 적용

01 원칙

당기 중에 발견한 당기의 잠재적 오류는 재무제표의 발행승인일 전에 수정한다. 그러나 중요한 오류를 후속기간에 발견하는 경우 이러한 전기오류는 해당 후속기간의 재무제표에 비교 표시된 재무정보를 재작성하여 수정한다.

중요한 전기오류가 발견된 이후 최초로 발행을 승인하는 재무제표에 다음의 방법으로 전기오류를 소급하여 수정한다.

> ① 오류가 발생한 과거기간의 재무제표가 비교 표시되는 경우에는 그 재무정보를 재작성한다.
> ② 오류가 비교 표시되는 가장 이른 과거기간 이전에 발생한 경우에는 비교 표시되는 가장 이른 과거기간의 자산, 부채 및 자본의 기초금액을 재작성한다.

Self Study

1. 전기오류가 처음부터 발생하지 않은 것처럼 재무제표 구성요소의 인식, 측정 및 공시를 수정하는 것을 소급재작성이라고 하며, 한국채택국제회계기준은 중요한 전기오류의 경우 재무제표를 소급재작성해야 한다고 명시하였다.
2. 한국채택국제회계기준 기준서 제1008호 '회계정책, 회계추정치의 변경 및 오류'에서는 중요하지 않은 오류의 처리방법에 대해서는 규정하고 있지 않다.

02 예외: 소급재작성의 한계점

전기오류는 특정기간에 미치는 오류의 영향이나 오류의 누적효과를 실무적으로 결정할 수 없는 다음의 경우를 제외하고는 소급재작성에 의하여 수정한다.

> ① 비교 표시되는 하나 이상 과거기간의 비교 정보에 대해 특정기간에 미치는 오류의 영향을 실무적으로 결정할 수 없는 경우, 실무적으로 소급재작성할 수 있는 가장 이른 회계기간의 자산, 부채 및 자본의 기초금액을 재작성한다.
> ② 당기 기초시점에 과거기간 전체에 대한 오류의 누적효과를 실무적으로 결정할 수 없는 경우, 실무적으로 적용할 수 있는 가장 이른 날부터 전진적으로 오류를 수정하여 비교정보를 재작성한다.

회계오류가 재무제표에 미치는 영향이 중요하다면 반드시 수정되어야 한다. 중요한 오류를 발견하였을 경우 오류수정분개를 통하여 재무제표에 반영되며, 이러한 오류는 당기순이익에 영향을 미치지 않는 오류와 당기순이익에 영향을 미치는 오류로 구분된다. 당기순이익에 영향을 미치는 오류는 자동조정오류와 비자동조정오류로 구분된다.

> ① 자동조정오류: 회계오류가 발생한 회계연도와 그 다음 회계연도의 장부가 마감되는 경우, 당해 회계오류가 두 회계연도에 걸쳐 서로 상쇄되어 수정분개의 필요가 없는 오류
> ② 비자동조정오류: 회계오류가 발생한 회계연도와 그 다음 회계연도의 장부가 마감된 경우에도 회계오류가 자동적으로 상쇄되지 않는 오류

Self Study

당기순이익에 영향을 미치지 않는 오류들은 단순한 계정분류상의 오류로 재무상태표 오류와 손익계산서 오류로 구분된다. 이들 오류는 당기순이익에 미치는 영향이 없고 중요하지 않으므로 본서에서는 당기순이익에 영향을 미치는 오류에 대해서만 설명한다.

01 자동조정오류

자동조정오류는 회계오류가 발생한 다음 회계연도의 장부가 마감된 경우 회계오류가 자동적으로 상쇄되어 오류수정분개가 필요 없는 오류를 말한다. 자동조정오류에는 다음과 같은 오류가 포함된다.

① 재고자산 과대·과소계상 오류
② 매입 과대·과소계상 오류
③ 선급비용, 미지급비용, 선수수익, 미수수익 과소계상 오류
④ 매출채권손실충당금 과소계상 오류(직접상각법을 사용한 경우 포함)
⑤ 충당부채 과소계상 오류

자동조정오류는 재무상태표와 손익계산서에 영향을 미친 계정과목이 하나밖에 없다는 공통점을 갖고 있다. 따라서 자동조정오류는 오류를 수정하는 회계연도의 재무상태표와 손익계산서에 영향을 아래의 재무상태표등식을 이용하여 자산·부채의 과대·과소계상효과가 연도별 손익에 미치는 효과를 구하면 간단하게 수정분개를 할 수 있다.

재무상태표등식을 이용한 자동조정오류의 손익효과

자산	부채	자본(이익)	오류수정(N/I 영향)	
			오류발생 회계기간	다음 회계기간
자산과대		이익과대	−	+
자산과소		이익과소	+	−
	부채과대	이익과소	+	−
	부채과소	이익과대	−	+

20×1년 초에 설립한 A사는 20×1년 말 차입금에 대한 미지급이자 ₩50,000을 인식하지 않고 20×2년 초에 ₩50,000의 이자를 지급할 때 이자비용을 인식하였다. A사의 20×1년 당기순이익은 ₩100,000이고 20×2년 당기순이익은 ₩200,000이다.

1 미지급비용의 오류를 20×2년에 발견한 경우 오류수정분개를 보이시오.
2 20×1년과 20×2년의 정확한 당기순이익과 20×1년 말과 20×2년 말에 재무상태표에 계상될 정확한 이익잉여금을 구하시오.

풀이

1

차) 이익잉여금	50,000	대) 이자비용	50,000

2 1. 재무제표 영향

구분	20×1년	20×2년
미지급비용 기초잔액	-	50,000 과소계상
미지급비용 기말잔액	50,000 과소계상	-
당기 이자비용	50,000 과소계상	50,000 과대계상
당기순이익에 미치는 영향	50,000 과대계상	50,000 과소계상
기말 이익잉여금에 미치는 영향	50,000 과대계상	-

2. 재무상태표등식을 이용한 풀이

자산	부채	자본 (이익)	오류수정(N/I 영향)	
			오류발생 회계기간(20×1년)	다음 회계기간(20×2년)
	부채과소 50,000	이익과대 50,000	- (−)50,000	+ 50,000

3. 당기손익과 이익잉여금 잔액에 미치는 영향

구분	20×1년	20×2년
수정 전 당기순이익	100,000	200,000
미지급비용 과소계상(20×1년)	(−)50,000	50,000
수정 후 당기순이익	50,000	250,000
올바른 기말 이익잉여금 잔액	50,000	50,000 + 250,000 = 300,000

20×1년 초에 설립한 A사는 20×1년 말에 정기예금 미수이자 ₩50,000을 인식하지 않고 20×2년 초에 ₩50,000의 이자를 수령할 때 이자수익을 인식하였다. A사의 20×1년 당기순이익은 ₩100,000이고 20×2년 당기순이익은 ₩200,000이다.

1 미수이자의 오류를 20×2년에 발견한 경우 오류수정분개를 보이시오.

2 20×1년과 20×2년의 정확한 당기순이익과 20×1년 말과 20×2년 말에 재무상태표에 계상될 정확한 이익잉여금을 구하시오.

풀이

1

차) 이자수익	50,000	대) 이익잉여금	50,000

2 1. 재무제표 영향

구분	20×1년	20×2년
미수이자 기초잔액	–	50,000 과소계상
미수이자 기말잔액	50,000 과소계상	–
당기 이자수익	50,000 과소계상	50,000 과대계상
당기순이익에 미치는 영향	50,000 과소계상	50,000 과대계상
기말 이익잉여금에 미치는 영향	50,000 과소계상	–

2. 재무상태표등식을 이용한 풀이

자산	부채	자본 (이익)	오류수정(N/I 영향)	
			오류발생 회계기간(20×1년)	다음 회계기간(20×2년)
자산과소 50,000		이익과소 50,000	+ 50,000	− (−)50,000

3. 당기손익과 이익잉여금 잔액에 미치는 영향

구분	20×1년	20×2년
수정 전 당기순이익	100,000	200,000
미수이자 과소계상(20×1년)	50,000	(−)50,000
수정 후 당기순이익	150,000	150,000
올바른 기말 이익잉여금 잔액	150,000	150,000 + 150,000 = 300,000

20×1년 초에 설립한 A사는 20×2년도 보험료 ₩50,000을 20×1년 말에 지급하면서 모두 비용처리하였다. A사의 20×1년 당기순이익은 ₩100,000이고 20×2년 당기순이익은 ₩200,000이다.

1 선급비용의 오류를 20×2년에 발견한 경우 오류수정분개를 보이시오.
2 20×1년과 20×2년의 정확한 당기순이익과 20×1년 말과 20×2년 말에 재무상태표에 계상될 정확한 이익잉여금을 구하시오.

풀이

1

차) 보험료	50,000	대) 이익잉여금	50,000

2 1. 재무제표 영향

구분	20×1년	20×2년
선급비용 기초잔액	–	50,000 과소계상
선급비용 기말잔액	50,000 과소계상	–
당기 보험료	50,000 과대계상	50,000 과소계상
당기순이익에 미치는 영향	50,000 과소계상	50,000 과대계상
기말 이익잉여금에 미치는 영향	50,000 과소계상	–

2. 재무상태표등식을 이용한 풀이

자산	부채	자본 (이익)	오류수정(N/I 영향)	
			오류발생 회계기간(20×1년)	다음 회계기간(20×2년)
자산과소 50,000		이익과소 50,000	+ 50,000	– (−)50,000

3. 당기손익과 이익잉여금 잔액에 미치는 영향

구분	20×1년	20×2년
수정 전 당기순이익	100,000	200,000
선급비용 과소계상(20×1년)	50,000	(−)50,000
수정 후 당기순이익	150,000	150,000
올바른 기말 이익잉여금 잔액	150,000	150,000 + 150,000 = 300,000

20×1년 초에 설립한 A사는 20×2년도 임대료 ₩50,000을 20×1년 말에 수령하면서 모두 수익처리하였다. A사의 20×1년 당기순이익은 ₩100,000이고 20×2년 당기순이익은 ₩200,000이다.

1 선수수익의 오류를 20×2년에 발견한 경우 오류수정분개를 보이시오.
2 20×1년과 20×2년의 정확한 당기순이익과 20×1년 말과 20×2년 말에 재무상태표에 계상될 정확한 이익잉여금을 구하시오.

풀이

1

차) 이익잉여금	50,000	대) 임대료수익	50,000

2 1. 재무제표 영향

구분	20×1년	20×2년
선수수익 기초잔액	–	50,000 과소계상
선수수익 기말잔액	50,000 과소계상	–
당기 임대료수익	50,000 과대계상	50,000 과소계상
당기순이익에 미치는 영향	50,000 과대계상	50,000 과소계상
기말 이익잉여금에 미치는 영향	50,000 과대계상	–

2. 재무상태표등식을 이용한 풀이

자산	부채	자본 (이익)	오류수정(N/I 영향)	
			오류발생 회계기간(20×1년)	다음 회계기간(20×2년)
	부채과소 50,000	이익과소 (−)50,000	– 50,000	+ 50,000

3. 당기손익과 이익잉여금 잔액에 미치는 영향

구분	20×1년	20×2년
수정 전 당기순이익	100,000	200,000
선수수익 과소계상(20×1년)	(−)50,000	50,000
수정 후 당기순이익	50,000	250,000
올바른 기말 이익잉여금 잔액	50,000	50,000 + 250,000 = 300,000

20×1년 초에 설립한 A사는 20×1년 말에 기말 재고자산 ₩50,000을 과대계상하였다. A사의 20×1년 당기순이익은 ₩100,000이고 20×2년 당기순이익은 ₩200,000이다.

1 재고자산의 오류를 20×2년에 발견한 경우 오류수정분개를 보이시오.

2 20×1년과 20×2년의 정확한 당기순이익과 20×1년 말과 20×2년 말에 재무상태표에 계상될 정확한 이익잉여금을 구하시오.

풀이

1

차) 이익잉여금	50,000	대) 매출원가	50,000

2 1. 재무제표 영향

구분	20×1년	20×2년
재고자산 기초잔액	–	50,000 과소계상
재고자산 기말잔액	50,000 과대계상	–
당기 매출원가	50,000 과소계상	50,000 과대계상
당기순이익에 미치는 영향	50,000 과대계상	50,000 과소계상
기말 이익잉여금에 미치는 영향	50,000 과대계상	–

2. 재무상태표등식을 이용한 풀이

자산	부채	자본 (이익)	오류수정(N/I 영향)	
			오류발생 회계기간(20×1년)	다음 회계기간(20×2년)
자산과대 (−)50,000		이익과대 (−)50,000	– 50,000	+ 50,000

3. 당기손익과 이익잉여금 잔액에 미치는 영향

구분	20×1년	20×2년
수정 전 당기순이익	100,000	200,000
재고자산 과대계상(20×1년)	(−)50,000	50,000
수정 후 당기순이익	50,000	250,000
올바른 기말 이익잉여금 잔액	50,000	50,000 + 250,000 = 300,000

12월 말 결산법인인 ㈜포도는 20×2년도 외부감사 회계법인을 교체하였다. 담당 공인회계사는 외부감사 과정 중에 아래와 같은 사실을 확인하였다.

(1) 20×1년과 20×2년 ㈜포도의 수정 전 당기순이익은 각각 ₩300,000, ₩200,000
(2) 20×1년 선급비용 ₩20,000 과소계상, 선수수익 누락 ₩30,000
(3) 20×2년 재고자산 ₩40,000 과대계상

1 위의 오류를 모두 수정하였을 때 ㈜포도의 20×1년 당기순이익을 구하시오.
2 위의 오류를 모두 수정하였을 때 ㈜포도의 20×2년 당기순이익을 구하시오.
3 위의 오류를 모두 수정하였을 때 ㈜포도의 20×1년 이익잉여금에 미친 영향을 구하시오.
4 위의 오류를 모두 수정하였을 때 ㈜포도의 20×2년 이익잉여금에 미친 영향을 구하시오.

풀이

1 20×1년 정확한 당기순이익: 290,000
2 20×2년 정확한 당기순이익: 170,000
3 20×1년 이익잉여금에 미치는 영향: 20,000 − 30,000 = (−)10,000
4 20×2년 이익잉여금에 미치는 영향: 20,000 − 30,000 − 20,000 + 30,000 − 40,000 = (−)40,000

[당기손익과 이익잉여금 잔액에 미치는 영향]

구분	20×1년	20×2년
수정 전 N/I	300,000	200,000
20×1년 선급비용 과소	20,000	(−)20,000
20×1년 선수수익 누락	(−)30,000	30,000
20×2년 재고자산 과대		(−)40,000
수정 후 N/I	290,000	170,000

[20×2년 말 수정분개]

20×1년 선급비용 과소계상	차) 비용	20,000	대) 이익잉여금	20,000
20×1년 선수수익 과소계상	차) 이익잉여금	30,000	대) 수익	30,000
20×2년 재고자산 과대계상	차) 매출원가	40,000	대) 재고자산	40,000

02 비자동조정오류

비자동조정오류란 두 보고기간을 초과하여 오류의 효과가 지속되는 오류를 말하며, 일반적으로 비유동항목과 관련하여 발생한다. 비자동조정오류가 주로 발생하는 계정은 유형자산, 무형자산, 사채 등이 있다. 비자동조정오류는 자동조정오류를 제외한 모든 오류들로 자동조정오류와는 달리 **재무상태표와 손익계산서에 영향을 미친 계정과목이 여러 개**라는 특징이 있다. 따라서 비자동조정오류도 자동조정오류와 마찬가지로 오류를 수정하는 회계연도의 재무상태표와 손익계산서에 영향을 미친 계정과목과 금액을 계산하여 수정분개를 하면 된다. 비자동조정오류를 발견한 경우 오류수정분개를 하는 순서는 다음과 같이 수행하는 것이 유용하다.

```
┌─ 비자동조정오류의 오류수정분개 순서 ─────────────────────────────────┐
│                                                                      │
│   ① 재무상태표계정의     ⇒   ② 당기손익의       ⇒   ③ 대차차액을       │
│      차이를 조정              차이를 조정              이익잉여금으로 처리   │
│                                                                      │
└──────────────────────────────────────────────────────────────────┘
```

또한 중요한 오류를 발견한 경우 재무상태표와 포괄손익계산서에 미치는 영향을 분석하고 오류수정분개를 수행해야 한다. 다양한 오류가 복합적으로 발생한 경우 오류로 인한 기말 재무상태표 효과와 연도별 손익효과를 파악하기 어렵다. 이 경우 정산표를 이용하여 오류를 집계하면 위의 효과를 쉽고 빠르게 파악할 수 있다.

오류수정정산표의 예시

구분	20×1년	20×2년
수정 전 N/I	××	××
20×1년 자동조정오류	×× (−)××	(−)×× ××
20×2년 자동조정오류		×× (−)××
비자동조정오류	×× (−)××	×× (−)××
수정 후 N/I	××	××

보고기간 말이 12월 31일 A사는 20×3년도의 재무제표를 작성하던 중 아래의 중요한 오류를 발견하였다.

(1) 20×1년 말 재고자산을 ₩4,000 과대평가하였으며, 20×2년 말 재고자산을 ₩10,000 과대평가하였으며, 20×3년 말 재고자산을 ₩5,000 과소평가하였다.

(2) 20×1년 말 미수이자를 ₩5,000 과소계상하였으며, 20×2년 말 미수이자를 ₩4,000 과소계상하였다.

(3) 회사는 매년 12월 급여를 다음 해 1월에 지급하고 1월에 해당 급여 ₩12,000을 비용처리하였다.

(4) 20×2년 1월 1일에 ₩10,000에 취득한 유형자산을 모두 비용으로 처리하였다. 유형자산은 내용연수 5년으로 하고, 잔존가치 없이 정액법으로 감가상각한다.

1 오류수정 전 20×2년 말 이익잉여금이 ₩500,000이라고 할 때, 오류수정 후 20×2년 말 이익잉여금을 계산하시오(단, 법인세효과는 고려하지 않는다).

2 오류수정 전 20×3년 말 당기순이익이 ₩400,000이라고 할 때, 오류수정 후 20×3년 당기순이익을 계산하시오.

풀이

1 20×2년 말 수정 후 이익잉여금: 500,000 − 11,000 + 1,000 = 490,000
2 20×3년 말 수정 후 당기순이익: 400,000 + 9,000 = 409,000

[오류수정정산표의 작성]

구분	20×1년	20×2년	20×3년
(1) 20×1년 재고자산 과대평가	(−)4,000	4,000	
(1) 20×2년 재고자산 과대평가		(−)10,000	10,000
(1) 20×3년 재고자산 과소평가			5,000
(2) 20×1년 미수이자 과소계상	5,000	(−)5,000	
(2) 20×2년 미수이자 과소계상		4,000	(−)4,000
(3) 20×1년 미지급급여 과소계상	(−)12,000	12,000	
(3) 20×2년 미지급급여 과소계상		(−)12,000	12,000
(3) 20×3년 미지급급여 과소계상			(−)12,000
(4) 유형자산 과소계상		10,000	
(4) 감가상각비 미계상		(−)2,000	(−)2,000
합계	(−)11,000	1,000	9,000

CH 22

회계변경과 오류수정

해커스 회계학 1차 기본서

01 회계정책, 회계추정치 변경과 오류에 관한 설명으로 옳은 것은?　　[관계사 2024년]

① 오류수정은 성격상 추가 정보가 알려지는 경우에 변경이 필요할 수도 있는 근사치인 회계추정치 변경과 구별된다.

② 새로운 회계정책을 과거기간에 적용하는 경우, 과거기간에 인식된 금액의 추정에 사후에 인지된 사실을 이용할 수 있다.

③ 거래 및 기타 사건에 대하여 적용할 수 있는 한국채택국제회계기준이 없는 경우, 경영진은 판단에 따라 회계정책을 적용하여 회계정보를 작성할 수 없다.

④ 과거에 발생한 거래와 실질이 다른 거래, 기타 사건 또는 상황에 대하여 다른 회계정책을 적용하는 경우에는 회계정책의 변경에 해당한다.

⑤ 과거에 발생하지 않았던 거래, 기타 사건에 대하여 새로운 회계정책을 적용하는 경우에는 회계정책의 변경에 해당한다.

02 ㈜감평은 재고자산을 20×1년 말까지 평균법을 적용해 오다가 20×2년 초 선입선출법으로 회계정책을 변경하였다. 다음은 20×1년 말과 20×2년 말의 평가방법별 재고자산 금액이다.

구분		20×1년 말	20×2년 말
재고자산금액	평균법	₩2,800	₩2,200
	선입선출법	₩2,500	₩2,800

평균법을 적용한 20×2년 당기순이익이 ₩2,000일 때, 변경 후 20×2년 당기순이익은? (단, 동 회계정책 변경은 한국채택국제회계기준에서 제시하는 조건을 충족하는 것이며, 선입선출법으로의 회계정책 변경에 대한 소급효과를 모두 결정할 수 있다고 가정한다.)

[감정평가사 2021년]

① ₩1,400
② ₩2,000
③ ₩2,300
④ ₩2,600
⑤ ₩2,900

03 ㈜감평은 20×1년부터 20×3년까지 매년 말 다음과 같이 기말재고자산을 과소 또는 과대계상하였으며 오류수정 전 20×2년도와 20×3년도의 당기순이익은 각각 ₩200과 ₩250이다. 20×3년도 장부가 마감되기 전 오류를 발견하고 해당 오류가 중요하다고 판단하였을 경우, 오류수정 후 20×3년도 당기순이익은?

[감정평가사 2024년]

20×1년도	20×2년도	20×3년도
₩30 과소계상	₩10 과소계상	₩20 과대계상

① ₩190
② ₩220
③ ₩230
④ ₩240
⑤ ₩250

01 ① ② 새로운 회계정책을 과거기간에 적용하는 경우, 과거기간에 인식된 금액의 추정에 사후에 인지된 사실을 이용할 수 없다.

③ 거래 및 기타 사건에 대하여 적용할 수 있는 한국채택국제회계기준이 없는 경우, 경영진은 판단에 따라 회계정책을 개발 및 적용하여 회계정보를 작성할 수 있다.

④ 과거에 발생한 거래와 실질이 다른 거래, 기타 사건 또는 상황에 대하여 다른 회계정책을 적용하는 경우에는 회계정책의 변경에 해당하지 않는다.

⑤ 과거에 발생하지 않았던 거래, 기타 사건에 대하여 새로운 회계정책을 적용하는 경우에는 회계정책의 변경에 해당하지 않는다.

02 ⑤ 변경 전 당기순이익 2,000 + 900 = 2,900

구분	20×1년 당기순이익 변동	20×2년 당기순이익 변동
20×1년 기말재고자산 감소	(300)	+300
20×2년 기말재고자산 증가	–	+600
합계	(300)	+900

03 ② 20 × 3년 오류 수정 후 당기순이익: 250 – 30 = 220

구분	20 × 1년 당기순이익 변동	20 × 2년 당기순이익 변동	20 × 3년 당기순이익 변동
20 × 1년 기말재고자산 수정	+30	(30)	
20 × 2년 기말재고자산 수정	–	+10	(10)
20 × 3년 기말재고자산 증가			(20)
합계	+30	(20)	(30)

과소계상된 재고자산은 증가시키고 과대계상된 재고자산은 감소시킨다.

ca.Hackers.com

해커스 감정평가사
ca.Hackers.com

Chapter 23

현금흐름표

1 현금흐름표의 기초

I 현금흐름표의 정의

'재무제표의 작성과 표시를 위한 개념체계'에서는 자금을 특정하게 정의하지는 않지만 기준서 제1007호 '현금흐름표'에서는 자금개념을 현금및현금성자산으로 정의하고 재무상태변동표로 현금흐름표를 작성하도록 하고 있다. 현금흐름표는 일정 기간 동안 특정 기업의 현금이 어떻게 조달되고 사용되는지를 나타내는 재무제표이다. 이는 기업의 기간별 현금의 유입과 유출 내용을 표시함으로써 향후 발생할 기업자금의 과부족현상을 미리 파악할 수 있는 정보를 제공하는 재무제표이다.

Additional Comment

재무제표이용자는 기업이 현금및현금성자산을 어떻게 창출하고 사용하는지에 대하여 관심이 있다. 이것은 기업활동의 성격에 관계없이, 그리고 금융회사의 경우와 같이 현금이 그 기업의 상품으로 간주될 수 있는지의 여부와 관계없이 모든 기업에 적용된다. 기업은 주요 수익활동이 서로 다르더라도 본질적으로 동일한 이유에서 현금을 필요로 한다. 기업은 영업활동을 수행하고, 채무를 상환하며, 투자자에게 투자수익을 분배하기 위하여 현금이 필요하다.

Self Study

한국채택국제회계기준에서는 모든 기업이 현금흐름표를 작성 공시하도록 하고 있다.

II 현금의 개념

현금흐름표는 재무상태의 변동에 관한 보고서 중 현금을 자금개념으로 파악하고 현금흐름을 보고하는 재무보고서이다. 현금흐름표의 작성기준이 되는 현금의 범위는 현금및현금성자산을 말한다. 즉, 현금이란 보유하고 있는 현금, 요구불예금을 말하며, 현금성자산이란 유동성이 매우 높은 단기투자자산으로 확정된 금액의 현금으로 전환이 용이하고 가치변동의 위험이 중요하지 않은 자산을 의미한다. 그러한 은행거래약정이 있는 경우 은행잔고는 예금과 차월 사이에서 자주 변동하는 특성이 있다.

현금흐름표는 회계기간 동안 발생한 현금흐름을 영업활동, 투자활동 및 재무활동으로 분류하여 보고한다.

01 영업활동

영업활동은 기업의 주요 수익창출활동, 그리고 투자활동이나 재무활동이 아닌 기타의 활동에서 발생한다. 영업활동에서 발생하는 현금흐름의 금액은 기업의 외부의 재무자원에 의존하지 않고 영업을 통하여 차입금 상환, 영업능력의 유지, 배당금 지급 및 신규투자 등에 필요한 현금흐름을 창출하는 정도에 대한 중요한 지표가 된다. 역사적 영업현금흐름의 특정 구성요소에 대한 정보를 다른 정보와 함께 사용하면, 미래 영업현금흐름을 예측하는 데 유용하다.

영업활동 현금흐름은 일반적으로 당기순이익의 결정에 영향을 미치는 거래나 그 밖의 사건의 결과로 발생한다. 영업활동 현금흐름의 예는 다음과 같다.

① 재화의 판매와 용역 제공에 따른 현금유입
② 로열티, 수수료, 중개료 및 기타수익에 따른 현금유입
③ 재화와 용역의 구입에 따른 현금유출
④ 종업원과 관련하여 직·간접적으로 발생하는 현금유출
⑤ 보험회사의 경우 수입보험료, 연금 및 기타 급부금과 관련된 현금유입과 현금유출
⑥ 법인세의 납부 또는 환급. 단, 재무활동과 투자활동에 명백히 관련된 것은 제외
⑦ 단기매매목적으로 보유하는 계약에서 발생하는 현금유입과 현금유출

설비 매각과 같은 일부 거래에서도 인식된 당기순이익의 결정에 포함되는 처분손익이 발생할 수 있다. 그러나 그러한 거래와 관련된 현금흐름은 투자활동 현금흐름이다. 그러나 타인에게 임대할 목적으로 보유하다가 후속적으로 판매목적으로 보유하는 자산을 제조하거나 취득하기 위한 현금 지급액은 영업활동 현금흐름이다. 이러한 자산의 임대 및 후속적인 판매로 수취하는 현금도 영업활동 현금흐름이다.

기업은 단기매매목적으로 유가증권이나 대출채권을 보유할 수 있으며, 이때 유가증권이나 대출채권은 판매를 목적으로 취득한 재고자산과 유사하다. 따라서 단기매매목적으로 보유하는 유가증권의 취득과 판매에 따른 현금흐름은 영업활동으로 분류한다. 마찬가지로 금융회사의 현금 선지급이나 대출채권은 주요 수익창출활동과 관련되어 있으므로 일반적으로 영업활동으로 분류한다.

Self Study

> 보험회사의 경우 수입보험료, 보험금, 연금 및 기타 급부금과 관련된 현금유입과 현금유출은 영업활동 현금흐름에 포함된다.

02 투자활동

투자활동은 장기성 자산 및 현금성자산에 속하지 않는 기타 투자자산의 취득과 처분활동을 말한다. 투자활동 현금흐름은 미래수익과 미래현금흐름을 창출할 자원의 확보를 위하여 지출된 정도를 나타내기 때문에 현금흐름을 별도로 구분 공시하는 것이 중요하다. 재무상태표에 자산으로 인식되는 지출만이 투자활동으로 분류하기에 적합하다. 투자활동 현금흐름의 예는 다음과 같다.

① 유형자산, 무형자산 및 기타 장기성 자산의 취득에 따른 현금유출(자본화된 개발원가와 자가건설 유형자산에 관련된 지출 포함)
② 유형자산, 무형자산 및 기타 장기성 자산의 처분에 따른 현금유입
③ 다른 기업의 지분상품이나 채무상품 및 조인트벤처 투자지분의 처분에 따른 현금유출·유입(현금성자산으로 간주되는 단기매매목적으로 보유하는 상품의 처분은 제외)
④ 제3자에 대한 선급금 및 대여금의 현금 유출·유입(금융회사의 현금 선지급과 대출채권은 제외)
⑤ 선물계약, 선도계약, 옵션계약 및 스왑계약에 따른 현금 유출·유입(단기매매목적으로 계약을 보유하거나 현금유입·유출을 재무활동으로 분류하는 경우 제외)

Additional Comment

연구단계에서의 지출은 당기비용으로 인식하고, 개발단계의 지출은 6가지의 조건을 충족하는 경우에 한하여 무형자산으로 인식한다. 따라서 연구단계의 지출은 영업활동으로 분류하고, 무형자산의 인식조건을 충족하는 개발단계의 지출은 투자활동 현금흐름으로 분류한다. 물론 개발단계의 지출이더라도 무형자산의 인식조건을 충족하지 못하면 관련 지출은 영업활동 현금흐름으로 분류한다.

Self Study

1. 파생상품계약에서 식별 가능한 거래에 대하여 위험회피회계를 적용하는 경우, 그 계약과 관련된 현금흐름은 위험회피대상 거래의 현금흐름과 동일하게 분류한다.
2. 투자활동은 유·무형자산 및 유가증권 등의 투자자산(단기매매금융자산 제외)의 취득과 처분, 대여금의 대여와 회수 등과 관련된 활동을 말한다.
3. 제3자에 대한 선급금 및 대여금의 현금 유출·유입(금융회사의 현금 선지급과 대출채권은 제외)은 투자활동에 포함된다.

03 재무활동

재무활동은 기업의 납입자본과 차입금의 크기 및 구성내용에 변동을 가져오는 활동을 말한다.
재무활동 현금흐름은 미래현금흐름에 대한 자본 제공자의 청구권을 예측하는 데 유용하기 때문에 현금흐름을 별도로 구분 공시하는 것이 중요하다. 재무활동 현금흐름의 예는 다음과 같다.

① 주식이나 기타 지분상품의 발행에 따른 현금유입
② 주식의 취득이나 상환에 따른 소유주에 대한 현금유출
③ 담보·무담보사채 및 어음의 발행과 기타 장·단기차입에 따른 현금유입
④ 차입금의 상환에 따른 현금유출
⑤ 리스이용자의 리스부채 상환에 따른 현금유출

리스에서 리스이용자가 리스제공자에게 리스료를 지급할 경우 이를 이자비용과 리스부채의 상환으로 구분하여 회계처리하였다. 이때 리스료 현금유출액 중 리스부채의 상환에 해당되는 금액만 재무활동 현금흐름으로 구분하고, 이자비용에 해당되는 현금흐름은 영업활동 또는 재무활동으로 기업의 선택에 따라 일관성 있게 구분한다. 또한 회사는 법적 의무나 의제의무를 충당부채로 인식한 후, 의무를 이행할 때 현금을 지출하면서 충당부채를 감소시킨다. 이때 현금유출액은 재무활동 현금흐름이 아니라 영업활동 현금흐름으로 분류한다.

04 특수한 항목의 활동 구분

(1) 이자와 배당금

이자와 배당금의 수취 및 지급에 따른 현금흐름은 각각 별도로 공시한다. 각 현금흐름은 매 기간 일관성 있게 영업활동, 투자활동 또는 재무활동으로 분류한다. 기준서 제1023호 '차입원가'에 따라 회계기간 동안 지급한 이자금액은 당기손익의 비용항목으로 인식하는지 또는 자본화하는지에 관계없이 현금흐름표에 총지급액을 공시한다.

금융회사의 경우 이자지급, 이자수입 및 배당금수입은 일반적으로 영업활동 현금흐름으로 분류한다. 그러나 다른 업종의 경우 이러한 현금흐름의 분류방법에 대하여 합의가 이루어지지 않았다. 따라서 이자지급, 이자수입 및 배당금수입은 당기순이익의 결정에 영향을 미치므로 영업활동 현금흐름으로 분류할 수 있다. 그러나 대체적인 방법으로 이자지급은 재무자원을 획득하는 원가이므로 재무활동 현금흐름으로, 이자수입 및 배당금수입은 투자자산에 대한 수익이므로 투자활동 현금흐름으로 분류할 수 있다.

배당금 지급은 재무자원을 획득하는 비용이므로 재무활동 현금흐름으로 분류할 수 있다. 대체적인 방법으로 재무제표 이용자가 영업활동 현금흐름에서 배당금을 지급할 수 있는 기업의 능력을 판단하는 데 도움을 주기 위하여 영업활동 현금흐름의 구성요소로 분류할 수도 있다.

(2) 법인세

법인세는 현금흐름표에서 영업활동, 투자활동 또는 재무활동으로 분류되는 현금흐름을 유발하는 거래에서 발생한다. 법인세비용이 투자활동이나 재무활동으로 쉽게 식별가능한 경우에도 관련된 법인세 현금흐름은 실무적으로 식별할 수 없는 경우가 많으며, 해당 거래의 현금흐름과 다른 기간에 발생하기도 한다. 따라서 법인세의 지급은 일반적으로 영업활동 현금흐름으로 분류한다.

투자활동이나 재무활동으로 분류한 현금흐름을 유발하는 개별 거래와 관련된 법인세 현금흐름을 실무적으로 식별할 수 있다면 그 법인세 현금흐름은 투자활동이나 재무활동으로 적절히 분류한다. 법인세 현금흐름이 둘 이상의 활동에 배분되는 경우에는 법인세의 총지급액을 공시한다.

(3) 정부보조에 의한 자산 취득

유형자산의 취득금액 중 일부를 정부나 지방자치단체로부터 수령한 정부보조금으로 충당하는 경우가 있다. 기업회계기준서 제1020호 '정부보조금의 회계처리와 정부지원의 공시'에서는 재무상태표에 정부보조금이 관련 자산에서 차감하여 표시되는지와 관계없이 자산의 총투자를 보여주기 위해 현금흐름표에 별도 항목으로 표시한다고 규정하고 있다.

그러므로 정부보조금은 관련된 유형자산과 구분하여 별도의 현금흐름으로 보고하여야 한다. 이때 정부보조금은 유형자산을 취득하는 자금을 조달한 것으로 보아 재무활동으로 분류한다.

(4) 미수금과 미지급금

미수금과 미지급금은 유형자산과 무형자산의 처분 또는 취득과 관련된 채권·채무이므로 발생원천에 따라 투자활동으로 분류하는 것이 합리적이다. 그러나 이들 항목은 재무상태표의 계정분류에 따라 미수금의 회수는 투자활동으로, 미지급금의 결제는 재무활동으로 분류한다. 미수금과 미지급금의 증가는 유형자산과 무형자산의 처분 또는 취득과 관련되어 있으므로 현금의 유입과 유출이 없는 거래에 해당한다.

(5) 리스부채

리스이용자는 리스부채의 원금에 해당하는 현금 지급액을 재무활동으로 분류한다. 리스부채의 이자에 해당하는 현금 지급액은 이자 지급과 동일하게 분류하여 영업활동이나 재무활동으로 분류한다. 리스부채 측정치에 포함되지 않은 단기리스료, 소액자산 리스료 및 변동리스료는 영업활동으로 분류한다.

2 현금흐름표의 작성방법

개별거래들은 거래의 성격에 따라 다음과 같이 나누어질 수 있으며 각각의 항목을 조합하여 포괄손익계산서의 당기손익과 현금흐름표의 현금흐름을 계상할 수 있다.

거래의 구분

구분	각 활동별 관련 손익	각 활동별 비관련 손익	
손익거래	A	B	→ A + B: 포괄손익계산서
각 활동별 자산·부채의 변동	C	D	

↓

A + C: 현금흐름표

01 직접법 작성 논리

직접법이란 관련 활동에서 발생한 수익·비용, 관련 자산·부채의 증감을 고려하여 관련 현금흐름을 구하는 방법이다.
직접법은 총현금유입과 총현금유출을 주요 항목별로 구분하여 표시하는 방법을 말한다.

직접법 작성 논리

(+) 해당 활동 관련 손익	A
(+) 해당 활동 관련 자산·부채 증감	C
관련 활동 현금흐름	A + C

02 간접법 작성 논리

현금흐름은 직접법과 간접법 두 가지 방법 중 하나를 선택하여 작성할 수 있는데, 간접법이란 당기순이익에서 비현금 수익·비용, 영업활동 이외에서 발생한 수익·비용, 영업활동 관련 자산·부채의 증감을 고려하여 관련 활동 현금흐름을 구하는 방법이다.

또한 간접법은 당기순손익에 현금을 수반하지 않는 거래, 과거 또는 미래의 영업활동 현금유입이나 현금유출의 이연 또는 발생, 투자활동 현금흐름이나 재무활동 현금흐름과 관련된 손익항목의 영향을 조정하여 표시하는 방법을 말한다.

간접법 작성 논리	
포괄손익계산서상 N/I	A + B
(−) 활동 비관련 손익	(−)B
(+) 활동 관련 자산·부채 증감	C
영업활동 현금흐름	A + C

Self Study

한국채택국제회계기준에서는 간접법보다 직접법을 적용하는 것이 미래현금흐름을 추정하는 데 보다 유용한 정보를 제공하므로 영업활동 현금흐름을 보고하는 경우에는 직접법 사용을 권장한다.

참고 **자산·부채 증감에 따른 현금흐름**

관련 활동에서 자산의 증가는 현금의 감소를 관련 활동에서 자산의 감소는 현금의 증가를 가져온다. 또한 관련 활동에서 부채(자본)의 증가는 현금의 증가를, 관련 활동에서 부채(자본)의 감소는 현금의 감소를 가져온다.

구분	회계처리				현금의 증감
자산의 증가	차) 자산	××	대) 현금	××	감소
자산의 감소	차) 현금	××	대) 자산	××	증가
부채의 증가	차) 현금	××	대) 부채	××	증가
부채의 감소	차) 부채	××	대) 현금	××	감소

3 영업활동으로 인한 현금흐름

영업활동 현금흐름은 기업의 주요 수익창출활동, 그리고 투자활동이나 재무활동이 아닌 기타의 활동에서 발생하는 현금흐름을 말한다. 한국채택국제회계기준에서는 영업활동 현금흐름은 총현금유입과 총현금유출을 주요 항목별로 구분하여 표시하는 방법인 직접법 또는 당기순이익에서 당기순이익 조정항목을 가감하여 표시하는 방법인 간접법 중 선택하여 하나의 방법으로 보고할 수 있도록 규정하고 있다.

I 직접법

직접법은 총현금유입과 총현금유출을 주요 항목별로 구분하여 표시하는 방법을 말한다. 즉, 직접법은 영업활동을 보다 세부적인 여러 활동으로 구분하여 구분된 세부 단위현금흐름의 합계로서 영업활동 현금흐름을 계산하는 방법이다.

한국채택국제회계기준에서는 영업활동 현금흐름을 보고하는 경우 직접법을 사용할 것을 권장한다. 직접법을 적용하여 표시한 현금흐름은 간접법에 의한 현금흐름에서는 파악할 수 없는 정보를 제공하며, 미래현금흐름을 추정하는 데 보다 유용한 정보를 제공하기 때문이다.

01 고객으로부터 유입된 현금유입액

고객으로부터 유입된 현금액은 기업이 재화나 용역을 고객들에게 판매하거나 제공하고 회수한 현금액으로 매출로 인한 현금유입액이라고도 한다. 고객으로부터 유입된 현금액을 계산하기 위해서는 먼저 매출과 관련된 계정들을 파악하여야 하는데, 그 내용과 현금유입액 산정방법은 아래와 같다.

고객으로부터 유입된 현금유입액

1. 계정분석법

고객으로부터 수취한 현금(A + C)	××
1. 매출활동 관련 손익(A)	××
(1) 매출액	+
(2) 손상차손	−
(3) 매출채권 처분손익	+, −
(4) 환율변동손익(매출채권 관련)	+, −
2. 매출활동 관련 자산·부채 증감(C)	××
(1) 매출채권 증감	+, −
(2) 손실충당금	+, −
(3) 선수금 증감	+, −

2. 약식분개법

차) 손상차손	××	대) 매출	××
매출채권처분손실	××	매출채권 감소	××
환율변동손실(매출채권 관련)	××	손실충당금 증가	××
현금유입액	대차차액	선수금 증가	××

Self Study

문제에서 손실충당금은 제시되어 있으나 손상차손이 주어져 있지 않다면, 손실충당금의 T계정을 이용하여 손상차손을 구하여야 한다.

⇒ 손상차손: 기초 손실충당금 + 설정액(손상차손, 환입액)(역산) − 손상확정 = 기말 손실충당금

다음 자료를 참고로 고객으로부터 수취한 현금유입액은 얼마인가?

구분	기초	기말
매출채권	₩ 8,000	₩ 10,000
손실충당금	₩ (−)600	₩ (−)400
선수금	₩ 500	₩ 900

- 외화환산손실: ₩ 1,000(매출채권 관련 부분은 ₩ 800)
- 매출액: ₩ 20,000
- 손상차손: ₩ 200

풀이

1. 계정분석법

고객으로부터 수취한 현금(A + C)		17,200
1. 매출활동 관련 손익(A)		19,000
(1) 매출액	20,000	
(2) 손상차손	(−)200	
(3) 매출채권 처분손익		
(4) 환율변동손익	(−)800	
2. 매출활동 관련 자산·부채 증감(C)		(−)1,800
(1) 매출채권 증감	(−)2,000	
(2) 손실충당금 증감	(−)200	
(3) 선수금 증감	400	

2. 약식분개법

차) 손상차손	200	대) 매출	20,000
매출채권 증가	2,000	선수금 증가	400
환율변동손실(매출채권 관련)	800		
손실충당금 감소	200		
현금유입액	17,200		

02 공급자에게 지급하는 현금유출액

공급자에 대한 현금유출액은 손익계산서의 매출원가, 물류원가 및 관리비와 관련된 현금유출액을 말한다. 공급자에 대한 현금유출액은 재고자산의 매입과 관련된 현금유출액을 의미하므로 이를 계산하기 위한 내용과 산정방법은 아래와 같다.

공급자에게 지급하는 현금유출액

1. 계정분석법

공급자에게 지급한 현금유출액(A + C)	(−)××
1. 매입활동 관련 손익(A)	(−)××
(1) 매출원가(매입 + 평가손실·감모손실)	−
(2) 채무면제이익	+
(3) 환율변동손익(매입채무 관련)	+, −
2. 매입활동 관련 자산·부채 증감(C)	××
(1) 상품 증감	+, −
(2) 선급금 증감	+, −
(3) 매입채무 증감	+, −

2. 약식분개법

차) 매출원가(평가손실·감모손실 포함)	××	대) 채무면제이익	××
환율변동손실(매입채무 관련)	××	상품 감소	××
매입채무 감소	××	선급금 감소	××
		현금유출액	대차차액

Self Study

공급자에게 지급한 현금유출액 중 재고자산의 감모손실과 평가손실은 매출원가(상품의 변동)에 포함하여 계산한다.

다음 자료를 참고로 공급자에게 지급한 현금을 구하라.

구분	기초	기말
재고자산	₩8,000	₩10,000
매입채무	₩6,000	₩15,000
선급금	₩2,000	₩1,000

- 매출원가: ₩30,000(감모손실이 포함되어 있지 않음)
- 재고자산 감모손실: ₩400
- 외화환산이익: ₩1,000(매입채무 관련 환산이익 200)
- 매입채무 관련 채무면제이익: ₩500

풀이

1. 계정분석법

공급자에게 지급한 현금유출액(A + C)		(−)21,700
1. 매입활동 관련 손익(A)		(−)29,700
(1) 매출원가(매입 + 평가손실·감모손실)	(−)30,400	
(2) 채무면제이익	500	
(3) 환율변동손익	200	
2. 매입활동 관련 자산·부채 증감(C)		8,000
(1) 상품 증감	(−)2,000	
(2) 선급금 증감	1,000	
(3) 매입채무 증감	9,000	

2. 약식분개법

차) 매출원가(평가손실·감모손실 포함)	30,400	대) 채무면제이익	500
재고자산 증가	2,000	외화환산이익	200
		선급금 감소	1,000
		매입채무 증가	9,000
		현금유출액	21,700

03 종업원에 대한 현금유출액

종업원에 대한 현금유출액은 종업원에게 지급한 급여 등과 관련된 현금유출액을 의미하므로 이를 계산하기 위해서는 먼저 종업원급여와 관련된 계정들을 파악하여야 하는데, 해당 계정과 산정방법은 아래와 같다.

종업원에 대한 현금유출액

1. 계정분석법

종업원에 대한 현금유출액(A + C)	(−)××
1. 기타영업활동 관련 손익(A)	(−)××
(1) 급여, 퇴직급여	−
(2) 주식결제형 주식보상비용 급여에 포함 시 제외	+
2. 기타영업활동 관련 자산·부채 증감(C)	××
(1) 선급급여, 미지급급여, 확정급여채무	+, −

2. 약식분개법

차) 급여(주식보상비용 포함), 퇴직급여	××	대) 주식선택권 증가	××
선급급여 증가	××	미지급급여 증가	××
		확정급여채무 증가	××
		현금유출액	대차차액

Self Study

1. 주식결제형 주식보상비용은 주식선택권(자본조정)과 관련된 계정으로 재무활동 현금흐름을 계산하는 경우 사용되므로 종업원에 대한 현금유출액 계산 시 제외된다.
2. 종업원급여에 포함된 주식결제형 주식보상비용이 문제에 제시되지 않았을 경우, 주식선택권의 증감을 이용하여 주식결제형 주식보상비용을 산정해야 한다.
3. 포괄손익계산서의 판매비와 관리비에 감가상각비나 무형자산상각비 등의 투자활동 손익에 종업원 급여가 포함된 경우에는 이에 대한 분석을 배제한다.

다음은 ㈜두링의 기초 및 기말재무제표에서 발췌한 자료이다.

(1) 기초 및 기말 재무상태표에서 추출한 자료

구분	기초	기말
미지급급여	₩ 4,000	₩ 6,000
확정급여채무	40,000	20,000
선급급여	2,000	4,000

(2) 당기 포괄손익계산서상의 종업원급여(퇴직급여 포함)는 ₩ 50,000이고 이 중에서 주식결제형 주식기준보상거래와 관련하여 인식한 주식보상비용 ₩ 10,000이 포함되어 있다.

㈜두링의 종업원에 대한 현금유출액은 얼마인가?

풀이

1. 계정분석법

1. 기타영업활동 관련 손익(A)	(−)40,000
(1) 종업원 급여	(−)50,000
(2) 주식결제형 주식보상비용 급여에 포함 시 제외	10,000
2. 기타영업활동 관련 자산·부채 증감(C)	(−)20,000
(1) 미지급급여 증감	2,000
(2) 확정급여채무 증감	(−)20,000
(3) 선급급여 증감	(−)2,000
⇒ 종업원에 대한 현금유출액	(−)60,000

2. 약식분개법

차) 급여(주식보상비용 포함), 퇴직급여	50,000	대) 주식선택권 증가	10,000
확정급여채무 감소	20,000	미지급급여 증가	2,000
선급급여 증가	2,000	현금유출액	60,000

04 이자로 인한 현금유입액

이자의 수취는 영업활동이나 투자활동 중 하나의 활동으로 분류할 수 있다. 이자의 수취를 영업활동으로 분류하기로 하면 영업에서 창출된 현금 다음에 표시하고, 투자활동으로 분류하기로 하면 투자활동에서 현금유입으로 표시한다.

이자의 수취와 관련된 손익계산서 계정은 이자수익 외에는 없다. 손익계산서의 이자수익에는 AC금융자산이나 FVOCI금융자산(채무상품)의 유효이자율법에 의한 할인차금 상각액이 포함되어 있으므로 이 금액은 이자수익에서 차감하여야 한다.

이자로 인한 현금유입액을 계산하기 위해서는 먼저 관련된 계정들을 파악하여야 하는데, 해당 계정과 산정방법은 아래와 같다.

이자로 인한 현금유입액

1. 계정분석법

이자로 인한 현금유입액(A + C)	××
1. 기타영업활동 관련 손익(A)	××
(1) 이자수익	+
(2) AC금융자산, FVOCI금융자산의 할인 취득 상각액	−
(3) AC금융자산, FVOCI금융자산의 할증 취득 상각액	+
2. 기타영업활동 관련 자산·부채 증감(C)	××
(1) 미수이자, 선수이자	+, −

2. 약식분개법

차) 할인 취득 상각액	××	대) 이자수익	××
미수이자 증가	××	할증 취득 상각액	××
현금유입액	대차차액	선수이자 증가	××

Self Study

AC금융자산의 할인, 할증액에 대한 상각액은 투자활동과 관련된 자산이므로 투자활동과 관련된 손익으로 분석하여야 한다.

차) 현금	액면이자(영업활동)	대) 이자수익	I/S상 이자수익
AC금융자산	상각액(투자활동)		

다음은 ㈜옥빙구의 기초 및 기말재무제표에서 발췌한 자료이다.

(1) 기초 및 기말재무상태표에서 추출한 자료

구분	기초	기말
미수이자	₩ 20,000	₩ 15,000
선수이자	50,000	60,000

(2) 당기 포괄손익계산서상의 이자수익은 ₩150,000으로 AC금융자산을 할인 취득하여 발생한 할인차금 상각액은 ₩10,000이 포함되어 있다.

㈜옥빙구의 이자로 인한 현금유입액은 얼마인가?

풀이

1. 계정분석법

1. 기타영업활동 관련 손익(A)		140,000
(1) 이자수익	150,000	
(2) AC금융자산 할인 취득 상각액	(−)10,000	
2. 기타영업활동 관련 자산·부채 증감(C)		15,000
(1) 미수이자	5,000	
(2) 선수이자	10,000	
⇒ 이자로 인한 현금유입액		155,000

2. 약식분개법

차) 할인 취득 상각액	10,000	대) 이자수익	150,000
현금유입액	155,000	미수이자 감소	5,000
		선수이자 증가	10,000

05 이자로 인한 현금유출액

이자의 지급은 영업활동이나 재무활동 중 하나의 활동으로 분류할 수 있다. 이자의 지급을 영업활동으로 분류하기로 하면 영업에서 창출된 현금 다음에 표시하고, 재무활동으로 분류하기로 하면 재무활동에서 현금유출로 표시한다.

이자의 지급과 관련된 손익계산서 계정은 이자비용 외에는 없다. 손익계산서의 이자비용에는 사채할인발행차금 상각액이 포함되어 있을 수 있다. 사채할인발행차금의 당기 변동분은 사채의 발행으로 증가한 금액과 사채할인발행차금 상각액으로 감소한 금액으로 구분된다. 사채의 발행으로 증가한 금액은 사채발행으로 인한 현금유입액과 관련되어 있으므로 재무활동으로 분류하여야 한다. 따라서 이자비용으로 인식한 금액만을 이자비용에서 제외하여야 하며 이를 위해서는 사채할인발행차금 상각액만을 고려하여야 한다. 만일 사채할증발행차금이 있는 경우에는 사채할증발행차금 상각액만을 고려하여야 한다.

또한 이자의 지급은 자본화 여부에 관계없이 회계기간 중 유출된 총현금액을 표시하여야 하므로 적격자산에 자본화한 금액도 고려하여야 한다.

이자로 인한 현금유출액을 계산하기 위해서는 먼저 관련된 계정들을 파악하여야 하는데, 해당 계정과 산정방법은 아래와 같다.

이자로 인한 현금유출액

1. 계정분석법

이자로 인한 현금유출액(A + C)	$(-)\times\times$
1. 기타영업활동 관련 손익(A)	$(-)\times\times$
(1) 이자비용	$-$
(2) 사채할인발행차금 상각액	$+$
(3) 사채할증발행차금 상각액	$-$
(4) 전환권조정, 신주인수권조정 상각액	$+$
2. 기타영업활동 관련 자산·부채 증감(C)	$\times\times$
(1) 선급이자, 미지급이자, 자본화 차입원가	$+, -$

2. 약식분개법

차) 이자비용	$\times\times$	대) 사채할인발행차금 상각액	$\times\times$
사채할증발행차금 상각액	$\times\times$	전환권조정 등 상각액	$\times\times$
선급이자 증가	$\times\times$	미지급이자 증가	$\times\times$
유형·무형자산 증가(자본화 차입원가)	$\times\times$	현금유출액	대차차액

1. 사채발행차금의 상각에 따른 이자비용은 재무활동과 직접 관련된 손익이므로 이에 대한 분석을 배제한다. 결국, 포괄손익계산서의 유효이자비용 중 표시이자비용은 영업활동으로 분석하지만, 상각이자비용은 관련 계정의 활동에서 분석한다.
2. 이자지급액은 당기손익의 비용항목으로 인식되는지 또는 자본화되는지 여부에 관계없이 현금흐름표에는 총지급액을 공시하여야 한다.

사례연습 5: 이자로 인한 현금유출액

다음은 ㈜탁구의 기초 및 기말재무제표에서 발췌한 자료이다.

(1) 기초 및 기말재무상태표에서 추출한 자료

구분	기초	기말
선급이자	₩20,000	₩40,000
미지급이자	40,000	45,000

(2) 포괄손익계산서상의 이자비용은 ₩200,000으로 사채할인발행차금 상각액 ₩30,000이 포함되어 있으며, 당기에 자본화한 차입원가는 ₩30,000이다.

㈜탁구의 이자로 인한 현금유출액은 얼마인가?

풀이

1. 계정분석법

1. 기타영업활동 관련 손익(A)		(−)170,000
(1) 이자비용	(−)200,000	
(2) 사채할인발행차금 상각액	30,000	
2. 기타영업활동 관련 자산·부채 증감(C)		(−)45,000
(1) 선급이자	(−)20,000	
(2) 미지급이자	5,000	
(3) 자본화한 차입원가	(−)30,000	
⇒ 이자로 인한 현금유출액		(−)215,000

2. 약식분개법

차) 이자비용	200,000	대) 사채할인발행차금 상각액	30,000
선급이자 증가	20,000	미지급이자 증가	5,000
유형·무형자산 증가(자본화 차입원가)	30,000	현금유출액	215,000

06 법인세로 인한 현금유출액

법인세의 납부는 포괄손익계산서의 법인세비용을 기준으로 계산하며, 법인세 납부액은 특별한 경우가 아닌 한 영업활동으로 분류된다. 포괄손익계산서에는 법인세비용 이외에 법인세와 관련된 계정은 없다. 법인세로 인한 현금유출액을 계산하기 위해서는 먼저 관련된 계정들을 파악하여야 하는데, 해당 계정과 산정 방법은 아래와 같다.

법인세로 인한 현금유출액

1. 계정분석법

법인세로 인한 현금유출액(A + C)	(−)××
1. 기타영업활동 관련 손익(A)	(−)××
(1) 법인세비용	−
(2) 자기주식처분손익 법인세효과	+, −
2. 기타영업활동 관련 자산·부채 증감(C)	××
(1) 선급법인세, 당기법인세부채, 이연법인세자산(부채) 등	+, −

2. 약식분개법

차) 법인세비용	××	대) 당기법인세부채 증가	××
당기법인세자산 증가	××	이연법인세부채 증가	××
이연법인세자산 증가	××	현금유출액	대차차액
자기주식처분이익 법인세효과	××		

Self Study

자기주식처분손익, 기타포괄손익누계액 관련 법인세효과를 직접 가감하는 자본항목이 있는 경우에 이에 대한 법인세효과도 법인세지급액 계산 시 고려해야 한다.

㈜포동이 보고한 20×1년도의 영업활동 중 기타활동 관련 자료는 다음과 같다.

구분	기초	기말
이연법인세자산	₩30,000	₩40,000
당기법인세부채	50,000	30,000
자기주식	20,000	10,000

- 법인세비용: ₩30,000
- 자기주식처분이익법인세효과: ₩1,000

20×1년 ㈜포동의 법인세에 따른 현금유출액은 얼마인가?

[풀이]

1. 계정분석법

법인세로 인한 현금유출액		(−)61,000
1. 기타영업활동 관련 손익(A)		(−)31,000
(1) 법인세비용	(−)30,000	
(2) 자기주식처분이익 법인세효과	(−)1,000	
2. 기타영업활동 관련 자산·부채 증감(C)		(−)30,000
(1) 이연법인세자산	(−)10,000	
(2) 당기법인세부채	(−)20,000	

2. 약식분개법

차) 법인세비용	30,000	대) 현금유출액	61,000
당기법인세부채 감소	20,000		
이연법인세자산 증가	10,000		
자기주식처분이익 법인세효과	1,000		

직접법은 영업에서 창출된 현금을 고객으로부터 유입된 현금이나 공급자와 종업원에 대한 현금유출 등의 세부적인 활동으로 구분하여 계산하는 방법이다. 이에 반해 간접법은 영업에서 창출된 현금을 세부적인 활동으로 구분하지 않고 전체를 하나로 묶어서 계산한다.

간접법에 따른 영업활동 현금흐름 구조

포괄손익계산서상 법인세비용차감전순이익	A + B
(−) 영업활동 비관련 손익	(−)B
(+) 영업활동 관련 자산·부채 증감	C
영업활동 현금흐름	A + C

간접법에서는 먼저 영업에서 창출된 현금과 관련된 모든 손익계산서 계정들을 순액으로 표시한 후 영업에서 창출된 현금과 관련된 모든 재무상태표 계정의 순증감액을 계산하여 영업에서 창출된 현금을 계산한다.

국제회계기준에서는 이자와 배당금의 수취 및 지급에 따른 현금흐름과 법인세로 인한 현금흐름은 항상 별도로 공시하도록 하고 있다. 그러므로 국제회계기준에 의하여 영업활동 현금흐름을 간접법으로 표시하는 경우에는 영업에서 창출된 현금인 매출, 매입과 종업원 관련 현금흐름만 간접법으로 표시하며, 영업활동으로 간주한 현금인 이자, 배당금과 법인세 관련 현금흐름은 직접법으로 표시해서 영업에서 창출된 현금과 분리하여 공시한다.

한국채택국제회계기준에 의한 영업활동 현금흐름의 직접법과 간접법 계산

1. 영업활동 현금흐름 직접법 계산

Ⅰ. 법인세비용차감전순이익 or 당기순이익	Ⅰ	
(1) 고객으로부터 유입된 현금	××	
(2) 공급자, 종업원에 대한 현금유출	××	⇒ 직접법
(3) 기타영업비 현금유출	××	
Ⅱ. 영업에서 창출된 현금(A + C)	Ⅱ	
(1) 이자 수취·지급	××	
(2) 배당금 수취	××	⇒ 직접법
(3) 법인세 납부	××	
Ⅲ. 영업활동 순현금흐름	Ⅲ	

---

2. 영업활동 현금흐름 간접법 계산

Ⅰ. 법인세비용차감전순이익 or 당기순이익(A + B)	Ⅰ
(1) 영업활동과 관련이 없는 손익 차감(-B)	××
(2) 이자손익, 배당금·법인세 관련 손익 차감(-B)	×× ⇒ 간접법
(3) 영업활동 관련 자산·부채의 증감(+C)	××
Ⅱ. 영업에서 창출된 현금(A + C)	Ⅱ
(1) 이자 수취·지급	××
(2) 배당금 수취	×× ⇒ 직접법
(3) 법인세 납부	××
Ⅲ. 영업활동 순현금흐름	Ⅲ

위의 표에서 알 수 있듯이 영업활동을 직접법으로 표시하는 경우와 간접법으로 표시하는 경우 영업에서 창출된 현금흐름부분만 계산의 차이가 있을 뿐 나머지 부분은 동일하다. 즉, 간접법으로 표시하더라도 이자수취, 배당금수취, 이자지급 및 법인세납부는 직접법과 동일하게 표시한다.

영업활동 현금흐름 간접법 계산을 위해서 당기순이익이나 법인세비용에서 가감되어야 하는 손익들은 다음과 같다.

① 가산할 항목

이자비용(영업활동으로 분류한 경우), 감가상각비, 무형자산상각비, 손상차손(대여금 및 미수금 해당분), 외환손실(대여금 및 미수금 해당분), AC금융자산·FVOCI금융자산의 처분손실 및 손상차손, 유형자산·무형자산의 처분손실 및 손상차손, 이자비용(재무활동으로 분류한 경우), 주식보상비용(주식결제형인 경우), 사채상환손실

② 차감할 항목

이자수익, 배당수익(영업활동으로 분류 및 투자활동으로 분류한 경우), 손실충당금 환입(대여금 및 미수금 해당분), 외환이익(대여금 및 미수금 해당분), AC금융자산·FVOCI금융자산 처분이익 및 손상차손환입, 유형자산·무형자산의 처분이익 및 손상차손환입, 사채상환이익

Self Study

1. 영업활동으로 인한 현금흐름(간접법)의 경우 시작인 Ⅰ가 법인세차감전손익인지 당기순이익인지에 따라 Ⅰ-(2)의 이자손익·배당금·법인세 관련 손익에서 법인세비용 차감 여부가 달라진다.
   ① 법인세비용차감전순이익(법인세 고려 전 금액): 법인세비용을 별도로 차감하지 않는다.
   ② 당기순이익(법인세 고려 후 금액): 법인세비용을 별도로 차감한다.
2. 제조기업의 경우 제조원가로 처리된 금액을 포함한다.

현금흐름표

CH 23

해커스 회계학 1차 기본서

다음 자료를 이용할 경우 20×1년도 현금흐름표에 계상될 영업활동 순현금흐름은 얼마인가?

당기순이익	₩250,000
감가상각비	₩40,000
사채상환이익	₩35,000
FVOCI금융자산처분손실	₩20,000
법인세납부	₩80,000
유상증자	₩110,000

[자산 및 부채 계정잔액의 일부]

구분	20×1년 1월 1일	20×1년 12월 31일
매출채권(순액)	₩50,000	₩70,000
대여금	₩110,000	₩130,000
유형자산(순액)	₩135,000	₩95,000
매입채무	₩40,000	₩30,000
미지급비용	₩30,000	₩45,000

풀이

당기순이익(A + B)	250,000
영업활동과 관련이 없는 손익 차감(− B)	
(1) 감가상각비	40,000
(2) 사채상환이익	(−)35,000
(3) FVOCI금융자산처분손실	20,000
이자손익, 배당금, 법인세 관련 손익 차감(− B)	
(1) 법인세비용	80,000
영업활동 관련 자산·부채의 증감(+ C)	
(1) 매출채권(순액) 증가	(−)20,000
(2) 매입채무 감소	(−)10,000
(3) 미지급비용 증가	15,000
영업에서 창출된 현금(A + C)	**340,000**
(1) 이자 수취·지급	−
(2) 배당금 수취	−
(3) 법인세 납부	(−)80,000
영업활동 순현금흐름	**260,000**

투자활동으로 인한 현금흐름

투자활동 현금흐름은 장기성 자산 및 현금성자산에 속하지 않는 기타 투자자산의 취득과 처분활동을 말한다. 투자활동 현금흐름은 미래수익과 미래현금흐름을 창출할 자원의 확보를 위하여 지출된 정도를 나타내기 때문에 현금흐름을 별도로 구분 공시하는 것이 중요하다. 또한 재무상태표에 자산으로 인식되는 지출만이 투자활동으로 분류하기에 적합하다.

한국채택국제회계기준에서는 영업활동 현금흐름과 달리 투자활동 현금흐름은 총현금유입과 총현금유출을 주요 항목별로 구분하여 총액으로 표시하는 것을 원칙으로 하고 있다. 투자활동 현금흐름을 발생시키는 자산은 크게 유형자산, 무형자산, 투자부동산, AC금융자산, FVOCI금융자산 등이 있으나 본서에서는 기본서의 취지에 맞게 유형자산에 대해서만 다루도록 한다.

01 유형자산

유형자산과 관련된 현금흐름은 유형자산의 처분으로 인한 현금유입액과 유형자산의 취득으로 인한 현금유출액으로 구분된다. 유형자산과 관련된 현금흐름을 계산하기 위해서는 유형자산과 관련된 계정들을 파악하여야 하는데, 그 내용과 계산방법은 아래와 같다.

유형자산의 현금흐름

1. 계정분석법

유형자산 투자활동 현금(A + C)	①
1. 투자활동 관련 손익(A)	××
(1) 감가상각비	−
(2) 유형자산처분손익	+, −
(3) 유형자산손상차손 등	
2. 투자활동 관련 자산·부채 증감(C)	××
(1) 취득원가의 증감	+, −
(2) 감가상각누계액의 증감	+, −
(3) 재평가잉여금의 증감	+, −

① 순현금유출·유입 ××	② 유형자산 처분으로 인한 현금 유입 (−)××	⇨ 역산
	③ 유형자산 취득으로 인한 현금 유출 (−)××	

---

2. 약식분개법

차) 감가상각비	××	대) 유형자산처분이익	××
유형자산(취득원가) 증가	××	감가상각누계액 증가	××
현금유입액	대차차액	재평가잉여금 증가	××
		현금유출액	대차차액

3. 증감분석법

유형자산(취득원가)	기초	+ 취득		− 처분	= 기말
− 감가상각누계액	− 기초		− Dep	+ 처분	= (−)기말
= 유형자산(장부가액)	기초	+ 취득	− Dep	− 처분	= 기말

Self Study

1. 유형자산은 차입원가를 자본화해야 하는 적격자산에 해당하므로 이자비용 중 자본화한 금액도 관련된 계정이 된다.
2. 유형자산을 외상으로 처분하거나 외상으로 취득하는 경우에는 미수금과 미지급금도 유형자산과 관련된 계정이 된다. 그러나 미수금과 미지급금의 감소는 각각 투자활동 현금유입이나 재무활동 현금유출로 표시하여야 하므로 미수금과 미지급금의 증가액만 관련된 계정이 된다.

사례연습 8: 유형자산의 현금흐름

다음은 A사의 20×1년도 비교재무제표 중 기계장치와 관련된 부분들만 발췌한 것으로, A사는 기계장치를 원가모형으로 측정한다. A사는 당기에 처분한 기계장치의 처분금액은 ₩75,000으로 처분금액 중 ₩12,000은 20×2년도에 받기로 하였다. A사가 20×1년도에 기계장치의 취득으로 유출된 현금을 계산하시오.

계정과목	20×1년	20×0년
기계장치	₩300,000	₩150,000
감가상각누계액	(−)52,000	(−)45,000
감가상각비	45,000	
유형자산처분이익	15,000	

풀이

1. 계정분석법
   20×1년도에 기계장치의 취득으로 유출된 현금: 248,000

유형자산 투자활동 현금흐름(A + C)	(−)185,000
1. 투자활동 관련 손익(A)	
(1) 감가상각비	(−)45,000
(2) 유형자산처분이익	15,000
(3) 유형자산손상차손 등	−

    2. 투자활동 관련 자산·부채 증감(C)

    (1) 기계장치의 증가   (−)150,000

    (2) 감가상각누계액의 증가   7,000

    (3) 미수금의 증가   (−)12,000

    (4) 재평가잉여금   −

* 투자활동순현금흐름 계상 시 20×2년에 받기로 한 12,000은 제외

| ① 순현금유출 (−)185,000 | ② 유형자산 처분으로 인한 현금 유입 63,000 | ⇨ 역산 |
| | ③ 유형자산 취득으로 인한 현금 유출 (−)248,000 | |

2. 약식분개법

차) 감가상각비	45,000	대) 유형자산처분이익	15,000
유형자산(취득원가) 증가	150,000	감가상각누계액 증가	7,000
미수금의 증가	12,000	현금유출액	248,000
현금유입액	63,000		

3. 증감분석법

유형자산 (취득원가)	기초 150,000	+ 취득(역산) 248,000		− 처분 (−)98,000	= 기말 300,000
− 감가상각누계액	− 기초 (−)45,000		− Dep (−)45,000	+ 처분(역산) 38,000	= (−)기말 (−)52,000

[처분 시 회계처리]

차) 현금	63,000	대) 기계장치(역산)	98,000
미수금	12,000	처분이익	15,000
감가상각누계액	38,000		

5 재무활동으로 인한 현금흐름

재무활동 현금흐름은 기업의 납입자본과 차입금의 크기 및 구성 내용에 변동을 가져오는 활동을 말하며, 자본과 차입금의 조달, 환급 및 상환에 관한 활동을 포함한다. 재무활동 현금흐름은 미래현금흐름에 대한 자본 제공자의 청구권을 예측하는 데 유용하기 때문에 현금흐름을 별도로 구분 공시하는 것이 중요하다. 한국채택국제회계기준에서는 영업활동 현금흐름과 달리 재무활동 현금흐름은 총현금유입과 총현금유출을 주요 항목별로 구분하여 총액으로 표시하는 것을 원칙으로 하고 있다.

I 사채 관련 현금흐름

사채와 관련된 현금흐름은 사채의 발행으로 인한 현금유입액과 사채의 상환으로 인한 현금유출액으로 구분된다. 사채와 관련된 이자비용은 사채의 현금흐름과 별도로 구분하여 이자의 지급으로 보고하여야 하므로 여기서는 고려하지 않는다.

사채와 관련된 손익계산서 계정에는 사채상환손익 등의 계정이 있으며, 사채와 관련하여 인식한 이자비용 중 사채의 발행금액과 액면금액과의 차액을 유효이자율법으로 상각한 금액(= 사채할인발행차금 상각액이나 사채할증발행차금 상각액)은 관련된 계정이 된다. 그러나 이자비용 중 표시이자는 이자의 지급으로 표시하여야 하므로 관련된 계정이 아니다.

사채와 관련된 현금흐름을 계산하기 위해서는 사채와 관련된 계정들을 파악하여야 하는데, 그 내용과 계산방법은 아래와 같다.

사채의 현금흐름

1. 계정분석법

사채 재무활동 현금(A + C)	①
1. 재무활동 관련 손익(A)	(−)××
(1) 환율변동손익(사채 관련)	+, −
(2) 사채할인발행차금 상각액	+
(3) 사채할증발행차금 상각액	−
(4) 사채상환손실	−
2. 재무활동 관련 자산·부채 증감(C)	××
(1) 사채의 증감	+, −
(2) 사채할인(할증)발행차금의 증감	+, −

2. 약식분개법

차) 사채할인발행차금 증가	××	대) 사채의 증가	××
사채할인발행차금 상각액	××	사채할증발행차금 증가	××
사채상환손실	××	사채할증발행차금 상각액	××
현금유입액	대차차액	현금유출액	대차차액

3. 증감분석법

사채	기초	+ 발행	− 상환		= 기말
사채할인발행차금	− 기초	− 발행	+ 상환[1]	+ 상각	= (−)기말

[1] 사채상환손실 = −상환대가 + 사채장부금액(= 액면금액 − 사채할인발행차금)

Chapter 23 | 객관식 문제

01 현금흐름표에 관한 설명으로 옳지 않은 것은?

① 현금흐름표는 회계기간 동안 발생한 현금흐름을 영업활동, 투자활동 및 재무활동으로 분류하여 보고한다.

② 종속기업과 기타 사업에 대한 지배력의 획득 또는 상실에 따른 총현금흐름은 별도로 표시하고 재무활동으로 분류한다.

③ 외화거래에서 발생하는 현금흐름은 현금흐름 발생일의 기능통화와 외화 사이의 환율을 외화 금액에 적용하여 환산한 기능통화 금액으로 기록한다.

④ 재화의 판매와 용역 제공에 따른 현금유입은 영업활동 현금흐름에 해당한다.

⑤ 현금및현금성자산의 사용을 수반하지 않는 투자활동과 재무활동 거래는 현금흐름표에서 제외한다.

다음은 ㈜감평의 20×1년도 재무제표의 일부 자료이다.

(1) 재무상태표의 일부 자료

계정과목	기초잔액	기말잔액
매출채권(순액)	₩140	₩210
선급 영업비용	25	10
미지급 영업비용	30	50

(2) 포괄손익계산서의 일부 자료

매출액　₩410
영업비용　₩150

위 자료에 기초한 20x1년도 ㈜감평의 (A)고객으로부터 유입된 현금흐름과 (B)영업비용으로 유출된 현금흐름은?　　　　[감정평가사 2022년]

	(A)	(B)
①	₩335	₩155
②	₩340	₩115
③	₩340	₩145
④	₩350	₩115
⑤	₩350	₩155

03 ㈜감평의 20×1년 현금흐름표 작성을 위한 자료이다.

당기순이익	₩147,000	감가상각비	₩5,000
법인세비용	₩30,000	매출채권 감소액	₩15,000
유형자산처분이익	₩20,000	재고자산 증가액	₩4,000
이자비용	₩25,000	매입채무 감소액	₩6,000
이자수익	₩15,000	배당금수익	₩8,000

㈜감평의 20x1년 영업에서 창출된 현금은? [감정평가사 2023년]

① ₩159,000   ② ₩161,000   ③ ₩167,000
④ ₩169,000   ⑤ ₩189,000

04 ㈜관세는 20×1년 중에 건물(취득원가 ₩5,000, 감가상각누계액 ₩2,000)을 처분하고 ₩1,000의 유형자산처분이익을 인식하였다. 20×1년도 ㈜관세의 건물에 대한 자료는 다음과 같으며, 원가모형을 적용하고 있다.

계정과목	20×1년 초	20×1년 말
건물	₩10,000	₩9,000
감가상각누계액	(4,000)	(2,500)
장부금액	₩6,000	₩6,500

㈜관세의 건물에 대한 취득과 처분으로 인한 20×1년도 순현금유출액은? (단, 건물에 대한 취득과 처분은 모두 현금거래이다.) [관세사 2023년]

① ₩0   ② ₩500   ③ ₩1,000
④ ₩1,500   ⑤ ₩2,000

01 ② 종속기업과 기타 사업에 대한 지배력의 획득 또는 상실에 따른 총현금흐름은 별도로 표시하고 **투자활동**으로 분류한다.

02 ② (1) 고객으로부터 유입된 현금흐름: 340

차) 매출채권	70	대) 매출	410
현금(대차차액)	340		

(2) 영업비용으로 유출된 현금흐름: 115

차) 영업비용	150	대) 선급 영업비용	15
		미지급 영업비용	20
		현금(대차차액)	115

03 ④

당기순이익(A+B)	147,000
영업활동과 관련이 없는 손익 차감(-B)	
-감가상각비	5,000
-유형자산처분이익	(20,000)
이자손익, 배당금, 법인세 관련 손익 차감(-B)	
-이자비용	25,000
-이자수익	(15,000)
-배당금수익	(8,000)
-법인세비용	30,000
영업활동 관련 자산·부채의 증감(+C)	
-매출채권(순액) 감소	15,000
-재고자산 증가	(4,000)
-매입채무 감소	(6,000)
영업에서 창출된 현금(A+C)	169,000

04 ①　(1) 20X1년 감가상각비: 500

건물(총액)	기초 10,000	+취득 +4,000(역산)		+(처분) +(5,000)	=기말 =9,000
− 감가상각누계액	(기초) (4,000)		+(Dep) +(500) 역산	+처분 +2,000	=(기말) =(2,500)
= 건물(순액)	기초 6,000	+취득 +4,000	+(Dep) +(500) 역산	+(처분) +(3,000)	=기말 =6,500

자료에 감가상각비가 별도로 제시되지 않으면 위와 같이 별도로 구해야 한다.

(2) 건물에 대한 취득과 처분으로 인한 순현금유출액(ⓐ−ⓑ): 0
　　ⓐ 건물의 취득으로 인한 현금유출액: 4,000
　　ⓑ 건물의 처분으로 인한 현금유입액: 4,000

차) 현금(대차차액)	4,000	대) 건물(장부금액)	3,000
		유형자산처분이익	1,000

ca.Hackers.com

Chapter 24

환율변동회계

1 환율의 기초

환율은 서로 다른 두 나라 통화를 교환할 때의 교환비율을 의미한다.

I 직접환율과 간접환율

두 나라 간의 통화가치비율을 어느 나라의 통화를 기준으로 가치를 표시하느냐에 따라 환율은 직접환율과 간접환율로 표시 될 수 있다.

01 직접환율

직접환율은 외국의 통화를 기준으로 자국의 통화를 표시하는 방법으로 자국통화 표시환율이라고 한다(Ex. $1 = ₩1,200). 이 방법은 자국화폐 대비 외화가격이 상승하는 것을 환율상승이라 하며, 그 반대를 환율하락이라고 한다. 우리나라를 비롯한 대부분의 국가는 직접표시방법을 사용하여 환율을 공시하고 있다.

02 간접환율

간접환율은 자국의 통화를 기준으로 하여 외국의 통화를 표시하는 방법으로 외국통화 표시환율이라고 한다(Ex. ₩1 = $0.001). 이 방법에서는 자국화폐 대비 외화가격이 상승하는 것을 평가절하라 하며, 그 반대를 평가절상이라 한다.

II 현물환율과 선도환율

01 현물환율

현물환율(spot exchange rate)은 외환의 매매계약 성립과 동시에 통화의 인도와 대금의 결제가 이루어지는 현물거래(spot transaction)에 적용되는 환율을 말한다. 외화거래가 발생한 당시의 현물환율을 역사적환율이라 하며, 보고기간 말에 재무제표 작성시점의 현물환율을 마감환율이라 한다.

02 선도환율

선도환율(forward exchange rate)은 미래의 특정시점에서 화폐단위를 교환하는 약정인 선물환거래(forward contract)에 적용되는 환율을 말하며, 선물환율이라고도 한다.

한국채택국제회계기준서 제1021호 '환율변동효과'의 가장 중요한 특징은 재무제표 작성용 통화인 기능통화와 재무제표 공시용 통화인 표시통화를 각각 구분하여 이를 중심으로 하는 외화환산회계를 다루고 있다.

01 기능통화

기능통화는 기업의 영업활동이 이루어지는 주된 경제 환경의 통화를 말한다. 여기서 영업활동이 이루어지는 주된 경제 환경을 주로 현금을 창출하고 사용하는 환경을 말한다. 즉 기능통화는 기업이 수익을 창출하고, 수익을 창출하기 위하여 원가를 지출하는 주요 영업활동에 사용되는 통화라 할 수 있다. 일반적으로 주요 영업활동에서 사용하는 통화는 자국통화이다. 그러므로 대부분의 기업은 자국통화가 기능통화가 되지만, 기업의 업종이나 영업활동의 특성상 자국통화가 아닌 다른 통화도 기능통화가 될 수 있다. 기업이 기능통화 개념을 사용하여 재무제표를 작성하게 되면 외화는 외국의 통화가 아닌 기능통화 이외의 다른 모든 통화를 지칭한다.

Self Study

기능통화는 관련된 실제 거래, 사건과 상황을 반영해야 하므로 일단 기능통화를 결정하면 변경하지 않는 것이 원칙이다. 그러나 실제 거래, 사건과 상황에 변화가 있다면 예외적으로 기능통화를 변경할 수 있으며, 이 경우에는 새로운 기능통화에 의한 환산절차를 변경한 날부터 전진적용한다.

02 표시통화

표시통화는 재무제표를 표시할 때 사용하는 통화를 말한다. 표시통화는 보고통화라고도 하며, 기능통화로 작성된 재무제표를 정보이용자에게 공시하는 경우 사용하여야 하는 통화이다.

한국채택국제회계기준에서는 기능통화재무제표를 작성하는 과정에서 화폐성·비화폐성법과 시제법을 함께 사용하여 외화거래를 환산하도록 규정하고 있으며, 기능통화 재무제표를 표시통화 재무제표로 환산하는 과정에서는 현행환율법을 적용하여 환산하도록 규정하고 있다.

01 화폐성항목

화폐성항목의 본질적 특징은 확정되었거나 결정가능할 수 있는 화폐단위의 수량으로 받을 권리인 채권과 지급할 의무인 채무라는 것이다.

Self Study

현금으로 지급하는 연금과 그 밖의 종업원 급여, 현금으로 상환하는 충당부채, 부채로 인식하는 현금배당 등이 화폐성항목의 예이다.

02 비화폐성항목

비화폐성항목의 본질적 특성은 확정되었거나 결정가능할 수 있는 화폐단위의 수령으로 받을 권리나 지급할 의무가 없다는 것이다.

Self Study

재화와 용역에 대한 선급금, 영업권, 무형자산, 재고자산, 유형자산, 비화폐성 자산의 인도에 의해 상환되는 충당부채 등이 비화폐성항목의 예이다.

2 기능통화 재무제표의 작성

보고기업의 기능통화가 아닌 통화(외화거래)로 거래가 발생하면 이를 기능통화로 환산하여 재무제표를 작성해야 한다. 외화거래는 외화로 표시되어 있거나 외화로 결제되어야 하는 거래를 말한다.

I 외화거래의 최초 인식

기능통화로 외화거래를 최초로 인식하는 경우에 거래일의 외화와 기능통화 사이의 현물환율을 외화금액에 적용하여 인식한다.

Additional Comment

외화부채에 대한 이자비용은 차입개시일부터 상환일까지의 기간에 걸쳐 매일 발생한다. 따라서 원칙적으로 이자비용에 해당일자별 환율을 적용하여 환산하여야 한다. 하지만 실무적으로 해당기간 중에 환율이 유의적으로 변동하지 않았다면 이자비용이 발생한 기간 동안의 평균환율을 적용하여 환산하는 것이 적절할 수 있다.

II 화폐성 외화항목의 후속측정

01 보고기간 말의 후속측정

보고기간 말에 존재하는 화폐성 외화자산·부채는 보고기간 말의 마감환율을 적용하여 환산한다. 이 경우 최초인식일에 적용한 환율(또는 전기의 보고기간 말에 적용한 환율)과 당기의 보고기간 말의 마감환율이 다른 경우 외환차이가 발생하게 된다.

화폐성항목의 환산에서 발생하는 외환차이는 그 외환차이가 발생하는 회계기간의 당기손익으로 인식한다. 한국채택국제회계기준에서는 보고기간 말의 환율변동으로 발생하는 외환차이에 대한 계정과목을 예시하고 있지 않다. 본서는 이를 외화환산손익의 계정과목으로 하여 인식한다.

02 결제일의 후속측정

화폐성 외화자산·부채가 보고기간 중에 결제되는 경우에는 당해 결제금액에는 결제일의 현행환율을 적용하여 측정한다. 이 경우 최초인식일에 적용한 환율(또는 전기의 보고기간 말에 적용한 환율)과 결제시점의 현행환율이 다른 경우 외환차이가 발생하게 된다.

화폐성항목의 결제시점에서 발생하는 외환차이는 그 외환차이가 발생하는 회계기간의 당기손익으로 인식한다. 한국채택국제회계기준에서는 보고기간 말의 환율변동으로 발생하는 외환차이에 대한 계정과목을 예시하고 있지 않다. 본서는 이를 외환차손익 계정과목으로 하여 인식한다.

각 물음은 서로 독립적이다.

1 A사는 20X1년 10월 1일에 $1,000의 상품을 구입하고 대금을 6개월 후 지급하기로 하였다. 일자별 환율이 아래와 같을 때, 각 일자별 A사가 수행할 회계처리를 보이시오.

일자	환율
20X1년10월1일	₩1,200/$
20X1년12월31일	₩1,150/$
20X2년3월31일	₩1,210/$

2 B사는 20X1년 10월 1일에 $1,000의 상품을 판매하고 대금을 6개월 후 수령하기로 하였다. 일자별 환율이 아래와 같을 때, 각 일자별 B사가 수행할 회계처리를 보이시오.

일자	환율
20X1년10월1일	₩1,200/$
20X1년12월31일	₩1,150/$
20X2년3월31일	₩1,210/$

풀이

1
[20X1년10월1일]
차) 상품   1,200,000   대) 매입채무   1,200,000
[20X1년12월31일]
차) 매입채무   50,000   대) 외화환산이익[*1]   50,000
[20X2년3월31일]
차) 매입채무   1,150,000   대) 현금[*2]   1,210,000
    외환차손   60,000

[*1] $1,000×₩(1,150−1,200) = 50,000
[*2] $1,000×₩1,210 = 1,210,000

2
[20X1년10월1일]
차) 매출채권   1,200,000   대) 매출   1,200,000
[20X1년12월31일]
차) 외화환산손실   50,000   대) 매출채권   50,000
[20X2년3월31일]
차) 현금   1,210,000   대) 매출채권   1,150,000
                        외환차익   60,000

01 역사적원가 측정대상 비화폐성 외화항목의 후속측정

역사적원가로 측정하는 비화폐성 외화항목은 거래발생일의 환율로 환산하여 후속측정한다. 비화폐성 외화항목이 역사적원가로 측정되고 있다면 장부금액을 취득원가로 측정하고자 하는 것이므로, 환율도 최초거래발생일의 환율을 적용하여 후속측정하는 것이 취득원가주의와 적절히 대응된다.

역사적원가 측정 대상 비화폐성 외화항목의 경우 최초 인식시에 거래발생일의 환율을 적용하여 측정하고, 후속 측정시에도 해당 거래발생일의 환율을 적용하여 측정하므로 외환차이가 발생하지 않는다.

02 공정가치 측정대상 비화폐성 외화항목의 후속측정

공정가치로 측정하는 비화폐성 외화항목은 공정가치가 결정된 날의 환율로 환산하여 후속측정한다. 비화폐성 외화항목이 공정가치로 측정되고 있다면 장부금액을 공정가치로 측정하고자 하는 것이므로, 환율도 공정가치측정일(Ex. 보고기간 말)의 환율을 적용하여 후속측정하는 것이 공정가치주의와 적절히 대응된다.

공정가치 측정대상 비화폐성 외화항목의 경우 최초인식시에 거래발생일의 환율을 적용하여 측정하고, 후속측정시에도 공정가치측정일의 환율을 적용하여 측정하므로 외환차이가 발생한다. 해당 비화폐성항목에서 생긴 공정가치변동손익을 당기손익으로 인식하는 경우에는 그 손익에 포함된 환율변동효과도 당기손익으로 인식한다. 그러나 비화폐성항목에서 생긴 공정가치변동손익을 기타포괄손익으로 인식하는 경우에 그 손익에 포함된 환율변동효과도 기타포괄손익으로 인식한다.

Self Study

> 공정가치 측정대상 비화폐성 외화항목의 후속측정 시 환율변동손익을 분리하여 인식하지 않는다. 환율변동에 따른 효과를 분리하여 인식하지 않고 자산 가치의 변동손익에 포함하여 환율변동손익을 인식한다.

A사의 기능통화는 원화이며, 달러화 대비 원화의 환율이 다음과 같을 때 아래의 각 독립적 물음에 답하시오.

일자	20X1.10.1	20X1.12.31	20X2.3.1
환율	₩1,000/$	₩1,040/$	₩1,020/$

1 A사는 20×1년 10월 1일 미국으로부터 재고자산 $1,000을 매입하여 20×1년 12월 31일 현재 보유하고 있다. A사는 재고자산을 취득원가와 순실현가능가치 중 낮은 가격으로 측정한다. 20×1년 12월 31일 현재 외화표시 재고자산의 순실현가능가치가 $980일 경우에 A사가 기능통화 재무제표에 표시할 재고자산의 장부금액을 구하시오.

2 A사는 20×1년 10월 1일 미국에 소재하는 사업목적의 토지를 $12,000에 취득하였고, 20×1년 12월 31일 현재 토지의 공정가치는 $13,000이다. A사가 20×2년 3월 1일에 토지의 1/4을 $5,000에 매각하였을 때, 원가모형에 의한 유형자산처분이익(또는 손실)을 구하시오. 단, 손실의 경우에는 금액 앞에 (−)표시할 것.

3 A사는 매년 재평가를 실시한다고 가정하고, **2**에서 재평가모형에 의한 A사의 유형자산처분이익(또는 손실)을 구하시오. 단, 손실의 경우에는 금액 앞에 (−) 표시할 것.

풀이

1 재고자산 장부금액 : MIN[$1,000×@1,000 = 1,000,000 , $980×@1,040 = 1,019,200] = 1,000,000
*외화재고자산의 저가평가는 기능통화로 환산한 원가와 순실현가능가치 중 작은 금액으로 측정

2 유형자산 처분이익 : $5,000×@1,020 − $12,000/4×@1,000 = 2,100,000
[회계처리]

20X1년10월1일	차) 토지	12,000,000	대) 현금	12,000,000
20X1년12월31일			– 회계처리 없음 –	
20X2년3월1일	차) 현금	5,100,000	대) 토지	3,000,000
			유형자산처분이익	2,100,000

3 유형자산 처분이익 : $5,000×@1,020 − $13,000/4×@1,040 = 1,720,000
*재평가모형을 적용하는 토지는 20X1년 말 현재의 공정가치로 측정하였으므로 20X1년 말의 환율로 환산되어 있다.
[회계처리]

20X1년10월1일	차) 토지	12,000,000	대) 현금	12,000,000
20X1년12월31일	차) 토지[1]	1,520,000	대) 재평가잉여금	1,520,000
20X2년3월1일	차) 현금	5,100,000	대) 토지	3,380,000
			유형자산처분이익	1,720,000

[1]. $13,000×@1,040 − 12,000,000 = 1,520,000

A사의 기능통화는 원화이며, 다음과 같이 외화자산을 보유하고 있다. 각 물음에 답하시오.

(1) 20×1년 1월 1일에 미국에서 건물을 $400에 구입하여 사용 중에 있다. 건물의 내용연수는 5년이며, 잔존가치는 없다. A사는 정액법으로 동 건물을 감가상각하고 있다.
(2) 건물의 공정가치는 20×1년과 20×2년에 각각 $350, $200이다.
(3) 각 일자별 환율은 다음과 같다.

일자	20×1.1.1	20×1.12.31	20×2.12.31
환율	₩1,130/$	₩1,300/$	₩1,400/$

1 A사는 동 건물에 대하여 원가모형을 적용할 경우 각 일자별 회계처리를 보이시오.
2 A사는 동 건물에 대하여 재평가모형을 적용할 경우 각 일자별 회계처리를 보이시오. 단, 재평가로 인한 장부금액의 조정은 누계액제거법을 사용하고 있고, 재평가잉여금을 사용기간 동안 이익잉여금으로 대체하지 않는다.
3 위 물음과 독립적으로 A사는 동 건물을 투자부동산으로 분류하고 공정가치모형을 적용하고 있을 때, 각 일자별 회계처리를 보이시오.

풀이

1

20×1년1월1일	차)	건물*1	452,000	대)	현금	452,000
20×1년12월31일	차)	감가상각비*2	90,400	대)	감가상각누계액	90,400
20×2년12월31일	차)	감가상각비	90,400	대)	감가상각누계액	90,400

*1. $400×₩1,130 = 452,000
*2. 452,000÷5년 = 90,400

2

20×1년1월1일	차)	건물	452,000	대)	현금	452,000
	차)	감가상각비	90,400	대)	감가상각누계액	90,400
20×1년12월31일	차)	감가상각누계액	90,400	대)	재평가잉여금*1	93,400
		건물	3,000			
	차)	감가상각비*2	113,750	대)	감가상각누계액	113,750
20×2년12월31일	차)	감가상각누계액	113,750	대)	건물	175,000
		재평가잉여금*3	61,250			

*1. $350×₩1,300 − (452,000−90,400) = 93,400
*2. $350×₩1,300÷(5−1)년 = 113,750
*3. $200×₩1,400 − ($350×₩1,300−113,750) = (−)61,250

3

20×1년1월1일	차)	투자부동산	452,000	대)	현금	452,000
20×1년12월31일	차)	투자부동산*1	3,000	대)	평가이익(N/I)	3,000
20×2년12월31일	차)	평가손실*2	175,000	대)	투자부동산	175,000

*1. $350×₩1,300 − 452,000 = 3,000
*2. $200×₩1,400 − $350×₩1,300 = (−)175,000

01 ㈜관세는 20×1년 11월 1일 외국에 소재하는 ㈜한국에게 상품 $20,000를 외상으로 판매하였다. 외상으로 판매한 대금 $20,000 중 $10,000는 20×1년 12월 1일에 회수하였으며, 나머지는 20×2년 4월 1일에 회수한다. 관련 환율(₩/$)에 대한 자료는 다음과 같다.

일자	20×1. 11. 1.	20×1. 12. 1.	20×1. 12. 31.
환율(₩/$)	₩1,100	₩1,150	₩1,200

㈜관세가 20×1년도 포괄손익계산서에 보고할 외환차이는? (단, ㈜관세의 기능통화는 원화이다.)

[관세사 2023년]

① ₩500,000   ② ₩1,000,000   ③ ₩1,500,000
④ ₩2,000,000   ⑤ ₩2,500,000

02 ㈜감평은 20×1년 1월 1일 미국에 있는 건물(취득원가 $5,000, 내용연수 5년, 잔존가치 $0, 정액법 상각)을 취득하였다. ㈜감평은 건물에 대하여 재평가모형을 적용하고 있으며, 20x1년 12월 31일 현재 동 건물의 공정가치는 $6,000로 장부금액과의 차이는 중요하다. ㈜감평의 기능통화는 원화이며, 20x1년 1월 1일과 20x1년 12월 31일의 환율은 각각 ₩1,800/$과 ₩1,500/$이고, 20×1년의 평균환율은 ₩1,650/$이다. ㈜감평이 20×1년 말 재무상태표에 인식해야 할 건물에 대한 재평가잉여금은?

[감정평가사 2020년]

① ₩1,500,000   ② ₩1,650,000   ③ ₩1,800,000
④ ₩3,000,000   ⑤ ₩3,300,000

01 ③ [20X1년 11월 1일]

| 차) 매출채권 | $20,000×1,100 = 22,000,000 | 대) 매출 | 22,000,000 |

[20X1년 12월 1일]

| 차) 현금 | $10,000×1,150
= 11,500,000 | 대) 매출채권 22,000,000×$10,000/$20,000
= 11,000,000 |
| 외환차익 | 500,000 | |

[20X1년 12월 31일]

| 차) 매출채권 | $10,000×(1,200-1,100)=1,000,000 | 대) 외화환산이익 | 1,000,000 |

∴ 20X1년도 외환차이=외환차익500,000+외화환산이익1,000,000=1,500,000

02 ③ [20X1년 1월 1일]

| 차) 건물 | 9,000,000 | 대) 현금 | $5,000×1,800 = 9,000,000 |

[20X1년 12월 31일]

| 차) 감가상각비 | 9,000,000÷5=1,800,000 | 대) 감가상각누계액 | 1,800,000 |
| 건물 | 1,800,000 | 재평가이익 | 1,800,000[1] |

[1] 20X1년 말 FV: $6,000×@1,500=9,000,000
20X1년 말 BV: 9,0000,000-dep1,800,000=7,200,000
∴재평가이익(OCI)=9,000,000-7,200,000

Chapter **25**

관계기업투자주식

1. 관계기업과 공동기업투자
2. 지분법 회계처리

1 관계기업과 공동기업투자

I 관계기업과 공동기업투자의 의의

관계기업(associate)은 투자자가 유의적인 영향력을 보유하는 기업을 말한다. 유의적인 영향력 (significant influence)은 피투자자의 재무정책과 영업정책에 관한 의사결정에 참여할 수 있는 능력을 뜻한다. 그러나 지배력이나 공동지배력(joint control)과는 다른 개념이다.

> 공동기업은 투자자가 공동지배력을 보유하는 대상기업이다. 여기서 공동지배력은 약정의 지배력에 대한 계약상 합의된 공유를 의미하는 것으로 공동지배력은 피투자자의 관련 활동을 결정하는 데 있어 지배력을 공유하는 당사자들 전체의 동의가 요구될 때에만 존재한다.

II 지분법 회계처리의 의의

투자자가 피투자자에 대하여 유의적인 영향력을 행사할 수 있는 지분을 소유하여 관계기업이 되거나 공동지배력을 행사할 수 있는 지분을 소유하여 공동기업이 되는 경우, 투자자는 당해 관계기업이나 공동기업의 영업, 투자, 재무활동에 대한 의사결정에 영향을 주게 된다. 따라서 이러한 투자지분에 대하여는 매각목적으로 보유하고 있는 다른 금융자산과 다른 평가방법이 필요하다. 이때 사용하는 평가방법이 바로 지분법이다.

지분법은 투자자산을 최초에 취득원가로 인식하고, 취득시점 이후 발생한 피투자자의 순자산 변동액 중 투자자의 몫을 해당 투자자산에 가감하여 보고하는 회계처리방법이다.

지분법에서는 피투자자의 당기순손익 중 투자자의 몫은 투자자의 당기순손익에 포함하고 피투자자 기타포괄손익 중 투자자의 몫은 투자자의 기타포괄손익에 포함한다. 피투자자에게서 받은 분배액은 투자자산의 장부금액을 줄인다.

한편, 참여자는 보유하는 공동기업투자지분에 대하여는 추후 설명할 것이므로 이하 내용은 관계기업에 대한 투자지분을 위주로 서술한다.

Additional Comment

> 투자지분에 대하여 지분법을 적용하게 되면, 지분취득일 이후에는 관계기업의 순자산 변동을 보유지분율만큼 투자자의 투자지분에 반영하게 되어 실질적으로 지분율만큼 관계기업이나 공동기업과 연결되는 효과가 발생하게 된다. 지분법을 한 줄로 된 연결이라 부르는 것도 이러한 이유 때문이다. 그 결과 지분법을 적용하면 투자자의 순자산과 당기순손익에 관하여 더 유익한 정보를 제공한다.

2 지분법 회계처리

I 지분법 회계처리의 기초

관계기업에 대한 투자지분은 지분법으로 평가한다. 관계기업에 대한 투자는 기업회계기준서 제 1105호 '매각예정비유동자산과 중단영업'에 따라 매각예정으로 분류되는 경우가 아니라면 비유동자산으로 분류한다.

지분법은 관계기업에 대한 주식을 최초에 원가로 인식하고, 취득시점 이후 발생한 관계기업의 순자산 변동액 중 투자자의 지분을 해당 주식에서 가감하여 보고하는 방법이므로 아래의 산식이 성립되어야 한다.

> 관계기업투자주식의 장부금액 = 관계기업 순자산 장부금액 × 투자지분율

그런데 투자주식의 장부금액과 관계기업의 순자산 장부금액에 대한 투자자 지분액은 일치하지 않는다. 이 두 금액이 서로 일치하지 않는 이유는 다음과 같다.

> ① 주식 취득일 이후의 차이 : 투자주식의 취득일 이후 관계기업의 순자산 장부금액이 변동하여 생기는 차이
> ② 주식 취득일의 차이 : 투자주식의 취득금액이 취득일 현재 관계기업의 식별할 수 있는 순자산 장부금액에 투자자 지분율을 곱한 금액과 일치하지 않아 생기는 차이

주식 취득일 이후의 차이는 관계기업의 순자산 장부금액이 변동할 때마다 조정하고, 주식 취득일의 차이는 발생원인 별로 차이를 조정한다. 결국 지분법은 주식 취득일의 차이와 주식 취득일 이후의 차이를 조정하는 회계처리이다.

II 관계기업의 순자산 변동(주식 취득일 이후의 차이)

관계기업의 순자산은 당기순이익과 현금배당 이외의 사유로도 변동한다. 이 경우 순자산 변동 중 투자자 지분해당액을 관계기업투자주식에 반영할 때에는 순자산의 변동 원인별로 구분 처리해야 한다. 관계기업의 순자산 변동원인은 납입자본, 기타자본구성요소(자본의 조정항목과 기타포괄손익누계액)과 이익잉여금의 변동으로 구분되며, 이 때 순자산의 변동원인에 따라 투자자의 지분법을 달리 적용한다.

01 관계기업의 당기순이익

관계기업의 순자산 장부금액이 당기순이익으로 변동하는 경우 동 변동액 중 투자자 지분액은 투자주식의 장부금액에 가산한다. 이 때 관계기업의 순자산 변동액은 관계기업의 당기순이익으로 인한 것이므로 지분법이익의 계정으로 하여 당기순이익에 반영한다.

[회계처리]

당기순이익	차)	관계기업투자주식	××	대)	지분법이익	××

02 관계기업의 배당금 수령

관계기업이 현금으로 배당금을 지급하는 경우에는 관계기업의 순자산 장부금액은 감소하게 된다. 그러므로 투자자는 관계기업이 배당금지급을 결의한 시점에 수취하게 될 배당금 금액을 관계기업 투자주식의 장부금액에서 직접 차감한다.

한편, 관계기업이 주식배당을 실시한 경우에는 관계기업의 순자산 장부금액이 변동하지 않으므로 지분법에서는 별도의 회계처리를 할 필요가 없다.

[회계처리]

현금배당금수령	차)	현금	××	대)	관계기업투자주식	××
주식배당수령			−회계처리 없음−			

Self Study

무상증자, 무상감자, 주식분할, 주식병합의 경우에도 관계기업의 순자산 장부금액은 변동하지 않으므로 지분법에서는 별도의 회계처리를 하지 않는다.

03 관계기업의 기타포괄손익 변동

관계기업의 순자산 장부금액이 기타포괄손익으로 변동하는 경우, 동 변동액 중 투자자 지분액은 투자주식의 장부금액에 가감하고 관계기업기타포괄손익의 과목으로 포괄손익계산서의 기타포괄손익으로 인식한다.

[회계처리]

기타포괄손익	차) 관계기업투자주식	××	대) 관계기업기타포괄이익	××

관계기업의 순자산변동을 고려한 관계기업투자주식 장부금액의 구성

	← 투자자의 지분율 →	← 기타 지분율 →
관계기업순자산BV		
취득원가	+	
관계기업 N/I	지분법이익	
	+	
(±)관계기업 OCI변동		
	−	
(−)관계기업 현금배당 지급		
	=	
	관계기업투자주식 장부금액	

사례연습 1: 피투자자의 순자산 변동

20×1년 1월 1일 (주)하늘은 (주)포도의 보통주 20%를 영향력 행사 목적으로 ₩200,000에 취득하였다. 20×1년 1월 1일 현재 (주)포도의 순자산 장부금액은 ₩1,000,000이며 주식취득일 현재 (주)포도의 순자산 장부금액과 공정가치는 일치하였다. (주)포도의 매년 당기순이익과 현금배당액은 다음과 같다.

구분	당기순이익	기타포괄손익	현금배당
20×1	₩200,000	₩50,000	₩100,000
20×2	150,000	(20,000)	80,000

1 20X1년의 회계처리를 보이시오.
2 20X2년의 회계처리를 보이시오.

1
취득	차)관계기업투자주식	200,000	대)현금	200,000
기말	차)관계기업투자주식	40,000	대)지분법이익	40,000
	차)관계기업투자주식	10,000	대)관계기업기타포괄이익	10,000
배당	차)현금	20,000	대)관계기업투자주식	20,000

2
기말	차)관계기업투자주식	30,000	대)지분법이익	30,000
	차)관계기업기타포괄이익	4,000	대)관계기업투자주식	4,000
배당	차)현금	16,000	대)관계기업투자주식	16,000

[관계기업의 순자산변동을 고려한 관계기업투자주식 장부금액의 구성]

	← 투자자의 지분율(20%) →	← 기타 지분율 →
관계기업순자산BV 1,000,000	200,000	
취득원가 1,000,000	+	
관계기업 N/I x1년 200,000 x2년 150,000	지분법이익 x1년 40,000 x2년 30,000	
	+	
(±)관계기업 OCI변동 x1년 50,000 x2년 (-)20,000	관계기업기타포괄이익 x1년 10,000 x2년 (-)4,000	
	–	
(-)관계기업 현금배당 지급 x1년 (-)100,000 x2년 (-)80,000	x1년 (-)20,000 x2년 (-)16,000	
	=	
	관계기업투자주식 장부금액 x1년 230,000 x2년 240,000	

Ⅲ   투자·평가차액(주식 취득일의 차이)

주식 취득일의 차이는 투자주식의 취득금액과 취득일 현재 관계기업의 식별할 수 있는 순자산 장부금액에 대한 투자자 지분의 차액으로 계산된다. 주식 취득일의 차이는 투자자가 투자주식을 취득할 때 공정가치로 측정하여 취득하였기 때문에 발생한다.

> 주식 취득일의 차이 = 투자주식의 취득금액(이전대가) − 관계기업의 식별할 수 있는 순자산 장부금액 × 지분율

취득시점의 차액은 순자산의 공정가치에 대한 평가차액과 투자차액 두 가지로 구분할 수 있다.

> ① 순자산 공정가치와 장부금액의 평가차액
>   (관계기업 순자산 공정가치− 관계기업 순자산 장부금액)×지분율
> ② 영업권(투자차액)
>   투자주식의 취득원가 − 관계기업 순자산 공정가치×지분율

01   순자산 공정가치와 장부금액의 차액(평가차액)

투자주식의 취득시점에 관계기업의 식별가능한 자산과 부채를 공정가치로 평가한 금액과 장부금액의 차이금액인 평가차액은 다음과 같이 계산한다.

	← 투자자의 지분율 →	← 기타 지분율 →
관계기업순자산BV		
관계기업순자산FV−BV	평가차액	
취득금액		

=
관계기업투자주식 장부금액

⇒ 순자산 공정가치와 장부금액의 평가차액 : (관계기업 순자산 공정가치 − 관계기업 순자산 장부금액) × 지분율

평가차액은 관계기업의 식별가능한 순자산의 공정가치 장부금액을 초과하는 금액에 대해서 투자자가 추가로 지급한 프리미엄이다. 이 금액은 투자자의 투자주식 장부금액에 포함하여 인식되며, 즉시 비용으로 인식하지 않고, 투자자의 지분율에 해당하는 금액을 지분법이익 계산시 해당 자산과 부채에 대한 관계기업의 처리방법에 따라 상각한다.

구분	관계기업
관계기업 조정전 N/I	××
평가차액 상각	
−재고자산	(−)××
−건물 감가상각비	(−)××
관계기업 조정후 N/I	A

⇒ 지분법이익: A×지분율

Self Study

관계기업의 식별가능한 순자산의 공정가치가 장부금액에 미달하는 상황이 발생할 수도 있다. 이 경우에는 발생한 평가차액은 즉시 수익으로 인식하지 않고, 투자자의 지분율에 해당하는 금액을 지분법이익 계산시 해당 자산·부채에 대한 관계기업의 처리방법에 따라 환입한다.

02 투자차액

투자주식을 취득 시점에 당해 투자자산의 원가와 관계기업의 식별가능한 자산과 부채의 순공정가치 중 투자자의 지분에 해당하는 금액과의 차이를 투자차액(good will difference)이라 하며, 다음과 같이 계산가능하다.

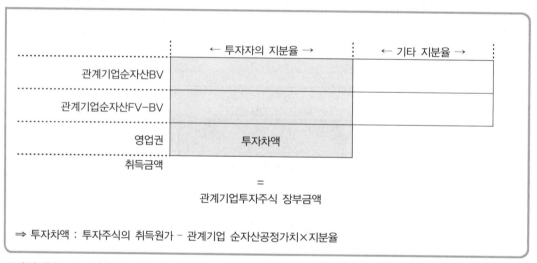

⇒ 투자차액 : 투자주식의 취득원가 − 관계기업 순자산공정가치×지분율

투자차액은 관계기업의 식별가능한 순자산공정가치를 초과하여 투자자가 지급한 금액이므로 관계기업이 보유하고 있는 식별불가능한 내부창출 영업권에 대한 대가로 본다. 해당 영업권은 투자자의 투자주식 장부금액에 포함하여 인식된다. 그러나 영업권의 상각은 허용되지 않으므로 관계기업의 당기순손익에 대하여 투자자가 지분법손익을 인식하는 경우에는 당해 상각효과를 포함시키면 안된다.

관계기업의 식별가능한 자산과 부채의 순공정가치 중 투자자의 지분이 투자자산의 원가를 초과하는 경우가 발생하기도 한다. 이 경우에 발생하는 투자차액은 영업권이 아니라 염가매수차액으로 당기순이익에 반영하게 된다.

지분법 회계처리 요약

	← 투자자의 지분율 →	← 기타 지분율 →
관계기업순자산BV		
관계기업순자산FV−BV		
영업권		
취득원가	+	
관계기업 조정후 N/I(①)	지분법이익(A)	
	+	
(±)관계기업 자본조정, 이익잉여금 직접변동		
	+	
(±)관계기업 OCI변동		
	−	
(−)관계기업 현금배당 지급		
	=	

관계기업투자주식 장부금액

구분	관계기업
관계기업 조정전 N/I	××
평가차액 상각	(××)
관계기업 조정후 N/I	①

20X1년1월1일 (주)하늘은 (주)포도의 보통주 20%를 영향력 행사를 목적으로 ₩300,000에 취득하였다. 20X1년1월1일 현재 (주)포도의 순자산 장부금액은 ₩1,000,000이다.

(1) 주식취득일 현재(주)포도의 순자산 중 장부금액과 공정가치가 다른 항목은 다음과 같다.

구분	장부가액	공정가치	비고
건물	₩1,000,000	₩1,400,000	잔존내용연수10년, 정액법, 잔존가치0
재고	200,000	250,000	20X1년 중 판매

(2) 매년 순자산 변동액은 다음과 같다.

구분	당기순이익	현금배당
20X1년	₩500,000	₩100,000
20X2년	300,000	80,000

❶ 20X1년과 20X2년에 인식할 지분법이익을 구하시오.
❷ 20X1년과 20X2년 말의 관계기업투자주식 장부가액을 구하시오.

풀이

❶ 20X1년 지분법이익: 410,000×20% = 82,000
20X2년 지분법이익: 260,000×20% = 52,000

구분	20X1년	20X2년
조정전 (주)포도의 N/I	₩500,000	₩300,000
매출원가 조정	(50,000)	
감가상각비 조정	(40,000)	(40,000)
조정후 (주)포도의 N/I	410,000	260,000

❷ 20X1년 관계기업투자주식: 300,000 + 82,000 − 100,000×20% = 362,000
20X2년 관계기업투자주식: 300,000 + 82,000 + 52,000 − (180,000)×20% = 398,000

Chapter 25 | 객관식 문제

01 ㈜관세는 20×1년 1월 1일 (주)한국의 보통주 30%를 ₩6,600에 취득하여 유의적인 영향력을 행사하게 되었다. 취득 당시 ㈜한국의 순자산공정가치는 ₩22,000으로 순자산장부금액에 비하여 ₩4,000 높았고, 이는 ㈜한국이 보유 중인 건물(잔존내용연수 8년, 정액법 상각)에서 발생한 차이이다. 20×1년 ㈜한국은 자본잉여금을 재원으로 10주(주당액면금액 ₩500)의 무상증자를 실시하였고, 당기순이익 ₩4,500을 보고하였다. ㈜관세의 20×1년 말 관계기업투자주식 장부금액은? (단, 손상차손은 고려하지 않는다.)

[관세사 2020년]

① ₩6,150 ② ₩6,300 ③ ₩6,750
④ ₩7,800 ⑤ ₩7,950

02 ㈜감평은 20×1년 초 ㈜한국의 의결권주식 20%를 ₩300,000에 취득하고 지분법을 적용하는 관계기업투자주식으로 분류하였다. 취득 당시 ㈜한국의 순자산 장부금액은 ₩1,000,000이었으며, 토지와 건물(내용연수 10년, 정액법상각)의 장부금액에 비해 공정가치가 각각 ₩100,000, ₩200,000 더 높은 것을 제외하고 자산과 부채의 장부금액은 공정가치와 일치하였다. 20×1년도에 ㈜한국은 당기순이익과 기타포괄이익을 각각 ₩100,000, ₩30,000 보고하였으며, ₩15,000의 현금배당을 실시하였다. ㈜감평의 20×1년 말 관계기업투자주식의 장부금액은?

[감정평가사 2023년]

① ₩312,000 ② ₩316,000 ③ ₩319,000
④ ₩320,000 ⑤ ₩326,000

Chapter 25 | 객관식 문제 정답 및 해설

01 ④   (1) 취득 시 관계기업투자주식BV = 6,600
        (2) 20X1년 지분법이익 = {4,500 − (4,000 ÷ 8)} × 30% = 1,200

구분	20×1년
조정 전 ㈜한국의 N/I	4,500
매출원가 조정	−
감가상각비 조정	(500)
내부거래 미실현이익	−
내부거래 이익 실현	−
조정 후 ㈜한국의 N/I	4,000

        (3) 20X1년 말 관계기업투자주식 장부금액 = 6,600 + 1,200 = 7,800

02 ③   (1) 취득 시 관계기업투자주식BV = 300,000
        (2) 20X1년 지분법이익 = {100,000 − (200,000 ÷ 10)} × 20% = 16,000

구분	20×1년
조정 전 ㈜한국의 N/I	100,000
매출원가 조정	−
감가상각비 조정	(20,000)
내부거래 미실현이익	−
내부거래 이익 실현	−
조정 후 ㈜한국의 N/I	80,000

        (3) 20X1년 지분법자본변동 = 30,000(기타포괄이익) × 20% = 6,000
        (4) 20X1년 말 관계기업투자주식 장부금액 = 300,000 + 지분법이익 16,000 + OCI 6,000 − 현금배당금
           3,000 = 319,000

ca.Hackers.com

해커스 감정평가사
ca.Hackers.com

Chapter 26

원가관리회계

1 원가회계의 기초개념

I 서론

01 의의

변화하는 새로운 환경에서 적응하면서 성공적인 경영활동과 미래에 대한 계획을 수립하기 위해서는 여러 가지 의사결정을 위한 정보가 필요하다. 회계는 정보이용자들로 하여금 보다 합리적인 의사결정을 할 수 있도록 충분한 정보를 제공하는 데 목적이 있다.

02 재무회계와 관리회계

1. 재무회계

재무회계(financial accouting)는 기업의 외부이해관계자인 투자자 및 채권자 등 정보이용자들의 경제적 의사결정에 유용한 정보를 제공하는 것을 말한다.
① 일반적으로 인정된 회계원칙에 의한 재무제표작성
② 객관적이며 신뢰성

2. 관리회계

관리회계(managerial accounting)는 경영자 등 기업 내부의 정보이용자들을 위한 회계로서 관리목적을 효율적으로 달성할 수 있는 정보를 제공하는 것을 말한다.
① 어떠한 규제에 의해서 강제되는 것이 아님
② 목적적합하고 미래지향적

[표 1-1] 재무회계와 관리회계 비교

구분	재무회계	관리회계
목적	외부정보이용자에게 유용한 정보제공	내부정보이용자에게 유용한 정보제공
정보의 범위	범위가 넓고 전체적	범위가 좁고 특수
정보유형	과거정보	미래정보
준거기준	일반적으로 인정된 회계원칙	준거기준이 없음
보고서	재무제표(일반목적보고서)	특수목적보고서

03 원가관리회계

1. 원가회계의 역할

원가회계(cost accounting)란 제조업에서 제품원가를 계산하는 것을 말한다.

① 손익계산서의 매출원가와 재무상태표의 재고자산을 결정하는 재무회계 영역

② 예산편성, 성과평가 및 경영의사결정을 위한 원가정보를 제공하는 관리회계 영역

2. 원가관리회계의 목적

회계는 외부이해관계자와 내부이해관계자에 대한 정보제공이라는 본질적인 목표로 인하여 원가관리회계는 다음과 같이 재무회계와 관리회계 두 가지 목적을 동시에 가지고 있다.

① 재무제표 작성을 위한 제조원가의 집계 · 산출

② 의사결정과 성과평가에 필요한 정보제공

[그림 1-1] 원가관리회계의 체계

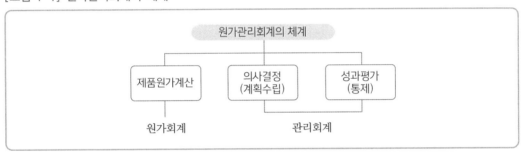

Ⅱ 원가의 개념과 분류

01 의의

기업의 경영활동과정에서 특정 재화나 용역을 얻기 위하여 희생된 자원을 화폐로 표시한 것을 원가(cost)라 한다.

① 미소멸원가: 미래 현금창출능력이 기대되는 것으로 재무상태표에 자산으로 표시

② 소멸원가: 수익창출에 기여한 후 비용(expense)으로 처리

③ 손실(loss): 수익창출에 기여하지 못한 체 소멸되는 원가

02 원가의 분류

원가는 원가담당자의 목적에 따라 여러 유형으로 분류할 수 있으며 이를 "상이한 목적에 따른 상이한 원가(different costs for different purposes)"라 한다.

1. 기능상의 분류

회사의 주요활동은 제조활동과 비제조활동인 판매관리활동으로 구분할 수 있어 총원가를 제조원가와 비제조원가로 구분할 수 있다.

(1) 제조원가(manufacturing cost)

① 재료원가(material cost): 제품을 생산하는 데 필요한 원재료 사용분

② 노무원가(labor cost): 제품을 생산하는 데 필요한 노동력에 지출된 금액

③ 제조경비(manufacturing expense): 재료원가와 노무원가를 제외한 나머지 생산요소

(2) 비제조원가(non-manufacturing cost)

① 판매비(marketing cost): 고객으로부터 주문을 받아 제품을 제공하는 데 소요되는 비용

② 일반관리비(administrative cost): 기업조직을 운영하고 유지하기 위해서 소요되는 비용

2. 추적가능성에 따른 분류

실질적 또는 경제적으로 특정대상과 직접적인 관련이 있을 때 이를 "추적가능하다."라고 하며 추적가능성 여부에 따라 직접원가와 간접원가로 구분한다.

① 직접원가(direct cost): 직접재료원가, 직접노무원가 및 직접경비 등

② 간접원가(indirect cost): 간접재료원가, 간접노무원가 및 기타 간접경비 등

3. 원가행태별 분류

원가행태(cost behavior)란 조업도수준의 변화에 따른 총원가의 변동양상을 말하며 변동원가, 고정원가, 준변동원가 및 준고정원가로 구분한다.

(1) 변동원가(variable cost)

직접재료원가, 직접노무원가, 변동제조간접원가 및 변동판매관리비 등

[그림 1-2] 변동원가

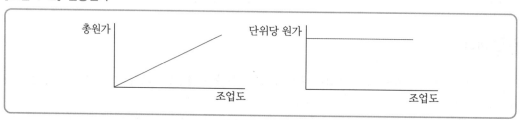

(2) 고정원가(fixed cost)

고정제조간접원가와 고정판매관리비 등

[그림 1-3] 고정원가

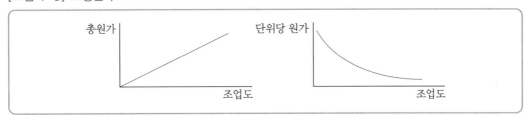

(3) 준변동원가(semi-variable cost, 또는 혼합원가, mixed cost)

기본요금이 있는 수도료, 전화요금 등 제조간접원가, 판매관리비 등

[그림 1-4] 준변동원가

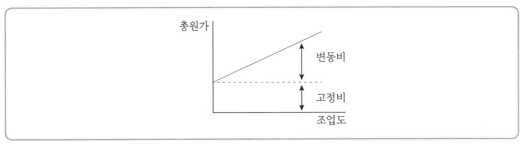

(4) 준고정원가(semi-fixed cost, 또는 계단원가, step cost)

설비투자비용 및 공장감독자 급여 등

[그림 1-5] 준고정원가

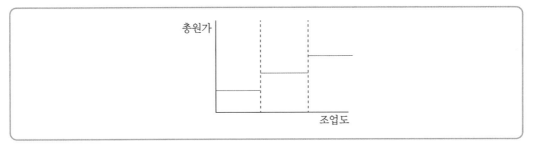

4. 의사결정관련성에 따른 분류

효율적인 의사결정을 위해서는 특정 의사결정과 관련이 있는 원가를 분석해야 한다.

(1) 관련원가(relevant cost)

여러 대체안 사이에 차이가 있는 미래 지출원가이다.

① 차액원가(differential cost)

② 증분원가(incremental cost)

③ 회피가능원가(avoidable cost)

④ 기회원가(opportunity cost)

(2) 비관련원가(irrelevant cost)

여러 대체안 사이에 차이가 없는 원가로 의사결정에 있어 고려대상이 아닌 원가이다.

① 매몰원가(sunk cost)

② 회피불능원가(unavoidable cost)

5. 통제가능성에 따른 분류

경영자의 통제가능성에 따라 통제가능원가와 통제불능원가로 구분할 수 있다.

(1) 통제가능원가(controllable cost)

경영자가 직접적으로 영향을 미칠 수 있는 원가

(2) 통제불능원가(uncontrollable cost)

경영자가 직접적으로 영향을 미칠 수 없는 원가

6. 경영활동상의 분류

원가는 경영활동에 따라 연구개발원가, 디자인원가, 생산원가, 마케팅원가, 유통원가, 고객서비스원가로 구분할 수 있다. 이를 제품수명주기원가(product life cycle costing)라 한다.

[그림 1-6] 제품수명주기원가

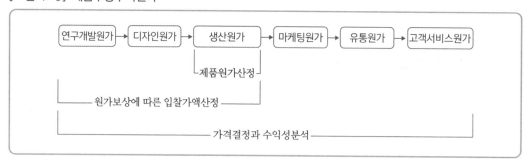

2 제조원가의 흐름

I 서론

01 의의

회사는 제조활동 여부에 따라 상기업과 제조업으로 구분할 수 있다. 상기업의 주요경영활동은 판매가능한 상품을 매입하여 판매하는 것이며 제조업은 판매가능한 제품을 만들어 판매하는 것으로 생산이라는 과정이 필요하며 이러한 과정에서 투입되는 자원을 제조원가라 한다.

1. 제조원가

제조원가(manufacturing costs)란 제품을 생산하기 위하여 희생된 자원을 말하며 재료원가, 노무원가 및 제조경비로 구성되어 있으며 재고가능원가(inventoriable costs)라 한다.

◉ **기간원가(또는 기간비용 period costs)**

재고가능원가와는 달리 발생 시점에 비용으로 처리하는 것을 기간비용이라 하며 대표적인 기간비용은 판매비와 일반관리비이다.

(1) 재료원가

제품생산에 사용할 목적으로 구입한 원재료 중 당해 제조과정에 투입된 사용분을 의미한다.

① **직접재료원가**: 특정제품과 직접 관련되어 소비된 것

② **간접재료원가**: 여러 제품에 공통으로 소비된 것

(2) 노무원가

제품생산에 소비된 노동력의 가치를 의미하며 임금, 잡급, 수당, 퇴직급여 및 복리후생비 등이 있다.

① **직접노무원가**: 특정제품과 직접 관련되어 발생한 것

② **간접노무원가**: 여러 제품에 공통으로 발생한 것

(3) 제조경비

재료원가와 노무원가 이외의 제품생산에 소비된 자원을 의미하며 전력비, 운반비, 수선비, 보험료, 감가상각비 등이 있다.

2. 추적가능성에 의한 구분

특정 제품에 직접 추적할 수 있는 원가를 직접원가라 하며 그렇지 못한 원가를 간접원가라 한다.

	추적가능	추적불가능
재료원가 ⇒	직접재료원가	간접재료원가
노무원가 ⇒	직접노무원가	간접노무원가
제조경비 ⇒	직접경비*	간접경비
		제조간접원가

*일반적으로 제조경비는 모두 간접원가로 간주하지만 별도로 언급이 되면 직접원가로 고려해야 한다.

제조원가는 추적가능성에 따라 직접재료원가(DM; direct material costs), 직접노무원가(DL; direct labor costs), 및 제조간접원가(OH; factory overhead costs)로 구분할 수 있다.

◉ 기초원가와 가공원가

직접재료원가와 직접노무원가를 합하여 기초원가(또는 기본원가 prime costs)라 하고 직접노무원가와 제조간접원가를 합하여 가공원가(또는 전환원가 conversion costs)라 한다.

사례연습 1: 제조원가의 구분

㈜한국의 원가발생액은 다음과 같다.

	개별제품에 대한 추적가능성	
	추적가능	추적불가능
재료원가	₩50,000	₩40,000
노무원가	15,000	50,000
제조경비	–	90,000

[요구사항]

위의 자료를 이용하여 기초원가와 가공원가를 구하시오.

해답

(1) 기초원가: 직접재료원가(₩50,000) + 직접노무원가(₩15,000) = ₩65,000
(2) 가공원가: 직접노무원가(₩15,000) + 제조간접원가(₩40,000 + ₩50,000 + ₩90,000)
　　　　　　 = ₩195,000

---

02 제조원가 구성요소

1. 직접재료원가

특정제품에 직접 추적할 수 있는 원재료 사용분으로 제품별로 구분할 수 있는 주요 재료를 말한다.

(1) 직접재료원가 사용분

원재료를 전량 사용하지 않고 일부 재고로 남아 있다면 구입물량과 사용물량이 다르며 직접재료원가는 원재료 사용분을 말한다.

> 직접재료원가 = 기초원재료 + 당기매입액 + 기말원재료

(2) 직접재료원가와 간접재료원가

직접재료원가는 재공품에 대체하고 간접재료원가는 제조간접원가에 대체한다.

	원재료		
기초	×××	직접재료원가　×××	⇒ 재공품
		간접재료원가　×××	⇒ 제조간접원가
매입	×××	기말　×××	
	×××	×××	

사례연습 2: 재료원가의 회계처리

㈜한국의 기초원재료재고액은 ₩30,000이며, 당기에 외상으로 구입한 원재료매입액은 ₩150,000이다. 기말원재료재고액은 ₩20,000이었으며 당기에 사용한 원재료 중 간접재료원가는 ₩40,000이었다.

기말수정전시산표	
원재료	₩180,000*

* 수정전시산표상의 원재료 잔액은 기초원재료재고액에 당기원재료매입액을 가산한 금액이다.

[요구사항]

원재료와 관련된 일련의 회계처리와 각 계정별원장에 해당금액을 나타내시오.

해답

1. 원재료 구입시

(차) 원재료	₩150,000	(대) 매입채무	₩150,000

2. 기말수정분개(원가계산분개)

(차) 재공품	₩120,000*2	(대) 원재료	₩160,000*1
제조간접원가	40,000*3		

*1 ₩30,000 + ₩150,000 − ₩20,000
*2 직접재료원가
*3 간접재료원가

3. 계정별원장

	원재료		
기초	₩30,000	재공품(직접재료원가)	₩120,000
		제조간접원가(간접재료원가)	40,000
매입채무	150,000	기말	20,000
	₩180,000		₩180,000

재공품		제조간접원가	
직접재료원가　₩120,000		간접재료원가　₩40,000	

2. 직접노무원가

특정제품에 직접 추적할 수 있는 생산직 직원의 급여로 제품별로 구분할 수 있는 노무원가를 말한다.

(1) 직접노무원가 발생분

실제 지급한 금액뿐만 아니라 기말 현재 미지급분 및 소득세 공제분까지 포함한 금액을 말한다.

> 직접노무원가 = 현금지급액 + 미지급액 증가분 − 선급액 증가분 + 소득세 공제분

(2) 직접노무원가와 간접노무원가

직접노무원가는 재공품에 대체하고 간접노무원가는 제조간접원가에 대체한다.

		노무원가			
발생	×××	직접노무원가	×××	⇒	재공품
		간접노무원가	×××	⇒	제조간접원가
	×××		×××		

사례연습 3: 노무원가의 회계처리

㈜한국은 당기에 ₩120,000의 노무원가를 지급하였으며, 기말현재 미지급노무원가는 ₩30,000이다. 또한, 노무원가 지출액 중 ₩20,000은 간접노무원가이다.

	기말수정전시산표	
노무원가	₩120,000	

[요구사항]

노무원가와 관련된 일련의 회계처리와 각 계정별원장에 해당 금액을 나타내시오.

해답

1. 노무원가 지급시

(차) 노무원가	₩120,000	(대) 현금	₩120,000

2. 기말수정분개
   (1) 미지급노무원가

(차) 노무원가	₩30,000	(대) 미지급노무원가	₩30,000

   (2) 원가계산분개

(차) 재공품	₩130,000*2	(대) 노무원가	₩150,000*1
제조간접원가	20,000*3		

*1 ₩130,000 + ₩20,000
*2 직접노무원가
*3 간접노무원가

3. 계정별원장

노무원가			
현금	₩120,000	재공품(직접노무원가)	₩130,000
미지급노무원가	30,000	제조간접원가(간접노무원가)	20,000
	₩150,000		₩150,000

재공품		제조간접원가	
직접노무원가 ₩130,000		간접노무원가 ₩20,000	

03 제조간접원가

직접재료원가, 직접노무원가를 제외한 나머지 제조원가를 말하며 간접재료원가, 간접노무원가, 기계감가상각비, 소모품비, 전기료, 수도료 등을 의미한다.

[표 2-1] 제조간접원가와 판매관리비 비교

제조간접원가	판매관리비
• 생산직관리자 급여	• 판매원 급여
• 공장사무실 운영비	• 판매부서 및 본사 운영비
• 공장 소모품비	• 판매부서 및 본사 소모품비
• 공장 수도광열비	• 판매부서 및 본사 수도광열비
• 기계장치 및 공장 건물 감가상각비	• 판매부서 및 본사 건물 감가상각비
• 간접재료원가, 간접노무원가	

(1) 제조간접원가 통제계정

제조간접원가는 그 구성항목이 다양하여 제조간접원가 통제계정에 먼저 집계한 후 집계된 전체 제조간접원가를 재공품에 대체한다.

(2) 제조간접원가 처리방법

항목별 원가를 먼저 제조간접원가 통제계정에 대체하고 전체 제조간접원가를 재공품에 대체한다.

제조간접원가 통제계정			
감가상각비	×××	제조간접원가 ×××	⇒ 재공품
임차료	×××		
보험료	×××		
⋮			
	×××	×××	

다음은 ㈜한국은 기말수정전시산표와 기말수정사항의 일부이다.

기말수정전시산표

기계장치	₩2,000,000	기계장치-감가상각누계액	₩600,000
건물	1,500,000	건물-감가상각누계액	₩500,000
동력비	35,000		
복리후생비	50,000		

[기말수정사항]

1. 당기 감가상각비 산출내역은 다음과 같다.

기계장치	₩30,000
건물	150,000 (이 중 1/3은 공장분임)

2. 동력비는 기계장치 관련하여 발생하였다.

3. 복리후생비 중 1/2은 공장분이다.

4. 간접재료원가와 간접노무원가는 각각 ₩40,000, ₩20,000이다.

[요구사항]

제조간접원가와 관련된 일련의 회계처리와 각 계정별원장에 해당 금액을 나타내시오.

───────────────

해답

1. 동력비와 복리후생비 발생시

(차) 동력비	₩35,000	(대) 현금	₩85,000
복리후생비	50,000	(미지급비용)	

2. 기말수정분개

(1) 감가상각비

(차) 기계장치-감가상각비	₩30,000	(대) 기계장치-감가상각누계액	₩30,000
건물-감가상각비	150,000	건물-감가상각누계액	150,000

(2) 원가계산분개

① 제조간접원가집계

(차) 제조간접원가	₩200,000	(대) 간접재료원가	₩40,000
		간접노무원가	20,000
		동력비	35,000
		복리후생비	25,000
		기계장치-감가상각비	30,000
		건물-감가상각비	50,000

② 재공품대체

(차) 재공품	₩200,000	(대) 제조간접원가	₩200,000

3. 계정별원장

	제조간접원가		
간접재료원가	₩40,000	재공품	₩200,000
간접노무원가	20,000		
동력비	35,000		
복리후생비	25,000		
기계장치−감가상각비	30,000		
건물−감가상각비	50,000		
	₩200,000		₩200,000

	재공품		
제조간접원가	₩200,000		

II 제조원가 흐름

01 의의

제조과정을 살펴보면 원재료를 구입한 후 사용분은 제조공정에 투입되고 미사용분은 원재료 재고로 재무상태표에 기록된다. 또한, 노무원가와 제조간접원가를 추가로 투입하여 미완성품은 재공품 재고로 재무상태표에 기록되며 최종제품은 일부는 판매되어 손익계산서 매출원가로 기록되고 남은 제품 재고는 재무상태표에 기록된다.

① **원재료계정**: 회사가 보유하고 있는 원재료를 기록하는 자산계정
② **재공품계정**: 제조과정에 투입된 제조원가를 기록하는 자산계정
③ **제품계정**: 제조과정이 완료되어 판매할 수 있는 제품을 기록하는 자산계정

02 제조원가 흐름의 주요개념

제조원가 흐름에서 나타나는 중요한 개념으로 당기총제조원가와 당기제품제조원가가 있다.

1. 당기총제조원가

당기에 제조과정에 투입된 모든 제조원가로서 기초재공품 원가는 포함하지 않는다.

> 당기총제조원가 = 직접재료원가 + 직접노무원가 + 제조간접원가

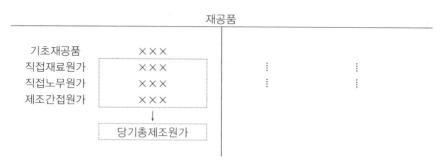

2. 당기제품제조원가

당기에 완성된 제품의 제조원가로서 기초재공품에서 당기총제조원가를 더한 금액에서 기말재공품을 차감하여 계산한다.

> 당기제품제조원가 = 기초재공품 + 당기총제조원가 − 기말재공품

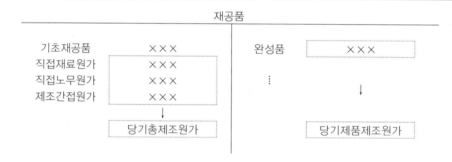

사례연습 5: 당기제품제조원가

㈜한국은 20×1년 초에 영업을 시작하였으며, 20×1년과 20×2년에 발생한 제조원가는 다음과 같다.

	20×1년	20×2년
기초재공품	–	₩150,000
직접재료원가	₩100,000	120,000
직접노무원가	150,000	130,000
제조간접원가	250,000	200,000
기말재공품	150,000	180,000

[요구사항]

20×1년과 20×2년의 당기제품제조원가를 구하시오.

해답

1. 20×1년
   ① 당기총제조원가 = 직접재료원가(₩100,000) + 직접노무원가(₩150,000) + 제조간접원가(₩250,000)
        = ₩500,000
   ② 당기제품제조원가 = 기초재공품(₩0) + 당기총제조원가(₩500,000) − 기말재공품(₩150,000)
        = ₩350,000

2. 20×2년
　① 당기총제조원가 = 직접재료원가(₩120,000) + 직접노무원가(₩130,000) + 제조간접원가(₩200,000)
　　　　　　　　　= ₩450,000
　② 당기제품제조원가 = 기초재공품(₩150,000) + 당기총제조원가(₩450,000) − 기말재공품(₩180,000)
　　　　　　　　　　= ₩420,000

3. 매출원가

매출원가(cost of sales)란 당기에 판매한 제품의 원가를 의미하는 것으로 기초제품에서 당기제품제조원가를 더한 금액에서 기말제품을 차감하여 계산한다.

매출원가 = 기초제품 + 당기제품제조원가 − 기말제품

제품			
기초	×××	매출원가	×××
당기제품제조원가	×××		×××
		기말	
	×××		×××

[그림 2-1] 원가계산절차

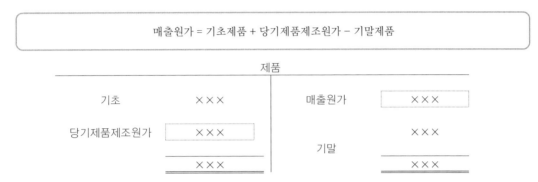

직접재료원가(사용액) = 기초원재료 + 단기매입액 − 기말원재료

당기총제조원가 　　= 직접재료원가 + 직접노무원가 + 제조간접원가

당기제품제조원가 　= 기초재공품 + 당기총제조원가 − 기말재공품

매출원가 　　　　　= 기초제품 + 당기제품제조원가 − 기말제품

[그림 2-2] 제조원가흐름(T-계정)

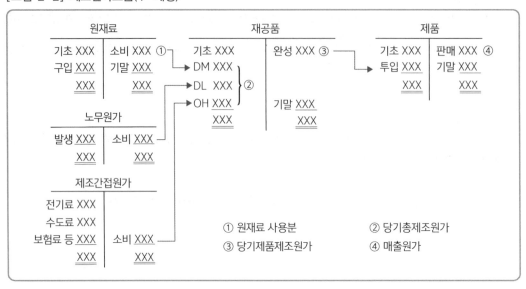

사례연습 6: 매출원가

㈜한국의 당해 연도에 발생한 제조원가와 기초 및 기말재고자산은 다음과 같다.

	기초	기말
재공품	₩150,000	₩180,000
제품	150,000	170,000
직접재료원가	₩120,000	
직접노무원가	130,000	
제조간접원가	200,000	

[요구사항]
당해 연도 매출원가를 구하시오.

해답

① 당기총제조원가 = 직접재료원가(₩120,000) + 직접노무원가(₩130,000) + 제조간접원가(₩200,000)
   = ₩450,000
② 당기제품제조원가 = 기초재공품(₩150,000) + 당기총제조원가(₩450,000) − 기말재공품(₩180,000)
   = ₩420,000
③ 매출원가 = 기초제품(₩150,000) + 당기제품제조원가(₩420,000) − 기말제품(₩170,000) = ₩400,000

03 제조원가명세서

일정 기간 동안 발생한 재료원가, 노무원가 및 제조경비 등 그 내역을 상세히 기록하여 완성된 제품의 원가인 당기제품제조원가를 나타내기 위하여 작성된 명세서이다.

[표 2-2] 제조원가명세서

제조원가명세서

Ⅰ. 재료원가		×××
기초재료재고액	×××	
당기재료매입액	×××	
기말재료재고액	(×××)	
Ⅱ. 노무원가		×××
기본급	×××	
제수당 등	×××	
Ⅲ. 제조경비		
감가상각비	×××	
동력비	×××	
보험료	×××	
수선유지비 등	×××	
Ⅳ. 당기총제조원가		×××
Ⅴ. 기초재공품재고액		×××
합계		×××
Ⅵ. 기말재공품재고액		(×××)
Ⅶ. 당기제품제조원가		×××

사례연습 7: 제조원가명세서

㈜한국의 당해 연도에 발생한 제조원가와 기초 및 기말재고자산은 다음과 같다.

	기초	기말
원재료	₩20,000	₩30,000
재공품	₩50,000	₩60,000
제품	150,000	170,000
당기재료매입액	₩100,000	
직접노무원가	80,000	
제조간접원가	120,000	

[요구사항]
당해 연도 제조원가명세서를 작성하시오.

해답

제조원가명세서

Ⅰ. 재료원가		₩90,000
기초재료재고액	20,000	
당기재료매입액	100,000	
계	120,000	
기말재료재고액	(30,000)	
Ⅱ. 노무원가		80,000
Ⅲ. 제조경비		120,000
Ⅳ. 당기총제조원가		290,000
Ⅴ. 기초재공품재고액		50,000
합계		340,000
Ⅵ. 기말재공품재고액		(60,000)
Ⅶ. 당기제품제조원가		₩280,000

Chapter 26-2 | 객관식 문제

01 20×1년 초 대규모의 자본을 투입하여 제조를 시작한 ㈜한국은 20×1년 말 현재 판매실적이 부진하여 영업부서 창고에서 완성품이 공장창고에는 미완성품이 가득하다. 20×2년 6월에 회사의 경영자는 모든 재고를 싼 값에 처분하고 공장을 폐쇄하였다. 회사의 20×2년 원가를 큰 순서대로 나타내라.

① 매출원가, 당기제품제조원가, 당기총제조원가
② 매출원가만 높고, 당기제품제조원가와 당기총제조원가는 같다.
③ 매출원가, 당기총제조원가, 당기제품제조원가
④ 모든 금액이 같다.
⑤ 당기총제조원가, 당기제품제조원가, 매출원가

02 ㈜한국의 9월 중 ₩100의 원재료를 구입하였다. 9월의 당기총제조원가는 ₩200이며 전환원가가 ₩120이라면 기말원재료 재고는 얼마인가? (단, 9월 초 원재료 재고는 ₩50이다)

① ₩40   ② ₩50
③ ₩60   ④ ₩70
⑤ ₩80

03 ㈜감평의 20×1년 기초 및 기말 재고자산은 다음과 같다.

구분	기초	기말
직접재료	₩10,000	₩15,000
재공품	40,000	50,000
제품	40,000	55,000

㈜감평은 20×1년 중 직접재료 ₩35,000을 매입하였고, 직접노무원가 ₩45,000을 지급하였으며, 제조간접원가 ₩40,000이 발생하였다. ㈜감평의 20×1년 당기제품제조원가는? (단, 20×1년 초 직접노무원가 선급금액은 ₩15,000이고 20×1년 말 직접노무원가 미지급금액은 ₩20,000이다)

감평 2020

① ₩110,000 ② ₩120,000
③ ₩125,000 ④ ₩140,000
⑤ ₩150,000

04 ㈜한국의 20×1년의 매출총이익은 ₩1,920,000, 당기제품제조원가 ₩6,800,000, 기초재공품 ₩560,000, 기초제품 ₩900,000, 기말재공품 ₩760,000, 기말제품이 ₩1,040,000이었다. 이 경우에 ㈜한국의 20×1년의 총매출액은 얼마인가?

① ₩8,380,000 ② ₩8,580,000
③ ₩8,680,000 ④ ₩8,720,000
⑤ ₩8,920,000

05 다음 자료를 이용하여 계산한 매출원가는?

감평 2018

기초재공품	₩60,000	기초제품	₩45,000	기말재공품	₩30,000
기말제품	₩60,000	직접재료원가	₩45,000	직접노무원가	₩35,000
제조간접원가	₩26,000				

① ₩121,000 ② ₩126,000
③ ₩131,000 ④ ₩136,000
⑤ ₩141,000

06 다음은 ㈜한국의 20×1년 12월 31일로 종료되는 회계연도의 회계자료의 일부분이다.

원재료재고액의 증가	₩15,000
제품재고액의 감소	35,000
원재료 구입액	430,000
직접노무원가	200,000
제조간접원가	300,000
판매비	45,000

전기말 및 당기말의 재공품은 없었다. 회사의 20×1년도의 매출원가는 얼마인가?

① ₩950,000   ② ₩965,000

③ ₩975,000   ④ ₩985,000

⑤ ₩995,000

07 ㈜한국의 20×0년 기초 및 기말 재고자산은 다음과 같다.

	20×0년 초	20×0년 말
원재료	₩300,000	₩400,000
재공품	200,000	400,000
제품	500,000	?

20×0년 중 ㈜한국의 원재료 매입액은 ₩1,500,000이었으며, 제조간접원가는 가공원가의 50%인 ₩2,500,000이 발생하였다. ㈜한국의 20×0년도 매출액이 ₩7,200,000이고, 이는 매출원가의 120%에 해당한다. 20×0년 말 제품재고액은 얼마인가?

감평 2010

① ₩400,000   ② ₩500,000

③ ₩600,000   ④ ₩700,000

⑤ ₩800,000

Chapter 26-2 | 객관식 문제 정답 및 해설

01 ① 20×1년 6월 초 재공품과 제품재고를 각각 ₩10이라 하고 당기총제조원가를 A, 당기제품제조원가를 B, 매출원가를 C라 하면,

재공품			
기초	₩10	완성	B
투입	A	기말	–
	₩10 + A		B

$$₩10 + A = B$$

제품			
기초	₩10	판매	C
대체	B	기말	–
	₩10 + B		C

$$₩10 + B = C$$

그러므로, A < B < C이다.

02 ④ 전환원가(= 직접노무원가 + 제조간접원가)가 ₩120이므로, 직접재료원가는 ₩80이다.

원재료					당기총제조원가	
기초	₩50	사용	₩80	=	직접재료원가	₩80
매입	100	기말	70		직접노무원가	120
	₩150		₩150		제조간접원가	
					합계	₩200

(1) 직접재료원가 사용량 = 당기총제조원가(₩200) − 전환원가(₩120) = ₩80
(2) 기말원재료 재고액 = 기초원재료(₩50) + 당기매입액(₩100) − 기사용액(₩80) = ₩70

03 ④ ₩140,000

(1) 직접재료원가

직접재료			
기초	₩10,000	판매	₩30,000
입고	35,000	기말	15,000
	₩45,000		₩45,000

그러므로, 직접재료원가는 ₩30,000이다.

(2) 당기제품제조원가

재공품			
기초	₩40,000	완성	₩140,000
직접재료원가	30,000		
직접노무원가	80,000*		
제조간접원가	40,000	기말	50,000
	₩190,000		₩190,000

* 직접노무원가
 직접노무원가 지급액 + 미지급증가분 + 선급금감소분
 = ₩45,000 + ₩20,000 + ₩15,000
 = ₩80,000
그러므로, 당기제품제조원가는 ₩140,000이다.

04 ②

제품			
기초	₩900,000	판매	₩6,660,000
대체	6,800,000	기말	1,040,000
	₩7,700,000		₩7,700,000

손익계산서	
매출	₩8,580,000
매출원가	6,660,000
매출총이익	₩1,920,000

(1) 매출원가: 기초제품(₩900,000) + 당기제품제조원가(₩6,800,000) − 기말제품(₩1,040,000)
= ₩6,660,000

(2) 총매출액: 매출원가(₩6,660,000) + 매출총이익(₩1,920,000) = ₩8,580,000

05 ① ₩121,000

(1) 당기제품제조원가

재공품			
기초	₩60,000	완성	₩136,000
직접재료원가	45,000		
직접노무원가	35,000		
제조간접원가	26,000	기말	30,000
	₩166,000		₩166,000

(2) 매출원가

제품			
기초	₩45,000	판매	₩121,000
입고	136,000	기말	60,000
	₩181,000		₩181,000

그러므로, 매출원가는 ₩121,000이다.

06 ① 판매비를 제외한 주어진 제조원가를 T-계정으로 표시하면 다음과 같다.

원재료			
기초	−	사용	415,000
매입	430,000	기말	15,000
	430,000		430,000

재공품			
기초	−	완성	915,000
DM	415,000		
DL	200,000		
OH	300,000	기말	−
	915,000		915,000

제품			
기초	35,000	판매	950,000
대체	915,000	기말	−
	950,000		950,000

(1) 직접재료원가
DM = 기초원재료재고액 + 당기원재료매입액 − 기초원재료재고액
= 당기원재료매입액 + 기초원재료재고액 − 기초원재료재고액
= 당기원재료매입액 − 원재료재고의 증가
= ₩430,000 − 15,000
= ₩415,000

(2) 당기제품제조원가
기초 및 기말재공품이 없으므로 당기총제조원가 = 당기제품제조원가
당기제품제조원가 = 당기총제조원가
= DM + DL + OH
= ₩415,000 + 200,000 + 300,000
= ₩915,000

(3) 매출원가

매출원가 = 기초제품재고액 + 당기제품제조원가 − 기말제품재고액

= 당기제품제조원가 + 기초제품재고액 − 기말제품재고액

= 당기제품제조원가 + 제품재고의 감소

= ₩915,000 + 35,000

= ₩950,000

07 ④   ₩700,000

(1) 매출원가

₩7,200,000 ÷ 120% = ₩6,000,000

(2) 직접재료원가

재료

기초	₩300,000	사용	₩1,400,000
매입	1,500,000	기말	400,000
	₩1,800,000		₩1,800,000

그러므로, 재료사용액은 ₩1,400,000이다.

(3) 당기제품제조원가

재공품

기초	₩200,000	완성	₩6,200,000
DM	1,400,000		
DL*	2,500,000		
OH	2,500,000	기말	400,000
	₩6,600,000		₩6,600,000

* (DL + ₩2,500,000)×50% = ₩2,500,000

그러므로, 당기제품제조원가는 ₩6,200,000이다.

(4) 제품재고

제품

기초	₩500,000	판매	₩6,000,000
입고	6,200,000	기말	700,000
	₩6,700,000		₩6,700,000

그러므로, 제품재고금액은 ₩700,000이다.

3 개별원가계산

01 의의

개별원가계산이란 서로 다른 제품을 주문에 의하여 생산하는 업종에 적합한 원가계산제도로 건설업, 항공업, 선박업 등에서 주로 사용된다. 개별원가계산은 특정 작업별로 원가계산이 진행되어 작업이 완성된 제품과 미완성된 재공품으로 구분하여 작업별원가계산(job order costing)이라고도 한다.

02 제조원가의 구분

개별원가계산은 서로 다른 제품을 생산하기 때문에 제품별로 직접 대응(추적)할 수 있는 원가와 여러 제품에 공통으로 발생한 원가의 구분이 중요하다.

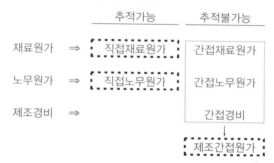

따라서, 개별원가계산은 제조원가를 직접재료원가(DM; direct material costs), 직접노무원가(DL; direct labor costs) 및 제조간접원가(OH; factory overhead costs)로 구분한다.

03 개별원가계산의 절차

제조원가를 직접원가와 간접원가로 구분한 후 직접원가는 해당 제품에 직접 대응할 수 있어 직접부과하고 간접원가는 합리적인 기준을 설정하여 나누어 준다.

[1단계] 직접원가를 제품별로 부과한다.

직접재료원가와 직접노무원가는 작업별 직접 추적할 수 있는 원가로 발생시점에 해당 작업에 직접 부과할 수 있다.

[2단계] 간접원가를 적절하게 나누어 준다.

제조간접원가는 모든 작업에 공통으로 발생된 원가로 총원가를 집계한 후 일정기준에 따라 나누어 준다. 이를 제조간접원가 배부(또는, 배분)이라 한다.

직접재료원가와 직접노무원가는 개별제품별로 직접 추적이 가능하여 직접 부과하고 제조간접원가는 적절한 배부기준에 따라 다음과 같이 배분한다.

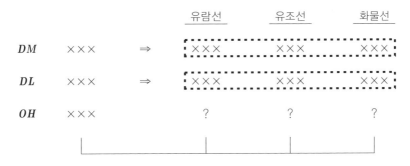

Ⅱ 제조간접원가 배부절차

01 의의

직접원가는 작업별로 직접 대응할 수 있어 해당 작업에 정확하게 부과되지만 간접원가는 여러 작업에 배분하기 때문에 배분방법에 따라 배분금액이 달라져 작업별 원가는 달라질 수 있어 합리적인 배분기준을 설정하는 것이 매우 중요하다.

1. 제조간접원가 배부기준

제조간접원가를 적절하게 배부하기 위해서는 합리적인 배부기준을 선택하는 것이 중요하다.

(1) 배부기준 선택에 있어 고려사항

① 제조간접원가의 발생과 높은 상관관계를 가져야 한다.
② 쉽게 적용할 수 있어야 한다.

(2) 일반적으로 사용하는 배부기준

① 시간기준: 직접노동시간, 기계시간 등
② 금액기준: 직접재료원가, 직접노무원가, 매출액 등

2. 제조간접원가 배부율

제조간접원가 배부기준을 선택한 후 제조간접원가를 배부기준으로 나누어 배부율을 계산할 수 있다.

$$제조간접원가 \ 배부율 = \frac{제조간접원가}{배부기준}$$

3. 제조간접원가 배부

제조간접원가 배부율을 계산한 후 작업별 배부기준 소비량에 곱하여 제조간접원가를 배부할 수 있다.

$$제조간접원가 \ 배부 = 제조간접원가 \ 배부율 \times 작업별 \ 배부기준 \ 소비량$$

사례연습 1: 제조간접원가 배부

㈜한국은 20×1년 초에 영업을 시작하였으며, 1월 중 제조지시서 #301, #302, #303을 착수하였으며 1월 말 현재 #301, #302은 완성하였으나 #303은 작업 중에 있다. 세 가지 작업에 대한 제조원가 및 관련자료는 다음과 같다.

	#301	#302	#303	합계
직접재료원가	₩20,000	₩30,000	₩50,000	₩100,000
직접노무원가	25,000	25,000	50,000	100,000
직접노동시간	120시간	80시간	200시간	
기계시간	150	250	100	

1월 중 발생한 제조간접원가는 ₩120,000이었다.

[요구사항 1]

다음의 배부기준에 따라 제조간접원가를 배부하여 작업별 제조원가를 구하시오.

(1) 직접노무원가기준
(2) 직접노동시간기준
(3) 기계시간기준

[해답]

(1) 직접노무원가기준

	#301	#302	#303	합계
직접재료원가	₩20,000	₩30,000	₩50,000	₩100,000
직접노무원가	25,000	25,000	50,000	100,000
제조간접원가*	30,000	30,000	60,000	120,000
합계	₩75,000	₩85,000	₩160,000	₩320,000

* #301 : #302 : #303 = ₩25,000 : ₩25,000 : ₩50,000

배부율 = ₩120,000 ÷ ₩100,000
= ₩1.2/직접노무원가

(2) 직접노동시간기준

	#301	#302	#303	합계
직접재료원가	₩20,000	₩30,000	₩50,000	₩100,000
직접노무원가	25,000	25,000	50,000	100,000
제조간접원가*	36,000	24,000	60,000	120,000
합계	₩81,000	₩79,000	₩160,000	₩320,000

* #301 : #302 : #303 = 120시간 : 80시간 : 200시간

배부율 = ₩120,000 ÷ 400시간

= ₩300/직접노동시간

(3) 기계시간기준

	#301	#302	#303	합계
직접재료원가	₩20,000	₩30,000	₩50,000	₩100,000
직접노무원가	25,000	25,000	50,000	100,000
제조간접원가*	36,000	60,000	24,000	120,000
합계	₩81,000	₩115,000	₩124,000	₩320,000

* #301 : #302 : #303 = 150시간 : 250시간 : 100시간

배부율 = ₩120,000 ÷ 500시간

= ₩240/기계시간

[요구사항 2]

제조간접원가를 위 [요구사항 1]의 (2) 직접노동시간을 기준으로 배부할 경우 1월의 당기제품제조원가와 기말재공품원가를 구하시오.

해답

당기제품제조원가(당기완성품): #301(₩81,000) + #302(₩79,000) = ₩160,000

기말재공품원가(당기미완성품): #303 = ₩160,000

---

02 복수부문

제조부문(production department, 이하 '부문')이란 생산활동을 수행하는 제조과정으로 둘 이상의 부문들이 유기적으로 연결되어 제품을 생산하게 된다. 또한, 각 부문들은 서로 다른 기능과 역할을 수행하고 제조간접원가의 발생항목도 달라 부문별 별도의 배부기준을 적용한다면 좀 더 정확한 배분이 가능해질 것이다.

1. 공장 전체 배부

제조간접원가를 부문별로 구분하지 않고 전체 금액을 하나의 배부기준을 적용하여 배부하는 방법이다.

$$전체\ 제조간접원가\ 배부율 = \frac{제조간접원가총액}{배부기준}$$

(1) 장점

계산이 단순하고 간편하다.

(2) 단점

부문별 성격을 고려하지 못하여 부정확한 배부가능성이 있다.

2. 부문별 배부

제조간접원가를 부문별로 구분하여 각 부문별 별도의 배부기준을 적용하여 배부하는 방법이다.

$$부문별\ 제조간접원가\ 배부율 = \frac{부문별\ 제조간접원가}{부문별\ 배부기준}$$

즉, 배부율은 부문별로 존재한다.

(1) 장점

부문별 성격을 고려하여 보다 합리적으로 배부할 수 있다.

(2) 단점

계산이 복잡하고 많은 시간이 요구된다.

사례연습 2: 제조간접원가 부문별 배부

㈜한국은 20×1년 초에 영업을 시작하였으며, 1월 중 제조지시서 #301, #302, #303을 착수하였으며 1월 말 현재 #301, #302은 완성하였으나 #303은 작업 중에 있다. 공장에는 두 개의 제조부문인 X(절삭) 부문과 Y(조립) 부문이 있다. 세 가지 작업에 대한 제조원가 및 관련자료는 다음과 같다.

	#301	#302	#303	합계
직접재료원가	₩20,000	₩30,000	₩50,000	₩100,000
직접노무원가	25,000	25,000	50,000	100,000
직접노동시간				
X부문	60시간	60시간	80시간	200시간
Y부문	60	70	120	250
기계시간				
X부문	90시간	100시간	10시간	200시간
Y부문	60	150	90	300시간

1월 중 발생한 제조간접원가는 X부문과 Y부문 각각 ₩30,000과 ₩90,000이었다.

[요구사항]

제조간접원가 배부시 부문별 배부율을 사용하며, X부문은 직접노동시간, Y부문은 기계시간일 때 작업별 제조원가를 구하시오. 또한, 1월의 당기제품제조원가와 기말재공품원가를 구하시오.

해답

(1) 작업별 제조원가

	#301	#302	#303	합계
직접재료원가	₩20,000	₩30,000	₩50,000	₩100,000
직접노무원가	25,000	25,000	50,000	100,000
제조간접원가				
X부문*1	9,000	9,000	12,000	30,000
Y부문*2	18,000	45,000	27,000	90,000
합계	₩72,000	₩109,000	₩139,000	₩320,000

*1 #301 : #302 : #303 = 60시간 : 60시간 : 80시간

배부율 = ₩30,000 ÷ 200시간

= ₩150/직접노동시간

*2 #301 : #302 : #303 = 60시간 : 150시간 : 90시간

배부율 = ₩90,000 ÷ 300시간

= ₩300/기계시간

(2) 1월의 당기제품제조원가와 기말재공품원가

당기제품제조원가(당기완성품): #301(₩72,000) + #302(₩109,000) = ₩181,000

기말재공품원가(당기미완성품): #303 = ₩139,000

Ⅲ   보조부문

01   의의

제조과정에는 원재료를 투입하여 최종제품으로 전환하는 데 직접적으로 필요한 제조부문(production department)과 효율적인 제조활동을 위하여 제조부문을 지원하는 부문으로 구성되어 있다. 이러한 부문을 보조부문(auxiliary department) 또는 서비스부문이라 하며 동력부문, 수선부문 및 공장사무부문 등이 이에 해당한다.

또한, 보조부문의 원가를 제조부문에 배부하는 경우에도 합리적인 배부기준을 선택해야 하며 다음과 같은 기준이 많이 사용된다.

보조부문	배부기준
수선유지부문	수선시간
건물관리부문	점유면적(m²)
동력부문	전력사용량(kwh)
식당부문	종업원수
창고부문	점유면적(m²)
공장인사관리부문	종업원수

02 보조부문 상호용역수수관계

보조부문이 제조부문에만 용역을 제공한다면 제조부문에 대한 용역 제공비율에 따라 보조부문원가를 배부하면 된다. 그러나, 제조부문뿐만 아니라 다른 보조부문에도 용역을 제공한다면 절차는 다소 복잡해진다. 이를 보조부문간 상호용역수수관계라 하며 다음과 같은 세 가지 방법이 사용된다.

1. 직접배부법

직접배부법(direct method)은 보조부문 상호간에 주고받는 관계를 무시하고 보조부문원가를 제조부문에만 배부하는 방법이다.

(1) 장점

계산과정이 쉽고 단순하다.

(2) 단점

정확성이 상대적으로 낮다.

2. 단계배부법

단계배부법(step method)은 보조부문 상호간에 주고받는 관계를 부분적으로 인식하는 방법으로 보조부문간 배부순서를 결정한 후 순서에 따라 순차적으로 배부하는 방법이다. 이 방법은 순서에 따라 배부가 끝난 보조부문에는 원가를 다시 배부하지 않는 방법이다.

(1) 장점

용역수수관계를 부분적으로 고려한다.

(2) 단점

배부순서에 따라 배부금액이 달라진다.

3. 상호배부법

상호배부법(reciprocal method)은 보조부문 상호간에 주고받는 관계를 모두 인식하는 방법으로 이론적으로 가장 타당한 방법으로 다음과 같이 배부할 총원가를 먼저 계산해야 한다.

> 배부할 총원가 = 자기부문의 원가 + 타부문으로부터 배부받은 원가

(1) 장점

정확성이 상대적으로 높다.

(2) 단점

계산과정이 복잡하다.

㈜한국은 두 개의 보조부문 A(동력부), B(식당부) 와 두 개의 제조부문 X, Y가 있다. 각 부문의 용역수수관계와 부문별 발생원가는 다음과 같다.

	보조부문		제조부문		합계
	A	B	X	Y	
A(동력부)	–	600kwh	360kwh	240kwh	1,200kwh
B(식당부)	40명	–	20명	40명	100명
발생원가	₩30,000	₩60,000	₩35,000	₩25,000	₩150,000

[요구사항]

다음의 방법에 따라 보조부문원가를 제조부문에 배부하시오.

(1) 직접배부법

(2) 단계배부법

    ① A부문부터 배부

    ② B부문부터 배부

(3) 상호배부법

해답

※ 자료정리

	보조부문		제조부문		합계
	A	B	X	Y	
A(동력부)	–	0.5	0.3	0.2	100%
B(식당부)	0.4	–	0.2	0.4	100%
배분전원가	₩30,000	₩60,000	₩35,000	₩25,000	₩150,000

(1) 직접배부법

	보조부문		제조부문		합계
	A	B	X	Y	
배분전원가	₩30,000	₩60,000	₩35,000	₩25,000	₩150,000
A[*1]	(30,000)	–	18,000	12,000	–
B[*2]	–	(60,000)	20,000	40,000	–
배분후원가	–	–	₩73,000	₩77,000	₩150,000

[*1] X : Y = 0.3 : 0.2

    배부율 = ₩30,000 ÷ 0.5

        = ₩60,000

[*2] X : Y = 0.2 : 0.4

    배부율 = ₩60,000 ÷ 0.6

        = ₩100,000

(2) 단계배부법
  ① A부문부터 배부

	보조부문		제조부문		합계
	A	B	X	Y	
배분전원가	₩30,000	₩60,000	₩35,000	₩25,000	₩150,000
A*¹	(30,000)	15,000	9,000	6,000	–
B*²	–	(75,000)	25,000	50,000	–
배분후원가	–	–	₩69,000	₩81,000	₩150,000

*¹ B : X : Y = 0.5 : 0.3 : 0.2
   배부율 = ₩30,000 ÷ 100%
       = ₩30,000
*² X : Y = 0.2 : 0.4
   배부율 = ₩75,000 ÷ 0.6
       = ₩125,000

  ② B부문부터 배부

	보조부문		제조부문		합계
	A	B	X	Y	
배분전원가	₩30,000	₩60,000	₩35,000	₩25,000	₩150,000
B*¹	24,000	(60,000)	12,000	24,000	–
A*²	(54,000)	–	32,400	21,600	–
배분후원가	–	–	₩79,400	₩70,600	₩150,000

*¹ A : X : Y = 0.4 : 0.2 : 0.4
   배부율 = ₩60,000 ÷ 100%
       = ₩60,000
*² X : Y = 0.3 : 0.2
   배부율 = ₩54,000 ÷ 0.5
       = ₩108,000

(3) 상호배부법

	보조부문		제조부문		합계
	A	B	X	Y	
배분전원가	₩30,000	₩60,000	₩35,000	₩25,000	₩150,000
A*²	(67,500)*¹	33,750	20,250	13,500	–
B*³	37,500	(93,750)*¹	18,750	37,500	–
배분후원가	–	–	₩74,000	₩76,000	₩150,000

*¹ 각 보조부문의 배부될 총원가 계산
   A = ₩30,000 + 0.4B
   B = ₩60,000 + 0.5A
   위 연립방정식을 풀면,
   A와 B는 각각 ₩67,500, ₩93,750이 된다.
*² B : X : Y = 0.5 : 0.3 : 0.2
   배부율 = ₩67,500 ÷ 100%
       = ₩67,500
*³ A : X : Y = 0.4 : 0.2 : 0.4
   배부율 = ₩93,750 ÷ 100%
       = ₩93,750

03 보조부문 기타사항

1. 단일배부율법과 이중배부율법

변동원가와 고정원가 구분여부에 따라 두 가지 방법이 있다.

(1) 단일배부율법(single rate method)

보조부문 총원가를 실제용역사용량을 기준으로 배부하는 방법

(2) 이중배부율법(dual rate method)

고정원가는 최대용역사용가능량, 변동원가는 실제용역사용량을 기준으로 배부하는 방법

사례연습 4: 단일배부율법과 이중배부율법

㈜한국은 하나의 보조부문 A(동력부)과 두 개의 제조부문 X, Y가 있다. 당월의 각 부문의 발생원가와 각 제조부문의 최대용역사용량 및 실제용역사용량은 다음과 같다.

1. 당월 각 부분의 발생원가

	보조부문	제조부문		합계
	A	X	Y	
변동원가	₩10,000	₩17,000	₩5,000	₩32,000
고정원가	20,000	18,000	20,000	58,000
합계	₩30,000	₩35,000	₩25,000	₩90,000

2. 당월 각 제조부문의 최대사용량 및 실제용역사용량

	제조부문		합계
	X	Y	
최대사용량	1,000kwh	1,000kwh	2,000kwh
실제사용량	600	400	1,000
합계	1,600kwh	1,400kwh	3,000kwh

[요구사항 1]

단일배부율법을 사용하여 보조부문원가를 제조부문에 배부하시오.

해답

	보조부문	제조부문		합계
	A	X	Y	
배분전원가	₩30,000	₩35,000	₩25,000	₩90,000
A*	(30,000)	18,000	12,000	–
배분후원가	–	₩53,000	₩37,000	₩90,000

* X : Y = 600 : 400

배부율 = ₩30,000 ÷ 1,000kwh

= ₩30/kwh

이중배부율법을 사용하여 보조부문원가를 제조부문에 배부하시오.

해답

| | 보조부문 | 제조부문 | | 합계 |
	A	X	Y	
배분전원가	₩30,000	₩35,000	₩25,000	₩90,000
변동비*1	(10,000)	6,000	4,000	-
고정비*2	(20,000)	10,000	10,000	-
배분후원가	-	₩51,000	₩39,000	₩90,000

*1 X : Y = 600 : 400
　　배부율 = ₩10,000 ÷ 1,000kwh
　　　　　 = ₩10/kwh
*2 X : Y = 1,000 : 1,000
　　배부율 = ₩20,000 ÷ 2,000kwh
　　　　　 = ₩10/kwh

2. 자가소비용역

특정 보조부문에서 제공하는 용역을 해당 보조부문이 일부 소비하는 것을 자가소비용역(self service)이라 한다. 이런 경우 자기부문에서의 원가를 배부받아 다시 다른 부문으로 배부하는 절차가 반복되므로 자기부문 소비량을 고려하지 않고 다른 부문에만 배부한다.

사례연습 5: 자가소비용역

㈜한국은 제조부문(성형, 조립)과 보조부문(수선, 동력)을 이용하여 제품을 생산하고 있으며, 제조부문과 보조부문에 관련된 자료는 다음과 같다.

| 제공부문 | 제조부문 | | 보조부문 | | 합계 |
	성형	조립	수선	동력	
수선	400시간	200시간	-	400시간	1,000시간
동력	4,000kw	4,000kw	8,000kw	2,000kw	18,000kw

[요구사항]
수선부문과 동력부문에 집계된 부문원가는 각각 ₩160,000과 ₩80,000이다. ㈜한국은 상호배분법을 사용하여 보조부문원가를 제조부문에 배분한다. 조립부문에 배분될 보조부문원가를 구하시오.

		보조		제조	
		수선	동력	성형	조립
배분전원가		₩160,000	₩80,000	–	–
용역제공비율	수선	–	40%	40%	20%
	동력	50%	–	25%	25%
배분전원가	수선	(250,000)*	100,000	100,000	50,000
	동력	90,000	(180,000)*	45,000	45,000
합계		–	–	₩145,000	₩95,000

* 수선 = ₩160,000 + 0.5 × 동력

동력 = ₩80,000 + 0.4 × 수선

그러므로 수선은 ₩250,000, 동력은 ₩180,000이다.

따라서, 조립부문에 배분된 보조부문의 원가는 ₩95,000이다.

Ⅳ 서비스업과 개별원가계산

01 의의

회계법인, 세무법인 및 보험법인 등과 같은 서비스업의 경우에도 제공하는 용역의 원가를 계산해야 하며 제조업의 원가계산절차를 응용하여 적용할 수 있다. 단, 제조업과 다른 점은 재료원가는 거의 없고 노무원가의 비중이 상대적으로 크다.

02 절차

총원가를 직접원가와 간접원가로 구분한 후 직접원가는 해당 서비스에 직접 대응할 수 있어 직접부과하고 간접원가는 합리적인 기준을 설정하여 나누어 준다.

[1단계] 직접원가를 서비스별로 부과한다.

직접노무원가와 직접경비는 서비스별 직접 추적할 수 있는 원가로 발생시점에 해당 서비스에 직접 부과할 수 있다.

[2단계] 간접원가를 적절하게 나누어 준다.

간접원가는 모든 서비스에 공통으로 발생된 원가로 총원가를 집계한 후 일정기준에 따라 나누어 준다.

한국회계법인은 계약업체별로 추적이 가능한 원가는 직접원가로 파악하고, 간접원가에 대해서는 복수의 간접원가 집합으로 분류한 다음 각각의 간접원가 배부율을 적용하여 회계감사의 원가를 계산하고 있다.

(1) 인건비

한국회계법인은 책임회계사 10명과 업무담당회계사 40명으로 구성되어 있으며 책임회계사의 시간당 임률은 ₩1,000,000, 업무담당회계사의 시간당 임률은 ₩200,000이다.

(2) 간접원가

일반관리비와 보험료는 직접노무원가의 20%를 감사계약에 할당하며 비서실운영비는 책임회계사 직접노무원가의 10%를 할당한다.

(3) 주식회사 서울의 감사를 위해서 책임회계사 1명이 20시간, 업무담당회계사 4명이 각각 50시간을 제공하였다.

(4) 동 회계감사를 위해서 발생한 회계사의 식대와 교통비 등 영수증에 의해 확인된 기타 제반비용이 ₩500,000이다.

[요구사항]

다음 자료를 토대로 주식회사 서울의 재무제표에 대한 감사계약에 대한 원가를 계산하시오.

해답

주식회사 서울

1. 직접원가(인건비)			₩60,500,000
(1) 인건비			
책임회계사	1명 × 20시간 × ₩1,000,000 = ₩20,000,000		
업무담당회계사	4명 × 50시간 × ₩200,000 = ₩40,000,000	₩60,000,000	
(2) 기타제반비용		500,000	
2. 간접원가			14,000,000
(1) 일반관리비 및 보험료	₩60,000,000 × 20% = ₩12,000,000		
(2) 비서실운영비	₩20,000,000 × 10% = ₩2,000,000		
계			₩74,500,000

Chapter 26-3 | 객관식 문제

01 ㈜한국은 개별원가계산을 실시하고 있다. 제조간접원가는 직접노무원가의 120% 이다. 작업 #201에서 발생한 직접재료원가는 ₩1,764,000이며, 제조간접원가는 ₩1,058,400이다. 또한 작업 #301에서 발생한 직접재료원가는 ₩294,000이 며, 직접노무원가는 ₩735,000이다. 작업 #201에서 발생한 직접노무원가 및 작 업 #301의 총원가는 얼마인가?

	작업 #201의 직접노무원가	작업 #301의 총원가
①	₩1,270,000	₩2,263,800
②	1,058,400	1,234,800
③	2,116,800	2,263,800
④	1,045,800	2,123,400
⑤	882,000	1,911,000

02 실제개별원가계산제도를 사용하는 ㈜감평의 20×1년도 연간 실제 원가는 다음과 같다.

직접재료원가	₩4,000,000	직접노무원가	₩5,000,000
제조간접원가	₩1,000,000		

㈜감평은 20×1년 중 작업지시서 #901을 수행하였는데 이 작업에 320시간의 직 접노무시간이 투입되었다. ㈜감평은 제조간접원가를 직접노무시간을 기준으로 실 제배부율을 사용하여 각 작업에 배부한다. 20×1년도 실제 총직접노무시간은 2,500시간이다. ㈜감평이 작업지시서 #901에 배부하여야 할 제조간접원가는?

감평 2018

① ₩98,000 ② ₩109,000
③ ₩128,000 ④ ₩160,000
⑤ ₩175,000

03 ㈜한국은 개별원가계산제도를 채택하고 있다. 제품A의 제조와 관련한 다음의 자료를 토대로 당기에 발생한 제품A의 직접재료원가를 구하시오.

세무사 2005

당기총제조원가	₩6,000,000
당기제품제조원가	₩4,900,000

제조간접원가는 직접노무원가의 60%가 배부되었는데, 이는 당기총제조원가의 25%에 해당한다.

① ₩4,125,000
② ₩2,000,000
③ ₩4,500,000
④ ₩3,600,000
⑤ ₩900,000

04 ㈜감평은 두 개의 제조부문 P1, P2와 두 개의 보조부문 S1, S2를 통해 제품을 생산하고 있다. S1과 S2의 부문원가는 각각 ₩60,000과 ₩30,000이다. 다음 각 부문간의 용역수수관계를 이용하여 보조부문원가를 직접배분법으로 제조부문에 배분할 때 P2에 배분될 보조부문원가는? (단, S1은 기계시간, S2는 kw에 비례하여 배분한다)

감평 2024

사용 제공	제조부문		보조부문	
	P1	P2	S1	S2
S1	30기계시간	18기계시간	5기계시간	8기계시간
S2	160kw	240kw	80kw	50kw

① ₩18,000
② ₩22,500
③ ₩37,500
④ ₩40,500
⑤ ₩55,500

05 제조부문 A, B와 보조부문 X, Y의 서비스 제공관계는 다음과 같다.

	보조부문		제조부문		합계
	X	Y	A	B	
X	–	40단위	20단위	40단위	100단위
Y	80단위	–	60단위	60단위	200단위

X, Y부문의 원가는 각각 ₩160,000, ₩200,000이다. 단계배부법에 의해 X부문을 먼저 배부하는 경우 Y부문을 먼저 배부하는 경우의 제조부문 A에 배부되는 총보조부문원가의 차이는?

감평 2012

① ₩24,000 ② ₩25,000

③ ₩26,000 ④ ₩27,000

⑤ ₩28,000

06 ㈜세무는 두 개의 제조부문인 P1, P2와 두 개의 보조부문인 S1, S2을 운영하여 제품을 생산하고 있다. S1은 기계시간, S2는 전력소비량(kwh)에 비례하여 보조부문원가를 제조부문에 배부한다. ㈜세무의 각 부문에서 20×1년 4월 중 발생할 것으로 예상되는 원가 및 용역수수관계는 다음과 같다.

	보조부문		제조부문		합계
	S1	S2	P1	P2	
부문원가	₩10,800	₩6,000	₩23,000	₩40,200	₩80,000
부문별 예상 기계시간 사용량	20시간	20시간	30시간	50시간	120시간
부문별 예상 전력소비량	160kwh	100kwh	320kwh	320kwh	900kwh

㈜세무는 상호배부법을 이용하여 보조부문원가를 제조부문에 배부한다. 이 경우 20×1년 4월 말 제조부문 P2에 집계될 부문원가의 합계액은 얼마인가? 세무사 2014

① ₩32,190 ② ₩33,450

③ ₩35,250 ④ ₩49,450

⑤ ₩49,850

07 ㈜세무는 개별원가계산방법을 적용한다. 제조지시서 #1은 전기부터 작업이 시작되었고, 제조지시서 #2와 #3은 당기 초에 착수되었다. 당기 중 제조지시서 #1과 #2는 완성되었으나, 당기말 현재 제조지시서 #3은 미완성이다. 당기 제조간접원가는 직접노무원가에 근거하여 배부한다. 당기에 제조지시서 #1 제품은 전량 판매되었고, 제조지시서 #2 제품은 전량 재고로 남아있다. 다음 자료와 관련된 설명으로 옳지 않은 것은?

세무사 2016

구분	#1	#2	#3	합계
기초금액	₩450	–	–	
[당기투입액]				
직접재료원가	₩6,000	₩2,500	₩( )	₩10,000
직접노무원가	500	( )	( )	1,000
제조간접원가	( )	1,000	( )	4,000

① 당기제품제조원가는 ₩12,250이다.
② 당기총제조원가는 ₩15,000이다.
③ 기초재공품은 ₩450이다.
④ 기말재공품은 ₩2,750이다.
⑤ 당기매출원가는 ₩8,950이다.

Chapter 26-3 │ 객관식 문제 정답 및 해설

원가관리회계

CH 26

해커스 회계학 1차 기본서

01 ⑤ 제조간접원가는 직접노무원가의 120%라는 정보를 기초로 작업별 원가를 계산할 수 있다.

	작업 #201	작업 #301
직접재료원가	₩1,764,000	₩294,000
직접노무원가	?	735,000
제조간접원가	1,058,400	?
합계	?	?

(1) 작업 #201의 직접노무원가: ₩1,058,400 ÷ 120% = ₩882,000
(2) 작업 #301의 제조간접원가: ₩735,000 × 120% = ₩882,000
따라서, 작업 #301의 총원가는 ₩294,000 + ₩735,000 + ₩882,000 = ₩1,911,000이다.

02 ③ ₩128,000

(1) 제조간접원가 배부율

$$\frac{1,000,000}{2,500시간} = ₩400$$

(2) #901에 배부하여야 할 제조간접원가

₩400 × 320시간 = ₩128,000

그러므로, #901에 배부하여야 할 제조간접원가 ₩128,000이다.

03 ② 다음의 재공품 T-계정을 통해서 물음에 대한 해답을 구할 수 있다.

재공품			
기초	₩ ?	완성	₩4,900,000
DM	?		
DL	2,500,000*2		
OH	1,500,000*1	기말	?
	₩50,000		₩50,000

₩6,000,000 {DM, DL, OH}

*1 제조간접원가: ₩6,000,000 × 25% = ₩1,500,000
*2 직접노무원가: ₩1,500,000 ÷ 0.6 = ₩2,500,000
그러므로, 직접재료원가는 다음과 같다.
₩6,000,000 − (₩2,500,000 + ₩1,500,000) = ₩2,000,000

04 ④ ₩40,500

	S1	S2	P1	P2	합계
S1	–	–	0.625	0.375	1
S2	–	–	0.4	0.6	1
배분전원가	₩60,000	₩30,000	–	–	₩90,000
S1배분	(60,000)	–	37,500	22,500	–
S2배분	–	(30,000)	12,000	18,000	–
	–	–	₩49,500	₩40,500	₩90,000

그러므로, P2에 배분될 보조부문원가는 ₩40,500이다.

05 ① (1) X부문를 먼저 배부하는 경우

	X	Y	A	B	합계
X	–	0.4	0.2	0.4	
Y	–		0.5	0.5	
배분전원가	₩160,000	₩200,000			
	(160,000)	64,000 *1	32,000	64,000	
	–	(264,000)	132,000 *2	132,000	
	–	–	₩164,000	₩196,000	

*1 ₩160,000 × 0.4 = ₩64,000
*2 ₩264,000 × 0.5 = ₩132,000

(2) Y부문를 먼저 배부하는 경우

	X	Y	A	B	합계
X	–	–	1/3	2/3	
Y	0.4	–	0.3	0.3	
배분전원가	₩160,000	₩200,000			
	80,000 *1	(200,000)	60,000	60,000	
	(240,000)	–	80,000 *2	160,000	
	–	–	₩140,000	₩220,000	

*1 ₩200,000 × 0.4 = ₩80,000
*2 ₩240,000 × 1/3 = ₩80,000

그러므로, 두 경우의 차이는 ₩164,000 – ₩140,000 = ₩24,000이다.

06 ⑤ 자가소비 용역을 제외한 나머지 용역제공량을 비율로 환산하면 다음과 같다.

	S1	S2	P1	P2	합계
S1	–	0.2	0.3	0.5	1
S2	0.2	–	0.4	0.4	1
배분전원가	₩10,800	₩6,000	₩23,000	₩40,200	₩80,000
S1배분	(12,500) *1	2,500 *2	3,750	6,250	–
S2배분	1,700	(8,500) *1	3,400	3,400	–
	–	–	₩30,150	₩49,850	₩80,000

*1 배분할 원가
  S1 = ₩10,800 + 0.2S2
  S2 = ₩6,000 + 0.2S1
  그러므로, S1 = ₩12,500, S2 = ₩8,500이다.
*2 ₩12,500 × 0.2 = ₩2,500

07 ①   (1) 작업별 물량흐름

<table>
<tr><td colspan="4" align="center">재공품</td></tr>
<tr><td>기초</td><td>#1</td><td>완성</td><td>#1, #2</td></tr>
<tr><td>착수</td><td>#2, #3</td><td>기말</td><td>#3</td></tr>
</table>

(2) 작업별 원가

	#1	#2	#3	계
기초	₩450	−	−	₩450
직접재료원가	6,000	₩2,500	₩1,500*¹	10,000
직접노무원가	500	250	250	1,000
제조간접원가	2,000*²	1,000	1,000	4,000
소계	₩8,950	₩3,750	₩2,750	₩5,450
	(매출원가)	(기말제품)	(기말재공품)	

*¹ ₩10,000 − 6,000 − 2,500
*² 제조간접원가는 직접노무원가의 400%이므로, ₩500 × 400% = ₩2,000
그러므로, 당기제품제조원가(#1, #2)는 ₩8,950 + ₩3,750 = ₩12,700이다.

4 활동기준원가계산

01 의의

활동기준원가계산(ABC; activity based costing)이란 기존의 조업도기준의 배부방식에서 벗어나 다양한 원가동인(배부기준)을 사용하여 제품, 고객, 서비스 등에 배부하는 것을 말한다.
활동기준원가계산의 도입배경은 다음과 같다.
① 정확한 원가계산과 수익성 분석이 필요하다.
② 소품종 대량생산에서 다품종 소량생산으로 변화는 다양한 원가동인을 요구한다.
③ 정보기술 발달은 상대적으로 작은 비용으로 방대한 자료의 수집 및 분석을 가능하게 한다.
④ 연구개발부터 최종소비자에게 전달되는 모든 과정의 원가를 집계할 필요가 있다.

02 활동기준원가계산의 절차

제조원가를 직접원가와 간접원가로 구분한 후 직접원가는 해당 제품에 직접 대응할 수 있어 직접부과하고 간접원가는 합리적인 기준을 설정하여 나누어 준다.
[1단계] 직접원가를 제품별로 부과한다.
직접재료원가와 직접노무원가는 작업별 직접 추적할 수 있는 원가로 발생시점에 해당 작업에 직접부과할 수 있다.
[2단계] 간접원가를 적절하게 나누어 준다.
제조간접원가는 모든 작업에 공통으로 발생된 원가로 총원가를 활동으로 집계한 후 활동별 일정기준에 따라 나누어 준다.

03 활동

활동(activity)은 자원을 사용하여 가치를 창출하는 기본적인 단위로 자원을 소비하는 사건이나 작업을 말한다. 이러한 활동은 다음과 같이 네 가지로 구분할 수 있으며 원가계층(cost hierarchy)이라 한다.

(1) 단위수준활동(unit level activities)
제품 한 단위별로 수행되는 활동 (조립활동, 절삭활동, 도장활동, 전수검사활동 등)

(2) 묶음수준활동(batch level activities)

처리된 묶음별로 수행되는 활동(구매주문활동, 재료수령활동, 표본검사활동 등)

(3) 제품수준활동(product level activities)

제품 종류별로 수행되는 활동(설계활동, 제품개량활동, 라인변경활동 등)

(4) 설비수준활동(facility level activities)

현재조업도를 유지 및 관리하는 활동(건물관리활동, 조경활동, 인사관리활동 등)

또한, 묶음수준활동, 제품수준활동, 설비수준활동을 합하여 비단위수준활동이라 한다.

04 활동기준원가계산의 장·단점

활동기준원가계산의 장점과 단점은 다음과 같다.

1. 장점

① 다양한 원가동인을 사용하여 상대적으로 정확한 원가계산이 가능하다.
② 제품구성이 변하더라도 신축적인 원가계산이 가능하다.
③ 활동분석을 통하여 비부가가치활동의 제거 또는 축소 등 원가통제가 가능하다.
④ 비재무적인 원가동인을 사용하여 이해하기 쉽고 성과평가에 용이하다.

2. 단점

① 활동에 대한 명확한 기준이 없다.
② 원가측정비용이 상대적으로 높다.
③ 설비수준활동의 원가동인 부재로 정확한 배부가 어렵다.
④ 묶음수준활동의 경우 원가동인 수 절감을 위하여 과잉생산 우려가 있다.

05 활동기준원가계산의 효익이 큰 기업의 유형

활동기준원가계산을 도입하기 위해서는 비용과 효익을 고려해야 하며 다음과 같은 상황의 기업은
활동기준원가계산을 적용하면 비용보다 효익이 상대적으로 크다고 볼 수 있다.
① 제조간접원가의 비중이 상대적으로 큰 기업
② 제조공정에서 요구되는 활동이 제품별로 차이가 큰 기업
③ 복잡한 생산공정에서 여러 제품을 생산하는 기업
④ 기존의 생산방식에서 제조공정이 급격히 변하거나 제품의 종류가 다양한 기업

06 활동기준원가계산의 경제성

원가계산의 효익과 비용의 관점에서 보면 정확한 원가계산을 위한 원가측정비용과 원가왜곡에 따른
잘못된 의사결정으로 인한 손실의 합계를 최소화 할 수 있는 활동중심점수와 원가동인의 수준을 결
정해야 한다.

01 의의

직접원가와 간접원가로 분류한 후 직접원가는 개별제품별로 직접 대응할 수 있어 해당 제품에 직접 부과하고 간접원가는 활동중심점별로 집계하여 활동별 원가동인에 따라 개별제품에 배부한다.

1. 활동분석

활동분석(activity analysis)이란 활동을 구체적으로 확인하고 분류하는 것을 말한다.
① 부가가치활동(value – added activity): 고객가치를 증가시키는 활동
② 비부가가치활동(non – value – added activity): 고객가치를 증가시키지 못하는 활동

2. 활동중심점 원가집계

활동분석으로 결정된 활동별로 해당 활동을 수행하는 데 소비된 자원을 집계하는 절차를 말한다.

3. 활동중심점 원가동인

활동별 원가를 적절하게 배부하기 위해서는 합리적인 원가동인을 선택하는 것이 중요하다.

(1) 원가동인 선택에 있어 고려사항

① 제조간접원가의 발생과 높은 상관관계를 가져야 한다.
② 쉽게 적용할 수 있어야 한다.

(2) 일반적으로 사용하는 원가동인

① 거래건수동인(transaction driver): 수행된 활동의 횟수를 원가동인으로 사용하는 것으로 재료주문건수, 작업준비횟수 등이 있다.
② 기간동인(duration driver): 활동을 수행하기 위한 시간을 원가동인으로 사용하는 것으로 작업준비시간, 검사시간 등이 있다,
③ 직접동인(intensity driver): 활동을 수행하는 데 소요된 자원을 직접 추적할 수 있는 것으로 특정 작업을 위한 특수설비비용 등이 있다.

4. 활동중심점 배부율

활동별 원가동인을 선택한 후 활동별 원가를 원가동인으로 나누어 배부율을 계산할 수 있다.

$$활동별\ 배부율 = \frac{활동별\ 원가}{활동별\ 원가동인}$$

5. 활동중심점별 원가배부

활동별 배부율을 계산한 후 제품별 원가동인 소비량에 곱하여 활동별 원가를 배부할 수 있다.

$$활동별\ 원가배부 = 활동별\ 배부율 \times 제품별\ 원가동인\ 소비량$$

02 전통적 원가계산과 활동기준원가계산의 비교

1. 전통적 원가계산의 원가왜곡현상

전통적 원가계산은 비단위수준활동의 원가동인을 별도로 구분하지 않고 단위수준활동과 관련된 노동시간, 기계시간 등을 기준으로 제품에 배부한다. 이로 인하여 대부분 원가는 조업도기준으로 배부되기 때문에 제품원가의 상호보조(product cost subsidizaion)현상이 발생한다.

2. 전통적 원가계산과 활동기준원가계산의 비교

전통적 원가계산은 개별제품이 자원을 소비하는 것으로 보고 있지만 활동기준원가계산은 활동이 자원을 소비하고 개별제품은 활동을 소비하는 것으로 보고 있다.

구분	전통적 원가계산	활동기준원가계산
• 제조간접원가집계	공장전체 또는 부문	활동중심점
• 배부기준(원가동인)	조업도관련 배부기준	다양한 원가동인
• 원가계산 정확도	상대적으로 낮음	상대적으로 높음
• 원가측정비용	상대적으로 낮음	상대적으로 높음
• 원가대상	제품 또는 부문	제품, 공급자, 고객 등 다양

사례연습 1: 활동원가집계

㈜한국은 20×1년 초에 영업을 시작하였으며, 1월 중 제조지시서 #301(고급형), #302(일반형)를 착수하였으며 모두 다 완성되었다. 두 가지 작업에 대한 제조원가 및 관련자료는 다음과 같다.

	#301(고급형)	#302(일반형)	합계
직접재료원가	₩107,000	₩139,000	₩246,000
직접노무원가	105,000	75,000	180,000
직접노동시간	600시간	900시간	1,500시간
기계시간	6,000	4,000	10,000

회사는 활동기준원가계산을 적용하고자 한다. 활동분석의 결과 기계가동활동, 조립활동, 품질검사활동을 활동중심점으로 설정하였으며 관련자료는 다음과 같다.

(1) 제조간접원가 내역

	금액
간접노무원가	₩50,000
감가상각비	100,000
임차료	25,000
수선유지비	75,000
합계	₩250,000

(2) 활동별 자원 소비내역

	간접노무원가 (감독시간)	감가상각비 (기계시간)	임차료 (점유면적 m²)	수선유지비 (직접노동시간)
기계가동활동	200시간	3,000시간	300m²	700시간
조립활동	200	2,000	100	300
품질검사활동	100	5,000	100	500
합계	500시간	10,000시간	500m²	1,500시간

[요구사항 1]
총제조간접원가를 활동중심점별로 집계하시오.

> 해답

	기계가동활동	조립활동	품질검사활동	합계
간접노무원가[*1]	₩20,000	₩20,000	₩10,000	₩50,000
감가상각비[*2]	30,000	20,000	50,000	100,000
임차료[*3]	15,000	5,000	5,000	25,000
수선유지비[*4]	35,000	15,000	25,000	75,000
합계	₩100,000	₩60,000	₩90,000	₩250,000

[*1] 기계가동활동 : 조립활동 : 품질검사활동 = 200 : 200 : 100
배부율 = ₩50,000 ÷ 500시간
= ₩100/감독시간

[*2] 기계가동활동 : 조립활동 : 품질검사활동 = 3,000 : 2,000 : 5,000
배부율 = ₩100,000 ÷ 10,000시간
= ₩10/기계시간

[*3] 기계가동활동 : 조립활동 : 품질검사활동 = 300 : 100 : 100
배부율 = ₩25,000 ÷ 500m²
= ₩50/m²

[*4] 기계가동활동 : 조립활동 : 품질검사활동 = 700 : 300 : 500
배부율 = ₩75,000 ÷ 1, 500시간
= ₩50/직접노동시간

[요구사항 2]
활동별 원가동인과 제품별 원가동인소비량은 다음과 같다. 각 활동중심점별 원가를 각 작업에 배부하시오.

(1) 활동중심점별 원가동인

	활동원가	원가동인
기계가동활동	₩100,000	기계시간
조립활동	60,000	직접노동시간
품질검사활동	90,000	품질검사횟수
합계	₩250,000	

(2) 작업별 원가동인소비내역

	#301	#302	합계
기계시간	6,000시간	4,000시간	10,000시간
직접노동시간	600	900	1,500
품질검사횟수	80회	10회	90회

해답

	#301	#302	합계
기계가동활동[*1]	₩60,000	₩40,000	₩100,000
조립활동[*2]	24,000	36,000	60,000
품질검사활동[*3]	80,000	10,000	90,000
합계	₩164,000	₩86,000	₩250,000

[*1] #301 : #302 = 6,000 : 4,000
   배부율 = ₩100,000 ÷ 10,000시간
         = ₩10/기계시간
[*2] #301 : #302 = 600 : 900
   배부율 = ₩60,000 ÷ 1,500시간
         = ₩40/직접노동시간
[*3] #301 : #302 = 80 : 10
   배부율 = ₩90,000 ÷ 90회
         = ₩1,000/품질검사횟수

[요구사항 3]
각 작업별 생산량은 다음과 같다. 각 작업별 단위당 제조원가를 구하시오.

	#301	#302
생산량	800단위	1,000단위

해답

	#301	#302	합계
직접재료원가	₩107,000	₩139,000	₩246,000
직접노무원가	105,000	75,000	180,000
제조간접원가	164,000	86,000	250,000
합계	₩376,000	₩300,000	₩676,000
생산량	÷ 800단위	÷ 1,000단위	
단위당 제조원가	₩470/단위	₩300/단위	

사례연습 01에서 ㈜한국이 전통적 배부기준인 직접노동시간을 기준으로 제조간접원가를 배부한다고 가정할 경우 각 작업별 단위당 제조원가를 구하시오. 단, 직접노동시간은 사례연습 01에서 [요구사항 2]의 자료를 이용하시오.

해답

	#301	#302	합계
직접재료원가	₩107,000	₩139,000	₩246,000
직접노무원가	105,000	75,000	180,000
제조간접원가*	100,000	150,000	250,000
합계	₩312,000	₩364,000	₩676,000
생산량	÷ 800단위	÷ 1,000단위	
단위당 제조원가	₩390/단위	₩364/단위	

* #301 : #302 = 600 : 900
 배부율 = ₩250,000 ÷ 1,500시간
 = ₩166.67/직접노동시간

Chapter 26-4 | 객관식 문제

01 활동기준원가계산(Activity Based Costing)시스템은 조업도기준 원가계산 (Volume Based Costing)시스템에 비하여 보다 정확한 제품원가를 제공할 수 있다. 다음 중에서 활동기준원가계산시스템을 도입함에 따라서 그 효과를 크게 볼 수 있는 기업의 일반적 특성에 해당되지 않은 것은? 회계사 2002

① 생산과정에 거액의 간접원가가 발생하는 경우

② 제품, 고객 및 생산공정이 매우 단순한 경우

③ 회사가 치열한 가격경쟁에 직면한 경우

④ 제품의 제조와 마케팅 원가에 대해서 생산작업자와 회계담당자 사이에 심각한 견해차이가 있는 경우

⑤ 제조 이전과 이후 단계의 원가 비중이 높아 적절한 수익성 파악이 요구되는 경우

02 다음의 활동기준원가계산과 관련된 기술 중에서 적절하지 못한 것은? 세무사 1998

① 활동기준 원가계산은 활동을 원가대상의 중심으로 삼아 활동의 원가를 계산하고 이를 토대로 하여 다른 원가를 계산하는 것을 중점적으로 다루는 원가계산시스템 이다.

② 다품종 소량생산의 제조업체가 이를 적용할 경우 도움이 된다.

③ 서비스업체에서는 활동기준원가계산을 적용하기 어렵다.

④ 활동기준원가계산은 원가 중에서 제조간접원가의 비중이 높은 기업에 적용할 경우 도움이 된다.

⑤ 활동기준원가계산은 R&D에서 고객서비스에 이르기까지 경영기능 전반에 걸쳐 원가계획 및 통제에 유용한 정보를 제공해 줄 수 있다.

03

제품 A와 B를 생산·판매하고 있는 ㈜감평의 20×1년 제조간접원가를 활동별로 추적한 자료는 다음과 같다.

	원가동인	제품 A	제품 B	추적가능원가
자재주문	주문횟수	20회	35회	₩55
품질검사	검사횟수	10회	18회	84
기계수리	기계가동시간	80시간	100시간	180

제조간접원가를 활동기준으로 배부하였을 경우 제품 A와 B에 배부될 원가는?

감평 2022

	제품 A	제품 B
①	₩100	₩219
②	₩130	₩189
③	₩150	₩169
④	₩189	₩130
⑤	₩219	₩100

04 ㈜국세는 활동기준원가계산방법에 의하여 제품의 원가를 계산하고 있다. 다음은 ㈜국세의 연간 활동제조간접원가 예산자료와 작업 #203의 원가동인에 관한 자료이다.

○ 연간 활동제조간접원가 예산자료

활동	활동별 제조간접원가	원가동인	원가동인수량
생산준비	₩200,000	생산준비시간	1,250시간
재료처리	₩300,000	재료처리횟수	1,000회
기계작업	₩500,000	기계작업시간	50,000시간
품질관리	₩400,000	품질관리횟수	10,000회

○ 작업 #203의 원가동인 자료

작업	생산준비시간	재료처리횟수	기계작업시간	품질관리횟수
#203	60시간	50회	4,500시간	500회

작업 #203의 제조원가가 ₩300,000이라면, 작업 #203의 기본(기초)원가는?

감평 2019

① ₩210,400
② ₩220,000
③ ₩225,400
④ ₩230,400
⑤ ₩255,400

05 ㈜서울은 가전제품을 생산하여 판매하는 기업이다. ㈜서울의 경영자는 현재 생산하고 있는 양문냉장고의 설계를 변경하는 경우 원가를 얼마나 절감할 수 있는지 알아보려 한다. 20×2년 양문냉장고 예상판매량 100대를 현재 설계된 대로 생산하는 경우 직접재료원가 ₩100,000, 직접노무원가 ₩50,000, 그리고 제조간접원가 ₩350,000이 발생할 것으로 추정된다. ㈜서울은 활동기준원가계산(activity-based costing)을 적용하고 있는데 제조간접원가를 발생원인에 따라 항목별로 구분한 결과는 다음과 같다.

제조간접원가 항목	금액	원가동인 및 발생 현황	
기계가공원가	₩100,000	기계가동시간	100시간
작업준비원가	50,000	작업준비시간	10시간
검사원가	100,000	검사시간	10시간
재작업원가	100,000	재작업시간	20시간

설계를 변경하는 경우 기계가동시간과 재작업시간은 20% 감소되며, 작업준비시간은 25% 감소될 것으로 예상된다. 그러나 검사시간은 현재보다 20% 늘어날 것으로 예상된다. ㈜서울이 설계를 변경하는 경우 단위당 제조간접원가를 얼마나 절감할 수 있는가? (단, 상기 자료외의 원가는 고려하지 않는다)

세무사 2010

① ₩275

② ₩325

③ ₩375

④ ₩425

⑤ ₩475

06 ㈜감평은 활동기준원가계산에 의하여 간접원가를 배부하고 있다. 20×6년 중 고객 갑은 10회를 주문하였다. 20×6년도 간접원가 관련 자료가 다음과 같을 때, 고객 갑에게 배부될 간접원가 총액은?

감평 2016

(1) 연간 간접원가

구분	금액
급여	₩500,000
임대료	200,000
통신비	120,000
계	820,000

(2) 활동별 간접원가 배부비율

구분	주문처리	고객대응
급여	60%	40%
임대료	50%	50%
통신비	70%	30%

(3) 활동별 원가동인과 연간 활동량

활동	원가동인	활동량
주문처리	주문횟수	1,600회
고객대응	고객수	120명

① ₩3,025
② ₩3,235
③ ₩5,125
④ ₩5,265
⑤ ₩5,825

07 감평회계법인은 컨설팅과 회계감사서비스를 제공하고 있다. 지금까지 감평회계법인은 일반관리비 ₩270,000을 용역제공시간을 기준으로 컨설팅과 회계감사서비스에 각각 45%와 55%씩 배부해 왔다. 앞으로 감평회계법인이 활동기준원가계산을 적용하기 위해, 활동별로 일반관리비와 원가동인을 파악한 결과는 다음과 같다.

활동	일반관리비	원가동인
스텝지원	₩200,000	스텝스
컴퓨터지원	50,000	컴퓨터사용시간
고객지원	20,000	고객수
합계	₩270,000	

컨설팅은 스텝수 35%, 컴퓨터사용시간 30% 그리고 고객수 20%를 소비하고 있다. 활동기준원가계산을 이용하여 컨설팅에 집계한 일반관리비는 이전 방법을 사용하는 경우보다 얼마만큼 증가 또는 감소하는가?

감평 2013

① ₩32,500 감소 ② ₩32,500 증가
③ ₩59,500 감소 ④ ₩59,500 증가
⑤ 변화 없음

Chapter 26-4 │ 객관식 문제 정답 및 해설

01 ② 제품, 고객 및 생산공정이 복잡한 경우 활동기준원가계산을 도입할 경우 그 효과가 더 커진다.

02 ③ 활동기준원가계산은 제조업뿐만아니라 회계법인, 법무법인 등 기타 서비스업에서도 적용가능한 원가계산 방법이다.

03 ② (1) 활동별 배부율

항목	원가동인배부율
자재주문	₩55 ÷ 55회 = ₩1/회
품질검사	₩84 ÷ 28회 = ₩3/회
기계수리	₩180 ÷ 180시간 = ₩1/시간

(2) 제품별 원가

		제품 A	제품 B
자재주문	₩1/회 × 20회 =	₩20	₩35
품질검사	₩3/회 × 10회 =	30	54
기계수리	₩1/시간 × 80시간 =	80	100
계		₩130	₩189

04 ① (1) #203 제조간접원가

	총원가	원가동인수	배부율	#203 제조간접원가
생산준비	₩200,000	1,250시간	₩160	₩9,600
재료처리	₩300,000	1,000회	₩300	₩15,000
기계작업	₩500,000	50,000시간	₩10	₩45,000
품질관리	₩400,000	10,000회	₩40	₩20,000
				₩89,600

(2) #203 기본원가

₩300,000 − 89,600 = ₩210,400

05 ② (1) 활동별 원가동인배부율

항목	원가동인배부율
기계가동원가	₩100,000 ÷ 100시간 = ₩1,000/기계가동시간
작업준비원가	₩50,000 ÷ 10시간 = ₩5,000/작업준비시간
검사원가	₩100,000 ÷ 10시간 = ₩10,000/검사시간
재작업원가	₩100,000 ÷ 20시간 = ₩5,000/재작업시간

(2) 설계변경 후 절감액

항목	절감액	
기계가동원가	₩1,000 × (20시간) =	₩(20,000)
작업준비원가	₩5,000 × (2.5시간) =	(12,500)
검사원가	₩10,000 × 2시간 =	20,000
재작업원가	₩5,000 × (4시간) =	(20,000)
합계		₩(32,500)

그러므로, 단위당 절감액은 ₩32,500 ÷ 100대 = ₩325이다.

06 ⑤ ₩5,825

    (1) 활동중심점별 원가집계

        주문처리: ₩500,000 × 60% + ₩200,000 × 50% + ₩120,000 × 70% = ₩484,000

        고객대응: ₩500,000 × 40% + ₩200,000 × 50% + ₩120,000 × 30% = ₩336,000

    (2) 활동별 배부율

	원가	원가동인	배부율
주문처리	₩484,000	1,600회	₩302.5/회
고객대응	336,000	120명	2,800/명

    (3) 고객 갑에게 배부될 간접원가 총액

        ₩302.5 × 10회 + ₩2,800 × 1명 = ₩5,825

07 ① (1) 기존 방식

        ₩270,000 × 0.45 = ₩121,500

    (2) 활동기준원가계산

	활동기준원가계산	
스탭지원	₩200,000 × 0.35 =	₩70,000
컴퓨터지원	₩50,000 × 0.3 =	15,000
고객지원	₩20,000 × 0.2 =	4,000
		₩89,000

    그러므로, 기존에 비하여 ₩121,500 − ₩89,000 = ₩32,500만큼 감소한다.

5 종합원가계산

종합원가계산

I 서론

01 의의

종합원가계산이란 단일 종류의 제품을 연속적으로 대량생산하는 업종에 적합한 원가계산제도로 화학공정, 제지업 및 식품가공업 등에서 주로 사용된다. 특정 작업별로 원가계산이 진행되는 개별원가계산과는 달리 특정 공정별로 원가계산이 진행되어 완성된 제품과 미완성된 재공품으로 구분하며 공정별원가계산(process costing)이라고도 한다.

02 제조원가의 구분

종합원가계산은 단일 제품을 연속적으로 생산하기 때문에 추적가능성은 중요하지 않으며 제조과정에서의 원가투입행태가 중요하다. 재료원가, 노무원가, 제조경비를 원가투입행태에 따라 구분하면 다음과 같다.

개별원가계산		제조원가	종합원가계산
추적가능	추적불가능		원가투입행태
직접재료원가	간접재료원가	재료원가 ⇒	재료원가 (일정시점에 전량투입)
직접노무원가	간접노무원가	노무원가	가공원가 (공정전반에 균등투입)
	간접경비	제조경비 ⇒	
	↓ 제조간접원가		

따라서, 종합원가계산은 제조원가를 재료원가와 가공원가(또는, 전환원가)로 구분한다.

03 종합원가계산의 절차

제조원가를 원가투입행태에 따라 재료원가와 가공원가로 구분한 후 각각의 원가투입정도를 반영한 물량을 기준으로 나누어 준다.

[1단계] 제조원가를 원가투입행태에 따라 구분한다.

일정시점에 투입되는 재료원가와 공정 전반에 걸쳐 균등 투입되는 가공원가로 구분한다.

[2단계] 각 원가항목별 원가를 적절하게 나누어 준다.

재료원가는 해당 시점을 통과한 물량을 기준으로 배분하고 가공원가는 물량의 진행률을 고려한 물량을 기준으로 배분한다.

재료원가는 공정 초기에 전량 투입되고 가공원가는 공정 전반에 균등발생하는 상황에서 완성품과 재공품 모두 수량은 1개이지만 재공품의 진행률이 50%인 경우 재료원가와 가공원가의 원가투입정도를 반영한 물량은 다음과 같다.

			완성품 (1개, 100%)	재공품 (1개, 50%)	
DM	×××	⇒	1개	1개	
DL	×××	⇒	1개	0.5개	(= 1개 × 50%)
OH	×××				

04 제조원가보고서

개별원가계산은 작업별로 투입되는 원가는 작업원가표에 집계되며 종합원가계산은 완성품과 재공품에 대한 원가계산은 제조원가보고서에서 진행된다.

[표 5-1] 제조원가보고서

Ⅰ. 물량의 흐름		Ⅱ. 원가요소별 완성품환산량	
		재료원가	가공원가
기초	완성		
착수 _____	기말 _____	_____	_____

Ⅲ. 총원가의 집계
　　기초재공품원가
　　당기투입원가

Ⅳ. 완성품환산량 단위당 원가(Ⅲ ÷ Ⅱ)
　　완성품환산량
　　완성품환산량 단위당 원가

Ⅴ. 총원가의 배분
　　완성품가공원가
　　기말재공품가공원가

또한, 제조원가보고서에서의 원가계산은 다음과 같은 5단계를 거쳐 진행된다.

[제1단계] 총물량흐름 파악

제조과정에 투입된 물량은 산출된 물량과 동일해야 한다.

> 기초재공품 물량 + 당기투입물량 = 당기완성물량 + 기말재공품 물량

[제2단계] 원가요소별 완성품환산량

재료원가와 가공원가 등 원가의 투입행태가 다르기 때문에 완성품환산량은 별도로 계산한다.

[제3단계] 원가요소별 원가집계

원가요소별로 원가를 집계한다.

[제4단계] 원가요소별 완성품환산량 단위당원가 [제3단계] ÷ [제2단계]

원가요소별로 원가를 원가요소별 완성품환산량으로 나누어 계산한다.

[제5단계] 완성품원가 및 재공품원가

완성품과 재공품의 원가요소별 완성품환산량에 원가요소별 완성품환산량 단위당원가를 곱하여 계산한다.

Ⅱ 완성품환산량

01 의의

모든 물량이 동시에 착수하여 모두 완성된다면 단위당 원가는 총원가를 생산된 총수량으로 나누면 된다. 그러나, 일부는 완성되고 일부는 미완성된 상황이라면 물리적인 물량기준이 아닌 원가투입정도를 반영한 물량개념이 필요하며 이를 완성품환산량(equivalent unit)이라 한다.

1. 완성품환산량

완성품환산량은 완성정도를 반영하여 측정한 원가계산을 위한 물량단위이다. 또한, 완성품환산량은 원가요소별로 원가투입행태가 달라 원가요소별로 측정되어야 한다.

> ▶ **사례연습 1: 완성품환산량**
>
> ㈜한국은 20×1년 초에 영업을 개시하였으며 단일(절삭)공정을 통하여 제품을 생산하고 있다. 다음은 20×1년 1월 공정에서 진행된 물량에 관련된 자료이다. 월말의 재공품에 대한 완성도는 80%라고 가정한다. 재료원가는 공정초기에 모두 투입되고 가공원가는 공정전반에 걸쳐 균등발생한다.
>
> | | 물량(개) |
> |---|---|
> | 기초재공품 | – 개 |
> | 당기투입 | 1,000 |
> | 합계 | 1,000 |
> | 당기완성 | 800 |
> | 기말재공품(80%완성) | 200 |
> | 합계 | 1,000 |

[요구사항]

재료원가와 가공원가의 완성품환산량을 구하시오.

해답

※ 물량흐름도

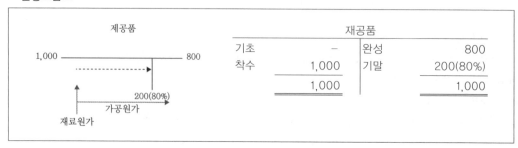

I. 물량흐름 파악

"기초재공품물량 + 당기착수물량 = 완성품물량 + 기말재공품물량"의 성립 여부를 파악한다.

즉, 기초재공품의 물량은 없으므로 당기착수물량 1,000단위는 완성품물량 800단위와 기말재공품물량 200단위의 합과 같다.

II. 원가요소별 완성품환산량

(1) 재료원가

공정초기에 모두 투입되므로 완성품환산량은 "완성품물량 + 기말재공품물량"이다.

즉, 800 + 200 = 1,000개

(2) 가공원가

공정전반에 균등발생하므로 기말재공품은 완성도를 기준으로 환산한다. 즉, 완성품환산량은 "완성품물량 + 기말재공품물량 × 완성도"이다.

즉, 800 + 200 × 0.8 = 960개

◉ 5단계법

I. 물량의 흐름			II. 원가요소별 완성품환산량	
			재료원가	가공원가
기초	–	완성 800	800	800
착수	1,000	기말 200(0.8)	200	160 (= 200 × 0.08)
	1,000	1,000	1,000	960

사례연습 2: 완성품환산량(기초재공품이 있는 경우)

㈜한국은 단일(절삭)공정을 통하여 제품을 생산하고 있다. 다음은 20×1년 2월 공정에서 진행된 물량에 관련된 자료이다. 월초 및 월말의 재공품에 대한 완성도는 각각 80%와 30%라고 가정한다. 재료원가는 공정초기에 모두 투입되고 가공원가는 공정전반에 걸쳐 균등발생한다. (단, 물량 흐름은 선입선출법으로 가정한다)

	물량(개)
기초재공품(80%완성)	200 개
당기투입	1,000
합계	1,200
당기완성	900
기말재공품(30%완성)	300
합계	1,200

882 해커스 감정평가사 ca.Hackers.com

[요구사항]

재료원가와 가공원가의 완성품환산량을 구하시오.

해답

※ 물량흐름도

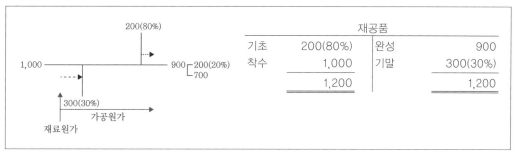

I. 물량흐름 파악

"기초재공품물량 + 당기착수물량 = 완성품물량 + 기말재공품물량"의 성립 여부를 파악한다.

즉, 기초재공품 물량 200단위와 당기착수물량 1,000단위의 합은 완성품물량 900단위와 기말재공품물량 300단위의 합과 같다. 단, 완성품 900단위는 기초재공품물량 200단위가 먼저 완성되었으며 나머지 700단위는 당기착수완성품이다.

II. 원가요소별 완성품환산량

(1) 재료원가

공정초기에 모두 투입되므로 완성품환산량은 당기착수물량인 "당기착수완성품물량 + 기말재공품물량"이다. 즉, 기초재공품물량은 제외한다.

즉, 700 + 300 = 1,000개

(2) 가공원가

공정전반에 균등발생하므로 기초재공품과 기말재공품은 당기 완성도를 기준으로 환산한다. 즉, 완성품환산량은 "완성품물량(기초재공품물량 × 당기진행완성도 + 당기착수완성물량) + 기말재공품물량 × 완성도"이다.

즉, (200 × 0.2 + 700) + 300 × 0.3 = 830개

❍ 5단계법

I. 물량의 흐름				II. 원가요소별 완성품환산량	
				재료원가	가공원가
기초	200(0.8)	완성 ┌기초분	200(0.2)	–	40
착수	1,000	└당기분	700	700	700
		기말	300(0.3)	300	90
	1,200		1,200	1,000	830

2. 원가요소별 완성품환산량 단위당 원가

원가요소별 완성품환산량을 계산한 후 해당 원가를 완성품환산량으로 나누어 원가요소별 완성품환산량 단위당 원가를 계산할 수 있다.

$$\text{완성품환산량 단위당 원가} = \frac{\text{해당 원가}}{\text{완성품환산량}}$$

3. 원가요소별 원가 배부

완성품환산량 단위당 원가를 계산한 후 완성품과 재공품의 완성품환산량에 곱하여 원가요소별 제조원가를 배부할 수 있다.

> 원가요소별 원가 배부 = 완성품환산량 단위당 원가 × 완성품과 재공품의 완성품환산량

사례연습 3: 종합원가계산(기초재공품이 없는 경우)

㈜한국은 20×1년 초에 영업을 개시하였으며 단일(절삭)공정을 통하여 제품을 생산하고 있다. 다음은 20×1년 1월 공정에서 진행된 물량에 관련된 자료이다. 월말의 재공품에 대한 완성도는 80%라고 가정한다. 재료원가는 공정초기에 모두 투입되고 가공원가는 공정전반에 걸쳐 균등발생한다.

	물량(개)	재료원가	가공원가
기초재공품	– 개	–	–
당기투입	1,000	₩100,000	₩144,000
합계	1,000	₩100,000	₩144,000
당기완성	800	?	?
기말재공품(80%완성)	200	?	?
합계	1,000	₩100,000	₩144,000

[요구사항]
완성품 및 기말재공품의 원가를 구하시오.

해답

※ 물량흐름도

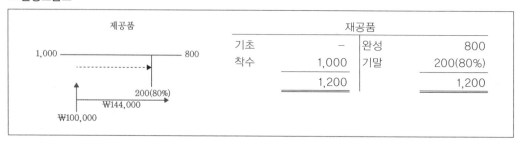

I. 물량흐름 파악
"기초재공품물량 + 당기착수물량 = 완성품물량 + 기말재공품물량"의 성립 여부를 파악한다.
즉, 기초재공품의 물량은 없으므로 당기착수물량 1,000단위는 완성품물량 800단위와 기말재공품물량 200단위의 합과 같다.

II. 원가요소별 완성품환산량
　(1) 재료원가
　　　공정초기에 모두 투입되므로 완성품환산량은 "완성품물량 + 기말재공품물량"이다.
　　　즉, 800 + 200 = 1,000개
　(2) 가공원가
　　　공정전반에 균등발생하므로 기말재공품은 완성도를 기준으로 환산한다. 즉, 완성품환산량은 "완성품물량 + 기말재공품물량 × 완성도"이다.
　　　즉, 800 + 200 × 0.8 = 960개

Ⅲ. 원가요소별 당기발생원가집계
  (1) 재료원가
    ₩100,000
  (2) 가공원가
    ₩144,000
Ⅳ. 원가요소별 완성품환산량 단위당 원가(Ⅲ ÷ Ⅱ)
  (1) 재료원가
    ₩100,000 ÷ 1,000개 = ₩100/개
  (2) 가공원가
    ₩144,000 ÷ 960개 = ₩150/개
Ⅴ. 완성품 및 기말재공품원가 계산(Ⅱ × Ⅳ)
  (1) 완성품
    800 × ₩100/개 + 800 × ₩150/개 = ₩200,000
       재료원가   가공원가
  (2) 기말재공품
    200 × ₩100/개 + 160 × ₩150/개 = ₩44,000
       재료원가   가공원가

○ 5단계법

				Ⅱ. 원가요소별 완성품환산량	
Ⅰ. 물량의 흐름				재료원가	가공원가
기초	–	완성	800	800	800
착수	1,000	기말	200(0.8)	200	160
	1,000		1,000	1,000	960

Ⅲ. 총원가의 집계

	재료원가	가공원가
기초재공품원가	–	–
당기투입원가	₩100,000	₩144,000
	₩100,000	₩144,000

Ⅳ. 완성품환산량 단위당 원가(Ⅲ ÷ Ⅱ)

	재료원가	가공원가
완성품환산량	÷ 1,000	÷ 960
완성품환산량 단위당 원가	₩100	₩150

Ⅴ. 총원가의 배분

완성품가공원가	800 × ₩100/개 + 800 × ₩150/개 =	₩200,000
기말재공품가공원가	200 × ₩100/개 + 160 × ₩150/개 =	44,000
		₩244,000

02 연속공정

공정(process)이란 표준화된 제조과정을 말하며 둘 이상의 공정들이 유기적으로 연결되어 전공정에서의 완성된 중간제품은 다음 공정에 투입되어 순차적으로 제조과정이 진행되어 연속공정이라 한다. 또한, 전공정원가(transferred – in cost)는 전공정에서 완성된 중간제품의 원가로 차공정 초기에 투입되므로 완성품환산량은 차공정 초기에 투입되는 재료원가로 처리하면 된다.

5. 종합원가계산 **885**

[표 5-2] 연속공정의 원가흐름

재공품(1공정)				재공품(2공정)			
기초재공품	×××	중간제품원가	×××	기초재공품	×××	완성품품원가	×××
재료비	×××	기말재공품	×××	전공정원가	×××	기말재공품	×××
가공비	×××			재료원가	×××		
				가공원가	×××		
	×××		×××		×××		×××

사례연습 4: 연속공정의 종합원가계산

㈜한국은 20×1년 초에 영업을 개시하였으며 절삭공정과 조립공정을 통하여 제품을 생산하고 있다. 다음은 20×1년 1월 조립공정에서 진행된 물량에 관련된 자료이다. 월말 재공품에 대한 완성도는 60%라고 가정한다. 조립공정에서의 재료원가는 공정 종료시점에 모두 투입되고 가공원가는 공정 전반에 걸쳐 균등발생한다. (단, 절삭공정에서 대체된 물량은 800개이며 원가는 ₩200,000이다)

	물량	재료원가	가공원가
기초재공품	- 개	-	-
당기투입	800	₩56,000	₩91,200
합계	800	₩56,000	₩91,200
당기완성	700	?	?
기말재공품 (60%)	100	?	?
합계	800	₩56,000	₩91,200

[요구사항]

완성품 및 기말재공품원가를 구하시오.

해답

※ **자료정리**

(1) 전공정에서 대체된 800개의 원가 ₩200,000은 전공정원가이다.
(2) 조립공정에서의 원가요소는 전공정원가, 가공원가 및 재료원가 세 가지이다.
(3) 전공정원가의 완성품환산량은 조립공정 초기에 투입되는 재료원가로 처리한다.
(4) 조립공정에서 재료원가는 공정 종료시점에 투입되므로 재공품에는 배분하지 않는다.

① 물량흐름 파악

		재공품			② 완성품환산량		
					전공정원가	가공원가	재료원가
기초	-	완성	700		700	700	700
착수	800	기말	100(0.6)		100	60	-
	800		800		800	760	700

③ 원가
	전공정원가	가공원가	재료원가
	₩200,000	₩91,200	₩56,000

④ 환산량단위당 원가(= ③ ÷ ②)
	₩250	₩120	₩80

⑤ 완성품원가와 기말재공품원가

완성품원가	700 × ₩250 + 700 × ₩120 + 700 × ₩80 =	₩315,000
재공품원가	400 × ₩500 + 200 × ₩825 =	32,200
		₩347,200

Ⅲ 원가흐름의 가정

01 의의

일반적으로 기초재공품 원가와 당기 발생한 원가는 동일하지 않기 때문에 원가흐름에 대한 가정이 필요하다. 원가흐름의 가정은 선입선출법, 평균법 그리고 후입선출법이 있으나 후입선출법은 실제 물량 흐름과는 상반되는 가정으로 선입선출법과 평균법에 대해서 살펴보기로 한다.

1. 선입선출법

선입선출법(*FIFO*; first-in first-out method)이란 기초재공품을 우선적으로 가공한 후 당기 착수물량이 순차적으로 가공되는 것을 가정한다.

(1) 장점

전기와 당기 원가를 구분하여 원가통제 목적으로 유용하다.

(2) 단점

평균법에 비하여 계산과정이 복잡하다.

> **사례연습 5: 선입선출법**
>
> ㈜한국은 단일(절삭)공정을 통하여 제품을 생산하고 있다. 다음은 20×1년 2월 공정에서 진행된 물량에 관련된 자료이다. 월초 및 월말의 재공품에 대한 완성도는 각각 80%와 30%라고 가정한다. 재료원가는 공정초기에 모두 투입되고 가공원가는 공정전반에 걸쳐 균등발생한다. (단, 완성품과 기말재공품의 평가는 선입선출법에 의한다)
>
> | | 물량(개) | 재료원가 | 가공원가 |
> |---|---|---|---|
> | 기초재공품(80%완성) | 200개 | ₩20,000 | ₩24,000 |
> | 당기투입 | 1,000 | 130,000 | 124,500 |
> | 합계 | 1,200 | ₩150,000 | ₩148,500 |
> | 당기완성 | 900 | ? | ? |
> | 기말재공품(30%완성) | 300 | ? | ? |
> | 합계 | 1,200 | ₩150,000 | ₩148,500 |
>
> **[요구사항]**
> 완성품 및 기말재공품의 원가를 구하시오.
>
> **해답**
>
> ※ 물량흐름도
>
>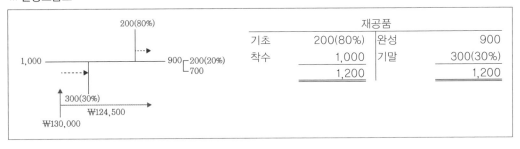
>
> | 재공품 | | | |
> |---|---|---|---|
> | 기초 | 200(80%) | 완성 | 900 |
> | 착수 | 1,000 | 기말 | 300(30%) |
> | | 1,200 | | 1,200 |

Ⅰ. 물량흐름 파악

"기초재공품물량 + 당기착수물량 = 완성품물량 + 기말재공품물량"의 성립 여부를 파악한다.

즉, 기초재공품 물량 200단위와 당기착수물량 1,000단위의 합은 완성품물량 900단위와 기말재공품물량 300단위의 합과 같다. 단, 완성품 900단위에는 기초재공품물량 200단위가 먼저 완성되었으며 나머지 700단위는 당기착수완성품이다.

Ⅱ. 원가요소별 완성품환산량

(1) 재료원가

공정초기에 모두 투입되므로 완성품환산량은 당기착수물량인 "당기착수완성품물량 + 기말재공품물량"이다. 즉, 기초재공품물량은 제외한다.

즉, 700 + 300 = 1,000개

(2) 가공원가

공정전반에 균등발생하므로 기초재공품과 기말재공품은 당기 완성도를 기준으로 환산한다. 즉, 완성품환산량은 "완성품물량(기초재공품물량 × 당기진행 완성도 + 당기착수완성물량) + 기말재공품물량 × 완성도"이다.

즉, (200 × 0.2 + 700) + 300 × 0.3 = 830개

Ⅲ. 원가요소별 당기발생원가집계

(1) 재료원가

₩130,000

(2) 가공원가

₩124,500

Ⅳ. 원가요소별 완성품환산량 단위당 원가(Ⅲ ÷ Ⅱ)

(1) 재료원가

₩130,000 ÷ 1,000개 = ₩130/개

(2) 가공원가

₩124,500 ÷ 830개 = ₩150/개

Ⅴ. 완성품 및 기말재공품원가 계산(Ⅱ × Ⅳ)

(1) 완성품

기초재공품이 먼저 완성이 되므로 기초재공품의 원가는 완성품원가에 가산함에 주의하여야 한다.

$$\underset{\text{기초재공품원가}}{\underline{₩44,000}} + 700 \times \underset{\text{재료원가}}{\underline{₩130/개}} + 740 \times \underset{\text{가공원가}}{\underline{₩150/개}} = ₩246,000$$

(2) 기말재공품

$$300 \times \underset{\text{재료원가}}{\underline{₩130/개}} + 90 \times \underset{\text{가공원가}}{\underline{₩150/개}} = ₩52,500$$

● 5단계법

Ⅰ. 물량의 흐름					Ⅱ. 원가요소별 완성품환산량	
					재료원가	가공원가
기초	200(0.8)	완성	기초분	200(0.2)	–	40
착수	1,000		당기분	700	700	700
		기말		300(0.3)	300	90
	1,200			1,200	1,000	830
Ⅲ. 총원가의 집계						
당기투입원가					₩130,000	₩124,500
Ⅳ. 완성품환산량 단위당 원가(Ⅲ ÷ Ⅱ)						
완성품환산량					÷ 1,000	÷ 830
완성품환산량 단위당 원가					₩130	₩150

V. 총원가의 배분		
완성품원가	₩44,000 + 700 × ₩130 + 740 × ₩150 =	₩246,000
기말재공품원가	300 × ₩130 + 90 × ₩150 =	52,500
		₩298,500

2. 평균법

평균법(**WA**; weighted average method)이란 기초재공품을 당기에 착수한 것으로 가정하여 기초재공품 물량을 당기 투입물량에 가산하고 기초재공품의 원가를 원가요소별로 당기 발생한 원가와 합한 금액을 완성품과 재공품에 배분한다.

(1) 장점

선입선출법에 비하여 계산과정이 간편하다.

(2) 단점

전기와 당기 원가를 평균하여 원가 정확도는 낮아진다.

평균법에 의한 종합원가계산 절차는 다음과 같다.

사례연습 6: 평균법

㈜한국은 단일(절삭)공정을 통하여 제품을 생산하고 있다. 다음은 20×1년 2월 공정에서 진행된 물량에 관련된 자료이다. 월초 및 월말의 재공품에 대한 완성도는 각각 80%와 30%라고 가정한다. 재료원가는 공정초기에 모두 투입되고 가공원가는 공정전반에 걸쳐 균등발생한다. (단, 완성품과 기말재공품의 평가는 평균법에 의한다)

	물량(개)	재료원가	가공원가
기초재공품(80%완성)	200개	₩20,000	₩24,000
당기투입	1,000	130,000	124,500
합계	1,200	₩150,000	₩148,500
당기완성	900	?	?
기말재공품(30%완성)	300	?	?
합계	1,200	₩150,000	₩148,500

[요구사항]

완성품 및 기말재공품의 원가를 구하시오.

해답

※ 물량흐름도

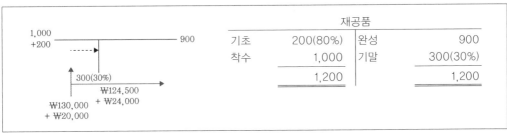

Ⅰ. 물량흐름 파악

원가흐름의 가정이 평균법이므로 기초재공품이 당기에 착수한 것으로 가정하여, 기초재공품 물량을 당기착수물량에 가산한다.

"기초재공품물량 + 당기착수물량 = 완성품물량 + 기말재공품물량"의 성립 여부를 파악한다.

즉, 기초재공품의 물량은 없으므로 당기착수물량 1,200단위와 완성품물량 900단위와 기말재공품물량 300단위의 합은 같다.

Ⅱ. 원가요소별 완성품환산량

(1) 재료원가

공정초기에 모두 투입되므로 완성품환산량은 "완성품물량 + 기말재공품물량"이다.

즉, 900 + 300 = 1,200개

(2) 가공원가

공정전반에 균등발생하므로 기말재공품은 완성도를 기준으로 환산한다. 즉, 완성품환산량은 "완성품물량 + 기말재공품물량 × 완성도"이다.

즉, 900 + 300 × 0.3 = 990개

Ⅲ. 원가요소별 당기발생원가집계

원가흐름의 가정이 평균법이므로 기초재공품이 당기에 착수한 것으로 가정하여, 기초재공품 제조원가를 원가요소별로 당기발생한 제조원가에 가산한다.

(1) 재료원가

₩20,000 + ₩130,000 = ₩150,000

(2) 가공원가

₩24,000 + ₩124,500 = ₩148,500

Ⅳ. 원가요소별 완성품환산량 단위당 원가(Ⅲ ÷ Ⅱ)

(1) 재료원가

₩150,000 ÷ 1,200개 = ₩125/개

(2) 가공원가

₩148,500 ÷ 990개 = ₩150/개

Ⅴ. 완성품 및 기말재공품원가 계산(Ⅱ × Ⅳ)

(1) 완성품

900 × ₩125/개 + 900 × ₩150/개 = ₩247,500
　　　　재료원가　　　　　　가공원가

(2) 기말재공품

300 × ₩125/개 + 90 × ₩150/개 = ₩51,000
　　　　재료원가　　　　　가공원가

◉ 5단계법

Ⅰ. 물량의 흐름				Ⅱ. 원가요소별 완성품환산량	
				재료원가	가공원가
기초	−	완성	900	900	900
착수	1,200	기말	300(0.3)	300	90
	1,200		1,200	1,200	990

Ⅲ. 총원가의 집계		
기초재공품원가	₩20,000	₩24,000
당기투입원가	130,000	124,500
	₩150,000	₩148,500

Ⅳ. 완성품환산량 단위당 원가(Ⅲ ÷ Ⅱ)		
완성품환산량	÷ 1,200	÷ 990
완성품환산량 단위당 원가	₩125	₩150

V. 총원가의 배분
완성품원가   900 × ₩125/개 + 900 × ₩150/개 =   ₩247,500
기말재공품원가   300 × ₩125/개 + 90 × ₩150/개 =   51,000
                                                       ₩298,500

IV   공손품

01   의의

공손품(spoiled units)이란 정상품에 비하여 품질 및 규격이 미달하는 불량품을 말한다. 이러한 불량은 폐기처분 되거나 재작업을 거쳐 판매되기도 한다.

1. 종류

공손품은 효율적인 생산환경에서도 발생할 수 있는 부분과 비효율적인 생산환경으로 인하여 발생하는 부분으로 구분할 수 있다.

(1) 정상공손(normal spoilage)

생산이 효율적으로 진행되더라도 현재의 기술수준으로 개선할 수 없어 양질의 제품을 얻기 위해서 불가피하게 발생하는 것을 말한다.

(2) 비정상공손(abnormal spoilage)

생산이 효율적으로 진행된다면 피할 수 있는 작업자의 부주의, 생산계획의 차질 등의 원인으로 발생하는 것을 말한다.

2. 정상공손 수량결정

공손은 정상공손과 비정상공손으로 구분할 수 있으며 정상공손의 원가는 합격품 원가에 가산한다. 이를 위해서 기업에서는 정상적인 공손이라고 인정할 수 있는 허용한도를 사전에 설정한다.

(1) 검사시점 통과기준

당기에 검사를 통과한 합격품의 일정비율을 정상공손으로 간주한다.

> 정상공손 허용수량 = 당기 합격품 × 정상공손허용률

(2) 검사시점 도달기준

당기에 검사를 받은 총물량의 일정비율을 정상공손으로 간주한다.

> 정상공손 허용수량 = 당기 검사물량 × 정상공손허용률
> (= 합격품 + 공손)

㈜한국은 컴퓨터칩을 생산하고 있다. 재료는 생산공정의 초기에 투입되며, 가공원가는 공정의 전반에 걸쳐 균등하게 발생한다. 생산공정에서 공손품이 발생하는데 이러한 공손품은 제품을 검사하는 시점에서 발생한다. 정상적인 공손품은 품질검사시점을 통과한 합격품의 10%의 비율로 발생한다. 1월의 생산자료를 보면, 월초재공품(완성도 30%) 5,000개, 당월 생산착수량 25,000개, 당월 생산착수완성품 10,000개, 월말재공품(완성도 80%) 8,000개, 공손품 7,000개이다.

[요구사항]
품질검사가 생산공정의 20%시점과 50%시점에서 실시되는 경우 각각의 경우 정상공손품 수량을 구하시오.

해답

주어진 자료에서 당월 생산착수완성품 10,000개는 당월 착수물량 중 완성품 수량이므로 총 완성품 수량은 기초재공품 물량 5,000개를 합한 15,000개이다.

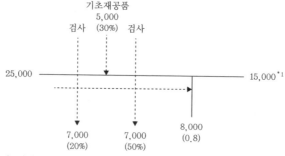

* 기초재공품 물량 + 당기 생산착수완성품 물량
= 5,000 + 10,000
= 15,000

	20% 시점	50% 시점
총공손수량	7,000	7,000
합격수량	25,000 − 7,000 = 18,000	25,000 + 5,000 − 7,000 = 23,000
정상공손수량	18,000 × 10% = 1,800	23,000 × 10% = 2,300

02 공손과 제조원가보고서

공손품에 대해서 인식법을 적용하면 제조원가보고서에 추가로 반영되는 내용은 다음과 같다.
[제1단계] 총물량흐름 파악
산출물량에 공손물량을 포함하여 파악해야 한다.

> 기초재공품 물량 + 당기투입물량
> = 당기완성물량 + 정상공손물량 + 비정상공손물량 + 기말재공품 물량

[제2단계] 원가요소별 완성품환산량

원가요소별 완성품환산량을 계산한다.

[제3단계] 원가요소별 원가집계

원가요소별로 원가를 집계한다.

[제4단계] 원가요소별 완성품환산량 단위당 원가 [제3단계] ÷ [제2단계]

원가요소별로 원가를 원가요소별 완성품환산량으로 나누어 계산한다.

[제5단계] 완성품원가 및 재공품원가

• 1차배분

완성품, 정상공손, 비정상공손, 재공품의 원가를 계산한다.

• 2차배분

정상공손의 원가는 합격품에 추가로 배부한다.

03 정상공손원가 처리방법

정상공손은 양품을 생산하기 위하여 불가피하게 발생하는 것으로 정상공손의 원가는 별도로 집계하여 합격품에 배부해야 한다. 또한, 검사를 통과한 물량을 기준으로 배부하므로 재공품의 경우 완성도에 따라 환산하지 않는다.

또한, 공손을 처분할 수 있는 경우에는 총공손원가에서 공손의 순실현가치를 차감한 순공손원가를 계산한다.

$$순공손원가 = 공손원가 - 공손의\ 순실현가치$$
$$(= 최종판매가치 - 추가원가)$$

(1) 공손의 순실현가치

공손품(자산)으로 인식한 후 처분시점에 현금유입과 상계처리한다.

(2) 순공손원가

순정상공손원가는 합격품에 가산하고 순비정상공손원가는 당기손익으로 처리한다.

사례연습 8: 수정된 선입선출법

㈜한국은 단일(절삭)공정을 통하여 제품을 생산하고 있다. 다음은 20X1년 2월 공정에서 진행된 물량에 관련된 자료이다. 월말의 재공품에 대한 완성도는 30%라고 가정한다. 재료원가는 공정초기에 모두 투입되고 가공원가는 공정전반에 걸쳐 균등발생한다. 단, 검사는 공정완성시점에 이루어지며 검사시점을 통과한 정상품의 10%를 정상공손으로 가정한다.

	물량(개)	재료비	가공비
기초재공품(80%완성)	200개	₩20,000	₩24,000
당기투입	1,000	130,000	124,500
합계	1,200	₩150,000	₩148,500
당기완성	800	?	?
공손	100	?	?
기말재공품(30%완성)	300	?	?
합계	1,200	₩150,000	₩148,500

[요구사항]

완성품 및 기말재공품의 원가를 구하시오. 단, 원가흐름의 가정은 선입선출법에 의한다.

[해답]

※ 물량흐름도

		재공품	
기초	200(80%)	완성	800
		공손	100 *
착수	1,000	기말	300(30%)
	1,200		1,200

* 정상공손수량결정
  ① 정상공손: 합격품(800단위) × 10% = 80단위
  ② 비정상공손: 총공손수량(100단위) − 정산공손수량(80단위) = 20단위

Ⅰ. "기초재공품물량 + 당기착수물량 = 완성품물량 + 정상공손물량 + 비정상공손물량 + 기말재공품물량"의 성립
여부를 파악한다. 즉, 기초재공품물량 200단위와 당기착수물량 1,000단위의 합은 완성품물량 800단위,
정상공손물량 80단위, 비정상공손물량 20단위 및 기말재공품물량 300단위의 합은 같다.

Ⅱ. 원가요소별 완성품환산량
  (1) 재료원가
    공정초기에 모두 투입되므로 환성품환산량은 "완성품 중 당기착수완성물량 + 정상공손물량 + 비정상공
    손물량 + 기말재공품물량"이다.
    즉, 600(= 800 − 200) + 80 + 20 + 300 = 1,000개
  (2) 가공원가
    공정전반에 균등발생하므로 기초재공품의 추가진행과 기말재공품은 완성도를 기준으로 환산한다. 즉, 완
    성품환산량은 "기초재공품 × 당기완성도 + 당기착수완성물량 + 정상공손물량 × 완성도 + 비정상공손물량 ×
    완성도 + 기말재공품물량 × 완성도"이다.
    즉, 200 × 0.2 ÷ 600 + 80 + 20 + 300 × 0.3 = 830개

Ⅲ. 원가요소별 당기발생원가집계
  (1) 재료원가
    ₩130,000
  (2) 가공원가
    ₩124,500

Ⅳ. 원가요소별 완성품환산량 단위당 원가(Ⅲ ÷ Ⅱ)
  (1) 재료원가
    ₩130,000 ÷ 1,000개 = ₩130/개
  (2) 가공원가
    ₩124,500 ÷ 830개 = ₩150/개

Ⅴ. 완성품 및 기말재공품원가 계산(Ⅱ × Ⅳ)
  (1) 1차배분
    ① 완성품
      ₩44,000 + 600 × ₩130 + 640 × ₩150 = ₩218,000
    ② 정상공손
      80 × ₩130 + 20 × ₩150 = ₩22,400
    ③ 비정상공손
      20 × ₩130 + 20 × ₩150 = ₩5,600
    ④ 기말재공품
      300 × ₩130 + 90 × ₩150 = ₩52,500
  (2) 2차배분
    정상공손의 원가는 합격품인 완성품원가에 가산한다.
    즉, 완성품원가는 ₩218,000 + ₩22,400 = ₩240,400이다.

○ 수정된 선입선출법
  기초재공품 200단위(80%완성)는 당기에 검사를 받았으므로 당기 발생한 공손물량 100단위의 일부는 기
  초재공품에서 발생한 공손이다. 또한, 기초재공품에서 발생한 공손은 기초재공품의 원가인 ₩44,000에서
  배부해야 하지만 공손물량 구분의 번거로움과 공손원가의 중요성을 고려하여 당기 공손물량은 모두 당기
  투입량에서 발생한다고 가정한다.

사례연습 9: 기말재공품이 검사를 통과하지 않은 경우

㈜한국은 20×1년 초에 영업을 개시하였으며 단일(절삭)공정을 통하여 제품을 생산하고 있
다. 다음은 20×1년 1월 공정에서 진행된 물량에 관련된 자료이다. 월말의 재공품에 대한
완성도는 80%라고 가정한다. 재료원가는 공정초기에 모두 투입되고 가공원가는 공정전반에
걸쳐 균등발생한다. 단, 검사는 공정완료시점에 이루어지며 검사시점을 통과한 정상품의 10%
를 정상공손으로 가정한다.

	물량(개)	재료원가	가공원가
기초재공품	- 개	-	-
당기투입	1,000	₩100,000	₩144,000
합계	1,000	₩100,000	₩144,000
당기완성	700	?	?
공손	100	?	?
기말재공품(80%완성)	200	?	?
합계	1,000	₩100,000	₩144,000

[요구사항]
완성품 및 기말재공품의 원가를 구하시오.

※ 물량흐름도

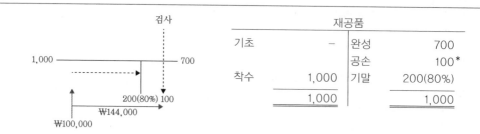

* 정상공손수량결정
  ① 정상공손: 합격품(700단위) × 10% = 70단위
  ② 비정상공손: 총공손수량(100단위) − 정상공손수량(70단위) = 30단위

Ⅰ. 물량흐름 파악
  "기초재공품물량 + 당기착수물량 = 완성품물량 + 정상공손물량 + 비정상공손물량 + 기말재공품물량"의 성립 여부를 파악한다.
  즉, 기초재공품의 물량은 없으므로 당기착수물량 1,000단위와 완성품물량 700단위, 정상공손물량 70단위, 비정상공손수량 30단위, 기말재공품물량 200단위의 합은 같다.

Ⅱ. 원가요소별 완성품환산량
  (1) 재료원가
    공정초기에 모두 투입되므로 완성품환산량은 "완성품물량 + 정상공손물량 + 비정상공손물량 + 기말재공품물량"이다.
    즉, 700 + 70 + 30 + 200 = 1,000개
  (2) 가공원가
    공정전반에 균등발생하므로 기말재공품은 완성도를 기준으로 환산한다. 즉, 완성품환산량은 "완성품물량 + 정상공손물량 × 완성도 + 비정상공손물량 × 완성도 + 기말재공품물량 × 완성도"이다.
    즉, 700 + 70 × 1 + 30 × 1 + 200 × 0.8 = 960개

    ※ 공손은 검사시점 이후에는 작업이 진행되지 않으므로 공손의 완성도는 검사시점이다.

Ⅲ. 원가요소별 당기발생원가집계
  (1) 재료원가
    ₩100,000
  (2) 가공원가
    ₩144,000
Ⅳ. 원가요소별 완성품환산량 단위당 원가(Ⅲ ÷ Ⅱ)
  (1) 재료원가
    ₩100,000 ÷ 1,000개 = ₩100/개
  (2) 가공원가
    ₩144,000 ÷ 960개 = ₩150/개
Ⅴ. 완성품 및 기말재공품원가 계산(Ⅱ × Ⅳ)
  (1) 1차배분
    ① 완성품
      700 × ₩100/개 + 700 × ₩150/개 = ₩175,000
         재료원가   가공원가

② 정상공손

70 × ₩100/개 + 70 × ₩150/개 = ₩17,500
　　재료원가　　　　가공원가

③ 비정상공손

30 × ₩100/개 + 30 × ₩150/개 = ₩7,500
　　재료원가　　　　가공원가

④ 기말재공품

200 × ₩100/개 + 160 × ₩150/개 = ₩44,000
　　재료원가　　　　가공원가

(2) 2차배분

정상공손의 원가는 합격품인 완성품원가에 가산한다.

즉, 완성품원가는 ₩175,000 + ₩17,500 = ₩192,500이다.

◉ 5단계법

			Ⅱ. 원가요소별 완성품환산량	
Ⅰ. 물량의 흐름			재료원가	가공원가
기초	－	완성 700	700	700
		정상공손 70	70	70
		비정상공손 30	30	30
착수	1,000	기말 200(0.8)	200	160
	1,000	1,000	1,000	960

Ⅲ. 총원가의 집계		
기초재공품원가	－	－
당기투입원가	₩100,000	₩144,000
	₩100,000	₩144,000

Ⅳ. 완성품환산량 단위당 원가(Ⅲ ÷ Ⅱ)		
완성품환산량	÷ 1,000	÷ 960
완성품환산량 단위당 원가	₩100	₩150

Ⅴ. 총원가의 배분

1차배부

완성품원가	700 × ₩100/개 + 700 × ₩150/개 =	₩175,000
정상공손원가	70 × ₩100/개 + 70 × ₩150/개 =	17,500
비정상공손원가	30 × ₩100/개 + 30 × ₩150/개 =	7,500
기말재공품원가	200 × ₩100/개 + 160 × ₩150/개 =	44,000
		₩244,000

2차배부	배부 전	배부	배부 후
완성품원가	₩175,000	₩17,500	₩192,500
정상공손원가	17,500	(17,500)	－
비정상공손원가	7,500		7,500
기말재공품원가	44,000		44,000
	₩244,000	－	₩244,000

감손(shrinkage)이란 제조과정에설 증발·분산·소멸 등으로 인하여 투입물량이 감소하는 것을 말하며 일반적으로 물리적 실체와 처분가치는 없다.

$$\cdot\ 감손율 = \frac{감손량}{투입량}$$

$$\cdot\ 수율 = \frac{산출량}{투입량}$$

$$= \frac{투입량 - 감손량}{투입량} = 1 - 감손율$$

1. 종류

감손은 효율적인 생산환경에서도 발생할 수 있는 부분과 비효율적인 생산환경으로 인하여 발생하는 부분으로 구분할 수 있으나 일반적으로 감손은 정상감손으로 간주한다.

2. 감손처리방법

원가계산을 위한 물량에 감손을 고려할지 여부에 따라 분리법과 비분리법으로 구분할 수 있으며 감손 전 물량을 기준으로 계산하는 비분리법이 일반적으로 사용된다.

(1) 분리법

감손을 분리하여 감손 후 물량을 기준으로 계산한다.

(2) 비분리법

감손을 분리하지 않고 감손 전 물량을 기준으로 계산한다.

3. 감손발생행태

공정의 일정시점에 발생하는 경우와 공정 전반에 걸쳐 평균적으로 발생하는 경우로 구분할 수 있으며 평균적으로 발생하는 경우가 일반적이다.

[그림 5-1] 평균적으로 발생하는 감손

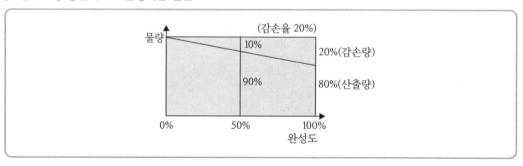

02 감손과 제조원가보고서(비분리법 적용)

감손에 대해서 비분리법을 적용하면 제조원가보고서에 추가로 반영되는 내용은 다음과 같다.

[제1단계] 총물량흐름 파악

모든 물량을 감손 전 물량으로 재계산해야 한다.

> 감손 후 물량 = 감손 전 물량 × (1 − 감손율 × 완성도)

[제2단계] 원가요소별 완성품환산량

원가요소별 완성품환산량을 계산한다.

[제3단계] 원가요소별 원가집계

원가요소별로 원가를 집계한다.

[제4단계] 원가요소별 완성품환산량 단위당원가 [제3단계] ÷ [제2단계]

원가요소별로 원가를 원가요소별 완성품환산량으로 나누어 계산한다.

[제5단계] 완성품원가 및 재공품원가

완성품과 재공품의 원가요소별 완성품환산량에 원가요소별 완성품환산량 단위당원가를 곱하여 계산한다.

사례연습 10: 감손과 종합원가계산

㈜한국은 하나의 제조공정을 거쳐서 동일 종류의 제품을 생산하고 있다. 제조과정의 전공정을 통하여 20%의 감손이 발생하며, 재료는 공정의 초기에 전량 투입되며 가공원가는 공정 전반에 걸쳐 균등하게 발생한다. 관련 자료는 다음과 같다.

(1) 물량흐름과 완성도

	수량	완성도
기초재공품	1,840kg	40%
당기착수	6,000	
당기완성	4,000	
기말재공품	2,640	60

(2) 당기 원가발생액

	재료원가	가공원가	합계
기초재공품	₩24,000	₩60,000	₩84,000
당기발생액	192,000	429,600	621,600
합계	₩216,000	₩489,600	₩705,600

[요구사항 1]

선입선출법에 의한 완성품과 기말재공품원가를 구하시오.

※ 감손전수량으로 환산

<table>
<tr><td colspan="5" style="text-align:center">재공품(감손율 20%)</td></tr>
<tr><td></td><td>투입</td><td>산출</td><td></td><td>투입</td><td>산출</td></tr>
<tr><td>기초</td><td>2,000kg[*1]</td><td>1,840kg(40%)</td><td>완성</td><td>5,000kg[*2]</td><td>4,000kg</td></tr>
<tr><td>착수</td><td>6,000</td><td></td><td>기말</td><td>3,000[*3]</td><td>2,640(60%)</td></tr>
<tr><td></td><td>8,000kg</td><td></td><td></td><td>8,000kg</td><td></td></tr>
</table>

[*1] $1,840kg \div (1 - 0.2 \times 40\%)$
[*2] $4,000kg \div (1 - 0.2 \times 100\%)$
[*3] $2,640kg \div (1 - 0.2 \times 60\%)$

[1단계]

[2단계]

재공품(물량)		완성품환산량	
		재료원가	가공원가
기초 2,000(40%)	완성		
	기초 2,000	0	1,200
	당기 3,000	3,000	3,000
착수 6,000	기말 3,000(60%)	3,000	1,800
8,000	8,000	6,000kg	6,000kg

[3단계]

			합계
기초재공품원가			₩84,000
당기발생원가	₩192,000	₩429,600	621,600
			₩705,600

[4단계]

완성품환산량	÷ 6,000kg	÷ 6,000kg
환산량단위당 원가	@32	@71.6

[5단계]

		합계
완성품원가	₩84,000 + 3,000kg × @32 + 4,200kg × @71.6 =	₩480,720
기말재공품원가	3,000kg × @32 + 1,800kg × @71.6 =	224,880
		₩705,600

[요구사항 2]

평균법에 의한 완성품과 기말재공품원가를 구하시오.

해답

[1단계]

[2단계]

완성품환산량

재공품(물량)					재료원가	가공원가
기초	2,000(40%)	완성	5,000		5,000	5,000
착수	6,000	기말	3,000(60%)		3,000	1,800
	8,000		8,000		8,000kg	6,800kg

[3단계]

			합계
기초재공품원가	₩24,000	₩60,000	₩84,000
당기발생원가	192,000	429,600	621,600
	₩216,000	₩489,600	₩705,600

[4단계]

완성품환산량	÷ 8,000kg	÷ 6,800kg
환산량단위당 원가	@27	@72

[5단계]

완성품원가	5,000kg × @27 + 5,000kg × @72 =	₩495,000
기말재공품원가	3,000kg × @27 + 1,800kg × @72 =	210,600
		₩705,600

01 평균법을 이용하여 종합원가계산을 수행하는 회사에서 기말재공품 완성도를 실제보다 과대평가할 경우 과대평가 오류가 완성품환산량, 완성품환산량 단위당 원가, 당기완성품원가 그리고 기말재공품원가에 각각 어떠한 영향을 미치겠는가?

세무사 1998

	완성품환산량	완성품환산량 단위당 원가	당기완성품원가	기말재공품원가
①	과대평가	과소평가	과소평가	과대평가
②	과소평가	과대평가	과소평가	과소평가
③	과대평가	과소평가	과대평가	과대평가
④	과소평가	과대평가	과대평가	과소평가
⑤	과소평가	과소평가	과대평가	과대평가

02 울산화학㈜는 공정별 원가계산방법을 사용하고 있으며 완성품환산량의 계산에 가중평균법을 사용하고 있다. 울산화학㈜는 4월 중 125,000단위의 제품을 판매하였다. 회사는 오직 하나의 가공부서를 보유하고 있다. 생산활동과 관련된 추가정보가 다음과 같다.

세무사 2004

4월 1일 재고	
재공품	없음
완제품	37,500단위
4월 31일 재고	
재공품(진행률 75%)	8,000단위
완제품	30,000단위

울산화학㈜의 4월 중 가공원가에 대한 완성품환산량은 얼마인가?

① 126,500개   ② 125,500개

③ 123,500개   ④ 117,500개

⑤ 117,000개

03 대한회사는 평균법에 의한 종합원가계산을 채택하고 있다. 기초재공품이 75,000 단위이고 당기착수량이 225,000단위이다. 기말재공품이 50,000단위인데 직접 재료는 전량 투입되었고, 가공원가완성도는 70%이다. 기초재공품에 포함된 가공원가 ₩14,000이고 당기발생 가공원가가 ₩100,000이면 기말재공품에 얼마의 가공원가가 배부되어야 하는가?

세무사 2008

① ₩20,000   ② ₩10,000

③ ₩18,000   ④ ₩8,000

⑤ ₩14,000

04 다음은 종합원가계산제도를 채택하고 있는 ㈜감평의 당기 제조활동에 관한 자료이다.

기초재공품	₩3,000(300단위, 완성도 60%)
당기투입원가	₩42,000
당기완성품수량	800단위
기말재공품	200단위(완성도 50%)

모든 원가는 공정 전체를 통하여 균등하게 발생하며, 기말재공품의 평가는 평균법을 사용하고 있다. 기말재공품원가는? (단, 공손 및 감손은 없다)

감평 2022

① ₩4,200   ② ₩4,500

③ ₩5,000   ④ ₩8,400

⑤ ₩9,000

05 ㈜감평은 종합원가계산제도를 채택하고 있으며, 제품 X의 생산관련 자료는 다음과 같다.

구분	물량
기초재공품(전환원가 완성도)	60단위(70%)
당기착수량	300단위
기말재공품(전환원가 완성도)	80단위(50%)

직접재료는 공정 초에 전량 투입되고, 전환원가(conversion cost, 또는 가공원가)는 공정 전반에 걸쳐 균등하게 발생한다. 품질검사는 전환원가(또는 가공원가) 완성도 80% 시점에 이루어지며, 당기에 품질검사를 통과한 합격품의 5%를 정상공손으로 간주한다. 당기에 착수하여 완성된 제품이 200단위일 때 비정상공손 수량은? (단, 재고자산의 평가방법은 선입선출법을 적용한다)

감평 2024

① 7단위   ② 10단위
③ 13단위   ④ 17단위
⑤ 20단위

06 ㈜세무는 가중평균법에 의한 종합원가계산을 적용하여 제품원가를 계산하고 있다. 직접재료는 공정의 초기에 전량 투입되며, 전환원가(가공원가: conversion costs)는 공정 전반에 걸쳐 균등하게 발생한다. 이 회사는 공손품 검사를 공정의 100%시점에서 실시한다. 20×1년 4월 중 ㈜세무의 제조공정에 대한 생산 및 원가 자료는 다음과 같다.

항목	물량 단위	직접재료원가	전환원가
기초재공품(전환원가 완성도: 75%)	500	₩500,000	₩375,000
당기투입	4,500	4,500,000	3,376,800
완성품	3,700		
정상공손	250		
비정상공손	250		
기말재공품(전환원가 완성도: 30%)	?		

20×1년 4월 ㈜세무의 원가요소별 완성품환산량 단위당 원가는 얼마인가?

세무사 2014

	직접재료원가	전환원가		직접재료원가	전환원가
①	₩1,000	₩845	②	₩1,000	₩900
③	₩1,100	₩900	④	₩1,100	₩845
⑤	₩1,100	₩1,000			

07 ㈜세무는 단일 제품A를 대량생산하고 있으며, 종합원가계산방법(선입선출법 적용)을 사용한다. 직접재료는 공정 초에 전량 투입되고, 가공원가는 공정전반에 걸쳐 균등하게 발생된다. 제품A의 관련 자료가 다음과 같을 때, ㈜세무의 제품A 완성품 단위당 원가는? (단, 생산과정 중 감손이나 공손 등 물량손실은 없다) 세무사 2016

구분	물량(완성도)		구분	직접 재료원가	가공원가
기초재공품	100개	(30%)	기초재공품	₩28,000	₩25,000
당기착수품	2,100개		당기발생원가	630,000	205,000
당기완성품	( )개		계	₩658,000	₩230,000
기말재공품	200개	(40%)			

① ₩384
② ₩390
③ ₩404
④ ₩410
⑤ ₩420

Chapter 26-5 │ 객관식 문제 정답 및 해설

01 ① 기말재공품 완성도 과대평가 ⇒ 완성품환산량 과대평가 ⇒ 완성품환산량 단위당 원가 과소평가 ⇒ 당기완성품 과소평가, 기말재공품 과대평가

02 ③ 당기 판매량 125,000을 재공품과 제품의 T – 계정을 통해서 역추적하면 당기 완성품수량을 구할 수 있다.

재공품				제품			
기초	–	완성	117,500	기초	37,500	판매	125,000
착수	125,500	기말	8,000(0.75)	대체	117,500	기말	30,000
	125,500		125,500		155,000		155,000

그러므로, 가공원가의 완성품 환산량은 117,500 + 8,000 × 75% = 123,500이다.

03 ⑤ ① 물량흐름 파악

재공품			
기초	75,000(?)	완성	250,000
착수	225,000	기말	50,000(0.7)
	300,000		300,000

② 완성품환산량

완성품환산량
250,000
35,000
285,000

③ 원가   ₩114,000(= ₩14,000 + ₩100,000)

④ 단가   @0.4(= ₩114,000 ÷ 285,000)

따라서, 기말재공품에 배분될 가공원가는 다음과 같다.
₩0.4 × (50,000 × 70%) = ₩14,000

04 ③ ₩5,000

① 물량흐름 파악

재공품			
기초	300(0.6)	완성	800
착수	700	기말	200(0.5)
	1,000		1,000

② 완성품환산량

완성품환산량
800
100
900

③ 원가   ₩45,000(= ₩3,000 + ₩42,000)

④ 단가   @50(= ₩45,000 ÷ 900)

그러므로, 기말재공품원가는 @50 × 100단위 = ₩5,000이다.

05 ① (1) 총공손수량(x)

기초재공품 + 당기착수량 = 완성품 + x + 기말재공품
60단위 + 300단위 = (60단위 + 200단위) + x + 80단위
그러므로, 총공손수량(x)은 20단위이다.

(2) 정상공손

합격품의 5% = 260단위 × 5% = 13단위
그러므로, 비정상공손수량은 20단위 – 13단위 = 7단위이다.

906 해커스 감정평가사 **ca.Hackers.com**

06 ①

① 물량흐름 파악

재공품

기초	500(0.75)	완성	3,700
		정상공손	250
		비정상공손	250
착수	4,500	기말	800(0.3)
	5,000		5,000

② 완성품환산량

	재료원가	가공원가
	3,700	3,700
	250	250
	250	250
	800	240
	5,000	4,440

③ 원가

₩5,000,000	₩3,751,800

④ 환산량단위당 원가(= ③ ÷ ②)

₩1,000	₩845

07 ④

① 물량흐름 파악

재공품

기초	100(0.3)	완성	100(0.7)
			1,900
착수	2,100	기말	200(0.4)
	2,200		2,200

② 완성품환산량

	재료원가	가공원가
	–	70
	1,900	1,900
	200	80
	2,100	2,050

③ 원가

₩630,000	₩205,000

④ 환산량단위당 원가(= ③ ÷ ②)

₩300	₩100

(1) 완성품원가

₩53,000 + 1,900 × ₩300 + 1,970 × ₩100 = ₩820,000

(2) 완성품단위당 원가

$$\frac{820,000}{2,000단위} = ₩410$$

I 서론

그 밖의 원가계산으로는 다음과 같이 두 가지 형태가 있다.
① 작업공정별원가계산
② 결합원가계산(연산품원가계산)

II 작업공정별원가계산

01 의의

다양한 종류의 제품을 생산하면서도 대량생산이 가능하다면 개별원가계산과 종합원가계산이 혼합된 원가계산방법이 요구되는 데 이 때 이용되는 원가계산방법을 말하며 혼합원가계산(또는, 변형원가계산 hybrid costing)이라고도 한다.

02 원가계산절차

원재료는 각 제품별 직접부과하고 가공원가는 각 공정별로 집계한 후에 완성품환산량을 기준으로 배부한다.
① **직접재료원가**: 제품 종류별로 다름 ⇨ 개별원가계산 적용
② **가공원가**: 생산과정을 동일함 ⇨ 종합원가계산 적용

> **사례연습 1: 작업공정별원가계산**
>
> ㈜한국은 당해 연도에 영업을 개시하였으며 세 가지 형태의 제품 A, B, C를 생산하고 있다. 이들 제품은 두 가지의 X, Y공정을 거쳐 최종제품으로 완성되는 데 제품 C는 반제품 형태로 판매되기 때문에 Y공정은 불필요하다. 원재료는 제품별로 상이하며 X 공정 초기에 모두 투입되지만 X, Y공정에서 발생하는 가공원가는 각 제품의 수량에 비례하고 공정전반에 균등하게 발생한다. (단, 모든 공정의 기초 및 기말재공품은 없다)
> (1) 제품별 생산량 및 직접재료원가
>
> | | 생산량 | 원재료 |
> |---|---|---|
> | 제품 A | 9,000개 | ₩2,070,000 |
> | 제품 B | 4,000 | 1,320,000 |
> | 제품 C | 6,000 | 1,740,000 |

(2) 공정별 가공원가 발생액

	X 공정	Y 공정
노무원가	₩500,000	₩1,000,000
제조경비	70,000	300,000

[요구사항 1]
당기 생산량이 모두 완성품일 경우 제품별 제조원가를 구하시오.

[요구사항 2]
위 [요구사항 1]과 별도로 제품 B와 C는 모두 완성품이지만 제품 A의 Y 공정 생산량 중 5,000개는 미완성품이며 완성도가 40%인 경우 제품 A의 완성품원가와 재공품원가를 구하시오.

[해답]

※ 자료정리
(1) 원재료
   제품별로 상이하므로 직접추적한다.
(2) 가공원가
   각 제품별 수량에 비례하여 발생하므로 각 제품별 완성품환산량을 기준으로 배부한다.
(3) 공정별 가공원가 완성품환산량 단위당원가
   • X 공정
   ① 물량흐름 파악   ② 완성품환산량

재공품					가공원가
기초	−	완성 A	9,000		9,000
착수 A	9,000	B	4,000		4,000
B	4,000	C	6,000		6,000
C	6,000	기말	−		−
	19,000		19,000		19,000

   ③ 원가
   ₩570,000

   ④ 환산량단위당 원가(= ③ ÷ ②)
   ₩30

   • Y 공정
   ① 물량흐름 파악   ② 완성품환산량

재공품					가공원가
기초	−	완성 A	9,000		9,000
착수 A	9,000	B	4,000		4,000
B	4,000	기말	−		−
	13,000		13,000		13,000

   ③ 원가
   ₩1,300,000

   ④ 환산량단위당 원가(= ③ ÷ ②)
   ₩100

[요구사항 1]

		제품 A	제품 B	제품 C
직접재료원가		₩2,070,000	₩1,320,000	₩1,740,000
가공원가				
X 공정	(₩30 × 9,000개 =)	270,000	120,000	180,000
Y 공정	(₩100 × 9,000개 =)	900,000	400,000	–
		₩3,240,000	₩1,840,000	₩1,920,000

[요구사항 2]

(1) 제품 A의 단위당 원재료

$$\frac{2,070,000}{9,000} = ₩230$$

(2) 제품 A의 재공품을 고려한 Y공정에서의 완성품환산량 단위당 원가

① 물량흐름 파악

재공품				
기초		–	완성 A	4,000
착수	A	9,000	B	4,000
	B	4,000	기말	5,000(0.4)
		13,000		13,000

② 완성품환산량

가공원가
4,000
4,000
2,000
10,000

③ 원가

₩1,300,000

④ 환산량단위당 원가(= ③ ÷ ②)

₩130

(3) 제품 A의 완성품원가와 재공품원가

		완성품 (4,000개)		재공품 (5,000개)	계
직접재료원가	(₩230 × 4,000개 =)	₩920,000	(₩230 × 5,000개 =)	₩1,150,000	₩2,070,000
가공원가					
X 공정	(₩30 × 4,000개 =)	120,000	(₩30 × 5,000개 =)	150,000	270,000
Y 공정	(₩130 × 4,000개 =)	520,000	(₩130 × 2,000개* =)	260,000	780,000
		₩1,560,000		₩1,560,000	₩3,120,000

* 5,000개 × 40% = 2,000개

01 의의

동일한 종류의 원재료를 투입하여 동일공정(결합공정)에서 동시에 생산되는 종류가 서로 다른 제품 (결합제품)을 생산하는 공정에 적용하는 원가계산방법이다.

[표 6-1] 연산품의 예

산업	원재료	연산품
낙농업	생우유	버터, 치즈, 생크림 등
화학공업	나프타	에틸렌, 메탄, 프로필렌 등
정육업	돼지	베이컨, 햄, 되지갈비 등
석유산업	원유	휘발유, 등유, 경유 등

02 용어정리

결합원가계산은 결합공정을 거쳐 생산되는 결합제품의 원가를 결정하는 방법으로 다음과 같은 용어 가 널리 사용된다.

1. 결합제품(joint products)
동일한 원재료를 동일한 가공을 통해서 생산된 서로 다른 종류의 제품을 말한다.

2. 주산물(main products)
판매를 위한 주요생산품을 말하며 후술하는 부산물과 구분하여 주산물이라 한다.

3. 부산물(by-products)
주산물의 생산과정에서 부수적으로 생산되는 것으로 주산물에 비하여 판매가치가 낮은 제품을 말한다.

4. 작업폐물(scrap)
생산과정에서 발생한 찌꺼기와 조각을 의미하는 것으로 일반적으로 판매가치가 없거나 판매가치 보다 판매비용이 더 크다.

5. 분리점(split-off point)
결합제품이 개별적으로 식별가능한 시점을 말한다.

6. 결합원가(joint costs)
분리점 이전의 제조과정에서 발생한 제조원가로서 결합공정에서의 완성품원가를 말한다.

7. 개별원가(separable costs) 또는 추가가공원가(additional processing costs)
분리점 이후에 개별제품을 추가로 가공하는 과정에서 발생하는 원가를 말한다.

03 원가계산절차

결합공정에 투입된 총제조원가를 완성품과 재공품으로 배분한 후 완성품은 서로 다른 연산품으로 구성되어 있으므로 완성품원가를 합리적인 배부기준에 따라 결합제품에 배부한다.

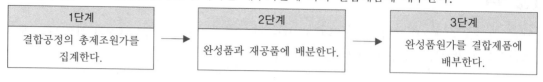

1단계	2단계	3단계
결합공정의 총제조원가를 집계한다.	완성품과 재공품에 배분한다.	완성품원가를 결합제품에 배부한다.

[그림 6-1] 물량흐름도

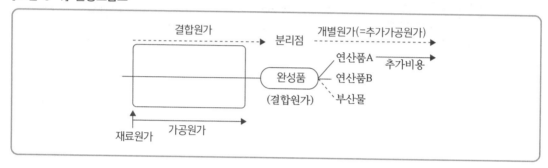

04 결합원가 배부기준

결합원가는 합리적인 배부기준에 따라 연산품에 배부해야 한다.

1. 물량기준법

연산품의 생산량, 중량, 용량, 면적 등을 기준으로 결합원가를 배분하는 방법이다.

2. 판매가치법

수혜기준 또는 부담능력기준에 근거한 방법으로 제품별 판매가치를 기준으로 결합원가를 배분하는 방법이다.

(1) 분리점에서의 판매가치법

분리점에서의 판매가치를 기준으로 결합원가를 배분하는 방법이다.

(2) 순실현가치법(net realizable value method)

분리점에서 판매가치가 없는 경우 적용할 수 있으며 순실현가치란 최종판매가치에서 추가비용을 차감하여 계산한다.

3. 균등매출총이익률법

연산품은 동일한 원재료를 동일공정에서 가공하여 생산되는 서로 다른 제품이므로 최종판매가치에 대하여 모두 동일한 매출총이익률을 갖도록 결합원가를 배분하는 방법이다.

㈜한국은 연산품 A, B, C를 생산·판매하고 있다. 당월 원재료 1,000kg을 투입하여 A, B, C를 각각 500kg, 300kg, 200kg을 생산하는 데 발생한 원가는 다음과 같다. (단, 결합공정의 기초 및 기말 재공품은 없다)

재료원가	₩100,000
노무원가	40,000
제조경비	60,000
	₩200,000

또한, 제품 kg당 판매가격은 다음과 같다.

A	₩280
B	250
C	175

[요구사항 1]
제품별 생산량을 기준으로 결합원가를 배부하고 제품별 포괄손익계산서를 작성하시오.

[요구사항 2]
제품별 분리점에서의 판매가치를 기준으로 결합원가를 배부하고 제품별 포괄손익계산서를 작성하시오.

[요구사항 3]
위 요구사항과 별도로 제품 A는 분리점에서 kg당 ₩280에 판매될 수 있지만 제품 B와 C는 분리점에서 판매시장이 형성되어 있지 않아 추가가공 후 판매되고 있다. 제품 B와 C에 대한 추가자료는 다음과 같다.

	kg당 최종판매가격	추가가공원가	kg당 판매비
B	₩350	₩7,000	–
C	250	5,400	₩13

제품별 순실현가치를 기준으로 결합원가를 배부하고 제품별 포괄손익계산서를 작성하시오.

[요구사항 4]
요구사항 3의 상황에서 모든 제품이 최종판매가격에 대해서 동일한 매출총이익률을 갖도록 결합원가를 배부하고 제품별 포괄손익계산서를 작성하시오.

┌ 해답 ┐

[요구사항 1] 물량기준법
물량흐름도

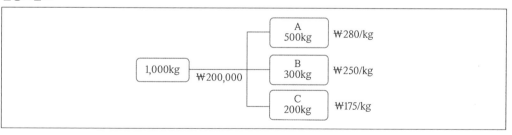

(1) 결합원가배분

	생산량	배분비율	배분액
A	500kg	50%	₩100,000*
B	300	30	60,000
C	200	20	40,000
	1,000kg	100%	₩200,000

* 다음과 같이 배부율을 이용하여 계산할 수 있다.

$$\frac{200,000}{1,000kg} = ₩200/kg$$

그러므로, ₩200/kg × 500kg = ₩100,000이다.

(2) 제품별 포괄손익계산서
추가가공원가가 없으므로 각 제품별 결합원가 배분금액은 각 제품별 매출원가이다.

	A	B	C
매출액	₩140,000*	₩75,000	₩35,000
매출원가	(100,000)	(60,000)	(40,000)
매출총이익	₩40,000	₩15,000	₩(5,000)
매출총이익률	0.28	0.20	(0.14)

* 수량 × 단위당 판매가격
500kg × ₩280 = ₩140,000

[요구사항 2] 분리점에서의 판매가치법
물량흐름도

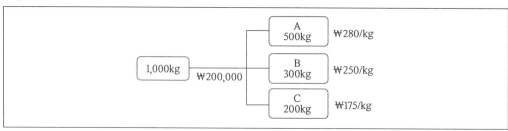

(1) 결합원가배분
분리점 판매가치는 생산량에 단위당 판매가격을 곱하여 계산한다.

	분리점 판매가치	배분비율	배분액
A	₩140,000*	56%	₩112,000
B	75,000	30	60,000
C	35,000	14	28,000
	₩250,000	100%	₩200,000

* 분리점 판매가치
수량 × 단위당 판매가격
= 500kg × ₩280
= ₩140,000

◉ 배부율
$$\frac{200,000}{250,000}$$
= 0.8/분리점 판매가치
그러므로, 0.8 × ₩140,000 = ₩112,000이다.

(2) 제품별 포괄손익계산서

추가가공원가가 없으므로 각 제품별 결합원가 배분금액은 각 제품별 매출원가이다.

	A	B	C
매출액	₩140,000*	₩75,000	₩35,000
매출원가	(112,000)	(60,000)	(28,000)
매출총이익	₩28,000	₩15,000	₩7,000
매출총이익률	0.2	0.2	0.2

* 수량 × 단위당 판매가치

  500kg × ₩280 = ₩140,000

[요구사항 3] 순실현가치법

물량흐름도

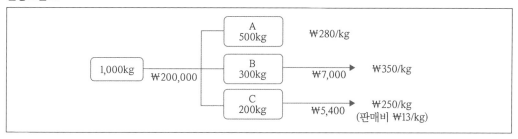

(1) 결합원가배분

제품별 순실현가치는 최종판매가치에서 추가원가를 차감하여 계산한다.

	순실현가치	배분비율	배분액
A	₩140,000	50%	₩100,000
B	98,000*[1]	35	70,000
C	42,000*[2]	15	30,000
	₩280,000	100%	₩200,000

*[1] 제품 B의 순실현가치

  수량 × 단위당 판매가격 − 추가원가

  = 300kg × ₩350 − ₩7,000

  = ₩98,000

*[2] 제품 C의 순실현가치

  수량 × 단위당 판매가격 − 추가원가 − 판매비

  = 200kg × ₩250 − ₩5,400 − 200kg × ₩13

  = ₩42,000

◉ 배부율

$\dfrac{200,000}{280,000}$

= 0.714/순실현가치

그러므로, 0.714 × ₩140,000 = ₩100,000이다.

(2) 제품별 포괄손익계산서
매출원가는 결합원가배분금액과 추가가공원가의 합이다.

		A	B	C
매출액		₩140,000	₩105,000[*1]	₩50,000
매출원가	결합원가	(100,000)	(70,000)	(30,000)
	추가원가	–	(7,000)	(5,400)
매출총이익		₩40,000	₩28,000	₩14,600
판매비		–	–	(2,600)[*2]
영업이익		₩40,000	₩28,000	₩12,000
영업이익률		0.28	0.26	0.24

[*1] 제품 B의 판매가치
수량 × 단위당 판매가격
= 300kg × ₩350
= ₩105,000

[*2] 제품 B의 판매가치
수량 × 단위당 판매비
= 200kg × ₩13
= ₩2,600

[요구사항 4] 균등매출총이익법
물량흐름도

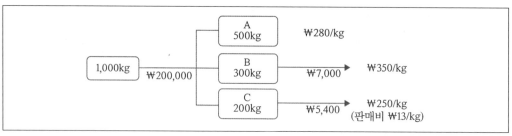

(1) 결합원가배분
회사 전체 매출총이익률을 계산한 후 제품별 매출총이익을 달성할 수 있는 결합원가배분금액을 역산하여 계산한다.
먼저, 회사 전체 매출총이익률을 계산하면 다음과 같다.

		A	B	C	합계
매출액		₩140,000	₩105,000	₩50,000	₩295,000
매출원가	결합원가	?	?	?	(200,000)
	추가원가	–	(7,000)	(5,400)	(12,400)
매출총이익		?	?	?	₩82,640
매출총이익률					0.28

회사 전체 매출총이익률이 28%이므로 각 제품별 매출총이익률도 28%가 되어야 하므로 각 제품별 매출총이익을 계산할 수 있다.

		A	B	C	합계
매출액		₩140,000	₩105,000	₩50,000	₩295,000
매출원가	결합원가	?	?	?	(200,000)
	추가원가	–	(7,000)	(5,400)	(12,400)
매출총이익		₩39,200*	₩29,400	₩14,000	₩82,640
매출총이익률		0.28	0.28	0.28	0.28

* 제품 A의 매출총이익

　매출액 × 매출총이익률

　= ₩140,000 × 0.25

　= ₩39,200

마지막으로, 각 제품별 매출총이익을 달성할 수 있는 결합원가배분금액을 역산한다.

		A	B	C	합계
매출액		₩140,000	₩105,000	₩50,000	₩295,000
매출원가	결합원가	(100,800)*	(68,600)	(30,600)	(200,000)
	추가원가	–	(7,000)	(5,400)	(12,400)
매출총이익		₩39,200	₩29,400	₩14,000	₩82,640
매출총이익률		0.28	0.28	0.28	0.28

* 제품 A의 결합원가배분금액

　매출액 – 매출총이익

　= ₩140,000 – 39,200

　= ₩100,800

(2) 제품별 포괄손익계산서

　매출원가는 결합원가배분금액과 추가가공원가의 합이다.

		A	B	C
매출액		₩140,000	₩105,000	₩50,000
매출원가	결합원가	(100,800)	(68,600)	(30,600)
	추가원가	–	(7,000)	(5,400)
매출총이익		₩39,200	₩29,400	₩14,000
판매비		–	–	(2,600)
영업이익		₩39,200	₩29,400	₩11,400
영업이익률		0.28	0.28	0.23

05 복수의 분리점이 있는 경우 결합원가배분

결합공정을 통해서 생산된 결합제품은 경우에 따라서 추가가공과정을 필요로 하며 이는 다시 수개의 서로 다른 결합제품으로 분리될 수 있다. 이와 같이 개별제품을 식별할 수 있는 분리점이 두 개 이상 존재할 수 있다.

1단계		2단계		3단계
전체 물량흐름도를 작성한다.	→	각 분리점에서의 연산품의 순실현가치*를 계산한다.	→	최초분리점에서부터 순차적으로 결합원가를 배분한다.

* 추가가공하는 제품의 순실현가치는 최종적으로 생산되는 결합제품의 순실현가치에서 추가원가를 차감하여 계산한다.

㈜한국은 세 개의 제조공정을 거쳐 연산품 A, B, D, E를 생산·판매하고 있다. 제1공정에서 원재료 1,000kg을 투입하여 연산품 A, B와 중간제품 C를 각각 5 : 3 : 2의 비율로 생산한다. 연산품 B는 제2공정에서 추가가공하며 중간제품 C는 제3공정에서 추가가공하여 연산품 D, E를 1 : 1의 비율로 생산한다. (단, 결합공정과 추가공정의 기초 및 기말재공품은 없다)

(1) 공정별 발생원가

	제1공정	제2공정	제3공정
재료원가	₩100,000	–	–
노무원가	40,000	₩3,000	₩1,500
제조경비	60,000	4,000	6,500
	₩200,000	₩7,000	₩8,000

(2) 제품별 kg당 최종판매가격

A	₩280
B	350
D	300
E	200

[요구사항]

제품별 순실현가치를 기준으로 결합원가를 배분하고 각 제품별 포괄손익계산서를 작성하시오.

[해답]

※ 자료정리
물량흐름도

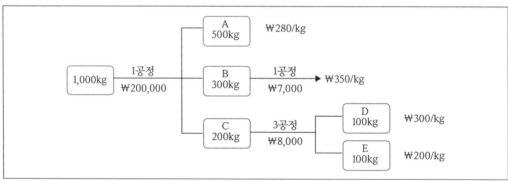

제품 C는 제3공정에서 원재료(전공정원가)의 성격으로 투입된 후 추가가공하여 제품 D, E가 생산되므로 제품 C의 순실현가치는 제품 D, E의 순실현가치에서 제3공정 추가가공원가를 차감하여 계산한다.

(1) 제1공정 결합원가배분

제품별 순실현가치는 최종판매가치에서 추가원가를 차감하여 계산한다.

	순실현가치	배분비율	배분액
A	₩140,000	50%	₩100,000
B	98,000	35	70,000
C	42,000*	15	30,000
	₩280,000	100%	₩200,000

* 제품 C의 순실현가치

  (제품 D의 순실현가치 + 제품 E의 순실현가치) − 추가가공원가

  = (100kg × ₩300 + 100kg × ₩200) − ₩8,000

  = ₩42,000

(2) 제3공정의 결합원가배분

제3공정의 결합원가는 제1공정에서의 결합원가배분금액과 제3공정에서의 추가가공원가를 합하여 계산한다.

즉, 제3공정의 결합원가는 다음과 같다.

₩30,000 + ₩8,000 = ₩38,000

	순실현가치	배분비율	배분액
D	₩30,000	60%	₩22,800*
E	20,000	40	15,200
	₩50,000	100%	₩38,000

* 제품 D의 결합원가배분금액

  = ₩38,000 × 60%

  = ₩22,800

(3) 제품별 포괄손익계산서

		A	B	D	E
매출액		₩140,000	₩105,000	₩30,000	₩20,000
결합원가	제1공정	(100,000)	(70,000)	−	−
	제3공정	−	−	(22,800)	(15,200)
추가원가		−	(7,000)	−	−
매출총이익		₩40,000	₩28,000	₩7,200	₩4,800
매출총이익률		0.28	0.26	0.24	0.24

06 재공품이 존재하는 경우 결합원가계산

결합원가란 결합공정에서 생산된 결합제품 원가의 합을 말하므로 결합공정에서의 완성품원가를 의미한다. 따라서, 결합공정에 재공품이 존재한다면 결합공정의 총제조원가를 완성품과 기말재공품에 배분하는 절차가 선행되어야 한다.

1. 결합공정에 재공품이 존재하는 상황

결합공정의 총제조원가를 집계한 후 원가요소별 투입행태를 고려하여 완성품과 기말재공품에 배분한다. 또한, 기초재공품이 있다면 원가흐름의 가정에 따라 선입선출법과 평균법을 적용할 수 있다.

㈜한국은 세 개의 제조공정을 거쳐 연산품 A, B, C를 생산·판매하고 있다. 제1공정에서 원재료를 투입하여 중간제품 A, B와 제품 C를 생산한다. 제품 C는 분리점에서 판매되지만 중간제품 A와 B는 각각 제2공정과 제3공정에서 추가가공한다. 단, 재료원가는 제1공정 초기에 전량 투입되고 노무원가 및 제조원가는 해당 공정전반에 걸쳐 균등발생한다.

(1) 공정별 물량과 발생원가

	제1공정	제2공정	제3공정
재료원가	₩100,000	–	–
노무원가	30,000	₩2,000	₩1,500
제조경비	70,000	5,000	4,000
계	₩200,000	₩7,000	₩5,500
기초재고	– 단위	– 단위	– 단위
당기착수	1,000	350	150
계	1,000단위	350단위	150단위
당기완성	600	350	150
기말재고	400(0.5)*	–	–
계	1,000단위	350단위	150단위

* 재공품의 완성도

(2) 제품별 단위당 판매가격

A	₩300
B	250
C	200

[요구사항]

재료원가는 공정초기에 모두 투입되고 가공원가(노무원가와 제조경비)는 공정전반에 걸쳐 균등발생한다. 제품별 순실현가치를 기준으로 결합원가를 배분하시오.

[해답]

※ 자료정리
물량흐름도

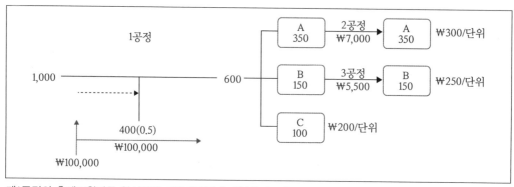

제1공정의 총제조원가를 완성품과 기말재공품에 배분한다. 제1공정의 완성품원가는 결합원가이므로 결합제품의 순실현가치를 기준으로 제1공정의 완성품원가를 결합제품에 배분한다.

(1) 제1공정의 총제조원가를 완성품과 기말재공품에 배분

Ⅰ. 물량흐름의 파악

"기초재공품물량 + 당기착수물량 = 완성품물량 + 기말재공품물량"의 성립 여부를 파악한다.

즉, 기초재공품이 없으므로 당기착수물량 1,000단위와 완성품물량 600단위, 기말재공품물량 400단위의 합은 같다.

Ⅱ. 원가요소별 완성품환산량

① 재료원가: 공정초기에 전량 투입되므로 완성품환산량은 "완성품물량 + 기말재공품물량"이다.

즉, 600단위 + 400단위 = 1,000단위

② 가공원가(= 전환원가) "공정전반에 균등발생하므로 기말재공품은 완성도를 기준으로 환산한다.

즉, 600단위 + 400단위 × 0.5 = 800단위

Ⅲ. 원가요소별 당기발생원가집계

① 재료원가: ₩100,000

② 가공원가(= 전환원가): ₩30,000 + ₩70,000 = ₩100,000

Ⅳ. 원가요소별 완성품환산량 단위당원가(Ⅲ ÷ Ⅱ)

① 재료원가: ₩100,000 ÷ 1,000단위 = ₩100

② 가공원가(= 전환원가): ₩100,000 ÷ 800단위 = ₩125

Ⅴ. 완성품 및 기말재공품원가 계산(Ⅱ × Ⅳ)

① 완성품: 600단위 × ₩100 + 600단위 × ₩125 = ₩135,000

② 기말재공품: 400단위 × ₩100 + 200단위 × ₩125 = ₩65,000

● 5단계법

Ⅰ. 물량흐름 파악					Ⅱ. 원가요소별 완성품환산량	
		재공품			재료원가	가공(전환)원가
기초	−	완성	600		600	600
착수	1,000	기말	400	(0.5)	400	200
	1,000		1,000		1,000	800

Ⅲ. 총원가집계		
기초재공품원가	−	−
당기투입원가	₩100,000	₩100,000
계	₩100,000	₩100,000

Ⅳ. 완성품환산량 단위당원가(Ⅲ ÷ Ⅱ)		
완성품환산량	÷ 1,000	÷ 800
완성품환산량 단위당원가	₩100	₩125

Ⅴ. 총원가의 배분		
완성품	600 × ₩100 + 600 × ₩125 =	₩135,000
기말재공품	400 × ₩100 + 200 × ₩125 =	65,000
		₩200,000

즉, 제1공정의 완성품원가(결합원가)는 ₩135,000이다.

(2) 제1공정 결합원가배분

(2) 제1공정 결합원가배분

제1공정의 완성품은 총 600단위이며 제품 A와 B의 착수량이 각각 350단위와 150단위이므로 제품 C의 수량은 100단위(= 600단위 − 350단위 − 150단위)이다.

		순실현가치	배분비율	배분액
A	(350단위)	₩98,000*	65.3%	₩88,200
B	(150단위)	32,000	21.3	28,800
C	(100단위)	20,000	13.3	18,000
		₩150,000	100.0%	₩135,000

* 제품 A의 순실현가치
350단위 × ₩300 − ₩7,000
= ₩98,000

2. 추가공정에 재공품이 존재하는 상황

추가공정에 재공품이 존재하는 경우 추가공정 착수량의 일부만이 완성되며 일부는 재공품으로 존재한다. 배분대상 원가인 결합원가는 결합공정에서 생산된 물량에 대한 원가이므로 이 경우 순실현가치를 계산할 때 물량은 추가공정에 투입된 물량을 기준으로 계산해야 한다.

사례연습 5: 추가공정에 재공품이 존재

㈜한국은 두 개의 제조공정을 통하여 연산품 A, B를 생산·판매하고 있다. 제1공정에서 원재료를 투입하여 제품 A와 중간제품 X를 각각 6: 4의 비율로 생산한다. 중간제품 X는 제2공정에서 추가가공되어 제품 B가 된다. 단, 재료원가는 제1공정 초기에 전량 투입되고 노무원가 및 제조원가는 해당 공정전반에 걸쳐 균등발생한다.

(1) 공정별 물량과 발생원가

	제1공정	제2공정
재료원가	₩100,000	–
노무원가	30,000	₩6,000
제조경비	70,000	12,500
계	₩200,000	₩18,500
기초재고	– 단위	– 단위
당기착수	1,000	400
계	1,000단위	400단위
당기완성	1,000	250
기말재고	–	150(0.8)*
계	1,000단위	400단위

* 재공품의 완성도

(2) 제품별 단위당 판매가격

A	₩250
B	300

[요구사항]
제품별 순실현가치를 기준으로 결합원가를 배분하시오.

해답

※ 자료정리
물량흐름도

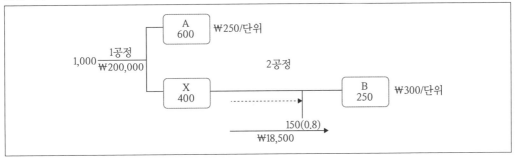

제1공정의 완성품원가는 제품 A와 중간제품 X에 순실현가치를 기준으로 배분하며 제1공정에서 배분받은 중간제품 X의 원가는 제2공정에 전공정원가로 투입된다. 제2공정에서 원가계산절차는 제1공정에서 배분받은 전공정원가와 제2공정의 가공원가를 완성품환산량을 기준으로 완성품과 기말재공품에 배분한다.

(1) 제1공정 결합원가배분
    제1공정의 완성품은 총 1,000단위이며 중간제품 X의 착수량이 400단위이므로 제품 A의 수량은 600단위(= 1,000단위 - 400단위)이다. 또한, 중간제품 X의 순실현가치는 투입량인 400단위를 기준으로 계산해야 한다. 따라서, 제2공정에서 발생한 가공원가는 400단위를 기준으로 재계산해야 한다.

		순실현가치	배분비율	배분액
A	(600단위)	₩150,000	60%	₩120,000
X	(400단위)	100,000[*1]	40	80,000
		₩250,000	100%	₩200,000

[*1] 중간제품 X의 순실현가치
    400단위 × ₩300 - 400단위 × ₩50[*2]
    = ₩100,000
[*2] 제2공정의 가공원가 완성품환산량 단위당원가
    ₩18,500 ÷ 370단위(제2공정의 가공원가 완성품환산량[*3])
    = ₩50
[*3] 제2공정의 가공원가 완성품환산량
    250단위 + 150단위 × 0.8
    = 370단위

(2) 제2공정의 총제조원가를 완성품과 기말재공품에 배분
Ⅰ. 물량흐름의 파악
    "기초재공품물량 + 당기착수물량 = 완성품물량 + 기말재공품물량"의 성립여부를 파악한다.
    즉, 기초재공품이 없으므로 당기착수물량 400단위와 완성품물량 250단위, 기말재공품물량 150단위의 합은 같다.

Ⅱ. 원가요소별 완성품환산량
    ① 전공정원가: 공정초기에 전량 투입되므로 완성품환산량은 "완성품물량 + 기말재공품물량"이다.
        즉, 250단위 + 150단위 = 400단위
    ② 가공원가(= 전환원가): 공정전반에 균등발생하므로 기말재공품은 완성도를 기준으로 환산한다.
        즉, 250단위 + 150단위 × 0.8 = 370단위

Ⅲ. 원가요소별 당기발생원가집계
    ① 전공정원가(= 결합원가 배분금액): ₩80,000
    ② 가공원가(= 전환원가): ₩6,000 + ₩12,500 = ₩18,500

Ⅳ. 원가요소별 완성품환산량 단위당원가(Ⅲ ÷ Ⅱ)
  ① 전공정원가(= 결합원가 배분금액): ₩80,000 ÷ 400단위 = ₩200
  ② 가공원가(= 전환원가): ₩18,500 ÷ 370단위 = ₩50
Ⅴ. 완성품 및 기말재공품원가 계산(Ⅱ × Ⅳ)
  ① 완성품: 250단위 × ₩200 + 250단위 × ₩50 = ₩62,500
  ② 기말재공품: 150단위 × ₩200 + 120단위 × ₩50 = ₩36,000

● 5단계법

Ⅰ. 물량흐름 파악

재공품				Ⅱ. 원가요소별 완성품환산량	
				전공정원가	가공(전환)원가
기초	−	완성	250	250	250
착수	400	기말	150 (0.8)	150	120
	400		400	400	370

Ⅲ. 총원가집계

	전공정원가	가공(전환)원가
기초재공품원가	−	−
당기투입원가	₩80,000	₩18,500
계	₩80,000	₩18,500

Ⅳ. 완성품환산량 단위당원가(Ⅲ ÷ Ⅱ)

	전공정원가	가공(전환)원가
완성품환산량	÷ 400	÷ 370
완성품환산량 단위당원가	₩200	₩50

Ⅴ. 총원가의 배분

완성품	250 × ₩200 + 250 × ₩50 =	₩62,500
기말재공품	150 × ₩200 + 120 × ₩50 =	36,000
		₩98,500

07 연산품의 추가가공의사결정

특정 연산품이 분리점에서 판매가치가 있고 추가가공 후에도 판매가치가 있다면 둘 중 어느 시점에 판매하는 것이 유리한지 고려해야 한다. 이러한 의사결정에 있어서 고려해야 할 사항은 분리점에서의 판매가치, 추가원가 및 최종 판매가치이며 결합원가는 과거에 이미 지출된 매몰원가(sunk costs)이므로 결합원가 배분방법과 함께 고려대상이 아니다.

㈜한국은 연산품 A, B, C를 생산·판매하고 있다. 당월 원재료 1,000kg을 투입하여 A, B, C를 각각 500kg, 300kg, 200kg을 생산하는 데 발생한 원가는 다음과 같다. (단, 결합공정의 기초 및 기말 재공품은 없다)

재료원가	₩100,000
노무원가	40,000
제조경비	60,000
	₩200,000

또한, 제품 kg당 판매가격은 다음과 같다.

A	₩280
B	250
C	175

[요구사항]
제품 C는 ₩5,400의 추가가공원가를 투입하면 kg당 판매가격은 ₩250이고 kg당 판매비는 ₩13이 발생한다. 제품 C의 추가가공 여부를 결정하시오.

[해답]

※ 자료정리

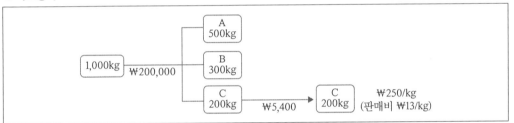

제품 C를 추가가공하는 데에 있어서 고려할 사항은 다음과 같다.
- 최종 판매가치   200kg × ₩175 = ₩50,000
- 분리점 판매가치   200kg × ₩175 =   35,000
- 추가가공원가   5,400
- 추가판매비   200kg × ₩13 =   2,600

그러므로, 위의 사항을 고려한 추가가공 의사결정은 다음과 같다.

		총액접근법			증분접근법
		분리점	추가가공		③(= ② − ①)
		①	②		
수익		₩35,000	₩50,000	증분수익	₩15,000
비용	추가가공원가	–	(5,400)	증분비용	(5,400)
	판매비	–	(2,600)		(2,600)
이익		₩35,000	₩42,000	증분이익	₩7,000 ≥ 0

₩7,000 ≥ 0

두 대안의 수익과 비용을 모두 고려하는 총액접근법은 두 대안의 총이익을 기준으로 판단한다. 또한, 증분접근법은 두 대안의 차이만을 고려한 방법으로 두 가지 방법 모두 추가가공하는 것이 ₩7,000만큼의 이익이 증가하므로 추가가공하는 것이 더 유리하다.

08 부산물

부산물(by-products)이란 주산물(main products)에 비하여 판매가치가 상대적으로 낮은 제품을 말하며 작업폐물(scrap)은 제조과정에서 발생한 조각 및 찌꺼기 등을 의미한다.

1. 생산기준법

결합원가 배분대상에 부산물을 포함시키는 방법으로 부산물의 순실현가치에 해당하는 금액을 부산물에 먼저 배부함에 따라 동 금액만큼 연산품에 배분될 결합원가에서 차감된다.

이 방법은 부산물의 가치가 확실하거나 중요하여 재고자산이나 이익에 미치는 영향이 클 때 사용하는 방법이다.

2. 판매기준법

결합원가 배분대상에 부산물을 포함하지 않는 방법으로 결합원가는 모두 연산품에만 배분된다.

이 방법은 부산물의 가치가 확실하지 않거나 작아 재고자산이나 이익에 미치는 영향이 거의 없을 때 사용하는 방법이다.

[표 6-2] 생산기준법과 판매기준법의 비교

구분	생산시점	판매시점
① 생산기준법	부산물의 순실현가치만큼 결합원가를 배분하여 부산물 인식	판매가치와 부산물 상계처리
② 판매기준법	N/A	• 판매가치만큼 잡이익 인식 • 판매가치를 주산품 매출원가에서 차감

사례연습 7: 생산기준법과 판매기준법

㈜한국은 결합공정을 통하여 주산물 A, B와 부산물 X를 생산한다. 결합공정에서 발생한 총제조원가는 ₩10,000이며 주산물 A는 추가가공 없이 분리점에서 판매되지만 주산물 B와 부산물 X는 추가가공 후 판매된다. 회사는 제품별 순실현가치를 기준으로 결합원가를 배분한다.

당해 연도 생산 및 기타 관련자료는 다음과 같다. (단, 결합공정과 추가공정 모두 기초 및 기말재공품은 없다)

	주산물 A	주산물 B	부산물 X
추가가공원가	-	₩2,000	₩100
생산량	100단위	100단위	30단위
단위당 판매가격	₩120	₩100	₩10

[요구사항 1]

회사는 부산물의 순실현가치를 연산품에 배분될 결합원가에서 차감한다. 각 제품별 제조원가를 구하고 결합원가 배분시점, 부산물 추가가공 및 처분시점의 회계처리를 하시오.

[요구사항 2]

회사는 부산물에 대해서 결합원가를 배분하지 않고 처분가치를 판매시점에 기타수익으로 처리한다. 각 제품별 제조원가를 구하고 결합원가 배분시점, 부산물 추가가공 및 처분시점의 회계처리를 하시오.

해답

[요구사항 1] 생산기준법

(1) 연산품에 배분될 결합원가

생산기준법이므로 부산물의 순실현가치를 연산품에 배분될 결합원가에서 차감한다.

총결합원가 − 부산물의 순실현가치

= ₩10,000 − (30단위 × ₩10 − ₩100)

= ₩9,800

(2) 결합원가배분

		순실현가치	비율	결합원가
부산물 X	30단위 × ₩10 − ₩100 =	₩200	−	₩200
소계		₩200		₩200
연산품 A	100단위 × ₩120 =	₩12,000	60%	₩5,880*
연산품 B	100단위 × ₩100 − ₩2,000 =	8,000	40	3,920
소계		₩20,000	100%	₩9,800

* 연산품 A에 배분될 결합원가

₩9,800 × 60%

= ₩5,880

(3) 회계처리

- 생산시점　　차변) 연산품 A　　₩5,880　　대변) 재공품　　₩10,000
　　　　　　　　　　　연산품 B　　3,920
　　　　　　　　　　　부산물 X　　200

- 추가가공시점　차변) 부산물 X　　₩100　　대변) 제경비　　₩100

- 판매시점　　차변) 현금(매출채권)　　₩300　　대변) 부산물 X　　₩300

[요구사항 2] 판매기준법

(1) 연산품에 배분될 결합원가

   판매기준법이므로 결합원가는 모두 연산품에 배부된다.

(2) 결합원가배분

		순실현가치	비율	결합원가
부산물 X		–	–	–
소계		–		–
연산품 A	100단위 × ₩120 =	₩12,000	60%	₩6,000*
연산품 B	100단위 × ₩100 – ₩2,000 =	8,000	40	4,000
소계		₩20,000	100%	₩10,000

   * 연산품 A에 배분될 결합원가
      ₩10,000 × 60%
      = ₩6,000

(3) 회계처리

   • 생산시점   차변) 연산품 A   ₩6,000   대변) 재공품   ₩10,000
                        연산품 B   4,000

   • 추가가공시점 차변) 부산물 X   ₩100   대변) 제경비   ₩100

   • 판매시점   차변) 현금(매출채권) ₩300   대변) 부산물 X   ₩100
                                               기타수익   200

Chapter 26-6 | 객관식 문제

01 ㈜감평은 결합공정을 거쳐 주산품 A, B와 부산물 F를 생산하여 주산품 A, B는 추가가공한 후 판매하고, 부산품 F의 회계처리는 생산시점에 순실현가치법(생산기준법)을 적용한다. ㈜감평의 당기 생산 및 판매 자료는 다음과 같다.

구분	분리점 이후 추가가공원가	추가가공 후 단위당 판매가격	생산량	판매량
A	₩1,000	₩60	100단위	80단위
B	200	30	140	100
F	500	30	50	40

결합원가 ₩1,450을 분리점에서의 순실현가능가치 기준으로 각 제품에 배분할 때 주산물 A의 매출총이익은? (단, 기초 재고자산은 없다) 감평 2024

① ₩2,714 　　　　② ₩2,800 　　　　③ ₩2,857
④ ₩3,714 　　　　⑤ ₩3,800

02 ㈜수원은 결합공정을 통해서 연산품 A, B와 부산물 C를 생산한다. 결합공정에서의 기초 및 기말재공품은 없으며 결합원가의 배분방법은 제품별 순실현가치를 기준으로 배분하고 있다. 부산물에 대해서는 부산물의 순실현가치만큼 연산품에 배분될 결합원가에서 차감한다. 당기의 제조활동에 관한 자료는 다음과 같다.

제품	생산량	분리점에서의 판매가치	추가가공원가	최종판매가치
A	3,000단위	₩20,000	₩5,000	₩30,000
B	2,000	12,000	4,000	19,000
C	1,500	5,000	–	–

제품 A에의 당기 결합원가배분액이 ₩13,000이면 당기의 총결합원가발생액은 얼마인가?

① ₩22,500 　　　　② ₩23,700 　　　　③ ₩24,500
④ ₩25,800 　　　　⑤ ₩26,750

03 수락회사는 A, B, C의 세 가지 결합제품을 생산하고 있으며, 결합원가는 분리점에서의 상대적 판매가치에 의해 배분된다. 관련자료는 다음과 같다. 세무사 2006, 1999

	A	B	C	합계
결합원가	?	₩10,000	?	₩100,000
분리점에서 판매가치	₩80,000	?	?	200,000
추가가공원가	3,000	2,000	₩5,000	
추가가공 후 판매가치	85,000	42,000	120,000	

만약 A, B, C 중 하나만을 추가가공한다면 어느 제품을 추가가공하는 것이 가장 유리하며, 이 때 추가가공으로 인한 이익은 얼마인가?

① A, ₩2,000　　　　　② B, ₩20,000
③ C, ₩3,000　　　　　④ B, ₩5,000
⑤ C, ₩15,000

04 ㈜국세는 동일한 원재료를 투입해서 하나의 공정을 거쳐 제품 A, 제품 B, 제품 C 를 생산하며, 분리점까지 총 ₩40,000의 원가가 발생한다. ㈜국세는 분리점까지 발생한 원가를 분리점에서의 상대적 판매가치를 기준으로 결합제품에 배분한다. 결합제품의 생산량, 분리점에서의 단위당 판매가격, 추가가공원가 및 추가가공 후 단위당 판매가격은 다음과 같다.

제품	생산량(단위)	분리점에서의 단위당 판매가격	추가가공원가	추가가공 후 단위당 판매가격
A	1,500	₩16	₩6,300	₩20
B	2,000	8	8,000	13
C	400	25	3,600	32

㈜국세가 위 결합제품을 전부 판매할 경우에 예상되는 최대 매출총이익은 얼마인가? (단, 결합공정 및 추가가공과정에서 재공품 및 공손은 없는 것으로 가정한다)

세무사 2012

① ₩10,900　　　　　② ₩12,000
③ ₩20,000　　　　　④ ₩50,900
⑤ ₩60,000

05 당기에 설립된 ㈜감평은 결합공정을 통하여 제품 X와 Y를 생산·판매한다. 제품 X는 분리점에서 즉시 판매하고 있으나, 제품 Y는 추가가공을 거쳐 판매한다. 결합원가는 균등이익률법에 의해 각 제품에 배분되며, 직접재료는 결합공정 초에 전량 투입되고 전환원가는 결합공정 전반에 걸쳐 균등하게 발생한다. 당기에 ㈜감평은 직접재료 3,000단위를 투입하여 2,400단위를 제품으로 완성하고, 600단위는 기말재공품(전환원가 완성도 50%)으로 남아 있다. 당기에 발생한 직접재료원가와 전환원가는 각각 ₩180,000과 ₩108,000이다. ㈜감평의 당기 생산 및 판매 관련 자료는 다음과 같다.

구분	생산량	판매량	단위당 추가가공원가	단위당 판매가격
제품 X	800단위	800단위	–	₩150
제품 Y	1,600	900	₩15	200

제품 Y의 단위당 제조원가는? (단, 공손 및 감손은 발생하지 않는다)   감평 2023

① ₩100   ② ₩105
③ ₩110   ④ ₩115
⑤ ₩120

06 ㈜대한은 제1공정에서 주산물 A, B와 부산물 C를 생산한다. 주산물 A와 부산물 C는 즉시 판매될 수 있으나, 주산물 B는 제2공정에서 추가가공을 거쳐 판매된다. 20×1년에 제1공정과 제2공정에서 발생된 제조원가는 각각 ₩150,000과 ₩60,000이었고, 제품별 최종 판매가치 및 판매비는 다음과 같다.

구분	최종 판매가치	판매비
A	₩100,000	₩2,000
B	180,000	3,000
C	2,000	600

㈜대한은 주산물의 매출총이익률이 모두 동일하게 되도록 제조원가를 배부하며, 부산물은 판매시점에 최초로 인식한다. 주산물 A의 총제조원가는? (단, 기초 및 기말 재고자산은 없다)   감평 2017

① ₩74,500   ② ₩75,000
③ ₩76,000   ④ ₩77,500
⑤ ₩78,000

01 ⑤ ₩3,800

(1) 부산물 순실현가치

₩30 × 50단위 – ₩500 = ₩1,000

그러므로, 주산물에 배분될 결합원가는 ₩1,450 – ₩1,000 = ₩450이다.

(2) 결합원가배분

	순실현가치		배분비율	결합원가
X	100 × ₩60 – ₩1,000 =	₩5,000	5/9	₩250
Y	140 × ₩30 – ₩200 =	4,000	4/9	200
		₩9,000		₩450

(3) 주산물 A의 단위당원가

$$\frac{1,000+250}{100단위} = ₩12.5$$

(4) 주산물 A의 매출총이익

80단위 × (₩60 – ₩12.5) = ₩3,800

그러므로, 주산물 A의 매출총이익 ₩3,800이다.

02 ④

부산물의 순실현가치만큼 결합원가에서 차감하므로 생산기준법을 적용하는 것으로 해석할 수 있다.

(1) 연산품에 배분될 결합원가

총 결합원가를 X라 하면, 연산품에 배분될 결합원가는 "총 결합원가 – 부산물의 순실현가치"이므로,

= X – ₩5,000

(2) 결합원가 배부액

	분리점 판매가치		배분비율	결합원가
A	₩30,000 − 5,000 =	₩25,000	0.625	₩13,000
B	19,000 − 4,000 =	15,000	0.375	?
		₩40,000		X − ₩5,000

즉, A에 배분될 결합원가 ₩13,000 = (X − ₩5,000) × 0.625이므로, X는 ₩25,800이다.

03 ② 연산품의 추가가공에 대한 의사결정을 위해서는 "분리점 판매가치, 추가가공원가, 추가가공후 판매가치" 를 알아야 한다.

(1) 분리점 판매가치

결합원가의 배분기준이 분리점 판매가치 이므로 이 관계를 이용하여 각 제품의 분리점 판매가치를 구할 수 있다.

	A	B	C	합계	
결합원가	?	₩10,000	?	₩100,000	분리점 판매가치의
분리점에서 판매가치	80,000	20,000*¹	100,000*²	200,000	50%

*¹ ₩10,000 ÷ 0.5 = ₩20,000
*² ₩200,000 − 80,000 − 20,000 = ₩100,000

(2) 제품별 추가가공시 증분이익 계산

	A	B	C
증분수익			
최종판매가격	₩85,000	₩42,000	₩120,000
증분비용			
추가가공원가	3,000	2,000	5,000
분리점에서의 판매가치	80,000	20,000	100,000
증분이익	₩2,000	₩20,000	₩15,000

그러므로, 제품 B가 가장 크며, 이 때 증분이익은 ₩20,000이다.

04 ②   (1) 추가가공 여부 판단

	최종판매가치	추가가공원가	분리점 판매가치	증분손익	
A	₩20 × 1,500 = ₩30,000	₩6,300	₩16 × 1,500 = ₩24,000	₩(300)	×
B	₩13 × 2,000 = ₩26,000	₩8,000	₩8 × 2,000 = ₩16,000	₩2,000	○
C	₩32 × 400 = ₩12,800	₩3,600	₩25 × 400 = ₩10,000	₩(800)	×

(2) 손익계산서

	A	B	C	합계
매출액	₩24,000	₩26,000	₩10,000	₩60,000
결합원가	?	?	?	(40,000)
추가원가	–	(8,000)	–	(8,000)
이익				₩12,000

05 ⑤   (1) 결합원가

① 물량흐름 파악

재공품			
기초	–	완성	2,400
착수	3,000		600(0.5)
	3,000		3,000

② 완성품환산량

	재료원가	가공원가
	2,400	2,400
	600	300
	3,000	2,700
③ 원가	₩180,000	₩108,000
④ 단가	@60	@40

그러므로, 결합원가는 2,400단위 × ₩60 + 2,400단위 × ₩40 = ₩240,000이다.

(2) 제품 Y의 단위당 제조원가

	X	Y	총계
매출액	₩120,000	₩320,000	₩440,000
결합원가	(72,000)	(168,000)	(240,000)
추가원가	–	(24,000)	(24,000)
매출총이익	₩48,000	₩128,000	₩176,000
이익율	(0.4)	(0.4)	(0.4)

그러므로, 제품 Y의 단위당 제조원가는 $\dfrac{168,000 + 24,000}{1,600단위}$ = ₩120이다.

06 ②   ₩75,000

	A	B	총계
매출액	₩100,000	₩180,000	₩280,000
결합원가	(75,000)[*2]	(75,000)	(150,000)
추가원가	–	(60,000)	(60,000)
매출총이익	₩25,000[*1]	₩45,000	₩70,000
이익율	(0.25)	(0.25)	(0.25)

[*1] ₩100,000 × 0.25 = ₩₩25,000
[*2] ₩100,000 − ₩25,000 = ₩75,000
그러므로, 주산물 A의 총제조원가는 ₩75,000이다.

7 표준원가계산

I 서론

01 의의

실제원가계산은 모든 원가항목을 실제원가로 계산하고 정상원가계산(normal costing, predetermined costing)과 표준원가계산(standard costing)은 그중 일부 또는 전부를 연초에 예상한 원가로 계산하는 것을 말한다.

원가계산방법에 따라 원가요소별 실제성은 다음과 같다.

	실제원가계산	정상원가계산	표준원가계산
실제원가	직접재료원가 직접노무원가 변동제조간접원가 고정제조간접원가	직접재료원가 직접노무원가 – –	– – – –
예상원가	– – – –	– – 변동제조간접원가 고정제조간접원가	직접재료원가 직접노무원가 변동제조간접원가 고정제조간접원가

02 실제원가계산의 문제점과 정상(또는 표준원가계산)의 관계

1. 실제원가계산의 문제점

하지만 실제원가를 기준으로 하는 경우 다음과 같은 문제점이 발생할 수 있다.

① 원가계산의 지연: 실제원가를 모두 집계하기 전까지는 계산할 수 없다.

② 제품단가의 변동: 실제원가를 실제산출량으로 나누면 단가가 달라질 수 있다.

2. 실제원가계산과 정상(또는 표준원가계산)의 관계

정상원가계산과 표준원가계산은 사전에 미리 결정한 배부율을 이용하여 원가계산을 진행한다. 또한, 실제원가와의 차이는 추가적인 조정절차를 거쳐 궁극적으로 실제원가계산과 유사한 결과를 가져오게 되어 실제원가계산의 단점을 보완할 수 있는 방법이다.

01 의의

직접재료원가와 직접노무원가는 실제 발생원가를 직접부과하고 제조간접원가는 연초에 미리 설정한 예정배부율을 이용하여 배부한 후 연말에 실제제조간접원가와 차이를 조정하는 방법을 말한다.

(1) 장점

① 원가정보의 적시성을 높일 수 있다.

② 계절적인 차이 또는 조업도의 변동에 따른 원가변동을 방지할 수 있다.

(2) 단점

① 예정배부율 설정을 위한 제조간접원가와 조업도에 대한 추정이 필요하다.

② 실제원가집계 후 실제발생원가와의 차이를 조정해야 한다.

02 정상원가계산의 절차

정상원가계산은 제조간접원가에 대해서 사전원가계산을 적용하는 방법으로 제조직접원가와 제조간접원가를 구분한 후 제조간접원가의 예정배부율을 설정하는 것을 시작으로 예정배부율을 이용한 원가계산과 차이조정까지 일련의 과정은 다음과 같다.

[1단계] 제조간접원가 예정배부율 설정

정상원가계산의 시작은 제조간접원가에 대한 예정배부율을 설정하는 것이다. 예정배부율을 설정하기 위해서는 예산제조간접원가와 예정조업도가 필요하다. 또한, 예정배부율은 변동제조간접원가와 고정제조간접원가로 구분하여 각각 설정할 수 있다.

$$제조간접원가\ 예정배부율 = \frac{예산제조간접원가}{예정조업도}$$

$$\downarrow$$

$$\cdot\ 변동제조간접원가\ 예정배부율 = \frac{예산변동제조간접원가}{예정조업도}$$

$$\cdot\ 고정제조간접원가\ 예정배부율 = \frac{예산고정제조간접원가}{예정조업도}$$

(1) 예산제조간접원가

제조간접원가는 준변동원가로 고정제조간접원가와 변동제조간접원가로 구성되어 있으며 고정제조간접원가는 조업도와 관계없이 일정하게 발생하지만 변동제조간접원가는 조업도에 따라 원가총액이 변동하는 원가를 말한다.

$$\text{예산제조간접원가 = 예산고정제조간접원가 + 예산변동제조간접원가}$$
$$\text{(조업도 단위당 변동제조간접원가 × 예정조업도)}$$

(2) 예정조업도

예정조업도는 예정배부율을 산출하기 위한 기준이 되는 조업도이다. 예정조업도로 사용할 수 있는 조업도는 다음과 같다.

① 이론적 최대조업도(theoretical capacity): 최고의 능률로 생산설비를 최대로 이용하여 달성할 수 있는 조업도
② 실제적 최대조업도(practical capacity): 이론적 최대조업도에서 기계고장, 수선, 휴가 등 불가피한 상황을 고려한 조업도
③ 정상조업도(normal capacity): 과거 3년에서 5년 정도의 조업도를 평균한 조업도
④ 연간기대조업도(annual expected capacity): 예산판매량을 기초로 산출한 조업도

사례연습 1: 예정배부율

㈜한국은 20×1년 초에 영업을 개시하였으며 직접노동시간을 기준으로 제조간접원가를 예정배부하고 있다.
회사가 추정한 연간 직접노동시간은 10,000시간이며 연간 제조간접원가는 다음과 같다.

$$\text{예산제조간접원가 = ₩2,000,000 + ₩100 × 직접노동시간}$$

[요구사항 1]
제조간접원가 예정배부율을 구하시오.

[요구사항 2]
변동제조간접원가와 고정제조간접원가 각각의 예정배부율을 구하시오.

해답

※ 자료정리
(1) 제조간접원가의 조업도와 배부기준은 직접노동시간이다.
(2) 예산고정제조간접원가는 ₩2,000,000이고 변동제조간접원가 예정배부율은 직접노동시간당 ₩100이다.
(3) 예정조업도는 연간 직접노동시간 10,000시간이다.

[요구사항 1] 제조간접원가 예정배부율

$$\text{제조간접원가 예정배부율} = \frac{\text{예산제조간접원가}}{\text{예정조업도}}$$

$$= \frac{2,000,000 + 100 × 10,000\text{시간}}{10,000\text{시간}}$$

$$= ₩300$$

[요구사항 2] 고정제조간접원가와 변동제조간접원가 예정배부율

• 고정제조간접원가 예정배부율 $= \dfrac{\text{예산고정제조간접원가}}{\text{예정조업도}}$

$$= \frac{2,000,000}{10,000\text{시간}}$$

$$= ₩200$$

- 변동제조간접원가 예정배부율 = $\dfrac{\text{예산변동제조간접원가}}{\text{예정조업도}}$

$$= \dfrac{100 \times 10{,}000\text{시간}}{10{,}000\text{시간}}$$

$$= ₩100$$

[2단계] 예정배부율에 의한 예정배부

예정배부율을 이용하여 각 작업에 제조간접원가를 배부하는 것으로 예정배부율에 실제조업도를 곱한다.

예정배부 = 예정배부율 × 실제조업도

사례연습 2: 예정배부

㈜한국은 20×1년 초에 영업을 개시하였으며 직접노동시간을 기준으로 제조간접원가를 예정배부하고 있다. 제조간접원가 예정배부율은 직접노동시간당 ₩300이다.

1월 중 제조지시서 #301, #302, #303을 착수하였으며 1월 말 현재 #301, #302는 완성하였으나 #303은 월말 현재 작업진행 중에 있다.

다음은 세 가지 작업에 대한 1월 발생한 제조원가 및 관련자료는 다음과 같다.

	#301	#302	#303	합계
직접재료원가	₩120,000	₩150,000	₩230,000	₩500,000
직접노무원가	180,000	120,000	100,000	400,000
직접노동시간	400시간	250시간	350시간	1,000시간
기계시간	300	400	600	1,300

[요구사항]

작업별 제조간접원가 예정배부액을 구하시오.

해답

※ 자료정리

(1) 조업도는 직접노동시간이므로 기계시간은 관련이 없는 자료이다. 또한, 제조간접원가 예정배부액은 예정배부율을 실제노동시간에 곱하여 계산한다.

(2) 공정현황

	재공품(작업)		
기초	−	완성	#301
			#302
착수	#301	기말	#303
	#302		
	#303		

재공품(원가)				
기초	–	완성	#301	?
직접재료원가	₩500,000		#302	?
직접노무원가	400,000			
제조간접원가	300,000	기말	#302	?
(예정배부액)	₩1,200,000			₩1,200,000

	#301	#302	#303	합계
직접재료원가	₩120,000	₩150,000	₩230,000	₩500,000
직접노무원가	180,000	120,000	100,000	400,000
제조간접원가	120,000	75,000	105,000	300,000
(예정배부액)	(= ₩300 × 400시간)	(= ₩300 × 250시간)	(= ₩300 × 350시간)	(= ₩300 × 1,000시간)
	₩420,000	₩345,000	₩435,000	₩1,200,000
	(완성품)	(완성품)	(재공품)	

[3단계] 배부차이 계산

예정배부율에 의한 제조간접원가 예정배부액은 실제제조간접원가와 달라 연말에 실제제조간접원가와 비교하여 차이금액을 계산할 수 있다. 이를 배부차이라 한다.

배부차이는 다음과 같은 두 가지 상황으로 나타난다.

• 실제제조간접원가금액이 큰 경우(과소배부 또는 부족배부)

  제조간접원가 예정배부액 < 실제제조간접원가

• 실제제조간접원가금액이 작은 경우(과대배부 또는 초과배부)
제조간접원가 예정배부액 > 실제제조간접원가

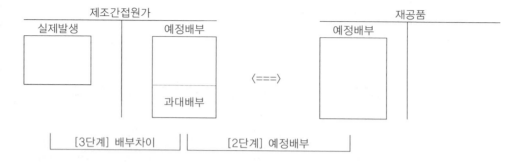

사례연습 3: 배부차이

㈜한국은 20×1년 초에 영업을 개시하였으며 직접노동시간을 기준으로 제조간접원가를 예정배부하고 있다. 제조간접원가 예정배부율은 직접노동시간당 ₩300이다.
1월 중 실제직접노동시간은 1,000시간이며 실제 발생한 제조간접원가는 ₩360,000이다.

[요구사항 1]
제조간접원가 배부차이를 구하시오.

[요구사항 2]
위 요구사항과 별도로 실제 발생한 제조간접원가는 ₩280,000이다. 제조간접원가 배부차이를 구하시오.

해답

※ 자료정리
제조간접원가 예정배부액은 ₩300 × 1,000시간 = ₩300,000이다.

[요구사항 1]
배부차이

예정배부	₩300 × 1,000시간 =	₩300,000
실제발생		360,000
배부차이		₩60,000 (과소배부)

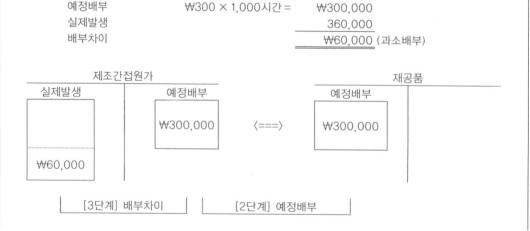

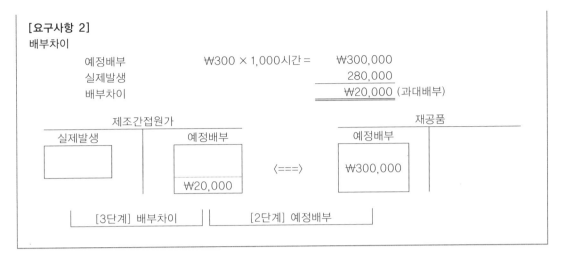

[요구사항 2]
배부차이

예정배부	₩300 × 1,000시간 =	₩300,000
실제발생		280,000
배부차이		₩20,000 (과대배부)

[4단계] 배부차이 조정

외부보고목적의 재무제표는 실제원가로 기록할 것을 요구하므로 예정배부액은 실제원가로 조정되어야 한다. 조정하는 방법은 차이금액의 중요성에 따라 각 작업에 안분하여 배부하는 방법과 일괄적으로 당기손익에 반영하는 방법이 있다.

(1) 배분법

차이금액이 중요하여 재고자산과 매출원가에 미치는 영향이 큰 경우 각 작업에 안분하여 배부하는 방법으로 배부기준에 따라 원가요소기준법과 총원가기준법이 있다.

• 원가요소기준법: 각 작업의 제조간접원가 예정배부액을 기준으로 배분하는 방법으로 과소배부는 각 작업에 가산하고 과대배부는 각 작업에서 차감한다.

• 총원가기준법: 각 작업의 총원가를 기준으로 배분하는 방법으로 과소배부는 각 작업에 가산하고 과대배부는 각 작업에서 차감한다.

• 회계처리

과소배부

(차)	재공품	×××	(대)	제조간접원가	×××
	제품	×××		(과소배부)	
	매출원가	×××			

과대배부

(차)	제조간접원가	×××	(대)	재공품	×××
	(과대배부)			제품	×××
				매출원가	×××

(2) 무배분법

차이금액이 중요하지 않아 재고자산과 매출원가에 미치는 영향이 작은 경우 일괄적으로 당기손익에 반영하는 방법으로 매출원가조정법과 기타손익법이 있다.

- **매출원가조정법**: 배부차이를 매출원가에 가감하는 방법으로 과소배부는 매출원가에 가산하고 과대배부는 매출원가에서 차감한다.
- **기타손익법**: 배부차이를 기타손익 처리하는 방법으로 과소배부는 기타비용으로 과대배부는 기타수익으로 처리한다.
- **회계처리**

과소배부

(차)	매출원가 (또는 기타비용)	×××	(대)	제조간접원가 (과소배부)	×××

과대배부

(차)	제조간접원가 (과대배부)	×××	(대)	매출원가 (또는 기타비용)	×××

사례연습 4: 배부차이조정

㈜한국은 20×1년 초에 영업을 개시하였으며 직접노동시간을 기준으로 제조간접원가를 예정배부하고 있다. 1월 과소배부된 제조간접원가 배부차이는 ₩60,000이다.

1월 중 제조지시서 #301, #302, #303을 착수하였으며 1월 말 현재 #301, #302는 완성하였으나 #303은 월말 현재 작업진행 중에 있다. 또한, 제조지시서 #301은 당월에 판매되었다.

1월 말 현재 제조간접원가 배부차이 조정 전 금액은 다음과 같다.

		#301	#302	#303	합계
직접재료원가		₩120,000	₩150,000	₩230,000	₩500,000
직접노무원가		180,000	120,000	100,000	400,000
제조간접원가	(예정배부)	120,000	75,000	105,000	300,000
합계		₩420,000	₩345,000	₩435,000	₩1,200,000

[요구사항]

배부차이를 다음의 방법에 따라 조정하고 회계처리하시오.
- 매출원가조정법
- 기타손익법
- 원가요소기준비례배분법
- 총원가기준비례배분법

해답

※ 자료정리
- 공정현황

재공품(작업)				
기초	–	완성	#301 #302	
착수	#301 #302 #303	기말	#303	(₩435,000)

제품(작업)				
기초	–	판매	#301	(₩420,000)
입고	#301 #302	기말	#302	(₩345,000)

- 매출원가조정법
  과소배부 ₩60,000을 모두 매출원가에 가산한다.

(차)	매출원가	₩60,000	(대)	제조간접원가 (과소배부)	₩60,000

- 기타손익법
  과소배부 ₩60,000을 모두 기타비용으로 처리한다.

(차)	기타비용	₩60,000	(대)	제조간접원가 (과소배부)	₩60,000

- 원가요소기준비례배분법
  과소배부 ₩60,000을 각 작업별 제조간접원가 예정배부액 기준으로 배분한다.
  ① 배부차이 배분금액

		예정배부액	배분비율	배분금액
재공품	(#303)	₩105,000	0.35	₩21,000
제품	(#302)	75,000	0.25	15,000
매출원가	(#301)	120,000	0.40	24,000
		₩300,000		₩60,000

② 배부차이 조정 후 원가

	#301	#302	#303	합계
직접재료원가	₩120,000	₩150,000	₩230,000	₩500,000
직접노무원가	180,000	120,000	100,000	400,000
제조간접원가 (예정배부)	120,000	75,000	105,000	300,000
차이조정	24,000	15,000	21,000	60,000
합계	₩444,000	₩360,000	₩456,000	₩1,260,000

③ 회계처리

(차)	재공품	₩21,000	(대)	제조간접원가 (과소배부)	₩60,000
	제품	15,000			
	매출원가	24,000			

- 총원가기준비례배분법
  과소배부 ₩60,000을 각 작업별 총원가를 기준으로 배분한다.
  ① 배부차이 배분금액

		총원가	배분비율	배분금액
재공품	(#303)	₩435,000	0.3625	₩21,750
제품	(#302)	345,000	0.2875	17,250
매출원가	(#301)	420,000	0.3500	21,000
		₩1,200,000		₩60,000

	#301	#302	#303	합계
직접재료원가	₩120,000	₩150,000	₩230,000	₩500,000
직접노무원가	180,000	120,000	100,000	400,000
제조간접원가　(예정배부)	120,000	75,000	105,000	300,000
차이조정	21,000	17,250	21,750	60,000
합계	₩441,000	₩362,250	₩456,750	₩1,260,000

③ 회계처리

(차)	재공품	₩21,750	(대)	제조간접원가	₩60,000
	제품	17,250		(과소배부)	
	매출원가	21,000			

Ⅲ　표준원가계산

01　의의

직접재료원가, 직접노무원가 및 제조간접원가 모든 제조원가에 대하여 연초에 미리 설정한 표준원가를 이용하여 배부한 후 연말에 실제발생원가와 차이를 조정하는 방법을 말한다.

(1) 장점

① 신속한 원가계산이 가능하고 조업도 변화에 대한 원가변동성을 방지한다.
② 예산수립의 기초자료로 활용할 수 있다.
③ 표준과 실제와 차이분석으로 원가통제 및 성과평가에 활용할 수 있다.

(2) 단점

① 표준원가 설정에 많은 시간과 비용이 요구되고 표준원가 변경은 쉽지 않다.
② 공장자동화로 인하여 노동시간 통제에 주된 목적을 두었던 유용성이 점차 감소된다.
③ 유리한 조업도차이를 위한 생산량 증가로 불필요한 재고가 발생할 수 있다.

02　표준원가계산의 절차

표준원가계산은 모든 제조원가에 대해서 사전원가계산을 적용하는 방법으로 직접재료원가, 직접노무원가 및 제조간접원가의 표준원가를 설정하는 것을 시작으로 표준원가를 이용한 원가계산과 차이조정까지 일련의 과정은 다음과 같다.

[1단계] 원가요소별 표준원가 설정

표준원가계산의 시작은 모든 제조원가에 대한 표준원가를 설정하는 것이다. 표준은 이상적 표준과 달성가능한 표준이 있으며 표준수량(SQ)과 표준가격(SP)으로 나누어 설정한다.

> 표준원가 = 표준수량(SQ) × 표준가격(SP)
> - 표준수량(SQ): 단위당 표준투입수량
> - 표준가격(SP): 원가요소당 표준단가

1. 직접재료원가

제품 한 단위를 생산하기 위한 표준수량(SQ)과 표준가격(SP)을 곱하여 설정한다.

2. 직접노무원가

제품 한 단위를 생산하기 위한 표준수량(SQ)과 표준가격(SP)을 곱하여 설정한다.

3. 제조간접원가

제조간접원가는 그 구성항목과 원가동인이 다양하여 표준설정은 간단하지 않다. 따라서, 제조간접원가의 표준을 설정하기 위해 다음과 같은 가정이 필요하다.

> - 제조간접원가는 조업도에 따라 변동제조간접원가와 고정제조간접원가로 구분할 수 있다.
> - 제조간접원가의 원가동인은 다양하지만 하나의 원가동인(조업도)으로 설명할 수 있다.

- **변동제조간접원가:** 제품 한 단위를 생산하기 위한 표준수량(SQ)과 표준배부율(SP)을 곱하여 설정한다.
- **고정제조간접원가:** 제품 한 단위를 생산하기 위한 표준수량(SQ)과 표준배부율(SP)을 곱하여 설정한다. 단, 고정제조간접원가의 표준은 연초에 설정된 고정예산이다. 따라서, 표준배부율(SP)은 고정예산을 기준조업도로 나누어 계산한다.

> $$\text{고정제조간접원가 표준배부율}(SP) = \frac{\text{예산고정제조간접원가}}{\text{기준조업도}}$$

(1) 예산고정제조간접원가

연초에 설정한 고정제조간접원가에 대한 예산을 말한다.

(2) 기준조업도

기준조업도는 고정제조간접원가 표준배부율을 산출하기 위한 기준이 되는 조업도이다. 기준조업도로 사용할 수 있는 조업도는 다음과 같다.

① 이론적 최대조업도(theoretical capacity): 최고의 능률로 생산설비를 최대로 이용하여 달성할 수 있는 조업도

② 실제적 최대조업도(practical capacity): 이론적 최대조업도에서 기계고장, 수선, 휴가 등 불가피한 상황을 고려한 조업도

③ 정상조업도(normal capacity): 과거 3년에서 5년 정도의 조업도를 평균한 조업도

④ 연간기대조업도(annual expected capacity): 예산판매량을 기초로 산출한 조업도

[2단계] 표준원가에 의한 표준배부

표준원가를 이용하여 산출량에 제조원가를 배부하는 것으로 표준원가에 실제산출량을 곱한다.

> 표준배부 = 표준원가 × 실제산출량
> 또는,
> 표준배부 = 실제산출량에 허용된 표준수량(SQ) × 표준가격(SP)
> [단, 실제산출량에 허용된 표준수량(SQ)은 실제산출량에 단위당 표준수량을 곱한다]

사례연습 5: 표준배부

당해 연도에 영업을 개시한 ㈜한국은 단일제품을 대량으로 생산하며 표준원가계산제도를 적용하고 있다. 제조간접원가의 배부기준은 직접노동시간을 사용하며 제품 단위당 표준원가는 다음과 같다.

	표준수량(SQ)	표준가격(SP)	표준원가
직접재료원가	2kg	₩25kg	₩50/단위
직접노무원가	3h	5h	15
변동제조간접원가	3h	3h	9
고정제조간접원가	3h	2h	6
			₩80/단위

당해 연도 실제생산량은 1,000단위이다.

[요구사항]

표준배부액을 구하시오.

해답

※ **자료정리**

표준배부액은 실제산출량에 허용된 표준수량(SQ)에 표준가격(SP)을 곱하여 계산한다.

	표준수량(SQ)	표준가격(SP)	표준배부($SQ \times SP$)	
직접재료원가	2kg	₩25kg	1,000단위 × 2kg × ₩25 =	₩50,000
직접노무원가	3h	5h	1,000단위 × 3h × ₩5 =	15,000
변동제조간접원가	3h	3h	1,000단위 × 3h × ₩3 =	9,000
고정제조간접원가	3h	2h	1,000단위 × 3h × ₩2 =	6,000
				₩80,000

즉, 1,000단위에 대한 표준배부($SQ \times SP$)는 1,000단위 × ₩80 = ₩80,000임을 알 수 있다.

[3단계] 원가차이 계산

표준원가에 의한 표준배부액은 실제원가와 달라 연말에 실제원가와 비교하여 차이금액을 계산할 수 있다. 이를 원가차이라 한다.

원가차이는 다음과 같은 두 가지 상황으로 나타난다.

- 실제발생액이 큰 경우(불리한 차이 U, unfavorable variance)

  표준배부액 < 실제발생액

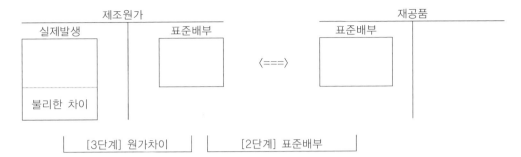

- 실제발생액이 작은 경우(유리한 차이 F, favorable variance)

  표준배부액 > 실제발생액

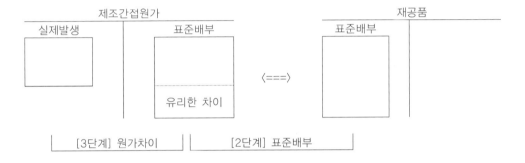

사례연습 6: 원가차이

당해 연도에 영업을 개시한 ㈜한국은 단일제품을 대량으로 생산하며 표준원가계산제도를 적용하고 있다. 제조간접원가의 배부기준은 직접노동시간을 사용하며 당해 연도 실제생산량은 1,000단위이다.

관련자료는 다음과 같다.

(1) 제품 단위당 표준원가

	표준수량(SQ)	표준가격(SP)	표준원가
직접재료원가	2kg	₩25kg	₩50/단위
직접노무원가	3h	5h	15
변동제조간접원가	3h	3h	9
고정제조간접원가	3h	2h	6
			₩80/단위

(2) 산출량 1,000단위에 대한 표준배부액

	표준수량(SQ)	표준가격(SP)	표준배부($SQ \times SP$)	
직접재료원가	2kg	₩25kg	1,000단위 × 2kg × ₩25 =	₩50,000
직접노무원가	3h	5h	1,000단위 × 3h × ₩5 =	15,000
변동제조간접원가	3h	3h	1,000단위 × 3h × ₩3 =	9,000
고정제조간접원가	3h	2h	1,000단위 × 3h × ₩2 =	6,000
				₩80,000

(3) 산출량 1,000단위에 대한 실제발생액

직접재료원가	2,300kg × ₩26 =	₩59,800
직접노무원가	2,800h × ₩6 =	16,800
변동제조간접원가		8,000
고정제조간접원가		7,000
		₩91,600

[요구사항]
원가요소별 원가차이를 구하시오.

해답

원가차이는 실제발생액과 표준배부액과의 차이이며 원가요소별로 각각 계산한다.

	실제발생액	표준배부액	원가차이
직접재료원가	₩59,800	₩50,000	₩9,800 U
직접노무원가	16,800	15,000	1,800 U
변동제조간접원가	8,000	9,000	1,000 F
고정제조간접원가	7,000	6,000	1,000 U
	₩91,600	₩80,000	₩11,600 U

[4단계] 원가차이 조정

외부보고목적의 재무제표는 실제원가로 기록할 것을 요구하므로 표준배부액은 실제원가로 조정되어야 한다. 즉, 불리한 차이는 추가로 배부하고 유리한 차이는 차감해야 한다. 조정하는 방법은 차이금액의 중요성에 따라 각 작업에 안분하여 배부하는 방법과 일괄적으로 당기손익에 반영하는 방법이 있다.

(1) 배분법

차이금액이 중요하여 재고자산과 매출원가에 미치는 영향이 큰 경우 각 작업에 안분하여 배부하는 방법으로 배부기준에 따라 원가요소기준법과 총원가기준법이 있다.

- 원가요소기준법: 재고자산과 매출원가의 원가요소별 표준배부액을 기준으로 배분하는 방법으로 불리한 차이는 재고자산과 매출원가에 가산하고 유리한 차이는 차감한다.
- 총원가기준법: 재고자산과 매출원가의 총원가를 기준으로 배분하는 방법으로 불리한 차이는 재고자산과 매출원가에 가산하고 유리한 차이는 차감한다.
- 회계처리

  불리한 차이

(차)	재공품	×××	(대)	원가요소별 원가차이	×××
	제품	×××		(불리한 차이)	
	매출원가	×××			

유리한 차이

(차)	원가요소별 원가차이	×××	(대)	재공품	×××
	(유리한 차이)			제품	×××
				매출원가	×××

(2) 무배분법

차이금액이 중요하지 않아 재고자산과 매출원가에 미치는 영향이 작은 경우 일괄적으로 당기손익에 반영하는 방법으로 매출원가조정법과 기타손익법이 있다.

• **매출원가조정법**: 총원가차이를 매출원가에 가감하는 방법으로 불리한 차이는 매출원가에 가산하고 유리한 차이는 매출원가에서 차감한다.

• **기타손익법**: 총원가차이를 기타손익 처리하는 방법으로 불리한 차이는 기타비용으로 유리한 차이는 기타수익으로 처리한다.

• 회계처리

불리한 차이

(차)	매출원가	×××	(대)	총원가차이	×××
	(또는 기타비용)			(불리한 차이)	

유리한 차이

(차)	총원가차이	×××	(대)	매출원가	×××
	(유리한 차이)			(또는 기타비용)	

사례연습 7: 원가차이조정

당해 연도에 영업을 개시한 ㈜한국은 단일제품을 대량으로 생산하며 표준원가계산제도를 적용하고 있다. 제조간접원가의 배부기준은 직접노동시간을 사용하며 당해 연도 실제생산량은 1,000단위이다. 기초 및 기말재공품은 없으며 800단위를 판매하였다.

관련자료는 다음과 같다.

(1) 제품 단위당 표준원가

	표준수량(*SQ*)	표준가격(*SP*)	표준원가
직접재료원가	2kg	₩25kg	₩50/단위
직접노무원가	3h	5h	15
변동제조간접원가	3h	3h	9
고정제조간접원가	3h	2h	6
			₩80/단위

(2) 산출량 1,000단위에 대한 실제발생액

직접재료원가	2,300kg × ₩26 =	₩59,800
직접노무원가	2,800h × ₩6 =	16,800
변동제조간접원가		8,000
고정제조간접원가		7,000
		₩91,600

(3) 원가요소별 원가차이

	실제발생액	표준배부액	원가차이
직접재료원가	₩59,800	₩50,000	₩9,800 U
직접노무원가	16,800	15,000	1,800 U
변동제조간접원가	8,000	9,000	1,000 F
고정제조간접원가	7,000	6,000	1,000 U
	₩91,600	₩80,000	₩11,600 U

[요구사항]
원가차이를 다음의 방법에 따라 조정하고 회계처리하시오.
- 매출원가조정법
- 기타손익법
- 원가요소기준비례배분법
- 총원가기준비례배분법

[해답]

※ 자료정리
(1) 공정현황

재공품

기초 −	완성 1,000단위
착수 1,000단위	기말 −

제품

기초 −	판매 800단위
입고 1,000단위	기말 200단위

(2) 원가차이 조정 전 금액(표준배부액)

		제품(200단위)	매출원가(800단위)
직접재료원가	200단위 × 2kg × ₩25 =	₩10,000	₩40,000
직접노무원가	200단위 × 3h × ₩5 =	3,000	12,000
변동제조간접원가	200단위 × 3h × ₩3 =	1,800	7,200
고정제조간접원가	200단위 × 3h × ₩2 =	1,200	4,800
		₩16,000	₩64,000

- 매출원가조정법
  총원가차이인 불리한 차이 ₩11,600을 모두 매출원가에 가산한다.

(차)	매출원가	₩11,600	(대)	총원가차이	₩11,600
				(불리한 차이)	

- 기타손익법
  총원가차이인 불리한 차이 ₩11,600을 모두 기타비용으로 처리한다.

(차)	기타비용	₩11,600	(대)	총원가차이	₩11,600
				(불리한 차이)	

- 원가요소기준비례배분법

  원가요소별 원가차이를 재고자산과 매출원가의 원가요소별 표준배부액 기준으로 배분한다.

① 원가차이 배분금액

직접재료원가

		표준배부액	배분비율	배분금액
제품	(200단위)	₩10,000	0.2	₩1,960
매출원가	(800단위)	40,000	0.8	7,840
		₩50,000		₩9,800 U

직접노무원가

		표준배부액	배분비율	배분금액
제품	(200단위)	₩3,000	0.2	₩360
매출원가	(800단위)	12,000	0.8	1,440
		₩15,000		₩1,800 U

변동제조간접원가

		표준배부액	배분비율	배분금액
제품	(200단위)	₩1,800	0.2	₩200
매출원가	(800단위)	7,200	0.8	800
		₩9,000		₩1,000 F

고정제조간접원가

		표준배부액	배분비율	배분금액
제품	(200단위)	₩1,200	0.2	₩200
매출원가	(800단위)	4,800	0.8	800
		₩6,000		₩1,000 U

② 배부차이 조정 후 원가

	제품(200단위)			매출원가(800단위)			합계
	조정 전	조정	조정 후	조정 전	조정	조정 후	
직접재료원가	₩10,000	₩1,960	₩11,960	₩40,000	₩7,840	₩47,840	₩59,800
직접노무원가	3,000	360	3,360	12,000	1,440	13,440	16,800
변동제조간접원가	1,800	(200)	1,600	7,200	(800)	6,400	8,000
고정제조간접원가	1,200	200	1,400	4,800	800	5,600	7,000
합계	₩16,000	₩2,320	₩18,320	₩64,000	₩9,280	₩73,280	₩91,600

③ 회계처리

(차)	제품	₩2,320	(대)	직접재료원가차이	₩9,800
	매출원가	9,280		직접노무원가차이	1,800
	변동제조간접원가차이	1,000		고정제조간접원가차이	1,000

- 총원가기준비례배분법

  전체 불리한 차이 ₩11,600을 재고자산과 매출원가의 총표준배부액 기준으로 배분한다.

① 원가차이 배분금액

		총표준배부액	배분비율	배분금액
제품	(200단위)	₩16,000	0.2	₩2,320
매출원가	(800단위)	64,000	0.8	9,280
		₩80,000		₩11,600 U

② 원가차이 조정 후 원가

	제품(200단위)			매출원가(800단위)			합계
	조정 전	조정	조정 후	조정 전	조정	조정 후	
직접재료원가	₩10,000			₩40,000			
직접노무원가	3,000			12,000			
변동제조간접원가	1,800	–	–	7,200	–	–	
고정제조간접원가	1,200			4,800			
합계	₩16,000	₩2,320	₩18,320	₩64,000	₩9,280	₩73,280	₩91,600

③ 회계처리

(차)	제품	₩2,320	(대)	직접재료원가차이	₩9,800
	매출원가	9,280		직접노무원가차이	1,800
	변동제조간접원가차이	1,000		고정제조간접원가차이	1,000

Ⅳ 원가차이분석

01 의의

표준원가계산은 실제원가계산의 단점을 보완하는 것 이외에 추가로 관리목적으로 활용된다. 즉, 연초에 원가요소별 표준원가(standard costs)라는 기준을 설정하므로 실제원가와 차이를 통하여 원가요소별 성과평가를 가능하게 한다. 이를 원가차이분석이라 한다.

1. 정상원가계산과 표준원가계산의 관계

표준원가계산과 정상원가계산은 둘 다 사전원가계산이라는 측면에서 앞에서 살펴본 바와 같이 동일한 절차로 진행한다. 그러나, 표준원가계산은 성과평가의 목적이 추가되어 원가차이를 조정하기 전에 원가차이에 대한 분석이라는 절차가 추가된다.

2. 원가차이분석의 기본모형

각 원가요소별 실제산출량에 허용된 표준수량(SQ)과 표준가격(SP)을 실제수량(AQ)과 실제가격(AP)과 비교를 통해서 진행된다.
원가차이분석의 기본모형은 다음과 같다.

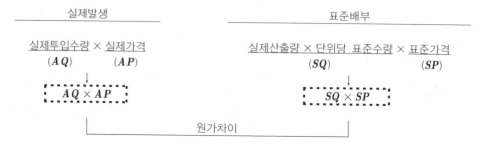

02 원가요소별 원가차이분석

직접재료원가, 직접노무원가, 변동제조간접원가 및 고정제조간접원가는 그 발생과 투입행태가 다르다. 따라서, 원가차이를 분석하는 과정과 결과도 원가요소별로 달라질 수 있어 원가차이는 원가요소별로 진행해야 한다.

사례연습 8: 원가차이분석

㈜한국은 단일제품을 대량으로 생산하며 표준원가계산제도를 적용하고 있다. 제조간접원가의 배부기준은 직접노동시간을 사용하며 제품 단위당 표준원가는 다음과 같다.

	표준수량(SQ)	표준가격(SP)	표준원가
직접재료원가	2kg	₩25/kg	₩50/단위
직접노무원가	3h	5/h	15
변동제조간접원가	3h	3/h	9
고정제조간접원가	3h	2/h	6
제품 단위당 표준원가			₩80/단위

회사의 고정제조간접원가의 예산은 ₩9,000이며, 기준조업도는 4,500노동시간이다. 20×1년 실제생산량은 1,000단위이며, 실제 발생한 제조원가는 다음과 같다.

직접재료원가	2,300kg × ₩26 =	₩59,800
직접노무원가	2,800h × ₩6 =	16,800
변동제조간접원가		8,000
고정제조간접원가		7,000
합계		₩91,600

또한, 당기 원재료구입량은 3,000kg이며 실제구입가격은 kg당 ₩26이다.

[요구사항]
원가차이를 분석하시오.

해답

(1) 직접재료원가

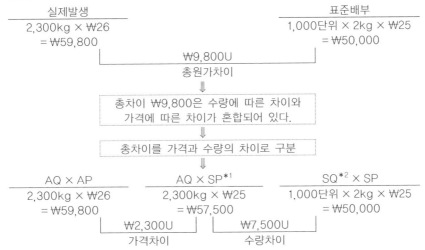

*[1] 이를 기준으로 가격차이와 수량차이로 구분된다.
*[2] 이를 실제산출량에 허용된 표준수량이라 한다.

총차이 ₩9,800 중에서 순수가격차이는 ₩2,000[= 2,000kg × (₩26 - ₩25)], 순수수량차이는 ₩7,500 [= ₩25 × (2,300kg - 2,000kg)]이고 나머지 ₩300[= (2,300kg - 2,000kg) × (₩26 - ₩25)]는 순수 가격차이와 순수수량차이가 혼합된 차이이다. 따라서 총차이를 세 가지로 구분할 수 있지만 원가통제관점에서 수량차이는 조직내에서 통제가능한 요소이지만 가격차이는 조직외부시장상황에 따라 영향을 받는 요소이기 때문에 일반적으로 혼합차이를 순수가격차이에 포함시켜 가격차이와 수량차이 두 가지로 구분한다.

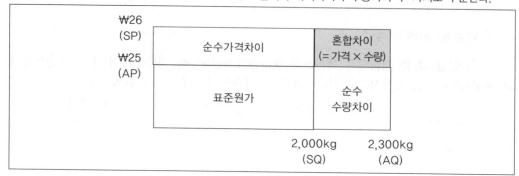

- **가격차이를 구입시점에서 분리하는 경우**

  원재료의 가격차이를 위와 같이 실제사용량 기준으로 인식할 수 있고 실제구입량 기준으로 인식할 수도 있다. 가격에 대한 통제대상인 구매부서는 실제사용량과는 상관없이 원재료 구매시 표준단가로 구입해야 하므로 성과평가시 가격차이에 대한 수량은 실제사용량이 아니고 실제구입량으로 분석하는 것이 더 타당하다고 볼 수 있으며, 또한 가격차이를 실제구입시점마다 인식한다면 가격차이를 조기 인식하여 가능한 조치를 적시에 취할 수 있기 때문이다.

  $$\underline{\begin{matrix} AQ'^* \times AP \\ 3,000kg \times ₩26 \\ = ₩78,000 \end{matrix}} \qquad \underline{\begin{matrix} AQ' \times SP \\ 3,000kg \times ₩25 \\ = ₩75,000 \end{matrix}}$$

  ₩3,000U
  구입가격차이

  * AQ': 실제구입량
  ※ 원재료의 가격차이를 구입시점에서 분리하는 경우의 다른 표현
  ① 기말원재료는 표준단가로 기록
  ② 수량차이는 실제사용량기준으로 계산

(2) 직접노무원가차이

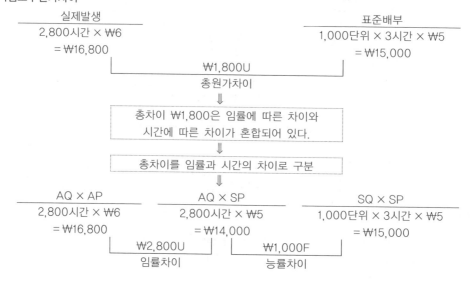

(3) 변동제조간접원가차이

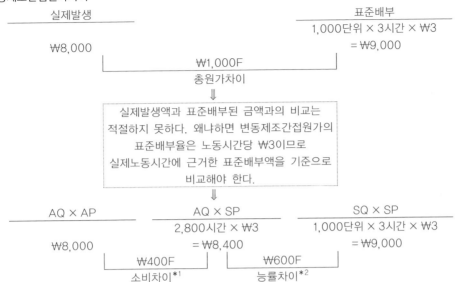

실제발생
₩8,000

표준배부
1,000단위 × 3시간 × ₩3
= ₩9,000

₩1,000F
총원가차이

실제발생액과 표준배부된 금액과의 비교는 적절하지 못하다. 왜냐하면 변동제조간접원가의 표준배부율은 노동시간당 ₩3이므로 실제노동시간에 근거한 표준배부액을 기준으로 비교해야 한다.

AQ × AP
₩8,000

AQ × SP
2,800시간 × ₩3
= ₩8,400

SQ × SP
1,000단위 × 3시간 × ₩3
= ₩9,000

₩400F
소비차이[1]

₩600F
능률차이[2]

[1] 실제발생액과 실제노동시간에 근거한 표준배부액과의 차이이다.

[2] 직접노동시간의 비능률에 대한 차이이므로, 직접노무원가의 능률차이와 차이의 방향(유리, 불리)은 같으며, 단지 표준임률과 변동제조간접원가 표준배부율의 차이에 따라서 총액만 달라질 뿐이다.

(4) 고정제조간접원가차이

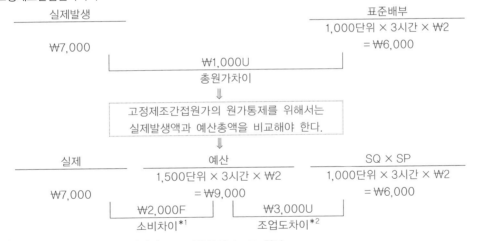

실제발생
₩7,000

표준배부
1,000단위 × 3시간 × ₩2
= ₩6,000

₩1,000U
총원가차이

고정제조간접원가의 원가통제를 위해서는 실제발생액과 예산총액을 비교해야 한다.

실제
₩7,000

예산
1,500단위 × 3시간 × ₩2
= ₩9,000

SQ × SP
1,000단위 × 3시간 × ₩2
= ₩6,000

₩2,000F
소비차이[1]

₩3,000U
조업도차이[2]

[1] 실제발생액과 예산과의 차이이므로 예산차이라고도 한다.

[2] 표준배부율에 의하여 제품에 배부된 배부액과 고정제조간접원가예산과의 차이를 의미하며 이는 실제 생산량에 허용된 표준조업도와 기준조업도가 다르기 때문에 발생한다.

03 원가차이 발생원인

원가차이의 발생원인은 원가요소별로 아래와 같으며, 경영자는 차이가 중요한 원가요소에 대해서는 원가 차이의 원인을 조사한 후 필요한 조치를 취하는 것이 필요하다. 이를 예외에 의한 관리(management by exception)라 한다.

구분	직접재료원가	직접노무원가	제조간접원가
가격차이(또는 소비차이)	• 가격할인 • 구매자와의 협상능력 • 긴급구매 • 저가의 저품질재료 구입 • 원재료산업의 공급과잉이나 부족	• 미숙련공 고용 • 초과근무수당지급 • 임률의 변경	• 물가변동 • 계절적 요인에 따른 소비량 변화 • 전력, 수도사용 낭비
능률차이(또는 조업도차이)	• 작업자의 업무미숙 • 저품질 원재료 사용 • 비능률적 생산방식	• 작업방법 변경 • 작업자의 불성실 • 저품질 원재료 사용	※ 조업도 차이 • 기계고장 • 제품수요감소 • 생산계획 오류

V 표준종합원가계산

01 의의

지금까지는 재공품이 없는 경우를 가정하여 원가요소별 실제산출량을 모두 동일한 실제생산량을 기준으로 표준배부액을 계산하였다. 그러나, 재공품이 있다면 원가의 투입행태에 따라 원가요소별 실제생산량과 실제산출량은 달라진다.

02 재공품이 있는 경우 원가차이분석

종합원가계산에서의 원가투입행태를 가정하면 직접재료원가의 경우 일정시점에 투입되므로 실제산출량은 해당시점을 통과한 물량이고 가공원가의 경우 공정전반에 균등발생하므로 실제산출량은 가공원가가 투입된 물량이다. 즉, 재공품이 있는 경우 실제산출량은 원가요소별 완성품환산량이다.

㈜한국은 단일제품을 대량으로 생산하며 표준원가계산제도를 적용하고 있다. 제조간접원가의 배부기준은 직접노동시간을 사용하며 제품 단위당 표준원가는 다음과 같다.

	표준수량(SQ)	표준가격(SP)	표준원가
직접재료원가	2kg	₩25/kg	₩50/단위
직접노무원가	3h	5/h	15
변동제조간접원가	3h	3/h	9
고정제조간접원가	3h	2/h	6
제품 단위당 표준원가			₩80/단위

회사의 고정제조간접원가의 예산은 ₩9,000이며, 기준조업도는 4,500노동시간이다. 20×1년 실제 발생한 제조원가는 다음과 같다.

직접재료원가	2,300kg × ₩26 =	₩59,800
직접노무원가	2,800h × ₩6 =	16,800
변동제조간접원가		8,000
고정제조간접원가		7,000
합계		₩91,600

또한, 당기 원재료구입량은 3,000kg이며 실제구입가격은 kg당 ₩26이다.
20×1년 1,000단위를 착수하였고 이 중 800단위는 완성품이며 200단위는 기말 현재 작업진행 중이다. 기말재공품의 완성도는 80%이다.

[요구사항 1]
원가차이조정전 완성품과 기말재공품의 원가를 구하시오.

해답

(1) 완성품원가
    800단위 × 단위당 표준원가(₩80) = ₩64,000

(2) 기말재공품
    200단위 × 단위당 재료원가(₩50) + 200단위 × 80% × 단위당 가공원가(₩30) = ₩14,800

[요구사항 2]
원가요소별 원가차이를 구하시오.

해답

(1) 직접재료원가

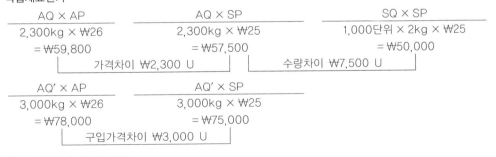

단, AQ': 당기 실제구입량

(2) 직접노무원가

AQ × AP	AQ × SP	SQ × SP
2,800h × ₩6	2,800h × ₩5	960단위* × 3h × ₩5
= ₩16,800	= ₩14,000	= ₩14,400

임률차이 ₩2,800 U　　　　능률차이 ₩400 F

* 가공원가 완성품 환산량: 800단위 + 200단위 × 80% = 960단위

(3) 변동제조간접원가

AQ × AP	AQ × SP	SQ × SP
	2,800h × ₩3	960단위 × 3h × ₩3
₩8,000	= ₩8,400	= ₩8,640

소비차이 ₩400 F　　　　능률차이 ₩240 F

(4) 고정제조간접원가

실제	예산	SQ × SP
	4,500h × ₩2	960단위 × 3h × ₩2
₩7,000	= ₩9,000	= ₩5,760

소비차이 ₩2,000 F　　　　조업도차이 ₩3,240 U

Chapter 26-7 | 객관식 문제

01 ㈜경기는 제조간접원가를 직접노무시간 기준으로 배부하고 있다. 예산제조간접원 가총액은 ₩375,000, 예산직접노무시간 100,000시간이다. 지난 해의 실제제조 간접원가는 ₩380,000이고 실제사용 직접노무시간은 103,000시간이다. 이 기 간동안 제조간접원가 과소(대)배부는?

① ₩3,250 과대배부   ② ₩3,250 과소배부

③ ₩6,250 과대배부   ④ ₩15,000 과소배부

⑤ ₩13,500 과소배부

02 ㈜수원은 제조간접원가 배부기준으로 기계작업시간을 사용하여 정상개별원가계산 을 적용하고 있다. ㈜수원의 20×1년 연간 고정제조간접원가 예산은 ₩690,000 이고, 실제 발생한 제조간접원가는 ₩1,618,000이다. 20×1년 연간 예정조업도 는 27,600기계작업시간이고, 실제 기계작업시간은 총 28,800시간이다. 20×1 년의 제조간접원가 배부차이가 ₩110,000(과대배부)일 때 변동제조간접원가 예 정배부율은 얼마인가?

세무사 2010

① ₩27.4   ② ₩29.6

③ ₩35.0   ④ ₩36.4

⑤ ₩37.6

03 ㈜한국은 표준원가계산을 채택하고 있는데, 20×1년 재료원가와 관련된 자료는 다음과 같다.

제품단위당 표준투입량	10kg	재료단위당 표준가격	₩20
실제직접재료원가	₩21,560	재료단위당 실제구입가격	22
20×1년의 제품생산량	100개		

직접재료원가 능률차이는 얼마인가?

회계사 1998

① ₩1,960 불리   ② ₩400 유리

③ ₩440 유리   ④ ₩2,000 불리

⑤ ₩1,560 불리

04 ㈜감평은 20×1년 초 영업을 개시하였으며, 표준원가계산제도를 채택하고 있다. 직접재료 kg당 실제 구입가격은 ₩5, 제품 단위당 직접재료 표준원가는 ₩6(2kg×₩3/kg)이다. 직접재료원가에 대한 차이 분석결과 구입가격차이가 ₩3,000(불리), 능률차이가 ₩900(유리)이다. 20×1년 실제 제품 생산량이 800단위일 때, 기말 직접재료 재고수량은? (단, 기말재공품은 없다)

감평 2024

① 50kg   ② 100kg

③ 130kg   ④ 200kg

⑤ 230kg

05 ㈜감평은 표준원가계산제도를 채택하고 있으며, 직접노무시간을 기준으로 제조간접원가를 배부한다. 당기 제조간접원가 관련 자료는 다음과 같다.

고정제조간접원가 표준배부율	₩100/시간
변동제조간접원가 표준배부율	₩300/시간
기준조업도(직접노무시간)	5,000시간
실제직접노무시간	4,850시간
실제생산량에 허용된 표준 직접노무시간	4,800시간
제조간접원가 배부차이	₩20,000 과소배부

㈜감평의 당기 제조간접원가 실제 발생액은? 감평 2023

① ₩1,900,000 ② ₩1,920,000

③ ₩1,940,000 ④ ₩1,960,000

⑤ ₩1,980,000

06 제품 12,200단위가 생산될 때, 변동제조간접원가 ₩38,720과 고정제조간접원가 ₩124,700이 발생하였다. 표준변동제조간접원가 배부율은 기계시간당 ₩1.5이고 고정제조간접원가예산액은 ₩120,000이다. 표준배부율은 25,000기계시간을 기준으로 계산되었다. 제품단위당 표준기계시간은 2시간이다. 총 24,000기계시간이 실제 발생하였다. 고정제조간접원가 예산차이와 조업도차이는 각각 얼마인가? 세무사 2005

	예산차이	조업도차이
①	₩4,700 불리	₩2,880 불리
②	4,700 유리	2,880 유리
③	4,500 불리	3,080 불리
④	4,500 유리	3,080 유리
⑤	4,700 불리	3,080 불리

07 선박을 제조하여 판매하는 ㈜감평은 20×5년 초에 영업을 개시하였으며, 제조와 관련된 원가 및 활동에 관한 자료는 다음과 같다.

	화물선	유람선	여객선
직접재료원가	₩60,000	₩140,000	₩200,000
직접노무원가	240,000	460,000	500,000
실제직접작업시간	1,500시간	1,500시간	2,000시간
완성도	60%	100%	100%

㈜감평은 직접작업시간을 제조간접원가 배부기준으로 사용하는 정상원가계산제도를 채택하고 있다. 20×5년 제조간접원가예산은 ₩480,000이고 예정 직접작업시간은 6,000시간이다. 20×5년에 발생한 실제 제조간접원가는 ₩500,000이고, 완성된 제품 중 여객선은 고객에게 인도되었다. 제조간접원가 배부차이를 총원가(총원가 비례배분법)를 기준으로 조정할 경우 제품원가는?

감평 2015

① ₩450,000 ② ₩750,000 ③ ₩756,000
④ ₩903,000 ⑤ ₩1,659,000

08 ㈜서울은 20×1년에 영업활동을 개시한 회사로서 표준원가계산제도를 수행하고 있다. 20×1년 12월 31일 차이배분 전 각 계정의 잔액과 원가차이는 다음과 같다.

(1) 계정잔액

	원재료	재공품	제품	매출원가	합계
직접재료원가	–	₩2,000	₩3,000	₩5,000	₩10,000
직접노무원가	–	1,000	1,500	2,500	5,000
변동제조간접원가	–	400	600	1,000	2,000
고정제조간접원가	–	600	900	1,500	3,000
합계	₩0	₩4,000	₩6,000	₩10,000	₩20,000

(2) 원가차이

직접재료원가 차이 : 가격차이 ₩0, 능률차이 ₩500(불리)
직접노무원가 차이 : 임률차이 ₩400(유리), 능률차이 ₩800(유리)
변동제조간접원가 총차이: ₩200(유리)
고정제조간접원가 총차이: ₩300(불리)

위의 원가차이 배분 후 실제 매출원가를 계산하면 얼마인가? (단, 원가차이는 각 계정과목의 원가차이조정 전 금액을 기준으로 조정한다)

세무사 2002

① ₩19,400 ② ₩9,600 ③ ₩9,700
④ ₩10,300 ⑤ ₩10,400

01 ③ 정상원가계산의 기본문제이므로 예정배부율을 구한 후 예정배부한 금액과 실제 발생한 금액을 비교하면 된다.

(1) 예정배부율: $\dfrac{\text{예산제조간접원가}}{\text{예산직접노무시간}} = \dfrac{375,000}{100,000} = ₩3.75/\text{시간}$

(2) 배부차이

예정배부	₩386,250 (= 3.75 × 103,000시간)
실제발생	380,000
배부차이	₩6,250 (과대배부)

02 ③ (1) 제조간접원가 예정배부액

₩1,618,000 + 과대배부액(₩110,000) = ₩1,728,000

(2) 변동제조간접원가 예정배부율

① 제조간접원가 예정배부율

₩1,728,000 ÷ 28,800 = ₩60

② 변동제조간접원가 예정배부율

제조간접원가 예정배부율 − 고정제조간접원가 예정배부율

= ₩60 − (₩690,000 ÷ 27,600시간)

= ₩35

03 ②

AQ × AP	AQ × SP	SQ × SP
−	980kg* × ₩20	100개 × 10kg × ₩20
	= ₩19,600	= ₩20,000
	능률차이 ₩400 유리	

* 실제사용량 = 실제직접재료원가(₩21,560) ÷ 실제구입가격(₩22) = 980kg

04 ④ (1) 구입량

AQ' × AP	AQ' × SP
1,500kg* × ₩5	1,500kg × ₩3
= ₩7,500	= ₩4,500
₩3,000 불리	

* AQ' × (₩5 − ₩3) = ₩3,000 불리

(2) 사용량

AQ × SP	SQ × SP
1,300kg × ₩3	800 × 2kg × ₩3
= ₩3,900	= ₩4,800
₩900 유리	

그러므로, 기말 직접재료 재고수량은 1,500kg − 1,300kg = 200kg이다.

05 ③ ₩1,940,000

실제발생액	AQ × SP	SQ × SP
	4,850시간 × ₩300	4,800시간 × ₩300
?	= ₩1,455,000	= ₩1,440,000

실제발생액	예산	SQ × SP
	5,000시간 × ₩100	4,800시간 × ₩100
?	₩500,000	= ₩480,000

₩1,940,000   ₩1,920,000

₩20,000 과소

06 ①

실제	예산	SQ × SP
		12,200단위 × 2시간 × ₩4.8*
₩124,700	₩120,000	= ₩117,120

예산차이 ₩4,700 불리   조업도차이 ₩2,880 불리

* 제조간접원가 표준배부율

$$= \frac{\text{제조간접원가 예산}}{\text{기준조업도}} = \frac{120,000}{25,000 \text{ 기계시간}} = ₩4.8/\text{기계시간}$$

07 ③ (1) 예정배부율

$$\frac{480,000}{6,000\text{시간}} = ₩80$$

(2) 작업별 원가

	화물선	유람선	여객선	계
직접재료원가	₩60,000	₩140,000	₩200,000	400,000
직접노무원가	240,000	460,000	500,000	1,200,000
제조간접원가	120,000*	120,000	160,000	400,000
소계	₩420,000	₩720,000	₩860,000	₩2,000,000
	21%	36%	43%	

* ₩80 × 1,500시간 = ₩120,000

(3) 배부차이

실제발생	₩500,000
예정배부	400,000
배부차이	₩100,000 (과소배부)

(4) 유람선원가

₩720,000 + ₩100,000 × 36% = ₩756,000

08 ③ 원가차이를 각 계정과목의 원가차이 조정 전 금액을 기준으로 조정하므로 원가요소기준 배분법으로 추정할 수 있다.

(1) 원가요소별 금액비율

	재공품	제품	매출원가	합계
직접재료원가	₩2,000	₩3,000	₩5,000	₩10,000
	(20%)	(30%)	(50%)	
직접노무원가	1,000	1,500	2,500	5,000
	(20%)	(30%)	(50%)	
변동제조간접원가	400	600	1,000	2,000
	(20%)	(30%)	(50%)	
고정제조간접원가	600	900	1,500	3,000
	(20%)	(30%)	(50%)	

결국, 비례배분법을 적용할 경우 원가요소기준과 총원가기준에 따른 최종배분금액은 다르지만, 위 문제의 경우 원가요소별 비율과 총원가의 비율이 동일하므로 최종배분금액은 동일하다.

(2) 원가차이 조정 후 금액(총원가기준법을 적용)

	재공품	제품	매출원가	합계
배분전원가	₩4,000	₩6,000	₩10,000	₩20,000
비율	0.2	0.3	0.5	100%
원가차이(순액)	(120)	(180)	(300)	600 (유리)*
배분후원가	₩3,880	₩5,820	₩9,700	₩19,400

* 총원가차이(순액)

₩500(불리) + ₩400(유리) + ₩800(유리) + ₩200(유리) + ₩300(불리) = ₩600(유리)

8 변동원가계산

I 서론

01 의의

제조원가는 직접재료원가, 직접노무원가 및 제조간접원가(변동제조간접원가와 고정제조간접원가)로 구분할 수 있으며 이 중 제품원가에 포함하는 원가항목의 범위에 따라서 전부원가계산(full costing, absorption costing), 변동원가계산(variable costing) 및 초변동원가계산(super variable costing)으로 분류할 수 있다.

원가계산방법에 따라 제품원가를 구성하는 요소는 다음과 같다.

	전부원가계산	변동원가계산	초변동원가계산
제품원가	직접재료원가 직접노무원가 변동제조간접원가 고정제조간접원가	직접재료원가 직접노무원가 변동제조간접원가 –	직접재료원가 – – –
기간비용	– – – 변동판매관리비 고정판매관리비	– – 고정제조간접원가 변동판매관리비 고정판매관리비	직접노무원가 변동제조간접원가 고정제조간접원가 변동판매관리비 고정판매관리비

02 전부원가계산의 문제점

전부원가를 제품원가로 처리하는 경우 다음과 같은 문제점이 발생할 수 있다.
① 제품단가의 변동: 생산량에 따라 단위당 고정제조간접원가는 달라진다.
② 영업이익의 왜곡: 생산량에 따라 이익이 달라진다.

01 의의

제조원가 중 직접재료원가, 직접노무원가 및 변동제조간접원가(이하 "변동제조원가"라 한다)는 제품원가를 구성하고 고정제조간접원가는 기간비용으로 처리하는 방법이다.

1. 판매량 증가로 인한 이익

변동원가계산에서 판매량 증가로 인한 이익을 공헌이익(CM; contribution margin)이라 한다.

$$\text{총공헌이익} = \text{매출액} - \text{변동비(변동제조원가} + \text{변동판매관리비)}$$
$$\downarrow$$
$$CM = S - VC$$

2. 단위당 공헌이익

총공헌이익(CM)을 수량(Q)으로 나누어 단위당 공헌이익(cm)을 계산할 수 있다. 총매출액(S)을 수량(Q)으로 나누면 단위당 가격(p)이 되고 총변동비(VC)를 수량(Q)으로 나누면 단위당 변동비(vc)가 된다.

$$CM = S - VC$$
$$[\div \text{수량}(Q)]$$
$$cm = p - vc$$

02 변동원가계산 손익계산서

전부원가계산 손익계산서는 총비용을 기능에 따라 매출원가와 판매관리비로 구분하여 기능적 손익계산서(functional income statement)라 한다. 반면에 변동원가계산 손익계산서는 총비용을 변동비와 고정비로 구분하고 매출액에서 변동비를 차감한 공헌이익을 별도로 나타내어 공헌이익손익계산서라 한다.

[표 8-1] 전부원가계산 손익계산서와 변동원가계산 손익계산서

전부원가계산			변동원가계산		
매출액		×××	매출액		×××
매출원가*¹			변동비		
변동제조원가	×××		변동제조원가*²	×××	
고정제조원가	×××	×××	변동판매관리비	×××	×××
매출총이익		×××	공헌이익*³		×××
판매관리비*¹			고정비		
변동판매관리비	×××		고정제조원가	×××	
고정판매관리비	×××	×××	고정판매관리비	×××	×××
영업이익		×××	영업이익		×××

*¹ 실제 전부원가계산의 손익계산서상에서는 매출원가나 판매관리비를 원가행태별로 구분하지 않지만, 두 손익계산서의 비교를 위해서 매출원가와 판매관리비를 각각 원가행태에 따라 분류하였다.

*² 변동제조원가라고도 한다.

*³ 공헌이익(contribution margin)
   고정비를 보전하고 이익에 공헌할 수 있는 금액을 의미하며 총매출액에서 총변동비를 차감하여 계산한다.

> 단위당 공헌이익 = 단위당 판매가격 − 단위당 변동비
> ⇨ 단위당 판매가격 = 단위당 변동비 + 단위당 공헌이익

Ⅲ 초변동원가계산

01 의의

제조원가 중 직접재료원가는 제품원가를 구성하고 직접노무원가, 변동제조간접원가(이하 "변동가공원가") 및 제조간접원가는 기간비용으로 처리하는 방법이다.

1. 판매량 증가로 인한 이익

초변동원가계산에서 판매량 증가로 인한 이익을 재료처리량공헌이익(또는, 현금창출공헌이익, 스루풋공헌이익 throughput contribution)이라 한다.

> 재료처리량공헌이익 = 매출액 − 직접재료원가
> ↓
> $Throughput\ CM = S - DM$

2. 운영비용

직접재료원가를 제외한 나머지 제조원가 및 판매관리비를 운영비용(operating expense)이라 한다.

02 초변동원가계산에 의한 손익계산서

변동원가계산은 판매량에 해당하는 변동제조원가를 매출원가로 처리하지만 초변동원가계산은 판매량에 해당하는 직접재료원가만 매출원가로 처리하고 나머지 변공가공원가는 당기 발생한 전액을 비용처리한다. 또한, 변동가공원가 당기 발생 원가는 당기 생산량에 대한 원가를 의미한다.

[표 8-2] 변동원가계산 손익계산서와 초변동원가계산 손익계산서

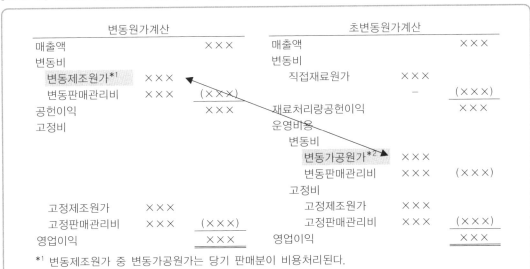

변동원가계산			초변동원가계산		
매출액		×××	매출액		×××
변동비			변동비		
변동제조원가*¹	×××		직접재료원가	×××	
변동판매관리비	×××	(×××)	－		(×××)
공헌이익		×××	재료처리량공헌이익		×××
고정비			운영비용		
			변동비		
			변동가공원가*²	×××	
			변동판매관리비	×××	(×××)
			고정비		
고정제조원가	×××		고정제조원가	×××	
고정판매관리비	×××	(×××)	고정판매관리비	×××	(×××)
영업이익		×××	영업이익		×××

*¹ 변동제조원가 중 변동가공원가는 당기 판매분이 비용처리된다.
*² 직접노무원가와 변동제조간접원가의 합을 의미하며 당기 발생(생산)분이 비용처리된다.

Ⅳ 세 가지 방법의 이익차이

01 의의

전부원가계산, 변동원가계산 및 초변동원가계산의 구분은 제조원가 중 제품원가에 포함되는 구성요소의 범위이다. 따라서, 여러 상황에 따라 세 가지 방법의 이익은 달라질 수 있다.

세 가지 방법의 이익차이는 제품원가로 보는 원가요소의 당기 생산량(발생)과 판매량에 해당하는 비용으로 인한 이익차이이다.

생산량과 판매량 관계에 따른 이익차이는 다음과 같다.

1. 생산량과 판매량이 동일한 경우

세 가지 방법의 이익차이는 당기 생산량과 판매량에 해당하는 비용차이로 생산량과 판매량이 동일하면 이익차이는 발생하지 않는다.

● 기초재고와 기말재고의 원가요소가격이 다른 경우

주의할 점은 기초재고와 기말재고의 원가요소가격이 다른 경우 생산량과 판매량이 동일하더라도 영업이익의 차이가 발생할 수 있다.

2. 생산량이 판매량보다 많은 경우(기말재고 > 기초재고)

생산량이 판매량보다 많은 경우는 기초재고수량에 비하여 기말재고수량이 증가하는 상황으로 설명의 편의상 기초재고는 없고 당기 생산 일부가 기말재고로 남아 있는 상황을 가정한다.

기말재고금액만을 비교하면 다음과 같다.

	기말재고(재고자산)		
	전부원가계산	변동원가계산	초변동원가계산
직접재료원가	재고자산	재고자산	재고자산
직접노무원가	재고자산	재고자산	당기비용
변동제조간접원가	재고자산	재고자산	당기비용
고정제조간접원가	재고자산	당기비용	당기비용
재고자산의 크기	>	>	
이익의 크기	>	>	

기말재고가 증가하면 기말재고자산금액과 이익은 전부원가계산, 변동원가계산, 초변동원가계산 순으로 크다. 또한, 이익의 차이는 기말재고에 포함되어 있는 원가요소의 범위이므로 다음과 같이 정리할 수 있다.

- 전부원가계산 이익 = 변동원가계산 이익 + 기말재고 고정제조간접원가
- 변동원가계산 이익 = 초변동원가계산 이익 + 기말재고 변동가공원가
- 전부원가계산 이익 = 초변동원가계산 이익 + 기말재고 가공원가

3. 생산량이 판매량보다 작은 경우(기말재고 < 기초재고)

생산량이 판매량보다 작은 경우는 기초재고수량에 비하여 기말재고수량이 감소하는 상황으로 설명의 편의상 기초재고가 당기에 모두 판매되는 상황을 가정한다.

당기에 매출원가로 처리된 기초재고금액만을 비교하면 다음과 같다.

	기초재고(매출원가)		
	전부원가계산	변동원가계산	초변동원가계산
직접재료원가	당기비용	당기비용	당기비용
직접노무원가	당기비용	당기비용	–
변동제조간접원가	당기비용	당기비용	–
고정제조간접원가	당기비용	–	–
매출원가의 크기	>	>	
이익의 크기	<	<	

기말재고가 당기 판매되면 매출원가는 전부원가계산, 변동원가계산, 초변동원가계산 순으로 크며 이익은 초변동원가계산, 변동원가계산, 전부원가계산 순으로 크다. 또한, 이익의 차이는 기초재고에 포함되어 있는 원가요소의 범위이므로 다음과 같이 정리할 수 있다.

- 전부원가계산 이익 = 변동원가계산 이익 − 기초재고 고정제조간접원가
- 변동원가계산 이익 = 초변동원가계산 이익 − 기초재고 변동가공원가
- 전부원가계산 이익 = 초변동원가계산 이익 − 기초재고 가공원가

사례연습 1: 영업이익 비교(생산량과 판매량이 동일하지 않음)

㈜한국은 20×1년에 영업을 개시하였으며 단일제품을 대량생산하고 있다. 제품에 대한 자료는 다음과 같다.

단위당 판매가격		₩100
단위당 변동비		
직접재료원가	₩50	
직접노무원가	15	
변동제조간접원가	9	
변동판매관리비	3	77
단위당 공헌이익		₩23
고정비		
제조간접원가	₩9,000	
판매관리비	1,000	₩10,000

매년 생산량 및 판매량은 다음과 같다. 회사는 재고자산의 평가는 선입선출법에 의한다.

	20×1년	20×2년	20×3년
기초제품	0단위	500단위	500단위
생산량	1,500	1,500	1,500
판매량	1,000	1,500	2,000
기말제품	500	500	0

[요구사항]

각 원가계산방법별 포괄손익계산서를 작성하시오.

(해답)

[20×1년]

전부원가계산

매출액	1,000단위 × ₩100 =		₩100,000
매출원가			
변동매출원가	1,000단위 × ₩74 =	₩74,000	
고정매출원가	1,000단위 × ₩6* =	6,000	(80,000)
매출총이익			₩20,000
판매관리비			
변동판매관리비	1,000단위 × ₩3 =	₩3,000	
고정판매관리비		1,000	(4,000)
영업이익			₩16,000

* 단위당 고정제조원가 ₩9,000 ÷ 1,500단위 = ₩6

변동원가계산

매출액	1,000단위 × ₩100 =		₩100,000
변동비			
변동매출원가	1,000단위 × ₩74 =	₩74,000	
변동판매관리비	1,000단위 × ₩3 =	3,000	(77,000)
공헌이익			₩23,000
고정비			
고정제조간접원가		₩9,000	
고정판매관리비		1,000	(10,000)
영업이익			₩13,000

초변동원가계산

매출액	1,000단위 × ₩100 =		₩100,000
단위수준변동비	1,000단위[*1] × ₩50 =		(50,000)
재료처리량공헌이익			₩50,000
변동비			
직접노무원가	1,500단위[*2] × ₩15 =	₩22,500	
변동제조간접원가	1,500단위 × ₩9 =	13,500	
변동판매관리비	1,000단위 × ₩3 =	3,000	(39,000)
고정비			
고정제조간접원가		₩9,000	
고정판매관리비		1,000	(10,000)
영업이익			₩1,000

[*1] 판매량

[*2] 생산량

[20×2년]

전부원가계산

매출액	1,500단위 × ₩100 =		₩150,000
매출원가			
변동매출원가		₩111,000*¹	
고정매출원가		9,000*²	(120,000)
매출총이익			₩30,000
판매관리비			
변동판매관리비	1,500단위 × ₩3 =	₩4,500	
고정판매관리비		1,000	(5,500)
영업이익			₩24,500
*¹ 기초제품재고액	500단위 × ₩74 =	₩37,000	
당기제품제조원가	1,500단위 × ₩74 =	111,000	
계		₩148,000	
기말제품재고액	500단위 × ₩74 =	37,000	₩111,000
*² 기초제품재고액	500단위 × ₩6 =	₩3,000	
당기제품제조원가	1,500단위 × ₩6 =	9,000	
계		₩12,000	
기말제품재고액	500단위 × ₩6 =	3,000	₩9,000

변동원가계산

매출액	1,500단위 × ₩100 =		₩150,000
변동비			
변동매출원가		₩111,000*	
변동판매관리비	1,500단위 × ₩3 =	4,500	(115,500)
공헌이익			₩34,500
고정비			
고정제조간접원가		₩9,000	
고정판매관리비		1,000	(10,000)
영업이익			₩24,500
* 기초제품재고액	500단위 × ₩74 =	₩37,000	
당기제품제조원가	1,500단위 × ₩74 =	111,000	
계		₩148,000	
기말제품재고액	500단위 × ₩74 =	37,000	₩111,000

초변동원가계산

매출액	1,500단위 × ₩100 =		₩150,000
단위수준변동비			(75,000)*
재료처리량공헌이익			₩75,000
변동비			
직접노무원가	1,500단위 × ₩15 =	₩22,500	
변동제조간접원가	1,500단위 × ₩9 =	13,500	
변동판매관리비	1,500단위 × ₩3 =	4,500	(40,500)
고정비			
고정제조간접원가		₩9,000	
고정판매관리비		1,000	(10,000)
영업이익			₩24,500

* 기초제품재고액	500단위 × ₩50 =	₩25,000	
당기제품제조원가	1,500단위 × ₩50 =	75,000	
계		₩100,000	
기말제품재고액	500단위 × ₩50 =	25,000	₩75,000

[20×3년]

전부원가계산

매출액	2,000단위 × ₩100 =		₩200,000
매출원가			
변동매출원가		₩148,000[*1]	
고정매출원가		12,000[*2]	(160,000)
매출총이익			₩40,000
판매관리비			
변동판매관리비	2,000단위 × ₩3 =	₩6,000	
고정판매관리비		1,000	(7,000)
영업이익			₩33,000
[*1] 기초제품재고액	500단위 × ₩74 =	₩37,000	
당기제품제조원가	1,500단위 × ₩74 =	111,000	
계		₩148,000	
기말제품재고액		–	₩148,000
[*2] 기초제품재고액	500단위 × ₩6 =	₩3,000	
당기제품제조원가	1,500단위 × ₩6 =	9,000	
계		₩12,000	
기말제품재고액		–	₩12,000

변동원가계산

매출액	2,000단위 × ₩100 =		₩200,000
변동비			
변동매출원가		₩148,000*	
변동판매관리비	2,000단위 × ₩3 =	6,000	(154,000)
공헌이익			₩46,000
고정비			
고정제조간접원가		₩9,000	
고정판매관리비		1,000	(10,000)
영업이익			₩36,000
* 기초제품재고액	500단위 × ₩74 =	₩37,000	
당기제품제조원가	1,500단위 × ₩74 =	111,000	
계		₩148,000	
기말제품재고액		–	₩148,000

초변동원가계산			
매출액	2,000단위 × ₩100 =		₩200,000
단위수준변동비			(100,000)*
재료처리량공헌이익			₩100,000
변동비			
직접노무원가	1,500단위 × ₩15 =	₩22,500	
변동제조간접원가	1,500단위 × ₩9 =	13,500	
변동판매관리비	2,000단위 × ₩3 =	6,000	(42,000)
고정비			
고정제조간접원가		₩9,000	
고정판매관리비		1,000	(10,000)
영업이익			₩48,000
* 기초제품재고액	500단위 × ₩50 =	₩25,000	
당기제품제조원가	1,500단위 × ₩50 =	75,000	
계		₩100,000	
기말제품재고액		–	₩100,000

03 생산량이 이익에 미치는 영향

전부원가계산은 생산량 변화는 단위당 고정제조간접원가에 영향을 미치고 초변동원가계산의 경우 생산량에 해당하는 변동가공원가는 당기 비용처리되어 이익은 판매량뿐만 아니라 생산량에 의해서 도 영향을 받게 된다.

세 가지 방법 각각 생산량이 이익에 미치는 영향은 다음과 같다.

1. 전부원가계산

전부원가계산은 고정제조원가를 제품원가에 포함한다. 따라서, 생산량의 증가는 단위당 고정제조간접원가의 하락으로 이어져 제품원가는 낮아져 이익은 증가한다. 즉, 전부원가계산의 이익은 판매량뿐만 아니라 생산량에 의해서도 영향을 받는다.

$$\text{전부원가계산 이익} = f \underset{\oplus}{(\text{판매량}, } \underset{\oplus}{\text{생산량})}$$

(1) 원인

생산량 변화는 단위당 고정제조간접원가와 기말재고로 이연되는 고정제조간접원가에 영향을 미 친다.

(2) 시사점

당기 이익을 늘리기 위하여 생산량을 증가시킬 수 있어 재고과잉위험이 발생할 수 있다.

2. 변동원가계산

변동원가계산은 고정제조원가를 당기 비용처리한다. 따라서, 생산량의 변화는 원가에 영향을 미치지 않는다. 즉, 변동원가계산의 이익은 오직 판매량에 의해서만 영향을 받는다.

> 변동원가계산 이익 = f (판매량)
> $\oplus$

(1) 원인

고정제조간접원가를 기간비용 처리하여 생산량은 원가와 재고자산에 영향을 미치지 못한다.

(2) 시사점

생산량은 이익에 영향을 미치지 못하므로 경영자로 하여금 판매에 집중할 수 있도록 한다.

3. 초변동원가계산

초변동원가계산은 변공가공원가를 당기 비용처리한다. 따라서, 생산량의 증가는 비용처리 되는 변동가공원가를 증가시켜 이익은 감소한다. 즉, 초변동원가계산의 이익은 판매량뿐만 아니라 생산량에 의해서도 영향을 받는다.

> 초변동원가계산 이익 = f (판매량, 생산량)
> $\oplus$ $\ominus$

(1) 원인

생산량 변화는 당기 기간비용 처리하는 변공가공원가에 영향을 미친다.

(2) 시사점

당기 발생한 변동가공원가는 기간비용 처리되어 경영자로 하여금 재고자산을 최소화 하도록 유도할 수 있다.

사례연습 2: 영업이익 비교(생산량 변화)

㈜한국은 20×1년에 영업을 개시하였으며 단일제품을 대량생산하고 있다. 제품에 대한 자료는 다음과 같다.

단위당 판매가격		₩100
단위당 변동비		
직접재료원가	₩50	
직접노무원가	15	
변동제조간접원가	9	
변동판매관리비	3	77
단위당 공헌이익		₩23
고정비		
제조간접원가	₩9,000	
판매관리비	1,000	₩10,000

매년 생산량 및 판매량은 다음과 같다. 회사는 재고자산의 평가는 선입선출법에 의한다.

	20×1년	20×2년	20×3년
기초제품	0단위	500단위	500단위
생산량	2,000	1,500	1,000
판매량	1,500	1,500	1,500
기말제품	500	500	0

[요구사항]

각 원가계산방법별 손익계산서를 작성하시오.

해답

※ 연도별 단위당 고정제조간접원가

	20×1년	20×2년	20×3년
총고정제조간접원가	₩9,000	₩9,000	₩9,000
생산량	÷ 2,000	÷ 1,500	÷ 1,000
단위당 고정제조간접원가	₩4.5	₩6.0	₩9.0

[20×1년]

전부원가계산

매출액	1,500단위 × ₩100 =		₩150,000
매출원가			
변동매출원가	1,500단위 × ₩74 =	₩111,000	
고정매출원가	1,500단위 × ₩4.5 =	6,750	(117,750)
매출총이익			₩32,250
판매관리비			
변동판매관리비	1,500단위 × ₩3 =	₩4,500	
고정판매관리비		1,000	(5,500)
영업이익			₩26,750

변동원가계산

매출액	1,500단위 × ₩100 =		₩150,000
변동비			
변동매출원가	1,500단위 × ₩74 =	₩111,000	
변동판매관리비	1,500단위 × ₩3 =	4,500	(115,500)
공헌이익			₩34,500
고정비			
고정제조간접원가		₩9,000	
고정판매관리비		1,000	(10,000)
영업이익			₩24,500

매출액	1,500단위 × ₩100 =		₩150,000
단위수준변동비	1,500단위*1 × ₩50 =		(75,000)
재료처리량공헌이익			₩75,000
변동비			
직접노무원가	2,000단위*2 × ₩15 =	₩30,000	
변동제조간접원가	2,000단위 × ₩9 =	18,000	
변동판매관리비	1,500단위 × ₩3 =	4,500	(52,500)
고정비			
고정제조간접원가		₩9,000	
고정판매관리비		1,000	(10,000)
영업이익			₩12,500

*1 판매량
*2 생산량

[20×2년]

매출액	1,500단위 × ₩100 =		₩150,000
매출원가			
변동매출원가		₩111,000*1	
고정매출원가		8,250*2	(119,250)
매출총이익			₩30,750
판매관리비			
변동판매관리비	1,500단위 × ₩3 =	₩4,500	
고정판매관리비		1,000	(5,500)
영업이익			₩25,250
*1 기초제품재고액	500단위 × ₩74 =	₩37,000	
당기제품제조원가	1,500단위 × ₩74 =	111,000	
계		₩148,000	
기말제품재고액	500단위 × ₩74 =	37,000	₩111,000
*2 기초제품재고액	500단위 × ₩4.5 =	₩2,250	
당기제품제조원가	1,500단위 × ₩6 =	9,000	
계		₩11,250	
기말제품재고액	500단위 × ₩6 =	3,000	₩8,250

매출액	1,500단위 × ₩100 =		₩150,000
변동비			
변동매출원가		₩111,000*	
변동판매관리비	1,500단위 × ₩3 =	4,500	(115,500)
공헌이익			₩34,500
고정비			
고정제조간접원가		₩9,000	
고정판매관리비		1,000	(10,000)
영업이익			₩24,500

* 기초제품재고액	500단위 × ₩74 =	₩37,000		
당기제품제조원가	1,500단위 × ₩74 =	111,000		
계		₩148,000		
기말제품재고액	500단위 × ₩74 =	37,000	₩111,000	

초변동원가계산

매출액	1,500단위 × ₩100 =		₩150,000
단위수준변동비			(75,000)*
재료처리량공헌이익			₩75,000
변동비			
직접노무원가	1,500단위 × ₩15 =	₩22,500	
변동제조간접원가	1,500단위 × ₩9 =	13,500	
변동판매관리비	1,500단위 × ₩3 =	4,500	(40,500)
고정비			
고정제조간접원가		₩9,000	
고정판매관리비		1,000	(10,000)
영업이익			₩24,500
* 기초제품재고액	500단위 × ₩50 =	₩25,000	
당기제품제조원가	1,500단위 × ₩50 =	75,000	
계		₩100,000	
기말제품재고액	500단위 × ₩50 =	25,000	₩75,000

[20×3년]

전부원가계산

매출액	1,500단위 × ₩100 =		₩150,000
매출원가			
변동매출원가		₩111,000[*1]	
고정매출원가		12,000[*2]	(123,000)
매출총이익			₩27,000
판매관리비			
변동판매관리비	1,500단위 × ₩3 =	₩4,500	
고정판매관리비		1,000	(5,500)
영업이익			₩21,500
[*1] 기초제품재고액	500단위 × ₩74 =	₩37,000	
당기제품제조원가	1,000단위 × ₩74 =	74,000	
계		₩111,000	
기말제품재고액		−	₩111,000
[*2] 기초제품재고액	500단위 × ₩6 =	₩3,000	
당기제품제조원가	1,000단위 × ₩9 =	9,000	
계		₩12,000	
기말제품재고액		−	₩12,000

해커스 회계학 1차 기본서

변동원가계산			
매출액	1,500단위 × ₩100 =		₩150,000
변동비			
변동매출원가		₩111,000*	
변동판매관리비	1,500단위 × ₩3 =	4,500	(115,500)
공헌이익			₩34,500
고정비			
고정제조간접원가		₩9,000	
고정판매관리비		1,000	(10,000)
영업이익			₩24,500
* 기초제품재고액	500단위 × ₩74 =	₩37,000	
당기제품제조원가	1,000단위 × ₩74 =	74,000	
계		₩111,000	
기말제품재고액		–	₩111,000

초변동원가계산			
매출액	1,500단위 × ₩100 =		₩150,000
단위수준변동비			(75,000)*
재료처리량공헌이익			₩75,000
변동비			
직접노무원가	1,000단위 × ₩15 =	₩15,000	
변동제조간접원가	1,000단위 × ₩9 =	9,000	
변동판매관리비	1,500단위 × ₩3 =	4,500	(28,500)
고정비			
고정제조간접원가		₩9,000	
고정판매관리비		1,000	(10,000)
영업이익			₩36,500
* 기초제품재고액	500단위 × ₩50 =	₩25,000	
당기제품제조원가	1,000단위 × ₩50 =	50,000	
계		₩75,000	
기말제품재고액		–	₩75,000

04 이익차이 등식

1. 기본등식

지금까지의 내용을 종합하면 다음과 같은 등식을 도출할 수 있다.

> - 전부원가계산 이익 = 변동원가계산 이익 + 기말재고 고정제조간접원가 – 기초재고 고정제조간접원가
> - 변동원가계산 이익 = 초변동원가계산 이익 + 기말재고 변동가공원가 – 기초재고 변동가공원가
> - 전부원가계산 이익 = 초변동원가계산 이익 + 기말재고 가공원가 – 기초재고 가공원가

2. 재공품이 있는 경우 이익차이

일반적으로 재료원가는 공정 초기에 투입되고 가공원가는 공정 전반에 균등발생한다. 따라서, 재공품이 존재한다면 재공품에 일부 가공원가가 포함되어 있어 이익차이를 계산할 때 재공품도 재고에 포함하여 고려해야 한다. 단, 재공품의 가공원가는 완성도에 따라 달라지므로 완성품환산량에 해당하는 원가를 고려해야 한다.

V 장·단점

01 의의

전부원가계산은 원가부착개념(cost attach concept)을 근거로 하고 변동원가계산 및 초변동원가계산은 원가회피개념(cost avoidance concept)을 근거로 한다.

02 장·단점

세 가지 방법의 장점과 단점은 다음과 같다.

1. 전부원가계산

(1) 장점

① 장기적인 의사결정에 적합한 정보를 제공한다.
② 모든 제조원가는 제품원가에 포함하여 변동원가와 고정원가 구분이 필요 없다.
③ 회계원칙인 수익·비용 대응의 원칙에 부합하는 방법이다.

(2) 단점

① 생산량 변동이 단위당 원가에 영향을 미친다.
② 판매량뿐만 아니라 생산량도 이익에 영향을 미친다.
③ 이익을 높이기 위하여 경영자로 하여금 과잉생산을 유도하게 된다.

2. 변동원가계산

(1) 장점

① 단기적인 의사결정에 적합한 정보를 제공한다.
② 생산량으로 인한 이익조작을 방지할 수 있다.
③ 이익은 판매량에 의해서만 영향을 받아 재고과잉위험이 존재하지 않는다.

(2) 단점

① 변동원가와 고정원가의 구분이 어렵다.
② 재고자산금액이 과소평가된다.
③ 회계원칙과 법인세계산에서 인정하지 않는다.

3. 초변동원가계산

(1) 장점

① 변동가공원가의 기간비용으로 재고증가를 방지한다.

② 직접재료원가만 제품원가로 처리하여 변동원가와 고정원가 구분이 필요하지 않다.

(2) 단점

① 수요의 불확실과 규모의 경제 등 재고의 긍정적인 효과를 과소평가한다.

② 재고자산금액이 작아 지나치게 낮은 가격으로 판매할 가능성이 있다.

③ 회계원칙과 법인세계산에서 인정하지 않는다.

Chapter 26-8 | 객관식 문제

01 변동원가계산의 한계점으로 옳지 않은 것은?

① 공장자동화로 인하여 고정제조간접원가가 차지하는 비중이 상당히 높지만 이를 간과하고 있다.

② 전부원가계산에 비하여 재고자산이 과소평가된다.

③ 기업회계기준에서 인정하지 않는다.

④ 제조간접원가의 변동비와 고정비의 구분이 용이하지 않다.

⑤ 생산량이 증가함에 따라 이익이 증가하는 경향이 있다.

02 전부원가계산과 변동원가계산에 대한 설명 중 가장 옳지 못한 것은? 세무사 1991

① 전부원가계산은 직접재료원가, 직접노무원가, 변동제조간접원가, 고정제조간접 원가 모두를 제품의 원가에 포함시키는 원가계산방법이다.

② 변동원가계산은 고정제조원가를 전부 발생한 기간의 수익에 대응시켜 즉시 비용 으로 처리한다.

③ 전부원가계산은 고정제조간접원가를 제품이 판매되는 시점에서 수익에 대응시켜 비용으로 처리한다.

④ 생산량과 판매량이 동일하고 전기와 당기의 원가요소별 단위당 원가가 동일한 경 우 전부원가계산하에서의 순이익과 변동원가계산하에서의 순이익은 같다.

⑤ 생산량이 판매량을 초과하고 전기와 당기의 원가요소별 단위당 원가가 동일한 경 우 전부원가계산하의 순이익이 변동원가계산하의 순이익보다 작다.

03 ㈜감평은 20×1년 초 영업을 개시하였으며, 제품 X를 생산·판매하고 있다. 재고자산 평가방법은 선입선출법을 적용하고 있으며, 20×1년 1분기와 2분기의 영업활동 결과는 다음과 같다.

구분	1분기	2분기
생산량	500단위	800단위
전부원가계산에 의한 영업이익	₩7,000	₩8,500
변동원가계산에 의한 영업이익	5,000	6,000

1분기와 2분기의 판매량이 각각 400단위와 750단위일 때, 2분기에 발생한 고정제조간접원가는? (단, 각 분기별 단위당 판매가격, 단위당 변동원가는 동일하며, 재공품 재고는 없다)

감평 2024

① ₩20,000   ② ₩22,000
③ ₩24,000   ④ ₩26,000
⑤ ₩30,000

04 변동원가계산제도를 채택하고 있는 ㈜감평의 당기 기초재고자산과 영업이익은 각각 ₩64,000과 ₩60,000이다. 전부원가계산에 의한 ㈜감평의 당기 영업이익은 ₩72,000이고, 기말재고자산이 변동원가계산에 의한 기말재고자산에 비하여 ₩25,000이 많은 경우, 당기 전부원가계산에 의한 기초재고자산은?

감평 2023

① ₩58,000   ② ₩62,000
③ ₩68,000   ④ ₩77,000
⑤ ₩89,000

05 ㈜광주는 실제원가로 제품원가를 계산하고 있다. ㈜광주는 20×1년 1월초에 개업하였으며, 20×1년과 20×2년의 제품 생산량과 판매량, 원가자료는 다음과 같다.

구분	20×1년	20×2년
생산량	10,000개	14,000개
판매량	8,000	15,000
고정제조간접원가	₩240,000	?
고정판매관리비	₩180,000	₩230,000

20×2년의 전부원가계산에 의한 이익은 ₩500,000이고, 변동원가계산에 의한 이익은 ₩528,000이었다. 20×2년에 발생된 고정제조간접원가는 얼마인가? (단, 20×1년과 20×2년의 기초재공품 및 기말재공품은 없으며, 물량 및 원가흐름은 선입선출법을 가정한다)

세무사 2010

① ₩200,000   ② ₩220,000
③ ₩240,000   ④ ₩260,000
⑤ ₩280,000

06 전부원가계산, 변동원가계산 및 초변동원가계산에 관한 설명으로 옳지 않은 것은?

세무사 2012

① 초변동원가계산에서는 직접노무원가와 변동제조간접원가를 기간비용으로 처리한다.
② 초변동원가계산에서는 매출액에서 직접재료원가를 차감하여 재료처리량 공헌이익(throughput contribution)을 산출한다.
③ 변동원가계산은 변동제조원가만을 재고가능원가로 간주한다. 따라서 직접재료원가, 변동가공원가를 제품원가에 포함시킨다.
④ 전부원가계산의 영업이익은 일반적으로 생산량과 판매량에 의해 영향을 받는다.
⑤ 변동원가계산에서는 원가를 기능에 따라 구분하여 변동원가와 고정원가로 분류한다.

07 ㈜국세의 20×1년도 전부원가계산에 의한 영업이익은 ₩1,000,000이다. ㈜국세의 원가자료가 다음과 같을 경우 20×1년도 변동원가계산에 의한 영업이익은 얼마인가? (단, 원가요소 금액은 총액이다)

세무사 2012

	수량 (단위)	직접 재료원가	직접 노무원가	변동제조 간접원가	고정제고 간접원가
기초재공품	200	₩50,000	₩30,000	₩20,000	₩240,000
기초제품	400	100,000	70,000	40,000	700,000
기말재공품	500	100,000	65,000	25,000	500,000
기말제품	300	75,000	90,000	35,000	600,000
매출원가	1,000	1,000,000	750,000	650,000	2,000,000

① ₩640,000 ② ₩840,000

③ ₩900,000 ④ ₩1,100,000

⑤ ₩1,160,000

08 다음은 제품 A를 생산·판매하는 ㈜감평의 당기 전부원가 손익계산서와 공헌이익 손익계산서이다.

	전부원가 손익계산서		공헌이익 손익계산서
매출액	₩1,000,000	매출액	₩1,000,000
매출원가	650,000	변동원가	520,000
매출총이익	350,000	공헌이익	480,000
판매관리비	200,000	고정원가	400,000
영업이익	150,000	영업이익	80,000

제품의 단위당 판매가격 ₩1,000, 총고정판매관리비가 ₩50,000일 때 전부원가계산에 의한 기말제품재고는? (단, 기초 및 기말 재공품, 기초제품은 없다)

감평 2022

① ₩85,000 ② ₩106,250

③ ₩162,500 ④ ₩170,000

⑤ ₩212,500

01 ⑤ 변동원가계산 영업이익은 판매량에 의해 영향을 받는다.

02 ⑤ 생산량이 판매량을 초과하고 전기와 당기의 원가요소별 단위당 원가가 동일한 경우 전부원가계산은 당기 발생한 고정제조간접원가의 일부가 기말재고에 자산화되므로 전부원가계산하의 순이익이 전부원가계산하의 순이익보다 크다.

03 ③ (1) 1분기 고정제조간접원가
"전부원가계산하 이익 = 변동원가계산하 이익 + 기말재고 × @FOH − 기초재고 × @FOH"이므로,
₩7,000 = ₩5,000 + ₩2,000(= 100단위 × ₩20)
그러므로, 1분기 고정제조간접원가는 ₩20 × 500단위 = ₩10,000이다.
(2) 2분기 고정제조간접원가
"전부원가계산하 이익 = 변동원가계산하 이익 + 기말재고 × @FOH − 기초재고 × @FOH"이므로,
₩8,500 = ₩6,000 + ₩4,500(= 150단위 × ₩30) − ₩2,000
그러므로, 2분기 고정제조간접원가는 ₩30 × 800단위 = ₩24,000이다.

04 ④ ₩77,000
(1) 기초재고자산의 고정제조간접원가(x)
"전부원가계산 이익 = 변동원가계산 이익 + 기말재고 × @FOH − 기초재고 × @FOH"이므로,
₩72,000 = ₩60,000 + ₩25,000 − x
그러므로, 기초재고자산의 고정제조간접원가는 ₩13,000이다.
(2) 전부원가계산에 의한 기초재고자산
변동제조원가 + 고정제조간접원가
= ₩64,000 + ₩13,000
= ₩77,000
그러므로, 전부원가계산에 의한 기초재고자산은 ₩77,000이다.

05 ⑤ (1) 연도별 재고현황

20 × 1년				20 × 2년			
기초	–	판매	8,000	기초	2,000	판매	15,000
생산	10,000	기말	2,000	생산	14,000	기말	1,000

(2) 20 × 2년에 발생한 고정제조간접원가
고정제조간접원가 = 생산량 × 단위당 고정제조간접원가
= 14,000단위 × ₩20[*1]
= ₩280,000
[*1] 전부원가계산하에서의 영업이익 = 변동원가계산하에서의 영업이익
+ 기말재고 × 단위당고정제조원가
− 기초재고 × 단위당고정제조원가
그러므로, ₩500,000 = ₩528,000 + 1,000 × ₩20 − 2,000 × ₩24[*2]
[*2] ₩240,000 ÷ 10,000개

06 ⑤ 변동원가계산에서는 원가를 행태별로 구분하여 변동원가와 고정원가를 분류한다. 반면에 전부원가계산은 원가를 기능에 따라 구분한다.

07 ② "전부원가계산의 이익 = 변동원가계산의 이익 + 기말재고 고정제조간접원가 – 기초재고 고정제조간접원가" 이므로,
₩1,000,000 = 변동원가이익 + (₩500,000 + ₩600,000) – (₩240,000 + ₩700,000)
따라서, 변동원가이익은 ₩840,000이다.

08 ③ ₩162,500
(1) 판매량
매출 ÷ 단위당 판매가격
= ₩1,000,000 ÷ ₩1,000
= 1,000단위
(2) 고정제조간접원가
총고정원가 – 총고정판매관리비
= ₩400,000 – ₩50,000
= ₩350,000
(3) 변동판매관리비
총판매관리비 – 총고정판매관리비
= ₩200,000 – ₩50,000
= ₩150,000
그러므로, 단위당 변동판매관리비는 ₩150,000 ÷ 1,000단위 = ₩150이다.
(4) 단위당 변동원가
₩520,000 ÷ 1,000단위 = ₩520
그러므로, 변동제조원가는 ₩520 – ₩150 = ₩370이다.
(5) 단위당 전부제조원가
₩650,000 ÷ 1,000단위 = ₩650
(6) 단위당 고정제조간접원가
₩650 – ₩370 = ₩280
(7) 생산량
총고정제조간접원가 ÷ 단위당 고정제조간접원가
= ₩350,000 ÷ ₩280
= 1,250단위
(8) 기말재고수량
1,250단위 – 1,000단위
= 250단위
그러므로, 전부원가계산에 의한 기말제품재고는 250단위 × ₩650 = ₩162,500이다.

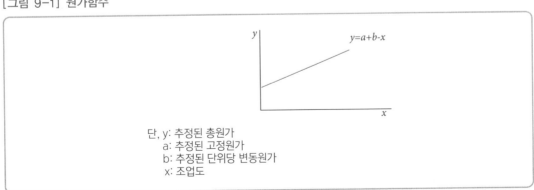 실제로는 본 페이지 상단에 챕터 제목 영역이 위치합니다.

9 원가함수추정

I 서론

01 의의

원가추정(cost estimation)이란 총원가와 인과관계에 있는 조업도를 결정하고 이러한 조업도와 총원가간의 관계를 규명하는 것을 말한다.

02 원가행태

원가행태란 조업도수준의 변화에 대한 총원가의 변동양상을 말하며 변동원가, 고정원가, 준변동원가(혼합원가), 준고정원가(계단원가)로 구분할 수 있다. 일반적으로 회사 전체 발생한 원가는 준변동원가로 표현할 수 있다.

03 원가함수

관리회계는 미래 발생할 원가의 합리적인 추정을 목적으로 하기 때문에 일정한 범위(관련범위) 내에서 다음과 같은 가정을 전제로 한다.
① 종속변수(dependent variable)에 영향을 주는 독립변수(independent variable)는 하나이다.
② 원가행태는 관련범위 내에서 선형이다.

[그림 9-1] 원가함수

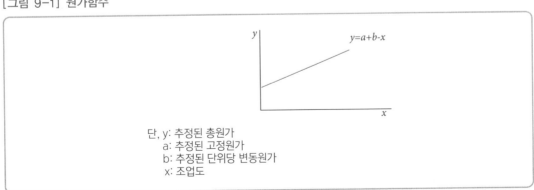

단, y: 추정된 총원가
    a: 추정된 고정원가
    b: 추정된 단위당 변동원가
    x: 조업도

$y = a + b \cdot x$

01 의의

관리회계에서의 원가는 $y = a + b \cdot x$의 함수로 표현할 수 있고 x는 독립변수(조업도), y는 종속변수(원가)이므로 a(고정원가)와 b(단위당 변동원가)를 찾을 수 있다면 조업도와 원가간의 관계를 명확하게 확인할 수 있다. a와 b를 찾아 내는 방법은 많으나 일반적으로 다음과 같은 방법이 널리 사용된다.

① 산업공학적방법(industrial engineering method)
② 계정분석법(account analysis approach method)
③ 산포도법(scatter diagram method)
④ 회귀분석법(regression analysis method)
⑤ 고저점법(high-low method)

02 원가추정방법

1. 산업공학적 방법

독립변수와 종속변수의 관계를 공학적 방법을 이용하여 분석하는 것으로 원재료, 노동력, 생산효율성, 시간연구 및 동작연구 등 분석자의 평가를 근거로 계량화하여 원가를 추정하는 방법을 말한다. 과거자료가 없을 경우 주로 사용하는 방법이며 직접재료원가, 직접노무원가 등 투입과 산출관계가 비교적 명확한 원가를 추정하는 데 사용된다.

(1) 장점

① 과거자료를 이용할 수 없는 경우에 사용할 수 있다.
② 공학적 방법을 이용하여 비교적 정확한 추정이 가능하다.

(2) 단점

① 투입과 산출관계가 명확하지 않은 원가의 추정이 어렵다.
② 다른 방법에 비하여 많은 시간과 비용이 요구된다.

2. 계정분석법

회계자료에서 확보할 수 있는 각 계정의 금액을 기초로 전문가의 주관적인 판단에 의하여 고정원가, 변동원가, 준변동원가 및 준고정원가로 구분하는 방법을 말한다.

(1) 장점

① 자료를 쉽게 얻을 수 있어 신속한 추정이 가능하다.
② 한 회계자료만으로 가능하여 다른 방법에 비하여 비교적 적은 시간과 비용이 요구된다.

(2) 단점

① 분석대상 자료가 비정상적이고 비효율적인 상황이 포함된다면 신뢰성 확보가 어렵다.

② 전문가의 주관적 판단이 개입될 수 있어 객관성이 낮아진다.

> **사례연습 1: 계정분석법**

㈜한국의 원가담당자는 제조간접원가의 함수를 추정하기 위하여 20×1년 3월의 각 계정별 원가를 다음과 같이 수집하였다.

계정과목	변동원가	고정원가	계
간접재료원가	₩1,500	–	₩1,500
간접노무원가	1,000	₩2,000	3,000
수선유지비	1,300	3,000	4,300
수도광열비	800	1,500	2,300
임차료	–	2,300	2,300
감가상각비	–	5,000	5,000
계	₩4,600	₩13,800	₩18,400

회사는 제조간접원가를 직접노동시간에 비례하여 배부하고 있으며 당월 실제 발생한 직접노동시간은 2,000시간이었다.

[요구사항 1]
제조간접원가의 원가함수를 추정하시오.

[요구사항 2]
20×1년 4월의 예상 직접노동시간이 2,500시간인 경우 4월의 총제조간접원가를 추정하시오.

> [해답]

※ 자료정리
추정하고자 하는 원가는 제조간접원가이므로 원가함수 $y = a + b \cdot x$에서 a는 고정제조간접원가이며 b는 직접노동시간당 변동제조간접원가이다.

[요구사항 1] 제조간접원가 원가함수

(1) 직접노동시간당 변동제조간접원가

$$\frac{4,600}{2,000시간}$$

= ₩2.3/직접노동시간

(2) 제조간접원가 원가함수
고정제조간접원가는 ₩13,800이므로 원가함수는 다음과 같다.
$$y = ₩13,800 + ₩2.3 \cdot x$$

[요구사항 2] 4월의 예상총제조간접원가
4월의 예상 직접노동시간은 2,500시간이므로 총제조간접원가는 다음과 같다.
$$y = ₩13,800 + ₩2.3 \times 2,500시간$$
$$= ₩19,550$$

3. 산포도법

조업도와 원가를 x와 y 두 축으로 하여 조업도에 대한 실제 발생한 원가를 점으로 표시한 후 모든 점들을 대표할 수 있는 원가선을 분석자에 판단에 따라 추정하는 방법을 말한다.

[그림 9-2] 산포도법

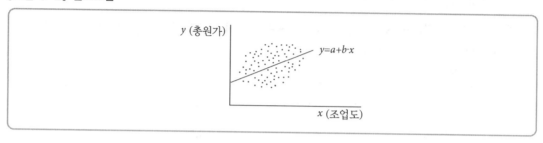

(1) 장점
① 과거자료 모든 자료를 이용할 수 있다.
② 이해하기 쉽고 시간과 비용이 덜 요구된다.

(2) 단점
① 분석자에 따라 서로 다른 원가함수가 도출될 수 있다.
② 분석자의 주관적인 판단이 개입되기 때문에 객관성이 낮아진다.

4. (단순)회귀분석법

하나 이상의 독립변수와 종속변수간의 관계를 통계적인 방법을 통하여 예측하는 방법으로 독립변수의 수에 따라 단순회귀분석과 다중회귀분석으로 구분할 수 있다.

[그림 9-3] 회귀분석법

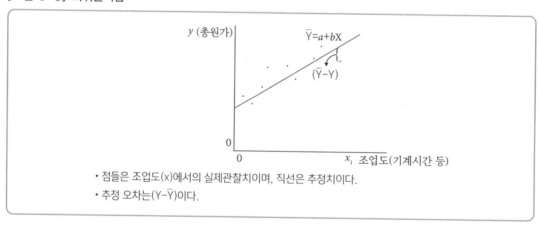

• 점들은 조업도(x)에서의 실제관찰치이며, 직선은 추정치이다.
• 추정 오차는(Y-Ȳ)이다.

(1) 장점
① 모든 자료를 통계적 방법으로 분석하여 체계적이고 이론적으로 우수하다.
② 독립변수가 2개 이상일 경우에도 사용할 수 있다.

(2) 단점

① 몇 가지 가정이 요구되며 가정이 충족되지 않을 경우 무의미한 추정이 될 수 있다.

② 추정과정에 많은 시간과 비용이 요구된다.

5. 고저점법

독립변수와 종속변수와의 관계를 단 두 개의 자료인 최고조업도에서의 원가와 최저조업도에서의 원가만을 이용하여 추정하는 방법이다. 이론적인 근거는 고정원가(a)와 조업도당 변동원가(b)는 일정하기 때문에 두 조업간의 총원가의 차이는 총변동원가의 차이라는 것을 이용하여 고정원가(a)와 조업도당 변동원가(b)를 찾는 방법이다.

- 1st 조업도당 변동원가(b)

$$= \frac{두\ 조업도의\ 총원가\ 차이(최고조업도의\ 원가 - 최저조업도의\ 원가)}{두\ 조업도의\ 차이(최고조업도 - 최저조업도)}$$

- 2nd 고정원가(a)

= 최고(최저)조업도 총원가 $- b \times$ 최고(최저)조업도

[그림 9-4] 고저점법

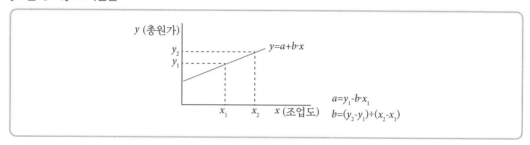

(1) 장점

① 계산과정이 간편하고 객관적이다.

② 두 개의 자료만을 이용하여 추정할 수 있다.

(2) 단점

① 최고 및 최저조업도가 정상적인 상황이 아니라면 객관성이 떨어진다.

② 두 개의 자료 이외의 다른 정보는 무시된다.

사례연습 2: 고저점법

다음 자료는 지난 수 개월 동안 ㈜한국의 제조간접원가 발생액을 조업도수준에 따라 정리한 것이다.

	기계시간	제조간접원가
7월	5,000	₩50,620
8월	8,000	90,040
9월	6,000	54,080
10월	9,000	63,100

㈜한국은 제조간접원가를 변동원가와 고정원가로 구분하기 위하여 분석을 한 결과 제조간접원가는 전력요금, 감독자급여, 수선유지비로 구성되어 있다는 것을 알았다. 그러나, 수선유지비는 완전히 변동원가와 고정원가로 구분하지 못했다.

7월의 실제 제조간접원가를 분석한 결과는 다음과 같다.

전력요금	(변동원가)	₩10,500
감독자급여	(고정원가)	24,000
수선유지비	(혼합원가)	16,120
계		₩50,620

[요구사항 1]
제조간접원가의 원가함수를 나타내시오.

[요구사항 2]
10월의 제조간접원가에 포함되어 있는 수선유지비를 추정하시오.

해답

※ 자료정리
(1) 제조간접원가의 조업도는 기계시간이므로 최고조업도는 9,000시간이고 최저조업도는 5,000시간이다.
(2) 수선유지비는 혼합원가이므로 기계시간을 조업도로 하여 수선유지비의 원가함수를 별도로 찾아낼 수 있다.

[요구사항 1] 제조간접원가의 원가함수
1st 기계시간당 변동원가(b)

$$= \frac{63,100 - 50,620}{9,000시간 - 5,000시간}$$

= ₩3.12/기계시간
2nd 고정원가(a)
= 10월(또는 7월)의 총원가 − b × 10월(또는 7월)의 기계시간
= ₩63,100 − ₩3.12 × 9,000시간
= ₩35,020
그러므로, 제조간접원가의 원가함수는 다음과 같다.
y = ₩35,020 + ₩3.12x
또한, 기계시간당 변동원가(b)는 다음과 같이 찾아낼 수도 있다.

최고조업도		₩63,100 =	a	+	b	× 9,000시간
최저조업도	(−)	50,620 =	a	+	b	× 5,000시간
		₩12,480 =			b	× 4,000시간

$$b = \frac{12,480}{4,000시간}$$

= ₩3.12/기계시간

[요구사항 2] 10월의 수선유지비
(1) 수선유지비 원가함수
7월의 제조간접원가 ₩50,620은 고정원가 ₩35,020과 변동원가 ₩15,600(= ₩3.12 × 5,000시간)으로 구성되어 있다. 따라서, 7월의 수선유지비 ₩16,120을 고정원가와 변동원가로 구분하여 기계시간을 조업도로 하는 원가함수를 찾아낼 수 있다.

	고정원가	변동원가	계
전력요금	–	₩10,500	₩10,500
감독자급여	₩24,000	–	24,000
수선유지비	11,020*1	5,100*2	16,120
계	₩35,020	₩15,600	₩50,620

*1 ₩35,020 − ₩24,000 = ₩11,020

*2 ₩15,600 − ₩10,500 = ₩5,100

7월의 기계시간은 5,000시간이므로 기계시간당 변동수선유지비(b)는 다음과 같다.

$$b = \frac{15,600}{5,000시간}$$

= ₩1.02/기계시간

즉, 수선유지비의 고정원가(a)는 ₩11,020이므로 원가함수는 다음과 같다.

$$y = ₩11,020 + ₩1.02x$$

(2) 10월의 수선유지비

10월의 기계시간은 9,000시간이므로 10월의 수선유지비는 다음과 같다.

$$y = ₩11,020 + ₩1.02 \times 9,000시간$$

= ₩20,200

Ⅲ 비선형(곡선)원가추정

01 의의

노무원가의 경우 특정 작업을 반복적으로 수행하는 경우 동일한 생산에 필요한 시간이 점점 줄어들어 단위당 변동원가(b)는 생산량 증가에 따라 감소하게 된다. 이러한 현상을 학습효과(learning effect)라 하며 이러한 학습효과를 반영한 원가함수를 학습곡선(leaning curve)이라 한다.

[그림 9-5] 학습곡선

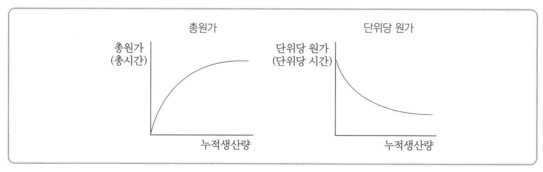

(1) 장점

① 학습효과로 인한 원가절감액을 입찰 등 가격결정에 반영할 수 있다.

② 표준원가에 반영하여 좀 더 의미 있는 차이분석을 할 수 있다.

(2) 단점

① 공장자동화로 인하여 노동시간과 관련된 원가비중은 점점 감소하고 있다.

② 다품종 소량생산으로 인하여 작업이 반복적이지 않아 학습효과가 크지 않다.

02 학습률과 학습곡선모형

노동시간의 감소는 직접적으로 노무원가에 영향을 미치며 경우에 따라서 노동시간이나 노무원가를 배부기준으로 하는 제조간접원가에도 영향을 미치게 된다.

1. 학습률(learning rate)

학습효과로 인하여 동일 작업을 반복적으로 수행하는 과정에서 투입되는 노동시간이 점차 감소하며 이 때 감소효과를 비율로 나타낸 것을 학습률이라 한다.

2. 학습곡선모형

학습곡선모형은 누적생산량이 두 배가 될 때 누적평균시간(또는 증분단위시간)이 일정한 비율로 감소한다는 가정을 하며 이 때 감소하는 시간에 따라 누적평균시간모형과 증분시간모형으로 구분할 수 있다.

(1) 누적평균시간모형

누적생산량이 두 배가 될 때 누적평균시간이 일정한 비율로 감소하는 모형으로 종속변수(y: 누적평균시간)와 독립변수(x: 누적생산량)와의 관계는 다음과 같다.

$$y = a \cdot x^{-b}$$

단, x: 누적생산량 a: 첫 단위 생산시간(원가)
y: 단위당 누적평균시간(원가) b: 학습지수

(2) 증분단위시간모형

누적생산량이 두 배가 될 때 증분단위시간이 일정한 비율로 감소하는 모형으로 종속변수(y: 증분단위시간)와 독립변수(x: 누적생산량)와의 관계는 다음과 같다.

$$m = a \cdot x^{-b}$$

단, x: 누적생산량 a: 첫 단위 생산시간(원가)
m: 증분단위시간(원가) b: 학습지수

사례연습 3: 학습곡선모형

㈜한국은 단일 제품을 생산·판매하고 있으며, 당해 연도 첫 단위 제품을 생산에 100직접노동시간을 투입하였다. 회사는 현재 2단위 생산을 완료하였으며 추가 2단위 제품을 생산하려고 한다. 단, 회사는 노동시간에 학습효과가 있으며 학습율 90%의 학습곡선을 따른다고 가정한다.

[요구사항 1]

누적평균시간모형을 이용하여 추가 2단위 생산량 증가에 따른 추가적으로 필요한 노동시간을 구하시오.

[해답]

(1) 학습효과가 90%일 때 학습지수 계산

학습지수는 학습곡선의 기울기를 나타내므로 다음과 같이 계산할 수 있다.

$$학습율 = \frac{생산량이\ 2배일\ 때\ 누적평균시간}{첫\ 단위\ 생산시\ 누적평균시간}$$

$$= \frac{a(2x)^{-b}}{ax^{-b}}$$

$$= 2^{-b} \qquad 이므로,$$

$$학습지수(b) = \frac{-\log(학습율)}{\log 2} \quad 이다.$$

[표 9-1] 학습률과 학습지수의 관계

학습률	학습지수(b)
95%	0.0740
90	0.1520
85	0.2345
80	0.3219
75	0.4150

(2) 학습지수(b)가 0.1520일 경우 누적평균시간 산출

누적생산량(x)	단위당 누적평균시간(y)		누적총시간(xy)	
1		100시간		100시간
2	$100 \cdot 2^{-0.152} =$	90	$2 \times 90 =$	180
3	$100 \cdot 3^{-0.152} =$	85 *	$3 \times 85 =$	255
4	$100 \cdot 4^{-0.152} =$	81	$4 \times 81 =$	324

144시간 필요

* $3^{-0.152}$를 0.85라고 가정한다.

즉, 추가 2단위 생산에 필요한 시간은 144시간이다.

[별해] 학습지수를 활용하지 않는 방법(2배수법)

즉, 생산량이 2배 증가할 때 마다 누적평균시간이 학습율만큼 감소하는 관계를 이용하여 문제를 해결한다.

누적생산량(x)	단위당 누적평균시간(y)		누적총시간(xy)	
1		100시간		100시간
2	$100 \cdot 2^{-0.152} =$	90	$2 \times 90 =$	180
3		−		−
4	$100 \cdot 4^{-0.152} =$	81	$4 \times 81 =$	324

144시간 필요

즉, 추가 2단위 생산에 필요한 시간은 144시간이다.

[요구사항 2]

증분단위시간모형을 이용하여 추가 2단위 생산량 증가에 따른 추가적으로 필요한 노동시간을 구하시오.

해답

(1) 학습효과가 90%일 때 학습지수 계산

학습지수는 학습곡선의 기울기를 나타내므로 다음과 같이 계산할 수 있다.

$$\text{학습율} = \frac{\text{생산량이 2배일 때 증분단위시간}}{\text{첫 단위 생산시 단위시간}}$$

$$= \frac{a(2x)^{-b}}{ax^{-b}}$$

$$= 2^{-b} \qquad \text{이므로,}$$

$$\text{학습지수}(b) = \frac{-\log(\text{학습율})}{\log 2} \qquad \text{이다.}$$

(2) 학습지수(b)가 0.1520일 경우 증분단위시간 산출

누적생산량(x)	증분단위시간(m)		누적총시간(Σm)	
1		100시간		100시간
2	$100 \cdot 2^{-0.152} =$	90	$100 + 90 =$	190
3	$100 \cdot 3^{-0.152} =$	85	$100 + 90 + 85 =$	275
4	$100 \cdot 4^{-0.152} =$	81	$100 + 90 + 85 + 81 =$	356

166시간 필요

즉, 추가 2단위 생산에 필요한 시간은 166(= 85 + 81)시간이다.

[별해] 학습지수를 활용하지 않는 방법(2배수법)

즉, 생산량이 2배 증가할 때 마다 증분단위시간이 학습율만큼 감소하는 관계를 이용하여 문제를 해결한다.

누적생산량(x)	증분단위시간(m)		누적총시간(Σm)	
1		100시간		100시간
2	$100 \cdot 0.9 =$	90	$100 + 90 =$	190
3		k	$100 + 90 + k =$	$100 + 90 + k$
4	$90 \cdot 0.9 =$	81	$100 + 90 + k + 81 =$	$100 + 90 + k + 81$

즉, 3단위 생산시 증분단위시간을 k라 하면, 추가 2단위 생산에 필요한 시간은 (k + 81)시간이다.

> **사례연습 4: 증분단위시간모형 원가함수 활용**

20×1년도에 설립된 ㈜한국은 처음으로 레저용 요트 4대의 주문을 받았다. ㈜한국은 레저용 요트를 생산할 때 90%의 학습률을 적용한다.

• 1대당 직접재료원가	₩10,000
• 첫 번째 요트 생산 직접노동시간	1,000시간
• 직접노무원가	직접노동시간당 ₩10
• 변동제조간접원가	직접노무원가의 50%
• 고정제조간접원가	없음

[요구사항 1]
누적평균시간모형을 적용하여 레저용 요트 4대에 대한 제품원가를 계산하시오.

[요구사항 2]
증분단위시간모형을 적용하여 레저용 요트 4대에 대한 제품원가를 계산하시오. (단, 90% 학습곡선모형의 학습지수 b = 0.152이며, $3^{-0.152}$를 0.85로 가정한다)

해답

※ 자료정리
누적평균시간모형의 경우 일반적으로 2배수법으로 문제를 해결할 수 있지만 증분단위시간모형의 경우 학습곡선의 원가함수를 이용해야 한다. 또한, 변동제조간접원가는 직접노무원가에 비례하여 발생하므로 학습효과에 영향을 받는다.

[요구사항 1] 누적평균시간모형
(1) 4대 생산에 필요한 총시간

누적생산량	누적평균시간	총누적시간 (= 누적생산량 × 누적평균시간)
1대	1,000시간	1,000시간
2대	900 *1	1,800
3대	?	
4대	810 *2	3,240 *3

*1 2대 생산시 평균시간
   1,000 × 90%
   = 900시간
*2 4대 생산시 평균시간
   900 × 90%
   = 810시간
*3 4대 생산에 필요한 총시간
   4대 × 810시간
   = 3,240시간

(2) 4대 생산에 필요한 제품원가

항목	원가	
직접재료원가	₩10,000 × 4 =	₩40,000
직접노무원가	₩10 × 3,240시간 =	32,400
변동제조간접원가*	₩32,400 × 50% =	16,200
합계		₩88,600

* 변동제조간접원가
  직접노무원가 × 50%

[요구사항 2] 증분단위시간모형
(1) 4대 생산에 필요한 총시간

누적생산량	증분단위시간	누적총시간 (= Σ증분단위시간)
1대	1,000시간	1,000시간
2대	900[*1]	1,900
3대	850[*2]	2,750
4대	810[*3]	3,560[*4]

[*1] 2대 생산시 증분단위시간
    1,000시간 × 90%
    = 900시간

[*2] 3대 생산시 증분단위시간
    1,000시간 × 0.85(= $3^{-0.152}$)
    = 850시간

[*3] 4대 생산시 증분단위시간
    900시간 × 90%
    = 810시간

[*4] 4대 생산시 총누적시간
    1,000시간 + 900시간 + 850시간 + 810시간
    = 3,560시간

(2) 4대 생산에 필요한 제품원가

항목	원가	
직접재료원가	₩10,000 × 4 =	₩40,000
직접노무원가	₩10 × 3,560시간 =	35,600
변동제조간접원가*	₩35,600 × 50% =	17,800
합계		₩93,400

* 변동제조간접원가
    직접노무원가 × 50%

Chapter 26-9 | 객관식 문제

01 다음 중 과거의 원가자료를 이용할 수 없는 경우에 사용할 수 있는 원가추정방법은?

① 산업공학적 방법　　　　　　② 계정분석법

③ 산포도법　　　　　　　　　　④ 고저점법

⑤ 회귀분석법

02 ㈜한국의 최근 5개월간의 원가자료는 다음과 같다.

월	생산량	제조간접원가 총액
2월	85,000단위	₩2,700,000
3월	70,000	2,800,000
4월	120,000	3,400,000
5월	90,000	3,500,000
6월	150,000	4,000,000

고저점법에 의해 제조간접원가를 추정할 때 7월의 생산량이 120,000단위라면 제조간접원가는 얼마로 추정이 되겠는가?

① ₩3,350,000　　　　　　② ₩3,400,000

③ ₩3,450,000　　　　　　④ ₩3,500,000

⑤ ₩3,550,000

03 ㈜감평의 최근 6개월간 A제품 생산량 및 총원가 자료이다.

월	생산량(단위)	총원가
1	110,000	₩10,000,000
2	50,000	7,000,000
3	150,000	11,000,000
4	70,000	7,500,000
5	90,000	8,500,000
6	80,000	8,000,000

원가추정은 고저점법(high-low method)을 이용한다. 7월에 A제품 100,000 단위를 생산하여 75,000단위를 단위당 ₩100에 판매할 경우, 7월의 전부원가계산에 의한 추정 영업이익은? (단, 7월에 A제품의 기말제품 이외에는 재고자산이 없다)

감평 2017

① ₩362,500
② ₩416,000
③ ₩560,000
④ ₩652,500
⑤ ₩750,000

04 다음 자료를 이용하여 최초 16단위를 생산할 때 추정되는 누적 총노무시간은 몇분인가? (단, 노무시간은 누적평균시간모형을 따른다)

세무사 2010

누적생산량	누적 총노무시간(분)
1	10,000분
2	18,000

① 81,920분
② 98,260분
③ 104,976분
④ 112,654분
⑤ 130,321분

05 ㈜국세는 최근 신제품을 개발하여 최초 10단위의 제품을 생산하는데 총 150시간의 노무시간을 소요하였으며, 직접노무시간당 ₩1,200의 직접노무원가가 발생하였다. ㈜국세는 해당 신제품 생산의 경우, 90%의 누적평균시간 학습곡선모형이 적용될 것으로 예상하고 있다. 최초 10단위 생산 후, 추가로 30단위를 생산하는 데 발생할 것으로 예상되는 직접노무원가는?

① ₩180,000
② ₩259,200
③ ₩324,000
④ ₩403,200
⑤ ₩583,200

06 ㈜감평은 제품 생산에 필요한 부품 400단위를 매년 외부에서 단위당 ₩1,000에 구입하였다. 그러나 최근 외부구입가격 인상이 예상됨에 따라 해당 부품을 자가제조하는 방안을 검토하고 있다. 다음은 ㈜감평이 부품 100단위를 자가제조할 경우의 예상제조원가 자료이다.

직접재료원가	₩25,000
직접노무원가	30,000(₩100/직접노무시간)
변동제조간접원가	20,000(직접노무원가의 2/3)
고정제조간접원가	100,000(전액 유휴생산설비 감가상각비)

㈜감평은 현재 보유하고 있는 유휴생산설비를 이용하여 매년 필요로 하는 부품 400단위를 충분히 자가제조할 수 있을 것으로 예상하고 있으며, 부품은 한 묶음의 크기를 100단위로 하는 묶음생산방식으로 생산할 예정이다. 해당 부품을 자가제조하는 경우, 직접노무시간이 학습률 90%의 누적평균시간 학습모형을 따를 것으로 추정된다. ㈜감평이 부품 400단위를 자가제조할 경우, 단위당 제조원가는?

감평 2023

① ₩655
② ₩712
③ ₩750
④ ₩905
⑤ ₩1,000

Chapter 26-9 객관식 문제 **1003**

07 학용품을 전문적으로 생산하고 있는 ㈜경기는 20×1년 초에 자사에서 개발한 신제품 10,000개를 처음으로 생산하였다. 이 신제품을 생산하는 데 다음과 같은 비용이 발생하였다.

직접재료원가	₩900,000
직접노무원가(시간당 ₩10)	400,000
변동제조간접원가(직접노동시간에 비례하여 발생)	80,000
고정제조간접원가 배부액	150,000

㈜경기는 이 제품을 생산하는 데는 80%의 학습곡선을 따른다고 믿고 있다. 그런데 ㈜한국으로부터 70,000개에 대한 특별주문을 받았다. 이 주문에 대해 ㈜경기가 제시하여야 할 70,000단위의 최소판매가격은 얼마인가? 세무사 1994

① ₩7,618,400
② ₩7,786,080
③ ₩7,936,080
④ ₩9,660,000
⑤ ₩10,710,000

01 ①   과거의 원가자료를 이용할 수 없는 경우 사용할 수 있는 원가추정방법은 산업공학적 방법이다.

02 ⑤   고저점법을 적용하기 위해서 먼저 최고조업도와 최저조업도를 선택하여야 한다. 주어진 자료에서의 최고
조업도는 6월의 150,000단위와 최저조업도는 6월의 70,000단위로 나머지 자료는 의미가 없는 자료이다.

     (1) 원가함수 추정

	총원가(Y)	=	고정비(a)	+	변동비(b × X)
최고조업도(6월)	₩4,000,000	=	a	+	b × 150,000
최저조업도(3월) (−)	2,800,000	=	a	+	b × 70,000
	₩1,200,000	=			b × 80,000

         $b = \dfrac{1,200,000}{80,000} = ₩15$이므로, 이를 6월 자료에 대입하면,

         ₩4,000,000 = a + ₩15 × 150,000

         따라서, a는 ₩1,750,000이므로 원가함수는 다음과 같다.

         Y = ₩1,750,000 + ₩15 × X

     (2) 7월 제조간접원가

         X가 120,000단위이므로,

         Y = ₩1,750,000 + ₩15 × 120,000단위

           = ₩3,550,000

03 ⑤   (1) 단위당 고정제조간접원가

	총원가(Y)	=	고정비(a)	+	변동비(b × X)
최고조업도(3월)	₩11,000,000	=	a	+	b × 150,000
최저조업도(2월) (−)	7,000,000	=	a	+	b × 50,000
	₩4,000,000	=			b × 100,000

         $b = \dfrac{4,000,000}{100,000} = ₩40$이므로, 이를 3월 자료에 대입하면,

         ₩11,000,000 = a + ₩40 × 150,000

         a는 ₩5,000,000이므로, 단위당 고정제조간접원가는 $\dfrac{5,000,000}{100,000단위} = ₩50$이다.

     (2) 영업이익

         매출액 − 매출원가

         = 75,000단위 × ₩100 − [75,000단위 × (₩40 + ₩50)]

         = ₩750,000

         그러므로, 7월의 전부원가계산에 의한 추정 영업이익은 ₩750,000이다.

04 ③ (1) 학습율

누적생산량	×	누적평균시간	=	누적총시간
1		10,000분		10,000분
2		9,000		18,000

그러므로, 학습율은 9,000분 ÷ 10,000분 = 90%이다.

(2) 16단위 생산시 총노무시간

16단위 × 10,000분 × 0.9^4 = 104,976분

05 ④ (1) 40단위 생산 총노무시간

150시간 × 0.9^2 × 4 = 486시간

(2) 추가 30단위 직접노무원가

(486시간 − 150시간) × ₩1,200 = ₩403,200

06 ④ (1) 400단위 생산에 필요한 직접노무시간

누적생산량	누적평균시간	총시간
1(100단위)	300시간	300시간
2(200단위)	270시간	
3(300단위)	?	
4(400단위)	243시간	972시간

(2) 단위당 제조원가

직접재료원가	₩250 × 400단위 =	₩100,000
직접노무원가	₩100 × 972시간 =	97,200
변동제조간접원가	₩97,200 × 2/3 =	64,800
고정제조간접원가		100,000
소계		₩362,000
생산량		÷ 400단위
단위당 원가		₩905

그러므로, 단위당 제조원가는 ₩905이다.

07 ② 특별주문에 대한 최소판매가격은 특별주문에 필요한 증분원가이다.

	10,000개	70,000개
직접재료원가	₩900,000	₩6,300,000(= ₩900,000/10,000개 × 70,000개)
직접노무원가	400,000	1,238,400 *
변동제조간접원가	80,000	247,680(= ₩80,000/₩400,000 × ₩1,238,400)
고정제조간접원가	150,000	−
		₩7,786,080

* 고저점법에 의한 특별주문에 대한 노무원가 추정

시간당 임률 ₩10이 일정하므로 평균시간과 평균노무원가 중 어떤 기준이든 결과는 동일하다. 평균노무원가를 기준으로 계산하면 다음과 같다.

누적생산량	단위당 누적평균노무원가		누적총노무원가
10,000개		₩40	₩400,000
20,000	₩40 × 0.8 =	32	
40,000	32 × 0.8 =	25.6	
80,000	25.6 × 0.8 =	20.48	1,638,400

그러므로, 추가로 발생하는 노무원가는 ₩1,638,400 − ₩400,000 = ₩1,238,400이다.

10 CVP분석

I 서론

01 의의

원가-조업도-이익분석(CVP분석, cost-volume-profit analysis)이란 조업도의 변화가 매출과 원가에 어떠한 영향을 미쳐 이익을 변화시키는가를 분석하는 것을 말한다.

1. 가정

CVP분석은 다음과 같은 엄격한 가정을 전제로 한다.

	특징
• 모든 원가는 변동원가와 고정원가로 구분할 수 있다.	단기
• 단위당 판매가격은 일정하다.	선형성
• 단위당 변동원가는 일정하다. 즉, 생산성은 일정하다.	선형성
• 고정원가는 관련범위내 일정하다.	선형성
• 원가에 영향을 미치는 유일한 요인은 조업도다.	전통적원가함수
• 재고수준의 변동이 없다. 즉, 생산량과 판매량이 동일하다.	고정원가 비용처리
• 의사결정대상은 발생주의 이익이다.	회계상이익
• 하나의 제품을 생산·판매한다.	단일제품
• 모든 변수는 확실하다.	확실성하의 분석

2. 등식

CVP분석은 단기이며 당기 생산량은 모두 판매되므로 고정원가는 모두 당기에 비용으로 처리되어 이익을 계산하는 과정은 다음과 같은 등식(CVP 기본등식)으로 표현할 수 있다.

> 영업이익 = 총수익 - 총비용
> = 총수익 - (변동비 + 고정비)
> = (총수익 - 변동비) - 고정비
> = 공헌이익 - 고정비

(1) 총매출액

총매출액(S)은 단위당 판매가격(p)에 판매량(Q)을 곱하여 계산한다.

$$S = p \cdot Q$$

(2) 총변동원가

총변동원가(VC)는 단위당 변동원가(vc)에 판매량(Q)을 곱하여 계산한다.

- 단위당 변동원가(vc): 단위당 변동제조원가(직접재료원가, 직접노무원가, 변동제조간접원가)
  + 단위당 변동판매관리비

$$VC = vc \cdot Q$$

(3) 총고정원가

총고정원가(FC)는 고정제조간접원가와 고정판매관리비를 합하여 계산한다.

$$FC = \text{고정제조간접원가} + \text{고정판매관리비}$$

(4) 공헌이익

- 단위당 공헌이익(cm): 단위당 판매가격(p)에 단위당 변동원가(vc)를 차감하여 계산한다.

$$cm = p - vc$$

- 총공헌이익(CM): 단위당 공헌이익(cm)에 판매량(Q)을 곱하여 계산한다.

$$CM = cm \cdot Q$$

(5) 공헌이익률과 변동비율

- 공헌이익률(cmr): 단위당 공헌이익(cm)를 단위당 판매가격(p)으로 나누거나 총공헌이익을
  총매출액으로 나누어 계산한다.

$$cmr = \frac{cm}{p}$$

- 변동비율(vcr): 단위당 변동원가(vc)를 단위당 판매가격(p)으로 나누거나 총변동원가를 총매
  출액으로 나누어 계산한다.

$$vcr = \frac{vc}{p}$$

단위당 공헌이익(cm)과 단위당 변동원가(vc)의 합은 단위당 판매가격(p)이므로 공헌이익률(cmr)과 변동비율(vcr)의 합은 1(100%)가 된다.

$$cmr + vcr = 1$$

3. CVP분석의 기본구조

CVP분석은 이익을 계산하는 과정은 총매출액에서 총변동가와 총고정원가를 차감하는 변동원가계산의 손익계산서와 동일하고 단위당 판매가격, 단위당 변동원가 및 총고정원가에 대한 분석이 이루어진 상황이므로 판매량을 예측하면 이익을 바로 확인할 수 있다는 것이 기본구조이다.

	자료정리		수량		손익계산서	
(단위당 판매가격)	p				S	(총매출액)
(단위당 변동원가)	vc	$\rightarrow$	Q	$\rightarrow$	(VC)	(총변동원가)
	$cm(=p-vc)$				CM	(총공헌이익)
(총고정원가)	FC				(FC)	(총고정원가)
					π	(영업이익)

4. CVP도표와 PV도표

CVP분석 가정에서 단기와 선형성에 근거하여 판매량에 대한 총수익, 총비용 및 이익의 관계를 그래프에 나타낸 것을 말한다.

(1) 원가-조업도-이익 도표(CVP 도표)

조업도 변화에 대한 총수익과 총비용의 변화를 그래프에 나타낸 것을 말한다. 수익선의 기울기는 단위당 판매가격이고 비용선의 기울기는 단위당 변동비이다. 또한, 수익선과 비용선이 만나는 조업도는 손익분기점이다.

[그림 10-1] CVP도표

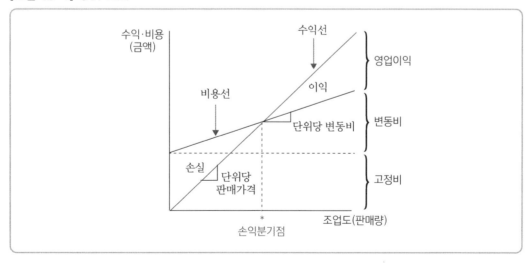

(2) 이익 – 조업도 도표(PV도표)

조업도 변화에 대한 이익의 변화를 그래프에 나타낸 것을 말한다. 이익선의 기울기는 한 단위 추가할 때 늘어나는 이익으로 공헌이익으로 측정되며 이익이 영(0)인 조업도는 손익분기점이다.

[그림 10-2] PV도표

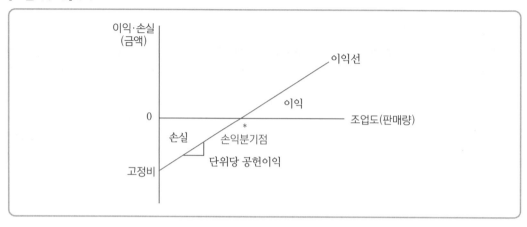

---

01 의의

CVP분석의 가정에 충실한 모형으로 손익분기점분석과 목표이익분석을 살펴보기로 한다.

02 손익분기점분석과 목표이익분석

손익분기점은 이익이 영(0)인 판매량 또는 매출액을 의미하며 목표이익분석은 목표이익을 얻을 수 있는 판매량 또는 매출액을 의미한다.

1. 손익분기점분석

손익분기점(break – even – point analysis)이란 총수익과 총비용이 일치하여 이익이 영(0)인 판매량 또는 매출액을 의미한다.

(1) 등식으로 해결

CVP등식에서 이익(π)을 영(0)으로 하는 판매량(Q_{BEP})을 계산하면 된다. 또한, 손익분기점 매출액(S_{BEP})은 판매가격(p)에 손익분기점 판매량(Q_{BEP})을 곱하면 된다.

$$(\boldsymbol{p} - \boldsymbol{vc}) \cdot \boldsymbol{Q}_{\text{BEP}} - \boldsymbol{FC} = 0$$
$$\downarrow$$
$$\boldsymbol{Q}_{\text{BEP}} \times \boldsymbol{p} = \boldsymbol{S}_{\text{BEP}}$$

(2) 공식

손익분기점은 이익이 영(0)인 판매량으로 총공헌이익과 고정비가 일치한다는 사실에 기초하여 다음과 같은 공식을 도출할 수 있다.

- 손익분기점 판매량($\boldsymbol{Q}_{\text{BEP}}$)

$$(\boldsymbol{p} - \boldsymbol{vc}) \cdot \boldsymbol{Q}_{\text{BEP}} = \boldsymbol{FC}$$
$$\downarrow$$
$$\boldsymbol{Q}_{\text{BEP}} = \frac{\text{FC}}{\text{p} - \text{vc}}$$

- 손익분기점 매출액($\boldsymbol{S}_{\text{BEP}}$): 총공헌이익은 단위당 공헌이익에 판매량을 곱하거나 공헌이익률에 매출액을 곱하여 계산할 수 있다.

$$\underline{(\boldsymbol{p} - \boldsymbol{vc}) \cdot \boldsymbol{Q}} = \cdot \underline{\boldsymbol{cmr} \cdot \boldsymbol{S}}$$
$$\boldsymbol{cm} \qquad \frac{\text{cm}}{\text{p}} \ \ \text{p} \times \text{Q}$$

따라서, 손익분기점 매출액($\boldsymbol{S}_{\text{BEP}}$)은 다음과 같이 나타낼 수 있다.

$$\boldsymbol{cmr} \cdot \boldsymbol{S}_{\text{BEP}} = \boldsymbol{FC}$$
$$\downarrow$$
$$\boldsymbol{S}_{\text{BEP}} = \frac{\text{FC}}{\text{cmr}}$$

2. 목표이익분석

목표이익분석(target-income analysis)이란 일정한 이익을 얻을 수 있는 판매량 또는 매출액을 의미하며 세금을 고려하는 경우와 고려하지 않는 경우로 살펴볼 수 있다.

(1) 등식으로 해결

CVP등식에서 이익($\boldsymbol{\pi}$)을 목표이익으로 하는 판매량($\boldsymbol{Q}_{\text{TI}}$)을 계산하면 된다. 또한, 목표이익매출액($\boldsymbol{S}_{\text{TI}}$)은 판매가격($\boldsymbol{p}$)에 목표이익판매량($\boldsymbol{Q}_{\text{TI}}$)을 곱하면 된다.

$$(\boldsymbol{p} - \boldsymbol{vc}) \cdot \boldsymbol{Q}_{\text{TI}} - \boldsymbol{FC} = \boldsymbol{TI}$$
$$\downarrow$$
$$\boldsymbol{Q}_{\text{TI}} \times \boldsymbol{p} = \boldsymbol{S}_{\text{TI}}$$

또한, 세금을 고려하는 경우 CVP등식에서 세후이익(π_A)을 목표이익으로 하는 판매량(Q_{TI})을 계산하면 된다.

$$[(p - vc) \cdot Q_{TI} - FC] \times (1 - t) = 세후\textbf{\textit{TI}}$$
$$\downarrow$$
$$Q_{TI} \times p = S_{TI}$$
$$단, \; t 는 \; 세율임$$

(2) 공식

CVP등식을 Q_{TI}를 기준으로 정리하면 다음과 같은 공식을 유도할 수 있다.

• 목표이익판매량(Q_{TI})

$$(p - vc) \cdot Q_{TI} = TI + FC$$
$$\downarrow$$
$$Q_{TI} = \frac{TI + FC}{p - vc}$$

또한, 세금을 고려하는 경우 다음과 같은 공식을 유도할 수 있다.

$$(p - vc) \cdot Q_{TI} = \frac{세후 \; TI}{(1 - t)} + FC$$
$$\downarrow$$
$$Q_{TI} = \frac{\dfrac{세후 \; TI}{(1 - t)} + FC}{p - vc}$$
$$단, \; \frac{세후 \; TI}{(1 - t)} 는 \; 세전\textbf{\textit{TI}}임$$

• 목표이익매출액(S_{TI}): 총공헌이익은 단위당 공헌이익에 판매량을 곱하거나 공헌이익률에 매출액을 곱하여 계산할 수 있다.

따라서, 목표이익매출액(S_{TI})은 다음과 같이 나타낼 수 있다.

$$cmr \cdot S_{TI} = TI + FC$$
$$\downarrow$$
$$S_{TI} = \frac{TI + FC}{cmr}$$

또한, 세금을 고려하는 경우 세후목표이익매출액(S_{TI})은 다음과 같이 나타낼 수 있다.

$$cm\,r \cdot S_{\text{TI}} = \frac{\text{세후 TI}}{(1-t)} + FC$$

$$\downarrow$$

$$S_{\text{TI}} = \frac{\dfrac{\text{세후 TI}}{(1-t)} + FC}{cmr}$$

단, $\dfrac{\text{세후 TI}}{(1-t)}$는 세전 TI임

◉ **누진세율인 경우 세후목표이익분석**

$\dfrac{\text{세후 TI}}{(1-t)}$는 세전 TI이므로 세후목표이익을 $(1-t)$로 나누어 세전목표이익으로 전환한 후 목표이익 분석으로 해결하면 된다.

[사례연습 01~05 공통자료]

㈜한국은 단위당 판매가격이 ₩100인 제품을 생산·판매하고 있다. 제품생산과 관련된 자료는 다음과 같다.

	단위당변동비	고정비
직접재료원가	₩35	–
직접노무원가	25	–
제조간접원가	10	₩8,000 (감가상각비 ₩1,500포함)
판매관리비	10	2,000
합계	₩80	₩10,000

사례연습 1: 손익분기점 판매량 및 매출액

[요구사항]

손익분기점 판매량과 손익분기점 매출액을 구하시오.

〔해답〕

※ **자료정리**

p	₩100
vc	80
cm	₩20 (cmr: 0.2)
FC	₩10,000 (감가상각비 ₩1,500 포함)

(1) 손익분기점 판매량(Q)

₩20 · Q – ₩10,000 = 0

그러므로, Q = 500단위이다.

[별해]

$$Q = \frac{\text{고정비}}{\text{단위당 공헌이익}}$$

$$= \frac{\text{₩}10,000}{\text{₩}20}$$

$$= 500\text{단위}$$

(2) 손익분기점 매출액(S)

$0.2 \cdot S - ₩10,000 = 0$

그러므로, $S = ₩50,000$이다.

[별해]

$$S = \frac{고정비}{공헌이익률}$$

$$= \frac{₩10,000}{0.2}$$

$$= ₩50,000$$

사례연습 2: 목표이익 판매량 및 매출액

[요구사항]

목표이익이 ₩1,200인 경우 목표이익판매량과 목표이익매출액을 구하시오.

해답

(1) 목표이익 판매량(Q)

$₩20 \cdot Q - ₩10,000 = ₩1,200$

그러므로, $Q = 560$단위이다.

[별해]

$$Q = \frac{고정비 + 목표이익}{단위당 \ 공헌이익}$$

$$= \frac{₩10,000 + ₩1,200}{₩20}$$

$$= 560단위$$

(2) 목표이익 매출액(S)

$0.2 \cdot S - ₩10,000 = ₩1,200$

그러므로, $S = ₩56,000$이다.

[별해]

$$S = \frac{고정비 + 목표이익}{공헌이익률}$$

$$= \frac{₩10,000 + ₩1,200}{0.2}$$

$$= ₩56,000$$

사례연습 3: 목표매출액

[요구사항]

목표이익률이 매출액의 10%인 경우 매출액을 구하시오.

해답

$0.2 \cdot S - ₩10,000 = 0.1S$

그러므로, $S = ₩100,000$이다.

[별해]

$$S = \frac{고정비}{공헌이익률 - 목표이익률}$$

$$= \frac{₩10,000}{0.2 - 0.1}$$

$$= ₩100,000$$

사례연습 4: 세후목표이익 판매량 및 매출액

[요구사항]

법인세율이 40%이고 세후목표이익이 ₩1,200인 경우 판매량과 매출액을 구하시오.

해답

(1) 목표이익 판매량(Q)

$(₩20 \cdot Q - ₩10,000) \times (1 - 0.4) = ₩1,200$

그러므로, $Q = 600$단위이다.

[별해]

$$Q = \frac{고정비 + \dfrac{세후목표이익}{(1 - 세율)}}{단위당 공헌이익}$$

$$= \frac{₩10,000 + \dfrac{₩1,200}{(1 - 0.4)}}{₩20}$$

$$= 600단위$$

(2) 목표이익 매출액(S)

$(0.2 \cdot S - ₩10,000) \times (1 - 0.4) = ₩1,200$

그러므로, $S = ₩60,000$이다.

[별해]

$$S = \frac{고정비 + \dfrac{세후목표이익}{(1 - 세율)}}{공헌이익율}$$

$$= \frac{₩10,000 + \dfrac{₩1,200}{(1 - 0.4)}}{0.2}$$

$$= ₩60,000$$

원가관리회계

CH 26

해커스 회계학 1차 기본서

10. CVP분석 **1015**

[요구사항]

세후목표이익이 ₩1,700인 판매량과 매출액을 구하시오. 단, 회사의 법인세율은 세전이익 ₩1,000 이하까지는 20%이며, ₩1,000초과분에 대해서는 40%이다.

해답

※ 세전이익 계산

법인세율	세전이익	세후이익
20%	₩1,000	₩800
40%	1,500	900
	2,500	₩1,700

(1) 목표이익 판매량(Q)

$$₩20 \cdot Q - ₩10,000 = ₩2,500$$

그러므로 Q = 625단위이다.

(2) 목표이익 매출액(S)

$$0.2 \cdot S - ₩10,000 = ₩2,500$$

그러므로, S = ₩62,500이다.

Ⅲ   CVP분석 확장모형

01 의의

CVP분석의 가정을 현실에 맞게 수정한 모형으로 주요 내용은 다음과 같다.

기본모형		장기		확장모형
단기		장기		다기간 CVP분석
수익 선형성		비선형		수익 비선형 CVP분석
변동원가 선형성	⇨	비선형	⇨	변동원가 비선형 CVP분석
고정원가 선형성		비선형		고정원가 비선형 CVP분석
전통적원가함수		원가동인 복수		활동기준원가계산 CVP분석
고정원가 비용처리		생산·판매량 불일치		전부원가계산 CVP분석
회계상이익		현금기준		현금흐름분기점
단일제품		복수제품		복수제품 CVP분석
확실성하의 분석		불확실		불확실성하의 CVP분석

이 중 다기간 CVP분석과 불확실성하의 CVP분석은 장을 달리하여 살펴보도록 한다.

02 확장모형의 주요내용

1. 비선형함수 CVP분석

지금까지는 단위당 판매가격, 단위당 변동원가 및 총고정비는 일정하다는 가정하의 기본적인 분석을 살펴 보았다. 하지만 모든 요소는 조업도, 경기변동, 생산성 등 여러 요인에 따라 달라질 수 있어 선형성이 유지되지 않는 상황에서의 CVP분석을 살펴보도록 한다.

(1) 비선형의 유형

비선형의 유형은 다음과 같이 세 가지 유형으로 구분할 수 있으나 유형에 따라 분석방법이 달라지는 것이 아니다.
① 수익이 비선형인 상황
② 원가가 비선형인 상황
③ 수익과 원가 모두 비선형인 상황

(2) 분석방법

비선형함수 CVP분석에서 비선형의 의미는 곡선이 아니고 불연속 선형이다. 즉, 일정 구간은 선형이 유지되므로 선형이 유지되는 구간을 먼저 찾아낸 후 구간별로 분석을 실시한다. 모든 구간에 대해서 분석이 이루지므로 결과값은 하나 또는 여러 개일 수 있다. 이를 시행착오법(trial and error method)이라 한다.

[1단계] 선형이 유지되는 구간을 구분한다.
[2단계] 구간별로 분석을 실시한다.
[3단계] 결과값이 해당 구간에 존재하는지 확인한다.

> ### 사례연습 6: 수익이 비선형인 상황
>
> ㈜한국은 온라인판매회사로 판매가격은 판매량이 증가할수록 낮아지며 할인된 가격은 구간별로 달리 적용된다. 다음은 판매량에 대한 구간별 단위당 판매가격이다.
>
> | 판매량 | 구간별 단위당 판매가격 |
> |---|---|
> | 0 ~ 1,000단위 | ₩200 |
> | 1,001 ~ 2,000단위 | 180 |
> | 2,001 ~ 3,000단위 | 150 |
>
> 단위당 변동원가는 ₩100이며 총고정원가는 ₩120,000이다.
>
> **[요구사항]**
> 손익분기점 판매량을 구하시오.
>
> **해답**
>
> ※ 자료정리
>
> | | 0~1,000 | 1,001~2,000 | 2,001~3,000 |
> |---|---|---|---|
> | 단위당 판매가격 | ₩200 | ₩180 | ₩150 |
> | 단위당 변동원가 | 100 | 100 | 100 |
> | 단위당 공헌이익 | ₩100 | ₩80 | ₩50 |
> | 총고정원가 | ₩120,000 | ₩120,000 | ₩120,000 |

선형이 유지되는 구간별로 등식을 이용하여 손익분기점을 찾아낼 수 있다.

조업도 구간	분석	결과값
0~1,000	₩100 × Q − ₩120,000 = 0	1,200단위 (×)
1,001~2,000	₩100 × 1,000 + ₩80 × (Q − 1,000) − ₩120,000 = 0	1,250단위 (○)
2,001~3,000	₩100 × 1,000 + ₩80 × 1,000 + ₩50 × (Q − 2,000) − ₩120,000 = 0	800단위 (×)

그러므로, 손익분기점 판매량은 1,250단위이다.

사례연습 7: 고정원가가 비선형인 상황

㈜한국은 단일제품을 대량으로 생산하는 회사이며 제품의 단위당 판매가격은 ₩200으로 결정하였고 단위당 변동원가는 ₩100으로 추정하고 있다. 그러나, 생산량이 증가함에 따라 설비투자로 인하여 다음과 같이 증가할 것으로 추정하고 있다.

판매량	고정원가
0 ~ 1,000단위	₩120,000
1,001 ~ 2,000단위	150,000
2,001 ~ 3,000단위	180,000

[요구사항]
손익분기점 판매량을 구하시오.

해답

※ 자료정리

	0~1,000	1,001~2,000	2,001~3,000
단위당 판매가격	₩200	₩200	₩200
단위당 변동원가	100	100	100
단위당 공헌이익	₩100	₩100	₩100
총고정원가	₩120,000	₩150,000	₩180,000

선형이 유지되는 구간별로 등식을 이용하여 손익분기점을 찾아낼 수 있다.

조업도 구간	분석	결과값
0~1,000	₩100 × Q − ₩120,000 = 0	1,200단위 (×)
1,001~2,000	₩100 × Q − ₩150,000 = 0	1,500단위 (○)
2,001~3,000	₩100 × Q − ₩180,000 = 0	1,800단위 (×)

그러므로, 손익분기점 판매량은 1,500단위이다.

---

2. 활동기준원가계산 CVP분석

활동기준원가함수를 이용한 CVP분석에서는 조업도에 비례하는 원가 이외에 다양한 원가동인에 영향을 받는 다수의 활동원가를 어떻게 처리할지 문제가 발생한다. 이는 아래와 같은 CVP분석의 기본구조에서 해답을 찾을 수 있다.

CVP분석에서 가장 중요한 자료정리는 다음과 같다.

		(단위당 판매가격)	p	$\Rightarrow$ 조업도는 동일

(단위당 판매가격) p
(단위당 변동원가) vc $\Rightarrow$ 조업도는 동일
(단위당 공헌이익) cm

(총고정원가) FC $\Rightarrow$ 조업도와 무관한 비용

결과적으로 p, vc, cm의 조업도는 같아야 하기 때문에 활동기준원가함수를 적용하는 경우 조업도를 원가동인으로 하는 활동원가는 변동원가로 처리하고 그 이외의 다른 원가동인에 따라 발생하는 활동원가는 모두 고정원가로 처리한다.

• **전통적원가함수**: b는 단위당 변동원가이고 a는 고정원가이다.

$$y = a + b \cdot x$$
단, x는 조업도

• **활동기준원가함수**: b_1은 단위당 변동원가이고 a', $b_2 \cdot x_2 + b_3 \cdot x_3 + \ldots + b_n \cdot x_n$는 모두 고정원가이다.

$$y = a' + b_1 \cdot x_1 + b_2 \cdot x_2 + b_3 \cdot x_3 + \ldots + b_n \cdot x_n$$
단, x_1는 단위수준(조업도)
x_2는 묶음수준
x_3는 제품수준
⋮

사례연습 8: 활동기준원가계산하에서의 CVP분석

㈜한국은 신제품 출시에 앞서 시장조사를 한 결과 신제품의 단위당 판매가격은 ₩120이고 1,000단위에 대한 제조원가예산을 다음과 같이 설정하였다.

	단위당 변동비	고정비
직접재료원가	₩50	–
직접노무원가	25	–
제조간접원가	15	₩120,000
합계	₩90	₩120,000

[요구사항 1]
손익분기점 판매수량을 구하시오.

해답

※ **자료정리**

p	₩120
vc	90
cm	₩30
FC	₩120,000

손익분기점 판매량을 Q라 하면,

₩30 · Q − ₩120,000 = 0,

그러므로, Q = 4,000단위이다.

[요구사항 2]

한편, 제조간접원가를 활동기준원가계산에 따라 분석한 결과 다음과 같은 원가함수를 도출하였다.

$$Y = ₩64,000 + ₩15X_1 + ₩20X_2 + ₩100X_3 + ₩105X_4$$

단, X_1: 생산량

X_2: 기계시간

X_3: 재료처리횟수

X_4: 검사횟수

총 1,000단위의 제품을 생산·판매하기 위해서 200기계시간, 100회의 재료처리횟수, 400회의 검사횟수가 필요하다. 손익분기점 판매량을 구하시오.

⌜해답⌝

손익분기점분석에서 독립변수는 조업도 하나이기 때문에 조업도 이외의 변수는 고정비(계단원가)로 간주한다.

※ 자료정리

p	₩120
vc	90 (= ₩50 + ₩25 + ₩15)
cm	₩30
FC	₩120,000 (= 64,000 + ₩20 × 200기계시간 + ₩100 × 100재료처리횟수 + ₩105 × 400검사횟수)

손익분기점 판매량을 Q라 하면,

₩30 · Q − ₩120,000 = 0,

그러므로, Q = 4,000단위이다.

3. 전부원가계산 CVP분석

CVP분석의 등식을 살펴보면 단위당 변동원가(vc)는 판매량만큼 비용처리되고 고정원가(FC)는 전액 비용처리하는 구조로 되어 있다. 즉, 고정원가에 포함되어 있는 고정제조원가를 모두 비용처리하는 구조이다. 이러한 구조는 생산량과 판매량이 일치한다는 가정 또는 변동원가계산을 적용하는 경우에 가능한 구조이다.

$$(p - vc) · Q - \underline{FC} = \pi$$

$$\downarrow$$

- 고정제조간접원가 [$foh × Q$(판매량 = 생산량)]
- 고정판매관리비

만약, 생산량과 판매량이 일치하지 않고 전부원가계산을 적용한다면 고정제조간접원가는 판매량만큼 비용처리하므로 위와 같은 등식을 더 이상 사용할 수 없고 다음과 같이 수정해야 한다.

$$(p - vc - foh) · Q - 고정판매관리비 = \pi$$

또한, 전부원가계산 손익분기점을 Q로 정리하면 다음과 같은 공식을 유도할 수 있다.

$$Q = \frac{\text{고정판매관리비}}{\text{p} - \text{vc} - \text{foh}}$$

사례연습 9: 전부원가계산 손익분기점

㈜한국은 단위당 판매가격이 ₩100인 제품을 생산, 판매하고 있다. 제품생산과 관련된 자료는 다음과 같다.

	단위당 변동비	고정비
직접재료원가	₩35	–
직접노무원가	25	–
제조간접원가	10	₩8,000(감가상각비 ₩1,500 포함)
판매관리비	10	2,000
합계	₩80	₩10,000

[요구사항]

제품 생산량이 500단위, 800단위, 1,000단위인 경우, 다음의 물음에 답하시오.
(1) 변동원가계산에서의 손익분기점 판매량
(2) 전부원가계산에서의 손익분기점 판매량

해답

[500단위인 경우]

※ 자료정리

변동원가계산			전부원가계산		
p		₩100	p		₩100
vc		80	vc		80
cm		₩20	cm		₩20
			@FOH		16(= ₩8,000 ÷ 500단위)
			cm – @FOH		₩4
고정제조간접원가		₩8,000	고정제조간접원가		–
고정판매관리비		2,000	고정판매관리비		₩2,000

(1) 변동원가계산에서의 손익분기점 판매량
    ₩20 · Q – ₩10,000 = 0
    그러므로, Q = 500단위이다.

(2) 전부원가계산에서의 손익분기점 판매량
    ₩4 · Q – ₩2,000 = 0
    그러므로, Q = 500단위이다.

※ 자료정리

변동원가계산		전부원가계산	
p	₩100	p	₩100
vc	80	vc	80
cm	₩20	cm	₩20
		@FOH	10(= ₩8,000 ÷ 800단위)
		cm − @FOH	₩10
고정제조간접원가	₩8,000	고정제조간접원가	−
고정판매관리비	2,000	고정판매관리비	₩2,000

(1) 변동원가계산에서의 손익분기점 판매량
  $₩20 \cdot Q − ₩10,000 = 0$
  그러므로, Q = 500단위이다.

(2) 전부원가계산에서의 손익분기점 판매량
  $₩10 \cdot Q − ₩2,000 = 0$
  그러므로, Q = 200단위이다.

[1,000단위인 경우]
※ 자료정리

변동원가계산		전부원가계산	
p	₩100	p	₩100
vc	80	vc	80
cm	₩20	cm	₩20
		@FOH	8(= ₩8,000 ÷ 1,000단위)
		cm − @FOH	₩12
고정제조간접원가	₩8,000	고정제조간접원가	−
고정판매관리비	2,000	고정판매관리비	₩2,000

(1) 변동원가계산에서의 손익분기점 판매량
  $₩20 \cdot Q − ₩10,000 = 0$
  그러므로, Q = 500단위이다.

(2) 전부원가계산에서의 손익분기점 판매량
  $₩12 \cdot Q − ₩2,000 = 0$
  그러므로, Q = 167단위이다.

4. 현금흐름분기점

현금흐름분기점(cash break even poion)이란 현금유입과 현금유출이 동일한 판매량(매출액)을 말한다.

회계적 수익과 현금유입은 일치하고 회계적 비용과 현금유출의 유일한 차이는 감가상각비라 하면 다음과 같은 관계를 도출할 수 있다.

> (세후)회계적 이익 + 감가상각비 = (세후)현금
> ↓
> • 세금이 없는 경우: $(p − vc) \cdot Q − FC +$ 감가상각비 = 현금
> • 세금이 있는 경우: $[(p − vc) \cdot Q − FC] \times (1 − t) +$ 감가상각비 = 세후현금

또한, 현금흐름이 영(0)인 현금분기점을 Q로 정리하면 다음과 같은 공식을 유도할 수 있다.

- 세금이 없는 경우: $Q = \dfrac{FC - 감가상각비}{p - vc}$

- 세금이 있는 경우: $Q = \dfrac{FC - \dfrac{감가상각비}{(1-t)}}{p - vc}$

사례연습 10: 손익분기점과 현금흐름분기점

㈜한국은 단위당 판매가격이 ₩100인 제품을 생산 · 판매하고 있다. 제품생산과 관련된 자료는 다음과 같다.

	단위당 변동원가	고정원가	
직접재료원가	₩35	−	
직접노무원가	25	−	
제조간접원가	10	₩80,000	(감가상각비 ₩20,000포함)
판매관리비	10	20,000	
	₩80	₩100,000	

단, 법인세율은 20%이다.

[요구사항 1]
법인세를 고려하지 않은 손익분기점과 법인세를 고려한 손익분기점을 각각 구하시오.

[요구사항 2]
법인세를 고려하지 않은 현금흐름분기점과 법인세를 고려한 현금흐름분기점을 각각 구하시오.

[요구사항 3]
₩40,000의 순현금유입액을 얻을 수 있는 판매량을 법인세를 고려하지 않은 경우과 법인세를 고려하는 경우 구분하여 각각 구하시오.

해답

※ **자료정리**

단위당 판매가격	₩100
단위당 변동원가	80
단위당 공헌이익	₩20

총고정비	₩100,000　(감가상각비 ₩20,000 포함)
법인세율	20%

(1) 손익분기점에서는 법인세가 영(0)이므로 법인세를 고려하지 않은 경우와 고려한 경우 손익분기점은 동일하다.

(2) 현금흐름분기점은 법인세효과로 인하여 법인세를 고려하지 않은 경우와 고려한 경우 현금흐름분기점은 달라진다.

[요구사항 1] 손익분기점

(1) 법인세를 고려하지 않은 경우 손익분기점판매량(Q)

$$₩20 \times Q - ₩100,000 = 0$$

그러므로, Q는 5,000단위이다.

[별해]

$$Q = \frac{100,000}{20} = 5,000단위$$

(2) 법인세를 고려한 손익분기점판매량(Q)

$$(₩20 \times Q - ₩100,000) \times (1 - 20\%) = 0$$

그러므로, Q는 5,000단위이다.

[요구사항 2] 현금흐름분기점

(1) 법인세를 고려하지 않은 경우 현금흐름분기점판매량(Q)

$$₩20 \times Q - ₩100,000 + ₩20,000 = 0$$

그러므로, Q는 4,000단위이다.

[별해]

$$Q = \frac{100,000 - 20,000}{20} = 4,000단위$$

(2) 법인세를 고려한 현금흐름분기점판매량(Q)

$$(₩20 \times Q - ₩100,000) \times (1 - 20\%) + ₩20,000 = 0$$

그러므로, Q는 3,750단위이다.

[별해]

$$Q = \frac{100,000 - \dfrac{20,000}{(1 - 20\%)}}{20} = 3,750단위$$

결국, 세율이 20%일 때 3,750단위를 판매하면 순현금유입액은 영(0)이 되어야 한다.
- 3,750단위 판매하는 경우 회계적 이익
  $$₩20 \times 3,750단위 - ₩100,000 = ₩(25,000)$$
  ₩25,000 손실이므로 납부할 법인세는 없으며 손실에 대한 ₩5,000(= ₩25,000 × 20%)의 법인세 환급금이 발생한다.
- 3,750단위 판매하는 경우 현금유입액
  $$₩20 \times 3,750단위 - (₩100,000 - ₩20,000) = ₩(5,000)$$
  ₩5,000의 현금지출이 발생한다.
  즉, 현금지출 ₩5,000은 법인세 환급금 ₩5,000으로 보충할 수 있으므로 순현금유입액은 영(0)이 된다.

[요구사항 3] 목표현금흐름분석

(1) 법인세를 고려하지 않은 경우 목표현금흐름판매량(Q)

$$₩20 \times Q - ₩100,000 + ₩20,000 = ₩40,000$$

그러므로, Q는 6,000단위이다.

[별해]

$$Q = \frac{100,000 - 20,000 + 40,000}{20} = 6,000단위$$

(2) 법인세를 고려한 목표현금흐름판매량(Q)

$$(₩20 \times Q - ₩100,000) \times (1 - 20\%) + ₩20,000 = ₩40,000$$

그러므로, Q는 6,250단위이다.

[별해]

$$Q = \frac{100,000 - \dfrac{20,000}{(1 - 20\%)} + \dfrac{40,000}{(1 - 20\%)}}{20} = 6,250단위$$

5. 복수제품 CVP분석

손익분기점이라 함은 고정원가와 공헌이익이 일치하는 판매량(Q) 또는 매출액(S)을 말한다. 따라서, 복수의 제품의 경우에도 손익분기점은 고정원가와 모든 제품의 공헌이익을 더한 총공헌이익이 일치하는 판매량(Q) 또는 매출액(S)이므로 하나의 제품을 복수의 제품으로 확대하여도 그 구조나 과정은 동일하다.

또한, 여러 종류의 제품을 대상으로 하는 복수제품 CVP분석은 사전에 제품배합이 일정하다는 가정이 필요하다.

(1) 제품배합

제품배합(sales mix)은 판매량배합과 매출액배합으로 구분할 수 있다.

① **판매량(수량)배합**: 총판매량에서 각 제품의 판매량이 차지하는 상대적 비율

② **매출액(금액)배합**: 총매출액에서 각 제품의 매출액이 차지하는 상대적 비율

매출은 판매가격에서 판매량을 곱하여 계산하므로 판매량배합과 매출액배합은 다음과 같이 가격을 곱하거나 나누어 상호전환이 가능하다.

[그림 10-3] 수량배합과 금액배합 비교

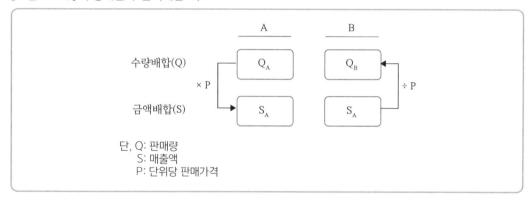

(2) 분석방법

복수제품이라면 제품별 배합비율은 항상 일정하다는 가정이 필요하다. 따라서 분석방법에는 크게 묶음을 기준으로 하는 방법과 개별단위를 기준으로 하는 방법이 있으며 묶음을 기준으로 하는 방법이 가장 쉽고 간편하다.

• 묶음을 기준으로 하는 방법

• 개별단위를 기준으로 하는 방법

① **묶음을 기준으로 하는 방법(묶음법, 꾸러미법)**: 이 방법은 제품별 판매량비율이 일정하므로 묶음단위로 분석하는 것을 말한다. 즉, 묶음당 공헌이익을 기준으로 손익분기점 묶음수를 계산한 후 묶음 내에 포함되어 있는 개별제품수량을 곱하여 계산하는 방법이다.

② **개별단위를 기준으로 하는 방법**: 이 방법은 제품별 판매량비율이 일정하므로 제품들의 단위당 가중평균 공헌이익을 기준으로 손익분기점 전체수를 계산한 후 개별제품별 판매량비율로 안분하여 계산하는 방법이다.

㈜한국은 A, B 두 가지의 제품을 생산·판매하고 있다. 제품별 예산손익자료는 다음과 같다.

	A	B	합계
판매량	900단위	300단위	1,200단위
매출액	₩90,000	₩60,000	₩150,000
총변동비	(54,000)	(42,000)	(96,000)
총공헌이익	₩36,000	₩18,000	₩54,000
총고정비			(36,000)
영업이익			₩18,000

[요구사항 1]
다음의 방법을 이용하여 손익분기점 판매량을 구하시오.
(1) 등식법
(2) 묶음법(꾸러미법)
(3) 가중평균공헌이익(wacm)을 사용
(4) 가중평균공헌이익률(wacmr)을 사용

해답

※ 자료정리

	A	B
매출배합	3	1
매출액구성비*	3	2
단위당 판매가격	₩100	₩200
단위당 변동비	(60)	(140)
단위당 공헌이익	₩40(0.4)	₩60(0.3)
총고정비	₩36,000	

* A : B = 3 × ₩100 : 1 × ₩200 = 3 : 2

(1) 등식법
제품 B의 판매량은 Q라 하면, 제품 A의 판매량은 3Q가 된다.
₩40 × 3Q + ₩60 × Q − ₩36,000 = 0
Q = 200단위
따라서,

제품 A:	3 × 200단위 =	600단위
제품 B:	1 × 200단위 =	200
		800단위

(2) 묶음법
배합비율이 일정한 한 묶음당 공헌이익은 다음과 같다.

₩40 × 3단위 + ₩60 × 1단위 = ₩180

묶음당 공헌이익을 등식법을 이용하면 손익분기점 묶음수량를 구할 수 있다.
손익분기점 묶음수를 Q라 하면,

₩180 × Q − ₩36,000 = 0

Q = 200단위

묶음당 제품 A와 제품 B가 3 : 1의 비율로 구성되어 있으므로,

제품 A:	200단위 × 3 =	600단위
제품 B:	200단위 × 1 =	200
		800단위

(3) 가중평균공헌이익을 이용

배합비율이 일정한 상태에서 한 단위당 평균공헌이익은 다음과 같다.

$$\frac{₩40 × 3 + ₩60 × 1}{4} = ₩45$$

가중평균 공헌이익으로 등식법을 이용하면 손익분기점 총제품수량를 구할 수 있다.

손익분기점 총제품수량을 Q라 하면,

₩45 × Q − ₩36,000 = 0

Q = 800단위

총제품수량에는 제품 A와 제품 B가 3 : 1의 비율로 구성되어 있으므로,

제품 A:	800단위 × (3/4) =	600단위
제품 B:	800단위 × (1/4) =	200
		800단위

(4) 가중평균공헌이익률을 이용

배합비율이 일정한 상태에서 가중평균공헌이익률은 다음과 같다. 여기서 주의할 점은 제품별 공헌이익률을 가중평균하기 위해서는 매출액구성비의 비율로 가중평균하여야 한다.

$$0.4 × 3/5 + 0.3 × 2/5 = 0.36$$

가중평균 공헌이익률로 등식법을 이용하면 손익분기점 총매출액을 구할 수 있다.

손익분기점 총매출액을 S라 하면,

0.36 × S − ₩36,000 = 0

S = ₩100,000

총매출액에는 제품 A와 제품 B가 3 : 2의 비율로 구성되어 있으므로,

제품 A:	₩100,000 × (3/5) =	₩60,000
제품 B:	₩100,000 × (2/5) =	40,000
		₩100,000

또한, 제품별 손익분기점 판매량을 구하면 다음과 같다.

	매출액		판매가격		판매수량
제품 A	₩60,000	÷	₩100	=	600단위
제품 B	40,000	÷	200	=	200
합계	₩100,000				800단위

[요구사항 2]

법인세율이 40%일 때 세후목표이익 ₩5,400을 달성하기 위한 제품별 매출액을 구하시오.

$\boxed{\text{해답}}$

묶음당 공헌이익이 ₩180이므로 등식법을 이용하면 다음과 같다.

목표이익을 달성할 수 있는 묶음수를 Q라 하면,

$(\text{₩}180 \times Q - \text{₩}36,000) \times (1 - 0.4) = \text{₩}5,400$

Q = 250단위

묶음당 제품 A와 제품 B가 3 : 1의 비율로 구성되어 있으므로,

제품 A:	250단위 × 3 =	750단위
제품 B:	250단위 × 1 =	250
		1,000단위

Ⅳ 기타

01 안전한계와 안전한계율

손익분기점은 이익이 영(0)인 판매량 또는 매출액으로 영업활동에 있어 최소한 달성해야 할 기준점을 제공한다. 또한, 현재 판매량 또는 매출액을 손익분기점과 비교하여 현재 영업활동이 얼마나 잘 운영되고 있는지를 판단할 수 있다. 이러한 판단의 근거를 수치화한 것이 안전한계와 안전한계율이다.

(1) 안전한계(MS, margin of safety)

현재 매출액이 손익분기점매출액을 초과한 부분으로 손실로부터 안전한 정도를 말하며 기업의 안전성을 측정하는 지표들 중 하나이다.

> 안전한계 매출액(판매량) = 현재 매출액(판매량) − 손익분기점 매출액(판매량)

(2) 안전한계율(MSR, margin of safety ratio)

안전한계를 비율로 표시한 것을 말하며 안전한계 매출액(판매량)을 현재 매출액(판매량)으로 나누어 계산한다. 또한, 안전한계율은 영업이익에서 공헌이익으로 나누어 표현할 수도 있다.

$$\text{안전한계율} = \frac{\text{안전한계 매출액(판매량)}}{\text{현재 매출액(판매량)}}$$

$$= \frac{\text{영업이익}}{\text{공헌이익}}$$

㈜한국는 다음과 같은 예산포괄손익계산서를 작성하였다.

포괄손익계산서

매출액	10,000단위 × ₩50 =	₩500,000
변동비	10,000단위 × ₩30 =	(300,000)
공헌이익		₩200,000
고정비		(150,000)
영업이익		₩50,000

[요구사항 1]

안전한계매출액과 안전한계매출수량을 구하시오.

해답

※ 자료정리

p	₩50
vc	30
cm	₩20 (cmr: 0.4)
FC	₩150,000

손익분기점 판매량(Q): ₩150,000 ÷ ₩20 = 7,500단위
손익분기점 매출액(S): ₩150,000 ÷ 0.4 = ₩375,000

(1) 안전한계매출액
    현재(예상)매출액 − 손익분기점 매출액
    = ₩500,000 − ₩375,000
    = ₩125,000

(2) 안전한계매출수량
    현재(예상)매출수량 − 손익분기점 매출수량
    = 10,000단위 − 7,500단위
    = 2,500단위

[요구사항 2]

안전한계율을 구하시오.

해답

$$안전한계율 = \frac{안전한계매출액}{현재(예상)매출액} = \frac{안전한계매출수량}{현재(예상)매출수량} = \frac{영업이익}{공헌이익}$$

$$= \frac{₩125,000}{₩500,000}$$

$$= 25\%$$

02 레버리지와 영업레버리지도

레버리지(leverage)란 지렛대를 의미하며 레버리지효과(leverage effct)란 협의적 개념은 차입금을 활용하여 투자수익을 높이는 것을 말하며 광의적 개념은 투입의 변화율에 비하여 산출의 변화율이 확대되는 효과를 말한다.

1. 영업레버리지

영업레버리지(operatng leverage)란 고정원가로 인하여 매출액 변화율에 비하여 영업이익 변화율이 확대되는 효과를 말하며 고정원가 수준이 높을수록 확대되는 효과는 더 커진다. 따라서, 경영자는 아래와 같이 변동원가와 고정원가의 수준을 조절하면서 미래 경기변동에 탄력적으로 대처할 수 있다.

- 노동집약적 방법 ⇨ 노무원가수준↑ ⇨ (변동원가비율↑, 고정원가비율↓) ⇨ 공헌이익률↓ ⇨ 경기변동영향↓
- 자본집약적 방법 ⇨ 노무원가수준↓ ⇨ (변동원가비율↓, 고정원가비율↑) ⇨ 공헌이익률↑ ⇨ 경기변동영향↑

2. 영업레버리지도

영업레버리지도(DOL, degree of operatng leverage)란 영업레버리지의 효과를 계량화한 수치로서 영업레버리지도가 높을수록 경기변화에 대하여 영업이익의 변화폭이 확대되는 것을 의미한다.

$$DOL = \frac{영업이익변화률}{매출액변화률} = \frac{공헌이익}{영업이익(공헌이익 - 고정원가)}$$

따라서,

영업이익변화율 $= DOL \times$ 매출액변화율

또한, 안전한계율과의 역수관계이다.

$$DOL = \frac{공헌이익}{영업이익} = \frac{1}{안전한계율}$$

◉ 영업레버리지도의 범위

공헌이익과 영업이익 모두 양(+)의 상황을 가정하면 범위는 다음과 같다.

- 고정원가 영(0)인 상황에서 DOL은 1이다.
- 영업이익이 영(0)에 가까우면 즉, 손익분기점 부근에서 DOL은 가장 크다.
- 매출이 커질수록 고정원가의 효과는 줄어들어 DOL은 감소한다.

㈜한국은 서울과 부산에 사업부를 운영하고 있다. 다음은 두 사업부의 당해 연도 예상포괄손익계산서이다.

	서울	부산
매출액	₩500,000	₩500,000
변동비	(300,000)	(100,000)
공헌이익	₩200,000	₩400,000
고정비	(150,000)	(350,000)
영업이익	₩50,000	₩50,000

[요구사항 1]
사업부별 손익분기점 매출액을 구하시오.

(해답)

※ 자료정리

	서울	부산
p	?	?
vc	?	?
cm	? (cmr = 0.4)[*1]	? (cmr: 0.8)[*2]
FC	₩150,000	₩350,000

[*1] ₩200,000 ÷ ₩500,000 = 0.4
[*2] ₩400,000 ÷ ₩500,000 = 0.8
서울사업부: ₩150,000 ÷ 0.4 = ₩375,000
부산사업부: ₩350,000 ÷ 0.8 = ₩437,500

[요구사항 2]
사업부별 영업레버리지도를 구하시오.

(해답)

서울사업부: ₩200,000 ÷ ₩50,000 = 4
부산사업부: ₩400,000 ÷ ₩50,000 = 8

[요구사항 3]
매출액이 20% 증가할 경우 각 사업부의 영업이익을 구하시오.

(해답)

"매출액변화율 × 영업레버리지도 = 영업이익변화율"이므로,
서울사업부: ₩50,000 × (1 + 0.2 × 4) = ₩90,000
부산사업부: ₩50,000 × (1 + 0.2 × 8) = ₩130,000

[요구사항 4]
매출액이 20% 감소할 경우 각 사업부의 영업이익을 구하시오.

(해답)

"매출액변화율 × 영업레버리지도 = 영업이익변화율"이므로,
서울사업부: ₩50,000 × (1 - 0.2 × 4) = ₩10,000
부산사업부: ₩50,000 × (1 - 0.2 × 8) = ₩(30,000)

03 민감도분석

CVP분석는 수익에서 비용을 차감한 이익을 의사결정의 대상으로 하여 단위당 판매가격(p), 단위당 변동원가(vc), 고정원가(FC)는 주어진 상태에서 조업도(Q)에 대한 이익(π)을 바로 확인할 수 있는 기법이다. 그러나, 주어진 p, vc, FC는 항상 일정하지 않고 상황에 따라 달라질 수 있어 주어진 변수가 달라지는 경우 이익(π)에 미치는 효과를 분석하는 것을 민감도분석(sensitivity analysis)이라 한다.

사례연습 14: 민감도분석

㈜한국은 단일제품을 생산·판매하고 있으며 당해 연도 예상판매수량은 10,000단위이며, 예상포괄손익계산서는 다음과 같다.

포괄손익계산서	
매출액	₩500,000
총변동비	(350,000)
총공헌이익	₩150,000
총고정비	(96,000)
영업이익	₩54,000

[요구사항 1]
손익분기점 판매수량을 구하시오.

해답

※ 자료정리

p	₩50 (= ₩500,000 ÷ 10,000단위)
vc	35 (= ₩350,000 ÷ 10,000단위)
cm	₩15
FC	₩96,000

손익분기점 판매수량을 Q라 하면,
₩15 × Q − ₩96,000 = 0
Q = 6,400단위
그러므로, 손익분기점 판매량은 6,400단위이다.

[요구사항 2]
회사가 단위당 판매가를 ₩50에서 ₩40으로 인하할 경우, 기존의 연간 손익분기점 판매량을 유지하기 위한 고정비 감소액을 구하시오.

해답

※ 자료정리

변경 후 총고정비를 X라 하면,

	변경전	변경후
p	₩50	₩40
vc	35	35
cm	₩15	₩5
FC	₩96,000	X

₩5 × 6,400단위 − X = 0

그러므로, X는 ₩32,000

따라서, 총고정비 감소액은 ₩96,000 − ₩32,000 = ₩64,000이다.

[요구사항 3]

판매가격 10% 하락하고 단위당 변동비 ₩2씩 하락이 예상된다. 손익분기점 판매량을 구하시오.

해답

※ 자료정리

p	₩45 (= ₩50 − ₩50 × 0.1)
vc	33 (= ₩35 − ₩2)
cm	₩12
FC	₩96,000

손익분기점 판매수량을 Q라 하면,

₩12 × Q − ₩96,000 = 0

Q = 8,000단위

그러므로, 손익분기점 판매량은 8,000단위이다.

[요구사항 4]

판매가격이 10% 상승하면 판매량이 5% 감소한다. 예상영업이익을 구하시오.

해답

	변경 전	변경 후
p	₩50	₩55
vc	35	35
cm	₩15	₩20
FC	₩96,000	₩96,000
판매량	10,000단위	9,500단위

₩20 × 9,500단위 − ₩96,000 = ₩94,000

즉, 예상영업이익은 ₩94,000이다.

01 일반적으로 손익분기점 분석에서 기본가정 중 가장 적절하지 못한 것은? 세무사 2000

① 판매가격은 일정범위 내에서는 변동하지 않는다.
② 모든 원가는 고정비와 변동비로 나누어질 수 있다.
③ 수익과 원가형태는 관련범위 내에서 곡선이다.
④ 원가요소, 능률, 생산성은 일정범위 내에서 변동하지 않는다.
⑤ 단위당 판매가격은 판매량에 관계없이 일정하다.

02 다음은 원가 · 조업도 · 이익(CVP)분석에 관한 설명이다. 이 중 적합하지 않은 표현은 어느 것인가?
회계사 2004

① 손익분기점에서는 순이익이 0이므로 법인세가 없다.
② 공헌이익이 총고정비 보다 클 경우에는 이익이 발생한다.
③ 생산량과 판매량이 다른 경우에도 변동원가계산의 손익분기점은 변화가 없다.
④ 총원가 중에서 고정비의 비중이 클수록 영업레버리지도는 작아진다.
⑤ 안전한계율에 공헌이익률을 곱하면 매출액이익률이 계산된다.

03 ㈜감평은 제품 A를 생산하여 단위당 ₩1,000에 판매하고 있다. 제품 A의 단위당 변동원가는 ₩600, 총고정원가는 연 ₩30,000이다. ㈜감평이 20×1년 법인세 차감후 순이익 ₩12,500을 달성하기 위한 제품 A의 판매수량은? (단, 법인세율은 ₩10,000이하까지는 20%, ₩10,000 초과분에 대해서는 25%이다) 감평 2024

① 85단위   ② 95단위
③ 105단위   ④ 115단위
⑤ 125단위

04 ㈜국세는 단일 제품 A를 생산·판매하고 있다. 제품 A의 단위당 판매가격은 ₩2,000, 단위당 변동비는 ₩1,400, 총고정비는 ₩90,000이다. ㈜국세가 세후 목표이익 ₩42,000을 달성하기 위한 매출액과, 이 경우의 안전한계는? (단, 법인세율은 30%이다)

감평 2020

	매출액	안전한계
①	₩300,000	₩100,000
②	₩440,000	₩140,000
③	₩440,000	₩200,000
④	₩500,000	₩140,000
⑤	₩500,000	₩200,000

05 ㈜경진은 한 가지 제품만을 생산하며 매월 생산한 제품은 당해 월에 모두 판매한다. ㈜경진의 법인세율은 40%의 단일세율이며, 20×1년도 1월과 2월의 원가자료는 다음과 같다.

구분	1월	2월
제품 단위당 판매가격	₩ 500	₩ 450
제품 단위당 변동비	300	270
총 고정비	500,000	600,000

㈜경진의 20×1년 1월과 2월의 당기순이익이 각각 ₩60,000과 ₩72,000이라면, 1월과 2월의 제품 매출액은 각각 얼마인가?

회계사 2009

	1월 제품 매출액	2월 제품 매출액
①	₩1,400,000	₩1,680,000
②	₩1,400,000	₩1,800,000
③	₩1,500,000	₩1,680,000
④	₩1,500,000	₩1,800,000
⑤	₩1,500,000	₩2,000,000

06 단일 제품을 생산·판매하는 ㈜감평의 당기 생산 및 판매 관련자료는 다음과 같다.

단위당 판매가격	₩1,000
단위당 변동제조원가	600
연간 고정제조간접원가	600,000
단위당 변동판매관리비	100
연간 고정판매관리비	120,000

㈜감평은 단위당 판매가격을 10% 인상하고, 변동제조원가 절감을 위한 새로운 기계장치 도입을 검토하고 있다. 새로운 기계장치를 도입할 경우, 고정제조간접원가 ₩90,000이 증가할 것으로 예상된다. ㈜감평이 판매가격을 인상하고 새로운 기계장치를 도입할 때, 손익분기점 판매수량 1,800단위를 달성하기 위하여 절감해야 하는 단위당 변동제조원가는?

감평 2023

① ₩50

② ₩52.5

③ ₩70

④ ₩72.5

⑤ ₩75

07 ㈜감평의 20×1년 제품 A의 생산·판매와 관련된 자료는 다음과 같다.

단위당 판매가격	₩25
단위당 변동제조원가	10
단위당 변동판매관리비	6
연간 총고정제조간접원가	1,500(감가상각비 ₩200 포함)
연간 총고정판매관리비	2,500(감가상각비 ₩300 포함)

㈜감평은 변동원가계산을 채택하고 있으며, 감가상각비를 제외한 모든 수익과 비용은 발생 시점에 현금으로 유입되고 지출된다. 법인세율이 20%일 때 ㈜감평의 세후 현금흐름분기점 판매량은?

감평 2022

① 180단위

② 195단위

③ 360단위

④ 375단위

⑤ 390단위

08 ㈜창원은 냉장고를 구입하여 판매하는 회사이다. 20×1년 냉장고의 단위당 판매가격은 ₩10,000이며, 변동비율은 80%이다. 판매량이 5,000대 이하인 경우 고정판매비는 ₩8,500,000이며, 판매량이 5,000대 초과한 경우 고정판매비는 ₩11,000,000이다. ㈜창원은 세후순이익 ₩1,450,000을 달성하기 위해서는 몇 대의 냉장고를 판매해야 하는가? (단, ㈜창원의 법인세율은 세전이익 ₩1,000,000 이하까지는 25%이며, ₩1,000,000 초과분에 대해서는 30%이다)

세무사 2010

① 4,250대 ② 4,500대
③ 4,750대 ④ 5,250대
⑤ 6,500대

09 ㈜국세는 다음과 같이 3가지 제품을 생산·판매할 계획이다.

	제품 A	제품 B	제품 C
단위당 판매가격	₩10	₩12	₩14
단위당 변동비	₩6	₩4	₩8
예상판매량	100개	150개	250개

고정비는 총 ₩2,480으로 전망된다. 예상판매량 배합비율이 유지된다면, 제품 C의 손익분기점 매출액은?

세무사 2015

① ₩800 ② ₩1,200
③ ₩1,440 ④ ₩2,000
⑤ ₩2,800

10 ㈜감평은 제품 X, Y, Z를 생산·판매하고 있으며, 각 제품 관련 자료는 다음과 같다.

구분	제품 X	제품 Y	제품 Z
매출배합비율(매출수량기준)	20%	60%	20%
단위당 공헌이익	₩12	₩15	₩8
손익분기점 매출수량	?	7,800단위	?

㈜감평은 제품 Z의 생산중단을 고려하고 있다. 제품 Z의 생산을 중단하는 경우에 고정비 중 ₩4,000을 회피할 수 있으며, 제품 X와 Y의 매출배합비율(매출수량기준)은 60%와 40%로 예상된다. ㈜감평이 제품 Z의 생산을 중단할 경우, 목표이익 ₩33,000을 달성하기 위한 제품 X의 매출수량은?

감평 2023

① 6,900단위
② 7,800단위
③ 8,400단위
④ 8,700단위
⑤ 9,000단위

Chapter 26-10 | 객관식 문제 정답 및 해설

01 ③ 수익 및 원가는 관련범위 내에서 선형이다.

02 ④ 고정비의 비중이 클수록 영업레버리지도는 커진다.

03 ④ 115단위
  (1) 세전목표이익
      ₩8,000 ÷ (1 − 0.2) + ₩4,500 ÷ (1 − 0.25) = ₩16,000
  (2) 목표이익분석
      400 × Q − ₩30,000 = ₩16,000
      Q = 115
      그러므로, 제품 A의 판매수량은 115단위이다.

04 ⑤ (1) 손익분기매출액
      0.3 · S − ₩90,000 = ₩0
      S = ₩300,000
  (2) 목표매출액
      (0.3S − ₩90,000) × (1 − 0.3) = ₩42,000
      S = ₩500,000
  (3) 안전한계매출액
      ₩500,000 − ₩300,000 = ₩200,000

05 ④ ※ 자료정리

	1월	2월
p	₩500 (100%)	₩450 (100%)
vc	300 (60%)	270 (60%)
cm	₩200 (40%)	₩180 (40%)
FC	₩500,000	₩600,000
당기순이익	₩60,000	₩72,000

문제에서 당기순이익은 세후당기순이익을 의미하므로 기본등식에 자료를 대입하면 매출액(S)을 구할 수 있다.
  (1) 1월 매출액(S)
      (0.4S − ₩500,000) × (1 − 0.4) = ₩60,000
      S = ₩1,500,000
  (2) 2월 매출액(S)
      (0.4S − ₩600,000) × (1 − 0.4) = ₩72,000
      S = ₩1,800,000

06 ① 변동원가를 x라 하자.

(₩1,000 − x) × 1,800단위 − (₩720,000 + ₩90,000) = 0

x는 ₩650이다.

그러므로, 절감해야 하는 단위당 변동제조원가는 ₩700 − ₩650 = ₩50이다.

07 ④ 375단위

[(₩25 − ₩16) × Q − ₩4,000] × (1 − 0.2) + ₩500 = 0

그러므로, Q는 375단위이다.

08 ⑤ ※ 자료정리

	5,000대 이하	5,000대 초과
단위당 판매가격	₩10,000	₩10,000
단위당 변동비	8,000	8,000
단위당 공헌이익	₩2,000	₩2,000
고정비	₩8,500,000	₩11,000,000

(1) 세전목표이익

세후순이익 ₩1,450,000은 세율 25% 적용부분(₩750,000)과 세율 30%적용부분(₩700,000)으로 구분할 수 있으므로 세전목표이익은 다음과 같이 산출할 수 있다.

세전목표이익 = ₩750,000 ÷ (1 − 0.25) + ₩700,000 ÷ (1 − 0.3) = ₩2,000,000

(2) 세전목표이익분석

① 5,000대 이하구간

2,000 × Q − ₩8,500,000 = ₩2,000,000

Q = 5,250(×)

② 5,000대 초과구간

2,000 × Q − ₩11,000,000 = ₩2,000,000

Q = 6,500(O)

그러므로, 목표판매량은 6,500대이다.

09 ⑤ ※ 자료정리

	제품 A	제품 B	제품 C
단위당 판매가격	₩10	₩12	₩14
단위당 변동원가	6	4	8
단위당 공헌이익	₩4	₩8	₩6
고정비		₩2,480	

(1) 꾸러미당 공헌이익(꾸러미법 적용)

₩4 × 2 + ₩8 × 3 + ₩6 × 5 = ₩62

(2) 손익분기점 꾸러미수

₩62 × Q − ₩2,480 = 0

그러므로, Q는 40꾸러미

(3) 제품 C의 손익분기점 매출액

40 × 5 × ₩14 = ₩2,800

10 ⑤ 9,000단위

(1) 총고정원가

손익분기점에서 총공헌이익과 총고정원가는 동일하다.

구분	제품 X	제품 Y	제품 Z
매출배합비율(매출수량기준)	20%	60%	20%
단위당 공헌이익	₩12	₩15	₩8
손익분기점 매출수량	2,600단위	7,800단위	2,600단위

총고정원가는 ₩12 × 2,600단위 + ₩15 × 7,800단위 + ₩8 × 2,600단위 = ₩169,000이다.

(2) 제품 Z의 생산을 중단

구분	제품 X	제품 Y
매출배합비율(매출수량기준)	60%	40%
단위당 공헌이익	₩12	₩15
총고정원가	₩169,000 − ₩4,000 = ₩165,000	

(3) 가중평균공헌이익

₩12 × 60% + ₩15 × 40% = ₩13.2

(4) 목표이익 ₩33,000을 달성하기 위한 제품 X의 매출수량

₩13.2 × Q − ₩165,000 = ₩33,000

Q는 15,000단위

그러므로, 제품 X의 매출수량은 15,000단위 × 60% = 9,000단위이다.

11 관련원가분석

01 의의

의사결정(decision making)이란 여러 가지 선택 가능한 대안 중에서 가장 합리적이고 최선을 결과를 가져올 수 있는 대안을 선택하는 과정을 말한다.

[표 11-1] 단기의사결정과 장기의사결정

구분	단기의사결정	장기의사결정
내용	일상적인 의사결정 / 특수 의사결정	자본예산
종류	• 특별주문 수락 여부 결정 • 자가제조 및 외부구입 여부 결정 • 보조부문 폐쇄 여부 결정 • 제품라인 폐쇄 여부 결정	• 생산설비 취득 • 공장신축 등
화폐의 시간가치	고려하지 않음	고려함
의사결정 대상	회계적 이익기준	현금흐름기준. 단, 회계적 이익률법은 회계적 이익 기준이다.

1. 의사결정대상

단기의사결정과 장기의사결정은 여러 가지 면에서 차이를 보이고 있으며 그중 가장 대표적으로 단기의사결정은 회계적 이익을 의사결정대상으로 하고 장기의사결정은 현금을 의사결정대상으로 하고 있다.

2. 단기의사결정에서의 자료정리

고정원가는 단기간 일정수준을 유지하므로 특별한 언급이 없는 한 변동하지 않는다. 따라서, 고정원가에 대한 별도의 자료제시가 없는 한 특정 의사결정의 결과로 나타나는 이익은 영업이익이 아닌 공헌이익이므로 공헌이익에 대한 내용을 쉽게 파악하기 위하여 다음과 같은 자료정리가 필요하다.

단위당 판매가격	×××
단위당 변동원가	(×××)
단위당 공헌이익	×××
총고정원가	×××

3. 의사결정과 관련된 수익과 원가

의사결정에 있어서 가장 먼저 파악해야 할 내용은 의사결정으로 인하여 영향을 받는 수익와 원가이며 이를 관련수익과 관련원가라 한다. 따라서, 영향을 받지 않는 비관련수익과 비관련원가는 의사결정에 있어서 고려대상이 아니다.

관련성은 일반적으로 다음과 같은 특징을 가지고 있다.

- 의사결정으로 인하여 발생해야 한다.
- 미래에 발생하는 수익과 원가이다.
- 의사결정 전과 후 차이가 있어야 한다.

(1) 관련수익(relevant revenue)

특정 의사결정으로 인하여 판매량이 증가하거나 감소하는 경우 영향을 받는 수익을 말하여 증분수익, 차액수익 등으로 표현할 수 있다.

(2) 관련원가(relevant costs)

특정 의사결정으로 인하여 판매량이 증가하거나 감소하는 경우 영향을 받는 원가를 말하여 증분원가, 차액원가 등으로 표현할 수 있다.

02 의사결정방법

의사결정에 있어서 가장 먼저 판단해야 할 내용은 의사결정에 영향을 받는 관련항목을 구분하는 것이다.

1. 총액접근법(total approach)

각 대안간 총수익과 총원가를 모두 고려하여 이익이 가장 큰 대안을 선택하는 방법을 말한다. 즉, 관련항목과 비관련항목을 구분하는 것이 어렵거나 비효율적인 경우에 사용하는 방법이다.

(1) 장점

① 대안이 세 가지 이상인 상황에서 사용할 수 있다.
② 관련항목 구분이 비효율적인 경우 사용할 수 있다.

(2) 단점

① 시간과 비용이 많이 요구된다.
② 의사결정과 무관한 비관련항목까지 분석하게 된다.

2. 증분접근법(incremantal approach)

각 대안간 차이가 있는 수익과 원가만을 고려하여 이익이 가장 큰 대안을 선택하는 방법을 말한다.

(1) 장점

① 절차가 빠르고 간편하다.
② 관련항목만을 고려하여 이해하기 쉽다.

(2) 단점

대안이 세 가지 이상인 경우 사용하기 어렵다.

사례연습 1: 총액접근법과 증분접근법

㈜한국은 단일제품을 대량생산하는 업체로서 생산된 제품은 모두 유통전문회사인 ㈜경기에 납품하고 있다. 20×1년 연간 예상포괄손익계산서는 다음과 같다.

매출액	1,000단위 × ₩100 =	₩100,000
변동비	1,000단위 × ₩80 =	(80,000)
공헌이익		₩20,000
고정비		(10,000)
영업이익		₩10,000

㈜한국은 최근 다른 유통회사인 ㈜서울로부터 연간 1,200단위를 구입하겠다는 제안을 받았다. ㈜서울에 납품할 경우 생산량 증가로 인한 설비 도입을 위하여 ₩5,000의 추가비용이 소요될 것으로 예상된다.

[요구사항]

㈜한국의 경영자의 최적대안을 결정하시오.

해답

(1) 총액접근법

	㈜경기에 납품하는 경우		㈜서울에 납품하는 경우	
매출액	1,000단위 × ₩100 =	₩100,000	1,000단위 × ₩100 =	₩100,000
			200단위 × ₩100 =	20,000
변동비	1,000단위 × ₩80 =	(80,000)	1,000단위 × ₩80 =	(80,000)
			200단위 × ₩80 =	(16,000)
공헌이익		₩20,000		₩24,000
고정비		(10,000)		(10,000)
				(5,000)
영업이익		₩10,000		₩9,000
			₩1,000 손실	

즉, ㈜서울에 납품할 경우 ₩1,000이 손실이 발생하므로 ㈜경기에 납품한다.

(2) 증분접근법

	㈜경기에 납품하는 경우		㈜서울에 납품하는 경우		증분금액
매출액	1,000단위 × ₩100 =	₩100,000	1,000단위 × ₩100 =	₩100,000	
			200단위 × ₩100 =	20,000	₩20,000
변동비	1,000단위 × ₩80 =	(80,000)	1,000단위 × ₩80 =	(80,000)	
			200단위 × ₩80 =	(16,000)	(16,000)
공헌이익		₩20,000		₩24,000	
고정비		(10,000)		(10,000)	
				(5,000)	(5,000)
영업이익		₩10,000		₩9,000	₩(1,000) ≤ 0

따라서, 다음과 같이 분석할 수 있다.

증분수익			
매출증가	200단위 × ₩100 =		₩20,000
증분비용			
변동비증가	200단위 × ₩80 =	16,000	
판매비증가	100개 × ₩240,000 =	5,000	(21,000)
증분이익			₩(1,000) ≤ 0

즉, ㈜서울에 납품할 경우 증분이익이 0보다 작으므로 ㈜경기에 납품한다.

03 증분접근법 기본모형

총액접근법과 증분접근법은 고려하는 내용의 차이일 뿐 어떤 방법을 선택하더라도 동일한 결과를 가져온다. 따라서, 관련항목만을 고려하여 이익을 산출하는 증분접근법이 일반적으로 널리 활용된다. 증분접근법의 기본모형은 다음과 같다.

• 증분접근법 기본모형

증분수익	×××	(수익 +, 수익 −)
증분비용	(−) ×××	(비용 +, 비용 −)
증분손익	×××	

• 의사결정

증분손익	> 0	채택
증분손익	< 0	기각

Ⅱ 의사결정유형

01 의의

의사결정절차는 어떤 대안을 선택하는 경우 발생하는 증분수익과 증분비용 직접 비교를 통하여 증분손익을 기준으로 판단하는 것으로 다음과 같이 크게 세 가지 형태로 구분할 수 있다.

• 예기치 못한 (대량)주문을 수락해야 할지 결정
• 부품이나 일부 제조부문(또는 보조부문)을 직접 생산 · 운영할지 아니면 구입 · 의뢰할지 결정
• 수익성 없는 제품라인(종류)을 폐기할지 결정

02 유형별 의사결정 모형

의사결정의 유형은 크게 세 가지 유형으로 구분할 수 있으나 다음 사항은 모든 유형에서 적용될 수 있으므로 기본적으로 숙지하고 있어야 한다.

첫째, 의사결정에는 이익에 유리한 면(수익 +, 비용 −)과 불리한 면(수익 − , 비용 +)이 있다.

　따라서, 유리한 면과 불리한 면이 무엇인지 파악해야 한다.

둘째, 경영자는 필요한 설비를 초과하는 여유설비를 보유하지 않으려 한다.

　따라서, 생산을 추가하려면 설비가 있는지 확인해야 한다.

셋째, 경영자는 여유설비가 있는 경우 이를 이용하여 수익을 창출하려고 한다.

　따라서, 여유설비로 임대수익 또는 타제품 생산에 활용하여 수익을 창출할 수 있다.

넷째, 특별한 언급이 없는 한 변동원가는 관련원가이며 고정원가는 비관련원가이다.

　따라서, 변동원가와 고정원가에 대한 별도의 언급이 있는지 확인해야 한다.

1. 특별주문수락 의사결정

특별주문이란 비일상적이고 예상하지 못한 주문을 의미한다. 또한, 대량주문으로 인하여 기존 시장가격에 비하여 할인된 가격을 요구하며 전량을 수락하거나 거절할 수 있어 일부만 수락할 수 없는 경우가 일반적이다.

(1) 유리한 면

매출증가: 주문수량에 가격을 곱하여 계산한다.

(2) 불리한 면

생산증가: 비용증가와 함께 설비가 필요하다.

① 비용증가: 주문수량에 변동원가를 곱하여 계산한다.

　또한, 특별주문에 대해서는 일부 변동원가가 추가되거나 절감될 수 있으며 고정원가에 대한 특별한 언급이 있는지 확인해야 한다.

② 설비필요: 설비를 확보(구입 또는 임차)하거나 주문수량만큼 기존 판매를 포기한다.

　만약, 여유설비가 있었다면 여유설비로 인한 임대수익 또는 타제품 생산에 활용으로 인한 수익을 포기해야 한다.

● 여유설비가 없는 경우

　일반적으로 특별주문은 1회성 주문으로 여유설비가 없는 경우 설비를 확보하기 보다는 기존 판매를 포기하는 것이 일반적이다. 또한, 설비를 확보할 수 없고 기존 판매를 포기할 수도 없다면 다른 업체로부터 구입하여 재판매하는 경우도 있다.

[그림 11-1] 특별주문수락 모형

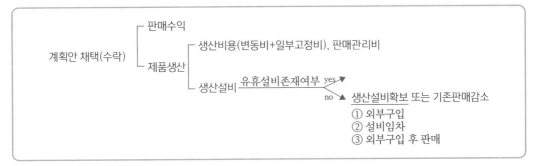

○ 수락할 경우 고려해야 할 추가사항
  • 정규시장에서의 가격 인하 압력
  • 기존 고객 이탈 가능성

사례연습 2: 특별주문수락

㈜한국은 단일제품을 대량생산하는 업체로서 20×1년 연간 예상포괄손익계산서는 다음과 같다.

<table>
<tr><td colspan="3" align="center">포괄손익계산서</td></tr>
<tr><td>매출액</td><td align="center">1,000단위 × ₩100 =</td><td align="right">₩100,000</td></tr>
<tr><td>변동비</td><td></td><td></td></tr>
<tr><td>직접재료원가</td><td align="center">1,000단위 × ₩50 = ₩50,000</td><td></td></tr>
<tr><td>직접노무원가</td><td align="center">1,000단위 × ₩15 = 15,000</td><td></td></tr>
<tr><td>제조간접원가</td><td align="center">1,000단위 × ₩10 = 10,000</td><td></td></tr>
<tr><td>판매관리비</td><td align="center">1,000단위 × ₩ 5 = 5,000</td><td align="right">(80,000)</td></tr>
<tr><td>공헌이익</td><td></td><td align="right">₩20,000</td></tr>
<tr><td>고정비</td><td></td><td></td></tr>
<tr><td>제조간접원가</td><td align="right">10,000</td><td></td></tr>
<tr><td>판매관리비</td><td align="right">5,000</td><td align="right">(15,000)</td></tr>
<tr><td>영업이익</td><td></td><td align="right">₩5,000</td></tr>
</table>

회사는 최근 새로운 구매업자로부터 500단위를 단위당 ₩90에 구입하겠다는 제의를 받았다. 추가주문에 대해서는 일부만 수락할 수 없고 전량을 수락하던지 거절할 수 있다. 다음의 요구사항에 답하시오.

[요구사항 1]
현재 최대생산능력은 연간 1,500단위이다. 다음의 물음에 대하여 특별주문수락 여부를 결정하시오.
(1) 현재 여유생산설비의 활용도가 없는 경우
(2) 현재 여유생산설비를 임대하여 연간 ₩10,000의 임대수익을 얻고 있는 경우
(3) 현재 여유생산설비를 임대하여 연간 ₩10,000의 임대수익을 얻고 있고 특별주문품에 대하여는 단위당 ₩5씩의 추가판매비가 발생하는 경우

(1) 현재 여유생산설비의 활용용도는 없다.
   ※ 자료정리

	기존판매(1,000단위)	특별주문(500단위)
단위당 판매가격	₩100	₩90
단위당 변동비	80	80
단위당 공헌이익	₩20	₩10
고정비	₩15,000	–

   [증분접근법]
   증분수익
   매출증가   500단위 × ₩90 =   ₩45,000
   증분비용
   변동비증가   500단위 × ₩80 =   (40,000)
   증분이익   ₩5,000 ≥ 0

   ∴ 특별주문수락시 ₩5,000의 이익이 발생하므로 특별주문을 수락한다.

(2) 현재 여유생산설비를 임대하여 연간 ₩10,000의 임대수익을 얻고 있다.
   ※ 자료정리

	기존판매(1,000단위)	특별주문(500단위)
단위당 판매가격	₩100	₩90
단위당 변동비	80	80
단위당 공헌이익	₩20	₩10
고정비	₩15,000	–
임대료수익	10,000	–

   [증분접근법]
   증분수익
    매출증가   500단위 × ₩90 =   ₩45,000
    임대료수익포기   (10,000)   ₩35,000
   증분비용
    변동비증가   500단위 × ₩80 =   (40,000)
   증분이익   ₩(5,000) ≤ 0

   ∴ 특별주문수락시 ₩5,000의 손실이 발생하므로 특별주문을 거절한다.

(3) 현재 여유생산설비를 임대하여 연간 ₩10,000의 임대수익을 얻고 있으며, 특별주문품에 대해서는 단위당 ₩5씩의 추가판매비가 발생한다.
   ※ 자료정리

	기존판매(1,000단위)	특별주문(500단위)
단위당 판매가격	₩100	₩90
단위당 변동비	80	80 + 5
단위당 공헌이익	₩20	₩5
고정비	₩15,000	–
임대료수익	₩10,000	–

[증분접근법]

증분수익			
매출증가	500단위 × ₩90 =	₩45,000	
임대료수익포기		(10,000)	₩35,000
증분비용			
변동비증가	500단위 × ₩80 =	40,000	
판매비증가	500단위 × ₩ 5 =	2,500	(42,500)
증분이익			₩(7,500) ≤ 0

∴ 특별주문수락시 ₩7,500의 손실이 발생하므로 특별주문을 거절한다.

[요구사항 2]

현재 최대생산능력은 연간 1,200단위이다. 다음의 물음에 대하여 특별주문수락 여부를 결정하시오.

(1) 추가생산설비를 구입하거나 임차할 수 없는 경우

(2) 필요한 추가설비를 ₩3,000에 임차할 수 있는 경우

(3) 부족한 수량을 외부로부터 단위당 ₩95에 구입할 수 있는 경우

해답

(1) 추가생산설비를 구입하거나 임차할 수 없다.

※ 자료정리

	기존판매(1,000단위)	특별주문(500단위)
단위당 판매가격	₩100	₩90
단위당 변동비	80	80
단위당 공헌이익	₩20	₩10
고정비	₩15,000	–

최대생산능력	1,200단위
현재생산수량	1,000
여유생산능력	200단위

따라서, 특별주문을 수락하기 위해서는 300단위의 생산능력이 추가로 필요하다

[증분접근법]

증분수익			
매출증가	500단위 × ₩90 =	₩45,000	
기존매출감소	300단위 × ₩100 =	(30,000)	₩15,000
증분비용			
변동비증가	500단위 × ₩80 =	40,000	
기존변동비감소	300단위 × ₩80 =	(24,000)	(16,000)
증분이익			₩(1,000) ≤ 0

∴ 특별주문수락시 ₩1,000의 손실이 발생하므로 특별주문을 거절한다.

(2) 필요한 추가생산설비를 ₩3,000에 임차할 수 있다.

※ 자료정리

	기존판매(1,000단위)	특별주문(500단위)
단위당 판매가격	₩100	₩90
단위당 변동비	80	80
단위당 공헌이익	₩20	₩10
고정비	₩15,000	–
추가설비비용	–	₩3,000

2. 자가제조 또는 외부구입 의사결정

부품이나 일부 제조부문(또는 보조부문)을 자가제조 및 운영하는 경우 지출되는 비용과 외부구입비용과의 비교를 통하여 총지출을 최소화하는 의사결정을 말한다. 또한, 외부로부터 구입하는 상황에서 자가제조하는 경우에는 비용과 더불어 설비가 필요하며 반대로 자가제조하는 상황에서 외부로부터 구입한다면 더 이상 생산설비가 필요 없어 여유설비로 인해 임대수익이나 타제품 생산에 활용으로 다른 수익을 창출할 수 있다.

(1) 자가제조하는 상황에서 외부로부터 구입하는 경우

유리한 면

• 생산감소: 비용감소와 여유설비를 확보한다.

① 비용감소: 기존생산수량에 변동원가를 곱하여 계산한다.

또한, 일부 변동원가가 추가되거나 절감될 수 있으며 고정원가에 대한 특별한 언급이 있는지 확인해야 한다.

② 설비확보: 설비를 확보하면 여유설비로 인한 임대수익 또는 타제품 생산에 활용으로 인한 수익을 창출할 수 있다.

불리한 면
• 구입비용증가: 구입수량에 단가를 곱하여 계산한다.

[그림 11-2] 부품의 외부구입 모형

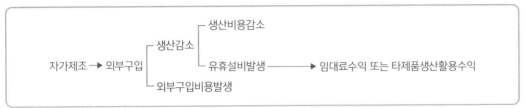

◉ 외부구입하는 경우 고려해야 할 추가사항
- 공급업자의 공급능력이나 품질관리능력
- 종업원 감원으로 인한 노사갈등

사례연습 3: 부품의 외부구입

㈜한국은 제품생산에 필요한 부품을 모두 자가제조하고 있으며, 당해 연도 제품 1,000단위를 생산하는 데 투입된 총제조원가는 다음과 같다.

직접재료원가	1,000단위 × ₩50 =	₩50,000
직접노무원가	1,000단위 × ₩15 =	15,000
제조간접원가		
변동제조간접원가	1,000단위 × ₩10 = ₩10,000	
고정제조간접원가	15,000	25,000
합계		₩90,000

회사는 외부부품공급업자로부터 제품생산에 필요한 부품 중 일부를 단위당 ₩30에 공급하겠다는 제의를 받았다. 제품 1단위당 부품은 1단위 필요하며 외부로부터 부품을 공급받을 경우 직접재료원가 20%, 직접노무원가 60%, 변동제조간접원가 10%를 절감할 수 있다. 다음의 요구사항에 답하시오.

[요구사항 1]
외부로부터 공급받을 경우 고정비 중 설비임차료 ₩5,000을 절감할 수 있다. 회사경영자의 최적대안을 결정하시오.

해답

※ 자료정리

	단위당 변동제조원가	부품 구입시 절감액 (부품의 변동제조원가)
직접재료원가	₩50	₩50 × 20% = ₩10
직접노무원가	15	15 × 60% = 9
변동제조간접원가	10	10 × 10% = 1
합계	₩75	₩20

외부구입시 증분손익

증분수익

　　　－

증분비용

외부구입비용	1,000단위 × ₩30 =	30,000	
변동비감소	1,000단위 × ₩20 =	(20,000)	
임차료감소		(5,000)	₩(5,000)
증분이익			₩(5,000) ≤ 0

∴ 외부구입시 ₩5,000의 손실이 발생하므로 자가제조한다.

[요구사항 2]

외부로부터 공급받을 경우 고정비 중 설비임차료 ₩5,000은 절감할 수 있으며, 여유설비를 임대하여 ₩7,000의 임대료수익을 얻을 수 있다. 회사경영자의 최적대안을 결정하시오.

해답

[증분접근법]
외부구입시 증분손익

증분수익

임대료수익		₩7,000

증분비용

외부구입비용	1,000단위 × ₩30 =	30,000	
변동비감소	1,000단위 × ₩20 =	(20,000)	
임차료감소		(5,000)	(5,000)
증분이익			₩2,000 ≥ 0

∴ 외부구입시 ₩2,000의 이익이 발생하므로 외부로부터 공급받는다.

[요구사항 3]

외부로부터 공급받을 경우 고정비 중 설비임차료 ₩5,000은 절감할 수 있으며, 여유설비를 활용하여 신제품 500단위를 생산할 수 있다. 신제품의 단위당 판매가격은 ₩50이고 단위당 판매비는 ₩20이다. 회사경영자의 최적대안을 결정하시오. 단, 신제품은 판매비 이외의 어떤 변동원가도 발생하지 않는다.

해답

[증분접근법]
외부구입시 증분손익

증분수익

신제품매출	500단위 × ₩50 =	₩25,000

증분비용

외부구입비용	1,000단위 × ₩30 =	30,000	
신제품판매비	500단위 × ₩20 =	10,000	
변동비감소	1,000단위 × ₩20 =	(20,000)	
임차료감소		(5,000)	(15,000)
증분이익			₩10,000 ≥ 0

∴ 외부구입시 ₩10,000원의 이익이 발생하므로 외부로부터 구입한다.

(2) 보조부문 외부구입(폐쇄)

보조부문은 제조와 직접적인 관련이 없고 제조부문의 활동을 지원하기 위한 부문으로 식당부, 수선부 및 공장사무부 등이 있다. 회사는 이러한 보조부문을 자가운영하거나 외부로부터 필요한 용역을 공급받을수 있다. 필요한 용역을 외부로부터 공급받는 경우 기본적인 모형은 부품의 외부구입과 동일하지만 보조부문간 용역을 주고받는 경우라면 폐쇄하는 보조부문에 제공하는 용역 제공비율만큼의 존속하는 보조부문의 변동원가와 용역소비량을 절감할 수 있다.

◉ 보조부문 상호간 용역을 주고 받는 상황에서 추가 고려사항
- 존속하는 보조부문의 일부 변동원가 절감
- 존속하는 보조부문의 일부 용역소비량

유리한 면
- 생산감소: 비용감소와 여유설비를 확보한다.
① 비용감소: 기존 용역생산에 지출한 변동원가는 절감할 수 있다.
   또한, 존속하는 보조부문의 일부 변동원가가 절감될 수 있으며 고정원가에 대한 특별한 언급이 있는지 확인해야 한다.
② 설비확보: 설비를 확보하면 여유설비로 인한 임대수익 또는 타제품 생산에 활용으로 인한 수익을 창출할 수 있다.

불리한 면
- 구입비용증가: 용역구입수량에 단가를 곱하여 계산한다. 또한, 상호용역수수관계에 따라 필요한 용역 일부가 감소할 수 있다.

[그림 11-3] 보조부문 폐쇄 모형

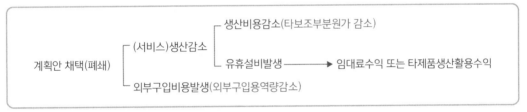

◉ 보조부문 폐쇄하는 경우 고려해야 할 추가사항
- 공급업자의 공급능력이나 품질관리능력
- 종업원 감원으로 인한 노사갈등

㈜한국은 두 개의 보조부문 A(동력부), B(수선부)와 두 개의 제조부문 X, Y 가 있다. 각 부문에서 다른 부문에 제공할 연간 예정용역량 및 각 보조부문의 예상원가는 다음과 같다.

	보조부문		제조부문		합계
	A	B	X	Y	
A(동력부)	–	500kwh	200kwh	300kwh	1,000kwh
B(수선부)	40시간	–	40시간	20시간	100시간
발생 원가 변동비	₩10,000	₩20,000			
고정비	13,000	35,000			
합계	₩23,000	₩55,000			

회사의 경영자는 필요한 전력을 외부로부터 구입할 것을 고려하고 있다. 동력부문의 변동비 ₩10,000은 총 1,000kwh를 기준으로 산출된 것이며 고정비 ₩13,000은 전액 설비의 감가상각비이다.

[요구사항 1]
외부로부터 필요한 전력을 공급하겠다는 제의를 받았다. 회사가 현재의 생산수준을 유지하기 위해서 구입하여야 하는 전력량을 구하시오.

해답

※ 자료정리

	보조부문		제조부문		합계
	A	B	X	Y	
A(동력부)	–	0.5	0.2	0.3	100%
B(수선부)	0.4	–	0.4	0.2	100%
발생원가					
변동비	₩10,000	₩20,000			
고정비	13,000	35,000			
합계	₩23,000	₩55,000			

전력구입량 = 현재필요량 – 현재필요량 × 상호용역수수율
= 1,000kwh – 1,000kwh × 0.5 × 0.4
= 800kwh

[요구사항 2]
외부로부터 필요한 전력을 kwh당 ₩18에 공급하겠다는 제의를 받았다. 최적대안을 결정하시오.

해답

[증분접근법]
외부로부터 전력을 구입시 증분손익

증분수익   —

증분비용			
구입비증가	800kwh × ₩18 =	14,400	
A부문 변동비감소		(10,000)	
B부문 변동비감소	₩20,000 × 0.4 =	(8,000)	₩3,600
증분이익			₩3,600 ≥ 0

∴ 외부로부터 전력을 구입시 ₩3,600의 이익이 발생하므로 외부로부터 필요한 전력을 구입한다.

[요구사항 3]

외부로부터 필요한 전력을 공급받는 경우 여유생산설비를 임대하여 연간 ₩1,000의 임대료 수익을 얻을 수 있다고 한다. kwh당 최대지불가능금액을 구하시오.

해답

kwh당 구입가격을 P라 하면,
[증분접근법]
외부로부터 전력 구입시 증분손익

증분수익			
임대료수익			₩1,000
증분비용			
구입비증가	800kwh × P =	800P	
A부문 변동비감소		(10,000)	
B부문 변동비감소	₩20,000 × 0.4 =	(8,000)	(800P − ₩18,000)
증분이익			₩19,000 − 800P ≥ 0

증분이익 ₩19,000 − 800P이 0보다 커야 하므로, P ≤ ₩23.75이다.

3. 제품라인폐지 의사결정

제품라인이란 특정 제품의 생산과정을 의미하며 수익성이 없는 제품은 생산을 중단할지 여부를 판단해야 한다. 여러 제품들 중에서 어느 하나의 제품생산을 중단하는 경우 총고정원가에서 해당 제품에 직접 추적할 수 있는 고정원가를 구분하는 것이 매우 중요하다. 왜냐하면 여러 제품에 공통으로 발생하는 고정원가는 회피불가능하지만 특정 제품에 직접추적할 수 있는 고정원가는 경우에 따라서 회피가능하기 때문이다.

고정원가의 추적가능에 대한 일반적인 구분은 다음과 같다.

추적가능 고정원가	추적불가능 고정원가
• 특정 생산라인의 감독자급여 • 특정 제품의 광고선전비	• 본사 사무직 급여 및 사무비용 • 기업 전체의 광고선전비

유리한 면

- **생산감소**: 비용감소와 여유설비를 확보한다.

① **비용감소**: 기존판매수량에 변동원가를 곱하여 계산한다.

  또한, 일부 변동원가가 추가되거나 절감될 수 있으며 고정원가에 대한 특별한 언급이 있는지 확인해야 한다.

② **설비확보**: 설비를 확보하면 여유설비로 인한 임대수익 또는 타제품 생산에 활용으로 인한 수익을 창출할 수 있다.

불리한 면

- **매출감소**: 기존판매수량에 가격을 곱하여 계산한다. 또한, 제품믹스효과로 인하여 타제품의 매출액이 감소할 수 있다.

[그림 11-4] 제품라인폐지 모형

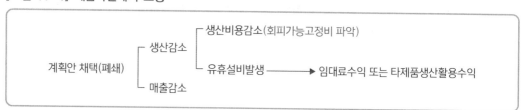

◉ 제품라인폐지의 경우 고려해야 할 추가사항
- 제품믹스효과로 인한 타제품에 미치는 영향
- 기업이미지에 미치는 영향

사례연습 6: 제품라인폐지 ▶

㈜한국은 A, B, C, D의 네 가지 제품을 생산 및 판매하고 있다. 당해 연도 제품별 예상손익은 다음과 같다.

	A	B	C	D	합계
매출액	₩3,000	₩2,800	₩1,500	₩2,700	₩10,000
변동비	(2,250)	(1,960)	(900)	(2,160)	(7,270)
공헌이익	₩750	₩840	₩600	₩540	₩2,730
고정비	(800)	(630)	(550)	(370)	(2,350)
영업이익	₩(50)	₩210	₩50	₩170	₩380

회사의 경영자는 현재 손실이 발생하는 제품 A에 대하여 생산을 중단할 것을 고려하고 있다. 다음의 요구사항에 답하시오.

[요구사항 1]

고정비 중 본사에서 배부된 ₩1,000은 각 제품의 매출액에 비례하여 배부되어 있다. 이 금액은 회사 전체의 광고비로서 제품생산을 중단하여도 회피할 수 없는 비용이다. 나머지 고정비는 제품생산을 중단할 경우 회피가능하다. 제품 A에 대한 최적대안을 결정하시오.

해답

※ 자료정리

	A	B	C	D	합계
매출액	₩3,000	₩2,800	₩1,500	₩2,700	₩10,000
변동비	(2,250)	(1,960)	(900)	(2,160)	(7,270)
공헌이익	₩750	₩840	₩600	₩540	₩2,730
고정비					
회피가능	(500)	(350)	(400)	(100)	(1,350)
회피불능*	(300)	(280)	(150)	(270)	(1,000)
영업이익	₩(50)	₩210	₩50	₩170	₩380

* 본사배부액

A : B : C : D = ₩3,000 : ₩2,800 : ₩1,500 : ₩2,700

배부율 = ₩1,000 ÷ ₩10,000

= ₩0.1/매출액

[증분접근법]

제품 A 생산 중단시 증분손익

증분수익			
매출감소		₩(3,000)	₩(3,000)
증분비용			
변동비감소		(2,250)	
고정비감소		(500)	₩2,750
증분이익			₩(250) ≤ 0

∴ 제품 A 생산 중단시 ₩250의 손실이 발생하므로 제품 A를 계속 생산한다.

[요구사항 2]

고정비 중 본사에서 배부된 ₩1,000은 각 제품의 매출액에 비례하여 배부되어 있다. 이 금액은 회사 전체의 광고비로서 제품생산을 중단하여도 회피할 수 없는 비용이다. 나머지 고정비는 제품생산을 중단할 경우 회피가능하다. 또한, 제품 A를 폐지할 경우 여유설비를 활용하여 제품 C 생산에 활용하면 제품 C 의 생산량을 50%만큼 증가시킬 수 있다. 최적대안을 결정하시오.

해답

[증분접근법]

제품 A 생산중단시 증분손익

증분수익			
제품 C 공헌이익증가*		300	
매출감소		(3,000)	₩(2,700)
증분비용			
변동비감소		(2,250)	
고정비감소		(500)	2,750
증분이익			₩50 ≥ 0

* ₩1,500 × 0.5 × 0.4(공헌이익률)

= ₩300

∴ 제품 A를 생산 중단시 ₩50의 이익이 발생하므로 제품 A를 생산중단한다.

01 의의

생산에 필요한 자원 또는 일부 공정의 생산능력이 충분하지 않다면 제한된 상황하에서 이익을 극대화 할 수 있는 방법을 찾아야 한다.

02 의사결정방법

제한된 상황에서의 의사결정은 지금까지 살펴 본 의사결정 모형에 몇 가지 내용을 추가하면 된다. 제한된 상황은 다음의 두 가지 상황을 말한다.
- 생산에 필요한 자원에 제약이 있는 상황
- 일부 공정의 생산능력에 제약이 있는 상황

1. 자원에 제약이 있는 상황

회사가 여러 가지의 제품을 생산한다면 가능한 이익이 큰 제품을 우선하여 무한정 생산·판매할 것이다. 그러나, 사용할 수 있는 자원에 제약이 있다면 사용 가능한 한도내에서 회사 전체 이익 극대화를 위하여 최대한 효과적으로 배분해야 한다. 제한된 자원이 하나인 경우와 복수인 경우를 각각 구분하여 살펴보기로 한다.

(1) 단일 제약자원

제한된 자원이 하나인 경우에는 제품별로 제한된 자원당 (공헌)이익을 계산한 후 (공헌)이익이 큰 제품부터 순차적으로 생산한다.

$$\text{제한된 자원당 공헌이익} = \frac{\text{단위당 공헌이익}}{\text{단위당 소비되는 제한된 자원}}$$

사례연습 6: 단일 제약요인

㈜한국은 두 제품 A, B을 생산 및 판매하고 있다. 두 제품에 대한 수익 및 원가자료는 다음과 같다.

	A	B
단위당 판매가격	₩100	₩200
단위당 변동비	70	160
단위당 공헌이익	₩30	₩40
공헌이익률	30%	20%

회사의 총고정비는 ₩3,000이며, 활용가능한 기계시간은 140시간이다. 각 제품별 생산에 필요한 기계시간은 각각 1시간, 2시간이다.

[요구사항 1]
총판매량이 200단위로 제한된 경우 회사 전체의 이익을 극대화하기 위해서 생산·판매하여야 하는 제품을 선택하시오. 단, 기계시간은 고려하지 마시오.

[해답]

200단위 제품을 생산 · 판매하였을 경우 각 제품별 총공헌이익은 다음과 같다.

제품 A	200단위 × ₩30 =	₩6,000
제품 B	200단위 × ₩40 =	8,000

그러므로, 제품 B를 생산 · 판매하여야 한다.

[요구사항 2]

목표매출액이 ₩60,000일 경우 회사 전체의 이익을 극대화하기 위해서 생산 · 판매하여야 하는 제품을 선택하시오. 단, 기계시간은 고려하지 마시오.

[해답]

₩60,000의 매출액을 달성하였을 경우 각 제품별 총공헌이익은 다음과 같다.

제품 A	₩60,000 × 0.3 =	₩18,000
제품 B	₩60,000 × 0.2 =	12,000

그러므로, 제품 A를 생산 · 판매하여야 한다.

[요구사항 3]

각 제품별로 외부시장수요가 무한하다면 회사 전체의 이익을 극대화하기 위해서 생산 · 판매하여야 하는 제품을 선택하시오.

[해답]

※ 자료정리

	A	B	
단위당 공헌이익	₩30	₩40	
기계시간	÷ 1시간	÷ 2시간	≤ 140시간
기계시간당 공헌이익	₩30	₩20	
생산우선순위	①	②	

즉, 제품 A를 우선적으로 생산하여야 한다.
제품 A의 기계시간당 공헌이익이 크기 때문에 140시간으로 모두 제품 A를 생산한다.
그러므로, 제품 A 생산량은 140시간 ÷ 1시간 = 140단위이다.

[요구사항 4]

각 제품별 외부시장수요가 각각 100단위일 경우 회사 전체의 이익을 극대화하기 위한 최적 생산배합을 구하시오.

[해답]

우선순위	생산량	필요기계시간	누적소요시간
① A	100 단위	100단위 × 1h = 100h	100h
② B	20	20단위 × 2h = 40h	40h
			140h

그러므로, 제품 A와 제품 B의 생산량은 각각 100단위, 20단위이다.

(2) 복수 제약자원

제한된 자원이 복수인 경우에는 제한된 자원별로 우선순위가 달라질 수 있다. 따라서, 도해법이라는 별도의 방법을 사용하여 제품별 최적생산량을 산출할 수 있다.

● 도해법(graphical solution)

제약요인이 복수인 경우 최적해를 찾는 방법을 선형계획법(linear programming)이라고 한다. 이 중 평면상에서 실행가능영역을 구하여 최적해를 찾는 방법을 도해법이라 한다.

도해법에 의한 최적해 도출 절차는 다음과 같다.

[1단계] 목적함수의 결정

[2단계] 제약조건의 구체화

[3단계] 실행가능영역의 도해

[4단계] 최적해의 계산

또한, 목적함수에 따라 최대화문제와 최소화문제로 구분할 수 있다.

[그림 11-5] 도해법

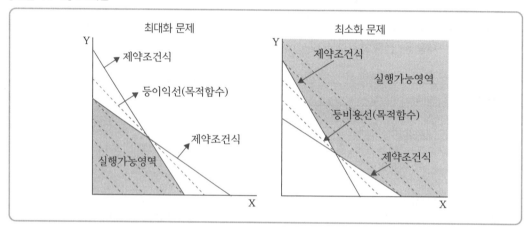

사례연습 7: 복수 제약요인

㈜한국은 두 제품 A, B을 생산 및 판매하고 있다. 두 제품에 대한 수익 및 원가자료는 다음과 같다.

	A	B
단위당 판매가격	₩100	₩200
단위당 변동비	70	160
단위당 공헌이익	₩30	₩40
소요기계시간	1h	2h
소요재료	2kg	1kg

회사의 총고정비는 ₩3,000이며, 활용가능한 기계시간과 재료량은 각각 140시간, 130kg이다. 단, 각 제품별 외부수요는 무한하다.

[요구사항]

회사 전체의 총공헌이익을 극대화하기 위한 최적생산배합을 구하시오.

해답

(1) 목적함수 설정 및 제약조건의 구체화

목적함수(MAX)	₩30A +	₩40B	
제약조건			
기계시간	1A +	2B	≦ 140h ⇒ ①
재료	2A +	1B	≦ 130kg ⇒ ②
비부조건	A ,	B	≧ 0

(2) 실행가능영역 도해

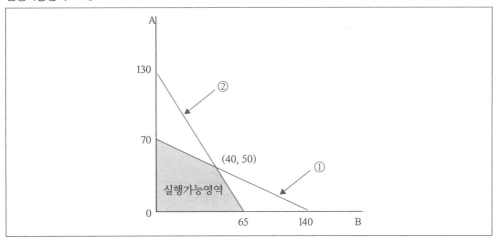

(3) 최적해 도출

(0,70): Z = ₩30 × 0 + ₩40 × 70 = ₩2,800

(40,50): Z = ₩30 × 40 + ₩40 × 50 = ₩3,200

(65, 0): Z = ₩30 × 65 + ₩40 × 0 = ₩1,950

그러므로, 제품생산배합(40,50)일 때, 최대공헌이익이 ₩3,200이다.

2. 생산능력에 제약이 있는 상황(제약이론)

모든 생산라인이 효율적으로 진행이 되려면 공정간 원활한 흐름이 보다 중요하다. 개별공정의 생산성을 강조하다 보면 일부공정의 자원 제약으로 인하여 병목(bottlenect)이 발생할 수 있다. 제약이론(theory of constraints)은 이러한 병목이 발생하는 공정을 파악하여 병목현상을 완화 및 개선하여 산출량(thoughput)을 극대화하는 이론이다.

(1) 기본개념

① 스루풋(thoughput): 일정 기간 내 처리량을 의미하는 네트워크상 데이터 전송 처리량을 말한다. 제약이론에서의 thoughput은 산출량을 의미하는 것으로 산출량으로 인한 이익의 증가분으로 나타난다. 이러한 산출량으로 인한 이익을 스루풋공헌이익(또는, 재료처리량공헌이익, 현금창출공헌이익)이라 한다.

> 스루풋공헌이익 = 매출액 − 직접재료원가

② 운영비용(operating costs): 스루풋을 높이기 위해서 지출되는 것으로 직접재료원가를 제외한 나머지 제조원가와 판매관리비를 포함한다. 이는 단기적으로 변하지 않는 고정원가로 처리한다.

③ 투자금액(investment): 생산설비, 비품 및 건물을 유형자산뿐만 아니라 원재료, 재공품, 제품 등 재고자산도 포함한다.

즉, 제약이론에서는 직접재료원가만을 변동원가로 간주하고 나머지 원가는 모두 고정원가로 처리하는 초변동원가계산을 사용하고 있다. 따라서, 운영비용과 투자금액을 절감하고 스루풋공헌이익을 증가시켜 기업 전체의 성과를 극대화하는데 그 목적이 있다.

(2) 적용절차

제약이론은 단기적으로 제약요인을 해결하여 산출물을 증대하면서 장기적으로 공정 전과정을 효과적으로 운영할 수 있도록 다음 5단계의 절차를 제시하고 있다.

[1단계] 제약요인 파악

전체 공정흐름에서 제약(병목)을 유발시키는 공정을 파악한다.

[2단계] 개선할 수 있는 방법 선택

최대한 제약을 개선할 수 있는 방법을 찾아낸다.

[3단계] 모든 공정은 병목공정 개선을 위해 노력

개선방안이 결정되면 모든 자원을 병목공정에 집중한다.

[4단계] 제약요건 개선으로 생산성 향상

제약요인 개선능력 강화로 최종산출물 향상에 기여한다.

[5단계] 다른 제약요인를 파악

제약요인이 해결되면 1단계로 돌아가 다른 제약요인이 있는지를 파악하고 개선절차를 수행한다.

사례연습 8: 제약이론

㈜한국은 염색부문과 인쇄부문 등 2개의 부문에서 여성복 옷감을 만들고 있다. 회사의 유일한 변동원가는 직접재료원가이다. 회사는 생산된 모든 제품을 단위당 ₩1,300의 가격으로 옷감 도매상에 판매하고 있다.

	염색부문	인쇄부문
월간 생산능력	10,000단위	12,000단위
월간 생산량	9,000단위	8,280단위
각 부문별 단위당 직접재료원가	₩400	₩150
고정운영원가	₩1,500,000	₩850,000

염색부문에서 착수된 10,000단위 중에서 1,000단위(10%)는 작업폐물이 된다. 또한, 염색부문에서 완성된 중간제품은 인쇄부문에 대체되며 인쇄부문에서 착수한 9,000단위 중에서 720단위(8%)는 작업폐물이 되어 폐기된다.

[요구사항 1]

인쇄부문은 외부업체로부터 단위당 ₩900의 가격으로 2,000단위의 중간제품을 구입하고자 한다. 구입한 제품의 8%는 작업폐물이 될 것으로 예상하고 있다. 인쇄부문의 중간제품의 구입의사결정을 하시오.

증분수익
  매출증가   2,000단위 × 0.92 × ₩1,300 =   ₩2,392,000
증분비용
  구입비용   2,000단위 × ₩900 =   ₩1,800,000
  인쇄부문 변동비   2,000단위 × ₩150 =   300,000   (2,100,000)
증분이익   ₩292,000 ≥ 0

그러므로, 중간제품을 구입한다.

[요구사항 2]

회사는 인쇄공정에서의 작업폐물비율을 50%만큼 줄일 수 있는 기술을 개발하였다. 새로운 기술을 도입할 경우 ₩400,000의 추가비용이 소요된다. 신기술 도입 여부에 대한 의사결정을 하시오.

증분수익
  매출증가   720단위 × 0.5 × ₩1,300 =   ₩468,000
증분비용
  도입비용   (400,000)
증분이익   ₩68,000 ≥ 0

즉, 신기술을 도입한다.

[요구사항 3]

회사는 염색부문의 작업폐물을 50%만큼 줄일 수 있는 기술을 개발하였다. 새로운 기술을 도입할 경우 ₩500,000의 추가비용이 소요된다. 신기술 도입 여부에 대한 의사결정을 하시오.

증분수익
  매출증가   1,000단위 × 0.5 × 0.92 × ₩1,300 =   ₩598,000
증분비용
  인쇄부문 변동비   1,000단위 × 0.5 × ₩150 =   ₩75,000
  도입비용   500,000   (575,000)
증분이익   ₩23,000 ≥ 0

즉, 신기술을 도입한다.

Chapter 26-11 | 객관식 문제

01 한국 복사집의 복사능력은 시간당 1,800부이다. 준비시간 및 용지 재공급시간으로 인해 하루 실가동시간은 7시간이다. 대학주변에는 난립되어 있는 복사집들간의 경쟁이 극심한 편이다. 따라서 고객이 원하는 시간 준수는 필수사항이다. 이 복사집의 1일 복사수요량은 10,000부이다. 가격은 1부당 ₩40이고, 총변동원가는 ₩16이다. 그런데 한 고객이 하루의 업무시작시점에 찾아와서 5,000부의 복사물을 업무마감시간까지 1부당 ₩32에 복사해 달라고 요구하였다. 이 특별주문의 수락 또는 기각 여부와 관련하여 예상되는 순이익의 효과는? 세무사 2001

① 기각하는 경우와 수락하는 경우에 순이익의 차이는 없다.
② 기각하는 경우가 ₩62,400의 순이익이 작다.
③ 기각하는 경우가 ₩62,400의 순이익이 크다.
④ 기각하는 경우가 ₩22,400의 순이익이 작다.
⑤ 기각하는 경우가 ₩22,400의 순이익이 크다.

02 대한직업소개소는 현재 연간 6,000건의 직업을 소개해주고 있다. 1건의 직업소개에 소요되는 변동비는 ₩2,000이고 연간 총고정비는 ₩3,000,000으로 추정된다. 그런데 국세직업소개소에서 연간 6,000건 전부에 대한 직업소개를 대행해주겠다고 제의를 해왔다. 이와 같이 국세직업소개소의 제의를 수락할 경우에 기존의 연간 총고정비 중 ₩1,400,000이 감소할 것으로 예상된다. 국세직업소개소는 대행수수료로서 연간 ₩13,000,000을 요구해왔다. 이와 같은 국세직업소개소의 제의를 수락하는 것이 대한직업소개소의 영업이익에 미치는 영향으로 옳은 것은? 세무사 2008

① ₩600,000 감소   ② ₩600,000 증가
③ ₩1,000,000 증가   ④ ₩1,000,000 감소
⑤ ₩400,000 증가

03

㈜감평은 제품라인 A, B, C부문을 유지하고 있다. 20×1년 각 부문별 손익계산서는 다음과 같다.

	A부문	B부문	C부문	합계
매출액	₩200,000	₩300,000	₩500,000	₩1,000,000
변동원가	100,000	200,000	220,000	520,000
공헌이익	100,000	100,000	280,000	480,000
고정원가				
급여	30,000	50,000	80,000	160,000
광고선전비	10,000	60,000	70,000	140,000
기타 배부액	20,000	30,000	50,000	100,000
영업손익	₩40,000	(₩40,000)	₩80,000	₩80,000

㈜감평의 경영자는 B부문의 폐쇄를 결정하기 위하여 각 부문에 관한 자료를 수집한 결과 다음과 같이 나타났다.

- 급여는 회피불능원가이다.
- 광고선전은 각 부문별로 이루어지기 때문에 B부문을 폐쇄할 경우 B부문의 광고선전비는 더 이상 발생하지 않는다.
- 기타 배부액 총 ₩100,000은 각 부문의 매출액에 비례하여 배부한 원가이다.
- B부문을 폐쇄할 경우 C부문의 매출액이 20% 감소한다.

㈜감평이 B부문을 폐쇄할 경우 ㈜감평 전체 이익의 감소액은? (단, 재고자산은 없다)

감평 2021

① ₩36,000
② ₩46,000
③ ₩66,000
④ ₩86,000
⑤ ₩96,000

04 ㈜제아는 청소기와 공기청정기를 생산하고 있다. 제품생산과 관련된 정보는 다음과 같다.

구분	청소기	공기청정기
최대 판매가능수량	6,000개	9,000개
단위당 공헌이익	₩50	₩60
단위당 소요기계시간	2시간	3시간

생산에 투입가능한 최대 기계시간이 33,000시간이라고 할 때, 추가적인 설비투자 없이 최적생산량을 생산한다면 ㈜제아가 달성할 수 있는 최대 공헌이익은 얼마인가?

회계사 2008

① ₩369,600
② ₩690,000
③ ₩720,000
④ ₩780,000
⑤ ₩840,000

05 한 기업이 두 제품 X, Y를 생산한다. 각 제품 및 기타 투입자원에 관련된 자료는 다음과 같다.

	X	Y	최대사용능력(월)
단위당 공헌이익	₩6	₩9	
단위당 생산시간	6시간	9시간	36시간
단위당 필요원재료	6kg	3kg	24kg

위 자료를 이용하여 월간 달성가능한 최대 공헌이익을 구하시오.

① ₩32
② ₩36
③ ₩44
④ ₩48
⑤ ₩80

06 ㈜국세는 현재 제품 생산에 필요한 부품 10,000단위를 자가제조하여 사용하고 있는데, 최근에 외부의 제조업자가 이 부품을 전량 납품하겠다고 제의하였다. ㈜국세가 이러한 제의에 대한 수락 여부를 검토하기 위하여 원가자료를 수집한 결과, 10,000단위의 부품을 제조하는데 발생하는 총제조원가는 다음과 같으며, 최대로 허용 가능한 부품의 단위당 구입가격은 ₩330으로 분석되었다.

직접재료원가	₩1,800,000
직접노무원가	700,000
변동제조간접원가	500,000
고정제조간접원가	500,000
총제조원가	₩3,500,000

이 경우, ㈜국세가 회피가능한 고정제조간접원가로 추정한 최대 금액은 얼마인가?

세무사 2012

① ₩150,000 ② ₩200,000
③ ₩250,000 ④ ₩300,000
⑤ ₩500,000

07 ㈜세무는 보조부문 A, B와 제조부문 P, Q를 운영하고 있으며, 각 부문의 용역수수 관계와 각 보조부문에서 발생한 원가는 다음과 같다.

제공부문＼사용부문	보조부문		제조부문		용역생산량
	A	B	P	Q	
A	10%	40%	20%	30%	1,000단위
B	20%	10%	40%	30%	2,000단위

- 보조부문 A의 원가: ₩50,000 + ₩70 × 1,000단위
- 보조부문 B의 원가: ₩30,000 + ₩150 × 2,000단위

㈜세무는 현재 운영하고 있는 보조부문을 폐쇄하는 방안을 고려하던 중, ㈜한국으로부터 보조부문 A가 생산하던 용역을 단위당 ₩150에, ㈜대한으로부터는 보조부문 B가 생산하던 용역을 단위당 ₩200에 공급하겠다는 제의를 받았다. ㈜세무가 보조부문의 용역을 외부에서 구입하더라도 각 보조부문에서 발생하는 고정원가를 회피할 수 없다. 다음 설명 중 옳은 것은?

세무사 2018

① ㈜세무는 보조부문 A와 B를 계속해서 유지하는 것이 유리하다.
② ㈜세무가 보조부문 A를 폐쇄하고 ㈜한국의 제의를 수락할 경우, 영업이익 ₩7,000 증가한다.
③ ㈜세무가 보조부문 B를 폐쇄하고 ㈜대한의 제의를 수락할 경우, 영업이익 ₩20,000 감소한다.
④ ㈜세무가 보조부문 A의 용역을 외부로부터 구입할 경우, 지불할 수 있는 최대가격은 단위당 ₩120이다.
⑤ ㈜세무가 보조부문 B의 용역을 외부로부터 구입할 경우, 지불할 수 있는 최대가격은 단위당 ₩170이다.

08 범용기계장치를 이용하여 제품 X와 Y를 생산·판매하는 ㈜감평의 당기 예산자료는 다음과 같다.

구분	제품 X	제품 Y
단위당 판매가격	₩1,500	₩1,000
단위당 변동원가	1,200	800
단위당 기계가동시간	2시간	1시간
연간 정규시장 판매수량	300단위	400단위
연간 최대기계가동시간		1,000시간

㈜감평은 신규거래처로부터 제품 Z 200단위의 특별주문을 요청받았다. 제품 Z의 생산에는 단위당 ₩900의 변동원가가 발생하며 단위당 1.5 기계가동시간이 필요하다. 특별주문 수락 시 기존 제품의 정규시장 판매를 일부 포기해야 하는 경우, ㈜감평이 제시할 수 있는 단위당 최소판매가격은? (단, 특별주문은 전량 수락하든지 기각해야 한다)

감평 2023

① ₩900
② ₩1,125
③ ₩1,150
④ ₩1,200
⑤ ₩1,350

01 ⑤　본 문제의 조업도는 "부"수이며, 실가동시간 7시간에 해당하는 부수는 1,800부 × 7시간 = 12,600부이다.

※ 자료정리

	기존	특별주문 (5,000부)
p	₩40	₩32
vc	16	16
cm	₩24	₩16

증분수익
　매출증가　　　　　5,000부 × ₩32 =　₩160,000
증분비용
　변동비증가　　　　5,000부 × ₩16 =　(80,000)
　기존 판매감소　　2,400부* × ₩24 =　(57,600)
증분이익　　　　　　　　　　　　　　　₩22,400

* 조업도 부족분에 대하여 기존 판매분감소

최대조업도　　　　12,600부
현재생산량　　　　10,000
여유조업도　　　　　2,600부
특별주문량　　　　　5,000
부족조업도　　　　(2,400)부

그러므로, 2,400부만큼 기존 판매감소

02 ⑤　(1) 소개에 소요되는 비용

건당 변동비　　　₩2,000
연간 총고정비　　3,000,000(회피가능 고정비 ₩1,400,000)

(2) 의사결정

증분수익
　－
증분비용
　변동비절감　　　6,000건 × ₩2,000 =　₩12,000,000
　고정비절감　　　　　　　　　　　　　　　1,400,000
　대행수수료　　　　　　　　　　　　　　(13,000,000)
증분이익　　　　　　　　　　　　　　　　　₩400,000

그러므로, 대행의 경우 ₩400,000만큼 이익이 증가한다.

03 ⑤ ₩96,000

증분수익

매출감소		(₩300,000)
C부문 공헌이익 감소	₩280,000 × 20% =	(56,000)

증분비용

변동원가 감소		200,000
광고선전비 감소		60,000
증분이익		(₩96,000)

그러므로, B부문을 폐쇄할 경우 이익감소액은 ₩96,000이다.

04 ③ 제약자원이 1개 이므로 제약자원당 공헌이익을 극대화하는 제품을 생산한다.

(1) 제품별 제약자원당 공헌이익

		청소기	공기청정기
공헌이익		₩50	₩60
기계시간	(÷)	2시간	3시간
기계시간당 공헌이익		₩25	₩20
우선순위		1순위	

(2) 생산수량결정

				기계시간	잔여시간
1순위	청소기	6,000개 × 2시간 =		12,000시간	21,000시간
2순위	공기청청기	7,000개 × 3시간 =		21,000	(21,000)
				33,000시간	− 시간

(3) 총공헌이익

6,000개 × ₩50 + 7,000 × ₩60 = ₩720,000

05 ② (1) 목적함수

z = ₩6 × X + ₩9 × Y

(2) 제약조건의 구체화

₩6 × X + ₩9 × Y ≦ 36시간

₩6 × X + ₩3 × Y ≦ 24kg

X, Y ≧ 0

(3) 최적해 도출

(0, 4): (₩6 × 0) + (₩9 × 4) = ₩36

(3, 2): (₩6 × 3) + (₩9 × 2) = ₩36

(4, 0): (₩6 × 4) + (₩9 × 0) = ₩24

그러므로, 최대공헌이익은 ₩36이다.

06 ④ 증분수익

−	−

증분비용

직접재료원가절감	₩(1,800,000)
직접노무원가절감	(700,000)
변동제조간접원가절감	(500,000)
고정제조간접원가절감	(P)
외부구입비용	₩330 × 10,000 = ₩3,300,000
증분이익	₩300,000 − P ≧ 0

따라서, 회피가능한 고정제조간접원가는 ₩300,000이다.

07 ② (1) 보조부문 A 폐쇄

증분수익
증분비용　변동원가절감　　₩70,000 + ₩300,000 × 0.2 =　₩130,000
　　　　　외부구입비용　　　　　　820단위* × ₩150 =　(123,000)
증분이익　　　　　　　　　　　　　　　　　　　　　　　₩7,000

* 기존필요량 − 자가소비량 − 상호용역수수량
　= 1,000단위 − 1,000단위 × 0.1 − 1,000단위 × 0.4 × 0.2 = 820단위

그러므로, 최대지불가능금액은 $\frac{130,000}{820}$ = 158이다.

(2) 보조부문 B 폐쇄

증분수익
증분비용　변동원가절감　　₩300,000 + ₩70,000 × 0.4 =　₩328,000
　　　　　외부구입비용　　　　　　1,640단위* × ₩200 =　(328,000)
증분이익　　　　　　　　　　　　　　　　　　　　　　　−

* 기존필요량 − 자가소비량 − 상호용역수수량
　= 2,000단위 − 2,000단위 × 0.1 − 2,000단위 × 0.2 × 0.4 = 1,640단위

그러므로, 최대지불가능금액은 $\frac{328,000}{1,640}$ = 200이다.

08 ② ₩1,125
(1) 자료정리

		X	Y
단위당 판매가격		₩1,500	₩1,000
단위당 변동원가		1,200	800
단위당 공헌이익		₩300	₩200
단위당 기계소요시간	(÷)	2	1
기계소요시간당 공헌이익		₩150	₩200
우선순위		2순위	1순위

(2) 최적제품배합

		필요시간	잔여시간
Y	400단위 × 1시간 =	400	600
X	300단위 × 2시간 =	600	−

(3) 특별주문을 위한 시간
200단위 × 1.5시간 = 300시간
즉, X를 300시간 ÷ 2시간 = 150단위를 포기해야 한다.

(4) 의사결정

증분수익
　매출증가　　　　　　　　　　　　　　　　　₩200P
　X포기　　　　　　150단위 × ₩300 =　　　　(45,000)
증분비용
　변동원가 증가　　200단위 × ₩900 =　　　　(180,000)
증분이익　　　　　　　　　　　　　₩200P − ₩225,000 ≥ 0

그러므로, P는 ₩1,125이다.

12 대체가격결정

I 서론

01 의의

회사의 규모가 증가함에 따라 기존의 중앙집권적인 경영방식에서 벗어나 사업부별 서로 다른 영역으로 독자적으로 운영할 수 있는 분권화와 다각화가 요구되고 있다. 경우에 따라서 이러한 사업부 간에 거래가 발생할 수 있으며 이를 대체거래라 하며 거래되는 재화나 용역의 가격을 대체가격이라 한다.

① 대체거래(이전거래, transfer transaction): 사업부간에 이루어지는 내부거래를 말한다.
② 대체가격(이전가격, transfer price): 사업부간에 거래되는 재화나 용역의 가격을 말한다.

02 대체가격 결정시 고려사항

대체가격은 각 사업부의 손익에 직접 영향을 미쳐 성과평가에 반영되므로 개별 사업부입장에서는 매우 중요한 문제이므로 여러 사항을 고려하여 신중히 결정해야 한다.
대체가격을 결정하는 과정에서 고려할 일반적인 지침으로 다음 사항들이 있다.

1. 목표일치성(goal congruence)기준
개별사업부의 의사결정이 회사 전체의 목표를 극대화할 수 있는 상황에서 이루어져야 한다는 의미이다.

2. 성과평가(performance evaluation)기준
대체가격이 개별사업부에 대한 성과평가를 공정하게 수행할 수 있도록 결정되어야 한다는 의미이다.

3. 자율성(autonomy)기준
분권화는 각 사업부로 하여금 권한과 책임을 가지고 자유로이 의사결정을 할 수 있는 것을 말하므로 대체여부 결정에 있어서도 자율적으로 결정할 수 있어야 한다는 의미이다.

4. 공공기관에 대한 재정관리(fiscal management)기준
국세청. 관세청 등 공공기관으로 하여금 회사 전체의 이익에 긍정적인 영향은 최대화하고 부정적인 영향은 최소화하는 범위 내에서 대체가격이 결정되어야 한다는 의미이다.

03 대체가격 결정방법

1. 시장가격기준

사업부간 대체하려는 재화나 용역에 대한 외부시장이 형성되어 있고 해당 시장에서 거래되는 가격이 있는 경우 그 가격으로 대체가격을 결정하는 것을 말한다. 만약, 아래와 같은 조건을 모두 충족한다면 가장 이상적이고 객관적인 기준이 될 수 있다.

① 생산자와 소비자는 시장가격을 손쉽게 입수할 수 있으며 시장가격에 아무런 영향을 미치지 못한다.

② 각 사업부에 자율성이 보장되어야 한다.

2. 원가기준

공급사업부가 생산하는 재화나 용역의 원가를 기준으로 대체가격을 결정하는 것을 말한다.

(1) 전부원가기준

공급사업부의 전부원가를 기준으로 대체가격을 결정하는 방법을 말한다.

① 장점
　　㉠ 회계자료를 활용할 수 있어 쉽게 적용가능하다.
　　㉡ 이해하기 쉽고 비용이 적게 소비된다.

② 단점
　　㉠ 고정원가 배분으로 인한 원가왜곡이 발생할 수 있다.
　　㉡ 공급사업부 입장에서 대체로 인한 이익이 발생하지 않는다.

(2) 변동원가기준

공급사업부의 변동원가를 기준으로 대체가격을 결정하는 방법을 말한다.

① 장점
　　㉠ 회계자료를 활용할 수 있어 쉽게 적용가능하다.
　　㉡ 이해하기 쉽고 비용이 적게 소비된다.

② 단점
　　㉠ 공급사업부 입장에서 여유조업도가 없는 경우 적용하기 힘들다.
　　㉡ 공급사업부 입장에서 대체로 인하여 고정원가만큼의 손실이 발생한다.

◉ 원가기준의 단점

현실적으로 공급사업부의 원가를 기준으로 하는 가격결정방법은 대체로 인한 이익증가분은 모두 구매사업부로 귀속되는 결과를 가져올 수 있다. 따라서, 이를 보완하기 위하여 원가에 일정한 이익을 가산하는 다음의 방법이 널리 사용된다.

• 전부원가 가산기준: 전부원가에 일정한 이익을 가산한 금액으로 결정
• 변동원가 가산기준: 변동원가에 일정한 이익을 가산한 금액으로 결정

3. 협상가격기준

사업부간의 협상을 통하여 대체가격을 결정하는 것을 말한다. 시장가격과 원가 모두 신뢰할 수 없는 상황에서 자율성기준이 가장 강조되는 방법으로 협상과정에서 많은 시간과 비용이 요구되고 준최적화현상이 발생할 수 있는 단점이 있다.

Ⅱ 공급 및 구매사업부 대체가격결정

01 공급사업부 (최소)대체가격

공급사업부 입장에서 대체거래는 판매활동이므로 대체가격은 매출로 인식된다. 따라서, 공급사업부는 가급적 높은 가격을 요구할 것이며 대체로 인하여 손실이 발생하지 않도록 최소한 받아야 할 가격을 주장할 것이다. 따라서, 공급사업부의 대체가격을 최소대체가격이라 하며 다음과 같이 계산할 수 있다.

> 최소대체가격 = 단위당 증분원가 + 대체시 단위당 기회원가*
> * 공급사업부는 외부판매 기회가 있으므로 내부대체시 외부판매기회를 포기할 수 있다.

사례연습 1: 공급사업부 최소대체가격

㈜한국의 부품사업부는 현재 1,000단위의 부품을 생산하여 외부시장에 판매하고 있다. 부품사업부의 관련정보는 다음과 같다.

단위당 외부판매가격	₩100
단위당 변동제조원가	50
단위당 변동판매비	10
고정제조원가	50,000
고정판매관리비	30,000

최근 사내 조립사업부로부터 500단위의 부품을 구입하겠다는 제의를 받았다. 단, 사내대체의 경우에는 변동판매비가 발생하지 않는다.

[요구사항 1]
부품사업부의 최대생산능력은 1,500단위이며 여유생산설비를 활용할 수 있는 기회는 없다. 최소대체가격을 구하시오.

[요구사항 2]
부품사업부의 최대생산능력은 1,500단위이며 여유생산설비를 임대하여 ₩1,500의 임대수익을 얻고 있다. 최소대체가격을 구하시오.

[요구사항 3]
부품사업부의 최대생산능력은 1,200단위이며 대체로 인한 부족한 설비를 구입하거나 임차할 수 없다. 최소대체가격을 구하시오.

[요구사항 4]

부품사업부의 최대생산능력은 1,000단위이며 대체로 인한 부족한 설비를 구입하거나 임차할 수 없다. 최소대체가격을 구하시오.

【해답】

※ 자료정리

공급사업부의 단위당 판매가격, 변동원가 및 공헌이익과 구매사업부와의 관계를 정리하면 다음과 같다.

	공급사업부			구매사업부
	외부판매	사내대체	→	
단위당 판매가격	₩100	TP		
단위당 변동원가	50 + 10	₩50		TP
단위당 공헌이익	₩40			
최대조업도	?			
외부판매량	1,000단위			
여유조업도	?			

[요구사항 1] 여유생산설비를 활용할 수 있는 기회가 없는 경우

(1) 단위당 증분원가
사내대체의 경우에는 변동판매비가 발생하지 않으므로 변동제조원가만 발생한다.

(2) 단위당 기회원가
여유생산설비를 활용할 수 있는 기회가 없으므로 기회원가는 없다.

(3) 최소대체가격
단위당 증분원가 + 단위당 기회원가
= ₩50 + ₩0
= ₩50

[별해] 특별주문 제안을 수락하기 위한 최소판매가격(TP)

증분수익	매출		500단위 × TP
증분비용	변동제조원가	500단위 × ₩50 =	25,000
증분이익			500단위 × TP − ₩25,000 ≥ ₩0

TP ≥ ₩50이므로 최소대체가격(TP)는 ₩50이다.

[요구사항 2] 여유생산설비를 활용하여 임대수익 ₩1,500을 얻고 있는 경우

(1) 단위당 증분원가
사내대체의 경우에는 변동판매비가 발생하지 않으므로 변동제조원가만 발생한다.

(2) 단위당 기회원가
대체를 하게 되면 임대수익 ₩1,500을 포기해야 한다.

(3) 최소대체가격
단위당 증분원가 + 단위당 기회원가
$$= ₩50 + \frac{1,500}{500단위}$$
$$= ₩53$$

[별해] 특별주문 제안을 수락하기 위한 최소판매가격(TP)

증분수익	매출		500단위 × TP
	임대수익 포기		₩(1,500)
증분비용	변동제조원가	500단위 × ₩50 =	25,000
증분이익			500단위 × TP − ₩26,500 ≥ ₩0

TP ≥ ₩53이므로 최소대체가격(TP)는 ₩53이다.

[요구사항 3] 최대생산능력이 1,200단위이며 대체로 인한 부족한 설비를 구입하거나 임차할 수 없는 경우

(1) 단위당 증분원가

사내대체의 경우에는 변동판매비가 발생하지 않으므로 변동제조원가만 발생한다.

(2) 단위당 기회원가

여유생산능력이 200단위(= 1,200단위 − 1,000단위)이므로 대체를 하게 되면 300단위만큼의 생산능력이 부족하다. 또한, 설비를 구입하거나 임차할 수 없으므로 외부판매량을 300단위만큼 포기해야 한다.

(3) 최소대체가격

단위당 증분원가 + 단위당 기회원가

$$= ₩50 + \frac{300단위 × (100 − 50 − 10)}{500단위}$$

$$= ₩50 + ₩24$$

$$= ₩74$$

[별해] 특별주문 제안을 수락하기 위한 최소판매가격(TP)

증분수익	매출		500단위 × TP
	외부판매 포기	300단위 × ₩40 =	₩(12,000)
증분비용	변동제조원가	500단위 × ₩50 =	25,000
증분이익			500단위 × TP − ₩37,000 ≥ ₩0

TP ≥ ₩74이므로 최소대체가격(TP)는 ₩74이다.

[요구사항 4] 최대생산능력이 1,000단위이며 대체로 인한 부족한 설비를 구입하거나 임차할 수 없는 경우

(1) 단위당 증분원가

사내대체의 경우에는 변동판매비가 발생하지 않으므로 변동제조원가만 발생한다.

(2) 단위당 기회원가

여유생산능력이 없고 설비를 구입하거나 임차할 수 없으므로 대체를 하게 되면 500단위만큼 외부판매량을 포기해야 한다.

(3) 최소대체가격

단위당 증분원가 + 단위당 기회원가

$$= ₩50 + \frac{500단위 × (100 − 50 − 10)}{500단위}$$

$$= ₩50 + ₩40$$

$$= ₩90$$

증분수익	매출		500단위 × TP
	외부판매 포기	500단위 × ₩40 =	₩(20,000)
증분비용	변동제조원가	500단위 × ₩50 =	25,000
증분이익			500단위 × TP − ₩45,000 ≥ ₩0

TP ≥ ₩90이므로 최소대체가격(TP)는 ₩90이다.

02 구매사업부 (최대)대체가격

구매사업부 입장에서 대체거래는 구매활동이므로 대체가격은 원가로 인식된다. 따라서, 구매사업부는 가급적 낮은 가격을 요구할 것이며 대체로 인하여 손실이 발생하지 않도록 최대한 지급할 수 있는 가격을 주장할 것이다. 따라서, 공급사업부의 대체가격을 최대대체가격이라 하며 다음과 같이 계산할 수 있다.

최대대체가격 = MIN [단위당 지불가능금액[1], 단위당 외부구입가격[2]]
[1] 추가가공 후 판매하는 경우(최종판매가격 − 추가원가)
[2] 공급사업부는 외부구입 기회가 있으므로 내부대체시 외부구입가격과 비교해야 한다.

사례연습 2: 구매사업부 최대대체가격

㈜한국의 조립사업부는 500단위의 부품을 사용하여 최종제품을 생산·판매하고 있다. 현재 필요한 부품은 모두 외부시장에서 부품 단위당 ₩80에 구입하고 있다. 조립사업부의 기타 관련정보는 다음과 같다.

단위당 외부판매가격	₩200
단위당 변동제조원가	50(추가가공원가)
단위당 변동판매비	20
고정제조원가	25,000
고정판매관리비	없음

조립사업부의 책임자는 필요한 부품을 사내 부품사업부로부터 구매를 검토하고 있다.

[요구사항]
최종제품 1단위 생산을 위해서 부품 1단위가 소요된다. 최대대체가격을 구하시오.

해답

※ 자료정리
구매사업부의 단위당 판매가격, 변동원가 및 공헌이익과 공급사업부와의 관계를 정리하면 다음과 같다. 구매사업부의 변동원가에는 추가가공원가와 변동판매비가 추가된다.

	공급사업부		→	구매사업부
	외부판매	사내대체		
단위당 판매가격	₩?	TP		₩200
단위당 변동원가	?	₩?		TP + ₩50 + ₩20
단위당 공헌이익	₩?			↑
최대조업도	?			외부구입가격 ₩80
외부판매량	?			
여유조업도	?			

(1) 단위당 지출가능금액
   최종판매가격 − 추가원가
   = ₩200 − ₩50 − ₩20
   = ₩130

(2) 단위당 외부구입가격
   ₩80

(3) 최대대체가격
   MIN [₩130, ₩80]
   그러므로, 최대대체가격은 ₩80이다.

[별해] 최대지불가능금액은 다음과 같이 구할 수 있다.

증분수익	매출	500단위 × ₩200 =		₩100,000
증분비용	대체가격			500단위 × TP
	변동제조원가	500단위 × ₩50 =		25,000
	변동판매비	500단위 × ₩20 =		10,000
증분이익				₩65,000 − 500단위 × TP ≥ ₩0

TP ≤ ₩130이므로 최대지불가능금액는 ₩130이다.
최대대체가격은 MIN [₩130, ₩80]이므로, 최대대체가격은 ₩80이다.

03 대체가격의 범위결정

목표일치성기준에 의하면 개별사업부의 의사결정이 회사 전체의 목표를 극대화할 수 있는 상황에서 이루어져야 하므로 최소대체가격과 최대대체가격을 이용하여 회사 전체 입장에서 대체가 유리한 대체가격의 범위를 설정할 수 있다.

1. 최소대체가격과 최대대체가격의 관계

[상황 1] 최소대체가격이 최대대체가격보다 작은 경우(최소대체가격 < 최대대체가격)

공급사업부는 가격이 높을수록 유리하므로 최소대체가격은 대체가격의 하한선이 되며 구매사업부는 가격이 낮을수록 유리하므로 최대대체가격은 대체가격의 상한선이 된다. 따라서, 대체가격의 범위는 다음과 같이 나타낼 수 있다.

[그림 12-1] 최소대체가격 < 최대대체가격

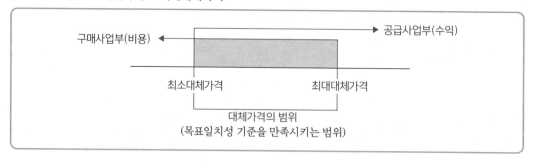

[상황 2] 최소대체가격이 최대대체가격보다 큰 경우(최소대체가격 > 최대대체가격)
대체가격의 범위는 다음과 같이 나타낼 수 있다.

[그림 12-2] 최소대체가격 > 최대대체가격

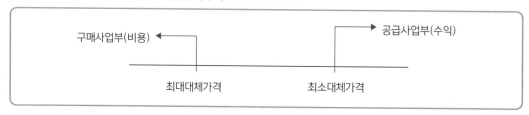

2. 대체거래가 회사 전체 이익에 미치는 영향

최소대체가격은 대체가격의 하한선을 결정하고 최대대체가격은 대체가격의 상한선을 결정하므로 최소대체가격이 최대대체가격보다 작은 경우 회사 전체 입장에서 대체하는 것이 유리하다. 또한, 대체거래가 회사 전체 이익에 미치는 영향은 다음과 같이 계산할 수 있다.

> 대체수량 × (최대대체가격 − 최소대체가격)

사례연습 3: 대체가격의 범위

㈜한국은 분권화된 사업부 A와 B를 운영하고 있다. 사업부 A에서 생산되는 제품 X는 사업부 B에 대체하거나 외부시장에 판매할 수 있다.

(1) 사업부 A에 대한 관련자료

단위당 외부판매가격	₩50
단위당 변동원가	30(변동판매비 포함)
연간 고정원가	10,000
연간 최대생산능력	1,000단위

(2) 사업부 B에 대한 관련자료

단위당 외부판매가격	₩100
단위당 변동제조원가	50(추가가공원가)
연간 고정원가	15,000
연간 최대생산능력	1,000단위

사업부 B는 제품 X를 주요부품으로 사용하여 완제품을 생산하고 있으며 공급처는 자유롭게 선택할 수 있다. 현재 사업부 A는 1,000단위의 제품 X를 전량 외부시장에 판매하고 있으며 사업부 B에서는 연간 200단위의 제품 X를 단위당 ₩45의 가격으로 외부공급업자로부터 구입하고 있다. 만일 사업부 A가 제품 X를 사업부 B에 대체한다면 단위당 ₩10의 변동판매비를 절감할 수 있다. (단, 사업부 A의 경우 내부대체시 대체수량만큼 외부판매량을 포기해야 한다)

[요구사항 1]
제품 X의 대체가격범위를 결정하시오.

[요구사항 2]
대체로 인한 회사 전체의 이익증감액을 구하시오.

┌─ 해답 ─┐

※ 자료정리
구매사업부와 공급사업부의 단위당 판매가격, 변동원가 및 공헌이익과 사업부간의 관계를 정리하면 다음과 같다. 대체거래시 공급사업부의 단위당 판매비 ₩10이 절감된다.

	공급사업부		→	구매사업부
	외부판매	사내대체		
단위당 판매가격	₩50	TP		₩100
단위당 변동원가	30	₩30 – ₩10		TP + ₩50
단위당 공헌이익	₩20			↑
최대조업도	1,000단위			외부구입가격 ₩45
외부판매량	1,000단위			
여유조업도	없음			

[요구사항 1] 대체가격범위
1. 최소대체가격
(1) 단위당 증분원가
   사내대체의 경우에는 변동판매비가 발생하지 않으므로 변동제조원가만 발생한다.

(2) 단위당 기회원가
   여유생산설비를 없으므로 외부판매 200단위를 포기한다.

(3) 최소대체가격
   단위당 증분원가 + 단위당 기회원가

   $$= (₩30 - ₩10) + \frac{200단위 \times (50 - 30)}{200단위}$$

   $$= ₩20 + ₩20$$

   $$= ₩40$$

[별해] 특별주문 제안을 수락하기 위한 최소판매가격(TP)

증분수익	매출		200단위 × TP
증분비용	변동제조원가	200단위 × ₩20 =	4,000
	외부판매포기	200단위 × ₩20 =	4,000
증분이익			200단위 × TP − ₩8,000 ≥ ₩0

TP ≥ ₩40이므로 최소대체가격(TP)는 ₩40이다.

2. 최대대체가격

(1) 단위당 지출가능금액

최종판매가격 − 추가원가

= ₩100 − ₩50

= ₩50

(2) 단위당 외부구입가격

₩45

(3) 최대대체가격

MIN [₩50, ₩45]

그러므로, 최대대체가격은 ₩45이다.

[별해] 최대지불가능금액은 다음과 같이 구할 수 있다.

증분수익	매출	200단위 × ₩100 =	₩20,000
증분비용	대체가격		200단위 × TP
	변동제조원가	200단위 × ₩50 =	10,000
증분이익			₩10,000 − 200단위 × TP ≥ ₩0

TP ≤ ₩50이므로 최대지불가능금액는 ₩50이다.

최대대체가격은 MIN [₩50, ₩45]이므로, 최대대체가격은 ₩45이다.

3. 대체가격 범위

최소대체가격은 ₩40이고 최대대체가격이 ₩45이다.

[요구사항 2] 대체로 인한 회사 전체의 이익증감액

대체로 인한 이익 = 대체수량 × (최대대체가격 − 최소대체가격)

= 200단위 × (₩45 − ₩40)

= ₩1,000

[별해] 회사 전체 입장에서 대체여부는 제품 X의 자가제조(대체) 및 외부구입 의사결정과 유사하다. 따라서, 다음과 같이 관련원가분석을 이용하여 계산할 수도 있다.

즉, 자가제조(대체)의 경우 여유조업도 부족으로 인하여 외부판매수량 200단위를 포기해야 한다.

증분수익	외부판매포기	200단위 × ₩20 =	₩(4,000)
증분비용	구입비용감소	200단위 × ₩45 =	₩(9,000)
	변동제조원가	200단위 × ₩20 =	4,000
증분이익			₩1,000 ≥ ₩0

01 다국적기업의 경영환경

다국적기업(multinational corporation)이란 어느 한 국가에 본사를 두고 하나 이상의 다른 국가에 자회사를 설치하여 운영하는 기업을 말한다. 다국적기업의 대체거래는 결국 국가간 거래로써 대체가격 결정과정에서 수입관세, 국제조세, 국가간 자금이전에 따른 제도적인 차이를 추가적으로 고려해야 한다.

02 다국적기업의 대체가격결정

국가간 거래에서 발생할 수 있는 여러 사항 중에 각국의 법인세를 고려한다면 회사 전체 입장에서 총법인세를 최소화 하는 방향으로 대체가격을 결정하는 것이 바람직하다. 즉, 법인세율이 낮은 국가에 위치한 사업부에 더 많은 이익이 배분되도록 대체가격을 결정하여 회사 전체 총법인세 지출금액을 절감할 수 있다.

> ### 사례연습 4: 다국적기업의 대체가격결정
>
> ㈜한국은 제품 A를 생산·판매하는 회사로서 세계 각국에 사업부를 두고 있는 다국적기업이다. 이 중 중국사업부는 한국사업부로부터 제품 A를 수입하여 중국 내 시장에서 판매하고 있다. 올해 초 중국사업부는 한국사업부로부터 100단위의 제품 A를 수입하여 판매하려고 한다. (단, 한국사업부와 중국사업부 모두 고정판매비는 없으며 재고는 보유하지 않는다)
> 각 국의 관련자료는 다음과 같다.
>
> | | 한국사업부 | | 중국사업부 |
> |---|---|---|---|
> | 단위당 판매가격 | | – | ₩700 |
> | 단위당 제조원가 | | | |
> | 변동원가 | ₩100 | | |
> | 고정원가 | 200 | ₩300 | – |
> | 단위당 변동판매비 | | 50 | 100 |
> | 법인세율 | | 30% | 50% |
> | 수입관세율 | | – | 10 |
> | (수입액의 일정비율) | | | |
>
> 또한, 중국의 수입가격의 허용범위는 ₩400에서 ₩500까지이며 수입상품에 대한 관세는 법인세 계산시 소득에서 공제한다.
>
> [요구사항 1]
> 대체가격이 ₩400인 경우 각 국의 세후영업이익을 구하시오.
>
> [요구사항 2]
> 대체가격이 ₩500인 경우 각 국의 세후영업이익을 구하시오.
>
> [요구사항 3]
> 회사 전체 이익을 극대화할 수 있는 대체가격을 구하시오.

※ 자료정리

(1) 본 문제는 주어진 대체가격의 범위에서 회사 전체의 세후순이익을 계산해야 하므로 각 국의 포괄손익계산서를 작성한다.

(2) 한국사업부의 매출액은 중국사업부의 수입금액이다.

(3) 수입관세는 법인세 계산시 소득에서 공제하므로 수입관련 부대비용으로 매입원가에 가산하여 처리한다.

[요구사항 1] 대체가격이 ₩400인 경우 각 국의 세후영업이익

	한국사업부		중국사업부	
매출액	100단위 × ₩400 =	₩40,000	100단위 × ₩700 =	₩70,000
매출원가	100단위 × ₩300 =	(30,000)		(40,000)*¹
		−	₩40,000 × 10% =	(4,000)*²
매출총이익		₩10,000		₩26,000
판매관리비	100단위 × ₩50 =	(5,000)	100단위 × ₩100 =	(10,000)
영업이익		₩5,000		₩16,000
법인세	₩5,000 × 30% =	(1,500)	₩16,000 × 50% =	(8,000)
세후이익		₩3,500		₩8,000

*¹ 한국사업부의 매출액은 중국사업부의 수입금액이다.

*² 관세는 수입부대비용이므로 매입원가에 가산한다.

회사 전체의 세후순이익은 ₩3,500 + ₩8,000 = ₩11,500이다.

[요구사항 2] 대체가격이 ₩500인 경우 각 국의 세후영업이익

	한국사업부		중국사업부	
매출액	100단위 × ₩500 =	₩50,000	100단위 × ₩700 =	₩70,000
매출원가	100단위 × ₩300 =	(30,000)		(50,000)
		−	₩50,000 × 10% =	(5,000)
매출총이익		₩20,000		₩15,000
판매관리비	100단위 × ₩50 =	(5,000)	100단위 × ₩100 =	(10,000)
영업이익		₩15,000		₩5,000
법인세	₩5,000 × 30% =	(4,500)	₩5,000 × 50% =	(2,500)
세후이익		₩10,500		₩2,500

회사 전체의 세후순이익은 ₩10,500 + ₩2,500 = ₩13,000이다.

[요구사항 3] 회사 전체 이익을 극대화할 수 있는 대체가격

대체가격이 ₩400인 경우 회사 전체 세후순이익은 ₩11,500이고 대체가격이 ₩500인 경우 회사 전체 세후순이익은 ₩13,000이므로 대체가격을 ₩500으로 결정하는 것이 회사 전체 입장에서 유리하다.

01 ㈜감평은 분권화된 사업부 A와 B를 이익중심점으로 운영한다. 사업부 A는 매년 부품 X를 8,000단위 생산하여 전량 외부시장에 단위당 ₩150에 판매하여 왔다. 최근 사업부 B는 제품 단위당 부품 X가 1단위 소요되는 신제품 Y를 개발하고, 단위당 판매가격 ₩350에 4,000단위를 생산·판매하는 방안을 검토하고 있다. 다음은 부품 X에 대한 제조원가와 신제품 Y에 대한 예상제조원가 관련 자료이다.

구분	부품 X	부품 Y
단위당 직접재료원가	₩40	₩80
단위당 직접노무원가	35	70
단위당 변동제조간접원가	25	30
연간 고정제조간접원가	200,000	100,000
연간 최대생산능력	10,000단위	5,000단위

사업부 B는 신제품 Y의 생산에 필요한 부품 X를 사내대체하거나 외부로부터 단위당 ₩135에 공급받을 수 있다. 사업부 A는 사내대체를 전량 수락하든지 기각해야 하며, 사내대체시 외부시장 판매를 일부 포기해야 한다. 사업부 A가 사내대체를 수락할 수 있는 부품 X의 단위당 최소대체가격은? 감평 2023

① ₩100
② ₩125
③ ₩135
④ ₩170
⑤ ₩180

02 ㈜서울은 분권화된 사업부 甲과 乙을 이익중심점으로 설정하고 있다. 사업부 甲에서 생산되는 제품 A는 사업부 乙에 대체하거나 외부시장에 판매할 수 있으며, 관련 원가자료가 다음과 같이 제시되어 있다. 사업부 乙은 제품 A를 주요부품으로 사용하여 완제품을 생산하고 있으며, 공급처는 자유로이 선택할 수 있다. 현재 사업부 甲은 100,000단위의 제품 A를 생산하여 전부 외부시장에 판매하고 있으며, 사업부 乙에서는 연간 50,000단위의 제품 A를 단위당 ₩42의 가격으로 외부공급업자로부터 구입하고 있다. 만일 사업부 甲이 제품 A를 사업부 乙에 사내대체한다면 단위당 ₩8의 판매비와관리비를 절감할 수 있다고 할 때, 제품 A의 사내대체가격 범위를 결정하시오.

단위당 외부판매가격:	₩45	
단위당 변동원가 :	30(변동판매관리비 포함)	
연간고정원가 :	1,000,000	
연간최대생산능력 :	100,000단위	

① ₩15와 ₩22사이   ② ₩22와 ₩30사이

③ ₩30과 ₩37사이   ④ ₩37과 ₩42사이

⑤ ₩42와 ₩45사이

03 ㈜대한은 펌프사업부와 밸브사업부를 이익중심점으로 운영하고 있다. 밸브사업부는 X제품을 생산하며, X제품의 단위당 판매가격과 단위당 변동원가는 각각 ₩100과 ₩40이고, 단위당 고정원가는 ₩20이다. 펌프사업부는 연초에 Y제품을 개발했으며, Y제품을 생산하는데 필요한 A부품은 외부업체로부터 단위당 ₩70에 구입할 수 있다. 펌프사업부는 A부품 500단위를 밸브사업부로부터 대체받는 것을 고려하고 있다. 밸브사업부가 A부품 500단위를 생산 및 대체하기 위해서는 단위당 변동제조원가 ₩30과 단위당 운송비 ₩7이 발생하며, 기존 시장에서 X제품의 판매량을 200단위만큼 감소시켜야 한다. 밸브사업부가 대체거래를 수락할 수 있는 A부품의 단위당 최소대체가격은?

① ₩53   ② ₩58

③ ₩61   ④ ₩65

⑤ ₩70

1086 해커스 감정평가사 ca.Hackers.com

04 ㈜세무는 사업부 A와 사업부 B를 이익중심점으로 운영하고 있다. 사업부 B는 사업부 A에 고급형 제품 X를 매월 10,000단위 공급해 줄 것을 요청하였다. 사업부 A는 현재 일반형 제품 X를 매월 50,000단위를 생산·판매하고 있으나, 고급형 제품 X를 생산하고 있지 않다. 회계부서의 원가분석에 의하면 고급형 제품 X의 단위당 변동제조원가는 ₩120, 단위당 포장 및 배송비는 ₩10으로 예상된다. 사업부 A가 고급형 제품 X 한 단위를 생산하기 위해서는 일반형 제품 X 1.5단위의 생산을 포기하여야 한다. 일반형 제품 X는 현재 단위당 ₩400에 판매되고 있으며, 단위당 변동제조원가와 단위당 포장 및 배송비는 각각 ₩180과 ₩60이다. 사업부 A의 월 고정원가 총액은 사업부 B의 요청을 수락하더라도 변동이 없을 것으로 예상된다. 사업부 A가 현재와 동일한 월간 영업이익을 유지하기 위해서는 사업부 B에 부과해야 할 고급형 제품 X 한 단위당 최소 판매가격은 얼마인가? (단, 사업부 A의 월초 재고 및 월말 재고는 없다) 세무사 2014

① ₩220 ② ₩270
③ ₩290 ④ ₩370
⑤ ₩390

05 대한회사의 부품 생산부문은 최대생산량인 360,000단위를 생산하여 외부시장에 전량 판매하고 있다. 부품생산 부문의 관련정보는 다음과 같다.

단위당 외부판매가	₩100
단위당 변동제조원가	58
단위당 변동판매비	8
단위당 고정제조원가	14
단위당 고정관리비	10

단위당 고정비는 최대생산량 360,000단위 기준의 수치이다. 부품 생산부문의 이익을 극대화시키기 위해 사내대체를 허용할 수 있는 단위당 최소 사내대체가격은 얼마인가? (단, 사내대체물에 대해서는 변동판매비가 발생하지 않는다) 세무사 2008

① ₩58 ② ₩66
③ ₩90 ④ ₩92
⑤ ₩100

Chapter 26-12 | 객관식 문제 정답 및 해설

01 ② (1) 자료정리

	사업부 A		→	사업부 B
	외부	대체		
p	₩150	TP		₩350
vc	100	₩100		TP + 180 ← 외부구입비용 ₩135
cm	₩50			

(2) 최소대체가격

단위당 증분원가 + 단위당 기회원가

$$= ₩100 + \frac{2{,}000단위 \times 50}{4{,}000단위}$$

$$= ₩125$$

그러므로, 최소대체가격은 ₩125이다.

02 ④ ※ 자료정리

	공급사업부		50,000단위	구매사업부
	외부	대체	→	
p	₩45	TP		
vc	30	₩30 − 8		TP ← 외부구입가격 ₩42
cm	₩15			

(1) 甲사업부의 최소대체가격

공급사업부

현재 甲은 100,000단위의 제품 A를 생산하여 전부 외부시장에 판매하고 있으므로 여유조업도는 없다.

공급사업부 대체가격 = 단위당 증분원가 + 단위당 기회원가

$$= ₩22 + \frac{50{,}000 \times 15}{50{,}000}$$

$$= ₩37$$

(2) 乙사업부의 최대대체가격

외부구입가격인 ₩42가 최대대체가격이다.

그러므로, 대체가격의 범위는 ₩37 ≤ TP ≤ ₩42이다.

03 ③   ₩61

	공급사업부		500단위	구매사업부
	외부	대체	→	
p	₩100	TP		−
vc	40	₩30 + ₩7		TP	← 외부구입비용 ₩70
cm	₩60			

그러므로, 최소대체가격은 $₩37 + \dfrac{200단위 \times 60}{500단위} = ₩61$이다.

04 ④   (1) 일반형 제품 X 단위당 공헌이익
　　　₩400 − ₩240 = ₩160
(2) 공급사업부의 최소판매가격
　　고급형 제품 X 한 단위를 생산하기 위해서 일반형 제품 X 1.5단위를 포기하여야 하므로, 일반형 제품
　　X 포기량은 15,000단위이다.
　　단위당 증분원가 + 단위당 기회원가
　　$= ₩130 + \dfrac{15,000단위 \times 160}{10,000단위}$
　　$= ₩370$

05 ④   ※ 자료정리

	공급사업부		1,000단위	구매사업부
	외부	대체	→	
p	₩100	TP		−
vc	66	₩66 − 8		TP
cm	₩34			

최소 대체가격 = 단위당 증분원가 + 단위당 기회비용*
　　　　　　　 = ₩58 + ₩34
　　　　　　　 = ₩92
* 여유조업도가 없으므로 대체를 위해서는 기존 판매분을 감소시켜야 한다.

13 자본예산

I 자본예산

01 의의

자본예산(capital budgeting)이란 설비 등 유형자산에 대한 투자의사결정으로 의사결정대상이 1년 이상인 장기의사결정이다.
자본예산의 진행과정은 다음과 같다.
첫째, 투자안을 탐색한다.
둘째, 투자안의 현금흐름을 추정한다.
셋째, 현금흐름을 근거로 사업성분석을 한다.
넷째, 투자에 대한 사후관리나 재평가를 진행한다.

02 현금흐름

이익은 기간별 성과를 평가하기 위하여 발생주의에 근거하여 계산하는 반면에 자본예산은 장기간에 걸친 투자안에 대한 사업성분석이므로 이익이 아닌 현금을 기준으로 계산한다.

1. 법인세를 고려하는 경우
법인세는 현금유출이므로 법인세를 고려하는 경우 세후기준으로 한다.

2. 이자와 배당
자본비용인 이자와 배당은 현금흐름을 할인하는 과정에서 반영되어 있기 때문에 현금흐름에 포함하지 않는다.

3. 감가상각비
현금유출이 없는 비용인 감가상각비는 현금유출이 아니다. 단, 법인세를 고려하는 경우 감가상각비로 인한 법인세효과를 반영해야 한다.

4. 유형자산의 처분손익
유형자산의 처분으로 손익이 발생하는 경우 해당 손익에 대한 법인세효과를 반영해야 한다.

03 자본예산모형

투자안에 대한 시점별 현금흐름을 기준으로 경제적 타당성을 분석하는 것으로 미래 현금흐름을 현재가치로 할인하는지 여부에 따라 비할인모형과 할인모형으로 구분할 수 있다.

1. 비할인모형

화폐의 시간가치를 고려하지 않은 방법으로 회수기간법과 회계적이익률법이 있다.

(1) 회수기간법(payback period method)

투자금액을 회수하는 데 소요되는 기간을 기준으로 투자안을 평가하는 방법을 말한다.

① 회수기간: 매년 현금유입액이 동일한 경우 투자금액을 연간현금유입액으로 나누어 계산하고 동일하지 않은 경우 매년 미회수금액과 순현금유입액을 비교하면서 계산한다.

② 의사결정: 투자안의 회수기간과 기준회수기간과 비교하여 의사결정한다.

	의사결정
• 투자안의 회수기간 < 기준회수기간	채택
• 투자안의 회수기간 > 기준회수기간	기각

③ 장 · 단점

    ㉠ 장점

        • 간편하고 이해하기 쉽다.

        • 회수기간은 위험지표로서의 정보를 제공한다.

        • 현금유동성을 강조한다.

    ㉡ 단점

        • 회수기간 이후의 현금흐름은 고려하지 않는다.

        • 투자안의 수익성을 고려하지 않는다.

        • 화폐의 시간가치를 고려하지 않는다.

> **사례연습 1: 회수기간법**
>
> ㈜한국은 새로운 설비구입여부를 검토하고 있다. 설비는 A와 B 모델이 있으며 취득금액은 ₩1,000,000으로 동일하다. 회사는 투자금액에 대한 회수기간을 기준으로 투자여부를 결정하고 있으며 기준회수기간은 3년이다. 각 설비의 예상 현금유입액은 다음과 같다.
>
> | 연도 | 영업현금흐름 | |
> |---|---|---|
> | | A | B |
> | 1 | ₩400,000 | ₩200,000 |
> | 2 | 400,000 | 300,000 |
> | 3 | 400,000 | 400,000 |
> | 4 | 400,000 | 500,000 |
> | 5 | 400,000 | 600,000 |
> | 6 | 400,000 | 700,000 |
> | | ₩2,400,000 | ₩2,700,000 |
>
> **[요구사항]**
> 회수기간법을 적용하여 선택안을 제시하시오.

※ 자료정리

연간현금유입액이 균등한 경우 투자금액을 연간현금유입액으로 나누어 계산하고 균등하지 않은 경우 매년 미회수금액을 파악하여 계산할 수 있다.

(1) A 모델 회수기간

$$회수기간 = \frac{투자금액}{연간\ 현금유입액}$$

$$= \frac{1,000,000}{400,000}$$

$$= 2.5년$$

(2) B 모델 회수기간

연도	영업현금흐름		
	연간	누적	미회수
1	₩200,000	₩200,000	₩800,000
2	300,000	500,000	500,000
3	400,000	900,000	100,000
4	500,000	1,400,000	(400,000)
5	600,000		
6	700,000		
	₩2,700,000		

3년까지 누적현금흐름은 ₩900,000이므로 미회수금액은 ₩100,000이다. 4년차 현금유입액은 ₩500,000이므로 회수기간은 다음과 같이 계산할 수 있다.

$$회수기간 = 3년 + \frac{100,000}{500,000}$$

$$= 3.2년$$

그러므로, 기준회수기간인 3년 이내이며 회수기간이 짧은 A 모델을 선택한다.

(2) 회계적 이익률법(ARR accounting rate of return method)

투자안의 연평균 회계적 이익률을 기준으로 투자안을 평가하는 방법을 말한다.

① **회계적 이익률**: 투자안으로부터 발생하는 연평균 회계적 이익을 최초투자액 또는 평균투자액으로 나누어 계산한다.

$$회계적\ 이익률 = \frac{연평균\ 회계적\ 이익^{*1}}{최초투자액(또는\ 평균투자액^{*2})}$$

*1 연평균 회계적 이익 = 연평균현금흐름 − 연평균감가상각비
*2 평균투자액 = (최초투자액 + 잔존가치)/2

② **의사결정**: 투자안의 회계적 이익률과 기준회계적 이익률과 비교하여 의사결정한다.

	의사결정
• 투자안의 회계적 이익률 > 기준회계적 이익률	채택
• 투자안의 회계적 이익률 < 기준회계적 이익률	기각

③ 장 · 단점
　　㉠ 장점
　　　　• 재무제표 자료를 이용할 수 있다.
　　　　• 수익성을 고려하는 방법이다.
　　　　• 투자중심점 평가방법인 투자수익률과 계산구조가 동일하여 논리적 일관성을 유지할 수 있다.
　　㉡ 단점
　　　　• 회계적 이익 계산에 발생주의 등 회계상 문제점을 가지고 있다.
　　　　• 기준이익률 설정에 자의성이 개입할 수 있다.
　　　　• 화폐의 시간가치를 고려하지 않는다.

사례연습 2: 회계적 이익률

㈜한국은 새로운 설비구입 여부를 검토하고 있다. 설비는 A와 B 모델이 있으며 취득금액은 ₩1,000,000이고 잔존가치는 ₩100,000으로 모두 동일하다. 각 설비의 예상 현금유입액은 다음과 같다.

연도	영업현금흐름	
	A	B
1	₩400,000	₩200,000
2	400,000	300,000
3	400,000	400,000
4	400,000	500,000
5	400,000	600,000
6	400,000	700,000
	₩2,400,000	₩2,700,000

[요구사항 1]
최초투자액을 기준으로 회계적 이익률을 구하시오.
[요구사항 2]
평균투자액을 기준으로 회계적 이익률을 구하시오.

해답

※ 자료정리
(1) 연평균 감가상각비
　　감가상각대상금액 ÷ 내용연수
　　= (₩1,000,000 − ₩100,000) ÷ 6년
　　= ₩150,000
(2) 연평균 회계적 이익
　　• A 모델
　　　연평균 현금흐름 − 연평균 감가상각비
　　　= ₩400,000 − ₩150,000
　　　= ₩250,000
　　• B 모델
　　　연평균 현금흐름 − 연평균 감가상각비
　　　= (₩2,700,000/6년) − ₩150,000
　　　= ₩300,000

(3) 평균투자액

(최초투자액 + 잔존가치)/2

= (₩1,000,000 + ₩100,000)/2

= ₩550,000

[요구사항 1] 최초투자액 기준 회계적 이익률

• A 모델

$$\frac{\text{연평균 회계적 이익}}{\text{최초투자액}}$$

$$= \frac{250,000}{1,000,000}$$

= 25%

• B 모델

$$\frac{\text{연평균 회계적 이익}}{\text{최초투자액}}$$

$$= \frac{300,000}{1,000,000}$$

= 30%

[요구사항 2] 평균투자액 기준 회계적 이익률

• A 모델

$$\frac{\text{연평균 회계적 이익}}{\text{평균투자액}}$$

$$= \frac{250,000}{550,000}$$

= 45.45%

• B 모델

$$\frac{\text{연평균 회계적 이익}}{\text{평균투자액}}$$

$$= \frac{300,000}{550,000}$$

= 54.55%

2. 할인모형

화폐의 시간가치를 고려하는 방법으로 순현재가치법과 내부수익률법이 있다.

(1) 순현재가치법(NPV; net present value method)

현금유입의 현재가치에서 현금유출의 현재가치를 차감한 순현재가치를 기준으로 투자안을 평가하는 방법을 말한다.

① 순현재가치: 현금유입액의 현재가치에서 현금유출액의 현재가치를 차감하여 계산한다. 만약, 현금유출이 최초투자시점에만 발생한다면 순현재가치는 다음과 같이 계산할 수 있다.

$$\text{순현재가치} = \Sigma \frac{\text{매년 현금흐름}}{(1+\text{할인율})} - \text{최초투자금액}$$

② 의사결정: 순현재가치는 투자안에 대한 증분현금흐름을 의미하므로 영(0)보다 크면 채택하고 작으면 기각한다. 또한, 여러 투자안을 비교하는 경우 순현재가치가 영(0)보다 큰 투자안들 중에서 높은 투자안을 선택한다.

	의사결정
• 투자안의 순현재가치 > 0	채택
• 투자안의 순현재가치 < 0	기각

③ 장 · 단점

　㉠ 장점

　　• 화폐의 시간가치를 고려한다.

　　• 내용연수동안 모든 현금흐름을 고려하며 투자안의 위험을 할인율에 반영할 수 있다.

　　• 결과가 금액이므로 기업가치에 미치는 영향을 직접 평가할 수 있다.

　㉡ 단점

　　• 자본비용 계산이 어렵다.

　　• 투자규모가 큰 투자안이 유리하게 평가될 가능성이 있다.

　　• 금액으로 평가되어 투자규모가 다른 투자안의 경제성 비교가 어렵다.

사례연습 3: 순현가치법(설비대체)

㈜한국은 2년 전에 취득한 기계를 대신하여 동일한 작업을 수행할 수 있는 새로운 기계를 구입하고자 한다. 새로운 기계는 취득가액이 ₩10,000, 잔존가치가 ₩1,000이며 내용연수는 3년이다. 새로운 기계를 도입할 경우 연간영업이익은 ₩10,000이다. 현재 사용하고 있는 기계에 관한 자료는 다음과 같다.

취득가액	₩12,000
현재처분가치	8,280
잔존가치	2,700
연간영업이익	7,000
잔존내용연수	3년

회사는 감가상각방법으로 정액상각법을 채택하고 있다.

[요구사항 1]

법인세가 없을 경우 순현재가치법을 이용하여 설비대체 여부를 결정하시오.

단, 10%의 할인율에 대한 현가계수는 다음과 같다.

현가계수(3년): 0.7513
연금현가계수 : 2.4869

(1) 총액접근법

① 신기계

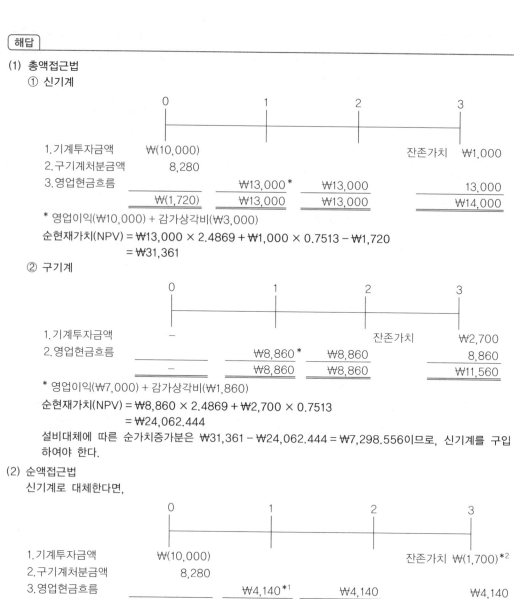

1. 기계투자금액　　　₩(10,000)　　　　　　　　　　　　　　　　　잔존가치　₩1,000
2. 구기계처분금액　　　8,280
3. 영업현금흐름　　　　　　　　　　　₩13,000*　　₩13,000　　　　　　　13,000
　　　　　　　　　　　₩(1,720)　　　₩13,000　　₩13,000　　　　　　₩14,000

　* 영업이익(₩10,000) + 감가상각비(₩3,000)

순현재가치(NPV) = ₩13,000 × 2.4869 + ₩1,000 × 0.7513 − ₩1,720
　　　　　　　　= ₩31,361

② 구기계

1. 기계투자금액　　　　　−　　　　　　　　　　　　　　　잔존가치　　₩2,700
2. 영업현금흐름　　　　　　　　　　₩8,860*　　₩8,860　　　　　　8,860
　　　　　　　　　　　　−　　　　₩8,860　　₩8,860　　　　　₩11,560

　* 영업이익(₩7,000) + 감가상각비(₩1,860)

순현재가치(NPV) = ₩8,860 × 2.4869 + ₩2,700 × 0.7513
　　　　　　　　= ₩24,062.444

설비대체에 따른 순가치증가분은 ₩31,361 − ₩24,062.444 = ₩7,298.556이므로, 신기계를 구입하여야 한다.

(2) 순액접근법

신기계로 대체한다면,

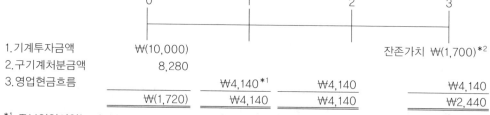

1. 기계투자금액　　　₩(10,000)　　　　　　　　　　　　　　잔존가치 ₩(1,700)*²
2. 구기계처분금액　　　8,280
3. 영업현금흐름　　　　　　　　　　₩4,140*¹　　₩4,140　　　　　₩4,140
　　　　　　　　　　　₩(1,720)　　₩4,140　　₩4,140　　　　₩2,440

*¹ 증분영업이익(₩10,000 − ₩7,000) + 증분 감가상각비(₩3,000 − ₩1,860)
*² 신기계 잔존가치 (₩1,000) − 구기계 잔존가치(₩2,700)

순현재가치(NPV) = ₩4,140 × 2.4869 + ₩1,700 × 0.7513 − ₩1,720
　　　　　　　　= ₩7,298.556

그러므로, 신기계를 구입하여야 한다.

[요구사항 2]

구기계와 신기계의 실제처분가치는 다음과 같고 법인세가 40%일 경우 순현재가치법을 이용하여 설비대체여부를 결정하시오.

단, 10%의 할인율에 대한 현가계수는 다음과 같다.

현가계수(3년): 0.7513
연금현가계수 : 2.4869

	구기계	신기계
현재처분가치	₩9,000	₩10,000
내용연수 종료 후 처분가치	3,000	800

해답

(1) 총액접근법

① 신기계

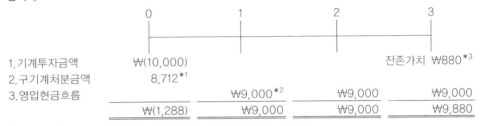

1. 기계투자금액 ₩(10,000) ... 잔존가치 ₩880*3
2. 구기계처분금액 8,712*1
3. 영업현금흐름 ... ₩9,000*2 ₩9,000 ₩9,000
₩(1,288) ₩9,000 ₩9,000 ₩9,880

*1 처분가치(₩9,000) – 처분이익에 대한 법인세(₩720 × 0.4)
*2 세후영업이익(₩10,000 × 0.6) + 감가상각비(₩3,000)
*3 처분가치(₩800) + 처분손실에 대한 법인세감세효과(₩200 × 0.4)

순현재가치(NPV) = ₩9,000 × 2.4869 + ₩880 × 0.7513 – ₩1,288
= ₩21,755.244

② 구기계

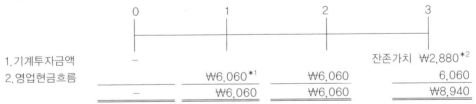

1. 기계투자금액 – ... 잔존가치 ₩2,880*2
2. 영업현금흐름 ... ₩6,060*1 ₩6,060 6,060
– ₩6,060 ₩6,060 ₩8,940

*1 세후영업이익(₩7,000 × 0.6) + 감가상각비(₩1,860)
*2 처분가치(₩3,000) – 처분이익에 대한 법인세(₩300 × 0.4)

순현재가치(NPV) = ₩6,060 × 2.4869 + ₩2,880 × 0.7513
= ₩17,234.358

설비대체에 따른 순가치증가분은 ₩21,755.244 – ₩17,234.358 = ₩4,520.886이므로, 신기계를 구입하여야 한다.

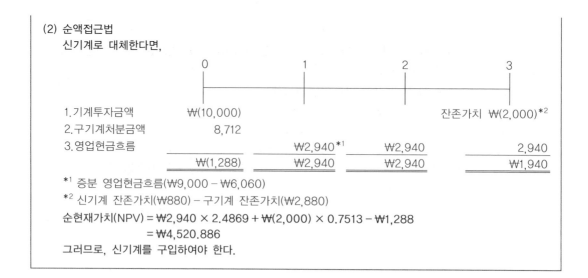

(2) 순액접근법
신기계로 대체한다면,

	0	1	2	3
1. 기계투자금액	₩(10,000)			잔존가치 ₩(2,000)*²
2. 구기계처분금액	8,712			
3. 영업현금흐름		₩2,940*¹	₩2,940	2,940
	₩(1,288)	₩2,940	₩2,940	₩1,940

*¹ 증분 영업현금흐름(₩9,000 - ₩6,060)
*² 신기계 잔존가치(₩880) - 구기계 잔존가치(₩2,880)
순현재가치(NPV) = ₩2,940 × 2.4869 + ₩(2,000) × 0.7513 - ₩1,288
= ₩4,520.886
그러므로, 신기계를 구입하여야 한다.

(2) 내부수익률법(IRR; internal rate of return method)

현금유입의 현재가치와 현금유출의 현재가치를 일치시키는 할인율인 내부수익률을 기준으로 투자안을 평가하는 방법을 말한다.

① 내부수익률: 현금유입액의 현재가치와 현금유출액의 현재가치를 일치시키는 할인율을 시행착오법이나 보간법을 이용하여 계산한다.

② 의사결정: 투자안의 내부수익률이 자본비용을 초과하면 채택한다. 또한, 여러 투자안을 비교하는 경우 내부수익률이 자본비용을 초과하는 투자안들 중에서 높은 투자안을 선택한다.

	의사결정
• 투자안의 내부수익률 > 자본비용	채택
• 투자안의 내부수익률 < 자본비용	기각

③ 장·단점
   ㉠ 장점
      • 화폐의 시간가치를 고려한다.
      • 내용연수 동안 모든 현금흐름을 고려한다.
      • 투자규모가 다른 투자안의 경제성을 비교할 수 있다.
   ㉡ 단점
      • 계산과정이 복잡하다.
      • 현금흐름의 양상에 따라 복수의 내부수익률이 나타날 수 있다.
      • 내부수익률이 크다는 것과 현금흐름이 크다는 것은 별개의 문제이다.

(3) 순현재가치법과 내부수익률법의 관계

순현재가치법과 내부수익률법은 모두 화폐의 시간가치를 고려하는 방법으로 단일투자안의 경우 일반적으로 동일한 결과를 가져오지만 상호배타적인 다수의 투자안 중 하나를 선택하는 경우 다른 결론을 제시할 수 있다.

① 주요원인: 서로 다른 결론이 제시되는 주요한 원인은 다음과 같다.
  ㉠ 투자규모가 다른 경우
  ㉡ 투자기간이 다른 경우
  ㉢ 현금흐름의 양상이 다른 경우
② 순현재가치법의 우월성: 서로 다른 결론이 제시되는 경우 순현재가치법이 내부수익률법에 비하여 다음과 같은 장점으로 인하여 순현재가치법에 의한 선택이 바람직하다.
  ㉠ 재투자수익률의 가정: 내부수익률법은 내부수익률로 재투자한다고 가정하는 반면 순현재가치법은 자본비용으로 재투자한다고 가정한다. 즉, 좋은 투자안이 항상 존재하는 것이 아니므로 순현재가치법의 가정이 보다 합리적이다.
  ㉡ 가치합산원칙: 순현재가치는 기업가치에 미치는 영향을 금액으로 직접 확인할 수 있고 서로 다른 투자안의 순현재가치를 합산하면 투자안 전체 순현재가치가 된다.
  ㉢ 복수의 내부수익률: 투자안의 현금흐름의 양상에 따라 복수의 내부수익률이 제시되어 의사결정에 왜곡이 발생할 수 있다.

사례연습 4: 내부수익률법(보간법)

㈜한국은 새로운 설비를 ₩75,000에 구입하고자 한다. 이 회사의 재무담당자는 설비를 도입함으로써 다음과 같은 현금운영비가 절감할 것으로 예상하고 있다.

(1) 현금운영비 절감액

연도	금액
1차연도	₩30,000
2차연도	30,000
3차연도	30,000

(2) 연금의 현가표(n = 3)

8%	9%	10%	11%
2.577	2.535	2.485	2.444

[요구사항]
내부수익률을 구하시오.

해답

※ 자료정리
(1) 현금운영비 절감은 현금유입과 동일하다.
(2) 매년 현금유입액이 균등한 경우 연금의 현가표를 이용하여 구할 수 있다.

[요구사항] 내부수익률
(1) 현금유입액의 현재가치와 현금유출액의 현재가치(투자금액)는 일치해야 한다.
  ₩30,000 × 연금의 현가계수(IRR, 3년) = ₩75,000

  $$연금의\ 현가계수(IRR,\ 3년) = \frac{75,000}{30,000}$$
  $$= 2.5$$

(2) 연금의 현가계수가 2.5가 되는 IRR을 보간법을 이용하여 계산한다.

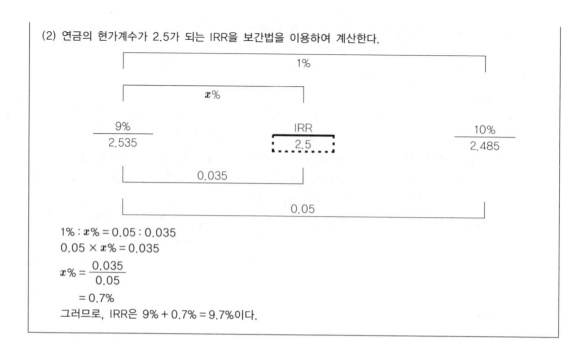

$1\% : x\% = 0.05 : 0.035$

$0.05 \times x\% = 0.035$

$x\% = \dfrac{0.035}{0.05}$

$\quad = 0.7\%$

그러므로, IRR은 $9\% + 0.7\% = 9.7\%$이다.

Chapter 26-13 | 객관식 문제

01 ㈜세무는 온라인 교육을 확대하기 위해 새로운 온라인 강의설비를 ₩280,000에 구입할 것을 검토하고 있다. 이 설비는 향후 5년에 걸쳐 강사료, 시설관리비 등에서 ₩330,000의 현금절감효과를 가진다. 현금절감액은 연중 균일하게 발생하지만, 연도별 현금흐름은 다음과 같이 균일하지 않다. 이러한 상황에서 설비투자에 대한 회수기간은?

세무사 2021

연도	1	2	3	4	5
현금절감액	₩100,000	₩80,000	₩60,000	₩50,000	₩40,000

① 3.2년   ② 3.4년

③ 3.5년   ④ 3.6년

⑤ 3.8년

02 다음 자료에 의하여 첫해의 평균장부가액에 의한 회계적 이익률(ARR)을 계산하시오.

세무사 1990

> (1) 비영리법인이다.
> (2) 세후 현금유입액은 ₩650,000이다.
> (3) 최초 투자액은 ₩2,000,000이고 잔존가치는 ₩0이며 정액법으로 상각하고 내용연수는 5년이다.

① 13.88%   ② 37.5%

③ 12.5%   ④ 25%

⑤ 20%

03 성공대학 학생회에서는 현재 복사비용으로 외부에 장당 ₩40씩 지불하고 있는데, 복사비용 절감을 위해 ₩5,000,000인 복사기의 구입을 고려하고 있다. 이 복사기는 2년간 사용한 후 ₩660,000에 재판매할 수 있다. 종이가격은 장당 ₩10이며 100장 복사에 10장이 낭비된다. 복사기 유지비는 연간 ₩150,000이며 그 이외 복사비관련 비용은 없다. 편의상 올해의 현금흐름은 할인하지 않고 내년도의 현금흐름을 할인율 10%로 할인한다. 매년 복사하여야 할 수량이 100,000장일 경우, 복사기를 구입하여 사용하는 것이 2년간 복사비용을 지불하는 것에 비하여 순현재가치(NPV)의 측면에서 볼 때 얼마나 절감되는가?

회계사 1996

① ₩500,000
② ₩750,000
③ ₩850,000
④ ₩1,000,000
⑤ ₩1,160,000

04 ㈜한국은 내용연수가 2년이고 잔존가치가 ₩0인 기계를 구입하려고 한다. 이 기계를 사용하면 새로운 투자기회를 갖으며, 이 투자기회로부터 법인세 차감 후 순현금유입액은 1차연도에 ₩110,000이며, 2차연도에 ₩242,000이다. ㈜한국의 최저필수수익률이 105라고 한다면 이 기계에 회사가 기꺼이 투자할 수 있는 최대금액은 얼마인가?

① ₩350,000
② ₩300,000
③ ₩400,000
④ ₩250,000
⑤ ₩380,000

05 ㈜세무는 신제품 생산을 위해 새로운 기계를 구입하려고 한다. 새로운 기계와 관련된 자료는 다음과 같다.

- 구입원가: ₩1,000,000
- 추정내용연수: 5년
- 추정잔존가액: 없음
- 감가상각방법: 정액법

새로운 기계로부터 예상되는 세전영업현금흐름은 매년 ₩300,000이다. 다음 설명으로 옳은 것은? (단, 법인세율은 30%이며, 회수기간과 회계적이익률은 세후기준으로 계산한다)

세무사 2024

① 매년 예상되는 세후순현금유입액은 ₩210,000이다.
② 회수기간은 3.84년이다.
③ 평균투자액은 ₩600,000이다.
④ 매년 예상되는 법인세차감전순이익은 ₩70,000이다.
⑤ 평균투자액에 대한 회계적 이익률은 14%이다.

01 ⑤

기간	현금흐름	미회수액
1	₩100,000	₩(180,000)
2	80,000	(100,000)
3	60,000	(40,000)
4	50,000	10,000

그러므로 회수기간은 다음과 같다.

$$3년 + \frac{40,000}{50,000} = 3.8년$$

02 ①

(1) 연평균 순이익

주어진 자료는 현금유입액이므로 다음 등식을 이용하여 회계적 이익으로 변경해야 한다.

"회계적 이익 + 감가상각비 = 순현금흐름 ⇨ 순현금흐름 – 감가상각비 = 회계적 이익"

₩650,000 – ₩2,000,000 ÷ 5 = ₩250,000

(2) 평균 투자액

$$\frac{최초투자액 + 잔존가치}{2}$$

$$= \frac{2,000,000 + 1,600,000}{2}$$

$$= ₩1,800,000$$

(3) 회계적 이익률

$$\frac{연평균순이익}{연평균투자액} = \frac{250,000}{1,800,000} = 13.88\%$$

03 ③

(1) 관련비용 비교

	외부이용	복사기구입
장당 변동비	₩40	₩11 [*1]
복사기 구입비	–	5,000,000
복사기 재판매가치	–	660,000
연간 운영비		150,000

[*1] 장당 비용 + 낭비된 부분

= ₩10 + ₩ × 10%

= ₩11

(2) 복사기 구입시 미래 현금흐름

	CF0	CF1	CF2
설비투자	₩(5,000,000)	–	₩660,000
영업현금흐름		₩2,750,000 [*2]	2,750,000
할인율		÷ (1 + 0) [*3]	÷ (1 + 0.1) [*3]
현재가치	₩(5,000,000)	₩2,750,000	₩3,100,000

$*^2$ 복사기 구입시 외부 이용시 발생하는 장당 ₩40을 절감하나 장당 변동비 ₩11과 연간 운영비 ₩150,000이 발생한다.

(₩40 − ₩11) × 100,000장 − ₩150,000 = ₩2,750,000

$*^3$ 올해의 현금흐름은 할인하지 않고 내년도의 현금흐름을 할인율 10%로 할인한다.

그러므로, 순현재가치는 ₩2,750,000 + ₩3,100,000 − ₩5,000,000 = ₩850,000이다.

04 ② ₩110,000 ÷ (1 + 0.1) + ₩242,000 ÷ (1 + 0.1)² = ₩300,000

05 ⑤ (1) 매년 감가상각비

₩1,000,000 ÷ 5년 = ₩200,000

(2) 매년 예상되는 세후순현금유입액

₩300,000 × (1 − 30%) + ₩200,000 × 30% = ₩270,000

(3) 회수기간

	순현금유입액	미회수금액
1차연도	₩270,000	₩(730,000) (= ₩1,000,000 − ₩270,000)
2차연도	270,000	(460,000) (= ₩730,000 − ₩270,000)
3차연도	270,000	(190,000) (= ₩460,000 − ₩270,000)
4차연도	270,000	80,000 (= ₩390,000 − ₩270,000)
5차연도	270,000	350,000

$3년 + \dfrac{190,000}{270,000} = 3.7년$ 또는, $\dfrac{1,000,000}{270,000} = 3.7년$

(4) 평균투자액

$\dfrac{1,000,000 + 0}{2} = ₩500,000$

(5) 매년 법인세차감전순이익

세전영업현금흐름 − 감가상각비

= ₩300,000 − ₩200,000

= ₩100,000

(6) 평균투자액에 대한 회계적 이익률

① 세후회계적 이익

세후순현금유입액 − 감가상각비

= ₩270,000 − ₩200,000

= ₩70,000

② 회계적 이익률

$\dfrac{70,000}{500,000} = 14\%$

14 종합예산

I 서론

01 의의

예산(budget)이란 기업의 공식적인 행동계획을 화폐로 표시한 것을 말하며 종합예산(master budget)이란 조직 전체를 대상으로 편성하는 예산을 말한다.

(1) 장점
① 계획수립과 함께 성과평가의 기준을 제공한다.
② 조직구성원들간 의사소통으로 인하여 조직전체를 활성화한다.
③ 조직구성원들에게 동기부여역할을 한다.

(2) 단점
① 예산자체가 구성원들에게 심적부담감을 줄 수 있다.
② 단기목표를 강조하다보면 단기성과에 집착할 수 있다.
③ 자신에게 유리한 성과를 유도하도록 예산을 이용할 수 있다.

● 기타예산
- 참여예산(participative budget): 조직의 모든 구성원들이 참여하여 대다수가 만족할 만한 예산을 설정하는 방법이다.
- 원점예산(zero‑based budget): 과거 예산을 고려하지 않고 모든 항목을 원점에서부터 설정하는 방법이다.
- 연속갱신예산(rolling budget): 한 회계기간을 전제로 편성한 후 일정 기간이 경과함에 따라 새로운 기간의 예산이 추가되어 예산기간이 유지되는 방법이다.

02 주요목적

1. 계획수립
종합예산의 설정으로 인하여 조직구성원들로 하여금 각자 미래의 계획을 수립하도록 요구할 수 있다.

2. 통제 및 성과평가
예산은 조직구성원들로 하여금 미래의 행동지침의 역할을 하고 설정된 예산과 실적이 일치하지 않을 경우 그 차이원인을 분석하여 각 조직원들의 평가에 활용할 수 있다.

3. 의사소통 및 조정

종합예산 설정과정에서 다양한 기능을 가진 구성원들 사이에 계획이 상호 공유될 수 있고 의결 조율이 가능하여 조직구성원들간의 의사소통과 조정에 도움이 될 수 있다.

03 운영예산과 재무예산

1. 운영예산(operation budget 또는 영업예산)

주요 영업활동에 관한 예산으로 수요예측으로부터 시작하여 원재료구매, 인력조달, 제조, 판매 예산 등을 거쳐 예산포괄손익계산서 작성하는 것을 말한다.

2. 재무예산(financial budget)

운영예산을 기초로 필요한 자금조달과 투자에 대한 예산으로 현금예산, 예산재무상태표, 예산현 금흐름표 작성 및 자본예산을 편성하는 것을 말한다.

II 종합예산 편성

01 의의

기업 전체를 대상으로 수요예측(판매예산)을 기초로 하여 예산포괄손익계산서와 예산재무상태표 작 성으로 완료된다.

02 편성절차

제품원가계산은 실제 발생한 상황을 재무제표에 반영하는 것이 목적이므로 원재료 구매부터 시작하 여 제조원가 투입, 제품 생산 및 판매까지 정상적인 흐름의 순서대로 진행되는 것과는 반대로 종합 예산은 미래 예측한 상황을 추정하는 것이 목적이므로 판매예산으로 시작하여 제조(생산)예산, 제 조원가예산, 원재료구매예산 등 제품원가계산과는 반대의 순서로 진행한다.

1. 판매(매출액)예산(sales budget)

예산기간 동안에 판매할 수 있는 판매량과 예상가격을 기초로 예산매출액을 결정하는 것을 말한 다. 또한, 예산판매량은 후술하는 판매관리비예산 중 변동판매관리비예산을 편성하는 데에 사용 된다.

판매예산 = 예상판매량 × 예상판매가격

㈜한국은 단일제품을 대량으로 생산하고 있으며 20×1년 예산을 설정하고자 한다. 제품의 단위당 판매가격은 ₩100이며 1/4분기 예상판매량은 다음과 같다.

1월	2월	3월
900단위	1,000단위	1,200단위

[요구사항 1]
20×1년 1월 판매예산을 설정하시오.

[요구사항 2]
시장조사팀의 분석에 의하면 올해 가격경쟁이 치열할 것으로 예상되어 2월부터 판매가격을 전월대비 10%씩 인하하려고 한다. 20×1년 3월 판매예산을 설정하시오.

해답

※ 자료정리
판매예산은 예상판매량에 예상가격을 곱하여 계산한다. 또한, 판매가격은 전월대비 10%씩 인하하므로 3월의 예상가격을 다음과 같다.
₩100 × (1 − 10%) × (1 − 10%)
 = ₩81

[요구사항 1] 20×1년 1월 판매예산
예상판매량 × 예상판매가격
 = 900단위 × ₩100
 = ₩90,000

[요구사항 2] 20×1년 3월 판매예산
예상판매량 × 예상판매가격
 = 1,200단위 × ₩81
 = ₩97,200

2. 제조(생산량)예산(production budget)

판매예산에서 결정된 목표판매량과 기초 및 기말 제품재고수준을 고려하여 예산생산량을 결정하는 것을 말한다.

> 제조예산 = 목표판매량 + 기말제품재고 − 기초제품재고

㈜한국은 단일제품을 대량으로 생산하고 있으며 20×1년 예산을 설정하고자 한다.
(1) 기초 재무상태표(일부)

재무상태표

㈜한국 ／ 20×1년 1월 1일

자산			부채	
⋮			⋮	
제품	100단위 × ₩90 =	₩9,000	⋮	
⋮			⋮	

(2) 1/4분기 예상판매량

1월	2월	3월
900단위	1,000단위	1,200단위

(3) 매월 말 재고보유수준

제품재고: 다음 달 예상판매량의 20%

[요구사항 1]

20×1년 1월 제조예산을 설정하시오.

[요구사항 2]

20×1년 2월 제조예산을 설정하시오.

> 해답

※ 자료정리

제품재고는 다음 달 예상판매량의 20%이므로 1월 말 제품재고는 2월 판매량에 20% 곱하여 계산할 수 있다.

[요구사항 1] 20×1년 1월 제조예산

20×1년 1월 제품의 T - 계정을 통해서 쉽게 해결할 수 있다.

제품(1월)

월초	100단위	판매	900단위	
생산	?	월말	200	(= 1,000단위 × 20%)
	1,000단위		1,000단위	

그러므로, 1월 제조예산은 900단위 + 200단위 - 100단위 = 1,000단위이다.

[요구사항 2] 20×1년 2월 제조예산

20×1년 2월 제품의 T - 계정을 통해서 쉽게 해결할 수 있다.

제품(2월)

월초	200단위	판매	1,000단위	
생산	?	월말	240	(= 1,200단위 × 20%)
	1,240단위		1,240단위	

그러므로, 2월 제조예산은 1,000단위 + 240단위 - 200단위 = 1,040단위이다.

3. 제조원가예산(manufacturing cost budget)

제조예산에서 결정된 목표생산량에 대한 각 원가요소별 제조원가를 결정하는 것을 말한다. 특히, 직접재료원가의 경우 기초 및 기말재료재고로 인하여 직접재료원가구입예산(matrial purchase budget)과 직접재료원가(사용)예산을 각각 구분하여 편성해야 한다.

(1) 직접재료원가예산(direct material cost budget)

제조예산에서 결정된 목표생산량에 단위당 직접재료원가를 곱하여 계산한다. 즉, 해당 기간의 재료사용금액을 의미한다.

> 직접재료원가예산 = 목표생산량 × 단위당 직접재료원가

● 표준투입량과 표준가격이 구분되어 있는 경우

단위당 표준투입량과 재료단위당 표준가격이 구분되어 있는 경우에는 다음과 같이 설정할 수 있다.

> 직접재료원가예산 = 목표재료투입량 × 직접재료단위당 가격

또한, 직접재료구입예산(direct material purchase budget)은 직접재료원가예산에서 기말재료재고금액을 가산한 후 기초재료재고금액을 차감하여 계산한다.

> 직접재료구입예산 = 직접재료원가예산(당기투입금액) + 기말재료재고 − 기초재료재고

사례연습 3: 직접재료원가예산

㈜한국은 단일제품을 대량으로 생산하고 있으며 20×1년 예산을 설정하고자 한다.

(1) 기초 재무상태표(일부)

	재무상태표	
㈜한국	20×1년 1월 1일	
자산		부채
⋮		⋮
원재료	500kg × ₩25 = ₩12,500	⋮
제품	100단위 × ₩90 = 9,000	⋮
⋮		⋮

(2) 1/4분기 예상판매량

1월	2월	3월
900단위	1,000단위	1,200단위

(3) 표준원가표(일부)

	표준수량(SQ)	표준가격(SP)	표준원가
직접재료원가	2kg	₩25/kg	₩50/단위
⋮	⋮	⋮	⋮

(4) 매월 말 재고보유수준

제품재고: 다음 달 예상판매량의 20%

재료재고: 다음 달 예상사용량의 30%

(5) 회사는 선입선출법을 적용하여 재고자산을 평가한다.

[요구사항 1]

20×1년 1월 직접재료원가예산을 설정하시오.

[요구사항 2]

20×1년 1월 직접재료구입예산을 설정하시오.

해답

※ **자료정리**

재료재고는 다음 달 예상사용량의 20%이므로 1월 말 재료재고는 2월 제품사용(생산)량에 30%에 해당하는 재료이다. 또한, 2월 제품사용(생산)량은 2월 목표판매량과 기초 및 기말제품재고를 이용하여 파악할 수 있다.

[요구사항 1] 20×1년 1월 직접재료원가예산

(1) 1월 목표생산량

제품(1월)

월초	100단위	판매	900단위	
생산	?	월말	200	(= 1,000단위 × 20%)
	1,100단위		1,100단위	

그러므로, 1월 목표생산량은 900단위 + 200단위 - 100단위 = 1,000단위이다.

(2) 1월 직접재료원가예산

목표생산량 × 단위당 직접재료원가

= 1,000단위 × ₩50

= ₩50,000

[요구사항 2] 20×1년 1월 직접재료구입예산

(1) 2월 목표생산량

1월 말 재료재고를 구하기 위하여 2월 목표생산량을 먼저 찾아야 한다.

20×1년 2월 제품의 T - 계정을 통해서 쉽게 해결할 수 있다.

제품(2월)

월초	200단위	판매	1,000단위	
생산	?	월말	240	(= 1,200단위 × 20%)
	1,240단위		1,240단위	

그러므로, 2월 목표생산량은 1,000단위 + 240단위 - 200단위 = 1,040단위이다.

(2) 1월 직접재료구입예산

20×1년 1월 직접재료의 T - 계정은 다음과 같다.

직접재료(1월)

월초	₩12,500	₩50,000	(= 1,000단위 × 2kg × ₩25)
생산	?	15,600	(= 1,040단위 × 2kg × ₩25 × 30%)
	₩65,600	₩65,600	

그러므로, 1월 직접재료구입금액은 ₩50,000 + ₩15,600 - ₩12,500 = ₩53,100이다.

(2) 직접노무원가예산(direct labor cost budget)

제조예산에서 결정된 목표생산량에 단위당 직접노무원가를 곱하여 계산한다.

> 직접노무원가예산 = 목표생산량 × 단위당 직접노무원가

㈜한국은 단일제품을 대량으로 생산하고 있으며 20×1년 1월의 예산을 설정하고자 한다.

(1) 기초 재무상태표(일부)

	재무상태표	
㈜한국	20×1년 1월 1일	
자산		부채
⋮		⋮
제품　　100단위 × ₩90 =	9,000	⋮
⋮		⋮

(2) 1/4분기 예상판매량

1월	2월	3월
900단위	1,000단위	1,200단위

(3) 표준원가표(일부)

	표준수량(SQ)	표준가격(SP)	표준원가
	⋮	⋮	⋮
직접노무원가	3h	₩5/h	₩15/단위
	⋮	⋮	⋮

(4) 매월 말 재고보유수준

　　제품재고: 다음 달 예상판매량의 20%

[요구사항 1]

20×1년 1월 직접노무원가예산을 설정하시오.

[요구사항 2]

인사팀의 분석에 의하면 올해 물가상승률로 인하여 2월부터 시간당 임률이 매월 시간당 ₩1.5씩 상승할 것으로 예측된다. 임금인상을 반영한 20×1년 2월 직접노무원가예산을 설정하시오.

$\boxed{\text{해답}}$

※ 자료정리

직접노무원가예산은 목표생산량에 단위당 직접노무원가를 곱하여 계산한다. 또한, 시간당 임률은 매월 시간당 ₩1.5씩 상승하므로 2월의 시간당 임률은 다음과 같다.

₩5 + ₩1.5

= ₩6.5/h

[요구사항 1] 20×1년 1월 직접노무원가예산

(1) 1월 목표생산량

제품(1월)				
월초	100단위	판매	900단위	
생산	?	월말	200	(= 1,000단위 × 20%)
	1,000단위		1,000단위	

그러므로, 1월 목표생산량은 900단위 + 200단위 − 100단위 = 1,000단위이다.

(2) 1월 직접노무원가예산
   목표생산량 × 단위당 직접노무원가
   = 1,000단위 × ₩15
   = ₩15,000

[요구사항 2] 20×1년 2월 직접노무원가예산
(1) 2월 목표생산량
   20×1년 2월 제품의 T - 계정은 다음과 같다.

제품(2월)

월초	200단위	판매	1,000단위	
생산	?	월말	240	(= 1,200단위 × 20%)
	1,240단위		1,240단위	

   그러므로, 2월 목표생산량은 1,000단위 + 240단위 − 200단위 = 1,040단위이다.
(2) 2월 직접노무원가예산
   목표생산량 × 단위당 직접노무원가
   = 1,040단위 × 3h × ₩6.5/h
   = ₩20,280

(3) 제조간접원가예산(factory overhead cost budget)

제조간접원가는 원가행태에 따라 변동원가와 고정원가로 구성되어 있어 제조예산에서 결정된 목표생산량에 변동제조간접원가와 고정제조간접원가를 합하여 계산한다. 또한, 변동제조원가는 목표생산량에 단위당 변동제조간접원가를 곱하여 계산한다.

> 제조간접원가예산 = 고정제조간접원가예산 + 변동제조간접원가예산
> (목표생산량 × 단위당 변동제조간접원가예산)

사례연습 5: 제조간접원가예산

㈜한국은 단일제품을 대량으로 생산하고 있으며 20×1년 예산을 설정하고자 한다.
(1) 1/4분기 예상판매량

1월	2월	3월
900단위	1,000단위	1,200단위

(2) 표준원가표(일부)

	표준수량(SQ)	표준가격(SP)	표준원가
⋮			
변동제조간접원가	3h	₩3/h	₩9/단위
고정제조간접원가	3h	2/h*	6
			₩?/단위

   * 제조간접원가는 직접노동시간에 비례하여 발생하며 고정제조간접원가 표준배부율 산정을 위한 월 기준 기준조업도는 4,500h이다.
(3) 매월 말 재고보유수준
   제품재고: 다음 달 예상판매량의 20%

[요구사항]

20×1년 1월 제조간접원가예산을 설정하시오.

[해답]

※ 자료정리

(1) 제조간접원가예산은 고정제조간접원가예산과 변동제조간접원가예산으로 구성되어 있다.
(2) 고정제조간접원가예산은 기준조업도와 조업도당 표준배부율을 곱하여 계산할 수 있다.
(3) 변동제조간접원가예산은 목표생산량에 단위당 변동제조간접원가를 곱하여 계산할 수 있다.

[요구사항]

(1) 1월 목표생산량

제품(1월)

월초	100단위	판매	900단위	
생산	?	월말	200	(= 1,000단위 × 20%)
	1,000단위		1,000단위	

그러므로, 1월 목표생산량은 900단위 + 200단위 − 100단위 = 1,000단위이다.

(2) 1월 제조간접원가예산

  1) 고정제조간접원가예산

    기준조업도 × 조업도당 표준배부율

    = 4,500h × ₩2

    = ₩9,000

  2) 변동제조간접원가예산

    목표생산량 × 단위당 변동제조간접원가

    = 1,000단위 × ₩9

    = ₩9,000

    그러므로, 제조간접원가예산은 다음과 같다.

    고정제조간접원가 + 변동제조간접원가

    = ₩9,000 + ₩9,000

    = ₩18,000

4. 매출원가예산(cost - of - goods - sold budget)

판매예산에서 결정된 목표판매량에 해당하는 제조원가를 결정하는 것을 말한다. 이는 기초제품 재고금액에서 제조원가예산에서의 당기제품제조원가를 가산한 후 기말제품재고금액을 차감하여 계산한다.

> 매출원가예산 = 기초제품재고 + 당기제품제조원가 − 기말제품재고

㈜한국은 단일제품을 대량으로 생산하고 있으며 20×1년 예산을 설정하고자 한다.

(1) 기초 재무상태표(일부)

재무상태표
20×1년 1월 1일

㈜한국		자산			부채

자산 ⋮

제품   100단위 × ₩90 = ₩9,000

⋮

부채 ⋮   ⋮

(2) 표준원가표(일부)

	표준수량(SQ)	표준가격(SP)	표준원가
직접재료원가	2kg	₩25/kg	₩50/단위
직접노무원가	3h	5/h	15
변동제조간접원가	3h	3/h	9
고정제조간접원가	3h	2/h*	6
			₩80/단위

* 제조간접원가는 직접노동시간에 비례하여 발생하며 고정제조간접원가 표준배부율 산정을 위한 월 기준 기준조업도는 4,500h이다.

(3) 1/4분기 예상판매량

1월	2월	3월
900단위	1,000단위	1,200단위

(4) 매월 말 재고보유수준

제품재고: 다음 달 예상판매량의 20%

[요구사항]
재고자산의 평가에 선입선출법을 적용할 경우 20×1년 1월 매출원가예산을 설정하시오.

해답

※ 자료정리
(1) 목표생산량에 대한 제조원가예산이 당기제품제조원가이므로 재무상태표상 기초제품재고금액을 고려하여 원가흐름의 가정에 따라 각각 매출원가를 산출한다.

(2) 1월 목표생산량에 대한 제조원가예산

	1월	
직접재료원가	1,000단위 × ₩50 =	₩50,000
직접노무원가	1,000단위 × ₩15 =	15,000
변동제조간접원가	1,000단위 × ₩9 =	9,000
고정제조간접원가		9,000
		₩83,000

[요구사항]

(1) 1월 제품계정

제품(1월)

월초	100단위	₩9,000	판매	900단위	₩?
생산	1,000단위	83,000	월말	200단위	?
	1,200단위	₩92,000		1,200단위	₩92,000

(2) 월말 제품재고금액

선입선출법을 적용하므로 월말재고는 당기제품제조원가로 구성되어 있다.

월말재고수량 × 단위당 제조원가

$$= 200단위 \times \frac{83,000}{1,000단위}$$

$= 200단위 \times ₩83$

$= ₩16,600$

(3) 매출원가

기초제품재고 + 당기제품제조원가 – 기말제품재고

$= ₩9,000 + ₩83,000 - ₩16,600$

$= ₩75,400$

5. 판매관리비예산(selling and administrative expense budget)

판매관리비는 원가행태에 따라 변동원가와 고정원가로 구성되어 있어 판매예산에서 결정된 목표판매량에 해당하는 변동판매관리비예산과 고정판매관리비예산을 합하여 결정한다.

> 판매관리비예산 = 고정판매관리비예산 + 변동판매관리비예산
> (목표판매량 × 단위당 변동판매관리비예산)

사례연습 7: 판매관리비예산

㈜한국은 단일제품을 대량으로 생산하고 있으며 20×1년 예산을 설정하고자 한다.

(1) 판매관리비예산

단위당 예산변동판매관리비	₩3
예산고정판매관리비	1,000

(2) 1/4분기 예상판매량

1월	2월	3월
900단위	1,000단위	1,200단위

[요구사항]

20×1년 1월 판매관리비예산을 설정하시오.

[해답]

※ 자료정리

활동기준원가시스템을 적용할 경우 1월 목표판매량 900단위에 대한 활동별 원가동인 소비량은 다음과 같다.

구분	원가동인	원가동인소비량
주문처리활동	주문처리횟수	900단위 ÷ 100단위 = 9회
전화주문활동	고객대응시간	9회 × 2시간 = 18시간
배송처리활동	제품단위	900단위

[요구사항]
(1) 변동판매관리비예산
    목표판매량 × 단위당 변동판매관리비
    = 900단위 × ₩3
    = ₩2,700
(2) 판매관리비예산
    고정판매관리비 + 변동판매관리비
    = ₩1,000 + ₩2,700
    = ₩3,700

6. 현금예산(cash budget)

예산기간 동안의 현금의 기초 및 기말잔액뿐만 아니라 현금의 수입 및 지출에 대한 내용을 포함하여 편성하며 기업의 단기계획수립에 가장 중요한 예산이다.

주요 현금 유 · 출입항목은 다음과 같다.

현금유입항목	현금유출항목
• 현금매출	• 현금매입
• 매출채권 회수	• 매입채무 지급
• 배당금수익 및 이자수익	• 배당금지급 및 이자비용
• 유형자산 매각	• 유형자산 취득
• 부채 차입	• 부채 상환
• 유상증자	• 자사주매입
	• 판매관리비 지급
	• 노무원가 지급
	• 제조경비 지급

사례연습 8: 현금예산

㈜한국은 단일제품을 대량으로 생산하고 있으며 20×1년 예산을 설정하고자 한다.
(1) 기초 재무상태표(일부)

재무상태표
㈜한국   20×1년 1월 1일

자산		부채	
⋮	⋮	매입채무	₩18,000
매출채권	₩24,000	⋮	
원재료 500kg × ₩25 =	12,500		
⋮	⋮		

(2) 표준원가표(일부)

	표준수량(SQ)	표준가격(SP)	표준원가
직접재료원가	2kg	₩25/kg	₩50/단위
직접노무원가	3h	5/h	15
변동제조간접원가	3h	3/h	9
고정제조간접원가	3h	2/h*	6
			₩80/단위

* 제조간접원가는 직접노동시간에 비례하여 발생하며 고정제조간접원가 표준배부율 산정을 위한 월 기준 기준조업도는 4,500h이다.

(3) 기타자료

단위당 예산판매가격	₩100
단위당 예산변동판관비	3
예산고정제조간접원가	9,000 (감가상각비 ₩2,000 포함)
예산고정판매관리비	1,000 (감가상각비 ₩500 포함)

(4) 1/4분기 예상판매량

1월	2월	3월
900단위	1,000단위	1,200단위

(5) 매월 말 재고보유수준

제품재고	다음 달 예상판매량의 20%
재공품재고	없음
재료재고	다음 달 예상사용량의 30%

(6) 모든 매출·매입은 외상으로 이루어지며 매출채권은 판매한 달에 70% 다음 달에 30%가 회수되고 매입채무는 매입한 달에 60% 다음 달에 40%가 지급된다. 기타비용은 감가상각비를 제외하고 모두 발생한 달에 지급된다.

(7) 재고자산가액을 결정하기 위한 원가흐름은 선입선출법을 가정한다.

[요구사항 1]

20×1년 1월 예상현금유입액을 구하시오.

[요구사항 2]

20×1년 1월 예상현금유출액을 구하시오.

해답

※ 자료정리

(1) 매출채권 회수일정

판매한 달	판매한 다음 달
70%	30%

(2) 매입채무 지급일정

매입한 달	매입한 다음 달
60%	40%

(3) 1월 원재료 매입금액

  1) 2월 목표생산량

    1월 말 재료재고를 구하기 위하여 2월 목표생산량을 먼저 찾아야 한다.

제품(2월)

월초	200단위	판매	1,000단위	
생산	?	월말	240	(= 1,200단위 × 20%)
	1,240단위		1,240단위	

    그러므로, 2월 목표생산량은 1,000단위 + 240단위 − 200단위 = 1,040단위이다.

2) 1월 직접재료구입예산

20×1년 1월 직접재료의 T-계정은 다음과 같다.

직접재료(1월)

월초	₩12,500	₩50,000	(= 1,000단위 × 2kg × ₩25)
생산	?	15,600	(= 1,040단위 × 2kg × ₩25 × 30%)
	₩65,600	₩65,600	

그러므로, 1월 직접재료구입금액은 ₩50,000 + ₩15,600 - ₩12,500 = ₩53,100이다.

[요구사항 1] 20×1년 1월 예상현금유입액

기초 재무상태표상의 매출채권은 전월 매출채권 중 미회수분(= 전월 매출채권의 30%)으로 당월에 회수된다.

1월 매출액 × 70% + 전월 매출액 × 30%

= 900단위 × ₩100 × 70% + ₩24,000

= ₩87,000

[요구사항 2] 20×1년 1월 예상현금유출액

(1) 매입채무 지급금액

기초 재무상태표상의 매입채무는 전월 매입채무 중 미지급분(= 전월 매입채무의 40%)으로 당월에 지급된다.

1월 매입액 × 60% + 전월 매입액 × 40%

= ₩53,100 × 60% + ₩18,000

= ₩49,860

(2) 당기 목표생산량

20×1년 1월 제품의 T-계정은 다음과 같다.

제품(1월)

월초	100단위	판매	900단위	
생산	?	월말	200	(= 1,000단위 × 20%)
	1,000단위		1,000단위	

그러므로, 1월 목표생산량은 900단위 + 200단위 - 100단위 = 1,000단위이다.

(3) 예상현금유출액

재료원가를 제외한 제조원가 및 판매관리비는 모두 발생한 달에 지급된다(단, 고정제조원가와 고정판매관리비에 포함된 감가상각비는 비현금유출비용이므로 제외한다). 또한, 변동제조원가는 생산량에 비례하여 지출되지만 변동판매관리비는 판매량에 비례하여 지출된다.

매입채무 지급		₩49,860
직접노무원가	1,000단위 × ₩15 =	15,000
변동제조간접원가	1,000단위 × ₩9 =	9,000
고정제조간접원가	₩9,000 - ₩2,000 =	7,000
변동판매관리비	900단위 × ₩3 =	2,700
고정판매관리비	₩1,000 - ₩500 =	500
		₩84,060

7. 예산포괄손익계산서(budgeted statement of comprehensive income)

예산기간 동안의 매출액, 매출원가, 매출총이익, 판매관리비 및 영업이익에 대한 예산을 나타내는 예산포괄손익계산서는 판매예산, 매출원가예산 및 판매관리비예산을 기초로 작성할 수 있다.

8. 예산재무상태표(budgeted balance sheet)

예산기간 동안의 자산, 부채 및 자본에 대한 예산을 나타내는 예산재무상태표는 기초재무상태표 잔액에서 현금예산 및 기타 자산 · 부채 · 자본항목의 증감을 반영하여 작성할 수 있다.

01 태양회사는 제품단위당 4g의 재료를 사용한다. 재료 1g당 가격은 ₩0.8이며, 다음 분기 재료 사용량의 25%를 분기말 재고로 유지한다. 분기별 생산량은 다음과 같다. 1분기의 재료구입액은 얼마인가?

세무사 2005

실제생산량(= 목표생산량)	1분기 24,000단위	2분기 35,000단위

① ₩84,500   ② ₩85,600
③ ₩86,400   ④ ₩87,200
⑤ ₩88,800

02 상품매매기업인 ㈜세무의 20×1년 2분기 월별 매출액 예산은 다음과 같다.

매출액	4월 ₩480,000	5월 ₩560,000	6월 ₩600,000

㈜세무의 월별 예상 매출총이익률은 45%이다. ㈜세무는 월말재고로 그 다음 달 매출원가의 30%를 보유하는 정책을 실시하고 있다. ㈜세무의 매월 상품매입 중 30%는 현금매입이며, 70%는 외상매입이다. 외상매입대금은 매입한 달의 다음 달에 전액 지급된다. 매입에누리, 매입환출, 매입할인 등은 발생하지 않는다. 상품매입과 관련하여 ㈜세무의 20×1년 5월 예상되는 현금지출액은 얼마인가?

세무사 2014

① ₩231,400   ② ₩243,060
③ ₩264,060   ④ ₩277,060
⑤ ₩288,420

03 ㈜감평의 20×1년 말 재무상태표 매출채권 잔액은 ₩35,000이며, 이 중 ₩5,000은 11월 판매분이다. 매출채권은 판매한 달에 60%, 그 다음 달에 30%, 그 다음다음 달에 10%가 회수되며, 판매한 달에 회수한 매출채권에 대해 5%를 할인해준다. 20×2년 1월 판매예산이 ₩100,000일 때, 1월 말의 예상 현금유입액은? (단, 매출은 전액 신용매출로 이루어진다) 감평 2024

① ₩27,500 ② ₩52,000
③ ₩62,500 ④ ₩79,500
⑤ ₩84,500

04 ㈜세무의 외상매출대금은 판매 당월(첫째 달)에 60%, 둘째 달에 35%, 셋째 달에 5% 회수된다. 20×1년 12월 31일 재무상태표의 매출채권 잔액은 ₩70,000이며, 이 중 ₩60,000은 20×1년 12월 판매분이고, ₩10,000은 20×1년 11월 판매분이다. 20×2년 1월에 현금매출 ₩80,000과 외상매출 ₩350,000이 예상될 때, 매출과 관련된 20×2년 1월의 현금유입액과 1월말 매출채권 잔액은? 세무사 2017

	현금유입액	매출채권 잔액
①	₩335,000	₩145,000
②	₩345,000	₩145,000
③	₩345,000	₩147,500
④	₩352,500	₩145,000
⑤	₩352,500	₩147,500

05 ㈜국세의 20×1년 4월 초 현금잔액은 ₩450,000이며, 3월과 4월의 매입과 매출은 다음과 같다.

구분	매입액	매출액
3월	₩600,000	₩800,000
4월	500,000	700,000

매출은 모두 외상으로 이루어지며, 매출채권은 판매한 달에 80%, 그 다음 달에 20%가 현금으로 회수된다. 모든 매입 역시 외상으로 이루어지고, 매입채무는 매입액의 60%를 구입한 달에, 나머지 40%는 그 다음 달에 현금으로 지급한다. ㈜국세는 모든 비용을 발생하는 즉시 현금으로 지급하고 있으며, 4월 중에 급여 ₩20,000, 임차료 ₩10,000, 감가상각비 ₩15,000이 발생하였다. ㈜국세의 4월 말 현금잔액은?

감평 2020

① ₩540,000
② ₩585,000
③ ₩600,000
④ ₩630,000
⑤ ₩720,000

Chapter 26-14 | 객관식 문제 정답 및 해설

01 ② 1분기 원재료 재고현황은 원재료 T – 계정을 통해서 살펴볼 수 있다.

원재료

기초	₩19,200 *2	완성	₩76,800 *3
매입	X	기말	28,000 *1
	₩104,800		₩104,800

*1 기말원재료 재고
  다음 분기(2분기) 사용량 × 25%
  = 35,000단위 × 4g × ₩0.8 × 25%
  = ₩28,000

*2 기초원재료 재고
  다음 분기(1분기) 사용량 × 25%
  = 24,000단위 × 4g × ₩0.8 × 25%
  = ₩19,200

*3 당분기(1분기) 사용량
  = 24,000단위 × 4g × ₩0.8
  = ₩76,800

그러므로, 당기매입량을 X라 하면,
₩19,200 + X = ₩104,800이므로 X는 ₩85,600이다.

02 ⑤ (1) 월별 매출원가

		매출원가
4월	₩480,000 × (1 – 45%) =	₩264,000
5월	560,000 × (1 – 45%) =	308,000
6월	600,000 × (1 – 45%) =	330,000

(2) 월별 재고현황

4월

기초	₩79,200	사용	₩264,000	
매입	277,000	기말	92,400	(= ₩308,000 × 30%)
	₩356,400		₩356,400	

5월

기초	₩92,400	사용	₩308,000	
매입	314,600	기말	99,000	(= ₩330,000 × 30%)
	₩407,000		₩407,000	

그러므로, 5월 예상 현금지출액은 다음과 같다.
4월 매입액 × 70% + 5월 매입액 × 30%
 = ₩277,200 × 70% + ₩314,600 × 30%
 = ₩288,420

원가관리회계

CH 26

해커스 회계학 1차 기본서

03 ⑤   (1) 11월 및 12월 매출

11월 매출 ₩5,000 ÷ 0.1 = ₩50,000

12월 매출 ₩30,000 ÷ (0.3 + 0.1) = ₩75,000

(2) 1월 현금유입

1월분 × 60% × 95% + 12월분 × 30% + 11월분 × 10%

= ₩100,000 × 60% × 95% + ₩75,000 × 30% + ₩50,000 × 10%

= ₩84,500

그러므로, 1월 말의 예상 현금유입액은 ₩84,500이다.

04 ⑤   (1) 현금유입액

당월분	현금매출	₩80,000	
	외상매출	210,000	(= ₩350,000 × 0.6)
전월분	외상매출	52,500	(= ₩60,000 ÷ 0.4 × 0.6)
전전월분	외상매출	10,000	(= ₩10,000 ÷ 0.05 × 0.05)
		₩352,500	

(2) 매출채권잔액

당월분	외상매출	₩140,000	(= ₩350,000 × 0.4)
전월분	외상매출	7,500	(= ₩60,000 − ₩52,500)
		₩147,500	

05 ③

월초			₩450,000
유입	채권회수	₩700,000 × 0.8 + ₩800,000 × 0.2 =	720,000
유출	채무지급	₩500,000 × 0.6 + ₩600,000 × 0.4 =	(540,000)
	기타	₩20,000 + ₩10,000 =	(30,000)
월말			₩600,000

15 책임회계제도

I 서론

01 의의

책임회계(responsibility accounting)란 권한과 책임을 부여한 사업부, 부문 등 하위단위조직을 하나의 책임중심점(reponsibility center)로 설정하여 성과를 평가하는 것을 말한다.

1. 성과평과와 관련된 원가

성과평가에 있어서 가장 먼저 파악해야 할 사항은 특정 원가를 통제할 수 있는지 여부이다.

① 통제가능원가(controllable costs): 부문책임자가 통제할 수 있는 것으로 성과평가 대상인 원가이다.

② 통제불능원가(uncontrollable costs): 부문책임자가 통제할 수 없는 것으로 성과평가 대상이 아닌 원가이다.

2. 책임중심점

조직의 하위부문을 평가하기 위해서는 해당 조직을 기능과 성격에 따라 구분해야 한다. 책임중심점이란 권한과 책임을 부여받아 예산과 성과평가를 실행하는 단위조직으로 다음과 같이 구분할 수 있다.

① 원가중심점(cost center)

② 수익중심점(revenue center)

③ 이익중심점(profit center)

④ 투자중심점(investment center)

02 변동예산과 고정예산

예산은 조직의 공식적인 행동계획을 화폐로 표시한 것으로 책임회계에서 평가기준의 역할을 한다. 또한, 작성시점에 따라 고정예산과 변동예산으로 구분할 수 있으며 변동예산은 좀 더 의미 있는 평가를 위하여 사후에 작성된 예산을 말한다.

① 고정예산(fixed budget): 기초에 특정 조업도를 기준으로 수립된 예산을 말한다.

② 변동예산(variable budget): 사후에 실제 조업도를 기준으로 수립된 예산을 말한다.

㈜한국은 20×1년에 영업을 개시하였으며 단일제품을 대량생산하고 있다. 제품에 대한 표준원가 및 예산자료는 다음과 같다.

	표준수량(SQ)	표준가격(SP)	표준원가
직접재료원가	2kg	₩25/kg	₩50/단위
직접노무원가	3h	5/h	15
변동제조간접원가	3h	3/h	9
고정제조간접원가	3h	2/h	6
제품 단위당 표준원가			₩80/단위

단위당 예산판매가격	₩100
단위당 예산변동판매관리비	3
고정제조간접원가	9,000
고정판매관리비	1,000

[요구사항 1]

연간 생산 · 판매량을 1,500단위로 예상할 경우 고정예산를 작성하시오.

[해답]

고정예산			
매출액	1,500단위 × ₩100 =		₩150,000
변동비			
직접재료원가	1,500단위 × ₩50 =	₩75,000	
직접노무원가	1,500단위 × ₩15 =	22,500	
제조간접원가	1,500단위 × ₩9 =	13,500	
판매관리비	1,500단위 × ₩3 =	4,500	(115,500)
공헌이익			₩34,500
고정비			
제조간접원가		₩9,000	
판매관리비		1,000	(10,000)
영업이익			₩24,500

[요구사항 2]

㈜한국의 실제 영업성과는 다음과 같다. 성과보고서를 작성하시오.

실제			
매출액	1,000단위 × ₩120 =		₩120,000
변동비			
직접재료원가	2,300kg × ₩26 =	₩59,800	
직접노무원가	2,800h × ₩6 =	16,800	
제조간접원가		8,000	
판매관리비	1,000단위 × ₩4 =	4,000	(88,600)
공헌이익			₩31,400
고정비			
제조간접원가		₩7,000	
판매관리비		1,000	(8,000)
영업이익			₩23,400

해답

(1) 변동예산

변동예산

매출액	1,000단위 × ₩100 =		₩100,000
변동비			
직접재료원가	1,000단위 × ₩50 =	₩50,000	
직접노무원가	1,000단위 × ₩15 =	15,000	
제조간접원가	1,000단위 × ₩9 =	9,000	
판매관리비	1,000단위 × ₩3 =	3,000	(77,000)
공헌이익			₩23,000
고정비			
제조간접원가		₩9,000	
판매관리비		1,000	(10,000)
영업이익			₩13,000

(2) 성과보고서

성과보고서

	실제	변동예산차이	변동예산	매출조업도차이	고정예산
생산 및 판매량	1,000단위		1,000단위		1,500단위
매출액	₩120,000	₩20,000 F	₩100,000		₩150,000
변동비					
직접재료원가	59,800	9,800 U	50,000		75,000
직접노무원가	16,800	1,800 U	15,000		22,500
제조간접원가	8,000	1,000 F	9,000		13,500
판매관리비	4,000	1,000 U	3,000		4,500
공헌이익	31,400	8,400 F	23,000	11,500 U	34,500
고정비					
제조간접원가	7,000		9,000		9,000
판매관리비	1,000	–	1,000		1,000
영업이익	₩23,400	10,400 F	₩13,000	11,500 U	₩24,500

[요구사항 3]

매출총차이를 매출가격차이와 매출조업도차이로 구분하시오.

해답

AQ × AP	AQ × BP
1,000단위 × ₩120	1,000단위 × ₩100
= ₩120,000	= ₩100,000

매출가격차이 ₩20,000 F

AQ × (AP − SV)	AQ × (BP − SV)	BQ × (BP − SV)
1,000단위 × (₩120 − ₩77)	1,000단위 × (₩100 − ₩77)	1,500단위 × (₩100 − ₩77)
= ₩43,000	= ₩23,000	= ₩34,500

매출가격차이 ₩20,000 F   매출조업도차이 ₩11,500 U

01 원가중심점

1. 의의

특정 원가에 대한 권한과 책임을 부여받은 중심점으로 제품의 생산활동을 담당하는 제조부문이 이에 해당한다. 책임대상은 연초 계획한 단위당 표준수량(SQ)에 표준가격(SP)을 곱한 단위당 표준원가이다.

① 관련부서: 제조부문
② 책임대상: 표준원가($SQ \times SP$)
③ 평가방법: 원가차이분석

2. 평가방법

대표적인 원가중심점은 제조부문으로 제조원가에 대한 성과평가는 실제발생원가와 변동예산원 가와의 비교로 이루어진다.

(1) 변동제조원가

변동예산은 실제조업도를 근거로 사후에 편성된 예산으로 결과적으로 표준배부와 동일하다. 원 가차이는 다시 가격에 대한 차이와 수량(능률)에 대한 차이로 구분할 수 있다.

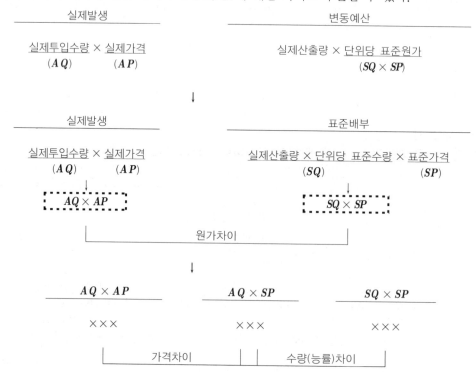

(2) 고정제조간접원가

고정제조간접원가의 경우 고정예산과 변동예산은 동일하다. 따라서, 고정제조간접원가의 실제발생과 예산의 차이는 소비(예산)차이이다.

또한, 고정제조간접원가는 소비(예산)차이와 더불어 기준조업도와 실제산출량에 허용된 조업도의 차이가 나타나며 이를 조업도차이라 한다.

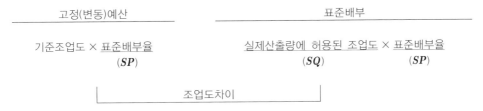

3. 복수생산요소의 원가차이

지금까지는 하나의 생산요소를 가정하여 원가요소별로 차이분석을 하였으나 현실적으로 대부분의 제품은 여러 종류의 원재료나 노동력을 필요로 한다. 이러한 생산형태는 기술적인 시험을 통해서 투입요소간의 배합비율이나 수율을 미리 결정할 수 있다.

생산요소가 복수인 경우 직접재료원가 수량차이와 직접노무원가 능률차이는 다시 배합차이와 수율차이로 구분할 수 있다.

① 배합차이(mix variance): 실제배합과 표준배합의 차이
② 수율차이(yield variance): 실제수율과 표준수율의 차이

[그림 15-1] 배합차이와 수율차이

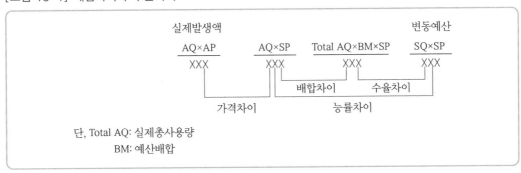

㈜경기는 인터넷서비스업을 제공함에 있어서 전문가와 비전문 주부사원을 동시에 채용하고 있다. 이들에 대한 1분당 표준임금과 그에 따른 서비스 1회의 표준원가는 다음과 같다.

	표준시간	표준임률	표준원가
표준임금			
전문가	3분	1분당 ₩300	₩900
비전문가	7	1분당 ₩100	700
서비스 단위당 표준원가			₩1,600

이 회사는 지난 1주일간 500회의 서비스를 제공하였으며, 이에 따라 실제로 발생된 임금은 다음과 같았다.

	실제시간	실제임률	실제원가
실제임금			
전문가	1,200분	1분당 ₩400	₩480,000
비전문가	4,000	1분당 ₩130	520,000
실제원가 총액			₩1,000,000

[요구사항 1]

임률차이와 능률차이를 구하시오.

[요구사항 2]

배합차이와 수율차이를 구하시오.

┌─────┐
│ 해답 │
└─────┘

※ 자료정리

(1) 표준원가표(8kg)

	SQ	SP	표준원가
전문가	3분	₩300분	₩900
비전문가	7	100	700
	표준배합비율		

(2) 표준수율

표준투입량과 표준산출량의 관계가 별도로 언급되지 않아 표준수율은 100%로 간주한다.

[요구사항 1] 임률차이와 능률차이

	$AQ \times AP$	$AQ \times SP$	$SQ \times SP$
전문가	1,200분 × ₩400 = ₩480,000	1,200분 × ₩300 = ₩360,000	500회 × 3분 × ₩300 = ₩450,000
비전문가	4,000분 × ₩130 = ₩520,000	4,000분 × ₩100 = ₩400,000	500회 × 7분 × ₩100 = ₩350,000
	₩1,000,000	₩760,000	₩800,000

₩240,000 U   ₩40,000 F

[요구사항 2] 배합차이와 수율차이

능률차이는 배합차이와 수율차이로 구분할 수 있다.

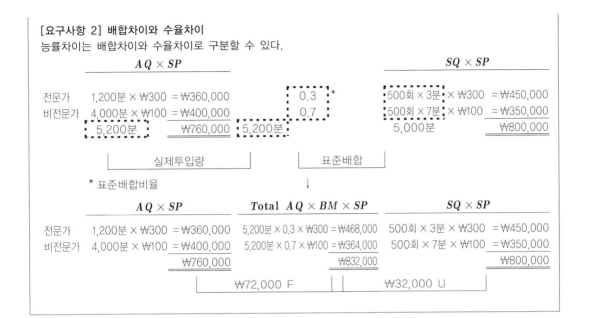

02 수익중심점

1. 의의

특정 수익에 대한 권한과 책임을 부여받은 중심점으로 제품의 판매활동을 담당하는 판매부문이 이에 해당한다. 책임대상은 연초 계획한 예산판매량(BQ)에 예산판매가격(BP)을 곱한 예산매출액이다.

① 관련부서: 판매부문
② 책임대상: 예산매출($BQ \times BP$)
③ 평가방법: 매출차이분석

2. 평가방법

대표적인 수익중심점은 판매부문으로 예산매출에 대한 성과평가는 실제매출과 고정예산매출과의 비교로 이루어진다.

매출차이는 다음과 같은 두 가지 상황으로 나타난다.

• 실제매출이 큰 경우(유리한 차이 F, favorable variance)

　고정예산매출 < 실제매출

• 실제매출이 작은 경우(불리한 차이 U, unfavorable variance)

　고정예산매출 > 실제매출

매출차이는 다시 가격에 대한 차이와 수량에 대한 차이인 매출조업도차이로 구분할 수 있다.

(1) 매출가격차이(selling price variance)

실제매출액과 변동예산매출액의 차이를 말한다. 실제판매량에 근거한 실제가격과 예산가격의 차이를 말한다.

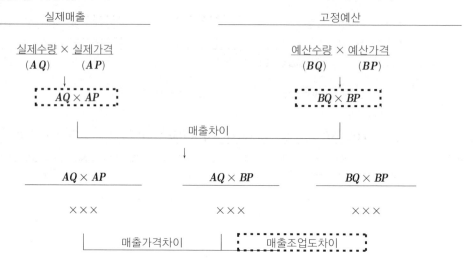

(2) 매출조업도차이(sales volume variance)

매출조업도차이는 실제판매수량과 고정예산판매수량의 차이가 이익에 미치는 영향을 나타낸다. 즉, 판매량 차이는 매출과 변동원가 모두에 영향을 미치므로 판매량으로 인한 이익차이는 매출에서 변동원가를 차감한 공헌이익으로 측정해야 한다.

실제 판매량에 근거한 예산공헌이익은 변동예산 공헌이익이므로 매출조업도차이는 변동예산 공헌이익과 고정예산 공헌이익의 차이이다.

(3) 매출가격차이와 매출조업도차이

매출가격차이와 매출조업도차이는 다음과 같이 나타낼 수 있다.

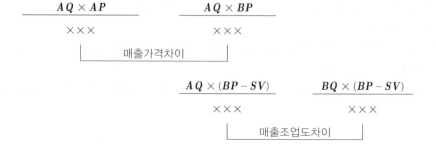

또한, 매출가격차이는 매출조업도차이와 관계를 보여주기 위하여 다음과 같이 나타낼 수도 있다.

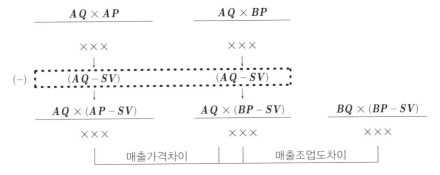

3. 복수제품의 매출차이
지금까지는 하나의 제품을 가정하여 차이분석을 하였으나 현실적으로 상호 대체 가능한 여러 종류의 제품을 판매한다. 이러한 경우 각 제품의 예상판매량과 상대적인 판매비율을 미리 결정할 수 있다. 따라서, 실제 판매비율이 예상과 달라질 수 있어 이에 대한 추가적인 분석이 필요하다. 복수제품인 경우 매출조업도차이는 다시 매출배합차이와 매출수량차이로 구분할 수 있다.
① 매출배합차이(sales mix variance): 실제 총수량을 기준으로 실제배합과 예산배합의 차이가 공헌이익에 미치는 영향
② 매출수량차이(pure sale volume variance): 예산배합을 기준으로 실제수량과 예산수량의 차이가 공헌이익에 미치는 영향

[그림 15-2] 복수제품 차이분석

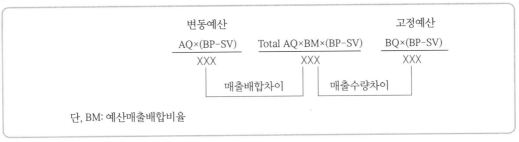

4. 매출수량차이의 통제가능성
매출수량차이는 기업의 시장점유율과 기업이 속한 산업의 시장규모에 따라 영향을 받는다. 기업 입장에서 시장점유율은 통제가능한 요소지만 시장규모는 통제불가능한 요소라고 볼 수 있다. 이러한 관점에서 매출수량차이는 시장점유율차이와 시장규모차이로 구분 할 수 있다.
① 시장점유율차이(market share variance): 실제 규모를 기준으로 실제점유율과 예산점유율의 차이가 공헌이익에 미치는 영향
② 시장규모차이(market size variance): 예산점유율을 기준으로 실제규모와 예산규모의 차이가 공헌이익에 미치는 영향

[그림 15-3] 매출수량차이 통제가능성

예산배합하의 변동예산 Total AQ×BM×(BP-SV) 실제규모×실제점유율×BACM XXX	실제규모×예산점유율×BACM XXX	고정예산 BQ×(BP-SV) 예산규모×예산점유율×BACM XXX
시장점유율차이	시장규모차이	

사례연습 3: 복수제품 매출차이분석

㈜한국은 20×1년에 영업을 개시하였으며 단일제품을 대량생산하고 있다. 당해 연도의 예산과 실적자료는 다음과 같다.

예산자료

제품	단위당 판매가격	단위당 변동비	단위당 공헌이익	판매량
A	₩60	₩45	₩15	300단위
B	110	85	25	1,200
합계				1,500단위

실제자료

제품	단위당 판매가격	단위당 변동비	단위당 공헌이익	판매량
A	₩60	₩50	₩10	600단위
B	150	115	35	1,200
합계				1,800단위

20×1년 예상고정비는 ₩10,000이며 실제고정비는 ₩9,000이었다. 또한, 회사는 연초에 시장조사기관이 예측한 전체 시장규모 15,000개와 판매부문이 추정한 10%의 예산시장점유율을 기준으로 예산을 설정하였으나, 실제시장규모는 20,000단위였다.

[요구사항 1]
매출가격차이와 매출조업도차이를 구하시오.

[요구사항 2]
매출배합차이와 매출수량차이를 구하시오.

[요구사항 3]
시장점유율차이와 시장규모차이를 구하시오.

해답

※ 자료정리

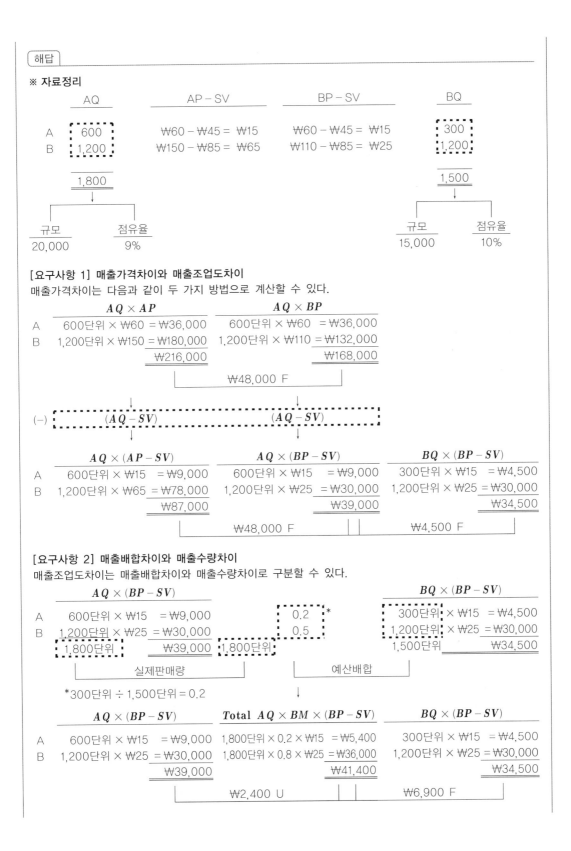

	AQ	AP – SV	BP – SV	BQ
A	600	₩60 – ₩45 = ₩15	₩60 – ₩45 = ₩15	300
B	1,200	₩150 – ₩85 = ₩65	₩110 – ₩85 = ₩25	1,200

AQ 합계: 1,800 → 규모 20,000 / 점유율 9%

BQ 합계: 1,500 → 규모 15,000 / 점유율 10%

[요구사항 1] 매출가격차이와 매출조업도차이
매출가격차이는 다음과 같이 두 가지 방법으로 계산할 수 있다.

$$AQ \times AP$$
A 600단위 × ₩60 = ₩36,000
B 1,200단위 × ₩150 = ₩180,000
　　　　　₩216,000

$$AQ \times BP$$
600단위 × ₩60 = ₩36,000
1,200단위 × ₩110 = ₩132,000
　　　　　₩168,000

₩48,000 F

$$(-)\quad (AQ - SV) \qquad (AQ - SV)$$

$$AQ \times (AP - SV)$$
A 600단위 × ₩15 = ₩9,000
B 1,200단위 × ₩65 = ₩78,000
　　　　　₩87,000

$$AQ \times (BP - SV)$$
600단위 × ₩15 = ₩9,000
1,200단위 × ₩25 = ₩30,000
　　　　　₩39,000

$$BQ \times (BP - SV)$$
300단위 × ₩15 = ₩4,500
1,200단위 × ₩25 = ₩30,000
　　　　　₩34,500

₩48,000 F　　　　₩4,500 F

[요구사항 2] 매출배합차이와 매출수량차이
매출조업도차이는 매출배합차이와 매출수량차이로 구분할 수 있다.

$$AQ \times (BP - SV)$$
A 600단위 × ₩15 = ₩9,000　　0.2 *
B 1,200단위 × ₩25 = ₩30,000　　0.5
1,800단위　₩39,000　　1,800단위　실제판매량 / 예산배합

$$BQ \times (BP - SV)$$
300단위 × ₩15 = ₩4,500
1,200단위 × ₩25 = ₩30,000
1,500단위　₩34,500

*300단위 ÷ 1,500단위 = 0.2

$$AQ \times (BP - SV)$$
A 600단위 × ₩15 = ₩9,000
B 1,200단위 × ₩25 = ₩30,000
　　　　　₩39,000

$$Total\ AQ \times BM \times (BP - SV)$$
1,800단위 × 0.2 × ₩15 = ₩5,400
1,800단위 × 0.8 × ₩25 = ₩36,000
　　　　　₩41,400

$$BQ \times (BP - SV)$$
300단위 × ₩15 = ₩4,500
1,200단위 × ₩25 = ₩30,000
　　　　　₩34,500

₩2,400 U　　　　₩6,900 F

[요구사항 3] 시장점유율차이와 시장규모차이

매출수량차이는 시장점유율차이와 시장규모차이로 구분할 수 있다.

	Total $AQ \times BM \times (BP - SV)$	$BQ \times (BP - SV)$
A	1,800단위 × 0.2 × ₩15 = ₩5,400	300단위 × ₩15 = ₩4,500
B	1,800단위 × 0.8 × ₩25 = ₩36,000	1,200단위 × ₩25 = ₩30,000
	1,800단위 × ₩23* = ₩41,400	1,500단위 × ₩23 = ₩34,500

* 예산평균공헌이익: ₩15 × 0.2 + ₩25 × 0.8 = ₩23

↓

실제규모 × 실제점유율 × $BACM$	실제규모 × 예산점유율 × $BACM$	예산규모 × 예산점유율 × $BACM$
20,000단위 × 9% × ₩23 = ₩41,400	20,000단위 × 10% × ₩23 = ₩46,000	15,000단위 × 10% × ₩23 = ₩34,500

|₩4,600 U | | ₩11,500 F |

---

03 이익중심점

1. 의의

특정 원가와 수익에 대한 권한과 책임을 부여받은 중심점으로 분권화된 사업부 등과 같이 책임영역이 큰 조직단위를 말하며 판매부문에 판매비에 대한 권한과 책임을 추가로 부여하여 이익중심점으로 관리하기도 한다. 책임대상은 연초 계획한 예산이익이다.

① 관련부서: 사업부 또는 판매부문
② 책임대상: 예산이익($BQ \times BP$, $SQ \times SP$)
③ 평가방법: 매출차이분석 및 원가차이분석

2. 평가방법

매출차이분석과 원가차이분석을 통하여 이익에 대한 차이를 분석할 수 있다.

---

04 투자중심점

1. 의의

특정 원가와 수익뿐만 아니라 투자의사결정에 대해서도 권한과 책임을 부여받은 중심점으로 독립적인 사업부 등과 같이 책임범위가 가장 큰 포괄적인 책임중심점이다. 책임대상은 연초 계획한 예산이익과 투자된 자산에 대한 효율성이다.

① 관련부서: 독립된 사업부
② 책임대상: 예산이익($BQ \times BP$, $SQ \times SP$), 투자된 자산의 효율성
③ 평가방법: 투자수익률(ROI), 잔여이익(RI), 경제적부가가치(EVA)

2. 평가방법

투자중심점을 평가하는 방법은 투자수익률(ROI), 잔여이익(RI), 경제적부가가치(EVA)가 있으며 관련 내용은 다음과 같다.

(1) 투자수익률(ROI; return of investment)

이익을 투자금액으로 나눈 수익성지표이며 다음과 같이 매출이익률과 자산회전율로 구분할 수 있다.

$$\text{투자수익률} = \frac{\text{영업이익}}{\text{투자금액}}$$

$$= \frac{\text{영업이익}}{\text{매출액}} \times \frac{\text{매출액}}{\text{투자금액}}$$

$$= \text{매출이익률} \times \text{자산회전율}$$

- 투자안 투자수익률 > 기존 투자수익률: 투자안 채택
- 투자안 투자수익률 < 기존 투자수익률: 투자안 기각

① 장점

ㄱ 계산이 간편하며 투자자산의 효율성을 평가할 수 있다.

ㄴ 비율로 제시되어 상대적인 수익성 평가에 유용하다.

ㄷ 투자규모가 다르거나 동일 산업의 다른 기업과의 비교하는 데 유용하다.

② 단점

ㄱ 회사 전체적으로 유리한 투자안을 부당하게 기각하는 준최적화현상이 발생할 수 있다.

ㄴ 투자중심점이 보유하고 있는 위험이 고려되지 않는다.

ㄷ 회계적 이익을 사용하며 화폐의 시간가치를 고려하지 않아 투자의사결정과 일관성이 결여된다.

(2) 잔여이익(RI; residual income)

투자로 인한 영업이익에서 투자금액으로 얻어야 하는 최소한의 금액을 차감하고 남은 잔액을 기준으로 평가하는 방법이다.

$$\text{잔여이익} = \text{영업이익} - \text{투자금액} \times \text{최적필수수익률}^*$$
* 최저필수수익률은 자본비용으로 해당 투자중심점의 위험을 추가로 고려하여 결정한다.
- 잔여이익 > 영(0): 투자안 채택
- 잔여이익 < 영(0): 투자안 기각

① 장점

ㄱ 금액으로 평가하여 준최적화현상을 방지할 수 있다.

ㄴ 투자중심점이 위험을 최저필수수익률에 반영할 수 있다.

② 단점

　　㉠ 규모가 큰 경우 상대적으로 잔여이익이 높게 나타나 규모가 다른 경우 비교하기 어렵다.

　　㉡ 회계적 이익을 사용하며 화폐의 시간가치를 고려하지 않아 투자의사결정과 일관성이 결여된다.

사례연습 4: 투자수익률과 잔여이익

㈜서울에는 A와 B의 두 개의 사업부가 있는데 다음은 성과평가와 관련된 자료이다.

구분	A부문	B부문
투자액	2,000억원	4,000억원
순이익	400억원	720억원

[요구사항]

㈜서울의 자본비용은 10%이다. 각 사업부의 투자수익률, 잔여이익을 구하시오.

해답

	ROI	RI
A부문	$400 \div 2,000 = 20\%$	$400 - 2,000 \times 0.1 = 200$
B부문	$720 \div 4,000 = 18\%$	$720 - 4,000 \times 0.1 = 320$

그러므로, ROI는 A부문이, RI는 B부문이 각각 더 우수하다.

---

(3) 경제적 부가가치(*EVA*; economic value added)

투자로 인한 세후영업이익에서 투하자본의 자본비용을 차감하고 남은 잔액을 기준으로 평가하는 방법이다.

경제적 부가가치 = 세후영업이익 − 투하자본[1] × 가중평균자본비용[2]

[1] 투자금액 중 자본비용을 발생하는 항목을 의미한다.

[2] 타인자본비용과 자기자본비용을 가중평균하여 결정한다.

• 경제적 부가가치 > 영(0): 투자안 채택

• 경제적 부가가치 < 영(0): 투자안 기각

---

① 장점

　　㉠ 타인자본비용과 자기자본비용을 명시적으로 고려한다.

　　㉡ 다른 측정치보다 기업가치와 좀 더 밀접한 관계가 있어 투자의사결정에 이용할 수 있다.

　　㉢ 기업가치의 증가는 주주의 부 증가를 의미하여 경영자와 주주의 목표가 일치하게 된다.

② 단점

　　㉠ 영업이익과 투하자본을 결정하는 데에 많은 수정사항이 있으며 계산과정이 복잡하다.

　　㉡ 자기자본비용 계산과정이 어렵다.

　　㉢ 회계처리방법에 따라 세후영업이익이 달라질 수 있다.

◉ 투하자본

타인자본비용인 이자를 발생하는 비유동부채와 자기자본의 합하여 계산한다. 유동부채 중 이자를
발생하는 단기차입금이 없다고 가정하면 투하자본은 다음과 같이 계산할 수 있다.

- 비유동부채 + 자기자본
- 유동자산 + 비유동자산 − 유동부채
        (총자산)
- 유동자산 − 유동부채 + 비유동자산
        (순운전자본)

◉ 가중평균자본비용($WACC$; weighted average cost of capital)

타인자본비용과 자기자본비용을 타인자본과 자기자본의 시장가치를 기준으로 평균한 자본비용을
말한다. 또한, 타인자본비용은 이자로 인한 법인세절감효과를 고려하여 (1 − 세율)을 곱해야 한다.

$$\frac{자기자본}{자기자본 + 타인자본} \times 자기자본비용 + \frac{타인자본}{자기자본 + 타인자본} \times 타인자본비용 \times (1 - 세율)$$

사례연습 5: 경제적 부가가치

다음은 ㈜서울의 남부사업부와 중부사업부의 자료의 일부이다.
(1) 재무상태표와 손익계산서

	남부사업부	중부사업부
총자산	₩2,000,000	₩10,000,000
유동부채	500,000	3,000,000
세전영업이익	250,000	2,000,000

(2) 투하자본과 자본비용
   장기부채: 시장가치 ₩7,000,000, 이자율 10%
   자기자본: 시장가치 ₩7,000,000, 자본비용 14%

[요구사항]
법인세율은 40%이다. 남부사업부과 중부사업부의 경제적 부가가치(EVA)를 구하시오.
단, 각 사업부에는 동일한 가중평균자본비용을 적용한다. (단, 유동부채는 이자가 발생하지
않는 부채이다)

해답

(1) 가중평균자본비용
   ₩7,000,000 ÷ (₩7,000,000 + 7,000,000) × 0.14 + ₩7,000,000 ÷ (₩7,000,000 + 7,000,000)
   × 0.1 × (1 − 0.4) = 0.1
(2) 경제적 부가가치 = 세후영업이익 − 투하자본 × 가중평균자본비용
   ① 남부사업부: ₩250,000 × (1 − 0.4) − (₩2,000,000 − ₩500,000) × 0.1 = ₩0
   ② 중부사업부: ₩2,000,000 × (1 − 0.4) − (₩10,000,000 − ₩3,000,000) × 0.1 = ₩500,000

01 다음은 서울회사의 원재료에 관한 표준원가이다.

> 원재료 A: 2kg, ₩20
> 원재료 B: 3kg, ₩10

당기 중 8,000개의 제품이 완성되었고, 기초재공품과 기말재공품은 없었다. 원재료의 실제 사용량은 A가 14,000kg(kg당 ₩22)이고, B가 28,000kg(kg당 ₩9)이었다. 원재료배합차이(mix variance)와 수율차이(yield variance)는 얼마인가?

회계사 1985

	배합차이	수율차이
①	₩28,000 유리	₩28,000 불리
②	28,000 불리	28,000 유리
③	28,400 유리	36,400 불리
④	28,400 유리	28,400 불리
⑤	36,400 불리	28,400 유리

02 ㈜한국은 상호대체가 가능한 두 종류의 노무등급인 고급노무인력과 저급노무인력을 제조공정에 투입하여 제품을 생산한다. 이 회사는 표준원가계산제도를 사용하여 직접노무원가에 대해 매월 실제원가와 표준원가의 차이를 분석하고자 한다. 이를 위한 20×1년 2월의 각 노무등급별 표준직접노무원가에 관한 자료는 다음과 같다.

	표준임률	실제생산량에 허용된 표준노무시간
고급노무인력	₩20	200시간
저급노무인력	₩12	200시간

20×1년 2월의 각 노무등급별 실제임률과 실제로 사용된 직접노무시간은 다음과 같다.

	실제임률	실제 사용된 직접노무시간
고급노무인력	₩21	220시간
저급노무인력	₩13	160시간

㈜한국의 20×1년 2월 직접노무원가의 배합차이와 수율차이는 각각 얼마인가?

회계사 2014

	배합차이	수율차이
①	₩280 유리	₩300 유리
②	₩280 유리	₩300 불리
③	₩240 불리	₩300 유리
④	₩240 불리	₩320 유리
⑤	₩240 불리	₩320 불리

03 대한회사는 A와 B의 두 제품을 생산·판매하고 있다. 예산에 의하면 제품 A의 단위당 공헌이익은 ₩20이고, 제품 B의 공헌이익은 ₩4이다. 20×1년 예산매출수량은 제품 A가 800단위, 제품 B가 1,200단위로 총 2,000단위였다. 그러나 실제매출수량은 제품 A가 500단위, 제품 B가 2,000단위로 총 2,500단위였다. 대한회사의 20×1년 매출배합차이와 매출수량차이를 계산하면 각각 얼마인가?

세무사 2008

	매출배합차이	매출수량차이
①	₩8,000 유리	₩5,200 불리
②	8,000 유리	5,200 유리
③	5,200 불리	8,000 불리
④	5,200 유리	8,000 불리
⑤	8,000 불리	5,200 유리

04 ㈜감평은 평균영업용자산과 영업이익을 이용하여 투자수익률(ROI)과 잔여이익(RI)을 산출하고 있다. ㈜감평의 20×1년 평균영업용자산은 ₩2,500,000이며, ROI는 10%이다. ㈜감평의 20×1년 RI가 ₩25,000이라면 최저필수수익률은?

감평 2021

① 8% ② 9%
③ 10% ④ 11%
⑤ 12%

05 ㈜감평은 두 개의 사업부 X와 Y를 운영하고 있으며, 최저필수수익률은 10%이다. 20×1년 사업부 X와 Y의 평균영업자산은 각각 ₩70,000와 ₩50,000이다. 사업부 X의 투자수익률은 15%이고, 사업부 X의 잔여이익이 사업부 Y보다 ₩2,500 더 클 때 사업부 Y의 투자수익률은?

감평 2024

① 11% ② 12%
③ 13% ④ 14%
⑤ 15%

06 ㈜서울에는 A와 B의 두 개의 사업부가 있는데 다음은 성과평가와 관련된 자료이다.

구분	A부문	B부문
투자액	2,000억원	4,000억원
순이익	400억원	720억원

㈜서울의 자본비용은 10%이다. ㈜서울이 사업부의 평가를 투자수익률, 잔여이익으로 평가하는 경우 어떠한 평가가 이루어지겠는가?

세무사 2000

① 투자수익률로 평가하는 경우에는 A부문, 잔여이익으로 평가하는 경우에는 B부문이 각각 더 우수한 결과가 나온다.
② 투자수익률로 평가하는 경우에는 B부문, 잔여이익으로 평가하는 경우에는 A부문이 각각 더 우수한 결과가 나온다.
③ A부문이 투자수익률이나 잔여이익 모두 더 우수하다는 결과가 나온다.
④ B부문이 투자수익률이나 잔여이익 모두 더 우수하다는 결과가 나온다.
⑤ A부문과 B부문 모두 성과이 차이가 없다.

07 투자중심점으로 운영되는 ㈜한국은 최근 A이라는 기계장치를 구입하고자 한다. 동 기계장치의 취득원가는 ₩50,000이다. 투자액 중 40%는 부채로, 60%는 자기자본으로 조달하며 부채에 대한 이자율은 10%, 주주의 기대수익률이 15%이다. 기록되는 모든 장부가액은 시장가치와 일치한다. 이 투자로 인해 생산되는 신제품X로부터 예상되는 영업이익은 ₩80,000이며 법인세율이 40%라고 할 때, 이 기계장치로 인하여 증가되는 경제적 부가가치(EVA)는 얼마인가?

① ₩20,000 　　　　② ₩24,300
③ ₩35,700 　　　　④ ₩40,300
⑤ ₩42,300

01 ①

	AQ × SP	Total AQ × BM × SP	SQ × SP
A	14,000 × ₩20 = ₩280,000	42,000 × 0.4* × ₩20 = ₩336,000	8,000 × 2kg × ₩20 = ₩320,000
B	28,000 × ₩10 = 280,000	42,000 × 0.6 × ₩10 = 252,000	8,000 × 3kg × ₩10 = 240,000
	42,000 ₩560,000	42,000 ₩588,000	40,000 ₩560,000

₩28,000 유리   ₩28,000 불리

* 원재료 A의 상대적 배합비율

$$\frac{2kg}{2kg+3kg} = 0.4$$

02 ④

	AQ × SP	Tatal AQ × BM × SP	SQ × SP
고급	220시간 × ₩20 = ₩4,400	380시간 × 0.5 × ₩20 = ₩3,800	200시간 × ₩20 = ₩4,000
저급	160시간 × ₩12 = ₩1,920	380시간 × 0.5 × ₩12 = ₩2,280	200시간 × ₩12 = ₩2,400
	₩6,320	₩6,080	₩6,400

₩240 불리   ₩320 유리

03 ⑤

	AQ × (BP − SV)	Total AQ × BM × (BP − SV)	BQ × (BP − SV)
A	500 × ₩20 = ₩10,000	2,500 × 0.4* × ₩20 = ₩20,000	800 × ₩20 = ₩16,000
B	2,000 × ₩4 = 8,000	2,500 × 0.6 × ₩4 = 6,000	1,200 × ₩4 = 4,800
	2,500 ₩18,000	2,500 ₩26,000	2,000 ₩20,800

₩8,000 불리   ₩5,200 유리

* 제품 A 배합비율

$$= \frac{800단위}{800단위+1,200단위}$$

$$= 0.4$$

04 ② (1) 영업이익(x)

$$10\%(ROI) = \frac{x}{2,500,000}$$

그러므로, x는 ₩250,000이다.

(2) 최저필수수익률(y)

₩25,000(RI) = ₩250,000 − ₩2,500,000 × y

그러므로, y는 9%이다.

05 ② 12%

　(1) 사업부 X의 영업이익

　　₩70,000 × 15% = ₩10,500

　(2) 사업부 X의 잔여이익

　　₩10,500 − ₩70,000 × 0.1 = ₩3,500

　(3) 사업부 Y의 잔여이익

　　₩3,500 − ₩2,500 = ₩1,000

　(4) 사업부 Y의 영업이익(x)

　　x − ₩50,000 × 0.1 = ₩1,000

　　그러므로, x는 ₩6,000이다.

　(5) 사업부 Y의 투자수익률

　　$\dfrac{6,000}{50,000} = 12\%$

　　그러므로, 사업부 Y의 투자수익률은 12%이다.

06 ①

	ROI	RI
A부문	400 ÷ 2,000 = 20%	400 − 2,000 × 0.1 = 200
B부문	720 ÷ 4,000 = 18%	720 − 4,000 × 0.1 = 320

그러므로, ROI는 A부문이, RI는 B부문이 각각 더 우수하다.

07 ⑤

　(1) 가중평균자본비용

　　$\dfrac{\text{자기자본}}{\text{총자본}} \times \text{자기자본 요구수익율} + \dfrac{\text{타인자본}}{\text{총자본}} \times \text{타인자본 요구수익율} \times (1 - \text{법인세율})$

　　= 60% × 15% + 40% × 10% × (1 − 40%)

　　= 11.4%

　(2) 경제적 부가가치

　　세후영업이익 − 투하자본 × 가중평균자본비용

　　= ₩80,000 × (1 − 40%) − ₩50,000 × 11.4%

　　= ₩42,300

16 불확실성하의 의사결정

01 의의

지금까지의 의사결정은 모든 자료가 제시된 상황에서 이익을 극대화할 수 있는 대안을 선택하였지만 현실적으로 미래 상황은 정확하게 예측할 수 없다. 이러한 불확실한 상황에서의 의사결정은 확률과 성과표(payoff table) 등 다소 복잡한 과정을 거치게 되며 불확실성을 제거하기 위하여 정보(information)를 취득할지 여부를 판단해야 한다.

- 확실성하의 의사결정: $(P - @VC) \times Q - FC = I$(이익)
- 불확실성하의 의사결정: $(P - @VC) \times Q^{*1} - FC = I^{*2}$(기대이익 또는 기대효용)
- *1 확률부여
- *2 기대이익(= 성과 × 확률)

1. 확률(probability)

일정한 조건하에서 어떤 상황이 일어날 가능성을 0과 1사이의 수로 표현한 것으로 모든 상황의 확률의 합은 1이 된다. 불확실한 상황에서 확률이 주어진다면 확률을 반영한 값을 가지고 최적 대안을 선택할 수 있다.

2. 성과표와 기회손실표

(1) 성과표(payoff table)

특정 대안을 선택할 때 발생가능한 상황에 따라 얻을 수 있는 결과를 이익, 손실, 효용 등으로 표현한 것를 말한다. 불확실성하 의사결정은 성과표작성으로 시작되며 발생가능한 상황은 주어진 여건으로 여기에 확률이 부여된다.

상황 대안	S1 (P)	S2 (1 − P)
A1	성과	성과
A2	성과	성과

- S(state of nature): 발생가능한 상황
- A(alternatives): 선택가능한 대안
- P(probability): 확률

(2) 기회손실표(opportunity loss table)

특정 대안을 선택할 때 발생가능한 상황에 따라 나타나는 기회손실(opportunity loss)을 표현한 것를 말한다.

> 기회손실 = 주어진 상황의 최대성과 – 선택한 대안의 실제성과

여기서 기회손실이란 최선의 대안을 선택하지 못하고 다른 대안을 선택할 때 발생하는 손실을 말하며 예측오차의 원가(cost of prediction error) 또는 조건부손실(conditional loss)라고도 한다.

상황 대안	S1 (P)	S2 (1 – P)
A1	기회손실	기회손실
A2	기회손실	기회손실

- S(state of nature): 발생가능한 상황
- A(alternatives): 선택가능한 대안
- P(probability): 확률

사례연습 1: 성과표와 기회손실표

㈜한국은 신제품을 생산·판매하기 위하여 새로운 설비를 도입하고자 한다. 새로운 설비는 A와 B 두 가지 모델이 있으며 관련 자료는 다음과 같다.

(1) 각 모델의 수익과 원가자료는 다음과 같다.

	A모델	B모델
단위당 판매가격	₩100	₩160
단위당 변동원가	70	120
단위당 공헌이익	₩30	₩40
총고정원가	₩20,000	₩35,000

(2) 신제품의 예상판매량과 확률은 다음과 같다.

수요량	확률
1,000단위	0.4
2,000단위	0.6

[요구사항 1]

위 자료를 이용하여 성과표를 작성하시오.

[요구사항 2]

위 자료를 이용하여 기회손실표를 작성하시오.

해답

※ 자료정리

수량을 Q라 하고 각 모델의 이익함수는 다음과 같다.
- A 모델: ₩30 × Q – ₩20,000
- B 모델: ₩40 × Q – ₩35,000

[요구사항 1] 성과표 작성

(1) 각 모델의 상황별 성과 다음과 같다.

- A 모델

대안＼상황	1,000단위 (0.4)	2,000단위 (0.6)
A 모델	₩10,000[*1]	₩40,000[*2]

[*1] ₩30 × 1,000단위 − ₩20,000
　　 = ₩10,000

[*2] ₩30 × 2,000단위 − ₩20,000
　　 = ₩40,000

- B 모델

대안＼상황	1,000단위 (0.4)	2,000단위 (0.6)
B 모델	₩5,000[*1]	₩45,000[*2]

[*1] ₩40 × 1,000단위 − ₩35,000
　　 = ₩5,000

[*2] ₩40 × 2,000단위 − ₩35,000
　　 = ₩45,000

(2) 각 모델의 발생가능한 상황에 따라 나타나는 성과는 다음과 같다.

대안＼상황	1,000단위 (0.4)	2,000단위 (0.6)
A 모델	₩10,000	₩40,000
B 모델	5,000	45,000

[요구사항 2] 기회손실표 작성

(1) 각 모델의 상황별 기회손실(예측오차의 원가)은 다음과 같다.

- A모델

대안＼상황	1,000단위 (0.4)	2,000단위 (0.6)
A 모델	₩0[*1]	₩5,000[*2]

[*1] 1,000단위 상황의 최대성과 − A 모델의 실제성과
　　 = ₩10,000 − ₩10,000
　　 = ₩0

[*2] 2,000단위 상황의 최대성과 − A 모델의 실제성과
　　 = ₩45,000 − ₩40,000
　　 = ₩5,000

- B모델

대안＼상황	1,000단위 (0.4)	2,000단위 (0.6)
B 모델	₩5,000[*1]	₩0[*2]

[*1] 1,000단위 상황의 최대성과 − B 모델의 실제성과
　　 = ₩10,000 − ₩5,000
　　 = ₩5,000

$$= ₩45,000 - ₩45,000$$
$$= ₩0$$
(2) 각 모델의 발생가능한 상황에 따라 나타나는 기회손실은 다음과 같다.

대안＼상황	1,000단위 (0.4)	2,000단위 (0.6)
A 모델	–	₩5,000
B 모델	₩5,000	–

02 선택기준

성과표에 표시된 각 대안의 성과와 주어진 상황에서의 확률을 곱하면 각 대안의 기댓값을 계산할 수 있다. 이러한 각 대안별 기댓값을 기준으로 최적대안을 선택할 수 있다. 또한, 각 성과에 주관적인 만족도를 고려한 효용을 기준으로 주어진 상황에서의 확률을 곱하면 각 대안의 기대효용을 계산할 수 있고 이를 근거로 최적대안을 선택할 수 있다.

1. 기대가치기준(expected value criterion)

특정 대안에 대한 상황별 성과에 주어진 상황에 대한 확률을 곱하여 더한 값을 기대가치(expeted value) 또는 기댓값이라고 하며 이를 근거로 최적대안을 선택하는 것을 말한다.

> 기대가치 = Σ(각 상황별 성과 × 해당 상황별 확률)

(1) 기대이익극대화기준

성과표상의 성과가 이익인 경우 기대가치는 기대이익이며 이러한 기대이익이 가장 큰 대안을 선택하는 것을 말한다.

(2) 기대비용(손실)극소화기준

성과표상의 성과가 비용(손실)인 경우 기대가치는 기대비용이며 이러한 기대비용이 가장 작은 대안을 선택하는 것을 말한다.

사례연습 2: 기대가치기준

[사례연습 01]의 자료를 이용하여 다음의 요구사항에 답하시오.

[요구사항 1]
성과표를 이용하여 최적대안을 선택하시오.

[요구사항 2]
기회손실표를 이용하여 최적대안을 선택하시오.

[요구사항 3]
위 두 방법에 의한 최적대안선택 결과에 대하여 논하시오.

※ 자료정리
(1) 성과표상 계산된 기대가치는 기대이익이므로 가장 큰 대안을 선택한다.
(2) 기회손실표상 계산된 기대가치는 기대기회손실이므로 가장 작은 대안을 선택한다.
(3) 선택하는 기준이 달라도 동일한 상황이므로 성과표상 최적대안과 기회손실표상 최적대안은 일치한다.

[요구사항 1] 성과표를 이용한 최적대안
각 대안별 기대가치
- A 모델: ₩10,000 × 0.4 + ₩40,000 × 0.6 = ₩28,000
- B 모델: ₩5,000 × 0.4 + ₩45,000 × 0.6 = ₩29,000(*)
그러므로, B 모델을 선택한다.

[요구사항 2] 기회손실표를 이용한 최적대안
각 대안별 기대기회손실
- A 모델: ₩0 × 0.4 + ₩5,000 × 0.6 = ₩3,000
- B 모델: ₩5,000 × 0.4 + ₩ × 0.6 = ₩2,000(*)
그러므로, B 모델을 선택한다.

[요구사항 3] 성과표와 기회손실표의 최적대안 선택 비교
성과표는 각 대안의 이익을 기준으로 하고 기회손실표는 각 대안의 기회손실을 기준으로 하여 서로 다른 기준을 사용하더라도 두 방법에 의한 선택은 동일하다.

2. 기대효용기준(expected utility criterion)
특정 대안에 대한 상황별 효용에 주어진 상황에 대한 확률을 곱하여 더한 값을 기대효용(expeted utility)이라고 하며 이를 근거로 최적대안을 선택하는 것을 말한다.

$$기대효용 = \Sigma(각 \ 상황별 \ 효용 \times 해당 \ 상황별 \ 확률)$$

(1) 효용(utility)
의사결정자의 주관적인 만족을 말하여 위험(변동성)에 대한 태도를 말한다.

(2) 위험에 대한 태도
다음과 같이 세 가지 형태로 나눌 수 있다.
① 위험회피형(rist aversion): 위험의 증가는 주관적인 만족을 떨어뜨려 수익의 증가에 대한 효용의 증가율이 체감하는 경우를 말하며 이성적인 의사결정자는 위험회피형이라고 가정한다.
② 위험중립형(rist neutral): 위험은 주관적인 만족에 영향을 미치지 못하여 수익의 증가에 대한 효용의 증가는 정비례한다. 따라서, 기대가치기준의 최적대안의 선택과 일치한다.
③ 위험선호형(rist loving): 위험의 증가는 주관적인 만족을 상승시켜 수익의 증가에 대한 효용의 증가율이 체증하는 경우를 말한다.

[그림 16-1] (기대효용기준) 위험에 대한 태도

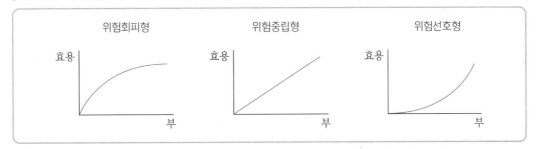

사례연습 3: 기대효용기준

회사는 이익에 대한 효용함수를 다음과 같이 설정하였다. [사례연습 01]의 자료를 이용하여 다음의 요구사항에 답하시오.

$$U(\pi) = \sqrt{\pi}$$
단, U: 효용
π: 이익

[요구사항 1] 효용을 기준으로 성과표를 작성하시오.
[요구사항 2] 기대효용을 기준으로 최적대안을 선택하시오.

해답

※ 자료정리
효용함수를 이용하여 효율을 기준으로 성과표를 작성 한 후 대안별 기대효용을 기준으로 최적 대안을 선택한다.

[요구사항 1] 성과표
(1) 각 모델의 상황별 효용은 다음과 같다.
  • A모델

대안 \ 상황	1,000단위 (0.4)	2,000단위 (0.6)
A 모델	100.00[*1]	200.00[*2]

[*1] $\sqrt{10,000} = 100.00$
[*2] $\sqrt{40,000} = 200.00$

  • B모델

대안 \ 상황	1,000단위 (0.4)	2,000단위 (0.6)
B 모델	70.71[*1]	212.13[*2]

[*1] $\sqrt{5,000} = 70.71$
[*2] $\sqrt{45,000} = 212.13$

(2) 각 모델의 발생가능한 상황에 따라 나타나는 성과는 다음과 같다.

대안 \ 상황	1,000단위 (0.4)	2,000단위 (0.6)
A 모델	100.00	200.00
B 모델	70.71	212.13

[요구사항 2] 기대효용기준 최적대안선택

각 대안별 기대효용
• A 모델: 100.00 × 0.4 + 200.00 × 0.6 = 160(*)
• B 모델: 70.71 × 0.4 + 212.13 × 0.6 = 155
그러므로, A 모델을 선택한다.

II 정보취득 의사결정

01 의의

불확실한 상황에서의 의사결정은 확률과 성과표를 이용하여 기대가치기준 또는 기대효용기준으로 최적대안을 선택한다. 이러한 선택은 개별상황이 발생하기 전 주관적인 예측에 의한 것으로 만약 의사결정을 하기 전에 어떠한 신뢰할 수 있는 정보가 있다면 기대할 수 있는 성과는 증가하게 될 것이다. 따라서, 정보에 대한 가치는 정보취득 후 성과와 정보취득 전 성과와의 차이이므로 의사결정자는 정보로 인하여 증가한 성과와 정보의 가격과의 비교를 통해서 정보취득에 대한 의사결정을 해야 한다. 또한, 정보는 정확도에 따라서 완전정보와 불완전정보로 구분할 수 있다.

① 완전정보(perfect information): 미래의 불확실성을 완전히 제거할 수 있는 정보
② 불완전정보(imperfect information, 또는 표본정보(sample information)): 미래의 불확실성을 일부 제거할 수 있는 정보

02 완전정보의 기대가치(EVPI; expected value of perfect information)

완전정보를 취득하기 위해서 지불할 수 있는 최대금액으로 완전정보하의 기대성과에서 기존정보하의 기대가치를 차감하여 계산한다.

> 완전정보의 기대가치 = 완전정보하의 기대성과 − 기존정보하의 기대가치

1. 완전정보하의 기대성과(expected payoff with perfect information)

특정 상황에 대한 불확실성을 모두 제거할 수 있는 100% 정확한 정보가 있다면 해당 상황하에서 가장 높은 성과를 선택할 것이다. 따라서, 완전정보하의 기대성과는 다음과 같다.

> 완전정보하의 기대성과 = Σ(각 상황별 가장 높은 성과 × 해당 상황별 확률)

2. 완전정보의 기대가치와 기대기회손실

정보 취득 전 주관적인 예측으로 인한 사전적인 의사결정은 실제 결과와는 다를 것이다. 이 차이를 기회손실이라고 한다. 결국, 정보로 인하여 기회손실을 줄일 수 있으므로 정보에 대해 지불할 수 있는 최대가격인 완전정보의 기대가치와 특정 대안의 기대기회손실은 동일하다.

사례연습 4: 완전정보의 기대가치 ▶

[사례연습 01]의 자료를 이용하여 다음의 요구사항에 답하시오.
[요구사항]
완전정보의 기대가치를 구하시오.

[해답]

※ 자료정리
완전정보하의 기대가치는 각 상황별 가장 높은 성과에서 해당 상황별 확률을 곱하여 합산해야 한다. 각 상황별 가장 높은 성과는 다음과 같다.

대안＼상황	1,000단위 (0.4)	2,000단위 (0.6)
A 모델	₩10,000	₩40,000
B 모델	5,000	45,000

[요구사항]
(1) 완전정보하의 기대가치
   Σ(각 상황별 가장 높은 성과 × 해당 상황별 확률)
   = ₩10,000 × 0.4 + ₩45,000 × 0.6
   = ₩31,000
(2) 완전정보의 기대가치
   완전정보하의 기대가치 − 기존정보하의 기대가치
   = ₩31,000 − ₩29,000
   = ₩2,000

---

03 불완전정보의 기대가치(EVSI; expected value of perfect information, sample information)

특정 상황에 대한 불확실성을 모두 제거할 수는 없지만 기회손실을 줄여줄 수 있기 때문에 정보로서 가치가 있으며 이러한 정보를 취득하기 위해서 지불할 수 있는 최대금액으로 불완전정보하의 기대성과에서 기존정보하의 기대가치를 차감하여 계산한다.

> 불완전정보의 기대가치 = 불완전정보하의 기대성과 − 기존정보하의 기대가치

1. 불완전정보하의 기대성과(expected payoff with imperfect information, sample information)
완전정보하의 기대성과와는 달리 사전확률(prior probability)을 사후확률(posterior probability)로 수정하는 절차와 더불어 다소 복잡한 단계를 거쳐야 한다. 일반적으로 다음의 다섯 단계를 거쳐서 계산할 수 있다.
[제1단계] 결합확률표 작성
[제2단계] 정보별 확률계산
[제3단계] 사전확률을 사후확률로 변환
[제4단계] 사후확률을 이용한 정보별 기대가치 계산
[제5단계] 불완전정보의 기대가치계산

2. 완전정보의 기대가치와 불완전정보의 기대가치

완전정보는 특정 상황에 대한 불확실성을 모두 제거할 수는 있지만 불완전정보는 일부만 제거할 수 있기 때문에 완전정보의 기대가치는 불완전정보의 기대가치보다 크다.

사례연습 5: 불완전정보의 기대가치

㈜한국은 신제품을 생산·판매하기 위하여 새로운 설비를 도입하고자 한다. 예상판매량은 1,000단위(불황) 또는 2,000단위(호황)이며, 그에 따른 확률은 각각 30%, 70%라고 예측하고 있으며, 제품생산에 필요한 설비는 A 모델 또는 B 모델을 이용할 수 있다. 신제품에 대한 각 설비와 연간 수요에 따른 회사 전체의 이익은 다음과 같다.

대안 　　　상황	1,000단위 (0.3)	2,000단위 (0.7)
A 모델	₩10,000	₩40,000
B 모델	5,000	45,000

㈜한국은 미래의 불확실성을 줄이고자 외부의 전문컨설팅사에 의뢰하여 신제품에 대한 수요를 파악하고자 한다.

[요구사항]

외부 전문컨설팅사에서 불황(R1)이라는 예측을 하였는데 실제로 불황일 가능성은 80%이고, 호황(R2)이라고 예측하였는데 실제로 호황일 가능성은 80%인 경우 불완전정보의 기대가치를 계산하시오.

해답

※ 자료정리

대안 　　　상황	1,000단위 (0.3)	2,000단위 (0.7)	기대가치
A 모델	₩10,000	₩40,000	₩31,000[*1]
B 모델	5,000	45,000	33,000[*2]

[*1] ₩10,000 × 0.3 + ₩40,000 × 0.7 = ₩31,000
[*2] ₩5,000 × 0.3 + ₩45,000 × 0.7 = ₩33,000(*)

그러므로, B 모델을 채택한다.

(1) 결합확률표

	수요량 1,000단위 (0.3)	수요량 2,000단위 (0.7)	확률
R1(80%)	0.8 × 0.3 = 0.24	0.2 × 0.7 = 0.14	0.38
R2(80%)	0.2 × 0.3 = 0.06	0.8 × 0.7 = 0.56	0.62

(2) 정보별 기대가치

R1(38%)

	수요량 1,000단위 (0.24/0.38)	수요량 2,000단위 (0.14/0.38)	기댓값
A 모델	₩10,000	₩40,000	₩21,052.63(*)
B 모델	5,000	45,000	19,736.84

그러므로, 불황(R1) 예측자료의 최적설비는 A 모델이며 이 때 기대이익은 ₩21,052.63이다.

R2(62%)

| | 수요량 | | 기댓값 |
	1,000단위 (0.06/0.62)	2,000단위 (0.56/0.62)	
A 모델	₩10,000	₩40,000	₩37,096.77
B 모델	5,000	45,000	41,129.03(*)

그러므로, 호황(R2) 예측자료의 최적설비는 B 모델이며 이 때 기대이익은 ₩41,129.03이다.

(3) 불완전정보의 기대가치

불완전정보하의 기대성과	₩21,052.63 × 0.38 + ₩41,129.03 × 0.62 =	₩33,500
기존정보하의 기대가치		33,000
불완전정보의 기대가치		₩500

그러므로, 불완전정보의 기대가치는 ₩500이다.

Ⅲ 차이조사 의사결정

01 의의

회사는 책임중심점에 따라 예산을 설정하고 실적과 차이를 통해서 평가 및 통제활동을 수행하게 된다. 특히, 대표적인 원가중심점인 제조부문은 각 원가요소별로 수량표준과 가격표준을 각각 설정한 후 차이분석 과정에서 문제가 발생한 경우 시의적절한 조사를 통하여 문제를 보완할 수 있다. 다만, 조사하는 과정에서 상당한 시간과 비용이 요구되므로 사전에 조사여부에 대하여 충분히 검토해야 한다. 이러한 조사여부에 대한 의사결정을 기대가치 기준에 의해서 해결할 수 있다.
또한, 조사와 관련된 비용은 다음과 같다.

(1) 조사를 하는 경우 발생비용

① 조사비용: 조사과정에서 발생하는 비용
② 개선비용: 문제점 발견 후 해소하는 데 소요되는 비용

(2) 조사를 하지 않는 경우 발생비용

공정이상손실: 문제점이 있음에도 수정하지 않아서 발생하는 비용

02 성과표

차이조사 의사결정의 성과표에는 조사를 하는 경우와 하지 않는 경우 각각 비용이 표시되므로 기대가치는 기대비용이며 이러한 기대비용이 가장 작은 대안을 선택한다.

대안 \ 상황	공정이 정상 (P)	공정이 비정상 (1 - P)
조사를 하는 경우	조사비용	조사비용 + 개선비용
조사를 하지 않는 경우	-	공정이상손실

사례연습 6: 차이조사결정 ▶

㈜한국은 지난 달 공정가치분석을 통하여 불리한 재료수량차이가 ₩12,000발생되었다. 따라서, 공장의 책임자는 공정의 이상여부를 조사하려고 한다. 관련정보를 분석한 결과 다음과 같은 정보를 수집하였다.

공정조사비용	₩2,000
공정이상시 수정비용	7,000
공정이상시 수정하지 않음으로써 발생할 미래손실의 현재가치	15,000
공정이 정상일 사전확률	0.6

[요구사항 1]

조사 여부를 결정하시오.

해답

(1) 성과표 작성

행동대안	상황(공정정상상태)	
	S1(정상) P(x1): 0.6	S2(비정상) P(x2): 0.4
조사(○)	₩2,000 [*1]	₩9,000 [*2]
조사(×)	-	15,000 [*3]

[*1] 조사비용
[*2] 조사비용 + 수정비용
[*3] 비정상공정 손실

(2) 최적대안선택

기대비용(조사 ○): ₩2,000 × 0.6 + ₩9,000 × 0.4 = ₩4,800(*)
기대비용(조사 ×): ₩0 × 0.6 + ₩15,000 × 0.4 = 6,000

기대비용최소화이므로, 조사한다.

[요구사항 2]

회사가 두 가지 대안에 대한 무차별한 결과를 가져오게 될 공정이 정상상태일 확률(임계확률)을 구하시오.

해답

공정이 정상상태일 확률을 P라 하면,

행동대안	상황(공정정상상태)		기대비용
	S1(정상) P(x1): P	S2(비정상) P(x2): 1 - P	
조사(○)	₩2,000	₩9,000	₩2,000P + ₩9,000(1 - P)
조사(×)	-	15,000	₩15,000(1 - P)

₩2,000 × P + ₩9,000 × (1 − P)와 ₩15,000 × (1 − P)이 동일한 P(확률)을 구해야 하므로,
₩2,000 × P + ₩9,000 × (1 − P) = ₩15,000 × (1 − P)
P = 0.75

[요구사항 3]
외부연구기관에서 공정의 정상상태여부에 대한 완전정보를 제공해 준다면 지불할 수 있는 최대지불가능금액을 구하시오.

┌ 해답 ┐

(1) 완전정보의 기대가치(EVPI)

	완전정보하의 기대비용	₩0 × 0.6 + ₩9,000 × 0.4 =	₩3,600
(−)	기존정보하의 기대비용		4,800
	완전정보의 기대가치		₩1,200

(2) 완전정보의 기대가치가 정보제공에 대한 최대지불가능금액이므로 지불할 수 있는 금액은 ₩1,200이다.

Ⅳ 확률분포를 이용한 CVP분석

01 의의

CVP분석은 원가 및 조업도의 변화에 대한 이익의 변화를 살펴볼 수 있는 유용한 관리기업 중 하나이다. CVP분석은 총원가를 변동원가와 고정원가로 구분한 후 총수익에서 총변동원가를 차감한 공헌이익에서 총고정원가를 차감하는 형식으로 이익을 나타낼 수 있으며 이를 공헌이익접근법이라 한다.

$$(P - vc) \times Q - FC = \pi$$
단, P: 단위당 판매가격
vc: 단위당 변동원가
Q: 판매량
FC: 총고정원가
π: 이익

의사결정자는 일정한 판매가격(P)을 결정한 상태에서 원가추정을 통하여 vc와 FC를 찾아낼 수 있다면 위 등식을 이용하여 목표판매량에 대한 이익을 즉각적으로 확인할 수 있으나 현실적으로 위 모든 요소들은 미래 상황에 따라 달라질 수 있어 정확하게 예측할 수 없는 변수들이다. 그러나, 판매량(Q)을 확률값을 가진 유일한 변수라고 가정하고 해당 확률분포를 추정할 수 있다면 판매량의 변화에 대한 영업이익의 변화를 통계학적 방법을 활용하여 합리적으로 예측할 수 있다.

02 분석방법

1. 기본개념

(1) 확률변수(random variable)

변수란 어떠한 조건에서 변하는 값을 말하며 확률변수란 특정확률로 발생하는 결과를 수치화 한 값을 말한다.

① 이산확률변수(discrete random variable): 어떠한 구간의 모든 값이 아닌 특정 값으로만 분리된 변수

② 연속확률변수(continuous random variable): 어떠한 구간의 모든 값이 가능하여 연속적으로 이어진 변수

(2) 확률분포(probability distribution)

확률변수의 모든 값과 그에 대응하는 확률들의 상태가 어떻게 분포하고 있는지 나타내는 함수

① 이산확률분포(discrete probability distribution): 이산확률변수의 확률분포

② 연속확률분포(continuous probability distribution): 연속확률변수의 확률분포

(3) 표준편차(standard deviation)

분산(variance)을 제곱근 해준 값으로 표준편차가 작을수록 평균값에서 변량들의 거리가 가깝다. 모집단의 표준편차(population standard deviation)는 σ로 나타낸다.

① 편차(deviation): 실제값의 평균에 대한 오차

② 분산(variance): 편차가 음수나 0(zero)가 되는 것을 방지하기 위하여 편차를 제곱

(4) 기대판매량[E(Q): expected quantity]

상황별 판매량에 주어진 상황에 대한 확률을 곱하여 더한 값을 말한다.

$$\text{기대판매량}[E(\boldsymbol{Q})] = \Sigma(\text{각 상황별 판매량} \times \text{해당 상황별 확률})$$

(5) 기대영업이익[E(π): expected income]

상황별 영업이익에 주어진 상황에 대한 확률을 곱하여 더한 값을 말한다.

$$\text{기대영업이익}[E(\boldsymbol{\pi})] = \Sigma(\text{각 상황별 영업이익} \times \text{해당 상황별 확률})$$

또는, 다음과 같이 기대판매량을 영업이익의 함수에 대입하여 계산할 수도 있다.

$$(\boldsymbol{P} - \boldsymbol{vc}) \times E(\boldsymbol{Q}) - \boldsymbol{FC} = E(\pi)$$

(6) 영업이익의 표준편차[$\sigma(\pi)$: standard deviation of income]

영업이익이 평균값에서 얼마나 흩어져 있는지를 나타내는 것으로 단위당 공헌이익에 판매량의 표준편차[$\sigma(\boldsymbol{Q})$]를 곱하여 계산할 수 있다.

$$\boxed{\text{영업이익의 표준편차}[\sigma(\pi)] = cm \times \sigma(Q)}$$

2. 이산확률분포와 연속확률분포를 이용한 CVP분석

(1) 이산확률분포

확률변수의 값이 어떠한 구간의 특정 값으로만 이루어진 함수를 말한다. 또한, 확률변수가 두 개이고 그 변수가 가질 수 있는 경우의 수가 제한적인 경우에는 확률수(probability decision tree)를 이용할 수 있다.

사례연습 7: 이산확률분포

㈜한국은 단일제품은 생산 · 판매하는 회사이다. 단위당 공헌이익은 ₩100이며, 연간 고정비는 ₩60,000이다. 당해 연도 예상판매량은 다음과 같다.

판매량:	500단위	800단위	1,000단위
확률 :	30%	50%	20%

[요구사항 1]

기대영업이익을 구하시오.

해답

(1) 성과표

₩100Q − ₩60,000	500단위 (30%)	800단위 (50%)	1,000단위 (20%)
	₩100 × 500 − ₩60,000 = ₩(10,000)	₩100 × 800 − ₩60,000 = ₩20,000	₩100 × 1,000 − ₩60,000 = ₩40,000

(2) 기대영업이익

₩(10,000) × 0.3 + ₩20,000 × 0.5 + ₩40,000 × 0.2
= ₩15,000

[요구사항 2]

기대판매량을 이용하여 기대영업이익을 구하시오.

해답

(1) 기대판매량

500 × 0.3 + 800 × 0.5 + 1,000 × 0.2
= 750단위

(2) 기대영업이익

= 단위당 공헌이익 × 기대판매량 − 고정비
= ₩100 × 750 − ₩60,000
= ₩15,000

[요구사항 3]
판매량의 표준편차가 100단위일 경우 영업이익의 표준편차를 구하시오.

[해답]

영업이익의 표준편차
= 단위당 공헌이익 × 판매량의 표준편차
= ₩100 × 100단위
= ₩10,000

사례연습 8: 확률수를 이용한 분석

㈜한국은 단일제품을 생산·판매하는 회사이다. 연간 고정비는 ₩60,000이며, 판매량과 공헌이익에 대한 예상자료는 다음과 같다.

판매량		공헌이익	
수량	확률	금액	확률
500단위	0.4	₩100	0.3
600	0.6	200	0.7

[요구사항 1]
확률수를 이용하여 기대영업이익을 구하시오.

[해답]

판매량	단위당 공헌이익	공헌이익	고정비	영업이익	확률	기대영업이익
500단위(0.4)	₩100(0.3)	₩50,000	₩60,000	₩(10,000)	0.12	₩(1,200)
	200(0.7)	100,000	60,000	40,000	0.28	11,200
600단위(0.6)	100(0.3)	60,000	60,000	0	0.18	0
	200(0.7)	120,000	60,000	60,000	0.42	25,200
					1.00	₩35,200

그러므로, 기대영업이익은 ₩35,200이다.

[요구사항 2]
이익이 발생할 확률을 구하시오.

[해답]

기대영업이익이 0보다 클 확률은, 0.28 + 0.42 = 0.7이다.

---

(2) 연속확률분포
확률변수의 값이 어떠한 구간에서 연속적으로 이루어진 함수를 말하며 정규분포와 균일분포로 구분할 수 있다.
① 정규분포(normal distribution): 평균(중심)에 가까울수록 밀집되어 좌우대칭인 종 모양의 형태로 $N[$평균(μ), 분산$(\sigma^2)]$으로 표현되는 분포를 말한다. 또한, 정규분포의 모양은 표준편차(σ)에 따라 달라지며 확률은 구간 사이의 넓이로 계산한다.

○ 표준정규분포(standard normal distribution)

다양한 정규분포를 단 하나로 나타내기 위하여 평균(μ)을 "0"으로 표준편차(σ)는 "1"이 되도록 표준화한 분포로 $N(0, 1)$로 표현되며 모든 수치(X)는 다음의 공식을 통해서 표준화된 수치(Z)로 바꿀 수 있다.

$$Z = \frac{X - \mu}{\sigma}$$

사례연습 9: 정규분포

㈜한국은 단일제품은 생산·판매하는 회사이다. 단위당 공헌이익은 ₩100이며, 연간 고정비는 ₩60,000이다. 당해 연도 예상판매량은 정규분포를 따르며 평균판매량은 750단위, 판매량의 표준편차는 100단위이다. 다음은 표준정규분포표의 일부이다. 요구사항에 답하시오.

z	P(0 ≤ Z ≤ z)
1.0	0.3413
1.5	0.4332
2.0	0.4772

[요구사항 1]
손익분기점 판매량을 구하시오.

[해답]

$$\text{손익분기점 판매량(Q)} = \frac{\text{고정비}}{\text{단위당 공헌이익}}$$

$$= \frac{₩60,000}{₩100}$$

$$= 600단위$$

[요구사항 2]
영업이익이 발생할 확률을 구하시오.

[해답]

영업이익이 발생할 확률은 손익분기점을 초과할 확률을 구하면 된다.

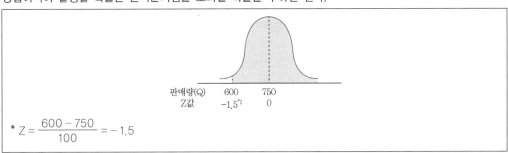

$$* Z = \frac{600 - 750}{100} = -1.5$$

그러므로, 손익분기점을 초과하는 확률은 다음과 같다.

$$P(Z > -1.5) = 0.5 + P(0 \le Z \le 1.5)$$
$$= 0.5 + 0.4332$$
$$= 0.9332$$

즉, 93.32%이다.

[요구사항 3]

영업이익이 ₩25,000~₩35,000일 확률을 구하시오.

[해답]

영업이익이 발생할 확률은 손익분기점을 초과할 확률을 구하면 된다.

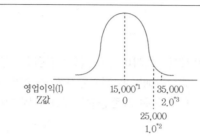

영업이익(I)   15,000[*1]   35,000
Z값   0   2.0[*3]
                      25,000
                      1.0[*2]

[*1] ₩100 × 750 − ₩60,000

[*2] $Z = \dfrac{25,000 - 15,000}{10,000} = 1.0$

[*3] $Z = \dfrac{35,000 - 15,000}{10,000} = 2.0$

그리고, 영업이익의 표준편차 ₩100 × 100단위 = ₩10,000이다.

그러므로, 손익분기점을 초과하는 확률은 다음과 같다.

$$
\begin{aligned}
P(₩25,000 \leq I \leq ₩35,000) &= P(0 \leq Z \leq 2.0) - P(0 \leq Z \leq 1.0) \\
&= 0.4772 - 0.3413 \\
&= 0.1359
\end{aligned}
$$

즉, 13.59%이다.

② 균일분포(uniform distribution): 어떠한 구간에서의 모든 확률이 균일한 변수들의 함수를 말한다.

사례연습 10: 균일분포

㈜한국은 단일제품은 생산·판매하는 회사이다. 단위당 공헌이익은 ₩100이며, 연간 고정비는 ₩60,000이다. 당해 연도 예상판매량은 350단위~1,150단위의 구간에서 균일분포를 이루고 있다. 요구사항에 답하시오.

[요구사항 1]

영업이익이 발생할 확률을 구하시오.

[해답]

영업이익이 발생할 확률은 손익분기점을 초과할 확률을 구하면 된다.

판매량   350   600[*2]   750[*1]   1,150

[*1] 평균판매량: (350단위 + 1,150단위) ÷ 2 = 750단위
[*2] 손익분기점 판매량: ₩60,000 ÷ ₩100 = 600단위

그러므로, $\dfrac{1{,}150단위-600단위}{1{,}150단위-350단위}=0.6875$이다.

[요구사항 2]

영업이익이 ₩20,000~₩30,000일 확률을 구하시오.

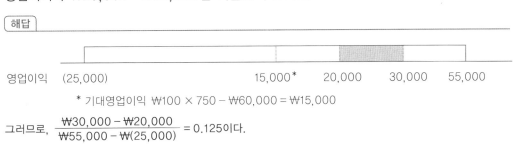

영업이익   (25,000)   15,000*   20,000   30,000   55,000

　　　　　　 * 기대영업이익 ₩100 × 750 − ₩60,000 = ₩15,000

그러므로, $\dfrac{₩30{,}000-₩20{,}000}{₩55{,}000-₩(25{,}000)}=0.125$이다.

V 재고관리

01 의의

재고는 보관, 감모 및 자금의 기회비용 등 보유하는 과정에서 여러 가지 비용이 발생하기 때문에 효율적인 재고관리가 필요하다.

또한, 재고관리의 목적은 다음과 같다.

① 적정 수준의 원자재로 안정적인 조업활동
② 적정 수준의 제품 및 상품으로 매출기회 확대
③ 재고유지비용감소
④ 원활한 운전자금 운용

02 재고관리비용

1. 재고주문비용(ordering costs)

필요한 재고를 주문한 후 입고할 때까지 소요되는 비용을 의미한다. 대표적인 예로는 운송비, 통관비, 검수비용 등이 있으며 주문회수에 1회당 주문비용을 곱하여 측정한다.

재고주문비용 = 주문횟수 × 1회당 주문비용(O)

2. 재고유지비용(holding costs)

재고를 보유하는 데 소요되는 비용을 말한다. 대표적인 예로는 재고로 인한 자금의 기회비용, 보관비용, 보험료 등이 있으며 평균재고수량에 단위당 유지비용을 곱하여 측정한다.

> 재고유지비용 = 평균재고수량 × 단위당 유지비용(H)

3. 재고부족비용(out - of stock costs)

재고를 보유하지 못해서 발생하는 비용을 말한다. 대표적인 예로는 원자재 부족으로 인한 생산차질, 미래 판매기회 상실과 고객이탈 등이 있다.

4. 작업준비비용(setup costs)

재고를 자체생산할 경우 제조를 위한 준비과정에서 발생하는 비용을 말하며 생산준비비라고도 한다. 대표적인 예로는 설비장치 변경비용, 시운전비용, 인력 재배치비용 등이 있다.

03 재고관리모형

1. 경제적주문량(EOQ)

(1) 의의

재고주문비용과 재고유지비용을 최소화할 수 있는 1회 주문수량을 말한다.

(2) 가정

① 주문비용은 주문량 크기와 관계없이 일정하다.
② 재고유지비용은 주문량 크기에 비례하여 발생한다.
③ 구입원가는 주문량 크기와 관계없이 일정하다.
④ 재고의 사용률이 일정하다.
⑤ 재고부족원가는 없다.

즉, 주문비용과 유지비용은 서로 상쇄효과가 있으며 총원가를 최소화하는 주문량은 주문비용과 유지비용이 일치한다.

(3) 계산식

① 재고주문비용 = 주문횟수 × 1회 주문비용

$$= \frac{총수요량}{1회\ 주문량} \times 1회\ 주문비용$$

$$= \frac{D}{Q} \times O$$

② 재고유지비용 = 평균재고 × 단위당 유지비용

$$= \frac{1회 \ 주문량}{2} \times 단위당 \ 유지비용$$

$$= \frac{Q}{2} \times H$$

③ 총원가 = $\dfrac{D}{Q} \times O + \dfrac{Q}{2} \times H$

위 총원가를 최소화하는 Q가 경제적 1회 주문량이다.

또한, 다음과 같이 계산할 수 있다.

$$EOQ = \sqrt{\frac{2 \times 총수요량 \times 1회 \ 주문비용}{단위당 \ 유지비용}}$$

$$= \sqrt{\frac{2 \times D \times O}{H}}$$

사례연습 11: EOQ, ROP, 안전재고

㈜한국의 재고관리정책은 다음과 같다.

- 연간 수요량   10,000단위
- 1회 주문비용   ₩1,000
- 단위당 연간 유지비용   2,000

[요구사항 1]
경제적 1회 주문량(EOQ)를 구하시오.

[요구사항 2]
1회 주문량이 다음과 같을 경우 각각의 재고관련 총비용을 구하시오.

- 50단위
- 100단위
- 200단위

[요구사항 3]
위 요구사항과 별도로 회사의 연간 조업일수는 250일이고 조달기간은 5일이다. 또한, 회사는 안전재고를 20단위 유지하고자 한다. 재주문점(ROP)를 구하시오.

(해답)

※ **자료정리**
(1) 경제적 1회 주문량으로 주문할 경우 주문비용과 재고유지비용은 동일하다.
(2) 최적의 안전재고수준은 안전재고수준에 따른 기대부족수량을 계산한 후 부족비용과 유지비용을 합이 가장 작은 재고수준을 선택한다.

[요구사항 1] 경제적 1회 주문량(EOQ)

$$경제적 \ 1회 \ 주문량 = \sqrt{\frac{2 \times 10,000단위 \times 1,000}{2,000}}$$

$$= 100단위$$

- 주문횟수: 총수요량 ÷ 1회 주문량
- 주문비용: 주문횟수 × 1회 주문비용
- 평균재고: 1회 주문량 ÷ 2
- 유지비용: 평균재고 × 단위당 유지비용

구분	50단위		100단위		200단위	
주문횟수	10,000 ÷ 50 =	200회	10,000 ÷ 100 =	100회	10,000 ÷ 200 =	50회
주문비용	200회 × ₩1,000 =	₩200,000	100회 × ₩1,000 =	₩100,000	50회 × ₩1,000 =	₩50,000
평균재고	50 ÷ 2 =	25단위	100 ÷ 2 =	50단위	200 ÷ 2 =	100단위
유지비용	25단위 × ₩2,000 =	₩50,000	50단위 × ₩2,000 =	₩100,000	100단위 × ₩2,000 =	₩200,000
계		₩250,000		₩200,000		₩250,000

즉, 경제적 1회 주문량이 100단위인 경우 주문비용과 유지비용은 동일하며 총비용이 가장 작다.

[요구사항 3] 재주문점(ROP)

재주문점(ROP) = 1일 사용량 × 조달기간 + 안전재고

$$= \frac{10,000}{250일} \times 5일 + 20단위$$

$$= 220단위$$

2. 적시생산시스템(JIT just-in-time)

(1) 의의

주문이 들어왔을 때 제품을 생산하는 것으로 필요한 만큼의 재고를 적시에 공급받아 재고를 없애고 비용을 최소화할 수 있는 무재고시스템을 말한다.

(2) 관련개념

① 수요견인시스템(pull system): 최종공정의 작업지시로 출발하여 후공정에서 사용한 만큼의 재고를 전공정에서 보충하는 시스템을 말한다.

② 간판시스템(kanban system): 물량을 기재한 일종의 카드로서 후공정과 전공정을 연결시키는 역할을 하며 낭비를 줄이고 효과적으로 통제할 수 있다.

③ 생산 평준화: 수요 변동에 대응하고 한 작업에 집중되는 것을 배제하여 전 공정이 원활하게 진행할 수 있도록 생산 평준화가 필요하다.

④ 소로트 생산: 생산 평준화를 위해서는 한 번에 대량으로 생산하는 것보다 소로트 생산이 필요하다. 또한, 소로트 생산은 작업준비회수와 작업준비비용이 상승하므로 작업준비시간의 단축도 필요하다.

⑤ 효율적인 설비배치와 다기능 작업자: 작업을 유연하게 할 수 있는 설비배치가 필요하며 이를 효율적으로 운영할 수 있는 다기능 작업자가 필요하다.

(3) 장·단점

① 장점

　　㉠ 소로트생산과 작업준비시간 단축으로 생산시간이 단축된다.

　　㉡ 재고감소로 인한 재고유지비용이 감소한다.

　　㉢ 철저한 품질관리로 불량률이 감소한다.

　　㉣ 제조주기를 줄이고 재고회전률을 높여 생산성이 향상된다.

② 단점

　　㉠ 공급자와의 마찰은 공급사슬(supply chain)에 문제가 발생한다.

　　㉡ 불량이나 적시에 공급되지 않는다면 고객으로부터 신뢰가 상실된다.

　　㉢ 시스템 도입 및 적용에 많은 시간과 비용이 필요하다.

04 단일기간 재고모형

농수산물, 신문, 잡지 등 사용기간이 제한되거나 장기간 보관 어려운 재고는 구입하거나 생산 후 일정 기간 내에 판매 또는 소비하지 못하면 사용가치가 낮아져 폐기하거나 낮은 가격에 처분해야 한다. 단일기간 재고모형은 이러한 상황에서 최적 주문량 또는 생산량을 결정하는 재고모형이다.

> 기대가치 = Σ(각 상황별 성과* × 해당 상황별 확률)
>
> * 이 경우의 각 상황별 성과는 상황별 한계이익과 한계손실로 표시한 후 확률값을 곱한 후 합산하여 계산한다.

- 한계이익: 판매로 인한 이익 ≥ 폐기 또는 낮은 가격 처분으로 인한 손실
- 한계손실: 판매로 인한 이익 ≤ 폐기 또는 낮은 가격 처분으로 인한 손실

사례연습 12: 최적 주문량과 완전정보의 기대가치

㈜한국은 축구응원용 티셔츠를 판매하고 있다. 회사는 티셔츠를 장당 ₩100에 구매하여 ₩300에 판매하고 있다. 티셔츠의 구매는 1,000장을 단위로 주문하며 판매되지 않은 재고는 폐기처분된다. 예상 판매량과 판매량에 대한 확률이 다음과 같다.

판매량	확률
1,000단위	0.3
2,000단위	0.4
3,000단위	0.2
4,000단위	0.1

[요구사항 1]

기대가치기준에 의한 최적구매수량을 구하시오.

해답

※ 자료정리

단위당 판매가격	₩300
단위당 구매가격	100
단위당 이익	₩200

즉, 판매시 단위당 ₩200이익이 발생하며 미판매분에 대해서는 구입가격인 단위당 ₩100의 손실이 발생한다.

(1) 성과표 작성

구매수량	상황(판매량)			
	S1(1,000단위) P(x1): 0.3	S2(2,000단위) P(x2): 0.4	S3(3,000단위) P(x3): 0.2	S4(4,000단위) P(x4): 0.1
1,000	₩200,000[*1]	₩200,000	₩200,000	₩200,000
2,000	100,000[*2]	400,000	400,000	400,000
3,000	−[*3]	300,000	600,000	600,000
4,000	(100,000)[*4]	200,000	500,000	800,000

[*1] ₩200 × 1,000단위(판매량)

[*2] ₩200 × 1,000단위(판매량) − ₩100 × 1,000단위(미판매량)

[*3] ₩200 × 1,000단위(판매량) − ₩100 × 2,000단위(미판매량)

[*4] ₩200 × 1,000단위(판매량) − ₩100 × 3,000단위(미판매량)

(2) 최적구매수량 결정

기대가치(1,000): ₩200,000 × 0.3 + ₩200,000 × 0.4 + ₩200,000 × 0.2 + ₩200,000 × 0.1 = ₩200,000

기대가치(2,000): ₩100,000 × 0.3 + ₩400,000 × 0.4 + ₩400,000 × 0.2 + ₩400,000 × 0.1 = ₩310,000(*)

기대가치(3,000): ₩0 × 0.3 + ₩300,000 × 0.4 + ₩600,000 × 0.2 + ₩600,000 × 0.1 = ₩300,000

기대가치(4,000): ₩(100,000) × 0.3 + ₩200,000 × 0.4 + ₩500,000 × 0.2 + ₩800,000 × 0.1 = ₩230,000

그러므로, 2,000단위를 구입한다.

[요구사항 2]

완전정보의 기대가치를 구하시오.

해답

완전정보하의 기대가치 ₩200,000 × 0.3 + ₩400,000 × 0.4 + ₩600,000 × 0.2 + ₩800,000 × 0.1 = ₩420,000

(−) 기존정보하의 기대가치   310,000

완전정보의 기대가치   ₩110,000

01 ㈜세무는 기계 A, B 중 하나를 구입하고, 이를 사용하여 신제품을 생산하려 한다. 관련 자료를 근거로 작성한 성과표(payoff table)는 다음과 같다. 성과표에서 $P(S_1)$는 확률을 의미하고, 금액은 이익을 의미한다.

상황 대안	$S_1 = $ 호황 $P(S_1) = 0.4$	$S_2 = $ 불황 $P(S_2) = 0.6$
기계 A	₩9,000	₩1,000
기계 B	7,000	K

기계 A의 기대이익이 기계 B의 기대이익보다 더 크며, 호황일 때는 기계 A의 이익이 더 크고 불황일 때는 기계 B의 이익이 더 크다. 완전정보의 기대가치(EVPI)가 ₩600인 경우, 성과표에서 K는 얼마인가?

세무사 2023

① ₩1,500   ② ₩2,000

③ ₩2,200   ④ ₩2,300

⑤ ₩2,500

02 ㈜서울은 기계A나 기계B를 구입하여 신형자전거를 생산하려고 한다. 신형자전거가 생산되면 구매자의 선호에 따라 히트상품이 될 수도 있고 보통상품이 될 수도 있다. 각 상황에 따라 예상되는 이익은 다음과 같다.

구분	미래상황	
	히트상품	보통상품
기계A 구입	₩120,000	₩40,000
기계B 구입	150,000	10,000

신형자전거가 히트상품이 될 확률이 40%이며 보통상품이 될 확률은 60%라고 한다. 다음 중 옳지 않은 것은?

감평 2011

① 기계A를 구입하는 대안의 기대이익은 ₩72,000이다.

② 기계B를 구입하고 신형자전거가 보통상품이 될 경우 조건부 손실(conditional loss)은 ₩30,000이다.

③ 각 상황에 대해 80% 정확도를 가진 보고서가 있다면, 이 보고서는 정보로서의 가치가 있다.

④ 각 상황에 대해 100% 정확한 예측을 하는 보고서가 있을 때, 이 보고서의 최대 구입가격은 ₩12,000이다.

⑤ 조건부 손실의 기댓값을 최소화하는 대안은 기계B를 구입하는 것이다.

03 ㈜세무는 기존에 생산 중인 티셔츠 제품계열에 새로운 색상인 하늘색과 핑크색 중한 가지 제품을 추가할 것을 고려중이다. 추가될 제품은 현재의 시설로 생산가능하지만, 각각 ₩200,000의 고정원가 증가가 요구된다. 두 제품의 판매단가는₩10, 단위당 변동원가는 ₩8으로 동일하다. 마케팅부서는 두 제품의 시장수요에대해 다음과 같은 확률분포를 제공하였다.

수요량	기대확률	
	하늘색	핑크색
50,000단위	0.0	0.1
100,000	0.2	0.1
200,000	0.2	0.2
300,000	0.4	0.2
400,000	0.2	0.4

㈜세무의 기대영업이익을 최대화하는 관점에서 두 제품 중 상대적으로 유리한 제품과 유리한 영업이익차이를 모두 올바르게 나타낸 것은? 세무사 2021

① 핑크색, ₩30,000
② 하늘색, ₩32,000
③ 핑크색, ₩34,000
④ 하늘색, ₩36,000
⑤ 핑크색, ₩38,000

04 ㈜목포는 갑회사로부터 유휴설비를 1년간 임대해 달라는 요청을 받았다. ㈜목포는설비 임대료와 관련하여 다음과 같이 두 가지 대안을 제시받았다.

- 대안 1: 갑회사의 연간 제품판매량 × ₩40 + ₩50,000
- 대안 2: 갑회사의 연간 제품판매량 × ₩70

갑회사의 1년간 판매량이 1,000단위일 확률은 40%이며, 2,000단위일 확률은60%라고 한다. ㈜목포의 입장에서 기대이익을 극대화하려면 어느 대안을 선택해야 하며, 그 기대임대료는 얼마인가? 세무사 2010

① 대안 2, ₩104,000
② 대안 2, ₩130,000
③ 대안 2, ₩90,000
④ 대안 1, ₩112,000
⑤ 대안 1, ₩114,000

05 다음은 ㈜대한의 매출관련 예상 자료이다.

매출액	₩240,000
총변동비	₩135,000
총고정비	₩40,000
판매량	3,000단위

추가판촉행사에 ₩10,000을 투입한다면, 예상 판매량이 400단위 증가할 확률이 60%, 200단위 증가할 확률이 40%이다. 이 판촉행사를 실시하면 영업이익의 기대치가 어떻게 변하는가?

세무사 2009

① ₩1,000 감소   ② ₩1,200 감소
③ ₩1,500 감소   ④ ₩1,200 증가
⑤ ₩1,500 증가

06 서울산업은 갑과 을, 두 제품 중 하나를 생산하려 한다. 각 제품의 관련자료는 다음과 같다.

	갑	을
단위당 예상 판매가격 범위	₩50~₩150	₩50~₩100
단위당 변동비	₩20	₩30
총고정비	16,000	24,000
예상판매량(= 생산량)	200단위	400단위

판매가격이 예상범위 내에서 균일분포(uniform distribution)로 발생한다면 어느 제품이 이익을 발생시킬 확률이 얼마나 더 큰가?

세무사 2005

① 갑이 30% 더 크다.   ② 갑이 20% 더 크다.
③ 갑이 10% 더 크다.   ④ 을이 10% 더 크다.
⑤ 을이 30% 더 크다.

01 ② (1) 기계 A의 기대가치

$₩9,000 × 0.4 + ₩1,000 × 0.6 = ₩4,200$

(2) 완전정보하의 기대성과

기계 A의 기대가치 + 완전정보의 기대가치(EVPI)

$= ₩4,200 + ₩600$

$= ₩4,800$

$₩9,000 × 0.4 + K × 0.6 = ₩4,800$이므로, K는 $₩2,000$이다.

02 ⑤ (1) 성과표 작성

상황 대안	히트상품 (40%)	보통상품 (60%)	기대이익
기계A 구입	₩120,000	₩40,000	₩72,000(*)
기계B 구입	150,000	10,000	66,000

그러므로, 기대가치기준에 의한 최적 대안은 기계A를 구입하는 것이다.

(2) 기회손실표 작성

상황 대안	히트상품 (40%)	보통상품 (60%)	기대기회손실
기계A 구입	₩30,000	–	₩12,000(*)
기계B 구입	–	₩30,000	18,000

그러므로, 조건부 손실의 기댓값을 최소화하는 대안은 기계A를 구입하는 것이다.

(3) 완전정보하의 기대성과

$= ₩150,000 × 40\% + ₩40,000 × 60\%$

$= ₩84,000$

(4) 완전정보의 기대가치

$= ₩84,000 - ₩72,000$

$= ₩12,000$

03 ① (1) 기대판매량

- 하늘색: $0 + 20,000 + 40,000 + 120,000 + 80,000 = 260,000$
- 핑크색: $5,000 + 10,000 + 40,000 + 60,000 + 160,000 = 275,000$

(2) 기대영업이익

- 하늘색: $260,000 × ₩2 - ₩200,000 = ₩320,000$
- 핑크색: $275,000 × ₩2 - ₩200,000 = ₩350,000$

그러므로, 핑크색의 기대영업이익이 $₩30,000$만큼 더 크다.

04 ⑤

	1,000단위 (0.4)	2,000단위 (0.6)	기댓값
대안 1	₩90,000*¹	₩130,000	₩114,000*²
대안 2	70,000	140,000	112,000

*¹ 1,000 × ₩40 + ₩50,000
*² ₩90,000 × 0.4 + ₩130,000 × 0.6
그러므로, 대안 1을 선택하며 이 때의 기댓값은 ₩114,000이다.

05 ④　※ 자료정리

p	₩80	(= ₩240,000 ÷ 3,000단위)
vc	45	(= ₩135,000 ÷ 3,000단위)
cm	₩35	
FC	₩40,000	

• 판촉 전 영업이익　　　　　　　　　　　　3,000단위 × ₩35 − ₩40,000 = ₩65,000
• 판촉 후 기대영업이익　　　　3,320단위* × ₩35 − (₩40,000 + ₩10,000) = ₩66,200

* 판촉 후 기대판매량
(3,000단위 + 400단위) × 0.6 + (3,000단위 + 200단위) × 0.4 = 3,320단위
그러므로, 기대영업이익은 ₩66,200 − ₩65,000 = ₩1,200만큼 증가한다.

06 ①　판매가격이 균일분포이므로 변동비, 총고정비 및 판매량을 기초로 손익분기점 판매가격을 계산할 수 있다.
(1) 손익분기점 달성을 위한 판매가격
갑: (P − ₩20) × 200단위 − ₩16,000 = 0, 그러므로, P는 ₩100
을: (P − ₩30) × 400단위 − ₩24,000 = 0, 그러므로, P는 ₩90
(2) 이익을 발생할 확률

갑: $\dfrac{150 - 100}{150 - 50} = 0.5$

을: $\dfrac{100 - 90}{100 - 50} = 0.2$

그러므로, 갑이 30% 더 크다.

17 전략적 원가관리

I 서론

01 의의

전략적 원가관리(strategic cost management)란 기업환경변화에 효과적으로 대응하기 위하여 전략을 수립하고 실행하는 과정에서 원가정보를 활용하고 관리하는 것을 말한다.

02 전통적 원가관리와의 비교

치열한 경쟁과 소비자의 다양한 요구에 대응하기 위하여 기업의 전략수립과 실행에 도움이 되는 원가정보를 요구하게 되었으며 이러한 원가정보를 활용한 관리기법을 모두 전략적 원가관리라 한다.
- 조업도기준방식으로 인하여 원가계산에 왜곡이 발생하였다.
  ⇨ 원가발생원인 파악 ⇨ 활동기준원가계산, 활동기준경영
- 재고자산의 평가에 초점이 맞춰져 있었다.
  ⇨ 원가절감 및 품질향상 ⇨ 적시생산시스템, 카이젠원가계산, 품질원가계산
- 재무보고를 위한 방식으로 적절한 원가관리를 할 수 없었다.
  ⇨ 원가범위확대 ⇨ 목표원가계산, 제품수명주기원가계산
- 활동과 기업운영과정에 대해서는 정보가 없었다.
  ⇨ 핵심역량 강화 및 효율적 운영 ⇨ 가치사슬, 균형성과표, 제약이론

II 제품수명주기원가계산

01 의의

제품수명주기원가계산(products life cycle costig)은 전통적인 생산과정에서의 원가계산방식에서 벗어나 연구개발, 설계, 생산, 마케팅, 유통, 고객서비스에 이르는 모든 활동의 원가계산을 의미한다.

1. 수익성분석과 가격결정

제품수명주기 전 과정 원가를 집계하여 장기적인 제품별 수익성 분석이 가능하며 제품이 판매가격결정에 적절한 정보를 제공한다.

2. 제품수명주기 단계별 원가의 상호관련성

제조이전 단계에서의 연구개발 및 설계비 증가는 제조원가와 고객서비스원가의 절감을 가져올 수 있어 수명주기단계별 원가의 상호관련성을 파악할 수 있다.

3. 혁신적인 원가절감 모색

제조이전 단계에서 수명주기 전 과정에서 발생하는 원가의 80~90%가 결정되므로 제조단계에서의 원가절감보다는 연구개발, 설계 등 제조이전 단계에서부터 혁신적인 원가절감을 모색할 수 있다.

[그림 17-1] 고착원가(구속원가)와 발생원가

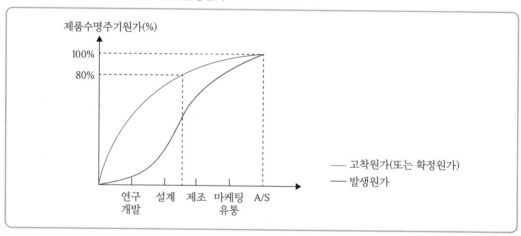

사례연습 1: 제품수명주기원가계산

㈜한국이 새롭게 출시하고자 하는 제품의 수명주기는 3년으로 예상하며 예상판매량은 1,000 단위, 판매가격은 ₩200이다. 회사는 활동기준원가계산을 적용하여 신제품에 대한 제품수명주기예산을 설정하고자 한다.
관련자료는 다음과 같다. (단, 화폐의 시간가치는 무시한다)

구분	수명주기				
	연구개발	생산	마케팅	유통	고객서비스
연구개발비	₩50,000				
단위당 변동원가		₩25	₩10	₩5	₩6
뱃치당* 변동원가		200			
고정원가		10,000	8,000	5,000	7,000

* 뱃치당 제품수는 50단위이다.

[요구사항 1]
신제품에 대한 제품수명주기 손익계산서를 작성하시오.

[요구사항 2]
신제품에 대한 제품수명주기예산을 설정하고 각 단계별 총원가에서 차지하는 비율을 나타내시오.

[요구사항 3]
회사는 연구개발비를 ₩10,000만큼 추가로 지출하면 예상판매량을 20% 증가시킬 수 있고 고객서비스 고정원가를 ₩6,000만큼 절감할 것으로 분석하고 있다. 그러나, 판매량 증가로 인하여 가격은 ₩20만큼 낮아지며 뱃치당 수량도 40단위가 될 것으로 예상하고 있다. 연구개발비를 추가할 것인지에 대한 의사결정을 제시하시오.

해답

※ 자료정리

	수량	가격	뱃치수	연구개발비	고객서비스(고정)
변경 전	1,000단위	₩200	1,000단위 ÷ 50단위 = 20뱃치	₩50,000	₩7,000
변경 후	1,200단위	180	1,200단위 ÷ 40단위 = 30뱃치	60,000	1,000

[요구사항 1] 신제품에 대한 제품수명주기 손익계산서

매출액	1,000단위 × ₩200 =	₩200,000
제품수명주기원가		
연구개발		50,000
생산	1,000단위 × ₩25 =	25,000
	20뱃치 × ₩200 =	4,000
		10,000
마케팅	1,000단위 × ₩10 =	10,000
		8,000
유통	1,000단위 × ₩5 =	5,000
		5,000
고객서비스	1,000단위 × ₩6 =	6,000
		7,000
		₩70,000

[요구사항 2] 제품수명주기예산과 비율

구분	수명주기					합계
	연구개발	생산	마케팅	유통	고객서비스	
연구개발비	₩50,000					
단위당 변동원가		₩25,000	₩10,000	₩5,000	₩6,000	
뱃치당 변동원가		4,000				
고정원가		10,000	8,000	5,000	7,000	
계	₩50,000	₩39,000	₩18,000	₩10,000	₩13,000	₩130,000
비율	38%	30%	14%	8%	10%	100%

[요구사항 3] 연구개발비 지출 의사결정

증분수익	변경 후 매출	1,200단위 × ₩180 =	₩216,000
	변경 전 매출	1,000단위 × ₩200 =	(200,000)
증분비용	연구개발비		10,000
	생산변동원가	200단위 × ₩25 =	5,000
	생산뱃치원가	10배치 × ₩200 =	2,000
	마케팅변동원가	200단위 × ₩10 =	2,000
	유통변동원가	200단위 × ₩5 =	1,000
	고객서비스변동원가	200단위 × ₩6 =	1,200
	고객서비스고정원가절감		(6,000)
증분이익			₩800

그러므로, 연구개발비를 추가로 지출하는 것이 유리하다.

Ⅲ 가치사슬

01 의의

가치사슬(value chain)이란 원재료 투입에서부터 제품이 최종소비자에게 인도되는 과정에서 가치를 창출하는 활동들이 서로 연결되어 있다는 것을 말한다.

1. 유용성

가치사슬 전 과정을 분석하면 각 단계별 원가관리가 가능하며 각 단계별 활동을 경쟁사와의 비교를 통하여 효과적인 전략수립이 가능하다. 또한, 각 단계별 원가의 상호관련성을 파악할 수 있다.

2. 활동기준원가계산의 활용

가치사슬 전 과정을 활동으로 구분하고 활동분석을 통한 비부가가치활동의 개선과 원가동인 분석으로 경쟁우위를 위한 전략수립에 정보를 제공한다.

◉ 상류원가와 하류원가
- 상류원가(upstream cost): 제조 이전에 발생한 활동과 관련된 원가
- 하류원가(downstream cost): 제조 이후에 발생한 활동과 관련된 원가

02 공급사슬과의 관계

공급사슬(supply chain)은 투입요소부터 완성된 산출물이 최종소비자에게 인도되기까지 공급망, 생산공장, 물류, 창고, 도·소매 및 소비자로 연결된 과정을 말한다.

1. 공급사슬관리

공급사슬관리(supply chanin management)란 공습사슬 각 단계의 경쟁력을 분석하여 핵심역량에 집중할 수 있도록 전체흐름을 설계하고 관리하는 것을 말한다.

(1) 구매관리
① 아웃소싱(oursourcing),
② 오프쇼어링(offshoring)과 리쇼어링(reshoring)

(2) 물류관리
① 수송방식의 선택
② 재고의 배치

2. 공급사슬과 가치사슬의 비교

공급사슬은 조달, 전환 및 물류와 관련된 공급망으로 생산에서 납품까지 제품의 공급을 통한 고객만족을 강조한다. 반면에 가치사슬은 제품에 가치를 부가하는 활동으로 고객가치를 높이고 경쟁우위를 확보하는 데 그 목적이 있다.

IV 균형성과표

01 의의

기업의 비전을 달성하기 위하여 전략을 재무적관점, 고객관점, 내부프로세스관점, 학습과 성장관점의 네 가지 관점의 성과지표로 전환하여 관리하는 성과평가시스템이다.

◉ 과거평가제도 문제점
- 기업의 비전 및 전략과 연결되어 있지 않다.
- 회계상 과거자료에 근거하여 평가한다.
- 재무적인 수치에 의존한다.
- 지속적인 피드백이 부족하다.
- 무형자산에 대한 가치를 인식하지 못한다.

1. 네 가지 관점
다음의 네 가지 관점은 서로 인과관계를 가져야 하고 기업의 전략적 목표와 연결되어야 한다.

재무적 관점	우리는 주주에게 어떻게 보여야 하는가?
고객관점	우리는 고객에게 어떻게 보여야 하는가?
내부프로세스관점	우리는 어떤 비즈니스 프로세스에 탁월해야 하는가?
학습과 성장관점	우리는 개선능력을 어떤 방향으로 길러야 하는가?

2. 균형의 의미
학습으로 인한 구성원의 역량은 조직의 내부프로세스를 개선을 유발하고 이는 고객만족으로 이어져 결과로서 재무성과를 향상시킬 수 있어 네 가지 관점 모두 균형을 이뤄야 한다.

재무적 관점	VS	비재무적 관점
과거결과		미래목표
유형자산		무형자산
계량적		비계량적
단기성과		중장기성과
결과		원인
주주		이해관계자

3. 주요 구성요소
기업의 비전을 네 가지 관점에서의 전략적 목표를 설정하고 각각의 주요성공요인에 대한 지표를 설정하여 목표를 설정하는 것으로 이루어져 있다.

02 네 가지 관점의 주요내용

과거의 재무적 성과지표는 기업의 운영에 대한 결과로서 비재무적인 측면은 적절하게 고려하지 못한다. 따라서, 다른 비재무적인 측면도 균형있게 고려하여 결과적으로 재무적인 성과로 연결되어야 한다.

1. 재무적 관점(finance perspective)
기업의 재무적인 성과가 얼마나 향상되었는지를 나타내주며 성과지표는 다음의 세 가지 측면에서 살펴볼 수 있다.
- 수익성 측면: 영업이익률, 투자수익률, 잔여이익, 경제적부가가치 등
- 안정성 측면: 유동비율, 자기자본비율 등
- 성장성 측면: 자산증가율, 영업이익증가율 등

2. 고객관점(customer perspective)

고객의 요구에 대하여 얼마나 잘 만족시켰는지를 나타내주며 성과지표는 다음의 세 가지 측면에서 살펴볼 수 있다.

- **고객만족 측면**: 고객만족도, 시장점유율 등
- **시장유지 측면**: 고객유지율, 계약해지율 등
- **시장확장 측면**: 누적시장점유율, 신규고객확보 등

3. 내부프로세스관점(internal business process perspective)

전략의 실행을 위한 내부 프로세스가 얼마나 향상되었는지를 나타내주며 내부프로세스는 다음과 같이 세 가지로 나누어 살펴볼 수 있다.

(1) 혁신프로세스

고객의 요구를 충족시키는 제품이나 서비스를 개발하는 것으로 주요 성과지표는 신제품의 수, 신제품 수익률, 신제품개발기간 등이 있다.

(2) 운영프로세스

제품이나 서비스를 고객에게 전달하는 과정으로 원활한 운영과 원가절감을 강조하는 것으로 시간, 원가 및 품질에 대한 개선을 목적으로 한다. 각 항목에 대한 주요 성과지표는 다음과 같다.

- **시간**: 고객대응시간, 납품주기, 제조주기효율성
- **원가**: 부가가치원가, 비부가가치원가
- **품질**: 불량률, 반품률, 재작업률

(3) 판매 후 서비스프로세스

고객에게 전달 한 후 고객 서비스를 향상하는 것으로 주요 성과지표는 불량 및 반품처리, 불만처리건수, 불만처리시간 등이 있다.

4. 학습과 성장관점(learning & growth perspective)

구성원의 역량과 정보시스템이 얼마나 향상되었는지를 나타내주며 성과지표는 다음의 세 가지 측면에서 살펴볼 수 있다.

- **인적 자원 측면**: 구성원수, 이직률 등
- **정보시스템 측면**: 정보시스템활용도, 사내인트라넷 등
- **조직문화 측면**: 구성원만족도, 보상체계 등

02 유용성 및 한계점

균형성과표는 다음과 같은 유용성과 한계점을 지니고 있어 운용과정에 있어 적절한 보완과 개선이 필요하다.

1. 유용성
(1) 단순한 결과지표가 아닌 전략과 성과보상의 연결을 통한 관리적 성과평가를 추구한다.
(2) 성과지표를 통해 전략을 구체화하고 각 성과지표들간의 관계를 명확하게 하여 성과지표로부터 재무성과까지 인과관계를 확인할 수 있다.
(3) 비전과 전략에 대한 공유, 참여, 학습을 통하여 원활한 의사소통이 가능하다.
(4) 조직의 행동과 프로세스 개선을 통하여 구성원의 역량을 강화할 수 있다.

2. 한계점
(1) 비재무적 성과지표의 계량화가 어렵다.
(2) 비재무적 성과지표가 재무적성과로 나타나는 과정에 많은 시간이 소요된다.
(3) 비재무적 성과지표가 재무적성과에 미치는 정도를 정량화하기 어렵다.
(4) 제도를 운영하는 데에 많은 시간과 비용이 요구된다.

V 활동기준경영

01 의의

활동은 목표를 달성하기 위하여 시간과 자원을 소비하는 구체적인 사건을 말한다. 활동은 원가할당관점(cost assingment view)과 프로세스(process view)관점으로 구분되어 경영활동 과정에서 원가를 발생하는 요인을 찾는 데에 초점을 맞추고 있다. 이는 정확한 원가계산과 함께 활동개선에 유용한 정보를 제공하는 것에 목적을 두고 있다.
원가할당관점은 주로 활동을 기준으로 한 원가계산을 강조하고 프로세스관점은 원가동인 파악으로 활동개선을 강조한다.

02 활동분석

활동개선을 위해서는 활동을 파악하고 평가하는 과정이 필요하다. 이러한 활동분석을 통하여 가치를 증가시키는 활동은 효율적으로 수행하며 가치를 증가시키지 못하는 활동은 축소 또는 제거를 통해서 원가를 절감할 수 있다.
또한, 활동분석을 통하여 고객에게 가치를 부여할 수 있는지 여부에 따라 부가가치활동과 비부가가치활동으로 구분할 수 있다.

1. 부가가치활동과 비부가가치활동

(1) 부가가치활동(value added activity)

고객에게 가치를 부여하는 활동을 말한다.

(2) 비부가가치활동(non value added activity)

고객에게 가치를 부여하지 못하는 활동으로 불필요하거나 비효율적으로 수행되는 활동을 말한다.

2. 부가가치원가와 비부가가치원가

(1) 부가가치원가(value added costs)

부가가치활동과 관련된 원가이며 이는 활동이 부가가치표준*에 의해 수행할 때 발생하는 원가를 말한다.

* 부가가치표준수량(value added standard quantity): 특정 활동이 효율적으로 수행할 때 필요한 활동수량

$$부가가치원가 = 부가가치표준수량 \times 단위당 \ 표준원가$$

(2) 비부가가치원가(non value added costs)

비부가가치활동과 관련된 원가이며 이는 실제활동수량과 부가가치표준과의 차이로 발생하는 원가를 말한다.

$$비부가가치원가 = (실제사용수량 - 부가가치표준수량) \times 단위당 \ 표준원가$$

사례연습 2: 활동원가차이분석과 미사용활동차이

㈜한국은 활동원가차이분석을 위해서 아래와 같은 활동별 관련자료를 수집하였다.

(1) 원가동인, 부가가치표준수량(SQ) 및 표준가격(SP)

활동	원가동인	SQ	SP
가동활동	가동시간	8,000 시간	₩20
검사활동	검사시간	0	25

(2) 추가자료
- 가공활동은 가동시간에 따라 발생하는 변동원가로 실제 가동시간은 10,000시간이다.
- 검사활동은 검사시간에 따라 발생하며 단기공급계약에 따라 검사직원 2명(1명당 1,000시간)을 고용하고 있다. 또한, 검사활동의 개선으로 30%의 검사시간을 절감하였다.

(3) 실제가격(AP)과 표준가격(SP)는 동일하다.

[요구사항 1]
각 활동의 소비차이, 능률차이 및 활동수량차이를 구하시오.

[요구사항 2]
검사활동의 미사용활동차이를 구하시오.

[요구사항 3]
각 활동별 부가가치원가와 비부가가치원가를 구하시오.

해답

※ 자료정리

(1) 변동원가의 능률차이와 고정원가의 활동수량차이는 비부가가치원가이다.

(2) 검사활동은 고정원가이며 획득된 활동수는 2,000시간이고 실제활동수는 20%만큼 감소한 1,400시간이다.

[요구사항 1] 소비차이, 능률차이 및 활동수량차이

(1) 가동활동

실제원가 AQ × AP	AQ × SP	부가가치표준 SQ × SP
10,000시간 × ₩20 = ₩200,000	10,000시간 × ₩20 = ₩200,000	8,000시간 × ₩20 = ₩160,000

소비차이 ₩0 　 능률차이 ₩40,000 U

(2) 검사활동

실제원가 AQ* × AP	AQ × SP	부가가치표준 SQ × SP
2,000시간 × ₩25 = ₩50,000	2,000시간 × ₩25 = ₩50,000	0시간 × ₩25 = ₩0

소비차이 ₩0 　 활동수량차이 ₩50,000 U

* 고정원가이므로 획득된 활동수는 감소하지 않는다.

[요구사항 2] 미사용활동차이

AQ × SP	AU* × SP
2,000시간 × ₩25 = ₩50,000	1,400시간 × ₩25 = ₩35,000

₩15,000

* 획득된 활동수

[요구사항 3] 부가가치원가와 비부가가치원가

구분	부가가치원가 (SQ × SP)	비부가가치원가 (능률차이, 활동수량차이)
가동활동	₩160,000	₩40,000
검사활동	0	50,000
	₩160,000	₩90,000

다음과 같이 계산할 수도 있다.

구분	활동수	부가가치 표준수량	비부가가치 수량	표준가격	부가가치 원가	비부가가치 원가
가동활동	10,000	8,000	2,000	₩20	₩160,000	₩40,000
검사활동	2,000	0	2,000	25	0	50,000

01 의의

다양한 새로운 제품의 출시로 인하여 제조이전 단계에서의 원가예측에 대한 중요성과 가격 경쟁력으로 인하여 제조단계에서의 원가절감보다는 연구개발, 설계 등 제조이전 단계에서부터 혁신적인 원가절감을 모색하는 방법을 말한다.

목표원가(target costs): 목표가격(target price)에서 목표이익(target income)을 얻을 수 있도록 허용 가능한 원가를 말한다.

1. 시장환경의 변화

공급자 위주의 시장에서 소비자 위주의 시장으로 변화함에 따라 고객이 수용 가능한 가격의 중요성은 점차 강조되고 있다.

> 공급자 시장   실제원가 + 목표이익 = 목표가격
>
> ↓
>
> 소비자 시장   목표가격 − 목표이익 = 목표원가

2. 제품설계단계의 중요성

제품 원가의 대부분이 설계단계에서 확정되므로 사전에 통제 및 관리함으로써 제품수명주기 전과정에서 종합적인 원가관리가 가능하다.

02 원가기획

설계 및 기획단계에서부터 목표이익을 기초로 원가절감방안을 모색하고 원가를 관리하는 활동을 말하며 가치공학, 동시설계 등을 그 예로 들 수 있다.

(1) 가치공학(VE; value engineering)

요구되는 품질 및 기능을 허용 가능한 원가 내에서 달성하도록 설계하는 것을 말한다.

- 생산자관점 $V(value) = \dfrac{F(function)}{C(cost)}$

- 소비자관점 $V(value) = \dfrac{B(benefits)}{P(price)}$

(2) 동시설계(CE; concurrent engineering)

설계 및 기획단계에서부터 생산, 판매, 회계 및 마케팅 등 모든 참여자가 제품수명주기 전과정에서 원가를 관리하는 것을 말한다.

또한, 공급자, 외부협력업체 및 고객 등 기업의 가치사슬에 포함되는 모든 구성원들을 참여시켜 원가절감의 효과를 극대화하는 노력을 말한다.

- 게스트엔지니어링(quest engineering)
  협력업체에서 파견된 외부기술자들과 함께 공동으로 설계 및 개발업무를 수행하는 것을 말한다.

Ⅶ 카이젠원가계산

01 의의

카이젠원가계산(kaizen costing)은 제품수명주기상 제조단계에서의 원가절감을 모색하는 것으로 이미 설계된 제품의 기능를 유지하면서 제조과정에서 지속적인 개선을 통하여 원가절감을 모색하는 것을 말한다.

02 표준원가계산과의 비교

표준원가계산은 사전에 설정한 표준원가를 달성하고자 하는 원가통제를 강조하는 데 반하여 카이젠원가계산은 사전에 설정한 원가절감 목표를 달성하고자 하는 원가절감을 강조하는 시스템이다. 또한, 두 방법은 다음과 같은 차이를 보이고 있다.

	표준원가계산	카이젠원가계산
• 기능	원가통제기능	원가절감기능
• 지식보유자	관리자나 엔지니어	작업자
• 공정에 대한 관점	안정적	지속적 개선

- 목표원가계산과의 비교
  목표원가계산은 제조이전단계에서의 설계 및 기획단계에서 획기적인 원가절감을 모색하는 데 반하여 카이젠원가계산은 제조단계에서의 점진적인 원가절감을 모색하는 방법이다.

> **사례연습 3: 카이젠예산과 미사용활동원가**
>
> ㈜한국은 도시락 포장용기를 생산·판매하고 있다. 활동원가는 변동활동인 작업준비활동, 수선유지활동과 고정활동인 품질관리활동이 있다. 이중 품질관리활동에서 발생하는 원가는 검사직원 한 명이 50회를 검사할 수 있는 총 2명에 대한 인건비이다. (단, 실제원가와 표준원가는 동일하다)
> 다음은 회사가 분석한 올해 발생한 원가관련 자료이다.
>
> | 구분 | 실제원가 | 원가동인 | 실제활동수 | 부가가치표준활동수 |
> |---|---|---|---|---|
> | 작업준비활동 | 50,000,000 | 준비횟수 | 200회 | 150회 |
> | 수선유지활동 | 45,000,000 | 처리횟수 | 150회 | 120회 |
> | 품질관리활동 | 10,000,000 | 검사횟수 | 100회 | – |
> | | ₩145,000,000 | | | |

[요구사항 1]
회사는 검사활동의 개선으로 인하여 검사횟수를 20%만큼 절감하였다. 미사용활동원가를 구하시오.

[요구사항 2]
회사는 내년도 예산을 설정함에 있어서 비부가가치원가의 30%를 감소하는 카이젠예산을 적용하기로 하였다. 내년도 생산량이 올해와 동일한 수준으로 유지되는 경우 활동원가에 대한 예산을 설정하시오.

해답

※ 자료정리
(1) 검사활동의 경우 검사횟수 절감분은 미사용활동수이다.
(2) 고정원가의 경우 생산요소의 불가분성으로 인하여 카이젠예산을 달성하더라도 여전히 2명의 검사인원을 고용해야 하므로 실제 원가는 절감할 수 없다.
(3) 활동별 단위당 원가

구분	실제원가	실제활동수	단가
작업준비활동	50,000,000	200회	₩250,000
수선유지활동	45,000,000	150회	300,000
품질관리활동	10,000,000	100회	100,000
	₩105,000,000		

(4) 활동별 부가가치원가와 비부가가치원가

구분	단가	부가가치활동	부가가치원가	비부가가치활동	비부가가치원가
작업준비활동	250,000	150회	37,500,000	50회	₩12,500,000
수선유지활동	300,000	120회	36,000,000	30회	9,000,000
품질관리활동	100,000	−	−	100회	10,000,000
			₩73,500,000		₩31,500,000

[요구사항 1] 미사용활동원가
- 미사용활동수 = 획득한 활동수 − 사용한 활동수
  = 100회 − 80회
  = 20회
- 미사용활동원가 = 미사용활동수 × 표준단가
  = 20회 × ₩100,000
  = ₩2,000,000

[요구사항 2] 카이젠예산
카이젠예산은 올해 실제원가에서 비부가가치원가의 30%을 차감하여 설정한다.

구분	실제원가 ①	비부가가치원가 ②	카이젠절감 ③(= ② × 30%)	카이젠예산 (① − ③)
작업준비활동	₩50,000,000	₩12,500,000	₩3,750,000	₩46,250,000
수선유지활동	45,000,000	9,000,000	2,700,000	42,300,000
품질관리활동	10,000,000	10,000,000	3,000,000	7,000,000
	₩105,000,000	₩31,500,000	₩9,450,000	₩95,550,000

01 의의

품질원가(COQ; cost of quality)란 제품 생산과정에서 발생하는 품질을 대상으로 품질과 관련된 문제점을 개선하고 적정수준의 품질을 달성하기 위한 비용을 측정 및 평가하는 것을 말한다.

02 분류

1. 통제원가(control costs)

불량을 방지하기 위하여 발생하는 것으로 예방원가와 평가원가로 구분할 수 있다.

(1) 예방원가(prevention costs)

품질관리와 관련된 제도 도입 및 유지에 관련하여 발생하는 원가로 불량을 사전에 예방하기 위해 소비되는 원가를 말한다.

- 공급업자선정비용
- 품질교육훈련비용
- 설계엔지니어링원가

(2) 평가원가(appraisal costs)

일정수준의 품질의 적합도를 보장하기 위하여 원자재, 제품 및 공정상태에 실시되는 검사활동 등 측정 및 검사에 관련하여 발생하는 원가로 불량을 찾는 과정에서 소비되는 원가를 말한다.

- 원재료 및 제품검사비용
- 품질검사비용

2. 실패원가(falure costs)

불량으로 인하여 발생하는 것으로 내부실패원가와 외부실패원가로 구분할 수 있다.

(1) 내부실패원가(internal failure costs)

설계 및 품질이 사전에 설정한 기준에 맞지 않은 원자재, 제품 및 공정의 불량에서 발생하는 비용으로 생산과정에서 어떠한 결함으로 인하여 소비되는 원가를 말한다.

- 폐기비용, 재작업비용
- 불량으로 인한 공정중단비용

(2) 외부실패원가(external failure costs)

제품이 출하된 후 불량이 소비자에게 전달되어 발생하는 것으로 불량으로 인한 외부 고객과의 관계에서 소비되는 원가를 말한다.

- 보증수리비용
- 반품 재작업비용
- 판매기회 상실에 따른 비용

3. 품질원가 항목간의 관계

일반적으로 현재의 기술수준이나 설비 등이 안정적인 경우 통제원가와 실패원가간에는 상충관계(trade-off)가 존재한다. 즉, 통제원가는 품질수준과 (+)의 관계를 가지며 실패원가는 품질수준과 (-)의 관계를 가진다.

(1) 허용품질수준관점

통제원가와 실패원가의 상충관계로 인하여 총품질원가를 최소화하는 최적의 품질수준을 유지하는 것을 말한다.

(2) 무결점수준관점

작업자의 동기부여, 생산성 등으로 불량률이 영(0)에 가까우면 예방원가는 더 감소하고 이는 품질향상과 고객만족으로 높아질 수 있다는 것을 말한다.

[그림 17-2] 허용품질수준관점과 무결점수준관점

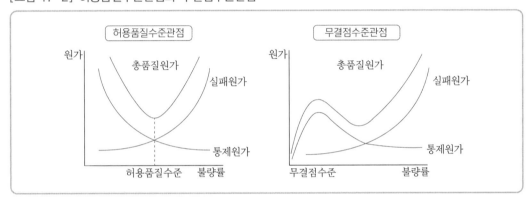

사례연습 4: 품질원가

㈜한국은 치과용 기자재를 생산·판매하는 회사이다. 회사는 제품의 품질경쟁력을 확보하기 위하여 전사적인 품질관리시스템 도입하였으며, 제품별 품질원가는 다음과 같다.

구분	A형	B형
생산 및 판매수량	10,000단위	5,000단위
단위당 판매가격	₩200,000	₩150,000
단위당 변동원가	120,000	80,000
설계개선에 소요된 시간	6,000시간	1,000시간
단위당 품질검사시간	1시간	0.5시간
재작업수량비율	4%	10%
제품당 재작업원가	₩50,000	₩40,000
고객의 요청에 따른 수선비율	3%	8%
단위당 수선비용	₩40,000	₩50,000
불량으로 인하여 상실될 추정매출수량	–	300단위
손해배상추정액	₩10,000,000	₩5,000,000

품질관리와 관련하여 설계개선에 참여한 직원과 품질검사원의 임률은 다음과 같다.

설계개선에 참여한 직원: 시간당 ₩7,500
품질검사원   : 시간당 ₩4,000

[요구사항]
품질원가를 네 가지 범주로 구분하고 제품별 품질원가와 매출액 대비 품질원가비율을 나타내시오.

해답

구분	A형	B형
매출액	10,000단위 × ₩200,000 = ₩2,000,000,000	5,000단위 × ₩150,000 = ₩750,000,000
1. 예방원가	2.25%	1.00%
설계개선비용	6,000시간 × ₩7,500 = 45,000,000	1,000시간 × ₩7,500 = 7,500,000
2. 평가원가	2.00%	1.33%
품질검사비용	10,000단위 × 1시간 × ₩4,000 = 40,000,000	5,000단위 × 0.5시간 × ₩4,000 = ₩10,000,000
3. 내부실패원가	1.00%	2.67%
재작업원가	10,000단위 × 4% × ₩50,000 = 20,000,000	5,000단위 × 10% × ₩40,000 = ₩20,000,000
4. 외부실패원가	1.10%	6.13%
수선비용	10,000단위 × 3% × ₩40,000 = 12,000,000	5,000단위 × 8% × ₩50,000 = ₩20,000,000
상실된 공헌이익	−	300단위 × (₩150,000 − ₩80,000) = 21,000,000
손해배상추정액	10,000,000	5,000,000

01
최신의 관리회계기법에 관한 설명으로 옳지 않은 것은?　　　감평 2024

① 목표원가는 목표가격에서 목표이익을 차감하여 결정한다.

② 카이젠원가계산은 제조이전단계에서의 원가절감에 초점을 맞추고 있다.

③ 균형성과표는 조직의 전략과 성과평가시스템의 연계를 강조하고 있다.

④ 품질원가의 분류에서 내부실패원가는 불량품의 재작업원가나 폐기원가 등을 말한다.

⑤ 제품수명주기원가계산은 단기적 의사결정보다는 장기적 의사결정에 더욱 유용하다.

02
원가관리기법에 관한 설명으로 옳은 것은?　　　감평 2021

① 제약이론을 원가관리에 적용한 재료처리량공헌이익(throughput contribution)은 매출액에서 기본원가를 차감하여 계산한다.

② 수명주기원가계산에서는 공장자동화가 이루어지면서 제조이전단계보다는 제조단계에서의 원가절감 여지가 매우 높아졌다고 본다.

③ 목표원가계산은 표준원가와 마찬가지로 제조과정에서의 원가절감을 강조한다.

④ 균형성과표는 전략의 구체화와 의사소통에 초점이 맞춰진 제도이다.

⑤ 품질원가계산에서는 내부실패원가와 외부실패원가를 통제원가라 하며, 예방 및 평가활동을 통해 이를 절감할 수 있다.

03 다음의 전략적 원가관리기법에 관한 설명 중 타당한 것은?   회계사 2008

① 적시생산시스템(JIT)은 짧아진 제품수명 및 제품의 다양성에 따라 증가하는 재고 관리비용 등을 감소시키는 방안으로 유용하며, 초변동원가계산법(throughput costing)을 사용하여 제품원가를 계산하여야 한다.

② 전사적 품질관리(TQM)의 도입 후 내부실패원가와 외부실패원가의 상충관계 (trade-off)에 입각하여 품질원가를 분석하고, 적정한 불량률은 허용해야 하는 것으로 인식이 변화하였다.

③ 제약이론(theory of constraint)은 병목공정(bottleneck)에 의하여 전체 공정 의 처리량이 제한되는 현상에 주목한 이론으로, 비효율적 재고 및 대기시간의 절 감을 위하여 모든 공정을 병목공정의 처리량에 맞추어 진행할 것을 장기적인 개선 책으로 제안한다.

④ 제품수명주기원가(product life-cycle cost)는 제품의 기획 및 개발·설계에서 고객서비스와 제품폐기까지의 모든 단계에서 발생하는 원가를 의미하며, 제품수 명주기원가의 상당 부분은 제품의 기획에서 설계까지 이르는 과정에서 확정된다.

⑤ 목표원가(target cost)는 시장상황의 검토를 통하여 예상되는 제품의 목표가격 을 확인한 후 기업이 필요로 하는 목표이익을 차감하여 결정되며, 기존 생산공정 을 유지하며 발생하는 제조원가를 고려하여 생산개시 후 결정된다.

04 원가관리기법과 관련한 새로운 접근방법들에 대한 설명으로서 옳은 것은?   세무사 2008

① 카이젠원가계산은 제품제조 이전단계에서의 지속적인 원가절감에 초점을 둔다.

② 목표원가계산기법은 기존의 표준원가계산과 마찬가지로 제품제조단계에서의 원 가절감을 강조한다.

③ 제품수명주기원가계산은 제품제조단계에서의 원가절감을 강조한다.

④ 가치사슬원가계산에 있어서는 제품생산이전에 발생된 활동과 관련된 원가는 물론 제품생산이후에 발생된 활동과 관련된 원가도 분석한다.

⑤ 품질원가분석에 있어서 제품보증수리비용은 내부실패원가에 해당된다.

05 다음 중 다양한 원가계산방법에 대한 설명으로 올바른 것은? 회계사 2005

① 목표원가계산(Target Costing)은 표준원가계산과 동일하게 제조단계의 원가절감을 강조한다.
② 개선원가계산(Kaizen Costing)은 점진적이고 지속적인 원가절감보다는 내부프로세스의 혁신적인 변화를 추구한다.
③ 가치사슬원가계산(Supply Chain Costing)은 생산 전 활동과 관련된 원가와 생산 후 활동과 관련된 원가를 구분할 수 있다.
④ 활동기준원가계산(Activity Based Costing)은 비부가가치원가를 계산할 수 없다.
⑤ 제품수명주기원가계산(Life Cycle Costing)은 장기적 의사결정보다는 단기적 의사결정에 더욱 유용하다.

06 균형성과표(balanced scorecard; BSC)에 관한 다음의 설명 중 가장 타당하지 않은 것은? 회계사 2009

① 균형성과표는 재무적인 성과지표를 중심으로 하는 전통적인 성과측정제도의 문제점을 보완할 수 있는 성과측정시스템으로 인식되고 있다.
② 균형성과표는 조직의 비전과 전략을 성과지표로 구체화함으로써 조직의 전략수행을 지원한다.
③ 균형성과표의 다양한 성과지표 간의 인과관계를 통하여 조직의 전략목표 달성과정을 제시하는 성과지표의 체계를 전략지도(strategy map)라고 한다.
④ 균형성과표는 일반적으로 재무관점, 고객관점, 내부프로세스관점, 학습과 성장관점의 다양한 성과지표에 의하여 조직의 성과를 측정하고자 한다.
⑤ 균형성과표의 장점은 계량화된 객관적인 측정치만을 사용하는 것이다.

07 ㈜대전은 20×1년 품질과 관련된 원가를 분류한 결과 다음과 같은 항목을 파악하였다.

• 반품재작업	₩100억	• 설계개선작업	₩200억
• 사후수리(A/S)	₩150억	• 완성품검사	₩50억
• 불량재공품재작업	₩100억	• 고객 불량품 피해 손해배상	₩150억
• 품질교육	₩100억		

㈜대전의 원가담당자는 위의 항목들을 예방원가, 평가원가, 내부실패원가, 외부실패원가로 재분류한 후 구체적으로 분석한 결과, 현재 예방원가에 사용된 자원의 50%만큼을 추가로 투입하는 경우 내부실패원가를 50%, 외부실패원가를 40%씩 절감할 수 있다고 주장하였다. 원가담당자의 주장을 수용하는 경우 이익은 얼마나 증가하는가?

세무사 2010

① ₩30억   ② ₩40억
③ ₩50억   ④ ₩60억
⑤ ₩70억

08 전략적 원가관리에 관한 설명으로 옳지 않은 것은?

회계사 2015

① 적시생산시스템(JIT)은 짧아진 제품수명 및 제품의 다양성에 따라 증가하는 재고관리비용 등을 감소시키는 방안으로 유용하며, 초변동원가계산(throughput costing)을 사용하여 제품원가를 계산한다.

② 목표원가계산(target costing)은 컴퓨터, 자동차 등 조립형 산업에서 주로 활용되는 것으로서, 시장중심의 목표원가와 생산중심의 표준원가와의 차이를 줄이려는 노력을 원가절감의 일차적 대상으로 삼고 기술개발과 디자인 등에 주력한다.

③ 품질원가계산(quality costing)은 통제원가(예방 및 평가원가)와 실패원가를 포함한 품질관련원가를 최소화시키면서 품질수준을 최대화시키는데 목적이 있다.

④ 카이젠원가계산(kaizen costing)은 제조단계에서의 원가절감에 초점을 맞추고 있다.

⑤ 제약이론(theory of constraints)은 기업의 목표를 달성하는 과정에서 병목공정을 파악하여 이를 집중적으로 관리하고 개선해서 기업의 성과를 높이는 방법이다.

01 ② 카이젠원가계산은 제조단계에서의 점진적인 원가절감에 초점을 맞추고 있다.

02 ④ ① 제약이론을 원가관리에 적용한 재료처리량공헌이익(throughput contribution)은 매출액에서 재료원
가를 차감하여 계산한다.
② 수명주기원가계산에서는 공장자동화가 이루어지면서 제조단계보다는 제조이전단계에서의 원가절감
여지가 매우 높아졌다고 본다.
③ 목표원가계산은 제조이전과정에서의 원가절감을 강조한다.
⑤ 품질원가계산에서는 내부실패원가와 외부실패원가를 실패원가라 하며, 예방 및 평가활동을 통해 이를
절감할 수 있다.

03 ④ ① 적시생산시스템은 생산의 전과정에서 불필요한 재고의 보유를 제거하여 낭비를 줄이는 것을 목적으로
하고 있으며, 제약이론에서 초변동원가계산법을 사용한다.
② 통제원가와 실패원가의 상충관계에 입각하여 품질원가를 분석하며 적정불량률을 허용하는 관점에서
불량률을 0으로 하는 관점으로 전환하고 있다.
③ 제약이론은 초단기적인 접근방법이며 직접재료원가 이외의 모든 제조원가는 운영비용으로 처리한다.
⑤ 목표원가는 제품의 연구·개발 및 설계에 착수하기 전에 목표원가를 설정하여 그 범위 내에서 제품설계
가 이루어지도록 하는 기법이다.

04 ④ ① 카이젠원가계산은 제품제조단계에서의 지속적이고 증분적인 원가절감에 초점을 둔다.
② 목표원가계산 기법은 제품제조이전단계에서의 원가절감을 강조한다.
③ 제품수명주기원가계산은 제품제조이전단계에서의 원가절감을 강조하며 제품수명주기상 모든 단계별
원가의 상호관련성에 대한 분석이 가능하다.
⑤ 품질원가에 있어서 제품보증수리비용은 외부실패원가에 해당된다.

05 ③ ① 목표원가계산(Target Costing)은 제조이전단계에서의 원가절감을 강조한다.
② 개선원가계산(Kaizen Costing)은 점진적이고 지속적인 원가절감을 추구한다.
④ 활동기준원가계산(Activity Based Costing)은 부가가치원가와 비부가가치원가를 계산할 수 있다.
⑤ 제품수명주기원가계산(Life Cycle Costing)은 장기적 의사결정에 보다 유용하다.

06 ⑤ 균형성과표에는 객관적인 성과측정치와 비계량화된 성과측정치가 균형 있게 고려되어야 한다.

07 ④　(1) 품질원가

　　　예방원가
　　　　설계개선작업　　　　　₩200
　　　　품질교육　　　　　　　 100　 ₩300
　　　평가원가
　　　　완성품검사　　　　　　　50　　 50
　　　내부실패원가
　　　　불량재공품 재작업　　　 100　　100
　　　외부실패원가
　　　　반품재작업　　　　　　 100
　　　　사후수리(A/S)　　　　　150
　　　　고객불량품 피해 손해배상　150　　400

　　(2) 원가담당자 주장 수용 후 증분손익

　　　예방원가 증가　　　　₩300 × 50% = ₩(150)
　　　내부실패원가 절감　　₩100 × 50% = 　 50
　　　외부실패원가 절감　　₩400 × 40% = 　160
　　　　　　　　　　　　　　　　　　　 ₩60

　　그러므로, ₩60억만큼의 이익이 증가한다.

08 ①　초변동원가계산(throughput costing)은 재료원가만을 변동비로 측정하고 나머지 비용을 운영비용으로 당기 비용처리하는 방법으로 초변동원가계산을 사용하는 최신원가시스템은 제약이론이다.

정윤돈

약력
성균관대학교 경영학과 졸업
한국공인회계사, 세무사

현 | 해커스 감정평가사 교수
현 | 해커스 경영아카데미 교수
현 | 해커스공무원 교수
현 | 해커스금융 교수
현 | 미래세무회계 대표 회계사
현 | 삼일아카데미 외부교육 강사

전 | 삼정회계법인 감사본부(CM본부)
전 | 한영회계법인 금융감사본부(FSO)
전 | 한영회계법인 금융세무본부(FSO TAX)
전 | 대안회계법인 이사
전 | 이그잼 경영아카데미 재무회계 전임(회계사, 세무사)
전 | 합격의 법학원 재무회계 전임(관세사, 감평사)
전 | 와우패스 강사(CFA - FRA, 신용분석사, 경영지도사)
전 | KEB하나은행, KB국민은행, 신한은행, IBK기업은행, 부산은행 외부교육 강사

저서
해커스 감정평가사 회계학 1차 기본서
해커스 감정평가사 정윤돈 회계학 1차 기출+예상문제집
해커스 IFRS 정윤돈 회계원리
해커스 IFRS 정윤돈 중급회계 1/2
해커스 IFRS 정윤돈 고급회계
해커스 IFRS 정윤돈 재무회계 키 핸드북
해커스 IFRS 정윤돈 객관식 재무회계
해커스 IFRS 정윤돈 재무회계연습
해커스공무원 정윤돈 회계학 재무회계 기본서
해커스공무원 정윤돈 회계학 단원별 기출문제집
해커스공무원 정윤돈 회계학 원가관리회계·정부회계 기본서
해커스 세무사 IFRS 정윤돈 재무회계 1차 FINAL
해커스 신용분석사 1부 이론+적중문제+모의고사

엄윤

약력
홍익대학교 경영대학원 세무학 석사
서울벤처대학원대학교 경영학 박사수료
한국공인회계사, 세무사

현 | 해커스 감정평가사 교수
    해커스 경영아카데미 교수
현 | 나무회계사무소 대표
    세무회계사무소 윤 대표
    안세회계법인
    하나금융경영연구소
    웅지세무대학 조교수
    한국사이버대학, 목원대학교 겸임교수
    아이파경영아카데미, 한성학원 회계학 교수
    삼일인포마인, 조세일보 칼럼니스트

저서
해커스 감정평가사 회계학 1차 기본서
해커스 允원가관리회계
해커스 객관식 允원가관리회계
해커스 회계사·세무사 允원가관리회계 1차 기출문제집
해커스 세무사 允원가관리회계 2차 핵심문제집
해커스 세무사 允원가관리회계연습
해커스 회계사 允원가관리회계연습

2026 대비 최신개정판

해커스 감정평가사
회계학 1차 기본서

개정 2판 1쇄 발행 2025년 5월 20일

지은이	정윤돈, 엄윤 공편저
펴낸곳	해커스패스
펴낸이	해커스 감정평가사 출판팀

주소	서울특별시 강남구 강남대로 428 해커스 감정평가사
고객센터	1588-2332
교재 관련 문의	publishing@hackers.com
	해커스 감정평가사 사이트(ca.Hackers.com) 1:1 고객센터
학원 강의 및 동영상강의	ca.Hackers.com

ISBN	979-11-7404-150-0 (13320)
Serial Number	02-01-01

한 번에 합격!
해커스 감정평가사 ca.Hackers.com

㏊ 해커스 감정평가사

- 정윤돈, 엄윤 교수님의 **본 교재 인강**(교재 내 할인쿠폰 수록)
- 해커스 스타강사의 **감정평가사 무료특강**